区委书记杨宏伟（右二）率队调研新城项目建设情况

区长吴忠（左二）调研区中心医院“三甲”创建工作

渝东南翼的中心，国务院颁布的《武陵山片区区域发展与扶贫攻坚规划（2011-2020年）》明确黔江为武陵山片区六个区域性中心城市之一，重庆市委、市政府《关于科学划分功能区域、加快建设五大功能区的意见》（渝委发〔2013〕14号）将黔江定位为渝东南生态保护发展区中的重点开发区，要求加快建设渝东南中心城市和武陵山区重要经济中心。

秀美阿蓬江

近年来，在市委、市政府的坚强领导下，区委、区政府紧紧围绕“建成渝东南地区中心城市和率先在渝东南实现全面小康”两大核心目标，强力实施“工业强区、城市东进、大通道建设”三大战略，实现了基础条件全面改善，渝湘高速公路、渝怀铁路、武陵山机场全面投运，综合交通枢纽基本建成。中心城市初步成型，城市人口和建成区面积分别增加到23万人、23平方公里，城镇化率提高到43.6%，“一城五组团”城市骨架基本成型。骨干产业基本建立，基本建成200万头生猪屠宰、250万吨旋窑水泥、10万千升啤酒、2400绪缫丝、6万吨工业硅等重大产业项目，投资超100亿元的PVC一体化项目加快建设，初步构建起食品、新材料、清洁化工等骨干产业集群。统筹城乡纵深推进，以“4个1”相对集中居住体系建设为载体，深入推进户籍制度改革、地票交易、农村三权抵押，高山生态扶贫搬迁。加速构建200万头生猪、30万担烤烟、30万担蚕茧三大骨干产业基地，是全国生猪调出大县、全国整区推进现代烟草农业示范区和全市优质蚕茧出口基地。社会民生持续改善，被教育部表彰为“义务教育均衡发展工作先进地区”，率先在全市实现义务教育营养工程。基层医疗卫生改革走在全国前列，建成1家三甲医院和全市最大的民营医院。荣获全国综治安全最高奖——长安杯。

改造后的三岔河音乐喷泉全景

上海——黔江旅游包机直航首飞

重庆市合川区“三大定位”逐梦

合川，嘉陵江、涪江、渠江在城区交汇，历史悠远，曾为古代巴国别都，历为州、郡治所，2006年撤市设区。幅员面积2343平方公里，总人口156万。

这方三江汇流的热土，正在释放着更高的发展热度。

区域发展精彩蝶变

精彩蝶变——回望过去的几年，合川人民用这样的词语表达着沉淀在心中的自豪与感慨。

变化，在区域竞赛的自信博弈中；变化，在争先进位的激越鼓点里；变化，更在人们实实在在的视线中。过去5年，通过蓄力发展，合川已经蓄积了新的发展优势，储备了新的发展动能。

在这张156万合川人民齐心写就的答卷上，人们看到了来之不易的耀眼成绩——

完成了1500亿级产业布局，壮大“三大版块”、“九大产业”，具有合川特质的新型工业化体系已然成型；“一心六片”组团式发展布局的主城区大城市、5个市级中心镇、18个各具特色的小城镇、78个农民新村构成的区域城镇体系已经形成；“三干线二专线”铁路枢纽、“一环八射”公路交通、“一干两支”水运体系、半小时机场，重庆北部的综合交通枢纽已经搭建；“五城联创”，提升改造旧城，城市标志区建设快速推进，“美丽合川”已显雏形……

过去五年，透过历史的纵深、站在全局的高度来打量，合川跨越发展实现了“关键一跃”。然而面对新的形势和挑战，合川必须寻求克难奋进的动力源。

让人“兴奋”的是，在市委四届三次全委会通过的《关于科学划分功能区域加快建设五大功能区的意见》中，合川被赋予重庆“城市发展新区”全新定位，这一定位使合川有了新的发展坐标和时代方位。

按照新的功能定位，合川处于城市发展新区，属于重庆大都市区的重要组成部分和未来全市新型工业化、城镇化的主战场。占据“城市发展新区”区位制高点的合川，必将迈上更高台阶。

按照“城市发展新区”的全新定位，合川与重庆大都市将实现从“组合”到“融合”，同城效应逐步显现，领域更辽阔，空间更广阔；按照市委的定位要求，在全市资源配置和生产力布局上，合川必将获得前所未有的支持。

在这个重要的时间节点上，合川人看到了前所未有的机遇。

高点定位细绘蓝图

目不及远，无以致千里。

按照“城市发展新区”功能规划，合川进一步完善发展思路，明确了三大定位：即按照“配套两江、融入主城、承接成渝”战略

城在江中，江在城中

三江汇流的美丽合川

“城市发展新区”

思路，把合川建设成为重庆重要经济增长极、重庆重要卫星城、中国知名旅游城市。

——强力发展主导产业，建设重庆重要经济增长极。

突出发展主导产业。把发展工业经济作为首要任务，大力发展规模效应明显、核心竞争力突出、支撑作用强大的特色产业集群，重点发展汽摩及零部件为主的装备制造业、电子信息、轻工食品、生物医药等主导产业，建成成渝经济带的产业发展高地，力争到2020年实现3000亿元工业总产值。

重点推动产业集群发展。集中推进四大产业集群，即工业园区核心区综合产业集群、草街机械电子信息产业集群、土场—清平汽摩产业集群，渭沱铁路物流产业集群。

不断提升物流配套服务功能。以兰渝铁路和渭沱铁路专用线为依托，以铁路、公路、水路等多种方式联运为基础，打造立足渝西，承接主城、辐射川东、远及欧陆的重庆北部门户型物流枢纽。

——凸显城市品质特色，建设重庆重要卫星城。

强化规划的指导引领作用，修订环境、旅游、城市空间等专项规划，围绕“三江六岸”做好山水文章，塑造滨水城市特色，建设城市标志区，展示出合川的城市文化、城市形象、城市特色和城市魅力。

提高城市建设质量，以高质量体现高品质。强化环境综合配套建设，建设一批截污、绿化、公厕等公共基础设施，持续完善城市综合功能。

推进“五城联创”，在成功创建重庆市森林城市等市级荣誉称号的基础上，推进城市“网格化”管理，全面推进国家卫生区、文明城区、环保模范城市、生态示范区创建。

——深度推进全域景区化，建设中国知名旅游城市。

加速打造精品景点，启动钓鱼城5A景区创建，加快推进钓鱼城申遗，深化涞滩古镇4A、文峰古街3A景区创建。整体联动开发钓鱼城景区、钓鱼城半岛和“三江”水上旅游，将钓鱼城打造成为世界级旅游精品。

提升旅游配套能力，围绕旅游“吃、住、行、游、购、娱”六大要素，按照“政府主导、市场运作”的模式，建设一批旅游配套设施、推出一批旅游特色饭店和商店、开发一批特色旅游产品。同时，强化宣传推介，将一个国宝级的魅力合川展现给世人。

推动全域旅游产品化，不断挖掘“三江”文化内涵，按空间和时间两个维度串联旅游产品，实现产业全域覆盖、景区全域联动、产品全域优化、线路全域统筹、品牌全域整合。主动融入长江三峡和川渝旅游精品线路，将合川打造成重庆的旅游名片。

俯瞰文峰古街

改写世界历史的奇迹之城——钓鱼城

重庆
2013
经济年鉴
CHONGQING ECONOMY
YEAR BOOK

图书在版编目（CIP）数据

重庆经济年鉴．2013 年卷 / 陈澍主编．-- 重庆：重庆出版社，2013.12
ISBN 978-7-229-07365-7

Ⅰ．①重… Ⅱ．①陈… Ⅲ．①区域经济－重庆市－2013 －年鉴 Ⅳ．①F127.719-54

中国版本图书馆 CIP 数据核字 (2013) 第 310250 号

重庆经济年鉴·2013（精装本）
CHONGQING JINGJI NIANJIAN

重庆市人民政府办公厅 主管
重庆市人民政府发展研究中心
重庆社会科学院 主办

出 版 人：罗小卫
责任编辑：张德尚
封面设计：陈 刚

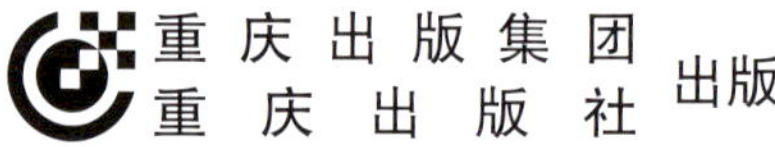
重庆出版集团
重庆出版社 出版
重庆长江二路 205 号 邮政编码：400016

重庆大正印务有限公司
重庆出版集团图书发行有限公司发行
全国新华书店经销

开本 889×1194 1/16 印张 31 插页 234
字数 735 千
2013 年 12 月第 1 版
2013 年 12 月第 1 次印刷
ISBN 978-7-229-07365-7
定价：498.00 元（精装本、袖珍本）

如有印装质量问题，请向本集团图书发行有限公司调换 电话：023-68809955 转 8005

《重庆经济年鉴》编委会

《重庆经济年鉴》编辑部

《重庆经济年鉴》编委

建设保障性住房

——重庆乐至置

构建和谐新长寿

业发展有限公司

重庆乐至置业发展有限公司是长寿区政府在新形势下，为构建和谐新长寿，根据国家建设产业政策和我区“一湖两园三城”建设需要，为广大老百姓建设保障性住房而专门成立的一家专业的、国有独资的房地产开发公司。公司位于长寿区桃花西路 11 号，于二〇〇六年八月经长寿区人民政府以长寿府发 [2006]67 号文批准成立，注册资本 4.02 亿元，公司专业资质为房地产开发二级企业，主营房地产开发、物业管理、自有房屋出租、建筑材料销售。公司实行董事会领导下的总经理负责制，统一管理，分级负责，公司董事长、总经理郭水文，公司内设 7 个部门：综合行政

重庆乐至置业发展有限公司

管理部、土地规划技术部、工程管理部、成本管理部、财务管理部、社会事务部和物业经营部。主要负责长寿区定向销售住房（含拆迁安置房）、廉租房、公租房的开发和建设。公司现有在册职工 141 人（其中建设置业中心于 2009 年 10 月成立后调进中心 6 人，借用干部 3 人，招聘员工 132 人），有各种专业技术职称的为 45 人，公司职工平均年龄 35 岁。

自 2006 年 8 月公司成立以来，加快了全区定销商品房（定向为征地拆迁人员提供房源）、廉租房的规划、建设速度，全面推动了江南、晏家、凤城、渡舟、长寿湖等片区定向销售住房项目和廉租房项目的建设和前期工作，目前累计已竣工面积约达 265 余万平方米，在建面积约达 340 万平方米。

公司以“替政府分忧、为百姓解难、构建和谐社会”为发展指导思想，坚持“质量是基础、安全是效益、品质是生命”的开发管理理念，秉承“勤奋、敬业、严谨、高效、诚信”的创业精神，不断为打造宜居长寿作贡献。

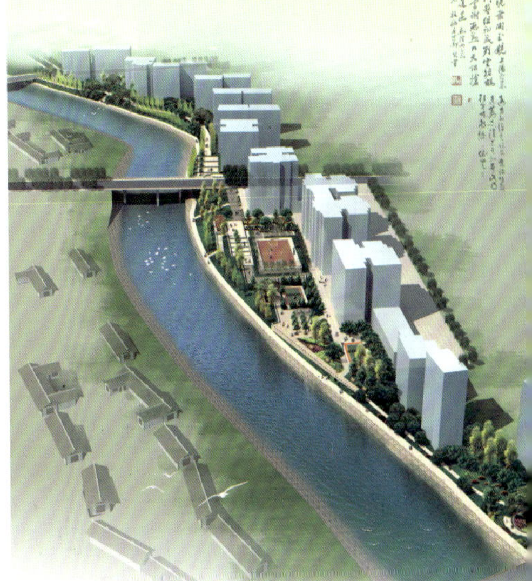

重庆医药（集团）股份有限公司

Chongqing Pharmaceutical (Group) Co.,Ltd.

和平药房

重庆医药（集团）股份有限公司是重庆市国资委重点骨干子企业，是重庆化医控股（集团）公司的控股子公司。公司前身为1950年成立的中国医药公司西南区公司，1994年改制为股份制企业。2012年3月，通过整合资源，实现科、工、贸一体化格局。截至目前，拥有分、子公司31个，地跨渝、川、黔、赣、鄂、湘、冀等地，员工13000余人（其中专业技术人员3650名）。2012年重庆医药实现销售收入214.51亿元，利税超过6亿元。公司列2012年中国服务业第164位，列2012年中国医药商业第六位。

科瑞制药厂容厂貌

公司业务涵盖医药研发、生产、纯销、分销、零售、社区终端、医药物流配送，拥有进出口经营许可权，是中央和重庆两级政府药械定点储备单位，是中国三家经营特殊药品的全国性批发企业之一，是国际医药批发商联合会会员单位。公司与3万余家上下游客户保持密切业务关系，经营品规近7万

物流中心冷藏车

个，产品销至全国30多个省市自治区及印度、瑞士、韩国、美国、日本、欧洲等国家和地区。

公司有中国一流、西部领先的现代医药物流中心，在国内建立了40余个分配送中心，仓储面积达15余万平方米。公司在已建立的ISO9001：2008质量管理体系基础上，推行融合质量/环境/职业健康安全/社会责任/服务管理等标准为一体的综合管理体系。同时，公司投入巨资开发了商务、物流、供应链、财务、人力资源和办公自动化等管理系统，为公司可持续发展提供支撑。

公司曾荣获亚洲品牌500强、亚洲十大最具公信力品牌奖、中国品牌价值冠军、全国文明单位、全国五一劳动奖状、全国企业文化建设先进单位、企业信用评价AAA级信用企业、中国服务业500强、中国医药商业百强企业、国家级征信企业、管理创新成果全国一等奖、重庆首届及第二届最具影响力知名品牌、重庆企业、服务业、制造业100强、重庆企业效益50佳、60年影响重庆经济60企业、重庆市文明单位标兵、重庆市国企贡献奖、重庆最佳诚信企业、重庆市企业管理现代化创新成果奖、重庆市企业文化建设示范基地等荣誉。公司现有240个商标、142个专利，获得国家知识产权保护。

自动立体仓库

公司坚持打造“股东放心、员工自豪、客户满意、百姓信赖、政府省心”的责任企业，秉承“共赢、诚信、互惠”的经营理念，“立足西南，面向全国，走向世界”，力求在新的起点上，不断提升公司的核心竞争力，实现跨越式发展。

重庆商社（集团）

重庆商社（集团）有限公司成立于1996年，是中国西部最大的商贸流通集团，国家重点培育的大型流通企业之一。连续12年跻身中国企业500强，位列2013中国企业500强第226名，中国连锁百强第7位。曾荣获“中国商业名牌企业”、“全国五一劳动奖状”、“重庆市最佳诚信企业”等荣誉称号。

商社集团在重庆市委、市政府及市国资委领导下，经过十余年发展，形成了以零售、批发为主营业务，致力于百货、超市、电器、汽贸、化工原料、进出口贸易和商业地产等多领域，业态涉及综合商场、连锁超市、便利店、专业店、购物中心等；培育了新世纪百货、重庆百货、商社电器、商社汽贸、商社化工、商社进出口、中天大酒店、中天物业等重庆知名企业。集团控股上市公司“重庆百货大楼股份有限公司”，规模效益位居商业类上市公司前列。

2012年，商社集团实现销售收入545亿元，实现税利突破20亿元。截止2012年底，集团拥有总资产189亿元，从业人员十万人，网点327个。

商社集团将坚持“发展商社，服务社会”宗旨，立足重庆，拓展西部，走向全国，致力打造成为长江上游地区最具核心竞争力的中国一流商贸流通企业。

地址：重庆市渝中区青年路18号
电话/传真：023-63819888/63815599
邮编：400010
网址：http://www.cgtg.com.cn

有限公司 chongqing shangshe

巴南首个购物中心——巴南商社汇

新世纪百货大坪商都

新世纪百货利川商都

重百梁平商场

重百长寿商场

商社汽贸人和保时捷中心

重庆商社化工有限公司

| 企业简介 |

重庆商社化工有限公司是以经营橡胶和石化原料为主的大型批发企业。公司成立于2004年，是中国西部最大的商贸流通企业重庆商社（集团）有限公司下属的国有全资子公司，注册资金7000万元人民币，总资产35亿元人民币。2012年公司销售总额达100亿元人民币，其中进出口贸易额占85%以上，销售规模在国内同行业中位居前列。预计2013年销售总额将突破120亿元人民币。

公司经营范围包括橡胶、石油化工、轻化化工等产品。主要经营品种有天然橡胶、合成橡胶、塑料、石蜡、硫磺等。尤其在橡胶经营上实力雄厚、优势明显，2012年橡胶销售量超过40万吨，在国内橡胶行业中名列前茅。2013年5月，公司正式启动天然橡胶加工项目，向生产化平台迈出重要的一步。

公司在青岛、天津、满洲里、上海、深圳、广州、厦门、海口等城市和口岸设有全资子公司或分支经营机构，并在重庆两路寸滩保税港区设立了从事物流、货代业务的全资子公司。境外产品主要来北美、北欧、中东、中亚及东南亚等国，国内产品主要来自于中石油、中石化等国内大型企业集团。目前已取得境内外多家大型石化企业产品的经营权和代理权，与三星道达尔、美国固特异、俄罗斯天然气股份、泰国国家石油、日本伊藤忠等世界五百强企业建立了合作关系，借此形成明显的货源优势。

公司始终坚持以市场为导向，以改革促发展的方针，坚持“大化工、新化工”发展方向，贯彻“务实为本、创新为魂、奉献为荣、和谐为贵”的企业准则和“勤奋坚韧、追求更高”的企业精神，因而发展迅速，成效显著，多次被《中国化工报》、《重庆日报》、《重庆晨报》、《重庆商报》等媒体报道，获得同行和社会各界的一致认可，有较大的社会影响力和良好的信誉。2008 年荣获重庆市工商行政管理局授予的“守合同重信用”称号，2010 年和 2012 年 3 月两次荣膺中国橡胶工业协会“诚信橡胶贸易商”称号，2011 年获重庆市精神文明建设委员会颁布发的“文明单位”、重庆市国资委颁发的“五个好党委”称号，2012 年获重庆市国资委授予的“国企贡献奖”、中国保护消费者基金会颁发的“质量服务信誉信得过单位”、“最具影响力诚信品牌单位”、全国服务业公众满意度调查活动组委会授予的“金典奖——中国商贸流通业最具影响力十佳明星企业”、“金典奖——中国 AAA 级重质量守信用企业”等称号。公司于 2005 年通过 ISO9001：2000 质量管理体系认证，并于 2009 年升级为新版 ISO9001：2008 体系认证。

丨发展目标丨

构建以橡胶为主，石化为辅的品种格局，不断优化品种结构，围绕橡胶经营推进产业链延伸。积极探索和创新盈利模式，努力成为经营管理先进、专业优势明显、产业链条稳固、行业影响力强的龙头企业。

丨子、分公司丨

重庆威斯敦进出口贸易有限公司

天津港保税区渝商国际贸易有限公司

满洲里北亚化工有限公司

重庆商社化工有限公司成都分公司

重庆商社化工有限公司贵阳化工分公司

地址：重庆市北部新区星光大道 62 号海王星科技大厦 D 座 6 楼

电话：023-63654150 传真：023-63865915 邮编：401121

网址：www.cqgtc.com

重庆市申佳实业

重庆市申佳实业（集团）有限公司系上海申佳投资有限公司投资控股的业务多元化集团企业。主营资产管理、项目投资、工程技术咨询、贸易等业务。下设申佳地产、申佳建设、沪通物业等几大子公司，并投资控股重庆新申佳实业有限公司、重庆市北部新区两江小额贷款股份有限公司。

上世纪 90 年代，创始人肖家运走出开县，远赴上海，开启艰辛创业路。从带领一支小施工队伍，到承包经营不善的国有拆除公司，大胆改革创新，完成了公司原始资本积累，于 1998 年成立渝州实业发展有限公司。凭借精细管理、规范运行，公司得以快速发展。2007 年，董事长肖家运把握机遇，借力西部大开发，返渝兴业。收购 1996 年成立的大众房地产，成立重庆市申佳实业（集团）有限公司，进军重庆地产、建筑、金融等领域，逐步实现多元化经营。仅 2012 年度，公司在重庆地区上交税金 6600 余万元。

自成立以来，公司先后在开县、万州、大渡口、北部新区、南川等地开发了多个房地产项目，累计开发面积近 300 万㎡。2009 年至 2011 年，申佳·子溪苑项目斩获了“重庆市级文明工地”以及重庆市 2010 年度三峡杯优质结构工程等多项荣誉；2011 年至 2013 年，公司携手全球顶级设计团队，开发申佳·上海时光和缙云山杉木园项目，力求打造精品工程；投资

申佳·上海时光

（集团）有限公司

25亿元打造重庆市重点项目——近120万m²的城市综合体浙商国际商贸博览城；2013年7月13日，浙商国际商贸博览城一期盛大开盘；9月19日，申佳·上海时光巅峰巨献，缔造山城有腔有调的上海日子。

“力所能及帮扶身边之人，义无反顾承担社会责任”是肖家运的信条。在其引领下，公司在注重经济效益的同时，亦注重社会效益，承担社会责任。自成立以来，公司致力于慈善公益事业，不遗余力支持教育、福利和文化事业。为开县“12.23”井喷事故、“汶川大地震”、“雅安地震”等灾害事故捐款；捐资建设敬老院、希望小学、助学偏远贫困山区儿童等义举，得到政府及社会各界的广泛好评和赞誉。

业务有序开展、项目稳步推进、公司稳健发展，得益于不断夯实的人才队伍和精益求精的管理理念。在上海总部管理团队的指导下，公司吸引了一大批懂经营、善管理、钻业务的复合型人才，打造了一支实力强、技术精、理念超前、执行有力的团队，为公司的持续发展储备了充足的人力资本和管理基础。

追求，我们永无止境；责任，我们敢于担当。在市、区领导的关怀和社会各界的支持下，公司全体员工将以饱满的激情，一步一个台阶，向美好的明天迈进。

浙商国际商贸博览城

重庆三峡中心医院

CHONGQING SANXIAN ZHONGXIN YIYUAN

重庆三峡中心医院院长、党委书记张先祥

重庆三峡中心医院始建于1929年。始初为万县市民医院，解放后，1951年更名为万县专区人民医院，1979年更名为万县地区人民医院，1993年更名为万县市中心人民医院，1998年定名为重庆三峡中心医院。历经84年的发展，现已成为集医疗、教学、科研、预防、保健为一体的大型综合性三级甲等医院，辐射渝、鄂、川、陕，承担着周边23个区县的公共医疗救治任务，年门诊量220.66万人次，年出院病人7.42万人，年手术台次3.11万，是全国首家通过新三甲复评检查的区级医院，成功获得国家药物临床试验机构资格，拥有“全国文明单位”、“全国百佳医院”、“全国卫生系统先进集体”等省级以上荣誉110余项。

医院占地面积431亩，建筑面积达50.07万平方米（含在建和规划建筑面积）。设有1个总院，8个各具特色的分院：平湖分院、百安分院、儿童分院、御安分院、肿瘤分院、急救分院、口腔分院、江南分院；拥有国家级医学专业中心7个、国家中医药管理局“十二五”重点专科培育项目1个、市级重点学科2个、市级特色专科3个、市级重点专科2个、市级中医重点专科1个、市级科研机构和医学研究中心3个、区级重点学科和特色专科19个、区级科研机构1个。

医院是川北医学院三峡临床学院；川北医学院、泸州医学院硕士生培养点；第三军医大学、泸州医学院、川北医学院等9所医学院校的教学医院和培训基地；重庆医科大学医学超声工程研究所三峡临床基地；是渝东北105所乡镇中心卫生院、县级医院的上级指导医院，区内15所乡镇中心卫生院统筹发展师带徒医院；全国住院医师规范化培训基地。

平湖分院

百安分院

医院拥有编制床位2270张，开放床位3000张，现有职工4639人，其中：在职职工3084人，社会化用工956人，离退休职工599人，博士4人，硕士209人（含研究生课程班结业78人），高级管理人才48人。

医院总资产35亿元，其中拥有医院拥有世界领先的3.0T核磁共振、128层螺旋CT、血管减影系统ZEEGO等设备5918台件，其中千万元以上的医疗设备6台件，百万元以上的医疗设备65台件，10万元以上的医疗设备723台件。

医院科研成果斐然，荣获国家科技进步奖二等奖1项、重庆市科技进步奖一等奖1项、三等奖1项、重大科技成果奖1项，国家专利技术8项。广泛开展心内直视手术、介入手术、微创手术、碘125粒子植入技术、生物细胞免疫技术、海扶临床应用技术等，在国内达到先进水平。

儿童分院

御安分院

文化是医院的根和魂，是医院发展的内动力。三峡中心医院在全国率先提出“文化融入治病，文化促进健康，文化促进医患和谐，文化促进可持续发展”的理念，积极探索医院环境、文化、医疗、保健协调发展的办院新路径，努力把医院建成百姓就医的大院、花园、公园、乐园及文化教育基地，打造成全国独具特色的文化精品医院。

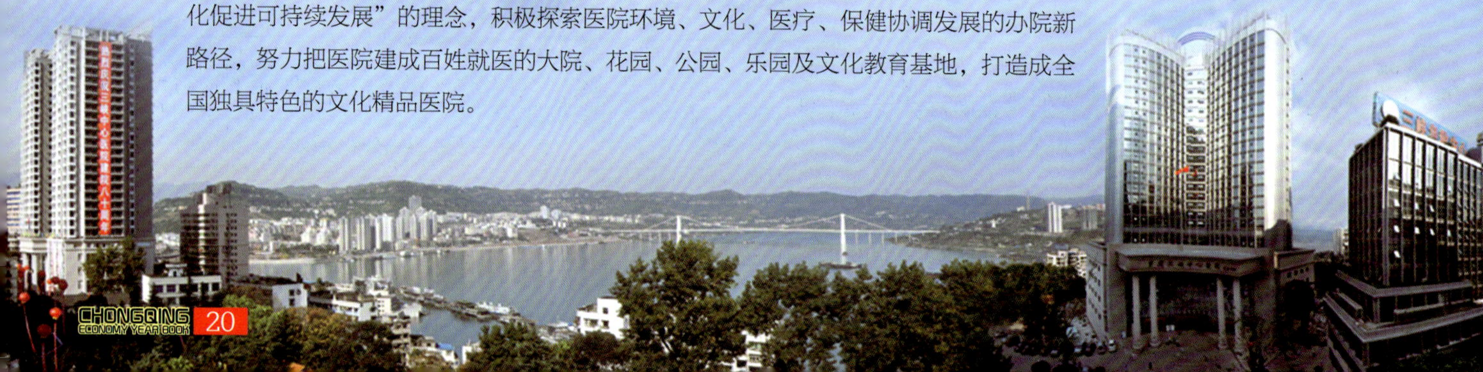

企业精神：弘扬祖国医药，实现产业报国
企业目标：立足库区资源，铸造产业航母

重庆三峡云海药业股份有限公司

三峡云海药业

CHONGQING SANXIA YUNHAI PHARMACEUTICAL CO.,LTD.

领导关怀视察公司

重庆三峡云海药业股份有限公司位于重庆市三峡库区腹心，坐落在全国最大的移民生态旅游文化县——云阳县新城。公司创建于20世纪90年代初期，历经十几年发展，产业涉及中药材资源与原料、保健食品、药品二大医药健康产业。

三峡云海立足库区中药材特色资源，建设有5个中药材资源基地，是重庆市市级农业龙头企业。公司通过产学研相结合的科技创新体系架构，建设有企业技术研发中心。通过自主创新研究，开发新药品种5个，其中主导产品还少胶囊获国家中药保护品种称号、重庆市高新技术产品称号；百癣夏塔热胶囊、羊藿三七胶囊、穿黄清热胶囊分别获国家食药监局新药证书，获重庆市重点新产品称号。还少胶囊，具有温肾补脾，养血益精的功效，临床疗效显著，广泛适用于妇科、男科、内科、中医科等科室，得到了广大医生与患者的认可和信任；销售区域覆盖全国各省市，是重庆、江苏、广东、山东、贵州、新疆等多省市医保品种。百癣夏塔热胶囊是经典的维吾尔医药组方，用于治疗手癣、体癣、银屑病、过敏性皮炎，痤疹等，是皮肤病全科用药，为国家医保乙类品种。为拓展市场，公司建成了覆盖全国的营销网络体系，同时产品多次在东南亚、欧洲市场举行国际植物原料、药品与食品展览与推介，逐渐由三峡库区奔向国际医药市场。

三峡云海药业生产中心

重庆三峡云海药业股份有限公司是以生产中成药为主，设计能力达到年产片剂6亿片，冲剂180吨，胶囊剂1.2亿粒，口服液6000万支，已成为重庆市重点制药企业和中成药重点生产基地。公司规划2011年实现销售收入2.018亿元，2012年销售收入超过2.5亿元，预计2013年销售收入达到3.2亿元，到2016年争取实现销售收入10亿元。公司先后获得国家星火计划示范企业、重庆市农业产业化龙头企业30强，云阳县“十强企业”“十大纳税大户”和“十快企业等荣誉”。公司总经理邹隆琼同志个人也获得“2010年度全国优秀中小企业家金钻奖章”、“重庆市优秀企业家”、“重庆青年五四奖章”；“重庆市五一巾帼标兵”、云阳县优秀人才“等多项荣誉称号。公司秉承“诚信、务实、宽容、进取”的企业理念，与时俱进，不断开拓进取，为打造“百年企业，产业航母”而不断努力。

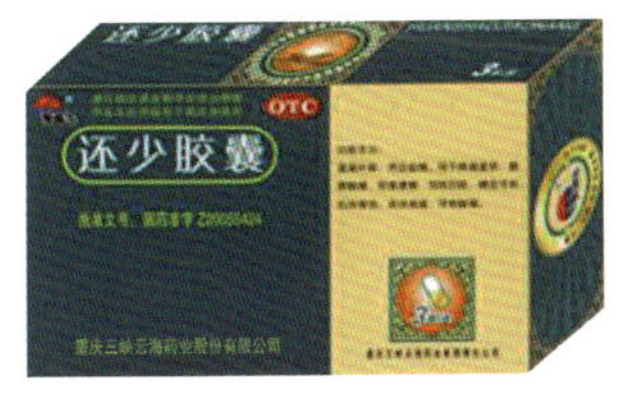

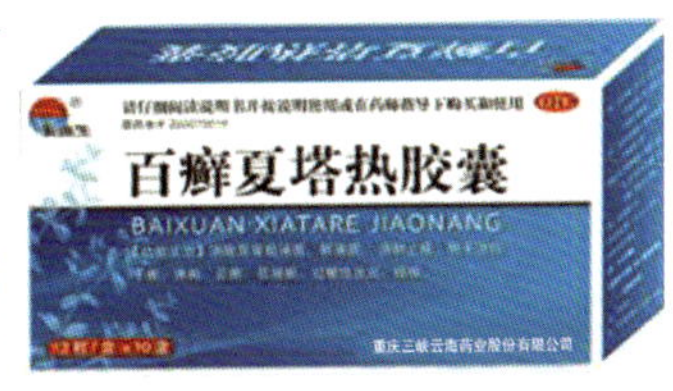

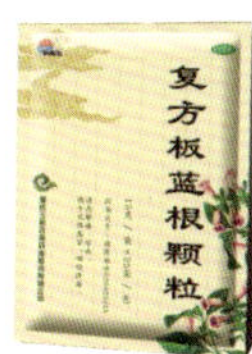

争做重庆经济发展引擎 树立重庆金融企业标杆

西南证券董事长、总裁媒体见面会

西南证券股份有限公司（以下简称“西南证券”）成立于1999年，注册资本23.23亿元人民币，是唯一一家注册地在重庆的全国综合性证券公司，也是中国第九家上市证券公司和重庆第一家上市金融机构。公司现有员工近2000名，在全国19个经济中心城市设有41家营业网点，在北京、上海、深圳、成都、重庆、南京、杭州等地设有17个投行业务部门。公司经营范围包括证券经纪，证券投资咨询，与证券交易、证券投资活动有关的财务顾问，证券承销与保荐，证券自营，证券资产管理，证券投资基金代销，融资融券，代销金融产品。公司下设两家全资子公司西证股权投资有限公司和西证创新投资有限公司，分别从事直接股权投资业务和证券自营以外的投资业务，注册资本均为6亿元；拥有重庆股份转让中心有限责任公司53%的股权，成为全国首家控股地方股权交易中心的券商；拥有全国排名前十的银华基金管理有限公司49%的股权，成为其第一大股东。同时，西南证券积极搭建创新业务发展平台，通过启动收购西南期货，筹建香港子公司等多项举措，持续培育公司核心竞争力，目前已基本形成“全牌照”经营的格局，能为不同类型的投融资客户提供内容丰富的金融服务。

作为重庆城市发展的见证者与重庆经济建设的参与者，西南证券在市委市政府的领导下，在市国资委、金融办、证监局的大力支持下，紧紧抓住资本市场快速扩张和区域经济高速发展的机遇，以市场为导向，通过创新促转型，不断发展壮大，逐步形成了具备自身特色的大型综合性券商业务版图。近年来，西南证券坚持走市场化发展道路，先后完成改革重组、借壳上市、增发融资等战略性举措，跻身行业A类券商，整体呈现跨越式发展的良好态势。2012年，公司加快战略布局和业务结构的转型升级，实现了管理水平和经营业绩的持续提升：全年累计实现营业收入12.68亿元，同比增长21.89%；净利润3.42亿元，同比增长30.35%；截至2012年12月31日，公司资产总额172.57亿元，净资产104.05亿元，资本实力接近行业第一阵营；其中，公司经纪业务继续保持重庆市场的龙头地位，市场份额的行业排名实现了连续四年的增长；投行业务继续保持并购和再融资的行业领先地位，并购家数市场排名第二，再融资家数市场排名第六。

SOUTHWEST SECURITIES

西南证券总部大楼

作为国有重点企业，西南证券积极承担社会责任，踊跃参与抗灾救灾、环境保护、扶贫济困、捐资助学等社会公益活动，用实际行动回馈社会和人民。公司自成立以来，已累计向社会各界捐款逾3000万元，彰显了国企积极履行社会责任的良好企业形象，也得到了政府、社会和投资者的肯定和赞赏。公司连续七年获得“重庆市金融贡献奖一等奖”、获得“重庆国企贡献奖”、“重庆国企先锋奖”、“重庆市国企党建示范点”、“重庆国企五个好党委”等荣誉称号。同时，公司坚持依法纳税，竭力反哺社会，自成立以来累计上缴利税超过20亿元，多次荣获“重庆市重点企业税收贡献奖”、“重庆市独立企业纳税50强”。

在新的发展机遇面前，西南证券以“为投资者、为客户、为实体经济创造价值”为经营宗旨，把诚信作为公司发展最重要的基础，立足重庆，紧紧围绕和服务实体经济，全面推行业务转型和创新发展，牢固树立风险防范意识，加强风控管理，成为重庆和西部金融企业的标杆，力争尽早跻身国内券商第一阵营，在资产规模、资产收益率、创新业务收入占比等核心指标全面跃进行业前列，以优异的业绩回报股东和社会，努力为长江上游金融中心建设，为重庆和西部经济发展做出更大贡献。

西南证券“解放思想、创新转型”大学习大讨论大实践活动动员大会

四川省广安市

广安市景

重大项目集中开工

产业园区

广安是世纪伟人邓小平先生的故乡，位于四川省东部，辖广安区、华蓥市、岳池县、武胜县、邻水县，幅员面积6344平方公里，总人口470万。

广安，人杰地灵，是一方举世瞩目的圣土。作为伟人故里，广安的建设发展备受各方关注。胡锦涛、吴邦国、温家宝、贾庆林等40多位党和国家领导人莅临广安视察，对广安发展倾注了大量心血。世界银行行长佐利克等政要到广安参观访问，世界银行、联合国儿童基金会等国际组织和美国、英国、沙特等以各种方式支持广安发展。中央各部委在资金扶持、政策倾斜、生产力布局、项目核准等方面总是尽力给广安以倾斜照顾。可以说，广安已经不仅是本土意义上的广安，也是中国的广安，世界的广安。广安历史悠久，但同时又是一座年轻而充满魅力的城市，1993年7月设立地区，1998年7月撤地设市，已经成功创建中国优秀旅游城市、国家园林城市、国家卫生城市、创建全国文明城市工作先进城市、全国社会治安综合治理优秀地市、省级环保模范城市，目前正在争创全国文明城市。

广安，区位优越，是一方资源富集的沃土。广安地处成渝经济区的腹心地带，是四川省毗邻重庆主城区最近的地级市，属四川省“一轴一区块”，被重庆纳入“一小时经济圈”的经济单元。境内4条高速公路四通八达，到重庆仅需1小时，到成都仅需2.5小时；襄渝铁路贯穿全境，兰渝铁路加快建设；设计能力100万标箱的广安港即将建成，广安正在成为连接重庆、成都、西安、武汉、上海、广州等特大城市的水陆交通重要节点。广安拥有丰富的矿产、旅游、

特色农产品种植

大型机械化禽蛋养殖

高新技术制造业

全民健身操运动

农产品和水能资源，境内已探明的矿产资源达 30 多种，原煤储量 10 亿吨，岩盐储量 5800 亿吨，天然气储量 6000 亿立方米，石灰石可开采量 300 亿吨，石膏矿储量 3800 万吨。旅游资源得天独厚，被列入全国 12 个“重点红色旅游区”和 30 条红色旅游精品线路，邓小平故居、陈列馆和华蓥山游击队遗址被列为全国 100 个“红色旅游经典景区”，邓小平故里正在创建 5A 级旅游景区，“小平故里行、华蓥山上游”成为全国著名旅游品牌。

广安，发展迅猛，是一方激情涌动的热土。建区设市以来，勤劳的广安人民历经了三次艰苦创业，取得了令人瞩目的发展成就。全市生产总值近 5 年平均增幅达 14.3%。大力实施工业强市战略，全面推进产业集群发展，已建成 6 个工业集中区，其中国家级开发区 1 个，省级开发区 2 个，建成面积 70 余平方公里，能源、建材、农产品加工、机电加工、化工等优势产业迅猛崛起，全市规模以上工业总产值连续 3 年保持 47% 以上的增长速度，工业效益增长幅度进入全省前列。积极融入重庆一小时经济圈，主动承接发达地区产业转移，2009 年达到 206 亿元，2010 年达到 308.9 亿元，2011 年达到 401.8 亿元，三年增长 95%。

广安，前景美好，是一方投资兴业的乐土。这里，机遇众多。国家级的广安经济技术开发区地处重庆两路寸滩保税港区的最佳辐射半径内，良好的区位和独特的政策优势为广安发展插上了腾飞的翅膀；成渝经济区区域规划将广安纳入“重庆都市圈”，列为四川省唯一的“川渝合作示范区”，广安发展将得到四川更加强大的支持和重庆更为直接的辐射。这里，成本低廉。全市电力装机容量 288 万千瓦，每年向外输出劳动力 120 万人左右，水、电、气价格低，有保障。据测算，广安市综合商务成本约为沿海地区城市的 75%，其中劳动力工资水平比沿海地区城市大约低 40%。这里，环境宽松。已建成功能齐全、办事高效的政务服务中心，严格实行“一站式”办公，对重点项目各项手续特事特办。广安“亲商、护商、敬商、安商”氛围浓郁，在企业家信心指数评比中，一直名列全省前茅。广安被评为中国 2010 年 EMBA 最具投资价值城市。未来几年，我们将着力转化政治、资源、区位三大优势，推进工业化城镇化农业现代化三化联动，团结全市人民深化三次创业，努力建设成渝经济区的精细化工基地、新能源基地、新材料基地、有色金属加工基地、汽车及汽摩零部件制造基地、特色农产品加工和供应基地、红色旅游基地和商贸物流基地，建成川东北现代物流中心、川东综合交通枢纽、港口城市、川东渝北地区中心城市。

摩托车整车制造

秀美梯田

华蓥山风景区

中国优秀旅游城市

中华人民共和国国家发展和改革委员会
National Development and Reform Commission

国家发展改革委关于川渝合作示范区（广安片区）建设总体方案的批复

发改地区[2012]3558号

四川省人民政府：

报来《关于报送川渝合作（广安）示范区建设总体方案的函》（川府发电〔2012〕21号）收悉。按照国务院批复的《成渝经济区区域规划》“在川渝毗邻的潼南、广安建设川渝合作示范区”和“要制定有关城市群发展规划和区域合作示范区建设方案，并报国家发展改革委批复”的要求，经商有关部门，现批复如下：

一、原则同意《川渝合作示范区（广安片区）建设总体方案》（以下简称《方案》），请认真组织实施。

二、《方案》实施要以邓小平理论和“三个代表”重要思想为指导，深入贯彻落实科学发展观，坚持跨越发展和转型发展，着力提高基础设施一体化水平，着力强化产业合作基地建设，着力加强生态环境共建共治，着力推进公共服务对接共享，着力创新体制机制，把示范区建设成为川渝合作发展的先导区，在促进区域协调发展中发挥更大的作用。

三、请四川省人民政府切实加强组织领导，明确分工，落实责任，制定实施意见，推动方案的实施。要将示范区建设作为一项重要内容，纳入成渝经济区两省市人民政府主要负责同志参加的联席会议研究部署。

四、请国务院有关部门加强对示范区建设的指导协调，在重大项目、重大政策、体制机制创新等方面给予大力支持。加强部门之间的沟通和协调，指导和帮助解决方案实施过程中遇到的问题。我委将加强跟踪分析，做好督促检查工作，会同有关部门开展方案实施情况评估，及时向国务院报告有关情况。

推进川渝合作示范区（广安片区）建设是贯彻落实《成渝经济区区域规划》的重要举措，对于促进川渝毗邻地区加快发展和成渝经济区一体化发展具有重要意义。各有关方面要进一步提高认识，密切配合，开拓进取，扎实工作，努力将示范区建设成为成渝经济区乃至全国区域合作的典范。

附件：川渝合作示范区（广安片区）建设总体方案

国家发展改革委

2012年11月14日

渝广区域合作恳谈暨项目签约仪式

“渝广共建机电园”授牌

渝广经贸合作第三次联席会议

广安市招商引资局招商热线
0826-2334050

广安经济技术开发区管理委员会招商热线
0826-2966839

广安区招商引资局招商热线
0826-2226121

岳池县招商引资局招商热线
0826-5243137

武胜县招商引资局招商热线
0826-6664313

邻水县招商引资局招商热线
0826-3210719

华蓥市招商引资局招商热线
0826-5011690

宝箴塞西院

啤酒风情街一隅

武胜中学校门

甜橙新村

四川省武胜县

连接大都市的南渝高速公路

武胜县位于四川省东部，嘉陵江中下游，幅员面积966平方公里，总人口84.6万。全县以浅丘带坝地貌为主，地势为西北高，东南低，平均海拔317.8米，年降雨量1041.5毫米，森林覆盖率33.9%。历史远溯秦汉，建县于南朝，秉承古巴国文明，系全国民间艺术之乡，嘉陵江流域第二大回民聚居地。区位优势明显，东向广安、西通成都、北接南充、南连重庆，国道212线、省道304线、南渝高速、遂广高速、兰渝铁路纵贯全境。自然资源富集，水能资源42万千瓦，盐卤储量8.1亿立方米，天然气储量3000亿立方米，开发利用前景广阔，有“嘉陵明珠”之美誉。是成渝经济区空间布局中成遂渝和渝广达两个经济带的重要节点，是连接川渝的重要通道；在省委、省政府规划的“一极一轴一区块”空间布局中，武胜是“一区块”的重要组成部分；在重庆“一圈两翼”构架中，武胜地处重庆主城区“一圈”层；在广安“一核一圈两翼”城镇总体布局中，属“沿嘉陵江发展翼”。产业基础较好，是全国商品粮生产大县、生猪生产百强县、小型农田水利建设重点县，全省现代农业产业基地强县、第二批扩权强县试点县，成功创建为省级卫生县城、园林县城、“双拥”模范县、文明县城、环保模范县。

县领导名单

县委书记：毛加庆
县委副书记、县长：郑鹏程
副县长：杨永福 刘文涛 雷树金 罗林泉 陈敦林 谢洋波 杨立新 牟光平

县投资促进局

联系电话：0826—6664196

初具规模的街子产业新城

四川省岳池县

副省长甘霖（右三）莅岳调研工业及商务工作

市委书记侯晓春（左二）检查指导岳池政法工作

岳池县隶属于小平故里——广安市，位于四川盆地东部、华蓥山西麓、渠江和嘉陵江汇合的三角台地，因盛产优质稻米，素有“银岳池”之美誉。全县幅员面积 1457 平方公里，辖 43 个乡镇、1 个管委会，827 个行政村、48 个社区，总人口 119 万。岳池是中国曲艺之乡、中国农家乐之源；是全国粮食生产先进县、全国科技进步县、全国科普示范县；是四川省首批扩权强县试点县、四川省现代农业重点县、四川省现代畜牧业深化提升县；是全省农产品加工示范基地、全省医药食品产业重点培育基地、全省药用辅料药用包装材料标准化规范化生产示范基地；已成功创建为省级卫生县城、省级园林县城、省级环保模范县、省级绿化模范县。

岳池历史悠久、地灵人杰。岳池置县于唐武周万岁通天二年（公元 697 年），迄今已有 1300 多年历史。明朝大理寺丞石天柱，讨袁护国军指挥官姚布六，工运领袖刘远翔，小说《红岩》中“双枪老太婆”原型人物之一陈联诗，抗美援朝“特等功臣”、志愿军一级战斗英雄柴云振，原文化部副部长、著名话剧《抓壮丁》作者吴雪，陕北民歌《兰花花》采集者、著名声乐家周家洛，著名经济学家陈佳贵，著名翻译家罗玉君等都诞生在这里。千百年来，岳池形成了独具特色、散发浓郁乡土气息的农家文化。南宋著名爱国诗人陆游曾旅居此地，写下的《岳池农家》被世人广为传颂。岳池农家文化旅游节已成功举办五届，并荣膺“中国·四川十大名节”。

市委副书记、市长罗增斌（左二）到岳池调研经济社会发展情况

县委书记李永平（前排左二）县委副书记、县长汤才勇（前排左三）赴四川科创集团参观考察

岳池物华天宝、资源丰富。岳池为深丘、浅丘、平坝兼具的典型丘陵地区，平均海拔 380 米，年日照 1342 小时，年平均气温 17℃。县内岩盐、石油、天然气、盐卤等地下资源储量巨大，境内盐卤储量达 1500 亿吨，整装天然气气田达 1000 亿立方米。主产优质稻米、小麦、玉米、红薯、油菜籽、生猪、小家禽、果蔬等农产品，中药材种植面积达 10000 余亩。名优土特产品种类繁多，黄龙贡米、苟角竹编久负盛名，岳池特曲、中和陈醋飘香全国，岳柚 5 号、中国 4 号脐橙远近闻名，顾县豆干、莲桥米粉、“天登”系列调味品、西板豆豉、“银特”蔬菜声名远扬。

岳池区位优越、交通便利。岳池与重庆一衣带水、一脉相连，位于成渝经济圈的腹心地带，是川渝合作示范区重要节点，属广安“一刻钟经济圈”、重庆“一小时经济圈”、成都“两小时经济圈”。目前，岳池县正加快与广安市的同城化步伐，岳池县工业走廊

亿联建材家居五金城

输变电技能培训中心

与广安市枣山物流园区、枣山火车客货站相对接，形成岳池广安同城联动发展格局。岳池交通便利，G42沪蓉高速、G75兰海高速在境内有5个互通式出入口，G244仪北路、G350广武路纵贯县境，正在建设的巴广渝高速、遂广高速将进一步缩短岳池与重庆、成都的时空距离，县内乡乡通油路、村村通公路。襄渝、达成铁路绕境而过，兰渝铁路在岳池设有二级货运站和三级客运站，千吨级船舶经渠江广安港罗渡作业区可直达重庆寸滩保税港区。

岳池政策优惠、服务高效。岳池始终致力于经济发展，大兴产业、大善环境。制定了《岳池县招商引资优惠政策》、《岳池县医药产业招商引资优惠政策》，对新入园企业，除享受西部大开发、川渝合作示范区、西部承接产业转移示范区等优惠政策外，在投资奖励、税费减免、用地保障、物流补贴、企业高管用房、职工保障性住房、外贸出口等方面制定了更加积极灵活的措施；对于特别重大的投资项目，将采取“一事一议、一企一策”的方式给予更大的优惠。出台了《优化发展环境的决定》等文件，全面实行“一站式”代办、“保姆式”服务和“一项目一联络员”制度，着力打造优质高效的政务服务环境。

岳池县政府领导名单

汤才勇 县委副书记、县长
欧　彦 县委常委、副县长
王　山 县委常委、副县长
唐协民 县委常委、副县长（挂职）
任仕金 副县长
文成仲 副县长
钟爱平 副县长
姚长琼 副县长
尹　涛 副县长（挂职）

岳池县招商引资局

局长：尚 敏　联系方式:13982613097
地址：岳池县九龙镇安拱路88号
邮编：638000
电话：0826-5243137/ 0826-5240133
邮箱：ycxzsyzj@126.com
传真：0826-5243133
网址：www.scyc.gov.cn

中国曲艺之乡大牌坊

新村建设风貌

岳池经济提速、事业兴旺。岳池围绕“加快发展，争先升位”总体取向，按照“工业主导、三化联动、弘文兴教、富民强县”发展思路，紧紧抓住川渝合作示范区建设、小平同志诞辰110周年纪念等重大发展机遇，求实创新谋发展，奋勇争先促跨越，开创了经济社会快速发展、人民安居乐业的大好局面。2012年，全县实现地区生产总值142.3亿元，同比增长13.7%；完成地方公共财政收入5.2亿元，同比增长18%；完成全社会固定资产投资82亿元，同比增长23.3%；实现社会消费品零售总额58.2亿元，同比增长16%；农民人均纯收入7601元，同比增长14.8%；城镇居民人均可支配收入19103元，同比增长16.2%。岳池将围绕四川多点多极支撑发展战略和川渝合作示范区总体规划，主动与重庆对接，加速融入重庆“一小时经济圈”，努力把区位优势转化为经济优势，把承接优势转化为产业优势，把政策优势转化为发展优势，奋力走在四川经济社会发展的前列。

南宋文化街

设施蔬菜基地

城南工业园区一角

翠湖景区

四 川 省

2013年1月17日，四川省委书记王东明在达州市调研

达州市位于川渝鄂陕四省市结合部，幅员1.66万平方公里，总人口690万，辖4县2区1市，是四川省的人口大市、农业大市、工业重镇、交通枢纽和成渝经济区的重要组成部分。

达州历史悠久，文化灿烂。自东汉建县至今已有1900多年的历史，是距今约4000多年前古巴人文明的发祥地和中国汉阙之乡，是川陕革命根据地的重要组成部分和全国闻名的革命老区，孕育了王维舟、张爱萍、陈佰钧等50多位共和国将帅。

达州区位独特，交通便捷。是国家公路运输179个主枢纽城市、国家区域现代物流试点城市、四川省重点培育的8个百万人口大城市之一。境内已建在建铁路6条、高速公路5条，空中航线连接北京、上海、广州、深圳、昆明等地，水运经重庆直达上海，达州火车站是西南地区第四大站。

达州资源富集，物产丰饶。已探明可开发利用资源28种，其中天然气资源量达3.8万亿立方米，探明可开采储量7000亿立方米，是国家天然气开发的重点地区和川气东送工程的起点，是亚洲最大的硫磺生产基地。达州享有中国“苎麻之乡”、“黄花之乡”、“油橄榄之都”、“富硒茶之都”等美称，是国家商品粮生产基地。

普光天然气净化厂硫磺生产线

市　长：包　惠
副市长：段再青　黄平林　王全兴
　　　　胡　杰　徐　承　吴应刚　洪继诚
达州市投资促进局局长：唐志坤（0818-2181178）
达州市投资促进局办公室：0818-2122150

达州风光秀美，景色宜人。现有国家4A旅游景区2个、3A旅游景区4个，国家级森林公园2个、国家级自然保护区1个、国家级地质公园1个。

达州基础坚实，前景广阔。近年来，达州紧紧围绕“川渝鄂陕结合部区域中心城市”这一发展定位，奋力推进全国

体育馆

第二届全国新农村文化艺术展演开幕式

达 州 市

次级综合交通枢纽、中国西部天然气能源化工基地、成渝经济区配套产业高地、秦巴地区生产性服务业中心、新农村综合体试验区、川渝鄂陕结合部职业教育基地和区域文化中心建设，2011年经济总量突破千亿元，2012年达到1135.5亿元，位居川渝鄂陕结合部“八市二区”第2位。达州曾是国家“三线”建设的重点地区之一，已形成能源、精细化工、冶金、建材、机电、医药、纺织、食品加工、商贸物流等为主体，门类较为齐全的产业体系，现有产业园区7个、配套园区2个，其中，达州经济开发区规划面积143平方公里，是川东北地区建成面积最大、设施最完善的工业园区，目前正在争创国家级经济技术开发区、国家循环化改造示范园区、国家天然气综合开发利用示范区。

站在新的历史起点，达州市委、市政府认真贯彻落实多点多极支撑发展战略，着力实现率先次级突破，加快进入全省超2500亿元经济总量的次级中心城市行列，确立了五年内实施并实现“三大总体战略工程”的奋斗目标，即：实施市域经济“842”工程，中心城区经济总量实现800亿元，3个百万人口大县建成400亿元量级城市，2个市县建成200亿元量级城市，再造一个新达州；实施工业园区“121”工程，即市经开区建成千亿产业园区、5个县区各建成200亿元产业园区，其余2个县（市）各建成100亿元产业园区，支撑全市工业增加值突破1000亿元，再造一个工业达州；实施企业“百十一”工程，即打造5个百亿企业，40个十亿企业，100个1亿企业。在市委、市政府的坚强领导下，全市人民踏上了“经济大市向经济强市跨越、总体小康向全面小康跨越”的新征程。

蜿蜒曲折的宣汉县农村公

纪念红军入川暨川陕革命根据地建立80周年座谈会

秦巴交易盛会

大竹县

大竹经济开发区一角

大竹县位于四川省东部、达州市南部，素有“中国苎麻之乡”、“中国香椿第一县”、“中国醪糟之都”、“中国糯米之乡”、“川东绿竹之乡”美誉。全县幅员2076平方公里，辖50个乡镇、382个行政村、60个社区居委会，总人口112万。**大竹区位优势明显。**地处成渝经济区渝广达发展带，系达州融入重庆的“桥头堡”，境内有国道318线、210线和包茂、沪蓉高速公路贯穿，交通枢纽逐步完善。尤其是在省市发改委的关心支持下，目前已纳入了成渝城市群城际轨道规划。**大竹物产资源富集。**境内有竹40万亩、苎麻30万亩、糯稻13万亩、香椿10万亩，苎麻纺织品、竹制品及“巴山红”香椿、东汉醪糟等特色农产品享誉国内外，创有川环科技“川环”商标、川东电缆“黑象及图”、东汉醪糟“东汉”商标3个中国驰名商标。系全国100个重点产煤大县之一，拥有亚洲第二大天然气集输站，年输转天然气27亿立方米。**大竹旅游资源独特。**境内有五峰山国家AAA级旅游景区，有启于先秦、兴于三国的古官驿道，有四川历史文化名镇——清河古镇，有川东小峨眉美誉的云雾山，有单井日出水量1.1万吨的百岛湖温泉，有川东地区最大佛教圣地净土寺。**大竹经济基础较好。**大竹属四川省首批扩权强县试点县、革命老区县和四川省16个“金融生态环境示范县”之一。连续11年入选“中国西部百强县”，2011年综合实力位列四川省第36位。2012年，全县地区生产总值和地方公共财政收入分别位列全省第32位、37位，位列全省68个丘陵县第14位、10位，位列全省59个扩权强县第9位、10位。先后荣获“全国粮食生产先进单位”、“全国科技进步先进县”、“全国科普示范县”、“全省文明城市”、“全省环境优美示范城市”、“全省卫生城市”等称号。

二郎乡巴山红香椿基地

优质苎麻生产基地

高效优质的服务环境

高效优质的服务环境

庙坝镇长乐村新农村综合体

山水环抱的环湖健身大道

四川川环科技股份有限公司生产车间

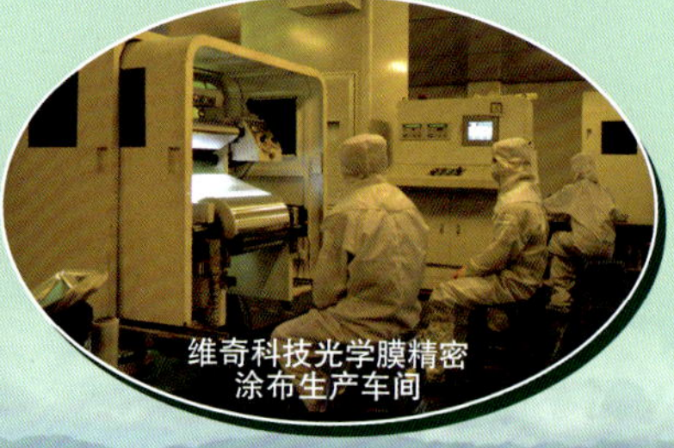
维奇科技光学膜精密涂布生产车间

园区全景

邻水经济开发区

广安市委书记侯晓春，副书记、市长罗增斌等全市产业园区大会与会人员参观邻水经开区

重庆市政府副秘书长王银峰在经开区考察

近年来，我们充分发挥交通、资源、人文、区位优势，抢抓重庆产业转移和川渝合作示范区加快建设的有利机遇，强力推进园区建设大突破、工业总量大扩张、产业结构大提升。目前经开区建成面积达14.91平方公里，入驻企业133户，建成投产90户，2012年实现产值118.3亿元。先后荣获“四川省小企业创业示范基地”、“全国农产品加工创业基地”、“四川省和谐园区”等称号。是重庆市人民政府和广安市人民政府联合授牌的“渝广共建机电产业园区”，被列为四川省“51025”重点产业园区发展计划500亿培育园区。通过几年来快速建设与发展，经开区实现了由量变到质变的“五大跨越”。

一是一枝独秀向多元支撑的跨越。按照“一核引领，八极支撑，七点带动”的“1+8+7”发展布局，大手笔规划建设了城南机电园、磬滩铸造园、高滩川渝合作示范园、牟家渝邻物流园、丰禾轻工园、建材产业园、九龙农产品加工园。未来五年，七个园区集体发力，必将推动邻水工业爆发式增长，成为打造500亿园区的强大支撑。

二是配件生产向整车制造的跨越。按照“领域相通、产业相联、技术相近”的要求，集群集约集中发展机电产业，园区已集聚汽摩等机电产品种类300余种，成功引进了重庆利爵、启源、嘉逸皇冠、鼎豪等摩托车整装项目，建成后年生产能力达60万辆，第一台“邻水造”摩托车于2012年4月成功下线。

2013年10月23日，全国政协副主席、民盟中央常务副主席陈晓光来邻调研川渝合作示范区建设情况

渝邻经贸合作签约仪式

三是单体引进向抱团入驻的跨越。创新“4+N”招商模式，布重兵驻点重庆招商，出奇兵入驻广西招商，派尖兵奔赴沿海招商，由县级领导带队，瞄准全国知名大企业、大财团，组成若干个项目招商组，“点对点”招商，2012年成功创造了“1+N”入园模式，即启源1户整车企业与9户核心配套企业抱团入驻，“一墙之隔，相互配套”，促进资源共享，极大地节约了物流等生产成本，提高了企业抗御市场风险能力。2013年又成功引进了投资50亿元的河北工业园，投资10亿元的申菱电梯，投资5亿元的拓普集团、安达汽配等一大批项目入驻园区。

四是产品升级向产业升级的跨越。劲德兴镁铝合金压铸件生产技术国内领先，西部第一，成为富士康合格供应商；圣锦风机生产的微车空调灌流风叶占据全国73%的份额，天坤模具拥有世界一流设备“温泽”三坐标检测仪和中国第一品牌“天锻”1千吨液压机。目前经开区内拥有科技型创新企业6家，技术中心5家，商标50件，自主研发品牌4个，国家级专利200多项。装备制造业产值正以70%以上的速度高速增长，2012年机电产业实现产值 47.7亿元，占全县规上工业总产值的30.3%，取代原煤、建材成为全县工业第一支柱。

五是产业园区向专业园区的跨越。按照“结构层次合理、产业特色鲜明，集群优势显著、功能布局优化”的现代产业分工协作专业园区的要求，把专业园区作为产业基地的“发动机”和“核心区”，进一步积聚行业区域优势资源、增强产业关联配套、提高单位产品附加值、提升园区综合竞争力，加快推进园区专业化、精细化、高端化建设。创新办园模式，推进由政府主导办园向企业主体办园、企业间协作办园等多元化模式转变。2012年成功引进重庆启源等10户企业投资15亿元建设600亩的启源工业园项目，2013年又成功引进了投资50亿元占地1800亩的河北工业园。

申菱电梯董事长卢国平一行来邻水洽谈落户邻水合同事宜

2012年10月30日，渝广共建机电产业园授牌

2013年4月28日，邻水造第一台摩托车在利爵公司下线

光雾山云海

四川省南

南江党政中心

南江县位于四川省东北边缘，毗邻陕西省汉中市，距成都463公里、西安432公里、重庆520公里。古属巴国，后为集州。先秦、西汉就有政区建置，公元525年立县，迄今已有1480多年的历史。辖48个乡镇、522个村、96个社区，幅员面积3383平方公里，2012年年末总人口70.9万人。是全国扶贫开发工作重点县、全国地震重灾县、秦巴山片区区域发展与扶贫攻坚县、全省扩权强县试点县、时代先锋王瑛生前工作县。

南江是一片红色土地。这里是川陕革命根据地的中心之一，第二次国内革命战争时期，徐向前、李先念等老一辈革命家在这里战斗两年多，有2.2万名南江儿女参加红军，1.6万多人为中国革命献出了宝贵生命。红四门、禹王宫等革命遗址是重要的爱国主义教育基地。

南江是一座资源宝库。全县森林覆盖率65.59%，绿化率98.5%；有195种野生动物，46种珍稀植物，

巴山新居

改土工程

村道路

光雾冬

光雾秋色

60多万亩原始森林，3万亩植物“活化石”巴山水青冈，被中外专家称为“四川盆地北缘山区重要的生物基因库”。拥有煤炭、磁铁矿、霞石、钾长石、石墨等50多种矿产资源。先后获得国家地理标志保护产品称号6个，国家无公害农产品、绿色食品、有机食品品牌认证35个，南江被命名为“中国南江黄羊之乡”、“中国核桃之乡”、“中国金银花之乡”、“中国富硒茶之乡”。

南江翡翠米基地

南江大叶茶

南江金银花

南江是一处旅游胜地。全县有830平方公里原生态旅游景区，有光雾山·诺水河国家级风景名胜区、光雾山国家AAAA级旅游景区、光雾山国家地质公园、米仓山国家森林公园和国家自然遗产五个“国”字品牌，是“中国生态旅游大县”、“中国最具原生态旅游资源大县”、“中国红叶之乡”、“中国重要的观光休闲度假区”、“中国绿色名县”。

南江是一块文化沃土。历史文化底蕴深厚，米仓古道贯穿全境，三国文化内涵丰富，至今发现保存较为完整的米仓古道、东汉三国墓葬等文物点839处。民俗文化方兴未艾，南江是“中国楹联文化县”，巴山背二歌、说春分别被列为国家、省级非物质文化遗产。

香炉山杜鹃

香炉霞光

四川省安岳

资阳市委书记李佳同志到安岳龙台发展区调研

四川省安岳龙台发展区位于四川省资阳市安岳县城东北面，规划面积 30 平方公里，现已形成 15 平方公里的发展框架，建成区面积达 8.2 平方公里，入驻企业 86 户，员工近 2 万人。是四川省委、省政府表彰的全省唯一县级优秀工业园、省循环经济示范园区。**园区交通条件便利**。国道 319、省道 206 穿园而过，距内资遂、成安渝、资安潼广高速公路出口均不到 10 分钟车程；与成都、重庆、资阳、内江、遂宁、广安、潼南、大足等大中城市实现了快速连接。**园区基础设施完善**。形成了“五纵三横”路网骨架，规划建设了集中供水站、输变电站、配气站、污水处理厂等功能设施，能充分保障企业发展的水、电、气、讯需求。**园区配套功能齐全**。同步规划建设了安置小区、蓝领公寓、学校、医院、政务中心、公安、消防、法庭、职业培训中心、研发大楼、商务宾馆、商贸物流，以及绿化、美化、亮化工程，可有效解决拆迁安置、企业生产、员工生活等切身问题。**园区主导产业集聚**。初步构建起了分功能、分区域布局的以柠檬加工为主导的食品产业和医药、纺织、建材、电子、机械、制鞋为主体的现代产业体系。各大产业园产业特色逐步凸显，集聚功能日渐增强。2012 年，园区规模

县委书记许志勋、县长邹明勇到龙台发展区调研

龙台发展区

工业总产值实现183亿元，年均增长50.8%；规模工业增加值达到46亿元，年均增长45.3%；利税总额实现15.4亿元。

近年来，安岳县龙台发展区紧紧围绕打造“两化互动示范区”和融入重庆“桥头堡”总体定位，积极探索“七创新”，推动“七转变”，强力推进工业园区健康快速发展。一是创新发展理念，科学规划引领发展，推动“工业一体化”向“产城一体化”转变；二是创新发展产业，优化结构联动发展，推动“单一工业”向“二、三产业融合发展”转变；三是创新招商方式，招大引强领跑发展，推动“招商引资”向“招商选资、招大引强”转变；四是创新建园模式，产业成链配套发展，推动“政府建园”向“企业建园”转变；五是创新推进手法，拓宽空间跳跃发展，推动园区建设由“梯度式”推进向“框架式”拉开、“跳跃式”发展转变；六是创新安置模式，以人为本和谐发展，推动“划地自建”向“小区集中安置”转变；七是创新服务方式，优质高效助推发展，推动“一般化服务”向“主动化、全程式服务”转变。

四川科伦药业有限公司安岳分公司公司生产车间

在推进与重庆经济合作上，安岳县龙台发展区充分依托位于成都、重庆两座特大城市直接连线中间点的交通区位优势，抢抓西部大开发和成渝经济区产业升级转移重大机遇，在食品、纺织、医药、机械等产业发展基础上，规划布局了制鞋、电子、物流等产业园并全面加快建设，积极承接重庆相关产业升级转移，搭建承接重庆相关产业转移主平台，着力打造融入重庆“桥头堡”。

招商电话：028-24596188 传真：028-24225138

国家级广安经济技术开发区

【概况】广安经济技术开发区位于世纪伟人——邓小平家乡广安，设立于1995年7月，1996年1月经四川省人民政府批准为省级开发区，2006年1月经国家发改委、国土资源部和建设部审核保留为省级经济开发区，2010年6月经国务院批准升级为国家级经济技术开发区，

广安临港工业园合作建设签字仪式

2012年10月经中编办批准机构升格为副厅级，2013年4月成建制代管奎阁街道、护安镇、新桥乡，现规划面积103平方公里，下辖新桥、奎阁（临港）2个园区。是经国家批准的承接东部沿海产业转移示范市、成渝经济区川渝合作示范区的重要载体和平台，是四川省确定的川东北气盐结合精细化工基地、新型工业化产业示范基地和“1525”特色园区。

辖区总人口6万余人，幅员面积62.04平方公里。其中，奎阁街道辖2个城市社区和6个行政村，总人口1万人，幅员面积7.2平方公里；新桥乡辖15个村，总人口2.6万人，幅员面积26.4平方公里；护安镇辖23个村，1个社区，总人口2.4万人，幅员面积28.44平方公里。

【新桥工业园区】距离广安市区18公里，规划面积60平方公里，是四川省确定的气盐结合的精细化工基地，定位为工业新城，重点发展有色金属、精细化工、新材料等产业。目前，已引进正威聚酰亚胺、玖源化工、诚信化工、LNG、广安科塔、北新建材、达江木业、北控水务等23个项目，全部建成后，年销售收入超过900亿元，年创利税60亿元以上，可解决上万人就业。

【奎阁（临港）工业园区】地处广安城区东北部，规划面积43平方公里，定位为广安市工业化、城镇化“两化互动”的示范区，重点发展电子信息、新能源、新材料等战略性新兴产业和仓储物流等产业。目前，已引进鼎恒大功率锂离子电池、超臣电器、渝生钢绳、华通钢绞、华泰混凝土、鑫宇电子、金丰五金、城市综合体、三甲医院等67个项目。

【招商引资】利用川渝合作示范区带来的政策聚集、目光聚焦、要素聚合效应，围绕化工、有色金属、新型建材三大产业，以“四园一城”（综合物流园、汽博城园、高新技术产业园、生态文化园和集商贸、金融、现代服务业为一体的滨江新城）建设为重点，调整招商思路，从单纯的第二产业招商扩大至一、二、三产业全方位招商，推动三次产业联动发展。2013年，新引进项目16个，协议资金512.91亿元，到位资金117.2亿元，分别占全年目标任务的341.94%、106.55%，同比分别增长316.39%、113.09%。其中，单体投资100亿元以上项目2个，投资50亿元以上项目2个，投资10亿元以上项目5个，分别是投资200亿元的聚酰亚胺新材料、投资120亿元的金山科技城、投资60亿元的纳米OGS触摸屏、投资50亿元的3D打印设计及模具城、投资30亿元的奎阁片区城市综合体、投资16亿元的高端精密仪器制造和三个分别投资10亿元的聚苯硫醚、“气化广安”二期、三甲医院等项目。聚酰亚胺新材料、金山科技城、纳米OGS触摸屏、3D打印设计及模具城、高端精密仪器制造、聚苯硫醚等项目的落户和建设，填补了电子信息、新材料、新装备产业空白，有力推进了高端产业和产业高端发展。

【重大项目建设】坚定不移地实施投资拉动、项目带动和创新驱动，坚持上大项目、好项目，广辟资金来源，加强项目培育和服务，保持投资较快增长。规划有序推进，委托北大设计院基本完成园区103平方公里总规、奎阁片区控规及10平方公里城市设计的编制，完成了奎阁（临港）、新桥园区规划环评；完成了奎阁片区30平方公里6条30余公里骨干道路、广前路景观改造二期设计和新桥园区、奎阁片区1：500地形图测绘；完善了新桥园区高压电力廊道规划、奎阁片区污水厂和污水主干管网规划设计，正在开展奎阁片区水、电、气、通讯等综合管网的前期工作。投资完成较好，核心区预计完成固定资产投资61亿元。其中，20个重点工业项目完成投资35亿元，超目标任务（20.04亿元）15亿元；新开工聚酰亚胺、聚苯硫醚、诚信二期等9个项目，完成投资5亿元；加快推进锂电池、铜铝型材等7个在建（续建）项目，完成投资16亿元；玖源一期、新桥化工等4个项目竣工投产，完成投资14亿元。产业项目加快建设，玖源化工累计完成投资近30亿元，

奎阁工业发展区全景

化工投料在即；锂电池累计完成投资13亿元，计划年底试生产；诚信甘氨酸等系列化工项目已实质性开工建设，2.5万吨双甘膦生产线已建成投产，预计全年可实现销售收入12亿元以上、利润2亿元以上；科塔金属电解铜车间投产运营、华油LNG销售市场逐渐扩大，两个企业全年可实现产值近10亿元；北新建材、华泰商品混凝土、渝生钢绳、鑫宇电子等投产企业生产形势良好，产品供不应求。基础设施建设快速推进，预计全年完成基础设施投资18亿余元，竣工基础设施项目9个，在建项目13个，建成市政道路10公里，铺设供排水管网53公里，

新建 110KV 电力线路 5 公里，迁改电力线路 20 余处；新增绿化面积 1000 余亩，完成土石方平场 2200 亩，新增建成区面积 1.5 平方公里，城镇化率达 16.8%。

【项目前期工作】加大对上争取力度，争取中省安排项目补助资金 5430.67 万元，其中基础设施建设补助资金 2157.2 万元、外经贸促进资金 181 万元、贷款贴息资金 907 万元、产业园区发展引导资金 759 万元、循环化改造资金 670 万元、企业补助资金 750 万元、乡镇补助资金 6.47 万元；组织外贸企业积极申报争取中小企业开拓国际市场资金、外贸促进奖励资金超过 140 万元；成功进入全省 1000 亿园区重点培育名单、总部经济区被命名为四川省生产性服务业示范基地；成功申报中石油广安运输公司、承平港务公司为省重点 A 级物流企业。启动编制 103 平方公里总规，修编奎阁临港片区控规；完成了新桥园区、奎阁片区 1：500 地形图测绘；完善了新桥园区高压电力廊道规划、奎阁片区污水厂和污水主干管网规划设计，正在开展奎阁片区水、电、气、通讯等综合管网的前期工作。

【民生工作】农村扶贫解困、教育助学、社会保障、医疗卫生、百姓安居、文化体育等 83 项省定民生工程、15 项市定民生工程、5 项自定民生工程基本完成或超额完成目标任务。征地拆迁安置有序推进，完成 7 个批次土地报征的基础组卷工作，其中 2 个批次建设用地获得省政府批复；完成 3 个批次的征地工作，征回土地 1800 亩，拆迁农户 638 户 5.3 万平方米，修建安置房 4.7 万平方米，已安置农户 195 户。农民收入稳步增长，大力发展优质蔬菜、畜牧产业，大力实施农业产业化经营，加强对劳务输出的跟踪管理和服务，农民人均纯收入不同程度增长。社会保障有效落实，开展了“社会保险界定”、城乡居民养老保险和保险档案的整理工作，清理养老保险欠费 2.4 亿元，为 1.4 万人办理“五险一金”；协助企业召开各类招聘会，为入园企业解决用工 3000 余人次；积极开展标准化社区创建活动，创建离退休人员标准化管理服务社区 3 个，投入 12 万元对 3 个社区进行了标准化升级改造。

【社会事业】教育工作稳步推进，学前一年入园率达 92%；开展知名特色学校建设活动，启动了“经典传颂校园文化”、“乡村少年宫活动阵地”建设；投入 170 余万元，实施护安小学中心幼儿园、新桥小学农村学校食堂建设；实施教育惠民，为 2 千余名学生免除杂费和教材费，发放“一减一免”资金 3.24 万元，发放“三儿”资助金 4.5 万余元；深入实施师德工程和“国培计划”，培训省级骨干教师 1 人、市级骨干教师 24 人，1 人受省政府表彰，3 人受市教育局、市人社局表彰。卫生工作稳步推进，新农合 2013 年参合率达 99.14%；深入做好食品安全和卫生监管网络工作，医疗机构监督覆盖率达 100%；积极推进农村卫生项目建设，奎阁社区服务中心和新桥乡卫生院的新扩建项目推进顺利；组织专家对医疗机构进行了等级评审、公共卫生目标考核和合格接种门诊评定，护安镇卫生院达甲等一般卫生院标准，6 所卫生室达甲级村卫生室标准，5 所卫生室达乙级村卫生室标准，居民健康档案建档率达到 95% 以上。安全工作稳步推进，出台了安全生产例会、考核奖惩办法等制度，制作了温馨提示册，层层签订了目标责任书，开展了安全生产大检查和危化品、建筑施工及教育、卫生等行业（领域）为重点的专项整治；大力推进安全标准化和职业卫生管理规范化企业创建工作，危险化学品、烟花爆竹行业安全标准化建设达标率为 100%；

新桥工业园区

加强安全生产教育宣传，开展集中宣传活动 20 余次，开展应急救援演练 5 次，组织各类培训 10 余次，开展了重大危险源登记、工矿商贸企业、作业场所职业危害等 5 项专项调查，全年未发生较大及以上安全生产事故。切实维护社会稳定，采取领导包案、干部接访、重点盯防等措施，成功调处各类纠纷 28 起，做到小事不出村（企）、一般事不出乡镇（园区）、大事不出经开区，实现了信访维稳工作“三无”目标；大力做好社区网格化服务管理工作，建立社区网格化服务管理试点社区三个；倾力做好防邪教转工作，建立了台账，开展了防邪志愿者培训，落实了帮扶责任和措施。

【体制改革】市委市政府体制改革决定全面落实，市委出台了《广安经济技术开发区管理体制实施方案》（广委发〔2013〕22 号）文件，为经开区在行政管理、财政管理、人事管理、社会事务管理、绩效考核管理等方面作了刚性的规定。园区运行机制逐步建立，与前锋区建立了对接机制和联系会议制度，定期不定期研究解决出现的新情况、新问题；完善了委领导联系企业制度，明确了联系职责任务和工作目标；成立了土地审查工作委员会，对拟挂牌土地及时审查；不断畅通人才流通渠道，采取公开招考、选调、高学历特殊人才免试聘请等方式，从辖区乡镇和各区市县选调了一批具有专业技术特长的干部。积极探索要素保障机制，充分利用国家政策，争取发行 10 亿元债券工作有效推进；充分挖掘土地资本潜力，力争实现土地出让收入 6 亿元；发挥市场机制作用，对园区供水厂、污水处理厂和骨架道路采取 BOT 等模式，力争融资 10 亿元。通过向上争取，清查国有土地权属等方式，落实征收土地的耕地占补平衡指标 34.65 公顷，查清广前路左侧国有土地权属 300 多亩。

【党的建设】以开展“中国梦”和党的群众路线教育实践活动为契机，全面推进基层组织党的建设，打造农村基层党建示范点 8 个，非公企业党建示范点 3 个，基层服务型社区党组织 2 个，作为全省产业园区代表参加了中组部组织的非公企业党建工作调研座谈会并作经验发言；全面完成村（社区）党组织换届工作，进一步夯实了基层基础。加强干部队伍建设，选调、考录干部 17 名，缓减了人少事多的矛盾。认真落实党风廉政建设责任制，开展了“企业党风廉政建设和效能监察进园区”主题活动，全面落实“三重一大”决策制度，着力打造北新建材、科塔金属、西南建工等一批纪检监察示范点。同时，以创新的精神，建立和完善了基建工程项目重要环节监管、工程变更分级审批等若干廉政制度，进一步形成了想干事、能干事、敢干事、干净干事的浓厚氛围。

按照省委、省政府建设西部综合交通枢纽、打造西部经济高地的战略部署，宜宾市委、市政府立足独特的区位、交通、资源优势，经四川省人民政府批准，于2009年12月18日正式成立了四川宜宾临港经济开发区。四川宜宾临港经济开发区是四川省首个以“临港”命名的“港园城互动、城乡一体化发展”的省级开发区，是宜宾市委、市政府确定实现“四个千亿”目标的战略平台、撬动沿江开发的战略支点、开发开放的战略前沿、参与大区域合作的战略高地。2013年1月，经国务院批准，四川宜宾临港经济开发区升级为国家级经济技术开发区，定名为宜宾临港经济技术开发区。

市政府副市长、区党工委书记李学焦（左三），市政协副主席、区党工委副书记、管委会主任王邦兴（左四），区党工委副书记、管委会副主任童叔刚（左二）等领导调研重点项目建设

空间布局规划图

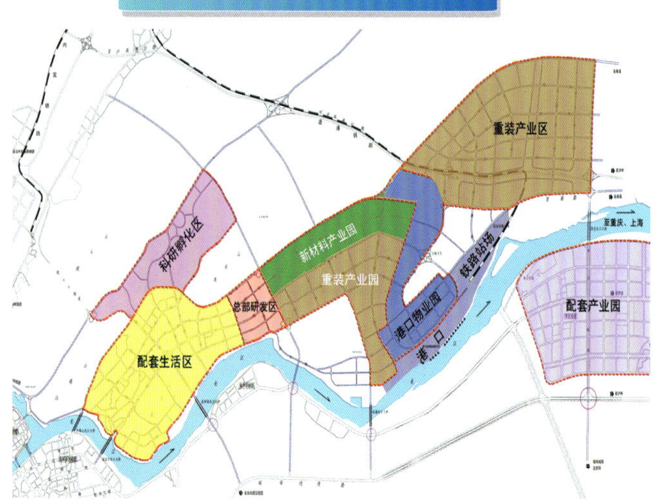

宜宾临港经济技术开发区位于宜宾中心城区东部、长江起点，规划区面积193平方公里，涵盖宜宾市沿江工业集中区和港口群；核心区面积99.2平方公里，起步区面积25.9平方公里，辖白沙湾街道和沙坪镇，总人口7.68万人。区内四川宜宾港拥有长江、金沙江、岷江三江295公里天然航道资源，是全省唯一可充分利用三江沿江岸线资源和水运优势的区域，是四川通江达海的桥头堡和长江上游川滇黔结合部综合交通枢纽。

宜宾临港经济技术开发区

开发区成立以来，区党工委、管委会在省委、省政府、市委、市政府的坚强领导下，在相关部门（单位）的全力支持、帮助下，全区上下大力发扬“白加黑”、“五加二”的工作精神，借势成渝、联动川南、辐射滇黔，发挥长江水运和长江上游川滇黔结合部生产成本低、产业配套好、辐射带动强等综合优势，依托四川宜宾港强大的集疏运功能，以港兴业、以园促城、以城带乡、城乡互动，港口运营成效明显，产业培育如火如荼，城市建设日新月异，新型工业化、新型城镇化同频共振、协调发展。

按照“港园城互动、城乡一体化”的发展思路，临港开发区围绕构建“四川沿江开发和宜宾全域开放的新高地”的功能定位、“长江起点国际化山水生态新港城”的形象定位和“两中心、两基地、一枢纽”的产业定位（长江上游区域性商贸物流中心、川滇黔结合部区域性金融中心，四川省新型重装产业基地、新材料产业基地，现代化内河国际枢纽港），坚持国际视野、创新理念、科学模式，统筹整合优势资源，充分调动各方力量，全力打造三产互动、产城相融、生态繁荣、和谐美好的产业园区、生态休闲旅游区和城市新区，加快建设经济发展最快、开放水平最高、人均贡献最大、发展环境最优、城市形象最佳的“先行区”，争当“宜宾在次级突破战略中率先崛起、先于全省全面建成小康社会”的“排头兵”，全面建成宜宾全域开放的核心增长极，四川一流、全国知名的现代化开发区，奋力谱写伟大中国梦的宜宾临港新篇章。

宜宾港

临港开发区沙坪镇龙丰村新农村综合体

昌都地区位于西藏自治区东部，横断山脉南段，金沙江、澜沧江、怒江三江中上游，是康区腹心区域，是西藏的东大门，是连接藏、青、滇、川的枢纽，战略地位十分重要，素有“治藏必先安康”的古训。全地区地形地貌复杂多样，幅员10.86万平方公里。辖11县、138个乡镇、1142个村（居）委会，居住着藏、汉、回、纳西、珞巴等28个民族，人口72万。国道317、318线横跨东西，国道214线纵贯南北，邦达机场开通昌都至成都、拉萨两条航线。

昌都地区是国家“西电东送”接续能源基地和有色金属产业基地的重要组成部分。境内资源丰富。**矿产资源种类繁多**，主要矿产有金、银、铜、铁、铬、钼、锡、砷、煤、水晶石、冰川石、宝玉石、大理石、石灰石等矿种，已发现6大类52个矿种，各类矿床（点）714处，开发前景极为广阔。**水能资源十分丰富**，河流众多，由东向西依次有金沙江、澜沧江和怒江三大水系，地表和地下水资源量达771亿立方米，水能资源蕴藏量达4000万千瓦以上。**农畜产品资源丰富**，全地区现有耕地面积4.72万公顷，天然草场面积540万公顷，年出栏牲畜达90余万头（只），可提供牛、羊肉5万余吨，酥油和牛、羊绒数量相当可观。**森林资源得天独厚**，是西藏第二大林区，林地面积375万公顷，木材蓄积量达3.6亿立方米，林下资源丰富，各种野生菌类，种类多、数量大、无污染、品质优而闻名中外，具有很高的经济价值。**药材及植物资源极为丰富**，全地区有各种植物1200多种，可利用的名贵中药材有750多种；虫草、贝母、红景天、雪莲、天麻、大黄、当归、党参、三七、菌灵芝等都有

较高的产量；野生动物药材麝香、鹿茸、熊胆、牛黄、雪蛙等也有一定的产量，独具特色的名贵藏药珍珠七十味、常觉等享誉藏区，畅销国内外。**生态景观、人文景观、民族风情独具魅力**，不仅有历史悠久的卡若遗址、强巴林寺和千姿百态的奇峰异洞、神山圣湖，还有巧夺天工的自然景观，也有融自然与人文内涵于一体的茶马古道，古朴浓郁的民俗风情，奇特的宗教民族艺术，精湛的石刻艺术，精美的唐卡画，精雕细镂的金银首饰。著名的卡若遗址和达玛拉山恐龙化石群举世闻名。此外还有八宿县集冰川和湖泊为一体的然乌湖，边坝县的白、黑、黄三色湖等瑰丽景观。高原的风光和独特的地貌，恬静的自然环境，悠久而浓厚的本土文化，无不显示出昌都自然、人文、民族风光的独特与绚丽。

在党中央的亲切关怀下，在西藏自治区党委、政府的坚强领导下，在对口援昌省市和中央企业的大力帮助下，历届地委、行署班子励精图治，团结带领全地区各族人民艰苦奋斗，经济建设取得了巨大成就。“十二五”以来，昌都地区瞄准到2020年与全国、全区一道全面建成小康社会的宏伟目标，按照西藏自治区党委“一产上水平、二产抓重点、三产大发展”的要求，坚持“稳中求更快”的发展总基调，大力实施**“强工重镇、带动两翼、东西发展、创建基地”**战略，经济社会实现了快速、持续、健康发展。2013年，全地区预计完成地区生产总值112.5亿元，同比增长25.4%；固定资产投资122亿元，同比增长38.6%；地方财政一般预算收入7.5亿元，同比增长36.4%，财政预算支出70亿元，同比增长17%；税收10亿元，同比增长53.8%；农牧民人均纯收入5130元（其中现金收入4200元），同比增长9.5%；城镇居民可支配收入17120元，同比增长9.8%；全社会消费品零售总额26.4亿元，同比增长18.9%；金融机构存款140亿元，同比增长13.7%，贷款余额80亿元，同比增长102%。

西藏自治区党委常委、昌都地委书记罗布顿珠

2014年是奠定“十二五”规划收关的重要一年，是深入学习贯彻党的十八届三中全会精神的重要一年。昌都地区将继续高举中国特色社会主义伟大旗帜，以全面建成小康社会为目标，加快藏东经济强区建设。**一是着力打牢基础设施建设和农牧业生产两个基础；二是着力加快建设西电东送接续能源和藏东有色金属产业两个基地；三是做大做强特色农畜产品和旅游发展两个特色；四是强化民生改善和生态环境保护两个保障；五是做好优化发展环境和扩大开放两篇文章；六是科学处理发展与稳定两个关系。**

中共昌都地委副书记、昌都地区行署专员许成仓

展望昌都未来，我们信心百倍。我们坚信，在党中央、国务院的亲切关怀和区党委、政府的坚强领导下，在重庆市的无私援助下，通过全地区各族各界人民的不懈努力，昌都的经济社会发展一定能够取得更加辉煌的成就，昌都的明天一定会更加美好！

赤水全景

醉美丹霞 神秘赤水

市委书记张集智（前左二）在丙安乡调研竹基地建设

市长况顺航（右）代表赤水政府与遵义商业银行签订战略合作协议

赤水，因1935年中国工农红军“四渡赤水”而扬名，素称“川黔锁钥”、“黔北明珠”。赤水地处贵阳、重庆、成都、遵义、泸州中间地带，是黔北通往川渝的重要门户，也是贵州省最大的通江口岸和货运码头，“黄金水道”赤水河绕城而过，仅60公里汇入长江。赤水至遵义的高速公路预计2013年9月通车，赤水至重庆、泸州的高速公路预计2013年底通车，届时，赤水到泸州只需0.5小时，到重庆只需1.5小时。

赤水是全国唯一以行政区名命名的国家级重点风景名胜区，森林覆盖率达76.17%，境内空气质量优良率常年保持100%，景区空气负氧离子达32000个/立方厘米。赤水丹霞作为“中国丹霞”青年早期的典型代表和重要组成被列入《世界遗产名录》。赤水的绚丽景观，被中外专家称誉为“丹霞之冠、千瀑之市、竹子之乡、桫椤王国、长征遗址”。全市现有林地面积214万亩，其中竹林面积129万亩，

赤水丹霞——佛光岩

赤水丹霞——赤水大瀑布

国家级森林公园——赤水竹海

年产木材4万立方米、楠竹500万根、杂竹40万吨、竹笋4万吨以上。赤水金钗石斛和赤水乌骨鸡获得“国家地理标志产品”保护。

2012年，赤水坚持“全党抓经济、重点抓‘四化’、关键抓项目、突破抓招商”，着力稳增长、惠民生、促和谐，经济社会持续较快发展，财政总收入、公共财政预算收入增速继续保持在30%以上，全社会固定资产投资、招商引资到位资金人均数双双突破3万元，实现地区生产总值同比增长16.9%、城镇居民人均可支配收入同比增长14.9%、农民人均纯收入同比增长16.8%。

国家地理标志产品——赤水乌骨鸡

国家地理标志产品——金钗石斛

当前，赤水正在围绕“两个率先”（率先建成国际休闲旅游目的地、率先建成全面小康社会）奋斗目标，大力实施“北联南靠”（紧贴黔中、融入成渝，北联要素、南靠政策）发展战略，以文化旅游为引领，全力打造3个5A级、3个4A级景区，尤其是依托海拔1200米左右的几个高山湖泊，引资开发月亮湖等避暑休闲旅游度假区；按照“五年再造一个赤水城”的发展思路，全力推进城市扩容；按照经济开发区“一区四园”的要求发展，全力推进竹业循环经济园、农特产品加工园、旅游商品加工园和白酒产业园建设。到2016年，力争全市接待游客总量和旅游综合收入年均增长35%以上，城区面积增加到20平方公里以上，工业增加值占全市生产总值的比重提高到50%以上；力争实现国内生产总值、城镇居民人均可支配收入、农民人均纯收入在2010年的基础上翻一番，全面小康实现程度达95%以上。

“醉美丹霞·神秘赤水”，热忱欢迎海内外朋友前来旅游观光、兴办实业、共谋发展。体验“饮马长江、探秘赤水、醉卧茅台、转折遵义”的英雄之旅、神秘之旅、生态之旅、低碳之旅、健康之旅、幸运之旅！

建设中的游客接待中心

建设中的游客接赤水市三十里河滨大道河滨西路段全面建成

整体推进中的赤水大道

酱香仁怀 破浪前行

神秘茅台，中国酒都。酱香弥漫，天下归仁！

仁怀市位于贵州省西北部，背靠名城遵义，面朝巴渝大地，是红军长征四渡赤水中第三渡的地方，是国酒茅台的故乡。面积1788平方公里，辖18个乡镇3个街道，居住着汉、苗、布依、仡佬、彝、白等9个民族，总人口68万。2012年，仁怀市实现生产总值330亿元，财政总收入114亿元，完成全社会固定资产投资124.9亿元，城镇居民人均可支配收入20656元，农民人均纯收入6752元，社会消费品零售总额46.5亿元。市域经济综合实力位列贵州省经济强县（市）第一方阵，中国西部百强县市前30位。

仁怀特色工业优势突出。赤水河是长江中上游唯一一条没有开发的一级支流，没有工业污染，生态环境优美。深度切割的赤水河谷、罕见的紫色钙质土壤、清亮甘洌的河水、容纳了四时之妙的传统工艺、空气中的微生物种群、产于本地的优质高粱、坚守标准的酿酒大师，成就了神秘的"酱"香之源。在茅台集团的引领带动下，仁怀酱香白酒蓬勃发展。2012年，全市白酒产量达25.3万千升，在全国白酒行业中以2.2%的产量实现了24.7%的利润、33%的税收。规模白酒企业完成工业总产值308.3亿元，占全省规模白酒工业总产值406亿元的76%。

仁怀城镇化水平不断提升。2012年，城镇化率已达到45%。随着"城镇化带动"战略的持续实施，市委、市政府提出"一城四片"的城市建设规划，未来5年城镇人口将达到50万人，城镇化将达55%以上。国酒新城、南部新城、惠帮国际城等一批集文化休闲、生态宜居于一身的城市综合体应运而生。

仁怀文化旅游资源丰富。酒文化、长征文化、水（流域）文化、盐文化、生态文化五大文化内涵丰富。茅台是贵州省级风景名胜区，是黔北旅游资源富集的地区之一，因"四渡赤水"而列入国家12个重点红色旅游区。贵州省省长陈敏尔同志要求把茅台镇打造成为"贵州第一、全国一流、世界知名"的示范小城镇，茅台必将成为"酱香、古镇、绿色"的代名词。

我们有理由相信，在新的历史起点上，在未来十年乃至更长的时间里，中国白酒的酱香时代，将义无反顾地破浪前行！

市 长：王茂才
副市长：王 飞 王照达 陈恒超 邹志鸣 陈 华 喻阳洪 罗 欣 王晓星 杨云勇

仁怀市投资促进局
李荣江局长：13985247688
联系电话：0852-2308235

崛起中的德江

德江位于贵州省东北部、铜仁市西部，与凤冈、务川、思南、印江、沿河等县毗邻，乌江航道、326国道、303省道、杭（州）瑞（丽）高速公路穿境而过，贵州省委、省政府明确把德江作为黔东北铁路交通枢纽和区域性中心城市建设，全县国土面积2072平方公里，辖11镇8乡2个街道办事处345个行政村（社区）和1个省级经济开发区，境内聚居土家、仡佬、苗等18个民族54万人，县城区建成面积15平方公里，县城区人口14万人。是“革命老区”，素有“天麻之乡、中国傩戏之乡、奇石之乡”美称。

县城北工业园区一角

贵州迪蒙科技有限公司生产的农业机械产品

德江区位优越明显。地处遵义、铜仁、黔江几何中心，是黔中经济圈与武陵山经济协作区的“桥头堡”，水陆交通十分便利，云贵高原最大河流乌江从南向北过境67公里，326国道纵贯南北，303省道横穿东西，杭瑞高速公路过境德江并设置两个匝道，沿（河）德（江）高速公路快速推进。德江具有连接黔中、融入成渝、联络武陵、辐射周边的优势。根据国家和贵州省规划，将有四条高速公路、五条铁路在德江交汇，建成了乌江流域最大的港口德江港，德江机场选址论证相关工作已完成。随着“四高五铁一港口一机场”建设快速推进，德江很快将融入黔中、成渝两小时经济圈，形成快捷的综合立体交通网络。

德江发展后劲增强。规划了45平方公里的城北、煎茶工业园区和共和港口现代物流园区，建成以建材、制造、电子、食品、中药材加工等为主的多元化工业体系，正在加快建设20平方公里的省级经济开发区，入园企业50家，建成投产35家。

杭瑞高速公路德江至遵义段一角

德江城市品位快速提升。围绕黔东北区域性中心城市定位，实施“南连、北拓、中改、西扩”战略，县城远期按100平方公里、100万人控制，中期按50平方公里、50万人规划，近期按40平方公里、30万人建设。贵州省人民政府以黔府函［2013］202号对德江县县城总体规划（2011—2030）进行了批复。目前，正倾力打造“六心”（服务中心、会展中心、休闲娱乐中心、科教文卫中心、商贸金融中心、生态居住中心），全力以赴推进“勇创多维国际”省级城市综合体和汽车物流园、世纪财富广场等市级城市综合体建设，大力实施大学城、体育馆、商贸城等重点项目，城南人民公园建成开放，城市功能逐步完善，撤县设市工作快速推进。

洋山河峡谷

德江县县城城南夜景

德江资源丰富。德江已发现和探明的矿产有煤、萤石、重晶石、褐铁矿、硫铁矿、粘土等20多种，旅游开发前景广阔，扶阳古城遗址4A级景区及洋山河、泉口万亩草场、农家乐等省级乡村旅游示范点正在加快建设，德江舞龙炸龙活动独具特色，列入贵州省首批省级非物质文化遗产保护名录，吸引了省内外数万游客前来观看，具有较高的开发价值。

土家舞龙

乌江奇石

傩戏绝技上刀

县领导名录

中共德江县委书记	张珍强
中共德江县委副书记、县长	李云德
德江县人大常委会主任	简宜山
德江县政协主席	陈健

招商引资部门

德江县投资促进局 地　址：德江县中山路步行街
邮政编码：565200
联系电话：0856-3915006　13648568078
电子邮箱：djtzcjj520@126.com

贵州金中正房地产开发有限责任公司

贵州金中正房地产开发有限责任公司董事长 徐显贵

贵州金中正房地产开发有限责任公司，成立于二〇一〇年五月十七日，注册资金一千万（人民币），公司法人代表徐显贵。

公司成立以来，着手的第一个建设项目就是仁怀市“金汇苑”小区，规划拟建地下一层，地上三十三层，共六万余平方米。这个项目是旧城改建项目，得到商业用地及相关合法手续后自己组织拆迁、安置，结合国家相关政策自己赔付补偿过渡。整个项目健康有序的顺利推进，未给仁怀市委市政府添麻烦。从二〇一一年三月十一日动手拆迁工作至现在，在仁怀市委、市政府、建设行政主管部门及相关部门领导的关心、重视、大力支持、帮助下，公司排除项目建设运行中的种种困难，地面上形象进度已进入十二层，目前己注入投资资金五千多万（人民币），现工程进度正朝着良好方向前向推进。

仁怀“金汇苑”这个项目的运作模式，是公司大胆开拓的仁怀房开企业的新型开发模式：公司自己组建群工部，做被拆迁户的拆迁、还房、安置、补偿、过渡等方方面面的工作，自己组织拆迁队伍拆迁，整个拆迁工作搞了近六十天；能顺利完成拆迁工作，公司花了不少的精力、人力和财力；它开了仁怀旧城改建项目之先河，它的主要特点是：①给仁怀市委市政府减去了拆迁工作和安置工作的难难度，减少了赔付补偿过度中的纠纷；②减去了市委、市政府为旧城改造而设立的各种机构以及人力物力配备；③增创了国家的税收和地方财政收入；④改善了城市人居环境、给城市规划建设格局增加了靓点；⑤有力地推动了仁怀市城市建设的快速发展；⑥相应地解决了部分农民工不外出就业问题，带动了其他小型产业的发展。就以上几点而言，纵是在项目建设运作中遇到多大困难和麻烦，我们都认为值得：因为公司为仁怀市的城市建设发展做出了一点微簿的贡献。

公司才刚刚起步，人力较缺乏、财力较微薄，经验很不足，但这只是暂时的；今后公司一定要努力向那些先进企业大企业学习，坚持开拓精神、与时俱进、遵纪守法、加强公司管理的自身建设，多打造精品项目回报于社会，走“质量求生存、诚信助发展”的道路，我们相信：公司一定会发展壮大起来。为祖国的建设事业多做贡献，为家乡父老乡亲争光。

建设中的“金汇苑”小区

重庆市城投路桥管理有限公司

CHONGQING CHENG TOU ROAD AND BRIDGE ADMINISTRATION CO.,LTD

重庆市城投路桥管理有限公司（以下简称城投路桥公司）是根据重庆市路桥收费改革的需要，经市政府批准于2002年7月正式成立，隶属重庆市城市建设投资（集团）有限公司的国有独资公司，由市政府授权对主城区鹅公岩大桥、黄花园大桥、李家沱大桥、石板坡复线桥、菜园坝大桥、鱼洞大桥、朝天门大桥7座特大型跨江桥梁，及城投集团公司后续投资修建的千厮门、东水门及双碑等大桥及设施进行检测、养护及管理；对九区租赁、回购收费路桥设施进行督导监管；经市政府授权，负责所辖路桥市政执法管理和路桥通行费稽查工作；负责所辖路桥环卫绿化管理；对所辖范围可经营性资产进行经营开发管理。

城投路桥公司自成立以来先后获得重庆市“安全管理先进集体”、“市政管理行政执法先进集体”、“优秀市政施工企业”等多项荣誉；组织实施的白彭路改造一、二期工程均被评为重庆市市政工程金杯奖；维护管养的石板坡长江复线桥被中国市政工程协会市政管理专业委员会评为城镇市政养护示范设施即“扁鹊奖”。城投路桥公司大力创建富有时代特点和路桥特色的企业文化，广泛深入开展文明创建活动，2006年被重庆市委评为“重庆市先进基层党组织”、2007年被命名为重庆市市级文明单位；2011年荣获重庆市文明单位标兵称号。

多年来，城投路桥公司以建设“平安路桥、畅通路桥”为宗旨，以“全国领先、西部第一”为目标，以完善和建立“安全保障体系、数字化管理体系、检测体系及养护体系”为抓手，以“管理创新、科技创新、学习创新、文建创新”为理念，坚持走科技强企之路，以实际行动守护着所辖路桥的平安畅通，便捷了主城区数千万普通市民出行、改善了重庆市投融资硬件环境、促进了重庆市社会经济的全面、快速、健康、可持续发展、助推了重庆市打造“西部地区经济中心”战略目标的实现，为重庆的交通安全和社会和谐作出了不可估量的积极贡献。

桥梁维护

重庆机电控股

恩斯特龙 480B 飞行表演

重庆机电控股（集团）公司（简称：机电集团）是 2000 年 8 月由重庆市政府撤销原机械工业管理局、电子工业管理局、冶金工业管理局组建的国有控股集团公司，是由重庆市国有资产监督管理委员会授权经营国有资产的投资机构。集团现拥有二级企业 47 户，控股一家 H 股上市公司，参股一家 A 股上市公司。

机电集团主要从事汽车及汽车零部件、电工电器、通用环保、机床工具、电子信息、有色冶炼、轨道交通、通用航空、高精铸造产品的开发、制造、销售及服务。2012 年实现营业收入 415 亿元，利润 11 亿元；列中国企业 500 强第 358 位，中国制造业企业 500 强 183 位。

机电集团与美国康明斯、通用、霍尼韦尔、法国泰雷兹以及瑞典 ABB 等世界 500 强企业建立了战略合作关系。2008 年，机电集团出资控股的“重庆机电股份有限公司”在香港成功上市。2010 年，机电集团成功并购英国精密技术

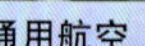

通用航空

轨道车辆

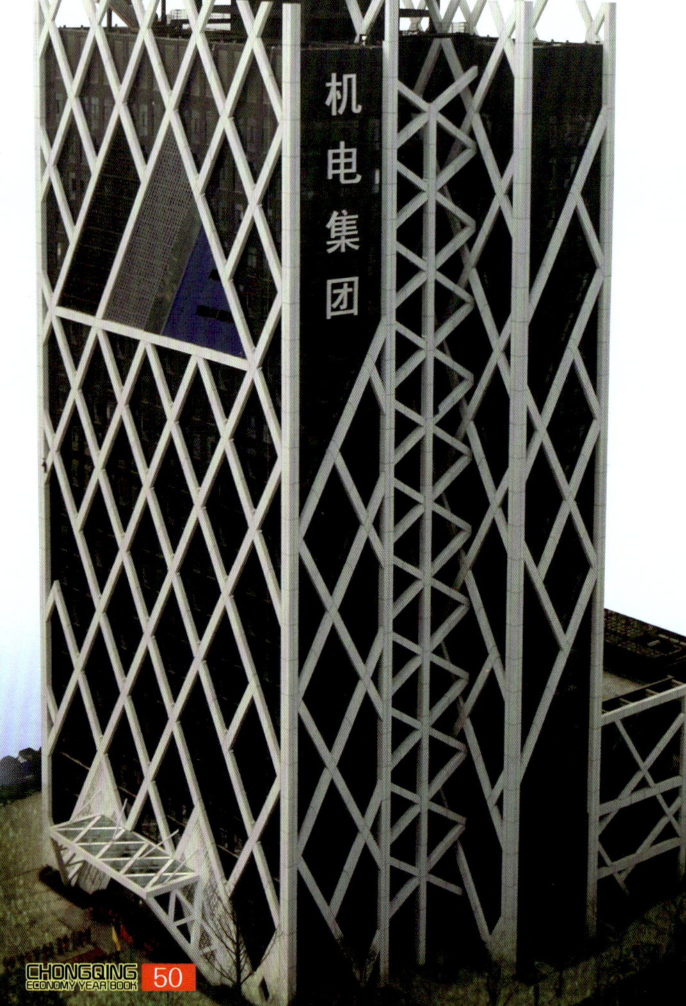

（集团）公司

集团旗下6家公司全部股权；2012年全资并购美国恩斯特龙直升机公司。

目前，集团拥有国家级企业技术中心1个，市级企业技术中心24个；拥有授权专利1005件，其中发明专利33件；中国名牌产品1个，重庆市名牌产品41个；拥有中国驰名商标3个；拥有重庆市工业企业五十强6户。在全国产销量排名前3位的重点产品13个。机电集团生产的康明斯大马力发动机、ABB大型高压变压器等输变电设备、大型制冷设备、水力发电设备、核电站设备、数控机床、重型商用汽车、汽车变速器、高精尖国防电子装备、通讯设备、天然气加气站和污水处理成套设备、有色金属冶炼和电线电缆等产品，名扬中外。机电集团是多个行业标准的制定者或参与者。

重庆机电与康明斯合作再上新台阶

机电集团与GE携手打造高低压电气设备制造基地

2013年，机电集团财务公司、小贷公司相继挂牌

机电集团与美国泰雷兹集团合作签约仪式

机电集团正在实施新“321”发展战略，即：夯实三大抓手，做精存量、做强增量、持续创新；完成两大目标，在2015年现营业收入600亿元、在2020年实现营业收入1000亿元；实现一个愿景，“装备中国、走向世界”。

高精铸造

风电叶片

军工电子

以十八大精神统领行业改革发展 加快推进现代道路运输体系建设

过去五年，在市委、市政府的高度重视下，在市交委的正确领导下，在各级部门的大力支持下，全市道路运输行业深入贯彻落实科学发展观，紧紧抓住重大机遇，有效应对复杂局面，积极推进现代道路运输体系建设，圆满完成“十一五”规划，顺利实施“十二五”规划，奋力开创了全市运管在重庆更有影响、在直辖市更有特色、在全国更有份量的崭新局面，出色完成了本届政府确定的各项目标任务，为全市经济社会发展做出了重要贡献。

（一）道路运输实现迅猛发展，有效供给能力显著提升

积极顺应重庆经济社会“加快”和“率先”发展的内在需求，依托日臻完善的路网通道、日益坚实的基础设施，以综合运输理念为指导，着力发挥道路运输比较优势，实现行业迅猛发展。

（二）公共交通改革发展纵深推进，立体公交格局初步形成

统筹协调城市交通，深化轨道、公交和出租汽车改革发展，以轨道交通为骨架，公共汽车为主体，出租汽车等其它运输方式为重要组成部分的城市综合公共交通运输体系初步形成，公共交通发展进入新阶段。

（三）道路客运快速发展，城乡运输面貌发生深刻变化

坚持城乡、区域客运统筹发展，着力推进农村客运发展和班线覆盖，城乡客运一体化试点加快推进，进一步完善城际、城乡、市内外道路客运网络，城乡运输面貌发生深刻变化。

（四）传统货运转型步伐加快，现代物流发展稳步推进

以提升企业经营管理能力和延伸物流产业链为核心，促进传统货运向现代物流转型。

（五）相关行业协调发展，支撑保障能力明显增强

积极适应汽车加速普及和道路运输迅猛增长的形势，不断规范行业管理，壮大市场规模，培训和维修市场支撑保障能力显著提升。

（六）科技强运战略深入实施，创新型行业建设取得重大进展

加快科技强运步伐，积极运用科技手段推进行业创新，有力促进行业现代化建设。

（七）管理方式持续优化，依法行政水平明显提高

加快推进“法治运管”建设，创新管理方式，建立健全法规体系，道路运输市场监管能力进一步增强。

（八）安全稳定形势保持平稳，行业发展环境持续向好

始终将安全稳定工作放在首位，加强基层基础建设，注重事前预警，强化隐患排查整改和形势研判，行业保持了和谐稳定的发展局面。

永川区村村通客车

（九）道路运输文明创建深入推进，行业良好形象牢固树立

全行业以深入学习实践科学发展观和创先争优活动为契机，深入推进文明创建，积极打造“五型机关”和“五大运管”，政风行风有效提升，宣传工作不断拓展深化，行业形象牢固树立。

2012年，道路运输业加速冲刺、成效显著。

58个二级及以上客运站联网售票，出租汽车电召和主城区交通运输投诉服务中心正式运行；“1小时免费·优惠换乘”，道路运输综合管理与服务系统建设扎实推进；绕城高速以内到期班车平稳退出，公交线网集中优化工作有序实施，19个远郊区县公交实行政府购买服务；18个区县农村客运营运补贴试点顺利启动，13个远郊区县平稳完成1244辆出租汽车到期重新投放，国家公交都市创建和甩挂运输试点落地重庆，行业发展再上台阶。

（重庆市道路运输管理局供稿）

“雷锋的士”创建活动现场

完善体制机制 强化基层基础

推动全市煤炭产业科学发展安全发展

2012 年，全市完成原煤产量 3777 万吨，共发生煤矿死亡事故 91 起、死亡 105 人，同比分别下降 16.51%、25%，煤炭百万吨死亡率 2.73，同比下降 14.68%，再创历史最好水平。

局党组书记、局长魏福生参加第六届中国国际安全生产论坛暨安全生产及职业健康展览会，并作了“整合行政资源、优化运行机制”的主旨演讲。

开展落实企业主体责任专项行动。制定《落实煤矿企业主体责任实施细则和评估办法》，对 C 级煤矿进行重点整治监管，对 D 级煤矿进行停产整顿。截至 2012 年末，全市 712 个煤矿开展了安全级别评估和整改升级工作，其中 A 级、B 级达 92.84%。

实施监管人员素质提升工程。举办了大培训、大练兵、大比武和青年岗位执法技能大赛等活动，培训基层执法人员 932 人、区县及乡镇监管部门负责人 278 人。

全面启动煤矿企业兼并重组暨淘汰煤炭落后产能工作，到 2015 年底，全市煤矿企业生产规模将不低于年产 30 万吨，煤炭企业将减少至 200 家以内。

开展打非治违专项行动。建立了 10 个市级部门打非治违的“16671”联动机制，共查处非法违法生产建设 200 处、违规违章行为 4.2 万多起，取缔非法窝点 153 处，

推进安全质量标准化建设。制定了《重庆市煤矿安全质量标准化标准及考核评级办法》，创新了“五级联创”和“四抓四建”工作机制。2012 年，全市煤矿安全质量标准化一级矿井达 150 个，二级达 450 个，消除了不达标矿井。

举办全市第 9 届矿山救援技术竞赛暨煤矿火灾事故联合救援演练，13 支救护队此次参加了大赛。

推进监管体系建设，全市 29 个产煤区县全部设立煤管局，768 名区县煤炭监管人员全部到位；61 个重点产煤乡镇单独设立煤管办，261 个产煤乡镇煤矿安全监管人员达 948 人。

组织开展的第二届煤矿安全行政执法技能大赛。

大力实施科技兴安战略。强力推广应用低透气煤层增透技术、中风压钻进技术等先进适用技术与装备。除紧急避险系统建成 60% 外，其余井下安全避险五大系统已全部建成。

煤矿应急救援体系更加完善。成立了市煤矿应急救援指挥中心，建立了一个国家区域矿山救援基地，4 支煤矿二级救护队，12 支煤矿三级救护队，煤矿应急救援实现了全覆盖。

打造平台聚资金

区委书记江涛、区长周少政等现场调研大足城区主次干道建设

区委书记江涛、副区长苏一元视察海棠新城开发区建设

泽足水投公司成立仪式

濑溪河景观工程

重庆大足国有资产经营管理集团公司是大足区属国有重点企业。集团公司成立4年来，始终坚持以改革为动力，以壮大国有经济为己任，以增强企业竞争力为核心，以服务区域经济发展为目标，坚持“抓转型、促发展、强运作”的工作思路，着力打造集投融资运作和实体经营为一体的企业航母。目前，集团公司已发展成为下辖城乡建设投资公司、工业园区公司、现代农业公司、大足石刻国际旅游集团、五金物流公司、公路总公司、创佳环境整治公司、泰禾土地整治公司8个子公司的综合性集团，产业涵盖工业、农业、交通、旅游、流通、商贸等多个领域，被市国资委列为区县大中型国有企业名录。

2012年，公司总资产达到185亿元，比

广电大厦

园区大道

勇抓发展促跨越

龙水污水处理厂工程

体育运动中心

年初增加 15.40 亿元，增长 8.32%；实现融资项目 33 个，融资到位 36 亿元；全年实现政府基础设施投入 21.38 亿元，同时有效解决了一大批历史性债务问题，着力实现为政府分忧、为财政解困。作为政府性融资的主导以及投资建设的主要支撑力量，第三财政的作用发挥得明显而高效。

城区南山公园

黑山羊产业化项目

工业园区还房工程

工业园区标准化厂房

重庆钢铁（集团）有限责任公司

重钢建厂120周年大会现场

重钢是中国最早的钢铁企业，至今已有120余年历史。其前身为1890年清朝张之洞办洋务时创办的汉阳铁厂。1938年3月，在抗日的烽火硝烟中，由武汉抢运内迁至抗日大后方重庆。

中国共产党三代领导核心毛泽东、邓小平和江泽民都曾在重钢留下了视察的足迹。

重钢现有子公司19家，其中全资10家，控股9家。现有从业人员32000人，其中在册职工21000余人，资产总额719亿元，是重庆市属最大的国有工业集团。核心子公司钢铁股份公司分别在香港联交所和上海证交所上市。2012年，重钢位列中国企业500强第291位，国内冶金行业排位20余位。

"十一五"以来，重钢在科学发展观的指引下，在重庆市委、市政府及市国资委的正确领导和大力支持下，以新型工业化为目标，为实现重庆市主城区功能提升、环境质量根本好转、淘汰落后钢铁产能、促进钢铁工业结构优化和重化工产业集群发展，于2006年底开始实施，至2011年9月，成功完成了钢铁主线从主城区到长寿区的环保搬迁工程，并同步全面关停了大渡口老区落后钢铁产能，实现了跨越式发展。新重钢已成为以板带材、型材、线棒材等产品为主，技术装备先进、资源配置合理、环保节能高效、产品竞争力强，年产800万吨钢生产规模，以及矿产资源、物流配送等非钢产业优势突出的现代化钢铁联合企业。

重钢太和铁矿采矿场全景

近年来，重钢在充分发挥冶金产业引领和集群积聚效应的同时，积极推进转型升级发展，实施产业结构调整，完善和延伸产业链，着力做大做强优势产业。目前，重钢已在江苏靖江长江沿岸建成专属的大型区域物流基地和钢材加工配送中心，正在加快推进实施重庆市"走出去"战略重点项目——澳矿项目的开发建设，"引进来"战略重点项目——与韩国浦项合作建设FINEX综合钢厂项目，以及已纳入国家发展战略的重钢西昌矿业钒钛资源综合利用项目。

高炉

通过不懈努力，构建和谐重钢，荣获并保持了"全国文明单位"、"全国五一劳动奖状"和"全国先进基层党组织"等荣誉称号。

展望未来，重钢力争用5年左右时间，把钢铁主业做精做强，非钢产业做优做好，打造成为年产钢1000万吨以上，年销售收入超1000亿元的"双千"级企业集团，成为长江上游精品钢材生产基地，中国西部最强、国内一流的钢铁联合企业。

重钢长寿新区2号转炉开炉投产

1780热轧板带生产线

焦炉

重钢长寿新区成品码头

长寿新区650万吨全景图

重慶朝陽氣體有限公司

CHONGQING ZHAOYANG GAS CO.,LTD

重庆朝阳气体有限公司（以下简称朝阳公司）是重庆钢铁（集团）有限责任公司（控股）和重庆钢铁（香港）有限公司及重庆钢铁集团朵力房地产股份有限公司合资组建的中外合资企业，于1993年9月20日经重庆市人民政府外经贸渝资（1993）0494号文件批准成立。企业注册资本12553万元，2012年资产总值80030万元，实现工业总产值74244万元，销售收入53841万元。

朝阳公司原系重庆钢铁（集团）有限责任公司氧气厂，组建于1987年10月，1993年12月至1999年3月期间曾与法国液化空气有限公司合资经营，至今已有二十五年生产历史，是重庆地区规模最大、品种最多、实力最强的专业气体公司。朝阳公司长期以来一直支撑重庆及西南地区各行业的发展需求，产品除管道输送保证重钢集团钢铁生产用气外，还以大量优质的气、液态产品供给重庆及西南地区400多家大中型冶金、机械、汽摩、化工、电子、医疗、科研等企事业单位使用。

高素质的营销服务和技术支持团队

与客户现场环境和谐共存的供气外站

朝阳公司拥有长寿和建桥两个气体生产制造基地，总占地面积210亩，现有大型制氧机组四台套，全液体空分一台套，制氮机组两台套，液化装置一台套，生产能力为氧气101000 m3/h，氮气116000 m3/h，氩气3580m3/h，氢气100 m3/h，液态气体450kL/d，瓶装气100万瓶/年；配置管网调压球罐1000m3八台、120m3两台；配备大型超低温液体贮槽23台，液体贮存总能力11580kl；建有顾客供气服务站48个；拥有44辆以低温槽车为主的化学危险品运输车辆，液体运输能力25万吨/年。

朝阳公司气体产品齐全，品种系列化，生产和销售的主要产品有：氧气、氮气、氩气、氢气、氦气、氖气、二氧化碳、空气、干冰、医用氧、焊接保护气等各种工业气体、高纯气体、医用气体、混合气体、标准气体、特殊气体、电子气体、液态气体，并为客户提供全方位的气体应用技术与解决方案。

朝阳气体技术力量雄厚，拥有一批长期从事气体研发、制造、管理、应用的高级技术人员和气体行业专家。公司现设9部5室1中心，员工339人，其中研究生及以上学历5人，大专及以上学历187人；具备专业技术等级职称的70人，其中高级10人、中级25人、初级35人；具备职业技术等级的214人，其中高级技师及技师12人、高级工89人、中级工67人、初级工46人；分布在管理、工艺、机械、电气、仪表、化学分析、气体研发、市场开发和营销服务等岗位上。

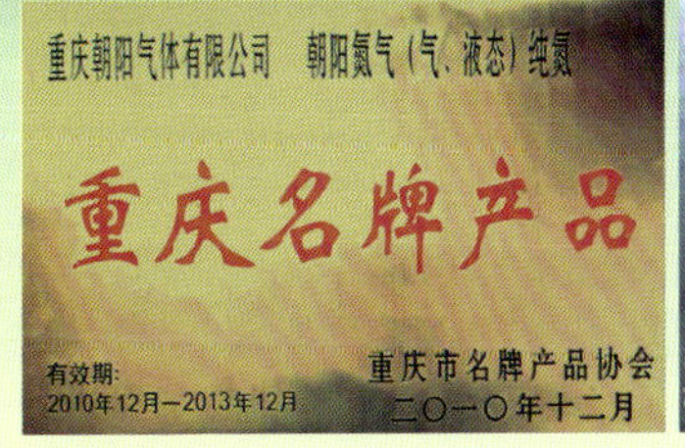

朝阳公司分别于2000年通过ISO9001质量体系认证、2004年通过ISO14001环境体系认证、2006年取得药品GMP证书，至今各体系均持续有效运行。公司连续多年荣获重庆市高新技术企业、重庆市环境友好企业、重庆市质量效益型企业、重庆市安全生产A级企业、重庆市安全文化建设示范企业、重庆市用户满意企业、重庆市最佳诚信企业、重庆市级文明单位、重庆市制造业企业100强、最具影响力的重庆知名品牌企业等称号，重庆市著名商标“朝阳气体”已成为重庆的一张“气体名片”，朝阳公司生产的气液态氧、氮、氩产品是“重庆市名牌产品”，高纯氢、高纯氩、高纯氧三种产品被评为“重庆市高新技术产品”。

在多年的发展中，朝阳公司始终坚持经济效益与社会责任并重，科学发展、创新发展、和谐发展，把“无形产品，无限追求”作为企业核心价值观，坚持和倡导“把困难留给自己，把方便让给客户”的服务理念，以规范化的生产管理，一流的产品质量和高品质的售前、售中、售后服务赢得了广大合作伙伴的认可和称赞。随着两个制气基地的初步建成，朝阳公司踏上了新一轮发展之路，公司将进一步加快改革创新步伐，以“建设资源节约、环境友好、客户信赖、高效和谐的中国一流工业气体制造与销售企业”为目标，走内涵式和外延式相结合的发展道路，做大做强气体产业，为重钢集团公司实现“十二五”战略目标添砖加瓦，为经济和社会发展作出更大贡献。

联系方式

重庆朝阳气体有限公司地址：重庆市大渡口区重庆建桥工业园C区石林大道8号；邮编：401325；联系电话：023-68433626，023-68407141；传真：023-68429551；网址：www.cqzygas.com；公司邮箱 master@cqzygas.com 。

重庆朝阳气体有限公司长寿分公司地址：重庆市晏家工业园区长寿区江南钢城；邮编：401258；联系电话：023-68873575，023-68873574；传真：023-68873575。

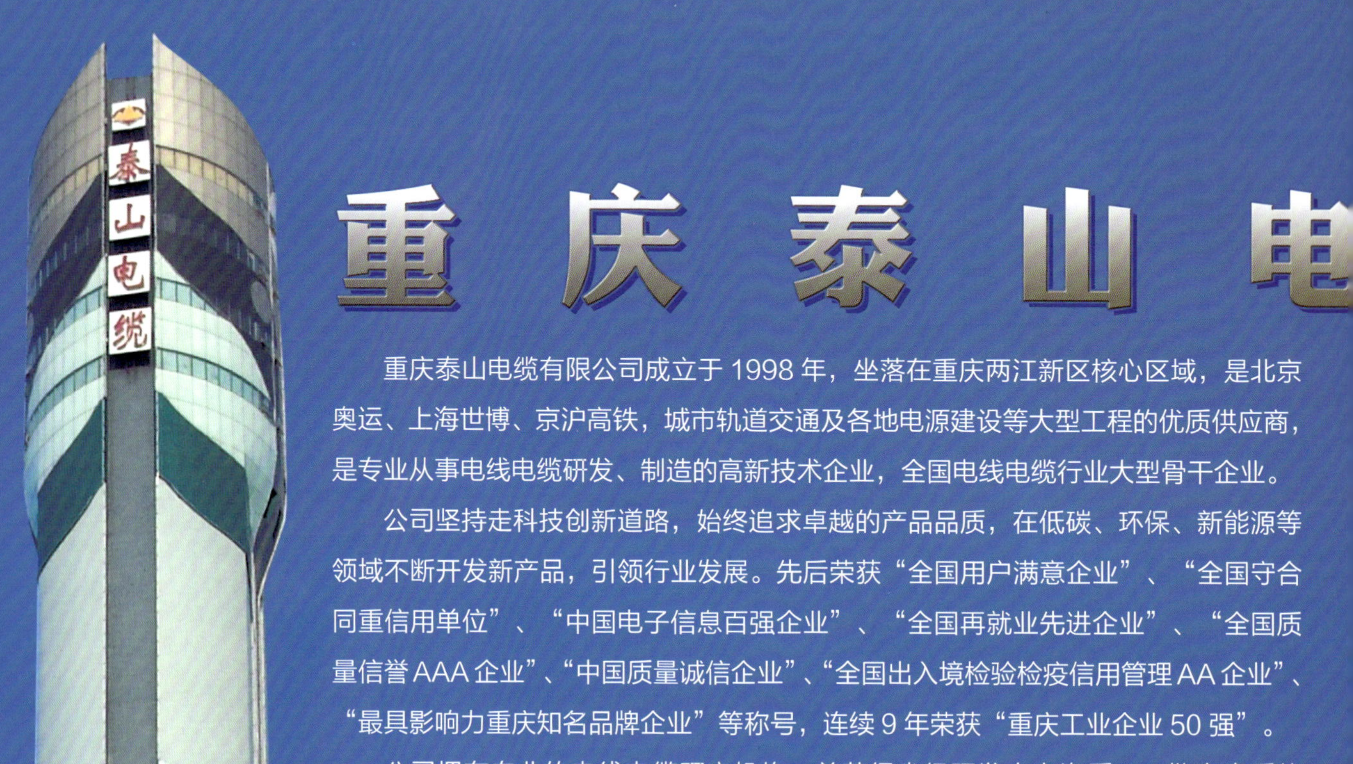

重庆泰山电

重庆泰山电缆有限公司成立于1998年，坐落在重庆两江新区核心区域，是北京奥运、上海世博、京沪高铁，城市轨道交通及各地电源建设等大型工程的优质供应商，是专业从事电线电缆研发、制造的高新技术企业，全国电线电缆行业大型骨干企业。

公司坚持走科技创新道路，始终追求卓越的产品品质，在低碳、环保、新能源等领域不断开发新产品，引领行业发展。先后荣获“全国用户满意企业”、“全国守合同重信用单位”、“中国电子信息百强企业”、“全国再就业先进企业”、“全国质量信誉AAA企业”、“中国质量诚信企业”、“全国出入境检验检疫信用管理AA企业”、“最具影响力重庆知名品牌企业”等称号，连续9年荣获“重庆工业企业50强”。

公司拥有专业的电线电缆研究机构，并获得省级研发中心资质，一批高素质的专业技术人员，具有很强的产品研发、设计和生产能力。公司拥有先进的生产和检测设备数千台套，关键设备均从国外引进，其中立式超高压交联电缆生产线从德国TROESTER全套引进，采用世界领先的工艺技术，配合瑞士ZUMBACH公司RAYEX22型测偏系统，使生产出的高压电缆品质更优良；局部放电检测设备引进瑞士哈弗莱集团、美国西波公司最新型的电缆检测系统。

公司“泰昇”注册商标荣获“重庆市著名商标”称号，产品荣获“全国用户满意产品” 称号，实现从高压到低压全覆盖、从民用到特种用途全系列、从大截面到小截面全齐备。750kV扩径型钢芯铝绞线及ACSR720/50高强度钢芯铝绞线填补了国内空白；碳纤维复合导线填补重庆市空白；额定电压110kV交联聚乙烯绝缘电力电缆

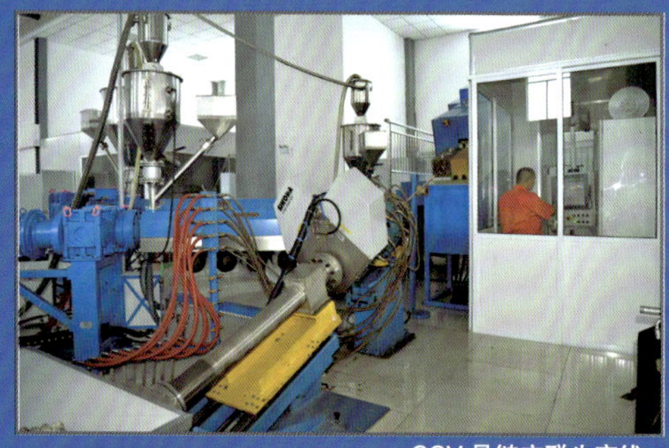
CCV悬链交联生产线

德国TROESTER超高压U型VCV立式交联生产线

地址：重庆市渝北国家农业科技园区金果大道239号　邮编：401120
国内销售热线：023-61898101-09 传真：023-61898288
国际销售热线：023-61898068　传真：023-61898038
质量服务热线：023-61898119
www.cqtaishan.com
邮　箱：webmaster@cqtaishan.com

缆 有 限 公 司

荣获重庆市优秀新产品奖。产品广泛运用于国家电网公司和南方电网公司及五大发电企业，涉及交通、通讯、建筑、能源、石化、市政等领域。国内市场覆盖全国 25 个省（市、区），并出口澳大利亚、印度、加纳、阿曼等全球 13 个国家。

重庆泰山电缆有限公司始终坚持“信为本、质为先”的服务理念，追求“仁极其尽，业精至止”的企业精髓，致力于打造世界知名的电线电缆供应商，竭诚为广大客户提供安全、优质的输配电产品。

500kV 超高压电力电缆

.220kV 交联聚乙烯绝缘电力电缆

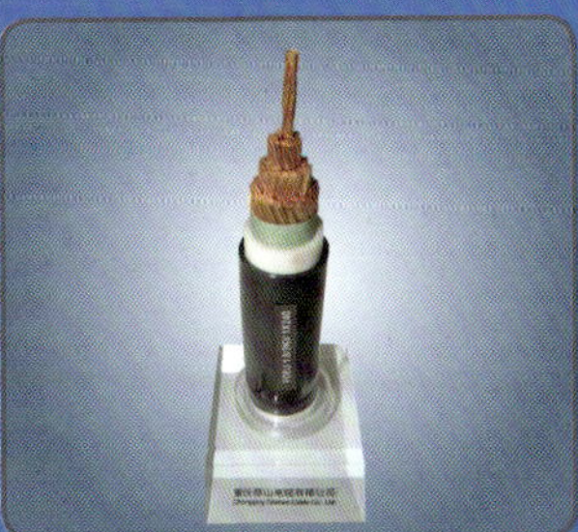
中压电力电缆

10kV 中压电力电缆

1kV 低压电力电缆

1000kV 钢芯铝绞线

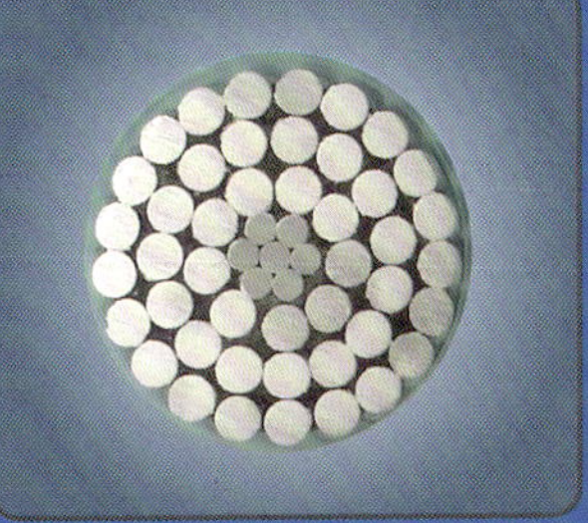
ACSR-LGJ 1000kV 导线

碳纤维导线

法国 POURTIER Φ630.84 盘框式绞线机组

钢芯铝绞线生产线

瑞士哈弗莱集团美国西波公司超高压局部放电检测设备

Addr. 239 Jinguo Av., National Agricultural Science & Technology Garden, Yubei District, Chongqing, P.C.401120
Sales hot line: +86-23-61898101-09 , Fax: +86-23-61898288
International Sales hot line :+86-23-61898068 Fax: +86-23-61898038
Quality service hot line: +86-23-61898119
www.cqtaishan.com
E- mail: webmaster@cqtaishan.com

调结构转方式稳增长 夯基础降成本拓市场

重庆市盐业（集团）有限公司董事长、总经理 陈逸根

不寻常的2012年已经过去。回顾一年的工作，重盐集团在重庆化医集团的坚强领导和大力支持下，上下同心，坚持科学发展理念，沉着应对复杂变幻的宏观经济形势，克服经济增速放缓、市场竞争加剧、盐销量大幅减少、生产经营成本攀升等严峻考验，继续夯实渠道网络，调整优化商品结构，严格控制成本费用，稳步推进项目建设，在逆境中奋勇拼搏，取得了稳中有进的业绩。

一是商贸流通平稳推进。通过调整盐品结构、开拓非盐市场、夯实渠道网络、发展大宗贸易等措施，提升了经营效益、做大了经营规模、提升了网建质量、拓宽了市场空间。全年商贸流通板块实现营业收入23.87亿元，同比增长0.25%；实现利润7431万元，同比增长23.97%。二是制盐工业有序推进。制定规划，合理布局，指导制盐工业有序发展；统一认识，降本增效，扭转合川盐化被动局面；强化管理，按序推进，制盐项目建设顺利实施；控制成本，节能降耗，富友拓展新品包装市场。三是食品调料蹒跚前行。飞亚公司改变模式抓市场，打造品牌；包黑子公司调整优化抓转型，奠定发展基础；天厨公司1万吨/年豆瓣酱加工项目建成投产；内蒙飞马公司积极谋求产业转型，正在优化项目设计。

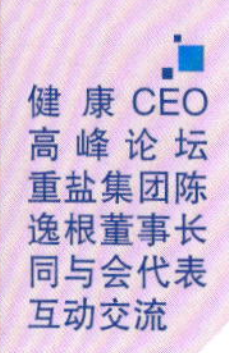
健康CEO高峰论坛重盐集团陈逸根董事长同与会代表互动交流

重盐集团荣获国家级企业管理现代化创新成果奖

坚持规模效益并重 提升经济运行质效

Chongqing Salt

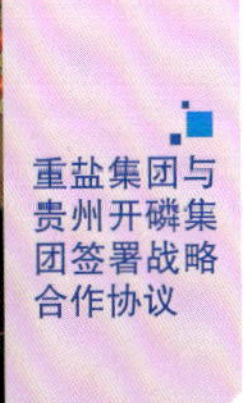
重盐集团与贵州开磷集团签署战略合作协议

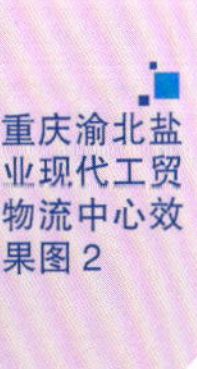
重庆渝北盐业现代工贸物流中心效果图2

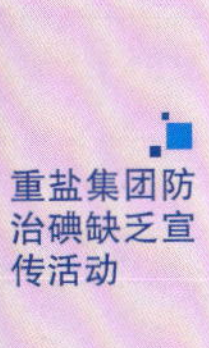
重盐集团防治碘缺乏宣传活动

机械化仓储作业

四是管理工作不断提升。加快品牌建设，强化知识产权管理；创新融资手段，提高财务管理水平；规范项目管理，强化工程造价审计；深化质量贯标，强化生产安全管理；强化盐政管理，破获涉盐违法大案；加强党建工作，营造和谐发展氛围。

2012年，重盐集团实现销售收入43.61亿元，与上年同期基本持平；万元综合能耗1.12吨标煤，同比下降0.03吨；实现利润6603.21万元；税金9013.97万元，同比上升5.95%；资产总额38.57亿元，同比增加11.73%；净资产11.79亿元，同比增加9.98%。重盐集团荣获“全国文明单位”、“全国盐业改革发展标兵”、“中国轻工业制盐行业十强企业”、“中国商业企业AAA级信用企业”、“全国商业服务业顾客满意企业”、“重庆市企业文化示范基地”、“重庆企业100强”、“重庆服务业企业100强”等荣誉称号，并被国家工信部确定为“中国工业企业品牌培育试点企业”。重盐集团《食盐专营企业转向市场化的商业模式再造》荣获第十九届全国企业管理现代化创新成果二等奖。

文化引领添动力 品质提升展风采

——中国石油化工股份有限公司润滑油重庆分公司

获得2012年度重庆市市长质量管理奖

中国石化润滑油重庆分公司是中国最大的高档润滑油产销集团——中国石化润滑油公司直属单位，其前身是中国石化一坪化工厂，始建于1964年。2002年，整体纳入中国石化润滑油公司管理。是我国合成润滑油脂及高档矿物润滑油研究、生产和分析测试的重要基地，生产经营的20大类1000多个牌号“长城”牌润滑油产品，为我国“两弹一机”、“神舟”系列飞船和“嫦娥”探月工程提供了润滑保障。

中国石化润滑油重庆分公司始终坚持用先进文化引领员工思想，促进企业快速发展。以建厂之初的“甘于奉献、艰苦奋斗”企业文化，到改革开放之时“规范严谨、精益求精”企业文化，再到专业化重组“规范、严谨、求实、创新”的企业文化为积淀，构建起“每一滴油都是承诺，任何时候不以牺牲质量来获取利益”的社会责任文化，“力戒坐而论道、力戒推诿扯皮、力戒好人主义、力戒管而不严、力戒固有思维、力戒小进即安”的管理文化和“规范、严谨、求实、创新”的员工文化，并形成“科研开发与生产经营并重、合成油脂与矿物油脂并重、军工产品与民用产品并重”的发展战略，极大提升了员工心向发展的源动力，企业进入快速发展时期，连续六年荣膺重庆工业企业50强。2012年，荣获重庆市市长质量管理奖，再一次展示了良好的企业实力和品牌形象。

中国石化润滑油重庆分公司综合楼

中国石化润滑油重庆分公司搬迁扩能项目俯视效果图奖

中国石化润滑油重庆分公司在苦练内功的同时，努力外塑形象，引领润滑油行业健康发展，形成的“高、新、特、专、全”润滑产品群，满足了高温、高压、高转速、重负荷、长寿命、抗辐射、超低温等特殊苛刻工况要求，为航空航天、国防军工、石油石化、汽车、冶金、水泥、机械、电子、印染、纺织等领域提供润滑保障，多次受到党中央、国务院、中央军委的表彰和奖励，并作为重庆市三家企业之一，受邀到北京人民大会堂参加“嫦娥二号”成功发射表彰大会。

2012年12月18日，中国石化润滑油重庆分公司搬迁扩能项目开工奠基，标志着长城润滑油为重庆、为西部地区服务进入新的一页。到2015年，占地近400亩的新基地产能将达到21.5万吨，真正成为国内领先、世界一流的润滑油生产企业，届时，长城润滑油将为重庆经济发展、为中国石化润滑油事业，打造出更为强劲的动力引擎。

先进的科研分析检测仪器

装备精良的航空润滑品生产线

致力公益事业 传播航天知识

中电投远达环保工程有限公司

CPI YUANDA ENVIRONMENTAL-PROTECTION ENGINEERING CO.,LTD.

远达公司总经理 谢兴旺

中电投远达环保工程有限公司（以下简称“远达公司”）成立于2000年7月，注册资本金7500万元。主要从事烟气脱硫、脱硝等污染物治理EPC总承包、脱硫特许经营、脱硝催化剂制造、除尘产业、节能环保、水务产业、核电环保等业务。

目前，远达公司控股和参股公司共7家公司；设立分公司3家。基本形成了以环保工程、产品制造与技术服务三大价值链为核心，以技术进步和科技创新为支撑的产业构架体系，业绩遍布全国大部分地区和海外部分国家和地区。

生产管理方面，远达公司建设有烟气工程在线监测中心，对特许经营项目生产运行实行24小时不间断监控，实时掌握项目生产过程及指标，及时协调、指导项目生产管理，有效预防项目安全及环保事故发生。目前远达公司的10多个项目自投产以来均实现了连续安全生产，各项目指标均优于国家环保要求。

资产支持方面，远达公司特许经营产业是中国电力投资集团和九龙电力重点发展的环保产业，九龙电力上市平台为特许经营产业发展提供了充足的资金保障。

远达公司与美国Cormetech公司签署《催化剂技术转让协议》

远达公司与重庆市政府、英国领事馆共同举办CCS国际论坛

人力资源方面，拥有一支具有较强实力的特许经营专业队伍和外部专家团队。远达公司特许经营业务员工近500人。外聘专家20人，其中享受国务院特殊津贴专家1人、国家环保部聘任的环保核查专家10人。

技术服务方面，远达公司建设有区域化的技术服务中心和检修维护中心，能及时为特许经营项目生产提供高效的技术服务。

重庆市
环境污染治理资质证书
证书级别：甲级
经评定合格，具备承接环境污染治理业务的资质能力。
持证单位：中电投远达环保工程有限公司 （法定代表人：刘艺）
证书编号：渝协治证2013853号
项目类别：【废气】
有效期限：2013年3月28日至2015年3月28日
二〇一三 年 三 月 二十八 日

荣誉证书
中电投远达环保工程有限公司：
根据公众及行业人士提名，《人民网》、《搜狐网》、《中国品牌网》等权威网站对入围品牌（产品）予以公示，并进行公众投票，依据公众投票及专家评审的结果，综合审定远达环保技术，荣获第五届（2008年度）：
中国环保科技创新最具影响力十大品牌
主办单位

远达公司是国家科技部、国资委等联合批准的“国家创新型企业”，是国家发改委批准的“燃煤烟气净化国家地方联合工程研究中心”和“国家级企业技术中心”，拥有“博士后科研工作站”、“院士专家工作站”，也是中国电力投资集团公司认定的集团环境工程技术中心。建立有国内最大的“原烟气综合实验基地”、国内首个万吨级烟气二氧化碳捕集装置等。

远达公司目前拥有专利技术240余项，承担国家、地方科研项目60多项，科研项目获奖35项；在国内外重要学术期刊发表论文100余篇；编制国家及行业相关标准10余项。

公司大楼

2011年度重庆市纳税50强表彰大会

重庆市委副书记、市长黄奇帆（左四）出席2011年度重庆市纳税50强表彰大会

重庆市国税局

时任重庆市委常委、常务副市长马正其（左）在江北区国税局办税服务厅与纳税人亲切交谈

全市国税工作会议

2012年，重庆市国税局认真学习党的十八大和重庆市第四次党代会精神，坚决贯彻落实市委、市政府和总局的决策部署，各项工作稳中有进，税收职能有效发挥。

国税收入稳定增长。应收尽收，全市国税收入完成783.9亿元，同比增长8.1%。其中：国税部门组织收入705.9亿元，同比增长6.8%。应退尽退，办理出口退税68.7亿元，同比增长5.1%，积极支持外向型经济发展。应抵尽抵，固定资产进项税额抵扣50.1亿元，同比增长28%。

依法行政有力推进。扎实开展“依法行政、文明执法”主题活动，围绕《税收违法违纪行为处分规定》加强教育，促进税收执法责任制、税务行政处罚裁量权基准制度等规定落到实处。加大对涉税违法犯罪活动的打击力度，同时注重柔性执法，慎用强制手段，引导纳税人自觉遵从税法。全局系统查补收入10.5亿元，其中，纳税人自查补税8.1亿元。

纳税服务不断优化。加强纳税人需求的收集分析，及时响应纳税人诉求。推进办税服务厅标准化建设，方便纳税人办税。立足本职建言献策，围绕经济社会现状和“营改增”等税收热点，及时向市政府报送调查报告。

国家税务总局党组成员、副局长丘小雄（中），党组成员、总会计师汪康（左）在重庆调研税收工作，与重庆市副市长何挺交换意见

国家税务总局党组成员、副局长宋兰（前排左二）出席金税工程三期重庆双轨试运行启动仪式

成功上线12366纳税服务综合平台，与市地税局联合开展税务局长在线访谈、共同承办重庆市纳税50强评选表彰活动，取得了良好的社会反响。

征管质效稳步提高。作为全国税务系统金税三期建设唯一试运行单位，严格落实总局部署，与市地税局加强协作配合，共同推进了金税三期试运行工作。强化信息管税手段，提高了税源管理的质量和效率。6个重点行业入库国税收入417亿元，占全市国税收入的60%，同比增长9.7%；年纳税千万元以上的777户企业入库国税收入471亿元，占全市国税收入的66.7%，同比增长15.4%。

队伍呈现良好风貌。扎实开展创先争优，涌现出一批先进集体和先进个人。大渡口区国税局作为重庆市代表荣获“全国五一劳动奖状”，成为全国国税系统唯一获表彰单位；在市委创先争优表彰大会上，3个基层党组织被评为先进基层党组织，4名党员干部被评为优秀共产党员，1个单位被授予群众满意窗口称号；市局顺利通过全市机关党建工作标兵单位验收。目前，全市国税系统有13个全国文明单位、19个全国精神文明建设工作先进单位，98%的一线征管单位被各级命名为文明单位。

市局党组书记、局长潘力（中）做客重庆市政府公众信息网在线访谈栏目

丰富多彩的文化体育活动

强调控 抓改革
着力为我市经济社会发

重 庆 市

时任市政府副市长童小平出席2012年全市物价工作会议

2013年8月，市物价局局长路伟及班子成员听取部分党代表人大代表政协委员意见

2012年以来，市物价局紧紧围绕“科学发展、富民兴渝”总任务，正确处理保持经济平稳较快发展、调整经济结构和管理通胀预期的关系，把加强和改善价格调控作为稳价安民的重要手段，价格调控监管成效显现。2012年我居民消费价格同比上涨2.6%，涨幅排序居全国31个省（区、市）第21位，市政府确定的预期性价格调控目标圆满完成。2013年1-10月，我市居民消费价格同比上涨2.7%，居全国31个省（区、市）第17位、西部12个省（区、市）第11位、4个直辖市第3位，价格总水平基本稳定。

一是价格总水平调控进一步增强。加强价格监测分析预警，密切关注重要商品价格动态，建立区县蔬菜价格涨幅排序通报制度。加强重要商品价格调控，及时启动生猪市场价格调控预案确保生猪市场价格稳定。积极引导粮食价格合理上升，提高烤烟收购价格，加强蚕茧收购价格政策保护，促进农民增收。继续实施价格扶持政策，对生猪、蔬菜生产用电实施价格优惠措施。强化市场价格监管，对政府投资建设的农产品市场摊位费实行政府指导价格管理，会同相关部门开展零售商向供应商违规收费行为专项检查。牵头市级相关部门对部分区县通胀预期管理工作进行督查，促进各项保供稳价措施全面落实。

二是积极推进价格改革。顺利实施居民生活用电试行阶梯电价改革，上调脱硝电价标准，开展水资源费调整前期准备工作，完善垃圾焚烧发电价格鼓励政策，充分发挥价格杠杆作用推动生态文明建设。对居民生活用气和化肥生产用气以外的外购天然气实施临时顺价和天然气综合门站价格结算政策，有效缓解天然气供应对经济发展的瓶颈制约。下放农村交通客运票价管理权限，按照油运联动机制适度下调公路旅客运输燃油附加标准。适度调整了小包装加碘食盐价格，调整生猪代宰服务收费标准并由按等级收费调整为在中准价基础上浮动收费，放开主城轮渡客运票价管理，有效促进了相关行业的健康发展。优化医药价格政策，二级公立医院全面试行五个单病种按病种收费的定价方式改革，区县级改革试点公立医院全面取消药品加成政策，统一医疗收费项目价格调整幅度，进一步减轻了患者负担。

三是加大清费减负力度。先后取消62项行政事业性收费项目，免征小微企业13种行政事业性收费，减少经营服务性收费31项。全面落实重大节假日小型客车免收车辆通行费优惠措施。实施电煤临时价格干预措施，全面清理涉煤基金和

2012年1月，副局长路伟带队检查节日市场价格

2012年5月，市物价局组织召开重庆市居民用电试行阶梯电价听证会，听取社会各方面意见

促发展 惠民生
展创造良好价格环境

物 价 局

2012 年 9 月，市物价局局长苑鲁带队检查节日市场价格

2012 年 10 月，市物价局牵头市级有关部门对部分区县通胀预期管理工作进行督查，图为路伟副局长在武隆督查时了解蔬菜基地建设情况

收费，暂停征收煤炭价格调节基金，缓解煤炭生产企业经营压力。围绕我市千亿级医药产业发展目标，并积极为我市 13 家医药企业、30 多个中成药品种争取国家价格政策支持。

四是加强和改善民生价格管理。继续降低偏高的药品价格，平均降幅 17%；完善药品交易所基本药物交易目录，促进临床常用低廉价及短缺药品的生产供应；按照"总量控制、结构调整"原则，有序推进 11 大类 9360 项医疗项目成本费用测算及价格制定工作。落实主城公共交通 1 小时免费换乘的价格优惠政策，确保惠民措施落实到位。强化学生公寓收费、中小学教辅材料价格监管，进一步完善学前教育收费管理长效机制。加强保障性住房价格管理。加强殡葬收费管理，将 7 项基本服务项目纳入政府定价、政府指导价管理，对主要殡葬用品实行进销差率管理，有效规范了殡葬服务收费行为。出台低保户、五保户家庭及福利院等弱势群体和公益机构电信资费优惠措施，有效减轻低收入家庭和社会公益机构负担。

五是切实规范价格秩序。组织开展涉农、涉企、教育、医药、电信、零售商业、旅游、供水、有线电视等领域价格专项治理，加强节假日等敏感时期市场检查，严肃查处价格违法行为，及时化解价格矛盾和纠纷。认真处理价格举报投诉，切实维护消费者的合法权益。2012 年共受理价格咨询举报 31566 件，办结 31474 件，查处价格违法案件 657 件，实施经济制裁 3478 万元，有效规范了市场秩序。

六是夯实价格基础工作。制定实施《重庆市殡葬收费管理暂行办法》、《重庆市涉税财物价格认定管理办法》、《重庆市政府制定价格听证办法实施细则》和《重庆市价格听证目录》。启动 5 个区县特色农产品成本及收益调查；2012 年开展成本监审项目 69 个，核减不合理成本金额近 45 亿元。出台道路交通事故车物损失价格鉴定管理政策，受理价格鉴定、认证案件近 3.3 万件，鉴定总额 65 亿元，价格认证社会影响力和公信度进一步提升。

下一步，市物价局将认真贯彻落实党的十八届三中全会和市委四届三次全会精神，紧紧围绕"科学发展 富民兴渝"总任务、"一统三化两转变"战略部署和五大功能区发展定位，以保持价格总水平基本稳定为首要任务，以资源环境价格改革作为主攻方向，以保障改善民生作为出发点和落脚点，努力为全市经济持续健康发展和社会和谐稳定营造良好的价格环境。

"12358" 价格举报平台 24 小时受理价格举报投诉咨询，切实维护群众合法价格权益

建立重大价格决策专家评审制度，图为专家对有关药品价格进行评审

稳中求进抓整治 持之以恒务实效 2012年市政管理工作再上新台阶

观音桥商圈

2012年，是党的十八大胜利召开之年，是实施“十二五”规划承上启下的重要一年。一年来，全市市政系统在市委、市政府的坚强领导下，以党的十八大和市第四次党代会精神为指导，深入贯彻落实科学发展观，不动摇、不懈怠、不折腾，积极推进新型城镇化建设，持续加强市容环境综合整治，为“科学发展、富民兴渝”营造了良好城市环境。

一是强化设施维护，城市综合承载力不断增强。坚持日常维护与专项整治齐头并进，继续加大市政设施提档升级改造力度，全面推进城市道路和“窨井盖”专项整治。全年整治城市道路674.5万平方米（其中，车行道406.3万平方米、人行道268.2万平方米），整治车行道上的病害井盖7274个，车辆通行舒适度进一步提升。加大停车管理力度，全年新增停车位9万余个。加强城市道路照明设施建设，不断完善城市照明功能，全面推进“无灯区”整治工作，全市新建改建路灯3.6万余盏，维护路灯21.4万余盏（次），平均亮灯率达98.5%，市民夜间出行条件更加安全、便利。新建改造灯饰项目487项，初步形成了一定规模的城市夜间景观。积极推进“公厕革命”，全市新建公厕140座，改造公厕553座。严格落实“以奖代补”政策，强力推进污水管网建设，全年共新改建污水管网1348公里。

城市管理服务站

二是强化市容管理，人居环境品质持续优化。充分发挥市政系统创模主力军作用，全力推进创模工作，主抓的4项主要任务（8项分项任务）、6大系列工程、634个工程项目全部完成并顺利通过验收。全市所有区县影响市容的户外广告绝大多数做到应拆全拆，基本消除视觉污染。深入推进背街小巷店招牌整治，店招牌设置水平、档次不断提高，主城区规范整治基本完成，远郊区县整治达标84%以上。环卫保洁力度加大，新增3吨以上垃圾箱体830个，新增环卫车辆460台。主干道冲洗保洁常态化，次干道保洁质量较为稳定，背街小巷基本做到了专人保洁全覆盖，街面基本无白色暴露垃圾，各类附属设施整洁干净。全年创建验收市容整洁街（镇）17个、市容整洁一条街（单位、小区）88个。无害化处理生活垃圾505万吨，收运餐厨垃圾49万吨，日均收运1600余吨。清理三峡库区漂浮垃圾18.8万吨、消落区垃圾8.15万吨，长期保持了库区“江清岸洁”。污水处理设施稳定、达标运行，处理污水8.5万立方米，COD削减24.8万吨，基本实现主城区污泥100%无害化处理。

五里店立交

三是强化城乡统筹，公共服务水平显著提升。坚持民生导向、量力而行推进背街小巷、居民小区综合整治，主城区全年投入资金7.5亿元，整治背街小巷142条、社区36个，背街小巷两年整治任务基本完成。乡镇生活垃圾治理平稳起步，“村收集、镇乡运输、区县处理”的农村生活垃圾收运处理模式得到进一步推广。全市已有341个镇乡建成生活垃圾收集处理体系，覆盖率达40%，2272个行政村开展了生活垃圾收运，覆

渝北区民乐园社区

盖率达25%。已建成投运镇乡垃圾中转站981个，村级垃圾收集站点1.5万个，配置镇县之间的垃圾运输车647辆、镇村之间的收运车2520辆。全市镇乡生活垃圾无害化处理日均2805吨，无害化处理率达55%。还有62个镇乡开展了污水管网建设，已建成污水管网164.7公里。

四是强化安全监管，城市运行秩序保持稳定。在全市率先完成重点行业安全监管能力建设目标任务，落实安全监管机构44个、安监专职人员140名，投入845万元为46个单位配备了安监车辆、办公设备和个人防化装备，实现了机构、编制、人员、装备“四落实”。深入开展“打非治违”专项整治，出动检查人员9172人次，检查各类单位（场所、设施）952个（处），查处整改非法行为和违规问题473起。按照“管理有主、一桥一档、养护到位、应检必检、有病必治”要求，普查桥梁等结构设施1565座，落实管理责任1556座，建立技术档案1523座，检测桥梁等结构设施567座。对城市主要供水企业进行了106项分析监测，远郊区县城区和主城区供水水质综合合格率分别达到98%和99%以上。对全市32个垃圾处理场的运行质量开展监督性监测，对38个区县（自治县）城区800余条街道、1640个化粪池的安全进行了抽查监测，及时督促整改存在问题，确保运行稳定。

环卫工人顶着烈日擦洗护栏

五是强化法治建设，依法行政水平明显加强。稳步推进立法计划，积极协调推动《重庆市建筑垃圾管理办法》的制定和《重庆市户外广告管理条例》的修订工作，配套修改了《重庆市主城区路桥通行费征收管理办法》，进一步筑牢了依法行政的基础工作。大力推进市政行业标准编制工作，编制完成了《重庆市城市夜景照明设计导则》、《市政设施接收标准》等一批技术标准规范，以及《重庆市城市照明维护工法》等一批工艺方法，进一步完善市政行业标准体系。强化城管执法维稳保稳工作，引导文明执法、柔性执法和人性执法。全年出动执法人员103万人次，出动执法车辆18万台次，处理各类案件2.5万件，处罚金额790余万元。全市市政管理行政执法纠纷量和市民投诉量同比分别下降32.2%和30.3%，未发生一起因市政执法不当而引发的重大群体性事件和人员伤亡事件。

六是强化科技支撑，快速反应能力稳步提高。积极推进数字化城管系统平台建设，全市共有31个区县完成系统平台建设，综合普查面积达到901平方公里（主城区达567.2平方公里），基本实现城市建成区全覆盖。进一步强化数字化城管系统的推广应用，信息采集工作逐步规范，主动发现问题能力有所提升，主城区全年平均有效上报率达86.04%，立案97.2万件、结案88.4万件，结案率90.9%。进一步加强信息化建设，完成了扬尘污染源电子监控、市政行政执法管理子系统二期等信息平台建设，市政管理快速处理体系更加完善，快速反应能力得到提升。依托12319城市管理服务热线平台，全面整合行政效能投诉、阳光重庆网络问政平台、市长信箱、网络舆情等信息资源，实现“小号码”服务“大民生”。全年受理市民反映的诉求问题6.6万件，总体结案率98.8%，市民满意度达到98%。

江清岸洁

在今后的工作中，全市市政系统将按照市委、市政府的安排部署，把市政当家政，把市民当亲人，把岗位当修炼，把服务当水平，全天候、无缝隙，天天出勤天天归零，刮风下雨日晒雨淋，无怨无悔服务众人，为建设美丽重庆、靓丽山城而共同努力！

重庆市体育局

2012年，重庆体育事业迈上新台阶。群众体育、竞技体育、体育产业实现协调可持续发展；基础体育设施建设全面推进，人均体育场地面积达到1.1平方米。

2012重庆国际马拉松赛暨全国马拉松冠军赛（奥运会选拔赛）在南滨路成功举行

——群众体育异彩纷呈。深入贯彻《全民健身条例》，印发了《重庆市全民健身实施计划任务分解表》，出台了《社会体育指导员管理办法》；举办了2012重庆国际马拉松赛暨全国马拉松冠军赛、第十届武隆国际山地户外运动公开赛、2012世界杯攀岩赛（重庆站）；新建1000个农民体育健身工程、150个社区路径工程、50个乡镇健身广场。

——竞技体育实现新突破。在伦敦奥运会上，李雪芮夺得羽毛球女子单打金牌，王涛夺得射击男子10米气步枪第四名。在奥运健儿的带动下，我市运动员在国际国内比赛中共获得金牌39枚、银牌27枚、铜牌27枚。举办教练员培训班16期，培训教练员560名，选派近百名教练员到国家

李雪芮在伦敦奥运会上夺得了重庆市首枚奥运金牌

王涛在伦敦奥运会上夺得射击男子10米气步枪第四名

重庆市第四届运动会成功举行，实现了开闭幕式热烈而精彩、竞赛组织紧张有序、竞技成绩与体育道德风尚双丰收的办赛目标

体育总局和项目中心培训。举办裁判员培训班20期，新晋升国际级裁判员1名，国家级裁判员12名，一级裁判员570名。成功举办重庆市第四届运动会，实现了开闭幕式热烈精彩、竞赛组织紧张有序、竞技成绩与精神文明双丰收的目标。

——体育后备人才培养体系逐渐健全。市政府转发市体育局等四部门《关于进一步加强运动员文化教育和保障工作的实施方案》，积极贯彻落实国务院办公厅《关于进一步加强运动员文化教育和运动员保障工作指导意见的通知》精神。成功举办45个项目的青少年锦标赛，参加人数达到13846人次。命名11所重点区县体校。制定《重庆市青少年运动员注册管理办法》，注册运动员人数达到11266人。新创建国家级青少年体育俱乐部24个，累计创建136个。

——体育产业迈出新步伐。体育彩票销量突破15亿元大关。全年办理体育经营备案和年审67家，办理体育经营许可证和年审11家，办理民办非企业申请和年检18家。先后举办游泳救生员、健身教练等国家职业资格培训班15期，培训和鉴定体育从业人员606名。新批准成立2个市级体育行业职业技能培训基地。成功举办2012年重庆市健身健美教练职业技能大赛，拓展了职业鉴定的空间。

在重庆江北区铁山坪登山步道举行的登山比赛

——基础体育设施建设全面推进。市竞训中心一期工程、市体育馆改造工程竣工并投入使用。市射击射箭中心主体工程基本完工。完成了市运动校征地工作。启动了市竞训中心二期工程、长寿湖水上训练基地、大田湾体育场改造项目的前期工作。区县“一场一馆一池”着力推进。目前正在建设的有24个，其中体育场7个、体育馆7个、游泳池10个；已完工的有9个，其中体育场3个、体育馆2个、游泳池4个。“一场一馆一池”建成的区县达到20个。

重庆市林业局

Chongqingshi LinYeJu

一、 重点工程持续推进

以天然林保护、退耕还林、石漠化综合治理等国家重点工程及我市森林工程、长江两岸森林工程为依托，稳步推进城乡绿化一体化进程。2012年完成营造林403.4万亩，其中新造林288.8万亩、低改114.6万亩。森林工程已累计完成任务2212万亩，占规划任务2200万亩的100.5%，顺利完成第一阶段主体建设任务。尤其是在长江绿化中，把解决“断带”“天窗”、百米景观带和示范片建设作为重点，提前启动实施31万亩退耕还林任务。重点解决好资金渠道问题，市领导小组认真研究解决资金渠道问题，落实绿化长江资金63.6亿元。其中三峡后续工作经费50亿元，市林业局、市农委各筹措资金5亿元，捐赠资金3.6亿元，市政府办公厅发纪要分年度落实到区县。经过4年的努力，项目区森林覆盖已达38%，比项目实施前提升了16个百分点。

二、 资源保护成效明显

不断加强资源保护，实现了林地面积、森林面积、林木蓄积、森林覆盖率“四增长”。林地面积由2002年的5487万亩增加到6492万亩，净增1005万亩，年均净增率1.8%；森林面积由2002年的3355.5万亩增加到5206.5万亩，净增1851万亩，年均净增率5.5%；林木蓄积量由2002年的11998.9万立方米增加到19026.3万立方米；森林覆盖率由2002年的27.1%提高到42.1%，增加15个百分点，年均增加1.5个百分点。一是防林地侵占。编制了《重庆市林地保护利用规划》，并经过市政府审议通过，强化全市“林地一张图”管理，严格林地用途管制。健全森林采伐限额管理制度，规范木材经营、加工、运输等流通环节管理，全面实施森林分类经营。加强森林资源监测，完成一类清查和二类调查工作。加大涉林案件查处，侦破查处涉林案件5233起，依法打击处理各类违法犯罪人员6000人。二是防森林火灾。首次开展春夏两季航空护林，航护时长超过全年的1/3，初步形成地面、航空、卫星“三位一体”的防控体系。强化森林消防应急队伍建设，市级和10个区县组建森林防火专业队27支，常年备勤，应急处置能力大幅提高。2012年森林火灾发生起数、过火面积、受害森林面积分别较2011年下降83%、72.5%和69%，未发生重特大森林火灾和人员伤亡事故。三是防病虫害。加大防控力度，建立了“封顶、保底、基数三年不变”，按防治成效，实行以奖代补的投入管理模式，区县政府对疫情防控的责任进一步增强，区县财政投入达到9000万元。全面推行防治公司、专业队绩效承包、轻型直升飞机防治和新技术运用，无公害防治率达到93.6%。四是保护野生动植物。加强自然保护区基础设施和能力建设，开展濒危野生动植物拯救保护工作。阴条岭自然保护区成功晋升为国家级自然保护区。五是保护湿地。开展了为期3个月的打击毁湿开垦等破坏行为的专项行动。强化湿地公园保护管理体系建设。地方自主投入资金开展多个湿地保护和恢复项目，一批退化湿地生态状况逐步得到改善。六是保护天然林。落实4311万亩公益林的管护责任，健全公益林管护体系。

万州水系绿化

渝北碧津公园

三、 林业产业快速发展

新建产业基地52万亩，其中速丰林10万亩，优质笋竹基地8万亩，香料（花椒为主）4万亩，油茶10万亩，中药材9万亩，干果6万亩，花卉苗木5万亩。林业产业基地总规模超过1000万亩。全年实现林业产值400亿元，年增长22.7%。加大林业龙头企业扶持力度，积极争取欧洲投资银行林业贷款项目，继续对林业龙头企业贷款扶持，已培育龙头企业100家。加快森林旅游业发展，全市市级以上森林公园达到78个（其中国家级25个），自然保护区达到52个（其中国家级5个），全年实现森林旅游4900万人次，森林旅游总产值66亿元。

四、 林业改革不断深化

在巩固集体林权制度主体改革成果的基础上，突出林权纠纷调处，深化配套改革。加快林权管理服务中心建设，全年新建3个服务中心，累计达到24个。探索森林资源使用权的流转，全年流转林地20万亩，累计实现林地流转483万亩，流转金额11.3亿元。开展“林地林木两权分离”试点，强化银林合作，累计实现林权抵押贷款111亿元。开展森林保险试点，保险面积达1000万亩，财政贴息957万元。加强示范合作组织建设，全年新增林业专业合作组织154个，林业合作组织累计达1262个，参加农户62万户。加强国有林场改革，盘活森林资源，争取多方投资5.9亿元，改造危旧房4089户、33万平方米，同时强化了水、电、道路等基础设施建设。

五、 科技保障坚实有力

开展国家和市级林业科技创新研究30多项，推进“中国林科院三峡库区生态保护与恢复研究中心”等科技创新平台建设8个。狠抓科技成果转化，获批中央财政林业科技推广项目10项，续建推广项目29项，完成实用技术培训5万余人次。开展国家行业标准编制10项，完成标准编制验收4项，推进寿竹和油茶2项全国林业标准化示范区建设，完成首个国家森林城市标准化示范区验收，组织实施各级技术标准50多项。召开全市林业科技大会，对今后一个时期林业科技工作进行部署。

云阳绿色村镇建设——盘龙街道四民村（国家级生态文化村）

长寿柑橘基地

学校运动场

办学理念：德润心田 绿满人生

腾飞的重庆市华蓥中学校

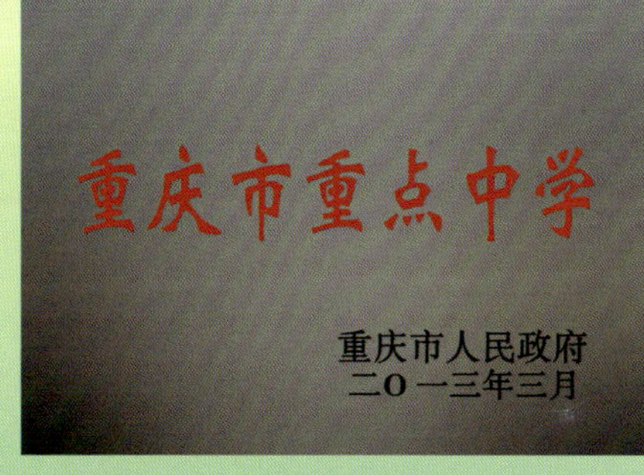

区位优势突出。学校位于重庆市渝北区北部政治、经济、文化和交通中心、市级卫生城镇——茨竹镇，紧邻210国道，距离江北国际机场38公里，每10分钟就有一班公交车从主城区往返学校。学校依山傍水，松林环抱，冬看雪景，夏享凉爽，建筑别致，宁静典雅，是一个读书的好地方。

发展壮大迅速。学校始建于1958年，为渝北区直属学校，2005年晋升为重庆市高中联招学校，并发展为具有A、B、C三个校区，占地135亩，50个教学班，师生3000多人的大规模高完中，2013年3月经市政府批准晋升为重庆市重点中学。著名作家、《红岩》作者杨益言先生题写校名并担任名誉校长。

办学特色鲜明。学校依据地域特点和历史传统，结合实际并面向未来，确立了"绿"为核心价值取向，并把"绿"诠释为"生命活力，健康向上，温馨和谐"，坚持"德润心田，绿满人生"的办学理念，以"日新日进，长绿长青"为学校精神，以"不比基础比发展，不比聪明比勤奋，不比阔气比志气"为口号；实现"让青春在绿意中绽放"的文化主题。学校以"生命教育"为主线，大力实施"绿色德育"，以跳绳和手球为特色项目的阳光体育运动蓬勃发展，近两年先后获得国家级比赛一等奖10余项。创办有展示学生风采的校刊——《华蓥之光》两获全国"最佳校刊特等奖"。承办渝北区体育、艺术、科技"2+2"项目实验活动现场推进会受到与会160余名领导、来宾高度好评。结合学生社会实践活动，创建有"放牛坪万亩梨园实习基地"和"两岔湖实习基地"，陶冶学生情操，丰富学生生活。学校全力推进新课程改革，全面实施"三课五环绿色课堂"教学模式，在市内外产生了比较深远的影响。

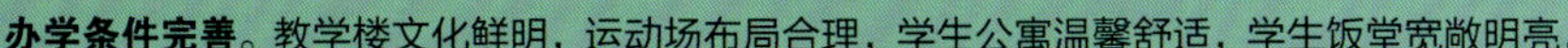
"三课五环"绿色课堂

办学条件完善。教学楼文化鲜明，运动场布局合理，学生公寓温馨舒适，学生饭堂宽敞明亮，功能室设备齐全，图书馆藏书丰富，体育馆气势恢宏，文化长廊个性鲜明，在市级重点中学验收中获得好评。

学校武术队

师资队伍精良。有一支敬业精神好、师风师德高、教学艺术精、科研能力强的优秀教师队伍。其中，中、高级教师96人，市区级骨干教师12人，教育部教师奖励基金科研优秀教师1人，全国科研骨干教师1人。专任教师本科学历达95%，接受过研究生教育的占12%。童立梅老师2010年被评为"感动重庆"十佳教师。

助学措施得力。爱国台胞陈洪玲先生捐款10万元在学校设有"洪玲助学金"，每学年颁发一次；原渝北区副区长范明文先生捐款在学校设有"红岩奖学金"，每学年颁发一次。学校团委设有"爱心摄影室"、"对口资助联系室"等，致力于圆贫寒学生的"大学梦"。

办学成效显著。五十五年来，学校为社会和高一级学校输送各类人才1万多人，高考升学人数、升学率、重点、本科人数和比率稳居渝北区前列，一大批学生考入上海交通大学、外交学院、同济大学、四川大学、南京理工大学、吉林大学、华中师范大学、陕西师范大学、重庆大学、西南大学、西南政法大学等知名高等学府。2009年刘卿如同学以624分的优异成绩勇夺渝北区文科高考第二名。2010年高考上线率达92.4%，重点、本科上线106人。2011年高考上线率达94.2%，重点、本科上线146人。2012年高考重点、本科上线169人，创造了新的辉煌。学校连续多年荣获渝北区办学水平评价一等奖，先后被评为"重庆市文明礼仪示范学校"、"重庆市文明单位"、"重庆市绿色学校"、"重庆市校务公开先进集体"、"重庆市五·四红旗团委"、"重庆市民主管理示范学校"、"重庆市依法治校示范学校"。

重庆市梁平县第一中学校

CHONGQINGSHI LIANGPINGXIAN DIYIZHONGXUEXIAO

梁平一中始建于2003年7月，是经重庆市教委批准成立的全日制完全中学。学校占地205亩，建筑面积近7万平方米，目前已投资已逾亿元。在校学生近7000人。2013年3月被重庆市人民政府批准为重庆市重点中学。

梁平一中竹韵文化特色鲜明，“人人成长 个个成才”的办学理念先进。校训“精彩每一节”、校风“坚韧 虚怀”、教风“弘道 树人”、学风“敦行 励学”集中体现和张扬着一中人的个性风格。

运动场

竹韵特色活动

学校现有专职教师265名。其中，高级教师72人，中学一级教师95人，大学本科230人，研究生结业12人。他们中有享受国务院特殊津贴的专家、全国优秀民办中小学校长1名，市级优秀教师、优秀党员、优秀班主任、市级教育科研先进个人20名，市县级骨干、县级名师等专家型教师50余名。

学校高中教育质量稳步提升。2010年高考各批次均超额完成县目标任务，重点任务完成率全县第一；2011年高考超额完成县教委下达的各批次指标，获得全县唯一一个重点上线“特等奖”；2012年2013年我校高考再次超额完成县教委下达的各项指标，被县教委评为普通高中教育质量“特别奖”。

学校初中教育成绩显著，优势突出，连年被梁平县教委评为“一等奖”。

2010年中考学校44人进入全县前100名。2011年中考全县中考700分以上高分共5人，全部为我校考生，全县中考前100名，我校占49人。2012年全县中考前20名，我校占18人；全县中考前50名，我校占44人；全县中考前100名，我校占65人。2013年中考全县前10名学校占8人（含一、二、三名）；全县中考前100名，我校占62人。

近年来，学校先后被评为全国励志教育示范学校；全国作文先进单位；全国“十一．五”重点课题敏特英语应用与研究实验学校；全国AAA级民办放心学校；重庆市先进基层党组织；重庆市“两新”组织党建工作示范党组织；重庆市市容整洁单位；重庆市平安校园；重庆市教育系统创先争优先进基层党组织；重庆市普通高中新课程实验样板学校；重庆市绿色学校；重庆市先进教研组；重庆市农村中小学远程教育应用研究实验学校。

学校校址：梁平县梁山街道人民南路309号
学校网址：www.cqlpyz.com
联系电话：02353231456

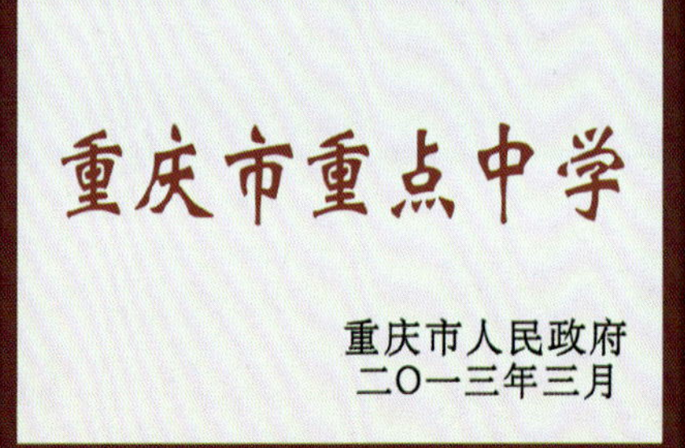

重庆市秀山高级中学校

CHONGQINGSHI XIUSHAN GAOJI ZHONGXUEXIAO

重庆市秀山高级中学校是秀山自治县根据县“十一五”规划并经市教委批准，按国家级示范普通高中标准新建的一所重庆市规模最大、设备设施最完善的全日制普通高级中学。学校是重庆一中对口支援的教育教学实验基地，也是重庆市教育委员会实施统筹城乡战略，促进教育均衡发展的一个试点工程。2013 年被重庆市人民政府批准为重庆市重点中学。学校现有 110 个教学班，6456 名学生，有教职工 407 人，学校被空军总政治部授予“2012 年度空军招飞工作先进学校”，被国家体育总局命名为“国家级青少年体育俱乐部”，先后获得全国校园文化系列活动优秀单位、重市市文明单位、重庆市卫生单位、重庆市平安校园、重庆市卫生与健康促进示范学校、重庆市消防安全教育示范学校、重庆市市容整洁单位、重庆市优秀卫生单位、重庆市首批重庆市“数字校园”示范学校等 20 余项荣誉称号。2012 年学校高考参考人数为 1950 人，重点本科上线 359 人，全年级本科及以上上线 1141 人，总上线人数为 1890 人（含高职、专科）。在入口成绩录取线只有 472.8 分，与周边区县录取线相差 100 多分的情况下，上线率达 96.9%，位居渝东南前茅，赵薇、何梦惠、熊一举等 3 名同学考入北大、清华，实现了秀山高考成绩的历史性突破。2013 年高考重本上线 496 人，比 2012 年增加 133 人，高考上线率达 99.7%，位居渝东南各校第一名，杨迪同学以 678 分名列全市文科第二名，杨迪、孔维、田鹏、江畅、郭瑜颖等 5 名同学考入北大、清华大学，连续两年 8 名同学先后考入北大、清华大学，获得北京大学“校长实名制”推荐资格。

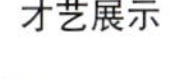
才艺展示

花灯操

文艺汇演

中国兵器 长安工业

位于渝北区空港工业园区的长安工业制造基地

重庆长安工业(集团)有限责任公司
CHONGQING CHANGAN INDUSTRY(GROUP) CO., LTD.

展示中国军工发展史的长安工业展览馆

重庆长安工业（集团）有限责任公司隶属于中国兵器装备集团公司，是国有大型军民结合型企业、国家重点保军骨干企业。公司前身可追溯于1862年清朝洋务大臣李鸿章创办的上海洋炮局，距今已有150余年历史，是中国历史最悠久的工业企业之一。2009年底，由重庆市江北区搬迁至渝北区空港工业园，形成占地2400亩的现代化工业园。目前，长安工业公司已经发展成为一家以特种产品研制、汽车物流运输、工程建设与开发、汽车零部件制造等为经营范围的企业集团。

公司下属控股企业——长安民生物流是中外合资物流企业、香港主板上市公司。

公司下属的全资子公司长安房地产开发公司是集房地产开发、建筑施工、物业管理、酒店经营和商业运营为一体的综合性房地产开发企业。公司还拥有重庆李尔长安、长安伟世通、安博汽车销售等一批参股合资企业。

环境优美的长安工业厂区一角

多年来，长安工业公司本着造福社会、造福人类的奉献精神，用高精尖的设备、严密的检测手段和精密可靠的技术研制和生产了各类人工降雨弹、灭火弹、警用弹以及各类防暴反恐装备，产品享誉全国，广泛应用于农业、林业、防暴反恐等领域，为支援国家的工农业建设、救灾减灾、维护社会稳定等做出了巨大贡献。

目前，长安工业正以“11316”发展目标为牵引，打造“企业强盛、员工幸福”的现代化公司。2013年，公司销售收入将突破100亿元，实现利润3亿元。

具有先进检测和实验条件的理化计量中心

地址：重庆市渝北区空港大道599号　邮编：401120
电话：023-67419199　网址：http://www.changanindustry.com

站在新起点 实现新跨越 创造新辉煌

——记中国汽车工程研究院股份有限公司

2013 年 10 月 26 日，中国汽研新基地研发能力发布会现场

中国汽车工程研究院股份有限公司原名重庆重型汽车研究所，是 1965 年为适应国民经济发展和国防现代化建设的迫切需要，经国家科委批准成立的国家一类科研院所。2001 年，更名为重庆汽车研究所，同时转制为科技型企业。2003 年，划归国务院国资委管理，2006 年，与中国通用技术（集团）控股有限公司联合重组，成为其全资子企业。2007 年，更名为中国汽车工程研究院，并整体改制为有限责任公司。2010 年 11 月，整体变更为中国汽车工程研究院股份有限公司。2012 年 6 月 11 日，中国汽研在上海证券交易所正式挂牌上市，股票简称“中国汽研”，股票代码“601965”。

中国汽研主要从事汽车领域技术服务业务和产业化制造业务。其中：技术服务业务包括汽车研发及咨询和汽车测试与评价业务；产业化制造业务包括专用汽车、轨道交通关键零部件、汽车燃气系统及其关键零部件、汽车及零部件试验检测设备的制造业务。

中国汽研伴随着中国汽车工业的发展成长起来，同时也为中国汽车工业的发展做出了积极贡献。中国汽研在上世纪 60 年代至 80 年代，先后开发了我国第一代、第二代重型军用汽车和重型公路载货车，承担了法国贝利埃、奥地利斯太尔、日本五十铃三次国家重大汽车技术引进和国产化，为国防建设和改变汽车工业“缺重少轻”的局面做出了重要贡献；先后设计出 300 多种车型、30 多种发动机、70 多种新材料新工艺，完成了 1000 多个国家及省部级课题，制订了近 300 项国家及行业标准，荣获 156 项科技奖励；聚集 1500 余名各类专业人才，拥有一批国家突出贡献、千人计划、百千万人才、政府特殊津贴专家。

48 年的发展建设，中国汽研已成为我国汽车产品开发、试验研究、质量检测的公共技术服务平台和成果转化的重要基地，组建了“国家燃气汽车工程技术研究中心”、“汽车噪声振动和安全技术国家重点实验室”、“替代燃料汽车国家

2013年10月，中国汽研汽车技术研发和测试基地建成

地方联合工程实验室”和“国家机动车质量监督检验中心”等科技创新和服务平台，并设有博士后科研工作站，是“国家高新技术企业”、“创新型企业”以及“国际科技合作基地”。

中国汽研已经构建了汽车工程研发中心、汽车质量检测中心和一个产业化基地，在北京、天津、广东、江苏、浙江等省市建有分支机构，更好地服务于汽车行业的发展。

中国汽研志存高远，锐意进取，把发展的目光瞄准了汽车的前沿共性技术。中国汽研投资15亿元，历时三年，在重庆北部新区建成了净地402亩、一期建筑面积15万平方米的国内一流、国际先进的汽车技术研发和测试基地。2013年10月26日，中国汽研举行了“新起点·新跨越·新辉煌”为主题的研发能力发布会，标志着中国汽研汽车技术研发和测试新基地落成并正式投入使用。

辉煌属于过去，历史期待跨越。“十二五”期间，中国汽研将继续践行“为汽车工业发展注入强劲科技动力”的企业使命，努力建设成为我国汽车产业的科技创新平台和公共技术服务平台，发展成为国际一流、国内领先的汽车工程技术应用服务商和高科技产品集成供应商，为中国汽车产业的持续健康发展发挥应有的技术支撑作用和科技引领作用。

站在新起点，实现新跨越，再创新辉煌。

2012年6月11日，中国汽研总经理任晓常与上海证券交易所副总经理谢玮签订《上市协议书》

单位名称：中国汽车工程研究院股份有限公司

地　　址：重庆北部新区金渝大道9号

法定代表人：任晓常

邮　　编：401122

电　　话：023-68824060

传　　真：023-68821361

网　　址：http://www.caeri.com.cn

E-mail：office@caeri.com.cn

隆鑫，起步于中国改革开放的1983年。1995年开始，隆鑫在民企中率先引进国内外著名管理咨询公司，完善职业经理人管理机制，建立规范现代企业法人治理结构；1996年，隆鑫在重庆乡镇企业中第一家组建企业集团；2000年，隆鑫开始实施员工持股制度；2001年，隆鑫成为重庆市第一家无地域限制的大型民营企业集团；2003年，隆鑫控股有限公司成立。

作为大型多元化投资控股企业，隆鑫控股有限公司产业领域包括工业制造、房地产开发、金融服务、资源投资、建筑钢构、新型材料，系隆鑫通用动力股份有限公司

隆鑫通用动力股份有限公司

隆鑫通用动力股份有限公司（隆鑫通用：上证股票代码603766）是集摩托车、摩托车发动机、通用动力机械产品三大领域为一体的大型综合制造型企业，业务遍及全球100多个国家和地区。

公司全力打造“技术隆鑫”，凸显“低排放、低油耗”的低碳技术优势，为用户提供高性能终端产品成套解决方案，与德国宝马等国际知名企业建立了稳定的战略合作关系。在“3+3”战略的引导下，正孵化发展“大排量发动机、新能源休闲机车、汽车零部件”三大新兴业务，实现转型升级。公司摩托车产销量连续多年名列行业前茅，出口量连续数年排名行业第一，摩托车发动机产销量连续多年位居行业前列，通用动力机械产品出口创汇排名行业第一。

隆鑫通用公司商标品牌

——2002年，LOCIN(隆鑫)摩托车及发动机商标获得“中国驰名商标”认定

——2007年，劲隆摩托车商标获得“中国驰名商标”认定

技术创新平台

——隆鑫技术中心获得“国家级企业技术中心”认定

——隆鑫技术中心获得“国家认可测试中心”认定

LONCIN 隆鑫地产

重庆隆鑫地产（集团）有限公司

隆鑫地产创立于2002年，是一家以城市住宅开发为主的大型企业集团，相关产业涵盖酒店管理、物业管理等业务，为中国建设系统企业信誉AAA单位。具有国家一级房地产开发企业资质、国家一级物业管理企业资质。连续5届被中国房地产研究会、中国房地产业协会等权威机构联合评定为中国房地产开发企业50强，稳居重庆入选房企前3甲。

秉承“创新无限，温暖一生”的经营理念，公司形成了以地产开发业务为核心的竞争优势，先后进入四川、云南、海南等省（市），储备用地近万亩。全国目前在建项目20余个，拥有丰富的高层、洋房、别墅、写字楼、酒店等多种物业类型开发、运营经验。作为一家以城市住宅开发为主的地产企业，商业物业等产业地产的整体占比不超过30%，这是公司的基本战略方针。

凭借优质物业项目及服务，以持续建设“重庆本土领先、国内跨区域发展”的全国性房地产企业为战略目标，隆鑫地产集团公司正迅速成长为独具口碑与实力的中国品牌房企。

创造价值

GATHER POWER CREATE VALUE

（SH603766）、重庆隆鑫地产（集团）有限公司、瀚华金控股份有限公司（全国民营企业首家国家级金控牌照）、上海丰华(集团)股份有限公司（SH600615）的控股股东及重庆农村商业银行股份有限公司（HK03618）的主要股东之一，资产总额330亿元，员工10000余名，连续十余年荣膺“中国企业500强”。

隆鑫控股有限公司2006年被授予“中国优秀民营企业”称号，2009年被国务院授予建国60年“全国民族团结进步先进集体”称号，2009年荣获“中华慈善突出贡献企业奖”，2010年被确定为“国家商标战略实施示范企业”，公司两度荣获“重庆十大慈善楷模企业”称号。

瀚华金控股份有限公司

瀚华金控股份有限公司是经国家工商行政管理总局批准成立的全国性金融投资集团，获得全国民营企业首家国家级金控牌照。旗下拥有瀚华担保股份有限公司和瀚华小额贷款责任有限公司两大微金融服务系列，全国网络机构近百家，客户超过10000家，担保余额、综合收入及净利润连续多年保持高速增长，综合实力、网络布局和业务规模位居行业前茅，居全国民营担保企业首位，被誉为“中国担保辉煌先锋”。2011年,“瀚华”成为重庆市金融服务行业首家获得“中国驰名商标”的品牌。

瀚华金控秉承“经营信用、管理资产、服务民生、创造价值”的核心理念，在以融资担保、小额信贷为核心的信用平台上，为迅速发展的资产管理、信用管理、基金业务、保理业务以及其他多项金融服务搭建综合运营架构，并致力于开拓符合国家金融政策发展规划的新领域。为迅速发展的资产管理、信用管理、基金业务、保理业务以及其他多项金融服务搭建综合运营架构，并努力通过持续提升主业基础价值，整合金融资源，丰富服务内涵。

重庆宝汇钢结构工程有限公司

重庆宝汇钢结构工程有限公司是集设计、加工制作、现场安装为一体的钢结构专业承包壹级资质企业。公司成立于2002年7月1日，拥有两个钢结构生产加工和研发基地，共占地约300亩，年生产能力达25万吨，涉及重钢、轻钢、箱型梁、桁架、网架、塔架、桥跨、C、Z型钢、彩板及轻钢龙骨等产品的生产和研发。公司是中国钢结构协会单位、中国钢结构协会理事单位、中国建筑金属钢结构协会理事单位、《重庆建筑》理事会副会长单位、重庆钢结构协会副会长单位、重庆建筑协会理事单位，每年度均被评为“重合同守信用”企业及建筑业先进企业。2010年度被评为全国工程建设优秀施工企业，2011年度被评为建筑施工安全生产先进单位，其中承建的永航三期工程被评选为全国优质工程，承建的北碚体育场工程荣获国际膜结构协会(IFAI)杰出成就奖。

公司秉承“科技创新、以人为本、厚德敬业”的经营宗旨，走出了一条专业化发展道路，为宝汇发展成为西南地区钢结构行业支柱企业奠定坚实的基础。

重庆镁业科技股份有限公司

重庆镁业科技股份有限公司专业从事汽车、摩托车、手（电）动工具、笔记本电脑、航天航空等镁合金零部件的研发和制造，是国家科技部镁合金应用及产业化科技攻关基地，国家发改委镁合金精密成型及连续加工工艺高新技术产业化示范工程基地，承担国家“十五”、“十一五”、“十二五”镁合金科技攻关和国家“863”计划、国家火炬计划近10项，制定镁合金行业标准4项，申请专利30余项（其中发明专利10项），有4类产品（镁合金汽车方向盘、手持工具、摩托车件及管型材）获高新技术产品认定。公司立志成为国际镁行业的领先企业。

请登录隆鑫控股公司网站（www.loncin.com），或用相关手机软件扫描网站二维码，了解更多资讯。

重庆前卫科技集团有限公司

重庆前卫科技集团有限公司（原重庆前卫仪表有限责任公司）是中国船舶重工集团公司在渝直属单位，重庆市高新技术企业。地处两江新区，占地面积254亩，其中建筑面积近18万m²。现有职工2000余人，工程技术人员200余名，资产总额逾18亿元。公司主要从事研制和生产精密机械、电子仪器仪表、页岩气装备、高端陆地（深水）井口装置及采油树、风力发电控制系统、IT配套等产品。连续八年荣获集团公司经营业绩考核一等奖，三次荣获重庆市国资委“国企贡献奖”，为我国国防现代化建设和经济建设作出了较大贡献。

经过40多年的改革发展，公司已形成了产业多元化的发展格局，并建立了一套集科研、生产于一体的完备体系。其中与德国克罗姆公司合资成立的重庆前卫克罗姆表业有限责任公司是目前世界上第二大燃气表供应商，国家燃气表标准制定单位，重庆市智能燃气计量仪表企业工程技术研究中心。公司燃气表年产销量已超过200万只，产品荣获“中国名牌产品”和“产品质量免检”等多项殊荣。

与处于世界风电产业领先地位的丹麦kk公司合资成立的重庆科凯前卫风电设备有限责任公司，专业从事850KW-5MW控制系统的研制与生产，形成了规模化的生产销售体系。

所控股的重庆市智能水表有限责任公司专注于水务行业智能计量仪表和信息系统管理软件的研发生产，其核心技术Intemt网络城域化供水计量信息集抄系统已达国际水平，打破了水行业传统的营运模式，是经国家认定的高新技术企业。产品荣获“中国名牌产品”和“产品质量免检”称号。

通过引进美国技术组建的重庆前卫海洋石油工程设备有限责任公司致力于页岩气装备、高端陆地（深水）井口装置及采油树研发与生产，填补国内在该行业的空白。目前，该公司已与中石油、中石化、中海油下属国内外分公司、壳牌、美国BM等公司建立了广泛的业务关系。

与港商合资组建的重庆前卫宏华科技有限责任公司是重庆市最早进入到IT配套领域的中央企业，并被市政府列为IT重点配套企业，目前主要为富士康、惠普、思科等世界知名IT公司提供配套产品。

回首峥嵘岁月，我们风雨同舟；展望发展道路，我们信心满怀。公司将继续秉承“真诚做人，用心做事”的核心价值观，再铸辉煌，实现前卫梦。

石油装备产品

风电产品

燃气计量产品

IT配套产品

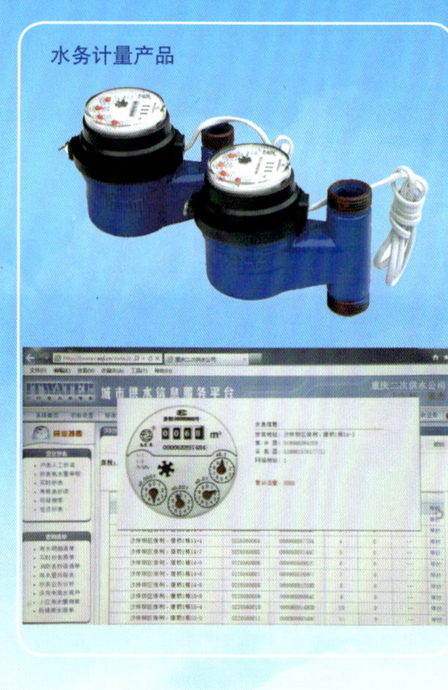
水务计量产品

地址：重庆市北部新区黄山大道中段69号
电话：023-67602393
邮编：401121
网址：www.cqqw.com.cn

中国移动重庆公司“优”服务 您的“优”选择!

2012年，中国移动通信集团重庆有限公司（以下简称：中国移动重庆公司）深入贯彻落实科学发展观，深入落实中国移动“客户为根，服务为本”的服务理念，以“为民服务 创先争优”活动为主要抓手，从网络质量优化、客户信息保护、服务水平提升等多方面扎实推进，着力解决客户反映强烈的热点问题，力求为客户带来更优质的服务体验。

TD-LTE亮相重庆高交会

提升网络质量 优化网络感知 中国移动重庆公司坚持依法互联互通，认真执行《电信网络运行监督管理办法》等规定，强化互联互通沟通机制，及时解决存在问题，确保网间通信畅通，不断提高网间通信质量。2012年，网间拨测成功率达98%以上，网间通信质量全部5项指标符合工信部相关技术要求。据统计，2012年，全市已开通近万个TD-SCDMA无线基站，进一步加强了TD网络覆盖，同时对党政军机关、高档宾馆、写字楼、机场、火车站等重点场所进行了专项室内覆盖。中国移动重庆公司以提升网络质量和性能，提升客户感知为出发点，持续推进TD-SCDMA网络的新技术应用，通过HSDPA、HSUPA等新技术的推广，大大改善了客户的3G网络体验，并已着手开展实施4G网络试验。与此同时，从组织机构与人员、应急预案与演练、物资装备与调度、市场服务支撑等几个方面建立符合新形势要求的应急通信保障体系，积极探索GSM、TD-SCDMA、WLAN三网协同保障，全面提升中国移动的应急通信保障能力，圆满完成十八大等重大活动及突发事件的通信保障工作。

重庆移动启动4G网络建设

加强信息保护 治理垃圾短信 中国移动重庆公司大力完善门户网站技术保护措施，配置了高性能防火墙、IDS、抗DDOS攻击设备、漏洞扫描设备等安全设备，并接入了4A管理系统，实现了账号、认证、授权和审计的集中管理。建立了对门户网站的日常安全管理机制，每日对门户网站进行安全扫描，避免因业务更新出现风险。加强与国内专业安全机构的合作，邀请国家网络与信息安全管理中心重庆分中心对包括门户网站在内的80余套IT系统进行全面的安全评估，及时发现问题、及时整改，确保网站的安全。公司在建立了网站内容自动拨测系统的基础上，还建立了网站内容不良信息人工拨测团队，对公司自有网站和客户接入网站内容进行7*24小时人工拨测。在垃圾短信治理方面，成立了垃圾短信治理工作小组，从组织架构、职责分工到客户举报、投诉追责都进行了相关规定，保障了垃圾短信治理的持续开展与闭环处理。2012年，清理短彩信端口687个，整顿关闭行业端口54个。梳理签署协议共计500余份，补签、重签相关协议280余份。同时提升技术手段，改造扩容已有的垃圾短信收发端监控拦截系统，采取措施有效遏制复制卡，点对点垃圾短信得到有效治理。

重庆移动在高温天气开展线路维护

强化透明消费 提高服务水平 中国移动重庆公司不断优化透明消费服务举措。严格落实《关于规范短信息服务有关问题的通知》，推出“业务扣费主动提醒”透明消费服务举措，客户订购增值业务后，在扣费之前均能收到扣费提醒短信进行二次确认。针对在售资费产品，在实体渠道严格执行上墙公示制度，同时将主流产品制作成方便易读的《资费导购手册》，供客户方便选择；在网厅和掌厅分别建立了资费专区，按品牌分类，列举出目前公司的主要资费，方便客户进行资费选择和办理，客户还可以通过电子渠道随时查询到目前在用资费的资费信息，让客户做到明明白白消费。中国移动重庆公司将提升窗口服务质量作为重要工作长抓不懈。一方面制定了严格的服务规范和要求，在全市开展营业厅和热线常态化测评工作，加强第三方对各网点和热线的监测力度。另一方面，10086热线窗口严格执行客服热线来电必复服务承诺。为广泛听取客户意见，进一步提升客户服务质量，中国移动重庆公司还开展了“为民服务客户接待日”活动。公司负责人到营业厅与客户面对面交流，充分听取客户的意见及建议，切实解决客户各类通信问题，得到广大客户的认可。

德庄，做火锅行业的领航者

重庆市火锅协会会长、德庄集团董事长李德建先生

德庄，创始于1999年，传承重庆火锅百年积淀，以永远新鲜为追求，以品质健康为己任，坚持以德经商和创新发展，狠抓细节与执行，奠定百年德庄的基石，拓宽火锅行业的发展之路。

德庄火锅部分菜品

创始之初，德庄开创行业之先河，确立了企业形象（CIS）战略，收购获得吉尼斯纪录的德庄大火锅，发明了生物酶嫩化技术，开创火锅底料集中炒制与统一配送的全新模式，引入ISO9001标准化管理体系……一系列举措奏响了品牌发展的最强乐章，引领火锅行业发展。

2003年，德庄构建了“从土地到餐桌的完整产业链”：建立了大宗原材料基地，原料从田间地头得到监控，每一种原料都可溯源到出自哪块地头；现代化的标准厂房，里面是自动化流水生产线；现代物流配送体系，向客户及时准确配送各类物资。德庄建立的产业链带动了上万户农民增收致富，对农业产业结构调整做出了突出贡献。

时尚新潮的德庄火锅重庆江北水晶店

十余载与科技创新，使传统火锅行业焕发了新的活力。德庄毛肚、十秒青青草毛肚获得国家科技进步奖。德庄还致力于火锅行业标准的建立，与重庆市标准化研究院共同成立了重庆火锅菜品标准发展研究中心。

德庄不断探索连锁经营模式，从直营到特许经营，再到联合发展，产业规模不断壮大，火锅连锁店发展到500余家，遍布全国并走向海外。先后荣获“全国餐饮百强企业”、“全国餐饮连锁十佳企业”、“中国驰名商标”、“农业产业化国家重点龙头企业”、“全国商业科技进步三等奖”等称号。

德庄食品销售势头强劲，已成为企业发展的重要支柱。德庄旗下子品牌也在不断发展，德庄火锅、青一色、雨情调、德庄厨娘、蓉李记等蓄势待发，将为德庄的发展开辟新的天地。

德庄从未忘却过自己的社会责任，生产良心食品，安置下岗职工，带动农民致富，制造上千名百万和千万富翁；德庄身体力行，“5·12”汶川大地震第一时间赶往灾区，发起了“粥棚”救灾行动；德庄不断为社会慈善事业捐款捐物，扶贫济困。

面向未来，德庄将以创新求发展，不断开创火锅行业的新局面，做火锅行业的领航者！

现代化的德庄中央物流配送基地和食品生产基地

扬帆起航的重庆粮食集团

在与南岸区政府签定战略合作协议上致辞

重庆粮食集团成立于2008年2月，是全市370多家国有粮食企业整合组建而成的国有大型粮食企业集团。集团现有子公司44个，职工4859人。旗下拥有“红蜻蜓”食用油、“人和”大米等粮油品牌和一批较为完善的粮食贸易、加工、物流体系。

重庆粮食集团成立五年来，在重庆市委、市政府的坚强领导下，积极应对国际市场粮价大幅波动的冲击，努力克服国内经济增速放缓、市场需求减弱的不利影响，在艰难的宏观环境中抓发展、保增长，取得了一定的工作成绩，步入发展快车道。一是重庆粮食集团的组建模式开创全国先河，成为我国第一家省级层面的整合式改革重组的国有大型粮食企业集团，为其他省区市国有粮食企业的改革发展提供了有益借鉴。二是步入重庆市资产、销售收入“双百亿级”企业行列，成为长江中上游最大的粮食企业。三是成功地“走出去”，与境外农场主、企业合作建设境外粮油基地，并促成巴西巴伊亚州与重庆市结成友好城市。四是参与了大豆国际贸易，实现从无到有、由小至大，年进口大豆两百万吨。五是企业影响力明显增强，先后荣获“60年影响重庆经济60企业”、2009—2013年“中国服务业企业500强”、“中国十佳粮油集团”等荣誉。六是职工收入水平大幅度提高，五年增长2.6倍，职工精神振奋，干劲倍增。

已经走过五年风雨的重庆粮食集团，今后又将以全新的面貌，掮起历史和人民赋予的使命，扛起振兴粮食企业大旗，向跨地区、跨行业、跨所有制和跨国经营的国际化、现代化大型粮食企业集团迈进。

一是发挥与国家粮食交易中心竞价交易管理系统联网的重庆国家粮食交易中心优势。重庆国家粮食交易中心是全国25家交易中心之一，西南地区唯一的两家交易中心之一。进一步加大与社会各界合作，利用区位优势、交通优势和行业优势，将重庆国家粮食交易中心打造成立足西南、面向全国的粮油交易中心、定价中心、信息中心、物流中心、结算中心和展示中心，增强辐射、服务功能，充分发挥其促进粮食产销衔接、活跃粮食流通、调节市场供求、服务政府宏观调控、保障粮食安全等方面的杠杆调节作用。二是推动农交所大宗粮油交易平台建设，利用粮食集团现有供销体系和农畜所电子交易平台，开展即期和中远期粮油电子交易。三是加快“渝百家”超市和农业开发公司整合重组，建设信息平台、市场营销、物流加工配送“三位一体”网络，实现食材配送规模和效益突破。

与南岸区政府签定战略合作协议

投资忠县签约

认真履行国有粮企职责，一是配合市政府进一步提升粮食供应保障能力，力争到2017年，基本建成四大体系，即：每个区县都有粮食配送中心、每个乡镇都有粮食超市或便民店的粮食保供体系，乡镇粮食交易市场体系和相当规模的粮食储备体系、粮食物流与加工体系。二是推进“放心粮油进社区”工程，确保粮油质量安全。将放心粮油配送与便民超市紧密衔接，以渝百家超市、农业公司为载体，积极推进社区便民店建设，着力打造放心粮油示范点样板工程；开展直销、联销、代销业务，为消费者提供质优价廉的放心粮油产品；努力打造放心粮油标准化配送中心，不断提高“放心粮油”市场的占有率、普及率。

深化企业领导人员人事改革。一是着力打造投资团队、管理团队和专家团队“三支队伍”。创造良好环境，制定激励措施招揽人才，营造干事创业氛围，吸引、聚集各级各类人才为企业发展建功立业。二是建立和完善企业领导人员人事管理制度。破除企业管理人员能上不能下的不良机制，健全用人和考核机制，形成能者上、平者让、庸者下的管理机制，为企业发展提供坚强人才保障。

重庆中国三峡博物馆

重庆市城市建设

重庆奥体中心体育场

重庆市城市建设发展有限公司按照重庆市政府决定，于2000年8月10日正式成立、专司重庆市政府投资重大重要建设项目管理的公司。按照重庆市政府的决定，2005年1月1日，公司整体划入重庆市地产集团。截止2012年12月，公司注册资本金11110万元，总资产65亿元。

公司具有政府投资建设项目管理甲级、房地产开发贰级、建设监理临甲、工程咨询甲级、建设工程招投标代理乙级等资质和经营范围，并以专司政府投资建设项目管理为主。公司现有职工总数92人，其中具有中、高级职称的占总数60%；注册监理工程师、注册造价师、注册咨询师、注册会计师、注册建造师、项目管理师占专业人员的50%，员工平均年龄36岁。

13年来，公司一直致力于政府投资建设项目的专业化管理，作为重庆市政府投资项目建设管理方式改革的探索者，通过专业化集中管理模式，较好地实现了对项目投资、进度、质量、安全的控制，实现了功能与设计的结合、功能需求与投资规模的匹配，充分满足项目使用业主的要求。公司运用专业化管理手段、发挥各类资源优势，对项目建设的全过程进行科学管理，逐步形成了自身独有的管理特色。

国泰艺术中心

公司先后承担公路、桥梁、场馆、文化设施、政权项目、工业厂房、科研院校、医院等八大类45个政府公益性项目的建设任务，总投资120余亿元，累计完成投资近70亿元，为政府直接节约投资数亿元，组织建设的重点工程项目，全部接受了上级主管部门的审计，无一项目超概算，无一起重大经济安全责任事故，取得了良好

的社会效益和经济效益。经过多年经营和打造，城发公司在重庆代建领域拥有了良好的声誉和口碑，并得到了市各级领导对城发公司工作有力的肯定。2011 年 8 月在我司成立十周年之际，重庆市政府黄奇帆市长题序鼓励。

嘉悦大桥

1、重庆中国三峡博物馆工程荣获 2006 年度鲁班奖、2006 年全国十大建设科技成就奖和 2009 年新中国成立 60 周年百项经典暨精品工程。

2、重庆奥体中心体育场工程获得 2006 年第六届中国土木工程詹天佑大奖及重庆市首个建设工程特别贡献奖。

3、重庆西永微电子工业园标准厂房（811）工程荣获 2008 年度西永微电子工业园工程获重庆市“巴渝杯”优质工程奖；2009 年度鲁班奖。

4、重庆警备区迁建工程综合办公楼荣获了 2011 年度军队优质工程项目一等奖、重庆市“巴渝杯”优质工程奖、重庆市建筑业新技术应用示范工程以及 2011 年度“鲁班奖”。

5、嘉悦大桥获得 2011 年度重庆市市政工程金杯奖和**美国节段桥梁协会 2011 年度优异奖。2012 年度国家詹天佑大奖。**

6、**重庆国泰艺术中心获得 2011 年度国家优质钢结构金奖。**

7、2010 年被国资委评为国有企业委级文明单位和委级巾帼文明岗。

8、公司获重庆市国资委 2011 年国企贡献奖。

9、公司获得 2011 年度重庆市重点建设项目先进集体称号。

10、公司获得 2012 年度重庆市招投标先进单位。

11、2012 年政府危旧房改造工程被市政府办公厅授予工程建设特别贡献奖。

马家岩临江装饰城：十六年铸就家居行业诚信标杆

重庆家居行业"重庆市诚信示范市场"、"消费与服务家居卖场示范单位"等殊荣唯一获得者

围绕诚信做文章，加强服务引市场。临江装饰城自1998年建立以来，16年磨一剑，切实以诚信经营和规范服务为消费者谋利益，成为我市行业主管和消费者认可的行业典范和标杆市场。

临江装饰城与近年新建的装饰卖场相比，在规模和位置上并不占优势。而他却能在马家岩商圈甚至整个重庆卖场中屹立16年经久不衰，最重要的因素就在于它的诚信经营原则。

为此，自2011年起，临江装饰城首吃"螃蟹"——率先推行明码实价。

按照这一制度规定，临江装饰城多所有商品均实施明码标价、明折明扣、实价实卖，在诚实守信的商业道德基础上，还广大消费者一个公道的购销关系。

对临江装饰城推出的明码实价制度，消费者和有关部门都非常支持，纷纷称其对维护整个社会生产经营秩序、稳定物价具有重要作用。

此外，临江装饰城在促销活动中不返现、不返券、不玩文字游戏、不捆绑消费，价格直降，诚信促销：不玩噱头，不要花招，实价实卖，明折明扣：打击假冒伪劣，杜绝暴力欺诈，抵制误导忽悠，倡导理性消费。

诚信16年如一日，这样的坚持将临江装饰城"明明白白消费，实实在在让利"的企业形象深入人心，曾获包括"重庆市诚信示范市场"\"消费与服务家居卖场示范单位"、"十大杰出贡献企业"等多项殊荣。每一次的肯定，都激发临江市场再一次前进，成为行业内学习的标杆。

同时，临江装饰城还先后建立了"先行赔付制"、"30天内包退换"等全方位的服务保障体系，以保证整个市场健康有序、规范运行。正是由于拥有这样完整的管理机制，才让临江装饰城在同行业中遥遥领先，成为诸多企业和商家学习的榜样。

为此，临江装饰城本着对消费者绝对负责的态度，通过坚持"诚信经营"的原则，不断为消费着想，遵守《消费者权益保护法》，执行《商品准入制度》、《诚信经营公约》、《无条件退换货制度》等维护消费者合法权益的制度，并按国家"三包"规定在质保期内对售出商品负全责，全力营造无忧的购物环境。

攀华集团·重庆万达薄板有限公司

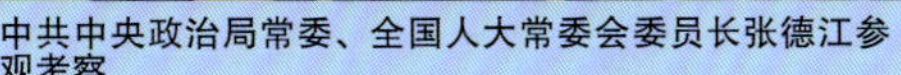
中共中央政治局常委、全国人大常委会委员长张德江参观考察

中共中央政治局委员、重庆市委书记孙政才视察

重庆万达薄板有限公司是总部位于张家港保税区的攀华集团在重庆投资的现代化高科技企业。攀华集团是中国民营500强企业，业务涉及薄板、物流、房地产、金融投资和矿业等五大领域，是全国最大的钢铁薄板生产基地。

重庆万达薄板有限公司于2009年8月正式落户李渡工业园区，占地1500多亩，注册资金8亿元人民币，先后建设了家电薄板项目和汽车薄板项目。

一期工程总投资40亿元，建设150万吨薄板系列项目，该项目落户涪陵区李渡工业园，弥补了涪陵园区无百亿级企业的空白，其投资金额与建设规模，被誉为重庆市2010年“十大项目之一”，更被誉为涪陵区2010年“头号工程”。重庆万达薄板有限公司“150万吨系列薄板”项目采取边投产边建设的方案，主要建成酸洗生产线2条、冷轧生产线3条、镀锌生产线3条、退火生产线2条、硅钢生产线2条、彩涂生产线3条，共计15条生产线及相应的辅助设施。2010年5月21日彩涂生产线正式投产；8月16日镀锌线正式投产；2011年1月18日酸洗生产线成功投产；五连轧生产线于2011年3月2日正式投产；连续退火线于2011年4月16日正式投产。2011年6月13日，正式举行“150万吨系列薄板”项目竣工仪式。

二期项目已于2010年11月3日正式签约落户重庆市涪陵区李渡工业园，投资60亿元建设250万吨汽车板项目，主要设有1780系列的酸洗线、五机架连轧生产线、镀锌和退火生产线，以及相应的检查仪器和设备。汽车板作为钢铁中的精品，是板材行业中难度最大、要求最高的产品。为在巴渝大地上建设具有国际先进水平的汽车板工程，除主要设备将从国外先进企业进口外，我们还将采用国内著名的大专院校科、研院所研发的最新技术成果。同时与国内大型钢铁企业展开强强合作，主要致力于无间隙原子钢（IF）、高强度IF钢（HSSIF）、烘烤硬化钢（BH）、各向同性钢（IS）、高强度低合金钢（HSLA）、双相钢（DP）和变相诱发塑型钢（TRIP）等七大类钢种的开发与生产。

同时，攀华集团在重庆还有码头、船务、钢材市场、剪切配送等项目，可以为客户提供全面的优质服务。主产品冷轧板、镀锌板、彩涂板和电工钢远销美国、英国、俄罗斯、加拿大、西班牙等50多个国家和地区。

重庆万达薄板有限公司项目的建设与发展备受各级领导的关心和社会各界的大力支持，张德江、孙政才、黄奇帆、张轩、谭栖伟、童小平、马正其等领导多次亲自莅临公司检查指导工作。在各级领导与社会各界的支持关心下，重庆万达薄板有限公司蓬勃发展，已经连续两年创产值百亿并在近三年获得区级以上各项荣誉称号，如2011年度涪陵工业企业三十强、涪陵区非公有制经济工业类十强企业、2012年度工业经济稳增长工作先进集体、2012年度重庆市工业技术改造示范企业等。

重庆万达薄板有限公司生产车间及产品

重庆万达薄板有限公司研发中心

万达厂区一角

重庆悦来两江国际酒店会议管理有限公司 重庆悦来国际会议中心

重庆悦来两江国际酒店会议管理有限公司为市属国有重点企业——重庆悦来投资发展有限公司的全资子公司，主要承担重庆悦来国际会议中心及配套酒店的运营管理。公司广纳具有丰富国际酒店管理经验及会议展览经验的骨干精英，建立了一支严谨、高效的管理团队，力求为国内外各类型会议、展览团体提供国际一流的服务。

作为重庆国际博览中心的重要配套项目，重庆悦来国际会议中心是西部最大的会议中心，会议中心功能齐全、设施完善，地下2层，地上4层，由各种大小会议室灵活组合，可满足各类高端会议和不同的会议需求。会议中心内设有面积为5200平方米超级宴会厅一个、1000平方米以上超大会议厅三个、50至350平方米精致多功能会议室二十八个。会议中心内高速宽带、WIFI全面覆盖，内有国际顶级会议音视频系统、同声传译等设备，为参会来宾提供世界一流的硬件设备和精细化服务。

会议中心

悦来 温德姆酒店

2013年3月，重庆悦来国际会议中心成功申请加入国际大会及会议协会（ICCA），ICCA是全球国际会议最主要的机构组织之一，是会务业最为全球化的组织。悦来国际会议中心成为继国家会议中心、广州白云国际会议中心后会员单位。重庆市也因此成为继北京、上海、广州、深圳、杭州、扬州后的中国第七个会员城市。

目前在建的悦来温德姆酒店坐落于重庆市两江中央商务区重庆国际博览中心项目西面，总建筑面积约为5.5万平方米，地下1层，地上14层，共有客房390间，是一家集会议、餐饮、住宿于一体的五星级酒店。由全球著名酒店管理集团——温德姆国际酒店管理集团经营管理，为国内外的来宾提供最优质的服务。未来将陆续开发建设各类星级酒店，在悦来形成酒店群，营造国际圈层。

重庆悦来国际会议中心秉承国际标准的精细化服务理念，引进世界一流的硬件设施设备，为来自世界各地人士提供完美的会议体验。

悦来会议中心

悦来会议中心

悦来会议中心

重庆悦来国际会议中心

大洋集团

大洋集团从创立之初起，谨以“专心、专注、专业、专家”的企业宗旨，秉承“志存高远、勇攀高峰、海纳百川、永不放弃”的理念，35 年来始终如一、精益求精地躬耕于城市建设，并以专业、完善、优质、高效、贴心的服务，成为了让客户放心、让社会满意的建筑专家，口碑相传堪为典范，确立起倍受业内外推崇与尊敬的大型民营建筑企业。

董事长 王成明

2013 年全国十大“孔子儒商奖”获得者。在 2013 年中国国际孔子文化节上王成明先生从全国数百位候选者中脱颖而出，荣获“2013 癸巳年孔子儒商奖”。受到全国工商联名誉主席黄孟復的接见并由全国工商联孙晓华颁奖。目前为止，已有北京首都开发股份有限公司监事会主席胡仕林、中国国际能源集团董事局主席吴国迪、天津天士力控股集团董事局主席闫希军、修正药业集团有限公司董事长修涞贵、山东东阿阿胶股份有限公司董事、总经理秦玉峰、台湾国际标准电子股份有限公司董事长吕国华等 40 位优秀企业家获奖。

1979 年，一家隶属于重庆市渝中区解放碑街道的集体所有制建筑施工企业载梦起航。经营至 2006 年，原有体制已无法适应市场经济大环境的风云巨变，作为公司第一工程处处长的王成明，带领企业于 2007 年进行了大刀阔斧的体制改革，将公司成功改制为股份制民营企业。自古非凡者，应势而生顺势而为，更当破势而立。从此，大洋集团谨以“成为让客户放心、让社会满意的建筑专家”的社会使命作为指引企业运营及发展的灯塔，冲破桎梏步入稳定发展的康庄大道，并开始向多元化集团迈进。

百川归海终成大洋，在王成明董事长的成功带领下，经过不懈的坚持和努力，仅在5年内，大洋集团已发展成为注册资金 10018 万元，配备管理、技术团队逾 400 人，获得房屋建筑工程施工总承包一级资质、市政公用工程施工总承包一级资质等十多项一、二级资质，年产值近 5 亿元、年缴税额二千多万元、每年提供近万个就业机会的大型企业，并在发挥地产开发、建筑施工等核心竞争优势的同时，拓展成为涵盖金融投资、文化产业、商贸运营等多行业领域的国际化建设投资集团。

在社会使命与责任感的鞭策下，集团始终如一地建筑精品、兢兢业业躬耕于城市建设，广受各级党和政府以及社会各界的关怀与肯定：多次被建设行政主管机关授予“先进单位”、“先进集体”荣誉称号；获得《重庆日报》、《重庆电视台》、《四川经济日报》等主流新闻媒体的高度赞誉；荣膺“综合实力百强施工企业”、“百强企业”、“50 强企业”、“优秀非公经济企业”等荣誉称号；多年蝉联工商行政管理部门评选的“重合同守信用企业”；以出色的服务品质及优秀的企业文化，被广大客户及社会各界誉为极富儒商气质的企业。

以地扬业，深耕城市，大洋集团将肩负“成为让客户放心、让社会满意的建筑专家“的社会责任感，秉承“志存高远、勇攀高峰、海纳百川、永不放弃”的坚定理念，以一流的管理、一流的服务专注于项目建设，并竭诚与各界朋友携手共进，建筑城市更加美好的明天！

公益事业

★汶川地震捐款 ★青海玉树地震捐款 ★每年节假日敬老院捐赠
★八一建军节向地方部队官兵慰问 ★向贫困地方捐赠书籍及学习用品

重庆直升机产业投资有限公司

CHONGQING HELICOPTER INVESTMENT CO., LTD

重庆直升机产业投资有限公司（以下简称“重庆直投”）成立于2011年1月，是按照国务院《成渝经济区区域规划》、国家发改委以及重庆市委市政府“十二五”期间发展重庆通用航空产业的战略部署，由重庆机电控股（集团）公司、重庆渝富资产经营管理集团有限公司、重庆两江新区开发投资集团有限公司、重庆对外经贸（集团）有限公司和重庆银海融资租赁有限公司组建的新型航空产业投资公司。

公司位于重庆市两江新区，占地2000亩，注册资本30亿元人民币，经营范围包括投资直升机（轻型飞机）及其他航空器整机和相关零部件研发、制造、销售、维修咨询、培训和服务。

重庆直投作为重庆市政府发展通用航空产业的重要平台，2012年4月独资组建重庆通用航空有限公司，2012年7月与中国民航飞行学院合作成立飞行学院重庆通用航空培训有限公司，2012年12月正式收购美国恩斯特龙直升机公司，是中国航空企业首次成功并购欧美发达国家的知名直升机整机制造企业。2013年1月独资成立重庆通用飞机工业有限公司。2013年1月重庆直投通用航空产业基地竣工投入使用，通航产业布局全面启动。

“创新通航、圆梦蓝天”！本着诚信、创新、和谐、共赢的经营理念，重庆直投将继续全方位从飞机研发、航空制造、通航运营、飞行培训、市场销售、维修保障、机场建设七个板块发展通用航空产业，努力实现直升机研发、生产、销售和售后一站式服务，覆盖直升机“重庆造”的全面业务范围。

According to the Chengdu-Chongqing Economic Zone Development Plan released by National Development and Reform Commission and State Council, and the strategic plan to develop general aviation industry in Chongqing during the 12th Five-Year Plan Period, Chongqing Helicopter Investment Co., Limited (hereafter referred to as CQHIC) was established in January 2011.Shareholders of the company include Chongqing Machinery & Electronics Holding (Group),. Limited, Chongqing Yufu Assets Management Group Co., Limited, Chongqing Liangjiang New Area Development Investment Group Limited, Chongqing Foreign Trade and Economic Cooperation (Group) Co., Limited, and Chongqing Yinhai Financial Leasing Company Limited.

The Company is located in the Liangjiang New Area of Chongqing City, covers an area of 2,000 acres, with the registered capital of 3 billion Yuan. Business scope of the company covers investment on research, manufacture, sales, repair, consulting, training and other service of helicopter (light aircraft) and other aircraft with related parts and components.

As an important platform for developing general aviation industry in Chongqing Municipality, CQHIC has made a significant progress. The oompany set up a wholly owned enterprise Chongqing General Aviation Co., Limited in April2012. With the cooperation of Civil Aviation Flight University of China, CQHIC established CAFUC Chongqing General Aviation Training Company Limited in July 2012. CQHIC officially acquired Enstrom Helicopter Corporation in December 2012, it is the first time for China's general aviation company succeeded acquisition of European and American world-known helicopter manufacturer. CQHIC general aviation base has completed construction and been put into use in January 2013. The overall general aviation industry is launched since then.

"ACHIEVE AVIATIC DREAM WITH OUR INNOVATION ! With the management philosophy of integnty, innovation, harmony and win-win solution, CQHIC will continuously dedicate to aviation research, aircraft manufacture, operation, training, sales and marketing,repair and maintenance, as well as airport construction. With great effort, CQHIC is determined to realize full range service covering development, production, sales and aftersales service to the helicopters made in Chongqing.

重庆蜂谷美地生态养蜂有限公司

CHONGQING FOGO ECOLOGICAL APIARIAN CO.,LTD.

重庆蜂谷美地生态养蜂有限公司地处重庆市云阳县，是一家专业从事蜂产品深加工、蜜蜂育种、产业化养蜂、养蜂机具生产以及蜂产业文化建设的农村科技型企业。

公司以提高农民养蜂技术水平、提升蜂产品产量和质量、打造秦巴山区和三峡库区特色优势产业为使命，精心培育"精灵子"蜂产品品牌，以实际行动帮扶山区农民通过发展养蜂及相关配套产业增收致富。

公司由中国养蜂学会常务理事、九龙坡区政协委员、九龙坡区青联常务、工商联执委、全国农村青年创业致富带头人夏晓华先生创办，成立于2008年6月，总投资2000万元，建有年产1500吨优质蜂产品深加工工厂；年产10000只优质中蜂种王、2000群蜜蜂的蜜蜂原种场；建有三峡库区蜂产业技术专家大院、蜂文化展览中心、创新研发中心、物资装备中心、网络信息中心、示范养蜂房等，是国家科技部重点星火计划项目承担单位、重庆市农业产业化龙头企业、重庆市蜂产品出口企业和清真蜂产品生产企业，通过了ISO9001国际质量管理体系认证和有机食品认证。2012年，公司技术中心被评为重庆市中小企业技术研发中心，"精灵子"商标被评为"重庆市著名商标"。

为保证"精灵子"品牌蜂产品的品质和安全，公司引进了低温真空灭菌机组、真空均质乳化机组、超低温振动磨机组等国际先进的生产设备；配备了高效液相色谱仪、高效气相色谱仪、紫外分光光度计、阿贝折射仪等国内先进的检验检测仪器以及专业的生产检验人员，并与中科院成都生物所、中科院重庆绿色智能研究院、重庆大学生物工程学院、解放军第三军医大学营养教研室、西南大学食品科学院等科研院所合作，开发出拥有自主知识产权的"精灵子"系列高品质营养食品和个人护理用品，通过专卖体系在全国各地销售并出口到国际市场。

公司承担的"三峡库区中华蜜蜂生态养殖及有机蜂产品开发"项目荣获了"中国－东盟博览会"优秀参展项目，并得到温家宝总理的接见。2011年公司被国家科技部授予"十一五"国家星火计划工作先进集体称号。公司3年来已培训蜂农2300多人，提供工作岗位160多个，发展全县农民养蜂近5万群，带动库区养蜂20万群。2011年产值2230万元，利税267万元。

地　址：云阳县人和街道莲花社区红莲路100号

电　话：023-55510001 传真：023-55510101

网　址：www.genius1997.com

网上展厅：淘宝商城（天猫）精灵子旗舰店

邮　箱：664147870@qq.com

重庆靖悦机械设备有限公司

重庆靖悦机械设备有限公司成立于2003年，主要生产通用动力机械用各型消声器。现有厂房面积3万m²，配备了各型冲床（包括连续冲床）、焊机、液压机等设备一百余台套及两条进口全自动烤漆及喷塑生产线，具备了从原材料投入到成品消声器出厂年产1000万套的能力，已经生产出了各种规格型号的消声器共计100余款200多种状态。产品80%以上直接或间接出口北美及欧洲，公司的主要用户有：美国的MTD、KOHLER、TTI、百得、康明斯、意大利GGP、中国宗申集团、隆鑫集团、力帆集团等。

公司具备从新产品开发、试制到批量生产，销售及售后服务的能力，主要生产制作部门包括研发中心、冲压车间、焊接车间、涂装车间。充沛的人力资源加上先进科学的现代化管理理念，保证了我司产品质量的优异并成为中国西部地区最大的通用动力机械消声器制造者和销售商，我公司现有职工400多人，其中，专职研发人员占10%，管理人员占10%。公司研发的多种产品获得国家专利知识产权保护，“靖悦消声器”在全国通用机械消声器行业有较高的声望。

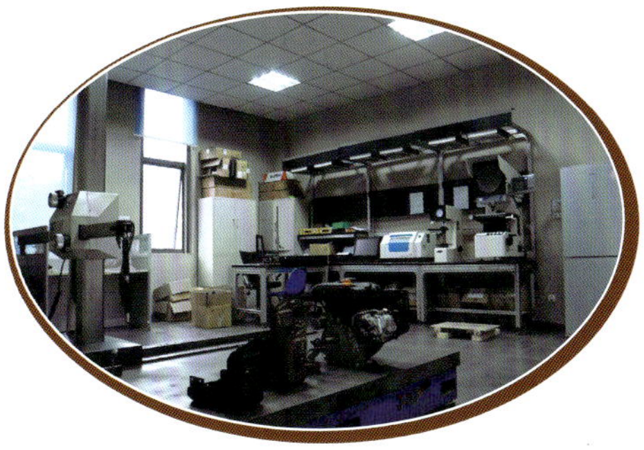

重庆靖悦产业集团董事长　徐君

办公楼

东方鑫源控股有限公司

东方鑫源控股有限公司始创于1997年，是一家2007年经国家工商行政管理总局审核批准的一家无地域限制的民营企业，员工3500余人。鑫源控股采用母子公司治理结构，初步形成了涉及摩托车、汽车、通用机械、农业机械的研发、制造、营销服务，体育赛事产业经营为一体的经营业务体系。鑫源控股行使“定方向、选人才、配资源、监督考核、运营服务、重大活动管理”的职能，为各子公司提供资金、品牌、文化、管理等方面的有力支持，推动子公司成为所在行业坚持差异化发展思路、适度追求规模化发展的具有核心竞争力的特色企业。

鑫源工业园位于重庆西郊、中梁山西麓，成渝高速公路重庆段第一出口处，有重庆市“后花园”之称的含谷镇。公司占地面积为600余亩，地理位置优越，交通便利。园区企业包括：东方鑫源控股有限公司、华晨鑫源重庆汽车有限公司、重庆鑫源摩托车股份有限公司、重庆鑫源农机股份有限公司、重庆鑫源动力制造有限公司和重庆赛阿盟赛车运动俱乐部等。生产的产品包括：微型汽车、越野摩托车、全地形沙滩车、常规两轮摩托车、摩托车发动机、农机、通机等工业产品。

中国鑫源国际越野摩托车队

鑫源抗灾减灾救护队汶川救灾

重庆鑫源摩托车股份有限公司是一家大规模、专业化从事摩托车整车、摩托车发动机生产的大型民营企业。已具备年产80万台摩托车整车、100万台摩托车发动机的产能。“鑫源摩托”是高新技术企业，检测中心获国家级实验室认可资格。目前公司产品与服务已经覆盖全球100多个国家和地区，其中越野摩托车连续8年产销量全国第一，已经成为越野摩托车及其衍生的运动文化领域的领导品牌。

重庆鑫源农机股份有限公司成立于2005年，专业从事微型农机及通用机械研发、制造及营销。目前产能达170万台/套。公司产品涉及汽/柴油机动力、汽/柴油发电机组、汽/柴油水泵机组等通用机械；微耕机、微型收割机、茶/果园管理机、田园管理机等农业机械。公司坚定不移地走新型工业化道路，以“通机差异化、农机多元化”的经营理念为战略定位，力争成为全球领先的“小型热动力涉农机械制造专家。”

鑫源 XY400GY 越野车

华晨金杯小海狮

鑫源微型收割机

华晨鑫源汽车有限公司系东方鑫源控股有限公司与华晨集团合资，于2008年成立。2011年投产的新厂房面积大约6万平方米，设计产能达10万台/年。公司具备投资研发汽车及其发动机，制造汽车车身、底盘及汽车零部件（含发动机及其配件），销售品牌汽车、汽车发动机、汽车零部件及其技术售后服务等资质。华晨鑫源重庆汽车有限公司秉承华晨金杯惯有的高品质高起点，制造中国人自己的汽车——SY6390、SY6370、SY1020以及今年上市的华晨金杯小海狮，为广大消费者打造质优价廉的精品金杯微型客车。

2013年6月，由华晨鑫源重庆汽车有限公司投资建设的重庆涪陵华晨鑫源30万辆整车及30万台发动机项目签约仪式在沈阳举行。该项目计划投资约45亿元人民币，项目用地约1650亩。项目将分二期建成，一期建设年产10万辆整车生产工厂，二期建设年产20万辆整车生产工厂及30万台汽车发动机生产工厂和汽车研发中心。预计项目建成投产后可实现年产值约100亿元。

鑫源工业园鸟瞰图

县城控制性详细规划图

3.8平方公里
新城核心区

铜梁县新城核心区开发建设情况

TongLiangXianXinChengHeXinQuKaiFaJianSheQingKuang

新城核心区位于县城几何中心，辖区总面积3.8平方公里，约5700亩。其中，商住开发用地约3000亩，核心商圈用地约700亩，公建项目用地约1100亩，道路及基础设施用地约900亩。

为进一步提升城市品质，完善城市功能，配套千亿级工业园区，新城核心区管委会立足“城市名片、生态绿城、市民乐园、财富中心”的功能定位，提出了“两年出形象、三年大变样”的建设目标。

新城核心区总平面图

一是坚持超前规划。邀请了世界知名的艾奕康公司完成了核心区总体城市设计，按照立足于尽快建成50平方公里50万人口的中等城市目标，规划设计了100余万平米的核心区商圈，以满足未来铜梁人的消费需求，同时对核心区建筑品质、交通组织、道路分布、整体形象、业态形成、经济指标等进行了详细要求，布局了五星级酒店、商会大厦等铜梁地标性建筑，着力构建未来铜梁城市新门户，通过完善功能，扮靓铜梁形象。

二是狠抓基础建设。目前，核心区内所有道路已全面开工，预计2014年10月全面竣工；生态停车场、农贸市场等公建项目已全面启动，核心区一期平场全面完成，二期平场已完成总量的95%。

三是项目推进顺利。今年以来，五星级酒店、商会大厦、中铁华夏传媒等重点招商项目陆续落户核心区，核心商圈雏形初显；人力社保大厦、县人民医院迁建工程、限价商品房、廉公租房建设等公建项目进展顺利；美丽泽京、壹号公馆等10余个房地产项目建设有序推进。

四是依法征地拆迁。自新城核心区管委会成立以来，完成新征地3782亩，完成拆迁355户，支付拆迁资金2.5亿余元，成功出让土地33宗，面积2164亩，实现收益约43亿元。

五是强化招商引资。截至目前，核心商圈共引进商业综合项目9个，占地约350亩，项目用地面积占核心商圈规划实际建设面积700亩的50%，协议总投资约50亿元。

2014年，我委将按照县委最新工作精神，对照“两年大变样、三年大建成”的工作目标，倒排工期，确保目标任务圆满完成。

已签约地标建筑

东宏豪生国际酒店　　铜梁县商会大厦

新城核心区鸟瞰图

奉节

奉节古称夔州，为历代路、府、州、郡治所，距今已有2300多年建制历史。唐贞观23年，为旌表诸葛亮“临大节而不可夺”的气节，更名为奉节。公孙述筑白帝城称帝、刘备永安宫托孤留下了传奇的军事文化和三国文化，李白、杜甫、白居易、刘禹锡等历代近千位诗人在此或为官、或寓居、或游历，抒写了上万首传世名篇，为奉节赢得了“诗城”美誉。

奉节幅员面积4087平方米，人口107万。奉节脐橙为评为“中华名果”。旅游资源得天独厚，自然、人文景观交相辉映，白帝城驰名中外，夔门雄甲天下，瞿塘峡险峻巍峨，小寨天坑直径626米、深666米，天井峡地缝长37千米，堪称世界之最、绝世奇观，还有神奇的旱夔门、龙桥河，秀丽的金凤山群乳峰云海等。

奉节地处长江三峡库区腹心，自古就是渝陕鄂边区交通枢纽和物资集散地。随着安张铁路、郑渝铁路、沿江铁路、巫恩高速公路、重庆第五大枢纽和库区旅游支线机场的建成，奉节立体交通优势将日趋突显。

一、小寨天坑

天坑是当地人对喀斯特漏斗的俗称。小寨天坑上部是一个椭圆形大坑，下层为矩形竖井，站在坑口往下看，一削千丈的绝壁直插地下，深不见底。据测，坑口直径626米，坑深662米，坑底宽500多米，整个天坑的容积是11934.8万立方米，为世界上同类喀斯特漏斗之首，是迄今为止发现的世界上容积最大、坑壁发育最完整的漏斗形天坑。被誉为“天下第一坑”。

地球之眼（2013年摄影精品优秀奖；王传贵作品）

二、旱夔门

旱夔门风景区，跟奉节县城约40千米，因与长江三峡自然景观夔门极为相似而得名，旁边的峭壁上有保存至今最完整的悬棺遗址。旱夔门是地壳运动时大自然留下的鬼斧神工之作，两块巨大的绝壁相对而立，山势插天，中间留有一道笔直的高而狭窄的山口，犹如一扇石门敞开。“门”高约600余米，宽400多米，蔚为壮观。谷底千陌纵横，些许人家在这里耕种生息，常年山花烂漫（图中是才引起具有药用的万寿菊），空气清新，安宁静谧，丝毫感受不到城市的烟尘与喧嚣，犹如进入了世外桃源。向里有纵深的狭谷溪流，俗称迷宫河，清澈碧绿，深不见底，时而腾起的洁白云雾，飘飘袅袅，如人间仙境。

灿烂旱夔门（2013年摄影精品优秀奖；熊华作品）

秀丽群乳峰（中国奉节摄影协会主席张三友摄）

三、金凤云海

金凤山因山峰似金凤而得名，是天坑地缝景区的制高点，站在山顶，整个天坑地缝景区典型的喀斯地貌便可尽收眼底，这便是世界面积最大的、植被最好的峰丛地貌，被称为地球的“少年时期”。若遇雾天，还可欣赏到美妙绝伦的群乳峰云海奇观。

四、白帝城

白帝城位于瞿塘峡口的长江北岸，距奉节县城东 15 公里，距重庆市区 380 公里。国家 AAAA 级景区。白帝城原名子阳城，为西汉末年割据蜀地的公孙所建。白帝庙内，历代的诗文、碑刻甚多。白帝城景区，陈列着 70 多块完好的石碑，其中隋代碑刻距今已有一千三四百年的历史了。《凤凰碑》和《竹叶碑》最引人注目。

白帝城庙门（2013 年摄影精品优秀奖；陶波作品）

泊（2013 年摄影精品优秀奖；岳建国）

五、夔门红叶（线路）

主城（经渝宜高速约 360 公里，约 4 小时）——奉节县城（午餐）——午餐后乘车（约 30 分钟）游览夔州古墙、品奉节美食、自费游览诗城博物馆（约 30 分钟），再到白帝城·瞿塘峡景区（约 2 小时），观夔门红叶。

夔门深秋

自主创新战略高地 新兴产业核心载体 科学发展示范窗口

国 家 级 重

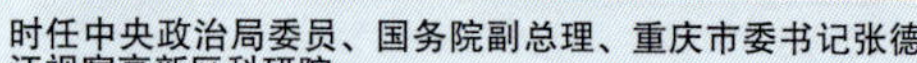
时任中央政治局委员、国务院副总理、重庆市委书记张德江视察高新区科研院

国家质检总局局长支树平赴高新区调研

重庆高新区党工委、管委会深入贯彻落实科学发展观，按照“高标准规划，高水平建设，高品质发展”的要求，坚持创新引领、产业带动、筑牢基础、优化服务，推动区域经济发展和开发建设呈现出持续、健康、快速发展的良好态势。2012 年，高新区完成地区生产总值 262 亿元，同比增长 20.6%；规模以上工业总产值 330 亿元，同比增长 16.3%；社会消费品零售总额 166 亿元，同比增长 20%；全社会固定资产投资 160 亿元，同比增长 45%；新增各类市场主体 7840 户，总数达 4.4 万余户。

——科学编制规划，高新区的发展蓝图更加清晰。深化完善“十二五”规划和产业发展规划，完成国家生物产业基地核心区建设规划、创新体系建设规划等专项规划，金凤、含谷、白市驿 53 平方公里西区实现控规全覆盖，为加快开发建设和新兴产业发展提供坚实保障。

——精细招商引资，高新区的发展质量更加良好。坚持精准招商、选商招商，2012 年成功引进重医生物科技产业园、市食品药品检验检测中心基地等一批优质项目 60 个，实际到位资金 128 亿元，同步增长 62%，其中：实际到位外资 2.2 亿美元。全力支持企业扩大对外贸易和对外交流合作，全年外贸进出口总额 16.4 亿美元，

与团市委、嘉联科技公司联合打造青年创新创业基地

与建设银行开展“助保贷”合作

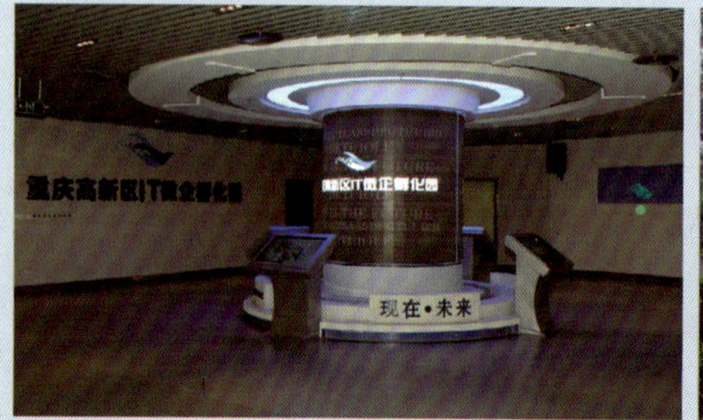

全国首个 IT 产业微型企业孵化园

刘伯承六店旧居建成开放

高新区西区新建成的骨干道路

庆 高  新 区

同比增长 2.3 倍，位居全市国家级开发区首位。

——狠抓科技创新，高新区的发展活力更加凸显。强化科技创新政策引导，全年兑现奖励扶持资金 3000 万元。狠抓平台建设，获批国家创新驿站区域站点，全国首个 IT 产业微企孵化园建成投入使用。完善科技金融体系，积极助推企业登陆全国“新三板”等多层次资本市场，在全市率先开展小微企业“助保贷”业务，为 7 家企业提供 5300 万元贷款支持。注重人才引进和培育，成为全市首批“人才特区”。2012 年新增授权专利 909 件，成功培育市长质量管理奖、提名奖和中国驰名商标各 1 件，新增国家级高新技术企业 17 家、高新技术产品 101 项，数量全市领先。

组团参加第十五届渝洽会

实施中英生命科学园项目合作

——全面开发建设，高新区的发展条件更加改善。东区加快改造提升，累计完成城中村危旧房拆迁整治 50 余万平方米，收储整治工业用地 1850 余亩，已建在建 10 条断头路，五台山绿化广场、烟灯山公园及刘伯承六店旧居等建成开放。西区提速开发建设，实施征地拆迁 1.1 万余亩，建成高新大道、新凤大道等 51 公里，金凤园区服务中心投入使用，启动建设 181 万平方米标准厂房、公租房和安置房，台晶电子、冷链物流中心等一批重点产业项目相继开工，基本拉开大开发、大建设框架。

——强化企业服务，高新区的发展环境更加优质。2012 年高新区先后制定出台推进新型工业化、加快民营经济发展等实施意见及促进科技创新、高层次人才引进和激励等一揽子政策，帮助企业申报各类专项 99 个、配套资金 5741 万元。抓好市政府授予高新区部分市级行政审批管理权限的贯彻落实，为企业提供了更加方便快捷的行政审批和管理服务。

今天，“三次创业”的重庆高新区正以开拓开放的精神，豪情满怀的迈向打造“自主创新战略高地、新兴产业核心载体、科学发展示范窗口”的新目标。

金凤电子信息产业园概念性城市设计

西部国际涉农物流加工区概念性城市设计

两中心一公园

重庆市双桥经济技术开发区

龙湖曙色

重庆市双桥经济技术开发区于2011年12月25日正式挂牌成立，位于拥有世界文化遗产“大足石刻”的重庆市大足区，开发范围为龙滩子街道、邮亭镇、双路镇、通桥镇，具有“五好一高”的突出优势。

产业基础好。双桥经开区所在区域是中国重型汽车工业的“摇篮”，经过近半个世纪的迅猛发展，形成了得天独厚的产业基础，拥有上依红双桥基地、双钱轮胎、机电30万吨高精铸造中心等一批骨干企业，汽车零部件本地配套率达到80%以上。当前，正着力培育以汽车及零部件、现代装备制造、循环经济、电子信息、新能源新材料和其他传统优势产业为主导的“5+1”产业体系。

交通区位好。双桥经开区处于重庆、成都两个特大城市的“一小时经济圈”，是成渝经济带左传右递的区域轴心。拥有成渝高速公路、成渝铁路等快速通道，货物运输可便捷纳入“渝新欧”国际铁路联运大通道，加上在建的成渝高速公路复线、重庆三环高速公路、成渝城际高速铁路与拟建的南（充）泸（州）高速公路所形成的“井字形”交通骨架，成为成渝经济区交通基础设施最为密集和完善的地区之一，经高速铁路到重庆主城仅需18分钟、到成都40分钟。

用地条件好。双桥经开区规划建设面积133平方公里，适宜开发面积80平方公里，地势较为开阔平坦，连片开发条件优越。拥有面积3200亩、蓄水量1640万立方米的龙水湖和绵延起伏10余公里的巴岳山，依山傍湖、气候宜人。

要素保障好。双桥经开区的设立拓宽了城市和产业发展空间，经开区可在大足区乃至更大范围内集聚配置资源。经开区内水、电、气等要素保障齐全，现有220kv变电站2座、110kv变电站3座、35kv变电站1座，单位面积电力供应能力位居重庆市前列；现有天燃气公司2家；现有水厂3家，规

机电集团30万吨铸造中心

花样龙水湖

Chongqing Shuangqiao Economic & Technological Development Zone

双钱轮胎

划建设的15万吨供水中心一期日供水5万吨水厂将于2014年7月建成投用。

政策叠加好。双桥经开区是重庆“1+2+7”开发格局的重要组成部分，享有国家西部大开发的普惠政策、与两江新区和重庆经开区等国家级开发区同等的优惠政策、统筹城乡综合配套改革专惠政策及双桥经开区特惠政策等“四大叠加”优惠政策，为承接国际国内产业转移、争取政策倾斜、资金投入、项目支持等创造了极为有利的条件。

目标定位高。重庆市委、市政府“五大功能区划分”将双桥经开区纳入城市发展新区。大足区委、区政府将双桥经开区作为经济发展的主战场和加快建成成渝经济区区域中心城市的引擎来打造。双桥经开区全面贯彻中央、重庆市、大足区的决策部署，明确了“1235”工作思路（即：围绕加快建设“西部一流的国家级千亿经开区”的目标，大力实施“工业立区、产城互融”两大战略，扎实推进“大项目带动、大产业培育、大环境营造”三大工程，着力打好“招商引资、城市建设、商旅开发、要素保障、民生改善”五大战役），加快推进新型工业化、新型城镇化进程，全力实现跨越发展、科学发展。2012年完成地区生产总值80.4亿元、增长15.3%，固定资产投入71.9亿元、增长75.8%，工业总产值241.1亿元、增长18.1%，地方财政收入14.5亿元、增长20%（其中税收收入3亿元、增长35.7%）。预计2013年地区生产总值达到100亿元、增长15.2%，固定资产投入达到86亿元、增长21%，工业总产值达到300亿元、增长24.5%（其中：规上工业总产值达到260亿元、增长29.4%），工业增加值达到83亿元、增长18.2%，地方财政收入达到16.5亿元、增长14%。在此基础上，力争到2020年实现工业总产值1500亿元、城市面积达到25平方公里、城镇人口达到25万人。

车城大道

“四海和风长惠我，双桥迎潮扬风帆”。积数十载汽车工业基地大建设之底蕴、借新时期成渝经济区大发展之东风，双桥经开区将树立弘扬“艰苦奋斗，赤诚报国”的“车魂”精神，开放创新，实干图强，努力跻身投资环境佳、服务质量优、发展建设快的国家级开发区之列。

夜色新重钢

重庆长寿经济技术开发区

重庆市政府与沙特基础公司合作签约仪式

长寿经开区是2010年11月经国务院批准设立的国家级经济技术开发区，重点发展天然气化工、石油化工、新材料新能源、钢铁冶金、装备制造五大产业集群。坚持循环经济和“五个一体化”先进的发展模式，拥有良好的区位优势和资源禀赋，在规划区域内建成了满足工业发展要求的水、电、气、汽、道路、污水处理系统等公用工程；引进了包括18户世界500强等国内外知名企业236户，协议引资2350亿元，实际到位资金1100亿元，1000万吨炼油等龙头项目取得重大进展；累计完成工业用地开发35平方公里，工业产值2450亿元、税收81.2亿元、利润112亿元。2012年，实现工业产值600亿元，完成固定资产投资170亿元，外贸进出口总额7.2亿美元，实际利用外资4亿美元。在商务部2011国家级开发区综合实力排名中位居西部第六名，其中经济发展、科技创新和生态环境三项指标排名第三；荣膺2013年中国化工园区20强第八位。目前，长寿经开区正在向2020年建成5000亿级国内一流的国家级经济技术开发区冲刺。

应急演练

云天化夜景

重庆市西彭工业园区

重庆市西彭工业园区成立于2003年1月，同年7月市政府批准为重庆市特色工业园区。2006年1月，通过国家发改委审核公告为省级开发区。2006年3月，市政府和中国铝业公司签订联合建设中国铝加工之都的框架协议，开创地方政府与央企联合打造产业集群的开发模式。2007年，市政府召开铝加工之都建设专题会议，将园区升格为市级直管园区，并进一步明确为市政府打造中国铝加工之都的核心区，同时设立重庆西彭铝产业区，规划面积30平方公里（包括18平方公里铝加工区、12平方公里配套服务区）。2008年，园区被国家科技部认定为“国家火炬计划重庆九龙轻合金特色产业基地”，被国家商务部认定为“加工贸易梯度转移重点承接地”。2010年，被国家科技部认定为“国家铝加工产业化基地”，被国家工信部认定为“国家新型工业化产业示范基地”。2011年，人民日报社（人民网）在全国范围内评选为“十二五首批最具特色产业品牌园区”，市委统战部等部门联合授予“绕城经济带·最具成长潜力十大工业园区”称号。2012年，市知识产权局等部门联合认定为“重庆市首批市级知识产权示范园区”，市文明委评定为“市级文明单位”。自2010年起连续三年获得全市十强园区称号，并于2012年另获得全市十佳特色工业园区称号。先后通过ISO14001环境管理体系和ISO9001质量管理体系认证，成为重庆市首家通过该两项认证的市级开发区。

园区以中铝西南铝铝加工上游产业为基础，以发展高新技术产业为核心，铝材精深加工为重点，着力打造中国铝加工之都。先后引进美国、瑞典、瑞士、日本、泰国以及香港、澳门、台湾等国家和地区的知名企业投资，引进了“1+4”热连轧、“1+2”冷连轧、中信戴卡捷力铝轮毂、上海通用等一批行业旗舰项目。2012年，园区实现工业总产值410亿元，同比增长17%，实现工业增加值85亿元，同比增长16%，完成全社会固定资产投资43亿元，同比增长38%，已形成从铝液热直供到铝材精深加工的完整产业链和配套能力。

未来几年，园区将坚持走“创新驱动、产城融合、提质增效”的转型发展之路，提升科学发展水平，打造一座科技之城、生态之城。创新驱动主要是以企业为主导，以园区交通用铝应用研究中心和孵化园为平台，激活企业和科研机构的创新活力，总体提升产业科技含量。产城融合主要是产业发展与城市配套的协调推进，通过工业、商贸、物流、地产、人才等各类要素的集聚，形成产业造就城市、城市助推产业的良性发展格局。提质增效主要是项目引进从招商引资向选商引资转变，摒弃传统落后的产业项目，策划引进一批高精尖的优质项目，优化产业结构，推动产业升级。

五区建设初见成效－环境优美的苦溪河

CHONGQINGSHI JINGKAIQU

重庆经济技术开发区

2012年是经开区实施“十二五”规划承上启下的关键之年，也是完成“三年上台阶”目标任务的攻坚之年，一年来，经开区认真贯彻落实党的十八大及市第四次党代会精神，按照“12345”的发展思路，以科学发展为主题，以“建设主题年”为统揽，以加快转变经济发展方式为主线，坚持稳中求进，着力破解制约因素，全力推进项目建设，2012年经济保持了平稳较快发展。

微软全球服务交付中心落户经开区

奥特莱斯落户经开区－南岸区、经开区领导与美国威特集团负责人签约

一、2012年发展回顾

（一）经济保持平衡健康的增长。

全年实现地区生产总值272亿元，同比增长18.3%；固定资产投资218亿元，同比增长36.3%；工业总产值704亿元，同比增长21.4%；财政收入26.5亿元，同比增长32.5%；税收收入43亿元，同比增长11%；实际利用内资80.9亿元，同比增长31.5%；实际利用外资2亿美元，同比增长31.6%；外贸进出口总额5.3亿美元，同比增长33.5%。

（二）“建设主题年”建设全力推进。

实施重点建设项目40个，新开工项目16个，竣工项目8个，完成年度投资72.2亿元。一是骨干道路等重要基础设施加速建设，产业场平工程大规模启动，管网迁改同步推进。疏港大道、东西干道、南北干道实现竣工验收，东港片区的路网建设取得重大进展；开迎路、开成路两条续建骨干道路加快建设；武警舰艇支队配套道路、纵七路等道路实现开工；电机电子产业基地、首钢、永翔等三个片区总面积1800亩的场平工程全面启动；电力、燃气、通讯、给排水等管网配套工程实现同步建设。二是产业发展类项目有序推进，北大方正移动物联网产业基地过渡性生产线建成投产，昊晟、天海星等标准厂房项目、丰海化学制品生产基地、乡村基深加工、安得西物流园等8个项目实现竣工；同景国际城部分组团竣工交房；朝天门国际商贸城项目一期实现全面交地，正进行土石方工程施工；长江孵化楼项目确定最终设计方案并完成土地摘牌，实现动工建设。

（三）土地和资金瓶颈取得较大突破。

一是完成土地利用总体规划及新增控规的编制、审批、固化工作。二是加大工作协调力度，创新工作模式，科学统筹用地指标申请，全年共取得各类用地指标6516亩、征地批文6553亩。三是全面启动了全域范围内45个项目12000余亩的征地拆迁工作，实现交地5000余亩。四是创新融资方式，开拓融资渠道，努力破解资金瓶颈，全年实现银行贷款融资到账16.5亿元、BT融资约6.5亿元，基本满足了全年开发建设的资金需求。

（四）主导产业支撑作用日益凸显。

一是电子信息产业实力持续增强，国虹科技、国信通、宝捷讯等企业稳定发展，实现产值201亿元，占工业总产值的28.5%。移动物联网基地、讯美电子全国营运总部等项目进一步向经开区集聚，逐步形成以手机、物联网、数据中心、“云产业”为主的核心产业链。二是高端装备制造业装备制造业迈上300亿元新台阶，实现产值330亿元，占工业总产值的46.9%，形成了以汽摩、船舶为主的交通装备，以通用机械、电气设备为主的机电装备，以智能家电为主的家电装备等特色产业链。三是培育发展现代服务业，加快朝天门国际商贸城、迎龙医药城、佛罗伦萨—奥特莱斯小镇等专业市场集群以及普洛斯等物流项目建设。

（五）招商引资继续强势推进。

全年正式签约项目35个，合同金额达到102.03亿元。成功引进北京讯美、台湾智捷等知名物联网企业以及国信通、宝捷讯、赛丰基业等手机生产研发企业，特别是微软全球服务交付中心正式落户重庆经开区，将进一步促进经开区信息产业的快速发展。

（六）外经外贸工作取得新进展。

一是全力做好外资项目的土地供应、注册登记、资金到位等相关工作，努力把合约、协议和意向转化为合同外资和实到外资，全年实际利用外资2亿美元。二是通过政策争取、资金引导、奖励扶持、对上协调等方式，积极拓展外贸进出口业务，大力培育出口经营主体，提升企业外贸操作技能，鼓励区内企业进行技改研发，帮助企业提高自主创新力和对外竞争力，全年实现外贸进出口总额5.3亿美元，同比增长33.5%。三是在市委、市政府及重庆海关的大力支持下，经过近一年时间的共同努力，经开区海关于9月13日正式揭牌入驻，对发展外向型经济、改善投资环境将发挥积极作用，经开区对外开放水平进一步提高。

二、2013年发展目标

2013年是经开区“三年上台阶”的攻坚之年，经开区将全面贯彻落实党的十八大及市第四次党代会精神，以科学发展观为指导，围绕中心工作，继续发扬垦荒者、开拓者、创业者的精神，全力打好项目建设攻坚战，促进主导产业集群发展。

2013年经济发展目标为：地区生产总值增长13%，达到307亿元；固定资产投资增长13%，达到246亿元；工业总产值增长16%，达到817亿元；本级预算内财政收入增长16%，达到6.5亿元；拓展区税收入增长13%，达到16.2亿元；实际利用内资达到100亿元；实际利用外资达到2亿美元；外贸进出口总额3.7亿美元。

蓝天绿水新涪陵

大木花谷

2012年，涪陵区围绕“418”战略部署和“城市突破年”工作主题，实现了经济平稳发展、社会和谐稳定、人民安居乐业。完成地区生产总值630.5亿元，工业总产值1013.6亿元，其中：规上工业产值868.6亿元，固定资产投资439.4亿元，社会消费品零售总额153.9亿元，公共财政预算收入37.8亿元，城镇居民人均可支配收入22491元，农民人均纯收入7942元。

产业结构顺势调整。三次产业结构调整为6.7 ： 61.3 ： 32。工业支撑地位更加突出，“三园四地”、六大支柱产业、工业30强企业实现新发展，涪陵工业园区跻身全市“10强工业园区”，全面实现污染物排放总量控制目标，科技进步对经济增长贡献率达49%，建筑业完成总产值266.9亿元；农业基础地位更加稳固，鲜销青菜头43万吨，新增国家级龙头企业2户、市级农业园区3个、农村新型股份合作社51个、农产品地理标志证明商标4件；现代服务业加快发展，泽胜中央广场、金科世界走廊基本成型，社区便民商圈、超市、乡镇规范化农贸市场改建有序推进，白鹤梁成功创建4A级景区、武陵山纳入重庆大仙女山旅游区总体规划，3家银行落户涪陵，房地产业健康发展，非公经济实现增加值397亿元。

城乡建设加快推进。城乡规划体系日臻完善，完成城市总规修改，推进城市新增区域控制性详规编制。新城区涞滩路二期等城市干道建成，教育、卫生、商业、公共交通等配套功能逐步完善。江南城区荔枝园立交、长江一桥南桥头立交开工建设，望州公园西路三期、巨柳路一期等加快推进，绿地公园一期建成开放，白鹤森林公园二期主体完工，南门山商圈外立面整治基本完成，迎宾大道景观提升、实验小学人行过街设施、

工业园区

发展 谱写新篇

高笋塘路等人行道提档升级和新华厂支路等背街小巷改造全面完成。江北护岸工程全面竣工，江东堤防工程堤防段完工，同步推进中心镇和特色小城镇建设，城市建成区面积扩大5平方公里、达52.7平方公里，城镇化率提高1.7个百分点、达59.3%。

开放水平不断提升。坚持开放主旋律，打造渝东开放高地。“三高三铁”进展顺利，南涪铁路建成通车，涪陵公用型保税仓库即将封仓运行，国家级船舶出口基地建设有序推进，成功创建国家级出口食品农产品质量安全示范区。物流运输快速发展，货运量、货运周转量分别增长22.1%、21.9%。完成外贸进出口总额13亿美元。招商引资再结硕果，新签招商引资项目206个，实际利用内外资207亿元。加快行政服务中心标准化建设，基本建成集行政审批、资源交易、公共服务、基层服务“四位一体”的行政审批服务体系，行政审批服务事项平均办结时限缩短至3.5个工作日。

万达薄板彩钢薄板生产线

青菜头基地

社会民生积极改善。城镇新增就业2.4万人，改扩建校舍4.2万平方米，新增寄宿床位3160个，着力推进教育优质均衡发展，探索义务教育合并、合作、集团化办学模式，高考重本上线人数居全市各区县前列，首获全市高考理科第一名。涪陵大剧院、中心医院内科大楼、文化馆和档案馆新馆等建成投用，新增6项免费公共卫生服务，市级卫生城区通过复核验收。社会保障体系更加健全，实现“五险统征”和医疗保险市级统筹。建成保障性住房15891套、农民新村40个、巴渝新居4370户，完成农村危旧房改造4405户，改建、硬化村道300公里，新解决7.3万人饮水安全问题，减少贫困人口9600人。深入开展平安稳定“一线行动”和“打非治违”专项行动，严厉打击各类违法犯罪，确保了经济社会繁荣发展。

中共涪陵区委宣传部 宣

职业教育

石夹沟风光

涪陵卫生 真抓实干 稳中求进

区委书记秦敏（中）调研卫生工作，副区长徐瑛（右一）陪同调研，区卫生局局长、党委书记王勇（左一）汇报工作

2013年，涪陵区卫生局领导班子团结带领全系统干部职工，深入贯彻落实党的十八大精神和市、区重要决策部署，攻坚克难，真抓实干，稳中求进，在改革、发展、服务、作风、稳定等方面取得显著成绩，较好地实现了“三满意”（让人民群众更加满意、让职工群众更加满意、让上级领导更加满意）的年度工作总目标。

抓改革，有效增强了事业发展的生机与活力

一是稳妥完成了基层医疗卫生机构整合调整。事业法人机构从46个减少为28个，妥善安排了减少的18个单位人员，确保了稳定。**二是平稳调整了所属科级单位设置和领导班子换届工作。三是积极创新了卫生监督执法机制。**全区卫生监督执法统一委托给区卫生监督所，改“专业单一监督执法为主模式”为“按片区综合执法为主模式”，解决了多头、重复执法问题，并强化农村的日常监管。**四是进一步优化了基层医疗卫生机构基本药物采购工作机制。**基药采购较上年减少1800余万元，降低了成本，减轻了患者用药负担。**五是继续巩固了“药品零差率销售”成果。**全年药品零差率销售让利600多万元。**六是率先在全市启动了药房托管试点工作。**6家试点基层医疗卫生机构与两家受托配送企业签订了协议，正式实施了药房托管工作。**七是积极推进了公立医疗机构单项改革。**二级公立医院开展单病种和收付费改革试点，探索医疗费用控制新模式，试点的5个病种执行统一的政府指导价，患者只付费1次。**八是制定实施了对6个“老边”乡卫生院的扶持政策。**较好地解决了当地卫生人才紧缺、技术薄弱的问题，保障了医疗急救。**九是引导和鼓励了社会办医。**新设置社会办医机构18家，支持3家选择为“非营利性”经营性质。

抓发展，有力促进了服务能力的提升

一是争取中市卫生项目和资金取得了显著成绩。申报2013至2016年中央资金建设项目库项目326个，总投资1.51亿元；已到位中、市专项补助8530万元，与上年同期相比增长45%，为历年最多一年。**二是完成了“城市拓展年”卫生项目建设。**投资3.48亿元，建设业务用房11.6万平方米。新开工建设区级医疗卫生、医学教育项目3个，续建1个；完成了今年市上下达的基层医疗卫生机构标准化建设任务。**三是进一步强化了基础设施的配套建设。**投入930万元，维修业务用房4.35万平方米，绿化面积1.5万平方米，基层医疗卫生机构5个标准化中医馆建成投用。**四是启动了新一轮基本设施设备的配置。**投资9218万元，配置更新基本设施和医疗设备4305台件，尤其是在乡镇卫生院公共卫生部和门诊住院楼安装空调781台。**五是完成了市区下达的村卫生室项目建设任务。**争取中央资金70万元改造行政村卫生室14个；对16个“撤并村”卫生室复建投用，完成了市、区“民生实事”年度任务。**六是采取了切实措施调动职工积极性。**将绩效工资和可保留“高出部分”的有效措施纳入了区政府印发的《涪陵区乡镇卫生院管理实施细则（试行）》予以固化，为发展提供了政策保障。**七是不断加强了卫生人才队伍建设。**争取到34个单位年内面向社会公开在编招聘193名工作人员的政策。继教覆盖率100%，学分合格率达98%以上。**八是扎实推进了卫生科技教育工作。**市、区科研项目立项20项，完成科研课题结题和成果鉴定9项；获区政府科技奖励7项，占31.8%；中医院脑病科被国家中医药管理局命名为重点专科；市医药卫生学校招生2668人创历史新高，区外招生比率65%。**九是按时完成了国家卫生信息化建设试点任务。**投资938万元，

加快区域性医疗卫生中心建设，图为新建的区中医院

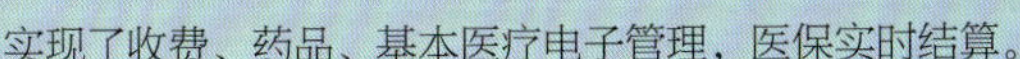

FuLingWeiSheng

努力做到三满意

实现了收费、药品、基本医疗电子管理，医保实时结算。

抓服务，较好满足了人民群众的健康需求

一是扎实开展了公共卫生服务。全年为群众提供了3500万元的免费基本公共卫生和重大公共卫生服务。**二是进一步强化了疾病预防控制。**无传染病流行和暴发流行。**三是全面推进了妇女儿童保健工作。**全区孕产妇死亡率首次实现零的目标，婴儿死亡率为5.59‰，创历年最好成绩。**四是大力促进了基层计生技术服务工作。**25个基层医疗卫生机构挂人口和计划生育生殖健康服务（中心）站牌子，核定专职编制109名，公开招聘具有全日制大专以上学历的计生技术服务人员19名。**五是加速提升了医疗服务水平。**公立医疗卫生机构提供门急诊服务162.56万人次、增长2.24%，住院服务10.58万人次、增长5.99%；药品收入占业务收入比由去年43.22%下降至41.19%。**六是努力提高了中医药服务能力。**提供门急诊中医药服务134.8万人次；住院服务1.36万人次。**七是全力完成了医疗保障、救援和卫生应急任务。**及时完成上级下达的医疗保障、救援任务；牵头调查和妥善处理一般食品安全事故4起、群众投诉事件7起，全区无突发公共卫生事件、无重大食品安全事故发生。**八是着力提升了卫生监督执法服务。**集中开展了打击非法行医等专项检查，扎实开展了10项专项整治行动，减免罚款50余万元。**九是有力提供了优质的卫生行政审批服务。**审批项目总时限由1715个工作日压缩至267个工作日，平均时限由22.3个工作日压缩至3.47个工作日；审批事项提前办结率98%，按时办结率100%；无差错，零投诉。

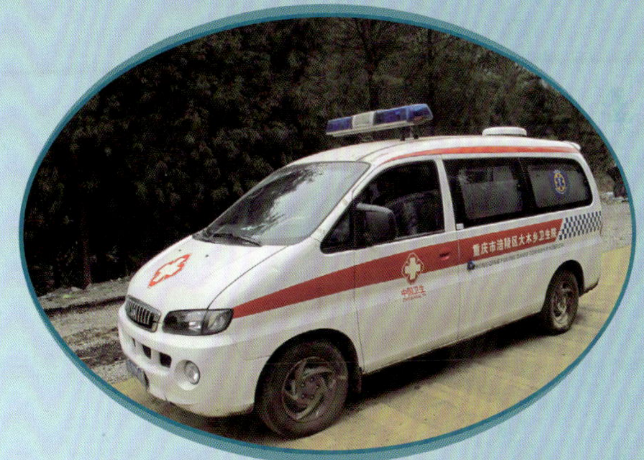

全区27个基层医疗卫生机构全部配备了标准化救护车，图为地处高寒山区的大木乡卫生院救护车

抓作风，努力塑造了卫生行业新形象

一是严格执行了中央八项规定。扎实开展"正风肃纪专项行动"。**二是不断加强了医德医风建设。**深化"检卫共建"活动，创建4个市级、18个区级"优质服务窗口"。**三是着力优化了发展环境。**医疗卫生机构收到锦旗74面，感谢信112封，医务人员拒收红包6.15万元；优化发展环境考核名次与去年同比上升了24位。**四是率先在全市全面规范了救护车的管理使用。**对公立医疗卫生机构和民营医疗机构53台救护车制作了统一的外观标识，提升了卫生行业形象，时刻接受管理对象和社会监督。

抓稳定，切实保障了各项工作正常开展

切实履行"谁主管、谁负责"的职责，严防死守，系统无安全生产事件发生、无安全生产死亡事故发生，实现了"五个坚决防止"、"四个零发生"的目标，为维护全区社会稳定作出了积极贡献，为全区医疗卫生业务工作开展提供了可靠保障。

全面完成标准化卫生院建设，图为地处边远山区的增福乡卫生院

全区标准化行政村卫生室基本建成投用，图为地处革命老区的罗云乡干龙坝村卫生室

南岸区

南岸区位于重庆长江南岸、背靠南山，位于重庆主城九区中“黄金三角”地带，是国家级经济技术开发区建成区所在地和重庆市中央商务区重要组成部分，拥有南坪、茶园城市两大城市副中心。全区幅员 262.43 平方公里，现辖 8 街 7 镇，常驻人口 81.5 万人。2013 年，全区生产总值达到 465.6 亿元，人均 GDP 达到 58390 元，区级财政收入达到 61.2 亿元。

南岸区江南大道

根据重庆市全市功能区域定位，南岸区是重庆这个国家级中心城市的都市功能核心区、都市功能拓展区。南岸区牢牢把握全市功能区划分新机遇，明确提出“宜居创新区、江南增长极”发展定位，全面实施“三区两带”特色发展战略。一是发挥手机、物联网等电子信息产业优势，以经开区为依托，加快产城融合，大力推动 153 平方公里“江南新城”发展。二是发挥中央商务区功能优势，聚力发展 17 平方公里“弹子石商务区”，特别是 2.6 平方公里核心区域。三是以南坪商圈提档升级和南坪西部新区（原经开区南区）“退二进三”为契机，全力推进 21 平方公里“南坪现代服务业集聚区”发展。四是发挥山水都市和滨江特色优势，着力打造 13 平方公里“南滨经济带”。五是发挥南山的生态和历史文化资源优势，建设主城中央生态公园，保护性开发 61 平方公里“南山生态带”。

美的智能家电园

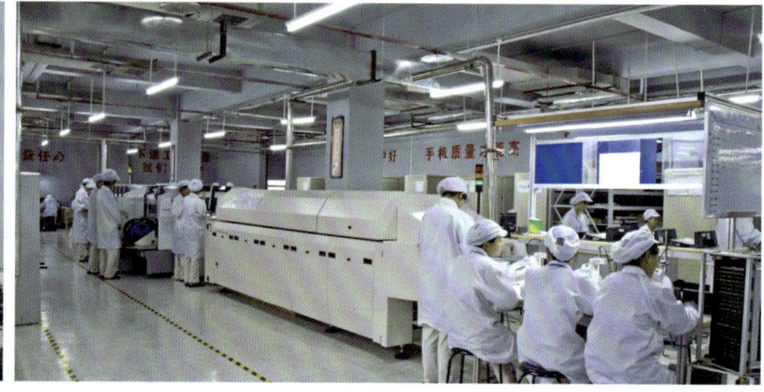

国虹手机生产线

南滨路夜景全景

NANANQU

重庆协信星光时代购物中心

近年来，南岸区突出优化环境、调整结构、改善民生三大任务，狠抓“一件大事、两大特色、四大载体”，经济社会取得了较快发展，连续5年荣获重庆市工业十强区，是重庆市发展开放型经济先进单位。2013年1月，南岸区被国家住建部列入首批“智慧城市”试点，南岸正以“智慧城市”为方向，加快推进新型城市化进程。近年来，南岸坚定不移、坚持不懈地围绕电子信息产业这个核心，整合推进结构调整、产业集聚和对外开放，凸显了发展特色。突出抓好以手机、物联网终端制造为主的电子信息产业，今年手机产量将达到4000万台，到2017年有望突破2亿台，占全球总量的10%。突出发展信息服务业，引进了全国唯一的再生资源交易中心、纱线产品交易中心，全力打造国家级的电子商务基地，推动传统商贸转型发展。依托国家物联网产业示范基地等一批国家级平台，引进了微软全球服务交付中心，开放合作取得了新成效，科学发展迈出了新步伐。

百联南岸上海城购物中心

国家物联网产业示范基地

鹅公岩大桥

重庆市九龙坡区

九龙坡位于重庆主城核心区，面积432平方公里，常住人口114.77万（户籍人口85.59万），辖7个街道、11个镇。拥有国家级重庆高新技术开发区和3个市级特色园区，是重庆统筹城乡综合配套改革先行示范区和科学发展开放型经济示范区。

2012年经济社会总体情况：全年地区生产总值776.3亿元，增长6.6%；地方财政收入62.7亿元，增长4.2%；固定资产投资401.8亿元，增长20.5%；社零总额372亿元，增长17%；城市居民人均可支配收入、农村居民人均纯收入分别达到24772元、11695元，增长12.4%、12.5%。规模以上工业总产值突破1000亿，达到1003.5亿元，增长6.2%；工业投资突破100亿元，达到101亿元，增长27.7%；规模以上汽车整车及零部件企业近40家，实现产值185.8亿元，规模以上摩托车整车及零部件企业近70家，实现产值173.6亿元。

大田渔村北欧别墅

历史悠久，文创勃兴。因“滩在（长）江心，有九石翘首若龙”，自明代称“九龙滩”，1955年10月定名“九龙坡区”。战国巴人船棺、东汉砖画见证悠久历史，“川东名刹”华岩寺香火鼎盛。市级示范园——黄桷坪艺术园纳才汇精，国家级文化产业示范基地——巴国城巴渝文化、民俗文化与时尚文化交融辉映，国家级历史文化名镇、中国曲艺之乡、国家级非物质文化遗产三大招牌汇集走马镇。

产业发达，经济繁荣。作为重庆工业重镇，汽车摩托车、铝加工、机电制造业优势明显，电子信息、生物医药、高端装备制造业迅速崛起，有西南铝、庆铃、格力、隆鑫等百亿级企业，华硕、ABB、雅马哈等

鑫源摩托

杨家坪商圈夜景

世界500强企业。商贸服务业蓬勃发展，杨家坪、石桥铺两大百亿商圈交相辉映，陶家入围重庆五大新兴商圈，沃尔玛、家乐福等巨头入驻，赛博、佰腾等市场交易红火。现代农业不断提升，花卉、果蔬、农产品加工特色鲜明，白市驿成为重庆最大的草花与盆花生产基地。都市旅游声名远播，重庆动物园、贝迪颐园、海兰云天、龙门阵等游人如织，先后获评“全国休闲农业和乡村旅游示范区”和“中国优秀旅游城区”。

城乡统筹，民生和谐。“四规叠合”、户籍制度改革、农村集体资产股权量化、城乡建设用地增减挂钩置换率先突破，城乡统筹基层党建新格局初步形成。社会保障城乡无缝对接，城乡教育均衡发展，公共卫生服务列入全国试点。彩云湖国家级城市湿地公园风景如画，直港、渝州路等鲜花大道花香醉人，九龙外滩广场、重庆奥体中心休闲健身好去处，九凤山、尖刀山森林公园郁郁葱葱，城乡环境更加宜居，人民生活更加幸福。

“龙潜于渊，或跃在天”。九龙坡将以科学发展观为统领，围绕在全市率先全面建成小康社会的目标，牢牢把握“稳中求进、转型发展”总基调，按照“东兴都市、西强工业，城乡统筹、两翼齐飞”发展战略，抢抓机遇，开拓创新，实现区域经济持续健康发展和社会和谐稳定。

蓝天下的彩云湖

沙坪坝区2012年经济运行情况

CHONGQINGSHI SHAPINGBA

2012年，在市委、市政府的正确领导下，全区上下紧紧围绕“科学发展、富民兴区”的总任务，扎实推进“三个转型”。实现地区生产总值658.1亿元，增长17.3%；财政一般预算收入48.1亿元，增长18.7%；固定资产投资398.6亿元，增长3.3%；社会消费品零售总额280.9亿元，增长13.8%；规模以上工业总产值1319.1亿元，增长45.9%；单位GDP能耗降低3.1%。

（一）经济平稳较快发展，发展方式加快转变。对外开放水平不断提升，西永微电园、西永综保区、西部物流园开放平台的作用日益显现，进出口总额189.8亿美元，增长108.7%，约占全市的1/3强。新兴产业培育成效显现，笔记本电脑年产量3126万台，占全市的75%以上；打印机生产填补全市空白，年产量901.4万台，占全国的11.7%，成为全国主要的打印机生产基地。传统产业提档升级，完成48个技改项目，小康新能源汽车研发等42个技术创新项目加快推进。创新驱动作用进一步增强，“虎溪公社”成为市级文化产业示范园区和创意产业基地，“国家创新型试点城区”建设有序推进。推进发展成果全民共享，城市居民人均可支配收入24958元，农村居民人均纯收入11718元，分别增长12.5%、12.2%。

新兴产业培育成效显现

西部现代物流园货运港

（二）城市功能得到提升，生态环境不断改善。率先在全市完成分区规划和乡镇土地利用规划修编，确定“两带两中心五片区”城市空间发展格局，规划布局得以优化。轨道交通一号线沙大段开通试运营，凤天立交竣工通车，梨新路初步通车，融汇丽笙五星级酒店正式营业，沙坪坝火车站综合交通枢纽工程开工建设，城市功能得到提升。因地制宜实施城市绿化建设，建成高滩岩生态湿地公园，绿化造林8900亩，“两河一溪”等次级河流综合治理初见成效，创建“国家环境保护模范城市”成功通过考核验收，生态环境得到改善。西部新城管理体制逐步理顺，数字城管系统覆盖75.7平方公里，城市管理更加科学。

铁路综合交通枢纽工程开工典礼

轨道交通一号线沙大段开通试运营

高滩岩生态湿地公园生态环境得到改善

（三）改善民生惠及百姓，社会事业不断进步。帮助支持群众创业就业，新增城镇就业6.3万人，城镇登记失业率2.2%。城乡保障力度加大，发放低保4437万元，城乡居民养老保险参保7.6万人。公共服务水平进一步提升，职教水平全市领先，中小学标准化率达90%；城乡医保参保率达98.4%，城乡居民免费体检等医疗惠民工程惠及群众52万余人次。文化惠民力度加大，完成100个街镇文化活动中心、社区文化室标准化建设，深入推进群众性文化活动，连续21年保持全国文化工作先进区。

新建成的社区公园

开展全民健康免费体检

重庆市江北区

CHONGQINGSHI JIANGBEIQU

江北嘴中央商务区

江北区位于重庆市主城核心区，幅员面积221平方公里，辖9街3镇，常住人口81万。

立足新起点，区委、区政府确立了“1595”总体发展思路，明确了建设重庆金融中心、重庆商贸中心、重庆物流中心、现代制造业基地、现代企业总部基地的功能定位，经济社会发展全面升级：连续5年在市委、市政府经济社会发展实绩考核中名列主城第一。2012年，全区多项主要经济指标名列全市或主城第一：区级税收达55.1亿元，总量连续两年位居全市第一；商品销售总额达2670.9亿元，总量连续三年保持全市第一；进出口总额增长413.8%，增速位居全市第一；地方财政收入完成80.5亿元，总量连续五年位居主城第一。

红旗河沟立交桥

观音桥商圈北城天街

同时，区委、区政府牢固树立“最根本的民生是就业、最温暖的民生是安居、最有希望的民生是教育、最令人关注的民生是医疗、最具活力的民生是文化、最急迫的民生是济困”的理念，在全市率先提出“人人有工作、家家有房住、贫困有救助”的“三有”目标，推出60项惠民举措，走出了有江北特色的民生改善之路。

重庆市教科院华渝实验学校

港城工业园区重庆平伟科技（集团）有限公司汽车零部件生产线

“长风破浪正当时，直挂云帆济沧海”。着眼新阶段，我们将围绕“都市功能核心区”的目标定位，以更加昂扬向上的精神状态，更加富有激情的豪迈干劲，倾力打造重庆金融中心核心区、商贸物流领航区、科技文化产业示范区、先进制造业先行区、总部经济聚集区，为早日成为“全市科学发展领头羊、民生改善排头兵、社会和谐首善区”而努力奋斗！

创新中的北

2012年，北碚区全面贯彻落实党的十八大和全国科技创新大会精神，紧紧围绕“两高一特”和可持续发展战略，牢牢把握“自主创新、重点跨越、支撑发展、引领未来”的新时期科技发展方向，以转变经济发展方式为主线，加快高新技术产业发展，科技支撑作用发挥明显，日益成为北碚区经济社会发展的重要力量。北碚区相继荣获：

★全国知识产权系统知识产权人才工作先进集体

★第十届重庆高交会暨第六届国际军博会优秀成交奖

★重庆材料研究院、西南大学分别获得中国专利优秀奖

★成果登记数、专利进步综合指数均居全市第一。

科技部视察北碚大学科技园在建孵化器

一、出台系列政策，营造良好发展环境

为全面贯彻落实全国科技创新大会和十八大精神，我区积极行动，深入调研，科学论证，草拟了《关于建设科技强区的实施意见》，提出将北碚打造成重庆科技创新高地的奋斗目标。同时，修订了《北碚区专利资助办法》、《北碚区科技项目管理办法》，出台了《关于推进新型工业化的实施意见》等系列文件，加大力度贯彻《关于加快高新技术产业发展的意见》，为进一步推动我区高新产业发展提供了政策保障，创造了良好的发展环境。

北碚区党政干部知识产权培训班

二、高新技术持续发力，科技支撑北碚经济风景更好

2012年，我区紧紧围绕“两高一特”发展战略，打好科技支撑牌，推动科技成果转化，促进发展方式转变和经济结构调整，成为了全国及全市经济下行压力加大背景下，北碚逆势而上、风景稍好的重要支撑。2012年，全区新增高新技术企业9家，累计达到74家；新增高新技术产品和重点新产品75个，科技成果登记169个，高新技术产品产值达到312亿元，同比增长30.5%，占到全区工业总产值的55.7%。

1.科技支撑示范工程稳步推进，成效初显。以“LED产业发展及应用示范”为主题的科技支撑示范工程纳入全市首批启动项目，初步呈现三大示范效应。一是科技支撑效果显现。四联光电的“南方山地城市道路照明技术及示范”项目成功申报国家863计划，获得500万元资金支持。二是产业集聚初见端倪。着力加强LED产业配套体系建设，百吉四兴等民营企业积极参与示范工程，加强与LED骨干企业的配套合作，沿海多家企业意在落户北碚。三是应用示范初具规模。目前，已完成了对北碚城区主干道路灯的改造，渝武高速北碚至北环路段新装的2300盏LED路灯经过半年运行，光衰检测为零。

2.发挥创新基金引领作用，帮助中小企业破茧成蝶。一是《北碚区技术创新基金项目管理（暂行）办法》率先将地方配套资金纳入区级财政预算，对每个项目进行资金配套，配套资金达510万元。二是设立北碚两江生产力促进中心，建立企业“科技档案”，选派科技特派员“一对一”辅导。2012年，全区12个项目获得创新基金立项支持，资金总额755万元，金额和数量分居主城第二和第三，项目推荐立项的成功率提升到70%，创历史新高。三是加强监督管理，确保科研资金高效使用。以配套合同方式对企业提出科技发展指标，帮助企业提升质量和管理水平。目前，7家中小企业达到规模以上水平，17家企业被认定为国家高新技术企业，7家企业被命名为知识产权试点企业。安碧捷生物在OTC市场挂牌交易，大唐科技正在进行主板上市前的辅导；天缔光电、凯宝动力等获得过创新基金支持的产品成功打入欧美市场。

2012年市专利侵权判定会

3.科技体系逐步完善，创新能力不断增强。与中科院重庆绿色智能技术研究院共建“北碚区CAD/CAE技术公共服务平台”，组织开展中科院工业设计服务平台北碚行活动2次，与12家企业开展23个项目合作，并与百吉四兴联合成功申报企业技术中心，累计为企业新增产值或节约成本648万元以上。首建院士工作站2个（全市8个），广怀集团成为全市首家设立院士工作站的民营企业。市级以上工程技术研究中心

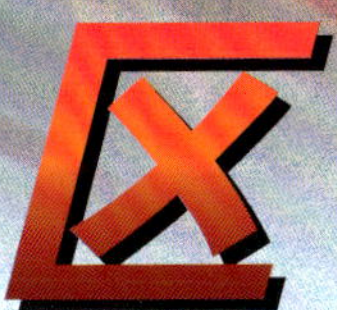

碚 区 科 技

增至 11 家，区级企业创新研发中心增至 12 家；完成北碚区生产力促进中心入驻大学科技园建设方案，初步达成合作意向；中心通过 ISO9001 质量体系认证，具备了申报国家级示范中心的基本条件。

三、多管齐下，知识产权工作全市领先

全面实施知识产权强区战略，围绕知识产权创造、运用、保护、管理和文化建设，着力亮点打造。

1. 搭建全市首个“知识产权投融资服务平台”，推进知识产权的转化运用。由市知识产权局与北碚区合力引进重庆三峡银行科技支行、连城资产评估有限公司等金融机构，共建全市首个“两江知识产权投融资服务平台”，采用“政府 + 银行 + 知识产权评估”的新型贷款模式，开展专利质押融资试点示范。实现专利质押融资 4900 万元。专利成果转让达 7000 余万元。同时，在全市率先开展 LED 产业专利战略分析和数据库建设。

区人大听取高新技术产业发展报告

2. 优化政策导向，知识产权创造工作量质并举。修订了《北碚区专利资助奖励办法》。2012 年，全区专利申请 3843 件，同比增长 29.35%，其中，发明专利申请 1779 件，居全市第一，同比增长 14.04%。职务发明专利申请 1862 件；专利授权 1522 件，同比增长 115.58%，增长率居主城区第一；其中，工矿企业专利授权 752 件，占授权总量的 49.41%；大专院校和科研单位专利授权 181 件，占授权总量的 11.89%；发明专利授权 182 件，同比增长 34.81%；每万人拥有发明专利量为 6.63，同比增长 51.27%；专利产品产值近 150 亿元。

中科院北碚行活动

3. 加强知识产权文化建设，建立了具有北碚特色的知识产权文化。承办国家级、市级培训 6 次，开展区级培训 5 次，参训人员 2000 人。利用电视、报刊、网络等媒体宣传报道 20 余篇（次）。率先在园区和企业开展专利墙建设 10 余块；王朴中学、朝阳小学在“2012 第六届亚洲机器人锦标赛”中分获金奖和银奖；西南大学附属中学获得市长创新奖。

4. 强化知识产权管理与保护，提高知识产权服务水平。全市率先开展区域知识产权战略分析和企业知识产权专题调研。探索“区级——园区——镇街”知识产权三级管理平台建设，在企业、高校、镇街等建立知识产权工作站 4 个。有针对性地开展重点产业、重点领域联合执法，帮助 5 家企业开展知识产权维权。指导 30 多家企业建立了知识产权管理制度和体系

四、坚持紧贴民生科技，示范区建设特色明显

坚持以都市生态农业为主题，以民生科技为主线，以服务“三农”为根本，积极探索，真抓实干，国家可持续发展先进示范区建设稳步推进。

1. 突出示范主题。强化生态农业示范主题，江东“一线八点”等 17 个重点示范项目稳步推进，农民人均纯收入、养老保险覆盖率和医疗保险覆盖率、人均 GDP 等主要指标均高出或明显优于原指标，各项工作正按年度目标顺利推进。

2. 着力大院建设。新增林下生态鸡养殖和腊梅 2 个市级专家大院，累计达到 4 个，名列全市第一，有力地推动了新产品、新技术的示范推广。通过专家大院，建立示范基地 9 个，科技成果转化 7 项，为企业新增了利润，给农户增加了收入。嘉陵江名优鱼技术推广，养鱼户提高收入 40%。

3. 重点服务三农。积极发挥科技特派员作用，努力促进科技开发与经济发展的有机结合。目前，科技特派员承担了国家、市区科技项目共 33 个，获得项目资金 401 万元，建立了示范基地 12 个，示范面积万余亩，开展技术培训 160 多期，培训人员 1.2 万余人次，科普宣传服务 8000 余人，发放技术资料 2 万余份，推广新技术 28 项，引进新品种 20 个，研发新产品 22 个，建立市级研发平台 2 个，帮助农民人均纯收入增长 28% 以上。

北碚区组团参加高交会

梁平新城区双桂湖片区城市规划设计鸟瞰图

梁平在生态涵养发展转型升级之路上阔步前行

梁平县委书记蒋宜茂（左三）、县长吴盛海（左四）调研微型企业发展

梁平柚采摘

2013年，在市委、市政府的正确领导下，梁平县委、县政府团结带领93万梁平人民，秉承“仁贤厚德、礼让包容、务实担当、创新图强”的梁平精神，接续如虹的发展气势，大力度培育发展效益农业，粮油、畜禽、果蔬、水产四大农业产业齐头并进；大气魄做优做实工业平台，轻纺食品、电子信息、机械加工等一批特色产业项目相继入驻；大手笔规划建设新型城镇，以双桂新城区为核心的“一主六副”现代城镇正在崛起；大投入加快统筹城乡步伐，示范走廊建设、生态环境治理、基本公共服务等民生实事快速推进；大境界全面加强党的建设，“四大”活动、正风肃纪、制度建设等工作深入开展。一步步迈进，一个个突破，一次次跨越，营造了梁平气场，集聚了梁平能量，催生了梁平速度，打造了梁平高地，实现了县域经济社会发展华丽嬗变。

站在新起点，担负新使命，梁平正按照市委四届三次全会作出的加快建设五大功能区的重大决策部署，切实沿着全县“137”发展战略路线图，紧紧围绕“全面建成小康社会”这一总体目标，紧扣建成全市“现代农业示范区、产城融合先行区、统筹城乡示范县”三大发展定位，聚力推进“城市建新区、工业拓园区、旅游造景区、统筹城乡建示范区、效益农业抓龙头企业、商贸流通建专业市场、对外开放抓招商引资”等七项重点工作，在“面上保护、点上开发”的大原则下，大力发展生态农业、生态工业、生态旅游业、现代服务业等生态友好型产业，走好绿色、低碳、循环的生态涵养发展转型升级之路，以更加矫健的身姿、更加自信的步伐阔步走向更加辉煌的明天

梁平大舜水禽良繁基地

梁平重啤九厂生产车间

梁山街道八角农民新村

千年开州 刘帅故里 灵动水城

大德梯田

滨湖七位一体景观工程

开县位于重庆市东北部、渝川陕鄂节点、三峡水库小江支流回水末端，历史上就是辐射渝川陕边区的物资集散地和人流汇集地，距重庆主城280公里。全县幅员面积3959平方公里，总人口165万，均约占全市的1/20；辖40个乡镇街道、434个村、85个社区。目前，水陆空立体交通网络基本形成，距机场、长江深水港、火车站均在1小时内，境内拥有4条国道。

开县，人杰地灵的历史名城。东汉建安21年建县，迄今已有近1800年历史，开县境内曾有汉丰、清水、巴渠、新浦、西流5个县县治，农耕时代有“金开县”之美誉。唐朝著名诗人韦处厚作开州刺史，写下了轰动京城的《盛山十二景》。清同治年间，开县籍人李宗羲任两江总督。清光绪年间，开县有6名举人参与“公车上书”，由此被誉为“举子之乡”。1982年，共和国“一代军神”刘伯承元帅诞生于开县，由此被誉为“帅乡”。

开县，资源丰富的富裕之乡。现探明矿藏24种，已开发利用14种，煤炭资源理论储量2.5亿吨，年产煤230万吨；天然气储量约2650亿立方米，年采输气40亿方以上的川东北天然气项目今年将投产。开县是全国100个生猪大县、产粮大县、水果大县和重要中药材基地县之一，是全国“木香之乡”、“柑橘之乡”、“肉兔之乡”。拥有以刘帅纪念馆及故居、水域面积15平方公里的汉丰湖、面积近2万公顷的雪宝山国家级森林公园等为代表的旅游资源。开县是全国劳动力转移就业工作示范县，全县劳动力资源113万人，常年外出务工经商50万人以上，近年来每年返乡创业近万户。境内适宜建设用地面积510平方公里，其中城区适宜建设用地120平方公里。

体育馆

佛卧金甸

开县，宜居宜业的西部水城。2012年，城市绿化覆盖率达45%、人均公园绿地达14平方米，森林覆盖率达44%，成功创建中国宜居宜业典范县、国家园林县城、国家卫生县城和重庆市山水园林城市、卫生县城等众多城市品牌，并力争2015年建成重庆最佳宜居城市之一，成功申报中国人居环境奖。根据国家定位，将汉丰湖打造成“三峡品牌、中国典范”，我们坚持“多水统筹、综合治理”，突出文化品位、国际视野，编制实施了环汉丰湖“1+8”规划，建成滨湖公园150万平方米，着力将汉丰湖建设成“中国工程湖泊生态典范”。

开县，前景广阔的投资热土。开县是重庆市8个重点移民区县之一。随着三峡后续建设全面展开，开县又进入到一个黄金发展期，面临着前所未有的历史机遇。同时，开县还拥有国家西部大开发、国家扶贫、渝东北生态涵养发展区、对口支援等政策叠加优势。近年来，开县出台一些列招商引资优惠政策，采取筑巢引凤策略，按照“园城融合”理念和“一区三园”布局，建成工业园区8平方公里、标准厂房40万平方米、服务配套用房10万平方米，园区入驻企业已有77家，基本形成能源、建材、食品、轻纺、机械电子五大产业集群。2012年，实现地区生产总值229.6亿元，比上年增长15.1%；实现地方财政收入25亿元，增长25%；实现社会消费品零售总额95.2亿元，增长16.8%；完成固定资产投资203.5亿元，增长40.1%；城镇居民人均可支配收入达到18236元，增长14.6%；农民人均纯收入达到7271元，增长15%。

核心商圈一角

润江羊绒

汉丰湖

酉阳桃花源国家 AAAAA 级景区

酉阳：
生态为魂 打造武陵

时任酉阳县委书记陈勇（左一）、县委副书记、县长陈文森（左二）深入农户调研

思路：认真贯彻落市委四届三次全会精神，紧紧围绕市委、市政府对渝东南地区作出的生态保护发展区功能定位，坚持以科学发展观为指导，坚持以生态为魂，以旅游产业化为龙头，促进新型工业化、信息化、城镇化、农业现代化，推进城乡一体化发展为战略路径，加快生态建设，推进生态发展，努力把酉阳建设成为武陵山区生态经济强县，打造中国著名、世界有名的优秀生态旅游城市，实现崛起武陵山，领先渝东南的奋斗目标。

酉阳桃花源广场

山区生态经济强县

目标：到2017年，人均GDP达到30500元，旅游业增加值占比达15%；园区工业产值占比达85%以上，成为武陵山区绿色经济发展模范县；森林覆盖率达到54.9%以上，城镇人均公共绿地面积达到10.78平方米，城乡生活垃圾无害化处理率达到90%，建成武陵山区重要生态屏障，成功创建国家环保模范县城；生态文明建设群众满意度达92%以上；文化产业占GDP的比重达5%，成功创建国家级生态文明示范县；农民人均纯收入增幅高于全市平均水平，达到13000元，城乡居民收入差距缩小到2.4：1左右，建成全国统筹城乡扶贫开发示范县和国家民族团结进步模范区。

措施：坚持规划引领、科学发展，坚持点上开发、面上保护，坚持围绕旅游、转型发展，坚持因地制宜、突出特色，坚持改革创新、激活要素，坚持解放思想、扩大开放。

理念：党建第一保障理念，发展第一要务理念，民生第一导向理念，团结第一保证理念，廉洁第一操守理念，稳定第一责任理念。

忠县

忠县位于重庆市中部、三峡库区腹心，幅员面积2187平方公里，辖28个乡镇，总人口102万，是三峡工程移民大县，东北与万州相邻，西接垫江县，东南与石柱县毗邻，西南与丰都县接壤，北与梁平县为界。境内呈三山两槽地形，系深丘浅丘夹山脉地貌。浩荡长江，穿流而过，流径88公里。县城依山傍水，独具岛城风貌，是三峡库区唯一留存的“半淹县城”。忠县历史悠久，资源丰富，山川秀美。唐贞观八年唐太宗赐名忠州，民国二年设忠县至今，是中国历史上唯一以“忠”字命名的州县城市。忠县人杰地灵，物产丰富，以忠义、忠勇、忠诚、忠孝、忠信为主要内涵的“忠文化”享誉华夏。近年来，我县牢固树立科学发展观，狠抓发展第一要务，坚定不移地实施“工业强县、民营富县”战略，县域经济实力不断增强，城乡面貌日新月异，人民生活较大改善。2012年，全县实现地区生产总值156.8亿元，地方财政收入达到17.52亿元。

以经济建设为中心，县域经济持续保持两位数增长。大力实施“工业强县、民营富县”战略，带动三次产业协同发展。预计全年地区生产总值同比增长13.5%，地方财政收入增长9.3%，固定资产投资增长30%，城乡居民收入分别增长14%、18%。坚持把发展工业放在首要位置，加快工业园区建设，移民生态工业园基本具备企业入驻条件。落实“四个一”帮扶机制，着力培育一批“十百亿”企业，规模以上工业企业达45家，工业增加值增长22.4%。大力发展民营经济，新增市场主体8596个，民营经济实现“增量提质”。坚持以农民增收为目标，大力发展特色效益农业，建成柑橘果园31万亩，建起全市首个山地机械化果园，柑橘产业成为全市现代农业典范。成功纳入全国首批生态文明示范工程试点市县和市级现代农业综合示范工程区县。大力发展商贸、旅游产业，社会消费品零售总额增长17.4%；提档升级石宝寨、三峡橘海等景区，“华夏神女1号”豪华游轮下水营运，旅游综合收入增长39%。

忠县城市园林

农民新村

突出净化优化宜居宜业环境，城市品位不断提升。围绕“洁净忠州、品位小城”目标，坚持以人为本建城市。完成忠州都市圈发展战略总体规划和水坪新区等重点区域详规修编。以“五城同创”为抓手，推进示范工程建设，深化城市环境综合整治，扎实推进以清除卫生死角、维护公益设施、遵守“门前三包”规定和不乱丢垃圾、不随地吐痰、不乱贴乱画、不乱搭乱挂、不高空抛物的“3+5”行动，整治“一违两非”，城市环境更加整洁靓丽。加快城市基础设施建设，开工建设忠丰、忠万沿江高速公路，有序推进移民新城大道，建成白石互通立交。完善市政设施，建设城市公园，逐步解决停车难问题，城市功能不断完善。获评全国投资成本最低十佳城市、中国安居宜居价值城市示范区。

坚持统筹城乡发展，新农村建设迈出新步伐。以改善农村基础设施和深化农村改革为重点，扎实推进新农村建设。积极改扩建农村公路，乡镇通畅、行政村通达工程实现“双百”目标。解决9.63万农村人口安全饮水问题。大力建设农民新村、巴渝新居，建成农村居民点15个，巴渝新居1853户，改造农村危旧房5723户，农民生产生活条件不断改善。加大扶贫攻坚力度，减少贫困人口2.26万人。稳步推进农村改革，宅基地复垦入库备案5700亩，完成地票交易1500亩；“三权”抵押融资5.7亿元；完成“农转城”67104人。

三峡橘海

幸福橘乡

坚持抓项目抓招商抓融资，改革开放成效明显。积极开展重要项目半年攻坚行动，完善项目建设体制机制，努力破解资金、土地等制约瓶颈，60个重点项目建设有序推进。完成三峡移民项目建设40个，实现项目投资3.15亿元。坚持借力发展，大力招商引资，全年正签招商引资项目148个。其中香港皇廷船舶、华中铭峰能源、广州康尔祥运动健身器材等投资上亿元项目25个，引进县外资金92.46亿元，增长42.4%。千方百计破解融资难题，全年政府平台融资6.21亿元。坚持对外开放，新增外贸经营主体5户，全年利用外资760万美元。

坚持以保障和改善民生为重点，各项社会事业协调进步。按照“干一件成一件，干一件老百姓认可一件”的原则，持续做好民生工作，一批老百姓关心的实际问题得到有效解决。坚持优先发展教育事业，教育质量稳步提高，2012年高考上线率达95%。大力实施科技项目，积极推进企业创新，三峡库区生态文明科普基地纳入市重点科普基地建设。稳步推进忠州博物馆、忠州文化体育活动中心建设，大力实施文化惠民工程，文体事业加快发展。深化医疗卫生体制改革，积极推进县级医疗机构提档升级，群众看病方便程度不断提升。加强就业技能培训，城镇新增就业7466人。着力扩大社会保险覆盖面，城乡居民参保率稳步提高。开工建设廉租房12.38万平方米、公租房2.97万平方米，缓解了贫困群众住房困难。

金色杨柳

新城夜景

巫溪县：立足基本县情 弘扬巫溪精神 共创美好家园

宁河原生态漂流

池坝云中花海

巫溪县位于渝东边陲、三峡腹地、秦巴山区，接壤陕南、鄂西，古为“巴夔户牖，秦楚咽喉”；人文历史悠久，源起巫巴文化，史创盐业盛景，故名“巫咸古国，上古盐都”；生态环境优越，自然风光秀丽，民风淳朴友善，今誉“峡郡桃源，逍遥巫溪”。全县幅员4030平方公里，辖32个乡镇（街道）、292个行政村、38个居委会，总人口54万，其中农业人口41万，是国家扶贫开发工作重点县、三峡库区移民县。

由于基础薄弱、投入不足，巫溪县经济社会发展相对滞后，是全市统筹城乡区域发展，建成全面小康社会的难点地区。2012年，全县实现地区生产总值53.1亿元，完成固投103亿元，实现社零18.7亿元。公共财政预算收入4.75亿元，城镇居民可支配收入15023元，农民人均纯收入5165元，贫困发生率24.1%。同时，巫溪县生态环境优越，特色资源富集，发展潜力巨大。全县林地面积479万亩，活立木蓄积1300万立方米，森林覆盖率61.9%；大宁河全流域水质河流二级以上，全年空气质量优良天数350天以上；获得有机食品认证40个、绿色食品认证8个、国家无公害农产品认证24个、地理标志证明7个。红池坝开发建设上升为市级战略，市政府召开专题会研究，市政府常务会进行专项部署，与渝富集团合作稳步推进，成功创建国家4A级景区。宁厂古镇开发完成规划设计、征地拆迁公告和建设招投标。发展乡村旅游扶贫示范户427户。

脱毒马铃薯基地

兰英红叶

近年来，全县干部群众大力弘扬“认穷不认输、落后不落伍”的巫溪精神，开拓创新，真抓实干，走出了一条社会建设与经济建设互促共进的发展之路，推动了“封闭山区的新开放”，实现了“低基数下的高增长”，提升了“人民群众的幸福感”。当前和今后一个时期，我们将认真贯彻落实党的十八大精神，按照市第四次党代会和市委四届二次全会的决策部署，以“科学发展、富民兴县”为总揽，以改革创新、开放开发为主线，以真抓实干、和谐共进为保障，突出“秦巴山区纵深开放门户、三峡库区生态文明高地、全国社会建设前沿”三大定位，抓好“基础设施、特色城市、生态产业、民计民生、党的建设”五项重点，协调推进“五个文明”建设，努力建成三峡库区最具特色的宜居城市、全国知名人文生态旅游目的地、秦巴山区生态经济及扶贫开发示范县、渝陕鄂边贸物流中心和全国社会建设创新先行区，力争与全市同步实现全面建成小康社会目标。

宁厂古镇吊脚楼

铜梁县

TONGLIANG XIAN

铜梁县位于重庆市西北部，处于渝西地区中心，与合川、永川、大足、璧山、潼南等区县接壤，是国际主义战士邱少云的故乡和蜚声中外的铜梁龙文化的发祥地。全县幅员面积1343平方公里，总人口84万人。2012年，铜梁县紧紧围绕“521”奋斗目标，牢牢把握“12345”发展思路，扎实开展“发展环境提升年”主题活动，大力实施“开放带动、产业推动、项目拉动”发展战略，迈出了“融入主城区、建设卫星城”的坚实步伐。地区生产总值实现226.2亿元，增长15.3%；社零总额66.5亿元，增长17.4%；三次产业结构调整为13.0∶58.2∶28.8；地方财政一般预算收入17.6亿元，增长20.4%；固投268.2亿元，增长32.9%；城镇居民人均可支配收入达22856元，增长14.3%；农村居民人均纯收入达10010元，增长15.1%；城镇化率提高1.8个百分点，达到44.9%。

县委书记陈勇调研农民新村

县长唐川调研安居古城

——**兴产业提质量，经济发展新跨越**。**打造千亿级工业**。发展壮大机械制造、电子信息、新型材料三大主导产业，全县工业总产值实现371亿元，增长25.2%；工业增加值114.7亿元，增长20.8%；其中，规模以上工业企业达236家，实现产值246.6亿元，占整个工业总产值的66.5%。**打造规模效益农业**。加快发展蔬菜、竹木、水产、生猪四大主导产业，新建蔬菜基地3万亩、累计建成15.3万亩，产值10.2亿元；植树造林3.6万亩，竹木年产量达24.3万吨，收入1.6亿元；水产品总产量2万吨，产值2.1亿元；年出栏生猪64.8万头，建成万头生猪养殖小区7个。全县土地流转面积达46.9万亩，规模经营面积达38.1万亩、集中度达39.6%。全年粮食总产量达34.7万吨。**打造渝西区域性物流中心和“休闲之都”**。着力提升商贸业态，新增商业设施面积12万平方米，国美电器、商社汽贸等知名商贸企业入驻；淮远古韵步行街二期工程加快推进，一期累计入驻商家42户；物流园区签约入驻企业7家、协议引资16亿元，铜梁长途汽车客运中心、展仑小商品批发市场等2家企业动工建设；全县限额以上商贸单位达271家。乡村旅游“一城三区五朵花”精品旅游景区建设全面启动，全年接待游客220万人次，实现旅游收入8亿元。

——**强统筹打基础，城乡建设开新篇**。**高起点推进城市建设**。全面启动县城总规修编，精心编制新城核心区总体城市设计；高效率推进新城核心区建设，统一平场土地1100亩，集中开工行政中心、行政服务中心、景观大道延伸段等10大重点项目，拉开3.8平方公里中央商务区建设序幕；扎实推进龙腾大道等城市骨干道路建设，构建35平方公里中等城市框架；建成人民公园二期、全民健身中心二期和人力社保中心，建成青少年活动中心、恒温游泳馆，城市功能更加完善，全民健身中心获评全市新地标。**大规模推进镇村建设**。投入上亿元支持25个镇实施场镇提质扩容工程，对场镇管网、绿化、道路、路灯等进行全面整治，场镇面貌逐步改善；建成安居、少云等垃圾压缩中转站6个；完成小北海水库征地拆迁，整治病险水库16座，新扩建山坪塘52处，解决8.9万人饮水安全问题；完成村规划编制15个；建成农民新村30个、巴渝新居1560户，改造农村C级危房2671户，重建D级危房558户。**高效率推进交通建设**。强力推进成渝复线、三环高速公路铜梁段建设；改造国省道35.7公里；建成农村联网公路99公里；新开通农村客运线路47公里。

——**优环境强招商，对外开放新成效**。整合铜梁、蒲吕工业园区，组建铜梁工业园区管委会。实施大拆迁，完成征地7010亩，拆迁房屋1006户，依法强拆2户。实施大建设，开工金川大道、龙安路、产业大道等骨干道路13.2公里，集中平场土地7000亩；新供地神驰机电等项目42个，新开工金阿建材等项目59个，新竣工重变电器等项目43个。实施大扶持，设立5000万元民营经济发展专项资金，扶持90户企业做大做强；开展“发展环境提升年”主题活动，精简行政审批项目116项，取消行政收费项目14项，审批效率整体提高50%。实施大招商，完善招商引资方式，着力招大商、招优商，新引进神驰机电、吉力芸峰等投资10亿元以上的项目2个，5至10亿元的项目11个，正式签约入驻项目135个，协议引资226亿元。实施大开放，全县外贸出口企业增加到62家，外贸进出口额达4293万美元，增长53.5%；外派劳务810人次，实现劳务收入1.1亿元。新发展微型企业809户、解决就业8000人；新增市场主体7018个，累计达2.7万个。

铜梁20万亩蔬菜基地

新建成的镇幼儿园

——**强要素抓保障，增长动力新突破**。着眼增强铜梁长远发展的持续后劲，积极应对融资紧缩、土地紧张、能源紧缺的不利因素，采取有力措施强化要素保障。**资金保障有力**。全年政府性筹资32.8亿元，有力促进了工业园区、重点工程和民生项目建设；成立县金融办，三峡银行正式落户；全县金融机构存款余额达208.2亿元，贷款余额达127亿元、增速达39%，存贷比提高13.1个百分点，达到61%。**用地保障创历史新高**。实施市级土地整理项目6个，新增耕地3200亩；完成宅基地和废弃工矿用地复垦3100亩；争取用地指标14789亩；征地16038亩，为未来几年工业园区、城市建设的跨越发展搭建了坚实平台。**能源保障突破瓶颈制约**。完成电力股权改革，启动云雾山变电站建设，建成小北海、旧县变电站；启动遂宁至铜梁天然气长输管线建设，中卫至贵阳天然气长输管线铜梁段进展顺利。

工业园区统一平场

奋进中的重庆市武隆县

武隆始建于唐武德二年（公元619年），距今1394年历史，全县有汉族、苗族、土家族、仡佬族等13个民族。幅员面积2901平方公里，总人口41万，是全国10个同时拥有"世界自然遗产"、"国家5A级旅游景区"两块金字招牌的地区之一。

武隆区位独特，交通便捷。地处重庆市东南部乌江下游，武陵山和大娄山的峡谷地带，重庆外环经济带，距重庆主城137公里，约1.5小时车程。境内319国道、渝湘高速公路、渝怀铁路、南涪铁路横贯全境，乌江航道连接东西，即将建成涪南高速公路，正在推进仙女山机场前期工作，四通八达的交通网络已经形成。

武隆国家地质公园

建成发电的寺院坪风电场

武隆风景绝佳，全国少有。集大娄山脉之雄，武陵风光之秀，乌江画廊之幽，被誉为世界喀斯特生态博物馆，全县260多处景观串珠式密布县域全境。已开发的主要景区有：世界规模最大、最高的串珠式天生矫群——天生三硚；地质奇观——龙水峡地缝；山城夏宫、东方瑞士和落在凡间的伊甸园——仙女山国家森林公园；中国唯一列入《世界遗产名录》的洞穴——芙蓉洞；水上喀斯特森林——芙蓉江等。

武隆生态优良，资源丰富。武隆最低海拔160米，最高海拔2033米。全县林地面积300万亩，负氧离子是重庆主城的108倍。珍稀树种有银杉、水杉、珙桐等，还有树龄2000多年、主干直径4.17米的"银杏王"。珍稀动物有金钱豹、黑叶猴、大鲵等。矿产资源有铝土矿、煤、大理石等22种。全县大小河流50多条，木棕河、芙蓉江、长途河、清水溪、石梁河、大溪河等大小支流由南北两翼汇入乌江，水能蕴藏量240万千瓦，可开发量190万千瓦，是重庆重要的清洁能源基地。

"印象武隆"演出现场

电影《满城尽带黄金甲》唯一拍摄外景地

武隆城市靓丽，充满活力。县城按照"一中心两组团"布局，以"规划主导形象、建设打造形象、管理保证形象"，加快把县城打造成为精品旅游城市。仙女山镇打造"四季鲜花灿烂、森林植被茂密、路灯灯饰迷人、规划设计合理、建筑独具特色、休闲功能完善、管理科学有序、小镇和谐文明"的全市全国最美镇初出形象，正加快创建国家级旅游度假区。成功创建市级文明城市、卫生城市、园林城市和森林城市。

武隆发展迅猛，势头强劲。强力实施"旅游富民、工业强县"战略，加快建设全市特色经济强县、全国生态县和国际旅游目的地，被中央电视台、《人民日报》等誉为"绿色崛起"的典型县。2010年和2012年，我县连续三年被市委、市政府评为"优秀区县"。2012年，多项指标快速增长，部分指标进入全市前3位；全县生产总值增长14.1%，增速继续保持全市前10位。

罡阳机械生产车间

森林旅游现场

当前，全县上下正按照"中国著名、全球知名"的目标，加快建设"中国武隆公园"，积极探索一条"五化联动"（即旅游国际化、产业生态化、城市园林化、农村田园化、城乡一体化）、"五园联建"（即休闲旅游公园、生态产业公园、靓丽宜居公园、魅力文化公园、幸福和谐公园）的新路径，加快把2901平方公里的武隆全境，打造成为"经济富裕、山川秀美、社会和谐、人民幸福"的世界级大公园。

区域合作签约仪式

招商引资签约仪式

云阳历史悠久，秦时设县，名“朐忍”，至今2300多年历史，是长江上游最早设置的县级行政区之一。云阳地处渝东北腹心，东邻奉节，南接湖北利川，西连万州，北依开县、巫溪，距离宜昌水路280公里，至重庆主城340公里。全县幅员面积3649平方公里，人口136万，辖38个乡镇、4个街道，是人口大县、农业大县、移民大县、生态宜居县。云阳移民新城是库区搬迁最为成功的县城之一，先后获得“中国优秀旅游城区”、“全国文明县城”、“国家卫生县城”、“国家园林县城”、“全国平安区县”、“中国最具幸福感城市”等殊荣。

市民文化活动中心——荣获国家建筑工程最高奖“鲁班奖”

近年来，云阳县在市委、市政府的领导下，举全县之力、集全民之智，坚定不移推进工业立县、农业稳县、旅游活县、生态兴县、开放强县“五大战略”。工业上围绕“三个百亿级产业群”，重点发展以硅、盐、中药材、农副产品为主的特色资源加工产业，以新型塑料包装材料为基础的新材料产业，以机械制造、纺织加工为主的劳动密集型产业。农业上围绕“3+2”总体思路，发展柑橘、牛羊、蔬菜三大主导产业，巩固生猪、粮油两大传统产业，壮大蔬菜、蚕桑、中药材、土鸡、中蜂等特色产业。旅游上坚持“两点一线”发展思路，重点打造张飞庙、天下龙缸、三峡梯城“三张名片”，建成长江三峡旅游集散地和国内外知名旅游目的地。商贸上狠抓市场主体培育，提升商贸业态，发展会展经济，繁荣商贸市场。全县经济社会

滨江公园

国家4A级景区——天下龙缸

世界最长城市人行梯——登云梯

保持快速健康发展势头。2012年，全县地区生产总值126.6亿元，增长12.3%；全社会固定资产投资145.4亿元，增长21.5%；社会消费品零售总额56.5亿元，增长16.9%；地方财政收入13.5亿元，增长30.1%；城乡居民人均可支配收入分别为16453万元、6392元，

云阳县城夜景

增长13.8%、15.1%。

未来一个时期，我们将“围绕一大目标、树立五种理念、坚持五大原则、抓好七大任务”。一大目标：即以创建国家生态县为总抓手，建设“生态经济示范县”。五种理念：即坚持生态环境是第一资源、转型发展是第一要务、改善民生是第一目标、安全稳定是第一责任、务实创新是第一动力。五大原则：即坚持生态经济产业化、产业发展生态化、产城融合城镇化、要素配置科学化、资源节约集约化。七大任务：即改善生态环境、发展特色效益农业、推进工业转型升级、发展生态旅游、发展现代服务业、推进新型城镇化、保障和改善民生。

国家4A级景区——张飞庙

云阳移民生态工业园

大足区 DaZuQu

一、2012年发展回顾

(一)综合

2012年，全区地区生产总值246.7亿元。三次产业结构比12.8:57.7:29.5。固定资产投资224.8亿元。地方财政收入55.4亿元。社会消费品零售总额69.1亿元。农民人均纯收入和城镇居民可支配收入分别为9272元、21742元。

(二)工业

全区工业总产值550亿元，规模工业总产值310.8亿元，规模工业企业287户。工业园区化水平为94.5%。产值过亿企业56户，产值超10亿元的镇(街)7个。工业投资92亿元，增长45.5%。汽车及零部件、装备制造、现代五金、循环经济等支柱产业加快集聚，"上依红"车桥、百亿机电装备工业园、再生资源产业园等落户。

中国西部百亿机电装备工业园签约仪式

(三)农业

农业总产值46.7亿元。已有优质粮油基地30万亩、蔬菜基地11万亩、枇杷基地10万亩、葡萄基地2.3万亩、荷莲基地5万亩。出栏生猪66万头，黑山羊种羊6.1万只。农业龙头企业达123家，其中国家级1家、市级20家。

(四)旅游

全年接待游客800万人次，旅游总收入26.1亿元，分别增长33.8%、30.0%。宝顶山景区提档升级、龙水湖国际旅游度假区、海棠香国历史文化风情城等重点项目稳步推进。国际旅游文化节、荷花节、枇杷节、葡萄节等顺利举办。

(五)商贸流通

市场主体达到3.8万个，微型企业2136户。注册商标1482件，重庆市著名商标27件。普洛斯物流港、重庆商投市场，渝西汽博中心、汽配市场等项目签约。西南城、惠尔顿商贸中心开工，启帆五金市场、钢材模具市场和长三角钢材市场建成。第六届国际五金博览会成功举办，五金市场群成交额达163亿元。

六届中国大足国际五金博览会开幕式

(六)对外开放

引进投资额5000万元以上项目88个，到位资金143亿元。新增自营进出口企业15家，实现自营出口1.1亿美元。利用外资3433万美元。与市经济信息委、市教委、市城乡建委、市交委、市商委、市国土房管局、市机电集团等签订战略合作协议。各类银行授信470亿元。

(七)城市建设

城镇建成区增加1.82平方公里，达到45.42平方公里，常住人口城镇化率达到47.3%。建筑业总产值60.0亿元。新开工房地产面积141.7万平方米，房地产开发完成投资27.6亿元。城区绿地率达44.3%，城市生活垃圾无害化处理率、生活污水集中处理率分别达98%、97.4%。

大足城市全景

(八)社会事业和人民生活

初升高比例93.5%，高考上线率达88%。引进重庆电信职业学院，职教中心成功创建国家示范中等职业学校。经开区人民医院综合大楼建成，"三甲"医院主体完工。规范实施基本药物制度，门诊、住院次均药品费用下降20%以上。城镇新增就业15332人，再就业4237人。社保医保实现市级统筹，城乡医保参保率98%以上。集中开工保障性住房60万平方米，改造农村危旧房3901户，倒房重建449户。

二、2013年经济发展展望

(一)主要目标

地区生产总值增长12.5%以上；地方财政一般预算收入增长12%以上；全社会固定资产投资增长20%；社会消费品零售总额增长15%；城镇居民人均可支配收入、农村居民人均纯收入分别增长12%、16%以上。

(二)发展优势

政策环境优势。拥有133平方公里的千亿国家级经开区和40平方公里的500亿市级特色工业园区(龙水、万古)两大投资平台，其中经开区平台进入全市"1+2+7"开发格局。西部大开发、成渝经济区、统筹城乡综合配套改革、国家级经开区等优惠政策叠加，是全国投资环境最佳的地区之一。

交通区位优势。大足东距重庆主城55公里、西离成都155公里，融入重庆"一江两翼三洋"国际贸易大通道。成渝铁路、成渝高铁，成渝高速、成渝直线高速、重庆三环高速等穿境而过，是成渝经济区交通基础设施最为密集和完善的地区之一。

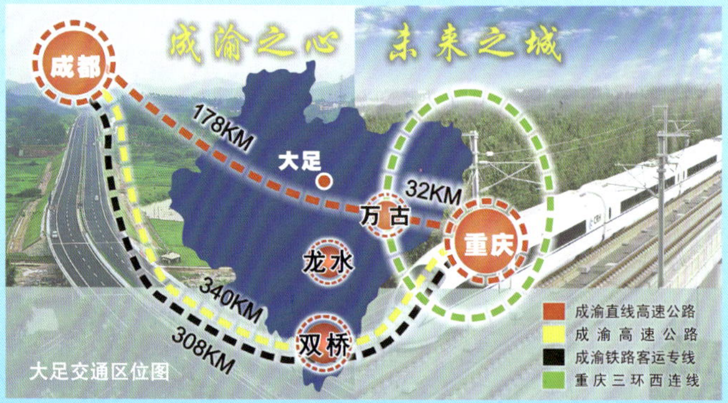

大足交通区位图

产业集群优势。现代五金产业涵盖12大门类，从业人员逾15万人，五金市场群业主4000余户，年成交额超过160亿元。双桥经开区汽车、铸造、循环经济、高新技术研发等产业基础雄厚，聚集汽车整车及零部件、轮胎及其配套生产企业近200家。目前，大足正全力推进汽车摩托车、现代五金、再生资源、装备制造4个200亿级产业集群。

要素保障优势。有各类人才10余万名，其中企业经营管理人才逾5000名，专业技术人才逾5万名。年平均水资源总量5.7亿立方米，总蓄水量达1.5亿立方米的玉滩湖已正式蓄水。自来水厂26座，日供水能力30万吨；220KV变电站3座、110KV变电站6座，35KV变电站10座；配气站6个，日供气量达45万立方米。

万盛全景

全面实施“315”战略，加快推进开发开放

——重庆市万盛经济技术开发区

重庆市万盛经济技术开发区地处渝南黔北，1955 年因矿设立行政区，2011 年 10 月重庆行政区划调整后设立万盛经济技术开发区，2012 年经 3 次管理体制调整后幅员面积达 566 平方公里，辖 8 镇 2 街，总人口 27 万，是中国西部地区幅员面积最大的经济技术开发区，也是国家资源转型试点城市、中国优秀旅游城市和中国定向运动训练基地。

2012 年，是万盛发展史上非常特殊、十分困难、极不平凡的一年，在市委市政府的坚强领导下，经开区党工委、管委会紧紧团结和依靠万盛人民，开拓攻坚，务实作为，经济社会发展呈现出蓄势渐发的良好态势，特别是重点工作取得重大突破。一年来，黑山谷成功创建为国家 5A 级景区，并获得国家地质公园称号，万盛被确定为全国唯一国家资源枯竭型城市旅游转型发展试点区；2×30 万千瓦低热值煤发电项目获国家核准；青山湖水库二期工程开工；万梨路万盛境内段全面完工，绕城公路一期工程、三万南铁路等群众盼望已久的重大项目动工建设；成功举办 2012 年世界定向排位赛、全国中老年羽毛球邀请赛；征地拆迁创历史新高，城镇建设和旅游开发用地规模相当于前 3 年总和；佳劲摩托、消防产业园等集群化招商项目入驻园区，为万盛加快发展夯实了基础、增添了后劲。

万盛城区一角

万盛龙鳞石海苗寨

当前及今后一段时间，万盛经开区将围绕“转型发展、富民兴区”主线，大力实施“三个定位、一个目标、五大任务”的“315”发展战略，把万盛建设成为国家资源型城市转型示范区、西部特色经开区、黔南渝北重要增长极和全国知名旅游城市，重点抓好“五大任务”。一是振兴工业。依托现有的产业基础，重点培育煤电化工、新型材料、装备制造、生物医药、电子信息五大支柱产业，力争 2015 年工业总产值突破 250 亿元，2020 年工业总产值超过 800 亿元，初步形成千亿级工业格局。二是繁荣城市。按照产城互动、景城一体的要求，以“五创”为抓手，以完善“吃住行游购娱”功能为重点，努力打造全国知名旅游城市，力争到 2020 年，城镇建成区面积达到 34.6 平方公里，城镇化率达到 86%。三是做强旅游。充分发挥黑山谷 5A 景区带动效应，大力实施景区品质提升、景城一体化，旅游开发与旅游地产开发同步发展三大战略，力争 2017 年成功创建国家级旅游度假区，把万盛建设成为全国重要旅游目的地。四是提升农业。坚持农旅融合，走效益农业和现代农业的路子，重点打造“一园四产八特色”，加快农产品变旅游商品，不断提升农业效益，促进农民富裕、农村繁荣。五是改善民生。坚持财政一般预算支出 50% 以上用于民生，着力提升公共服务水平，改善群众生产生活条件，增强社会保障能力，提升群众幸福感。

万盛黑山谷北门

万盛黑山谷

万盛煤电化基地

激活重庆的“改革基因”

——《重庆经济年鉴》(2013年卷)序

黄奇帆

编纂《重庆经济年鉴》已有12个年头,2013年卷又将付梓成书。抚览这部重庆经济“编年史”,过往如昨,历历在目。2012年,重庆在困难中砥砺奋进,在挑战中革故鼎新,谱写了“科学发展、富民兴渝”新的篇章。这段历史令人难忘,并耐人寻味。

2012年是重庆践行科学发展观的关键之年。这一年,外有全球金融危机的寒霜冷雨,内有“薄王案件”的严重干扰影响。全市干部群众在党中央、国务院的坚强领导下,准确把握发展大势,有序有力推进各项工作。成功召开市第四次党代会,描绘重庆未来发展蓝图,制定“一统三化两转变”战略,开启了在西部地区率先全面建成小康社会的新征程。先后分别召开大会,推动新型工业化、新型城镇化和农业现代化建设,布下了重庆科学发展的“新棋局”。同时,前瞻谋划、周密部署,推进职业教育、民生改善和社会事业,各项工作又有新进展。

2012年也是重庆开放发展的突破之年。这一年,面对经济震荡下行和结构性矛盾,重庆坚持扩大开放,努力吸纳国内外一切先进资源和要素,以增量培育促结构调整,以存量盘活促转型升级,加快构建现代产业集群,推进产城融合和城乡统筹发展。工业告别汽摩“一枝独秀”的历史,基本形成电子信息、汽车、装备制造等七大产业并力支撑格局。“渝新欧”常态运行和两个保税(港)区建设,使“开放末梢”嬗变为内陆口岸,重庆港转口货运量占比达到40%,进出口总额升至532亿美元,利用外资保持百亿美元。大开放推动了大发展,全年经济增长

13.6%。

2012年还是重庆改革创新的重要一年。全市人民凝聚改革“正能量”,拿出踏石留印、抓铁有痕的劲头,持续推进各类制度创新。放宽民间投资准入,鼓励小微企业发展,全市非公经济占比提高到了62.3%。纵深推动户籍制度改革,累计转户359万人。创新公租房营建管方式,构建起以市场配置为主体、政府保障为补充的住房供给体系。抓住统筹城乡综合配套改革试验机遇,深入探索地票交易和"三权"抵押融资--改革开放新的伟大革命,让巴渝大地各类要素活力竞相迸发,各种创富源泉充分涌流,全体人民更多更公平地享受到发展的成果。

站在新的历史起点,党的十八届三中全会回应人民群众的期盼和关切,着眼“两个一百年”目标的战略全局,作出了《关于全面深化改革若干重大问题的决定》,为全面深化改革指明了前进方向,吹响了新时期改革的“集结号”。重庆,作为全国综合配套改革试验区,理应进一步激活"改革基因",勇于担当,敢于创新,进一步解放思想、解放和发展社会生产力、解放和增强社会活力,发挥经济体制改革牵引作用,统筹推进经济、政治、文化、社会、生态文明和党的建设各领域重点改革,为实现中华民族伟大复兴的“中国梦”添劲加力。

历史是最好的教科书。《重庆经济年鉴(2013年卷)》存史资政,有助于鉴往知来。以史为鉴,全市干部群众必将激发更强烈的进取意识、机遇意识、责任意识,更加深刻地领会贯彻三中全会精神,奋力打好全面深化改革这场攻坚战!

是为序。

2013年12月

目　录

·第一编　重要经济文献·

·第二编　专题研究·

·第三编 经济与社会发展综述·

·第四编 部门经济运行与管理·

·第五编 产业状况·

第一产业

·第六编　开发区与园区建设·

·第七编 区县经济·

·第八编 附 录·

Contents

Part I Important Economic Literatures

Part II Special Subjects Research

Part III Overview Economic & Social Development

Part IV Operation and Management of Economy

Part V Industry Situation

Primary Industry

Secondary Industry

Part VII Regional Districts

Part VIII Appendix

前环衬

卷首跨页

目录前扉页

继续深化改革开放 全面建成小康社会

科学发展 富民兴渝

内插彩页

努力构筑和谐重庆 全面建成小康社会

第一编
重要经济文献

2013年重庆市人民政府工作报告

——2013年1月26日在重庆市第四届人民代表大会第一次会议上

黄奇帆

各位代表：

我代表市人民政府，向大会报告工作，请予审议，并请各位政协委员提出意见。

一、过去五年及2012年工作回顾

过去五年，全市上下坚持以邓小平理论、“三个代表”重要思想为指导，按照科学发展观要求，围绕“314”总体部署，积极推进西部大开发，认真落实国发3号文件，接续实施“十一五”和“十二五”规划，努力克服国际金融危机等不利影响，完成了市三届人大一次会议确定的目标任务。

——**综合经济实力大幅提升。**全市生产总值从2007年的4676亿元增加到11459亿元，年均增长15.3%。人均生产总值达到6191美元，赶上全国平均水平。财政一般预算收入达到1703.5亿元，翻了近两番。固定资产投资累计完成3.34万亿元，一批重大项目建成投用。社会消费品零售总额达到3961亿元，年均增长18.8%。工业总产值增长3倍，全员劳动生产率翻了一番多。各类市场主体由64.8万户发展到136.9万户。

——**产业结构调整取得新进展。**三次产业结构由2007年的10.3:50.7:39调整为8.2:53.9:37.9。粮食产量连续五年超过1100万吨，蔬菜、水果、畜牧、渔业等特色农业增量提质。电子信息、汽车、装备制造、综合化工、材料、能源和消费品制造均成为千亿级产业，多业支撑格局基本形成。现代服务业加快发展，金融业增加值占比提高到8%，国家支持设立的联合产权、农村土地、农畜产品等七大要素市场运行良好，累计交易额超过3600亿元。会展、购物和美食消费持续增长，商品销售总额达到1.2万亿元。旅游总收入年均增长30%。全社会研发经费支出占生产总值的比例提高到1.38%，发明专利拥有量增长7倍。

——**城镇集群和功能初步形成。**优化并实施城乡总体规划，以主城为龙头，6个区域性中心城市、23个区县城和若干小城镇联动发展的城镇体系初步成型。常住人口城镇化率提高到57%。建成“一枢纽五干线”铁路网和“二环八射”高速公路网，新建和改造国省干道6000公里，取消二级公路收费，基本实现“4小时重庆”、“8小时周边”。新增城市轨道通车里程120公里。水上货运和港口吞吐量均突破亿吨，空港旅客年吞吐量超过2200万人次。新增蓄引提水能力8.7亿立方米、电力装机447万千瓦，天然气保障能力不断增强。

——**内陆开放高地加快崛起。**两江新区开发开放全面推进，北部新区及金融、会展、空港等功能板块日渐成型，水土、鱼复、龙兴等园区基础建设和集群招商同步展开。两路寸滩保税港区和西永综合保税区成为内陆重要口岸，渝新欧国际铁路联运大通道实现常态运行，重庆港转口货运量占比达到40%。进出口总额由2007年的74亿美元增加到532亿美元，实际利用外资由11亿美元增加到106亿美元。对外合作交流不断扩大，与港澳台经贸合作不断加强。

——**重点领域改革取得新突破。**坚持“两个毫不动摇”，推动国有企业改革重组，7户国有企业集团实现整体上市，国有经济活力、控制力、影响力不断增强。民间投资准入进一步拓宽，中小企业融资难有所缓解，建立了微型企业扶持体系，非公有制经济占比由55.1%提高到

62.3%。构建以市场配置为主体、政府保障为补充的住房供给体系，创新公租房建管方式，开展房产税改革试点，房地产市场健康平稳。抓住统筹城乡综合配套改革试验机遇，积极探索农民工户籍、地票交易、“三权”抵押融资等改革。建立“圈翼”对口帮扶机制，实施市属国有企业融资帮扶计划，“两翼”经济增速连续五年超过全市平均水平。

——**三峡库区工作有效推进**。历经十七年艰苦努力，百万移民搬迁安置任务圆满完成，成功保障三峡工程175米试验性蓄水，库区面貌发生显著变化。库区发展明显提速，一批重大产业项目投产放量，经济年均增长16%。移民职业教育和就业培训力度加大，库区城镇新增就业累计达到67.5万人。启动了三峡后续工作首期实施规划，库区发展全面转入后续工作新阶段。

——**生态环境质量持续改善**。强力推进节能减排，单位生产总值能耗累计下降23%，主要污染物减排任务超额完成。蓝天、碧水、绿地、宁静环保行动持续推进，一大批污染企业完成环保搬迁，主城空气质量不断改善。整治了17条次级河流，污水、垃圾处理设施覆盖所有区县城和近一半乡镇。森林覆盖率达到41%，建成区绿地率达到37.6%，主城创建成为国家园林城市、森林城市和环境保护模范城市。

——**各项社会事业全面进步**。财政性教育经费支出占生产总值的比例连续五年达到4%。城乡义务教育逐步趋向均衡，高中阶段教育基本普及，职业教育体系日趋完善，高等教育毛入学率达到34%，学前教育取得进步。新增三甲医院7所，基层医疗机构标准化率达到90%，基本药物制度覆盖到所有村镇和社区，食品安全事故和传染病疫情得到较好控制。新增一批文化服务设施，城乡公共文化服务体系加快建设。全民健身活动蓬勃开展。一体化大综治格局基本形成，社会治安防控体系不断完善，群众安全感增强。安全保障型城市框架初步建立，安全事故总量持续下降。

——**人民生活水平明显提高**。城乡居民收入年均分别增长12.8%和16%。年度城镇新增就业由20万人扩大到65.5万人。城乡养老、医疗保险提前实现全覆盖，五大保险全部实现市级统筹。新型城乡社会救助体系基本建立，保障了130万困难群众基本生活。建成公租房1315万平方米，惠及58万群众。改造农村危旧房38.5万户，新建巴渝新居25.1万户。716个贫困村实现整村脱贫，110万农村人口摆脱贫困。

过去五年，我们深入开展学习实践科学发展观和创先争优活动，依法履行政府职能，扎实推进行政体制改革和管理创新，政府自身建设取得新进展。双拥共建活动深入开展，军政军民团结进一步加强。人口和计划生育、民族、宗教、侨务、对台、司法、审计、监察、统计、消防、民防、保密等工作取得新成效，青年、妇女儿童、科普、老龄、残疾人、气象、地震、地勘、参事、档案、修志、文史等事业取得新进步。

各位代表！2012年是重庆发展进程中极不平凡的一年。面对特殊背景和复杂形势，我们坚决贯彻中央决策部署，在中共重庆市委坚强领导和各方协同配合下，努力消除薄熙来、王立军案件的严重影响，有序有力有效推进各项工作，实现了全市大局稳定和经济社会持续健康发展。全年经济增长13.6%，城乡居民收入分别增长13.4%和13.9%，居民消费价格总水平上涨2.6%。事实证明，重庆无愧为一座英雄的城市，重庆人民有觉悟、有能力，顶得住各种风浪，经得起各种考验！

一年来，我们围绕迎接和贯彻党的十八大，认真落实市第四次党代会部署，重点抓了六方面工作：

(一)着力加强经济运行调度

正确处理好促发展、调结构和控通胀的关系，及时出台13条提振实体经济举措，落实专项资金50亿元，新增社会融通资金3593亿元。认真执行国家结构性减税政策，落实市级财税扶持措施，为企业减税让利172亿元。兑现汽车惠农、家电惠民政策和节能产品补贴共15.6亿元，激活了大宗消费。加强电力电煤调度、成品油常态储备和天然气供应，较好保障了工商企业生产经营。

（二）着力推动工业集群构建和持续增长

启动“6+1”支柱产业三年振兴规划，扎实推进十大工业项目，规模以上工业增加值增长16.3%。成功构建“5+6+700”电子信息产业集群，强化产业配套、物流配送和用工保障，各类智能终端产量突破6000万台（件），电子信息产值占比提高到17%。长安福特二工厂等项目投产，一批新车型面市，汽车工业止滑回升。完成重钢环保搬迁，实施千万千瓦电源、天然气“县县通”等项目，传统产业改造提升步伐加快。

（三）着力促进城镇化健康发展

以九大基础设施和主城十大商务集聚区建设为重点，有序推进城市拓展和功能开发。江北嘴中央商务区成为新地标，化龙桥、中央公园和悦来片区形象初显，其他片区规划建设全面展开。统筹解决区县用地、能源、融资等问题，推进区县中心城区与工业园区联动开发，一大批市政公用设施建成投用。小城镇建设提速。健全农民工转户机制，累计转户359万人。严格执行国家房地产市场调控政策，推进公积金放量支持自住型住房消费，商品房销量和房价保持稳定。

（四）着力发展特色效益农业

制定实施11个特色产业发展规划，设立专项资金，促进产业带建设和农产品流通加工，有效保障了城乡供给和农民增收。落实农产品绿色通道政策，建成区县农产品批发市场28个，社区标准化菜市场、乡镇规范化农贸市场和农商通信息机基本实现全覆盖。村镇银行、涉农担保、农村资金互助社、农业保险等金融服务不断拓展，“三权”抵押融资累计达到310.7亿元。农村新型经营主体加快发展，专业合作社、股份合作社分别达到1.6万个和1230个。

（五）着力推进国有民营外资经济协调发展

招央企、活民营、稳外商，谋划和实施了一批装备、能源、化工和基础设施重点项目。与中央企业共同实施能源、交通等72个重大项目，完成年度投资450亿元。出台民营经济发展意见及配套文件，设立20亿元专项资金，实施万户中小企业成长工程，新增民营经济市场主体23万户。成功引进京东方液晶面板、通用航空、上海通用五菱等一批重大项目。积极调整外贸结构，笔记本电脑出口增长1.4倍，通机等传统优势产品出口增长66.1%，带动进出口总额增长82.2%。

（六）着力保障民生和维护稳定

新增财政资金63亿元，提高了企业退休职工和农转非人员养老金、医保补助、各类社会救助和村卫生室补助。市和区县两级财政增投5亿元，提高职业院校生均经费补助，全免中职教育学费。积极争取中央民生专项新增补助，化解教育、社保、住房、医疗卫生、生态环保等民生领域的遗留问题和特殊困难，启动项目563个，到位资金62.3亿元。深入开展矛盾纠纷排查化解，妥善处置各类突发事件，成功破获苏湘渝系列持枪抢劫等大案要案。通过大量工作，维护了国家安全、公共安全、生产安全，确保了社会大局稳定。

我们也清醒看到，重庆仍处在欠发达阶段，仍属于欠发达地区，还面临很多困难和挑战：综合经济实力不够强，经济结构优化仍有较大差距，高技术产业和现代服务业比重偏低，本地民营经济特别是民营工业发展不快，产业集中度和质量效益有待提升。市场体制机制不够完善，科技创新能力不强，内生动力活力有待增强。城乡区域发展还不平衡，城镇集群发育不足，县域经济发展滞后，贫困人口量大面广。资源环境约束趋紧，节能减排任务艰巨。社会矛盾依然较多，就业社保、教育医疗、安全生产等领域还有很多工作要做。一些领域存在道德失范、诚信缺失现象。服务型政府建设还任重道远，有的部门和工作人员服务意识不强、办事效率不高、工作作风不实，形式主义、虚报浮夸、脱离群众、贪污腐败等现象依然存在。这些问题，我们必须高度重视，并切实加以解决。

各位代表！过去五年，我们与全市各族人民一道，走过了不平坦的历程。五年的实践表明，只要坚持党的领导，在思想上政治上行动上始终同中央保持高度一致，自觉把中央精神与重庆实际紧密结合起来，坚持和运用科学发展观解决前进中的困难和问题，重庆经济社会发展就会有新突破；否则，我们的事业就会受到损害。我们深切体会到：必须坚持发展第一要义，以经济建设为中心不动摇，努力在较长时期保持较快的经济增速，加快做大经济总量，着力提升发展质量和效益。必须坚持改革开放，靠改革增活力，靠开放促发展，靠创新解难题，促进内部活力与外源动力竞相迸发。必须坚持以人为本的核心立场，尊重群众首创精神，保障人民各项权益，在加快发展中改善民生，在惠民富民中推动发展。必须坚持依法行政，依法调整政府与市场、企业、社会的关系，做到职权法授、程序法定、行为法限、责任法究。必须坚持一切从实际出发，严格按经济规律、社会规律、自然规律办事，切实转变工作作风，不动摇、不懈怠、不折腾，讲实话、办实事、求实效，努力使各项工作经得起实践、人民和历史的检验，不断开创“科学发展、富民兴渝”的新局面。

各位代表！过去五年，成绩来之不易。这些成绩的取得，是党中央、国务院坚强领导和深切关怀的结果，是历届市委、市政府接力奋进的结果，是全市3300万各族人民齐心协力、共同奋斗的结果。在此，我代表市人民政府，向全市各族人民，向人大代表、政协委员，向各民主党派、工商联、人民团体和社会各界人士，向驻渝部队和武警官兵，致以崇高的敬意！向关心和支持重庆发展的中央各部门、各兄弟省区市，以及港澳台同胞、海外侨胞和国际友人，表示衷心的感谢！

二、今后五年总体要求和奋斗目标

今后五年，是重庆深入贯彻科学发展观、全面落实“314”总体部署极为关键的时期。综观国内外形势，我们仍处于可以大有作为的重要战略机遇期。党的十八大对当前国际国内形势作出了科学判断，对全面建成小康社会、全面深化改革开放、全面推进“五位一体”总布局等作出了新的部署，为我们推动“科学发展、富民兴渝”指明了方向。国内外经济环境发生深刻变化，催生了倒逼扩大内需、提高创新能力、促进经济发展方式转变的新机遇，有利于我们把发展的立足点转到提高质量和效益上来。重庆直辖以来奠定了良好基础，西部大开发、国发3号文件、三峡后续工作、两江新区开发开放等重大政策效应进一步释放，产业发展、市场潜力和制度创新的后发优势日益凸显。只要我们发挥优势，总结经验，汲取教训，重庆完全可以实现更有质量和效益的发展。同时要看到，全球经济走出危机仍需时日，国内经济增长放缓和产能相对过剩的矛盾比较突出，制约发展的体制机制障碍还很多。我们要切实增强机遇意识和忧患意识，充分估计困难和挑战，因势利导，顺势而为，不断取得新的进步。

今后五年，政府工作的总体要求是：高举中国特色社会主义伟大旗帜，坚持以邓小平理论、“三个代表”重要思想、科学发展观为指导，全面贯彻党的十八大精神和市第四次党代会的要求，以“314”总体部署为总纲，围绕“科学发展、富民兴渝”的总任务，深入实施“一统三化两转变”战略，着力深化改革开放，着力保障和改善民生，全面推进经济建设、政治建设、文化建设、社会建设和生态文明建设，力争到2017年基本建成西部地区重要增长极和长江上游地区经济中心，城乡统筹发展直辖市建设取得重大进展，在西部率先全面建成小康社会。

到2017年，我们的奋斗目标是：

——加快建设长江上游金融中心、商贸物流中心和科技教育中心。银行、证券、保险及各类新型金融机构快速发展，金融业增加值占比达到10%左右，直接融资占比提高到25%，离岸金融和电子商务结算额达到2000亿美元。建成长江上游综合交通枢纽和西部国际物流中心，转口货运量占比提高到50%，商品销售总额翻一番以上。全社会研发经费支出占生产总值的比例提高到2.5%，发明专利拥有量力争翻番。全面普及高中阶段教育，高等教育毛入学率达到

45%，终身教育体系更趋完善，基本实现教育现代化。

——加快建设全国重要的产业集群和城镇集群。工业总产值达到3.5万亿元，“6+1”支柱产业增加值占比达到80%，高技术产业增加值占比超过35%，全员劳动生产率进一步提高。主城建成千平方公里、千万人口特大城市，国家中心城市核心引领功能、区域性中心城市辐射带动功能、区县城对县域经济的支撑功能和小城镇连接城乡的纽带功能明显增强，常住人口和户籍人口城镇化率分别达到62%和47%。资源节约型、环境友好型社会建设取得重大进展，单位生产总值能耗和主要污染物排放总量减少，人居环境明显改善。

——加快建设内陆开放高地。两江新区开发开放取得显著成效。航空、铁路、水运口岸协同发力，建成内陆地区功能完备的口岸高地。进出口总额超过1000亿美元，成为国内重要的内外资集聚地。内陆开放型经济体系和制度环境更加完善。

——加快建设城乡统筹发展的直辖市。城乡区域一体化发展体制机制基本建立，城乡居民收入和“圈翼”发展差距明显缩小，收入分配格局趋于合理。社会主义市场经济体制更加完善，国有民营外资经济协调发展，财税金融、科技教育、文化卫生、社会管理等领域改革取得新突破。

——经济社会发展与人民生活水平同步提升。全市生产总值达到2万亿元，人均生产总值超过1万美元。城乡居民收入分别达到4万元和1.5万元，赶上全国平均水平。消除绝对贫困现象。城镇登记失业率控制在4%以内。人人享有基本社会保障和基本医疗卫生服务，人均预期寿命达到77.3岁。住房保障体系更加健全。公共文化服务更加便捷充分，文化产业成为支柱产业，建成文化强市。全社会法制观念明显增强，社会管理水平和文明和谐程度大幅提升。

在西部率先全面建成小康社会，是中央赋予重庆的光荣使命，是时代的要求、人民的期盼。我们坚信，通过全市各族人民的共同努力，五年后的重庆，科学发展一定会取得新成效，人民生活一定会更加殷实，一个经济活跃、法治健全、文化繁荣、社会和谐、生态宜居的新兴直辖市一定会挺立在中国西部！

三、2013年主要任务

今年是全面贯彻落实党的十八大精神的开局之年，是实施“十二五”规划承前启后的关键之年，是为率先全面建成小康社会奠定坚实基础的重要一年。今年经济社会发展主要预期目标是：全市生产总值增长12%左右。公共财政预算收入增长12.5%。社会消费品零售总额增长15%，固定资产投资增长18%。进出口总额增长25%。单位生产总值能耗下降3.3%，主要污染物减排完成国家任务。新增市场主体15万户，城镇新增就业60万人。城乡居民收入分别增长12%和14%。居民消费价格涨幅控制在3.5%左右。

实现上述目标，我们要认真贯彻落实中央经济工作会议和市委四届二次全会提出的要求，紧紧围绕主题主线，把握稳中求进的工作总基调，统筹推进新型工业化、信息化、城镇化和农业现代化，深化改革开放，努力实现经济持续健康发展和社会和谐稳定。重点要做好十方面工作：

（一）推动工业集群发展，提升产业竞争力

坚持集群发展，以增量带动结构优化，以创新推动转型升级，发挥十大工业项目的牵引作用，促进工业上规模、上水平、上质量、上效益。

推进“6+1”工业集群。继续实施笔记本电脑、电子整机拓展、打印成像设备制造等项目，各类智能终端产量力争超亿台（件）。推进液晶面板、硬盘等关键项目，抓好智能手机、车载电子等集群招商。实施云计算数据处理中心项目。推动汽车整车提档升级和关键零部件项目，加大新能源汽车、新一代摩托车研发投入力度。发展轨道交通、安全环保、智能制造、能源及页岩气、风电、航空整机等高端装备。加快新重钢升

级项目，优化铝材、玻纤等产业集群，提高材料对主导产业的供应率。实施一批天然气化工、煤化工和精细化工项目，促进上中下游一体化和资源循环利用。加快千万千瓦电源项目建设，推进天然气“县县通”，抓好页岩气勘探开采利用。大力发展消费品工业，振兴中药、生物制药、化学制药及医疗器械产业，推进西部纺织城、亚太纸业基地、林浆纤一体化等轻纺项目。制定产业集群协作指导意见，促进资源优化配置，提升企业抗风险能力和集群整体竞争力。

实施创新驱动发展战略。围绕支柱工业和战略性新兴产业，推动产学研结合，促进协同创新，实施“121”科技支撑示范工程，支持汽车、智能终端、机器人、生物医药、页岩气、效益农业等重大科技专项。持续推进工业研发千亿投入计划，实施技术改造专项，开发一批关键新工艺，形成一批拳头新产品。新建一批重点实验室、工程技术研究中心和企业技术中心。扩大风险投资母基金规模，引导更多风险资本、社会资本进入科技创新领域。深化知识产权市场化改革，完善科技创新评价、激励和转化机制，实行科技成果股权和分红激励。发挥企业家才能，引导企业产品创新、产业组织创新和商业模式创新。依托重大项目和优势产业，培养和引进各类领军人才、专业人才和实用人才。加强科普工作，提高全民科学素养，促进科技广泛应用。

提升产业发展质量和效益。坚持质量强市，支持企业实施全球品牌战略，加速形成有国际竞争力和行业影响力的品牌。建设内陆技术标准高地，推动质量控制由单一制造环节向设计、专利、制造、标准并举转变。加快重大装备数控化改造。实施信息技术应用示范工程，打造一批两化融合标杆企业。引导企业依靠科技进步和科学管理，提高劳动生产率和单位物耗产出率，增强企业盈利能力。

(二)繁荣各类服务业，着力扩大消费需求

坚持生产性服务业与生活性服务业并重，提升传统服务业与发展新兴服务业并举，增强消费对经济增长的拉动作用。

壮大生产性服务业。加快金融集聚区建设，吸引各类金融机构来渝设立区域总部和分支机构。建设金融后援服务基地，规范发展信用评级、结算清算、数据处理、咨询培训、保险代理等金融服务。做强现代物流，打造生产资料集散分拨等重点物流园区，培育大型物流企业，发展第三方物流、第四方物流和多式联运，降低物流费用。大力发展研发设计、科技服务、品牌展示，推动服务业与工业、农业深度融合。

发展生活性服务业。加快新老商圈提档升级，推进规模化、专业化的商贸、农贸项目。支持区县建设核心商圈，打造商贸强镇，建设一批专业市场。建成国际博览中心，扩大会展规模，提升会展档次。培育特色美食街，做强传统巴渝美食，继续推进早餐示范，发展便民午餐。打造都市旅游、温泉之都、三峡旅游和邮轮经济，完善旅游基础设施，推动仙女山、红池坝等景区整体开发，彰显国内外知名旅游目的地的独特魅力。

培育新兴服务业。推进国家电子商务示范基地建设，加快构建电子交易、电子物流、电子结算三大平台，培育和引进一批龙头企业和网店，提高网购便利性和安全性。积极发展物联网、云计算、咨询评估、文化创意、网络增值等新兴业态。规范发展会计、审计、法律、检测、广告等专业服务业。开展现代服务业综合试点。

增强消费能力，改善消费环境。落实好汽车惠农、家电惠民等政策措施，扩大消费信贷。落实带薪休假制度。鼓励家政、养老、健身、旅游等服务消费。严格落实产品质量安全责任制，加强市场监管和价格调控，依法打击侵犯知识产权、制假售假、商业欺诈、滥用市场支配地位等行为，营造安全诚信的消费环境。

(三)打造城镇集群，提升城市发展品质

按照集约、智能、绿色、低碳的要求，坚持整体规划、产业支撑、突出特色，推动主城、区域性中心城市、区县城和小城镇协调发展，实现以产促城、以城聚产、产城互动。

加快完善城镇体系。严格规划的刚性约束和前瞻调控，搞好城镇规划和集群协调。加快主城大型居民聚居区和十大商务集聚区建设,推动产业、基础设施、公共服务、要素流动一体化。拓展六大区域性中心城市构架,积极推进新区开发,增强产业承接、交通集散、公共服务、应急分担等功能,促进产业和人口集聚,提升聚合辐射能力。加快区县城提档升级,支持发展受限的区县城打通山水阻隔,拓展城市空间,完善基础设施和公共服务,促进新旧城区和产业园区融合发展。提高中心镇和小城镇运行保障能力,带动周边集镇和新农村发展。加强川渝联动,合力构建成渝城市群。

推动枢纽型、功能型基础设施建设。加快江北机场第三跑道及东航站区建设,支持万州、黔江机场增开航线航班。整治骨干航道,打造果园、新田、龙头山等重点港口,增强航道通行能力和港口集散能力。加快高速公路黔江至恩施等在建项目进度,建成涪陵至丰都、万盛至南川、奉节至巫溪等项目,新增通车里程400公里。建成城口至万源快速通道,持续改造国省道。实施主城火车场站改扩建,推进渝万、成渝客专、渝黔新线等干线建设,建成渝利等铁路,新增运营里程230公里。建设主城快速路网,形成轨道交通骨干网络。实施城镇光纤网络宽带工程,构建高速数据通道。开工建设雅安至重庆特高压输变电线路。超前谋划骨干水源项目,完善城镇给排水体系,增强防汛抗旱减灾能力。

加强市政建设和管理。统筹规划建设城市道路、桥梁隧道、停车场和人行天桥,优化次支路网,实施"公交都市"试点,继续推进畅通行动计划,努力缓解城区交通拥堵。合理开发利用地下空间。推进城市管理网格化、智能化,消除管理盲点和死角,有效解决占道停车和经营等问题。继续推进市容环境整治,完善考评机制,促进城市管理规范化、制度化。

把振兴县域经济作为城镇化的战略支点,推动"一圈两翼"协调发展。深化扩权强县改革,向区县放权、给区县让利、让区县搞活,切实改善县域经济发展环境。完善主体功能区规划,科学定位区县功能,促进差异化发展。优化园区产业布局,促进园城互动。发挥"一圈"特色园区的产业优势,加速产业转移承接。继续实施市属国有企业第二轮融资帮扶计划,完善"两翼"园区基础配套,增强定向招商能力,发展特色产业。依托长江黄金水道及交通干线,打造渝东北特色经济板块。支持渝东南发展民俗生态旅游、绿色食品加工和矿产资源开发,建设武陵山区特色经济示范区和民族团结进步模范区。支持资源型城市发展转型。鼓励省际区域性边贸发展。

(四)发展现代农业,巩固农业农村发展好形势

坚持"以农民为本",突出农民增收这个关键,在统筹城乡中加强和改进"三农"工作,大力发展特色效益农业,提高农业综合生产能力、防灾减灾能力和市场竞争力。

加快特色效益农业发展。优化农业种养结构和区域布局,稳定粮油生产,壮大蔬菜、畜牧、渔业、林果、烟叶、中药材等优势特色产业,打造一批知名品牌。采取以奖代补、贷款贴息、税费减免等措施,扶持农产品精深加工,提高农产品转化增值率。推进万村千乡市场工程和新网工程建设,深化农商对接、农超对接,促进配送中心建设,发展冷链物流和农商信息服务,提高农产品有组织流通的销售份额。扩大农业保险覆盖面。加强农业科技创新,良种良法配套、农机农艺结合,推进标准化生产和绿色产品认证,确保农产品质量安全。

推动新型农业经营主体发展和农民增收。稳妥推进农村集体产权制度改革,充分保障农民土地承包经营权。规范建设农民专业合作社,培育农村新型股份合作社,发展联户经营和专业大户,壮大加工型、流通型农业龙头企业,提高集约化、专业化水平。培育新型职业农民。构建农业社会化服务新机制。鼓励和规范城市资本下乡。完善强农惠农富农政策体系,促进产业增收、务工增收、财产增收,建立农民增收的长效促进机制。

加快新农村建设步伐。新建和改建农村公路6000公里,建设农村人行便道,改善农村出

行条件。加强大中型水库建设和小型病险水库整治,增强蓄引提水能力,完善渠系配套,解决200万人饮水安全问题。推进整村整镇土地整治,建设高标准基本农田。继续实施农村危旧房改造和农村电网升级改造,加快完善农村医疗、文化、体育、邮政、通信、环保及防灾减灾等基础设施。健全农村基础设施管护长效机制。启动新农村示范县建设,形成一批新农村示范镇和示范片。

做好新一轮扶贫攻坚。以武陵山、秦巴山两大特困连片地区为重点,健全“圈翼”对口帮扶、集团式扶贫、东西协作和国家定点扶贫等机制,加大产业、科教、旅游扶贫力度,增强贫困地区和贫困群众自我发展能力。实施高山生态扶贫搬迁,改善贫困对象生产生活条件。动态调整扶贫对象,推进农村低保与扶贫开发有效衔接,实现450个村整村脱贫。

(五)加强三峡后续工作,建设和谐稳定新库区

围绕移民安稳致富、生态环境建设与保护、地质灾害防治,实施三峡后续工作项目,对库区区县给予政策扶持、转移支付倾斜和项目安排帮助,促进库区经济繁荣、生态改善和人民安居乐业。

推动库区产业发展和民生改善。加大库区招商引资和对口支援力度,引导大项目、好项目向移民生态工业园集聚。加强三峡后续工作项目监管,确保建设进度与质量,建成一批基础设施、产业项目和公共服务设施。以促就业、促增收为重点,强化职业教育和技能培训。完善移民就业和创业扶持体系,做好就业困难人员的就业援助工作,加大困难移民帮扶力度。针对移民搬迁安置遗留问题、生产生活困难和长远生计保障,抓好信访积案化解,确保库区稳定。

加强库区生态环境保护和地质灾害防治。完成绿化长江行动任务,启动库区植树造林产业化试点,推进生态屏障区人口有序转移。加强三峡水库库容管理和消落区治理,加快沿江城镇岸线综合整治。以流域污染防治为重点,积极开展工业点源、船舶流动源和农业面源污染防治。统筹实施地质灾害避险搬迁和工程治理,加强重点城镇和移民安置区建设密度管控,确保库区群众生命财产安全。

(六)深化经济体制改革,进一步激发发展活力

立足特殊市情,发挥市场作用,加大重点领域和关键环节改革攻坚力度,提升改革的系统性、整体性、协同性,以创新添活力,以改革促发展。

统筹推进城乡综合配套改革。着眼于城乡一体化发展和要素自由流动,充分保障城乡居民合法权益,优化实施统筹城乡综合配套改革总体方案。完善农民工户籍制度改革,有序推进农业转移人口市民化。稳妥推进地票交易,全面实施地票价款直拨。深化农村“三权”抵押融资,发展土地收益保证贷款。健全住房双轨制供应体系,加强公租房功能配套和社区服务。统筹推进人力社保、科技教育、文化体制、医疗卫生和事业单位改革,促进城乡基本公共服务均等化。

加快金融创新和财税改革。促进银行信贷稳定增长,扩大直接融资规模,提高非银行金融机构融资比重。创新金融产品和服务,大力发展产业金融、科技金融、小微金融、农村金融和消费金融,更好地服务实体经济。加快发展民营金融机构。进一步发挥各类要素市场的价格发现、资源优化配置、市场秩序规范、交易成本降低和金融结算服务等功能。扩大离岸金融结算、跨境人民币和电子商务结算规模。严防金融风险。健全公共财政、政府基金、国有资本经营和社会保险基金预算体系,提高预算绩效管理水平。优化转移支付制度,完善财力与事权相匹配的财政体制。加强地方政府性债务管控。健全资源性产品价格形成机制,理顺水、电、气、煤、成品油等要素价格。

促进各类市场主体平等竞争、共同发展。深化国有企业改革,推动国有资本向重点行业、关键领域和优势企业集聚,促进大企业大集团提升自主创新能力和核心竞争力。推进国有企业整体上市,完善其治理结构和监管方式。大力营

造亲商重商的社会氛围，坚决破除阻碍民间投资的体制障碍，帮助解决融资、用能、转型升级等突出问题。优化资源要素配置，促进民营与国有、外资企业相互参股，深度合作。鼓励民间资本参与国有企业改制改组，支持民营企业上市和“走出去”。发挥各类扶持政策和服务平台效用，促进中小微企业不断成长，形成万商云集、创业兴业的繁荣局面。

稳妥推进收入分配制度改革。完善劳动、资本、技术、管理等要素按贡献参与分配的初次分配机制，健全税收、社会保障、转移支付等再分配调节机制，努力实现居民收入增长与经济发展同步、劳动报酬增长与劳动生产率提高同步。深化机关事业单位工资制度改革。千方百计增加低收入群众收入。创造条件让更多群众拥有财产性收入。规范收入分配秩序，保护合法收入，取缔非法收入，逐步缩小收入差距。

(七)扩大内陆开放，拓展开放空间

在更大范围、更广领域、更高层次建立完善内陆开放型经济体系，以开放促发展、促改革、促创新。

推动两江新区跨越发展。围绕国家赋予的五大战略定位，深化改革开放，优化开发建设，尽快展示国家级新区形象。发挥主城拓展核心区优势，高质量建设城市基础设施和重大公共服务项目，北部新区及其他重点片区要初步形成现代化新城轮廓。要抓招商、促落地、建集群、强配套、优服务，基本建成汽车产业基地和电子信息产业基地，高端装备和生物医药等产业取得突破性进展。充分发挥综合交通枢纽和口岸高地功能，打造内陆对外贸易和物流中心。充分发挥两江新区示范引领作用，加快涉外经济体制、科技创新体制和投融资体制改革，联动经开区、高新区和特色工业园区开发开放。

加快建设内陆口岸高地。推动两路寸滩保税港区和西永综合保税区加工贸易转型升级，推进保税物流、加工贸易、离岸贸易、服务贸易一体化发展，努力建设商品集散分拨和贸易结算中心，放大保税区政策效应。积极发展航空货运，增开国际航线航班，建设国际货运航空物流枢纽。进一步推动渝新欧国际铁路联运大通道常态化运行，加密班列，增加回货总量。依托电子口岸，开展跨境贸易电子商务服务试点，深化“属地申报、口岸验放”区域通关、分类通关和无纸化通关改革。探索完善流转货物监管模式，提高监管水平和通关效率。

推动外资、外贸、外经、外包增量提质。积极引进优势产业、新兴产业和现代服务业龙头项目，鼓励在渝设立地区总部、研发中心和结算中心，促进引资、引技、引智有机结合。鼓励进口关键技术、先进设备和资源型产品。做强加工贸易重点承接地、摩托车及零部件外贸基地和服务外包示范区，支持自主品牌和高技术产品出口。鼓励围绕国内紧缺资源、装备、品牌和先进技术，开展海外投资、跨国并购和境外上市，有效管控投资和营运风险。

加强区域合作与对外交流。积极推动成渝经济区、长江经济带、武陵山经济协作区、秦巴山连片扶贫地区、渝新欧铁路沿线地区合作，努力实现产业互动、资源互利、市场共享。扩大与港澳台的经贸往来和文化交流。深化 ECFA 成果在渝试点，使重庆成为台资重要集聚地。深化科技、教育、文化、卫生等领域对外交流与合作，更好发挥外事侨务工作在扩大开放中的重要作用。

(八)繁荣发展先进文化，加快建设文化强市

遵循文化发展规律，推动文化事业繁荣，加快文化产业发展，用文化引领风尚、教育人民、服务社会、推动发展。

培育和践行社会主义核心价值观。深入开展中华民族伟大复兴“中国梦”宣传教育，增强中国特色社会主义道路自信、理论自信、制度自信。实施主题宣传活动，弘扬红岩精神和三峡移民精神，用社会主义核心价值观引领社会思潮，打牢全市各族人民团结奋斗的思想基础。加强社会公德、职业道德、家庭美德、个人品德教育，实施公民道德建设工程。深化群众性精神文明创建活动，开展志愿服务，推动学习宣传道德模范常态化。加强政务诚信、商务诚信和社会诚信

建设。

丰富群众精神文化生活。建设工业博物馆、市档案新馆等公益文化设施，推进区县广播电视台、文化馆、图书馆、乡镇综合文化站和农家书屋标准化建设，完善社区文化设施。扩大公共文化设施免费开放。继续推进文化惠民工程，倡导全民阅读，引导好群众性文化活动。坚持正确舆论导向，加强和改进网络内容建设，发展健康向上的网络文化。开展“扫黄打非”，抵制低俗现象。推进历史文化名城、名镇、名街和历史建筑保护性开发利用。开展第一次全国可移动文物普查，实施重大文物保护工程，加强非物质文化遗产保护。

增强文化竞争力。大力发展哲学社会科学、广播影视、新闻出版、文学艺术事业，培育更多精品力作和优秀人才。完善文化管理体制和生产经营机制，健全完善文化市场体系。深化公益性文化事业单位改革，健全经营性文化单位法人治理结构。建设文化产业示范基地，促进文化与产业、科技、教育、体育深度融合，培育新型文化业态，做大做强骨干文化企业。

(九)全面加强社会建设，不断增进民生福祉

按照“守住底线、突出重点、完善制度、引导舆论”的要求，发挥好政府主导和人民主体两个作用，用改革的思路和可持续的办法做好民生工作，努力使发展成果更多更公平地惠及城乡居民。

切实办好人民满意的教育。进一步促进城乡义务教育均衡发展，有效治理择校乱收费，继续推进中小学标准化建设和薄弱学校改造。深化课堂教育改革，推进减负提质，培养学生社会责任感、创新精神和实践能力。扩大普通高中优质资源，促进多样化发展。推动高等教育内涵式发展，建设特色专业学科，完善人才培养机制，促进协同创新和开放合作。加快发展职业教育，优化布局，打造实训基地、示范院校和双师型教师队伍，完善技能人才成长“立交桥”。完成学前教育三年行动计划。办好特殊教育。积极发展民办教育。加强农村寄宿制学校建设和管理，关爱留守儿童，实施学生营养改善计划，资助家庭困难学生。促进农民工子女平等接受教育，实施外来务工人员随迁子女就地参加高考方案。健全农村教师补充机制，深化中小学教师职称制度改革。

积极推动就业创业。实施更加积极的就业政策，推进创业型城市建设，努力实现就业与产业良性互动。加快国家级就业服务基地建设，健全城乡就业服务和技能培训体系，支持大中专毕业生、农村转移劳动力、城镇就业困难人员、退役士兵等群体就业创业。更好发挥创业孵化平台的作用，鼓励创办小微企业和个体工商户。创建一批和谐劳动关系模范企业和园区。加强人力资源调度，增强重点产业吸纳就业的能力。

全面增强社会保障能力。完善社会保险市级统筹运行机制，推进城乡养老保险转移接续，提高企业退休职工养老金标准和城乡医疗保险报销水平。实施社会保险扩面征缴，强化社会保险基金监管。推进社会救助制度化、规范化，提高困难群众保障水平。完善社会养老服务体系，发展老龄服务事业和产业。加强残疾人和孤残儿童福利服务。做好优抚安置工作。鼓励和规范慈善捐助。

大力发展医疗卫生事业。加快创建三甲医院，建设区县精神卫生体系，所有乡镇卫生院、社区卫生服务中心实现标准化，开展标准化村卫生室建设。出台公立医院编制标准。扩大区县公立医院改革试点，深化基层医疗机构综合改革，巩固基本药物制度。推动药交所拓展业务，抓好国家医药流通电子商务试点，更好发挥其平抑药价等功能。继续做好公共卫生服务。实施基层中医药服务能力提升工程。加大全科医生培养力度，稳定乡村医生队伍。加强医德医风建设，规范医疗服务秩序，构建和谐医患关系。加强食品药品安全监管，提升技术支撑能力。持续开展爱国卫生运动。

全面做好人口工作。坚持计划生育基本国策，稳定低生育水平。完善人口计生公共服务体系，建设西部地区出生缺陷与生殖健康研究基

地，推行孕前优生健康免费检查，提高出生人口素质。综合治理出生人口性别比偏高问题。加强妇女儿童权益保障。推动全民健身，发展竞技体育，增强全民体质。

深入推进平安建设。健全立体化社会治安防控体系，加强公安派出所和社区警务室建设，依法防范和惩治违法犯罪活动。做好国家安全工作。强化企业主体责任和政府安全监管责任，增强生产安全的预防预警、科技支撑、应急处置能力，整治高危行业安全隐患，加强道路交通、矿山、危化、消防和特种设备安全管理，有效防范重特大事故。加强防灾减灾体系建设，提高气象、地质、地震灾害防御能力。推进三峡库区综合应急救援中心、国家级救灾物资储备库和区县应急应战指挥平台建设，提升应对各类突发事件的能力。

加强和创新社会管理。坚持依靠群众、服务群众，坚持依法办事和依法维权相结合，推进社会体制改革。加强社会管理相关法规、体制机制、治理能力、人才队伍和信息化建设，不断提高社会管理科学化水平。支持工会、共青团、妇联、科协等人民团体更好地发挥联系和服务群众的作用，引导社会组织健康有序发展。完善政府购买公共服务机制，增强城乡社区自治和服务功能。深入开展"六五"普法。促进干部下访接访制度化、规范化。完善人民调解、行政调解、司法调解联动的工作体系，畅通和规范群众诉求表达、矛盾调处、利益协调、权益保障渠道。完善和创新流动人口和特殊人群管理服务。加强社区矫正工作。搞好法律援助。做好民族、宗教工作。深化国防教育，加强国防动员和后备力量建设，支持驻渝部队现代化建设，推进军民融合式发展，巩固军政军民团结。

(十)加快生态文明建设，促进人与自然和谐

牢固树立生态文明理念，加快形成资源节约和保护环境的空间格局、产业结构、生产方式和生活方式，努力建设美丽重庆。

构筑长江上游重要生态屏障。坚持适地适树原则，建设长江沿岸百米景观林带，整体推进城区、乡村、庭院和荒山绿化。创建国家生态园林城市，加强园林绿化管护，促进公园管理规范化。推动生态脆弱地区生态建设与修复，保护和恢复湿地生态系统，综合治理石漠化和水土流失。保护生物多样性。

加大环境保护力度。巩固国家环境保护模范城市创建成果，推动创模工作向区县城延伸。实施蓝天、碧水、绿地、宁静、田园五大行动，持续改善环境质量。强化城市扬尘、机动车尾气污染综合防治。加强饮用水源保护和污染流域综合整治，推进城镇污水处理厂和管网建设，进一步改善水环境质量。完善垃圾分类和收运处理体系，加强固体废物安全处置及综合利用。防治重金属污染，开展土壤污染监测和综合整治试点示范。加大重点领域噪声污染防治力度，改善城区声环境质量。扩大村庄环境连片整治，重点治理畜禽养殖污染，改善农村环境。

推进资源节约和污染减排。强化生产消费全程节约管理，降低能源、水资源消耗强度，节约集约用地。加大矿产资源勘探开发力度，提高综合利用率。推进公共机构节能示范，做好工业、交通、建筑等重点领域的节能工作。严格实施总量减排规划，完成一批节能减排示范项目。大力淘汰落后产能，严控"两高一资"产业扩张。开展低碳试点，启动悦来生态城建设，推广绿色建筑、绿色照明。

加强生态文明制度建设。全面落实能效评估和环境评价制度，强化能耗限额管理，积极开展能效对标活动。推进节能量、排污权、碳排放权交易，落实好差别电价、征收排污费和鼓励节能环保消费等政策，健全生态环境保护责任追究和环境损害赔偿制度，推动生态文明建设步入制度化、规范化轨道。

四、加快服务型政府建设

今年是新一届政府的开局之年，改革发展任务十分繁重，对政府自身建设提出了更高要求。我们要以党的十八大精神为指引，切实增强贯彻落实科学发展观的坚定性和自觉性，深化

行政体制改革,努力建设职能科学、结构优化、廉洁高效、人民满意的服务型政府。

第一,坚持科学理政,提高服务发展水平。转变政府职能是深化行政体制改革的核心。加快政企、政资、政事和政社分开,推动政府职能向创造良好发展环境、提供优质公共服务、维护社会公平正义转变。稳步推进大部门制改革,开展新一轮市和区县政府机构改革,完善乡镇行政体制,优化开发区管理体制。深化事业单位分类改革,促进公共资源更多地向民生、三峡库区、贫困地区和基层一线倾斜。严格控制机构编制。全面清理和规范行政审批事项,完善行政审批电子监察系统,提高服务企业、服务群众的质量和水平。开展"十二五"规划中期评估。做好第三次全国经济普查。健全有利于科学发展的考评机制,绝不搞脱离实际的"政绩工程"和劳民伤财的"形象工程"。

第二,坚持依法行政,维护法律法规权威。依法行政是政府工作的准则。制定实施法治政府建设五年规划,提高政府工作人员运用法治思维和法治方式深化改革、推动发展、化解矛盾、维护稳定的能力。健全重大决策公众参与、专家论证、风险评估、合法性审查、集体决定、跟踪评估和责任追究机制。拓宽公民有序参与立法的范围和途径,提高政府规章质量。严格规范性文件审查。规范行政处罚裁量权,坚决查纠执法不力、执法违法、执法扰民、执法寻租等行为,切实做到严格规范公正文明执法。深化行政复议权相对集中改革试点。严格按法定权限和程序履行职责,绝不允许任何组织或个人有超越宪法和法律的特权。

第三,坚持从严治政,切实改进工作作风。政风体现政府公信力,决定行政效率。严格执行关于改进工作作风、密切联系群众的若干规定,开展群众路线教育实践活动,着力解决人民群众反映突出的问题。切实端正思想作风,坚持"两点论",用全面、联系、发展的观点认识事物和处理问题,坚决克服绝对化、片面化、走极端。大兴求真务实、艰苦奋斗之风,倡导低调务实、少说多干、干就干好,坚决克服形式主义、官僚主义、文牍主义。加强调查研究,精简会议和文件,严控各类庆典表彰和评比达标活动。完善政务公开制度,向社会公布行政职权及运行流程,严格实行首接首办制,坚决纠正推诿扯皮、效率低下等行为。厉行节约,推进部门预算公开,严格控制"三公"经费和公务消费。支持审计机关依法独立开展工作,加强重点建设、民生领域和领导干部经济责任审计。强化政令和效能监察,保证政令畅通,决不允许"上有政策、下有对策",坚决做到令行禁止。

第四,坚持廉洁从政,增强拒腐防变能力。坚定不移反对腐败,建设清廉政府,是我们一贯坚持的立场。全体政府工作人员必须严格遵守廉政准则,加强人格修为,严守纪律和道德底线。认真执行领导干部个人有关事项报告制度,既严于律己,又加强对亲属和身边工作人员的教育约束,决不允许搞特权。全面推进惩治和预防腐败体系建设,健全廉政风险防控体系,深化土地出让、工程建设、政府采购、投融资等领域改革,严禁领导干部插手政府采购、工程招标等经济活动。办好《阳光重庆》"一台一线一网",坚决查处损害群众利益的人和事。始终保持惩治腐败的高压态势,任何人只要违纪违法,都要坚决惩处。

人民政府的权力来自人民,必须服务人民。各级政府及其工作人员要自觉依法接受人大及其常委会的法律监督、工作监督和人民政协的民主监督,接受新闻媒体和社会公众监督。要始终把人民放在心中最高位置,尊民意、重民情、解民忧,勇于担当,敢于开拓,以实际行动和工作业绩,让人民放心,让人民满意!

各位代表!"科学发展、富民兴渝"是3300万重庆人民的共同事业,需要我们继续贡献智慧和力量。实干兴业,空谈误事。让我们紧密团结在以习近平同志为总书记的党中央周围,在中共重庆市委的坚强领导下,牢记使命,真抓实干,奋发图强,朝着"314"总体部署指向的目标大步前进,共同创造更加幸福美好的未来!

关于重庆市 2012 年国民经济和社会发展计划执行情况及 2013 年计划草案的报告

——2013 年 1 月 26 日在重庆市第四届人民代表大会第一次会议上

重庆市发展和改革委员会　杨庆育

各位代表：

受市人民政府委托，现将 2012 年国民经济和社会发展计划执行情况及 2013 年计划草案的报告提请大会审查，并请各位政协委员提出意见。

一、2012 年计划执行情况

2012 年是本届政府任期的收官之年。5 年来，市政府认真执行市三届人大一次会议批准的政府工作报告，以科学发展观为统领，着力加强和改善宏观调控，综合实力迈上台阶，结构调整成效明显，改革开放纵深突破，城乡面貌焕然一新，人民生活明显改善。全市生产总值从 2007 年的 4676 亿元提高到 11459 亿元，人均生产总值从 1.66 万元提高到 3.9 万元，均翻了一番多；金融业增加值占地区生产总值的比重从 5.3%提高到 8%；实际利用外资从 11 亿美元提高到 106 亿美元，进出口从 74 亿美元提高到 532 亿美元，分别翻了三番多和两番多；地方财政一般预算收入从 443 亿元提高到 1703.5 亿元，翻了近两番；城乡居民收入分别从 12591 元、3509 元提高到 22968 元、7383 元，分别翻了近一番和一番多。

2012 年是"十二五"规划执行的第二年。全市上下按照市三届人大四次会议批准的规划纲要要求，把五年规划分解落实到年度工作中，着力调结构转方式、推改革抓开放、惠民生促和谐，2011—2012 年主要发展指标总体超过五年进度目标的 2/5，为中期检查评估奠定坚实基础。

2012 年也是我市发展史上极不平凡的一年。在党中央、国务院坚强领导下，市委、市政府牢牢把握"主题主线"，始终坚持"稳中求进"，努力减少薄熙来、王立军案件的不利影响，有力有序有效推动各项工作，实现了大局稳定和经济社会持续健康发展。市三届人大五次会议批准的年度计划目标总体完成较好，但社会消费品零售总额由于价格涨幅回落幅度较大，地方财政一般预算收入由于实体经济不景气导致税收减少，研发经费支出占地区生产总值比重由于企业创新投入不足，农民人均纯收入由于目标制定过高，未完成年初目标。

经济平稳较快发展。在全国经济回调的大背景下，我市采取一系列重大政策和举措稳增长，经济运行总体良好。初步核算，全市生产总值增长 13.6%，增幅居全国第 2、西部第 1，且实现了连续 6 年 13%以上的增长。人均生产总值首次超过全国平均水平。

产业结构继续优化。现代农业稳步发展，粮食、蔬菜、肉类产量分别达到 1150 万吨、1500 万吨和 200 万吨，柑橘、生态渔业等特色产业发展良好，现代农业综合示范工程启动实施。工业经济优化增长，战略性新兴产业发展势头强劲，电子信息产业产值占工业总产值比重达到 17%，笔记本电脑产量达到 4031 万台，汽车产业止跌回升，摩托车产量保持全国领先水平，化医、材料、能源等产业稳步发展。现代服务业快速发展，金融业成为支柱产业，不良贷款率下降到 0.5%以下；重点物流园区建设平稳推进，出台减轻物流企业税费负担的优惠政策，渝中区国家级服务业综合改革试点工作加快推进，两江新区国家现代服务业试点获批。

内需担纲增长主动力。固定资产投资增长22.9%达9380亿元，重点项目开工60个、完工60个,40个前期工作取得突破,40项重大招商项目签约。“九大基础设施项目”、“十大工业项目”、“主城十大商务集聚区项目”等重大项目群完成投资1300亿元。基础设施投入加大,江津—合江二期等高速公路，南涪铁路，一号线沙坪坝—大学城段等轨道项目建成通车,高速公路通车里程、铁路营运里程、轨道交通通车里程分别新增39公里、77公里和68公里。大足玉滩水库大坝主体工程竣工，南川金佛山水库开工建设。30多家央企来渝签约合作项目72项，总投资3500亿元,年度完成450亿元。争取国家审批核准备案重大项目22个。社会消费品零售总额增长16%达3961亿元,汽车、通讯、旅游、文化消费持续升温,商圈集聚辐射能力增强,商品批发额增长23.6%。

开放型经济加快发展。进出口在全国大幅下滑的背景下,逆势增长82.2%,笔记本电脑出口占比超过1/3。两路寸滩和西永保税区加工贸易额占全市进出口1/4。渝新欧(重庆)物流有限公司成立,渝新欧专列、渝深专列开行密度加大。利用外资结构继续优化,工业外资占比近50%。在渝世界500强企业新增13家达到225家。实际利用内资5915亿元。

强化调度保经济运行。天然气供应增长14.7%达70亿立方，其中工业用量增长19%达44亿立方,天然气“县县通”工程启动实施。“千万千瓦”电源项目加快推进,新增电力装机容量46万千瓦。争取中央预算内投资158亿元,中央转贷资金63亿元,发行企业债券294亿元,均创历史新高;新增银行贷款2401亿元,中期票据、短期融资券等直接融资大幅增长。新增建设用地计划12.9万亩,保障了公租房、交通和笔记本电脑等重点项目和两江新区用地。

改革攻坚纵深推进。统筹城乡综合配套改革制度框架基本形成。户籍改革进入制度化保障推进阶段,全市农转城新增40万人,住房、就业、子女入学等转户政策兑现到位。金融改革持续深化,金融资产交易所、农村土地交易所等七大要素市场交易量增长超过30%,农村“三权”抵押贷款新增130亿元。土地改革不断深化,启动地票价款直拨,农村土地流转市场试点新增9个区县。住房改革有序推进,开工公租房1057万平方米。统筹城乡集中示范点建设成效明显。召开全市民营经济大会,出台“1+3”配套文件,设立20亿元专项资金,民营市场主体增加23万户,增幅为历年之最。

三峡库区发展提速。特色产业显现雏形,长寿MDI一体化、涪陵华峰己二酸一期、万州长安跨越商用车等项目进展良好,柑橘带、生猪养殖、生态渔业和肉牛养殖等特色农业规模化发展。商贸旅游持续升温，大小三峡精品景区提档升级,万村千乡市场工程取得明显进展。编制完成三峡后续一期规划,落实资金73亿元,启动实施一批项目。移民生活明显改善,城乡居民收入增速高于全市水平。对口支援稳步推进,“支洽会”签约项目超过1000亿元。生态环境持续好转,库区绿化、地质灾害防治力度加大,水质持续满足Ⅱ类标准。

社会民生全面改善。新增城镇就业65.5万人,增长19%,登记失业率下降到3.3%。公共服务继续强化,普惠性幼儿园达到50%,首次实施高中阶段学生生均经费财政补助,全市中职学生学费全免,出台中小学领导干部及教师交流工作指导意见,提高城乡、区域教育资源的均衡性。确定10个区县级公立医院综合改革试点。实现乡镇综合文化站设备配置全覆盖。社会保障体系逐步完善,实现城镇五大社会保险市级统筹。城镇居民人均可支配收入和农民人均纯收入分别增长13.4%和13.9%。生态文明建设稳步推进,单位地区生产总值能耗降低5%，森林覆盖率达到41%,主城区空气质量满足Ⅱ级天数达340天,主城区创建国家环境保护模范城市工作通过国家验收。居民消费价格同比回落2个多百分点,阶梯电价正式实施,低收入阶层获得实惠。

我市发展中的问题不容忽视。实体经济面临成本上升和利润下降的双重压力,部分企业创新能力不足,亏损增加;市民加快发展的期盼强烈,但资源环境约束趋紧,节能减排任务十分艰巨,加快发展和加快转型的矛盾突出;社会事业和公共服务发展落后,入学难、看病贵等问题仍然存在;县域经济发展滞后,城镇集群发育不足,贫困人口量大面广,城乡、区域和个人收入之间的差距较大。

二、2013 年预期目标

今年世界经济形势依然错综复杂。我国仍处于大有作为的战略机遇期,倒逼机制的作用会进一步增强。我市正处于工业化、城镇化中期,经济增长的内生动力仍较强劲,特别是市第四次党代会提出了“科学发展、富民兴渝”的总任务和“一统三化两转变”战略,进一步提振了全市人民昂扬向上、奋发有为的精神状态。我们既要把困难估计得充分一些,周密应对;更要坚定信心,加快发展。与“十二五”规划和全面建成小康社会目标衔接,提出年度预期目标。

今年主要预期目标的考虑:

地区生产总值增长 12%左右。直辖 16 年来,我市经济年均增长 12.3%,继续保持这个速度有较好的基础;我市正处在工业化、城镇化中期,“三驾马车”动力充足,这个目标比较合适,适当回调也为调结构转方式留下空间。

固定资产投资增长 18%,总量达到 1.1 万亿元。我市处于基础设施和产业大投入时期,投资刚性需求较大。“九大基础设施项目”、“十大工业项目”和“主城十大商务集聚区项目”等 29 个重大项目群,央企入渝合作项目、两江新区开发进入投资高峰期,民营经济释放潜力,对投资增长均有支撑。

社会消费品零售总额增长 15%。城镇化进程加快,民生政策持续发力,居民收入增加,都将提升消费信心和能力;但汽车、家电消费等刺激政策退出,收入分配改革是一个渐进过程,消费增长预期不能过于乐观。

进出口增长 25%。近两年进出口高速增长,垫高了基数,加上笔记本电脑产能新增空间逐渐缩小,外部需求有变数,进出口增速不宜太高。

常住人口城镇化率达到 58.5%。过去 5 年,全市常住人口城镇化率年均提高 1.7 个百分点,今年提高 1.5 个百分点,符合城镇化发展趋势。工作重点放到提高户籍人口城镇化率,缩小二者差距。

单位地区生产总值能耗降低 3.3%。加快生态文明建设是党的十八大的战略部署,节能减排是国家强制性要求,必须进一步加大工作力度,同时今年开始测试并公布 PM2.5 指标。

城镇居民人均可支配收入和农民人均纯收入分别增长 12%和 14%。实现居民收入增长与经济增长同步,农民收入还要适当快一些,进一步缩小城乡收入差距。

居民消费价格指数上涨控制在 3.5%左右。价格调控事关民生,必须坚决防止物价过快上涨。

三、2013 年重大建设项目

围绕信息化和工业化深度融合、工业化和城镇化良性互动、城镇化和农业现代化相互协调,着力抓好重大项目建设。

(一)推进新型工业化重大项目

电子信息产业:完工国富瑞数据中心等项目;开工液晶显示面板、腾讯西部数据中心等项目;做好硬盘、芯片等关键核心部件项目的前期工作;逐渐形成平板电脑、打印机、液晶电视机和智能手机等新产品生产能力;加快建设南岸国家级物联网应用示范基地。

汽车产业:完工长安鱼嘴千亿汽车城二期、福特和力帆发动机等项目;开工福特研发中心、上汽通用五菱微车、上依红 30 万根车桥等项目;加快推进江津潍柴、长安跨越、长安福特三工厂、尼玛克汽车零部件、长安铃木二工厂和庆铃重型车等项目。

先进装备制造业:完工川仪自动化仪器仪表基地、万州施耐德电气西部智能终端生产基地一期等项目;加快推进中空仪表生产研发基地、重庆机床、美的通用等项目;做好都市快轨国产化装备等项目的前期工作。培育液化天然气(LNG)车船再制造基地项目。

化工产业:完工涪陵建峰弛源化工聚四氢呋喃等项目;开工川维BDO醋酸一体化、华峰己二酸二期等项目;加快推进MDI一体化、紫光聚甲基丙烯酸甲酯、万盛煤化工等项目;做好长化环保搬迁、沙特炼化一体化、彭水氟化工、聚碳酸酯等项目的前期工作。

材料产业:完工中铝萨帕轨道交通用特种铝型材等项目;开工鞍钢—蒂森克虏伯高强度汽车板等项目;加快推进中铝西南铝铝合金开发、黔江铝箔板带、万盛镁及镁合金等项目;做好重钢Finex、中建材特种玻璃及加工等项目的前期工作。

能源产业:完工合川电厂扩建工程第一台机组、石柱狮子坪风电场、万盛南天门风电场、中卫至贵阳天然气管道(重庆段)、铜相线及储气库等项目;开工长江小南海、一批中小型水电站;加快推进万州港电一体化、奉节电厂、石柱火电、合川电厂二期第二台机组、白马航电枢纽、华能两江燃机、安稳电厂二期、天然气“县县通”、特高压电网、热电联产机组、彭水和酉阳生物质发电厂等项目;做好綦江抽水蓄能电站、万盛南桐低热煤发电、重庆电厂环保迁建、巫溪大宁河水电资源开发等项目的前期工作。加快编制页岩气产业发展规划,推进彭水、黔江等重点地区页岩气区块开发利用。完成天然气分布式发电规划。

消费品制造业:完工格力电器产业园等项目;开工亚太纸业、龙腾差别化纤维等项目;加快推进山东如意西部纺织城、恒安纸业、丰都差别化纤维、美的西部智能家电园、大足家居产业园、巴南轻工产业基地等项目。

实施创新驱动战略。支持战略性新兴产业集群发展。构建企业为主体、市场为导向、产学研相结合的技术创新体系,筹建一批工业前沿技术研究院所、国际产学研战略联盟和创新服务机构,支持建设企业技术中心、工程研究中心、工程实验室,继续扶持现有科研院所,争取创建国家级创新平台。实施科技重大专项,建设高性能汽车、新一代信息网络与终端等协同创新中心,促进协同创新。支持沙坪坝打造国家创新型试点城区。扶持国产化“首台套”工程项目。加快科技成果产业化,促进创新成果与产业发展相融合。

(二)推进新型城镇化重大项目

畅通城际联系。高速公路要建成万盛—南川—涪陵、奉节—巫溪、城万快速通道、主城—涪陵、成渝高速复线等400公里项目;开工酉阳—沿河、秀山—松桃等项目;加快推进合川—铜梁—永川—江津—綦江、达州—万州—利川、丰都—忠县—万州等新1000公里项目;做好合川—长寿、巫溪—镇坪、彭水—酉阳、开县—城口—岚皋、垫江—丰都—武隆、黔江—石柱、奉节—建始等项目的前期工作;做好成渝高速重庆段改造方案论证。铁路要建成渝利、渝涪二线等项目;开工涪怀二线等项目;加快推进兰渝、成渝客专、渝黔新线、渝万、三万南、重庆北站改扩建、沙坪坝站改造等项目;做好郑万、黔张常、重庆西站、重庆站铁路综合交通枢纽站、成渝铁路改造、都市快轨等项目的前期工作。机场要全面推进江北机场东航站区及第三跑道工程建设,积极推进万州机场和黔江机场扩建,做好巫山机场、武隆仙女山机场的前期工作。

完善城镇设施。轨道交通要建成通车6号线二期礼嘉—北碚段;力争开工5号线、环线等项目;加快推进2号线延伸段、3号线北延伸段等项目;做好第二轮建设规划项目的前期工作。快速路网要完工东水门大桥、双碑桥隧工程等项目;开工石板隧道、长寿长江二桥、中坝路、燕尾山隧道、龙洲湾隧道等项目;加快推进千厮门大桥、红岩村大桥、内环西北半环拓宽改造、机场专用快速路、寸滩大桥、水土嘉陵江大桥等项目。做好郭家沱、白居寺大桥、二纵线华岩—跳蹬段、歇马隧道、中梁山隧道、万州长江三桥等项目的前期工作。港口要加快推进果园港二期、龙头港、新田港等项目。完工巴南界石二次转运站等项目;开工一批城镇污水和垃圾处理项目;

加快建设江北唐家桥改扩建、渝北城北和城南污水处理厂扩建,以及果园、水土、悦来污水处理和万州垃圾焚烧发电厂等项目。支持区县围绕新型城镇化建设一批市政基础设施项目。

提升城镇综合功能。认真分析研究我市区域城镇化发展的差异性问题和城镇体系问题。加快推进"主城十大商务集聚区项目"、市级中心镇和省际边贸城市建设。积极推进渝中区国家级服务业综合改革试点工作。着力打造百亿级商圈和重点物流园区,充分利用"渝新欧"通道、重庆—东盟物流大通道促进国际物流发展。推动城市网络配送体系建设,加快百亿级市场建设。开工白市驿粮食和冷链物流、秀山农贸中药材市场、彭水综合物流仓储、南岸迎龙医药市场、永川兴龙湖中央商务区、武陵山机电汽摩市场等项目,加快推进江北嘴中央商务区、朝天门国际商贸城、珞璜综合物流园、双福国际农贸城等项目。做好一批物流市场项目的前期工作。促进六大精品景区提档升级,加快推动小三峡、大仙女山、黄水、金佛山、长寿湖、红池坝、乌江水上休闲运动旅游度假区、桃花源、黑山谷等景区开发。加快发展金融业,加强银企对接,拓展非银行融资渠道,努力提升直接融资比重,创新金融体制机制,加快 OTC、金交所改制,创新金融产品,加快发行区域集优债和私募票据等产品。改善金融环境,培育金融市场,集聚金融要素。

(三)推进农业现代化重大项目

发展特色效益农业。延长农业产业链,加快推进农业科技进步,增强农业综合生产能力。保障农产品供给,稳定粮油生产,加强重点蔬菜基地县、国家现代畜牧业示范区建设,保障"菜篮子"供应。加快发展柑橘、草食牲畜、水产、蚕桑、中药材、烤烟等特色产业。积极发展农产品加工业,壮大龙头企业,发展农民专业合作社,构建新型农业经营体系。推进现代农业园区、现代农业综合示范工程建设。培养农业职业经理人。

强化农村基础设施建设。开工渝北苟溪桥、黔江老窖溪等水库;加快推进万州杨柳水厂、南川金佛山水库等项目;做好巴南观景口大型水库、5 座以上中型水库等项目的前期工作;支持三峡库区中部等 7 个大灌区续建配套工程建设;解决农村居民饮水安全 200 万人。新建改建农村公路 6000 公里。加快推进全市农村电网改造升级工程。建设农村户用沼气 10 万户。

加强生态文明建设。实施控制温室气体排放和低碳试点工作方案,推进碳排放权交易和低碳产品认证试点,启动低碳产业园区建设。争取国家启动新一轮退耕还林,抓好长江两岸绿化工程,继续实施天然林保护、荒山荒地造林、岩溶地区石漠化综合治理、高速公路绿化带等工程。以三峡库区水污染防治、污水垃圾处理"十二五"规划项目为重点,争取国家加大支持力度,建立次级河流环境治理管护的长效机制。加快推进长寿等资源综合利用示范基地、永川等"城市矿产"示范基地、大足再生资源产业园、南川大观园生态农业、报废汽车绿色回收处置示范工程建设。实施节能减排财政政策综合示范试点重大示范工程,促进工业园区循环化发展。

(四)建设内陆开放重大项目

抓好招商引资及关联项目建设。加快两江新区功能设施建设,稳步推进总部基地、国际品牌港、生命科学园、国际教育特区、亚洲艺术中心等功能型城市板块建设。完善保税港区、国家级经开区、高新区服务功能,引导产业向各级开发区集聚,促进产城融合。推动企业对外投资,抓好地下资源、地表产品、资源加工、装备技术和海外建园等五大类"走出去"项目。

强化对外贸易支撑条件建设。落实好国家稳定出口的政策,发展保税物流、加工贸易和服务贸易,抓好笔记本电脑上量达产,增加先进技术装备、关键零部件和短缺原材料进口。加密"渝新欧"班列,解决好冬季运输和返程货问题。

(五)改善民生重大项目

合理配置教育资源。提高普惠性幼儿园覆盖面,继续推进中小学标准化建设,继续实施农村薄弱学校改造计划和六大功能室建设,推动普通高中优质、多样化发展。启动五一高级技师学院、市艺术学校、市化工职院迁建、市电力高等专科学校新校区、重庆商职院大学城校区、市环境保护职业技术学院等项目。研究推进重庆市中医药学院等项目建设。提高家庭经济困难学生资助水平,推动农民工子女平等接受教育,实施好进城务工人员随迁子女异地升学新方案,新建和完善农村寄宿制学校300所,建设教师周转房25万平方米。推进职业教育布局调整。加快推进城乡学校干部教师交流工作,引导城乡教师合理有序流动,强化教师培训工作。努力提高边远地区教师待遇。

加快把文化产业培育成支柱产业。推动基层文化体育设施达标升级,开工市竞技训练中心壁球馆、市体育运动技术学校、长寿湖水上运动中心等项目;加快推进市工业博物馆、国家数字出版基地、两江国际影视城等项目,积极推进市档案新馆、三峡文化艺术中心等项目。构建公共文化服务信息平台,逐步形成城镇15分钟和农村半小时文化服务圈。推动行政村文化活动室和农家书屋全覆盖,建成一批农村文化中心户。完善全民健身设施体系,继续实施农村居民体育健身工程。

提高医疗卫生保障水平。加快推进梁平等县“三甲”医院创建和“十大医疗卫生项目”建设,推动市人民医院迁建大渡口。抓好10个区县级公立医院改革试点。基本实现基层医疗机构标准化全覆盖,完善基层全科医生培养制度,实现基层卫生人员轮训全覆盖。努力提高边远地区医疗工作人员待遇,引导建设边远、贫困地区乡镇卫生院职工周转房。巩固扩大基本药物制度实施范围。研究建立基层医疗设备配置专项基金。

加强就业扶持。做好高校毕业生、农村转移劳动力、库区移民、城镇就业困难人员和退役士兵就业工作,动态消除城镇“零就业家庭”,城镇新增就业60万人。推进西部人力资源产业园、基层就业和社会保障服务体系建设。

加快收入分配制度改革。规范收入分配秩序,保护合法收入,增加低收入者收入,扩大中等收入群体比例,调节过高收入。深化机关事业单位工资制度改革,继续推行企业工资集体协商制度。

健全社会保障体系。建立社会保险基金投资运营制度。实施好提高城乡居民医保政府补助标准及住院费用报销水平的相关政策,开展城乡居民大病保险工作。加快建设市第一福利院老年休养楼、区县级养老公寓、残疾人康复中心等项目。逐步完善以城乡低保制度为核心的社会救助体系,拓展社会福利保障范围。加快公租房建设,完工600万平方米,有序推进棚户区和危旧房改造。

四、统筹城乡综合配套改革

进一步优化和落实好已出台的改革措施,编制实施第二阶段全市统筹城乡综合配套改革试验总体方案,激发体制机制活力,促进城乡一体化发展。

深化农村改革。畅通农转城制度性转移通道,及时全面兑现各项户改政策,确保转户居民“进得来,稳得住”。加快宅基地处置与利用,维护转户居民合法权益。健全农业经营机制,依法维护农民土地承包经营权、宅基地使用权、集体收益分配权。规范有序推进农村土地承包经营权流转。健全农村土地流转市场服务体系,加强风险防范。稳步开展地票交易,全年争取交易3万亩以上、交易金额60亿元以上。启动农村土地交易所实物交易改革。开展低丘缓坡荒滩等未利用地开发利用试点。抓好农村闲置建设用地复垦,融资100亿元,复垦10万亩以上。充分发挥兴农担保公司作用,新增农村“三权”抵押融资100亿元以上。加快设立村镇银行、贷款公司等新型农村金融服务组织,发挥涉农银行等金融机构的作用。发展政策性农业保险,进一步扩大农业保险覆盖面。稳步开展农村集体经济组织产权制度改革,推动农村集体资产股权化,在永川、渝北等地开展农房交易试点,制定出台交易试行管理办法。继续抓好九龙坡、梁平、垫江和集中示范点统筹城乡先行先试工作。推进“一圈”统筹城乡示范区建设,研究出台支持示范区建设的土地、金融、税收等政策,制定改革实施方案和工作措施。

做好库区安稳致富。抓好三峡后续工作,力争国家下达项目投资计划60亿元以上,重点解决"安全、民生、环保、稳定"问题。启动三峡后续工作二期(2015—2017年)实施规划编制。完善移民和生态屏障区农村转移人口养老保险和医疗保险,加大支持移民职业教育力度,解决好"4050"移民就业难问题。

发展县域特色经济。推动实施主体功能区规划,按照人口资源环境相均衡、经济社会生态效益相统一的原则,优化国土空间开发格局,研究差别化区域发展政策。依据主体功能定位,推进区县差别化考核评价。强化针对性指导和服务,对民族地区、资源枯竭地区、老工业区和特殊困难区县开展针对性帮扶。大力推进武陵山片区、秦巴山片区扶贫攻坚。实施高山生态扶贫搬迁20万人。

抓好上述工作需要做好要素保障。努力争取中央资金支持,强化企业自筹,力争社会资金4000亿元,新增银行贷款2800亿元,直接融资1200亿元。保障能源供给,平衡好外购电与市内机组的发电关系,合理安排三峡电、四川水电等外购电力电量。全年产煤稳定在4000万吨左右,天然气供应90亿立方米,成品油供应640万吨,成品油市级应急储备达到40万吨。加大建设用地储备,确保两江新区等重点开发区域,以及笔电、交通、民生等领域重大项目用地需求。

关于重庆市2012年财政预算执行情况和2013年财政预算草案的报告

——2013年1月26日在重庆市第四届人民代表大会第一次会议上

重庆市财政局 刘伟

各位代表:

受市人民政府委托，现将重庆市2012年财政预算执行情况和2013年财政预算草案的报告提请大会审查,并请各位政协委员提出意见。

一、2012年预算执行情况

2012年，在市委的领导和市人大的监督下，全市财政认真贯彻党的十八大精神,落实市第四次党代会部署,坚持科学发展,把握稳中求进,围绕新型工业化、新型城镇化、农业现代化以及职业技术教育、民营经济发展、改善民生等重大决策,依法理财、攻坚克难,较好完成了市三届人大五次会议批准的预算任务。

(一)全市财政收支执行情况

一般预算。市三届人大五次会议批准2012年全市一般预算收入1710亿元，完成1703.5亿元,为预算的99.6%,增长14.5%。一般预算收入加上中央补助、上年结转等1911.1亿元,减上解中央等80.3亿元，全市支出预算变动为3534.3亿元,实际完成3055.2亿元,为预算的86.4%,增长19.9%。

基金预算。市三届人大五次会议批准2012年全市基金预算收入1420亿元，完成1434.4亿元,为预算的101%,增长1%。基金预算收入加上中央补助、上年结转等298.8亿元,全市支出预算变动为1733.2亿元，实际完成1464.8亿元,为预算的84.5%,增长5.4%。

(二)市级财政收支执行情况

一般预算。市三届人大五次会议批准2012年市级一般预算收入693.2亿元，完成718.4亿元,为预算的103.6%,增长16.1%。年初支出预算加上市三届人大常委会第三十一次会议批准调增的地方政府债券收入63亿元和执行中增加的中央补助、上年结转等890.4亿元,减执行中增加补助区县等295.8亿元，支出预算变动为1315.5亿元，实际完成1053.7亿元，为预算的80.1%,增长17.9%。

基金预算。市三届人大五次会议批准2012年市级基金预算收入889.1亿元，完成850.8亿元,为预算的95.7%,下降4.3%。年初支出预算加上执行中增加的中央补助等81.2亿元、上年结转132亿元，减执行中增加补助区县等40.1亿元,支出预算变动为912.2亿元,实际完成764.1亿元,为预算的83.8%,增长5.3%。

(三)预算执行特点

第一，收入增幅回落，财政运行稳中趋好。2012年,受宏观经济下行影响,财政收入增幅回落,但全年总体上呈持续向好态势,其走势与经济增长、工业增加值、投资、消费等主要宏观经济指标相协调。

——全市税收收入完成970.2亿元。税收收入年初增长0.7%,6月为3.6%,10月逐步回升到6.5%,全年增长10.1%。来自建设投资、工业和金融、商贸等服务业的税收贡献结构保持相对稳定。与上年比较,税收增幅回落较大主要是受宏观经济下行影响,国家调高增值税、营业税和个人所得税起征点、企业固定资产投资抵扣增值税增加等也影响了收入。综合考虑上年增收中的一次性因素后,税收增幅实为14%左右,与经济增长相吻合。全市非税收入完成733.3亿元,增长20.8%。主要是在清理国家及市定收费项目、减轻企业负担的同时,为避免政府性资源和收入游离于财政监管之外,进一步加强了管理。

——全市基金收入完成1434.4亿元。主要是房地产市场调控政策有效落实,土地管理进一步加强,土地出让面积、信贷投放和商品房销售均稳中有升,土地出让收入完成1312.9亿元,增长0.3%。

——区县级一般预算收入完成985.1亿元,增长13.3%。渝东北和渝东南一般预算收入分别增长20.1%和19.4%,高于“一圈”11.9%的增幅。26个区县一般预算增幅超过区县平均水平。13个区县一般预算收入超过30亿元,比上年增加5个。

第二,落实政策资金,促进经济持续增长。积极应对宏观经济下行压力,更加注重妥善处理财政与经济的关系,扶持经济的各项政策资金得以落实。

——加快结构调整。在执行西部大开发所得税优惠政策的同时,兑现企业出口退税68亿元,通过提高营业税、增值税、个人所得税起征点等结构性减税措施让利企业82亿元。落实区县特色工业园区市级财税扶持政策90亿元,促进产业集聚。安排43.1亿元,落实物流、出口、订单及劳动力培训等政策,培育壮大电子信息、新材料、新能源等新兴产业。安排7.4亿元,支持汽车、装备制造、医药化工等传统优势产业改造升级。安排6.2亿元,推动物流枢纽建设,加快金融、旅游等服务业发展。全市科技支出29.3亿元,增长17%,其中市级应用技术研发资金支出6.2亿元,支持技术研究与开发,推动科技成果转化应用,为产业结构调整提供科技支撑。

——促进投资消费。争取中央补助63亿元,统筹市级财力209.2亿元,采取资本金注入、税费优惠、帮助融资等方式,支持机场、港口、高速公路、轨道交通和铁路建设,加快完善城市道路、桥梁隧道及公交场站、换乘枢纽等市政设施,保障重点项目资金需求。安排179.3亿元,支持两江新区、保税港区以及各类开发区基础设施建设。安排5.7亿元,支持城市商圈和乡镇农贸市场、便民商店建设,完善城乡市场体系。安排15.6亿元,兑现汽车惠农、家电惠民等政策,奖补节能家电和新能源汽车。落实28.9亿元,补助电煤、成品油和粮食等物资储备,兑现城市公交、出租车、农村客运等燃油补贴,保障正常生产生活。

——发展实体经济。安排提振经济专项资金,落实扶持政策,支持资金融通、技术改造和市场开拓,帮助企业渡过难关。设立20亿元非公经济发展专项资金,其中8亿元直接安排到区县,市级5亿元增量主要用于帮助民营企业引进先进设备、降低融资成本,提升市场综合竞争力。安排4.2亿元,支持中小企业技术创新及成果转化。落实25亿元,通过项目补助、贷款贴息、融资担保和政策性保险等方式,扶持农业龙头企业和农民专业合作社,发展特色效益农业。安排8.2亿元,支持打造国家级出口基地,补助企业开拓国际市场,发展外向型经济。

第三,着力改善民生,提高公共服务水平。全年财政民生支出1606亿元,占一般预算的比例超过50%,教育、科技、文化、卫生等达到法定增长要求,就业、养老、低保、住房等基本公共服务水平进一步提高。

——全市教育支出473.2亿元,增长48.5%。教育事业费以及用于教师的医疗、住房、离退休金等支出占地区生产总值的比例达到4%。安排23.1亿元,落实中职学生免学费政策,补助学校生均公用经费,支持38个实训基地建设。投入9.6亿元,奖补区县发展学前教育。安排36.5亿元,继续完善义务教育经费保障机制,城乡中小学校生均公用经费标准统一为500元、700元,农村校舍维修财政保障标准提高到每平方米700元,向中小学生免费提供作业本和教辅材料。安排31.9亿元,加快农村薄弱学校改造和寄宿制学校建设,实施农村贫困学生营养改善计划,新建或改扩建2000多个中小学校食堂,解决师生午餐问题。安排20.3亿元,支持化解义务教育债务和高校债务。安排35.8亿元,将公办本科和高职院校生均拨款标准分别提高到12000元、5000

元以上。安排1.2亿元,首次对民办职业学校给予生均公用经费补助。投入26.4亿元,建立覆盖从学前教育到高等教育各个阶段的家庭经济困难学生资助体系。

——全市就业支出21.8亿元,增长25.5%。继续支持微型企业发展,安排9亿元资本金补助,扶持新创办3万户,完善支持孵化园建设、优先纳入政府采购和帮助融资等配套政策,促进创业带动就业。安排2.4亿元,对就业小额担保贷款贴息,带动19.4万人就业。落实招工、稳岗补贴,为新兴重点产业培养、输送技能劳动者19.1万人。兑现就业见习补贴,帮助提高高校毕业生就业率。对招工重点企业给予财政补贴,回引返乡农民工41.1万人。按不低于5000元的标准补助公益性岗位,帮助困难人员就业。全年城镇新增就业65.5万人,城镇登记失业率下降至3.3%。

——全市卫生支出166.9亿元,增长21.3%。落实10.9亿元,将城乡居民合作医疗保险财政补助标准提高到240元。拨付9.2亿元,加快乡镇卫生院、社区卫生服务中心标准化建设,兑现村医补贴政策,改善村卫生室医疗条件。安排资金继续支持200个基层社保平台标准化建设,促进城乡居民市内就医实时报销。安排6.4亿元,巩固基层医疗卫生机构基本药物制度改革成果。安排14.5亿元,将基本公共卫生服务补助标准提高到25元,免费向城乡居民提供高血压、糖尿病、健康档案管理等11项基本公共卫生服务和白内障患者复明手术等9项重大公共卫生服务。安排1.5亿元,支持市级公立医院建设,启动10个区县级公立医院改革试点。

——全市社会保障支出377.2亿元,增长17.3%。筹集45.7亿元,将216万城镇企业退休职工、农转非人员的养老金待遇分别提高到1800元、780元,10.6万超龄人员纳入养老保险范围,360万农村60周岁以上老人每月领取不低于80元的养老金。安排48.4亿元,将城乡低保平均保障标准分别提高到330元、185元,农村“五保”和城市“三无”人员生活补助分别提高到270元、415元,重点优抚对象保障水平平均提高15%。落实4.2亿元,将城乡困难群众住院自付医疗费用救助比例提高到60%,其中大病救助达到70%。安排1.1亿元,将散居孤儿、困境孤儿和感染艾滋病儿童纳入社会救助范围,并每月补助600元基本生活费。对社会力量举办的养老服务机构按照每床4000元给予补助,支持养老服务设施建设,全市千名老人拥有养老服务床位达到22张,农村“五保”集中供养能力达到51%。安排5.1亿元,全面实施育龄夫妇免费孕前检查,完善计划生育利益导向机制,35.5万人获得奖励扶助。

——全市保障性住房支出176.1亿元,增长11.8%。落实市级预算资金54.8亿元,争取中央专项资金65亿元,继续推进公租房建设,完善配套设施,累计配租21万套,缓解城市中低收入群体住房压力。拨付23亿元,支持新开工建设2.3万套廉租房,兑现租赁补贴,惠及9万户城市低收入家庭。筹集24.6亿元,补助19.7万户农村居民的危旧房改造,支持农民新村建设,改善农村居民住房条件。统筹安排资金,支持工矿、林业等棚户区改造和配套基础设施建设。继续推进个人住房房产税改革,促进房地产市场健康发展。

——全市文化体育支出32.4亿元,增长9.4%。出台村文化活动中心运行财政保障标准,将公共文化服务体系延伸到村。安排2.3亿元,巩固运行保障机制,继续推进公益性文化场馆向社会免费开放。安排3.1亿元,支持文艺院团转制、文艺精品打造和广电网络整合,推动文化产业园区建设,促进文化产业发展。安排1.1亿元,支持大足石刻、合川钓鱼城及抗战遗址、三峡库区文物抢救、发掘与保护。落实1亿元,支持备战第十二届全国运动会、举办第四届全市运动会,推进乡镇健身广场、村级农体工程、社区健身路径及登山步道建设,完善体育公共服务功能,丰富群众文化体育生活。

第四,兼顾公平效率,推动城乡协调发展。坚持财力向区县和农村倾斜,注重分类扶持,着力扶助“三农”、改善生态环境和保障区县运行,进一步增强城乡区域发展的均衡性、协调性和可持续性。

——加大“三农”投入。全市“三农”支出712.8亿元,增长22%。拨付28.5亿元,落实农资综合补贴、良种补贴、农机购置补贴等惠农政策,支持高标准农田和粮油、蔬菜基地建设,保障主要农产品供给。筹集扶贫资金17.8亿元,增长27%,推进整村扶贫和高山生态移民搬迁,加快贫困地区脱贫步伐。投入91亿元,推进大中型水库建设和病险水库除险加固,改善堰塘、沟渠等农田水利设施,加强防汛抗旱能力建设,推进农村饮水安全工程,保障群众生产生活用水。拨付42.9亿元,加快农村公路建设,支持增加农村客运线路及班次,对村级公益事业实行“一事一议”财政奖补,帮助农村居民改善生产生活条件。奖补村镇银行等新型金融机构,引导金融资源服务“三农”。坚持财力倾斜,农村教育、社保、卫生等社会事业发展得以保障。

——支持生态环保和节能减排。安排转移支付19.7亿元,对生态功能区的社会事业发展予以补助。落实中央三峡后续工作专项资金和三峡水库库区基金等81.3亿元,支持移民安稳致富、长江两岸生态屏障建设、库区地灾防治及环境保护。拨付47.3亿元,修建污水管网和垃圾中转站,补助城乡污水、垃圾处理。安排2.3亿元,支持创建国家环境保护模范城市和生态园林城市。拨付39.8亿元,推进主要污染物总量减排,实施农村环境连片整治,落实退耕还林补贴政策,支持天然林保护工程,健全森林生态效益补偿机制。安排25.1亿元,推动企业环保搬迁,发展循环经济,支持安全生产,创建节能减排综合示范城市。

——保障区县平稳运行。针对部分区县财政收入回落、支出刚性增长的困难,通过提前下达70%转移支付、加大资金调度力度和代垫偿还中央转贷到期债务等措施,防止了在建项目资金断链,支持了养老、医疗、津贴补贴、绩效工资及时足额兑现,保障了区县财政正常运行。全年市对区县各项补助总额达到1211.3亿元,增长13.9%,其中财力补助489.9亿元,比上年增加116.9亿元。中央民生政策专项用于化解教育、国企改革等遗留问题的62.3亿元已按既定用途全部落实到位。在财力下沉的同时,坚持分类扶持,提高万州、涪陵、黔江等6个区域性中心城市辐射带动能力,支持远郊区县社会事业发展,促进三峡库区、渝东南民族地区改变面貌,加快116个小城镇建设。区县最低人均财力提高到8万元以上,三峡库区和渝东南民族地区的人均财力提高到10.9万元。

各位代表,过去五年,全市财政按照科学发展观的要求,围绕贯彻落实“314”总体部署和国务院3号文件精神,坚持科学理财,注重统筹兼顾,积极主动、稳健扎实地推进财政工作,完成了各项目标任务,保障和支撑了重庆经济社会持续健康发展。

财政实力大幅提升。全市一般预算收入从577.6亿元增加到1703.5亿元,五年累计5469.5亿元,比上个五年增加4090.1亿元,年均增长31%;支出从1016亿元增加到3055.2亿元,五年累计9728.6亿元,比上个五年增加7141.3亿元,年均增长31.7%。全市基金预算收入从385.8亿元增加到1434.4亿元,支出从432.5亿元增加到1464.9亿元,年均分别增长38.9%和35.7%。财政实力的提升,为贯彻落实全市重大决策部署提供了有力保障。

扶持经济富有成效。积极应对国际金融危机冲击和经济下行压力,越是在困难之时越注重处理“取”和“予”的关系,认真落实西部大开发、出口退税和结构性减税等政策,加强对经济运行的调节,有针对性地设立产业发展专项资金,及时兑现各类财税扶持政策,着力提振实体经济,帮助企业“过冬”。财政政策和资金的落实,促进了经济持续增长,为财政增收夯实了基础。

民生投入力度更大。围绕“学有所教、劳有所得、病有所医、老有所养、住有所居”以及与百姓生活直接相关的环保、安全等,完善投入机制,坚持全市一般预算50%以上用于民生,支出从513亿元增加到1606亿元,五年累计6740亿元。教育、就业、住房、文化及生态环保等惠民政策更加完善、更重公平,事关群众切身利益的养老、医疗等提标扩面、覆盖城乡,公共财政基本框架初步建立。

区县发展更趋协调。全市一般预算75%以上用于区县,市对区县财政补助从480.8亿元增加到1211.3亿元,五年累计4183亿元,比上个五年增加2918.3亿元。财政“三农”投入累计超过2000亿元,各项强农惠农富农政策得以落实,农村面貌明显改善,农民收入持续较快增长。18个贫困区县的人均财力从3.8万元提高到10.4万元。“两翼”地区一般预算收入、税收收入增速高于“一圈”,“圈翼”的人均一般预算支出比从2007年的1.7:1缩小到1.2:1,人均财力比从1.8:1缩小到1.7:1,区县发展内生动力增强,基本公共服务水平差距缩小。

财政管理切实加强。部门预算、国库集中支付、政府采购等改革覆盖到所有市级预算单位。优化定额管理体系,加强预算刚性约束,年初预算到位率和支出均衡性得以提高。坚持量入为出、可持续的财政平衡观念,市级财政每年预算安排收支平衡、不打赤字。建立区县政府性债务统计制度和以负债率、债务率等为主要指标的综合评价体系,近三年均对区县实施风险预警。注重审计、会计等监督检查结果的运用,预算会审、投资评审更见实效。深化乡镇财政管理体制改革,“乡财乡用县监管”和“村财民理乡代管”覆盖全市大部分乡镇。部门预算和“三公”经费公开范围扩大到83个市级部门。依法理财、科学理财水平进一步提高。

尽管这五年财政在总体规模、保障能力和管理水平上取得了长足的进步,但是,我们清醒认识到,重庆集大城市、大农村、大山区、大库区于一体,城乡区域差距大,仍然处在欠发达阶段,仍然属于欠发达地区,以市第四次党代会提出的要求来衡量,全市财政还面临着不少困难和挑战:收入规模偏小,财力并不宽裕,财政总体实力仍然不强;区县间收入总量、人均财力差距较大,均衡性有待提高;部分区县政府性债务潜在风险不容忽视,管控工作还需加强;一些专款的使用较为分散,浪费、套取财政资金的现象仍然存在,资金使用绩效亟待提升。对这些困难和问题,下一步工作中应高度重视,切实加以解决。

二、2013年预算草案

按照国务院《关于编制2013年中央预算和地方预算的通知》和市委四届二次全委会精神,2013年预算编制的指导思想是:围绕“科学发展、富民兴渝”的总任务和“一统三化两转变”战略,落实积极的财政政策,推动经济持续健康发展,切实保障改善民生,加大支持区县力度,有保有压,厉行节约,促进重庆经济社会科学发展、可持续发展。2013年预算拟作如下安排:

(一)全市财政收支预算草案

按照国务院有关编制地方预算的要求,2013年我市财政收支预算草案将由原一般预算和基金预算两部分,调整为公共财政预算、政府性基金预算、国有资本经营预算三部分。同时,代编全市社会保险基金预算。

公共财政预算。收入拟安排1650亿元,同比增长12.5%。加上按要求纳入年初预算统筹安排的中央补助收入并抵减上解中央支出后,可供当年安排的财力为2447亿元。支出相应安排2447亿元。

政府性基金预算。收入拟安排1480亿元,支出相应安排1480亿元。

国有资本经营预算。收入拟安排100亿元,支出相应安排100亿元。

社会保险基金预算。收入拟安排900亿元,支出拟安排763亿元。

(二)市级公共财政收支预算草案

市级公共财政预算收入拟安排660亿元,同比增长12.5%,其中,税收收入412亿元,非税收入248亿元。相应安排市级公共财政预算支出660亿元。加上中央补助等839亿元,减上解中央24亿元,可统筹安排支出1475亿元,其中部分支出年度执行中将追加到区县。

安排257亿元推动经济结构调整。主要是在兑现西部大开发、出口退税和结构性减税政策的同时,落实各项市级财税扶持政策和工业振兴、非公经济发展、商务发展、金融发展专项资金,支持发展实体经济;培育电子信息等新兴产业,支持特色效益农业,推动汽车、装备制造等传统产业转型升级;支持现代服务业改革试点,发展金融、物流等各类服务业;支持非公经济,发展微型企业,扶持中小企业;加大科技投入,支持科研机构提升创新能力,促进科技成果转化运用;发展外向型经济,加快城乡商贸流通体系建设,落实扩大城乡消费政策,支持电煤、成品油和粮食等物资储备;保障安全生产,推进节能减排。

安排607亿元促进民生持续改善。主要是继续坚持全市公共财政预算50%以上用于民生,确保中央和市里出台的各项民生政策落实到位;支持实施积极的就业政策,以创业带动就业;落实教育支出的法定增长要求,发展职业教育,均衡基础教育,提质高等教育,增加学前教育资源供给,促进教育公平;提高城镇企业退休人员养老金待遇;提高城乡居民合作医疗和基本公共卫生服务财政补助标准,完善农村三级医疗卫生服务网络和城市社区卫生服务体系,扩大区县级公立医院综合改革试点范围,支持深化医药卫生体制改革;健全社会救助体系,继续提高城乡低保补助标准和重点优抚对象保障水平;加快文化、体育事业发展,支持主城大型居民聚居区和商务集聚区加快建设,继续推动老城区、零星危旧房拆迁改造;稳步推进公租房、廉租房及配套设施建设,加快农民新村建设和工矿棚户区、农村危旧房改造;开展农村环境连片整治,支持生态环境保护;支持推进桥梁隧道、公交场站、换乘枢纽以及污水管网等与居民生活密切相关的市政设施建设。

安排478亿元助推区域协调发展。主要是优化财政管理体制,调整区域收入分配格局,提高城乡基本公共服务均等化水平;根据区域功能定位,完善差异化分类扶持政策,鼓励主城和区域性中心城市加快经济发展,增强三峡库区和民族地区发展动力,减少生态脆弱区县对资源型产业的依赖,提高重点生态功能区及资源枯竭型城市财力保障水平;继续加大"三农"投入,落实各项惠农强农政策,推进扶贫开发,增加农民收入,支持水利、农村公路建设,提高农村基本公共服务保障水平;继续加强市级中心镇、重点示范镇建设;完善转移支付分配体系,坚持财力向"两翼"和贫困区县倾斜,提高区县最低人均财力水平,促进区县可持续发展。

安排133亿元保障公共服务管理。主要是确保党政机关、民主党派和群团组织依法履行职能,推动立法、监督及参政议政能力建设;支持政法机关装备和信息化,以及消防安保和灾害应急救援建设,增强对社会公共安全事件的预防控制、紧急处置、救助保障等能力,提高治安综合管理水平;巩固人民调解、法律援助、司法救助体系,推动疑难信访化解,支持构建一体化大综治格局,建立多元化矛盾纠纷调解机制;加大食品药品安全执法和检测装备经费投入,维护人民群众饮食用药安全;完善行政事业单位收入分配制度。

(三)市级政府性基金预算草案

市级政府性基金收入拟安排850亿元,主要包括国有土地使用权出让金收入、新增建设用地土地有偿使用费收入和转让政府还贷道路收费权收入等。支出相应安排850亿元,其中:本级支出680亿元,补助区县170亿元。支出安排的重点是:成本性支出450亿元,主要用于征地拆迁补偿;社会事业发展支出129亿元,主要用于保障性住房、大中型水库等建设以及农业土地开发、污染企业环保搬迁;基础设施建设支出161亿元,主要用于支持高速公路、铁路、机场和城市轨道交通建设;开发区及园区建设支出110亿元,主要用于两江新区、保税港区和各类开发区。

(四)市级国有资本经营预算草案

市级国有资本经营收入拟安排31亿元。主要包括国有资本经营利润收入、市属国有重点企业产权转让收入等。支出相应安排31亿元。支出安排的重点是:资本性支出18亿元,主要用于企业资本金注入;社会保障支出2亿元,主要用于企业“老工伤”人员购买工伤保险,部分“双解”人员基本养老保险金补助;生态环保支出8亿元,主要用于政府购买污水处理服务;费用性支出2亿元,主要用于解决职工医保、职工安置等企业改制遗留问题;另专门安排1亿元作为支持微型企业的资金来源。

(五)社会保险基金预算草案

根据险种缴费费率、社会平均工资以及社会保险扩面、城乡居民合作医疗财政补助提标、城镇企业职工养老保险待遇提高等因素,全市社会保险基金收入安排900亿元,其中:基本养老保险基金收入609亿元,基本医疗保险基金收入249亿元,失业保险基金收入21亿元,工伤保险基金收入15亿元,生育保险基金收入6亿元。全市社会保险基金支出拟安排763亿元,其中:基本养老保险基金支出511亿元,基本医疗保险基金支出228亿元,失业保险基金支出5亿元,工伤保险基金支出15亿元,生育保险基金支出4亿元。

各位代表!2013年是全面贯彻落实党的十八大精神的开局之年,也是深入推进实施市第四次党代会决策部署的重要一年。做好今年的财政工作,意义重大。全市财政要正视财政运行中面临的困难与挑战,立足当前,着眼长远,努力完成全年预算目标任务,为今后五年打下坚实基础。一是着力提升财政总体实力。要围绕全市发展战略,发挥财政职能作用,促进经济发展,在加快发展中壮大财政实力。二是着力促进协调发展、可持续发展。要按照功能定位、自然禀赋等梳理对区县的扶持政策,发挥转移支付导向作用,做到公平与效率兼顾、保障与激励并重。要加强政府性债务管控,防范潜在风险。三是着力提高科学理财水平。要完善财政资金分配方式,深化部门预算改革,加强预算绩效管理,推进预决算公开,健全“小金库”治理长效机制。与此同时,要认真贯彻落实中央和市委关于改进工作作风、密切联系群众的有关规定,牢固树立过紧日子的观念,坚持艰苦奋斗、勤俭节约,严格执行“三公”经费“零增长”,严格控制新建、改扩建楼堂馆所和单位房屋修缮,压缩会议、节庆、论坛等行政经费和一般性开支,力戒铺张浪费,将更多资金用于民生和社会事业发展。

各位代表!新起点、新任务要求新的作为。全市财政将以科学发展观为指导,坚持依法理财、科学理财,为全市经济社会发展提供保障与支撑!

第二编
专题研究

城乡一体化中推进重庆人口城镇化

中共渝中区委党校 重庆社会科学院 张晓露 柯昌波

城镇化的研究是一个需要长期研究的课题,概念内涵有城镇化和城市化之分。其内容包括农村劳动力和农村人口的转移,即农村劳动力由第一产业向第二、三产业的就业转移和农村人口向城镇的空间转移;与城市建设有关的地域扩展;城市文明、城市意识在内的城市生活方式的传播等。人口城镇化是随着社会分工发展在工业化进程中出现的产物,是农村人口向城镇聚集或农村地区城镇化的过程。目前我国人口城镇化速度在世界上是最快的,且正在经历世界上有史以来最大规模的农民向城镇迁移的过程。自1978年改革开放三十年多来,我国人口城镇化率已从当年的17.9%提高到2012年的52.27%,33年间提高了34.4个百分点。人口城镇化一方面带来了巨大的基础设施和城镇房地产等行业的投资需求,另一方面大量农村人口转移和生活方式变革还创造了巨大的消费需求,成为拉动我国经济持续快速增长的强劲动力。加快推进城镇化进程,是当前优化城乡和区域结构、扩大国内需求的最有效途径,也是加快转变经济发展方式的重要内容。改革开放以前,以户籍制度为基础,城市和农村被分割为二元社会。传统的经济发展战略则使得社会结构的城市化大大滞后于经济结构的工业化。城市居民和农村居民在就业、福利、收入水平、公共服务等方面均存在较大的差异。

改革以来的发展历程,既是纠正传统发展战略,使城市化水平补偿性地提高的过程,也是通过市场机制和发展战略等一系列手段不断打破二元结构,实现社会结构一体化的过程。党的十八届三中全会提出的新目标是:"完善城镇化健康发展体制机制。坚持走中国特色新型城镇化道路,推进以人为核心的城镇化,推动大中小城市和小城镇协调发展、产业和城镇融合发展,促进城镇化和新农村建设协调推进。"

一、国内人口城镇化存在的主要问题

(一)我国城镇化建设中人口高密度化问题凸显,人口分布不均匀程度加大

目前,我国的人口城镇化正在进行一次短期突发式的扩张。据国家统计局统计,我国人口城镇化率每年按1%以上速度递增,按照此速度,到2020年,我国城乡人口的比例将迅速出现逆转,城镇人口将占到总人口的六成。目前占据"世界城市人口头号榜"的东京人口为3000多万,如果人口城镇化的速度继续保持如此,那么到2040年时,北京市的人口可能超过5000万,这将在全世界是一个史无前例的数字。这种态势不仅仅会出现在北京,在上海、深圳等同样高度发达的城市,也都可能面临这种形势。当今不仅只有农民工是人口迁徙的主力,"蚁族"也成人口迁徙的主力。按目前这种发展态势,既使北京、上海、深圳等城市的人口不会出现大规模的爆增,但人口快速增长的现象会出现在其它省会城市或其它超大城市、特大城市,而且由于城市人口的规模扩张具有惯性,扩张到一定程度后的人口规模的增长可能还会持续一段时间。

与很多超大城市和特大城市人口密度不断增加的情形相比,新疆、西藏等地人口又过于稀少。按目前的发展态势,人口分布不均衡的程度还会加剧,而且可能还将持续较长一段时间。这就造成在西部地区本来就人才短缺,,却又留不住人才,难以吸引东部地区的人才;而东部劳动密集型产业迟迟不能向中西部转移。其原因在

于劳动力丰裕地区剩余劳动力的转移抑制了资本丰裕地区的资本外流。这进一步加剧了东部与中西部之间经济发展的不平衡。

(二)城市生态问题比较突出

城市生态系统是随着人类的发展而形成的人工生态系统，它是城市不可或缺的重要组成部分和人类赖以生存的基础。由于经济发展的结构性问题，当今世界尤其是我国在工业化、城市化的进程中生态环境系统面临严峻的挑战，，一些城市的生态问题比较突出，城市化付出了沉重的环境代价。不少超大城市、特大城市由于巨大的人口压力与城市有限的自然资源和有限的环境自净能力形成了尖锐矛盾而相继出现了资源短缺，尤以能源、土地、淡水三者最为紧张。若发展速度逼近甚至超越了城市环境的最大承载力，将给城市的资源、环境等带来巨大压力。具体而言，比如：城市污染加剧大气污染、水域污染和垃圾污染等环境问题有待进一步解决；城市水资源严重不足，全国600多个城市有300个是缺水城；城市建设中地下水资源的过度开采导致局部地面塌陷、沉降等地质灾害时有发生；城市土地供求紧张，近年来，全国不少超大城市、特大城市“地王”频现，房价高企，严重影响城市居民的生活质量。

(三)城乡之间发展不够协调，同时引发“城市贫民”的出现

在我国，长期以来形成了城乡居民户籍的两种身份制度及其相关的教育、就业、公共服务和财政转移等制度即“二元制度”。这种“二元制度”实质是一种人为把城乡分割开来加以区别对待，不仅导致了城乡居民人均收入差距日益扩大，还导致了城乡居民公共服务水平过于悬殊。例如，目前我国农村人口约占总人口的48%，但是政府的财政支出直接用于农村人口的比重不到20%。这种制度设计和公共财政分配的不公平性是造成城乡之间巨大差异的根本原因。城镇人均可支配收入与农民人均纯收入之比由1995年的2.92:1不断扩大到2000年的3.41:1，2005年的3.13:1，若考虑到城镇居民还享有各种福利保障和农民收入中包括生产经营支出等因素，实际收入差距可能要达到5:1。

据统计，2004年我国城市贫困人口有3000万左右，约占城市总人口的10%。全国各城市(镇)贫困人口的结构呈现多元化趋势，这个以下岗失业人员、大量流动人口“蚁族”和散居在城乡的残疾人、孤寡老人、部分失地农民等群体为主体的贫困阶层面临着一系列诸如就业、住房、福利等社会问题，对社会稳定和政府管治提出巨大的挑战。

二、国内人口城镇化发展中产生问题的原因分析

(一)对城市本身的定位不准确，盲目建设大城市或国际性城市

城市定位决定一个城市的经济发展水平、城市发展方向和发展的各项举措。科学的城市定位，对于一个城市最大限度地聚集资源，最优化地配置资源，最有效地转化资源，最有效地制定战略，最大化地占领目标市场，从而最有力地提升城市竞争力具有重要意义。相反，城市定位不准，就会丢掉特色，迷失方向，丧失自身的竞争力。在城镇化的过程中，我国很多城市的发展定位主要表现出三个方面的问题：相当一部分城市目标定位趋同，结果造成各个城市产业严重同构，导致城市间恶性竞争，城市竞争力被削弱；城市定位求高求大，动不动就要建“国际化大都市”，普遍追求“国际化”；城市定位求全，有的城市从经济到政治再到文化无所不包，从金融到旅游业样样条件具备，制造业和纺织业都是重点等。一个城市的发展必须要有区域协调发展的战略思维，只有同周边城市既分工又合作，通过互惠互利，才能实现最优发展。

(二)城乡分割体制是推进人口城镇化的重要体制障碍

城乡二元体制已成为我国经济和社会发展中的一个严重障碍，主要体现在两种不同资源配置制度，城乡之间的户籍壁垒以及在此基础上的其它问题。(1)存在两种不同的资源配置制

度。我国社会中的资源在改革前完全通过行政手段再分配,并不是由市场来进行配置的。比如从政府在教育和公共设施的投入方面来讲,城市中的教育和基础设施,几乎是由政府财政投入的,而农村中的教育和设施,政府的投入则相当有限,有相当一部分要由农民自己来负担。(2)以户籍制度为基础的城乡壁垒,实际上是将城乡两部分居民人为分成了两种不同的社会身份。与目前城镇居民每年获得了国家提供的上千亿元的各类社会保障(养老、医疗、失业、救济、补助等)相比,农民生老病死伤残几乎没有任何保障。因此,目前我国的城镇化过程,在吸纳农村人口和覆盖城乡的人口结构转变方面还难以奏效,必须打破城乡二元结构,实行城乡一体化发展。

(三)土地管理制度的缺陷,造成部分城市“间城镇化”

在我国,国家实行两种形式的土地公有制即国有土地和农村集体土地。按常理,这两种土地所有制应该是平等的。然而,在实际操作中,当前我国法律规定只有国有土地才能直接进入商业出让市场,农村集体土地只有通过国家征用变成国有土地后才能进入市场。因此,与国有土地相比,农村集体土地的权利受到限制,国家有强买强卖之嫌,通过不公平的法律垄断了土地的供应。从现有的征地制度来看,地方政府可以利用不合理的土地法律与规章,以较小的成本获得大量的土地储备,这些土地储备给地方政府带来滚滚财源。这种土地管理体制,必然引发地方政府的圈地冲动。长期以来,我国地方政府依靠土地增值而攫取大量利益。城镇化完全是由地方政府推动,这种政府主导型的城镇化存在着许多问题,如大量农民在失去土地的同时,生活水平不但没有提高反而下降。因此,必须加快实现土地征用市场化和允许农民在集体土地上自主推进城镇化。

三、重庆市城镇化现状

2012年重庆市1%人口抽样调查结果显示,我市的城镇化率已达到56.98%,居西部第二,比2011年提高了1.96个百分点,全市的城镇化速度较快。常住人口增加了26万人,但城镇人口增加了70多万,两者相差约44万人,但仍低于乡村人口减少量46.15万人,人口向城市迁移的趋势非常明显。同时,我市的人口分布也呈现出两翼地区向一小时经济圈内迁移的趋势,去年一小时经济圈内常住人口同比增长1.8%,但两翼地区常住人口均出现下降。在人口向一小时经济圈内流动的同时,主城九区中,渝中、大渡口、江北、沙坪坝、九龙坡、南岸城镇化率均接近或高于90%,进入完全城市型社会;北碚、渝北、巴南城镇化率均高于76%,进入高级城市型社会。主城的城镇化发展程度较高,使得主城各区城镇化速度将明显放慢,吸纳城镇化人口的能力趋于饱和,因此必须着力提高城镇化质量。

主城的逐步饱和,为一小时经济圈内其他区县提供了城镇化发展的机遇。2012年,璧山成为城镇化发展最快的远郊区县,城镇化率同比提升了2.01个百分点。城镇化率超过50%的远郊区县有8个,分别是万州、涪陵、长寿、江津、合川、永川、南川、綦江。除万州、涪陵是区域中心城市外,其余均在一小时经济圈内,其中最高的永川城镇化率首次突破60%,达到60.32%。不同区域城镇化水平差距较大,渝东北地区城镇化率为40.44%,渝东南仅为33.36%。两翼地区的城镇化率提高速度较快,但差距依然较大,因此,多数两翼区县都将进一步提升城镇化的水平。

四、重庆市人口城镇化道路的选择——在城乡一体化建设中着力推进人口城镇化

中国共产党十八届三中全会提出:“城乡二元结构是制约城乡发展一体化的主要障碍。必须健全体制机制,形成以工促农、以城带乡、工农互惠、城乡一体的新型工农城乡关系,让广大农民平等参与现代化进程、共同分享现代化成果。要加快构建新型农业经营体系,赋予农民更多财产权利,推进城乡要素平等交换和公共资

源均衡配置,完善城镇化健康发展体制。”

(一)城乡一体化是我国着力推进农村人口城镇化,统筹解决人口问题的必然趋势和必然选择

1.国外城乡一体化的经验与借鉴

国际城镇化发展的经验表明,在推进城镇化过程中忽视农业的发展,导致城市周围形成大量的贫民窟,这种城镇化的发展是不可借鉴的。农村建设和城镇化是相辅相成,必须实施城镇化与新农村建设“两条腿同时走路”,处理好城镇发展与农村发展的关系。

美国的城乡差别很小,在城乡一体化过程中,主要通过市场调节的方式来促进城郊和农村经济社会发展,以缩小城乡差异。比如,通过立法来确保城乡居民均等的受教育机会,再如,实行差异化的税收,在消费税上向城郊和农村地区倾斜。法国在城市化进程中实行“扁平化”策略。城市建筑低矮化,以降低城市人口密度和由此带来的交通拥堵等问题。鼓励年轻人留在农村,避免农村“空壳化”和人口“老龄化”。英国政府也很注意城乡一体均衡发展,对城镇化过程中造成的区域经济发展不均衡的问题采取始终扶持北部地区发展的策略,对出现的郊区化趋势,政府采取设置环城绿化带和建设新城的城市规划政策,较为成功地遏制了大城市的无序蔓延。

2.我国城乡一体化的探索与实践

城乡一体化是以以城带乡为手段,以乡村发展为重点,以最终实现城乡和谐发展、共同进步为目标,在一定的时代背景中,把“工”与“农”、“城”与“乡”、“市民”与“农民”作为一个整体,统筹谋划、通盘考虑,通过体制改革和政策调整,改变和摈弃长期形成的重城市、轻农村的城乡二元经济结构,实现城乡规划与建设、公共服务和社会保障均等化,市民和农民主体地位平等化,使城乡经济社会全面协调和可持续发展。2008年召开的党的十七届三中全会就已将从现在至2020年基本建立城乡经济社会发展一体化体制机制列为农村改革发展的基本目标之一。

我国目前正在推进的城乡一体化是单向的。而经济学家厉以宁提出了中国城乡一体化改革的新思路——实现“双向城乡一体化”。所谓双向城乡一体化是指农民和城市居民可以相互流动,农民可以迁往城市居住,在城市从事有关工作,而城市居民也可以到农村居住,在农村经营企业或从事其他工作。当前我国城乡一体化面临多方面的体制障碍,包括农村产权制度、土地承包制度、农民就业环境和农民社会保障缺失等,城乡一体化最困难的是就业、失业失地农民社会保障问题。厉以宁提出解决这些制度障碍应允许承包土地使用权和宅基地使用权的入股、置换、抵押或转让,只有这样,农村才有资本和融资渠道,也才会出现农民带资进城,城里人带资带技术下乡的现象。在农村承包土地被允许流转之前,农村的很多项目如盐碱地的改造、荒山河滩的治理、乡村公路等基础设施建设等被认为没有投资价值,而这些都会因承包土地使用权的流转而成为城里人新的投资热点。此外,农村抛荒问题在一些地方比较严重,土地流转后,可以解决“有田无人种、有人无田种”的问题。双向城乡一体化的推进,一方面可使农民“带资进城”,加快了城镇化建设;另一方面,城里愿意迁到农村的个人和企业也可以如愿以偿,“带资带技术下乡”,在乡下生活、工作、投资。城乡分割的户籍制度将随之取消,代之以全国统一的身份证制度。随着双向城乡一体化的推进和人口集中到一定程度后,服务业的不同领域之间可以相互创造需求,相互创造就业岗位。一方面城乡居民对餐饮、音乐、图书、旅游、健身、新媒体、心理咨询等全方位的生活性服务需求不断增加,另一方面一些适应新的消费需求的生产性服务业如物流、商务、金融、保险也开始加速发展,这将对提高人民生活质量、拉动经济增长和创造就业机会发挥重要作用。

在推进城乡一体化的过程中,对因承包地或宅基地被征用或收购而失去土地的农民应建立稳定的个人社会保障账户。农民个人社会保

障账户资金由“三点”构成,即政府从土地转让所得的资金中“拨一点”、得到了补偿费的农民从自己所领到的补偿费中“划一点”以及由得到土地的开发商、企业或建设单位“交一点”,而且这“三点”资金都必须是强制性交纳的。此外,可考虑试行土地入股保险制度来防止农民土地入股后因经营不善破产的风险。国家开设专营农民土地入股的保险业务,农民定期交纳保险费,若因市场风险而导致倒闭了,保险公司给土地入股的农民以一定的补偿,以减少他们的损失。

城乡一体化是一项重大而深刻的社会变革,是推进农村人口城镇化的重要途径和战略行动,而农村人口城镇化又是建设城乡一体化的根本目的和核心目标。因此,笔者认为:在推进农村人口城镇化中,实行城乡一体化建设是历史的必然趋势和各级政府的必然选择。

(二)重庆市推进人口城镇化具有统筹城乡发展的基础与机遇

加快发展需要改革,这为重庆开展改革试验提供了内在需求。胡锦涛书记“314”总体部署为重庆导航定向,要将重庆建设成为西部地区的重要增长极、长江上游地区的经济中心、统筹城乡发展的直辖市,新的形势和更高的要求催人奋进,加快发展和率先实现全面小康的殷切期望给重庆提出了崭新目标。要实现加快发展,必须以改革为动力,突破割裂城乡发展的体制机制障碍,创造利于城乡共同发展的政策和制度环境,才能吸引、聚集各种资源,充分发挥好市场配置资源的基础性作用,使之服务于重庆的统筹城乡发展。

中央关心支持改革,为重庆开展改革试验提供了强大动力,2011 年 3 月胡锦涛总书记对重庆提出了通过深化改革实现加快发展的总体要求;6 月国务院同意国家发改委批准重庆、成都设立全国统筹城乡综合配套改革试验区,要求全面推进各个领域的体制改革,并在重点领域和关键环节率先突破;7 月胡锦涛总书记来渝视察进一步嘱托重庆要下大气力搞好统筹城乡综合配套改革试验;9 月国务院批准的《重庆市城乡建设总体规划》,成为全国首个将城与乡统筹考虑的总体规划;国务院扶贫办、商务部、信息产业部、环保总局、海关总署等中央各部委都纷纷支持重庆推进统筹城乡的改革试验。这些都将成为推动重庆加快统筹城乡综合配套改革试验的重要力量。

社会各界投身改革,为重庆开展改革试验打下了群众基础。重庆成为全国统筹城乡综合配套改革试验区使全市人民受到极大鼓舞,全市上下参与试验区改革发展的热情高涨,打下了坚实的群众基础;同时国内外企业、媒体更加关注重庆,众多企业、集团、机构看好重庆发展,纷纷来渝置业、投资,洼地效应明显,重庆开展统筹城乡改革试验得到全国各方面的共识,易于得到各方支持,也利于抢占改革先机,获得发展先机。

五、重庆市人口城镇化综合配套战略重点

1.改革户籍管理制度,为农民进城扫清体制障碍我国“十二五”期间户籍制度改革的着力点是使农民工不仅流动、就业,同时让他们在城里留下、定居。党的十八届三中全会指出:“推进农业转移人口市民化,逐步把符合条件的农业转移人口转为城镇居民。创新人口管理,加快户籍制度改革,全面放开建制镇和小城市落户限制,有序放开中等城市落户限制,合理确定大城市落户条件,严格控制特大城市人口规模。稳步推进城镇基本公共服务常住人口全覆盖,把进城落户农民完全纳入城镇住房和社会保障体系,在农村参加的养老保险和医疗保险规范接入城镇社保体系。”由此可以看出,户籍制度改革最重要也是最基本的是怎样实现公共服务均等化问题,实现公共服务均等化关键是增加投入,它需要国力不断提高,因此,这就决定了我国的户籍制度改革是渐进的过程。我国的户籍制度主要是用来调控人口的分布,在今后一段时间内各城市要按不同的城镇梯次放宽户籍门槛。

2.建立切实可行的农村土地流转机制,以割断人口城镇化的“脐带”。党的十七届三中全会

允许农民以多种形式流转土地承包经营权，吹响了土地流转的号角。土地流转从本质上来讲，就是推进土地要素的市场化，有利于促进农民获得财产性增收，可以盘活农村“沉睡的资本”。另外，土地流转对农民具有类似社保的作用，是农民的“特殊社保”。就此，党的十八届三中全会进一步提出：“建立城乡统一的建设用地市场。在符合规划和用途管制前提下，允许农村集体经营性建设用地出让、租赁、入股，实行与国有土地同等入市、同权同价。缩小征地范围，规范征地程序，完善对被征地农民合理、规范、多元保障机制。扩大国有土地有偿使用范围，减少非公益性用地划拨。建立兼顾国家、集体、个人的土地增值收益分配机制，合理提高个人收益。完善土地租赁、转让、抵押二级市场。”但目前土地流转操作程序仍不够规范，现有法律缺乏操作性。因此，建立切实可行的农村土地产权的分割流转机制，势在必行。

3.多管齐下，做好“四同步”，提高人口城镇化水平。人口城镇化水平是反映一个国家或地区社会经济发展的一个重要指标。人口城镇化包括人的思想观念、生活方式、消费方式、行为方式和文明礼仪等各方面的城镇化。如何提高准市民的素质，笔者认为可以采取这样一些措施：

(1)移民与培训同步

多种方式对准市民进行培训，使其从农民到市民跨好第一步。一是依托各类社会资源搞培训。如各城镇利用农广校、职业中学对准市民开展培训。二是区分层次搞培训。针对未受过较高程度教育的准市民进行建筑工程、餐饮服务、家政服务等方面的技能培训。三是搞订单式培训。积极通过中介组织等与用工单位联系，了解用工信息，并有针对性地开展订单式培训。

(2)创业与就业同步

加强创业者协会建设，培养创业致富典型。政府大力加强科技信息服务网络建设，为准市民提供快捷、方便、准确、可靠的技术信息等服务。建立劳务中介等组织，随时帮助准市民创业和就业。通过继续壮大劳务中介的经营规模和扩大经营领域，多方寻求劳务输出。

(3)经济与文化同步

城镇文化越来越成为满足市民精神期待的重要保证，要以文化活动为载体，抓好公共文化设施如文化站、图书馆、电视广播、宽带服务等设施的力度。广泛动员和组织市民参与各种喜闻乐见的文化活动，通过各种活动吸引市民群众参与其中，对市民群众自身素质就会产生潜移默化的影响。

(4)教育与管理同步

城镇建设中，对所有人口都要加强教育与管理，两手都要硬。一方面要对市民加强引导教育，如组织市民群众对损害公共设施和破坏公共秩序等行为进行劝阻达到自我教育目的。另一方面要严格管理。管理，主要指对社区治安、计划生育、交通出行、公共卫生、市场秩序等方面的管理，公安、计生、交通、卫生、工商等部门责任重大。可通过创建“文明城市”、“卫生城市”和“文明市民”等工作，提高市民文明素质，使城市生活更美好。

纵观国际国内城镇化过程，历史经验表明，在城镇化迅速发展的阶段，必须重视城乡的协调发展，否则快速的城镇化也会产生一系列不良的后果。正是在这种背景下，解决中国长期存在的“三农”问题，打破城乡二元结构，已经成为促进经济持续发展和社会和谐稳定的必然要求。城乡一体化是我国着力推进农村人口城镇化，统筹解决人口问题的必然趋势和必然选择。

重庆市中小企业生存环境优化对策研究

重庆社会科学院 李勇 彭劲松 李林 吴安

近年来，随着国际国内经济发展呈现周期性波动，处于从属和配套地位的中小企业生存与发展环境正面临着重大的发展变化。需要对重庆市中小企业现实生存发展状态作深入调查与分析，并提出优化与改善中小企业生存环境的若干对策建议。

一、重庆市中小企业发展现状

据重庆市中小企业局统计数据，截至2012年底，重庆市中小企业达33.5万户，当年新增6.6万户，增长24.5%。新增企业主要集中在批发和零售业(40.8%)、商务服务业(14.3%)、制造业(10.8%)、住宿和餐饮业(5.9%)、居民服务(5.3%)、信息传输、计算机服务和软件业(4.6%)等六大行业。

重庆市中小企业已占全市企业总量的98.5%，中小企业占全市经济总量的36%，中小企业占全市二三产业从业人员的60%以上，80%的中小企业主要集中在工业、建筑业、批发零售和社会服务等四大行业。

2012年，全市中小企业增加值突破4000亿元大关，达到4100亿元，同比增长15.6%。个体工商户是中小企业的成长源泉，对中小企业发展起着蓄水池作用。2012年末，全市个体工商户达到102万户。个体工商户和中小企业二者占全市经济的近"半壁江山"，对GDP增长的贡献率达50%，拉动和支撑经济发展的贡献突出。

2012年末，我市中小企业和个体工商户从业人员合计730万人，提供劳动报酬2000亿元，涉及450多万个家庭，1600多万人口。中小企业在创造劳动就业、维护社会稳定等领域发挥着不可替代的作用。

二、中小企业发展生存环境的典型行业调查

汽车摩托配套行业、轻纺服装行业和电子配套制造业等是重庆市传统及新兴中小企业的重要组成部分。这些行业中小企业的生存发展环境现状，在很大程度上代表了重庆市中小企业群体的生存发展现状。

(一)中小摩托车企业生存环境调研

重庆市是国内规模最大、品种最齐全的摩托车配套基地。现有摩托车整车生产企业19家，上规模的零部件生产企业1000多家，已形成500万辆以上摩托车、800万台摩托车发动机的生产能力。2012年，重庆市摩托车行业完成工业总产值1030亿元，同比增长8.1%(其中，摩托车整车完成491亿元，同比增长12.4%，摩托车零部件完成538亿元，同比增长4.5%)。摩托车产业产值占全市规模以上工业总产值（重庆市规模以上工业总产值为13104.02亿元）的比重为7.9%，占汽车摩托车工业产值(重庆规模以上汽车摩托车工业3540.28亿元)的29.1%。

当前，重庆市中小摩托车企业生存发展环境面临的制约因素在于：

一是大城市禁限摩给主体市场带来挑战。随着汽车工业发展，不少微车进入农村，只需5万~6万元就能买到更实用的微车，这让不少农户放弃了摩托车，农村市场逐渐显现出饱和迹象。城镇市场是我国未来摩托车市场的主体市场。从1995年至今，全国有200个大中城市因各种原因，先后实行摩托车限行，从而导致在大中城市市场摩托车光阴惨淡。2013年1季度，重庆摩托车制造业产值232亿元，同比增长5.5%。其中，摩托车整车产值108亿元，同比增长5.5%，摩托车零部件产值124亿元，同比增长

5.6%。从数据上来看,重庆摩托车行业整体进入一个低迷的阶段。

二是国家对市场监管政策调整的影响。近年来,对于摩托车的市场监管,国家先后出台了3C认证、生产准入,欧2标准、欧3标准、一车一证等措施,国家每次政策调整,都引会市场动荡。特别是自2010年7月摩托车行业实施国Ⅲ标准以来,增加了对摩托车的设备改造提升成本投入,增加的成本相应地传导到终端,抬高了销售价格,摩托车作为一种必需消费品来说,其价格需求弹性十分大,消费群体普遍对价格十分敏感,一旦成本上升,摩托车行业产销下滑影响产量下降。进入2011年,重庆摩托车行业依然处于国Ⅱ转国Ⅲ的缓慢恢复期,对市场的调适能力仍需要加强。还有国家采取对出口外销产品的生产许可资质管理模式,对于摩托车而言参照国内道路法规和水平制定的认证标准与目标市场法定准入标准不匹配,也令摩托车企业出口生产无所适从。

三是各类替代产品的市场挤压。当前,在国内主流摩托车市场,消费者主体还是将其作为一种交通工具来使用。近年来,由于各种原因,摩托车的替代交通工具层出不穷,严重威胁到了摩托车的主体地位。一是人们生活水平的日益提高,出行的道路等基础设施条件改善,人们更加倾向于以小汽车为作机动车出行工具。汽车数量增长极快。近五年,摩托车占机动车的比重呈下降趋势,由2007年54.5%下降到了2011年的47.06%,而小汽车在机动车中的比重逐步

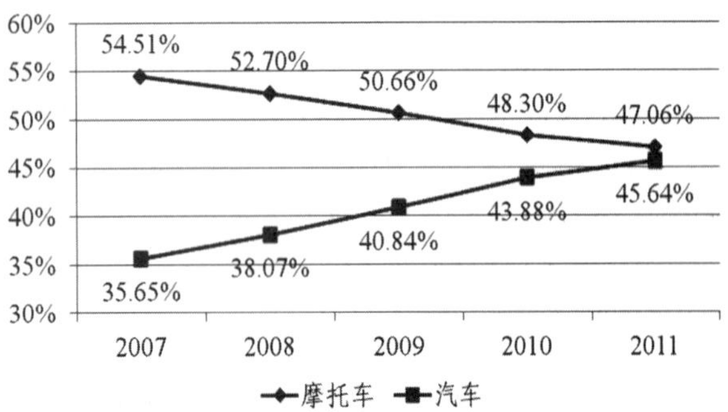

图一 2007~2011年我国汽车、摩托车占比变化趋势

上升。二是由于电池等新能源技术进步带动了电动车的兴起。和摩托车上路比较复杂的审批程序相比,助力电动车既不用上牌照,又不用考驾驶执照,同时还不在城市摩托车限行的范围之内,相对方便实惠抢走了相当大一部分摩托车的市场份额。在一些大城市和城郊结合部,电动车成为替代摩托车出行的另一个工具。

四是市级层面政策支持逐步弱化。摩托车一度是重庆市的支柱性产业,在重庆经济发展的历史中,摩托车产业是起到了重大作用的。数年前,重庆市委、市政府曾提出打造"汽车之城"和"摩托车之都"的战略规划,但随着产业发展格局的演变,与汽车产业相比,市委、市政府对摩托车产业的关注程度日益下降,对摩托产业的扶持政策也趋于弱化。不少摩托车企业表示,政府在财政专项资金扶持、减免税收、政策性贷款等方面力度远不如汽车产业。与近两年重庆新培育的电子信息制造业,政府在财政补贴、融资担保、税收减免、劳动用工补贴、土地供应等方面"倾囊相助"相对比,摩托车企业所获得的市级政策支援更显得杯水车薪。

(二)中小轻纺服装企业生存环境调研

服装产业是重庆轻工业的一个重要组成部分。经过直辖15年的发展,重庆已成为全国闻名的十大服装批发加工生产基地、西部地区最具规模和品牌影响力的时尚女装及羽绒服生产基地。重庆现有服装生产企业近4000家,其中规模以上企业820家,销售收入亿元以上服装企业超过20家。

当前,重庆服装企业生存环境存在的主要制约因素是:

一是产业上游环节缺失。重庆服装产业对原辅材料的外来依赖度很大。在重庆各纺织工业园区有织布厂近1000家,拥有织布机4万多台,主要生产坯布,销往江浙、广东、福建等地,印染后返销全国各地,包括供给重庆服装生产。重庆服装企业所需比较高档的面辅料等多来自长三角、珠三角等沿海地区,甚至相当一部分需要从国外进口,本地及其周边缺少服装生产所

需的拉链、钮扣、缝纫线等便利采购场所，原料地与生产地的分离，无形之中加大了运输与采购成本，也延长了企业的市场响应时间，这对于讲究潮流时尚的行业来说，这是一个不小的掣肘。

二是本土品牌竞争空间受打压。重庆本土虽有一些品牌成长起来，但在全国的知名度不高，在《2010年中国最具价值500企业品牌榜》中，纺织服装品牌一共上榜51家，主要分布在长三角、珠三角和福建、山东、北京等沿海地区及发达地区，重庆没有一家服装企业产品品牌上榜的直辖市。由于重庆服装本土品牌实力水平相对较弱，在重庆本地的中高端服装卖场，基本为江浙、福建、上海等地区的品牌和洋品牌所占据。据调查，"重庆造"服装中仅有树王、天派、安秀、梦之诗、BABY小猪等品牌在新世纪、茂业、王府井等市内知名大型百货店设有专柜进行销售，"重庆造"所占的份额已经由原来的80%下降到不足10%，而在远东、太平洋、时代广场等高端百货卖场中更是不见“重庆造”踪影。

三是专业人才流失严重。专业人才是服装产业技术创新的重要力量，重庆虽然本土每年培养了大量服装产业高端研发、设计和工程人才，在服装专业人才培养上具有较强优势，但由于创业环境、创新环境和整个产业发展机会不多，人才流失比较严重。目前，我市服装行业高级设计师不到5人，中级设计师和初级设计师也仅有300名左右，优秀的设计人才都到沿海，如江苏、福建等一些服装产业发展得比较好的地区去寻找更大发展机会。重庆高素质的设计师队伍存量少，能将各种社会化、专业化的设计研发、创意机构、团队协作集成起来的平台更少。眼下渝派服装又开始重新崛起，在产业集成创新的过程中，也急需熟悉行业动态、能够开拓市场、进行国际采购的营销人才和高水准的时尚买手，这一部分人才重庆的储备也不足。

四是产业发展氛围有待营造。政府和市场在产业在成长发展的不同阶段，扮演着不同的角色，在产业成长初期，离不开政府必要扶持。1998年，重庆市人民政府以85号文下发了《关于加快服装工业发展的通知》，这是直辖以来，唯一一次以市政府的为名义对服装产业发展做出的一个重要文件，但受制于各种条件，有相当部分政策亦最终并有没有落实到位，而相关措施政策随着环境的变化还有待进一步完善。通过政府采购引导行业发展也是政府扶持优势产业，促进地区经济发展的重要政策工具。工装采购市场是服装市场的一个大的蛋糕。在重庆100个亿的职业装采购市场中，重庆本地企业仅拿到10%左右的订单，绝大部分被外地品牌响、规模大的服装生产企业所"虏走"。仅凭重庆本地企业自身力量去争取更多订单，显然是不太现实的。此外，重庆一些知名服装企业普遍反映，由于行业发展缺乏一种整合机制和"抱团"发展的氛围，惯于单打独斗。如有些服装企业在用工紧张时，为争抢劳动力而互相挖人，此举也大大伤了重庆服装产业的内部元气。

(三)中小笔电配套企业生存环境制约因素分析

在重庆所构建的品牌商、代工企业、零部件企业“5+6+700”世界级电脑产业集群中，其中700余家笔电企业绝大多数为中小企业。2012年重庆笔记本产量达到4160万台，单月产量最高466万台，“全球五台电脑中就有一台是重庆造”。已落户的宏碁、华硕均为台商企业，已落户的富士康、广达、英业达、仁宝、纬创、旭硕等6家代工厂也均系台商企业（六家代工厂生产的笔记本电脑占全球总量的90%），而大多数配套企业也为台商企业。2012年，重庆规模电子产业销售产值增长64%，拉动工业增长8个百分点，电子产业占比由过去几乎为零提高到现在的21.6%，成为我市工业增长的第一驱动力。台系的笔电企业对重庆以笔记本电脑生产制造为主的电子信息制造业贡献巨大。

当前，重庆笔电配套的中小企业生存发展环境存在的主要问题是：

一是税赋成本有所抬升。台湾在上世纪六十年代树立了加工贸易发展模式取得了经济的腾飞,这一种模式一直延沿于今。当前在大陆投资的台商企业大部分也属于加工贸易型中小企业,这类企业以量取胜,生产利润微薄,对优惠税收政策依赖性较强,大陆实行内外资企业所得税合一为内容的税制改革后,取消台资等外资企业的优惠税收待遇,对这些本来就因经营成本高巨,经济效益不佳的台资劳动密集型中小企业的投资经营产生较大影响。近年来,在沿海地区电子信息行业的一些研发工程师的薪资标准不断攀升,如上海、北京、广东等地的一些软件开发工程师,其薪资标准已经逼近欧洲和美国等同类工程师水平。此外,台商在前几年由沿海向内地分散布局,很在程度上是看中内地的劳动力丰富和成本低廉,如今,重庆这种优势开始在逐步散失。新《劳动合同法》2008年1月1日实施后,也给资方增加了劳动成本。目前许多地方台资企业普通员工的月工资平均水平也已超过了1500元,中西部劳动力成本也逼近沿海地区。

二是融资渠道及能力比较欠缺。台商产业在扩大再生过程中,也面临着资金周转的难题。据对福建泉州等地台商企业的调研发现,台商普遍反映在大陆的投融资渠道比较单一,台商主要依靠银行单一渠道进行贷款,且融资成本较高,企业向银行的贷款年利息达8%以上,远高于当地平均贷款利率,令一些台商企业难以承受。作为外商投资企业,不熟悉内地政府的操作流程,且产业门类也并不属于政府鼓励类的高新技术企业,一般很难享受到政府给予的各类贴息或者产业技术创新类的专项资金,特别是出口加工型企业,流动资金缺乏更是普遍的现象,有的台商企业甚至因为资金链断裂而陷入关闭的困境。

三是本地生活工作环境难以调适。台商人士恋土情结重,有家乡观念,在大陆投资,颇有背井离乡之感,习惯于"抱团式"发展。长期生活在大陆的台商,往返两岸时,仍需要办理台胞证,台商普遍感觉往来的便利化不够。台商与大陆当地政府打交道,人生地不熟悉,在沟通方面也存在一定的障碍,此外,台商与重庆本地企业的协作关系也很薄弱。台商大型企业基本上是为国际知名品牌公司代工,这些公司对下游配套供应商的考核标准相当严格,进入品牌商和代工商配套企业名录的门槛相对较高。如本地企业要成为重庆笔电产业的"4+6"的配套企业,前期需要大量的投入,在合作的前两年,配套企业基本上只能做信誉,无法盈利,这对本地企业来说,成本投入巨大,风险较大,本地企业不愿做赔本买卖,从而也很难深入到台商企业的产业链内部谋求发展。这导致台商企业与本地企业的耦合度很低,产业发展相对封闭。

四是受国际政治财经局势影响大。台商在内地投资最大规模的产业是IT产业,而IT产业已经是一个全球性分工的产业。2012年以来,中日关系因钓鱼岛问题数度面临挑战,像富士康这类企业在中国大陆、台湾、日本、东南亚以及美洲、欧洲等地拥有上百家子公司和派驻机构,已经深度融入全球产业链分工体系当中。富士康对日本及台湾零配件的依赖性十分强,其产能的扩张不得不考虑到国际供应链风险,维持和缩短大陆代工工厂规模,去印尼和巴西等国家开厂,以及将投资重点重新放回台湾,在这个比较特殊敏感的时期,对企业而言是一个必要的选择。

五是项目投资落地困难。台商IT企业近年来在中西部迅猛扩张布局,其主要产能向西部地区转移的趋势十分明显,但伴随而来的是土地供应跟不上产能扩张的需求,导致部分企业无法落地的问题。重庆从2008年开始打造世界最大的笔记本电脑生产基地,在惠普、华硕、宏基等4家笔记本电脑品牌商和富士康、纬创、仁宝等6家笔记本电脑代工商的带动下,产业迅猛发展,吸引了700余家笔记本电脑配套商来重庆发展。但在如此的短时间有如此多的配套企业密集落地重庆,面临的是无法找到工业用地建造厂房的尴尬。重庆璧山、铜梁等区县作为笔记本电脑配套企业落户区县,每年从国家渠道分配到的土地供应指标仅1000余亩,根本无法在短短一两年内满足几百家企业落地的土地需求。

(四)中小企业生存环境制约因素综述分析

通过对重庆市四个具有典型性行业的中小企业调查可以看到,受国际国内经济环境影响,以及自身发展缺乏深厚扎实的基础,重庆市中小企业生存发展环境不容乐观。在四大行业调查得出到的制约中小企业发展的因素及问题中,有相当一部分是中小企业所面临的共性问题,兹归纳如下:

一是进入门槛高且窄。为应对国际金融危机,提振传统产业,国务院2009年,出台了《关于进一步促进中小企业发展的决定》,2010年,国务院出台《关于进一步鼓励引导民间投资健康发展若干意见》,2012年,出台了《进一步支持小微企业健康发展意见》等等,对中小企业在行业进入投资中,提出了相应的规定,但这些规定大多过于原则,无法有效实施操作。如在企业注册环节,约有170多项前置审批事项,导致企业注册程序繁杂,时间周期长。在某些特定行业,对注册资金、行业资质的限制,也提高了小微企业进入的门槛。如带动就较多、适合创业的快递行业,适宜微型企业创办的家庭装修及设计公司,按照行业准入要求需要注册资本最低在50万元以上,相当部分小型企业投资人无法筹集到这么多的现金。政府采购项目往往对投标企业的注册资本以及既往业绩也有具体要求,而初创型企业所完成的工作业绩不多也不强,在竞争性投标中自然居于下风。诸如此类的"玻璃门"、"弹簧门"极大地限制了中小企业的拓展空间。

二是筹资贷款难且贵。中小企业在初期时期,由于设备、原辅材料采购及市场开拓的需要,对资金需求最为迫切。但在创业初期的小微企业普遍存在内部管理不完善,缺乏完整健全的财务制度,缺少可靠的担保抵押物等,影响了银行对中小企业风险的把握,很难取得银行的抵押贷款。据银监会发布的统计数据显示,截至2012年末,获得贷款的小微企业达1184.05万户,占比为23.22%,据重庆市中小企业局的不完全统计,2011年,重庆市26.9万户中小企业中,仅4000余户获得300亿元左右的融资担保,不到中小企业总数的1.5%,小微企业就更加少。一些中小企业只能到信托公司,租赁公司,小额贷款公司等"影子银行"进行短期拆借。除筹资难外,筹资成本高也长期困绕小微企业。小微企业的融资成本也高于其它企业,一般情况下,小微企业按央行规定贷款基准利率为6.56%,当地银行提供的贷款利率上浮30%,贷款利率接近9%。此外,还需要支付给担保公司的担保费和支付给银行的咨询服务费,最后小微企业的实际融资成本达到12%。在中小企业的交易当中,银行贷款中的现汇只有3040%,其余都以承兑汇票的形式支付,贴现利息达到10%以上,很多中小企业都无法承担。

三是税费负担多且重。中小企业在初创期流动资金不充裕,也没有建立比较完善的财务管理制度,而小微企业承担各类税、费、捐却比较繁多。据调查,除了"五险"外,小微企业还需要缴纳城市建设维护费附加、教育费附加、地方教育费附加、水利建设专项基金、文化事业建设费等11大项。据全国工商联调研的粗略统计,目前向中小微企业征收行政性收费的部门有18个,收费项目达69大类,一般情况下,小微企业的税费占到了其税前利润的40~50%。中小企业由于无法享受到相应的优惠政策,实际的税负实际上已经超过了大型企业。如小企业之间因生产需小进行的产品交易,一般规模都比较小和散,并且多为现金往来,没有增值税进项发票,无法抵扣成本,无形中增值税就会多交20%,这种现象在加工型中小企业中比比皆是,总体而言,中小企业税负超过一般纳税人。又如因劳动力供应短缺,重庆一些中小企业为留住有经验的熟手工人,一般都给员工提供了包吃包住的优惠条件,这一部分作为企业承担的隐性成本,无法在企业所得税前抵扣。在严重的税费负担压力下,以致中小企业如果不采取一些钻政策空子、打擦边球的手法,搞点"科学避税",

企业肯定会亏损。

四是政策落地弱且差。为进一步促进我国实体经济发展,党中央、国务院制定出台一系列支持中小微企业发展的政策。各地区也围绕党中央、国务院的有关文件精神,制订了落实的政策措施。但在政策的落实上,还存在有很大的差距。如我国西部大开发新十年规划中明确提出,对设在西部地区的鼓励类产业企业减按15%的税率征收企业所得税,但相当多重庆中小企业没有享受到或者不愿意享受这一政策。其原因在于,税务部门有规定,对享受减按15%征收所得税的企业,每年末或季末需要接受上级税务部门的抽查。小微企业在创业初期,没有比较完善的财务管理制度,企业管理也不尽规范,上级抽查总会或多或少查出一些问题出来,加上应付上级相关检查的支出也是一笔大的开支,比及这个优惠政策,享受可能比不享受更麻烦。《国务院关于进一步促进中小企业发展的若干意见》在财税政策扶持一节中明确提出:对符合条件的小型微利型企业按20%的低档税率征收,对国家需要重点扶持的高新技术企业减按15%税率征收。据对西部的重庆市汽车制造业的下游三级零部件供应商调查,事实上,许多中小企业的所得税仍是按照25%标准征收。还如,以互联网企业为例,国家规定:对电信联合互联增值服务商对第三方提供服务的,实行差额征税,这在北上广深成等城市已经执行。按国家规定是按3%税率征收电信增值税,加上税收附加,总税率约为3.35%,这是北上广深等城市普遍执行的税收标准。但在重庆,没有取得电信增值业务经营许可证的企业一律享受不到这一优惠,只能按照5.5%的高标准交税。又如重庆为支持互联网企业发展而制定的《关于加快推进互联网产业发展的指导意见的通知》,基于各种原因基本上就没能兑现。为加强产业发展与振兴,重庆市委市政府出台了相关促进产业发展的政策与意见,这些意见对相关产业都提出有减免税的支持,但在税务部门却不一定遵照执行。税务部门给出的解释是,他们只执行由税务部门制订下发的文件,而不并认可产业部门制订下发的文件。

三、中小企业可持续发展的发展重点

一是加大中小企业在轻工产业的发展布局。大力发展家用电器制造业,引进专业制造能力强的特色小家电生产企业,培育形成一批技术领先、竞争优势突出的专业化配套企业,优化产业内部资源,全面提升重庆家电产业集群竞争力。重点发展热水器、排油烟机、微波炉、消毒柜、电热锅、饮水机等厨具以及电风扇、吸尘器、净化器等居室用品,在质量、安全、造型等方面进一步增强竞争优势。引导和支持美的电器在渝发展小家电产品,扶持本地欧凯电器、合川铝制品厂等企业的发展,优化重庆家电产品结构。促进配套产业发展。大力支持格力、海尔、欧凯等企业的系统机械、基础原材料、五金件、橡胶件、包装物及电子电器部件企业。重点引进压缩机、电机、传感器、电子电器部件等关键零部件生产企业,其他配套件以培育发展本地企业为主。此外,还可在发展造纸及纸制品制造业、发展塑料及制品制造业、发展仪器仪表及文化、办公用机械制造业、文教体育用品、合成纤维制造、日用化学制品、日用玻璃制品、日用金属制品、家具设计与制造、木材加工及木竹藤棕草制品业等关系城乡居民日常生产、生活的轻工产业,着力打造"产品设计-生产制造-仓储运输-原料采购-订单处理-批发经营-终端零售"产业链,形成完整的产业链条。

二是加大中小企业在食品加工业的布局。改造提升肉类和粮油加工业,逐步完善"种养殖+初加工+精深加工+物流+批发+零售"产业链。大力发展饮料、方便休闲食品和营养保健食品加工业,打造"果蔬种植和畜牧养殖+装备制造+包装印刷+批发零售"产业链。做精做细调味品和烟草加工产业,打造"高端品牌企业+一般生产企业+原料基地+农户"产业链。

三是加大中小企业在医药产业的布局。大力发展以城乡居民为服务对象的民生性医药产品。重点发展藿香正气口服液、止咳糖浆、胃康灵、护肝片等中药产品，支持中小企业研发和生产价廉物美、以服务城乡居民的基础性普通药。大力发展医疗器械产品。重点发展超声治疗设备、无线内窥镜系统、红外线热像诊断仪、无创脑水肿动态监护仪、血透机、人工肝、LED无影手术灯等具有自主知识产权的新型医疗设备，以及面向广大社区、农村、家庭的检测、监测、康复、保健医疗设备。

四是加大中小企业在纺织服装产业的布局。重点发展以天然纤维、人造纤维和化学纤维为主的纺织服装原材料业，进一步夯实纺织服装业的发展基础。以发展高支、高性能苎麻纱、苎麻混纺纱，苎麻与其他纤维混纺交织布、功能性产业用苎麻纺织面料和家用装饰面料产业。大力发展衣着类、家用服装业，培育知名品牌、龙头企业和特色服装产业集群。大力发展服装设计、研发、商贸物流、展会等延伸产业，重点建设好重庆都市服装产业园区和两翼服装产业集群，打造一批服装名镇名园，培育国内外品牌服装中国西部总部基地，打造中国西部最大的服装时尚之都。

五是加强中小企业在装备制造业的布局。发展现代化农业装备制造业。抓住全国农业机械化综合示范基地的建设机遇，推动我市农业机械产业的发展。充分用好农机具补贴和税费优惠政策，发挥上游内燃机产业的基础优势，重点发展节水灌溉设备和精准农业设备、食品安全设备、农副产品深加工设备、食品饮料加工技术与设备、农业生物资源化设备。发展应急抢险和救援设备、环保和生态建设设备制造业和发展生命健康和医疗诊断设备制造业、生物制药设备制造、食品饮料加工存储及安全检测设备等。

六是加强中小企业在电子信息制造业的布局。发展计算机及周边设备制造业，重点是发展笔记本电脑、平板电脑、台式计算机、服务器，微机、网络计算机的制造及其相关软硬件的研发和生产。发展高性能彩色平板显示技术，各类面向应用的专用终端、POS、查询终端、智能卡应用终端设备，便携、环保、节能的LCD显示器等。发展高速率、网络化、高分辨率、彩色、多功能的家用、商用和专业打印复印设备和核心元器件及软件的研究开发；发展数字视听产业，重点是发展数字机顶盒、高清晰度数字显示、多功能DVD、数码相框、数码相机、数字摄像机、MP3随身听等应用消费类数字视听产品；发展个人通讯产品及网络产品制造，重点是整机及核心零部件、周边产品制造等。以智能手机、PDA等为代表的先进通讯产品的整机生产，多模芯片、3G终端多媒体芯片等手机芯片制造，网络传输与交换设备，新一代路由器、万兆以太网交换机以及相关设备、基于网络整体架构的整网安全解决方案及网络安全设备、与WLAN相关的无线局域网设备、基于三网融合传输与交换设备；发展LED制造业，扶持本地优势中小LED应用企业，形成LED较完整的上、中、下游产业链，培育出一个完整的新兴LED产业链。重点发展蓝宝石基片、芯片及封装、驱动应用及相关技术开发于一体的LED产业链；发展LED室内照明、汽车照明、LED城市建筑景观照明、LED交通信号灯等系列节能产品。

四、推进重庆中小企业环境优化的对策建议

（一）加大政策扶持与规划引导

一是适时由市委、市政府研究出台《加快重庆市中小企业发展的指导意见》，作为指导重庆市中小企业发展的重要政策性文件，文件要明确重庆市中小企业发展的主要方向，支持中小企业做大做强的主要扶持政策、公共服务体系。二是对重庆现行针对中小企业的政策文件进行一次全面清理，加强与财税部门的衔接，争取政策文件规定的相关优惠政策能够切实落地。对一些不能够落实的政策，要在解释的基础上，及时废止，或寻找相应的替代政策方案。三是加强对相关扶持政策的宣传，建立权威统一的重庆市中小企业政策与市场信息发布平台，帮助更多的中小企业了解并努力争取中央、地方的各

类优惠政策,了解国际国内市场发展动态。四是选择两江新区、经济技术开发区、高新技术产业开发区、长寿经济技术开发区、双桥经济技术开发区等国家级开发区，重庆市市级特色工业园区等,按照“园中园”的模式设立中小企业发展集中区。有针对性地引入一批成长性好、科技含量高的中小企业布局，入驻企业享受与开发区(园区)其它重点企业同等的政策优惠,实现“普惠”和“特惠”政策在具有潜力的中小企业中全覆盖。五是帮助各类中小企业积极申报国家级和省市级财政性支持的科技创新项目。中央和地方级财政对各类企业申报的科技创新项目、产业结构调整专项基金、民营经济专项扶持基金等,每年切出一定比例数量给予中小企业。重点支持中小企业的技术改造、工艺优化、质量提升、公共技术服务平台建设、紧缺人才的引进与培养等。

(二)完善针对性的财政金融扶持体系

一是鼓励成立专门服务小微企业的专业化金融机构，如发起成立中国重庆小企业发展银行,作为支持中小微企业发展的政策性银行,鼓励由地方财政出资成立各类社区银行、民营银行、科技银行和融资租赁公司,专门为小微企业融资服务。二是中央和重庆市地方政府允许中小企业设立互助基金和互助担保基金，基金成员能以相对较低的利率获得互补基金贷款,或者通过互助担保基金所提供的担保获得银行贷款。三是在重庆发展区域性资本市场,鼓励民资设立和参与更多的私募股权基金和产业投资基金，使得一些中小企业产业资本能够退出一些已经不经济的传统产业,转化为金融资本,通过私募股权基金或者产业投资基金入，从而投入到新的产业,实现产业转型。四是加强与国家银监会、保监会驻重庆管理机构的合作,要求通过对小微企业贷款覆盖率、服务覆盖率和申贷获得率等指标进行严格考核，从而加强对银行贷款业务方向的引导。五是重庆市政府要加快建立面向中小微企业服务的担保体系和再担保体系，建立由国家和重庆市市级区县级地方政府财政共同出资的担保机构风险补偿机制，对于针对中小微企业的担保公司在担保业务发生的损失，由财政预算专项风险补偿资金给予定向补偿。六是积极创新仓单、知识产权等抵质押方式,有序探索信用贷款、保证贷款等无抵押贷款模式,拓展中小企业的融资渠道。

(三)切实减轻中小企业的税费负担

一是加大创业扶持，对处于创业成长期的中小企业,应免除水利基金、教育附加费等各种形式的附加费的收取。中小企业给员工交纳的"五险一金",纳入企业的税前生产成本予核减。对初创期间的中小型企业特别是小微型企业,给予在用工、用水、用电、用气和房租等方面的补贴。二是要将中小企业列为国家西部大开发所得税优惠政策对象,减少对企业生产的干预,切实降低中小企业的税负和各类隐性成本。三是简化针对中小微企业的税率，对于小微企业在创业的前三年，应免交一切形式的税费，后三年,采取向税基统一、少税种、低税率的"简单税"转变。

(四)加强对中小企业的创业创新培训支持

一是进一步加大对初创时期的重庆中小企业的培训，迅速提升中小企业主的经营管理知识，积累市场竞争手段，帮助企业逐步由小到大,由弱到强,建立规范健康的经营秩序。二是对拟申办小微企业的各类社会人士和即将大学毕业的学生,通过各类基础性培训,增加其创业意识,提升创业激情,提高创业技能。可在大学本科教育的第四年，增加对创业培训课程将毕业与就业有机结合起来。三是加强创业初期的孵化培训和后扶培训,从市场推广、财务处理、财政性项目申请等方面加强个性化、有针对性的培训。

(五)降低中小企业的各类进入门槛限制

一是加强政府采购对中小企业的引导。在重庆市级和区县级政府采购中，应划出一定比例的产品目录，面向中小企业开展定向财政采购。中小企业参与此类政府采购招投标,除因行业特殊情况有规定外，原则上不应设置任何进入门槛。支持各类中小企业成为中央直属和重庆市直属国有企业的配套企业和产品供应商。二是对在渝的电子信息产品配套型台资企业为内地进行各类代工贴牌产品,也视同本地品牌,给予"国民待遇",对其生产的电脑、打印机等产品,纳入市区各级政府的采购目录,每年的政府采购项目中单列一定比例对台商投资企业进行定向采购。三是打破垄断和身份限制,鼓励中小企业进入能源、化工、交通和市政公用设施等行业,开展投资建设与管理运营。对除国家禁止之外、不涉及国家安全的各类项目,不受股比和经营范围限制。四是推进国家级和重庆市大型国企、中小民企和各类中小企业以相互参股、业务合作、策略联盟、技术入股的方式进行合作,在IT、机械装备、生物医药等重大产业项目上进行投资合作。

论转变经济发展方式背景下的小微企业技术进步

重庆社会科学院 江薇薇

小型和微型企业(简称“小微企业”)是当今世界经济发达国家产业体系中不可替代的组成部分,也是发展中国家经济发展的重要力量。在我国工业化深入推进,市场经济日渐成熟基础上,小微企业在全国各地有不同程度发展,并呈现蓬勃发展趋势,其工业总产值、销售收入、实现利税大约分别占中国经济总量的60%、57%和40%,提供了75%的城镇就业机会。据国家工商总局的数据显示,目前我国西部10省市的小微企业超过160万户,占全国小微企业实有总户数的16.16%;中部9省市的小微企业超过220万户,占全国小微企业总户数的22.24%;东部12省市的小微企业超过600万户,占全国小微企业总户数的61.6%。党的十八大提出,发展要以加快转变经济发展方式为主线。十二届全国人民代表大会第一次会议政府工作报告要求,在发展中促转变,在转变中谋发展,支持小微企业创新发展和技术进步。在我国强调加快转变经济发展方式的重要背景下,小微企业技术进步不仅是企业自身发展的需要,同时是关系国家经济发展长远战略的大事。本文拟以全国小微企业发展技术进步普遍性问题为研究对象,以重庆小微企业为实际例证,探索我国小微企业技术进步的特有规律和可行路径。

一、当今小微企业技术进步的战略意义

综观当今世界,科技创新是提高社会生产力,企业竞争力,综合国力的战略性支撑。我国目前已是世界第二大经济体,第一大制造业国家,在经济持续较快增长同时,科学研究和技术创新有长足进步,但在若干重大关键科技和工业核心技术上仍处于滞后状态。在加快建设国家创新体系,着力构建以企业为主体、市场为导向、产学研相结合的技术创新体系进程中,中小企业特别是科技型中小企业,是最具创新活力的企业群体,是技术创新的生力军。进入90年代美国大约70%的创新是由中小企业完成的,中小企业人均发明是跨国公司的2.5倍,目前世界著名的微软,苹果公司都是由名不见经传的中小企业发展起来的。法国出口的高技术产品以品种来计算,75%是中小企业生产的。小微企业占我国工商企业个数的三分之二以上,它们中拔尖的逐步成长为大中型企业,多数企业会成为十年甚至百年企业,关系到我国整个企业体系长远发展技术含量的重大问题。在我国计划经济年代和改革开放初期,许多地方发展的“五小企业"(小煤矿、小炼油、小水泥、小玻璃、小火电等),就是低技术,高耗能,低效益,重污染的典型,今后的发展不可重蹈覆辙。

企业成长是一国经济发展的微观基础,同时又是一个复杂的动态过程,有许多的因素制约,其中技术进步对企业成长的影响巨大。目前的技术创新,由以往的单项创新转向综合创新,创新的主体由个人创新趋向群体创新,创新难度大、投资大、风险大,非个人所能承担,惟有企业能顺应创新的发展趋势,成为创新的主体。小微企业在技术创新方面有客观的局限,主要依托大中型企业的技术开发,以合适方式促进自身技术进步。小微企业只有充分利用各种技术发展的有效渠道和扶持政策,提高核心竞争力,才能在当前的经济形势下走上健康的发展之路。深入观察市场竞争规则也发生了变化,不仅是“大鱼吃小鱼”,而是出现了“快鱼吃慢鱼”。从国内外经济发展实践看,没有落后的产业,只有

落后的技术。小微企业不能受微小的限制,从成长之初开始就陷入"低技术陷阱",小微企业要突破"熊彼特约束",找到一条与先进技术有效耦合的发展路径,才有可持续发展的动力。

重庆于2010年在全国率先出台了《重庆市人民政府关于大力发展微型企业的若干意见》,工商、财政、人力资源和社会保障等相关部门或单独或联合下发支持小微企业发展的文件23个,逐步建立完善了小微企业申请、创业培训、资金评审、注册登记、政策兑现、后续帮扶和工作监管等一套较为完整的操作规程,重庆小微企业在政策鼓励下发展迅猛。但是,就目前的企业结构和产业结构而言,小微企业要获得长足、持久、有效的发展,从力争"出生率"到追求"成活率",再从促进"成长率"到提升"高质率",还需要突破其在传统产业领域的低技术瓶颈。在《国务院关于进一步支持小微企业健康发展的意见》中明确提出要进一步推动小微企业创新发展和结构调整,支持创新型、创业型和劳动密集型的小微企业发展,并安排了提升小微企业利用高新技术和发掘自主创新能力的政策举措。在中共中央、国务院印发的《关于深化科技体制改革加快国家创新体系建设的意见》中进一步指出新科技革命和全球产业变革步伐加快,要求在科技创新上实行政府支持、市场导向;企业主体、协同创新。蓬勃发展的小微企业应当是我国今后科技创新的主要力量。

二、小微企业技术进步的可行性分析

从我国小微企业技术进步战略意义看,引导和推进小微企业技术进步既重要也紧迫,客观上,小微企业在追求技术进步中有它的局限性和特殊性。我们应当把握当今技术发展的特性,深入研究小微企业技术进步的特点,探索小微企业技术进步的可行性。

1.小微企业的灵活性内生了创新活力。小微企业的经营和服务具有高度的灵活性和跨越性,在企业集群中,小微企业为了自身的生存和发展,时刻保持着对新技术的高度敏锐性和技术创新的冲动。它们往往是将新技术应用于产品生产的先驱,推动了集群的创新。另外,小微企业在经营模式和治理模式方面具有高度的灵活性,他们根据外部环境条件的变化,能够及时调整自身的经营、治理的模式结构,在制度创新方面,小微企业往往走在前面。

2.小微企业的适应性激发了创新能力。从产业链的角度来讲,由于技术、资源、市场、效率和成本等多方面因素所形成的综合实力和比较优势,每个企业一般只能将自己定位于整个产业链中的某个环节上。处于产业的形成早期,产业技术尚不成熟,因而在产业链条的各个环节上都存在着各种创新机会。加上技术上的不确定性,使得在这一时期还无法进行大规模的投资和生产,因而对大企业不具有吸引力,而对小微企业的技术创新而言,却留下了广阔的空间。众多小微企业对技术和工艺路线的探索,一方面有效地分散了投资风险,另一方面又使新技术新工艺在反复试验和相互比较中逐步形成并走向成熟。再一方面,由于进入机会多且特别适合于小微企业,因而能够使大量小微企业凭借其规模小、机制灵活、应变迅速、能够吸纳最优秀的人员等比较优势,在市场经济中充分竞争并不断增强竞争力,最终在新产业中站稳脚跟,成为"小而强"的创新型企业。

3.小微企业的技术进步拥有更多的政府扶持。国内外在小微企业的发展过程中,针对小微企业的技术进步都给予了政策上的支持,给小微企业的创新发展创造了有利的环境和条件。如加大金融扶持力度,对成长型、科技型小微企业融资实行贴息;鼓励高等学校、科研院所与小微企业合作,提供技术支持,将先进科研成果尽快转化为产品;对科技型小微企业实行优惠的财税政策等。有了良好的创新环境,小微企业在面对市场竞争时,进行技术创新的勇气更大,更有利于激发其创造性。

三、重庆小微企业发展中的技术进步局限

近几年,重庆小微企业得到迅猛发展,全市

经济持续、快速发展与之紧密关联。如果我们深入观察，就会发现小微企业发展中的技术进步局限。据统计，到2012年，重庆小微企业创业人群中，大中专毕业生9830人，占13.36%。从小微企业在国民经济行业中的比例看，文化、体育、娱乐、教育、科学研究、技术服务业1316户，占1.79%；信息传输、计算机服务、软件业2137户，占2.9%；从创业群体的学历结构和从事的行业结构可以看出，重庆小微企业的技术含量偏低，提升空间较大。

1. 小微企业缺乏吸引人才的激励条件。目前，重庆的微型企业主中以下岗失业人员和返乡农民工为创业主流，大中专毕业生、文化创意人员和信息技术人员仅占创业者的20%左右。从对影响企业自主创新和产品升级因素的综合分析来看,关键技术人员因素起着关键作用。然而，小微企业的管理机制，分配机制和激励机制严重地影响了企业人才开发能力，缺乏对人才的吸引力，目前许多企业专门的技术开发机构不健全，而且在现有技术力量中，一般技术人员所掌握的知识老化，特别缺乏机电一体化和计算机应用方面的人才。没有足够的技术储备，虽然能引进设备、图纸进行高新技术装备，但企业还没有消化好引进的技术，又出现更好的技术，企业始终处于落后，受牵制的境地。

2. 融资能力不足成为掣肘小微企业创新的关键因素。以我国中小上市公司为样本的实证表明：技术人员投入越多、研发技改投入越多、创新转化效率越高的中小企业，其技术创新能力越强。高新技术需要高投入，在运用高新技术的过程中，由于技术含量、质量水准及工艺要求较高，对劳动力素质、生产设备和环境条件有较高的要求，而小微企业的技术基础又较低。因此，应用高新技术对于发展资金不足的多数小微企业而言，困难很大，可以说资金是制约小微企业技术创新的关键。

3. 扶持小微企业的法律法规缺位导致发展受限。由于技术市场机制不健全，科技投资体系和进入体系没有形成有效的联系，调整科技活动中社会关系的法律法规还非常不够，致使企业出现重视科技进步的短期行为，高新技术作为商品进入市场，向生产领域渗透和扩散缺乏一套完整的政策法规，难以调动科研机构推广应用高新技术成果的积极性，难以调动企业应用技术成果改造传统产业的积极性。

四、小微企业增强技术含量的可行路径

在重庆以笔电产业为主导的战略性新兴产业快速崛起之际，汽摩、船舶、钢铁、冶金、重化工、材料等传统工业转型升级背景下，已经初具“规模经济”的小微企业所面临的技术进步机遇前所未有。

1.选择正确的创新战略是根本。小微企业技术创新战略的选择取决于多种内外部因素。小微企业要强化创新战略的选择意识，在模仿技术创新、合作技术创新、自主技术创新等选项下，在成组技术、敏捷制造、精益生产等企业技术进步的新路径中，根据产业技术特点，自身发展阶段和条件选择有利于企业成长的创新战略。小微企业在发展初期有良好市场需求的前提下，企业既有产品需技术升级时，可以选择用有限的资金向社会购买高新技术，诸如专利、技术图纸等途径提高创新能力和竞争能力。小微企业要主动走与科研院校和大中型企业合的作创新之路。比如，小微企业可以抓住为从事高新技术产业的大中型企业配套的技术提升机会，在重庆最为典型的是摩托车行业。一些新兴产业部门、有技术基础和实力的小微企业也可以直接选择自主创新模式，实现跳跃性发展。

2.提高创新的软实力是保障。首先，创新型的管理者是小微企业技术进步的重要内在力量，管理者要提高自己在企业发展中的创新意识和忧患意识，提高管理能力，对技术前沿动态要跟踪学习。其次，小微企业要有激励创新的制度设计，人力资源管理制度、财务会计制度、品牌发展等要能够服务于企业的技术创新。小微企业要提高利用信息技术为研发、管理、制造服务的水平，建立长效创新机制。再次，要构筑能

够吸引技术、持续创新的平台。重庆出台了扶持小微企业技术进步的一系列优惠政策，搭建了很多扶持小微企业发展的平台，小微企业在技术创新和学习过程中，需要有能力细化和利用这些外部资源、政策，获取提升企业技术创新的机会。

3.专业化创新之路是关键。资金的有限性是中小企业的特点，这决定了中小企业不可能在规模上和大型企业相抗衡，在研发和制造上也不可能四处出击。微型企业虽然不如大企业的技术力量雄厚，但微型企业常常是各攻一门专业技术和一种系列产品，不搞小而全，使其产品专业化、精尖化，贴近顾客的需求。无论小微企业选择何种增强技术含量的路径，专业化是小微企业在技术进步中获取繁荣的法宝，回避与大规模企业的直接竞争而力求在细分市场上有所作为，是小微企业成功的关键。

五、研究结论与政策建议

我国中小企业发展的问题是一个国家或地区经济社会持续发展必须要解决好的问题。中小企业的技术进步与转型升级又是影响中小型企业发展与生存的重要因素，中小企业普遍存在规模小，技术力量弱，市场竞争力不强等问题，抓好小微企业技术进步，把握小微企业技术进步机理，选择适当路径，激发企业对技术进步的追求，加大政府扶持力度，健全社会服务平台。从中央到地方各级政府，不仅将推动小微企业发展作为群众创业，地方经济增长的重要工作，同时将推动小微企业技术进步作为国家和地方经济发展战略及企业可持续发展的重要目标。

1.将引导和鼓励小微企业技术进步纳入各级政府相关规划

目前，许多地方“十二五”规划已经出台，下一步应将有关助推小微企业发展的规划及目标纳入整体规划。首先，要在提升认识和深入调研的基础上，及时制定出台本地《小微企业技术进步中长期发展规划》。同时，在各地市发改委、经信委、中小企业局等部门有关企业技术进步规划文件中一定将小微企业技术进步纳入其中；科委等部门在研究和布局科技项目时，应对小微企业技术进步项目进行倾斜。规划要立足当前，放眼未来，确立目标，切实扶持。可以将规划期延伸到2020年。

2.健全扶持小微企业技术进步的政策体系

企业取得技术的方式，依企业主体视角，可划分为内部来源和外部来源，小微企业因自身资源有限，取得技术的方式一般以外部来源为主，应当通过政策引导和助推，使小微企业拥有更多的技术外部来源渠道和吸引条件。按照小微企业现实特点和未来发展趋势，可以考虑逐步制定一系列相关政策，促进本地对小微企业技术进步，如提出小微企业技术进步的重要性和目标及融资政策、税收政策、技术项目政策，以及人才培养和员工培训等政策。同时制定出台《大中型企业与小微企业实行技术联盟鼓励办法》、《小微企业专项技术扶持办法》、《小微企业技术进步评价办法》等。到“十二五期”期末，力求形成引导和鼓励小微企业技术进步的扶持政策体系。同时，根据小微企业自身能力有限特点，加强对相关政策的宣传、解读工作，重视对落实政策的督促。

3. 打造促进小微企业技术进步的社会服务体系

通过政府主导，在“十二五”期间，构建一个技术信息服务中心，主要利用全市技术信息公共平台资源，开辟专为小微企业技术进步服务的中心；打造一个技术金融服务平台，采取比支持一般企业发展更优惠的政策及服务方式，专对小微企业技术进步支持设置贷款机构；形成一个技术合作网络，围绕小微企业技术进步需求，构建从市到区县，从区县到小微企业的纵向关系和从小微企业到社会各种技术机构的横向关系技术合作网络。在此基础上，大力提倡和鼓励社会技术机构和中介机构面向小微企业服务，形成政府引导，企业主体，市场平台与全社会服务的新格局。小微企业尤其是从事高新技术的小微企业,也要提升自身素质,增强适应环境和吸引服务的能力。

4.探索小微企业技术进步评价体系

建立小微企业技术进步评价体系，主要是衡量小微企业技术进步绩效情况，反映小微企业技术进步环境状况，提供政府促进小微企业技术进步所需参考要素,因此,这个评价体系主要是定性与定量相结合的综合性评价，而非专业性评价或微观性评价。要求评价体系具有客观性、可比性和可操作性特点。评价指标一级指标技术绩效,包括二级指标新技术、新产品,三级指标新产品、新数量、新市场,等等;一级指标创新能力,包括二级指标知识创造、技术创新,三级指标专利、技术合作、技术转移、设计能力、技术水平,等等。评价队伍可采取社会中介机构为主体,政府购买咨询服务的形式。评价结果可一年度一公布，以有利于政府及小微企业从不同角度分析问题,提升水平。

第三编
经济与社会发展综述

2012年重庆经济社会发展概况

重庆市发展和改革委员会 韩显丰

2012年，重庆市以科学发展观为统领，围绕迎接和贯彻党的十八大，以加快转变经济发展方式为主线，认真贯彻落实中央宏观调控政策和市第四次党代会精神，按照“稳中求进”的工作总基调，着力调结构转方式、推改革抓开放、惠民生促和谐，实现了经济社会发展“稳中有进”。

一、经济实现持续健康发展

在全国经济回调的大背景下，重庆采取一系列重大政策和举措稳增长，经济运行总体良好。全年全市实现地区生产总值11459亿元，同比增长13.6%，增幅居全国第2、西部第1，实现连续6年13%以上的增长。人均生产总值达到39083元，同比增长12.4%，且首次超过全国平均水平。地方财政一般预算收入1703亿元，增长14.5%。

现代农业稳步发展。全年粮食总产量1139万吨，同比增长1%，蔬菜总产量1509万吨，增长7.2%，肉类总产量201万吨，增长2.5%，柑橘、生态渔业等特色产业发展良好。形成3个国家级现代农业示范区、48个市级现代农业示范园区和20个现代农业综合示范工程的点面结合、协同推进新格局。

工业经济优化增长。全年工业增加值5181亿元，同比增长15.9%，占全市地区生产总值的45.2%。战略性新兴产业发展势头强劲，电子信息产业产值2194亿元，笔记本电脑产量达到4031万台，汽车产业止跌回升，摩托车产量保持全国领先水平，化医、材料、能源等产业稳步发展。

现代服务业快速发展。金融业增加值916亿元，增长21%，占GDP的8%，不良贷款率下降到0.5%以下，中小企业私募债进入全国首批试点；重点物流园区建设平稳推进，出台减轻物流企业税费负担的优惠政策，渝中区国家服务业综合改革试点工作顺利推进，两江新区成为全国现代服务业综合试点区。

二、工业经济优化发展

产业结构调整加快。坚持新兴产业与传统产业并重发展，逐渐形成六大支柱产业齐头并进的格局，有力地支撑起我市工业经济“稳增长”基础。以笔电为主的电子信息产业发展迅猛，占工业产值比重由去年的8%上升到17%，汽摩产业为26%(其中汽车产业调整为17%)，装备、化医、材料、能源、轻纺等支柱产业占比分别调整为10%、8%、14%、8%和14%。

集群化发展加快推进。以整机加零部件、产业链一体化的集群化发展态势明显。轨道交通装备加快形成产业集群，重庆长客年产能达到300辆，成功生产出首列地铁不锈钢车体；单轨车辆实现90%以上本地配套。一批产业链长、技术含量高的现代化工项目陆续实施。MDI一体化项目全面开工建设。川维30万吨醋酸乙烯项目投产，“百亿”川维基本实现。

产业竞争力进一步增强。实施创新驱动发展战略，企业研发投入资金达到110亿元，增长17%；新产品产值率达30%；技改投资占比提高到40%。推出长安汽车“逸动”、长安福特“新福克斯”、重齿立磨减速机等100个国家和市级重点新产品，产品附加值和质量得到大幅提升。节能降耗成效明显，以较低耗电量实现较快增长。

三、内需担纲经济增长主动力

投资保持稳定。全社会固定资产投资增长22%，总量达到9380亿元左右，其中基础设施、工业（含能源）和社会民生投资分别增长25%、22%和45%。重大项目支撑作用明显，重点建设项目开工60个、完工60个，40个前期工作取得突破，40项市级重大招商项目成功签约。强力推进"九大基础设施项目"、"十大工业项目"、"十大城市片区开发建设项目"等重大项目群，完成投资1300亿元。30多家央企来渝签约合作项目72项，总投资3500亿元，年度完成450亿元。中央预算内统筹投资项目进展顺利，国家下达的117项计划，2809个项目全部开工建设，基本上实现国家要求的投资计划下达、项目开工、预算下达和资金拨付"四个完毕"的目标。争取国家审批核准备案重大项目22个。

消费平稳增长。消费环境加快改善，商圈建设提速上档，消费品市场从下半年开始逐步企稳回升，全年实现社会消费品零售总额3962亿元，同比增长16%，高于全国平均水平1.7个百分点。城镇市场实现消费品零售额3766亿元，增长16%；乡村市场实现消费品零售额196亿元，增长14.7%。城乡市场逐步形成合力，共同促进消费品市场良性推进。居民消费由温饱型消费逐步向发展型、享乐型、健康型消费转变。全市接待海内外旅游者2.9亿人次，比上年增长31%（其中过夜游客6412万人次，同比增长21%），旅游总收入达到1662亿元，同比增长31%，高于全国17个百分点。旅游增加值675亿元，占全市GDP的比例达5.8%以上。

四、开放型经济加快发展

对外贸易实现重大突破。全年进出口总额532亿美元，同比增长82%，高出全国平均水平76个百分点。其中，出口总额386亿美元，增长94.5%；进口总额146亿美元，增长56%，增速分别高出全国平均水平87和52个百分点。全市笔记本电脑出口3544万台，增长1.3倍，出口价值125亿美元，占出口总额近1/3，增长1.4倍。

招商引资平稳发展。面对国际贸易投资持续低迷的局势，我市利用外商连续2年破百亿，全年实际利用外资105亿美元，外资结构继续优化，工业外资占比近50%。在渝世界500强企业已达225家。实际利用内资5915亿元，增长20%。

贸易通道运行顺利。渝新欧（重庆）物流有限公司成立，渝新欧专列、渝深专列增加开行密度。全年渝新欧、渝深、渝沪共开行230班，渝新欧最高周开行频率达3班，外贸货运量增长245%；渝深最高周开行频率达7班；定期货运航班达40班/周，可提供约3700吨/周的运力。出口物流通道的快速建成，使重庆市从内陆城市一跃成为对外开放的口岸，重庆造产品融入国际贸易大循环，极大缩短了货物运输时间、节省运输成本。

五、改革攻坚纵深推进

农民工户籍制度改革顺利转入常态化。新出台政策文件3个，累计达到45个，常态化的工作机制基本形成。全年新增40万人转户。区域结构布局趋于合理，更加突出体现以有条件的农民工为转户主体和农村富余劳动力向城镇转移的方向。住房、就业、子女入学等转户政策兑现到位。宅基地及附属设施用地批准退出户数较2011年增加200%以上，兑付价款增加350%以上。参加各类养老保险的转户居民人数与2011年底比较增长25%；参加医疗保险人数增长近6%；全市超过15万名转户居民享受到城市最低生活保障；超过4万名转户居民和农民工成功申请到公租房。

专项改革积极推进。金融改革持续深化，金融资产交易所、农村土地交易所等七大要素市场交易量增长超过30%，农村"三权"抵押贷款新增130亿元。稳妥推进农村土地流转，启动地票价款直拨，新增9个区县开展农村土地流转市场建设试点，全市农村土地流转面积达到1223万亩。住房改革有序推进，开工公租房1057

万平方米。统筹城乡集中示范点建设成效明显。以土地股份合作为基本形式的农村新型合作社发展势头良好,形成“2+10”配套政策体系,有效推进资源、资本、技术等生产要素的有机整合。专业合作社、股份合作社分别达到1.6万个和1230个。

非公有制经济较快发展。召开全市民营经济大会,出台“1+3”配套文件,设立20亿元专项资金,有效地帮助企业拓宽融资渠道、降低准入门槛、放宽准入领域,发展环境不断优化。民营市场主体增加23万户,增幅为历年之最。全年全市非公有制经济总量达到7136亿元,增长16.9%,快于GDP增速3.3个百分点。非公有制增加值占GDP的62%。其中,民营经济实现增加值5623亿元,同比增长14%,占GDP的比重达到49%。

六、三峡库区发展提速

特色产业显现雏形。长寿MDI一体化、涪陵华峰己二酸一期、万州长安跨越商用车等项目进展良好,柑橘带、生猪养殖、生态渔业和肉牛养殖等特色农业规模化发展。商贸旅游持续升温,大小三峡精品景区提档升级,万村千乡市场工程取得明显进展。编制完成三峡后续一期规划,落实资金73亿元,启动实施一批项目。

移民生活显著提升。城乡居民收入增速高于全市水平,高山移民搬迁13.3万人,农村危旧房改造5.6万户。对口支援稳步推进,“支洽会”签约项目超过1000亿元。生态环境持续好转,库区绿化、地质灾害防治力度加大,水质持续满足Ⅱ类标准。

基础设施明显改善。奉节—巫山、江津—合江高速公路和南涪铁路建成通车,万州新田港港区前沿工程开工,渝利铁路、石柱火电厂、万州火电厂、奉节—巫溪和涪陵—丰都—石柱高速公路等加快推进。

七、社会民生全面改善

公共服务继续强化。实施学前三年行动计划,新建乡镇公办中心幼儿园120所、城镇社区幼儿园90所,普惠性幼儿园达到50%,首次实施高中阶段学生生均经费财政补助,全市中职学生学费全免;出台中小学领导干部及教师交流工作指导意见,提高城乡、区域教育资源的均衡性;基层医疗机构标准化率达80%以上,确定10个区县级公立医院综合改革试点,实现乡镇综合文化站设备配置全覆盖。

社会保障体系逐步完善。全市就业形势在政策、培训、创业、服务等多重机制带动下呈现总体稳定的良好态势,新增城镇就业65.5万人,增长19%,登记失业率下降到3.3%,同比下降0.2个百分点。实现城镇五大社会保险、城乡居民养老保险和医疗保险市级统筹。保障标准稳步提高,最低工资标准最高达1050元,主城低保标准涨至每人每月340元。

居民生活环境更加和谐。城镇居民人均可支配收入22968元,增长13.4%;农民人均纯收入7383元,增长13.9%。单位地区生产总值能耗降低5%,森林覆盖率达到41%,主城区空气环境质量满足Ⅱ级天数超过340天,主城区创建国家环境保护模范城市工作通过国家验收。居民消费价格指数上涨幅度2.6%,同比回落2个多百分点。

八、基础设施建设加快

交通基础设施不断完善。铁路,南涪铁路和遂渝二线胜利建成通车,全市铁路运营里程达到1450公里。城市轨道,1号线沙坪坝至大学城段、3号线南延伸段、6号线一期五里店至礼嘉段已建成投运,全年新增通车里程68公里,累计通车里程达140公里,跃居全国第5位,全面进入网络化运营阶段。高速公路,江津—合江二期(重庆段)、奉节—巫山二期工程已完工通车,新增通车里程48公里,总通车里程达到1909公里。机场,江北机场东航站区及第三跑道项目累计交地8300亩,飞行区和319国道机场段改线一标段开始全面施工,已完成土石方工程300万方。港口,果园港二期(含扩能)前沿码头14

个泊位主体工程已基本完工，后方陆域堆场完成850万方(占总量的48%),配套的果园立交和疏港大道一期工程形象进度分别达到88%和80%,果园港铁路专用线接轨许可方案已获得铁道部正式批复。万州新田港港池开挖施工工程已基本完成。

能源基础设施建设取得重大突破。建成投用500千伏长寿扩建工程,220千伏涪陵龙桥、渝北礼嘉,110千伏北碚团山堡、骑龙等输变电工程。北碚水井湾、江北复盛等220千伏和江北徐家院等110千伏输变电工程已开工建设。陕西安康电厂、万州发电项目、安稳电厂扩建工程、合川电厂扩建工程第二台机组、南桐低热值煤发电项目、长江小南海电站、綦江抽水蓄能电站等共978万千瓦项目取得国家同意开展前期工作的路条。贵阳至重庆成品油管线重庆段主体工程竣工。加快推进梨园坝、丰盛、沥鼻峡等国有重点煤矿建设,完成投资17.4亿元,同比增长20%。争取2012年中央预算内资金2.2亿元,用于松藻、南桐、天府、中梁山、永荣五大国有重点煤矿进行煤矿安全改造和瓦斯治理。

九、要素保障调度充分

强化有针对性的能源调度，天然气供应增长14.7%达70亿立方，其中工业用量44亿立方,增长19%。天然气“县县通”工程启动实施。"千万千瓦"电源项目加快推进,新增电力装机容量46万千瓦。争取中央预算内投资158亿元,中央转贷资金63亿元,发行企业债券294亿元,均创历史新高;新增银行贷款2401亿元,中期票据、短期融资券等直接融资大幅增长。新增建设用地计划12.9万亩,保障了公租房、交通和笔记本电脑等重点项目和两江新区用地。

2012年重庆市国有资产监督管理概述

重庆市国有资产监督管理委员会 隆洋

2012年,重庆市国有企业立足实际,深化改革,转变方式,加速发展,推动各项指标再创新高。

一、2012年运行状况

(一)稳增长,主要指标快中见优

坚持主题主线,千方百计稳增长,保持了快速健康的发展势头。国资委所属经营性企业实现利润总额245亿元,同比增长20%,净资产收益率7.4%;投融资企业资产负债率57%,完成投资额940亿元,上缴财政土地收益220亿元。中央和外地在渝大型企业实现利润总额175亿元,同比增长8%。区县属和市级部门管理的国有企业实现利润总额90亿元,同比增长8%。

国有企业稳中有进,快中见优,逆势超越的特征非常突出。建工集团、商社集团、重钢集团、机电集团、化医集团、能源集团、轻纺集团、农商行等8户企业上榜中国企业500强, 占全市2/3。商社集团、乌江实业、涪陵水投等11户企业进入中国服务业企业500强,占全市52%。重钢集团、太极集团、烟草工业等8户企业进入中国制造业企业500强,占全市62%。国资委所属重点企业中,30户创营业收入历史新高,20户创利润历史纪录。庆铃集团欧美市场同比增长89%。重钢集团完成环保搬迁,建成中国最大的船板生产基地。机电集团轨道车辆产能跃进全国前三。能源集团中标两个地段的页岩气勘探权。建工集团跻身全国省级同行业前三强。农商行核心指标领先17家中资上市银行。重庆银行成为西部首家获批发行小微企业金融债的银行机构。三峡银行主要指标连续5年保持40%以上的增速。西南证券再次获评A类A级券商。联交所“诉讼资产交易网”被最高人民法院确定为全国法院统一综合性交易平台。三峡担保间接融资担保余额全国第一。进出口担保再获全国最具公信力中小企业信用担保机构奖。兴农担保农村“三权”抵押业务实现全市涉农区县全覆盖。药交所交易量翻番。渝富集团核心指标名列全国资产经营管理公司第一。地产集团投资额、利润总额双创历史新高。旅投集团建成世界内河最优邮轮船队。商社集团新网点签约量创历史新高。港务物流集团果园港建设被交通部评价为“创造内河港口建设新速度”。粮食集团、交运集团跨入营收百亿集团行列。重咨集团在全国率先建起省级政府采购集中交易平台和专业化的机电设备招标交易平台。园林集团成为全国首家集投融资、施工、监理、养护、公园物业管理于一体的综合性园林企业集团。中央和外地在渝大型企业、区县属国有企业亮点纷呈。长安汽车自主品牌产销量全国第一。西南铝获得Nadcap认证证书和空客正式授权。中冶赛迪实现我国4000立方米级高炉首次海外输出。中汽院成功登陆上交所。机场集团旅客吞吐量突破2000万人次,稳居全国前十。川维厂甲酯销售量同比增长10倍, 成为全国最大的生产销售商。渝中区、沙坪坝区、九龙坡区、綦江区、大足区、梁平县、酉阳县、彭水县等8个区县所属国企营业收入增幅超三位数,大渡口区、沙坪坝区、綦江区、大足区、璧山县、梁平县、云阳县等7个区县所属国企利润增幅超三位数。

(二)抓改革,内生动力持续释放

坚持以改革激发活力,催生动力,向改革要红利,市属国企改革全面深化。国资委所属二级及以下企业95%实现产权多元化, 并表资产中的非公比重提高到46%。燃气股份进入中国证监会发审会审核程序,川仪股份、民生轮船完成预披露工作,建工股份、重庆银行即将进入预披露环节,化医集团拟上市资产实现重组。目前,全市国有控股上市公司12户,无一户ST公司,7户实现现金分红。农商行在全国同类机构中率先建成总部授权中心。对外经贸集团对海外分支机构审计实现全覆盖。能源集团、建工集团、商社集团、旅投集团、商投集团等集团将子企业财务总监纳入集团考核,财务总监的独立性明显增强。国资委所属重点企业中,70%实现资金集中管理。

(三)调结构,资源配置不断优化

坚持以资本为纽带,推动布局结构调整取得新进展。水务资产与三峰环境,联交所与金交所,西南证券与重庆OTC交易市场实现重组。安诚保险、大东方人寿保险完成股权结构调整。重庆钢铁、重庆百货、上海三毛、渝三峡启动重大资产重组或非公开发行股票,并取得重大进展。境外资产的集中度大幅提高,资源类、技术类产业的布局比重达到94%。境内、市外资产布局由弱渐优,净资产收益率提高到7.1%。支持"两翼"区县,融入区域经济,资产布局从无到有、由小到大,达到1300亿元。新组建新兴产业类企业47户,涵盖高性能集成电路、新能源汽车、轨道交通装备、环保装备、风电装备及系统、生物医药等领域。关闭高能耗、高污染企业2户,更新淘汰公交车1050辆,淘汰落后产能设备800台(套),关闭、注销企业192户。

(四)转方式,发展渐入科学轨道

坚持集约化、内涵式发展方向,着力创新驱动,切实转变发展方式,国企逐步跨入科学发展快车道。长安福特马自达二工厂、三工厂,庆铃集团重型车和重型发动机,化医集团MDI一体化,机电集团高精铸造和直升机产业基地,轻纺集团裸眼3D显示器,能源集团毕节煤电化基地,中石油和交运集团的LNG等一批大项目开工或投产,成为推动产业集群化发展的重要引擎。蓝宝石/LED、垃圾焚烧发电、商用车、轨道交通装备、通用航空/直升机等一批新兴产业集群快速成长,多层次的集群体系逐步形成。重钢集团E40、E70高强船板填补国内空白,化医集团蛋氨酸项目打破了国外企业对中国饲料级蛋氨酸市场的长期垄断,四联集团LED系列产品技术水平世界领先,城投集团乙醇汽油项目进入市场推广阶段,三峰环境设立全国唯一的国家级环境保护垃圾焚烧处理与资源化工程技术中心,西南铝攻克空客2024厚板和赛峰6061厚板力学性能不匹配的难题。全年,国资委所属企业新增专利授权898项,同比增长130%。参与制订和修订国家标准15项,行业标准29项。一批新的商业模式转化为新的生产力,商社集团建立商业地产与零售板块协同发展机制,西南证券尝试转融通和中小企业私募债券承销业务,庆铃集团在全国率先开发县镇一级经销商,联交所着力打造第三方支付平台,农畜所推动部市共建国家级"六位一体"生猪交易电子平台,港务物流集团综合贸易物流年新增收入20亿元。产业依托金融,金融服务实体,融资创新成为常态。组建产业链金融服务机构9家,走出"产业集团+担保公司"模式,收到了稳固产业链、解决中小微企业融资难等多重效果。机电集团财务公司挂牌。国内首家全国性、全品牌、全车型的汽车金融公司开业。金融后援服务中心开工建设。去年,国资委所属企业实现非银行贷款类融资800亿元,占融资总额的33.3%,包括企业债券、中期票据、短期融资券、融资租赁、信托、私募债、票据、信用证等多个品种,配置金融要素的能力显著提升,也为非公企业特别是小微企业腾出了银行贷款空间。

(五)促开放,外向度明显提高

坚持立足内需,全球配置资源,对外开放取得新成效。机电集团收购美国恩斯特龙直升机工厂完成交割,气体压缩机、模具收购项目即将签约。对外经贸集团中标利比里亚道路项目和坦桑尼亚姆比亚市政工程。能源集团、粮食集团、建峰集团在港设立公司,市属国企在港公司达到12个。全年,国资委所属企业境外协议投资额达到31亿美元，实际境外投资7亿美元。机电集团依托收购的英国PTG集团，回投重庆建设PCL螺杆机床加工基地。轻纺集团依托收购的德国萨固密集团，回投重庆建设萨固密亚太研发中心和中国制造基地。粮食集团依托其海外粮油基地，运回优质大豆170万吨。走通了"走出去"并购，回投重庆弥补产业不足、提升产业级次、带动多种经济发展的全流程。国资委所属企业全年引进外资15.35亿美元，占全市15%。在市发展改革委、市经信委、两江新区的支持下，承办中央企业入渝活动，签约72个，已落地450亿元。重钢集团、地产集团、交运集团、商投集团、农投集团等市属国企与中船重工、中石油、中石化等中央企业和西锦置业、中实实业、松龙建筑、英达实业、德佳肉类科技等民营企业达成一大批合资合作项目。

(六)履责任，发挥重要支撑作用

以中国进出口银行、进出口担保、三峡担保等金融机构和部分市属国企共同承担的首期融资50亿元支持"两翼"区县园区建设全部落地，二期支持方案已经市政府常务会议审议。高速集团巫奉二期、江合二期高速公路建成通车。交通开投集团新增轨道通车里程68公里，南涪铁路建成投用，"一小时免费优惠换乘"日均惠及群众100万人次。悦来公司国际博览中心主体工程基本完工。江北嘴中央商务区竣工面积达到200万平方米。地产集团、城投集团承建的公租房累计竣工995万平方米，交付使用16万套。交旅集团建立起全市二级公路债务偿还机制。能源集团供应电煤量占全市44%。交运集团三级GPS安全监控系统网络全面建成，全市二级以上客运车站实现联网售票。药交所药物价格平均降幅30%，医用耗材价格平均下降10%。重庆信托为民生和地方经济发展筹集资金230亿元。电力公司特高压入渝取得国家能源局"路条"。中石油"县县通"工程启动。重庆电信完成行政村通宽带工作。西永综保区、保税港区全年产出笔记本电脑4200万台，成为拉动全市GDP增长、出口增长的重要动力和全市电子信息产业发展的重要基地。长安集团、庆铃集团成为推动全市汽车产业发展的绝对主力。机电集团、化医集团、西南铝、川维厂、重钢集团、能源集团等充当了全市装备制造、综合化工、材料、能源等产业发展的重要骨干。商社集团、商投集团、粮食集团全力确保生活必需品供应，成为稳定全市消费品供应的重要力量。渝北区属国企全年投入社会事业资金60亿元。垫江县属国企建成21万平方米保障房。南川区属国企投入30亿元，引导社会资金30亿元，新开城市重点建设项目63个。永川区属国企投入民生事业资金15亿元，解决就业岗位1.5万个。万州区属国企筹措资金5亿元，解决了三金三乱、烂尾楼等历史遗留问题。江北区属国企妥善处理了渝北大厦、大融城80多户小业主的安置等历史遗留问题。

二、发展中存在的问题

一是厂办大集体、单双解人员、"壳"公司、社会职能移交等几十年来的遗留问题仍未彻底解决，国有企业的包袱依然较重。二是资产布局较散，小而全，净资产收益率偏低，内部管理粗放等问题仍然存在，结构调整还远没到位。三是高端人才、尖端技术、知名品牌还很短缺，自主创新能力和核心竞争力亟需大幅提高，转变发展方式的任务还十分艰巨。四是治理效率、质量亟待进一步提高，优化治理结构还任重道远。五是企业总体实力偏弱，"走出去"基础较差，海外投资还存在诸多不确定性因素。六是一批新组建的金融和服务类企业，还处于培育期；投融资企业转型还处于探索期，还需加大探索和培育力度。

三、2013年工作目标

(一)全面深化国有企业改革

进一步完善法人治理结构，健全董事会制度、规范董事会运行、优化董事会结构、建立外部董事人才库、促进外部董事履职到位，探索党委会有效融入治理结构的机制，继续深化监事会体制改革，推动监事会制度建设，着力解决监事会的独立性问题和外部监事的履职到位问题。依法理顺出资人代表与出资企业的关系，充分履行出资人代表职责，充分尊重企业的法人财产权和自主经营权。指导企业严格遵循市场规律，按照经济规律办事，正确处理好经济责任、社会责任和政治责任的关系。要适应国资管理体制改革的渐进性特征，研究薪酬、人事、投资、产权等管理权限的逐步下放问题。坚定不移推进整体上市，提高资产证券化水平。加快国内上市步伐，加大境外上市力度，探索中小板、创业板、新三板等上市渠道。对暂不具备上市条件的企业，要按照上市公司要求加快改造，切实提高质量。按照"中央在渝企业与地方国有企业统一政策、同步推进"的基本原则，全面启动国企综合改革试点，力争用两年左右时间全面完成。

(二)加快推进布局结构调整

以淘汰高能耗、高污染、低效率产能，退出没有技术和市场支撑产品，关闭或重组连续三年亏损企业和零专利制造企业为重点，加速传统产业改造。以蓝宝石/LED、垃圾焚烧发电、通用航空、页岩气等新兴产业为着力点，充分发挥资源、资本、资金和政策的聚合效应，打造1~2个全球性产业集群，3~5个全国性产业集群，10个以上区域性产业集群。深化基础设施企业转型。逐户清晰转型方向；每户企业的资产负债率都要降到50%以下。按照产业链、价值链、生态链的管控要求，对相关资源重叠、非主业重叠的企业，进行横向、垂直、混合重组，提高资源配置效率，培育一批市场占有率高、行业排名靠前、赢利能力和竞争能力强的核心子企业集团。

(三)大力实施科技创新驱动

探索国资系统科技成果转化为生产力的激励机制。加大人才培养力度，通过柔性人才资源管理等新方式，引进一批创新人才和创新团队。出台鼓励企业科技创新的政策，探索建立企业科技创新基金，支持企业科技创新投入。搭建一批研发平台，建设一批市级以上的研发中心、工程中心、实验基地和孵化基地。着力实验室产业，借助科技信息、利用科技手段，推动工业企业从做产品、卖产品、引技术向做市场、卖品牌、消化吸收再创新转变，推动金融企业向客户结构中小化、收入结构多元化、服务手段电子化方向转变，推动商贸物流企业向现代综合物流企业转型，走出技术型、文化型、品牌型发展新路子。

(四)着力拓展开放广度深度

支持民营企业扩大发展空间。国资系统的工商产业、基础设施、公共服务、金融等领域，在法律法规框架内向民营资本全面开放。积极探索以产权为纽带，与民营企业共享资源要素、分享上市红利和发展成果的机制。深化与世界500强和中央企业的合作。通过市场换资源，股权换资金、技术和管理等多种方式，积极引进世界500强企业和中央企业设立区域性、功能性总部和研发中心、结算中心。全面深化与中央金融企业的股权合作，加快推进海外投资基金、产业发展基金等项目。继续推进"走出去"和"投回来"。始终坚持"一头在内、一头在外"的机制，坚持项目规划与国家和全市战略相衔接、投资规模与企业实力相匹配、发展领域与企业主业相关联、运作风险与收益相对称，更加强调"走出去"后能够"投回来"。

(五)全力打造责任国企和谐国企

按照全市规划要求，确保高速公路、轨道交通、主城路桥、供排水、国博中心、公租房、自然博物馆等重点建设项目，以及西永综保区、保税港区、江北嘴金融城、广阳岛等重点片区开发项目，保质按进度推进。扎实抓好第二轮融资支持18个区县和万盛经开区的园区建设工作。全力保障煤电油气供应，稳定生活必需品价格。抓好安全稳定，坚决减少一般事故、降低较大事故、杜绝重特大事故。

2012年重庆市经济社会热点问题扫描

重庆市人民政府研究室 何安培

2012年,在党中央、国务院的坚强领导下,市委、市政府紧扣主题主线,坚持稳中求进总基调,全面贯彻科学发展观、"314"总体部署和国发3号文件要求,团结带领广大干部群众,聚精会神谋改革,一心一意图发展。市第四次党代会成功召开,确定了重庆改革发展思路、目标和途径,专题部署全力推动新型工业化、新型城镇化、农业现代化以及职业教育、民营经济、民生改善等工作。全市干部群众意气风发、精神振奋;国内外客商信心重振,纷纷来渝。全市经济继续保持均衡、协调、可持续的发展,走出一条前低后高、逆势而进的发展曲线,全年GDP达到11459亿元,同比增长13.6%,增幅全国第二,西部位居第一。同时,人均GDP首次赶超全国平均水平,标志重庆发展又迈上一个新起点。

一、2012年重庆市经济发展回顾

2012年,重庆经济继续保持均衡、协调、可持续的发展态势。其中,工业、对外开放、投资消费、金融产业、创业就业、地方财政和城乡居民收入六个基本面上表现出的支撑力令人欣喜。工业方面,在电子信息产业和汽车产业的有力带动下,全市工业4月份后加速回升,全年规模以上工业产值超过1.3万亿,增长18%。外资外贸方面,在全国利用外资负增长的情况下,我市实际利用外资保持100亿美元规模,五年扩大了10多倍,稳居全国第一梯队。进出口总额超过530亿美元,增长82%,在全国进出口10%的增长中,重庆的贡献了1/10左右。投资消费方面,全年投资增长23%,达到9380亿元。社会消费品零售总额3961亿元,增长16%。金融业方面,金融业资产总额增长21%,在GDP的占比提高到8%左右。存贷款规模分别突破1.8万亿和1.5万亿。银行、小贷、担保不良率均控制在0.5%以下,是全国金融生态最好的几个省市之一。创业就业方面,市场主体数达130.97万户,同比增长21.46%,共发展微企8.05万户,注册资本金总额达79.99亿元,实现产销值400多亿元,有效解决62万余人就业,全市登记失业率仅3.3%。地方财政和城乡居民收入也平稳增长。地方财政一般预算收入增长14.5%,达到1700亿元。城镇居民可支配收入和农民人均纯收入分别增长13.4%、13.9%。

2012年重庆经济发展得益于五大举措:

第一,重大项目拉动。全市启动实施了29个重大项目,既确保经济稳健增长,又推动发展方式加快转变。电子信息产业方面,云计算数据中心项目基本完工即将投运,3000万台打印机项目产能全部形成,4000万台笔记本电脑项目顺利推进。各类电子智能终端产品产量突破8000万台件,使重庆从零基础一跃成为全球最大的打印成像设备制造基地。汽车产业方面,长安福特二工厂达产,长安福特三工厂以及发动机工厂、长安铃木二工厂加快建设,带动全市新形成30万辆整车、40万台发动机产能。城建方面,朝天门、化龙桥等十大片区开发,完成投资270多亿元,有力带动了旧城改造和二环区域开发建设。机场、铁路、港口等九大基础设施项目,完成投资800多亿元,新通轨道交通接近70公里,航空旅客吞吐量超过2000万人次,水港货物吞吐量达到1.45亿吨,集装箱通过能力达300万标箱。大项目的实施,既支撑当期经济稳增长,又为重庆可持续发展奠定坚实基础。

第二,科学实施调度。从年初开始,全市前瞻性针对性地研究政策措施,化解经济周期性下行的压力。二月末推出提振实体经济的13条措施，落实50亿元专项资金；二季度确定20亿民营经济专项扶持资金，并确保市和区县两级资金落实到位；三季度全面部署强力推进新型工业化、新型城镇化、农业现代化，既谋长远，也图当前；四季度“一企一策”地为150户重点企业制订帮扶措施。同时，立足建立长效机制，强化煤、电产能和供应保障，天然气供应85亿立方米，新增各类建设用地30万亩。这些措施，对化解经济下行压力，稳增长、调结构、促转型，发挥了重要的作用。

第三，推进重点改革。按照中央要求实施结构性减税，兑现市级财税扶持政策，为企业让利270亿元。贯彻国务院新“36条”，出台民营企业进入基建、社会事业等领域的政策措施，民营经济活力进一步迸发。围绕实体经济发展推进金融改革创新，融资性担保公司、小贷公司、股权投资类企业达到460多家，户均资本全国领先，11个金融要素市场累计交易额近2900亿元。加工贸易离岸结算全年有望突破800亿美元。农村“三权”抵押融资300亿元。累计交易地票10万余亩，其中反哺“三农”达到198亿元。

第四，扩大内陆开放。坚持全方位、宽领域、多渠道利用外资，全年利用外资超过100亿美元。同时，利用外资结构进一步优化、质量进一步提高。同时，“走出去”进展顺利，巴西食品工业园、澳洲铁矿石等项目如期推进。口岸建设取得新进展，渝新欧(重庆)物流公司成功组建，国际货运航线增至20条，经由重庆港转口的外地货物占比提高到40%。开放平台进一步完善，两江新区GDP两年翻了一番，两个保税港区的进出口占全市加工贸易超过90%。

第五，切实保障民生。争取到中央民生专项补助140多亿元，加上市、区县两级配套、社会投入，集中有效的化解了教育、医疗、住房、国企改制、生态环保等一大批遗留问题和特殊困难。同时，农民工户籍制度改革转入常态化，新转户40多万人。公租房累计开工3521万平方米，竣工1284万平方米，配租17万套，解决了43万群众的住房困难。实现了城乡养老保险制度全覆盖、医疗保险市级统筹，城乡居民医保补助标准提高到每年240元，城乡低保标准提高到每月330元和185元。

二、发展中存在的问题

看到成绩的同时，重庆也面临一些现实的的困难和问题。从总体看，重庆还处于欠发展阶段、还属于欠发达地区，自然禀赋差，建设成本高，城乡二元结构仍然存在，发展落差较大。发展中不平衡、不协调、不可持续问题依然突出。从当期看，全市经济增长下行压力和产能相对过剩的矛盾有所加剧，企业生产经营成本上升和创新能力不足的问题并存，财政收入增速放慢和政府承担的刚性支出增加的矛盾凸显，消化过剩产能和稳定就业之间存在两难选择。

三、2013年重庆发展展望

2013年，全球经济将由危机前的快速发展期进入深度转型调整，是可以大有作为的重要战略机遇期。2013年，也是全面贯彻落实党的十八大、市第四次党代会精神的开局之年，是实施“十二五”规划承前启后的关键一年。重庆将深入学习和全面贯彻党的十八大、中央经济工作会和市第四次党代会精神，紧紧围绕主题主线，以提高经济增长质量和效益为中心，着力推动科学发展，着力调整经济结构，着力深化改革开放，着力保障改善民生，稳中求进，开拓创新，扎实开局，实现经济持续健康发展和社会和谐稳定。

2013年，重庆将力争实现GDP12%左右增长，这是由于以往的快速发展也累积了一些结构性矛盾，片面追求速度，会错失转型良机。我们调减发展指标，为调结构、转方式留下空间，既实事求是，也体现十八大加快转变发展方式、更加注重发展质量和效益的要求。其中，工业方面，明年机械、化工、轻工等产业虽然可能继续低迷，但随着笔电整机及零部件配套项目陆续达产量产，规上工业增加值增长15%左右，既稳妥，也比较积极。消费方面，城镇化加速、城乡居民收入逐步提高、民生政策不断完善都将成为利好因素,因此社零总额预计增长15%,与今年实际增幅持平。投资方面,重庆的投资基数已较大,再保持30%左右的高增长,既无必要也不现实。但我市正处于高速发展期,投资的刚性需求客观存在,民间自主投资的潜能也在进一步释放,实现18%以上增长,既必要也有可能。对外开放方面,笔电、加工贸易持续发力,进出口总值有望继续保持25%以上增长。在这样的支撑下,公共财政预算收入增长12.5%也较为合理。城乡居民收入方面,我市城乡居民收入与全国平均水平相差1500元、500元左右,保持每年增幅高出2-3个百分点,力争在"十二五"末赶上全国平均水平。

第四编
部门经济运行与管理

质量技术监督

重庆市质量技术监督局 刘建军

一、2012年发展回顾

2012年，全市质监系统紧紧围绕重庆经济社会发展大局，坚持不懈促发展，从严监管保安全，主动作为惠民生，改革创新强质监，各方面工作取得了新的进展。

(一)促发展作出了新贡献

一是质量强市战略扎实推进。深入宣传贯彻国务院《质量发展纲要》，市第四次党代会明确提出"坚持质量强市"，特种设备安全、生产加工环节食品安全、工业产品监督抽查合格率、名牌培育、制造业质量竞争力指数、标准化工作纳入考核体系，质量发展大格局进一步优化。二是宏观质量管理水平明显提升。拓展市长质量管理奖和重庆名牌产品评选领域，新培育市长质量管理奖企业3家、市长质量管理奖提名奖企业6家、重庆名牌产品226个、重庆知名产品61个；发布《全市质量状况报告》，开展区县制造业质量竞争力指数测评，指导1119家企业推广应用先进质量管理方法，帮助1703家企业建立完善质量管理体系，注册QC小组37805个，全市工业产品监督抽查合格率93.27%，创历史新高。三是技术标准战略取得重大进展。新增国际标准1项、国家标准和行业标准118项，制修订地方标准61项，备案企业产品标准1852项；培育重庆市产品标准奖30个，新批准市级专委会3个，成功争取国家级标准化试点项目9个，新建市级项目33个，创建标准化良好行为企业41家，初步建立"世界温泉之都"、"六大精品景区"标准体系。

(二)保安全守好了底线

一是扎实开展质量安全风险排查整治和道德领域突出问题专项治理。在抓好日常巡查的同时，结合实际开展"百日安全维稳攻坚行动"和特种设备"打非治违"专项行动，排查各类企业18960家，开展风险监测1234批次，排查隐患9321项，重大隐患整改率100%。二是强化应急管理和风险分析研判。加强应急管理指挥体系建设和风险排查分析，刊发舆情专报49期，处理12365投诉举报案件1484件；实施食品生产加工企业约谈制度，在13个区县推行法人代表定期履责报告制度，全市食品监督抽查合格率92.74%，为历年最好水平；严格落实特种设备企业分级分类管理，对720家重点特种设备企业进行了级别评定，将8家电梯企业列入"黑名单"管理，全市特种设备万台事故起数0.43、万台死亡人数0.37，再创历史新低。三是严厉打击质量安全违法行为。扎实开展"双打"和"质监利剑行动"，查办各类质量违法案件10449起，查获假冒伪劣产品货值3.95亿元，捣毁制假售假黑窝点23个，移送公安机关案件13起，刑事追责7人。全市质监监管领域没有发生安全稳定责任事故。

(三)惠民生取得了新进展

一是加强民生计量和强制性产品认证监管。深化诚信计量集贸市场创建活动，免费检定集贸市场公平秤、电子秤53051台件；以加油机、出租车计价器、定量包装商品、电线电缆、汽摩配件、家用电器等涉及老百姓切身利益和健康安全的产品为重点，加大专项整治力度，查办计量欺诈案件397件、认证认可违法案件250件。二是主动支持小微企业发展。争取国家代码中心支持，增加代码赋码量5000个，解决了代码码段紧张问题；免费办理组织机构代码，累计免收代码费用720万元。三是持续推进老旧电梯改造。全年新完成老旧电梯改造更新365台，实施安全评估390台，累计免收评估费220万元。四是积极服务节能减排。开展用能产品能效等级符合性计量监督检查试点，全年检校能源计量器具80万台件；加强电煤、车用成品油质量监管，以燃气锅炉为重点推进高耗能特种设备技术改造，有力服务“创模”大局，改善人居环境。

(四)强质监呈现出新气象

一是技术支撑能力有效增强。国家质检基地建设有序推进，笔记本电脑、电梯和起重机械等3个国家质检中心顺利通过总局现场复核和技术论证；加大资质争取力度，国家认监委同意在渝布局金质节能认证中心，批准笔记本电脑、中空玻璃等国家强制性产品认证指定检验资质；强化科研攻关，获得专利12项、省部级以上科技奖项10项，推广科技成果8项。二是依法行政更加规范。加强案件质量监督检查，规范行政执法自由裁量和罚没物品处置，试点推行行政许可听证，全年行政许可电子监察实现“零飘红”，行政复议案件维持率、行政诉讼案胜诉率均为100%。三是队伍素质结构不断优化。开展创先争优“十个一”规范化建设，推进创先争优常态化、长效化；创新反腐倡廉教育，组织开展“清风廉雨润质监”文艺活动，深入开展廉政风险点排查；加大干部竞争性选拔和跨部门、跨地区交叉挂职、任职力度，选人用人公信度在市级部门名列第七；持续开展“大培训、大考试、大竞赛”三大活动，分专业组织开展技能竞赛，全系统研究生以上学历比例达7.63%。四是质监形象持续提升。加强主题宣传和对外宣传，开展质监特色文化精品单位建设，加强先进典型培育，市局退休干部吕长富同志成功当选2012年度感动重庆十大人物；坚持5S管理、职工“个人创意功夫”和重点项目改善制度，持续深化精益管理，不断提升工作效率和服务质量。

二、2013年发展目标及重点任务

2013年，全市质监工作将深入学习贯彻党的十八大和市第四次党代会精神，以邓小平理论、“三个代表”重要思想和科学发展观为指导，围绕“一统三化两转变”战略，立足提升经济发展质量和效益，以“服务型质监建设年”为主题，积极探索建立科学发展观指导下的质量观、制度保障、技术支撑、工作推进“四位一体”服务型质监工作体系，稳中求进，求真务实，更加扎实有效地抓质量、保安全、惠民生、强质监，切实做好服务大局、服务区县、服务企业、服务民生“四个服务”，竭力为“科学发展、富民兴渝”作出更大贡献。

(一)围绕质量和效益这个中心，着力提升质量总体水平

围绕抓质量突出抓好“四个着力”。着力抓好质量管理。落实政府质量工作绩效管理制度，制定并实施质量发展纲要2013年工作计划；深化质量强区县、质量强镇、质量强园、质量强企活动，抓好渝北区、九龙坡区“全国质量强市示范城市”创建；组织开展年度区县制造业质量竞争力指数测评和质量状况分析，在名牌申报企业全面开展服务质量满意度调查；深入开展群众性质量活动，推行卓越绩效管理模式，建立关键质量岗位持证上岗制度，指导10家企业建立首席质量官制度，实施食品质量安全“十百千”示范工程；深化“认证发展指数”研究，推进认证组织集群化发展。着力推进品牌发展。抓好年度市长质量管理奖的培育评选和重庆名牌产品评价，协同北部新区抓好全国知名品牌示范区建设，推动区县开展政府质量管理奖评选，培育市长质量管理奖5个、提名奖10个，重庆名牌产品250个；建立重庆名牌和知名品牌数据库，完善名牌评价和退出机制，集合各方优势培育“中国精品”，提升重庆品牌的知名度和影响力。着力深化技术标准战略。健全完善标准化多元共建机制，持续推进目标督查考核，指导制修订国际标准1项以上、国家标准和行业标准60项、地方标准70项，备案企业产品标准1500项，重点领域重点产品采标60个，培育100家“标准化良好行为企业”，帮助1000家企业建立标准体系，在装备制造、材料、能源、云计算、物联网、电子商务、行政服务、社会管理、城乡统筹、特色农业等10个领域建立完善标准体系。以国家级、

市级标准化项目为抓手，强化系统管理，提升助推绩效，培育一批先进单位和示范企业。着力抓好质量诚信体系建设。完善产品质量信用信息平台，启动企业质量信用等级评价工作，定期公布质量失信企业“黑名单”，完善质量信用档案数据库，鼓励中央在渝企业、市属重点企业试点发布质量信用报告。

（二）强化质量安全监管，深入推进平安建设

围绕保安全切实做到“五个强化”。强化风险管理。建立健全重点领域风险监测、风险评估、风险预警、风险快速处置等制度，加强舆情监控，适时修订完善应急预案，开展应急演练，及时有效处置突发事件；以食品、特种设备和涉及人身健康安全的工业产品为重点，抓好产品伤害预警研判，至少每月发布一次质量安全信息。扎实抓好质监领域社会管理创新“五大项目”，推进公共安全领域规范化、标准化。强化重点监管。要以乳制品、肉制品、食用植物油、酒类、调味品、食品添加剂、火锅底料和酱腌菜等产品为重点，加强食品重点产品专项整治，着力治理带有行业共性的隐患和“潜规则”。坚持巩固“双基”、强化“三防”，持续开展特种设备“打非治违”专项行动，推进特种设备安全监察信息动态平台建设，以电梯、气瓶、起重机械、土锅炉等为重点，严厉打击、严肃查处特种设备“三非三违”行为。抓好重要消费品安全，加强儿童用品、家用电器等重点消费品监管，探索发布消费预警。强化监管创新。完善工业企业差别化分类监管和动态升降级管理机制，完成3000家工业企业分类评价。深化食品生产加工企业、特种设备企业、资质认定实验室和强制性产品认证获证企业分类分级监管，实行更加严格的准入退出机制，对恶意违法、屡次违法造成重大质量事故的企业和法人代表，探索实行“终身出局”制度。探索开展工业生产项目质量准入评价制度试点工作。广泛应用先进便捷的技术执法装备，推进执法现场“快速检测”能力建设，着力解决监管工作能力不足、手段落后的突出问题。强化社会监督。要遵循市场规律，探索建立质量安全社会监督机制。继续推行质量安全公开承诺担保制度、落实主体责任定期履职报告制度和问题企业警示约谈制度；以酒类产品和化肥为重点，建立完善公开销售渠道、公开违法违规记录“两公开”制度；深入开展大学生质量安全志愿服务活动和中小学质量教育基地建设，抓好“质监邀您查质量”和“实验室开放日”等主题活动；充分发挥行业协会、消费者组织及新闻媒体等社会力量的作用，选聘一批产品质量安全义务监督员，用好12365等举报投诉平台，建立健全社会监督机制。强化打击惩处。深化“质监利剑行动”，严查彻办大案要案。完善稽查建议书、挂牌督办、案件会商、明查暗访、企业质量违法查处记录等制度，抓好业务数据清理整合工作，建立重点产品生产企业质量违法责任追溯制度；加强与公安、工商、经信等相关部门的沟通合作，做好行政执法与刑事司法的有效衔接，积极推动跨区域、跨部门打假协作。

（三）开展质监惠民行动，积极保障改善民生。围绕惠民生开展好“五个行动”

开展标准利民行动。开展医疗、养老、家政标准化服务试点，制定生态环境、交通水利、城乡社保等民生性地方标准20项。依托国家首批电子商务示范基地，以日化个人护理产品等为重点，开发产品质量信息手机查询系统，维护网购消费者合法权益。开展计量惠民行动。加强重点能耗企业能源计量数据采集，抓好能源计量示范企业创建活动，完成智能化楼宇节能示范工程建设试点。加快推进诚信计量体系建设，以出租车计价器、加油机、加气机、集贸市场衡器和定量包装商品为重点，严厉打击计量欺诈行为，帮助200家企业建立自主计量管理体系，培育100家能源计量管理示范企业。开展认证为民行动。支持具有地域特色经济的区县创建国家有机产品认证示范区，推动有机产品、良好农业规范认证等食品农产品认证。开展装饰装修材料、电线电缆、家用电器等强制性产品认证专项执法检查活动。开展电梯安民行动。加大对

"小马拉大车电梯、拼装电梯、老旧电梯、高耗能电梯、隐患在用电梯"的整治力度,推进电梯安全监察改革,建立以电梯制造企业为主体的维保制度,完成400台老旧电梯更新改造,确保老百姓出行安全。开展节能助民行动。以工业锅炉、电梯和换热压力容器为重点,抓好特种设备生产环节节能监管。加强成品油、电煤质量监管。抓好重庆金质节能认证中心建设,开展国家低碳产品认证和重点企业低碳节能认证试点工作,加快推进认证认可在节能环保、低碳经济等领域的应用,服务节能减排,改善人居环境。

(四)改进作风树好形象,增强服务能力水平。围绕强质监强化"六个加强"

加强党的建设和反腐倡廉建设。深入抓好党的十八大精神学习宣贯,将十八大精神列入"大培训"内容,开展干部轮训,组织好群众路线教育实践活动,加强思想政治工作、精神文明和质监文化建设。严格落实党风廉政建设责任制,加强反腐倡廉教育,完善效能监察机制,从严查处各种不廉洁行为。加强领导班子和干部队伍建设。加大竞争性选拔干部力度,推进关键岗位干部、优秀年轻干部的交流,完善干部考核评价机制。推进网络学习和在职学历教育,加快现有人才开发,改善人才队伍结构。加强技术支撑能力建设。加快推进国家质检基地项目建设,确保机动车强检试验场和笔记本电脑、城市能源计量、电梯及起重机械等4个国家质检中心完成进度任务,标准科技馆、消防中心完成前期工作并力争开工建设,皮革、镁铝合金国家质检中心通过验收;加强技术机构建设管理,完成检测装备投入7000万元以上,确保技术机构全部通过总局能力达标验收;争取成功申报省部级以上科研项目10项,获得省部级以上科技奖励3项。加强依法行政。抓好领导班子、领导干部集体学法和职工普法教育,健全完善行政执法责任制;加强行政执法评议考核和监督检查,坚决防止不作为、乱作为等行为;积极推动《重庆市产品质量监督管理条例》、《重庆市电梯安全管理办法》等7项地方法规和政府规章的制修订。加强机关内部管理。加强财务和内审工作,严格预算执行,开展年度财政财务收支审计,严控"三公"经费。固化精益管理成果,推动绩效管理。抓好质监精品文化单位建设。加强机关节能管理,确保系统内部和谐稳定。加强新闻宣传。坚持定期新闻发布制度,提高质监工作透明度,积极运用新技术新平台,构建适应全媒体时代的话语体系;深入学习宣传吕长富同志先进事迹,不断赋予重庆质监精神新的内涵。

安全生产

重庆市安监局 刘恒

2012年,全市坚持科学发展、安全发展理念,以开展"安全生产年"、"基层基础巩固年"和"打非治违"专项行动为主题,以有效防控重特大事故为重点,以实施科技产业和人才强安为支撑,着力提升"五大能力",进一步巩固"五项成果",强基层、抓排查、促整治、打非法、压事故,有力确保了全市安全生产形势持续稳定好转。

一、2012年全市安全生产形势

2012年,全市安全生产事故总量在连续8年大幅下降的趋势下,继续呈现出"三下降、两向好"的良好态势。"三下降",即事故起数、死亡人数、较大事故起数持续下降。全市共发生各类生产安全事故1374起、死亡1539人,同比分别下降4.8%和7.1%;共发生较大事故29起,同比下降27.5%。"两向好",即:多数行业、多数区县形势稳定向好。从行业看,农用机械、渔业船舶2个行业"零死亡";非煤矿山、工商贸、消防、煤矿、烟花爆竹、一般道路、铁路、高速公路八大行业事故死亡人数同比大幅下降。从区县看,26个区县事故总量同比下降,41个区县事故总量在控制指标内,31个区县未发生较大以上事故,35个区县在年度安全生产目标考核中荣获优秀等次。

二、2012年安全生产工作情况

2012年,全市各级部门深入开展安全生产“基层基础巩固年”活动,全面落实企业主体责任,持续深化安全生产基层基础建设,扎实推进安全监管规范化和企业安全生产标准化建设,主要体现为“五个新成效”:

一是安全监管能力建设取得新成效。全市所有区县全部设立安监执法大队和应急中心,所有乡镇(街道)和工业园区均规范设立安监办,1100多个村居建立安全生产监管站。煤矿、交通、建筑等15大行业监管能力建设任务全面完成,共配备执法车494辆、其他装备1617套,新增机构98个、编制492名。重点行业领域安全生产联席会议作用得到充分发挥,事故查处分级挂牌整改、跟踪督办、警示通报、诫勉谈话和现场分析制度全面落实。培训区县乡镇领导、市级行业部门领导1260人,培训基层安全监管人员1.5万余人次,监管人员素质能力明显增强。

二是企业主体责任落实取得新成效。第一、二批1.8万余家企业全面完成评估定级,并逐步向车间、班组和岗位延伸;第三批拓展企业5516家,已完成评估定级5457家,其中A、B级企业达到2.1万余家,占总量的89%。全面启动1637家工贸企业达标创建工作,评价验收达标企业524家,非煤矿山、危险化学品生产企业安全标准化率达100%,28家烟花爆竹生产经营企业完成达标验收。完成国家职业卫生安全许可试点工作,创建职业健康规范化管理企业220家。安全生产激励约束、督促检查、行政问责等制度进一步健全完善,分级监管和重点监管全面实行。

三是安全保障能力建设取得新成效。新安装道路防护栏1300公里,累计完成1.3万公里。营运车辆全部安装GPS监控设备,58个二级以上客运站、52个危化品码头、14个旅游客运码头、8个客运港口、4个旅游景点泊位、5个集装箱码头全部实现视频联网监控。新建高速公路固定测速系统150套。推广船舶防撞自动识别系统和船载GPS终端安装,改造短途客船405艘、渡口140座、渡改桥10座,整治危桥50座。煤矿安全监测监控应急避险系统建成124个、累计建成226个。850家危险化学品从业单位纳入全过程动态监控信息系统管理,首批15类33家危险工艺的化工装置全部安装集散控制系统和紧急停车系统。

四是安全专项整治取得新成效。深化安全隐患排查整治,全年共排查生产经营单位14.5万家,覆盖率为99.2%;排查一般隐患41.2万项,整改40.5万项,整改率98.2%;排查重大隐患72条,整改66条,整改率91.6%。道路交通专项整治排查各类道路运输企业和单位12.5万家,查处各类交通违法行为523.8万起;煤矿专项整治排查一般隐患4.2万余条,整改率100%;检查非煤矿山1944个,排查一般隐患2.2万余处,隐患整改率达100%;消防专项整治排查整改火灾隐患和违法行为26.9万余处,整改销案重大火灾隐患2700余件。危险作业专项整治查处非法违法行为5243起,排查一般隐患5570项、整改5393项,整改率96.8%。扎实开展“打非治违”专项行动,全市共组织检查组1.7万余个,检查8.6万余次,排查非法违法行为170.1万起,责令改正19.8万起,吊销执照2.3万余家、取缔关闭2081家,行政拘留1874人,刑事处罚237人。平安校园建设排查中小学校8000余所,校车5000车次,查处各类交通违法行为3800起。

五是安全文化建设取得新成效。积极推进厂长专业化、管理人员资格化、从业人员职业化,分行业、分层次开展安全管理和操作技能培训443期,培训企业主要负责人、管理人员、执法人员、特种作业人员等4.1万余人;全面推行企业“三项人员”持证上岗制度,举办各类考试4573场,考试各类人员19.9万人。深入开展“安全生产月”、“安康杯”、“文明交通行动计划”等活动，在中央和市级媒体上发布新闻2500余条。建成12350举报投诉热线并投入使用。认真做好市人大评议市政府安全生产工作。全面深化安全社区创建活动，共创建国家安全社区5个，认证重庆市安全社区100个、安全文化示范企业49个。

三、安全生产存在的问题

一是事故总量依然偏大，较大事故和重特大涉险事故高发，重大事故出现反弹。全市共发生事故1374起，死亡1539人，平均每天发生事故3.8起、死亡4.3人；发生较大事故29起，平均每月发生2.9起、11.5人。二是安全生产问题依然突出。部分重点行业和地方监管措施疲软，责任落实层层衰减；安全监管点多、面广、线长，监管队伍力量不足、素质不高，安全投入不到位；打非治违手段不多、力度不够，非法违法生产经营建设行为屡禁不止；科技兴安措施应用不够，安全保障能力仍然滞后，隐患治理整顿不及时、不彻底；全民安全意识不强。三是安全生产工作要求更高。安全生产与经济社会发展和人民群众期待还有较大差距，推动科学发展、安全发展还面临不少困难和问题。

四、2013年工作思路及重点

2013年安全生产工作总体思路是：深入贯彻落实党的十八大和市第四次党代会精神，坚持安全第一、预防为主、综合治理，坚定不移实施安全发展战略，围绕夯实安全生产基层基础，不断提升政府安全监管能力、企业安全管理能力、社会公众参与能力，规范安全生产法治秩序，提升安全科技应用水平，健全安全投入保障体系，完善安全生产应急救援体系，加强安全生产教育培训，着力改善安全生产条件，降低生产安全事故总量，有效防范和坚决遏制重特大事故，为全市经济社会发展和平安建设提供坚实的安全保障基础。主要目标是：全市各类安全生产事故死亡人数比2012年下降2.5%；较大事故控制在40起以内；重大事故控制在1起以内；特大事故实行零控制；初步建成安全保障型城市。

2013年安全生产工作重点是：紧扣安全发展战略主题，全面提升“三个能力”，着力强化“四大保障”。

（一）坚定不移实施安全发展战略

按照建设安全保障型城市总体要求，把安全生产作为考核经济发展、社会管理和文明建设的硬性指标，作为衡量经济发展方式转变的主要标准，不断改善安全状况、提升安全保障能力、保障劳动者健康安全，实现经济持续健康发展、社会稳定和谐进步。

（二）着力提升“三大能力”

一是全面提升政府安全监管能力。切实加强基层安全监管体系建设，全面实施综合监管部门标准化建设，逐步形成市、区县、乡镇、村居四级安全监管体系。加大安全监管队伍培训力度，探索建立资格化、专业化、职业化的安监队伍。健全完善安全综合监管部门与行业专项监管部门联系协作机制，全面落实行业专项监管部门的专业监管、行业管理和指导职责。二是全面提升企业安全管理能力。持续深入开展企业安全生产主体责任行动，并向重点行业领域、班组岗位延伸。继续实施企业安全等级动态监管，依法落实企业安全生产主体责任和职业健康责任。深入开展岗位达标、专业达标和企业达标活动，扎实推进企业安全生产标准化工作。健全企业安全隐患逐级排查治理责任制，持续开展安全隐患排查和专项治理。三是全面提升社会公众参与能力。加强社会公众安全文化建设，强化社区、家庭安全宣传教育培训。充分发挥各级工会、共青团、妇联等组织作用，依法维护和落实企业职工监督权和参与权。充分发挥“12350”安全生产举报投诉平台作用，健全举报投诉奖励制度和安全生产新闻发布机制。健全市、区县、乡镇三级安全文化网络体系，积极推进安全文化和安全社区建设。

（三）努力强化“四大保障”

一是强化法制保障。加快安全保障型城市

的法规、规章、标准和制度体系建设，不断健全完善安全生产法律制度体系。持续开展“打非治违”专项行动，严格实行“四个一律”。加强执法案卷评审和执法统计分析，严格行使行政处罚裁量权。建立跨地区、跨行业的联合执法机制，依法查处安全事故。二是强化科技保障。大力实施“科技兴安”战略，搭建安全科技“政、产、学、研、用”一体化平台。积极推广先进适用技术，加快安全生产重点实验室和研发试验基地建设。大力推进中国西部安全(应急)产业基地建设，建设全国安全科研成果转化产品制造基地。三是强化投入保障。持续加大安全生产资金投入，全面构建企业安全费用提取和使用监督机制，加快推进重大安全事故隐患治理、企业安全技术改造与装备建设等重点工程项目建设。四是强化应急保障。加快推进以市安全生产应急救援指挥中心和8个区域应急救援指挥分中心为支撑、市综合应急救援总队所属应急救援机构为骨干力量、应急救援专家队伍为人才支持、矿山与化工等企业专业队伍为区域力量、兼职队伍和社会力量为补充的安全生产应急救援体系及应急救援指挥平台。严格应急预案的编制、评审和备案管理，建立覆盖所有行业领域的应急预案体系，提高应急处置能力。

人力资源和社会保障

重庆市人力资源和社会保障局 赵凤阳

一、2012年发展回顾

2012年，全市人力社保系统立足科学发展，深入贯彻落实全国人力资源社会保障工作会议精神，切实保障和改善民生，全面完成了各项目标任务。

(一)就业局势基本稳定

2012年，重庆城镇新增就业65.5万人、城镇登记失业人员就业25.9万人、就业困难人员就业10.9万人，同比增长19%、1.4%和9.4%。2012年底，城镇登记失业率为3.3%，同比下降0.2个百分点。

1.重点群体就业得到切实保障。一是应届高校毕业生就业率达到91.2%。大力宣传积极就业政策，引导离校未就业高校毕业生进行实名制登记，掌握其基本情况。切实加强就业服务，定期组织开展专场招聘会和网络招聘活动，搭建供需有效对接平台。继续开展高校毕业生定向就业培训和就业见习工作，提升其就业能力。对困难家庭的高校毕业生，开展“一对一”就业援助服务，帮助其就业。二是农民工就业实现由输出向回流的历史性转变。优化公共就业服务，切实帮助农民工解决入住公租房、子女入学等实际困难，吸引农民工就近就地就业和返乡就业。2012年底，我市农村劳动力非农就业人数918万人，基本实现应转尽转。三是城镇零就业家庭保持动态为零。2012年，新开发公益性岗位托底安置1.8万名困难人员就业，新消除城镇“零就业家庭”202户，实现动态为零的目标。截至2012年底，全市94.8%的社区和76%的行政村达到充分就业标准，其中4个社区被评为国家级充分就业示范社区。

2.创业带动就业的倍增效应初步显现。一是微型企业逐渐发展壮大。采取“1+3”运作模式，即“投资者出一点、财政补一点、税收返一点、金融机构贷一点”，鼓励并扶持城乡劳动者创办微型企业。2010年8月以来，全市已累计发展微型企业7万余户，解决和带动就业近60万人。二是金融扶持总量不断扩大。2012年，新发放小额担保贷款56.4亿元，同比增长71%，有效解决创业者融资难问题，直接扶持6.3万人自主创业，带动19.4万人就业。截至2012年底，全市已累计发放小额担保贷款142.7亿元，成为全国首批五个突破100亿的省市之一，发放总量继续位居全国百个重点城市首位。三是创业服务日趋完善。制定出台《重庆市创业孵化基地管理暂行办法》,引导、扶持创业孵化基地规范化发展。截至2012年底，全市创建36个市级创业孵化基地,孵化企业2339户,带动就业2.9万余人;开展了36个市级农民工返乡创业园区、40个区(县)级返乡创业(特色)园区、返乡创业街建设工作,全市农民工返乡创业36.3万户,吸纳城乡劳动力就业163.8万人。2012年,全市开展创业培训4.8万人,有效提升了一大批创业者的创业能力。渝中创业孵化基地被认定为首批国家级创业孵化示范基地，永川区被评为全国创业先进城市。四是创业氛围日益浓厚。成功启动二期“泛海扬帆—大学生创业行动”,重点资助了100个创业项目。首次在全市举办创业大赛活动,宣传表彰了一批创业先进典型,营造全民“支持创业、参与创业”的良好氛围。

3.覆盖城乡的公共就业服务体系逐步完善。一是基层就业工作平台和人力资源市场信息基本实现全覆盖。截至2012年底,基层就业工作平台已延伸到所有街道(乡镇)、社区和91.7%的行政村；人力资源市场信息已延伸到所有街道(乡镇)、社区和90%的行政村。二是农民工就业服务不断深入。依托覆盖城乡的公共就业服务平台，免费为进城务工农村劳动者提供职业指导和职业介绍等“一站式”服务。2012年,全市开展农民工慰问活动1578次,在车站、码头接送农民工31.8万人次,举办农民工招聘会497场、提供就业岗位16.8万个。三是就业工作信息化管理水平不断提高。开发了就业失业信息系统,并覆盖到全市所有区县、街道(乡镇),就业工作基础管理水平大幅提升。

4. 面向全体劳动者的职业技术教育体系基本形成。一是拓展了职业技术教育体系。召开了全市职业技术教育工作会,出台了《中共重庆市委重庆市人民政府关于大力发展职业技术教育的决定》和《重庆市职业技术教育改革发展规划(2012—2020年)》;明确了职业技术教育的对象除了职业院校外，还包括城乡就业人员的职业技能培训、高技能人才的培养、在岗人员的技术培训和继续学习等。二是技工教育建设取得新成就。2012年,全市共有开展招生工作的技工院校55所,其中国重13所,市重14所,合格技校28所。共计招收学生5.1万人(其中:非全日制学生1.9万人);毕业学生3.4万人,就业数3.35万人,总体就业率达98%。三是建立了就业培训新机制。出台了民办职业培训机构审批管理办法。出台企业职工岗前培训新政策,对招用新员工并开展短期岗前培训的企业，采取“直补企业”方式发放培训补贴,降低企业招工成本。四是扩大技能培训规模。大力推行定单、定向、定位“三定”培训方式,提升劳动者技能。2012年,全市开展各类职业技能培训215万人次。针对市场供应偏紧现象,及时启动“月嫂应急培训”和家庭服务业专项培训,培训人数近2万人。43万人参加职业技能鉴定,其中37万人获得职业资格证书。

5. 市场导向的重点产业人力资源保障模式初步建立。建立了精确化的政企对接、市场化的中介招工、动态化的应急储备、专业化的劳务派遣和社会化的公共就业服务等“五大机制”,为重点产业发展提供了强有力的人力资源保障。2012年，笔电等重点产业企业吸纳城乡劳动者就业19.1万人,比2011年多9.2万人。

(二)社保体系日趋完善

实施“五险统征”机制和“五险合一”管理模式,调整缴费基数上下限,加大稽核督导力度,促进扩面征缴工作取得突破性进展。2012年末全市城乡养老、医疗、失业、工伤和生育保险参保人数分别达1848万人、3219万人、324万人、377万人和253万人，超额完成全年扩面任务。2012年基金总收入857亿元，基金总支出650亿元,当期结存207亿元。

1.率先实现五险市级统筹。按照“基金上收、机构下沉、责任共担”的工作思路,大力推进五大保险市级统筹，成为全国率先实现五险市级统筹地区之一。提前1个月实现城镇职工医保、城乡居民医保数据大集中管理，在信息系统建设、覆盖人群、服务功能上全国领先。全市参保人员在近3000家定点医疗机构、5000多家定点药店就医购药全部实时结算。

2社保待遇水平持续提升。连续8年调整企业退休人员养老金，全市企业退休人员人均养老金1802元,超过全国平均水平。征地农转非和超龄人员养老待遇经过4次调整，月平均待遇达到788元。养老金社会化发放网点遍及全市各街镇。建立了失业保险金与最低工资标准挂钩的动态调整机制，将原三个档次的失业保险金标准调整为两档,分别为735元／月和670元／月,增幅最低达29%。

3.历史遗留问题有效化解。妥善解决160多万征地及三峡库区淹没地移民农转非人员、28万城镇用人单位超龄未参保人员养老问题。将15万国企" 单双解" 人员纳入社保补贴发放范围。42万国有及集体关破企业退休人员医保问题得到解决。农民工养老、大病医疗保险与城镇职工养老、医疗保险完全并轨，促进了制度衔接。

4.社保基金监管力度加大。全力配合审计署重庆特派办、市审计局,在全市开展历时6个月的社保基金大检查，首次全面审计了五大社保基金的管理使用情况,未发现重大违规事项。对查出的问题,及时予以整改。组织开展了全市工伤保险专项检查和工伤保险经办机构内控制度检查；委托中介机构对200户参保单位2011年度的申报缴费情况进行专项审计；组织对定点服务机构开展支付环节的交叉稽核；积极探索建立领取养老金资格核查指纹验证系统；发挥多部门协作机制，进一步强化对医疗保险定点服务机构的监管。通过总额预算、目标考核、锁定基数等措施，建立起工伤保险基金缺口市和区县责任分担机制。将工伤初次鉴定下沉区县，再次鉴定上收至市级，再次鉴定更改率同比下降15%。

5.社保信息系统建设提速。五大保险市级统筹信息系统建设与应用推广加快，完成了城乡一体的居民社会养老、医疗保险全市数据大集中,并成功上线,系统入库人数3028万人,创全国第一。发放具有金融功能社保卡1215万张，累计持卡1397万人,超额完成人社部下达累计持卡1000万人的目标任务。开通12333人工咨询电话服务热线,拓宽了群众咨询、反映问题渠道。基层社保工作平台延伸到所有镇街、社区和86%的行政村。

(三)人才队伍进一步壮大

1.高层次人才数量明显增加。新增享受国务院政府特殊津贴人员46人，累计人数西部领先。第三、第四批"百人计划"入选40人。新增国家级博士后科研流动站10个,全年招收博士后239人。启动实施专业技术人才知识更新工程，全国唯一设在人社部门的国家级专业技术人员继续教育基地落户我局。配套设立12个市级继续教育基地。培训急需紧缺和骨干专业人才2000余人。精心组织121名高层次专家休假疗养,为2728名正高级专家开展健康体检。组织了“院士专家彭水行”咨询服务活动。

2.技能人才培养力度不断加大。全市高技能人才72万人,较去年增长9%。在人社部颁发的第11届“中华技能大奖”30人中，我市获奖2人。新获批“国家级技能大师工作室”6个、“国家级高技能人才培训基地”5个。评选出重庆十大杰出技能人才和90名优秀技能人才。首次评选10个市级技能专家工作室、20个企业首席技师工作室。成功举办了第42届世界技能大赛“汽车技术”、“美发”项目国内选拔赛,我市4位选手入选国家集训队。开展市级技能大赛上百场，参赛选手超10万人。中国·重庆职业技能公共实训中心建设项目获人社部批准。

3.统筹城乡人才队伍建设取得新进展。2008年以来,共选派2.4万名高校毕业生到乡镇基层服务。成功承办全国优秀“三支一扶”大学生先进事迹重庆报告会。开展机关事业单位、军转干部、大学生等各类人才培训近120万人次。

4.引才引智工作成效显著。大力实施“外专千人计划”及引进国外技术、管理人才项目,引进急需紧缺海外高层次人才1400多名,引进外国专家10900人次,同比增长18.28%。共有6名高层次外国专家入选全国第二批"外专千人计划",占全国人选总数的11%。授予了10名在渝工作并有突出贡献的外国专家"重庆友谊奖",开展赴北美人才交流活动,协助两江新区、中科院重庆分院等单位引进海外高层次人才49人。成功举办"2012年海外赤子为国服务行动计划暨百名海外博士重庆行"活动。

(四)人事制度改革稳慎推进

1.公务员管理更加规范。深入贯彻实施公务员法,开展公务员法执行情况检查和人事考录(招聘)制度规范化建设年活动,得到国家检查组充分肯定。加强公务员录用规范化管理,录用公务员7944名。制定了公务员公开遴选办法,组织50个市级部门的887个职位面向基层公开遴选。公务员录用考试(重庆)测评基地建设加快推进。在市质监、工商和食品药品监管系统开展公务员跨部门转任试点。启动了聘任制公务员管理试点工作。加强公务员考核表彰工作,开展"人民好公仆"、"人民满意公务员"评选表彰活动,进一步规范评比达标表彰管理,强化考核工作激励约束功能。推进公务员队伍素质和能力建设,全年举办了14大类75个班(次)专项培训,集中调训5265人。组织全市103个部门的13.5万名公务员参加了职业道德培训考试。在全市处级及以下公务员中开展了以"社会公德、家庭美德"为主题的全员培训。对全市1.35万名科级及其以下基层公务员进行了提升"社会管理和群众工作"能力的培训。全年安全组织各项人事考试119项(次),参考考生44万人。

2.事业单位人事制度改革取得积极进展。探索符合不同行业、专业和岗位特点的公开招聘办法,面向社会公开招聘事业单位工作人员1.7万余名,其中高层次和紧缺人才近2000名。制定出台《关于深化事业单位人事制度改革的实施意见》,对全市事业单位分类改革进行了动员部署。开展事业单位人事管理业务培训工作,进一步加强了事业单位人事管理工作队伍建设。完成了784名事业单位工勤技能人员转岗工作。建成事业单位人事管理信息系统。

3.职称制度改革不断深化。制定出台了《重庆市深化中小学教师职称制度改革试点工作方案》等"1+4"配套文件,基本完成了中小学教师职称制度改革试点工作。畅通人才评价"绿色通道",组织开展海外留学人员、博士后研究人员和特殊人才专业技术资格认定和全市高中级职称申报评审工作。加强职称申报评审诚信体系建设和职称考试监督工作。

4.军转工作进一步加强。继续深化指令性、考试考核和双向选择相结合的计划分配措施,完成了国家下达的军转干部接收安置任务。深入探索军转干部培训前移工作,自主择业军转干部管理更加规范,服务质量不断提升。强化区域协调机制和维稳多部门联动机制,确保了重要节点时期特别是党的十八大前后企业军转干部的总体稳定。

(五)工资收入分配制度进一步完善

1.加强企业工资收入分配指导。制定发布了322个岗位的人力市场指导价位。2.8万户企业建立了工资集体协商机制,覆盖155万名职工。对2557户企业的31万名职工开展了薪酬调查。加强对国有垄断企业工资总额的宏观调控。将特殊工时审批权限下放到区县,规范了审批程序。调整企业职工最低工资标准,由870元上调至1050元。

2. 进一步完善机关事业单位工资收入分配制度。提前一年实现区县第三步规范公务员津补贴达标。积极稳慎推进其他事业单位实施绩效工资工作,38个区县均已实现政策入轨,并开展"回头看"检查。探索实施绩效工资与事业单位分类改革的接轨政策,制定出台了《关于深化事业单位工作人员收入分配制度改革的实施意见》。启用市级机关事业单位新版工资统发软件系统,在全国率先实现了人事和财政信息的整合。

(六)劳动关系总体和谐

1.农民工权益保障不断加强。开展用人单位与农民工签订劳动合同"春暖行动"、农民工工资支付专项执法检查等活动。完善了我市劳动保障监察执法与刑事司法衔接制度，对拒不支付劳动报酬进行了查处和司法移送。各驻外劳务办事机构协助追讨农民工工资8300余万元，农民工权益得到有效维护。各驻外劳务办事机构协助追讨农民工工资或挽回农民工经济损失1.1亿元,农民工权益得到有效维护。

2.构建和谐劳动关系稳步推进。完善了市协调劳动关系"三方四家"组织架构,实现了区县层面全覆盖。劳动合同签订率达96%。培训企业人力资源高管1万余人次，培育劳动关系协调员251名。

3.争议调解仲裁和信访维稳工作深入推进。处理劳动人事争议案件4.7万件,其中立案受理2.96万件,结案率98.44%。全市乡镇(街道)调解组织达1012个,实现全覆盖,建立大中型企业劳动争议调解委员会679个。市局全年办理群众来信1158件次，接待群众来访1214批次计3612人次，办理市领导批转各类信访件51件，做到了“事事有回音、件件有着落”。

4.劳动监察执法力度不断加大。主动检查用人单位1.4万户,涉及劳动者87万人,补签劳动合同3.5万份,追发劳动者工资待遇9.7亿元,涉及劳动者11.6万人,其中追发农民工工资9.5亿元,涉及农民工10.8万人。全市21个区(含北部新区、万盛经开区)按计划全部启动了劳动保障监察“两网化”建设,主城区所有街镇已实现全覆盖。

二、2013年工作重点

2013年是全面深入贯彻落实党的十八大精神的开局之年,是实施“十二五”规划承前启后的关键一年,要深入贯彻落实党的十八大精神，以邓小平理论、“三个代表”重要思想、科学发展观为指导,围绕“科学发展、富民兴渝”,坚持民生为本、人才优先工作主线,稳中求进,开拓创新,深入实施就业优先战略和人才强国战略,着力推进社会保障体系建设与和谐劳动关系建设，不断深化干部人事制度改革和工资制度改革，努力推动人力资源和社会保障事业科学发展。一是以确保市民充分就业和重点产业用工为目标,努力推动实现更高质量的就业。坚持劳动者自主就业、市场调节就业、政府促进就业和鼓励创业方针,实现就业量和质的“双提升”。二是以增强公平性、适应流动性、保证可持续性为重点,统筹推进城乡社会保障体系建设。三是以高层次人才和高技能人才为重点，全面加强人才队伍建设。四是以完善公务员制度和推进事业单位分类改革为核心，继续深化干部人事制度改革。五是以兼顾效率和公平为方向,进一步深化工资收入分配制度改革。六是以维护劳动者合法权益为根本,积极构建和谐劳动关系。七是以信息化、专业化、规范化为引领,扎实做好基层基础性工作。

国土资源和房屋管理

重庆市国土资源和房屋管理局 陈克勋

一、土地资源管理

(一)建设用地规划计划管理一是土地利用总体规划修编实施

国务院以国函〔2012〕5号批复同意调整重庆市土地利用总体规划，全市949个乡镇土地利用总体规划全部批复实施，全市土地利用总体规划进入全面实施阶段。二是土地年度计划。国土资源部安排给重庆市各项计划规模较2011年增加17%,重点保障两江新区、西永综保区、保障性住房、重大工程项目用地。三是建设项目预审。积极指导区县开展预审和备案工作,下达市级用地预审项目85个,用地规模2 541公顷，审核区县上报备案用地预审项目90个,用地规模520公顷，协调取得国土资源部用地预审项目5个,用地规模1 414公顷。四是开展矿产资源规划建设。全市合计上报并审查30个区县级矿产资源规划成果，全面启动区县级矿产资源规划数据库成果建设。五是开展增减挂钩和低丘缓坡试点。按照《国土资源部关于严格规范城乡建设用地增减挂钩试点工作的通知》要求,稳步推进增减挂钩试点工作。积极督促区县加快复垦进度,归还到期周转指标;稳步开展新项目审批,全年审批13个区县44个挂钩项目区;做好增减挂钩在线备案及监管工作。编制完成上报市低丘缓坡土地开发用地试点工作方案并得到国土资源部批复。两江新区、万州、江津3个试点区低丘缓坡试点专项规划通过国土资源部部专家评审,并经市政府批复实施。

(二)国有建设用地供应2012年全市办理建设用地供应审批2 689宗120.83平方公里,同比下降32.10%

按土地供应方式划分，出让1 802宗5 853.99公顷(其中招拍挂出让1 328宗5 614.89公顷);划拨887宗6 229.36公顷。按土地用途划分,工矿仓储用地供应565宗2 401.49公顷;商服用地316宗731.58公顷；住宅用地1 162宗3 285.52公顷；其他用地646宗5 664.76公顷。

(三)土地市场运行

受国际国内市情因素影响，土地市场景气下行,各大重点城市土地出让下滑明显,形势较为严峻。通过加强出让工作调度、加大欠款追缴力度,积极配合招商引资,保持土地市场运行总体平稳,实现土地出让财政收入稳中有增。全市出让土地1 875宗6 706.04公顷（100 590亩),同比减少2.80%；出让合同价款1 209.43亿元,同比增加9%。其中:出让经营性用地1 303宗3 850.74公顷(57 761亩),同比增加25.60%;出让合同价款1 101.08亿元,同比增加16.50%;土地单价12.73万元/公顷,同比下降7.20%;楼面均价1 350元/平方米,同比下降15.80%。出让工业用地572宗2 855.30公顷(42 829亩),同比减少25.50%;出让合同价款108.35亿元,同比减少34.10%;土地单价1.67万元/公顷,同比下降11.50%。全市土地出让引进外资30.19亿美元,占全市引资总量的30%，为进一步加快推进内陆开放高地建设创造条件。

(四)住房用地供应管理调控

按照国土资源部《关于做好2012年房地产用地管理和调控重点工作的通知》要求,进一步加强住房用地供应调控和监管工作。全市实际供应各类住房用地3 204.2公顷,完成供地计划的97%，其中，普通商品住房用地供应2 275.6公顷,完成供地计划的94%。住房用地供应稳中有升,结构持续优化。全力落实新开工33.49万套保障性安居工程用地928公顷（新增建设用地693公顷,存量建设用地235公顷),用地落实率达到105.40%,实现应保尽保的目标。

(五)土地储备管理

进一步完善土地储备管理机制，加强土地储备管理,规范土地储备行为,确保土地投融资体系"两个循环"良性运转。开展土地储备立法工作,市人大城环委和市政府法制办介入论证,形成《重庆市土地储备条例》(草案)。按照国土资源部、财政部、中国人民银行、中国银行业监督管理委员会《关于加强土地储备与融资管理的通知》要求,开展土地储备机构名录申报工作,经过两期申报,国土资源部备案通过全市40家土地储备机构。根据国家关于加强土地储备及融资管理的要求，研究明确下一阶段全市土地储备机构和融资平台运行和发展方式,形成《贯彻落实国土资发〔2012〕162号文件的通知(送审稿)》。

(六)地价管理与地价监测

评估并公布执行主城区及各远郊区县2012年度综合楼面地价，为规范增加建筑面积补交土地综合价款和加强接受社会监督修订出让合同管理提供标准和依据。公布执行主城区新的土地级别，基本完成全市国有土地使用权土地级别和基准地价调整工作,适应"二环时代"发展实际，建立和完善适应新形势的土地价格管理体系。按照国土资源部的统一部署,有序推进城市地价动态监测工作。

主城区监测综合地价水平 2 803 元平方米,与 2011 年相比,整体地价水平有一定程度上涨。由于受 2011 年度土地房地产政策持续调控的影响,1~2 季度地价环比增长率继续出现负增长的态势,分别为-0.57%、-0.79%。随着下半年土地市场回暖,三、四季度地价水平环比略有上升,分别为 1.05%、0.90%。综合来看,全年商业、住宅地价动态监测成果较 2011 年度分别上涨 0.06%、0.77%,工业地价增长率变化不大。

(七)节约集约用地

全市 6 个国家级开发区(重庆经开区、重庆高新区、重庆两路寸滩保税港区、重庆综合保税区、万州经开区、长寿经开区)和 32 个省级开发区土地集约利用评价成果更新工作顺利通过国土资源部验收。完成重庆市城市土地集约利用评价和全市单位国内生产总值建设用地下降 31%的目标分解落实工作。对进一步全面掌握全市及各开发区土地利用状况,促进转变土地利用方式,为开发区扩区升级,建立土地节约集约利用评价考核制度,构建开发区土地资源管理监控系统提供参考依据。

依法促进批而未用土地利用,提高新增建设用地批后征地率和供地率,下发《关于加强土地批后实施盘活利用工作的通知》,继续开展全市批而未用土地专项清理工作。土地市场动态监测监管系统显示的全市 2007-2011 年农转征项目批后供地率提高到 62%,在全国各省区市中排名第 18 位。

二、矿产资源管理

(一)矿产资源勘查

积极争取中央财政资金大力开展老矿山勘查、基金勘查或基础性公益性工作。全年实施各类地质矿产勘查项目 255 个,资金投入 53 201.41 万元,其中市级财政投入 31 308 万元,中央财政投入 14 202 万元(老矿山接替资源勘查项目 4 个、经费 1 330 万元;国外风险勘查项目 24 个、经费 9 827 万元)。完成钻探 206 381 米,坑探 5 856 米,槽探 48 961 立方米,其中老矿山接替资源勘查钻探 10 119 米,国外风险勘查完成钻探 45 370 米,槽探 22 850 立方米。

坚持原则和灵活相结合的方式,积极支持区县政府和国有矿山在矿产勘查方面提出的需求。依法批准 14 个区县垫资项目的延续,批准与市能投集团、彭水县人民政府等共同投入开展煤炭勘查工作,部署云阳、忠县、长寿、合川等区县新开岩盐勘查项目,对梁平、石柱 2 个招商引资项目优先支持开展详查工作。

全年勘查工作成果较好,铝土矿中低品位矿石利用研究报告、三峡库区生态经济区忠县 1:5 万农业地质调查报告、重庆市 1:5 万生态地球化学调查-渝北实验区调查报告、三峡库区生态经济区万州区至云阳县农业地质调查报告等一批基础地质调查及研究成果报告向上提交。

(二)对外合作

实施"走出去"战略,依托"两种资源、两个市场",支持地勘单位和有实力的矿业公司到境外、国外开展地质找矿工作,以建立全市矿产资源多渠道供给体系。重庆博赛集团、重庆市地勘局川东南地质大队、205 地质队等 3 家单位累计获得国外风险勘查专项支持 24 项(含续作)、资金 10 337 万元,在圭亚那、加纳、赞比亚、埃塞俄比亚、格鲁吉亚等国开展铝土矿、铁、铜等矿种调查评价和资源勘查工作。

(三)矿产资源开发管理

一是规范采矿权管理与登记,制定印发《招拍挂出让采矿权前期工作暂行规定》、《关于严格控制和规范矿业权协议出让有关问题的通知》等规范性文件。完善矿政管理制度,全年市级出让采矿权 490 宗。二是依法征收矿产资源专项收入。全年实现市级征收采矿权综合价款 4.89 亿元,其中价款 2.68 亿元,综合成本 2.21 亿元,实际到账采矿权价款 2.85 亿元,市级周转金(采矿权出让综合成本)2.12 亿元。征收矿产资源补偿费 1.76 亿元,其中市级征收入库 8 558 万元,占入库总数的 48.60%,保障地质矿产勘查工作有序开展。三是加强采矿权市场建设。从2012年1月1日起，全市所有矿业权交易统一进入市土地和矿业权交易中心交易。细化矿业权招拍挂交易制度，对矿业权招拍挂的前期工作、矿业权协议出让进行规范，明确协议出让的条件和程序，控制矿业权的协议出让，开展矿业权网上交易工作。四是规范矿产资源勘查开采。全市累计查处矿产资源勘查开采非法违法行为2 762起，其中警告415起、责令改正、限期整改、停止违法行为为921起，没收非法所得、非法生产设备344起，责令停产、停业、停止建设735起，暂扣或吊销有关许可证、职业资格7起，关闭327家，罚款764.80万元。五是积极开展矿山关闭工作。按照市政府办公厅《重庆市关闭库区长江干流库岸沿线175米水位线至第一山脊线范围内矿山实施方案》要求，市国土房管局采取措施，协调落实奖励补助资金，安排2 565万元用作库区矿山关闭奖励补助资金，保障矿山关闭工作的顺利开展，完成关闭非煤矿山20座和煤矿2座的目标任务。流失推进矿业权设置方案编制。落实矿业权设置方案编制经费1 252万元，有力地保障矿业权设置方案编制工作顺利进行。全年完成全市煤、锰矿、锶矿、铝土矿、铅锌矿、地热及矿泉水等11个重要矿种、19个矿业权设置方案的编制工作，全部报国土资源部备案。

三、房地产市场与管理

面对全国复杂的房地产形势，重庆市认真落实国家房地产调控政策，执行差别化信贷政策，推进房产税改革试点，支持购房刚性需求，把握供需平衡、土地价格、税收调转、金融杠杆、双轨配置五个关键环节，实现房地产市场平稳健康，房价同比指数位居全国70个大中城市中低位。房地产增加值达到575亿元，GDP贡献率达5%。

(一)房地产投资建设

全市完成房地产投资2 508.35亿元，同比增长24.50%，增速较2011年同期下降0.1%；房屋新开工5 813.48万平方米，同比下降14.80%，增速较2011年同期下降33.80%。房屋施工22 009.03万平方米，同比增长7.90%，增速较2011年同期下降11.10%。从总体看，虽然建设速度放缓，但房地产投资仍保持合理区间，增速高于全国增速8.30%，总量占全市固定资产投资比重仍达24.80%。从趋势看，增速前低后高，至9月份开始，房地产投资建设出现明显升势。从区域看，区县房地产投资强度减弱，仅增长20.10%，较全市低4.40%，较主城区低6.60%，区县占全市房地产投资总量的32%，比2011年低1.10%，房地产投资结构更加优化。

(二)新建商品住房交易

在房地产调控各项政策的综合作用下，2012年商品住房市场延续2011年四季度的基本走势，呈现出交易持续活跃、价格企稳回升、市场信心得到恢复的交易特点。 方米)。截止全市批准上市商品住房3 051.4万平方米，同比下降4.73%，成交商品住房3 064.28万平方米，同比增长30.56%，成交建面均价5 519元/平方米，同比增长6.90%。其中：主城区批准上市商品住房1 759.76万平方米，同比下降1.55%；成交商品住房1 916.75万平方米，同比增长51.81%；成交建面均价6 389元/平方米，同比下降0.01%。全市人均住在面积达到31.27平方米。

(三) 二手住房交易

全年全市二手住房成交面积为1 322.02万平方米，同比上涨19.73%，其中：主城区二手住房成交面积为548.29万平方米，同比上涨62.20%；远郊区县二手住房成交面积为773.72万平方米，同比上涨0.99%。

(四)保障性住房建设与改革

公租房建设　市政府下发了《关于进一步加强公租房管理的意见》《关于加快公租房配套商业发展的指导意见》，搭建起加强公租房管理、统筹运营的制度平台。督促建设业主和相关区政府按照"三同步、四配套"和"三年开工、五年建成、七年配套完善"要求，稳步推进公租房建设。全年全市开工建设公租房1 586.46万平方米，竣工 800 万平方米,摇号配租 10.13 万套,累计配租 21 万套。全年组织主城区 6 个公租房小区开展集中签约 19 次、160 天，签约入住 9.5 万余户。

廉租住房保障 切实贯彻落实《关于将城市廉租住房保障范围扩大到城市低收入住房困难家庭的通知》文件精神,人均收入低于当地低保标准 1.7 倍的城镇低收入住房困难家庭基本实现了应保尽保，廉租住房累计保障户数已达到 16.51 万户；顺利完成了国家下达新建 1.2 万套廉租住房的年度目标任务，巫山、铜梁等区县(自治县)共新开工廉租住房 1.23 万套、建筑面积 58.95 万平方米，竣工廉租住房 0.85 万套、建筑面积 40.33 万平方米，完成年度投资 74.45 亿元。

住房制度改革 全年批准出售公有住房 680 套、建筑面积 4 万平方米,归集单位售房款 1379 万元、公共维修基金 348 万元;为华西包装(集团)有限责任公司、四川石油管理局川东天然气净化总厂、西南铝业(集团)有限责任公司等 6 家单位完善集资合作建房房屋产权 1242 套、建筑面积 11.86 万平方米,为重庆望江工业有限公司、重庆水利电力物资公司办理了集资建房登记延期手续;根据《重庆市物业专项维修资金管理办法》文件精神,印发了《关于进一步强化房改住房公共维修基金按户建帐工作的通知》,加强了房改房公共维修基金使用管理工作，当年批准渝开发有限公司等 4 家单位使用房改房维修基金 60.64 万元。

住房货币化分配 根据《重庆市住房货币化分配实施方案》、《重庆市市级机关事业单位住房补贴办法》,稳步推进住房补贴工作,全年新审批机关事业单位 20 个、涉及 1124 人,发放一次性住房补贴 1841 万元;办理按月补贴机关事业单位 12 个、涉及 352 人,发放住房补贴 376 万元。同时,加强对自筹资金单位住房补贴工作的指导、宣传,帮助单位及时启动住房补贴工作,全年办理 5 个单位、涉及 124 人,发放住房补贴 226.5 万元。

经济适用住房建设 加强了经济适用住房(安置房)项目监管,规范了项目建设行为。全年各区县(自治县)共新开工经济适用住房(安置房)6.09 万套,完成年度计划的 102%;基本建成经济适用住房(安置房)4.3 万套,完成年度计划的 107%;完成工程投资 112 亿元,占年度计划的 140%。

(五)房地产交易会

春季房地产交易会 4 月 19 日–22 日在南坪国际会展中心举行。累计成交各类房屋 2 988 套,比 2011 年秋交会增加 11.40%;成交建筑面积 28.43 万平方米,增 13.50%;成交金额 17.79 亿元,增加 4.2 0%。 其中:商品住房成交 2 020 套，比 2011 年秋交会增加 15.30%，建筑面积 20.66 万平方米,增 11.54%;成交金额 13.64 亿元,增 11.45%。累计成交建面均价 6 603 元/平方米,下降 0.08%。在商品住房中,高层商品住房累计成交 1 829 套，建筑面积 17.55 万平方米,建面均价 6 136 元/平方米；高档低密度住宅成交 43 套，建筑面积 1.12 万平方米，建面均价 12 134 元/平方米;多层花园洋房成交 113 套,建筑面积 1.64 万平方米,建面均价 7 337 元/平方米;装修房成交 35 套，建筑面积 0.35 万平方米,建面均价 8 821 元/平方米。二手住宅成交 683 套,建筑面积 5.64 万平方米，建面均价 4 291 元/平方米,金额 2.42 亿元。

秋季房地产交易会 秋季房交会于 11 月 23 日–26 日在南坪国际会展中心举行。主城区累计成交各类房屋 3 313 套,比春交会增加 10.87%;成交建筑面积 29.67 万平方米,增 4.36%;成交金额 19.9 亿元,增加 11.86 %。 其中:商品住房成交 1 929 套,比春交会减少 4.50%;建筑面积 19.24 万平方米,减少 6.89%;成交金额 13.60 亿元,减少 0.14%;累计成交建面均价 7 063 元/平方米,增加 6.96%。在商品住房中,高层商品住房累计成交 1 604 套，建筑面积 14.39 万平方米,建面均价 6 452 元/平方米；高档低密度住宅成交 66 套,建筑面积 1.52 万平方米,建面均价 10 725 元/平方米;多层花园洋房成交 200 套,建筑面积 2.79 万平方米,建面均价 7 710 元/平方米;装修房成交 59 套,建筑面积 0.54 万平方米,建面均价 9 681 元/平方米。二手住宅成交 700 套,建筑面积 6.07 万平方米,建面均价 4 778 元/平方米,金额 2.90 亿元。

(六)公积金管理

全市公积金制度持续健康发展。一是制度覆盖面稳步增长。通过采取多种形式强化政策宣传,不断扩大公积金制度覆盖面。全市 2.68 万家单位、224.22 万名职工缴存公积金 186.65 亿元,累计缴存额达到 750.06 亿元,制度覆盖率达 76.76%,公积金归集扩面取得了成效。二是资金使用率大幅提高。全年办理职工提取和发放个贷 272.86 亿元,资金使用率达到 146.19%,为历史最好水平。全市累计使用 825.80 亿元,使用率达到 110%。三是促进房地产市场健康发展。认真贯彻中央要求,全力支持中低收入职工自住购房的刚性需求。实行差别化的住房信贷政策,全力支持住房消费。全年发放个贷 191.59 亿元,占归集额的 102%;个贷余额净增 169 亿元,占全市房地产个贷余额净增的 35%。全力保证购房提取。全年提取使用 81.27 亿元,其中,购建住房及偿还住房贷款占 81%。积极促进房地产市场发展。全年公积金个贷支持 5.92 万户职工家庭购房 662 万平方米,有效撬动房地产市场实现销售额达 300 亿元,促进房地产销售实现营业税、契税等财政收入约 18 亿元,节约职工购房利息成本约 54 亿元。四是资产质量控制良好。不断加强内控管理和风险防范,对全市资金实行统筹调配和安全监控,个贷逾期率 0.03‰,远小于 1.5‰的国家控制标准,无呆坏帐,资金和资产质量良好。五是增值收益不断提高。在保证提取、个款发放下,科学运作资金,确保增值收益最大化。2012 年实现收益 8.28 亿元,建立贷款风险准备金 2.3 亿元、提供廉租住房建设补充资金 3.76 亿元,充分发挥了公积金的住房保障作用。

(七)房地产中介评估

房地产评估机构、估价师注册情况:截至 2012 年底,重庆市有房地产评估机构 103 家(其中:一级 7 家、二级 65 家、三级 23 家、暂定资质 2 家、驻渝分支机构 6 家)注册房地产估价师 917 人。房地产经纪机构、经纪人注册情况:截至 2012 年底,年检合格房地产经纪机构 504 家(其中:A 级 52 家、B 级 77 家、C 级 375 家、分支机构 936 家),新申办房地产中介服务资质 109 家,新申办房地产经纪分支机构执业资质 207 家。注册房地产经纪执(从)业人员 3 030 人。

(八)房地产权属登记管理 2012 年,重庆市权籍管理以服务民生为导向,以“窗口建设标准化、权属登记规范化、权籍管理信息化”为抓手,积极开展土地房屋权属登记便捷化服务工作

按照市人大、市政府立法计划,完成《重庆市土地房屋权属登记条例》的修订工作。5 月 24 日,市三届人大会常务委员会第 31 次会议审议通过,10 月 1 日起施行。强化窗口建设,提高工作效率,全年核发国有地上房地产权证 80 余万本,办理其他各类登记 140 余万件。

(九)物业管理

一是制定完善《重庆市物业管理条例》的配套政策,制定《重庆市业主大会和业主委员会活动规则(试行)》,由市人民政府办公厅予以转发。二是加强物业资质管理,全市资质物业管理服务企业 2 056 家,其中国家一级资质企业 51 家,二级资质企业 241 家。三是完善物业行业市场的运行机制。强化新建住宅项目物业招投标的规范管理,全市有 1 674 个项目 19 698.50 万平方米通过招投标方式选聘物业服务企业,其中 2012 年有 153 个项目,达 2 750 万平方米。全年各区县物业行政主管部门累计归集商品房物业专项维修资金逾 160 亿元。全市主城区住宅物业管理覆盖率达 87.06%。四是加强行业建设。指导市物业管理协会对会员企业提供培训,加强物业服务企业从业人员对政策法规的学习和理解。全年培训物业行业从业人员 3 000 余人次。组织近 300 名从业人员赴昆明、拉萨、海南等地学习考察,并参加“西南联谊会”、“西部论坛”、“全国物业管理工作联席会”等行业会议。

城乡建设

重庆市城乡建委 邹隆军

一、2012年发展回顾

(一)房地产业

2012年，全市房地产开发投资2508.35亿元,同比增长24.5%,为年度目标任务1700亿元的147.6%，占固定资产投资9380亿元的26.7%,比去年同期提高0.3个百分点。

全市房地产业实现增加值575.17亿元,同比增长6.1%,比前三季度提高0.2个百分点,比去年同期提高0.6个百分点，占地区生产总值(GDP)11459亿元的比重为5.0%,比去年同期提高1.0个百分点。

全市商品房施工面积22009.03万平方米,同比增长7.9%；商品房竣工面积3990.63万平方米，同比增长16.5%。商品房新开工面积5813.48万平方米,同比下降14.8%。

全市商品房销售面积4522.4万平方米,同比下降0.2%,实现销售额2297.35亿元,同比增长7%。其中住宅销售面积4105.11万平方米,同比增长1%。

房地产开发企业新成立415家，截至12月底，全市房地产企业共3187家。市外来渝房地产开发企业378家,占企业总数的11.86%。中国500强企业在渝设立23家房地产开发企业,世界500强企业在渝设立3家房地产开发企业。

(二)建筑业

2012年，全市建筑业总产值3934.14亿元,同比增长18.2%。全市实现建筑业增加值991.32亿元,同比增长13.9%。全市建筑业增加值占地区生产总值(GDP)11459亿元的比重为8.7%,比去年同期提高0.2个百分点。

全市发包房屋建筑和市政工程4418个、同比下降11.07%,工程造价1509亿元、同比增长5.65%。其中,公开招标工程2290个,工程造价575.60亿元，占比分别为51.83%和38.15%;邀请招标609个,工程造价275.73亿元,占比分别为13.79%和18.27%;直接发包1519个,工程造价657.68亿元,分别占比34.38%和43.58%。国有资金工程2836个、同比下降14.19%,工程造价859.15亿元、同比增长9.58%;非国有资金工程1582个、同比下降4.87%，工程造价649.85亿元、同比增长0.87%。市管工程项目215个(公开招标工程127个，邀请招标工程27个，直接发包工程61个),工程造价149.04亿元。

市工程建设招标投标交易中心工程建设项目交易总数3009个、同比增长40.4%,交易金额1136.77亿、同比增长1.9%。其中,施工类房屋与市政工程1604个,交易金额931.44亿元、占比81.8%；施工类专业工程577个，交易金额141.47亿元、占比12.4%;勘察设计、监理、采购、建设管理代理项目828个，交易金额63.86亿元、占比5.8%。

全市新开工项目3860个、同比增长2.63%,新开工面积9168万平方米、同比下降0.06%;新竣工项目3467个、同比增长21.47%,竣工面积7000万平方米、同比增长42.16%。

全市建筑施工企业6772家,其中,施工总承包企业1866家,专业承包企业2866家,劳务分包企业2040家;783家外地建筑施工企业入渝备案。全市工程监理企业93家,其中,综合类2家,甲级48家,乙级22家,丙级21家;46家外地监理企业入渝备案。全市工程造价咨询企业173家,其中,甲级82家,专业部委甲级5家,乙级71家,乙级暂定级15家;29家外地造价咨询企业入渝备案。全市招标代理机构122家,其中,甲级25家,乙级62家,暂定级35家。全市工程质量检测机构95家,其中,专项与建材类资质81家,建材类资质3家,专项类资质11家。

全市共1393家(次)企业出渝参与投标,中标工程729个,总造价293亿元,总建筑面积2204万平方米。全年向建筑业输出农村富余劳动力152万人,其中,本市91万人,市外61万人。全市从事建筑劳务人员137万人,其中,本市农民工91万人、本市非农民工34万人、市外入渝农民工12万人。全市净输出农民工49万人。

(三)勘察设计业

2012年,全市勘察设计单位预计完成营业收入281亿元,同比增长14%,占年度目标260亿元的108.1%。

全市共有工程勘察设计企业439家,其中具有勘察资质的企业120家(甲级25家,乙级44家,丙级40家,劳务类11家),具有设计资质的企业369家(甲级96家,乙级166家,丙级107家),具有设计与施工一体化资质的企业22家(壹级7家,贰级12家,叁级3家)。全市勘察设计注册师人数首次超过3000人,达到3240人,同比增长9.2%。1-12月,审核通过入渝备案的市外勘察设计企业223家,同比下降16%。

2012年,全市共完成建设工程初步设计审批2423项,同比增长5.5%,投资概算2781.1亿元,同比下降1.6%。按项目所在区域分,主城区项目731项,同比下降20%,投资概算1721.6亿元,同比下降15.1%;区县项目1692项,同比增长22.2%,投资概算1059.5亿元,同比增长32.7%。按项目类别分,房屋建筑工程2117项,同比增长6.7%,总建筑面积9800万平方米,同比下降7.8%,投资概算2441.4亿元,同比下降1%;市政工程306项,投资概算339.7亿元,同比分别下降2.2%和12.2%。

全市施工图审查备案共计3441项、同比增长35.3%,总投资5124.0亿元、同比增长107.1%。建筑工程施工图审查2988项、同比增长32.9%,总建筑面积10933.0万平方米、同比增长20.2%;市政工程施工图审查453项、同比增长53.6%,投资565亿元、同比增长95.6%。主城区审查项目1071项、同比增加0.19%,投资额2796.6亿元、同比增长84.3%;主城区外项目2370项、同比增长60.8%,投资2327.4亿元、同比增长143.4%。

(四)城市基础设施与市政公用事业建设

2012年,全市完成城市基础设施建设投资892.44亿元,同比增长7.8%,占固定资产投资9380.00亿元的9.51%。

市政设施完成投资384.76亿元,同比下降14.42%,占已完成投资额度的43.11%;园林绿化完成投资189.76亿元,同比增长86.25%,占已完成投资总额的21.26%;污水处理完成投资24.29亿元,同比增长5.07%;市容环卫完成投资86.02亿元,同比增长219.07%;自来水的生产和供应完成投资31.87亿元,同比增长30.18%;热力燃气生产和供应完成投资35.80亿元,同比增长54.37%。

(五)重点工程建设

2012年,市级重点建设完成投资2620亿元(去年同期完成2167亿元),占年度投资计划的100.8%。其中,政府资本类项目完成投资1748.8亿元,占年度投资计划的101.7%;社会资本类项目完成投资871.2亿元,占年度投资计划的99.0%。

余松路立交、重庆市巾帼园、公租房北部新区民心佳园及长安福特马自达汽车二工厂等73个项目完工或基本完工,渝北悦来水厂二期、南川金佛山水库及武警重庆总队“121”项目等78个项目新开工。

(六)城镇化建设

截至12月底,远郊区县利用社会事业发展专项资金43.4亿元,共实施项目205个,总投资155.6亿元,累计完成投资143.6亿元,占总投资的92.7%;完工项目171个,占项目总数的83.4%。2012年实施项目76个,完成投资15.89亿元。

2012年,远郊区县城计划整治旧居住小区60个。(根据市政府安排,未开工的小区整治项目暂停实施)。万州区、璧山县、城口县、垫江县、奉节县等5个区县的7个已开工小区整治项目,共涉及2765户、9600余人,计划投资6622.5万元,占地9.74万平方米,建筑面积24.35万平方米,现已全部整治完工。

2012年,全市共开工建设农民新村804个、建设巴渝新居72794户、改造农村危房130295户(D级危房45903户),分别占年度计划的160.80%、145.59%、129.65%(122.38%);竣工农民新村539个、巴渝新居60206户、改造农村危房124715户,分别占年度计划的107.80%、120.41%、124.09%。

(七)主城区市级城市道路建设

主城区市级城市道路建设计划项目共98项,涉及跨江大桥5座、穿山隧道3座,新改扩建道路总长301.21公里,立交20座,项目总投资627.09亿元,计划年度完成投资约165亿元。全年实际完成投资约173亿元,占年度计划的104.8%。

(八)轨道交通建设

2012年全年已完成投资128亿元,建成四段68公里线路,即:轨道交通一号线沙坪坝至大学城段、三号线二塘至鱼洞段、六号线五里店至礼嘉段、六号线会展支线礼嘉至会展中心段。

(九)公租房建设

从2010年公租房建设工作启动至2012年12月底,全市公租房开工建设总量约为4495万平方米、71万套,其中已竣工总量约为1315万平方米、21万套,在建总量约为3180万平方米、50万套。

2012年计划开工总量为1320万平方米。目前已顺利实现了开工公租房项目17个、约1552万平方米的任务,完成计划任务的117.6%。到2012年12月底,实现竣工或基本竣工800万平方米、12万套。

从2010年主城区公租房建设工作开始至2012年12月底,累计完成投资额500.26亿元,其中2012年1-12月份完成投资244.04亿元,比去年同期完成投资增加了36.06亿元。

(十)新型建筑业的建设

一是建筑节能

全市建筑节能初步设计审查通过1626个项目,建筑面积6780.46万平方米。全市能效测评项目共4421栋,建筑面积3886.89万平方米。完成绿色建筑设计、竣工评价标识项目评审9个,建筑面积177.80万平方米。完成绿色生态住宅小区预评审项目18个,建筑面积468.51万平方米,完成绿色生态住宅小区终审项目9个,建筑面积190.21万平方米。完成节能备案管理219项,共对7项建筑节能技术(产品)进行了认证,共对7个项目进行了绿色建材认定。全市正在组织实施可再生能源建筑应用国家级和城市级示范项目34个,示范面积397.95万平方米。

二是科技教育

教育培训。研究制定并组织实施《关于加强建设行业职业技术教育的实施意见》;累计完成一线建筑工人培训与鉴定151663人,其中,2012年建筑行业惠农转移培训工程22046人;培训专业技术管理人员87026人(次)。制订《重庆市房屋建筑与市政基础设施工程现场施工从业人员配备标准》。完善"重庆市城乡建设行业施工现场证书备案管理系统",目前系统人员信息量已达到54万余人次。

科技创新。创新科技管理,注重关键行业技术的集成创新和协同创新。主编的国家标准发布1项,2项通过专家审查,4项新列入国家工程建设标准立项计划。积极推进近100项工程建设地方标准的编制工作,批准发布23项工程建设地方标准。完成建设科技成果88项,其中1项荣获市科技进步二等奖,开展了第二届建设创新奖评审;推广400兆帕级以上高强钢筋,重庆市被住建部、工信部列为全国高强钢筋推广应用示范城市。行业信息化工作取得新进展,基础数据库进一步充实。

建筑产业化。成立建筑产业化创新与促进联盟,支持和引导企业开展产业化基地和示范工程建设;编制我市2012年成品住宅发展报告;新开工建设成品住宅商品房227万平方米。

二、发展中存在的问题

一是建设行业与东部发达地区相比还有差距，增长方式比较粗放，科技创新能力较弱，资源能源环境约束趋紧；二是城乡建设发展速度与效益、需要与可能的矛盾在某些地区、某些方面仍较为突出；三是城镇体系发展进程中的不平衡问题依然存在，支持区域性中心城市与远郊区县城建设的措施手段比较单一，可供调配的资源略显不足。

三、2013 年发展目标

一是加速推进城镇化，服务经济结构调整，实现城乡一体化发展。2013 年，提高城镇化率 1.4 个百分点，达到 57.8%。二是坚持创新驱动，推进建设科教，提升建设行业发展质量。预计实现房地产业开发投资 2700 亿元，建筑业总产值 4200 亿元，勘察设计营业收入 300 亿元。三是注重生态文明，实施建筑节能，构建两型社会。全面完成 320 万平方米的可再生能源建筑应用国家示范城市建设任务，建成巫溪和云阳 2 个全国可再生能源建筑应用示范县，新增可再生能源建筑应用面积 100 万平方米以上。四是着力住房和交通基础设施建设，促进民生改善，增进社会公平。加快公租房建设进度，2013 年再竣工 600 万平方米。续建跨江大桥 5 座、新开工 1 座，续建穿山隧道 3 座、新开工 1 座。加速构建“六横、七纵、一环、七联络”的主城区快速路网骨架。五是大力实施重点项目，做好统筹协调，支撑全市发展。全面加快十大片区建设进度，计划完成投资 330 亿元，新开工面积 400 万平方米，完工面积 350 万平方米。强化统筹指导，加快推进嘉滨路段、北滨路段 4.9 公里改造。服务“九大基础设施”和“十大工业项目”建设。六是强化三大保障，内强素质，外树形象。以改革开放的眼界思路、廉洁高效的行政服务、和谐稳定的内外部环境作为城乡建设贯彻落实党的十八大和第四次党代会精神，实践“科学发展、富民兴渝”总任务的根本前提和重要保证。

重庆园林

重庆市园林局　杨晓黎

一、2012 年发展回顾

（一）园林绿化工作

1.园林绿化建设。2012 年，全市园林建设投入资金约 89 亿元，其中主城区（含北部新区）46 亿元；全市建成城市绿化项目 889 个，其中公园绿地项目 158 个，道路绿化项目 163 个。全年新增城市绿地约 2825 万平方米，新增公园绿地 1601.16 万平方米，其中主城区新增城市绿地约 1400 万平方米，新增公园绿地 796.56 万平方米。全市建成区绿化覆盖率达到 41.1%，建成区绿地率达到 3 7.55%，人均公园绿地面积达到 17.1 平方米。

2.园林绿化管护。开展了市街巡查、抗旱保苗、病虫害防治等工作。指导各区县建立相应的市街绿化巡查长效机制，根据季节特性开展植物修剪，加强杂草清除和肥水管理，开展了主城绿化管护交叉季度评比活动，做到发现问题及时、整改处理到位。开展园林执法专项行动，全市受理涉绿违法案件 1973 件，立案查处 351 件，保护大树古树 57 株，补栽乔灌木 1122 株（窝），整改恢复被破坏绿地面积 11785 平方米，责令建设单位投入整改资金 130 万元。

3.园林创建工作。按照建设部的工作要求和市政府的统一部署，有序推进国家生态园林城市创建工作。积极指导区县制定创建规划，加强创建的人才、技术和经费支持，整体推进了全市园林创建工作。完成了对彭水、城口县创建山水园林城市的评审验收，全市所有区县已达到山水园林城市目标。积极指导酉阳县、巫山县、奉节县申报创建国家园林县城。启动了重庆市市级生态园林城市创建工作。对原命名的园林式单位、小区、市街和镇(乡)进行了全面复查，撤销了8个单位(市街)称号，更名了10个单位(小区、市街)。对98个“园林三创”申报项目进行了指导核查，27个单位、25个小区、29条市街、3个城镇和2个工业园区通过创建验收。对2009年市政府命名的21个园林式单位、31个园林式小区、21条园林市街进行了复查。评选了12个最佳绿化单位、6个最佳绿化小区、4条最佳绿化市街、6个最佳绿化城镇。

4.公园规范化管理。一是开展了全市公园基本情况普查工作，收集了全市280余个城市公园和近700个社区公园的基本信息，对近年来主城区新建的70余个公园逐一进行了现场实地踏勘，为公园信息化管理奠定了基础。二是开展了达标公园创建和国家重点公园申报工作。指导荣昌香国公园、儿童公园，城口诸葛寨公园创建成功重庆市二级达标公园。对荣昌海棠公园、铜梁雪庵公园、合川人民公园二级达标公园进行了复查。开展了重庆园博园申报国家重点公园工作。指导各公园加强日常管理和植物日常养护，健全内部管理机制，完善基础设施，进一步提高规范化管理水平。三是指导开展公园文化活动和专业展览活动。全年组织了南山植物园奇花异果展、动物园动物科普月活动、游乐园海洋科普知识展、“园博之星”校园歌手大赛等各类科普娱乐活动180余次，先后在花卉园、华岩公园、园博园成功举办了重庆市第20届春花展、重庆市第3届荷花展、重庆市第16届菊花艺术展等全市性大型专业展览活动，丰富了群众生活，深受市民欢迎。参加了“第五届中国月季花展暨首届三亚国际玫瑰节”，获组织奖和金奖2个、银奖1个。2012年，主城公园接待游客2995.98万人次，同比增长78.51%；实现自主经营收入8464.31万元(含门票收入)，同比增长8.75%。

5.园林绿化市场行业管理。开展了全市园林系统经济运行统计工作，出台了重庆市园林事业管理局招标投标交易监督管理细则，进一步规范了园林绿化工程招投标工作。全年对市级监管的6个项目、中标金额17939.22万元的园林绿化工程招投标进行了监督，实现零投诉。启动了全市园林绿化工程质量监督和安全管理工作，推进了园林企业诚信系统建设，促进了园林工程建设领域项目信息公开。全年在指定网站公开园林绿化工程招投标、园林企业资质管理、企业诚信信息达1500多条。启动《重庆市园林绿化企业资质管理办法》的修订工作，更新重庆园林绿化企业资质核准信息系统，加强对园林资质规范化管理。全年办理园林绿化施工、监理、管护企业新申报资质185家，办理资质就位、延续173家，全市园林企业达到528家，市外园林绿化施工企业入渝登记备案47家。

(二)风景名胜区建设和管理

2012年，重庆市有国家级和市级风景名胜区36处，面积4972.01平方公里，占市域面积6.03%。其中，国家级风景名胜区7处，2497.72平方公里，占市域面积3.03%；市级风景名胜区29处，2474.29平方公里，占市域面积3.00%。

1.推进总体规划编制。全年共组织召开风景区总体规划市级专家及行政评审会5次；潭獐峡成功升格为国家级风景名胜区，全市7个国家级风景区的总体规划有4个(缙云山、江津四面山、南川金佛山、武隆芙蓉江)经国务院批准，1个(奉节天坑地缝)上报国务院待批，1个(长江三峡)初稿编制完成并通过专家评审，1个(潭獐峡)已启动规划编制。29个市级风景名胜区的总体规划有22个已经市政府批准，3个通过市级专家和行政评审。

2.加大规范化管理力度。出台并实施《重庆市风景名胜区项目经营权管理办法》，提升了依法管理水平。开展了风景区水上交通安全生产打非治违专项行动，加大了综合整治力度，提高了风景区规范化管理水平。

3.加强世界自然遗产保护管理。举办中国南方喀斯特世界自然遗产年会，完成联合国教科文组织对武隆世界自然遗产地第二轮报告评估相关工作，成立重庆武隆岩溶研究基地，开展芙蓉湖的资源评估工作，推进芙蓉湖景区建设。组织开展了南川金佛山申报世界自然遗产工作，目前已正式作为“中国南方喀斯特”（第二期）提名地。

2012 年，风景名胜区接待游客 1925.7 万人次，同比增加 12.4%，实现总收入 21.33 亿元，其中门票收入 3.45 亿元。

（三）第八届园博会圆满闭幕

由住房和城乡建设部与重庆市人民政府共同主办，中国风景园林学会、中国公园协会、重庆市园林局、重庆北部新区管委会承办的第八届中国（重庆）国际园林博览会（以下简称第八届园博会），于 2012 年 5 月 11 日圆满闭幕。国家住建部总规划师唐凯，北京市政府副市长陈刚，重庆市人大常委会副主任王洪华，重庆市政府副市长凌月明，重庆市政协副主席杨天怡，建设部城建司司长陆克华、副司长陈蓁蓁等出席闭幕式。

闭幕式上，住房和城乡建设部城建司副司长陈蓁蓁宣读了第八届中国国际园林博览会先进城市、单位和个人的表彰决定，通报了园博会的参展作品获奖情况。住房和城乡建设部城建司司长陆克华宣布第九届中国国际园林博览会举办城市。住房和城乡建设部总规划师唐凯、北京市人民政府副市长陈刚、重庆市人民政府副市长凌月明交接了园博会会旗。

展会期间，中国大陆 83 个城市，港澳台地区 3 个城市、国外 30 个城市、2 个国际机构、2 个国际园林设计师、重庆市市长国际经济顾问团以及 13 个园林企业参展建园，58 个城市参加室内展，园博会展出室内插花、盆景、赏石、书画、篆刻、素描和摄影作品共 894 件，共接待游人 370 多万人次，游客量超过历届园博会。截至 2012 年，累计接待游人 400 多万人次。

二、2013 年目标任务

2013 年重庆园林绿化工作坚持以邓小平理论、“三个代表”重要思想、科学发展观为指导，紧紧围绕深入学习贯彻党的十八大和市第四次党代会、市委四届二次全会精神，按照市委、市政府对重庆发展的战略部署和建设部《关于促进城市园林绿化事业健康发展的指导意见》要求，因地制宜搞好城市绿化，实现城市园林绿化与城市发展、人口增长协调同步，建设美丽山水城市，努力推进全市生态文明建设。

主要抓好以下 7 个方面的工作：

一是提升服务区县的意识和水平，指导区县进一步加大力度，扎实抓好城市园林绿化日常养护管理工作。

二是指导区县因地制宜搞好城市绿化，科学开展道路绿化、绿色慢行系统、绿地建设等，使城市园林绿化与经济社会同步协调发展。

三是按照建设部新标准，扎实推进国家生态园林城市创建。指导区县继续开展好市级生态园林城市等园林创建活动。

四是进一步提升风景区管理和服务水平。继续组织好申报世界自然遗产工作。

五是管好用好园博园，努力实现园博园可持续发展。同时，进一步加强全市公园规范化管理，完善公园便民服务设施，盘活公园资产，增加收入渠道，减轻财政负担。

六是加强园林科研开发，加大园林新技术、新成果的推广应用力度，实现城市园林绿化可持续发展。

七是进一步规范园林行业市场监管，为全市经济社会发展服好务。

环境保护

重庆市环境保护局 许声强

2012年，在重庆市委、市政府的坚强领导下，在市人大和市政协的监督支持下，全市上下认真贯彻落实党的十八大、市第四次党代会、第七次全国环保大会和第十次全市环保大会精神，积极推进生态文明建设，全力实施创模冲刺，扎实开展总量减排工作，切实解决群众关心的突出环境问题，圆满完成环境保护工作年度任务，在全市经济社会快速发展的同时，环境质量持续改善。2012年，主城区空气质量满足优良的天数达340天，比2011年增加16天，创2000年开展空气质量日报以来历史最好水平。主城外的其他区县（自治县）城区空气质量持续改善。长江、嘉陵江和乌江重庆段水质满足Ⅲ类的断面比例为79.2%(按21项污染因子评价)。全市次级河流水质满足Ⅲ类的断面比例为84.7%，同比上升5.3个百分点。全市森林覆盖率达到40%。主城区绿化覆盖率达到41.5%、绿地率达38.3%、人均公园绿地面积达14.3平方米。主城区声环境质量和辐射环境质量持续保持稳定达标。

一、国家环境保护模范城市创建

主城区各级政府、相关部门和单位切实加强组织领导，不断加大资金投入，明确工作责任，增添工作措施，推动创模工作取得积极成效。黄奇帆市长亲自召开会议研究部署创模重点工作；市政府分管市长和秘书长多次召开创模调度会、专题会、现场会，部署创模冲刺工作、协调解决创模难点问题，多次现场检查次级河流整治、饮用水源保护和工业企业环保达标等重点项目建设情况。市创模办加大综合协调和督查督办力度，市级相关部门、集团公司和主城各区政府深入开展“指标巩固提升、骨干工程建设、技术资料整编、亮点工程打造、环境综合整治”等五大冲刺行动，并扎实做好创模技术评估和验收迎检工作。通过相关区县政府和部门齐心协力，扎实工作，完成环保投资236亿元，完成创模八大系列工程项目3009个，实现26项考核指标全面达标，圆满完成创模攻坚和冲刺任务。通过八年的创模实践、特别是近三年的创模攻坚，实现发展水平上台阶、环境质量上台阶、基础设施上台阶、环境管理上台阶，一批亮点工程得到人民群众的认同和支持，主城区公众对环境保护的满意度由69.8%提高到81%。国家考核验收组现场问卷结果显示，市民对创模的知晓率和对环境保护的满意率均超过95%。我市创模工作得到环保部和考核验收组领导的充分肯定和高度评价，环保部周生贤部长在渝调研时指出：重庆创模，通过大工程带动环保事业大发展，富有特色，硕果累累，是探索中国环保新道路的最新实践成果。2012年12月12日，我市创模工作高质量通过国家考核验收，提前、超额完成本届政府对市民的庄严承诺。验收组认为：重庆市创模工作起点高、决心大，重过程、重实效、重惠民，有重点、有特色、有成效。

二、主要污染物总量减排

市政府印发了《重庆市节能减排综合性工作方案》、《重庆市“十二五”主要污染物总量控制规划》、《关于做好“十二五”主要污染物总量减排工作的意见》等文件，下达2012年度减排任务，落实了减排项目，与各区县政府签订了目标责任书，建立数据通报会商机制，完善了总量减排调度、督办、通报、预警等制度。对20余个减排项目进展缓慢的区县进行督办。珞璜电厂、双槐电厂、拉法基、台泥水泥脱硝已经完成，其他绝大部分项目正按计划推进。关停10余万吨小造纸、300余万吨小水泥等落后产能。城镇污水处理设施建设和规模化畜禽养殖污染治理工程顺利推进。完成12家(累计完成150家)污染企业环保搬迁,既解决了污染,消除了环境隐患,又提升了发展质量和水平。全市排污权有偿使用和交易试点工作顺利开展,交易179次,成交金额1507万元,所有新增化学需氧量和二氧化硫的工业企业,其排污指标均通过市场交易获得。2012年,预计二氧化硫、化学需氧量、氮氧化物和氨氮均能完成年度目标任务。通过强化总量减排,推动了发展方式的加快转变,产业结构和发展质量得到有效提升,为我市重大项目建设提供了环境容量保障。

三、服务和优化经济发展

建立环评审批部门协调和会商机制,规划审批机关受理规划草案时,要求有环境影响评价篇章或同时附送环境影响评价文件。完善项目环评倒逼机制,对未开展规划环评的有关规划或工业园区,不受理其中的项目环评文件。完成《重庆市工业和信息化发展“十二五”规划》等29项“十二五”规划环评工作,会同有关部门审查了永川区港桥新城总体规划、秀山县电解锰产业结构调整规划等43个规划环境影响报告书,优化了空间布局,完善了对策措施。万州神华电厂、华电奉节电厂、重钢项目变更等重点项目顺利通过环保部审批。出台《扶持微型企业健康发展环境保护指导意见》、《重庆市建设项目环境影响评价豁免管理名录》,对7大类51小类予以环评管理豁免,有力地支持了微型企业发展。实行建设项目环境影响评价文件分级审批,扩大了区县的环评审批权限,同时加强了重点行业和重点区域的管理。加强对建设项目建设期及试生产期的检查力度。在化工石化、交通运输、火电等重点行业开展环境监理试点。

四、主城区大气污染防治

建成了覆盖全市区县城区的空气质量自动监测、监控、预警网络,制定并实施应急方案,对重点工地、重点路段、重点时段强化管理,严格查处工地、道路扬尘突出和渣车冒装撒漏等违法行为。机动车污染防治力度加大,按照稳妥推进的原则,将机动车排气检测工作向中心城市和区县城区开展。继续加大燃煤污染防治力度,扩建无煤区和基本无煤区。九龙坡、沙坪坝、大渡口、南岸和巴南区建成区整体完成无煤区创建,累计创建无煤区面积592平方公里,主城建成区整体创建成无煤区。

五、三峡库区水环境保护

深入实施《三峡库区水污染防治“十一五”规划》和“碧水行动”,完成13个城市污水和垃圾处理项目、70个小城镇污水垃圾处理项目和83个工业治理项目。制定并实施《重点流域水污染防治规划(2011-2015年)重庆市实施方案》,2012年31个项目已完成25个。库区7条次级河流已有6条河流水质达到水域功能要求。新建污水管网700多公里,全市累计建成城镇污水处理厂240余座,垃圾处置场51座。城市生活污水集中处理率和生活垃圾无害化处理率达到分别达到88%和98%。城镇生活污水集中处理率和垃圾处理率分别达到73%和85%。西永微电园、空港工业园和茶园工业园等一大批工业园区污水厂已建成运行。市政府印发《关于加强集中式饮用水源保护工作的通知》(渝府发〔2012〕79号),进一步规范和强化了城乡饮用水源保护,对全市饮用水源保护区重新进行了明确和划分,规范了日常监管、水质监测、应急管理等工作,开展了城市饮用水源的状况评估,清理了保护区的船舶码头和排污口。全市城镇以上饮用水源地水质达标率为100%。

六、统筹城乡环境保护

环保部与市政府签署部市战略合作协议,从五方面支持重庆经济发展和环境保护工作。2011年的重庆农村环境连片整治示范项目已基本完成。全市项目村生活污水处理率达60%,生活垃圾无害化处理率达70%。村容村貌得到明显改善,120余万农村人口直接受益。2012年农村环境连片整治示范项目已落实国家资金2亿元,在18个区县196个行政村实施农村环境连片整治项目。完成永川土壤污染修复整治工程。基本完成“全国土壤环境监管试点”。巫溪县红池坝有机食品有限公司等3个有机食品基地已命名。南川区、酉阳县成功创建市级生态区县。全市累计建成国家生态示范区3个,国家级环境优美乡镇5个,市级生态县2个,市级生态镇(环境优美乡镇)5个,市级生态村12个,区县级生态村190个。全年争取重点生态功能区生态转移支付资金15.68亿元,受益区县生态保护的力度明显加大。开展了重庆市生态质量十年变化评估。

七、城市噪声环境污染整治

组织对主城区区域环境噪声和交通干线噪声平均值监测点位达标进行拉网式排查,分析影响噪声达标的明显原因并采取措施整改。对热点、难点噪声污染扰民投诉进行了督查督办。对主城区4家噪声超标企业实行了限期治理达标,对7家噪声扰民企业实现了关停搬迁,新建15个市级安静居住小区。推进主城区声屏障建设,新建9个路段道路声屏障979米,开展了主城区建筑施工和交通噪声污染专项整治,机动车禁鸣范围扩大为包括内环快速干道以内的主城201条道路。

八、辐射环境保护

进一步规范辐射类建设项目环境管理,完成环评审批163件,试生产批复63件,竣工环保验收120件,辐射类建设项目环评、“三同时”执行率100%。全市基本完成辐射许可证核发工作,主城区辐射安全许可证持证率达到100%。积极开展核技术利用与废旧金属熔炼辐射安全综合检查专项行动,及时消除安全隐患,依法对41家单位下达限期整改通知,对1家企业进行立案查处,责令未按规定建立辐射监测系统的废旧金属熔炼企业限期配备辐射监测系统。妥善处理外来测井公司在梁平县作业时发生的卡源事件。进一步加强城市放射性废物库的运行管理,及时收贮29家单位75枚废旧放射源和4件放射性废物。积极开展辐射环境质量监测。

九、重金属污染整治

完成2011年重金属污染防治国家规划实施情况考核,国家考核排名全国第三。规范涉重金属企业的生产与管理,关闭25家涉重企业或车间,停产整治23家企业,在生产企业全部开展了强制性清洁生产审核。组织对綦江、石柱、武隆、秀山四区县11处遗留废渣性质进行环境风险评估,完成渣场整治方案编制与审查。57家国家重点防控企业中,在生产企业监测监察达标率100%,强制性清洁生产审核率100%。全市未发生一起“血铅”等重金属污染事件。

十、环境政策与法治

环保法庭试点工作顺利推进,共受理案件286件,审结276件。万州区人民法院发出我市首例环境保护禁止令,及时有效制止环境违法行为,产生积极影响。认真办理环保行政复议案件,依法受理行政复议案件23件。积极推动国家开发银行重庆分行支持华能珞璜电厂总量减排绿色信贷项目。珞璜电厂共获得2.59亿元信贷资金,专项用于发电机组脱硫脱硝环保改造工程。完成11家重金属污染防控重点企业的投保工作。积极推进环境污染损害鉴定试点,分别在重庆市环境科学研究院、重庆市环境工程评估中心和重庆市环境监测中心增设环境污染损害司法鉴定中心、评估中心和技术中心。其中,环境污染损害司法鉴定中心是环保部开展试点工作以来第一家取得司法鉴定资质的单位。深入推进“重金属排放企业综合整治”、“污水处理厂整治监管”、“湖库型集中式饮用水水源地和畜禽养殖业专项执法检查”等环保专项工作,全市出动环境执法人员2.6万余人次,排查湖库型集中式饮用水水源地487处,解决了一大批影响群众身体健康的突出环境问题。12369环保举报热线受理并妥善处置群众投诉4万余件。群众重复投诉不断下降,群众满意率达93.4%。

十一、环境风险防范

市政府印发《重庆市重特大环境污染和生态破坏事故灾难应急专项预案》,推进环境应急标准化建设,建立"政府主导、部门联动、环保支撑、社会救援"环境风险联防联控联处机制。完善"两个三级"防范体系和三个预案体系,全市备案各类环境应急预案1134个,重点环境风险企业预案编制率由2010年的62.2%提高到99.4%。全市开展应急演练58次,大型综合演练两次,受到市政府通报表彰。开展环境安全百日大检查、汛期环境安全隐患排查、打非治违"百日攻坚"、国庆及十八大期间环境安全隐患排查、涪江流域环境风险防范重点督查等专项执法检查,出动执法人员3307人次,排查环境风险企业858家、尾矿库39个、沿江沿河油库7家,整改完成环境安全隐患200余个。按照"五个第一"原则,强化应急响应,成功处置一般突发环境污染事件25起,杜绝了较大以上突发环境事件。同兴医疗废物处理设施稳定运行,并建成处理规模10吨/日的高温蒸煮设施。万州医废设施通过环保验收,涪陵医废设施投入试运行,黔江医废设施完成建设。长寿危险废物处置场通过验收,主城区(璧山)危险废物处置场投入试运行,有效提升了我市危险废物处置能力。25家重点废弃物焚烧、制浆造纸、炼钢生产及铁矿石烧结企业纳入强制性清洁生产审核计划,督促企业开展二恶英减排。在全国率先启动"一法四标"(污染场地环境管理办法,环境风险筛选值、评估、治理修复及验收、环境监理地方标准)制定工作。完成18家搬迁企业原址场地环境风险定性评估,完成民丰化工原址场地环境风险定量评估,完成农化集团废弃农药填埋场危险废物清理项目。

十二、环境宣传教育

开展"重庆环保世纪行-盘点主城区创模亮点集中采访活动"、重庆创模电视新闻大赛、"创模改变生活"专题报道和"创模进行时—老王创模调查"、"老王看创模"等系列专题活动。重庆创模手机报编发5500余条创模信息。重庆环保微博关注人数近35万,发布创模信息5000余条。重庆环保政务微博广场发布信息5万条。《中国环境报》刊发重庆创模专版60期,《重庆日报》、《重庆晚报》和《重庆晨报》等刊发重庆创模专版23期,各级媒体刊发重庆创模稿件4万多条。群众对重庆创模知晓度已达到90.1%、满意度达81.4%。主城各区和相关部门采取多种形式,积极开展创模"十进"活动。创模宣传覆盖率达到98%以上,形成人人知晓创模、参与创模的良好氛围。组织了纪念"六·五"世界环境日暨创模宣传月活动。市委宣传部、市环保局、市教委、市总工会、市妇联、团市委以及主城各区联合举办创模成果暨摄影书法获奖作品巡展、"百万青少年创模志愿大行动"、"创模进万家暨创模绿色家庭评选活动"等活动200多场(次),展出宣传展板2000多张,发放各类创模宣传品1000万多份,上百万市民积极参与,掀起了创模宣传高潮。联合市文联、市电影家协会拍摄完成第一部以反映创模成效和城市环境变迁为内容的《雾都蝶变》、《碧水情深》、《绿色畅想》、《宁静夜曲》和《希望之歌》等5部微电影。完成环境教育教材的改编和新编工作,保证环境教育教材学生人手一册。中小学环境教育普及率由2011年的85%提升至2012年的100%。创建市级绿色社区43个,市级绿色学校51所,打造申报国家级环境教育基地6个。

十三、环境科研与监测

"重庆市二恶英燃烧排放源调查"等研究项目通过验收。《重庆市大气污染物综合排放标准》和《重庆市化工园区主要水污染物排放标准》已发布实施。印发《三峡库区榨菜废水污染治理技术导则》。永川港桥创建国家生态工业示范园区初具规模。由我市环保公司自主开发的"逆向曝气污水处理新工艺技术"示范项目入选

《2011年国家重点环境保护实用技术示范工程名录》。开展全市水气声环境质量例行监测、三峡库区水位变化期间水质同步加密监测、创模整治河流质量抽测,国控污染源在线比对监测、污染事故应急监测,以及国控、市控、减排、直管和主城创模所需的污染源监督性监测。加强了农村环境监测,开展了村庄环境质量、市级中心镇和国家级风景名胜区环境空气质量、镇乡集中式饮用水源地水质等监测。开展了主城区细颗粒物、臭氧试点监测和《环境空气质量标准》全指标监测。

工商行政管理

重庆市工商行政管理局 王震宇

一、2012年工作回顾

2012年,重庆市工商系统认真贯彻落实党的十八大、市第四次党代会、全国工商行政管理工作会议精神,发扬敢为、能为、有为的“三为”精神,强化效能建设,为服务地方经济社会科学发展作出了积极贡献。市场主体增速全国领先,商标广告战略再创佳绩,微型企业发展数质并举,执法办案在全国影响大,市场监管机制不断创新,消费维权取得良好效果。以效能建设为抓手,推进创先争优长效化、常态化、科学化,市局机关党委荣获全国创先争优先进基层党组织称号,成为重庆唯一受到表彰的市级部门和全国工商系统唯一受到表彰的省级机关。各项工作得到市领导和总局领导肯定性批示78条。中央政治局常委、十二届全国人大常委会委员长、时任重庆市委书记张德江,批示肯定重庆工商发展民营经济工作。时任国家工商总局局长周伯华给予重庆工商“班子很团结,队伍很过硬,做出了好成绩,开创了新局面,在全国工商系统走在前列”的高度评价。

(一)市场主体增量提质,服务发展取得新成果

一是市场主体增速保持全国领先。截至12月15日,全市各类市场主体总量达136.92万户(其中,内资企业33.03万户,外资企业5126户,个体工商户101.75万户,农民专业合作1.63万户),比去年末增长20.78%。全市发展民营经济大会召开以来,全市新增民营市场主体14.44万户,月均增量较前五个月增长18.54%,在全国民营市场主体发展中呈现逆势增长和高速发展态势。二是微型企业发展数质并举,建立健全了“1+3+3+3”政策扶持体系,推动财政补贴、税收奖励和融资贷款等政策措施落实到位。截至12月底,全市共发展微企8.05万户,解决62.13万人就业,其中本年新发展3.26万户,解决就业24.24万人。微企注册资本金总额达79.99亿元,实现产销值400多亿元,上缴税收1.45亿元,8276户微型企业成长为小中型企业。微型企业在扩大就业、推动发展、改善民生、促进社会和谐稳定等方面成效明显,多家中央级媒体集中来渝报道了重庆经验。三是商标战略取得显著成效。已新增驰名商标15件,创历史新高,驰名商标总量达到69件,位居西部第2位。在全国率先实行地理标志申报推荐制度,新增地理标志42件,地理标志总量达到129件,位居全国第4。四是广告战略深入推进。积极争取国家工商总局将重庆广告产业园纳入中央财政支持广告产业发展试点。市政府出台了《关于大力促进广告业发展的意见》。截至2012年底,全市有各类广告经营单位2.1万户,广告经营额42.5亿元,同比增长25.3%。五是非公党建扎实推进。新建非公经济党组织1993个,工商系统组建非公经济党组织占全市非公经济党组织总数的46.88%,找出“隐形党员”、“口袋党员”5778名,新发展党员3666名,培养入党积极分子15001名,打造非公党建示范点383个。

（二）市场秩序规范有序，市场监管取得新成效

树立以人为本、发展为先的市场监管理念，狠抓监管理念转变、监管机制完善和执法能力提升。一是执法办案产生较大影响。在全国工商系统率先成立专门的执法办案情报信息机构，建立全市上下一体、信息畅通、指挥有力、协调高效的“一体化大执法”格局。2012年，全系统立案查处案件4276件，同比下降17.8%；涉案金额34.27亿元，同比增长11.05%。大要案件查办效果明显，查处的家乐福销售假冒“通威无公害鱼”案件社会反响好；查获的珠海赛虎、金缘购物联盟、返本壹佰等网络传销大要案件引起国内外广泛关注，中央电视台、新华社等媒体进行了专题报道。二是流通环节食品安全稳定可控。全系统共抽检重点食品13685组、快检食品27231组。在全国率先出台食品安全责任连带追究办法，深入开展食品安全专项整治行动，查处食品经营违法案件926件。严格督促食品流通经营者落实责任、履行义务，创建食品安全示范店2611个，食品经营者自律档案建立覆盖率达到80.3%。三是市场监管效能明显增强。深入推进监管巡查体制改革，基本实现了市场主体监管巡查全覆盖。全年制定下达微企、外资、食品等16项巡查任务，涉及市场主体131.28万户，已巡查市场主体182万户次，积累经营客体信息195.47万条，品牌信息28.05万条，共发现有照主体违法行为10888项和无照经营主体38554户，针对违法行为规范处置55034项，向办案机构移交案件线索842条，已立案查处88件；创新推行消费维权信息公示“七规范”工作，全面推进诚信示范市场创建工作。创新广告监管机制，在华龙网设立虚假违法广告曝光台，探索推行网络医疗广告发布规范、市级媒体广告审查和媒体广告代理单位信用评价等机制，市级媒体广告总违法率同比下降43.75%。大力规范网络交易秩序，强化网站“源头管理”，加大“电子标识”推广应用力度，2012年纳入建库建档的我市电子商务经营主体87578户，网站网店110577个。全面开展网络经营者主体身份公示工作，加大网站电子标识的推广应用力度，全市共发放工商行政管理网络电子标识8482个，其中一级域名电子商务网站贴置率达55.87%。国家工商总局甘霖副局长对市工商局建立推行网络经营主体电子标识制度，解决虚拟主体真实身份还原的问题以及基础平台的建设等工作给予了充分肯定。合同和中介监管取得新成效，新评审产生市级“守合同重信用”单位1128家；建立中介违法行为日常监测和排查处理机制，查办中介违法案件数量和类型同步增长，商标代理组织、人力资源服务机构、鉴证类中介机构等专项整治成效显著。四是企业信用体系建设深入推进。争取市政府出台了《重庆市企业信用信息征集目录》，企业信用信息在政府采购、国家财政项目资金补贴、财税增收等社会管理活动中得到广泛应用，在工程建设领域运用企业诚信信息的创新做法，荣获全国人大法工委等13家中央部委联合颁发的“全国诚信建设制度创新优秀事例奖”。

（三）优化消费环境，消费维权实现新突破

坚持把维护消费者最关心、最直接、最现实的利益问题作为根本出发点。12315受理消费者咨询申诉举报13.91万件，为消费者挽回经济损失3306.96万元；消委系统受理消费者投诉1.36万件，为消费者挽回经济损失2600余万元。一是消费维权手段不断丰富。组建了汽车消费维权专业委员会、保险协会消费者投诉监督站、手机消费维权流动服务站，促进消费投诉处理专业化和监管日常化。二是社会消费维权大格局有效构建。围绕“挑战潜规则”主题，成功举办3·15晚会和“揭露身边潜规则”、“招募维权志愿者”活动。与市高院合作建立消费纠纷诉调对接工作机制，提高了消费纠纷调解法律效力和执行力。对消费者申诉集中的重点企业开展集中约谈式行政指导，有效强化了经营者消费维权自律机制。三是流通领域商品质量监测力度不断加大。全年共抽检商品2236组，发现并处理不合格商品978组，有效提高了商品质量监测

的针对性和覆盖面。在全国率先推行农资进销货记录"一单通"制度,健全了农资经营可追溯体系。四是消费教育引导效果显著。通过开展大型宣传咨询活动、召开消费者代表座谈会、发布消费提示警示、印发宣传资料、举办图片展等形式,扩大消费教育的成果。消委会微博影响力上升至全国工商系统机构微博第7位、重庆地区政府机构微博第9位。

(四)加强法治建设,依法行政展现新水平

一是法制建设不断加强。推动出台《重庆市食品安全责任连带追究试行办法》,加快《重庆市微型企业促进条例》、《重庆市户外广告管理条例》等法律修订完善进程,论证法律、法规、规章草案和审查规范性文件163件。二是创新社会管理加快推进。积极推进行政调解制度化和规范化,全年以来全系统共调解矛盾纠纷11600件,涉及金额5.6亿元,调解成功率达到85%以上,努力将各类矛盾纠纷化解在基层和萌芽阶段。三是行政指导工作深入开展。推行重大行政指导项目管理,运用行政指导等柔性执法方式助推经济社会和谐发展。2012年全系统共实施行政指导12万余件,规划实施重大行政指导项目86件,开展建筑、餐饮、通信、金融行业行政约谈等有影响的行政指导活动20余次,取得了良好的社会效果。四是执法监督不断强化。严格案件核审制度,完善依法行政考核指标体系,全系统执法质量全部达到优秀标准。五是行政审批改革积极推进。在西部地区率先开通内资企业网上核名,全面下放微型企业和部分内资企业名称核准权限,推动开展对前置许可项目的清理工作,着力建立了依法、高效、便捷的市场准入通道。

二、2013年发展目标

——市场主体发展数质并举。全市市场主体总量达到150万户,其中民营企业33.5万户、个体工商户112万户,外商投资企业5300户。全年新增注册商标1.5万件以上,新推荐驰名商标15件以上、地理标志10件以上,新认定著名商标150件以上,培育产业集群品牌培育基地1–2个。广告战略实施取得新突破,争取将我市广告产业园区建设纳入中央财政试点支持。

——市场经济秩序规范有序。深化监管巡查体系改革,全市重点行业市场主体监管巡查率达到100%,城镇市场主体亮照率达到90%。流通环节食品安全稳定可控,初步建成食品三级快速检测体系,工商部门监管履职档案建档率达100%,食品经营者自律档案建档率达100%。突出商品质量源头治理,流通领域产品质量不合格率明显下降。优化执法办案体制机制,查办一批关系民生、严重扰乱市场秩序的大要案件。电子商务诚信交易服务试点取得显著成效,全市一级域名独立网站的工商电子标识贴置率达到70%以上。

——民间创业活力明显增强。完善创业扶持政策,开展注册登记前置行政审批清理工作,减少审批环节和时限,激发民间创业活力。引导企业通过开展电子商务经营,创新经营模式,全市电子商务经营主体新增2.5万户,总量达到11万户,新建特色电子商务交易平台5个。完善政策措施,创新扶持举措,推动微型企业持续健康发展,到2013年底,全市扶持发展微型企业11万户,带动就业80万人以上。

重庆国税

重庆市国税局 田野

2012年,全市国税收入完成783.9亿元,同比增长8.1%,增收58.9亿元。其中国税部门组织收入705.9亿元,增长6.8%,增收45.1亿元;海关代征税收77.5亿元,增长21.9%,增收13.9

亿元。地方级收入完成169.7亿元,同口径增长11.2%。分税种看,国内增值税完成345.9亿元,增长5%;国内消费税完成102.6亿元,增长15.7%;企业所得税完成211.4亿元,增长3.9%;车辆购置税完成45.9亿元,增长17.6%。

一、税收特点

一是主要税种增速缓慢。国内增值税完成345.9亿元,增长5%,其中工业增值税完成250亿元,增长7.7%,约占国内增值税的72%;国内消费税完成102.6亿元,增长15.7%;企业所得税完成211.4亿元,增长3.9%;车辆购置税完成45.9亿元,增长17.6%。

二是重点行业增长乏力。全市13个重点行业入库税收536.3亿元,增长5.1%,增幅回落10.3个百分点。税收增量主要集中在金融、卷烟、电力、商业、汽车五个行业,共入库税收393.1亿元,增长13.6%。税收减量主要集中在电子设备、化工、煤炭、房地产、钢材五个行业,共入库税收98.2亿元,下降18%。

三是重点企业贡献下降。全市重点监控的980户企业入库税收480.6亿元,增长5.8%。其中年纳税千万元以上的企业777户,比上年减少17户。增值税税源规模前100户工业企业、所得税税源规模前20户企业入库税收258.5亿元,仅增长5.3%。

四是区域发展仍不平衡。全年"一小时经济圈"地区完成税收616亿元,增长6.9%,占比87%;渝东北地区完成税收48亿元,增长2.1%,占比7%;渝东南地区完成税收42亿元,增长11.6%,占比6%。

五是收入质量稳步提高。2012年,全市国税系统期末新欠余额9770万元,同比下降62%,减少1.6亿元。46个征收单位中有38个单位当年无新欠,25个单位连续三年以上无新欠。

二、依法治税

全市国税系统扎实开展依法行政、文明执法主题活动,贯彻落实《税收违法违纪行为处分规定》,大力推进依法行政。对照《行政强制法》认真清理规范性文件,完善并落实税务行政处罚裁量权基准制度,加强税收执法考核子系统运用,加强过错责任追究,增强税法执行效果。

围绕支持文化改革发展、加快转变经济发展方式、支持区域经济协调发展、保障和改善民生,不折不扣地落实好结构性减税政策和税收调控措施。认真落实西部大开发、资源综合利用、高新技术产业等税收优惠政策,减免税收60亿元;办理出口退税68.7亿元。按照大力发展民营经济、支持小微企业和个体工商户发展的要求,进一步明确了落实增值税起征点调整的政策规定,免征增值税6.2亿元;与相关职能部门联合制定促进小微企业发展的政策措施,为民营经济、小微企业和个体工商户发展服好务。加强对各项税收政策执行情况的监督检查,健全政策反馈机制,确保税收政策取得实效。

三、纳税服务

坚持始于纳税人需求、基于纳税人满意、终于纳税人遵从,积极做好纳税服务工作。采取税务局长在线访谈、与法律界企业界代表税收恳谈、"走出去"企业问卷调查等形式,加强纳税人需求收集分析,及时响应纳税人诉求。丰富多种办税方式,继续推进财税库银横向联网。整合"12366"纳税服务热线、重庆国税门户网站、办税服务厅等纳税服务资源,开发应用12366纳税服务综合平台,提供"由企业主动发起的服务、税企交互式服务和由税务机关发起服务"三方面服务内容,纳税人反映良好。落实国地税协作办法,联合开展纳税人信用等级评定和注册税务师行业管理制度检查。修订完善纳税服务工作考核办法,纳税服务工作得到进一步规范。立足本职建言献策,围绕经济社会现状和"营改增"等税收热点,对20个区县5000余户企业进行"营改增"调查测算,及时向市政府报送部分房地产企业经营情况的调查报告、我市工业增值税差异的分析报告和新开征废旧电器电子产品处理基金的预测报告,得到市领导肯定。

四、税收征管

贯彻落实总局深化税收征管改革工作会议精神，鼓励和支持区县局因地制宜创新征管方式，市局从宏观层面加强业务指导，着力提高税收征管质量和效率。以风险管理为导向，完善三方信息交换机制，推进国际税收情报交换，加强税源与征管状况监控分析，强化纳税评估工作的针对性。以分类管理为基础，突出抓好13个重点行业和增值税税源规模前100户工业企业、企业所得税税源规模前20户企业的监管。13个重点行业入库税收536.3亿元，同比增长5.1%；税收上千万的777户企业入库税收471亿元，同比增长15.4%；税种收入全部实现同比增长。非居民税收管理取得突破，成功处理首例跨省市合作征收非居民企业所得税案例。加大税务稽查力度，发挥跨区稽查职能，扎实开展税收专项检查、涉税违法案件查处、打击发票违法犯罪活动，既加大对涉税违法犯罪活动的打击力度，同时注重柔性执法，慎用强制手段，引导纳税人自觉遵从税法。全系统查补收入10.5亿元；其中，纳税人自查补税8.5亿元。

五、队伍建设

加强领导干部培训。围绕增强党性修养、理论水平和服务科学发展能力，在吉林税务干部学校、重庆工商大学举办2期处级领导干部理论学习班，培训处(局)级领导干部135人次。抓好专业骨干培训。围绕提高税收专业知识，举办了财务会计、所得税管理、税务稽查等业务骨干培训班16期，培训干部989人次。组织140名市局机关干部在河南省税务干部学校举办2期市局机关干部更新知识培训班，有效提升了市局机关干部理论水平、岗位工作技能和综合业务素质。开展一线干部培训。以提高新录用人员岗位适应能力为重点，举办了2期初任培训班，培训新招录人员230名。深入推进《小企业会计准则》培训，切实加强全局系统财务会计知识整合培训的指导协调等工作。市局牵头组织，各单位自愿报名，委托重庆工商大学举办工业企业、中小企业财务会计知识培训班7期，培训基层一线干部392人次，4558人天。

坚持以落实党风廉政建设责任制为重点，以内控机制建设为核心，扎实推进反腐倡廉建设。在严格落实“一票否决”三项指标的基础上，将厉行节约制止奢侈浪费、严禁用公款高消费、公务用车运行费用单车核算纳入党风廉政建设责任书，并进行检查考核。整合监督检查资源，统筹开展巡视检查、税收执法督察、内部财务审计、财务检查、执行党风廉政建设责任制和构建惩防体系监督检查，就工作中发现的问题加强风险评估、完善防控措施，有效推动惩防体系建设五年规划落实。举办培训班，邀请专家讲座，参加地方政府组织的政风行风热线、民主评议基层站所和服务窗口等活动，对税务职业道德方面的突出问题进行了专项教育治理。2012年，市局第六次被中纪委党风室评为信息联系点先进单位。

深入开展创先争优活动，切实加强党建工作，扎实开展基层组织建设年、“我身边的好税官”等主题活动，激励干部队伍为民服务当先锋、为国聚财创佳绩，涌现出一批先进集体和先进个人。大渡口区局作为我市代表荣获“全国五一劳动奖状”，成为全国国税系统唯一获表彰单位；在市委创先争优表彰大会上，3个党支部被评为先进基层党组织，4名党员干部被评为优秀共产党员，1个单位被授予群众满意窗口称号；市局顺利通过我市机关党建工作标兵单位验收；与市人社局联合评选表彰40个先进集体和100名先进个人；全市国税系统评选表彰30名“我身边的好税官”。

重庆地税

重庆市地方税务局 张照舒

一、2012 年发展回顾

(一)税收收入稳中有升

2012 年，受经济增长趋缓、房地产市场疲软、政策性减收因素增多及上年同期基数较高等多种因素的影响，地税部门组织收入工作面临前所未有的严峻形势和巨大压力。全市地税系统迎难而上,采取了一系列挖潜增收、堵漏增收的税收征管措施，各税种日常管理均得到进一步加强,在营业税、所得税等主体税种增长乏力的情况下,各小税种保持较高增幅,土地增值税、房产税、车船税均增长 20%以上。强化日常纳税评估,对 7433 户纳税人开展纳税评估入库税款 9.09 亿元。加强二手房交易价格评估工作,通过评估调增交易环节税收收入 3.34 亿元。加强股权转让个人所得税管理，补征个人所得税近 1.68 亿元。加大土地增值税清算力度,对 323 个房地产项目清算入库税收 20 多亿元。强化重点税源管理，对全市 211 个市级重点工程项目进行全程跟踪监控，对占全市地税收入总量近 50%的 2500 多户重点税源企业实施动态管理。加强欠税管理,通过发布欠税公告、实施约谈、强制扣款等措施入库欠税逾 8 亿元。通过系统上下的共同努力，税收收入在极其困难的情况下实现了稳中有升。全年组织各项收入 1484 亿元,同比增长 15.8%。其中税收收入 896 亿元,同口径增长 14%。

(二)社保费征管水平不断提升

坚持税费“同征、同管、同查、同考核、同服务”,进一步完善社会保险统一征缴模式,加强对征缴率和入库率的考核，不断提高社保费征缴水平，社会保险费收入继续保持稳定较快增长。全年累计征收社会保险费 546 亿元,同比增长 26.38%,征缴率达到 103.79%。加大社保费扩面征收力度,采取宣传辅导、书面催缴、约谈督促、行政处罚等多项措施,强化用人单位的参保意识和缴费意识,社会保险覆盖面不断扩大,全市参保单位和参保人数保持稳定增长。

(三)服务发展成效明显

认真实施国家结构性减税战略，积极落实扩大需求、促进经济结构调整和改善民生的一系列税收优惠政策,营造了良好的发展环境。围绕全市重大战略部署和改善民生，及时出台支持科技创新、民营经济、职业教育、小微企业、货运水运行业发展的政策措施，共计减免税收 96 亿元。其中:支持民营经济减免税收 32 亿元,支持公路货运业发展缓征营业税近 4 亿元，对 8 万余户个体工商户和微型企业减免营业税近 4 亿元，对个人购买普通住房和农转城人员购房免征契税 32.6 亿元。围绕完善住房调控体系,继续深化个人住房房产税改革试点，为国家运用税收杠杆调控房地产市场积累了经验。

(四)税收征管质效不断提升

全面落实“信息管税”的工作思路,积极探索实施税源专业化管理,先行在 10 个区县开展改革试点，基本实现分类分级分岗管理和流程化管理,有效提高了税源监控水平。进一步扩大网络发票覆盖面，新推广网络发票用户 1.8 万户,累计用户量已突破 10 万户,年开具发票金额 4400 多亿元。认真落实《重庆市地方税收征管保障办法》，全市已有 35 个区县政府出台了具体的实施意见，部分单位在政府的主导下建立了涉税信息交换平台和信息传递共享机制，全年接收相关部门传递的有用税源信息 1.2 万条,增加税收 5.87 亿元。积极承担金税三期全国首批上线试点任务，大力推进业务与技术的融合,征管质效显著提升,人均税费征收额上升到2583万元。

(五)依法治税深入推进

深入推进税务行政审批制度改革,研究贯彻落实行政强制法的相关办法,切实规范税务行政处罚自由裁量权。加大税收违法行为和大要案件查处力度,对资本交易等重点领域,银行保险、石油石化、交通运输、房地产与建筑安装等重点行业开展税收专项检查,对市级重点税源企业分类分级实施轮查。全年共开展检查4597户,立案检查1508户,查补收入15.76亿元,同比增长25.08%,创历史新高,查补收入入库率和案件查结率分别达到98.58%和96.22%。扎实开展打击发票违法犯罪活动工作,查处违法受票企业993户,涉及金额1.63亿元,涉及非法发票份数13.38万份,涉及金额4.54亿元,查补收入3536.09万元。协助公安机关抓获犯罪嫌疑人176人,捣毁窝点54个,税收秩序进一步规范。

(六)纳税服务进一步优化

大力推进办税服务厅规范化建设,从行为规范、服务规范、功能环境规范和外部评价等多方面进行考核,着力推行一窗式办税、一站式服务。认真落实"两个减负"要求,有序推行"免填单"服务方式,清理规范纳税人报送的表证单书,积极推进电子化征管档案管理。提升12366热线管理水平,逐步由单一的咨询渠道拓展成集咨询、宣传、查询、提醒、监督、维权等多种功能于一体的综合性纳税服务平台。加大税收宣传力度,认真开展全国第21个税收宣传月活动,开通新浪微博和腾讯微博,围绕个人住房房产税、个人所得税法修改、社会保险法颁布实施等热点难点问题,及时宣传解读税收政策,快速高效地响应纳税人诉求。加快纳税信用体系建设,认真开展信用等级评定,及时向社会公告评定结果。

(七)干部队伍建设全面加强

认真贯彻落实党的十八大和市第四次党代会精神,制发学习贯彻意见,明确学习任务要求,切实将党员干部的思想统一到中央精神和市委要求上来。扎实推进基层组织建设年活动,大力加强机关和基层党建工作,充分发挥基层党组织战斗堡垒和共产党员先锋模范作用。加强领导班子建设,研究出台了《关于进一步加强区县局、直属单位领导班子建设的意见》,对10位区县局主要负责人开展离任经济责任审计,对14个区县局开展巡视。。以干部职工思想政治素质和业务素质提升为重点,大力加强干部队伍建设,实施"841"人才培训计划,在全国地税系统和市级部门率先建成网络教育学院,分级分类开展干部教育培训,网络教育学院访问量已突破32万人次。加强党风廉政建设,深化"内控机制建设推进年"活动,扎实推进内控机制建设。大力开展创先争优活动,深化文明创建活动,系统内33个单位分别获得全国工人先锋号、重庆市文明单位等省部级以上荣誉称号。

二、发展中存在的问题

一是受经济增速放缓、政策性减收等因素影响,组织收入面临较大的压力。二是依法行政的意识和能力还需要不断提高,税收法治环境仍待继续改善。三是税收管理方式亟待改进,税收征管模式需要不断完善。四是干部的能力、素质、作风与新形势下税收工作的要求还不完全适应,业务骨干和高层次人才较为缺乏,一些干部的工作作风不够扎实。五是税收执法和廉政风险防范机制有待进一步健全,干部违法违纪现象依然存在。

三、2013年发展目标

2013年全市地税工作的总体要求是:全面贯彻党的十八大和中央经济工作会议精神,认真落实市委四届二次全会、全市经济工作会议和全国税务工作会议的各项要求,围绕服务科学发展、共建和谐税收的工作主题,以结合税制改革完善结构性减税政策和提高税收收入增长质量为重点,坚持依法行政,优化纳税服务,深化征管改革,改进工作作风,推进干部队伍和党风廉政建设，为实现经济持续健康发展和社会和谐稳定作出新的更大贡献。主要目标是：确保地方税收收入突破1000亿元，增长13%以上，力争增长15%；确保社保费收入实现550亿元，征缴率达90%以上。

重庆交通

重庆市交通委员会 秦瑜廷

一、2012年发展回顾

2012年，重庆交通部门认真落实市委、市政府稳增长、促发展的一揽子政策措施，克服信贷偏紧、用地紧张、成本攀升等诸多困难，交通发展继续保持了良好态势，实现本届政府确定目标的圆满收官。

（一）投资任务全面完成

加强与国开行等银行合作，争取交通运输部补助资金82亿元，确保了建设有序推进。全市公路水路交通完成投资410亿元，比2011年增长8%。

（二）公路基础设施建设稳步推进

建成江津至合江二期、奉节至巫山二期，新增通车里程47公里；新1000公里高速公路22个在建项目进展顺利。国省道改造完成1220公里；新改建农村公路8000公里，全市行政村通畅率由去年的65%提升至75%。

（三）长江上游航运中心建设步伐加快

市政府关于航运发展的8条扶持政策全面落实、效应显现；乌江白马至河口航道整治工程建设加快；主城果园港二期已完成前沿主体工程，形成30万标箱年通过能力；新增标准化船舶运力50万吨；航交所全年交易额突破40亿元。

（四）交通公共服务能力不断提升

4个综合换乘枢纽主体工程以及15个公交站场顺利建成。新增公交线路51条、公交车辆510余辆，主城出租车公司化自营率达100%。高速公路节假日免费通行，未出现重大拥堵。推出8大便民举措，班线客运联网售票系统覆盖全市58个二级及以上客运站；主城区交通运输投诉服务中心建成投用；开展高速公路服务区专项整治和星级服务区创建，43个收费站、73条车道的ETC系统顺利建成启用，高速公路服务质量和管理水平得到较大提升；公交“1小时免费·优惠换乘”、出租车电召等顺利实施。

（五）全行业始终保持安全平稳

全市水上、高速公路、道路运输、交通建设等领域交通事故指标均在市政府下达的目标范围内，未发生重大安全事故，其中地方水域连续2年实现“零死亡”。

二、2013年发展目标

（一）完成450亿元固定资产投资任务

2013年全市公路水路计划投资450亿元。其中，公路运输418亿元（高速公路220亿元，国省道改造及其它干线公路80亿元，农村公路98亿元，站场枢纽及其它20亿元），水路运输32亿元。

（二）加快新的1000公里高速公路建设，新增通车里程400公里以上

建成奉节至巫溪、涪陵至丰都、丰都至石柱、万盛至南川、南川至涪陵、主城至涪陵、成渝复线7个项目，新增通车里程403公里，新增对外通道1个，实现巫溪、丰都2个县高速公路连通，同时加强年内通车项目执法、收费、养护等前期筹备，保障及时、安全、畅通运行。优质快速推进开县至开江、黔江至恩施、永川至江津、铜梁至合川、丰都至忠县5个续建项目建设。加快万州至利川、忠县至万州、铜梁至永川、江津至綦江、渝北至广安、梁平至忠县、酉阳至沿河、南

川至道真等8个项目的实施进度，确保尽快全部进入实质性建设阶段。

（三）加大国省干道和农村公路建设改造力度，不断优化路网结构

加快地方重点公路建设，建成城口至万源快速通道，全面实现“4小时重庆”。积极实施县际之间“断头路”建设，继续推进巫山至神农架等重点项目。完成1000公里国省道大中修和200公里升级改造任务，加强各个环节的质量管控，提高施工规范化水平。新改建农村公路8000公里，其中行政村通畅工程6000公里、乡镇联网公路2000公里，使全市行政村通畅率达到82%，新解决620个行政村通畅问题。

（四）加强公路管理养护，确保重要通道有序畅通

加强高速公路畅通管理，提升养护机械化、专业化水平，优化养护施工及交通组织，发挥好路网运行监测中心功能，强化全路域巡查监管；新建成26个ETC收费站、56条车道；巩固高速公路服务区整治成果，继续开展星级评定。加强国省道管养，着力实施路面灌缝、坑槽挖补等预防性养护，推动综合服务区、中心养护站和一般站房建设。深入推进农村公路管理养护年活动，力争全市80%的乡镇设立农村公路管养机构，打造一批管养示范路。

（五）继续大力发展内河水运，增强交通核心竞争力

启动实施小江、梅溪河、抱龙河航道整治工程，加快推进乌江河口至白马航道治理。开工建设主城佛耳岩二期、石柱江家槽码头，实现涪陵龙头山港实质性动工，加快主城果园港建设、争取后方陆域初具规模，继续推进万州新田港等项目建设，全年新增港口货物和集装箱吞吐能力600万吨、50万标箱，分别达到1.51亿吨、350万标箱。加快水上运力结构调整，拆解老旧船舶300艘，着力发展专业化、标准化、大型化船舶，积极推广三峡船型、干支直达船型。完善重庆航交所高端服务功能，健全航运金融、保险等服务体系，建成电子口岸信息系统，

（六）强化交通运输组织，提高便民服务能力

扎实开展“公交都市”试点。继续推进两路、西永、茶园和鱼洞4个综合换乘枢纽收尾工作，力争尽快投入使用。建成4个公交站场、3个公租房首末站。稳步实施公交票制改革，实施主城公交“1小时免费?优惠换乘”，优化主城公交运行，加快公交资源整合，逐步实行片区经营，完成1134辆面的车、134辆班线客运车辆退出和公交线路接替工作，健全服务质量监管机制。促进出租车行业健康发展。合理投放出租车运力，进一步缓解市民“打的难”，建成出租车服务信息管理系统，完成主城1.2万辆出租车智能终端安装。加快农村客运发展。建成村级招呼站1000个，总结18个区县农村客运运营补贴试点经验，稳步扩大试点范围。加强重点运输保障。继续强化与民航、铁路、邮政等部门间的沟通协调，抓好春运、国庆等重要节假日运输保障工作。继续实施交通惠民工程，推出便民新举措：增强公共交通对次支干道的覆盖能力，逐步解决市民最后“一公里”出行问题；出租车实现“宜居畅通卡”刷卡付费；建成交通网上办事大厅，实现行政审批网上办理和查询；增强“96096”交通服务热线功能，在部分区县设置分中心。

（七）完善交通法规和制度体系，努力建设法治型行业

加强交通法制建设，积极推动《重庆市道路运输管理条例》、《重庆市公共汽车客运管理办法》等修订工作，继续论证修改《重庆市公路条例》，争取《重庆市汽车租赁管理办法》年内出台。进一步加强执法队伍管理，加大执法人员培训力度，不断改进行政审批方式，继续贯彻执行行政处罚裁量基准。完善执法监督手段，健全执法评议考核机制。深化“六统一”工作，继续推进执法信息系统、执法执勤站点建设，推动基层执法站所的标准化和基础管理制度的规范化，加大基层执法经费和装备保障力度。

（八）加强基层基础工作，确保交通行业安全形势持续向好

继续完善安全基础设施，实施“安保工程”

1000公里,改造危桥50座、危隧10座,全力推进万州长江大桥防撞工程,建设公共应急地锚设施240处,新建高速公路速度反馈仪20套、移动执法平台20个。全面开展交通企业安全生产标准化建设,提升安全生产整体水平。

(九)强化科技创新和成果应用,积极做好节能减排工作

坚持原始创新、集成创新和引进吸收再创新并重,启动水运结构调整与三峡升船机船型研发,推动重大科技专项物联网监测技术等示范应用,开展10个部市规范编制。加强交通信息化建设,完成西部港口物流枢纽信息平台等部示范项目,初步建成交通综合运行监测平台,以及运政综合管理系统等工程,启动高速公路光纤联网、安全畅通和应急处置、统计分析监测、城市智能公交等部重点和示范工程,加快推进水上交通综合指挥系统、交通数据中心等项目。加快城市低碳交通体系建设,建成并验收12个低碳试点项目,推进水陆甩挂运输、船舶岸电等示范项目,推广路面再生和温拌等节能减排技术,促进资源高效利用。

市政管理

重庆市市政管理委员会 张弛

一、2012年市政管理工作回顾

2012年,全市市政系统在市委、市政府的坚强领导下,以党的十八大和市第四次党代会精神为指导,深入贯彻落实科学发展观,不动摇、不懈怠、不折腾,积极推进新型城镇化建设,持续加强市容环境综合整治,为"科学发展、富民兴渝"营造了良好城市环境。

一是强化设施维护,城市综合承载力不断增强。坚持日常维护与专项整治齐头并进,继续加大市政设施提档升级改造力度,全面推进城市道路和"窨井盖"专项整治。全年整治城市道路674.5万平方米(其中,车行道406.3万平方米、人行道268.2万平方米),整治车行道上的病害井盖7274个,车辆通行舒适度进一步提升。加大停车管理力度,全年新增停车位9万余个。加强城市道路照明设施建设,不断完善城市照明功能,全面推进"无灯区"整治工作,全市新建改建路灯3.6万余盏,维护路灯21.4万余盏(次),平均亮灯率达98.5%,市民夜间出行条件更加安全、便利。新建改造灯饰项目487项,初步形成了一定规模的城市夜间景观。积极推进"公厕革命",全市新建公厕140座,改造公厕553座。严格落实"以奖代补"政策,强力推进污水管网建设,全年共新改建污水管网1348公里。

二是强化市容管理,人居环境品质持续优化。充分发挥市政系统创模主力军作用,全力推进创模工作,主抓的4项主要任务(8项分项任务)、6大系列工程、634个工程项目全部完成并顺利通过验收。全市所有区县影响市容的户外广告绝大多数做到应拆全拆,基本消除视觉污染。深入推进背街小巷店招牌整治,店招牌设置水平、档次不断提高,主城区规范整治基本完成,远郊区县整治达标84%以上。环卫保洁力度加大,新增3吨以上垃圾箱体830个,新增环卫车辆460台。主干道冲洗保洁常态化,次干道保洁质量较为稳定,背街小巷基本做到了专人保洁全覆盖,街面基本无白色暴露垃圾,各类附属设施整洁干净。全年创建验收市容整洁街(镇)17个、市容整洁一条街(单位、小区)88个。无害化处理生活垃圾505万吨,收运餐厨垃圾49万吨,日均收运1600余吨。清理三峡库区漂浮垃圾18.8万吨、消落区垃圾8.15万吨,长期保持了库区"江清岸洁"。污水处理设施稳定、达标运行,处理污水8.5万立方米,COD削减24.8万吨。通过污泥干化、水泥窑协同处理、园林土集成等多

种处理方式基本实现主城区污泥100%无害化处理。

三是强化城乡统筹，公共服务水平显著提升。坚持民生导向、量力而行推进背街小巷、居民小区综合整治，主城区全年投入资金7.5亿元，整治背街小巷142条、社区36个，背街小巷两年整治任务基本完成。乡镇生活垃圾治理平稳起步，“村收集、镇乡运输、区县处理”的农村生活垃圾收运处理模式得到进一步推广。全市已有341个镇乡建成生活垃圾收集处理体系，覆盖率达40%，2272个行政村开展了生活垃圾收运，覆盖率达25%。已建成投运镇乡垃圾中转站981个，村级垃圾收集站点1.5万个，配置镇县之间的垃圾运输车647辆、镇村之间的收运车2520辆。目前，全市镇乡生活垃圾无害化处理日均2805吨，无害化处理率达55%。还有62个镇乡开展了污水管网建设，已建成污水管网164.7公里。

四是强化安全监管，城市运行秩序保持稳定。在全市率先完成了重点行业安全监管能力建设目标任务，落实安全监管机构44个、安监专职人员140名，投入845万元为46个单位配备了安监车辆、办公设备和个人防化装备，实现了机构、编制、人员、装备“四落实”。深入开展“打非治违”专项整治，出动检查人员9172人次，检查各类单位(场所、设施)952个(处)，查处整改非法行为和违规问题473起。按照“管理有主、一桥一档、养护到位、应检必检、有病必治”要求，深入开展城市桥梁专项整治，共普查桥梁等结构设施1565座，落实管理责任1556座，建立技术档案1523座，检测桥梁等结构设施567座。对城市主要供水企业进行了106项分析监测，城市供水水质持续稳定达标，远郊区县城区和主城区供水水质综合合格率分别达到98%和99%以上，保证了市民饮用水安全。对全市32个垃圾处理场的运行质量开展监督性监测，对38个区县(自治县)城区800余条街道、1640个化粪池的安全进行了抽查监测，及时督促整改存在问题，确保运行稳定。

五是强化法治建设，依法行政水平明显加强。稳步推进立法计划，积极协调推动《重庆市建筑垃圾管理办法》的制定和《重庆市户外广告管理条例》的修订工作，配套修改了《重庆市主城区路桥通行费征收管理办法》，进一步筑牢了依法行政的基础工作。大力推进市政行业标准编制工作，编制完成了《重庆市城市夜景照明设计导则》、《市政设施接收标准》等一批技术标准规范，以及《重庆市城市照明维护工法》等一批工艺方法，进一步完善市政行业标准体系。强化城管执法维稳保稳工作，引导文明执法、柔性执法和人性执法。全年出动执法人员103万人次，出动执法车辆18万台次，处理各类案件2.5万件，处罚金额790余万元。全市市政管理行政执法纠纷量和市民投诉量同比分别下降32.2%和30.3%，未发生一起因市政执法不当而引发的重大群体性事件和人员伤亡事件。

六是强化科技支撑，快速反应能力稳步提高。积极推进数字化城管系统平台建设，全市共有31个区县完成系统平台建设，综合普查面积达到901平方公里(主城区达567.2平方公里)，基本实现城市建成区全覆盖。进一步强化数字化城管系统的推广应用，信息采集工作逐步规范，主动发现问题能力有所提升，主城区全年平均有效上报率达86.04%，立案97.2万件、结案88.4万件，结案率90.9%。进一步加强信息化建设，完成了扬尘污染源电子监控、市政行政执法管理子系统二期等信息平台建设，市政管理快速处理体系更加完善，快速反应能力得到提升。依托12319城市管理服务热线平台，全面整合行政效能投诉、阳光重庆网络问政平台、市长信箱、网络舆情等信息资源，实现“小号码”服务“大民生”。全年受理市民反映的诉求问题6.6万件，总体结案率98.8%，市民满意度达到98%。

二、市政管理中存在的问题

一是市政管理的理论支撑体系、运用体系还不够健全。有关市政工作的相关理论研究深度、理论学习广度还不够，市政管理理论体系尚未形成,适应重庆直辖市特殊市情、顺应全面建成小康社会目标要求的市政管理体制、管理模式还有待进一步探索完善。二是市政管理整体合力尚未完全有效形成。各级各部门的沟通、协调、联系和社会力量的整合、发动不够,规划、建设、管理等部门之间的协调衔接、联动运行机制还有待进一步健全。市市政委行业主管作用亟需进一步加强,对区县的行业指导和统筹管理力度还需加大。三是市政公共服务能力与新型城镇化发展要求还有差距。市政环卫基础设施的历史欠账仍然不少,基础仍然较为薄弱,区域发展不平衡的问题仍然客观存在。市政公共服务的法治化、规范化、精细化水平仍跟不上新型城镇化建设步伐。

三、2013 年市政管理工作重点

2013 年,全市市政系统将在巩固综合整治成效、巩固环保创模成果的基础上,以抓好十个市政管理关键环节为载体,积极推进法治市政、规范市政、民生市政、智慧市政、平安市政建设。

一是抓好设施养护,确保市政设施运转正常、配套完善。稳步推进城市道路整治改造,全年计划改造 200 万平方米。加强城市道路日常维护管理,提高通行舒适度、便捷度。

二是抓好环卫保洁,确保市容环境干净整洁、宜居宜业。严格实行环卫精细化管理,加强机械化作业,提高清洗保洁水平。加强生活垃圾、餐厨垃圾、建筑垃圾无害化处理及资源化利用,城市生活垃圾无害化处理率要达到 99%。

三是抓好照明维护,确保灯饰照明适宜适度、增光添彩。进一步加大照明设施新改建进度,安装路灯 1.8 万盏以上,打造一批夜景灯饰精品。

四是抓好供水监管,确保城市水务保质保量、正常健康。加强水质监测,供水水质合格率达 98%以上,完善城市排污管网体系,新改建城市污水管网 1000 公里,城市污水集中处理率达到 89%。

五是抓好广告管理,确保广告招牌规范整齐、美观大方。着力推进主城区重要商圈户外广告设置规划编制和户外广告拍卖等工作,依法审批、严格管理临时广告,规范公益广告管理,巩固提高整治成果。

六是抓好市容规范,确保城市秩序井然有序、舒适满意。加强城市停车场管理,强化临时停车场管理,全年新增停车位 6 万个,加强城管执法创新,突出事前介入,坚持依法、文明、公正、柔性管理与执法。

七是抓好科技手段,确保数字城管先进智能、节俭务实。推进数字化执法管理、公共停车、环境监测、城市水务、城市照明单灯控制、停车诱导等系统建设,逐步提升智能化管理水平。

八是抓好安全基础,确保市政行业生产安全、平安无事。集中开展化粪池下水道安全专项整治、市政行业安全生产“两防”专项整治,做好市政行业安全隐患排查治理体系建设试点工作。

九是抓好行业指导,确保市政行业统筹发展、步调一致。加强对区县市政管理工作的行业指导,统筹推进市政公共服务均衡化。进一步加强城市管理绩效考核,发挥“指挥棒”作用,营造“比、学、赶、帮、超”的良好氛围,推动各区县市政管理工作共同进步。

十是抓好队伍建设,确保市政系统爱岗敬业、积极向上。通过轮岗交流、竞争上岗、举办“市政大讲堂”、专题培训、创办《市政月读》等方式,进一步加强领导班子和干部队伍建设。以廉政风险防控管理工作为着力点,努力构建履职尽责“安全网”,确保市政系统干成事、不出事。

重庆水利

重庆市水利局 任春霞

一、2012 年发展回顾

2012 年，全市争取到位市级以上水利水电投资 91.35 亿元,同比增 27%。完成各类水利水电投资 206 亿元,同比增 35%。截至 2012 年底,全市已建成各类水库 2975 座,总库容 115.93 亿立方米。其中:大型水库 16 座(电力部门管理的发电水库占 14 座)，总库容 75.39 亿立方米;中型水库 85 座,总库容 22.55 亿立方米;小型水库 2874 座,总库容 17.99 亿立方米。全市水利工程年设计供水能力达到 46.3 亿立方米，全年水利工程供水量达到 26.4 亿立方米。新增有效灌面 13.34 千公顷,因建设占地等原因减少有效灌面 3.25 千公顷，有效灌溉面积累计达到 702.97 千公顷;旱涝保收面积占到 353.85 千公顷;全年有效实际灌溉面积 474.64 千公顷。新增节水灌溉面积 11.46 千公顷,累计达到 172.71 千公顷。

(一)水利规划及前期工作

推进了 10 大类、1043 个、匡算总投资 437 亿元的项目前期工作,其中完成了 813 个、概算总投资 202 亿元的项目前期工作。11 座中型水库通过长江委审核，创下了我市中型水库建设史上一次性通过长江委可研审核的历史之最。南川金佛山水库初设报告经水利部水规总院审查,巴南观景口水库可研报告经水规总院复审,綦江藻渡水库规划方案加紧推进;全面完成了 5 座中型水库、1 座小(1)型水库前期工作;长江、乌江等河流整体可行性研究报告已上报国家待批,沱江、大宁河、阿蓬江、御临河等 4 条河流整体可研编制完成;完成了 128 处中小河流治理、761 座病险水库除险加固(其中:重点 404 座)项目前期工作；完成了 7 个大型灌区整体可研编制上报,并报水利部审查;203.29 万农村饮水安全、29 个小型农田水利重点县、20 个区县大型灌区和 345 平方公里的水土保持项目年度实施方案审批。

(二)民生水利建设

重点水利工程建设。按照“开工一批,建成一批,发挥效益一批”迭次推进的思路,推进了 38 座骨干水源工程,其中:大型水库 4 座、泽渝一期 13 座、泽渝二期 19 座、重点小(一)型 2 座。金佛山、红星、青山湖(二期)、龙门桥、黄桷滩、中硐桥、盐井溪等 7 座水库新开工建设，大滩口、三角凼、龙景湖等主体基本完工,接龙、三江等 5 座下闸蓄水,玉滩、白石、迎龙湖等 5 座竣工验收。

全市在建城市防洪工程 20 余个,工程完工 8 处,完工验收 5 处,竣工验收 4 处,建成达标堤防 29.72 公里，其中建成防洪达标区县 3 个,防洪达标区县累计达 28 个。巴南、巫溪、南岸、荣昌等城市防洪工程建设融亲水性、自然性、生态性为一体,极大地提升和改变了城市面貌。中小河流治理工程全面推进，实施了 122 处中小河流治理项目,治理河道长度 245 公里。

饮水安全工程建设。完成规划内 1341 万建卡农村居民饮水安全销号,240 万城乡居民饮水安全问题得到解决。全面落实了农村饮水安全工程用电、用地、税收优惠政策,农村饮水安全工程供水用电统一改按居民生活用电价格执行。全市 36 个承担农村饮水安全任务的区县中有 19 个区县建立了饮水安全工程专管机构,有 22 个区县建立了维修基金。32 个区县建立了水质检测中心,33 个区县制定了县级农村供水应急预案。

农田水利基本建设。去冬以来,全市共修复水毁工程 7336 处，新修防渗渠道 1580 公里,新建和改扩建小型水源工程 22927 处；累计完成投资 105.8 亿元、投工投劳 1.26 亿个工日、土石方 1.87 亿立方米，分别较上年增加 47.2%、12%、83.3%。新增旱涝保收面积 17.07 万亩，新增有效灌面 27.42 万亩(其中烟田 3.08 万亩)，恢复改善灌面 106.5 万亩，新增节水灌面 39.2 万亩；新增农村供水受益人口 238.4 万人。

小农水建设。积极争取财政部、水利部安排我市新增第四批小农水重点县指标 10 个，全市实施小农水重点县建设的区县达 32 个，覆盖了除主城区以外的所有农业区县。10 月底前完成了 2011 年度计划任务建设，开县、北碚等 10 个第一批重点县完成了 3 年建设目标任务并通过总体验收；第二、三批 19 个重点县 2012 年建设任务已完成 15%，2013 年春灌前将完成建设任务；2012 年第四批 9 个重点县及面上安排的“五小水利”专项已下达批复，预计 2013 年 7 月底全部完工。7 个大型、4 个中型灌区建设有力推进，新增有效灌面 30 余万亩，农业抗御自然灾害的能力逐步提高。大足、武隆、云阳、彭水 4 个区县获全国农田水利基本建设先进单位殊荣。

病险水库除险加固。通过召开专题促进会、现场会以及对咨询单位约谈等形式，全市完成了 479 座重点、218 座一般小(2)型病险水库的大坝安全鉴定与初步设计，完成了 404 座重点、198 座一般小(2)型病险水库的初设审批。以专项督查、现场重点督办等方式，促进了 335 座重点、105 座一般小(2)型病险水库除险加固全面完成。

水生态环境建设。全市治理水土流失 1500 平方公里(其中：水利系统治理 500 平方公里)，完成水系绿化面积 15 万亩。率先在全国全面开展以水源地为重点的水资源涵养保护及水生态修复工程建设。完成电气化项目建设投资为 1.51 亿元，涉及 16 个县，21 个项目，总装机 5.734 万千瓦，比 2011 年增加 56%。到 2012 年底，全市乡通电率达到 100%，村通电率达到 100%，户通电率达 99.8%，18 个电气化县人均年用电量达 1036 度，比 2011 年增加 5.2%，户均生活年用电量达 886 度，比 2011 年增加 4.9%。完成小水电代燃料项目建设投资为 0.86 亿元，涉及 12 个县，12 个项目，总装机 3.161 万千瓦，比 2011 年增加 24.1%。投产 4 座小水电代燃料电站，完成 4 个 7235 户代燃料项目区建设，可保护和恢复森林植被 6.7 万亩。

(三)防汛抗旱

2012 年汛期我市总体旱涝交替，局部暴雨频繁，涝重于旱，暴雨洪涝灾害强度重于常年。全市降水总体正常，但时空分布不均，先后出现 10 余次明显的暴雨过程，其中 9 次是区域暴雨天气，8 月 30 日至 9 月 2 日的暴雨范围最广、强度最大。长江四号洪峰过境，我市境内长江全线超保证水位，其中朱沱站达 50 年一遇，为 1981 年以来最大洪水。全市有琼江、南河等 8 条中小河流 20 站次超警戒、2 条中小河流 11 站次超保证水位洪水。先后遭受冬干春旱和伏旱，旱情总体与近 5 年基本相当，局部偏重。

市防指、各成员单位和各级政府加强组织领导，超前部署，有力有序有效开展各项防汛抗旱工作，最大程度地降低了灾害损失。市防汛抗旱指挥系统建成投入运行，武警水电部队先遣中队进驻重庆开展工作，中央防汛抗旱物资重庆仓库完工。积极推进跨省河流洪水调度方案和防御洪水方案编制工作，加强同长江委的汇报衔接和周边省市的沟通协调，促进水文及水库调度信息共享，筑牢了重庆防汛抗旱的坚实防线。成功抗御 12 次暴雨洪灾，尤其是 50 年一遇的“7.24”特大洪峰过境时，转移 8 万余群众无一人员伤亡，受到时任市委书记德江同志的批示肯定和国家防总的通报表扬。

(四)水利改革

作为全国水利改革四个试点省市之一，《重庆市加快水利改革试点方案》获水利部、市政府联合审批。出台建立水利投入稳定增长机制指导意见，市水利局与农发行重庆分行签订合作备忘录，授信 100 亿元以上用于水利建设。农村水电增效扩容改造试点任务圆满完成，消除了 476 座水电站长期存在的严重安全隐患，新增装机容量17万千瓦，每年可减少外购电8.7亿千瓦时，节约资金3.5亿元，减少75万吨二氧化碳、近1万吨二氧化硫和2万余吨烟尘的排放，经济、生态、社会、政治效益都非常明显。在试点中，市政府出台了一系列优惠政策：在市级补助资金中安排一定额度实行以奖代补；全市水电上网电价普调0.03元/度，改造新增电量部分还另由市财政按0.02元/度给予补助至2019年底；电力公司负责并网接入系统；电站改造用地实行行政划拨；建安营业税全额返还用于项目改造，增值税市级留成部分实行5年定向补助；改造中的行政事业性收费按照水利工程建设的优惠政策执行。启动基层水利服务体系建设，全国农业水价改革试点在忠县、彭水、潼南有序开展，完成全市第一次全国水利普查任务。铜梁县全国节水型社会试点工作通过水利部验收。

二、2013年发展目标

2013年，全市力争完成各类水利水电投资220亿元，其中市及市以上投资计划执行率85%以上，重点抓好“六大工程”建设：

一是骨干水源。全面推进金佛山大型水库和24座中型水库建设，开工建设中型水库6座以上、投用3座，适时启动建设一批西南五省重点水源工程规划内工程。

二是饮水安全。解决200万城乡居民的饮水安全问题。

三是防洪保安。新建城镇堤防25公里，综合治理主要支流和中小河流重点河段50处以上，除险加固小(2)型病险水库450座。

四是农田灌溉。全面推进29个小型农田水利重点县和7个大型灌区建设，开工4处中型灌区，有序推进已成大中型灌区渠系配套工程建设，新增、恢复、改善灌面30万亩。

五是水能资源开发和水土保持。治理水土流失450平方公里，启动涪陵、黔江、万盛、石柱、秀山、彭水6个水土保持重点工程县建设，建设水资源保护工程39处，新增农村水电装机25万千瓦。

六是应急救援和自身能力。加快水文、山洪灾害等监测设施和水资源管理系统监控能力一期工程建设，完成水库报汛项目建设任务，进一步提高监测、预报、预警和应急救援能力。完成全国水利改革和农业水价改革试点任务。

重庆外贸

重庆市外经贸委 刘渝川

一、2012年发展回顾

(一)开放型经济发展概况

2012年，围绕迎接和贯彻党的十八大，认真落实市第四次党代会部署，加快推进内陆开放高地建设，有效应对全球经济复苏放缓、美欧需求疲软、人民币汇率升值、国内要素成本上升、贸易保护主义抬头等影响，全市积极实施“四外一强”战略，埋头苦干，克艰攻难，创新发展，不断拓展开放的广度和深度，完善开放型经济体系，提升外贸核心竞争力，提高利用外资水平，开放型经济再创佳绩。全年货物进出口总值为532.0亿美元，同比增长82.2%。其中，出口385.7亿美元，同比增长94.5%；进口146.3亿美元，同比增长56.1%。全年外商直接投资新批项目248个，实际使用外资105.33亿美元。全年对外协议投资新签项目71个，协议金额58亿美元，新核准境外企业(机构)46个，合同对外投资额7.90亿美元，同比下降43.98%，实际投资额9.09亿美元，同比上升66.34%。对外承包工程业务新签合同额10.8亿美元，同比上升61%，完成营业额5.8亿美元，同比上升33.5%。对外劳务合作派出劳务人员10060人，同比上升0.3%；月末在外各类劳务人员23205人，同比上升0.1%。

1.贸易大通道建设加快推进。依托渝沪外贸集装箱"五定"快班轮航线,增加开行涪陵、万州两港直达上海的快班轮航线。"渝新欧"铁路国际集装箱联运班列实现常态化运行,渝深铁海联运班列每天稳定开行,已开通至新加坡、香港和莫斯科、列日、阿姆斯特丹、法兰克福等等航空货运航线。全年完成国际物流总量722万吨,同比增长8.6%;进出口集装箱43.1万标箱,同比增长22.4%;国际航空货邮量8.8万吨,同比增长49%;海关特殊监管区域物流货物贸易值达到66亿美元,同比增长150%。国际物流总量首次突破700万吨大关;重庆机场货邮吞吐量进入全国机场前八位,国际航空货邮量增幅居十大机场之首。

2."1+2+4"开放平台引领作用增强。两江新区、两个保税港区、四个国家级开发区开放平台进出口420.2亿美元,同比增长156.2%。两江新区进出口213.4亿美元,增长198.8%;西永综合保税区进出口176.1亿美元,两路寸滩保税港区进出口152.8亿美元,同比分别增长153.1%和12倍;重庆经开区、重庆高新区、万州经开区和长寿经开区四个国家级开发区合计进出口30.6亿美元,增长95.7%。两江新区实到外资31.8亿美元,占全市的30.19%。世界500强已超过113家。

3.服务贸易及服务外包加快发展。服务贸易进出口总额完成81亿美元,同比增长32%,技术进出口合同303份,其中进口合同金额80.1亿美元,同比增长144.2%,出口合同金额688万美元,同比增长255.5%。服务外包执行额10.2亿美元,商务部口径统计8.3亿美元,同比增长99%,其中BPO占总额40%,KPO占36%,ITO占24%。服务外包企业872家,新增400余家,吸纳大学生就业16万人。

4.成办举办第十五届"渝洽会"。第15届中国(重庆)国际投资暨国际全球采购会("渝洽会")216家世界500强企业、50个国内外政府代表团、130多位世界500强中国区副总裁以上高管,2300多名重要客商,以及我市各区县开发区代表团,共8000余人参加开幕典礼,签约6242亿元。共举办"西部开发开放新十年-重庆商机"、"2012世界贸易中心协会(重庆)发展论坛"、"走进亚非:国际工程高峰论坛"等40余场专题经贸活动。

5.举办第七届市长国际经济顾问团年会。30多家世界500强企业的董事长和CEO作为重庆市长顾问出席年会,促进德国巴斯夫MDI聚氨酯、日本铃木二工厂、美国福特三工厂、法国施耐德电气等12家世界500强新项目落户,达成20多亿美元合作意向。围绕"重庆企业走出去战略"主题进行了深入交流探讨,对有关走出去的路径和模式等提出建言献策。

6."茧丝绸"推动蚕农收入大幅增长。在"十百千万"优质蚕茧工程、蚕桑资源综合利用、桑蚕保险、良种补贴以及市场行情的有力推动下,养蚕农户户均收入4957元,同比增长38.7%。全年发种49.5万张,产茧1.67万吨,蚕茧综合均价28.6元/公斤,同比提高6.3%,蚕农实现蚕桑收入9.27亿元,同比增长25.3%。

7.国际电子商务发展加快。国家电子商务示范城市、国家电子商务示范基地、重庆电子商务示范企业"三大示范工程"加快推进,成功申创首批国家级电子商务示范基地,共建中国西部安全(应急)产业基地,举办电子商务"全球采购商洽谈会"。中国诚商网累计会员950余家,阿里巴巴累计会员1200余家,网上成交额50亿美元,同比增长100%。培育25家外经贸企业成为电子商务示范企业。组织举办国际电子商务培训班共7期,累计培训600余家企业。

8.国际发展合作水平提高。以民生为重点,向世界性环保、生态、人才资源等国际合作转型。加快推进中新大使基金项目、中日利民工程、JDS奖学金项目、中法"生态园"、中德水务合作、中澳小型项目活动和中加农民工项目。中加农民工合作项目新增190万人民币项目资金。新增巴南区双河口镇卫生院项目和彭水县润溪乡人畜饮水项目。

9.涉外公共服务能力增强。举办全国投资促进会、全国外资管理培训会，开展世界贸易组织、国际法学会、国家贸仲会等贸易投资培训20余次。办理行政许可事务和服务等4万余件，投资咨询2800余次，接待客商900余人，帮助外籍人士130名、海归80名、外国专家30名来渝就业，帮助14家外企20多位外籍高管办理了2-5年期居留许可。共建“投资重庆”云服务综合信息平台。建设荣昌等44个农产品出口基地。为800余家企业提供2万人劳动用工。

(二)进出口贸易情况

1. 进出口贸易总体情况。2012年重庆市加快转变外贸增长方式，坚持出口和进口并重，积极调整外贸主体、商品、市场和贸易方式结构，不断优化外贸国际市场布局，加快推进“出口基地、服务平台、营销网络”三项建设，形成出口竞争新优势，推动我市外贸跨越500亿美元大关，创历史新高。2012年全市外贸进出口532亿美元，其中出口385.7亿美元，进口146.3亿美元，同比分别增长82.2%、94.5%和56.1%，分别高于全国平均增幅76、86.6和51.8个百分点。外贸进出口和出口增幅位居全国第二，进口增幅位居全国第四。全年进出口总额排全国第11位，中西部第2位，分别较去年提升6位和5位；出口总额首次超过四川，连续6个月进入全国10强，排全国第10位，中西部第1位，分别较去年提升3位和2位；进口总额排全国15位，位居中西部第3位，分别较去年提升5位和6位。

2.外贸发展方式加快转变。加工贸易和保税物流成倍增长。全年加工贸易和保税物流分别进出口173.1亿美元和66亿美元，同比分别增长1.5倍和1.3倍，外贸占比分别为32.5%和12.4%，较去年分别提升8.9和2.5个百分点。一般贸易进出口293.1亿美元，同比增长50.9%，占比55.1%。

3.努力培育外贸经营主体。民营企业和外资企业进出口分别达250亿和249.5亿美元，同比增长88.4%和85.6%，占全市外贸总额的47%和46.9%，占比提高3.7和6.4个百分点。国有企业进出口32.7亿美元，同比增长29.1%，低于整体外贸增幅53个百分点，占比6.1%，其中出口10.9亿美元，同比下降16%，进口21.7亿美元，同比增长76.9%。

4.出口商品结构进一步优化。笔电与传统产品双轮驱动。笔电产品进出口223亿美元，同比增长1.6倍，占全市外贸总额的41.9%，其中出口笔记本电脑3544.3万台，价值125.4亿美元，同比分别增长1.3倍和1.4倍；出口打印机749.4万台，价值8.4亿美元；传统产品进出口309亿美元，增长49.6%，其中摩托车出口继续稳居全国第一；汽车出口量保持全国第二；通机出口稳步增长，出口12.4亿美元，同比增长17.1%。全年进口先进设备和关键零部件54.5亿美元，同比增长33.4%。大宗资源性产品进口大幅增长。大宗资源性产品进口21.3亿美元，同比增长20.6%，其中大豆、铝矿砂、天然橡胶、铅矿砂分别进口增长98.2%、34.5%、263.3%和20.7%。

5.拓展传统和新兴出口市场。与六大洲进出口均保持全面增长。欧盟、东盟和美国成为我市前三大贸易伙伴，在全市外贸中占比达到58.6%，分别进出口120.5亿美元、98.2亿美元和93.1亿美元，同比分别增长92.9%和114.1%和129.8%。对中东、拉美、非洲等新兴市场进出口分别为20.1亿美元、43.2亿美元和29.5亿美元，分别同比增长40.5%、47.2%和58%。对日进出口18.9亿美元，同比下降2.1%，其中对日进口13.3亿美元，同比下降10.4%。

6.开放平台进出口快速增长。两江新区、两路寸滩保税港区、西永综合保税区和四个国家级开发区“1+2+4”开放平台进出口420.2亿美元，同比增长156.2%，高于全市平均增幅74个百分点，占全市外贸总额的79%，同比提22.9个百分点。其中两江新区进出口213.4亿美元，增长198.8%；西永综合保税区进出口176.1亿美元，两路寸滩保税港区进出口152.8亿美元，同比分别增长153.1%和12倍；重庆经开区、重庆高新区、万州经开区和长寿经开区四个国家级开发区合计进出口30.6亿美元，增长95.7%。

(三)外商直接投资

1.外商直接投资中西部领先。2012年,重庆市外商直接投资新批项目248个,实际使用外资105.33亿美元,同比同期持平,位居中西部地区前茅。截至2012年12月底,全市累计实到外资386.17亿美元。截至2012年末,世界500强入驻重庆总数量达到225家,在中西部地区位居前列。日本日立、三井住友银行、韩国三星电子、三星物产、美国英格索兰、瑞士Adecco、法国施耐德等500强企业2012年在重庆均有新建项目。

表1 2012年外商投资分方式情况表

单位:万美元

利用外资方式	项目数	合同外资金额	实际使用外资金额
中外合资企业	73	144092	252195
中外合作企业	2	16311	3475
外资企业	172	424525	654745
外商投资股份制	1	3422	16490
合作开发	0	8000	8000
其它	0	76223	118442
合计	248	672573	1053347

2. 区县利用外资稳步增长。2012年主城九区实到外资60.26亿美元,同比增长7.79%,占全市比重为57.21%。完成排序分别是:沙坪坝区(13.67亿美元)、渝中区(9.28亿美元)、渝北区(8.86亿美元)、江北区(6.46亿美元)、九龙坡区(5.68亿美元)、北碚区(4.47亿美元)、大渡口区(4亿美元)、巴南区(3.97亿美元)、南岸区(3.86亿美元)。六个中心城市实到外资9.75亿美元,同比增长18.23%,占全市比重为9.26%,其中江津区(2.7亿美元)、合川区(2.02亿美元)、万州区(1.69亿美元)、永川区 (1.68亿美元)、涪陵区(1.35亿美元)、黔江区(0.3亿美元)。

3.来渝投资国家地区相对集中。2012年,共有40个国家(地区)的外商来渝投资。实际使用外资列前三位的国家(地区)分别是的是:香港(679658万美元)、新加坡(119462万美元)和维尔京群岛(46038万美元),其到位资金总额分别占总金额的66.34%、10.77%、3.18%。亚洲其他主要国家(地区)投资占总额比重分别为:台湾省2.48%、日本1.91%、韩国1.45%。欧美主要国家(地区)投资占总额比重分别为:美国2.62%、德国2.38%、英国0.52%、法国0.48%、加拿大0.17%、卢森堡0.09%。

表2 2012年外商投资合同外资区县分布情况

单位:万美元

地区	合同外资	地区	合同外资
北部新区	93190	合川区	4208
江北区	82503	永川区	3923
沙坪坝区	59626	武隆县	2048
渝中区	58830	潼南县	1721
渝北区	44084	黔江土家族苗族自治县	1495
九龙坡区	42621	荣昌县	971
巴南区	29678	铜梁县	765
北碚区	24282	奉节县	636
南岸区	22361	忠县	569
长寿区	21612	秀山土家族苗族自治县	503
大渡口区	20461	綦江区	363
南川区	15030	巫溪县	320
丰都县	10843	垫江县	314
开县	8118	石柱土家族自治县	180
万州区	7379	酉阳土家族苗族自治县	179
江津区	6921	云阳县	166
涪陵区	6867	巫山县	-98
璧山县	5681		

4. 第三产业外商直接投资比重提高。2012年重庆市第一、二、三产业合同外资分别为2323万美元、212034万美元、458216万美元,所占比重分别为0.35%、31.53%、68.13%。实际使用外资第一、二、三产业分别为870万美元、517769万美元、53470万美元,所占比重分别为0.08%、49.15%、50.76%。合同外资主要属于制造业、房地产业比重分别为29.38%、42.69%;实际使用外

表 3 2012 年外商投资实际使用外资区县排序表 单位:万美元

地区	实到外资	地区	实到外资
北部新区	139333	黔江土家族苗族自治县	3016
沙坪坝区	136671	铜梁县	2795
渝中区	92780	荣昌县	2567
渝北区	88632	潼南县	2221
江北区	64632	云阳县	1058
九龙坡区	56843	忠县	760
长寿区	48170	奉节县	531
北碚区	44731	巫山县	464
大渡口区	40013	梁平县	459
巴南区	39696	丰都县	350
南岸区	38606	垫江县	315
江津区	27011	武隆县	310
合川区	20238	秀山土家族苗族自治县	309
万州区	16933	彭水苗族土家族自治县	279
永川区	16837	城口县	250
南川区	16484	石柱土家族自治县	250
涪陵区	13476	酉阳土家族苗族自治县	250
璧山县	10668	巫溪县	150
开县	8648	万盛区	35
大足县	3433	綦江区	20

资主要来源于房地产业、制造业比重分别为25.35%、46.70%。

(四)国际经济技术合作情况

1.企业境外投资快速发展。对外协议(意向)投资新签项目 71 个,58 亿美元。其中,民营企业新签项目 59 个,协议金额 37.44 亿美元,占比64.55%;国有企业新签项目 12 个,协议金额20.56 亿美元,占比 35.45%。重点项目包括粮食集团、机电集团、博赛集团、润通动力、科瑞制药等在境外的新设或增资项目。新核准境外企业(机构)46 个,合同对外投资额 7.90 亿美元,同比下降 43.98%。其中,民营企业新核准项目(机构)35 个,金额为 4.59 亿美元,占全市总额的58.12%。国有企业新核准项目(机构)11 个,金额为 3.31 以美元,占全市总额的 41.88%。实际投资额 9.09 亿美元,同比上升 66.34%。对外实际投资额中,排名前十位的国家和地区是香港、美国、阿根廷、圭亚那、俄罗斯、英属维京群岛、新西兰、荷兰、巴西和加拿大,其中,对香港的实际投资达 6.36 亿美元,占全市总额的 69.97%。

2.对外工程承包规模扩大。对外承包工程业务新签合同额 10.8 亿美元,同比上升 61%。完成营业额 5.8 亿美元,同比上升 33.5%。新签合同额在 1 亿美元以上的项目 4 个,合同总额总计9.5 亿美元,占新签合同总额的 88%。新签合同额位居前十位的国家(地区)分别为:越南、斯里兰卡、利比里亚、马来西亚、阿尔及利亚、蒙古、巴西、柬埔寨、坦桑尼亚、韩国。从地区分布看,亚非地区仍是我市对外承包工程业务的主要市场,承包工程新签合同额、完成营业额分别为10.7 亿美元、5.7 亿美元,占我市对外承包工程合同额的 99%和营业额的 98.1%。

3.外派劳务收入明显提高。对外劳务合作劳务人员收入 5908 万美元,同比上升 658.4%;派出劳务人员 10060 人,同比上升 0.3%;月末在外各类劳务人员 23205 人,同比上升 0.1%。其中,承包工程项下派出劳务 1829 人,劳务合作项下派出 8231 人。派出劳务人员分布位居前十位的国家(地区)为:安哥拉、新加坡、巴哈马、苏丹、日本、蒙古、泰国、马来西亚、科威特和阿联酋。外派各类劳务人员数量前十位的区县依次为:江北区、渝中区、江津区、铜梁县、南岸区、潼南县、秀山县、荣昌县、九龙坡区、永川区。

二、发展中存在的问题和困难

重庆外资跨上 100 亿美元台阶,进出口突破 500 亿美元,但开放规模和质量还有待进一步提高;工业化、城镇化及国际化步伐加快,但吸引国际要素促进产城融合任务艰巨;“1+2+4”成为开放重要平台,但外资外贸占比相对较低;

表4 2012年外商投资分国别/地区情况表 单位:万美元

国别(地区)	实际外资	占比	国别(地区)	实际外资	占比
亚洲	862453	81.88%	荷兰	791.8	0.08%
文莱	0	0.00%	西班牙	840	0.08%
香港	679657.9	64.52%	奥地利	2.1043	0.00%
印度	0	0.00%	保加利亚	0	0.00%
印度尼西亚	0	0.00%	马耳他	0	0.00%
伊朗	0	0.00%	瑞典	0	0.00%
伊拉克	0	0.00%	瑞士	210.7661	0.02%
日本	20162.78	1.91%	阿塞拜疆	0	0.00%
澳门	1227.976	0.12%	哈萨克斯坦	48.9	0.00%
马来西亚	408.5474	0.04%	俄罗斯	48.9	0.00%
巴基斯坦	27.986	0.00%	**南美洲**	76515.2	7.26%
菲律宾	1.0026	0.00%	巴哈马	9189.07	0.87%
沙特阿拉伯	0	0.00%	巴巴多斯	0	0.00%
新加坡	119462	11.34%	伯利兹	0	0.00%
韩国	15318.49	1.45%	巴西	0	0.00%
叙利亚		0.00%	开曼群岛	21288.56	2.02%
以色列	50	0.00%	英属维尔京群岛	46037.6	4.37%
泰国	0	0.00%	**北美洲**	29370.1	2.79%
台湾省	26135.93	2.48%	加拿大	1744.907	0.17%
非洲	3608.1	0.34%	美国	27625.19	2.62%
肯尼亚	0	0.00%	百慕大	0	0.00%
毛里求斯	1983.432	0.19%	**大洋洲**	8380.61	0.80%
塞舌尔	1624.668	0.15%	澳大利亚	534.7632	0.05%
欧洲	38480.3	3.65%	新西兰	0	0.00%
比利时	0	0.00%	萨摩亚	7419.336	0.70%
丹麦	0	0.00%	其它太平洋岛屿	426.5158	0.04%
英国	5512.705	0.52%	大洋洲其他	0	0.00%
德国	25030.04	2.38%	**其他**	34539.3	3.28%
法国	5060.579	0.48%	股权投资公司投资	0	0.00%
意大利	34.5337	0.00%	投资性公司投资	34539.26	3.28%
卢森堡	900	0.09%	总计	1053346	100.00%

外资不断转移,但三峡库区、两翼仍产业空虚;"一江两翼三洋"口岸大通道开通,但国际物流网络尚不健全。当前的主要困难:一是外部市场需求持续低迷,抑制我市出口的进一步扩大。二是汇率、劳动力工资等出口成本持续上升,加大了出口企业的出口难度。三是摩托车行业激烈竞争,出口形势不容乐观;电子信息产业出口增长不确定性增加。四是外资项目增长后劲乏力,重大项目储备严重不足。五是区县开放水平有待提高,渝东北地区和渝东南地区开放型经济发展水平相对滞后。六是城市国际化程度较低,熟悉国际经贸规则惯例高端人才缺乏,开放型经济机制体制有待创新完善。

三、2013年发展目标

表 5 2012 年外商投资分行业情况表

行业名称	项目数
第一产业	8
农、林、牧、渔业	8
第二产业	96
采矿业	1
制造业	92
电力、燃气及水的生产和供应业	2
建筑业	1
第三产业	114
交通运输、仓储和邮政业	8
信息传输、计算机服务和软件业	9
批发和零售业	34
住宿和餐饮业	9
金融业	2
房地产业	22
租赁和商务服务业	50
科学研究、技术服务和地质勘查业	4
水利、环境和公共设施管理业	2
居民服务和其他服务业	3
教育	0
文化、体育和娱乐业	1
公共管理和社会组织	0
总　计	248

紧密围绕十八大及市四届二次党代会及《政府工作报告》提出的目标任务，牢牢把握国内外产业转移机遇，整合资源，创新机制，建立完善大平台、大通道、大口岸、大基地，优化利用外资结构，扩大进出口规模，拓展走出去合作空间，推进服务外包创新发展，构建“四外一强”新格局，使开放型经济成为“三中心两集群一高地”建设强大动力引擎。主要奋斗目标是：争取实际外资 110 亿美元，力争部口径占比 50%以上；进出口 650 亿美元，增长 25%；力争实际对外投资 10 亿美元，增长 20%；服务贸易 100 亿美元，增长 25%，离岸服务外包 10 亿美元，增长 25%；新增 4 外主体 3000 家。重点举措：一是打造跨国公司总部聚集区，优化利用外资结构。二是建设区域国际贸易中心城市，扩大进出口规模效益。三是培育壮大跨国经营企业，提高国际市场竞争力。四是加快国家服务外包基地建设，促进创新创业创富。五是打造国际化会展平台，加大城市品牌宣传推介。六是建设中美省州合作示范城市，拓展国际合作空间。七是提高贸易物流集聚能力，加强内陆沿边经贸合作。八是积极承接国内外产业转移，提升区县开放水平。九是整合资源建立机制，推动召开开放型经济大会。

重庆海关

重庆市海关 丁俊华

2012 年，重庆海关累计监管进出口货物 724 万吨、增长 8.4%，货值 334.1 亿美元、增长 70%，进出口集装箱 33.1 万标箱，增长 26.9%。监管进出境人员 94.1 万人次，同比增长 95.5%。受理申报进出口报关单 61.6 万份，同比增长 1.1 倍。全年税收实际入库 91.6 亿元，同比增长 16.8%。

一、全面提升业务工作质效

职能部门与业务现场联系更加紧密，职能管理与一线监管协作更加顺畅，职能部门之间的配合更加有力，上下联动，整体推进，重庆海关各项业务量均创历史新高。进一步规范申报，进行分类通关报关单现场抽核并接受海关总署抽核。完善海关监管车船、暂时进出口货物和展览品等方面的审批操作流程。加强海关法制建设，开展预防侵权渎职等法制宣传活动，全面清理各类业务文件，推动关区执法统一性建设。特别是按照总署 171 号令，对关区海关监管场所进行全面清理整顿。

二、全力促进重庆外贸逆势增长

认真贯彻落实国务院和海关总署关于稳定

外贸增长的通知要求，及时出台重庆海关促进外贸稳定增长二十项措施，深化六项改革，取消五项收费，优化四项服务，加强三个支持，简化两项手续，实现一个目标，不断改进海关监管和服务，帮助企业减负增效。采取关领导带队赴区县(企业)调研、召开关区企业座谈会等形式宣传国家进出口政策尤其减免税优惠政策，帮助企业正确理解、合理运用国家的优惠政策，全年为重庆企业审批减免税近10亿元，同比增长84.2%。2012年，在全国外贸进出口整体下滑的情况下，重庆外贸进出口总值达532亿美元，同比增长82%。

三、充分发挥两个海关特殊监管区域功能

积极协调争取到海关特殊监管区域企业产品内销返区维修试点政策。通过创新通关监管模式，实现了区区联动、区港融合以及跨关区便捷转关。拓展海关特殊监管区域功能，实现两路寸滩保税港区和西永综保区保税物流、加工贸易、服务贸易功能凸显。2012年，两个海关特殊监管区域加工贸易进出口值达159.6亿美元，占同期重庆市加工贸易总值的92.2%；保税物流货物进出口值达65.5亿美元，占重庆市进出口总值的12.3%。海关特殊监管区域已成为重庆开放型经济发展的重要增长极和承接产业转移的主要载体。

四、广泛探索和实践内陆发展加工贸易的路径

主动参与招商引资，提供政策咨询，帮助搭建政策平台，量身定做监管和服务模式，积极支持重庆承接加工贸易梯度转移。2012年，重庆加工贸易进出口值达173.1亿美元，同比增长1.5倍，占重庆外贸进出口总值的32.5%；监管笔记本电脑出口3500多万台，货值125.4亿美元，创出了一条内陆地区承接加工贸易产业转移的路子。2012年8月，全国海关加贸及保税监管工作会议在渝召开，于广洲署长称赞重庆加工贸易的发展模式并将重庆加工贸易发展归纳为“发展思路有特色，发展模式有特色，发展路径有特色，实践成效有特色，干事精神有特色”5个方面的特色。

五、全力推动重庆国际贸易大通道建设

密切与沿海沿边海关间的合作，支持江海联运、铁海联运、水空联运、区港联动等物流集疏运模式。特别是争取海关总署支持，重庆港成为安智贸第二批试点港口，重庆市获批跨境贸易电子商务试点城市，还成功承办“渝新欧”国际货运班列沿途国家海关便捷通关研讨会，与沿线地区和国家海关建立起了联系配合机制，为“渝新欧”国际货运班列常态化运行发挥了重要作用。2012年海关共监管“渝新欧”班列53趟，监管进出口集装箱2282箱，货值4.6亿美元。

六、积极促进贸易便利化

认真落实贸易便利化各项措施，坚持“5+2工作制”、“24小时预约通关制”。充分发挥“12360”服务热线作用，全天候受理企业咨询2万件(次)。在服务窗口推行“首问负责制、限时办结制、服务承诺制”，为企业便捷通关做好服务。全体关员“5+2”、“白加黑”工作，近年来累计加班已达万余人次。惠普公司在感谢信里说：“惠普公司自落户重庆至今，重庆海关深入企业了解需求，主动为企业排忧解难，为企业量身定做个性化通关监关模式，以最大限度的通关便利满足企业高效运作的需求，进一步增强了惠普在中国做大做强的信心和决心。”

七、积极帮助企业减负增效

创新“属地申报、口岸验放”区域通关模式，在口岸地海关和主管地海关之间实现了一次申报、一次查验、一次放行，重庆关区企业采用该模式通关节约物流经费1.4亿元；创新内陆型保税港区“预结关+转关”通关模式，解决了内地企业获取出口退税证明联时间长、环节多、易出错，资金周转慢和利息高的问题。两路寸滩保税港区封关运作以来，采用该通关模式为企业节

省资金周转利息近3700万元；创新跨关区“数据直转、分段监管”便捷转关模式，简化不同关区海关特殊监管区域间和监管场所间的转关手续，自2011年11月开展该模式以来已为关区企业节约运输成本173.8万元；创新渝深“区港联动”快速通关模式，解决笔电企业海运集装箱空箱迂回运输所带来的物流费用高、时间长的问题，降低运输成本近40%；允许重庆理文造纸有限公司、玖龙纸业（重庆）有限公司货物直接运输至自用码头卸货，平均每个40尺集装箱节约运输、堆存等费用约1500元（折合为750元每标箱），自两个监管场所运营以来累计为企业节约成本1.2亿。设立长寿化工码头海关监管作业区，该监管场所的设立为长寿及其周边的进出口企业大大的提供了通关便利，并为每个标箱节约运输等成本约800元，自场所运营以来累计为企业节约成本571万元。

八、努力维护对外贸易正常秩序

组织承办全市反走私综合治理工作会议，承办泛珠三角区域反走私合作联席会议，开展“国门之盾”专项行动。全年共立案查办各类走私违法犯罪案件253起，案值3.42亿元，涉税3742万元。先后查获“11.8”邮递渠道毒品走私入境案等走私违法案件，缴获毒品海洛因497克，抓获犯罪嫌疑人8名，移送起诉4起，移送起诉9人。全国“扫黄打非”督导检查组对重庆海关在“扫黄打非”工作中取得的成效给予充分肯定。妥善处理了一系列企业申报不实、偷逃税等案件，既维护了法律的尊严，也确保了企业的稳定。

九、稳步推进海关队伍建设

驻邮局、铁路和机场办事处升格，驻涪陵办事处、两路寸滩海关、西永海关开关，增设了加工贸易监管处和化验中心。全关人员编制数比2007年增加近1倍。认真开展党的十八精神的学习宣传和贯彻落实工作。大力开展海关核心价值观教育实践活动，并与弘扬雷锋精神、面对荣誉找差距、争做“好公民、好关员、好党员、好领导”等活动相结合。在领导干部中开展“做人、做事、做官”大讨论，在青年关员中开展“就业、职业、事业”大讨论。组织青年关员深入艰苦地区和企业开展“五四”学习实践活动。文明创建活动逐步实现常态化，持续推进“五个好”党组织、“五带头”党员创建活动，积极开展窗口文明建设。切实抓好对外工作时限、服务承诺、首问负责制、文明服务用语等一系列创建制度的落实。落实五必访制度，完善关长接待日、关员热线制度。

城乡规划

重庆市规划局 岳雷

一、2012年发展回顾

2012年，在市委、市政府的正确领导下，全市城乡规划工作紧扣市第四次党代会精神，以“一统三化两转变”战略为指导，以优化实施总体规划为抓手，积极推进“科学发展、富民兴渝”和新型城镇化建设，取得了丰硕成果。

（一）深化国家中心城市战略规划研究

开展市域城镇化布局规划研究和城镇体系规划深化，提出培育八大城镇集群与“三纵三横”六条城镇发展廊带、增强主城区和区域性中心城市的集聚带动作用、推动区县城镇差异化发展、重点发展区县城等规划思路。进一步深化研究构建国家中心城市相关的绿地系统、市场体系、总部基地等重要专项规划策略、路径和措施。

（二）深化实施城乡总体规划

深入开展主城九区分区规划，把总体规划确定的人口与用地、综合交通、市政工程、基础设施、公共服务设施等核心内容分解细化到各区和各个片区，提出居住和商业等功能建筑总体规划和分步实施思路。深化两江新区规划，明确了塑造全球创新高地、山水园林新区的城市定位，提出重点聚合先进制造、科技教育、文化创意、商业贸易、枢纽物流5大重点功能。优化两路寸滩保税港区、西永综合保税区和国家级市级开发区、特色工业园区等重点地区规划。优化完善二环大型聚居区规划。深化综合交通规划，大力推进道路网络化规划和道路详细规划，提升路网联通性和可靠性。科学规划交通设施尺度，努力实现用地节约和绿色生态，探索山地城市可持续发展路径。

(三)推进重要片区重点项目规划实施

创新和完善规划项目前期研究机制，做好主城区朝天门、化龙桥、九龙半岛、西永、龙洲湾、龙兴复盛、礼嘉、悦来会展中心和中央公园、钓鱼嘴半岛和老重钢等十大片区城市设计、控制性详细规划、规划条件细化优化以及建筑设计，重点突出现代商务、高端产业、总部金融等服务功能。启动云计算产业园等重要产业区规划编制。完善对外通道规划，完成近期建设的成渝客专、兰渝铁路、渝利铁路等五条铁路在主城范围内的规划控制。推进轨道交通一、三、六号线及轨道交通环线规划有序实施。做好沙坪坝铁路枢纽改造、白市驿机场搬迁，积极服务重大基础设施规划落地。进一步提高规划服务水平。

(四)着力提升区县城乡规划水平

深入调研并形成《关于进一步加强城乡规划工作的通知》，呈报市政府以渝府发〔2012〕105号文发布实施，从区县总体规划，32个开发区和市级特色工业园区规划，商务集聚区等重要地区规划，新发展片区规划，铁路、大桥等影响城市发展的重大基础设施项目规划，重要公共建筑项目规划，以及100个重点中心镇规划等七个方面明确了加强区县规划管理新的任务要求。规范和优化区县总体规划编制及修改，万州、涪陵总体规划获市政府批复，指导黔江、綦江、大足等19个区县开展总体规划修改工作。完成全市镇街乡规划建设基本信息调查，加强镇和乡村规划研究和业务指导。完善规划督察员制度。发挥区县首席规划师作用，对630余个区县重要项目开展咨询和指导。开展重庆大学规划专业培训班等多层次培训教育活动，帮助提升区县规划管理水平。

(五)做好提升城市品质规划

开展重庆国家历史文化名城保护体系规划，推动5处统战遗址、120处抗战遗址和革命遗址项目规划实施。积极引入国际大师和生态城市前沿理念，完成悦来生态城总体规划，经住房城乡建设部批复悦来生态城为全国绿色生态示范城区。完成渝中区步行、北部新区步行和自行车交通系统示范项目，获2012年度中国人居环境(范例)奖。指导做好城市标志性建筑设计，嘉益江北嘴国金中心超高层项目设计方案已通过审查，瑞安化龙桥“嘉陵帆影”超高层项目1号塔楼已封顶，2、3号塔楼正在完善审批，凯德朝天门项目设计方案已通过市政府常务会审议。完成16个公租房项目规划，完善保障性住房设施配套。深入推进山地城乡规划标准体系研究，编制完成公共服务设施规划标准、城乡建设用地适应性评价技术规程。高水平承办中国科协主办的山地城镇可持续发展论坛和住房城乡建设部主办的内地与香港建筑业论坛。

(六)规范行政行为严格依法行政

出台控制性详细规划修改一般技术性内容暂行办法、临时建设工程规划管理办法等规范性文件，规范规划行政自由裁量权。建成主城区综合交通信息平台试点工程，推进三维仿真系统辅助建筑规划管理，实行一次性告知、一次性指标核算等办法，提高行政效能。完善规划批后管理机制，在主城区各镇街、村社、社区设立动态监管队伍，初步形成基层监管网络。完成主城区存量违法建筑清理工作，有序推进分类处置。全年立案查处违法建筑510件，拆除违法建筑242万平方米，创建无违法建筑示范小区、小区104个。强化测绘地理信息市场监管，重点做好问题地图查处、互联网地图清理、永久性测量标志保护工作。做好阳光规划,完成市规划展览馆更新,建立完善规划科普宣传,以及规划设计方案公开公示制度,多渠道对120余项规划设计方案主动公示,依法办理来信来访和依申请公开46份,有效拓宽了群众了解规划、参与规划、监督规划的渠道。

(七)提高测绘地理信息公共服务能力

加强地理空间信息基础设施建设,建成市域现代测绘基准体系。全面启动统筹城乡1:5000地形图测绘工作。积极推动市级地理信息公共服务平台三维升级改造和政务地理信息平台三期建设。建成数字重庆地理信息平台。启动万州、涪陵、潼南地理空间框架建设,基本建成“数字黔江”。完成主城区地下空间普查。完成重庆市地理国情监测试点工程,建成“天地图·重庆”重点工程,推出“重庆通”等系列移动位置服务产品。完成全市“一镇一图”工程,1012个镇、乡、街道办事处地图实现全覆盖,累积分发成果6000余幅。出版《三峡库区地图集》等一批地图文化产品。提高测绘地理信息应急保障服务能力,全年应急供图400余幅,推动西南片区和周边省市测绘地理信息共建共享。

二、2013年发展目标

2013年,城乡规划的总体思路是:全面贯彻党的十八大和市第四次党代会精神,围绕“科学发展、富民兴渝”总任务,在推进新型工业化、信息化、城镇化和农业现代化工作格局中,落实渝府发〔2012〕105号文件要求,实施城乡总体规划,完善国家中心城市职能,强化保障民生和生态文明建设,以新作风、新业绩推动全市科学发展。

(一)进一步加强规划的宏观战略和公共政策研究

重点做好新型城镇化布局、城乡统筹空间布局、城市功能与空间结构优化、地下空间利用、城市更新等城乡规划的战略性、政策性、前沿性研究。加强城乡规划与国民经济社会发展规划、土地利用规划以及其它各项专业规划的协调衔接,及时形成规划政策。策划规划项目库,做好重大基础设施项目实施前的计划研究和超前规划条件研究。

(二)加强各层级规划衔接

加强宏观层面与中微观层面的规划衔接,逐级细化落实各类规划的核心内容。深化国家中心城市规划,扎实完成主城分区规划。优化“十大片区”规划、大型聚居区规划,深化总部基地、商业体系、专业市场等一批重要功能区规划、专业专项规划,促进人口与居住、产业、市政基础设施、公共服务设施、综合交通集聚发展。提升重点项目服务能力,创新常态化的提前介入机制、快速反应机制和跟踪反馈落实机制。

(三)加强生态文明和绿色发展规划

开展以生态文明为导向的城市规划策略研究,抓好悦来生态城规划实施。进一步优化完善主城绿地系统规划,构建科学合理的城市生态环境。加强对四山和城市非建设用地的管制,探索山地城市特有的低丘缓坡土地利用策略。继续开展重点地区城市设计,强化对城市山水轮廓线、天际线、滨水岸线的保护规划。细化山地城市规划标准的操作指南。贯彻人本关怀理念,深化中心城区步行系统规划,规划倡导人性化城市空间尺度。深化历史文化名城规划,创新发展地域城市和建筑文化特色。

(四)优化城市综合交通规划体系

深入研究机场、铁路、港口、公路与城市综合交通的整体协调问题,提高城市交通规划的科学水平。抓紧完成城市道路网络优化方案并在控制性详细规划系统中落实。创新开展城市道路路段、交叉口、立交桥、大型桥梁、轨道站点、交通枢纽等地区的详细规划工作,提高城市基础设施的人文水平。

(五)完善基础设施和公共服务设施规划

应对主城特大城市人口、产业、能源、交通、市政设施布局特点,优化完善基础设施和公共服务设施体系。做好主城区电动汽车充电站布点规划、重庆市LNG布点规划、重庆市远景轨道线网控制性详细规划、两江新区电网专项规划等一批专业专项规划。深化大型油库、职教城、医疗城、云计算、重装产业等专项规划研究。加强基础设施前期方案研究和实施时序规划，提高经济合理性。推进城乡基础设施和公共服务设施均等化规划。

(六)全面提高区县规划水平

深化统筹城乡区域协调发展规划战略研究。完善以近中期规划为重点的区县总体规划编制政策和局部修改快捷机制。深入开展区县工业园区专题调研，探索并完善相关管理机制，指导工业园区根据其功能投入产出情况，科学确定规模和布局，节约用地。引导区县将城市设计作为确定空间布局、建筑轮廓形态、土地利用强度等景观体系要素的基础，重点开展好区县重要片区、新发展片区、商务集聚区城市设计。做好100个重点中心镇规划，进一步探索制订小城镇和村规划编制导则。创新村规划简易编制和管理办法。充分发挥首席规划师和专业技术力量的作用，帮助区县提高专业业务水平。

(七)抓好规划法制建设和违法建筑整治

深化现行城乡规划法规施行情况评估工作，继续从政策法规层面开展对城乡规划日常管理的重难点问题研究。加大违法建筑整治力度，保持打击违法建筑的高压态势，大幅度消除违法建筑。深入推动违法建筑整治基层责任制，切实遏制新增违法建筑。进一步完善城乡规划督察制度，促进规划有序实施。

(八)推进测绘地理信息发展

加快实施1:5000比例尺数字化地图测绘工程。开展重庆地理国情普查二期工程，完善天地图·重庆网站建设，推进重庆市地理信息公共服务平台社会化应用，力争天地图南方运营中心在我市落地。推广数字城市地理空间框架建设，做好万州、涪陵、潼南、綦江、大足、开县等“数字区县”建设。抓好“智慧重庆”规划建设。

食品药品监督管理

市食品药品监督管理局 王盈

2012年，全市共有餐饮服务单位8.7万余家、餐饮摊贩3万余户、各类食堂6300余家、保健食品生产经营企业2.8万余家、化妆品生产经营企业2.3万余家、药品生产经营企业及涉药医疗机构2.5万余家、医疗器械生产企业240家。

全市食品药品监管系统共查处违法违规药品企业827家，责令停产停业整顿企业6家，联合公安机关查获销售假药案件29件，查处“挂靠走票”等违法行为18起，取缔销售假劣药品的黑窝点8个。向工商部门移送违法广告113件，对严重违法广告药品采取暂停销售行政强制措施5个，监测发现并移送和屏蔽违法网站10家。在餐饮服务环节，立案查处1573起，查扣不合格食品及原料7.9吨，吊销经营许可证15户，取缔489户。对保健食品化妆品企业实施行政处罚62起。

一、监管体系建设

中共重庆市委、重庆市人民政府高度重视食品药品监管工作，把食品药品监管纳入对区县(自治县)经济社会发展实绩考核内容，出台了《贯彻落实国务院关于加强食品安全工作决定的实施意见》、《关于贯彻落实国家药品安全“十二五”规划的实施意见》等文件，中共重庆市委四届二次全委会、重庆市经济工作会均对食品药品安全工作提出了明确要求。重庆市各区县(自治县)进一步深化食品药品安全乡镇委托执法，实现了重庆市所有乡镇全覆盖，其中23个区县(自治县)在乡镇内设机构正式加挂了食品药品监管办公室牌子，落实了人员和经费。全系统大力推进社会管理创新，建立起1.2万人社会监督员队伍，制定出台《食品药品安全社会监督员管理办法》，进一步延伸和拓展了监管网络。继续推动企业主体责任落实，实行药品安全“黑名单”制度，在药品生产企业全部实施质量受权人制度并扩大到保健食品生产企业，在医疗器械企业探索建立“退出”机制，在餐饮单位组建起6.4万人的食品安全管理员队伍，并对9万余名食品药品从业人员进行了培训。

二、法制建设

推动食品药品监管地方立法，全面完成《重庆市化妆品卫生监督条例》立法调研，顺利申报重庆人民市政府2013年立法计划预备项目。全面清理部门规章和规范性文件，梳理出正在实施的部门规章2件，由重庆市人民政府发布的规范性文件4件。重庆市食品药品监督管理局发布实施的规范性文件13件，上报重庆市人民政府废止1件，保留12件；新制定发布《重庆市食品药品监管系统药品安全“黑名单”管理实施细则》等7个规范性文件。圆满完成“六五”普法2012年各项目标任务，在重庆市“六五”普法工作交流会上交流了普法创新工作。结合“六五”普法工作，组织重庆市各区县(自治县)食品药品监督管理分局、局属事业单位共计200余人进行了“百日大宣讲”专题报告会。组织各区县(自治县)食品药品监督管理分局开展“法治政府宣传月”活动，“药品安全宣传月”活动，“全国安全用药月”宣传活动，深入街道、社区、乡镇、学校开展集中宣传240多场次，受教育群众达到15万余人，营造了人民群众共同关心、共同监督食品药品安全的社会氛围。

组织制定并颁布了《重庆市食品药品监督行政执法文书规范》，在全国省级食品药品监管系统率先统一了“四品一械”执法文书格式。优化行政审批服务，强化行政审批监督，全面清理确定行政许可项目共36项105子项纳入市政府行政审批项目库；分解细化重庆市人民政府常务会审议的23.5项行政许可项目，对审批时限、审批环节等进行了优化；进一步理顺层级事权划分，推进权限下放，将软性角膜接触镜经营审批权下放区县(自治县)食品药品监督管理分局，工作经验在重庆市范围内交流。

三、专项整治活动

1. 餐饮食品安全综合整治在重庆市范围继续深化食品非法添加和滥用食品添加剂、学校食堂、旅游景区餐饮服务食品等专项治理，深入开展餐饮服务环节肉制品专项整治，全面推进小餐饮整规。重庆市7000余家中小学学校食堂和托幼机构食堂自查率、检查率和督查率均达到100%；重庆市持证餐饮单位近6万家，持证率达70%以上。共立案查处各类违法违规案件2300余件，罚没金额390余万元，有效震慑了餐饮服务环节违法行为，净化了餐饮市场秩序。

2. 药品违法违规行为专项整治按照国家食品药品监督管理局统一要求，重庆市食品药品监督管理局大力开展了药品生产流通领域集中整治，严厉打击利用互联网非法收售药品行为和农村市场假劣药品，强化中药材市场中药饮片专项整治，通过成立专门的整治工作领导小组明确机构和人员、建立定期督查机制等，有效措施，药品整治工作取得了显著效果。共查处违法药品经营企业827家，立案调查336起；查处药品批发企业“挂靠走票”等违法行为18起；联合公安机关查获销售假药案件29件；没收违法所得近30万元，罚款157.3万元；处理发布违法药品信息网站6家。

3. 保健食品化妆品专项整治开展了螺旋藻原料保健食品专项检查、不合格空心胶囊和明胶专项检查、工业明胶核查等专项工作，以及保健食品生产企业监督专项检查。结合化妆品产品备案要求，及时发布了《重庆市国产非特殊用途化妆品备案凭证登记公告》，组织开展了为期一个月的美白、祛痘和抗皱类化妆品生产企业专项检查。以索证索票、进销台账、虚假宣传和违法添加为重点，累计检查经营单位近13000家次，检查经营环节保健食品化妆品万余种次。通过整顿，重庆市保健食品化妆品生产经营秩序不断规范。

四、医疗器械监管

共注册审批医疗器械产品 120 个，其中一类准产注册 14 个,重新注册 14 个,二类准产注册 47 个,重新注册 45 个。审批产品总数同比上年增加 22%,准产注册产品数增加 32%。生产审批 92 家,同比增加 8%,其中新开办 18 家,换证 19 家,变更 55 家。生产现场审查 72 家,同比增加 7%。经营审批 1050 件,同比增加 56%,其中新办 340 家,换证 175 家,变更 496 家,遗失补办 4 家,注销 35 家。新办企业数同比增长 61%。5 家企业一次性通过认证检查，建成的专家库有 450 人。

五、铬胶囊事件处置

重庆市食品药品监督管理局及时集中力量对全市 41 家胶囊剂药品生产企业、近 1.3 万家药品流通企业开展排查,切实加强抽检。全市共排查药用空心胶囊生产企业 3 家、药品流通企业 1.8 万家次、医疗机构 5800 家次,召回问题药品 2570 盒,暂停销售使用 9 个厂家胶囊剂药品 68 万余盒。依法吊销了 2 家胶囊生产企业的生产许可证,并举一反三,全面加强药品生产企业原料供应管理,健全药用辅料监管长效机制。

六、技术支撑体系建设

2012 年新增快检设备、执法车辆、执法服装等投入 4000 余万元，进一步改善了执法条件。重庆市食品药品监督管理局机关综合大楼新建、重庆市食品药品口岸检验所改造等项目顺利开工,重庆医疗器械检测中心新建项目立项,涪陵食品药品检验所迁建、黔江食品药品检验所新建项目进入设计施工阶段，永川食品药品检验所迁建项目落实建设用地。重庆市食品药品检验所新增技术参数 74 项,检验检测水平居西部地区第二;万州、黔江、涪陵、永川片区食品药品检验所新增了食品、保健食品和化妆品检验检测职能,审验通过相关技术参数 425 项。切实加强监督抽验,全年共完成“四品一械”抽验 2.3 万多件,较上年增长 20%,抽验的覆盖面更广、针对性更强。完成不良反应报告 1.9 万余份,较上年增长近 30%，药物滥用监测调查工作在全国名列前茅，风险预警和处置能力进一步提升。

七、干部队伍建设

通过公招、遴选、选调等方式招录、引进人员 124 名;进一步强化教育培训,培训干部 1600 余人次;进一步优化人才结构,全系统拥有国家药典委员会委员 3 名、国家级和市级 GMP 认证员 86 名。深入开展创先争优活动,渝北区食品药品监督管理分局被人力资源和社会保障部、国家食品药品监督管理局联合表彰为全国食药监系统先进集体，渝北区食品药品监督管理分局被评为全国医药卫生系统创先争优先进集体,4 名同志受到国家部委表彰。

切实加强勤政廉政建设,开展警示教育,对所有新提拔领导干部进行了任前廉政谈话,组织领导干部集中述职述廉,对 9 个基层单位“一把手”进行离任经济责任审计,约请基层单位领导干部谈话 50 人次,对 2 名领导干部进行了诫勉谈话,组织重庆食品药品监管系统 40 余名纪检监察干部参加了业务培训，树立了食药监队伍良好形象。

八、助推医药产业发展

围绕重庆市“千亿级医药产业”发展目标,出台 34 项具体服务举措,帮助 5 个新药品种通过国家食品药品监督管理局注册生产现场检查、10 家医疗器械企业通过认证检查,协调国家食品药品监督管理局成功保留 2 家企业的 9 个药品批准文号。下放Ⅲ类医疗器械经营审批权限，方便企业就近审批。提高药品流通准入门槛,鼓励企业做大做强。严把药品质量准入关,为重庆市药品交易所发展保驾护航。

重庆审计

重庆市审计局 冉晓艳

2012年,重庆市及各区县(自治县)共有国家审计机关40个,审计人员1319名。全市审计机关共审计(审计调查)单位完成审计项目2797个,查出违规金额2,218,848万元,其中:应上缴财政835,949万元,应减少财政拨款或补贴319,146万元,应归还原渠道资金712,380万元,应调账处理金额2,311,252万元;已上缴财政664,296万元,已减少财政拨款或补贴297,845万元,已归还原渠道资金330,101万元,已调账处理金额352,083万元。移送司法机关、纪检监察部门处理事项118件,建议有关部门处理事项202件。提交审计工作报告、信息5975篇,被采用2213篇。

一、财政审计

审计结果表明,全市各级各部门认真实施积极财政政策,圆满完成人大批准的预算;积极筹措财政资金,保障重大决策贯彻落实;优化财政支出结构,着力保障和改善民生;深化财政体制改革,初步形成公共财政框架。

(一)市级财政预算执行审计情况

市财政局认真履行职能,切实保障重大决策部署的贯彻落实,促进了全市经济社会持续发展。审计发现存在预算执行不及时、专项资金分配管理不够规范、部门预算下达不够规范等问题。

(二)市级税收预算执行审计情况

市地税局积极落实国家宏观调控及惠民政策,完善各项制度,推行税收管理信息化,加强行业税收检查,税收征管质量进一步提高。重点抽查了4个征收局和8户建筑安装企业,发现存在部分税收政策执行不规范、部分建筑安装企业核算不实、税收监管基础工作有待加强等问题。

(三)区县财政决算审计情况

对5个区县财政决算情况的审计结果表明,各区县政府积极组织财政收入,优化支出结构,推进财政改革,强化预算管理,财政决算基本反映了年度财政收支状况。审计发现部分区县应征未征、应缴未缴财政资金及挤占挪用专项资金等问题。

市三届人大常委会第三十三次会议审议了《关于2011年度市级预算执行和其他财政收支审计工作报告》,对审计工作报告中涉及的问题提出整改要求。市政府对此高度重视,由各副市长负责督促抓好整改工作,要求有关区县政府和市级有关部门单位深入分析查找问题原因,落实整改措施,确保整改到位。各被审计单位按照要求和市审计局依法下达的审计决定,切实进行了整改,审计决定落实率达93.2%。

二、重点民生专项资金审计

围绕国家富民惠民政策的实施,关注民生资金使用情况,促进社会和谐稳定。

(一)农村饮水安全项目资金审计调查情况

重点抽查了8个区县的项目资金17亿元,占全市总投资额的28.2%。审计调查结果表明,市水利局和有关区县高度重视,加强资金和项目管理,因地制宜地兴建供水工程,有效解决了部分农村群众的饮水不安全问题。审计调查发现部分项目实施进度缓慢、部分供水工程运营效益较差、多计工程价款等问题。

(二)主城区危旧房改造项目审计情况

重点抽查了危旧房改造拆迁面积341.5万平方米,占总面积的37%。审计结果表明,危旧房改造工作进展顺利,较好地改善了城市居民,特别是部分低收入群体的住房条件，提升了城市形象。审计发现拆迁补偿政策执行不够严格、危旧房改造资金管理不够规范等问题。

(三)中等职业学校学生资助资金审计调查情况

审计调查39个区县(自治县)及所属183所中等职业学校,调查结果表明,全市中职资助工作总体运行情况较好,为促进教育公平、构建和谐社会、推进城乡统筹发展发挥了积极作用,初步形成了普高与中职教育协调发展的良好格局。审计调查发现部分学校为不具备受助资格的学生申报资助资金、未及时发放或截留资助资金，部分区县财政局未及时拨付资助资金等问题。

(四)中小学校舍安全工程资金跟踪审计调查情况

跟踪审计调查40个区县（自治县)1064所学校,调查结果表明,市校舍安全办公室和相关区县积极采纳历年跟踪审计建议，认真整改问题,有效保障了校舍安全工程顺利实施,危旧校舍得到改造,办学条件逐步好转。审计调查发现部分学校多计工程投资、部分区县未按规定减免工程相关费用等问题。

三、其他重点专项资金审计

(一)远郊区县(自治县)社会事业发展资金建设项目审计调查情况

审计调查结果表明，相关区县及部门认真落实加强远郊区县社会事业发展的各项要求，市政基础、教育文化、体育卫生等设施建设取得较好成效,促进了远郊区县发展。审计调查发现部分区县擅自改变项目用途、权属不清、未批先用,部分区县建设进度滞后等问题。(二)农民专业合作社及补助资金审计调查情况：重点抽查了10个区县和市农委等单位和部门，涉及175个合作社,财政补助资金6262万元,占全市补助资金的44%。审计调查结果表明,近年来,在相关扶持政策大力支持下,合作社快速发展,较好地推动了土地规模化经营，提高了农民组织化程度和参与市场竞争的能力，促进了现代农业发展。审计调查发现合作社产品及服务科技含量不高、附加值低,部分合作社市场竞争力较弱、盈利能力不强等问题。

(三)矿产资源专项资金审计调查情况

重点抽查了8个区县（自治县）和相关单位,抽查资金额占总额的88.9%。审计调查结果表明,市国土房管局和相关区县(自治县)政府采取多项措施,不断完善制度,加大资金征管力度,矿产资源开采秩序和资金管理逐步规范。审计调查发现部分区县对辖区内企业监管不严、执行标准不严、征收部门基础管理工作薄弱等问题。

(四)农业综合开发资金审计情况

重点抽查了市农综办和9个区县42个项目。审计结果表明,全市较好地完成了农业综合开发年度投资计划和建设任务，取得了良好的经济效益、社会效益和生态效益,资金和项目管理不断规范。审计发现部分区县主管部门、乡镇及业主套取、挪用项目资金,部分区县扩大范围安排项目资金等问题。(五)应用技术研究与开发资金审计调查情况:审计调查结果表明,市科委加大监管力度，组织开展应用技术研究项目预算评审，应用技术研究与开发资金使用总体情况较好。审计发现部分项目资金安排不尽合理、管理部门监管力度不够、挤占项目资金等问题。

四、重点固定资产投资审计

加大建设管理、合同执行、质量安全审计力度,注重发现大要案件线索,分析揭示建设项目的共性问题。全年对绕城高速公路东北段、朝天门长江大桥等9个市级重点建设项目进行了审计，审计投资总额293.8亿元，核减工程投资19.7亿元。审计结果表明,相关部门和单位不断加强政府投资项目的建设和管理，较好地完成了建设任务。审计发现部分项目虚增工程造价、多计项目成本、建设管理不够规范、项目业主及监理单位未充分履行职责等问题。

五、重点国有企业审计

围绕重庆经济社会发展主线，以企业内部控制的健全有效性为抓手、以“三重一大”事项为载体，重点检查决策的合规性、合法性、效益性。全年对8户国有重点企业资产负债损益情况进行了审计。审计结果表明，这些企业不断完善公司治理和内部控制，经营规模不断壮大，核心竞争力进一步增强。审计发现部分企业挤占项目建设资金、资产及损益核算不实、未规范发放工资及福利性支出、少缴税金等问题。

六、经济责任审计

按照“全面推进、突出重点、健全制度、规范管理、提高质量、深化发展”的工作思路，把握规律，深化实践，在深度和广度上求突破，在方式和方法上求创新，在内控和管理上求质量，努力实现促进领导干部守法守纪守规尽责、推动完善国家治理、推进反腐倡廉建设、保障区域经济社会科学发展的工作目标。全年对20名党政领导干部、2名事业单位领导人员、5名国有企业领导人员经济责任履行情况进行了审计，查出违规金额44.5万元，向司法、纪检监察机关移送处理23人，提出审计建议71条，促进领导干部贯彻落实科学发展观，切实履行经济责任。

七、内部审计

2012年，全市各部门、各企事业单位（包括中央在渝单位）设内部审计机构2190个，其中专职机构714个；配备内部审计人员7669人，其中专职审计人员2630人。2012年，全市各级内部审计机构共完成审计项目2.75万个，增收节支12.1亿元，提出的建议和意见被采纳1.6万条，移送纪检监察机关和有关主管部门建议给予党纪政纪处分60人。

检验检疫

重庆出入境检验检疫局 李佳

2012年，重庆检验检疫局共检验检疫出入境货物66843批，货值73.35亿美元。其中，出境53296批，货值49.81亿美元，进境13547批，货值23.53亿美元,发现不合格出入境货物227批，货值4301.25万美元。检疫集装箱25.35万箱、飞机9092架次、进出境邮件137872件。查验出入境人员922326人次。实施健康检查17206人次，艾滋病监测15116人次，预防接种24579人次，发现病例8097例，其中法定监测传染病72例，截获禁止进境物521批次，在货物和集装箱及木质包装检疫查验中，截获入境有害生物142批次，3个种属系重庆口岸首次发现。

一、签证管理

2012年，重庆检验检疫局全年共签发检验检疫证书证单89440份，其中证书6522份，证单82918份。签发普惠制产地证书7953份，签证金额63645万美元，区域优惠产地证4587份，签证金额234949万美元，一般产地证6090份，签证金额57033万美元。接受自理报检单位备案登记的外贸企业547家，通过报检员注册78人，代理报检单位注册登记11家。组织1次报检员资格统一考试，共800名报检员报考，311人取得报检员资格证。

全面推广电子报检，电子报检率全面达到100%。

二、出境检验检疫及管理

重庆检验检疫局全年检验检疫动植物及其产品、食品、纺织品、轻工品、化矿产品、金属产品、机电产品等出境货物53296批，货值49.81亿美元。其中不合格产品65批，货值724.70万

表 1 出入境检验检疫报检单位出口报检批次前十位

名次	单位名称	批次(批)	货值(万美元)
1	中国检验认证集团重庆有限公司	13998	157469
2	重庆三方报关有限公司	3471	22832
3	重庆力帆实业（集团）进出口有限公司	2707	52342
4	重庆三海报关行	2648	27771
5	民生国际货物运输代理有限公司	2595	11620
6	重庆太平洋国际货物运输代理有限公司	1722	9508
7	重庆银翔贸易有限公司	1476	14491
8	重庆隆鑫机车有限公司	1470	17149
9	重庆航天巴山摩托车制造有限公司	1413	18386
10	重庆金田鞋业有限公司	1374	4505

表 2 出入境检验检疫报检单位出口报检货值前十位

名次	单位名称	批次(批)	货值(万美元)
1	中国检验认证集团出去有限公司	13998	157469
2	重庆力帆实业（集团）进出口有限公司	2707	52342
3	重庆美联国际仓储运输（集团）有限公司	1112	52088
4	重庆欣海报关服务有限公司	732	49167
5	重庆保时达保税物流有限公司	527	48672
6	重庆欧达佳物流有限公司	637	44323
7	重庆三海报关行	2648	27771
8	重庆三方报关有限公司	3471	22832
9	重庆航天巴山摩托车制造有限公司	1413	18386
10	重庆隆鑫机车有限公司	1470	17149

表 3 出入境检验检疫报检单位进口报检批次前十位

名次	单位名称	批次(批)	货值(万美元)
1	中国检验认证集团出去有限公司	5840	97593
2	重庆三方报关有限公司	4141	70236
3	民生国际货物运输代理有限公司	1783	29927
4	中国外运重庆有限公司	1685	10489
5	重庆外贸报关行有限公司	1433	11764
6	重庆美联国际仓储运输（集团）有限公司	1343	47994
7	重庆三海报关行	1310	8554
8	重庆通达报关服务有限公司	1149	9968
9	玖龙纸业（重庆）有限公司	851	9423
10	重庆安捷国际运输代理有限公司	736	16158

表 4 出入境检验检疫报检单位进口报检货值前十位

名次	单位名称	批次(批)	货值(万美元)
1	中国检验认证集团出去有限公司	5840	97593
2	重庆三方报关行	4141	70236
3	重庆美联国际仓储运输（集团）有限公司	1343	47994
4	民生国际货物运输代理有限公司	1783	29927
5	重庆长安汽车股份有限公司	173	26278
6	重庆保时达保税物流有限公司	366	17672
7	重庆安捷国际运输代理有限公司	736	16158
8	重庆外贸报关行有限公司	1433	11764
9	中国外运重庆有限公司	1685	10489
10	重庆通达报关服务有限公司	1149	9968

美元，不合格原因主要为品质规格和包装不符合要求。检验检疫出境集装箱 144459 箱，检疫出境飞机 4315 架（次）。查验口岸出境人员 464791 人次。实施传染病监测，监测体检出境人员 16058 人次，艾滋病监测 12922 人次，发现艾滋病感染、乙肝病毒携带者等监测性病例 7044 例，预防接种 24547 人次。

在进境集装箱检验检疫中，对 100810 标箱进境集装箱实施了卫生除害处理，共检出携带疫情及有毒有害物质等不合格集装箱 660 标箱，检出率 0.61%。美国、荷兰、日本、德国、西班牙、韩国、斯里兰卡等国家和地区，装载的货物主要是化工原料、机电设备、双胶纸、进口废纸等。从来自美国、荷兰、德国、比利时、加拿大、日本等国家的集装箱中截获角管库蚊、瘤鞘薪甲、红颈薪甲、褐蕈甲、嗜卷书虱、鞘翅目幼虫、球腹蛛、飞虱、球蜱亚科、日本伪瓢虫、小蕈甲等 27 种有害生物。

机电轻工、化矿、服装、丝类产品等为重庆出口大宗商品。重庆检验检疫局 2012 年全年共检验出口机电 27436 批，货值 283095 万美元，主要出口国是缅甸、俄罗斯、阿根廷、墨西哥、美国等，产品一次检验合格率高，产品质量比较稳定，未发现重大质量问题，未出现国外退货情况。检验检疫出口摩托车整车、发动机及散件 15459 批，货值 15.97 亿美元，主要出口国是缅甸、阿根廷、墨西哥、菲律宾、尼日利亚等，出口国多达 140 多个国家和地区。出口摩托车产品多以中小排量、中低档次为主，质量稳定。检验检疫出口全地形车 776 批，53248 辆，货值 5416.7 万美元，其中一次检验不合格批次 9 批，3425 辆，货值 268.6 万美元，一次检验不合格率为 1.15%和 4.96%。不合格原因主要为：产品未取得与进口国法律、法规相一致的型式试验报告；产品设计不符合标准规范；安全警告标贴问题等。处理方法为返工整理合格与不予出境。主要出口国是土耳其、墨西哥、美国、澳大利亚。从总的检验情况来看，重庆地区出口全地形车产品一次检验合格率高，产品质量比较稳定，未发现重大质量问题，国外退货 4 批次，182 辆，24.6 万美元，退运国家为德国。检验出口汽车及成套散件共 991 批，货值 49832.6 万美元，55824 辆（套）。批次、货值和汽车辆（套）数分别较 2011 年增加 18.68%，30.00%和 8.17%。主要出口国是俄罗斯、伊朗、伊拉克、埃塞俄比亚等，产品的质量比较稳定，未出现国外退货情况。

检验出口轮胎共 2269 批，货值 12668 万美元，4531701 条。主要出口产品为中型载重子午线轮胎等。无一批次不合格和国外退货。主要出口国为阿联酋、沙特、也门、埃及等地。检验出口电池批次总计 1798 批，出口金额总值达 6711 万美元，主要输往巴西、美国和中国香港等国家和地区。

进口旧机电产品 246 批，货值 6165.56 万美元。主要是机械设备、金属制品和仪器仪表。主要进口国家和地区是美国、日本、欧盟。到货检验中,一次检验合格214批,货值6165.56万美元;检验不合格需整改31批,货值806.98万美元;检验不合格不准进口1批,货值0.22万美元。进口旧机电产品的质量状况总体上比较稳定,到货检验发现的主要问题是安全标识不全、缺少中文警告标志、缺少安全防护装置、部分带电部件裸露在外、工作电压规格不符合国家标准以及操纵台上的操作指示未使用中文、易产生歧义等。在进口旧机电产品后续监管过程中基本上没有发现涉及安全、卫生、环保、商业欺诈和以旧充新等违反我国进口旧机电产品检验监管相关规定的现象。

进境货物中机械及设备产品为检验检疫大宗商品。检验检疫进口成套设备561批,货值57072.2万美元;检验不合格28批,不合格金额2915.52万美元,批次不合格率4.99%,金额不合格率5.11%;其中,主要涉及机械加工行业、电子信息行业、装备制造、石油化工行业等,主要来自日本、美国、欧盟和韩国;进口医疗器械476批次,货值9266.07万美元;其中不合格12批次,不合格货值194.88万美元,批次不合格率2.52%,金额不合格率2.1%;。主要进口国家和地区有:中国香港、日本、美国、德国等;主要制造商有;通用电子、西门子和飞利浦等公司。进口成套设备和医疗设备质量情况总体稳定,不合格项目主要是数量短少、有残损,性能不符合要求,规格数量不符合同规定要求及存在电气安全隐患等。

检验出口鞋类产品1937批,734万双,货值6834.15万美元,批次、数量和货值分别较2011年减少了14.7%、7.1%和1.9%。检出不合格4批。主要出口国为美国、中国香港、欧盟等国家和地区。对出口鞋类产品有毒有害物质实行周期检测,实验室检测29批,检测结果全部合格。检验出口陶瓷产品941批,货值3134.85万美元。批次、货值较2011分别减少,19.4%、18.2%,延续了2011年以来重庆日用陶瓷出口量持续下降的趋势,检出不合格1批。对出口日用陶瓷的铅、镉溶出量实行周期检测,实验室检测4批,检测结果全部合格 。主要出口国为 欧盟、美国、东南亚等。

检验各类出口服装1666批,1043.37万件(套),出口总值7877.67万美元。批次、数量和货值较2011年分别增长15.1%、28.0%和5.0%,检出不合格服装2批。主要输往欧盟、美国、澳大利亚、亚洲和非洲。出口服装的品种从单一的羽绒服装及制品发展到了有衬衫、单衣、睡袋、夹克、裤子、裙子、童装、体恤、睡衣、睡裤、工装、防寒服、背心等十几个品种。

检验出口丝类商品489批,262.28吨,货值770.19万美元。其中生丝375批,228.11吨,货值716.59万美元;双宫丝114批,34.17吨,货值53.6万美元,主要输往印度。

检验出口金属制餐厨具599批、重量2742.54吨、金额998.97万美元。出口国家和地区主要缅甸、俄罗斯、欧盟、美国,未检出不合格。检验出口玻璃餐厨具10批、重量92.68吨、金额21.44万美元。出口国家地区主要为东欧的哈萨克斯坦、吉尔吉斯斯坦和乌兹别克斯坦等。产品类型主要为玻璃酒瓶,未检出不合格。

玩具在重庆属新兴转移产业,凯高玩具(重庆)有限公司于2009年初由深圳产业转移到西部,落户重庆市涪陵工业园,当年就投入生产,2009年10月底首批报检玩具顺利出口加拿大。2012年涪陵检验检疫局检验出口玩具2种类型,分别为塑胶玩具和电玩具,共7大系列,13个品种,出口191批次,数量2430.1万套,货值721.8万美元,出口批次较2011年增11.5%,数量、货值分别降4.4和36.9%。主要出口欧盟、东南亚、拉丁美洲等国家,涉及德国、英国、比利时、西班牙、法国、意大利、俄罗斯等30个国家和地区。所有出口批玩具产品无任何质量安全问题反映,未发生退货索赔事件。

检验进口金属材料及其制品880批,重量5.78万吨,货值6125.70万美元,批次、重量、及货值分别较2011年减少11.91%、26.28%、

21.89%，未有不合格检出。主要包括冷轧钢卷(板)、热扎钢卷(板)、不锈钢板、镀锡钢卷(板)、镀锌钢卷(板)、钢丝绳、轴承钢、模具钢、铝管、铝片、不锈钢管、高速钢棒、铝合金板材等54种商品，与去年同期相比减少12种。其中进口量最多的为各类钢板(卷)，全年共进口731批，重量5.13万吨，货值5485.5万美元，分别占进出口总值的83.07%、88.75%、89.55%。其他进口量比较大的产品还有钢丝绳95批，重量333.3吨，286.1万美元；无缝钢管13批，重量10.6吨，31.1万美元；铝合金材料11批，重量6.99吨，5.3万美元。主要进口国为韩国、日本、瑞典、美国、德国、奥地利、泰国、法国、土耳其、英国、芬兰、中国台湾、丹麦、瑞士、伊朗、巴西等16个国家和地区。进口量排前三位的国家和地区是韩国、日本、瑞典。

2012年检验检疫进口棉花27批，92047包，1.83万吨，货值4986.75万美元，创近几年重庆进口棉花的最高记录。主要来自美国、印度、澳大利亚和埃及等国家。

检验进口木制品230批，货值736.25万美元。主要进口品种为板材、人造板、家具、木门及其他，主要来自加拿大、美国、意大利、菲律宾、老挝、泰国、拉脱维亚、德国、印度尼西亚等国家。进口板材主要包括来自加拿大的铁杉板材、SPF板材、云杉板材及花旗松板材；美国的白冷杉板材、南方松木板材、白蜡木、太平洋白枫、红橡木及黄松；老挝的红木厚板材、大果紫檀锯材及秧青木锯材等。人造板主要来自德国、罗马尼亚、奥地利、马来西亚和越南的橱柜面板，主要作为家具和木制品的原材料使用，还有少量人造板为来自西班牙的木碎料板和印度尼西亚的复合地板。进口木家具较多，主要为销售类品牌家具、中高档家具及自用旧家具，贸易国家和地区主要有意大利、菲律宾、美国、印度尼西亚、泰国、越南、卡塔尔等。无检验不合格情况。

三、服务重庆外向型经济发展

多方汇报、上下协调，积极促成国家质检总局重庆市人民政府合作备忘录的签署；争取总局相关职能部门到重庆调研，并出台了《关于支持重庆两江新区开发开放建设内陆开放高地的意见》；与沪、粤、深、桂、滇、新六个口岸局签订了直通放行合作备忘录，顺利实现重庆与上述六个重点口岸区域直通放行，与沪、穗航空口岸签署合作备忘录，构建重庆进出口货物空运直通放行通道，极大提升了“重庆制造”的通关速度，优化了投资环境；协调确保“渝新欧”铁路联运大通道顺利开通，铁海联运货物量大幅提升；制定出台了关于进一步促进重庆对外贸易发展的十条工作措施、支持民营经济发展措施等优惠政策，通过政策倾斜、优化服务，将两江新区等开发开放示范区的招商引资项目作为重大服务事项，对引进的重点项目，包括长安鱼嘴千亿汽车城、长安福特新工厂、韩泰轮胎等实行定人全程跟踪服务，提供优先报检、优先检验、优先放行等便利，确保了进口设备尽快安装调试，早日投产；牵线搭桥，成功推介武隆蔬菜供港，并大力帮扶武隆供港蔬菜基地创建出口农产品标准化示范基地；帮扶丰都冰鲜牛肉供港；帮扶开县肉兔供欧美；帮助涪陵榨菜应对美国新食品安全法案；全力做好对伊朗出口商品的检测和保障工作；实时跟进中国—利比亚绿色列车通道、渝昆缅(越)国际铁路通道建设；响应地方外向型经济发展需求，提升检验检疫检测实力，通过“一院三中心”、国家重点实验室、基层检验检疫技术中心“三驾马车”，为地方外向型经济发展提供技术支撑；与德国莱茵集团签署合作协议为笔电加工企业提供就近获得国际认证便利；通过对力帆SUV项目和长安跨越专用车有限公司进行出口汽车专项考核，解决了出口困难，协调解决川江汽车出口相关问题，市领导批示检验检疫部门“支持重庆开放型经济和三峡库区发展措施有力，应予充分肯定”；帮助重庆风力发电机、啤酒、燃气热水器等工业品出口实现零的突破；支持重庆原产地标记、地理标志保护产品申报工作。

邮政监管

重庆市邮政局 周曦

一、2012 年发展回顾

2012 年，重庆市邮政管理局高举中国特色社会主义伟大旗帜，以邓小平理论、“三个代表”重要思想和科学发展观为指导，全面贯彻落实党的十七大、十七届历次全会和十八大精神，在国家邮政局、重庆市委市政府的正确领导下，全方位宣传贯彻落实新《邮政法》，《邮政业发展“十二五”规划》和《重庆市国民经济和社会发展第十二个五年规划邮政业专项规划》，结合我市邮政业发展实际，强化普遍服务监督保障力度，提升快递市场监管管理水平，努力开创行业发展新局面，推动全市邮政业持续、稳定、健康发展。

2012 年，是我市邮政行业快速发展、取得骄人成绩的一年。邮政普遍服务保障机制不断完善，快递行业市场日益呈现出法制健全、竞争有序的良好势头。据统计，全年，邮政业务总量完成 31.28 亿元，同比增长 20.7%；邮政业务收入达到 30.49 亿元，同比增长 23.3%；规模以上快递企业业务量累计完成 5497.9 万件，同比增长 35.1%；快递企业业务收入达到 103426.5 万元，同比增长 34.6%。未发生重特大邮政通信安全事故；机要通信失密丢失率为零，实现质量二十年全红；顺丰飞机首次在渝落地，建设快递产业园区工作取得新进展。

(一)推进完善省级以下邮政监管体制

在重庆市委市政府和国家邮政局的领导和相关部门的支持下，我市完善省级以下邮政监管体制工作顺利开展。坚持党管干部原则和德才兼备、以德为先标准，派出机构领导班子共配备领导干部 14 人，年龄、学历、专业结构较为合理，达到了局党组的预期目标。同时，内设机构领导干部选配工作积极推进。第一批省级以下邮政管理机构公务员考录顺利完成。

2012 年 11 月 14 日，我市 7 个邮政监管派出机构同时成立并集体揭牌，市政府童小平副市长、国家邮政局王梅副局长出席成立大会并讲话，标志着我局省级以下邮政管理机构组建工作顺利完成。

目前，各派出机构已基本实现了“机构、人员、设施、资金”四到位，办公条件基本具备。

(二)修订《重庆市邮政条例》圆满成功

2012 年 11 月 29 日，《重庆市邮政条例》经三届市人大常委会第三十八次会议审议通过，于 2013 年 3 月 1 日正式实施。《条例》依据《中华人民共和国邮政法》的要求，载明了市、区县(自治县）人民政府和相关职能部门及邮政管理部门的职责分工；实现了三个“首次”，即：首次明确了地方政府对邮政普遍服务的责任，首次对邮政公司提供邮政服务工作做了具体要求，并且设立了对挪用普遍服务资金的违法行为给予处罚的规定，首次明确了快递公司在小区投递快件物品，小区物业免于收费的问题；解决了快递公司车辆停靠难、进城难等问题。该《条例》是我市政府监管部门支持邮政普遍服务、保障公民通信自由的重要法律依据。

(三)补建空白乡镇局所

在市政府的领导下，市邮政与各相关部门紧密协同，协调各区县政府，按照“政府投入、行业监督、企业参与”的基本原则，对邮政局所补建项目采取项目代建模式，实施“交钥匙工程”，由相关区县政府按照协议完成邮政局所补建项目建设，并交付邮政企业。中央财政补助资金 1824 万元和市级财政补助 1680 万元已全部到位，区县配套投资到位 794 万元。先后完成了

111个空白乡镇邮政局所补建,已开业5个。市局根据国家邮政局要求，对已开业的邮政局所进行了监督检查，并对市邮政公司报送的有关材料进行了登记备案。

(四)推进村邮站建设

截至目前,全市共计建成村邮站2418个,有9个区县出台村邮站建设文件,其中5个区县落实财政补贴政策；推动相关部门将村邮站纳入村级公益事业范畴安排建设；编发村邮站建设和管理工作简报7期，使农村邮政网点成为服务“三农”的前沿阵地。

(五)加强住宅信报箱建设管理

为检查调研住宅信报箱法律法规执行情况,落实信报箱设置相关规定,市局专项检查组从市城乡建委提供的22个住宅项目中选取了2个开展了实地检查。检查过程中进一步宣传,通过与房地产开发企业、物业服务企业、邮政企业相关负责人进行沟通交流，让其了解有关法律规定,切实履行信报箱的建设和管理、使用的责任。经过努力,全市住宅信报箱设置规定逐步得到重视和落实,住宅信报箱安装率、达标率、完好率不断提高。

(六)严格依法行政

普遍服务综合检查。先后组织118人次,对永川等40个区县邮政局的64个邮政支局（所）开展了邮政普遍服务监督检查。共计开展调研74人次,口头交换意见42次;提出整改要求9个,邮政企业均及时进行了整改。

进一步加强了对邮政局所的备案登记管理,督促邮政企业建立营业场所变动报告制度,及时对营业场所的新增和变更报我局备案,提供邮政普遍服务的场所撤销前报我局审批。对接到邮政企业提交的涪陵区太极邮政代办所等六处邮政普遍服务营业场所的撤销申请，按照法定程序对其进行了实地核查，征求了有关部门的意见，查阅了当地邮政普遍服务的基本情况。对符合撤销条件的其中五处营业场所,批复同意邮政企业撤销。对未经审批即已撤销的合川区石岭邮政所,依法立案调查,查明合川区邮政局未经邮政管理部门审批，擅自撤销的违法事实后,向其送达了《行政处罚决定书》,依法对其进行了行政处罚，该案系市局对邮政企业首次实施行政处罚。

快递服务综合监管。在快递企业经营审批方面,全年共计受理了23家快递公司快递业务经营许可申请,颁发许可证18家,办理各类变更20家;办理分支机构备案40家,对53家快递企业的年度报告进行了审核，并配合发改委完成了重庆市快件集散中心前期规划论证工作；编制完成了《重庆市2011年度快递市场监管报告》,对各类法规和规范性文件提出审查意见达12份(次);完成市人大代表建议和市政协提案协办2件(次)。

为规范市场秩序,保证安全生产,全年共组织执法人员出检1354人次，检查快递公司75家,邮政用品用具生产监制企业32家,纠正违法违规行为16起,查处违法案件3件,下达限期整改通知38份,组织对部分快递企业进行了快件试寄测试68次。

社会监督工作。2012年共分批次组织45名邮政普遍服务社会监督员对全市30个区(县),467个网点开展监督达517人次，走访单位、个人用户349人次,试寄邮件352件,递交监督报告442份,反馈33个问题,提出13条意见和建议,市邮政公司均按要求及时进行了整改回复。

(七)加强安全监管

加强行业安全监管，落实邮政业突发事件应急预案。订购并组织执法人员系统学习《中华人民共和国新法律法规汇编》,提高监管力量的执法水平,牢固树立有法必依,执法必严的依法行政意识。向快递企业下发关于安全生产及邮路反恐的文件共计8份次，先后赴企业开展安全生产知识培训3次,培训人员150人次,到辖区万州区开展邮路安全知识宣传培训，有效增强了从业人员的安全生产及反恐安保意识,起到了良好的社会效果。

采取早期预警，快速反应，及时介入的策略,成功处理了申通、圆通、中通等快递企业基层网点、分拨中心因企业自身经营纠纷，滋生扣件堵门的突发事件。由于日常监管工作基础扎实，较早发现事态，使突发状况尚处于萌芽阶段就得到了妥善处理，从而确保了快件的及时分拨运输，有效维护了消费者的合法权益。

严防毒品通过寄递渠道流通。为加强寄递渠道毒品检查工作，我局全力配合有关部门严厉打击利用寄递渠道贩毒的犯罪活动。市邮政公司、各快递企业高度重视各类毒品的查缴工作，严防严控，将收寄验视工作放在首位，落实检查制度；对无法鉴别和确认性质的可疑物品，在收寄和分发前要及时报告市邮路安全监管办公室及公安禁毒部门。

由于监管管控得力，措施到位，收到了显著的成效，对贩毒活动起到了有力的震慑作用，全市邮政及快递企业寄递渠道的涉毒案件呈明显减少态势。

(八)开展“扫黄打非”

坚持以净化出版物市场为宗旨，加大“扫黄打非”力度，实施“点”“面”结合、“堵”“查”兼顾的原则，为营造良好的文化市场环境提供了坚强的保障。

一是全面“堵”，严堵非法出版物的运输流通渠道。多次发文要求市邮政公司、各快递企业加大对非法刊物的验视和查缴力度，一律不得承运各种非法出版物，尤其是政治性非法出版物；要求各企业加强对运输环节的监控，发现情况及时汇报，从而有效地切断了各类非法出版物的流通渠道。

二是重点“查”，加大对邮政报刊收订和三峡报刊亭的检查力度，积极开展查堵打击政治性有害出版物专项检查行动，会同相关单位，加强对邮政报刊批销门市部和三峡报刊亭的检查、管理和监督工作，确保不遗漏任何非法出版物；经检查，未发现政治性有害出版物通过邮政或快递渠道流通。

(九)加强行业人才队伍建设

一是全年先后组织了两批次职鉴考试，共计参考人数为 801 人(其中初级 705 人，中级 96 人)，考试合格人数为 503 人(其中初级 417 人，中级 86 人)，合格率为 63%。首批高级快递业务员职业技能鉴定考试报名工作也在开展当中。二是职鉴中心选派鉴定中心、鉴定站和合作院校的优秀教师和骨干先后参加了 2012 年第二期邮政行业职业技能鉴定考评员培训班和 2012 年第一期高级快递业务员职业技能鉴定师资骨干培训班，为加快推进高级快递业务员职业技能鉴定工作，确保高级工试考工作顺利实施奠定了基础。

二、2013 年发展目标

2013 年总体目标是：全面贯彻落实党的十八大精神，以邓小平理论、“三个代表”重要思想和科学发展观为指导，遵循国家邮政局和市委、市政府工作部署，紧紧围绕主题主线，以提高市邮政业发展质量和效益为中心，深入实施《中华人民共和国邮政法》、邮政业发展“十二五”规划和《重庆市邮政条例》，更加注重转变行业发展方式，更加注重提升邮政普遍服务能力和水平，更加注重推动快递产业转型升级，为我市经济社会发展做出新的贡献。

(一)加快转变发展方式，促进行业持续健康发展

加快推动邮政基础设施以及邮政机要通信设施建设。加强协调监督，全面推进城乡邮政基础设施建设监督管理工作，继续做好空白乡镇邮政局所补建工作和村邮站建设。解决好邮政末端投递问题，督促物业服务企业等相关责任主体落实信报箱设置。在政策支持的范围内，积极向各级党政主管部门争取邮政监管派出机构办公业务用房政策和经费支持。

提升服务水平。鼓励我市邮政企业强化质量管理，继续提高邮政服务水平。发挥快递行业标杆企业的典型引领作用，督导企业规范操作流程、提高服务质量。继续开展“快递服务专项整治”活动，力争解决社会反映强烈的快递业服务质量问题。

优化发展环境。推动落实邮政普遍服务车

辆免缴主城区路桥通行费、高速公路通行费有关政策。妥善解决快递车辆合法合规通行问题，提升邮政和快递网络的承载能力。与有关部门加强协调，积极争取相关优惠政策，激励优秀民营企业落户重庆，加快快递物流园区建设进度，以其先进经验起到示范效应，带动其他企业提升管理水平，在调整产业结构的过程中做大做强；助推快递行业成为我市发展“总部经济”的领头羊。

推进科技创新。注重引导、培育企业的创新驱动发展新动力，增强发展后劲。引导快递企业加大生产处理设备和自动分拣设备的投入，因势利导推动企业逐步由手工分拣向自动化和半自动化的快件分拣方式过渡，敦促企业采用快件分拣机、射线安检门、X光机扫描检测邮件等先进设备和安全防范技术，加强对快件跟踪查询、快递车辆全球定位、城市路况查询等先进技术的推广应用，构建现代邮政业发展的管理机制和技术体系。推动市场主体加快建立快递直营式管理等现代企业制度。

(二)深入贯彻实施邮政法，不断提升依法行政水平

完善行业法规体系。在《邮政法》普法工作和邮政业“十二五”规划宣传工作的基础上，研究《重庆市邮政条例》的全面宣传贯彻措施。与相关单位加强协作，让邮政行业管理法律法规在我市深入人心。

健全行政执法机制。进一步完善依法队伍建设。探索构建全市邮政监管执法工作重心向派出机构下移的管理和考评机制，规范行政执法文书。加大对行政执法的自我监督力度。加强面对企业的规范性文件拟订、发布工作。与各级政府部门增强邮政监管行政执法协作联系的深度和广度，形成合力。

提升依法行政能力。进一步开展执法能力培训。提高执法队伍素养，规范执法程序、行政处罚自由裁量权的适用，结合政务公开工作，做到法律适用正确、行政程序合法、处罚幅度适当、政府信息公开。

(三)深入推进邮政普遍服务体系建设，促进基本公共服务均等化

继续深入开展邮政普遍服务保障工作。优化普遍服务生产作业流程，完善网运监控体系，督促指导邮政企业全面贯彻执行邮政机要通信保密安全制度，确保国家秘密载体传递的安全和时效。积极推动有关部门出台邮政普遍服务支持政策。

加快提高邮政普遍服务监督水平。严格依法做好提供邮政普遍服务的营业场所撤销和停止办理或限制办理邮政普遍服务和特殊服务业务两项行政审批工作。组织开展对空白乡镇补建营业场所设置备案及业务开办情况的监督检查和城镇楼房信报箱设置情况的调查工作。扎实推进邮政机要通信监督管理。做好邮票发行监管工作，认真实施纪特邮票发行检查，规范集邮市场资质管理。优化调整社会监督员队伍，完善社会监督工作机制，有效发挥社会监督的积极作用。

(四)加强快递服务体系建设，促进快递大发展上水平

加大建设力度，提升服务能力。支持和协调相关部门，保障重庆快递集散中心建设顺利进行，鼓励企业依据自身能力提升航空运力，布局服务网点、数据中心、集散中心建设，实现产业集聚、功能集成和经营集约。引导企业加强终端配送能力建设，规范运输和递送资源市场，提高网络覆盖率和稳定性。

强化市场监管，维护市场秩序。加快培育优秀骨干快递企业，形成旺季服务保障长效机制。切实加强国家机关公文寄递管理。做好集邮票品集中交易市场的许可、年度报告和日常监管工作。加强邮政用品用具市场监管工作。

强化安全监管，确保行业安全。进一步完善部门间工作机制。组织派出机构进一步开展寄递信息安全专项整治活动，确保企业信息安全和用户个人信息安全。督促寄递企业严格执行收寄验视等安全制度，认真做好寄递渠道禁毒、反恐、打击假药、扫黄打非等工作。深入推进安

全生产监管工作，推动寄递企业提高安全生产水平，坚决遏制重特大安全事故的发生。夯实日常监管工作基础，加强应急保障，修订完善应急预案，妥善处理行业突发事件。

(五)确保省级以下邮政监管工作运行有序，不断健全完善邮政管理体系

转变观念、明确职责，努力加强自身建设。坚持树立法治意识、服务意识和责任意识，建设服务型政府部门。加强培训学习，督促派出机构干部群体尽快掌握各项业务知识和技能，适应岗位要求，满足邮政管理工作需要。

加强调研、摸清底数，努力夯实工作基础。支持派出机构进一步深入实际，全面掌握辖区内邮政业的发展状况。尽快开展行业统计调查工作，逐步建立完整的工作档案。着重做好邮政法律、法规、规章及邮政业“十二五”规划和有关政策、标准的宣贯工作，推动邮政业方针政策的贯彻落实。强化邮政普遍服务监督保障，重点做好邮政普遍服务营业场所各项审批、备案和信报箱验收检查的相关工作。强化市场监管，依法维护市场秩序，重点查处未经许可经营快递业务、超范围经营快递业务等违法行为。强化安全监管，重点查处收寄验视制度执行落实情况和用户信息安全保密制度落实情况。

加强协调、形成合力，努力开创良好局面。要密切同区县政府的沟通协调，尽快建立工作渠道，争取更大的支持和配合，形成合力，共同保障邮政通信与信息安全。市局要按照职责加强对派出机构的工作指导和管理。

(六)职业技能鉴定工作

一是继续开展初中高三级快递业务员职业技能鉴定考试工作，帮助快递企业提升从业员工整体素质，达到行业许可准入要求。二是大力推进行业技能人才培养，加快实施快递人才百千万工程，为企业技能人才培养提供有力支撑。三是积极选择合作院校，引导院校申请快递专业，充分发挥院校在职业技能鉴定、在职培训、技能人才培养的作用，为本地开展职业技能鉴定、人才培养奠定基础。

中小企业乡镇企业

重庆市中小企业乡镇企业局 石少林

2012 年，在市委、市政府的坚强领导下，在国家有关部委和市区县部门的大力支持下，我市非公有制经济中小企业和乡镇企业（以下简称“三类经济”）系统坚持以科学发展为主题，以加快转变发展方式为主线、以“万户中小企业成长工程”为抓手，重指导，强协调，求实效，全市三类经济发展呈现稳中有进的良好态势。

一、经济运行情况及特点

(一)创业活力持续释放，社会贡献更加凸显

在微企“1+3+3+3”及民企“1+3”政策支撑下，2012 年是我市近年来激发民间创业活力最好的一年，全年非公有经济产业活动单位累计达到 131.5 万户，平均每月增加 1.9 万户；中小微企业累计达到 33.5 万户，平均月增加 6000 户。按行业来看，新增企业主要集中在批发和零售业（40.8%）、商务服务业（14.3%）、制造业（10.8%）、住宿和餐饮业（5.9%）、居民服务（5.3%）、信息传输、计算机服务和软件业(4.6%)等六大行业。市场主体的快速增长带动社会成效明显，全市非公经济累计吸纳从业人员 910.1 万人，提供劳动报酬 2880.5 亿元。

(二)非公经济总量上台阶，占 GDP 比重稳步提高

2012 年全市非公有制经济总量突破 7000 亿元，达到 7136.46 亿元，增长 16.9%，快于 GDP 增速 3.3 个百分点。非公经济增加值占 GDP 的

比重逐年攀升,2012 年达到 62.3%,较上年提高 0.6 个百分点(见图一)。

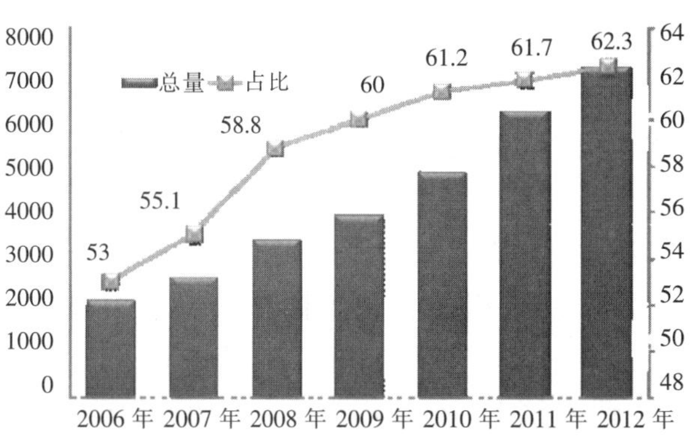

图一:2006 年以来重庆市非公有制经济总量和占比　　单位:亿元、%

(三)产业结构不断优化,一二产业占比有所下降

2012 年全市非公经济三次产业增加值结构比例为:3.3:65.2:31.5,与全市产业结构比:第一产业和第三产业比全市低 4.9 和 6.4 个百分点,第二产业比全市高 11.3 个百分点;与上年同期相比:第一产业和第二产业分别下降 0.2 和 1.1 个百分点,第三产业提高 1.3 个百分点。随着产业结构的调整,我市非公经济的增长逐步向第三产业转移,第一、二产业占比呈现下降态势。2012 年全市非公经济第一产业实现增加值 232 亿元,占全市第一产业增加值的 24.7%,较上年下降 1.1 个百分点。第二产业、第三产业分别实现增加值 4650.1 亿元和 2254.4 亿元,分别占全市比重的 75.3%和 51.9%,第二产业占比较上年下降 1.5 个百分点,第三产业占比较上年提高 0.4 个百分点。

(四)民营经济增长较快,外商、港澳台经济逆势上扬

2012 年全市民营经济实现增加值 5622.88 亿元,增长 14.2%,高出 GDP 增速 0.6 个百分点。民营经济增加值占 GDP 的比重达到 49.1%,较上年提高 0.2 个百分点,占比分别比公有经济和外商、港澳台经济高出 11.4 和 35.9 个百分点(见图二)。

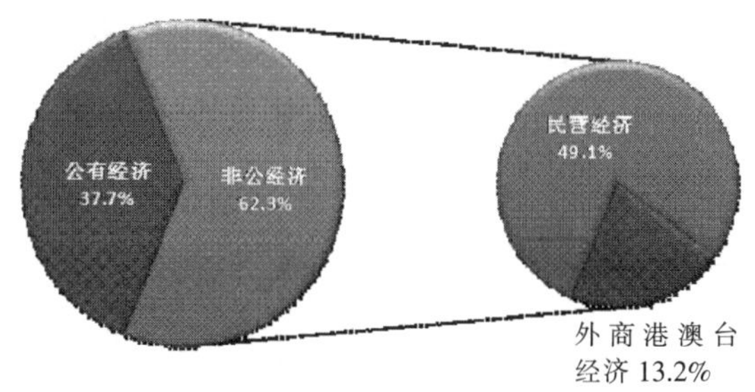

图二:2012 年重庆市分所有制经济增加值占比

2012 年,全市积极深化对外开放,"内陆开放高地"效能进一步释放,外商、港澳台经济逆势上扬。2012 年,全市外商、港澳台经济实现增加值 1513.58 亿元,增长 26.7%,增速较上年提高 3.7 个百分点;占 GDP 比重达到 13.2%,较上年提高 0.4 个百分点。

(五)工业支撑作用凸显,第三产业稳中有升

2012 年,全市非公工业在笔电、汽车等支柱产业的强力带动下,实现增加值 3924.36 亿元,增长 20.2%,高出工业增加值增速 4.3 个百分点;占全市工业增加值的比重为 75.7%,较上年提高 1.7 个百分点,进一步发挥了工业支撑作用。第三产业在物流、科技、信息、软件、文化创意等新兴服务业加速发展推动下,实现稳步增长。2012 年全市非公服务业实现增加值 2254.35 亿元,增长 12.4%,占全市第三产业的比重达到 51.9%,较上年提高 0.4 个百分点,主要是房地产业、非营利性服务业和住宿餐饮业提升较快,分别较上年提高 2.5、1.5 和 0.9 个百分点。

(六)外贸出口渐趋平缓,投资保持稳定增长

2012 年,全市非公经济实现出口 371.7 亿美元,同比增长 104.1%,较上年增速明显放缓。占全市对外出口比重 96.4%,较上年末提高 4.6 个百分点。其中:民营企业出口 210 亿美元,同比增长 84.9%,较上年回落 77.5 个百分点;外资企

业出口161.7亿美元,同比增长135.8%,较上年回落179.5个百分点。2012年全市民间投资增长较为稳定,全年完成民间投资4041.62亿元,占全市投资总量的43.1%,增长25.9%,为全市民营经济发展注入了强大动力。

二、促进三类经济稳中有进的主要举措

2012年,面对国内外经济下行压力不断增长的复杂局面,我市及时出台一系列稳增长的政策措施,并着力在发展环境营造、服务体系建设、发展空间拓展和破解融资难题等方面推出了系列应对举措,实现了三类经济的稳步增长。

(一)坚持科学发展,完善政策体系

近几年来,市委、市政府不断完善中小微和乡镇企业法律政策体系,我市先后出台了《重庆市人民政府贯彻落实<国务院关于进一步促进中小企业发展的若干意见>的通知》等一系列政策法规。先后出台微型企业"1+3+3+3"等52个配套文件和《重庆市人民政府关于大力发展民营经济的意见》为主体的"1+3"政策体系,设立了20亿元的民营企业发展专项资金。截至2012年12月底,全市20亿元民营经济发展专项资金中,已安排使用17.95亿元,完成89.75%,支持了一大批民营中小企业的发展。

(二)督促政策落实,优化发展环境

一是认真做好方针政策宣传贯彻。定期出版《重庆中小企业》杂志,编印《中小企业政策问答》、《中小企业政策法规汇编》、《重庆市微企创业简明读本》等资料免费送基层、送企业;并举办多种形式宣传报道等活动,深入宣传落实促进中小微企业的各项政策措施。二是加强政策研究,当好参谋助手。多渠道开展政策建议。促成了市政协专题协商"减轻负担优化环境促进中小企业健康发展"、市人大常委会专题研究中小企业发展问题;为《重庆市人民政府关于大力发展民营经济的意见》等一大批政策的制定提出了一系列建议意见并得到采纳。会同财政局制定出台了《关于政府采购促进中小企业发展的实施细则》。三是切实维护企业合法权益。充分发挥重庆市人民政府民营企业维权投诉中心的作用,利用已构建的4个民营企业维权投诉分中心、70个市级维权监测点、70个监督员的维权网络,积极推进企业合法权益保护工作。高质量完成投诉案件、求助、建议及政策咨询等办理工作,结案率达95%以上。

(三)科学规划与监测,引导健康发展

制定并实施了中小企业、乡镇企业等"十二五"发展规划,积极引导企业调整结构,转变发展方式。按照《"十二五"中小企业成长规划》要求,协调市政府办公厅出台了《关于实施万户中小企业成长工程的意见》,在全市实施了"万户中小企业成长工程",并成为我市未来几年中小企业发展的重要抓手。目前已对6200户入库企业实施培育。单独确定和重点培育1000户成长型微型企业。同时,加大了对中小微企业的运行监测和分析力度,及时发现问题、解决问题,保障中小微企业持续健康发展。

(四)着力载体建设,拓展发展空间

着力抓好都市工业园(楼宇)、小企业创业基地建设,拓展民营企业发展空间。已创建市级都市工业园(楼宇)92个、小企业创业基地148个。都市工业园(楼宇)和小企业基地2012年分别实现销售收入1283亿元、790亿元;累计提供就业岗位20万个和30万个。同时,市中小企业局等有关市级部门还着力推进中小企业和民营企业服务体系建设。近年来,通过政策引导,财政资金倾斜帮扶等措施,构建了一批专门为中小企业和民营企业服务的公共服务平台,基本形成了覆盖面较广的服务网络。

(五)强化融资服务,缓解融资困难

一是加大银行对中小企业贷款投放力度。2012年全市中小微企业本外币贷款余额6404.7亿元,本年新增贷款1129.5亿元,增长21.4%,中小微企业占全部企业贷款余额的60.6%。二是加大银企保合作。担保机构全年新增担保发生额800亿元,比上年增加300亿元,增长60%;累计担保总额2200亿元,在保余额超1000亿元。三是搭建融资服务平台,为重庆17

家金融单位开通了网上金融产品展台，提供各项融资信息和中介服务3000多次；举办“企业融资需求项目信息发布会”共发布融资需求项目130多个，资金需求量39.45亿元；依托市促进中小企业发展服务中心帮助5000余家中小企业成功融资8.5亿元。推进中小企业私募债融资进程，到年底私募债发行达到3000万元。

(六)推动技术进步，增强竞争实力

一是大力推进科技创新成果产业化。组织企业申报国家和市级重点新产品，提高企业科技成果转化率；为中小企业与大专院校产学研搭建桥梁，帮助中小企业解决技术难题。二是实施研发中心培育工程。鼓励企业以创新促转型、以转型促发展，首年在全市中小企业中建立并认定了市级研发中心62个。三是提高知识产权保护意识。新增82家知识产权工作试点单位，累计达到190家，实现了38个区县全覆盖。全市申请专利15590件，授权专利9950件，分别比上年同期增长23.5%和25.5%，其中申请发明专利4530件，受理发明专利1350件，分别比上年同期增长29.1%和39.2%。四是深化企业信息化建设。全年为近1000家中小企业进行了免费建网站，“全市万家中小企业免费建网站活动”累计近2000家；联合重庆信迈驰科技有限公司为50家中小企业(制造型)免费提供3个月"虚拟IT部"服务，帮助企业建立健全信息化管理制度。

(七)扩大对外开放，开拓国内市场

一是建立了对外投资重点民营企业数据库，入库民营企业2000户。二是举办首届重庆中小企业服务博览会暨巡回服务月活动，签订意向合作协议398宗，累计金额3.5亿元；组织服务机构深入区县和园区巡回服务10余场次，服务企业2000余家，解决各种困难和问题3213个，为企业解决融资7.8亿元，培训经营管理人员1700人。积极做好第十五届中国(重庆)国际投资暨全球采购会工作，签订产销订单2.6亿元，受到了企业好评。三是开展“走出去”投资考察活动。先后组织226家(人)企业到境外开展对外投资考察活动19批次。在中小企业发展专项资金中安排了400万元支持民营企业“走出去”。

(八)强化人才培育，提高整体素质

以实施工信部“国家中小企业银河培训工程”等为载体，全年培训17500人次，其中局属培训机构全年举办各类培训65期，培训7500余人次，举办创业培训9期，培训创业者2000余人。各级中小企业主管部门坚持把提高中小企业经营管理素质为重要工作，争取财政资金，立足本地实际开展各类培训2万人。对为提升服务水平，对全市中小企业系统开展融资、信息化、载体建设、统计监测等各类业务培训合计2000余人次。

三、制约和影响我市三类经济发展的困难和问题

(一)中小工业产业结构调整任务较重

我市现有中小型工业企业5.3万家(其中：采矿业2285户，制造业48259户，水电气生产与供应2190户)，但是从事高附加值、低能耗、竞争力强的“专、精、特、新”企业还不很多，大部分中小工业企业对资源的依赖度较为突出。加之多数的中小工业从事的仍是机械制造、劳动密集型传统工业行业领域，特别是部分产能过剩、同质化竞争严重的行业，如传统的水泥、钢铁、玻璃、小化工等行业，从事这些行业的中小工业企业较多，转型升级压力很大。

(二)生产要素成本上涨较快

去年以来，我市民营中小工业企业生产成本不断上升。一是我市电价经过3次上调，每度上涨0.15~0.20元，上涨10%。据部分区县反映：工业用天然气价格经过上调，每立方米上涨0.30元，上涨13%。二是用工成本大幅上升。近年来，我市人工工资每年以20%左右的幅度增长，用工成本与沿海省市相差已不大，劳动力成本优势正在逐渐消失。据调研情况，部分区县企业人工成本上涨20%以上，渝北区劳动力月平均工资逼近3000元。据了解，我市“五险一金”总的缴费比例为57.2%~75.2%，其中企业承担的

比例占到了职工工资总额的39.2%~49.2%,为此企业需增加一大笔资金用于社会保险支出,进一步加大了人工支出成本。

(三)融资贵、融资难问题依然突出

一是融资贵。据调查,银行对中小工业企业的贷款利率一般上浮30%以上,有的甚至高达80%。一些银行还要收取企业的中间业务费,0.5~3%的额度占用费。在担保贷款上,除了支付给银行的利息及费用外,担保费率从去年的2%上涨到2.5%~3%,担保贷款保证金也上涨了2%。据保守测算,民营中小工业企业的平均贷款成本在15%左右,小贷公司的贷款成本基本上接近30%,有的民间借贷月利息高达3~5分。高昂的融资成本掠夺了传统制造业为主导的民营中小工业企业的经营利润。二是融资难。由于部分民营中小企业财务制度不健全、缺乏有效抵押物等原因,从银行获取信贷资金相当有限,部分区县中小企业和民营企业流动资金缺口较大。

(四)用地、劳动力等要素供需矛盾突出

在淘汰高污染、高耗能落后产能及旧城改造、拆迁过程中,各工业园区在有限的土地指标供应上设置了较高的准入门槛,一些中小工业企业一时无法顺利再落户而失去生存空间。特别是在乡镇一级,绝大部分中小民营企业因无法解决用地指标问题,冒险采取"以租代征"方式解决,违反了国家城乡规划和土地管理的法律法规的规定,面临高额罚款。由于土地问题不解决,企业始终为不确定性担忧而不敢按照市场前景全力拓展经营规模。同时,我国人口红利接近尾声,区域性"用工荒"正从沿海向内地蔓延。企业用工出现"招不进、留不住、留不久"的现象,在劳动密集型行业尤为突出。部分区县工业企业的车工、焊工等技术工缺口,占到总需求量的50%左右。

(五)政策落实有待进一步加强督促检查

比如:小企业基地用地指标迟迟未予解决及都市楼宇工业扶持政策逐步减弱和新建都市工业园的容积率限制过严等问题;企业所得税率未按15%执行,部分园区企业土地出让金及城市建设配套费实行先征后返,但是返回时间较长;目前虽然出台了很多针对中小乡镇企业融资的优惠政策,但是执行起来还有许多障碍;部分企业的合法权益未得到较好的保护,等等。

四、2013年发展目标

2013年,是"十二五"规划承前启后的关键一年,更是全面贯彻落实党的十八大开局之年。我们将坚持以提升三类经济增长的质量和效益为中心,进一步优化发展环境,提升履职能力,力促三类经济稳步发展,为"科学发展、富民兴渝"做出新的成绩。

一是抓好主体培育。2013年纳入"万户中小企业成长工程"重点扶持的企业超过8000户;年营业收入2000万元以上企业增加2000户,达到15000户;年营业收入5000万元的企业增加1000户,达到7200户;年营业收入1亿元以上的企业500户,达到4000户。

二是抓好载体建设。新增市级小企业创业基地15个,累计达到163个;新增市级中小企业特色产业基地5个,累计达到35个;新增认定市级都市工业园(楼宇)5个,累计达到97个;新增市级农产品加工基地5个,累计达到20个;新增市级农产品加工示范企业20户,累计达到190户;新增市级公共服务示范平台5个,累计达到27个;新增科技创新和信息化公共服务平台15家,累计达到35家;新增市级中小企业创业服务重点机构5家,累计达到80家。

三是抓好科技创新。培育认定市级中小企业信息化示范企业50家,累计达到360家;培育认定市级中小企业技术研发中心超过60家.累计达到120家;新增知识产权工作试点单位90家,累计达到270家;新增高新技术产品250个,高新技术企业300家;申请专利17000件,授权专利10000件。

四是抓好金融"输血"。力争全年新增担保发生额1000亿元,累计担保总额达到3000亿元;新增中小民营企业贷款1000亿元以上。

五是抓好人才培训。以实施"国家中小企业银河培训工程"和"国家中小企业经营管理者素质提升工程"为载体，依托现有的培训网络体系，力争2013年全市培训中小企业经营管理人才1.5万人次，带动其他区县和社会优质培训机构抓好中小微企业经营管理者培训，力争达到2.5万人次。

六是抓好统计监测。深入企业开展调研工作，进一步加强民营中小企业运行监测预测分析，认真分析和研究经济运行中出现的苗头性、倾向性问题，准确把握我市三类经济运行情况和发展态势，为领导决策提供参考，当好参谋助手。

卫生工作

重庆市卫生局 潘建波、肖莉丽

2012年，重庆市卫生工作在市委、市政府的坚强领导下，以改善和保障群众健康权益为宗旨，以深化医药卫生体制改革为主线，不断开拓创新，踏实苦干，圆满完成各项工作任务，城乡居民享受到医改阶段性成果。

一、卫生事业发展综述

截至2012年底，重庆市(不含村卫生室)有卫生机构7319个，其中三甲医院15所、县级以上综合医院331所、中医院43家、卫生监督机构40家，疾病控制机构42家、乡镇卫生院942所、社区卫生服务中心173个。全市有病床床位13.09万张，平均每千人有病床3.91张；卫生人员18.41万人，其中平均每千人口拥有卫生技术人员3.94人、执业医师(包括执业助理医师)1.56人、注册护士1.49人。

全市人均期望寿命监测数据为77.81岁，比2011年增加1.04岁。孕产妇死亡率从2011年的21.61/10万下降到15.03/10万，婴儿死亡率从从2011年的6.44‰下降到5.56‰，儿童保健和孕产妇保健率分别达到87.23%和95.24%。

(一)医药卫生体制改革

公共卫生服务均等化全面推进全市基本公共卫生服务补助标准达到年人均25元，部分区县年人均补助标准提高至30元以上，免费向城乡居民提供11类41项基本公共卫生服务，农村居民、妇女儿童、老年人、特殊群体、困难群体等得到重点保障。全市城乡居民健康档案建档率达91.93%，其中电子建档率达78.77%；高血压、糖尿病患者规范化管理人数分别达145.93万和47.14万；孕产妇、0~6岁儿童、65岁以上老年人健康管理人数分别达26.94万、195.32万和235.67万；重性精神病患者管理人数达7.95万人。开展宫颈癌免费检查56.43万例、乳腺癌免费检查17.14万例，免费补服叶酸24万人，农村孕产妇住院分娩补助18.83万例；实施贫困白内障患者复明手术8919人；新建无害化卫生厕所15万座，农村饮用水安全工程集中式供水水质卫生监测实现区县全覆盖，市级卫生城区（县城)覆盖率达95%。

基本药物制度深入开展。全市基层医疗卫生机构和村卫生室继续实施药物"零差率"销售，为群众节约药品费用支出14亿元。实现4.3万名基层临床人员和乡村医生基本药物临床使用远程培训全覆盖。39个区县完成组建基本药物采购联合体，核定人员编制125名，联合体负责辖区药品采购服务、基本药物制度监管等职能。基本药物采购价下降30.48%，为患者次均节约费用31.77元。重庆药品交易所实现基本药物、非基本药物和耗材全面挂牌交易，注册会员达到1.12万家，挂牌交易产品达4万多个品规，累计交易额达到153亿元，交易制度进一步完善。

公立医院改革加快实施。全市公立医院新增编制10000名。出台《重庆市区县级公立医院综合改革试点的实施意见》，在10个区县的19所公立医院全面开展以取消“以药养医”机制为重点的综合改革试点，探索建立新的公立医院管理体制和运行机制。试点医院所有药品(含中药饮片)实行零差率销售，取消药品加成后减少的合理收入，采取调整医疗技术服务价格、增设药事服务费和加大财政投入等方式给予补偿。

卫生信息化建设进展顺利。推进信息化建设，建成西部最大的卫生云计算中心暨重庆卫生信息数据中心。完成市级卫生信息平台主体建设，区(县)级信息平台进展顺利，34家完成县级医院能力项目建设招标工作，远程医疗项目开始试运行，完成8800个村卫生室的硬件设备配置。

(二)突发公共卫生事件处置

公共卫生应急处置能力明显提升。建成全国第一个覆盖全市卫生系统具有自主知识产权的卫生应急指挥决策系统，初步实现了卫生应急指挥决策的信息化、网络化和自动化。加强卫生应急队伍装备建设，投入5607万元，建成重庆历史上首支国家级卫生应急队伍——国家突发中毒事件处置队，在市级部门中第一个全面完成三年装备建设任务。创建国家级卫生应急综合示范区2个、市级卫生应急综合示范区县7个。全面启动市级卫生应急风险评估工作，坚持做好鼠疫、禽流感等重大传染病、新发传染病监测，突出抓好学校突发公共卫生事件防控工作，全市突发公共卫生事件数连续三年下降，2012年15个区县未发生突发公共卫生事件。积极做好暴雨洪灾救灾防病和“2·17”奥体中心王菲演唱会看台垮塌事故、“4·10”万盛经开区群体性事件等突发事件医疗救援工作，全年饮水和环境卫生消毒982.4万平方米，救治伤病员近2000人次。2012年，全市报告突发公共卫生事件68起、报告病例2904例，与2011年相比事件数下降19.05%、发病数下降17.90%、死亡数减少7例。

(三)健康教育

控烟立法有序推进，《重庆市防止二手烟草烟雾危害条例(草案)》被市人大、市政府列为立法预备项目。部门控烟工作有效开展，我市创建无烟医疗卫生系统接受了卫生部控烟督导第三方暗访检查，并获得排名第二的好成绩；协助教委、商委、工商等部门推动相关领域无烟环境创建，全市12所高校和市直属校基本达到“无烟学校”标准，出租车顶灯及公交站牌取消烟草广告。围绕“世界无烟日”、“农民工日”等宣传日，开展各类形式多样、内容丰富的宣传活动，广泛普及健康知识。

二、疾病预防与控制

(一)法定传染病疫情概况

2012年，重庆市传染病报告率达99.13%，66%的苗头疫情得到及时发现和早期处置。全市报告甲乙丙类传染病30种147349例，死亡559例。其中：全市报告无甲类传染病；报告乙类传染病21种71686例，死亡551例。甲乙类传染病报告发病率245.58/10万，死亡率1.89/10万，病死率0.77%；与2011年相比，发病率下降0.78%，死亡率上升5.12%，病死率上升5.94%。

(二)免疫规划

2012年，积极应对四川脊灰疫苗高变异株事件，在与川鄂接壤的万州区、城口县、开县、梁平县，对55万适龄儿童开展脊灰疫苗强化免疫活动，继续保持重庆无脊灰状态。全市有8个区县新增示范接种门诊31个，对23个区县原来命名的79个示范门诊进行复审，适龄儿童“四苗”接种率维持在98%以上，乙肝等其他免疫规划内疫苗接种率达到98%以上。

(三)艾滋病防治

加强政策保障，将艾滋病机会性感染纳入全市23病种特病医保可报销范围。继续扩大艾滋病监测检测、综合干预、抗病毒治疗覆盖面，全市疾病预防控制和血液系统100%建立了艾滋病病毒筛查实验室，妇幼保健系统配备了筛查实验室主要设备，艾滋病实验室筛查网络和自愿检测咨询点进一步扩大，全市开展艾滋病自愿咨询检测89415人次，筛查发现艾滋病病毒阳性1678人。美沙酮门诊累计入组21755人，比上年同期增加2794人，该项工作获全国第二名，受到国务院防治艾滋病工作委员会办公室的表扬。全市累计免费治疗艾滋病人5167例，治疗覆盖全市所有区县。广泛开展艾滋病防治宣传教育活动，针对高危人群、重点场所开展干预和宣教，消除公众对艾滋病病毒感染者和病人的歧视。

(四)结核病防治

在渝中区等7个区县，试点推行结核病防治“三位一体”的新型防治模式，切实提高结核病病人发现率和治愈率。耐药结核病患者住院和门诊治疗费用的报销比例由50%提高到90%，最高报销限额由3万元提高到5万元。全年免费治疗肺结核病人23740例，圆满完成市政府“民心工程”任务。

(五)慢病防治

新增国家级示范区9个、省级示范区4个，创建全民健康生活方式示范单元、健康支持性环境864个，全人群死因监测、脑卒中和心肌梗死发病、肿瘤登记和伤害等监测报告数量和质量显著提高，高血压、糖尿病的规范管理率分别达到84.51%和83.16%。实施儿童口腔疾病综合干预项目、学龄前儿童乳牙龋综合干预试点项目和“健康口腔，幸福家庭”口腔项目，累计开展口腔健康检查和健康教育8万余人次，幼儿牙齿涂氟1.2万余人次，窝沟封闭牙齿达11万余颗。完成12个区县534所学校适龄学生营养监测任务。

(六)地方病和寄生虫病防治

组织制订《重庆市地方病防治十二五规划》。完成39个区县碘缺乏病监测，碘盐合格率达到96.24%。开展地氟病基线调查，改炉改灶3.9万户。在5个区县开展克山病病例搜索和病例调查，检出慢性克山病病人32例。在15个重点区县实施麻风病防治项目，新发现麻风病人15例。在6个区县开展血吸虫病监测，累计完成查螺面积15万平方米，未发现钉螺。《三峡库区影响血吸虫病流行因素研究》等4个课题验收结题。

(七)精神卫生

开展重性精神疾病筛查、评估、诊断、救治及随访等工作，建立和完善日常筛查机制和信息报告制度，初步建立起市、区县两级卫生行政、精神卫生专业机构及基层防治机构三级防治网络，实现全市国家重症精神病人基本信息收集系统社区、乡镇全覆盖。2012年，全市确诊重症精神病人7.95万人，检出率为2.74‰，检出患者管理率为78%。

(八)病媒生物防制

开展春秋季统一灭鼠和农户统一灭蟑螂活动，鼠密度由杀灭前的9.8%下降为1.6%，全年累计受益农户223万户。强化四害防控监督，检查了20所医院、16个学校，对防控不力、四害密度超过国家标准的单位进行行政处罚。开展灭鼠、灭蟑螂、灭蝇先进城区创建活动，新建市级灭蟑螂先进城区4个、灭蝇先进城区1个。

三、农村卫生

(一)农村卫生服务能力

全市改扩建村卫生室4000所，基层医疗卫生服务机构标准化率达到90%，66%的农村居民步行30分钟即可到达最近医疗点。在全国率先以省级政府名义出台《重庆市村卫生室管理办法》和《重庆市乡镇卫生院管理办法》，明确村卫生室五个方面的补偿渠道，巩固了农村三级卫生网的网底，进一步规范乡镇卫生院的管理和职责，建立引导人才向基层流动机制，制定激励基层医务人员积极性的政策，对基层单位绩效工资“高出部分”实行总量管理、定期核定，动态管理、上下浮动，促进乡镇卫生院科学规范发展。推进紧密型乡村卫生服务一体化管理，财务一体化管理的村卫生室占30.65%，资产一体化管理的村卫生室占54.95%，人员一体化管理的村卫生室占6.01%。通过实施国家中西地区农村卫生人员培训项目、二级以上医疗机构对口支援乡镇卫生项目、世行统筹城乡发展与改革卫生子项目，开展农村卫生人员重点业务知识培训、管理人员培训1.4万人次，为基层医疗机构培训全科医师、社区护士706人，向19个贫困区县84个乡镇卫生院累计派驻中级以上职称支援队员252人，为6个项目区县基层医疗机构和村卫生室配置救护车、电脑、全自动生化分析仪等仪器设备1.9万台件。

(二)改水改厕和卫生创建

2012年，落实农村改厕项目专项资金1.05亿元,项目覆盖34个区县,完成改厕15万户，完成率达100.04%。推进全市农村饮用水水质卫生监测工作，集中式供水监测完成率100.93%。完成农村环境卫生监测项目,覆盖全市45个乡镇、180个行政村、225个农户、中小学各45所。南川区古花乡成功创建为全市第一个国家卫生乡镇,北碚区、璧山县、巫山县通过国家卫生城镇的复查,市级卫生城区(县城)实现全市覆盖。完成城乡环境卫生整洁行动,农贸市场标准改造、城市生活垃圾无害化处理、农村环境连片整治等重点项目均在全国具有一定示范意义。

四、妇幼保健

全面落实2011—2020年“两纲”及“两规”工作任务,完成妇幼卫生法律法规文件汇编,加强母婴保健专项技术行政审批工作与《出生医学证明》管理,落实优生优育措施。加强妇幼机构内涵建设,南岸、沙坪坝、潼南、巫山等区县成功创建二级甲等妇幼保健院，完成基层医疗保健机构妇幼保健服务能力状况预调查。强化新生儿出生缺陷防治，通过实行新生儿疾病筛查工作划片管理,极大提高筛查率和筛查质量,全年筛查新生儿20.68万例，筛查率达70%以上,对苯丙酮尿症、甲状腺功能低下症患儿规范建档并给予补助。加强孕产妇急救网络建设,编制区县、乡镇级《孕期保健服务指南》和基本公共卫生服务《村医手册》,规范基层孕产妇保健工作。开展孕产妇死亡监测及评审，集中对75家市、区县级医疗卫生机构进行现场质控和督导,完成省级三网监测评估。

五、社区卫生

加快推进社区卫生服务中心标准化建设项目,完成社区卫生服务中心标准化建设144个，标准化率达87.3%。全面启动中西部社区卫生服务能力建设项目，培训社区卫生服务机构各类人员1980人次,其中培训全科医生623人、注册护士625人、预防保健人员312人、康复人员156人、社区机构管理人员264人。2012年累计创建市级示范中心15家、成功创建国家级示范中心6家，有效推动社区卫生服务机构内涵建设。创新服务模式,积极推行社区首诊、双向转诊及社区签约式服务新模式,其中江北区“全科团队服务”、沙坪坝区“家庭医生服务”经验在全国交流。全面推动社区卫生信息系统平台建设,完成社区公共卫生信息软件研发并在部分区县试运行,为全面推广应用奠定基础。

六、中医事业

中医药服务体系更加完善，全市有三甲中医医院4所、二甲中医医院23所,2012年新增国家中医药管理局“十二五”重点学科4个、重点专科建设项目15个。新增国家临床重点专科(中医)1个,新增国家级名老中医(药)专家传承工作室建设项目6个。全市有96.5%的乡镇卫生院、100%的社区卫生服务中心设置了中医科和中药房,70%以上的基层医疗卫生服务机构中医类别医师占医师总数20%以上,400多所乡镇、社区医疗机构集中打造了具有中医药文化特色的中医药综合服务区,57.6%的乡镇卫生院、81%的社区卫生服务中心配备300种以上中药饮片。中医药服务能力显著提高,全市420个基层医疗卫生服务机构中医药服务量占总服务量的30%,56%的村卫生室、社区卫生站能开展中医药服务。新增全国农村中医药工作先进单位2个,全国综合医院中医药工作示范单位3个,全市有16个区县成为全国和市中医药先进基层单位。北京中医药大学在重庆设立非直属附属医院,并取得初步成效。

七、医疗管理

(一)医疗服务能力

优化医疗资源布局，编制《重庆市医疗机构设置规划(2011-2015年)》，加快推进等级医院创建技术指导和评审工作。加强城乡医疗卫生服务体系建设，在建的6个市级十大公共卫生项目新完工3个，23所三甲创建医院已成功创建2所，全市三甲医院总数达到20所(含5所部队医院)。342个基层医疗机构标准化建设项目竣工250个，全市标准化率达90%。加强临床重点专科建设，新增国家临床重点专科8个、市级临床重点专科20个，获中央、市级项目补助资金4500万元。开展公立医院院长、抗菌药物规范化管理、临床专科护士、临床检验人员、血站人员、临床输血管理人员等专题培训，累计培训近2000人次，提升各级医院骨干业务能力。

(二)医疗质量安全

加强医疗质量控制，建立医疗核心制度考核评价体系，成立市级临床输血质量控制中心、健康体检质量控制中心，市级医疗质量控制中心数量达57个，专科质控体系基本形成。推进临床路径管理，全市三级医院开展20个以上病种，二级医院开展10个以上病种，共有22个专业197个病种实施临床路径管理，部分区县还把临床路径管理工作推广到辖区内一级医院、民营医院和企事业单位职工医院。强化医疗安全监管，严格医疗技术准入，批准3家医院开展心血管介入治疗技术，1家医院开展血液透析技术，1家医院开展非血缘造血干细胞采集和移植技术。对全市二级以上医疗机构麻醉质量、基层医疗机构依法执业情况以及市级、区县医院和137家民营医疗机构医疗质量进行督查，开展等级医院复评。广泛开展“医疗质量万里行”活动，深入推进优质护理服务，重庆医科大学附属第一医院老年科、重庆医科大学附属第二医院感染科、巴南区人民医院骨科等3个病房被评为全国第一批优质护理示范病房，重庆医科大学附属第一医院成为全国“延伸护理服务试点医院”。实现抗菌药物临床应用和细菌耐药监测全覆盖，二级以上医疗机构全部实行处方点评和重点控制指标通报制度，抗菌药物临床使用量整体下降近10%。全市危急重症抢救成功率维持在90%以上，有6所医院进入全国最佳医院综合排行榜前100位。

(三)医德医风建设

深入开展创先争优、“三好一满意”、“三诊三送”、优质护理示范、优质服务窗口创建、“廉洁行医、廉洁从政”检卫共建等专项活动，涌现出一大批先进集体、个人，北碚区乡村医生周月华被中宣部列为全国典型先进人物，并被评为全国十佳“最美乡村医生”。扎实推进创先争优活动，实现全系统1094个基层党组织、27726名党员全参与，17万医务人员全覆盖，卫生系统有158个基层党组织、390名党员分别被评为全国、卫生部、重庆市和市卫生系统先进集体和个人，45个窗口部门获得全市和全市卫生系统群众满意窗口荣誉称号。全市建立优质服务窗口三级示范单位、窗口、岗位2530个，设置意见箱1322个、投诉电话1055个，对7.54万名医务人员建立医德考评档案，将医德医风情况纳入单位、个人综合考核指标，促进医德医风的整体提升。

八、卫生法制与监督

(一)卫生监督体系建设

卫生监督机构改革不断深化，在全员参公的基础上，6个区县从卫生监督所更名为卫生监督局，9个区县完成机构定级和升格，全市区县卫生监督机构有处级1家、副处级10家、正科及以下28家。卫生监督机构基础设施建设全面提速，35个卫生监督机构房屋建设完工5个、开工18个、完成前期工作12个。利用中央资金3800万元，全市统一新增执法车辆75台。区县使用中央资金1500余万元，新增快速检测、执法取证和办公信息化等设施设备2901台件。加强卫生监督队伍建设，遴选推荐国家级卫生监督专家8人、省级首席卫生监督员25人，培训业务骨干2037人次，卫生监督员网络培训项目参学率达100%，项目实施综合考核位居全国首列。全市39个区县、944个乡镇、街道全部启动实施卫生监督协管服务，实施率达到100%，聘请专兼职卫生监督协管员2731人、信息员5750人，覆盖城乡的卫生监督协管服务网络体系基本形成，卫生部先后两次到渝调研该项工作并予以高度评价。开展首届全市卫生监督技能竞赛，重庆代表队在全国竞赛中荣获团体三等奖。

（二）卫生专项整治

全市集中开展妇幼保健和社区卫生服务机构、餐饮具集中消毒单位、农村集中式供水、公共场所集中空调通风系统、X射线影像诊断机构、学校饮用水等6项“卫监飓风”专项监督检查行动，共出动监督执法人员1.76万人次、执法车辆5915台次，监督检查各类单位6884户次，依法责令改正1195户次、处罚334户次、警告334户次、罚款150户次、取缔无证行医8户次。严厉打击非法行医和非法采供血，开展打击非法采供血监督检查91次，取缔无证行医1321户，行政处罚711户，移送公安部门涉嫌无证行医刑事案件36件，判处非法行医罪8人，该项工作先后3次在全国大会作经验交流。

（三）卫生监督执法

加强职业卫生、放射卫生、生活饮用水、涉水产品、公共场所、传染病防治、学校卫生等重点领域的卫生监督执法工作，制定《重庆市温泉场所卫生规范》地方标准，该标准于2013年1月1日起强制实施，填补了国内温泉场所卫生标准的空白。2012年，全市诊断新增职业病4316例，检查各级各类放射诊疗机构1403家，查处X射线影像诊断机构数89家；公共场所量化分级管理实施率达94%，其中住宿业和游泳场所实施率100%、沐浴场所实施率94%、美容美发场所实施率91%；监督检查农村集中式供水单位1021家，处理违法行为104起；抽检国产小型水质处理器合格率100%，抽检化学处理剂合格率66.7%，抽检现制现售饮用水设备出水水质合格率86.7%；对13362家医疗机构、40家疾控中心、24家采供血机构和5家医疗废物集中处置单位的医疗废物处置情况、医院消毒隔离制度执行情况、传染病疫情报告制度执行情况等开展监督检查，对3681所学校进行全覆盖检查。开展职业病防治法、生活饮用水卫生宣传周活动，接受咨询1.54万人次，发放宣传资料61余万份。增强食品安全管理能力，出台食品安全配套制度4项、地方标准2个，完成食品安全风险监测2834件样品，全年未发生重大食品安全事故。12月完成市级职业卫生监管职责移交，从2013年1月1日起，全市用人单位职业健康监护的监督管理等3项职能分别移交至市安监、市煤监局。

九、医学教育科研

2012年，卫生系统新增“百名海外高层次人才集聚计划”人选、卫生部有突出贡献中青年专家、百名学术领军人才各1名，两江学者岗位4个，由市外引进高层次和急需紧缺人才220余名。派驻342名中高级卫生技术人员支援100个县级或乡镇级医疗机构，实施各类基层卫生技术人员培训2万人次。获得国家科技进步一等奖1项、二等奖2项，市级科技成果一等奖中卫生系统占50%。新增国家临床重点专科10个，启动市级临床重点专科建设项目。开展4个国家级全科医生临床培训基地建设，建立市级住院医师规范化培训基地199个，具备每年培训3927余人的能力。

十、供血、用血

加强无偿献血宣传招募，先后开展“无偿献血宣传月”、“血站开放月”、“世界献血者日”、“大学生无偿献血演讲比赛”等大型宣传活动50余场次，壮大固定无偿献血者队伍。强化血液质量管理，建立市、区县两级临床输血质控中心，对全市18个血站和6个单采血浆站进行拉网式质量督查。各血站采取简化退费流程、增加工作人员、开设绿色通道、试点现场退费等措施，为献血者提供优质便利服务。全年接受自愿无偿献血26.2万人次，采血量86.2吨，5个区县获全国无偿献血先进省（市）奖，1215人获全国无偿献血奉献奖。

重庆烟草

重庆市烟草专卖局 李 瑜

一、烟草专卖管理

2012年全市各级专卖管理部门坚持国家烟草专卖制度，认真贯彻落实国家烟草专卖局决策部署和重庆市烟草专卖局工作要求，紧紧围绕内部监管、打假打私、市场监管和基层建设四项任务，突出抓好客户利益维护、天价烟整治、依法行政示范单位创建以及"队伍素质提升年"四个主题活动，依法行政、依法履责、务实进取，圆满完成各项工作任务。

(一)打假破网成效显著

以"打源头、端窝点、破网络、抓主犯"为重点，深入开展卷烟打假，成效明显。一是打假质量不断提升。全年共查处各类涉烟违法案件11471起，其中假烟案件1549起，5万元以上假烟案件96起。破获国家局级标准网络案件26起，市局一级网络案件5起，市局二级网络案件8起。稽查总队"12.26"假烟网络案件被列为公安部、国家局督办案件。网络案件涉案总案值12456.52万元，查获卷烟110280.5条、烟叶48627.32公斤，刑拘163人，逮捕132人。二是打假领域不断突破。打击互联网售假案件取得新进展，万州、涪陵、丰都等单位经过认真经营，深挖线索，互联网售假案件查办已获得初步成果。铁路沿线打假取得新成效，全市专卖部门通过与铁路公安部门协作，开展专项整治，联合打击无证运输行为。万州区局与铁路公安合作，从打击零散运输卷烟入手，成功破获一起国家局级网络案件。涉烟犯罪定罪量刑方面取得新突破，渝中区局"2.21"假烟网络案件对涉烟违法犯罪分子以假冒注册商标标识罪定罪量刑，突破了传统的以生产、销售伪劣产品罪和非法经营罪定罪的传统模式。三是打假机制不断巩固。市烟草专卖局与市公安局联合下发了《关于进一步严厉打击涉嫌烟草专卖品犯罪的通知》，成立了"重庆市公安局打击涉嫌烟草专卖品犯罪办公室"，统筹指挥全市卷烟打假工作，完善了联席会议、联合执法、信息共享、区域协作、表彰奖励等机制，组织协调更加畅通，打击合力明显增强，形成了打假总队牵头，经侦、技侦、网监等多警种协作的新格局。巩固和完善了铁路烟草联动机制，推动铁路沿线烟草公安专项整治工作的不断深入。四是打假司法协作不断深化。与法院、检察院积极进行协调沟通，加大对涉烟犯罪行为的打击力度。6月，市烟草专卖局与市高院、检察院、公安局共同组织了全市涉烟犯罪刑事案件法律适用培训班，进一步统一了打击涉烟犯罪的执法思想和执法标准。

(二)内部监管持续规范

一是全面推行内管委派制。按照国家烟草专卖局工作部署，积极推动内管委派制，已完成了内管机构调整，在市局层面成立了内管处，在基层单位成立了内管法制科，加强了内管工作力量，保证内部监管工作的开展。二是深入开展了维护零售客户利益专项行动。通过严肃纪律、明确责任、规范货源、强化监督等手段，保证了维护零售客户利益专项行动的顺利开展，低价套购卷烟、损害客户利益的行为基本杜绝，促进了卷烟市场经营的规范、有序、和谐。三是开展"天价烟"治理工作。从宣传动员到位、内部监管到位、市场稽查到位、依法查处到位等四方面开展"天价烟"治理工作。"天价烟"治理工作在2012年4月、9月国家烟草专卖局专项检查组的两次检查中均受到好评和高度肯定。

(三)市场监管不断加强

一是优化市场监管体系，制订深入推进卷

烟零售终端市场监管工作方案，进一步夯实专卖管理工作基础,增强终端市场控管能力。二是持续开展专项整治行动。在全市范围内开展了“天价烟”专项治理和“铁路沿线、名烟名酒店、娱乐服务场所”专项整治活动,共取缔违法名烟名酒店57户,查处名烟名酒店违法行为201起,娱乐服务场所案件197起。三是整合“12313”举报投诉平台,建立举报投诉的快速处置机制,切实提升了举报投诉服务管理水平，加强了市场监管力度,取得良好社会效果。四是开展许可证后续监管调研，针对当前许可证后续监管人证不符、地址不符的显著矛盾,实地调研渝中、渝北、江津、万州、开县、云阳等6家单位,回收调研表格200余份，为下阶段加强后续监管奠定了基础。

(四)基层建设全面提升

紧紧围绕队伍素质提升目标，以作风纪律建设和业务技能培训为重点，深入开展岗位技能鉴定和专卖技能竞赛，营造了学技术、竞技能、创佳绩、争先进的良好氛围。一是加强作风建设。以抓队伍思想素质建设为着力点,以行业“235”教育实践活动为载体，努力强化理想信念,提升政治素质,端正作风纪律,致力于打造“精于法、严于律、忠于行”的专卖队伍。二是开展技能鉴定。全年共开展专卖管理师3-5级培训两次,培训专卖人员289人。经过培训,通过中级考试35人,高级考试62人。12人通过全国专卖管理师鉴定，通过率为75%，名列全国前茅。三是开展技能竞赛。9月初,分片区组织开展了全市专卖人员全面参与的岗位技能大赛,评选出12家优胜单位、44名优胜选手。全市38家单位千余名专卖人员参赛,规模为历年之最,实现了大比武、大练兵,全面提升了队伍素质。四是加强骨干队伍培养。以技能鉴定、业务培训、劳动竞赛等手段积极推进骨干队伍建设。19名人员参加专卖管理内训师培训，参训人员经考核全部合格。目前,全市拥有“全国专卖技能鉴定专家”8人,“全国烟草专卖技术能手”9人,专卖管理师22人,专卖内训师35名,烟草专卖执法专业化、职业化骨干队伍基本形成。

(五)依法行政深入推进

一是修订《重庆市烟草专卖管理条例》。在《行政强制法》实施后,积极联系市人大,推动完成《重庆市烟草专卖管理条例》相关条款的修订与发布。二是出台行政处罚和许可两项案卷评查新标准。结合近年来行政处罚、行政许可工作中存在的实际问题,重新调整了评查标准,全市统一证据标准,全面推进询问笔录电子档,提升规范程度。三是开展执法案件评查。通过行政处罚和行政许可案卷评查，检验了各基层单位的案件办理质量和执法水平。邀请市人大和法制办等市级相关部门、社会各界及行政管理服务对象等参加案卷评查380份，优秀率达到了90%以上。

二、烟叶种植业

2012年,在国家烟草专卖局和市委、市政府的正确领导下，在各产区党委政府的大力支持下,全市按照“稳定规模、优化结构、强化基础、提升水平”的基本方针,以现代烟草农业建设为统领,以优化烟叶结构为中心,以切实维护烟农利益为突出重点,统筹推进烟叶工作和“烟草惠民工程”建设,烟叶生产喜获丰收。全市12个种烟区县34578户烟农，落实烤烟种植面积66.95万亩,收购烤烟177.99万担,完成计划收购量的112.65%。上等烟比例达51.6%,同比提高0.32个百分点,下等烟比例9.31%,同比降低5.88个百分点;公斤均价20.72元,同比增加4.1元/公斤,涨幅24.67%。白肋烟种植面积2.57万亩,收购烟叶7.62万担,公斤均价13.46元,同比增加1.18元/公斤,涨幅9.61%。全市烤烟烟农户均收入6.8万元(不含补贴),同比增加3.1万元,增幅创历史新高。

(一)优化等级结构取得实效

把优化结构作为中心任务，专门下发实施方案,并将补贴标准提高到75元/亩,引导烟农自觉开展田间不适用鲜烟叶处理，基本做到不适用鲜烟叶不进烤房。全面落实烟叶标准化生产,着力提高烟叶生产整体水平,从根本上减少不适用烟叶产生。推广“三段六步式”烘烤工艺等先进适用技术,烟叶烘烤质量进一步提升。重点加强烟叶收购和复烤加工管理,把提高纯度作烟叶收购工作的重中之重,确立“三控三限”的收购要求,等级质量和收购工作水平进一步提升。全年烤烟下低等烟比例控制在9.2%,同比下降近6个百分点。

(二)现代烟草农业加速发展

深入贯彻“工业主导、商业主体”方针,扎实推进品牌导向型基地单元建设。全市国家局基地单元达到9个,实行“工商共建”模式,品牌导向日益凸显,工商合作不断深化,基本做到了“农艺研究到田、收购指导到站、加工指导到厂”。湖南中烟工业有限责任公司派人常驻基地单元指导烟叶生产,并在巫山、酉阳设立高端品牌“和天下”核心原料生产区,标志着我市优质原料保障能力建设迈出坚实步伐。“种植在户、服务在社”的生产方式逐步形成。全市发展40–120亩烤烟种植专业户3951户,120亩以上烤烟家庭农场377个,烤烟户均规模达到22.88亩,超出全国平均水平6.88亩。9个国家局基地单元内户均规模达到24.9亩,超出全市平均水平2.02亩。全市40亩以上适度规模化种植面积占全市总面积的42.2%,规模化种植水平走在全国前列,有力地促进了职业烟农培育和发展。按照“三会一经理”的治理结构要求,综合服务型烟农专业合作社建设扎实推进,目前已有41个完成工商注册,入社农户16228户。依托合作社开展专业化育苗、机耕、植保面积分别达到48.4万亩、30.3万亩、24.9万亩。专业化分级实现突破,共配置分级台1215张,培训技术员3000余人次,实施专业化分级51万担,基本做到“流程化管理、专业化分工、标准化分级、流水线作业”,每人每天平均分级1.5担,效率较传统方式提高1倍。巫山河梁基地单元被国家烟草专卖局评为全国优秀烟叶基地单元,黔江石家特色优质烟叶基地单元中期检查获国家烟草专卖局通报表扬。彭水润溪基地单元高标准推进土地整理和全程机械化试点,得到国家烟草专卖局领导好评。

(三)基础设施建设再掀高潮

2012年是全市烟叶生产基础设施建设“会战年”,总投入超过15亿元。市局(公司)领导班子成员实行分片挂点,相关部门和产区单位协同联动,掀起基础设施建设新高潮。为进一步支持重庆发展,4月下旬国家烟草专卖局新增10亿元专项资金实施“烟草惠民工程”,改善我市烟区基础设施。按照“政府主导、部门联动、行业补贴”的建设模式,3528座烤房全部完工;2000公里烟区道路项目基本全面启动,竣工22.07公里;武隆县接龙水源工程和丰都县太平水源工程已经通过国家烟草专卖局评审;土地整理项目已有22100亩进入设计阶段,占计划32500亩的68%。在项目建设中,各产区狠抓规范管理,确保程序规范、监管得力、质量达标。在抓好惠民工程建设的同时,全市行业继续推进常规项目建设,进一步改善烟叶生产条件。

(四)科技兴烟取得丰硕成果

围绕“中间香型特色优质烟叶开发”重大专项,狠抓科技创新和先进适用技术推广,不断提升烟叶生产科技贡献率。全市投入2325万元开展76项研究,其中《烟草有机—无机专用肥料研制及产业化关键技术研究》获重庆市政府科技进步二等奖;《重庆市山地特色烟叶生产技术体系研究》获中国烟草总公司科技进步三等奖。围绕提质增香探索出“三段六步式”烘烤工艺,配套开发低成本风机变速器,有效提升烘烤水平,得到工业企业和国内同行广泛认可。壮苗培育有进步,研究探索增光补温封闭式育苗技术,示范推广“棚中棚”技术,部署试点“工场化育苗远程监测系统”,破解了高海拔烟区出苗偏晚难题,苗期同比缩短7天以上。农机研究有亮点,与西南大学联合研发具有自主知识产权的国内首台小型土壤深耕机,耕作深度达到35厘米。品种推广有成效,在石柱、万州等产区大量推广K326品种,长势良好,调动了烟农积极性。注重高技能人才引进和培养,新增高级农艺师2人,全市总数达到6人。加强培训学习和技能竞赛,全市组织开展育苗、栽培和烘烤3次技术培训会,并在武隆、涪陵和奉节分别举办育苗、分级、烘烤技能竞赛。积极选拔优秀技能人才参加全国行业技能比武,获得全国技能大赛中获二等奖一项。

三、烟草工业

(一)重庆烟草工业有限责任公司

重庆烟草工业有限责任公司2012年生产卷烟110.2万箱(每箱5万支,下同)、销售卷烟109.72万箱,同比分别增长6.78%、7.9%。完成工业总产值137亿元、工业增加值112亿元、销售收入134.6亿元,分别增长18%、19.7%、19.1%;实现税利总额102.2亿元,增长20.7%,其中税金83.8亿元,增长20.5%。单箱卷烟调拨价格12267元,增长10.4%。单箱税利9317元,增长11.9%。多元化产业完成工业总产值14.15亿元、工业增加值4.09亿元,分别增长11.2%、25.4%;实现销售收入15.6亿元,实现税利2.45亿元,分别增长11.5%、13.5%。

2012年,重庆烟草工业有限责任公司在国家烟草专卖局和市委市政府的关心支持以及川渝中烟工业有限责任公司的正确领导下,紧紧围绕川渝中烟娇子品牌"126"发展目标以及重烟工业"十二五"效益倍增计划,突出抓好卷烟生产、运行调控、品牌维护、技术创新、管理升级、内部改革、组织建设、团队建设等工作,企业继续保持了持续快速健康发展的强劲势头,全年任务目标全面完成,企业整体素质和发展能力得到新的增强。

一是生产经营稳定增长。全年110.2万箱生产计划提前完成,调拨卷烟109.7万箱,同比增长7.9%,其中,一类烟调拨4.5万箱、二类烟调拨7.6万箱、三类烟调拨63.3万箱,分别增长5.8%、31.5%、11.9%,一二三类烟占比由上年的65.5%上升到68.7%。其中,娇子品牌中的天子系列、龙凤呈祥系列继续保持较快增长,为拉升结构发挥了突出作用。

二是技术创新积极推进。全年累计完成基建技改投资4.4亿元,同比增长32.2%。全面完成涪陵分厂新址场平强夯工作,开工了联合工房和生产辅助用房建设,完善了黔江分厂易地改造项目上报国家烟草专卖局手续,初步形成公司片烟中心库选址意见并且通过川渝中烟工业有限责任公司专家评审,同时完成一批在线技改项目,新增了部分先进设备和信息化设施。工艺技术创新取得新的成果,完成了产品开发改造配合工作,提高了产品维护水平,企业的技术保障能力进一步加强。

三是管理调控不断加强。绩效管理工作按照年度方案积极推进,启动了制度体系建设工作,部分技术经济指标在对标中改善提高,优秀卷烟工厂创建工作在巩固成果中深化发展,预算约束、成本控制、定额管理扎实推进,投资监管、审计监督、专卖内管、效能监察成效明显,行业审计整改、两项工作、体系建设等规范开展,安全管理标准化建设达到国家二级标准,各种检查顺利通过,企业管理运行的规范化水平继续提高。

四是组织建设扎实开展。认真学习贯彻党的十八大精神,继续开展创先争优活动,基层组织建设持续发展,完成了重庆、涪陵两厂党总支改设党委以及公司、分厂工会换届选举工作。党风廉政建设深入开展,"三重一大"规范运行,扎实推进廉洁从业教育监管工作。切实加大企业民主管理力度,规范开展"办事公开、民主管理"和"党务公开、民主监督"工作,积极听取采纳职工意见和建议;加强职工思想政治工作,积极开展人文关怀和个性化服务,提高了统一思想、统一行动的水平,增强了公司的凝聚力和向心力,扩大了公司维护稳定、和谐运行的成果。

五是职工队伍激情履责。坚持"紧贴中心、服务大局",把开展行业"235"教育实践活动与践行川渝中烟工业有限责任公司激情文化相结合,动员激励广大职工激情创业、感恩奋进。加强用工分配管理,依托企业发展和制度调节,优化分配关系,改善福利待遇,加强退休人员和离岗职工服务工作。加大职工素质建设力度,聘任了一批专业技术人才和高级技能人才,调整充实了部分管理干部,基层班子建设和中干队伍建设取得新的进展,企业发展获得了可靠的思想保证和人力保障。

(二)复烤加工

重庆烟叶复烤加工企业有重庆金益烟草有限责任公司(简称金益公司)和重庆万兴烟叶有限责任公司(简称万兴公司)2户。

金益公司

2012年,公司紧紧围绕行业"十二五"发展规划和公司"十二五"发展思路,坚持"强化基础,严格规范,提升活力"的中心任务,按照"巩固管理基础,确保稳定发展"的工作思路,冷静地分析了公司所面临的形势,重抓"标准化建设、绩效管理、现场管理和TPM管理、预算管理、团队建设"等重点工作,进一步夯实管理基础。全年完成原烟加工4.12万吨,产出成品2.69万吨;结算收入11893.66万元,实现税利3780.79万元,其中利润1883.21万元;产品质量稳定,客户满意度持续提升。

万兴公司

2012年,万兴公司深入贯彻落实科学发展观,紧紧围绕"严格规范、富有效率、充满活力"的总体要求,保目标,强基础,上水平,全面完成全年各项生产任务。全年加工原烟2.42万吨,较去年同期增长0.38万吨,增长15.7%;产出成品1.56万吨,增长0.26万吨,增长20%。实现加工收入7120万元,减少992万元,下降12.2%;上缴税金1317万元,减少130万元,下降9%;亏损948万元。保持了"重庆市精神文明标兵单位"、"重庆市级爱国卫生先进单位"、"重庆市园林式绿化单位"、市级"模范职工之家"荣誉称号

四、烟草商业

2012年,在国家烟草专卖局和市委、市政府的正确领导下,全年围绕"卷烟上水平、对标升位次"工作中心,突出"稳增长、调结构、强基础、上水平"工作主线,扎实开展各项工作,实现主营业务收入239.71亿元,同比增长16.66%;税利总额54.86亿元,增长10.19%;年末所有者权益88.92亿元,12月末资产负债率23.15%,同比上升1.66个百分点。全年销售卷烟110.1万箱,增长3.1%;单箱销售收入19155元/箱(不含税),增长12.9%。多元产业健康发展,实现税利3052万元,超额完成13.6%。"客户更满意、队伍更纯洁、运行更规范、发展更健康"取得显著成效。

(一)市场营销水平不断提升

深入开展品牌调研及专题调研活动,全面了解全市经济发展、消费变化、人口变动、收入增减、客户盈利及消费偏好等趋势,准确把握市场需求变化,全年全市月均销量预测吻合度达到95.39%。加强与各工业企业货源衔接,实现工商信息共享,协同工业企业开展消费需求变化研究,不断提高工商双方对市场需求的把握度和响应能力,全年月均总量订单满足率达到92.74%。完善精准营销,按照"总量控制、稍紧平衡"的调控方针,制定针对性的投放策略,持续优化客户总量限量和单品分类轮次投放,满足客户需求。

(二)大力培育知名品牌

进一步完善品牌引入、退出、评价规则,营造公平、有序、适度的市场竞争环境。建立了"统一目标、统一投放、统一促销、统一进退"的区域联动品牌培育机制,促进片区品牌协调稳定发展;加强与工业在产品研发、新品上市、品牌维护、品牌评价等方面的协同,不断提高双方培育品牌的协作力度;加强对零售终端的宣传、培训及消费引导,充分发挥零售客户品牌宣传、产品推介的终端桥梁作用。同时,利用网络营销服务平台,相继开展"黄鹤楼"、"红塔山"、"双喜"等品牌专题网络营销活动,促进知名品牌成长。

(三)网络营销运行进一步强化

进一步规范网络营销工作流程,不断完善现有功能,加大新模块的推广和应用,有效提升网络营销运行水平。规范操作流程、加强网上品牌培育、畅通网上沟通渠道、完善电子商务功

能。持续完善网上订货、网上配货、网上结算功能,为客户提供更加方便快捷的订货服务。截至年底,全市网上订货客户数达103943户(参与数字电视订货客户1849户),占比达94%,结算成功率达99.12%。与6家卷烟工业企业实现工商网上配货。

(四)客户满意度持续上升

坚持以市场为导向、以客户为中心,在全市行业营造"让客户更满意"的浓厚氛围,行业干部职工服务客户的自觉性和主动性不断增强,客户满意度持续提升。全面取消单品考核。深化"百千万"行动,全面推进"完善分档定量、优化货源投放、规范送货交接、改进货款结算、加强客我互动、整合投诉咨询"等六个关键环节的"客户更满意"活动,客户盈利水平进一步提高、满意度不断上升。经国家烟草专卖局组织调查,客户综合毛利率增加0.5个百分点;全市零售客户满意度得分全国排名上升6位。

(五)卷烟物流运行平稳顺畅

加强基础管理,推进流程优化,提升客户服务水平,丰都、奉节区域配送中心于分别于3月、10月完成了撤并和业务流程调整,保持卷烟物流运行平稳。全市共分拣配送卷烟110万大箱,同比增长3.14%。综合分拣速度223万支/小时,较同期增幅3.57%。直接送货车辆装载率为113.73%,同比增幅3.43%,接力送货车辆装载率92.61%,同比降幅为1.12%。单箱物流费用为200.09元/箱,较去年同期增长0.65%。

重庆民防

重庆市民防办 卢芳

2012年,在市委、市政府、重庆警备区的正确领导和上级人防部门的大力指导下,全市民防系统坚持以科学发展观为统领,深入贯彻落实全国第六次、成都军区第四次人防会议精神,大力推进人防建设融合式发展,整体建设水平有了进一步提高。全市完成民防建设总投资8.5亿元;批建防空地下室完成目标任务的177%;全市人防工程总量增长50%;收取易地建设费完成目标任务的133%;人防工程平战结合开发利用实现产值13亿元,提供就业岗位2.7万个;民防疏散基地安置能力达到100万人;接待纳凉避暑群众153万人次;16万名中学生接受防空知识教育。

一、融合式发展理念不断深入

市政府、重庆警备区在全国率先出台《关于加快推进民防建设融入经济社会发展体系的若干意见》后,成都军区于年初在重庆召开推进人民防空建设融入经济社会发展体系座谈会。一年来,全市30多个区县相继出台了融合式发展实施意见,积极推进民防建设融入公共安全建设、城市建设、城乡统筹发展相关工作。渝中区建立了民防参与城市规划、政府应急管理、安全生产、消防安全监管等方面的协同机制。九龙坡、黔江、合川、永川等地大力推进应急应战指挥平台建设,加强对警报、电台等设施设备的维护管理,为民防资源服务政府应急管理奠定了基础。江北、北碚、南岸、巴南、涪陵、江津等地积极推进镇街建立民防工作站并开展相关工作,为民防工作向基层延伸,融入城乡统筹发展打开了新的局面。

二、指挥通信建设快速推进

一是全市防空袭方案修订基本完成。市级及40个区县级(含经开区)基本方案、行动保障方案均通过评审。二是指挥平台建设加快推进。市民防办与市政府应急办建立了共建共用区县政府应急应战指挥平台的新机制。市政府高度重视,黄奇帆市长、凌月明副市长等四位领导先后作出批示,并将其作为对区县政府应急管理考核的"一票否决"。市政府办公厅下发通知，组织4个督查组分赴各地全力推进。目前，全市38个区县已有13个建成，5个在建，其余预计上半年全面建成，将提前并超额完成"十二五"规划任务。全市约1000个乡镇街道平台工作站建设也已顺利启动。积极推进"物理分散、网络联动分布式人防地下指挥所"建设试点，已初步完成选址工作，正同步进行方案设计。三是通信警报网络进一步完善。短波电台通信实现区县全覆盖，卫星通信覆盖重点城区，新增和维护管理防空警报台，自主研发的人防多维通信指挥调度系统运行良好，获全军科技进步三等奖，全市民防"六网一体"的指挥通信网络基本形成。民防办、渝中区民防办等4个单位被评为全国人防信息化建设先进单位。四是疏散基地建设进展顺利。渝北、江北、江津、綦江、荣昌、垫江、武隆、秀山等地大力开展"百镇千村民防疏散基地"建设，全市新增安置能力50余万人。涪陵区多功能疏散基地即将动工。

三、应急训练力度不断加大

一是加强技能培训。举办卫星、电台、警报等各类指挥通信技术培训班10期，培训技术骨干400余人次。二是强化训练演练。组织市区两级指挥所联动训练150余次，跨省市联动拉练等大型综合训练10余次，共计参训5000余人次。积极参加相关部门组织的应急指挥通信训练，如国家安监总局和市政府组织的事故灾难应急救援综合演习，警备区和通信管理局联合组织的军地应急指挥通信保障演练，应邀参加国家(重庆)陆地搜寻与救护基地落成典礼暨重庆市综合应急救援总队汇报演练。九龙坡、永川和合川区机动指挥车参加渝西地区大面积停电演练，巴南、渝北、大渡口、沙坪坝、南岸区机动指挥车参加"5.12"四川省防灾救灾大演练、抗洪救灾应急演练均得到高度评价，人员和装备的实战能力得到提升，重庆人防的良好形象得到充分展示。三是推进群防组织和社区"两防一体化"建设。万州、渝中、沙坪坝、南岸、九龙坡、长寿、大足、忠县等地积极推进专业队组训工作，黔江、南川、北碚、奉节、秀山、巫溪等地在学校、社区组织防空防灾紧急疏散演练。

四、人防工程建设步伐加快

一是坚持规划先行。《重庆市人防工程建设总体规划2010-2020》基本成型，万州、大渡口、南岸、渝北、长寿、秀山、酉阳等地人防工程建设专项规划正有序进行。二是重点项目稳步推进。502工程五号口部、万州0992、开县开州大道人防工程以及市委市政府连通道改造工程竣工并投入使用，渝中081、北碚玉合山人防工程正进行设备安装和装修施工，北部新区龙头寺、渝兴广场人防工程建设步伐不断加快。三是"结建"工作成效显著。各区县认真贯彻渝办发〔2011〕125号文件精神，进一步规范防空地下室建设和易地建设费征管，基本做到应建必建，应收尽收。北部新区、渝北、万州、涪陵、江津、大足、璧山、丰都等地批建和收费均有较大幅度增长。四是城市重大项目建设兼顾人防要求得到很好落实。轨道交通沿线站点及区间隧道已竣工人防工程面积达105万平方米，防护工程体量显著提高。五是工程质量监管措施有效。制(修)订防空地下室建设两项技术标准，完成工程质量监督管理实施细则，开展全市人防工程建设质量专项检查活动。万州区出台了一系列质量监督制度，涪陵、合川等地已将民防办纳入工程竣工验收成员单位。两江新区、北部新区建立了民防与质检、安监的联动机制。

五、平战结合工作效益显著

一是精心开展纳凉工作，投入1000万元对相关工程升级改造，全年开放纳凉点112个，接待避暑市民153万人次。纳凉工作已成为重庆民防服务民生的典范，得到社会各界高度称赞。中央电视台等全国各大媒体宣传报道280余次，凌月明副市长批示道："百日纳凉"活动得到广大市民的欢迎和称赞，真正办成了"为民办实事"。二是人防工程开发利用力度不断加大。大渡口、沙坪坝、南岸、开县、忠县等地新增近5万平方米的人防地下商场，提供就业岗位2000个；结合住宅小区防空地下室建设，新增停车位7500个，取得良好的社会效益、经济效益。三是突出安全管理。万州、渝中、江北、北碚、南岸、巴南等地加大对防护工程的维护管理和安全检查力度，发现隐患立即整改。九龙坡区政府建立了杨家坪商圈人防地下商场安全联动管理机制，杨家坪地下商场、珊瑚地下商城等工程排危改造有序推进。

六、依法行政水平稳步提高

一是加强政策法规建设。市政府办公厅、重庆警备区司令部出台了推进民防建设军民融合式发展的实施意见，市民防办制定了行政执法相关配套制度，开展了调整易地建设费、损毁人防工程赔偿费标准的调研。将人防利用通信警报、防护工程、疏散基地等资源参与应急管理工作，纳入了《重庆市突发事件应对条例》。二是严格开展行政执法。各区县加大执法检查力度，切实维护政策法规严肃性。市人防监察队全年核查各类建设项目1800多个，追收易地建设费1亿多元。三是争取市人大常委会对区县开展执法调研，极大地提高了各地各部门对民防工作的支持力度。市民防办重点组织了三峡库区民防建设调研活动，为库区区县利用三峡移民后扶政策，加快民防建设奠定了坚实基础。

七、宣传教育工作持续深化

不断巩固初级中学和各级党校宣传教育平台，全市培训中学生16万余名，党政干部7000余名。与重庆大学合作，将民防知识纳入高校《军事理论教程》，重庆各大高校将此课列入学分范围。深入开展民防宣传教育进社区活动，补充完善并向市民派发大量的《民防应急手册》、《关注民防、防空防灾、平安生活》宣传报。各区县充分利用防灾减灾日、警报试鸣日、法治政府宣传月等活动，通过电视广播、媒体专栏、手机短信、广场宣传、防空防灾演练、"百日纳凉送爽"活动等形式，广泛开展宣传教育，参加的学生、市民达100万余人次。市民防宣教中心被评为重庆市科普基地，接待各大单位近700批次，20多万市民参观，成为我市普及防空防灾知识的重要窗口。

重庆物价

重庆市物价局　高　霞

一、2012年重庆市价格运行情况

（一）价运总体情况

2012年，重庆市居民消费价格运行保持良好运行态势，CPI同比上涨2.6%，低于全年价格调控预期目标1.4个百分点，涨幅排序居全国31个省(区、市)第21位，居西部12个省(区、市)第10位，在全国处于中下水平。

（二）居民消费价格运行特点

1.价格涨幅高位回落。居民消费价格涨幅总体保持上年四季度以来逐月回落的良好态势，同比涨幅较上年收窄2.7个百分点。

表1　2012年居民消费价格运行情况表

月度	1月	2月	3月	4月	5月	6月	7月	8月	9月	10月	11月	12月
环比	100.9	99.6	99.9	100.1	100.1	99.5	99.9	100.6	100.8	100.1	99.9	100.6
同比	105.0	103.6	103.6	103.8	103.3	102.2	101.6	101.3	101.5	101.6	101.6	102.0
累计	105.0	104.3	104.1	104.0	103.9	103.6	103.3	103.0	102.9	102.7	102.6	102.6

2.八大类商品价格“七涨一降”。烟酒及用品、食品、居住、衣着、医疗保健和个人用品、娱乐教育文化用品及服务、家庭设备用品及维修服务价格同比分别上涨7.1%、4.7%、2.5%、2.2%、1.9%、0.9%、0.9%,交通和通讯价格同比下降1.7%。烟酒及用品价格月度同比涨幅持续在八大类商品中居首;食品价格涨幅明显回落,同比涨幅较上年缩小9.4个百分点,月度同比涨幅由1月11.3%震荡回落至12月2.3%,其中10月同比涨幅0.6%,创近33个月以来的新低。食品价格涨幅的回落是CPI涨势趋缓的主要成因,但受权重影响,仍是2012年物价上升的主推力,占CPI总涨幅的57%。

3.食品价格涨跌互现。一是粮油价格高位趋稳。粮食和食用油价格同比分别上涨7.7%和6.0%,涨幅较上年同期分别收窄7.7和10个百分点。二是蔬菜价格同比上涨13.2%,是食品类价格上涨的“领头羊”。受季节性消费需求以及暴雨、干旱、低温等极端气候影响,市场蔬菜价格尤其是叶类蔬菜价格波动幅度较大。其中,3月、8月和12月环比涨幅均高达8%左右;5月同比涨幅高达47.2%,创2010年以来新高。三是猪肉价格持续走低,成为食品价格涨幅趋缓的重要因素。受市场周期性波动影响,猪肉价格同比下跌6.9%,较上年涨幅回落47.1个百分点,但是,自7月起猪肉价格触底回升的迹象较明显。

4.翘尾因素大于新涨价因素的影响。翘尾因素和新涨价因素分别拉动CPI上涨1.83和0.77个百分点,上年价格上涨对2012年的翘尾影响较大,占总涨幅的70.3%。

二、2012年重庆市价格工作概况

(一)加强价格调控监管

一是强化通胀预期管理。市政府办公厅印发全市价格工作要点,并将任务分解到区县政府和市级部门,增强了价格调控力度;密切关注重要商品价格动态,充分发挥价格监测预警效用,及时提出价格调控政策建议;建立区县蔬菜价格涨幅排序通报制度,对部分区县通胀预期管理开展督查工作,促进了各项保供稳价措施的全面落实。二是完善支农扶农价格支持政策。积极引导粮食价格合理上升,烤烟收购价格平均上调20%,蚕茧收购继续实施最低收购价格保护政策。三是进一步降低农副产品流通费用。对政府投资建设的农产品市场摊位费实行政府指导价格管理,对未纳入政府指导价格管理范围且摊位费标准过高的,及时引导主办者降低摊位费标准;降低动物及动物产品检疫收费标准;会同相关部门开展零售商向供应商违规收费行为专项检查,有效降低了鲜活农副产品由田间地头到餐桌的流转费用。

(二)不失时机推进价格改革

自7月1日起顺利实施居民生活用电试行阶梯电价改革,第一档月用电量200千瓦时(含)以内,维持原电价标准0.52元/千瓦时;第二档月用电量201-400千瓦时(含),每千瓦时提高0.05元;第三档月用电量在401千瓦时(含)以上,每千瓦时提高0.30元。进一步完善垃圾焚烧发电价格鼓励政策。对居民生活用气和化肥生产用气以外的外购天然气实施临时顺价和天然气综合门站价格结算政策,积极协调工业园区天然气管输价格矛盾,充分利用物价逐步回落的有利时机,完成2010年遗留的天然气销售价格矛盾的疏导工作,促进了供用气企业协同发展。下放农村交通客运票价管理权限,增强了区县政府管理本行政区域内交通客运价格的自主权和灵活性。按照油运联动机制,适度下调公路旅客运输燃油附加标准。有序推进医药价格改革。优化医药价格政策,助推重庆医药产业发展;二级公立医院全面试行五个单病种按病种收费的定价方式改革,区县级改革试点公立医院全面取消药品加成政策,并统一了医疗收费项目价格调整幅度。

(三)优化价费政策环境

围绕扩内需保增长,进一步取消15项行政事业性收费项目,免征小微企业13种行政事业性收费,免征和取消进出口环节行政事业性收费项目各1项，减少气象部门经营服务性收费31项。全面落实重大节假日小型客车免收车辆通行费优惠措施，中秋、国庆节前降低市内5个景区旅游门票价格。实施电煤临时价格干预措施，全面清理涉煤基金和收费，自7月1日起暂停征收煤炭价格调节基金。

（四）改善民生价格管理

降低偏高的药品价格，平均降幅17%；完善药品交易所基本药物交易目录，促进临床常用低廉价及短缺药品的生产供应；启动涉及11大类9360项医疗项目成本费用测算及价格制定工作。进一步完善学前教育收费管理长效机制。加强保障性住房价格管理，严格审批经济适用住房销售价格、公租房租金标准。加强殡葬收费管理，将7项基本服务项目纳入政府定价、政府指导价管理，对主要殡葬用品实行进销差率管理。出台低保户、五保户家庭及福利院等弱势群体和公益机构电信资费优惠措施，减轻低收入家庭和社会公益机构负担。

（五）加强价格监督检查

深入开展专项检查，重点整治涉农、涉企、教育、医药、电信、零售商业等价格违规违法行为。及时纠正冰糕批发行业协会、部分驾校和代驾联盟涉嫌串通涨价等不正当价格行为。认真处理价格举报投诉，及时化解价格矛盾和纠纷。全年共查处价格违法案件657件，实施经济制裁3478万元，其中退还消费者481万元。受理价格咨询举报31566件，办结31474件。

（六）积极推进价格工作基础

2012年度市物价局依法行政目标考核工作中被评为全市先进单位。价格立法工作有序推进，制定实施《重庆市殡葬收费管理暂行办法》、《重庆市涉税财物价格认定管理办法》、《重庆市政府制定价格听证办法实施细则》和《重庆市价格听证目录》。成本调查和监审工作扎实开展，圆满完成中籼稻、烤烟、生猪成本直报以及农户存粮、农资购买和种植意向专项调查等12项农产品调查工作任务；启动北碚花木、云阳山羊、秀山土鸡、石柱辣椒、城口山地鸡等5个特色农业成本及收益调查，服务于“三农”发展；顺利完成居民生活用电、主城区出租汽车、药品、食盐、物业服务等成本监审工作，全市共开展成本监审项目69个，核减不合理成本金额近45亿元。价格鉴证工作成效突出，全市共受理价格鉴定、认证案件近3.3万件，鉴定总额达65亿元，价格认证社会影响力和公信度进一步提升。

三、2013年价格工作思路

2013年价格工作总体思路是：深入学习和全面贯彻落实党的十八大、中央经济工作会议及市第四次党代会精神，坚持以邓小平理论、“三个代表”重要思想、科学发展观为指导，紧紧围绕“科学发展 富民兴渝”总任务和“一统三化两转变”战略部署，牢牢把握主题主线，稳中求进，开拓创新，以提高经济增长质量和效益为中心，以保持价格总水平基本稳定为首要任务，以推进资源性产品价格市场化改革作为主攻方向，以保障改善民生作为出发点和落脚点，为全市经济持续健康发展和社会和谐稳定营造良好的价格环境。

（一）着力稳定物价，确保实现全年价格预期调控目标

围绕市政府确定的2013年价格总水平预期调控目标控制在3.5%左右，重点做好以下工作：一是强化市场价格监测预警。继续实施区县蔬菜价格涨幅月度通报制度；积极推进《重庆市价格监测办法》立法，并以此为契机进一步完善价格监测体系，加大价格监测工作力度。二是抓好重要商品价格调控。继续实施调动农民种养殖积极性、巩固农业生产好形势的价格支持政策；修改完善生猪市场价格调控机制；配合相关部门做好以生产基地建设、政策性保险、储备吞吐、农超对接、平价商店、信息引导为重点，构建稳定蔬菜价格的长效机制，切实防止物资短缺或过剩引发价格异动。三是全面落实国务院降低流通费用的价格政策措施。继续对农产品生产流通实施水、电、气价格优惠政策；切实规范农产品市场收费行为，降低过高的摊位费标准，

逐步推行明码标价制度。

(二)深化价格改革,积极引导资源优化配置

——资源性产品价格改革。一是根据国家发改委的总体部署,及时完善天然气价格政策。二是落实好国家进一步完善水电价格形成机制,调整销售电价分类结构,完善峰谷分时电价政策。三是及时贯彻落实国家新的成品油价格形成机制改革措施。四是逐步完善水资源费征收管理,加快水利工程原水价格及城镇自来水价格改革进程。

——医药价格改革。总结评估区县公立医院医药价格改

革经验,及时解决改革过程中出现的问题;积极配合扩大公立医院改革试点范围的工作,及时跟进医药价格改革政策措施;适时扩大按病种收费方式改革试点范围;加强医用耗材、医疗器械价格的管理;抓好医疗服务项目价格整体平移工作。

——疏导价格矛盾。择机疏导主城区出租汽车、有线电视、物业服务、停车场服务、生猪屠宰等长期积累的价费矛盾。

(三)完善保障民生基本需要的价格政策

一是继续完善居民生活阶梯电价制度,研究探索居民生活用气、用水阶梯价格制度改革。二是加强教育收费分类监管,规范教育收费行为,落实好国家和重庆市关于中等职业技术学校免收学费的优惠政策。三是规范殡葬服务收费行为,取消不合理收费项目、降低偏高的收费标准。四是进一步强化医疗、保障性住房、旅游、基本银行服务等民生价格管理,保障群众基本需要。

(四)强化价格监管,积极为经济社会发展打造良好的价格秩序

一是督促落实好各项行政事业性清费减负政策,完善农业、职业技能鉴定等经营服务性收费管理,规范公证服务等收费。二是深入开展交通运输、涉企、涉农、教育、医药、旅游等价费专项整治。三是加大市场价格行为规范力度,强化反价格垄断执法,保持对价格垄断、哄抬价格、囤积居奇、串通涨价、捏造散布涨价信息的高压态势,维护市场价格秩序。四是积极推进反价格垄断执法机构建设,有效整合价格监督检查和反价格垄断执法力量。

(五)夯实价格工作基础,切实转变工作职能

一是积极推进价格立法。按照推进政府职能转变的要求,以《重庆市定价目录》的修订为契机,进一步厘清政府与市场的边界。力争修订出台《重庆市物业服务收费管理办法》和《重庆市公共停车服务收费管理办法》,争取《重庆市政府制定价格成本监审办法》列入 2013 年市政府立法计划项目。二是强化农本调查和成本监审。进一步做好农本调查基础性工作,不断拓展特色农业成本及效益调查范围;扎实开展定调价成本监审,并积极推进定期成本监审工作制度化、常态化。三是拓展价格认证工作新领域。拓展涉税、国有资产评估工作,争取农村“三权”抵押价格评估工作取得新突破。继续推进价格认证系统规范化建设。四是加强调查和理论研究。加强针对性调研,增强价格调控和改革的前瞻性、主动性、科学性。

重庆口岸

重庆市人民政府口岸管理办公室 邓诗

一、2012 年发展回顾

2012 年,重庆市口岸经济大幅增长,各项指标创历史新高,特别是航空口岸国际(地区)航班量、旅客量、货邮量、保税航油量 4 项指标均增长 100%以上,充分反映了内陆开放高地建设可喜势态。铁路口岸外贸集装箱量同比增长 342%,充分彰显出“渝新欧”国际贸易大通道的

蓬勃生机与活力。重庆口岸呈现4个基本特点：大通关机制基本建立，重庆成为内陆重要口岸城市；大通道体系基本构建，重庆成为西部大开放桥头堡；大外贸格局基本形成，重庆成为重要加工贸易城市；大服务体制基本建立，口岸统筹服务走出新的路子。

(一)口岸经济运行情况

2012年，重庆口岸国际(地区)航线、旅客量、货邮量、保税航油量、铁路集装箱运量5项指标同比翻番，提前3年并且超额50%以上完成"十二五"规划的预定目标。

1.航空口岸：共有国际(地区)客货运航线34条（其中客运16条、货运18条）；出入境航班8824架次，同比增长91%；国际旅客量93.6万人次，同比增长99%；国际货邮量15万吨(含保税航油量6.4万吨)，同比增长1.5倍。

2012年，重庆航空口岸新开国际航线7条，其中新开客运航线2条(赫尔辛基、曼谷)，货运航线5条(法兰克福、莫斯科、卢森堡、新加坡、芝加哥)，国际客货运航线总量达到34条。其中，多哈、赫尔辛基、马尔代夫、阿姆斯特丹、卢森堡、莫斯科等为远程客货运航线。

2012年重庆江北机场旅客吞吐量首次突破2000万人次，达到2205.7万人次，同比增长15.77%；客货运航线通航点达到121个，其中客运通航国内城市88个、国际城市10个、港澳台城市5个，货运通航国际、国内城市18个。

2.铁路口岸：共运输外贸出口货物18万吨，同比增长55.1%；集装箱1.8万标箱，同比增长342%。开行渝新欧班列41趟，发送集装箱3580标箱；开行渝深铁海联运班列156趟，发送集装箱14374标箱。

3.水运口岸：共运输外贸进出口货物903万吨，同比增长18.2%(其中出口389.6万吨，同比增长67%；进口513.5万吨，同比增长1%)。集装箱45.1万标箱，同比增长22%(其中进口集装箱完成19.4万标箱，同比增长24.4%；出口集装箱完成24.7万标箱，同比增长21.8%)。

2012年12月17日，国家质量监督检验检疫总局批准重庆两路寸滩保税港设立进口肉类指定口岸，重庆成为内陆第一个获得进境肉类指定口岸功能的城市。目前，重庆正积极开展汽车整车、固体废物、水果花卉指定口岸申报工作。

2012年，两路寸滩保税港区水港功能区外贸集装箱吞吐量32.4万标箱，同比增长7.3%，占全市水运外贸集装箱的72%；出口19.1万标箱，同比增长7.3%；进口13.3万标箱，同比增长7.3%。

(二)口岸监管与服务

1.口岸基础设施建设：茄子溪水运口岸完成6000平方米的联检大楼建设；江北国际机场航空口岸17000平方米的联检大楼封顶；团结村铁路口岸9105平方米的联检大楼完成装修验收。

2.电子口岸建设：2012年8月9日，重庆市机构编制委员会批准重庆市人民政府口岸管理办公室设立重庆电子口岸中心。10月12日，重庆市政府成立电子口岸建设领导小组，印发了《"十二五"期间重庆电子口岸建设的若干意见》。重庆电子口岸建设的总体目标是：以"大通关"为主攻方向，以物联网、云计算等新技术运用为支撑，通过3年时间，建成具有内陆特色的电子口岸统一平台，并实现一次录入、分别申报，联网核查、有效监管，动态查询、全程跟踪，基本实现网络化协同口岸监管模式，基本形成"大通关"一站式服务体系，基本形成与电子口岸发展相适应的技术支撑系统。

3."渝新欧"铁路大通道："渝新欧"国际铁路物流大通道是我国对欧贸易的重要战略通道。全程总长11197公里，东起重庆(渝)铁路集装箱中心站，经四川、陕西、甘肃、新疆阿拉山口边境口岸，进入哈萨克斯坦、俄罗斯、白俄罗斯和波兰，最终抵达德国杜伊斯堡，全程运行时间16天左右。2012年7月，重庆市启动了重庆铁路口岸开放申报工作，拟向国家申报"渝新欧"国际货运直通口岸；同年11月，团结村铁路口岸联检大楼建设完成，并全面进入装修阶段。

二、2013年发展目标

2013年市政府口岸办将紧紧围绕市委、市政府工作中心,努力开创口岸工作的新局面,充分发挥口岸在对外开放中的特殊功能和作用,助推内陆开放高地全面建成。全年力争航空口岸新开欧美航线,实现国际旅客140万人次,同比增长60%,国际货邮15万吨,同比增长50%;水运口岸实现外贸集装箱50万标箱和外贸货物吞吐量1000万吨,同比分别增长16%和25%;铁路口岸实现外贸集装箱3万标箱和外贸货物吞吐量30万吨,同比分别增长15%和20%;电子口岸实体平台基本建成,实现主城口岸之间信息互连互通,保税港区与口岸之间全面联网。

(一)以欧、美、澳国家为重点,拓展我市远程国际航线

下一步的重点是开通美国和澳大利亚的直航。特别是要加强与国外航空公司的沟通联系,争取国家民航总局的支持,尽早实现直航美国的目标。

(二)以建设"渝新欧"大通道为契机,申报"渝新欧"国际货运直通口岸对外开放

积极争取国家口岸办和海关总署的支持,争取2013年正式开放"渝新欧"国际货运直通口岸。积极申报汽车整车等特殊商品经重庆铁路口岸进出,拓展回程货源。服务"渝新欧"铁路班列全年常态化运行,为中欧贸易架起新的桥梁。

(三)以提高口岸信息化为目标,加快建成重庆电子口岸

完成重庆电子口岸平台建设总体架构、业务模式、技术支撑和投资策略等规划论证;完成硬件网络设备与基础软件购置及安装调试;整合原EDI中心和保税港区信息系统;开发并上线运行一批应用项目。

(四)以扩大功能为依托,集聚货源构建水运货物集散中心

进一步完善水运口岸功能,积极开展进境种苗、水果、冻产品等特殊货物指定口岸的调研论证工作,逐步完善我市水运口岸功能。服务重庆又服务周边地区对特殊货物进出口的口岸功能需求,使重庆成为特殊货物口岸集散地;充分发挥长江黄金水道优势,提高寸滩港等外贸港口、码头的货物集散功能,凸显口岸优势及保税港区政策优势,吸引周边更多货物通过重庆水运口岸进出;积极研究构建水运口岸货物集散中心,为周边省市散货在水港拼箱、上游集装箱在重庆港中转等提供高效便利的条件,做大做强重庆口岸物流;推进万州、涪陵等港口扩大口岸开放。

(五)以航空口岸大楼投用运行为标志,推进口岸基础设施建设

完成航空口岸大楼装修,组织联检单位现场工作机构搬入口岸大楼办公。协调机场集团完成国际联检厅的改造工程,为国际航班运行、国际旅客和货物提供高效便捷的通关保障。完成铁路口岸联检大楼装修工作,完成中铁联集重庆中心站监管场所扩建工程,为申报"渝新欧"铁路班列直通口岸打下良好的基础。

(六)以建设高素质队伍为目标,加强口岸文明共建活动

加强人才培养,搞好"传帮带",培养口岸工作新生力量。加强理论学习和实际工作能力培养,提高独立分析和处理问题能力。加强口岸政策法规学习,熟练掌握国家有关口岸建设管理的政策、法规,提高协调服务能力和水平。提高执行能力,把各项工作落到实处。切实抓好基层党建工作,坚定理想信念,坚持"创先争优"常态化。加强廉政建设,带好管好干部职工。通过多种形式开展口岸文明共建,激发口岸单位干部职工的工作热情,营造和谐的工作环境。

第五编

产业状况

第一产业

农村经济发展

重庆市农业委员会 罗祖斌

一、2012年工作回顾

2012年，全市农业农村工作认真贯彻中央农村工作会和市第四次党代会精神，坚持稳中求进的总基调，按照“强科技保发展，强生产保供给，强民生保稳定”的总体要求，克服多重不利因素影响，保持了农业提质增效、农民稳定增收、农村和谐发展的良好势头。全年完成农业总产值1402.03亿元，增长10.8%；完成农业增加值940.01亿元，同比增长5.3%；实现农民人均纯收入7383元，同比增长13.9%。

一是粮食生产实现稳中有增。面对较重的早春局部旱情、春播低温少雨、重大病虫害和洪涝等灾害，采取有效措施，扎实开展“大春田管攻坚”、“虫口夺粮”和“晚秋保粮增效”三大行动，全市粮食总产量达1138.5万吨，同比增长1.0%，连续五年稳定在1100万吨以上；油料产量50.1万吨，增长7.7%，实现六连增。

二是主要农产品供给有效保障。针对农产品价格波动的不利影响，加大畜禽良种补贴、规模化基地建设、农业保险、贷款贴息、价格补贴等政策扶持，切实稳定重点农产品生产。畜牧业生产稳定增长，全年生猪出栏2050.8万头、肉牛54.4万头、山羊212.4万只、家禽2.23亿只，分别增长1.48%、5.94%、4.8%、6.51%。肉类总产量达到201.2万吨，增长2.5%。蔬菜生产持续发展，蔬菜产量1509.34万吨，增长7.2%，基本实现产销平衡。现代渔业加快发展，三峡生态渔场建设取得明显成效，水产品产量达到36.13万吨，增长12.7%。水果产量达到316万吨，其中柑橘产量203万吨、增长10%。农产品较大幅度增产，对丰富市场供应，稳定价格水平，促进农民增收作出了贡献。

三是农业发展条件不断改善。农机化水平不断提高，推广各型补贴机具22万台(套)，耕种收综合机械化率达到33%。农业信息化建设成效明显，国家“金农”工程一期项目任务基本完成。绿色生产、清洁生产积极推进，累计建设户用沼气155万户、占全市适宜农户的51.4%。农村面源污染防治力度加大，建成部市级农村清洁工程示范村75个、农村环境连片综合整治示范村219个。农业科技促进作用明显加快，共组织10万科技人才支农兴农，实施阳光工程培训、领头雁培训、效益农业培训18余万人次，兴办“农民田间学校”100所，促进了农业提质增效。

四是农村改革深入推进。农村“三权”抵押融资达到314亿元，全面完成涉农区县农村“三资”清理。农民合作社达到16000个，其中股份制合作社1090个，农民参合率达37.2%。生猪、奶牛、柑橘等13个品种纳入政策性农业保险范畴，农业保险总规模达到40亿元。农业开放合作及促销贸易取得明显成效，农产品进出口总额突破10亿美元，对外出口4.2亿美元。

五是农产品质量安全持续向好。扎实推进蔬菜、生猪、乳业等主要农产品安全产业链建设，逐步推行从田间到市场、到餐桌的全产业链监管。加强农产品质量安全专项整治，推进标准化生产示范创建。完善安全监管体系，所有涉农乡镇均建立了农产品质量安全监管站。加大检验检测，畜禽产品、地产水产品抽检全部合格，蔬菜抽检合格率97.6%。切实加强动物疫病防控，免疫密度100%，未发生重大动物疫情和农产品质量安全事件。实施“三品一标”品牌提升行动,新认定“三品一标”263 个、名牌农产品 59 个。

二、发展中存在的问题

一是城乡差距不小。全市农村面积和人口分别是京津沪总和的 2 倍和 2.7 倍。有扶贫任务的区县 33 个,重点贫困区县 18 个,城乡居民收入差距达 3.12:1,要推进农村全面小康、实现农民收入倍增,任务非常艰巨。二是基础保障不强。全市山区深丘占 75%, 平坝仅 7%。人均耕地仅 1.17 亩,人均旱涝保收面积不到 0.2 亩,70%以上为中低产田土,有效灌面积不足 30%,抵御自然灾害的能力不强。三是科技贡献能力不足。农业科技含量低,新品种、新技术创新研发不多;现代农业科技推广普及不足, 且与农民需求脱节,土地产出率、资源利用率和劳动生产率仍然较低,农业在一定程度上仍然是“靠天吃饭”。四是农村劳动力结构不合理。由于大量农村青壮年劳动力外出务工或经商,农村务农劳动力数量少而且结构不合理。目前直接从事农业生产的农民,50 岁以上的占 36%, 初中以下文化程度的占 79%,较大程度上影响了农业生产。五是农业产业化水平不高。农业特色不突出,传统粮猪型农业仍占主导地位,土地产出平均每亩仅为 2500 元,农产品商品率仅为 62%,农业组织化程度较低。产业化水平低,龙头企业带动农户仅占总农户的 40%左右,部分企业与农民还是简单的买卖关系。农民专业合作社作用发挥不太理想,大部分农户基本没有市场“话语权”。六是支撑增收的新增点不明显。受宏观经济形势干扰,农民收入在高基数上实现高增长的难度有所加大。今年以来,我市一些大宗农产品出现产量增但价格下滑的不利态势。特别是生猪价格持续低迷,回升缓慢,带动畜牧业涨幅整体回落。农业生产成本的普遍增加在一定程度上抵消了粮食、蔬菜价格上涨和政策激励的正面效应。

三、2013 年发展目标

2013 年农业工作的思路是, 全面贯彻党的十八大和中央农村工作会议、全国农业工作会议精神,围绕“保供增收惠民生、改革创新添活力”的目标,坚持“以农民为本”的原则,突出特色效益农业、新型经营体系、农村改革创新“三项重点”,强化科技、基础、市场、信息、人才“五大支撑”,进一步拓宽增收渠道,努力开创农业农村经济发展新局面。力争农业总产值比上年增长 10%左右,农业增加值增长 5%以上,农民人均可支配收入增长 14%,粮食稳定在 1100 万吨以上,特色产业发展质量和效益明显提升,农业现代化建设迈出坚实步伐。

农业机械化

重庆市农委农机综合处 傅锐

一、2012 年发展回顾

全年市级以上财政落实补贴资金 2.58 亿元(中央 2.43 亿、市级 0.15 亿),推广各类补贴机具 22 万台(套),耕种收综合机械化水平 33%,比上年提高 3 个百分点。农机总动力 1160 万千瓦,比上年增长 2%;耕种收机械化作业总面积 3350 万亩, 机收粮食 185 万吨, 为农民节本增收 9.3 亿元。组建农机专业合作社 730 个,基本覆盖全市所有涉农乡镇。全市农机企业 200 余家,规模以上企业 40 家, 行业年产值稳定在百亿元以上,微耕机年产销量稳定在百万台以上,小型农机生产销售保持全国领先地位。

一是认真组织实施农机购置补贴政策。确定 2012 年为我市实施农机购置补贴政策监管年,全面开展农机购置补贴工作绩效考核评价。研究制定《重庆市 2012 年农机购置补贴组织实施方案》,首次圆满成功制定出台 2012 年度农机购置补贴产品分类分档定额一览表，安排落实市级农机补贴专项工作经费380万元，各区县配套相应工作经费170万元。

二是推进农机服务体系建设。研究制定了《重庆市农业机械推广鉴定细则》、《重庆市农机购置补贴工作绩效评价暂行办法》、《重庆农业机械购置补贴实施办法》等系列制度规范，不断完善健全农机化制度保障体系。市级专项投入500万元资金，全市新建32个农机专业合作社，累计建成农机专业合作社705个，入社农民成员7.94万人，不断加强农机社会化服务体系建设。

三是全面加快水稻生产全程机械化进程。在西部地区率先开展水稻机插秧作业补贴试点，全市共新建40万亩水稻育插秧核心示范片，其中优选了19个水稻主产县，开展作业补贴试点，试点任务面积21.5万亩，每亩补助30元，辐射带动全市完成机插秧面积180万亩。

四是积极开展机械化作业。抓好春耕备耕，投入春耕生产农机具56万台(套)，落实水稻机插秧育秧盘285万张，实施秧盘补贴71.2万元。搞好水稻机收，"三夏"期间，共组织11000多台联合收割机参加全市机收作业，认真开展机收组织协调、机具调度、技术培训、供求信息等工作，确保机收水稻"颗粒归仓"。做好抗灾救灾，全年投入抗旱机具58万台(套)，抗旱浇地面积620万亩，保障70万人的人畜饮水。

二、发展中存在的问题

一是就全国而言，全市农机化水平仍然较低，亟待加速提高；二是各地农机化区域发展不平衡仍然突出，亟待同步协调；三是农机社会化服务基础仍然薄弱，亟待提升集约化、专业化、组织化、社会化服务水平；四是科技创新能力仍然不强，亟待解决丘陵山区适地适农机具有效供给的问题。

三、2013年发展目标

全年计划推广补贴农机具22万台（套)以上；完成机械化耕作面积2800万亩以上，新建水稻机插秧核心示范片30万亩以上，示范带动机插秧面积180万亩以上，水稻机收面积370万亩以上；特色经济作物、畜禽水产养殖、农产品初加工、设施农业等产业机械化有新突破新拓展；农机安全生产事故严格控制在市政府考核指标以内；耕种收综合机械化水平同比提高3个百分点以上，全市农机化整体水平由初级阶段向中级阶段大步迈进。

农村扶贫开发

重庆市扶贫开发办公室 颜彦

2012年，重庆市坚持以武陵山、秦巴山片区为主战场，以减少贫困人口和增加贫困农民收入为主攻方向，以整村扶贫、产业扶贫和统筹城乡扶贫为工作重点，加大投入，创新机制，狠抓落实，全面超额完成了年度目标任务。全年减少贫困人口30万人，扶贫开发工作重点区县农民人均纯收入可增加716元，达到6000元；完成扶贫和生态移民12万人，新建及改扩建村社公路5892公里，解决31万人安全饮水，完成劳动力创业就业和实用技术培训11.5万人，较好地促进贫困农村经济建设和社会事业协调发展。我市获国务院扶贫开发领导小组工作考核一等奖，并连续4年获全国财政扶贫资金绩效考核A级评定，获全国扶贫系统统计监测特等奖。办机关获"重庆市文明单位" 和"阳光重庆"节目十佳优秀单位。

一、扶贫投入 2012年，重庆市市级扶贫资金投入总额达到81.8亿元，其中，财政专项扶贫资金23亿元，比上年增长63%；安排信贷扶贫资金21亿元；社会帮扶资金37.8亿元，比上年净增11.8亿元,增幅45%,连续3年超过财政扶贫资金。同时,市级涉农部门投入贫困区县财政资金103亿元,比上年增加26%;人民银行在武陵山、秦巴山12个片区区县安排信贷资金719亿元,比上年增加41%。

二、集中连片特困地区扶贫攻坚 2012年,重庆市编制出台了《重庆市(武陵山片区、秦巴山片区)农村扶贫开发规划(2011-2020年)》,片区内12区县编制完成了相关规划。片区区县规划了1-2个小片区,每个小片区投入市级以上财政扶贫资金1200万元左右,整合部门行业资金3亿元。全年下达片区内财政扶贫专项资金12.9亿元,涉及900个贫困村近万个项目,因地制宜推进水、电、路、气、房、环境改善"六到农家"。

三、整村扶贫 2012年,重庆市按照"七有四通三解决"的整村扶贫标准,对2010年实施的450个贫困村进行验收,这些村实施扶贫项目4100余个,村均投入950万元,整合投入18.4亿元。同时,投入财政专项资金4.5亿元,整合资金45亿元,新启动450个贫困村,贫困村项目实施推进顺利、进展良好。全年安排专项扶贫资金4200万元,新启动160个贫困村的互助资金试点,全市试点村达到1313个,为贫困户发展特色效益农业提供资金支持。

四、产业扶贫 2012年,重庆市安排产业发展专项资金1.5亿元,支持每个重点区县发展1-2个扶贫骨干产业,投入4200万元产业示范带建设资金,支持重点区县发展1-2个扶贫骨干产业。在丰都县成功举办"中国产业扶贫·肉牛发展峰会",大力推广"丰都肉牛"扶贫模式。开展旅游扶贫招商活动,签约40亿,到位5亿。安排专项资金8000万元,整合资金5个亿,支持21个区县77个村发展旅游扶贫。全年贫困村新发展农家乐6000多户,共接待游客450余万人次,同比增长1.9倍,参与农户户均增收2万余元。

五、移民转户 2012年,重庆市安排财政扶贫资金2.7亿元,积极稳妥推进扶贫和生态移民,全年完成扶贫和生态移民搬迁22万人和2.3万扶贫人口转移进城就业。完成各类培训近11.5万人,其中雨露技工培训4500人,实用技术培训6.8万人,扶贫创业培训1.7万人,实现5000多人成功创业。创新雨露计划"职教扶贫"项目工程,支持2万多名贫困学生读中、高职;实施"雨露工程"大学生资助项目,为5000名贫困大学生每人补助3000元生活费;探索了"微企扶贫"路子,全面推进100个大学生村官创业项目。

六、社会扶贫 2012年,重庆市举办"渝鲁东西扶贫协作暨签约"活动,签订合作项目67个,签约资金达270亿元,到位资金16.8亿元。山东14个市对口帮扶我市14个国家重点贫困县,援助资金4250万元,支持项目85个。18个扶贫集团对口支援贫困区县资金达9.6亿元,"一圈"支持"两翼"资金近5亿元。开展"1017"系列活动,表彰重庆十大扶贫人物,向社会各届募集"雨露工程"和老区建设捐款2853万元。争取到国家开发银行定点帮扶黔江、秀山,包商银行定点帮扶彭水,实现中央国家机关等单位定点帮扶全覆盖,全年定点帮扶资金7.8亿元。世行五期扶贫项目强力推进,落实项目配套资金4500多万元。

七、扶贫资金监管 2012年,重庆对全市32个使用了财政扶贫资金的区县逐一开展督察,并认真组织开展自查自纠。表彰了贫困村优秀义务监督员,配合审计部门完成了全市扶贫资金审计。结合扶贫工作实际,细化量化了党风廉政建设和反腐败工作任务,签订了《党风廉政建设目标责任书》,形成了"一岗双责"工作格局。全面建立和推行廉政风险防控机制,组织党员干部认真查找部门和个人在工作中的廉政风险点,将防控责任分解落实到各项工作、各个环节的每一个相关人员,做到全员防控、全过程防控,塑造了扶贫部门"高效、廉洁、勤政、务实"的良好形象。

八、扶贫机制创新 2012年,结合重庆实际调整了扶贫开发工作目标,建立了全市相对扶贫标准与国家扶贫标准的有效衔接机制,研究制定了《重庆市财政扶贫专项资金管理实施办法》，调整充实了扶贫开发领导小组成员单位，出台了旅游扶贫、扶贫资金项目竞争入围办法和区县扶贫开发工作综合考核办法，扶贫开发机制得到了进一步完善。

农业综合开发

重庆市农业综合开发办公室　陈 科

一、2012年发展回顾

2012年，重庆市农业综合开发紧紧围绕全市经济社会发展大局，认真落实《重庆市"十二五"农业综合开发专项规划》，按照将重庆市农业综合开发项目区打造成为"全国山地农业综合开发示范区、西部现代农业发展先行区"的工作目标，大力实施农业综合开发，走现代农业综合开发之路。坚持发挥农业综合开发优势，努力为全市保障粮食安全、农副产品基本供给、发展特色效益农业和推进农业现代化贡献力量。全年农业综合开发投入财政资金9亿元，同比增长16.33%，其中中央财政资金5.79亿元，同比增长16.55%。全年立项实施土地治理项目87个，治理面积66.3万亩，其中建设高标准农田18.87万亩；立项实施产业化经营项目140个；集中使用科技推广费项目48个，部门项目62个。

（一）夯实农业农村基础设施

2012年，全市农业综合开发土地治理项目投入财政资金65929万元，改造治理土地面积66.3万亩。其中，投入财政资金26210万元，改造中低产田30.01万亩；投入财政资金16355万元，完成生态综合治理17.42万亩；投入财政资金22664万元，建设高标准农田18.87万亩；投入财政资金700万元，对因自然灾害造成的损毁工程进行了修复。积极配合打造重庆市现代农业综合示范工程，进一步改善了农业生产条件和农村生态环境，切实提高了农业综合生产能力，特别是粮食生产能力，保障了全市主要农产品持续稳定供给、优质安全供给，有力推进了农业增效，农民增收。全市农业综合开发土地治理项目区年可新增灌溉面积13.99万亩，改善灌溉面积15.3万亩，新增粮食生产能力6145万公斤，新增种植业总产值7.26亿元，项目区农民收入增加总额2.66亿元。

（二）打造优势特色产业基地

围绕全市确定的11个重点产业发展布局，发挥农业综合开发在基地建设的优势作用，将基地建设与产业发展相结合，在全市配套建设了粮油基地20万亩，柑橘基地4万亩，蔬菜基地5万亩，茶叶、猕猴桃、中药材等其他特色产业基地10万亩，为打造三峡库区柑橘品牌、保障全市"菜篮子"、支持区县特色产业发展发挥了重要作用。

（三）扶持龙头企业和专业合作社

2012年，全市农业综合开产业化经营项目以壮大龙头企业和农民专业合作社、促进农民持续增收为目标，投入财政资金8556万元，实施产业化经营项目140个，其中，财政补助项目74个，补助资金4320万元；贴息项目66个，贴息资金4236万元。逐渐加大农民专业合作社的扶持力度，财政补助项目中专业合作社项目达58个，占补助项目的78%。龙头企业发展迅速，对重庆市农业综合开发重点龙头企业进行重新认定和审核，达到260家，构建了粮油产业、柑橘产业、蔬菜产业、畜禽产业、茶叶产业、蚕丝绸产业、中药材产业等企业集群，将产业化经营项目与土地治理相结合，着力打造由基地建设到加工销售为一体的完成产业链，有力推进了全市农业产业化进程。

（四）开展农业科技示范推广

2012年，全市安排市级集中科技推广项目48个，投入财政资金1555万元，加大了农业科技投入，加快了农业科技成果转换，提高了农业科技含量和农民素质，推动了项目区由传统农业向现代农业转变。

(五)实施部门项目和推进外资项目

2012年，全市实施农业综合开发部门项目62个,投入财政资金15136万元。农业综合开发部门与农委、水利、林业、供销等4个农口部门主动沟通，及时交流，已建立了良好的合作机制,共同加强了重要环节的管理。全市世界银行贷款可持续发展农业项目前期工作有效开展,2012年完成了项目实施计划、实施安排、水资源平衡分析报告、大坝安全评估报告、非自愿移民安置框架、病虫害综合防治计划、采购计划、关键监测指标、可行性研究报告和社会风险评估报告等文本的编制，项目实施计划顺利通过了世行评估团评估及国家农发办审查，可行性研究报告和社会风险评估报告也通过了市级专家评审，及时协调完成了项目环境影响评价及水保方案的现场勘察、公示等工作。

(六)加强农业综合开发制度建设

2012年,市农综办立足于精细化管理,建立健全以"四制"为核心的管理制度,继续完善资金管理、项目管理、综合管理制度体系。先后出台了《重庆市农业综合开发项目资金绩效评价办法（试行)》、《关于进一步规范农业综合开发项目区县级竣工验收工作的通知》、《重庆市农业综合开发项目评审实施细则（试行)》、《关于支持现代农业综合示范工程建设的意见》。研究起草了《重庆市县级报账制实施细则(试行)》、《农业综合开发会计核算细则(试行)》。加强土地治理项目工程建设监理考核工作，促进了项目资金管理和机关管理制度化、规范化。

(七)推进农业综合开发机制创新

在资金分配上,继续完善因素分配法,将自然资源因素和工作考核成绩统筹考虑，合理安排财政资金;在项目安排上,继续完善公开竞争立项机制,竞争立项已覆盖到各类项目;在项目建设上,完善项目建设与产业发展结合机制,探索了各类农综项目之间的结合机制；在项目验收上,坚持项目竣工审计决算制,继续完善中介机构资金检查机制和农民评价机制；在工作考核上,引入绩效评价理念,形成了项目绩效考核和项目验收考评相结合的机制。在工作机制不断向前推进中,提升了开发质量和效益,也为其他支农项目管理提供了借鉴。

(八)营造农业综合开发舆论氛围

坚持"广领域、多层面、全民参与"的宣传思路。坚持以《中国农业综合开发》杂志为主阵地,全年向杂志投稿30篇,采用文稿16篇,同比增长33%，保持农业综合开发宣传工作连续八年先进。积极加强在中央和市级重大媒体上宣传,《"巴掌田"长出现代农业》在《人民日报》上刊发;《重庆日报》先后以《七年农综开发成就"高山水乡"》、《铜梁:252个大户种了10万亩蔬菜》、《巴南:昔日撂荒地,如今花果山》等为题广泛宣传农业综合开发；潼南太安镇鱼溅坝农综开发成效显著,在《重庆新闻联播》头条播出。机关自办简报24期。重庆市农业综合开发公众信息网站全年发布信息文稿2000多条。通过全方位、多角度地宣传,为农业综合开发营造了良好的舆论氛围。

二、发展中存在的问题

一是农业综合开发资金投入相对不足。全市大部分农业基础设施依旧脆弱,有限的财政资金投入与全市大范围农业基础设施建设之间的矛盾仍然是现阶段农业综合开发的主要矛盾。

二是农业综合开发建设标准相对不高。全国农业综合开发的建设标准由国家统一制定，重庆以山区丘陵为主，建设成本明显比平原地区高很多，因此按照国家农业综合开发标准建设显得我们的标准不够高。

三是农业综合开发实施难度逐渐增大。随着城镇化加速推进,户籍制度改革的深入推进，出现了大规模的"农转城",农村劳动力资源明显减少,项目实施和科技推广都遇到困难。

三、2013年发展目标

2013年，全市农业综合开发将深入贯彻落实党的十八大和第四次党代会精神，按照推进全市农业现代化的要求，坚持"围绕一个总体目标，立足三个区域板块，完成五大具体任务，坚持'六化'并举"的工作思路，发挥自身优势，提升综合效益，走现代农业综合开发之路，为"保供增收"、现代农业发展和新农村建设发挥更大作用、贡献更大力量。

（一）围绕一个总体目标

贯彻落实《重庆市"十二五"农业综合开发专项规划》，紧紧围绕将重庆市农业综合开发项目区打造成为"全国山地农业综合开发示范区、西部现代农业发展先行区"的工作目标，大力实施农业综合开发，走现代农业综合开发之路。

（二）立足三大区域板块

按照主城郊区、渝西地区、两翼地区三大区域板块农业发展功能分区，分类指导，立足当地资源优势和产业基础，力争在3个片区分别打造1-2个规模大、层次高、亮点多、示范性强的项目区。

（三）完成五大具体任务

一是争取各类项目财政资金投入力争突破10亿元。二是投入农业综合开发财政资金3亿元以上，合力打造20个市级现代农业综合示范工程。三是完成土地治理面积60万亩（其中新建高标准农田20万亩），配套建设产业基地20万亩（其中蔬菜基地5万亩，柑橘基地4万亩）。四是扶持农民专业合作社72家，龙头企业80家。五是投入科技措施财政资金4000万元以上，其中实施集中科技推广项目40个以上。

（四）坚持"六化"并举

坚持产业化开发、实行规模化投入、加快园区化建设、注重科技化支撑、推进生态化发展、加强精细化管理。

林业

重庆市林业局 黄海

一、重点工程持续推进

以天然林保护、退耕还林、石漠化综合治理等国家重点工程及我市森林工程、长江两岸森林工程为依托，稳步推进城乡绿化一体化进程。2012年完成营造林403.4万亩，其中新造林288.8万亩、低改114.6万亩。森林工程已累计完成任务2212万亩，占规划任务2200万亩的100.5%，顺利完成第一阶段主体建设任务。尤其是在长江绿化中，把解决"断带""大窗"、百米景观带和示范片建设作为重点，提前启动实施31万亩退耕还林任务。重点解决好资金渠道问题，市领导小组认真研究解决资金渠道问题，落实绿化长江资金63.6亿元。其中三峡后续工作经费50亿元，市林业局、市农委各筹措资金5亿元，捐赠资金3.6亿元，市政府办公厅发纪要分年度落实到区县。经过4年的努力，项目区森林覆盖已达38%，比项目实施前提升了16个百分点。

二、资源保护成效明显

不断加强资源保护，实现了林地面积、森林面积、林木蓄积、森林覆盖率"四增长"。林地面积由2002年的5487万亩2012年增加到6492万亩，净增1005万亩，年均净增率1.8%；森林面积由2002年的3355.5万亩增加到5206.5万亩，净增1851万亩，年均净增率5.5%；林木蓄积量由2002年的11998.9万立方米增加到19026.3万立方米；森林覆盖率由2002年的27.1%提高到42.1%，增加15个百分点，年均增加1.5个百分点。一是防林地侵占。编制了《重庆市林地保护利用规划》，并经过市政府审议通过，强化全市"林地一张图"管理，严格林地用途管制。健全森林采伐限额管理制度，规范木材经营、加工、运输等流通环节管理,全面实施森林分类经营。加强森林资源监测，完成一类清查和二类调查工作。加大涉林案件查处，侦破查处涉林案件5233起，依法打击处理各类违法犯罪人员6000人。二是防森林火灾。首次开展春夏两季航空护林,航护时长超过全年的1/3,初步形成地面、航空、卫星“三位一体”的防控体系。强化森林消防应急队伍建设,市级和10个区县组建森林防火专业队27支,常年备勤,应急处置能力大幅提高。2012年森林火灾发生起数、过火面积、受害森林面积分别较2011年下降83%、72.5%和69%，未发生重特大森林火灾和人员伤亡事故。三是防病虫害。加大防控力度,建立了“封顶、保底、基数三年不变”,按防治成效,实行以奖代补的投入管理模式，区县政府对疫情防控的责任进一步增强,区县财政投入达到9000万元。全面推行防治公司、专业队绩效承包、轻型直升飞机防治和新技术运用，无公害防治率达到93.6%。四是保护野生动植物。加强自然保护区基础设施和能力建设，开展濒危野生动植物拯救保护工作。阴条岭自然保护区成功晋升为国家级自然保护区。五是保护湿地。开展了为期3个月的打击毁湿开垦等破坏行为的专项行动。强化湿地公园保护管理体系建设。地方自主投入资金开展多个湿地保护和恢复项目，一批退化湿地生态状况逐步得到改善。六是保护天然林。落实4311万亩公益林的管护责任,健全公益林管护体系。

三、林业产业快速发展

新建产业基地52万亩，其中速丰林10万亩,优质笋竹基地8万亩,香料(花椒为主)4万亩,油茶10万亩,中药材9万亩,干果6万亩,花卉苗木5万亩。林业产业基地总规模超过1000万亩。全年实现林业产值400亿元，年增长22.7%。加大林业龙头企业扶持力度,积极争取欧洲投资银行林业贷款项目，继续对林业龙头企业贷款扶持,已培育龙头企业100家。加快森林旅游业发展，全市市级以上森林公园达到78个（其中国家级25个)，自然保护区达到52个(其中国家级5个)，全年实现森林旅游4900万人次,森林旅游总产值66亿元。

四、林业改革不断深化

在巩固集体林权制度主体改革成果的基础上,突出林权纠纷调处,深化配套改革。加快林权管理服务中心建设，全年新建3个服务中心,累计达到24个。探索森林资源使用权的流转,全年流转林地20万亩,累计实现林地流转483万亩,流转金额11.3亿元。开展“林地林木两权分离”试点,强化银林合作,累计实现林权抵押贷款111亿元。开展森林保险试点，保险面积达1000万亩,财政贴息957万元。加强示范合作组织建设,全年新增林业专业合作组织154个,林业合作组织累计达1262个,参加农户62万户。加强国有林场改革，盘活森林资源，争取多方投资5.9亿元，改造危旧房4089户、33万平方米,同时强化了水、电、道路等基础设施建设。

五、科技保障坚实有力

开展国家和市级林业科技创新研究30多项,推进“中国林科院三峡库区生态保护与恢复研究中心”等科技创新平台建设8个。狠抓科技成果转化，获批中央财政林业科技推广项目10项，续建推广项目29项，完成实用技术培训5万余人次。开展国家行业标准编制10项,完成标准编制验收4项，推进寿竹和油茶2项全国林业标准化示范区建设，完成首个国家森林城市标准化示范区验收，组织实施各级技术标准50多项。召开全市林业科技大会,对今后一个时期林业科技工作进行部署。

畜牧业

重庆市农委 罗祖斌

一、2012年发展回顾

2012年来，全市畜牧兽医系统积极应对动物疫情和畜产品安全的严峻形势，圆满完成“保供给、保安全、保生态、保增收”目标任务。

一是国家现代畜牧业示范区建设步伐加快。深入推进了荣昌、潼南、长寿、合川、涪陵、黔江等核心区和先行区建设，畜牧业综合生产能力明显提高。2012年，全市出栏生猪2050.8万头、牛54.9万头、羊212.4万只、家禽2.2亿只、肉兔4116.4万只，同比分别增长1.5%、5.9%、4.8%、6.5%、5.6%；肉、蛋、奶产量201.2万吨、40.1万吨和7.3万吨；工业饲料产量215万吨；实现牧业产值453.4亿元，可比价同比增长3.4%。

二是畜牧业发展政策支撑体系不断健全。初步构建了现代畜牧业发展、标准化规模养殖、动物疫病防控、畜禽养殖保险、担保融资等政策支撑体系。2012年我市共争取并到位市级以上畜牧兽医资金10.8亿元，比上年增加1亿元以上，其中中央项目资金7.0亿元，市级投入3.8亿元。吸引社会资本80多亿元，畜牧业“三权”抵押融资50多亿元，市农业担保公司涉牧企业担保贷款5亿元。全年承保能繁母猪76.8万头、生猪285.5万头、奶牛1.4万头、牛羊34.5万头(只)、禽类1032.4万羽，获得赔付9000余万元，有效降低了养殖风险。

三是产业发展水平和质量跃上新台阶。新制定畜牧业地方标准13个，对286个生猪养殖场实施了标准化改扩建，创建部市标准化养殖示范场76个，提高良种良法入户率和到位率。2012年全市规模以上畜禽养殖户12万户，渝西猪禽兔优势产区正在形成，两翼牛羊蜂优势区域加快构建，草食牲畜发展速度明显高于全国，肉兔出栏量跃居全国第五位。

四是畜产品质量安全稳步提升。深入开展了“瘦肉精”、生鲜乳、饲料专项整治和动监110绿剑行动，无论是农业部抽检还是市级例行监测，我市畜产品质量合格率均达100%，连续十年未发生畜产品质量安全事件，保持全国领先水平。新增地理标识认证产品2个、无公害畜产品产地13个、无公害畜产品11个、绿色畜产品4个、中国驰名商标2件。

五是重大动物疫情大幅下降。2012年重大动物疫情发生率下降55.6%，畜禽扑杀量减少30.5%，扑杀补助经费减少22.4%。

二、发展中存在的问题

一是供求矛盾更加突出。城镇化人口的快速增长，肉蛋奶刚性需求远高于畜牧业正常增幅，保供压力增大。二是养殖地域更加紧缩。主城二环路内养殖业已被强制退出，三环路内因多为限制养殖区，将加速萎缩。各行业寸土必争，养殖用地紧张，牧业增长艰难。三是人畜争粮更加尖锐。我市粮食自给率低于全国，保口粮必致饲料粮不足，饲料粮外调的依存度逐年加大。四是粪污消纳更加困难。全市畜禽粪污总量已超越土地消纳总限量，猪、牛、羊、禽排粪量已纳入节能减排目标考核，不治理不行，要治理投资倍增，且粪肥产品销售艰难。五是养殖效益更加微薄。饲料原料涨价、人工成本增加、治污费用分摊、产品价格波幅等诸多因素正在削减养殖利润，打压农户养殖积极性。为弥补亏损，各级各地有心无力。六是疫情风险更加严峻。内疫发生风险高涨，病毒污染面大、变异毒株增多、混合感染、多重感染普遍发生，多个口蹄疫、禽流感毒株并存。外疫传入风险加大，自2009年以来，各指定道口已拦截输入性市外重大动物疫情31起。

三、2013年发展目标

紧紧围绕重庆国家现代畜牧业示范区建设，按照“发展生产保供给，严格监管保安全，综合施策保生态，特色效益促增收”的总要求，着力优化畜牧业结构，稳量提质生猪，增量提质牛羊禽蜂，全力推进畜牧业现代化。力争全年出栏生猪稳定在2000万头以上、肉牛60万头、山羊250万只、家禽2.5亿只、肉兔4400万只，肉、蛋、奶产量分别达到206万吨、43万吨、8.5万吨，工业饲料产量230万吨，实现畜牧业产值500亿元，确保不发生区域性重大动物疫情，努力减少疫病损失，发病疫点数和畜禽病死率较上年有所降低。

渔业

重庆市农业委员会 罗祖斌

一、2012年发展回顾

2012年，全市渔业以保供增收为中心，以增量提质为目标，积极构建现代渔业产业体系和支撑保障体系，超额完成了市政府会议纪要确定的保供增收任务。全市水产品总产量36.13万吨，淡水产品自给率达到72.3%，渔民人均纯收入9180元，同比增幅分别达12.7%、8.3%和12.5%，产地水产品质量抽检合格率实现100%，渔业安全形势持续向好。

一是政策支持保持稳定，社会投资力度显著增强。市委市政府出台的《关于加快推进农业现代化建设的意见》，将渔业作为我市特色效益农业的重要支柱产业，为渔业持续快速发展提供了有力的政策支撑。全年中央和市级财政投入渔业资金达到1.1亿元，区县财政投入0.3亿元，社会投入7.7亿元。

二是“双保计划”扎实推进，保供增收能力再上台阶。按照扶优扶强的原则建设商品鱼基地，支持新建商品鱼基地3600亩，新创建11家农业部水产健康养殖示范场，全市部级水产健康养殖示范场达到了37家，面积14.5万亩。努力推进“吨鱼万元”示范区上档升级，支持改造旧塘5700亩。全市稻(莼菜、藕)田养鳅面积近9万亩，鱼菜共生池塘生态种养推广面积增加到4万亩。我市积极推广的稻田综合种养技术和鱼菜共生技术被全国水产技术推广总站确定为“十二五”全国水产养殖主推技术。

三是多方支持狠抓落实，生态渔场建设成效明显。自三峡库区天然生态渔场建设项目正式启动以来，整合投入各类资金2.15亿元，加速了天然生态渔场建设步伐。2012年生态鱼销售量达到400吨左右，销售收入2000余万元。

四是特色养殖势头强劲，水产品效益空间不断拓展。全市特色水产品产量3.4万吨，同比增幅16%。特色水产品养殖面积占全市池塘规模化养殖面积五成以上，亩均效益5000元以上。翘嘴红鲌、中华鳖等特色品种陆续获得有机产品认证。

五是观赏休闲渔业稳步推进，示范基地建设初露形象。通过完善基础设施，延伸产业链条，拓展产业功能，使城郊型渔业养殖基地集观光、美食、娱乐、休闲、垂钓于一体，效益不断提高。上天池度假村休闲渔业示范基地和江津区明翰热带鱼养殖专业合作社养殖场被农业部授予了全国休闲渔业示范基地称号。

六是资源养护工作不断加强，渔业生态环境逐步改善。通过强化资源保护措施，天然水域渔业资源数量得到恢复性增长，渔业生态环境被破坏的趋势逐步得到遏制。全年投入各类增殖放流资金1000万元，放流水生生物2300万尾。

七是推进质量管理规范化，水产品安全形势稳定向好。全面加强养殖生产管理，促进水产品质量安全稳定，产地抽检合格率达到100%。推进水产品“三品一标”认定认证，新增认定产地10处、面积2万亩，新增认证产品18个。

二、发展中存在的问题

与建设现代渔业的要求相比，我市的渔业产业体系还不够完善，支撑保障能力还不够强，渔业综合生产能力和保供增收能力有待进一步提高。尤其是依然落后的渔业基础条件，总体能力偏低的渔业从业人员，无法根本消除的市场和自然风险，很大程度上制约着我市渔业快速发展的步伐。

三、2013年发展目标

2013年，全市渔业发展以增效为方向、强能为核心，抓好池塘、生态、土著和休闲等四大渔业，确保生态、生产和质量等三大安全，推动渔业工作由盘活做大向增效强能转变。力争水产品总产量达到38万吨，渔民人均收入水平实现新的增长。

第二产业

重庆工业投资运行与发展

重庆市经济与信息化委员会　苏波

一、2012 年发展回顾

2012 年，重庆市工业投资工作深入贯彻落实全市新型工业化大会精神，积极应对经济下行压力加大的不利形势，提速重点项目建设，加快工业转型升级，超额完成年度 3000 亿元目标任务，有力保障工业经济平稳较快增长，较好推动经济发展方式转变和产业结构优化调整。

（一）基本情况

2012 年，全年累计完成工业投资 3064 亿元，同比增长 21%，占全社会投资比重为 32.7%，拉动全社会投资增长 7 个百分点。

1.工业建设项目数量情况：2012 年，全市工业建设项目（计划总投资 500 万元以上，下同）5000 个，同比增长 11.3%，计划总投资 8500 亿元，增长 14.4%；其中，新开工项目 3049 个，增长 20.5%，计划投资 2853 亿元，增长 49.7%。全年累计建成投产项目 2000 个，预计达产后新增销售收入超过 3000 亿元。

2.工业投资构成情况：2012 年，全市国有及国有控股企业完成投资 984 亿元，增长 36.5%，占全市工业投资比重为 32.1%；非国有投资完成 2080 亿元，增长 14.9%，占全市工业投资的 67.9%，成为工业投资的绝对支柱力量。工业民间投资完成 1649 亿元，增长 19.5%，占比 53.8%，其中：采矿业民间投资完成 135 亿元，增长 14.9%；制造业民间投资完成 1446 亿元，增长 19.9%；电力、热力、燃气及水的生产和供应业民间投资完成 68 亿元，增长 19.7%。

3.支柱产业投资情况：2012 年全市工业投资中，投向“6+1”支柱产业的投资达 2685 亿元，同比增长 19.2%，占全市工业投资的 87.6%。其中，装备工业完成 498 亿元，增长 52%；电子制造业完成 220 亿元，增长 40%；轻纺工业完成 423 亿元，增长 29%；汽摩工业完成 338 亿元，增长 16%；材料和化医工业分别完成 469 亿元和 338 亿元，与 2011 年同期基本持平。

4.工业建设项目资金来源情况：2012 年全市工业建设项目到位资金 3243 亿元，其中，国内银行直接贷款 501 亿元，增长 32.2%，占比 15.4%；企业自筹资金 2522 亿元，增长 21.5%，占比 77.8%；其他资金 220 亿元，占比 6.8%。

5. 区县工业投资情况：2012 年全市万州、江津等 14 个区县工业投资过百亿大关，比 2011 年增加 5 个。永川、长寿、万州、涪陵、璧山占全市工业投资比重较大，分别为 6%、5.7%、5.4%、5.3% 和 5.2%。合川、大足等 23 个区县工业投资增幅超全市平均水平，潼南、丰都、江北、奉节工业投资增幅较高，分别为 124%、119%、81%和 62%。

（二）主要特点

1. 投资增幅呈由低走高后平稳运行态势。2012 年全市工业投资由年初增长 10%起步，逐月走高，至二季度末达到全年最高增幅 26.7%，随后投资增幅稳定运行在 20%~25%之间，全年收于 21.1%，总体呈现由低走高后平稳运行态势。

2.技术改造投资占比进一步提高。2012 年，全市工业企业技术改造投资累计 1287 亿元，同比增长 33%，占工业投资比重为 42%，较 2011 年同期提高 2 个百分点，比 2008 年提高了 5 个百分点。

3.高能耗行业投资增速下降。2012 年，全市高耗能行业投资 880 亿元，同比增长 13.4%，低于工业投资增速 7.7 个百分点，较 2011 年同期下降 15.5 个百分点。其中，化学原料及化学制品制造业投资208亿元，增长13.1%；非金属矿物制品业投资185亿元，下降2.9%；黑色金属冶炼及压延加工业投资103亿元，下降22.3%；有色金属冶炼及压延加工业投资81亿元，增长32.0%。

4.“两翼”地区工业投资较快增长。2012年，渝东北地区工业投资累计完成578亿元，同比增长26.5%，高于全市5.4个百分点，占全市工业投资比重18.8%，比2011年提高0.7个百分点；渝东南地区工业投资完成257亿元，增长27.8%，高于全市6.7个百分点，占全市工业投资比重为8.4%，比2011年提高0.5个百分点。

5.工业投资增幅高于全国和西部平均水平。2012年，全国工业投资完成15.5万亿元，同比增长19.9%。其中，东部地区投资完成7万亿，增长20%；中部地区5.1万亿元，增长26.2%；西部地区3.3万亿元，增长20.7%。重庆工业投资增速高于全国平均1.2个百分点，高于西部平均0.4个百分点。

二、发展中存在的问题

一是支柱产业中，材料工业和化医工业投资增长乏力，化医行业同比甚至负增长；二是区域间投资发展仍不平衡，尽管渝东北（增长26.5%，占全市18.8%）和渝东南区县（增长27.8%，占全市8.4%）工业投资增速均高于全市平均水平，但占全市工业投资比重仍未明显提升，区域投资差距未明显缩小；三是大渡口、南岸、长寿、渝中、南川和沙坪坝6个区县投资出现负增长，特别是南岸、长寿、沙坪坝等重点区县投资负增长趋势，应该引起区县工业管理部门的高度重视。

三、2013年发展目标

继续贯彻落实重庆市第四次党代会和新型工业化大会精神，围绕工业转型升级这一主线，以提高制造基础能力、新产品开发能力、品牌创建能力和产业集中度为目标，进一步加大投入力度，加快实现产业结构调整和发展方式转变。以提升工业整体质量和效益为中心推动重庆市新型工业化进程，促进工业经济上规模、上质量、上水平、上效益。

2013年工业投资计划完成3500亿元，其中技术改造投资完成1600亿，确保工业企业技术改造投资占工业投资比重提高到45%以上。

重庆工业经济发展综述

重庆市经济和信息化委员会 苏波

一、2012年发展回顾

(一)工业经济运行概况

2012年，重庆市规模以上工业产值增长18%，增加值增长16.3%，比全国高出6.3个百分点。主要体现为六个基本面：一是投资平稳增长。工业投资3064亿元，增长21%，占全社会投资比重为32.7%，对工业增长贡献率达到60%。二是结构更趋合理。电子产业占比由过去几乎为零提高到现在的21.6%，汽摩产业由36%调整为25.4%(其中汽车产业调整为17.4%)，装备、化医、材料、能源、轻纺等支柱产业占比分别调整为9%、7.6%、14.1%、8%和14.3%；工业园区销售产值占全市工业比重提高到72%。三是效益不断提升。工业经济效益综合指数达到262%，提高13.5个百分点；利润608亿元，增长10.4%；全员劳动生产率25.5万元/人?年，增长11.4%。四是开放继续扩大。全年工业实际利用外资41.8亿美元，占全市40%；新增世界500强工业企业15家，累计达184家，占入渝世界500强企业总数的82%；规模工业实现出口交货值1678亿元，增长80.3%，高于全国73.2个百分点，对全国的增长贡献率达到10.6%。五是可持续发展能力不断增强。单位GDP能耗下降6%，规模工业综合能耗下降1.8%，规模工业度电产出达到27元，资源综合利用率81%。六是物流通道运行顺利。渝新欧、渝深、渝沪共开行230班，渝新欧最高周开行频率达3班，外贸货运量增长245%；渝深最高周开行频率达7班；定期货运航班达40班/周，可提供约3700吨/周的运力。

（二）工业经济快速发展的保障措施

1.全力稳增长。一是在重庆市政府出台提振实体经济“13条”和稳增长“10条”等政策基础上，突出重点，对150户重点企业逐月调控，每季度出台针对性措施，收到实效。150户企业产值增速21%，高于全市3个百分点，占比从49%提高到54%，对规上工业增长贡献率72%。二是强化要素保障，全年实现“不拉闸限电”，电煤常态储备保持300万吨左右，可供发电60天以上；天然气供应71亿立方米，工业用气大户需求满足率达98.5%；协助企业招工20万人，重点企业社会工与实习学生占比由去年3:7调整为7:3。三是支柱产业稳步增长。全年生产笔记本电脑4160万台、单月产量最高466万台，“全球笔电五台就有一台重庆造”，打印机、显示器产量分别为900万台、800万台，规模电子产业销售产值增长64%，拉动工业增长8个百分点，成为工业增长第一驱动力；汽车产业稳步回升，增速从一季度1.2%，提高到上半年7.4%、全年13%，本地汽车产销量200万辆；装备产值增长15%，化医12%，材料6%，轻纺25%，能源2.5%，“6+1”行业全部实现了正增长。

2.加快项目建设。着力推进“十大工业投资”和“双百项目”建设。一是打印机、长安福特二工厂等70个项目竣工投产。新增30万辆整车、40万台发动机产能，打印机单月产量已达100万台，为全球最大基地。二是推动三峡纺织西部纺织城、施耐德智能终端基地等37个前期项目提前开工建设，同时加快推进MDI一体化、旭硕2000万台笔电、长安铃木二工厂等45个项目。三是成功引进京东方8.5代面板等两个投资超50亿美元特大型项目。重点项目实现投资1500亿元，占全部工业投资比重50%，为产业集群建设奠定了重要基础。

3.推动技术进步。一是实施千亿技改工程，完成五洲龙混合动力客车生产基地、长安福特马自达重庆工厂等2200余个技改项目，新增产值2530亿元，技改投资占工业投资比重达到40%。二是实施创新驱动发展战略，全年企业研发投入资金110亿元，增长17%；推动技术创新及新产品开发项目1000项，“逸动”、“新福克斯”等100个国家和市级重点新产品达产增效，新产品产值率超过30%。三是质量品牌稳步提升，工业产品合格率93%，提高2个百分点，基础零部件产品不合格率PPM指标降到150以内；长安、川仪入围全国首批50个“质量标杆”企业名录。

4.发展民营经济。一是管好用好20亿元民营经济发展专项资金，已安排17.95亿元，完成89.75%；其中，市审补委5亿元资金和6个市级部门的7亿元资金已全部下达，区县切块8亿元专项资金安排5.95亿元；市审补委资金补助项目594个，项目投入强度76万元，高于全市同类专项资金资助项目40万元。二是专项资金拉动作用明显，对投资的拉动比达1:80，对税收的拉动比达1:21，10余家金融机构与市经信委签订合作协议，为民企融资超100亿元。全市民营规模工业增长21%，占全市规模工业53%。

5.促进融合发展。一是“两化”深度融合加速推进，大中型企业装备数控化率达62%，“两化”融合综合指数80%，自主研发的“多功能生产过程信息化系统”等成功应用。二是推进“国际离岸云计算试验区”和“国际电子商务结算中心”建设，6000个机柜的太平洋电信数据中心竣工投运；加工贸易离岸结算量超过800亿美元，国际电子商务中心结汇量超过5000万美元；成功举办2012中国(重庆)国际云计算博览会。三是生产性服务业加快发展，重庆工业设计研究所、重庆工业设计CAD云服务平台、国家级汽车产品设计创新平台加快建设，长安汽车设计体验中心建成投用。四是军民两用技术转移成效明显,国防科技工业中民品产值占比超过92%。

6.强化企业服务。一方面加强委区(县)联动,按照"1个月有行动、1个季度有进展、半年有突破"的要求,全力帮助区县解决重要事项,其中95%有进展,50%取得突破,40%已完成。另一方面深入实施"三位四同六步工作法"和"日清周进制",深入企业和工业园区调研,帮助解决具体问题1500余个。

二、发展中存在的问题

尽管2012年1~11月重庆市规模以上工业实现利润同比增长7.6%,比全国平均高4.6个百分点,但主营业务收入利润率仅为4.8%,比全国平均水平低1.3个百分点,较京津沪地区分别低2.8、3.1、2.7个百分点。重庆市39个行业大类中,有15个行业利润出现负增长,有16个行业利润增速低于全国平均水平,尤其是化工、有色两个行业降幅高于全国平均水平60个百分点以上。重庆市规模工业主营业务成本、销售费用、管理费用、财务费用分别占主营业务收入比重86.38%、2.64%、3.94%、1.28%,比全国平均分别高1.24、0.3、0.51、0.06个百分点;从增速分析,重庆市规模工业主营业务成本、销售费用、管理费用、财务费用分别增长16.8%、22.3%、27.3%、36.9%,比全国平均分别高5.7、9.6、14.4、9.7个百分点,其中,利息支出同比增长38.7%,高于全国平均13个百分点。

综合来看,重庆市工业发展质量和效益与全国先进地区相比还存在差距,原因是多方面的,但生产模式不科学、产品结构低端化是两个重要原因:

一是生产模式不合理,企业物流成本偏高。重庆地处内陆,相当部分企业是"两头在外"的生产模式,大量原材料及零部件从沿海地区采购甚至国外进口,制成品又销往沿海地区,增加了物流费用。如重庆市某企业年物流运输费用占主营业务收入比重达6%左右,高于国内同类先进企业3.3个百分点,仅此一项比同类企业减少利润约6.6亿元;又如,重庆市一大型玻璃纤维企业与山东泰安玻璃纤维对比,原料和产品长距离运输,竞争力明显降低。据市内一大型汽车制造厂近5年的统计数据反映,销售每辆车的运费比上海多700元,年物流费用比上海同类企业多支出2.8亿元。据初步统计,一个企业如果物流成本占总成本的比重超过3%,一般都是采取"两头在外"的模式,竞争力就会受到削弱。当产品供不应求时,企业对物流成本敏感度不太高;但当产品供过于求时,企业对物流成本格外敏感,效益就大幅下降。据初步估算,重庆市工业物流费用占总成本比重为6.4%,其中,材料15%、装备7%、汽车5%、化医5%、轻纺5%、能源4%、电子3.2%。

二是技术附加值不高,产品利润率偏低。加大新产品投入是提高企业盈利水平的重要手段,但由于重庆市整体行业技术水平偏低,导致新产品利润率普遍不高,企业借此提升盈利水平的效果也受到限制。如作为国内微车行业龙头的上汽通用五菱新产品毛利率达13%以上,而重庆市微车企业维持在10%左右。从行业看,39个细分行业中,有27个行业的主营业务收入利润率低于全国平均水平,汽车、电子、钢铁、有色、化工等均在其中。从企业看,重庆市汽车企业收入利润率比行业领先水平低了9个百分点。从产品看,重庆市汽车年产200万辆中,单车价值7万元以下的产品占比大,低于上海15万元的水平(全国13万元),单车的利润率低2~3个百分点。再如,重庆市变压器行业整体技术水平不高,单台产品价值小,导致重庆市变压器、整流器和电感器主营业务收入增速虽高于全国,但利润下滑比全国快近18个百分点。总体上看,重庆市工业产品大多处于中低端档次,利润受到市场供求关系影响非常大。

三、2013年发展目标

(一)总体要求

2013年工作的总体要求是:以党的十八大精神为指导,按照市委四届二次全委会和推进新型工业化大会的部署,牢牢把握主题主线,紧紧围绕提升工业发展质量和效益这一核心,聚焦集群、创新、融合三大导向,以增量带动结构优化,以创新带动产业升级,努力降低物流成本、制造成本和管理成本,提升产业关联度、产品附加值和产品合格率,努力实现速度、结构和效益的协调统一,为提高工业核心竞争力奠定坚实基础。

(二)主要目标

2013 年,工业主要发展指标为:

——规模不断扩大。工业投资增长 17%;规上工业产值增长 17%,规上工业增加值增长 15%。

——质量明显提升。万元工业增加值能耗下降 5%;一等及以上产品比重提高到 95%以上,质量损失率降到 0.2%以内;品牌产品销售占比提高到 80%。

——效益显著增强。工业利润增长 10%,净资产回报率提高 1 个百分点,企业亏损面下降 1 个百分点,全员劳动生产率增长 10%。

“6+1”产业规上工业产值增速预测:电子信息业增长 35%,汽车产业增长 13%,装备制造业增长 14%,化医产业增长 15%,材料产业增长 15%,轻纺产业增长 22%,能源产业增长 5%。

企业改革

重庆市经济和信息化委员会 苏波

一、2012 年发展回顾

2012 年是重庆工业“十二五”承上启下关键之年,围绕推进重庆市新型工业化,坚定不移地实施工业企业改革,努力化解改革遗留问题,确保了社会和谐稳定;积极探索管理创新工作,促进企业降本增效,进一步提高企业核心竞争力。

(一)努力推进企业改革改制

1.制定重庆市《关于推动企业兼并重组的意见》。为促进重庆市做强传统产业,做大新兴产业,实现产业转型升级,依据国务院文件精神,经多次征求相关单位意见,组织市级部门赴外省市调研,拟订了重庆市贯彻兼并重组工作意见。经市政府常务会议审定通过,正式印发了《重庆市人民政府关于推动企业兼并重组的意见》、《关于成立重庆市促进企业兼并重组工作领导小组的通知》,同时还拟订《重庆市企业兼并重组市级重点项目申报方案》,推动落实企业兼并重组工作。

2.组织实施国有企业水电气剥离。重点推动重棉一厂、重庆轴承厂、川庆化工厂等困难企业剥离工作,全年完成 10 户企业水电气剥离,涉及职工 5651 户;针对企业水电气剥离难度大、资金困难等问题,积极协调市财政局、电力公司、自来水公司、燃气公司等单位,将因改制、搬迁急需剥离的 8 户企业,5090 户职工纳入 2013 年电剥离计划,争取国家资金支持;调研西南兵工局、船舶工业集团等在渝央企水电气剥离需求情况,并向市相关部门提出推动建议。

3. 全力以赴解决了一批涉及企业的重大遗留问题。积极推动和协调解决 1998 年前破产的“老 17 户”国企近万名职工的社保补贴问题,在全面调研基础上向市政府专题报告,并协调市级部门出台专项政策,彻底解决了引发职工群访的重点改革遗留问题,深受职工赞誉;多次会同市级相关部门研究原印染厂职工参加基本医疗保险等问题,两次向市政府紧急报告,提出解决方案,同时,针对印染厂家属区宿舍出现严重险情,立即安排进行危房鉴定,召集市、区两级有关部门,提出解决方案报市政府,落实排危工作;贯彻涉军群体补助政策,组织开展了央企特困、破产企业军队退役及新增人员情况调研和身份确认,并协调落实财政补助资金,全年累计发放补助金 381 万元,涉及职工 1199 人;认真组织完成市能投集团代管的 4 户国有煤矿移交属地管理。

4. 实施央企职教幼教退休教师生活补贴审核认定。积极贯彻落实国务院国资委等四部委《关于妥善解决国有企业职教幼教退休教师待遇的通知》(国资发分配〔2011〕63号),对全市70多户央企涉及的180多所职教幼教机构相关人员进行全面调查摸底,完成了调研汇总和企业初审;协调指导各企业完成教师资格认定及退休待遇套算,组织市人力社保局、市教委等部门实施生活补贴审定工作;针对央企办中小学未移交地方管理的教职工上访不断,进行全面调查和专题研究,对涉及的700余人分类提出处理建议,报送市委市政府联席办研究解决。

5. 做好中央在渝企业厂办大集体改制相关准备。认真贯彻《关于在全国范围内开展厂办大集体改革工作的指导意见》,对全市中央在渝企业的150个厂办大集体、3.5万余名职工进行调查摸底;积极配合市国资委制定重庆市贯彻实施意见,提出有关修改建议;认真接待上访群众,耐心宣传政策。

6.指导区县做好国有企业和集体企业改革。2012年,积极指导渝中区、巴南区、沙坪坝区、南川区、石柱县、璧山县、垫江县等区县,做好国企和集体企业改革工作。2户计划内国有破产企业已由法院裁定终结,6户依法破产国有企业已全部安置职工,正开展收尾工作;参与指导民生印刷厂、江南器械厂、正华电器厂、窗钩厂等16户城镇集体企业清算解体和改革工作。

7.积极维护社会稳定。在组织开展企业改革改制中,需直接面对和处理各种社会矛盾,我们积极争取市信访办、市人社局、市财政局、市国资委等市级部门支持,耐心接待来访职工,细心宣传相关政策,努力化解社会矛盾。据不完全统计,全年累计接待职工来访近2000人次,其中职教幼教、中小学移交遗留问题1400余人次,原印染厂职工300余人次,涉军人员及“老17户”破产企业职工300余人次。

(二)积极帮助企业加强管理创新降本增效

1.推动企业加强管理创新降本增效。制定了《关于推进新型工业化加强企业管理的指导意见》和《关于推进企业管理创新降本增效工作的意见》,指导企业从夯实基础和创新管理两个方面,提升管理水平;走访了20多个区县共100余户中小微企业,召开座谈会进行工作对接和指导,并重点帮扶,筛选了100户示范企业予以重点联系,引入专业机构和人员帮助其深度提升管理水平;加强培训交流,举办3次管理创新降本增效公益培训,召开全市企业管理创新工作现场交流会,组织编撰《新型工业化与先进制造企业管理工作指南》并印发企业,努力提升管理对新型工业化的推动作用。

2.鼓励工业企业非核心业务外包。将推进企业仓储、物流、信息服务等非核心业务外包给专业公司工作纳入管理创新整体推进,同时赴上海、江苏省、山东省等地开展调研,了解企业剥离非核心业务开展情况,并将推动企业剥离非核心业务工作涵盖到《重庆市人民政府关于推动企业兼并重组的意见》文件中。

3. 搭建帮助中小企业创新管理服务平台。印发《关于支持培育一批标杆微型企业的通知》和《关于印发首批重点帮扶微型企业工作任务分解的通知》,建立全市270户加工制造型重点微型企业对口帮扶联系平台;直接与微型企业交流,了解微企发展现状和要求,并协调相关单位解决昕杰环保科技、炫酷科技等近10家微型企业资金、市场、入驻园区等方面的困难;按月分析全市规模以上企业的效益成本、主要特点及存在的问题,为领导决策提供依据;积极协调市中小企业局,组织制定《关于加快推进中小企业服务体系建设的意见》,充分发挥公共服务的主导作用,为中小企业科学、健康发展提供支撑。

4. 制定推进大中小微企业协作配套意见。为推进重庆市中、小、微型企业与大型企业协作配套,形成企业协调发展的产业组织结构,我们会同市中小企业局联合拟订了《关于加快推进大中小微企业协作发展的意见》,报市政府审定。

二、改革中存在的问题

1.改革遗留问题较多。一是区县国有和企业集体改革改制中涉及职工安置、社保欠费等方面问题,存在政策障碍难以解决。二是在渝央企及市内改革、改制企业涉及的住房移交、退休职工属地管理等社会职能剥离难度大。三是在渝央企厂办大集体企业遗留问题较多,目前国家已出台政策,希望市里尽快出台相关政策,加快推进大集体改革工作。

2.部分涉及职工的社保政策不一致,导致相关企业和职工意见大。如重庆市出台渝人社发〔2011〕182 号文件,对 1998 年-2003 年期间破产的国有企业困难下岗分流人员给予养老保险和医疗保险补助,有关区县要求扩大到 1998 年前和 2003 年后实施破产的国有企业以及三峡库区国有破产企业。

3. 国家出台的涉及部分职工待遇政策引发相关人群信访不断。如国有企业职教幼教退休教师补发待遇政策出台后,引发企业离职教师、分流转岗教师、教辅人员、未移交地方的中小学人员等不断上访,要求纳入解决范围。

4.企业水、电、气剥离工作因成本上涨,推进难度加大。

三、2013 年改革目标

坚持以科学发展观为指导,围绕全市经济工作中心和市委、市政府改善民生、维护社会稳定等重点工作,推进企业兼并重组,开展大集体改制,继续做好落实央企职幼教退休职工生活补贴相关工作,努力解决国企改革遗留问题,促进产业转型;深入推进企业管理创新,通过培育典型,抓好突出重点,帮助企业提升管理水平,提高核心竞争力。

2013 年力争完成城镇集体工业企业改革 20 余户。做好在渝央企职教幼教工作,完成教师审核,并协调解决教辅人员、中小学移交人员的相关问题;推动企业水电气剥离项目,开展重点问题调研,积极争取国家和地方财政支持,努力解决重点难点问题;推进解决涉军群体补助,千方百计解决原印染厂职工安置等改革遗留问题,努力化解社会矛盾。开展企业创新管理降本增效,抓好企业管理现代化创新的典型案例,推动企业实施非核心业务剥离等重点管理创新工作,加大企业管理现代化创新成果的推广和运用;加大微企扶持力度,重点推动微企入驻园区、贷款及微企孵化园建设,促进小微企业逐步进入中小企业行列。

汽车工业

重庆市经济和信息化委员会　苏波

一、2012 年发展回顾

2012 年,重庆市汽车工业面对全国制造业不景气、汽车产销低速增长等不利形势,在市委、市政府的坚强领导下,各企业迎难而上,积极调整结构、推动转型升级,认真贯彻落实市委、市政府“稳增长”政策,实现了本地产汽车整车产销在全国占比首次超过 10%,产销保持两位数增长,继续领先全国平均水平,为重庆市工业经济增长做出巨大贡献。

(一)2012 年发展概况

截至 2012 年底,重庆市共有汽车生产企业 28 家,其中整车生产企业 13 家,专用车生产企业 15 家,具有 300 万辆汽车生产能力。乘用车能生产排量 1.0~3.0 升的轿车、多功能乘用车(MPV)、运动型多用途乘用车(SUV)等不同种类及各种价位的产品。商用车从载质量 0.5 吨的微型货车到载质量 20 吨以上的重型货车,从载人数 7 人以下的微型客车到 60 人以上的大型客车,基本实现了所有细分市场的全面覆盖。重庆市规模以上汽车、摩托车零部件企业共计近千家，已具备发动机、变速器、制动系统、转向系统、车桥、内饰系统、空调等各大总成完整的供应体系，2012年汽车零部件本地配套率超过60%。

（二）发展特点

一是汽车产业是重庆工业支柱产业。2012年，规模以上汽车产业完成工业销售产值2470亿元，同比增长12.6%，全市占比17%，其中，汽车整车完成1453亿元，同比增长9.7%，汽车零部件完成960亿元，同比增长17%，专用车完成57亿元，同比增长19.1%。全市汽车产销196万辆和194万辆，同比增长11.5%和12.7%。

二是已有一批骨干企业和品牌，成为我国最重要的汽车产业基地之一。2012年，重庆市汽车整车产销在全国占比首次超过10%，达到10.2%和10.1%，同比提高0.8个百分点，重庆在全国汽车行业中的地位进一步得到提升。过去四年，重庆市汽车产量和出口量均排名全国第二位，并具备向全国第一发起冲刺的潜力。重庆市汽车工业龙头企业长安汽车股份公司是国家重点培育的四大汽车集团之一，长安股份本部和长安福特位列全国乘用车产销前十。长安福特的福克斯排名2012年全国轿车销量第一，庆铃的五十铃牌载货车占据了同类产品最高端市场，重庆市微面产量全国占比24%。

三是自主创新体系基本形成，自主开发能力全国领先，自主品牌继续发展壮大。2012年，重庆市自主品牌乘用车产量占比达58%，远高于全国42%的平均水平。为重庆市自主品牌汽车发展提供强力支持的是已建立起来的领先全国的整车开发体系。重庆市直接从事汽车研发的工程师已超过1万人，关键实验室如整车环境实验室、排放实验室、NVH实验室、碰撞实验室、转鼓试验台等指标及数量在全国居领先地位。长安汽车研究院研发能力被评为全国第一，中国汽车工程研究院、重庆车辆检测研究院是国家授权的汽车检测机构，重庆大学、重庆交通大学等多家高校均开设有汽车学院或汽车专业。全国最先进的汽车试验场正在加快建设。目前，重庆市已具备每年推出10款以上新车型的能力。

四是新能源汽车发展居全国前列，具有可持续发展的基础。重庆市是全国新能源汽车试点城市之一，自主开发的纯电动汽车、混合动力汽车、插电式混合动力汽车已取得一定进展，其中长安公司的混合动力汽车、恒通公司的纯电动客车在全国居领先地位。在示范运行方面，2012年长安汽车新能源汽车示范运行371辆，成为中国新能源汽车产业化第一企业，其中中混乘用车销量占全国混合动力乘用车市场50%。

二、发展中存在的问题

一是重庆市汽车工业由于价值和利润较低的交叉型乘用车（微车）占比过高，产品结构不尽合理，附加值和效益较低。

二是重庆市零部件普遍缺乏同步开发能力，很多技术含量较高的关键零部件，如自动变速器、汽车电子、涡轮增压、高压共轨、总线系统、高强度钢材等主要靠市外采购。

三是重庆市数控机床、加工机器人等高端制造设备的装备率偏低，部分企业质量管理体制还不健全，装备水平和制造能力有待提升。

三、2013年发展目标

（一）发展思路

围绕保持汽车工业健康快速发展的目标，加快产业结构调整和转型升级，加大招商引资力度，进一步打造和完善“1+6+1000”产业链，提高汽车工业可持续发展能力，发挥重点企业和项目的带动作用，推进产业、企业、产品、平台的协调发展。

（二）发展目标

2013年，重庆市汽车工业销售产值完成3000亿元，同比增长20%，汽车产销完成220万辆，同比增长12.2%。

摩托车工业

重庆市经济和信息化委员会　苏波

一、2012 年发展回顾

2012 年，全国摩托车行业继续面临市场低迷、城市禁摩等不利形势，产销下滑达两位数。重庆市摩托车企业努力开拓国内外市场、加大高附加值新品推出力度、积极延伸产业链，产销保持正增长，经济运行质量好于全国。

(一)2012 年发展概况

截至 2012 年底，重庆市共有摩托车生产企业 33 家，其中独立序号摩托车生产企业 17 家，非独立序号摩托车生产企业 16 家。具有 1500 万辆摩托车、2000 万台发动机的生产能力。生产排量 50-650ml 的摩托车产品，产品类型涵盖弯梁车、骑士车、踏板车、越野车、公路跑车等。重庆市规模以上摩托车零部件企业约 500 家，具备发动机、车架、覆盖件、仪表、灯具、座椅等各大总成完整的供应体系，零部件本地配套率达到 80%。

(二)发展特点

一是摩托车产销保持正增长。2012 年，重庆市产销摩托车 877.5 万辆和 899.9 万辆，同比增长 1.4%和 2.5%，同期全国摩托车产销同比分别下降 12.5%和 12.2%。摩托车整车完成工业销售产值 491.4 亿元，同比增长 12.4%，摩托车零部件完成工业销售产值 538.5 亿元，同比增长 4.5%。

二是一批骨干企业和品牌在全国摩托车产业中具有举足轻重地位。2012 年，重庆市隆鑫、力帆、宗申、建设、嘉陵、银翔等 6 家企业摩托车产销位列全国前十位，比 2008 年增加 1 家。2012 年，在全国摩托车产销前二十位的企业中，重庆市占有 9 家，比 2008 年增加 1 家。

三是产品结构调整效果显著。重庆市摩托车整车完成工业销售产值同比增长 12.4%，比产量增速高 11 个百分点，单车价值同比提高 550 元/辆。

二、发展中存在的问题

一是重庆市摩托车产业竞争力需要继续提高。当前，随着摩托车消费群体的不断成熟和品牌意识日趋增强，对摩托车品质、技术水平、售后服务等方面都提出了更高要求，全国摩托车产业竞争更加激烈，产业集中度不断提高，重庆市摩托车产业的既有优势受到很大挑战。

二是重庆市摩托车零部件产业发展相对滞后。由于受到摩托车行业发展形势严峻、零部件产品盈利水平较低、零部件资金周转周期长等因素的影响，重庆市摩托车零部件产业投资不足，部分企业转产，不利于重庆市摩托车产业发展。

三、2013 年发展目标

(一)工作思路

围绕摩托车产业可持续发展，推进重庆摩托车品牌重塑和产品结构升级，重振重庆产摩托车在行业和市场的影响力，提升重庆摩托车产销在全国占比。

(二)工作目标

2013 年，重庆市摩托车产销预计完成 950 万辆，同比略有增长。

重庆电力

重庆市发展和改革委员会 张戈

一、2012 年发展回顾

2012 年,随着全国和我市经济增速放缓,全市电力需求增速下滑明显,供需基本平衡,电力保障形势良好。按照构建我市中长期能源保障体系和“千万千瓦”电源建设战略目标要求,全市上下高度重视电力事业发展,重大电力项目有力推进,取得历史性突破,实现跨越式发展。

(一)电力需求增速明显回落,保障形势良好

受实体经济增速放缓及“迎峰度夏”期间气温较去年同期偏低等因素的影响,全市用电增幅出现大幅下滑。2012 年全社会用电量为 723 亿千瓦时,同比增长 0.84%,其中:第一产业用电量 2.1 亿千瓦时,同比增长 16.5%;第二产业用电量 487.2 亿千瓦时,同比下降 1.3%;第三产业用电量 110.3 亿千瓦时,同比增长 7.8%;城乡居民生活用电量 123.4 亿千瓦时,同比增长 3.5%。第二产业用电负增长,是全社会用电量增幅下滑的主因。统调电网最大电力负荷 1190 万千瓦,同比增长 0.17%,未出现拉限电情况。全市发电装机容量达到 1327 万千瓦,全市发电量 548 亿千瓦时,同比增长 2.7%。购市外电量 175 亿千瓦时,同比下降 4.4%。

(二)电力保障能力建设加速推进

自 2011 年确立并推进“千万千瓦”电源建设战略格局以来,市委、市政府高度重视电力事业发展,全市电力保障建设迈上了新台阶。五家能源央企与重庆市政府签订了“十二五”投资合作协议,有力推动重大电力项目在渝落地建设。市政府相继印发了《重庆市能源工业三年振兴规划的通知》、《关于加快中小水电项目建设的通知》,加速推进全市电力保障能力建设。

(三)电源项目建设取得历史性突破

陕西安康电厂、万州发电项目、安稳电厂扩建工程、合川电厂扩建工程第二台机组、南桐低热值煤发电项目、綦江抽水蓄能电站等共 978 万千瓦项目取得国家同意开展前期工作的路条。贵州习水二郎电厂、陕西安康电厂相继取得国家“路条”,迈出了我市“点对网”电源项目建设第一步,拓宽了全市电力保障渠道。万州发电项目继 2012 年 5 月取得“路条”后,又于 7 月获得国家核准批复并开工建设,该项目从我市与神华集团签订战略合作框架协议正式启动,到取得国家核准共历时 237 天,创我市电源项目前期工作历史纪录。石柱、奉节、丰都等区县 7 个风电项目共 32 万千瓦纳入国家“十二五”风电项目核准计划。截至 2012 年底,我市核准和获得路条的电源项目总规模达到 1545 万千瓦,“千万千瓦”电源项目建设有力推进。合川电厂扩建工程第一台机组建设顺利推进,将于 2013 年投产发电。石柱电厂场平、厂区道路建设完成,2 号冷却塔开挖完成。奉节电厂、习水二郎电厂已经上报核准申请,正在开展施工准备工程。两江燃机一期项目正常推进,计划年内浇灌第一罐混凝土。浩口水电项目已核准,正在进行开工前的准备工作。白马枢纽项目已申请路条,正在开展可研工作。石柱狮子坪风电场和全市首个生物质发电项目丰都生物质发电厂建设顺利推进,均可在 2013 年建成发电。

(四)电网建设顺利推进

2012 年全市电网建设项目完成投资 74.5 亿元。500 千伏长寿扩建工程、220 千伏涪陵龙桥、110 千伏渝北天宝寨三、北碚团山堡、江北骑龙扩建工程、大足万古等输变电工程建成投运,500 千伏明月山、五马输变电工程完成电规总院组织可研报告审查。2011 年农网改造升级工程进展顺利,全面完成15 亿元投资计划;国家下达我市 2012 年农网改造升级工程投资计划 15 亿

元，其中，中央预算内投资资金3亿元，截至年底已完成投资12亿元，占计划的80%。

（五）开展各项电力规划编制工作

编制完成《重庆市能源工业三年振兴规划》、《重庆市"十二五"低热值煤发电规划》、《重庆市"十二五"天然气发电选址规划》、《大宁河流域水电梯级开发规划》，启动《重庆市分布式能源规划》、《重庆市风电规划三期工程》、《重庆市主城区新能源客车推广示范项目充电设施建设方案》等规划编制工作。

二、2013年发展目标

2013年，全市电力工作将围绕推进三个"千万千瓦"电力战略建设为中心，突出"抓路条、抓核准、抓开工、抓投产"，继续推进重大电力项目建设，不断构建和完善全市电力保障体系。一是推进合川电厂二期、万州电厂、石柱电厂、两江燃机项目建设进度，确保合川电厂扩建工程第一台机组2013年投产发电。二是加快奉节电厂、习水二郎电厂、陕西安康电厂、安稳电厂二期、九龙电厂环保迁建、綦江抽水蓄能电站核准工作进度，力争国家核准奉节电厂、习水二郎电厂。三是加快重庆电厂环保迁建、毕节电厂、江津油溪电厂、乌江白马电站前期工作，争取毕节电厂取得国家路条。四是积极发展可再生能源，建成盖下坝、渡口坝等一批中小型水电站，推进石柱、万盛、万州等区县风电场和丰都、垫江等生物质发电项目建设，确保石柱狮子坪风电场、丰都生物质电厂建成发电。五是推进长寿、万州、涪陵等地工业园区热电联产项目建设。六是继续完善500千伏骨干网架，加快110及220千伏输配电网建设，实施农网改造升级工程。加快推进川渝第三通道输变电工程项目前期工作。

化学工业

重庆市经济和信息化委员会　苏波

一、2012年发展回顾

2012年重庆市化学工业有规模以上工业企业293家，其中：基础化学原料制造业62户、化学肥料制造业36户、化学农药制造业10户、涂料颜料染料制造业25户、合成材料制造业9户、专用化学用品制造业48户、炸药火工及焰火产品制造29户、化学纤维制造业2户、橡胶制品32户、其他40户。产品涉及化学矿山、化学肥料、化学农药、基础化学原料、涂料、颜料、染料、化学试剂、催化剂及助剂、粘合剂、炸药及火工产品、信息化学品、塑料、合成橡胶、合成纤维、橡胶制品、化工设备制造等17个大类。资产总额904亿元，从业人员9.3万人。

规模以上化工企业完成工业总产值887.1亿元，同比增长10.2%；完成销售产值868.9亿元，同比增长9.1%；完成出口交货值21.5亿元，同比增长25.2%；产销率为98%，同比减少1个百分点；实现主营业务收入861.3亿元，同比增长11.4%；实现利税总额51.1亿元，同比下降13.9%（其中：利润总额21.6亿元，同比下降44.8%）；完成工业增加值288.4亿元，同比增长9.4%。

规模以上化工企业实现主营业务收入861.3亿元，同比增长11.4%。按行业类别分：基础化学原料制造业223.8亿元，同比增长7.6%，占化工行业的25.9%；化学肥料制造业177.4亿元，同比增长9.4%，占化工行业的20.6%；化学农药制造业18.3亿元，同比增长54.0%，占化工行业的2.1%；涂料颜料染料制造业31.7亿元，同比降低5.8%，占化工行业的3.7%；合成材料制造业77.3亿元，同比降低2.2%，占化工行业的9.0%；专用化学产品制造业118.0亿元，同比增长10.2%，占化工行业的13.7%；炸药火工及焰火产品制造

27.0 亿元，同比增长 23.3%，占化工行业的 3.1%；化学纤维制造业 2.2 亿元，同比降低 66.6%，占化工行业的 0.3%；橡胶制品业 107.2 亿元,同比增长 40.5%,占化工行业的 12.4%;其它制造业 78.5 亿元,同比增长 17.4%,占化工行业的 9.1%。

(一)生产总量稳步增长

2012 年，重庆市化医系统按照市委市政府“稳中求进”的总体部署,全力抓生产、促销售,对增长平稳、经济效益好的企业予以重点支持,力保经济平稳增长。2012 年重庆化工工业总产值 1042.6 亿元,同比增长 9.1%。其中规模以上化工企业完成工业总产值 887.1 亿元,同比增长 10.2%。

(二)主要行业中类保持稳步增长

九个行业中类工业总产值同比增长量大的有:专用化学用品制造业完成 121.5 亿元,同比增加 14 亿元，增长 13.0%，占化工增量的 11.3%;化学肥料制造业完成 181.7 亿元,同比增加 24.0 亿元,增长 14.9%,占化工增量的 33.9%;橡胶制品业完成 113.5 亿元，同比增加 29.0 亿元,增长 33.9%,占化工增量的 23.4%。

九个行业中类中，橡胶制造业完成工业总产值 113.5 亿元,同比增加 33.9%。出口交货值全年完成 6.1 亿元,占化医工业出口交货值总量的 17.1%,是化医工业出口交货值主要拉动力。

(三)重点企业是重庆化工规模的支撑和增长的主力

重庆市 34 户重点化工企业 2011 年完成工业总产值 495.8 亿元(占重庆化工的 55.9%),同比增加 30.5 亿元，占化医增量 37%，同比增长 6.5%。

(四)重点产品产量稳步增长

化工行业重点统计的 20 种产品,全年产量同比增长的同比增长 14 种,下降 6 种。增长幅度大的有：化学试剂（完成 2.7 万吨、增长 70.3%)，轮胎外胎（完成 3881 万条、增长 38.5%),精甲醇(完成 105 万吨、增长 44.9%)等;下降幅度较大的是氯丁橡胶（完成 2.2 万吨、下降 18.9%),多晶硅(完成 3689 吨、下降 14.7%)。

(五)行业经济效益大幅下降

2012 年实现利润总额 21.6 亿元，同比下降 44.8%。从分行业类别看 10 个行业中类中 4 个增长、6 个下降,其中大幅下降的行业有:基础化学原料制造实现利润亏损 4.5 亿元,占亏损总量的 25.7%；化学农药制造实现利润总额 0.5 亿元、同比减少 0.6 亿元、降低 53.2%;专用化学品制造实现利润总额 1.7 亿元、同比减少 5.0 亿元、降低 74.3%;合成材料制造实现利润总额 0.8 亿元、同比减少 4.5 亿元、降低 84.9%。保持利润大幅增长的行业有:橡胶制造实现利润总额 5.8 亿元、同比增长 4.0 亿元、增长 227.4%;炸药火工及焰火制造实现利润总额 3.3 亿元、同比增长 0.9 亿元、增长 35.9%；其他制造实现利润总额 4.1 亿元、同比增长 0.9 亿元、增长 28.4%。

二、发展中存在的问题

一是生产总量和企业规模较小。重庆化学工业目前已初步形成了以长寿化工园区、涪陵化肥工业基地、万州盐气化工基地三大化工板块为主，特色化工产业区为辅相对集中的基本格局。仅管重庆化工近年来快速发展,但生产总量和企业规模还较小,2012 年重庆化学工业总产值仅占全国化学工业的 1.2%，同比降低 0.1 个百分点。在全国排名 18 位,在西部地区排第 4 位。

二是产品结构有待进一步调整优化。表现在高附加值、精细化工产品的比重不高，高消耗、粗加工、低附加值的中低端产品比重较大。缺乏高、精、专、特、细等高附加值、高端化工产品。需结合重庆市化学工业“十二五”规划的实施进一步调整、优化产品结构,及时进行产品结构调整和技术升级。大力引进和开发环境影响小、技术含量高、结构合理附加值高的产品。

三是中小企业融资困难。由于不断收紧的信贷,使企业融资难度增大,融资成本增加。特别是一些中小企业，在生产成本快速上升推动下,流动资金缺口越来越大,出现了生产经营上的困难。

四是技术创新能力不强。技术创新和科研开发投入不足，高端化工产品生产技术和大型成套技术装备主要依赖进口，缺乏具有自主知识产权的核心技术。以企业为主体的自主创新能力不强，产品技术水平偏低。多数企业应用现代技术改造传统产业的步伐不快，产品技术含量不高，老产品与低附加值产品居多。

五是资源和环保仍是行业发展的瓶颈。随着化工行业的快速发展，资源供需矛盾日趋突出，特别是石油、天然气、煤炭等既是化工行业的生产原料，又是行业的燃料、动力。重庆是天然气化工的重要生产基地，部分企业主要原料天然气受到供应不足的限制，导致企业生产负荷不高，开停车次数较多，对经济效益造成一定影响。同时化工行业又是高污染行业，节能减排、三废治理是该行业的重中之重。因此，资源和环保仍是行业发展的瓶颈。

三、2013 年发展目标

进入 2013 年以来，世界经济总体上保持了复苏态势，但面临诸多复杂因素，中东北非局势动荡不安，日本地震和海啸导致日本经济陷入负增长。欧洲主权债务危机愈演愈烈，美国经济放缓明显，大宗商品价格上涨引发新兴经济体通胀压力增大，都为世界经济增长带来了新的不确定性，行业经济运行的内外环境更趋复杂。我国石油和化工行业经济运行仍将保持平稳健康态势，但增速将会逐步放慢。增长适度放缓是转变发展方式的必然，更是结构调整的需要。2013 年预计重庆市化工行业将继续保持 10%以上的发展速度。

医药工业

重庆市经济和信息化委员会 苏波

一、2012 年发展回顾

2012 年重庆市医药工业有规模(2000 万元)以上工业企业 113 家，其中：化学药品原药制造 26 家、化学药品制剂制造 12 家、中药饮片加工 12 家、中成药制造 22 家、兽用药品制造 14 家、生物和生化药品制造 12 家、卫生材料及医药用品制造 3 家、制药专用设备制造 1 家、医疗仪器设备及器械制造 11 家。行业资产总额 336.7 亿元，从业人员 4 万人。

2012 年全市医药工业继续保持较快发展，主要经济指标比 2011 年均在 20%以上的增长。规模以上医药工业企业全年完成工业总产值 270.9 亿元，比 2011 年增长 20.1%；完成利税总额 42.1 亿元，比 2011 年增长 52.3%；完成出口交货值 14.3 亿元，比 2011 年增长 5.6%；完成销售收入 257.6 亿元，比 2011 年增长 22.1%；利润总额 20.5 亿元，比 2011 年增长 20.3%。医药工业主要产品产量：化学药品原药 0.9 万吨，比 2011 年增长 0.4%；中成药 7.7 万吨，比 2011 年增长 13.5%。

2012 年规模以上医药工业企业实现销售收入 257.6 亿元，比 2011 年增长 22.1%。其中：化学药品原药制造 51.3 亿元，比 2011 年增长 19.7%，占医药工业的 19.9%；化学药品制剂制造 46.7 亿元，比 2011 年增长 25.1%，占医药工业的 18.1%；中药饮片加工 9.7 亿元，比 2011 年下降 4.7%，占医药工业的 3.8%；中成药制造 101.5 亿元，比 2011 年增长 27.7%，占医药工业的 39.4%；兽用药品制造 21.6 亿元，比 2011 年增长 8.7%，占医药工业的 8.4%；生物和生化药品制造 8.2 亿元，比 2011 年增长 18.3%，占医药工业的 3.2%；卫生材料及医药用品制造 3.4 亿元，比 2011 年增长 64.1%，占医药工业的 1.3%；制药专用设备制造 1.2 亿元，比 2011 年增长 57.9%，占医药工业的 0.5%；医疗仪器设备及器械制造 14.1 亿元，比 2011 年增长 21.5%,占医药工业的 5.5%。

(一)生产总量继续保持较快增长

规模以上医药工业企业完成工业总产值 270.9 亿元,比 2011 年增加 45.3 亿元,增长 20.1%(比上年回落 6.5 个百分点,全国医药工业回落 6.8 个百分点)。其中:中成药比 2011 年增加 18.6 亿元,增长 21.5%,占全市医药工业增长量的 41.1%;化学药品制剂比 2011 年增加 10.4 亿元,增长 25.1%,占全市医药工业增长量的 23%。中成药和化学药品制剂成为增长的主力,占增量的 66.2%。

(二)中型企业成为增长的主力

医药工业总产值比 2011 年增加 45.3 亿元,增长 20.1%,中型企业 2012 年比 2011 年增加 21.2 亿元,增长 26.2%,占全市医药工业增长量的 46.8%

(三)产销衔接基本平衡

规模以上医药工业企业生产继续保持较快增长,生产总量增长了 20.1%,产销率与 2011 年相同。9 个行业中类的产销率有 5 个同比提高。产销衔接较好,产销基本平衡。

(四)重点企业是发展的重要支撑

医药工业排名前 10 户重点优势医药工业生产企业占全市 113 户规模以上医药工业企业的 8.8%;2012 年完成工业总产值 136.1 亿元,占全市医药工业完成工业总产值的 50.2 %。在重庆医药工业的发展中起到了重要支撑作用。

(五)行业经济效益总量大幅增长

在国家宏观政策调控、药品价格下降、生产企业盈利空间变窄的情况下,重庆市规模以上医药工业经济效益继续保持增长势头,2012 年实现利税总额 42.1 亿元,比 2011 年增加 14.5 亿元,增长 52.3%;实现利润 20.5 亿元,比 2011 增加 3.5 亿元,比上年增长 20.3%。从分行业类别看:除中药饮片加工、生物制药下降外,其余 7 个行业中类均保持增长。

二、发展中存在的问题

主要表现为"一小三低",即经济总量小、产业集中度低、产品市场竞争力低、企业利润低。

1.经济总量小。2012 年,重庆市规模医药工业销售产值 270.9 亿元,占全国行业 1.4%,居全国第 20 位、西部第 4 位,落后西部的四川(全国第 7,西部第 1)、陕西、广西,仅相当于山东的 1/10、江苏的 1/9,比不上扬子江药业一个企业的产值。发展速度不快,总量与四川的差距由直辖之初的 1.5 倍拉大为 2011 年的 3.3 倍。

2.产业集中度低。一是大型龙头企业少,规模小。无百亿级和五十亿级的医药龙头企业,十亿级企业也仅 4 户。无医药工业产值全国前 10 强企业,前 20 强也仅太极集团 1 户,其产值不到国药控股的 1/11。二是企业分布散,未形成集聚、集群发展态势。全市 100 多户规模企业分布在 30 多个区县,没有一个区县和园区医药工业销售产值超过 50 亿元。三是产业特色不突出。

3.产品市场竞争力低。集中体现为"六少"。一是国家级专利新药少。二是在药品招标采购中有优势的首仿药少。三是单独定价、优质优价的药品少。四是进入国家医保目录的独家品种 7 个。五是高端产品少,占比不到 10%,低档普药占 75%(高于全国 6 个百分点),医疗器械以中低端的常规医疗器械和卫生材料为主。六是大品种、大品牌少。在国外开展产品注册和通过发达国家 GMP 认证的企业仅 1 家(全国 15 家)。单品种销售额超 5 亿元的品牌产品仅 3 个,最大的医药单品种销售额不到 10 亿元,全市医药产业销售额不及国际知名医药企业一个品牌产品,如,辉瑞的立普妥年销售额超百亿美元,罗氏的三个单抗药物每个产品均超 50 亿美元。

4.企业利润低。主营业务收入利润率近几年均徘徊在 8%左右,2012 年为 8%,低于全国平均水平 2.2 个百分点。同质化竞争严重,如阿莫西林、氨曲南、左氧氟沙星等在重庆就有 10 多家企业生产,相互杀价导致薄利甚至亏损。

三、2013 年发展目标

2013 年预计完成工业总产值 330 亿元,比 2012 年增长 22%。

煤炭工业

重庆市煤炭工业管理局 龚世平

2012年，全市煤炭行业特别是各级煤矿安全监管监察部门全面贯彻党中央、国务院、国家安全监管总局、市委、市政府的决策部署，认真落实全国“安全生产年”、全市“安全生产基层基础巩固年”的各项任务要求，切实加强和扎实推进煤矿安全生产工作，全市煤矿安全生产形势持续稳定好转。与2011年比较，煤炭产量呈较大幅度下降。由于我市钢铁，电力行业整体疲软，煤炭市场出现了供大于求、结构性过剩态势。自年初以来，全市煤炭市场大体经历了三个阶段的变化。前3个月煤炭供需基本平衡、略显宽松；4月份之后，煤炭需求增速大幅下滑，外省入渝煤炭增加，煤炭库存上升，价格大幅下降，煤炭企业经营出现了许多困难，国有煤炭企业应收账款大幅增加，区县煤矿处于大面积停产状态；进入10月份以后，市政府根据市场的变化，取消了市外购煤补贴政策并暂停向煤矿企业征收电煤调节基金，加上经济复苏和冬季电力消耗旺季来临，煤炭市场需求回升，价格上涨，四季度煤炭产量大幅度回升。整体上2012年煤炭经济呈两头高中间低的U型态势。

一、煤炭资源和矿井基本情况

截至2012年底，全市煤矿可采煤炭储量16.18亿吨，其中国有重点煤矿可采储量9.31亿吨，国有地方煤矿可采储量0.15亿吨，乡镇煤矿可采储量6.71亿吨。按煤种分，无烟煤占39%，炼焦烟煤占42%，一般烟煤占19%。

重庆煤炭资源贫乏，探明煤炭资源总量不到全国的0.1%。由于地质条件复杂，煤层薄，倾角大，断层多，瓦斯、煤尘、水害、自燃发火、顶板等自然灾害严重，因此重庆的煤矿与全国其它省市比较，煤矿规模小，开采成本高，机械化程度低，安全状况差。

重庆煤炭工业产能在全国同行业中所占份额约1.2%。通过近年产业结构调整，重庆市矿井数从2005年1453处下降到2012年底的738处，核定年生产能力4173万吨。其中国有重点煤矿42处，核定年生产能力1650万吨；国有地方煤矿11处，核定年生产能力68万吨；乡镇煤

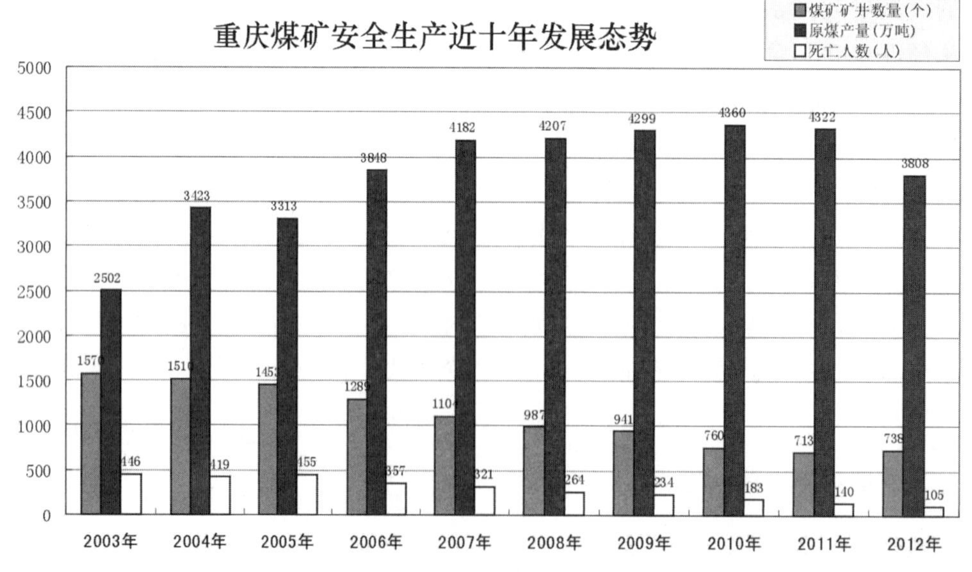

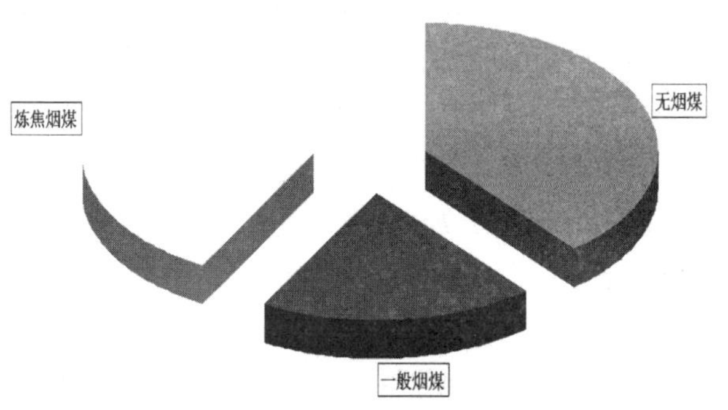

矿685处，核定年生产能力2455万吨。按生产规模分，738处矿井中，年产90万吨及以上的大型矿井7处，核定年生产能力820万吨；年产45至90万吨的中型矿井5处，核定年生产能力249万吨；年产45万吨以下的小型矿井726处，核定年生产能力3103万吨。占全市煤矿数量90%以上的乡镇煤矿平均年生产能力仅为3.6万吨。

全市现有738对生产矿井中，煤与瓦斯突出矿井88处，高瓦斯矿井109处，其余为低瓦斯矿井。

二、2012年煤炭工业经济运行概况

2012年全市煤炭生产经营总值217.07亿元，同比减少32.63亿元，下降13%。全市原煤产量3808万吨，同比减少514万吨，下降12%。其中国有重点煤矿生产原煤1407万吨，同比增产41万吨，上升3%；区县煤矿生产原煤2401万吨，同比减少555万吨，下降19%。

2012年我市煤炭产量同比较大幅度下降主要原于区县煤矿产量减少，区县煤矿产量创近七年最低。其原因一是我市钢铁、电力等产业疲软，主力电厂全年发电量同比下降21%。煤炭市场需求降低、煤炭价格大幅下滑使煤矿生产积极性受到创伤，区县煤矿纷纷采取保价停产措施，严重时全市一半以上的区县煤矿处于停产状态。二是“打非治违”专项整治活动是2012年我市小煤矿安全治理的重头戏。我市第一产煤大县奉节县因煤矿安全专项停产整顿，使该县全年原煤产量仅221万吨，同比减少204万吨，下降幅度达48%，其减少的产量占全市同比减少产量的40%。三是“十八大”期间，为保障全市安全稳定，各级政府对有安全隐患的区县煤矿实施全面停产措施。四是近年来我市大力推行小煤矿关闭整合政策，对安全不达标的小煤矿全部实施了关闭，很多区县小煤矿为了避免关闭而进行改扩建，全市处于改扩建的煤矿达239个。五是2012年我市春夏季节雨水充足，全市水电处于满发状态，客观上降低了能源对火电的依赖。我市八大主力电厂(包括珞璜电厂、重

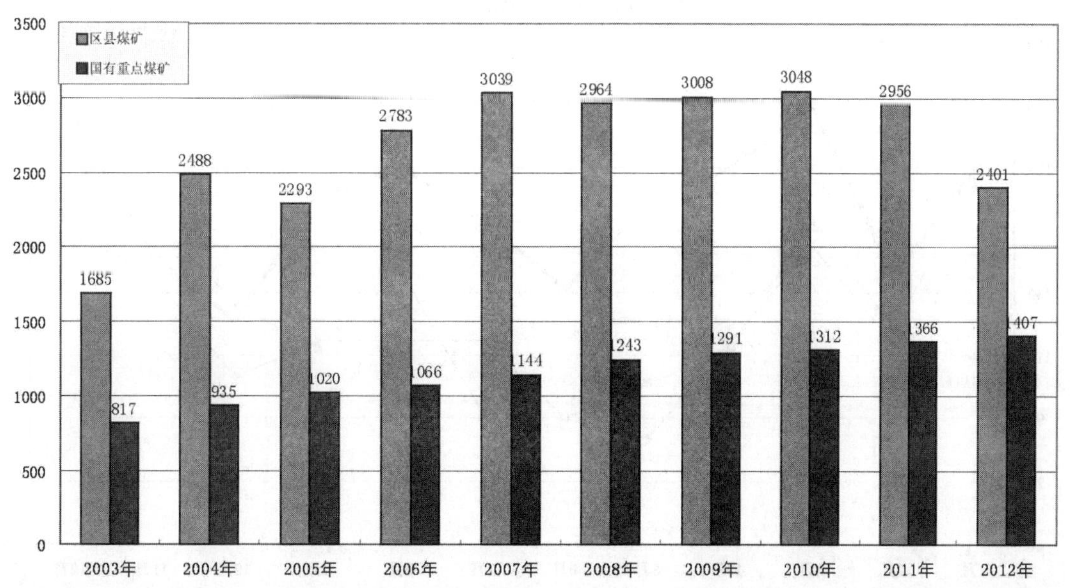

庆电厂、九龙电厂、双槐电厂、万盛电厂、安稳电厂、白鹤电厂、松溉电厂）全年发电消耗电煤1452万吨，同比减少435万吨，下降23%，这对电煤市场影响明显。六是随着全国煤价下跌，外地优质煤炭入渝量增加，由于本地煤炭质量低，开采成本高，无市场竞争力，一旦煤炭价格下滑至成本以下，不少区县煤矿只得停产。

国有重点煤矿、地方国有煤矿和乡镇煤矿原煤产量分别占全市原煤产量的37%、1%、62%（2011年为32%、1%、67%）。我市国有重点煤矿的产能稳步增长，其产量在全市煤炭总产量的比重逐年增大；地方国有煤矿因被国有大矿兼并，煤矿数量减少，产量已降低不到全市产量的1%；乡镇煤矿通过关闭和整合，数量大幅减少，年产3万吨及以下煤矿的产量已不到全市总产量的3%（2006年为40%）。

2012年全市国有重点煤矿生产洗精煤467万吨，同比增加45万吨，上升10.66%。

2012年全市煤炭销量3395万吨，同比减少618万吨，下降15%，其中销往外地煤炭1041万吨，同比减少384万吨，下降27%。我市外销煤炭逐年减少，但从外地入渝的煤炭在逐年增加。为保障"十二五"规划顺利实施，我市从2011年开始实施能源引进战略，通过加大购电入市、鼓励页岩气开发利用、引入神华集团公司等煤炭和电力支撑巨头以及实施大储煤基地等能源保障措施，加大了我市能源需求的保障力度。

至2012年底，全市煤矿库存煤炭为57万吨，主力电厂库存172万吨，电煤基地库存88万吨，以上合计317万吨（不包括其它车场码头的煤炭库存量），比年初减少56万吨，下降15%；比上月减少17万吨，下降5%。煤炭库存已经持续下降六个月，至年底仍可保障一个月的发电需要。

2012年12月，国务院通过国家发改委《关于取消重点合同，推进电煤价格并轨》的报告，从2013年起将取消煤炭重点合同，实施电煤价格并轨。这意味国家控制的电煤合同形式将取消，标志着电煤首次正式完全市场化，这将对占煤炭市场近半份额的电煤价格产生影响。

三、2012年煤炭工业主要成绩

1. 全市煤矿安全生产形势持续稳定好转。2012年是全国"安全生产年"、全市"安全生产基层基础巩固年"，我市煤炭行业特别是各级煤矿安全监管监察部门切实加强和扎实推进煤矿安全生产工作，取得较好成效。

一是事故总量持续下降。全年发生死亡事

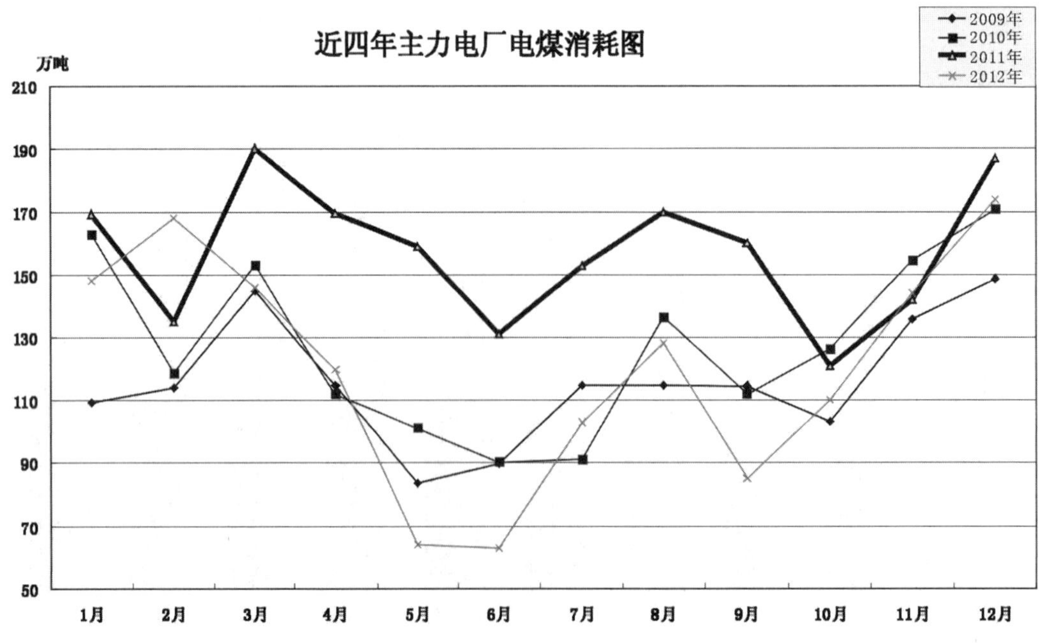

故91起、死亡105人,同比分别下降16.51%、25%。事故死亡人数较153人控制指标减少48人、下降31.37%。二是较大及以上事故防控有力。发生较大事故4起、死亡13人,同比分别下降33.30%、35%, 较控制指标6起减少2起、下降33.33%;未发生重特大事故。三是煤炭百万吨死亡率创历史最好水平。全市煤炭百万吨死亡率2.73,同比下降14.95%,较3.43控制指标减少0.7、下降20.40%。国有重点煤矿煤炭百万吨死亡率0.498,首次控制在0.5以内。

2.煤炭产业结构调整取得积极进展。一是完成煤矿企业兼并重组风险评估。市政府出台了加快推进煤矿企业兼并重组工作意见。除奉节县外均已完成兼并重组方案制定。二是淘汰落后煤炭产能。分解落实淘汰落后产能任务和建设工程竣工验收考核任务,实行分级验收机制。全年竣工验收煤矿建设项目132个、关闭煤矿4个,淘汰落后产能366万吨/年。

3.煤矿安全监管能力进一步增强。一是完善市、区县煤炭监管体制。市政府在市煤管局增设了瓦斯防治与利用处并完成相关职能移交,各区县煤管局进一步健全了内设机构、充实了监管力量,768名区县煤炭监管人员编制已配备到位682人,261个产煤乡镇在岗煤炭监管人员达948人。二是加强煤矿安全监管装备建设。市、区县和市煤管局投入1245万元,全面完成煤矿安全监管"5+X"装备任务,基层安全监管条件得到极大改善。三是开展标准化煤管局创建工作。制定和实施标准化煤管局考核办法,2012年已建成永川等6个标准化煤管局。四是实施监管人员素质提升工程。举办安全监管政策业务大培训、执法实务大练兵、青年岗位执法技能大比赛等活动,培训区县、乡镇监管部门负责人278人、监管执法人员932人。五是实施目标管理绩效考核。完善煤矿安全生产控制指标体系,完善区县煤管局监管工作、煤监分局(办事处)工作目标考核办法,实施了量化目标任务、季度考核排名通报、全年考核奖惩兑现和约谈帮扶机制。

4.煤矿企业安全管理能力进一步提升。一是扎实开展煤矿企业主体责任专项行动。全市具备安全级别评估定级条件的718个煤矿企业通过持续整改升级,A、B级矿井达97.2%。全市小煤矿"五长、五队"安全管理组织体系基本建成,现场安全防控能力进一步提升。二是持续推进煤矿安全质量标准化建设。创新"五级联创"、"四抓四建"工作机制,推进煤矿安全质量标准化工作。全市5个达国家级标准化矿井、150个达市一级质量标准化矿井。一级标准化矿井比

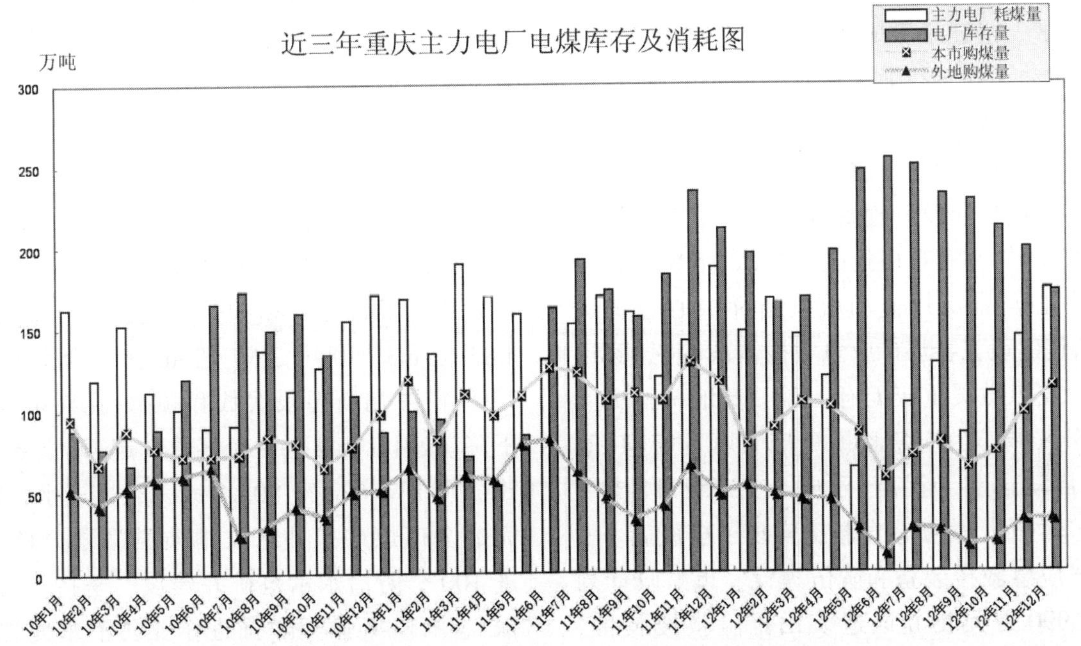

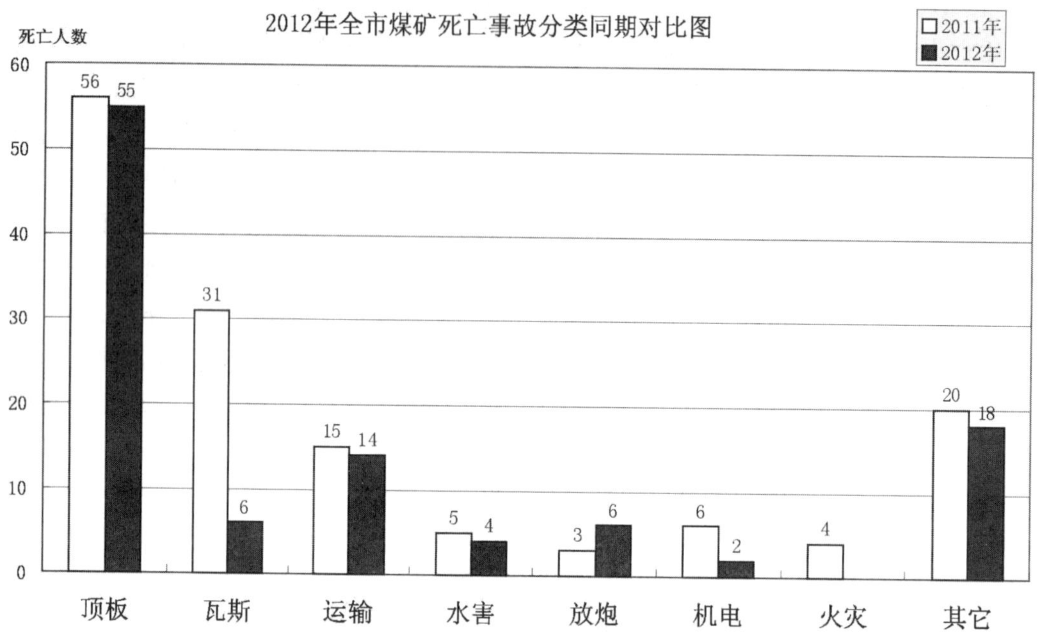

重由2008年的2%提升到2012年的25%。三是建设完善煤矿安全避险"六大系统"。全市煤矿安全监测监控、压风自救、供水施救、通信联络、人员定位管理等5大系统已基本建成；具备建设紧急避险系统条件的煤矿已建成357个。四是实施安全生产大培训大教育。2010年启动的煤矿安全培训"31331"工程全面完成,2011年实施的"千名煤矿总工程师安全培训工程"也基本完成。2012年培训"三项岗位人员"和相关人员近3.3万人次,全部实现教考分离、计算机远程在线考试。组建了重庆能源工业职业技术教育集团,启动了煤炭行业职业技能鉴定工作,已鉴定高级工、技师1642人。

5.*煤矿应急救援能力进一步提高*。一是有效整合市级煤矿应急管理资源。统一了全市煤矿应急指挥平台,市矿山抢险救援队、市煤矿救援指挥中心与重庆煤监局救援指挥中心合署运行。二是建设完善煤矿应急救援体系。将国家区域矿山应急救援重庆天府(三汇)基地调整更名为国家区域矿山应急救援重庆天府 (安稳)基地,并启动建设。全市已建成5支二级、11支三级煤矿救护队,煤矿应急救援实现了全覆盖。三是加强应急救援装备和队伍建设。市财政计划投入6990万元更新改造矿山抢险救援装备,2012年已完成2652万元。推进矿山救护质量标准化建设,开展救援指挥员和专(兼)职救护队员实战技能培训、应急救援演练、救护比武大赛,煤矿应急处置和救援能力进一步增强。

6.*煤矿安全专项整治有力有效*。一是加大安全投入。市政府建立了煤炭发展专项资金,对关闭小煤矿继续实行了"以奖代补"政策,适时取消了电煤调节基金。2012年市级财政和市级统筹安全费用投入1.55亿元，重点支持了煤炭产业结构调整、煤矿技术改造和安全专项整治。煤矿企业按规定提取使用生产安全费用投入近13亿元整治隐患,改善煤矿安全生产条件。二是推进瓦斯治理。在部分煤矿推广应用了水治瓦斯等一批瓦斯治理先进适用技术与装备。2012年建成瓦斯治理工作体系示范区县6个、累计18个,建成示范矿井36个、累计99个,129个矿井已建成地面固定瓦斯抽采系统，全年抽采瓦斯4.83亿m3、利用3.64亿m3，综合利用率达75%,矿井瓦斯超限次数和频率、瓦斯事故明显下降。2012年发生瓦斯事故3起、死亡6人,同比分别下降62.5%、80.64%。三是推进水害防治。完成全市煤矿矿井水文地质类型划分核查,推进100个防治水示范矿井建设，坚持"有掘必探"、"有险必撤"和"掘进作业防治水允掘通知单”的防治水措施，水害死亡事故得到有效控制。四是深化顶板事故整治。采取“六个一律”整治措施，强力推进顶板管理和支护改革，顶板事故死亡人数连续2年控制在了55人以内的水平。

7.“打非治违”专项行动有力有效。一是强化“打非治违”宣传培训。各地区、各单位开展形式多样的宣传活动，印发煤矿“打非治违”宣传手册10000本、督导手册1300本。二是深入推进“打非治违”开展。对煤炭开采秩序混乱的个别地区实施挂牌整治，对非法生产较严重的地区实施重点督导，对不具备安全生产条件的煤矿实施集中停产整顿，对“打非治违”不力、事故多发的区县和煤矿企业进行约谈，扎实开展了“打非治违”百日攻坚、回头看活动。全年排查取缔非法采煤窝点153处，查处违规违章行为4.2万余起。三是建立完善“打非治违”长效机制。构建市级10个部门煤矿“打非治违”专项行动“16671”联动机制，初步建立了“打非治违”采矿权标识、日常巡查、煤矿开采动态核查、重大隐患挂牌督办、事故矿井整治、安全质量达标、举报奖励、责任追究、目标考核等九项制度。

8.安全监管监察执法有力有效。一是坚持计划执法与阶段性工作相结合，执法与帮扶相结合，突出重点与统筹兼顾相结合，有力地查处了一批违法行为、消除了一批事故隐患。全市煤矿安全监管监察系统查处隐患4.6万条，督促整治率100%。二是坚持安全生产许可证、建设项目等行政审批事项集中、集体审查制度，严格行政审批和行政许可，严把了安全生产和建设准入关。三是坚持“四不放过”原则，加大事故查处和责任追究力度，2012年移送追究刑事责任8人、行政处分10人；全年查处瞒报事故4起、处理有关责任人员32人。开展了“一矿出事故，万矿受教育”警示教育活动。四是创新方式方法，开展煤矿安全生产帮扶工作，帮助指导基层监管部门和煤矿企业查找问题、解决问题、改进工作，助推煤矿企业安全管理上水平、煤矿安全监管工作上台阶，促进了全市煤矿安全生产。

四、煤矿安全生产存在的主要问题

我市煤矿安全生产虽然取得明显成效，但全市煤矿安全生产形势仍然十分严峻、煤炭产业结构性矛盾和问题仍然十分突出。

1.事故总量大、百万吨死亡率高，煤矿安全生产指标仍然处于全国落后水平。事故起数在全国排第二，仅位于四川之后。死亡人数仍超“一百”，在全国排第五，仅排在四川、贵州、云

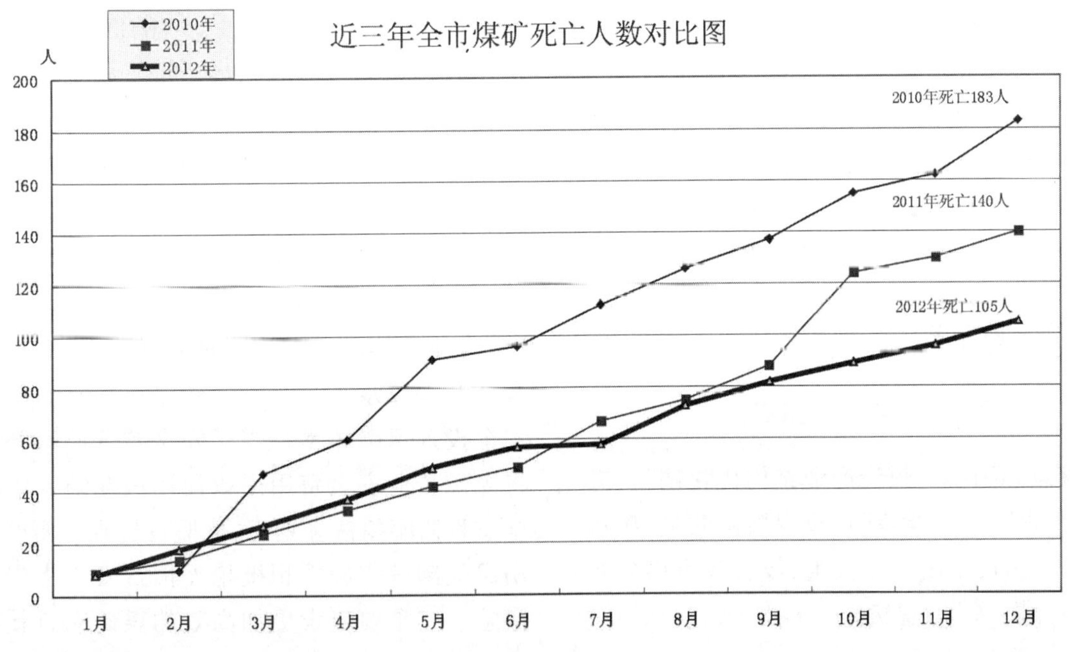

南、湖南之后。煤炭产量占全国产量比例不到1.5%，百万吨死亡率却是全国平均水平(0.374)的7倍。

2.煤矿安全生产基础依然薄弱，安全生产保障能力仍然不强。煤炭赋存条件和开采条件差，自然灾害严重是影响和制约煤矿安全生产的客观因素。小煤矿多、小、散、弱、低、差的状况没有根本改变，生产集约化程度低。小煤矿开采工艺、支护方式落后，采掘机械化和安全技术装备水平低，科技支撑脆弱。煤矿应急救援体系不完善，应对突发事件的处置能力和水平有待提高。随着矿井开采深度增加，瓦斯、顶板、地热等灾害因素将更加严重，治理难度和安全压力越来越大。

3.煤矿安全监管能力依然较弱，仍然不能较好适应新形势下煤矿安全监管工作要求。通过近两年的体制建设完善，全市煤矿安全监管力量得到加强，监管条件得到极大改善，但煤炭专业的安全监管力量不足，监管队伍整体素质不高，监管能力不强的问题仍然比较突出。个别区县煤矿安全监管能力十分弱化，领导不力、措施不力、监管乏力。煤矿整合技改、兼并重组工作在部分地区推进缓慢。

4.企业安全生产主体责任尚未落实到位，需进一步推进落实。一些煤矿企业没有正确处理安全与生产、安全与发展的关系，落实安全生产主体责任主动性不够，“五长、五队”虚设，内部技术防控体系不健全，班组建设、安全生产诚信建设、安全质量标准化建设没有引起足够重视，安全教育培训特别是对新工人岗前培训、变更工种培训不到位。部分煤矿企业安全投入不足，制度执行不力、现场落实不到位，隐患排查治理不彻底，超层越界、滥采乱挖时有发生，现场管理混乱，“三违”现象比较严重。

五、2013年工作重点

1.继续强力推进煤炭产业结构优化调整，夯实煤炭产业安全发展基础，减少煤矿数量，淘汰落后生产能力，实施兼并重组，改变我市煤矿企业“弱、小、散、差”的现状。

2.坚持不懈深化煤矿安全“打非治违”工作，在认真总结2012年“打非治违”工作的基础上，适时召开全市“打非治违”工作现场会，巩固“打非治违”成果，有效防范、坚决杜绝重特大事故。

3.强化煤矿安全基层基础建设，进一步提升煤矿安全生产保障能力。一是各区县煤矿安全监管部门要以标准化建设抓手，强化安全监管基础，提升安全监管能力。重点推进煤矿安全监管部门内设机构规范化、规章制度规范化、行政执法规范化建设，全面建成标准化煤管局。注重乡镇煤矿安全监管机构的指导和帮扶，重点产煤乡镇煤矿安全监管机构要配齐适应需要的专职监管人员，配备基本的监管执法装备。进一步完善市级、区县、乡镇三级煤矿安全监管体系。二是煤矿企业要以安全质量标准化建设为抓手，推进企业安全生产主体责任落实，提升安全管理能力。坚持和完善“五级联创”、“四抓四建”工作机制，深入开展以岗位达标、专业达标、企业达标为内容的煤矿安全质量标准化建设。三是要深化煤矿安全隐患排查治理。进一步健全完善煤矿安全隐患排查治理体系，完善煤矿企业自查、乡镇普查、区县排查、分局督查、市局抽查“五查并举”工作机制，健全隐患排查治理建档监控、挂牌督办、整改评价、考核奖励、约谈、信息报送“六项制度”，严格隐患排查登记、建档、整改、验收、销号“五落实”闭环管理。四是要加大“科技兴安”战略实施力度。强力引导扶持一批安全科技项目研究，支持有条件的煤矿企业特别是国有重点煤矿企业与高校、科研院所开展以瓦斯、水害、顶板、机运事故风险防控和应急处置关键技术研究与攻关，努力解决制约煤矿安全生产“瓶颈”问题。

4.加强煤矿公共安全体系建设，提升煤矿安全公共保障水平。一是要建设更加有力的煤矿安全投入保障体系。煤矿安全监管监察部门要将煤矿企业安全费用提取使用情况纳入年度安全监管监察执法计划，强化监督检查。要严格工伤保险制度实施，积极稳妥推行安全生产责任保险。二是要建设更加高效的煤矿应急救援保障体系。完善国家区域、市属专业、区县三级、煤矿辅助四级救援网络。全面贯彻国务院安委会《关于进一步加强安全培训工作的决定》，健全完善安全培训组织、培训师资、培训教材、培训考试、培训信息和培训质量评估“六个体系”，落实企业的安全培训主体责任。三是要建设行为规范的煤矿安全技术服务体系。规范发展煤矿安全检测检验、安全评价、安全咨询、职业危害检测检验、评价等专业技术服务机构。实施违法违规中介技术服务机构“黑名单”制度。建立健全煤炭行业协会学会联系协调机制，推进行业自律和规范化从业行为。

5.加强煤矿安全文化建设，全面提升社会公众参与能力。一是要强化煤矿安全生产宣传教育。以“关注安全、关爱生命”为主题，充分利用广播、电视、网络、报刊等媒体，开展安全公益宣传活动，全面开展安全生产、应急避险和职业健康知识“进煤矿、进乡村、进社区、进家庭”活动，努力提升全民安全素质。二是要不断提高安全文化建设水平。牢固树立安全发展理念，生产安全事故可防可控理念，“从零开始，向零奋斗”安全生产的“零”理念，以先进的理念引领安全生产、固化安全意识。继续开展“优秀矿长、优秀班组长、优秀矿工”评选活动，切实发挥其对煤矿安全生产工作的引领和推动作用。树立煤矿安全生态文明理念，大力推进资源节约型、环境友好型、安全保障型、文明和谐型“四型”矿区建设。

6.强化煤矿安全监管监察执法，维护煤矿安全生产法治秩序。一是要进一步加强监管监察法制建设。加快推进和完成《重庆市煤炭条例》立法调研工作。进一步完善重庆煤监局(市煤管局)政务服务中心“一个窗口对外、一站式服务、审批分离”和两局行政审批“统一管理、归口把关、信息共享”机制，简化审批流程，提高行政效率。严格煤炭生产许可和煤矿安全许可，严格建设项目“三同时”审批和验收。科学合理制定执法计划，将职业卫生执法纳入其中，严格执法计划、执法预案、跟踪落实闭环管理。继续开展煤矿安全生产帮扶工作，对考核排名靠后和重点工作推动不力的区县监管部门、发生事故的企业实施约谈和重点帮扶。二是要进一步强化煤矿事故调查处理。坚持“四不放过”原则，严格事故“通报、约谈、分析、跟踪督导”四项制度。三是要进一步加强监管监察队伍建设。实施素质提升工程，制定培训计划，强化区县、乡镇煤矿安全监管人员培训，强化知识更新、拓展能力培训，不断提高安全监察监管履职能力、依法行政能力。

冶金工业

重庆市经济和信息化委员会 苏波

一、2012年发展回顾

受国内外经济增速放缓、产能过剩和财务成本居高不下等因素影响，2012年重庆市冶金行业企业生产经营再次陷入低迷，特别是钢铁行业经历了更加严峻的考验，全国全行业亏损，钢材综合价格跌至1994年水平，冶金工业进入转型升级的“阵痛期”。重庆市冶金工业认真贯彻落实党中央、国务院及市委、市政府对经济工作的决策部署，遵照稳中求进的总基调，积极推进钢铁工业发展方式转变和结构调整，四季度冶金工业生产趋稳的迹象进一步显现。

(一)发展概况

2012年按“6+1”行业划分，重庆市冶金工业完成工业总产值1191.25亿元，同比下降1.8%；工业增加值285.93亿元，同比下降1.82%；销售收入1167.69亿元，同比下降0.72%；实现利润30.43亿元，同比增长47.65%；出口交货值14.93亿元，同比下降22.76%。

生产粗钢542.68万吨，同比下降13.52%；

钢材 1145.85 万吨，同比增长 0.4%；生铁 517.26 万吨，同比下降 8.15%；焦炭 322.09 万吨，同比下降 12.82%。

生产十种有色金属 30.56 万吨，同比下降 4.53%；原铝（电解铝）26.79 万吨，同比增长 17.6%；氧化铝 83.14 万吨，同比增长 101.45%；铝材 90.28 万吨，同比下降 9.78%；铜材 9.61 万吨，同比增长19.23%；铝合金 43.74 万吨，同比增长 20.86%；再生铅 40.26 万吨，同比增长 30.74%；电解金属锰14.08 万吨，同比增长 1.96%。

（二）主要特点

1.“转型升级、做大做强”，《重庆市材料工业三年振兴规划》出台。主要包括钢铁、有色金属和建材三个原材料产业，规划期为 2013-2015 年，规划提出为应对全球经济增速减缓，立足于重庆实际，加快产业结构调整和转型升级。

2.贯彻稳增长工作，促使行业稳步运行。在国家宏观调控和 GDP 增速放缓的大环境下，针对整个市场疲软、部分行业经济运行困难的局面，市委、市府及时出台“稳增长”政策，针对本行业重点企业和成长之星企业的运行进行调控，鼓励企业稳产增产，全年共计兑现稳增长奖励资金 1041 万元，促进行业平稳运行。

3.重钢环保搬迁项目获得国家发改委核准。2012 年 8 月 16 日，国家发改委下发了《关于重庆钢铁（集团）有限责任公司节能减排实施环保搬迁工程核准的批复》文件，正式就重钢集团环保搬迁项目进行了核准，自此，从 2007 年开始的重钢环保搬迁项目取得了国家发改委的“准生证”。

4.助推行业民营经济发展。市委、市府召开的民营经济发展大会出台了一系列扶持民营经济发展政策，财政每年投入 20 亿元，专项扶持民营企业发展。其中 5 亿元由市直接安排补助规模以上民营企业。截至年底，重庆市冶金工业企业通过专家评审民营经济技改项目 28 个，获得补助资金 2280 万元。

5.开展高强钢筋推广应用工作。重庆成为全国开展高强钢筋生产应用示范五个省市之一，通过组织企业申报高强钢筋示范企业和开展专家评审工作，初步确定重钢、永航、渝西、鹏程、雄越、恒龙等 6 户企业为重庆市高强钢筋生产示范企业。

6. 启动以产学研相结合的一批开发项目。2012 年 10 月，成立了重庆前沿钢材研究院有限公司，公司由万达薄板控股，重钢、长安、力帆、汽研院、重庆科技学院等单位，以及政府参股的股份公司，公司的成立推动了汽车板研发与应用，探索出一条“产、学、研、用、政”的新模式。在万盛经开区，以盛镁镁业为主体，上下游产业企业参与的形式，组建镁产业综合服务平台，平台主要包括镁合金研发、标准制定和检验检测在内的国家级检测中心。

7.加强行业管理，开展行业准入，淘汰落后产能。7 月，工信部专家组对申请电解金属锰行业准入的企业进行了现场核查，重庆武陵锰业有限公司、秀山县天雄锰业有限公司、重庆天雄锰业有限公司等 3 加企业通过了准入条件审核并予以公告。9 月，工信部出台《钢铁行业规范条件(2012 年修订)》，重钢已编制申报材料并上报工信部。12 月，对月华冶炼、瑞赛冶金、壁山世荣机械等一批落后产能的企业进行关停，淘汰再生铅产能 8 万吨，炼钢产能 1 万吨，轧钢产能 10 万吨。

8.筹建重庆冶金工业协会。为推动重庆市冶金工业发展，重钢、西南铝、重大、重庆科技学院等 27 家企事业单位共同发起筹建重庆市冶金工业协会，发起单位涵盖重庆市冶金行业主要子行业企业和相关科研院所。

二、发展中存在的问题

一是生产经营形势十分严峻，钢材、电解铝等重要产品价格持续下跌低位波动，加上产业链发展不均衡，产品结构不合理，主要原材料、市场“两头在外”，物流成本比沿海地区高 3-8%。钢铁行业利润 26.11 亿元，除去重钢变卖资产收益 20 亿元，全行业实际利润仅 6.11 亿元，同比下降24%;有色行业利润4.32亿元,同比下降65.61%。

二是产业链发展不均衡,产品结构不合理,钢铁、铝、铜等主要行业原材料、市场“两头在外”,物流成本比沿海地区高3-8%。

三是研发投入偏低,技术创新能力不足。研发投入占销售收入的比重仅为0.85%,低于全市平均水平。

三、2013年发展目标

冶金工业发展的基本思路是:以党的十八大精神为指导,认真贯彻落实《重庆市材料工业三年振兴规划》,加速企业技术改造和技术创新步伐,推进行业节能减排和产品结构调整,转变增长方式;造就一批具有国际竞争力的知名企业和品牌,为重庆市冶金工业经济的又好又快发展提供有力的支撑。

着力打造黑色金属材料、铝材料加工、铜材料、镁材料四大产业,实现产值1400亿元,同比增长15%,行业利润率由提高到2%,万元增加值能耗同比下降6%,度电产出由12元提高到14元。

粗钢产量650万吨,钢材1300万吨,十种有色金属40万吨,铝材140万吨,再生铝60万吨。

重庆盐业

重庆市盐业局 黄科

一、2012年发展回顾

2012年,重盐集团在重庆化医集团的坚强领导和大力支持下,上下同心,坚持科学发展理念,沉着应对复杂变幻的宏观经济形势,克服经济增速放缓、市场竞争加剧、盐销量大幅减少、生产经营成本攀升等严峻考验,继续夯实渠道网络,调整优化商品结构,严格控制成本费用,稳步推进项目建设,在逆境中奋勇拼搏,取得了稳中有进的业绩。2012年,重盐集团实现销售收入43.61亿元,与上年同期基本持平;万元综合能耗1.12吨标煤,同比下降0.03吨;实现利润6603.21万元;税金9013.97万元,同比上升5.95%;资产总额38.57亿元,同比增加11.73%;净资产11.79亿元,同比增加9.98%。重盐集团荣获“全国文明单位”、“全国盐业改革发展标兵”、“中国轻工业制盐行业十强企业”、“中国商业企业AAA级信用企业”、“全国商业服务业顾客满意企业”、“重庆市企业文化示范基地”、“重庆企业100强”、“重庆服务业企业100强”等荣誉称号,并被国家工信部确定为“中国工业企业品牌培育试点企业”。重盐集团《食盐专营企业转向市场化的商业模式再造》荣获第十九届全国企业管理现代化创新成果二等奖。

一是商贸流通平稳推进。通过调整盐品结构、开拓非盐市场、夯实渠道网络、发展大宗贸易等措施,提升了经营效益、做大了经营规模、提升了网建质量、拓宽了市场空间。全年商贸流通板块实现营业收入23.87亿元,同比增长0.25%;实现利润7431万元,同比增长23.97%。

二是制盐工业有序推进。制定规划,合理布局,指导制盐工业有序发展;统一认识,降本增效,扭转合川盐化被动局面;强化管理,按序推进,制盐项目建设顺利实施;控制成本,节能降耗,富友拓展新品包装市场。

三是食品调料蹒跚前行。飞亚公司改变模式抓市场,打造品牌;包黑子公司调整优化抓转型,奠定发展基础;天厨公司1万吨/年豆瓣酱加工项目建成投产;内蒙飞马公司积极谋求产业转型,正在优化项目设计。

四是管理工作不断提升。加快品牌建设,强化知识产权管理;创新融资手段,提高财务管理水平；规范项目管理，强化工程造价审计；深化质量贯标，强化生产安全管理；强化盐政管理，破获涉盐违法大案；加强党建工作，营造和谐发展氛围。

二、发展中存在的问题

一是人才不济，企业经营管理、市场营销、生产技术领域诸方面，攻坚克难的骨干力量都显不足；二是产品不优，大部分产品都是同质化的高度竞争型产品，缺乏市场竞争力强、盈利率高的拳头产品；三是管理比较粗放，风险防范意识不强，内部管理还未达到标准化、规范化和精细化的要求，各项成本费用较高，部分企业质量过程控制不力，业务流程、管理机制还有待理顺、完善、优化；四是渠道网络的增值效益、带动效益不显著，仓储管理、物流配送能力较弱，市外市场开拓尚处于起步阶段，营销能力不济，资金、存货周转率偏低，人均销量不高，盈利能力较弱；五是三大板块发展不平衡，内部资源尚未实现有效整合，协同作战能力差，集团规模效应、整体优势未能得到有效发挥，市场竞争力、抗风险能力不强。这些，都需要我们保持清醒头脑，进行深入剖析，采取切实有效措施加以解决。

三、2013年发展目标

（一）指导思想

2013年，是全面贯彻落实十八大精神的开局之年，也是重盐集团实施“十二五”规划承前启后、奠定发展坚实基础的关键一年。我们要遵循十八大提出的“以科学发展为主题，以加快转变经济发展方式为主线”，“把推动发展的立足点转到提高质量和效益上来”的要求，牢固树立忧患意识、责任意识、进取意识，坚持规模和效益并重，推进商业模式创新、管理创新、组织创新、品牌创新、产品创新、科技创新，不断优化产业结构、产品结构、组织结构，增强企业市场竞争能力和抗风险能力，推动重盐集团新一轮发展。

（二）计划目标

1.经济运行目标：

实现营业总收入35亿元，统计口径45亿元；

实现利润6000万元；

2.项目建设目标：

云阳盐化60万吨真空制盐项目建成投产；

潼南、长寿仓储物流项目开建；

合川盐化109井更新、甘家坝老厂装置生产多品种盐迁建项目，中盐长寿盐化二期液体盐采输工程项目，云阳、合川、酉阳、李渡中盐仓储物流项目，合川晒网沱盐仓改造，万州宝金公司综合楼等工程项目抓紧推进前期工作，择机开建。

3.安全环保目标：

实现“零工亡”；

无重大安全责任事故；

无重大环保责任事故；

无重大食品质量事故。

4.清正廉洁目标：

无以权谋私、贪污受贿违法犯罪案件。

（三）工作任务及主要措施

一是深化推进商贸流通，提升渠道网络规模效益；

二是加快发展大宗贸易，着力培育新的经济增长点；

三是切实强化降本增效，实现食品调料板块扭亏；

四是规范管理拓展市场，推进制盐工业板块达产达效；

五是夯实基础增添后劲，全面开展管理提升活动；

六是强化安全环保管理，狠抓本质安全与标准化建设；

七是建树国企政治优势，深化企业文化建设。

国防科技工业

重庆市经济和信息化委员会 苏波

一、2012年发展回顾

2012年重庆市国防科技工业经济呈现前低后高的运行态势,年初探底出现较大下降,以后降幅逐月减小,至年底各主要指标都实现正增长。

全年完成产值同比增长6.6%,营业收入增长6%,利润增长15.5%。37户企业中,盈利企业31户,亏损企业6户,亏损面为16.2%。有25户企业同比增利,12户减利。盈利亿元以上的有6户企业,5000万至亿元的有4户企业。

全年生产汽车175万辆,同比增长2.3%,摩托车204万辆,下降13.8%。2兆瓦风电机组增长12.9%、煤气表增长5.5%、铁路货车增长2.1%;汽车发动机、车用空调压缩机产量分别下降0.9%、20.8%。

二、发展中存在的问题

从2011年以来,重庆市国防科技工业企业的汽车摩托车等产品处于结构调整和市场波动中,经济运行在低位徘徊,再加上全国经济曾一度面临较大的下行压力,以至重庆市国防科工2012年1季度出现了16%的生产下降。随着汽车等产品逐步调整到位,6月份重庆市国防科工实现了当年首次的月度产值同比增长,11月末实现累计产值同比增长,12月末实现利润同比增长。

三、2013年发展目标

2013年,预计重庆市国防科技工业产值增长10%。

轻纺工业

重庆市经济和信息化委员会 苏波

一、2012年发展回顾

2012年,面对经济下行的严峻形势,重庆轻纺工业在市委、市政府的领导下,按照“稳增长、调结构、促转型”工作思路,真抓实干,开拓进取,取得了显著成绩。

(一)基本情况

2012年,重庆市规模以上(销售产值2000万元以上)轻纺工业企业为1263户,完成销售产值1993.7亿元,同比增长24.73%;工业增加值634.5亿元,同比增长24.52%;利润总额126.19亿元,同比增长16%。

14个主要产业中,有5个产业突破百亿元,即:食品产业完成销售产值961.89亿元,同比增长23.23%;纺织服装产业完成销售产值255.37亿元,同比增长14.18%;造纸产业完成销售产值170.49亿元,同比增长41.71%;塑料制品产业完成销售产值121.07亿元,同比增长25.52%;皮革及制鞋产业完成销售产值113.36亿元,同比增长35.91%。

2012年,产品产量增幅30%以上的有:多色印刷品、塑料制品、酱油、灯具及照明装置、玻璃包装容器、小麦粉、不锈钢日用制品、食品添加剂、卫生陶瓷用品、平板玻璃、玻璃保温容器、农产品初加工机械、服装。

重点监测的37户企业总体运行情况较好，共实现销售产值612.33亿元，占全市规模以上轻工业销售产值的30.71%，重点企业销售产值平均增长30.59%，其中汇东生物增长幅度达到261.54%，是增速最快的重点企业，恒都农业、恒安心相印、中粮粮油、光大集团也取得了超过100%的快速增长。

(二)主要成绩

1.稳定增长，行业经济实现平稳运行。面对经济下行严峻形势，坚持从四个方面开展稳增长工作，取得了较好成效。

一是抓扶持政策。促成市政府印发了《重庆市人民政府关于进一步加快服装产业发展的意见》，出台了建立服装产业发展专项资金等26条扶持政策。

二是抓"三个十"工程。年初筛选出轻纺行业10户重点增长企业、10个重点达产项目和10个重点投产项目。

三是抓企业统计报送清理。共清理出应报未报企业58户，将有33户企业纳入2012年统计范围。

四是抓民营经济项目的申报组织。轻纺行业2012年共有85个项目获得专项资金支持，资金总额6250万元。

2.强化布局，产业集群架构初步形成。

轻工业方面，正着力推进六大产业集群发展：一是渝西包装纸产业集群。二是长寿文化/生活用纸产业集群。三是丰都"林-浆-纤"一体化产业集群。四是大足家居产业集群。五是铜梁塑料制品产业集群。六是綦江食品产业集群。

纺织服装方面，正着力推进五大产业集群发展：一是万州纺织服装产业集群。二是涪陵中高档化纤面料产业集群。三是渝西纺织染整服装产业集群。四是"两翼"地区纺织服装加工贸易产业集群。五是主城区中高档服装产业集群。

3.调整结构，空白产业发展开局良好。为调整优化产业结构，构建多样化产业格局，寻找行业新的增长点，于2012年下半年启动了钟表、眼镜等空白产业发展工作。钟表计时产业已取得初步成效，眼镜产业发展工作也已正式启动前期工作。

4.开展活动，有效促进行业经济发展。举办了第八届服装节、第五届工艺美术博览会、家具博览会等展会；承办了全国纺织产业转移工作交流大会、中国聚酯产业链可持续发展及产业转移论坛等；组织企业参加了第20届中国国际服装服饰博览会以及杭州、新疆、深圳服装展、中国工艺美术交易会等展会；组织开展了多次面向企业的培训、宣传活动，包括：3次新产品发布会、2次电子商务培训会、3次诚信体系建设业务培训会等。

二、发展中存在的问题

2012年轻纺行业部分产品出现了负增长，产品产量降幅在30%以上的有：中空玻璃、砖、轻革、风机、发酵酒精、速冻米面食品；部分重点监测的37户企业如新涪食品、顶正包材、汇通肉类和今普食品4户企业出现了负增长。

三、2013年发展目标

(一)工作思路

稳定经济增长，提升质量效益，促进行业经济又好又快发展；加大招商力度，着力发展空白产业，调整优化产业结构；加强技术改造、技术创新和新产品开发，推动产业转型升级；组织开展重大活动，促进行业经济发展。

(二)发展目标

轻纺工业规模以上企业销售产值完成2430亿元，同比增长22%；新增规模以上企业50户，新增十亿级企业5个，新增中国驰名商标3个，新增就业1万人。

电子制造业

重庆市经济和信息化委员会 苏波

一、2012年发展回顾

2012年，重庆市电子制造业国内在经济下行压力增大的形势下保持快速增长，产业规模跃居全市第二位、全国第十二位，成为重庆市经济高速发展的支柱行业之一，为全市工业稳健增长和转型升级做出了重要贡献。

(一)基本情况

2012年，随着重庆市笔电基地的投产上量、物流大通道的建成，电子制造业产业链逐渐完善，产业集群初显规模。全年，重庆市电子制造业累计实现工业销售产值2193亿元，同比增长56%，占全市工业销售产值比重为16.7%，全市排名升至第2位，比年初上升了2位；占全国电子制造业工业销售产值的2.5%，排名第12位，比年初上升了1位。对重庆工业增长的拉动达6个百分点，增速全市第一，全国第三。累计生产计算机3786万台，同比增长76%。中冶赛迪和四联集团入围2012年(第26届)中国电子信息百强，分别排名第40、48位。

(二)工作成绩

1.高效引进京东方集团“第8.5代新型半导体显示器件及系统项目”。于12月21日正式签订合作协议，创造了从接触到签约仅用三个月的罕见效率。项目总投资328亿元，建成后月产液晶面板12万片，年销售收入近400亿元；年产大尺寸液晶电视200万台，年销售收入60亿元，并同步建设重庆研发中心。计划于2013年上半年开工建设，2015年二季度投产。该项目对国家、对重庆市均具有战略意义，特别是在经济下行时期，重庆市启动建设该特大型项目，对于提高发展实体经济信心、完善电子产业链、增强产业竞争力具有重大示范作用。

2.中航(重庆)微电子8英寸芯片制造项目浴火重生。中航微电子8英寸芯片制造项目是2007年重庆市工业“一号工程”，2012年底中航工业集团正式入主后，仅用一年就成功购买德国L-Foundary8英寸芯片生产线，悄然完成蜕变。8月10日，奇帆市长在公司的报告上连续写下“好！好！好！”并批示：“中航微电子公司的重组成功，是重庆集成电路产业具有里程碑意义的事”。在项目重组和发展过程中，重庆市全力以赴予以帮助：一是协调购买设备过程中遇到的外汇付款、海关免税、物流运输、税费减免等工作；二是指导由纯代工模式向代工+IDM模式转变；三是搭建本地企业交流平台，扩大代工订单；四是帮助取得紧急购买及运输危化品的批文，协调电费补贴、个人所得税返还等等事宜。10月，中航微电子实现3万片产能，一举跻身全国大型8英寸芯片企业阵营。

3.“稳增长”工作成效显著。2012年，宏观经济环境趋紧，重庆市工业增速放缓，但电子行业稳定快速增长。全年电子制造业产值同比增长56%，在全市“6+1”行业中排名第一，超过全市工业平均增速38个百分点；在全国同行业中排名第三，超过全国平均增速44个百分点。电子制造业对重庆工业增长的拉动达6个百分点，已成为重庆工业第一增长动力，为全市工业经济作出了突出贡献。

4.进一步强化基金项目管理。2012年，重庆市共有18个项目申报国家基金项目。目前，已有6个项目获得国家资金资助共8232万元，超过2012年2.9%。其中电子基金项目2个，获得1000万元；“专项二”1个，获得761万元；“专项三”3个，获得6471万元；在国家科技重大专项办开展在研课题检查中，成功组织市内8个课题承担和参与单位，共计52项课题开展自查自纠工作，并接受重大专项办委托，组织专家对被抽查的3个课题进行了现场检查评估，并向专项办上报检查报告；组织专家对2个国家基金项目和19个市级信息产业资金项目进行了结题验收；在重庆市四批民营发展专项资金中，共有19个电子类企业获得了总金额达1840万元的支持，比2011年全年增长67%。

5.夯实基础性工作。一是完成电子信息产业三年振兴规划编制工作；二是完善经济运行统计分析，做到了数据充分、对比清晰、图表丰富、预测有据，受到工信部通报表彰；三是创造性建立企业基本情况数据库，及时更新数据，切实掌握企业情况。

6.国际形象进一步提升。2012年，重庆市成功举办了“中国(重庆)国际云计算博览会”和“中国IC设计业2012年会暨重庆集成电路创新发展高峰论坛”两个国际性大型活动，向全世界展示了重庆电子制造业发展取得的成就，进一步提升了重庆市国际形象。其中，“中国(重庆)国际云计算博览会”由市政府主办的云博会在我国尚属首次，全球160多家IT企业参展、中央部委以及100多位跨国公司高层参加，29个市级部门和区县(园区)参与。“中国IC设计业2012年会暨重庆集成电路创新发展高峰论坛”由中国半导体行业协会主办，重庆市承办。来自全球十多个国家和地区的近60家顶尖IC（集成电路)企业展示了各自最新的产品与技术。国家发改委、工业和信息化部、科技部、中国半导体行业协会、“核高基”国家科技重大专项总体专家组成员、国内外有关专家、企业和媒体代表等近900人参加了会议，参会人数创造了历届最高。

(三)主要特点

1.产业地位进一步提升。2012年，重庆市电子制造业占全市工业销售产值比重为16.7%，全市排名升至第2位，比年初上升了2位；占全国电子制造业工业销售产值的2.5%，排名第12位，比年初上升了1位。

2.笔电体系逐步完善。随着计算机行业规模的快速扩张，笔电配套产业也得到进一步发展。2012年，笔电配套行业153亿元，同比增长130%，在全市电子制造业中的比重从年初的5.5%上升到7%。

3.内外资企业齐头并进。目前，重庆市电子制造业共有国有控股企业35家，集体控股企业6家，外商控股企业19家，港澳台商控股企业22家，民营企业173家。2012年，各类企业产值均有不同程度增长。

4.重点园区表现突出。西永园区2012年产值951亿元，同比增长87%，占全市产值的43%；两路寸滩保税港区产值233亿元，同比增长112%，占比10.6%。

5.生产效率持续提升。2012年，重庆市规上电子制造业共耗电119966万千瓦时，度电产值182元，同比提升20%；全员劳动生产率为134万元/人.年，同比增长10.7%。

6.社会贡献进一步增大。2012年，重庆市规上电子制造业从业人员达到15万人，比上年增长36%；上缴税金30亿元，同比增长38%。电子制造业在重庆市国民经济中的重要性不断提高。

二、发展中存在的问题

一是增速呈下降态势。受外部经济形势紧张、重庆市产业基数增大、缺乏新增长点等因素影响，重庆电子制造业2012年产值增速比2011年下降了92个百分点。

二是行业效益不理想。全行业2012年实现利润59亿元(不含结算中心)，同比增长11%，销售利润率为2.8%，比去年下降了1个百分点。全行业亏损额5亿元，同比下降29%；亏损企业33家，亏损面为13%，比去年增加了2个百分点。

三是行业结构过于单一。计算机产业一枝独秀，占全行业比重高达56%，增长贡献率达75%，处于行业支柱地位。电子制造业对计算机产业依赖度较高，抗风险能力不强。

四是区域分布尚不平衡。重庆电子制造业主要集中在主城及周边区县，“一小时经济圈”

内电子制造业占全市比重超过97%。其中,主城占87.62%,同比下降了3个百分点;渝西占78.67%,同比上升了2.2个百分点。“两翼”地区比重不到3%。其中,渝东北翼2.3%,同比下降了2个百分点;渝东南翼仅0.22%,同比上升了0.15个百分点。

三、2013年发展思路

围绕国家电子信息产业“十二五”发展规划和重庆市电子信息产业三年振兴规划及工业转型升级规划的要求,牢牢把握重要战略机遇期,以产业集群为主攻方向,以龙头产品为牵引,以龙头企业为依托,着力发展关联性强的产业链,不断提高信息产业的附加值、创新能力和市场占有率。

2013年,力争实现电子信息产业销售产值及主营业务收入4000亿目标(其中制造业3000亿,软件业1000亿),增长17%以上,占工业销售值23%,在“6+1”工业中力争第一,成为第一支柱产业。

计算机和通信产业

重庆市经济和信息化委员会 苏波

一、2012年发展回顾

重庆市笔记本电脑基地“无中生有”,成功经历了招商引资、项目建设两个阶段,2012年是重庆笔记本电脑“上量达产”,建成全球最大笔记本电脑基地的关键之年。2012年,重庆市电脑产量达到4200万台,占全国的18%,居全国第3位;打印机产量900万台,占全国的16%,跃居全国第2位;显示器产量1000万台,占全国8%,居全国第4位。实现产值1133亿元,同比增长91%,对全市工业增长的贡献预计达30%。

(一)招商引资工作取得新的突破

东芝全球笔电生产基地正式落户重庆,并于7月下单生产,开启日系笔电品牌入渝的新篇章,索尼、富士通公司已完成招商谈判,预计2013年可正式落户,为重庆笔电基地建设再添助力。惠普3000万台打印机、富士康5000万台显示器、广达二期扩能技改项目成功签约,目前项目进展顺利,打印机、显示器已实现量产。此外,与富士康签订了高新智能电视模组与整机一体化项目投资意向书,开展了富士康精密模具中心项目考察和专家论论,富士康液晶面板项目已开展多轮谈判和国家级专家论证,有关项目正在进一步推进中。同时,在北京召开富士康液晶面板项目专家论证会时,了解到京东方公司的发展战略并及时报告市主要领导,并做好前期双方高层沟通工作,全力配合和促进京东方项目的引进。

(二)重点项目建设有序推进

为推动重点项目加快建设,实现达产达效,与保税港区、西永综保区、相关企业相互沟通配合,促进显示器、打印机、旭硕订制厂房等重点项目有序推进。为确保3000万台打印机项目厂房建设,按照厂房交付期倒排计划,细化工期节点,每周协调富士康、西永、建设单位、监理单位等召开调度会,检查进度并及时协调解决问题,克服重重困难确保了厂房的按期交付。及时协调旭硕订制厂房建设中设备采购、招标、减免税等问题,纬创过渡厂房搬迁供电、通讯等问题,保障了项目建设进度。西永和空港两个保税区共建各种房屋面积达495万平方米。其中,西永保税区建厂房和仓库250万平方米,宿舍115万平方米,配套研发楼31万平方米,总计396万平方米;空港保税区建厂房和仓库共47万平方米,生活区43万平方米,综合办公楼9万平方米,总计99万平方米。有力支撑了笔电企业的上量达产。

(三)及时兑现政策和加强服务

及时全面兑现招商政策,有利于树立政府

的诚信，增强企业的投资信心。坚持只要承诺的政策必须坚决落实的理念，树立首问责任，只要是企业提出的问题，立即与财政、税务、海关、人社局、质监局等部门沟通协调。在处理具体问题的过程中，坚持原则性与灵活性相结合，比较圆满地解决了惠普公司引进人才个人所得税返还、宏碁公司物流补贴征税及享受西部大开发政策、英业达公司养老金缓缴和房产土地税滞纳金、英业达公司城市建设配套费缓缴、旭硕公司职工培训费、广达公司等企业废旧物资处理重复征税等问题。同时，按照“三位四同六步工作法”和“日清周进”的工作要求，坚持经常深入企业调研和了解情况，保持与企业的交流和沟通，及时解答和协调解决企业提出问题，有关工作不但得到企业的认可，也与企业结下了深厚的友情。

（四）对外交流进一步加强

2012 年，完成小平副市长率 20 余人团队访台、和平秘书长率队访美，惠普公司梅格总裁、富士康郭台铭董事长（2 次）、宏碁王振堂董事长、华硕公司施崇棠董事长来渝拜访市委市府主要领导，以及惠普公司托德副总裁和托尼副总裁、宏碁公司甘博龙副总裁、广达公司梁次震副董事长、富士康公司简宜斌副总裁、仁宝公司总经理陈瑞聪、东芝台湾公司石川隆彦总经理等企业高层拜访及与市政府主要领导进行工作会谈等活动 20 多次，以及与委领导的工作会谈数十次。同时，圆满完成惠普打印机、广达二期协议、东芝重庆基地合作备忘录、富士康高新智能电视投资意向书等签约活动。

二、发展中存在的问题

一是受欧美债务危机影响，全球消费市场呈现疲软特征，六大代工厂订单快速增长存在不确定性，一定程度上影响了西永、两路寸滩保税区建设的快速推进。

二是支持笔电产业发展的多元化投融资机制不健全。笔电产业是新兴支柱产业，建设任务十分艰巨，必须经过艰苦的融资工作筹集建设资金。因笔电产业园大部分土地属工业用地性质，融资抵押物价值低，筹融资工作更加困难。因此，要在短期内实现园区资金的自我平衡是比较困难的，目前园区正面临“找米下锅”的问题。

三是完整的笔电产业链尚未形成。笔电产业主要集中在整机、配套产品的大规模加工、组装上，在芯片、专用集成等高附加值的产品上存在空白，缺乏综合实力超群的笔电核心零部件骨干企业。

四是人才资源结构性矛盾突出，未能多种渠道满足企业用工需求。通过政府的关怀，园区大力支持，企业入驻后续工作进展顺利，但高层次人才储备不足，特别是既熟悉技术又精通管理的复合型人才缺乏。

三、2013 年发展思路

围绕建成“全球最大的笔记本电脑基地”的目标，认真贯彻落实推进新型工业化大会精神，按照重庆市电子信息产业三年规划总体思路，深入开展“三位四同六步工作法”和“日清周进”活动，全面落实各项政策，重点抓好运行协调服务、重大项目招商、重点项目建设，协助抓好物流通道建设、配套体系完善、劳动力保障、市场开拓等工作，加强协调服务，推动笔电基地建设再上新台阶。

2013 年，完成工业投资 160 亿元，FDI 12 亿美元，实现产值 1750 亿元，同比增长 50%。招商引资取得新突破，新引进品牌商 2-3 个，新签约项目 3 个以上。笔记本电脑产量达 6000 万台以上，占全球笔电产量的 25%左右，基本建成全球最大笔记本电脑基地。显示器、打印机项目实现规模生产，年产打印机 1800 万台，显示器 1800 万台。全面启动平板电脑行动计划，力争平板电脑产量达 600 万台。

软件和信息服务业

重庆市经济和信息化委员会 苏波

一、2012年发展回顾

2012年，重庆市实现软件和信息服务业主营业务收入864亿元，同比增长71%。其中软件业务收入552亿元，同比增长31.6%，高出全国平均增幅3.1个百分点，占主营业务收入比重达到63.8%，产业增速连续十二年保持在30%以上，全国排名首次进入前十位，超过陕西、天津，相比2011年提升两位，实现了历史突破。“国际离岸云计算试验区”和“国际电子商务结算中心”两大项目攻坚克难，也取得了可喜的成绩。

（一）增速和效益同步增长，保持高位稳定运行态势

近十年来，重庆市市软件和信息服务业始终保持30%以上的高速增长。2012年软件业务收入同比增长达31.6%，在全国软件业务收入排位全国前十的省级单位中，增速排名全国第五，西部第一。全年全行业实现利润38.9亿元，同比增长43.2%，上交税金21.6亿元，同比增长42.8%，实现了增速和效益同步增长。

（二）政府扶持政策效应突显，促进企业发展提速

2012年，国家出台支持农村水利建设等扩大内需政策，传统行业信息化建设提速，新世纪、博通水利、新媒农信、大唐测控、天极信息等企业订单量均高于2011年，实现了40%上增长。同时，27家软件企业获得重庆市民营经济专项资金支持，平均增速超过50%。

（三）园区建设提速，产业集聚放大效应显著

2012年，重庆市加强产业园区和聚集区建设。北部新区软件产业园聚集能力进一步增强，园区企业主营业务收入达到452亿元，占全市主营业务收入比例达50%以上。西部首个“网商产业园”正式开建，2012年已入驻网络企业及配套企业超过160家，总收入达到35.5亿元。

二、发展中存在的问题

一是软件企业规模偏小，研究开发力量分散，技术创新能力较弱。与中东部及沿海发达地区相比，重庆市软件与信息服务业企业总体规模偏小，企业可投入研究开发和推广应用资金偏少；知名品牌和龙头企业相对较少，优势企业分散在不同的行业和业务领域，龙头企业的产业带动作用不明显，难以形成具有发展合力的产业集群。

二是产业发展配套设施与环境需进一步改善。近年来，重庆市基础设施建设速度明显加快，但整体水平与国内同类竞争城市尤其是东部及沿海发达城市相比仍存在一定差距，特别是电信通讯、交通运输等基础设施建设仍有待完善，在一定程度限制了重庆软件与信息服务业综合实力的提升。

三是产业发展的人力资源支撑仍有待进一步加强。重庆市积极开展软件人才培养工作，为软件和信息服务业提供了人力资源保障，但现行教育体制存在培养的人才缺乏项目实践经验和实际操作能力，与企业需求相脱节的问题，使重庆市仍然存在较大的复合型人才缺口，特别是高端项目管理人才极度缺乏。

三、2013年发展目标

按照“十八大”精神、“314”总体部署、国务院3号文件和走新型工业化道路的总体要求，全面实践科学发展观，进一步解放思想，扩大开放，深入贯彻落实《关于推进新型工业化实施意见》精神，以“国际离岸云计算试验区”和“国际电子商务结算中心”两大龙头项目建设为载体，以招商引资为抓手，以融合创新为动力，促进云计

算、电子商务及互联网、软件信息服务外包、行业应用软件、数字内容五个领域同步发展,快速做大做强软件和信息服务产业。

到2013年末,重庆市软件与信息服务业收入力争达到1200亿元,从业人员达到15万人,在全国排名进入前十位;培育35家年销售收入超亿元的重点骨干软件企业;产业规模进一步扩大。"国际离岸云计算试验区"建成重庆与国内18个主要城市的直达传输通道;40万台服务器投入运营。"国际电子商务结算中心"力争实现全年认证结算量突破5亿美元,电子商务收入达200亿元。

节能减排

重庆市经济和信息化委员会　苏波

进入"十二五"以来,重庆市以"314"总体部署和国务院3号文件精神为指导,深入贯彻落实科学发展观,全面建设资源节约型、环境友好型社会。通过大力推进节能降耗工作,把其作为促进产业结构调整和经济发展方式转变的重要手段,超额完成了国家下达的节能降耗目标任务,实现了重庆经济的健康快速发展。

一、节能减排总体情况

"十二五"期间,国家下达重庆市节能目标为单位GDP能耗下降16%。2012年重庆单位GDP能耗下降至0.886吨标准煤/万元,同比下降7.06%;单位工业增加值能耗降低至1.28吨标煤/万元,同比下降13%。

2009年-2012年,重庆市单位GDP能耗分别下降4.97%、5.5%、4.61%、3.81%、7.06%,累计下降29.28%。单位工业增加值能耗分别下降10.41%、11.95%、6.7%、6.77%、13%,累计下降40.30%,工业节能对全社会节能贡献率超过90%。

二、2013年目标任务

2013年工作目标为:万元GDP能耗同比下降3.4%;工业固体废弃物综合利用率保持在81%以上;完成主城区污染企业搬迁12户。

装备制造业

重庆市经济和信息化委员会　苏波

一、2012年发展回顾

2012年,在国家《高端装备制造业"十二五"发展规划》和国务院《工业转型升级规划(2011-2015年)》的指导下,重庆装备制造业稳中求进,加快经济发展方式转变,抓紧产业转型升级,加大技术创新力度,抓好经济运行、招商引资,增加内需及内配,培育行业新的增长,成绩显著,重庆市装备制造业保持两位数增长,对全市工业经济平稳发展做出重要贡献。

(一)发展概况

经过多年的发展,重庆市装备工业加大了投资力度,加快产业结构优化调整,加强了重大项目的策划和实施,产品结构更趋合理,技术创新能力得到了进一步提高,已形成较为完整的现代工业生产体系,具有较强的机械制造能力和零部件加工配套能力。重庆市装备工业通过不断的结构调整,逐步向产业聚集、产业集群发展,目前已形成风电装备、轨道交通、输变电装备、仪器仪表、内燃机、船舶、环保装备、国防装备等8个特色装备制造产业基地和齿轮箱、大型铸锻、机床、农用机械、工程机械、制冷设备和核电辅助装备等7个装备制造产业集群建设，提升重庆装备制造业竞争力。

2012年全年重庆装备制造业完成工业总产值2116.5亿元，同比增长16.1%；工业销售产值2034.7亿元，同比增长15.9%；工业产品销售率为96.1%；实现利润146.3亿元，同比增长27.4%。

重点项目进展顺利，产业结构更趋合理。机电控股的30万端薄壁铸造预计年底建成10万吨铸件生产线所有设备安装、调试，为明年初正式投产奠定基础；望江公司已研制出20款1.5MW、2MW、3MW型号的风电齿轮箱产品，形成500台风电齿轮箱产能；泰山公司高压环保智能型交联电缆及特高压导线技术改造项目已完成，年新增10kV-500kV环保智能型交联电缆1500km、500kV-1000kV特高压导线30000吨、500kV及以下导线10000吨；"百亿重齿"二期项目即工程机械通用齿轮箱已动工。

（二）主要特点

1.风电产业取得重大进展

在克服全国风电市场萎靡情况下，海装公司已成为位居中国前10位的重要风电企业，2MW机组装机容量列全国之首，首批2MW-60HZ风电机组已经安装在美国俄亥俄州风电场。2台5MW海洋风机正在江苏如东安装调试，预计年内并网发电。配套体系逐步完善，目前在重庆一级配套单位已有27家，产值近百亿。

2.轨道交通产业发展顺利

重庆长客已形成年产500辆单轨和地铁车辆生产能力，跻身全国第三，青岛四方所电牵引系统和制动系统、南京康尼列车门、松芝公司地铁空调等已落户重庆。目前轨道交通中的车辆设备（车体、齿轮箱、制动、牵引电机、控制系统、转向架）、供电系统（供电设备、供电线路、低压配电）、弱电系统（自动售检票系统、综合监控系统、通信系统）、车站机电设备系统（通机、风机、给排水系统、空调系统）、车辆维保设备等已完成研发、生产、配套和系统集成。

3.通用航空产业取得一定成效

重庆通用航空有限公司成立，与中国民航飞行学院合作成立了"飞行学院重庆通用航空培训有限公司"并已开始第一批飞行员培训，直升飞机总装基地一期工程正式动工，预计年底可以交付使用。

4.积极推进页岩气装备开发

召开页岩气装备发展座谈会，分析行业发展目前状况及未来发展前景，组织有关企业对页岩气转变进行开发或者技术引进。

二、发展中存在的问题

一是总量小，竞争力不强。在全国装备制造业的占比不高，与广东、上海、山东、江苏等比差距较大。

二是成套能力较差，产业集群层次较低，没有形成以大型单机制造为核心、"整机+配套"的产业集群。

三是基础产业薄弱。装备制造业发展基础和水平攸关的基础产业相对薄弱，模具、刀具、量具、刃具、铸造、锻造、热处理等基础件和基础工艺发展滞后。

四是关键零部件配套能力弱，产品本地化率较低。轨道交通产业的本地化率只有20%；特高压输变电装备的本地化率只有40%；大型烟气脱硫装备的本地化率只有43%；大型船舶用内燃机本地化率只有45%；作为数控机床关键功能部件的电主轴，中高端产品主要依靠进口。

五是缺乏总承包能力。在系统设计、系统集成、售后服务实现"交钥匙工程"的总承包能力方面还比较弱。

六是技术创新能力弱。重点机械产品的制造技术主要从国外引进，对引进技术的消化再吸收和再创新力度不够。

三、2013年发展目标

在综合考虑国内外经济大环境、原材料价格上涨、生产、用工成本不断增加、市场竞争较为充分等因素的影响下，部分企业生产经营压力增大，加之新投产达产的重大项目不多，预计2013年，规模以上企业完成工业总产值2300亿元，同比增长8.7%；力争实现2400亿元，增长13%。

建材工业

重庆市经济和信息化委员会 苏波

一、2012年发展回顾

建材工业是国民经济的重要基础产业，主要包括建筑材料及制品、非金属矿及加工制品、无机非金属新材料三大产业，广泛应用于建筑、军工、环保、高新技术产业和人民生活等领域，在工业化、城镇化进程中发挥着重要作用。重庆市建材工业已形成以玻璃纤维、水泥、卫生陶瓷、玻璃深加工、新型建材为主导，以一批大型企业为主体，其他中小企业协调发展的建筑材料工业体系，成为重庆市培育发展的支柱产业之一。2012年，在国家降低GDP增速和房地产调控政策的影响下，重庆市建材工业保持了平稳发展，为重庆工业经济及社会发展做出了贡献。

(一)基本情况

2012年，重庆市建材工业实现了平稳发展，规模以上企业工业总产值达到775.4亿元，同比增长16.5.%，高于全国2个百分点，增速居全国第14位；实现利润40亿元，同比下降8%；投资200亿元，同比增长14.3%，全国排第18位。

规模以上建材企业共生产水泥5500万吨，同比增长11.4%，其中水泥熟料3624万吨，同比增长1.4%，新型干法水泥比重达到93%；商品混凝土4907万立方米，同比增长20.3%；平板玻璃1542万重量箱，同比增长29.1%；建筑陶瓷砖12305万平方米，同比增长2.5%；卫生陶瓷324.6万件，同比增长15.7%；墙体材料54.1亿块(折标砖)，同比增长9.3%；玻璃纤维纱41.5万吨，同比降低2.3%。

(二)主要成绩

1. 贯彻稳增长政策，确保行业平稳健康运行。在国家宏观调控和降低GDP增速的大环境下，针对整个市场疲软、部分行业经济运行困难的局面，市委市政府府及时出台“稳增长”政策，鼓励企业稳产增产，全年建材行业20余家企业共获得稳增长奖励资金1735万元，拉动增长4个百分点，有效保障了建材工业的平稳增长。

2.《重庆市材料工业三年振兴规划》出台，确定了行业的发展目标和方向。为应对全球经济增速减缓，加快产业结构调整和转型升级，重庆市委召开了新型工业化大会，提出包括材料工业在内的“6+1”行业振兴规划。《重庆市材料工业三年振兴规划》于8月15日印发，主要包括钢铁、有色金属和建材三个原材料产业，规划期为2013-2015年，为建材工业未来三年的发展指明了方向。

3.宣传贯彻民营经济政策，助推行业民营经济发展。市委、市府召开的民营经济发展大会上出台了一系列扶持民营经济发展政策，财政每年投入20亿元，专项扶持民营企业发展。截至年底，重庆市建材工业企业通过专家评审民营经济技改项目28个，获得补助资金2530万元。金九水泥、渝琥玻璃、万盛浮法、欧华陶瓷、新美陶瓷等一批建材行业民营企业正在不断壮大。

4.推动一批技术改造项目，优化产业结构。2012年以来，万盛优质浮法玻璃、顾地塑胶大口径管道、东方希望新型干法水泥、正阳新材料等5个重点项目全部投产，预计全年新增产值15亿元，产业结构得到进一步优化。

5.圆满完成引进外资任务，增强发展后劲。在行业经济整体下滑，发展受困的情况下，全年建材工业实际外资项目9个，到位资金1.7亿美元，完成全年任务的113%，为建材工业后续发展提供了强有力的支撑。

6.推进行业节能减排,加快了"两型"社会建设。一是推进行消化吸纳工业废弃物。2012年全市建材行业吸纳消化固体废弃物1650万吨,约占全市固体废弃物总量的60%,包括粉煤灰、煤矸石、煤渣、矿渣、硫酸渣、赤泥、脱硫石膏以及城市建筑垃圾等,成为全市消化废弃物最大的行业。二是推进水泥企业脱硝改造。15条生产线相继完成水泥窑脱硝技术改造,提高全行业节能减排的技术水平。三是建材工业度电产出12元,比去年度电产出增加近1.6元,提高15%。四是积极推广国内领先的水泥窑仿真节能技术。

7.加快兼并重组和淘汰落后产能,提高行业发展水平。积极贯彻落实兼并重组和淘汰落后产能有关政策,中国建材西南水泥收购了原重庆润江水泥和重庆三磊水泥,使其在全市的水泥产能达到了1300万吨,成为重庆市最大的水泥企业。同时,淘汰落后水泥产能840万吨,新型干法水泥比例达到93%,加快落后产能的退出,实现水泥工业结构的进一步优化。

8.切实加强行业管理,促进健康发展。一是开展全国建材行业先进集体和先进个人评选工作,共推荐2个先进集体和5个先进个人;二是组织5家企业参加了第二届中国国际新材料博览会;三是换发三家水泥企业化验室合格证;四是推动企业质量品牌建设,推荐"重庆实力品牌"企业达20家。

二、发展中存在的问题

一是产业链发展不均衡,产品结构不合理。装饰玻璃、建筑高档用材等行业发展严重不足、玻璃纤维原材料、市场"两头在外",物流成本比沿海地区高3-8%。

二是研发投入偏低,技术创新能力不足。研发投入占销售收入的比重仅为0.85%,低于全市平均水平。

三是市场竞争加剧,行业效益有所下滑。在市场价格整体处于低位,而生产成本降幅较低,全行业利润率下降至5.2%,水泥等主要产品价格下跌至低谷。

三、2013年发展目标

认真贯彻落实科学发展观,以党的"十八"大精神为指导,走新型工业化道路,根据《重庆市材料工业三年振兴规划》确定的目标和方向,通过改造提升,延长产业链,加快技术改造和创新的步伐;以重庆市建筑业和装备、电子信息等主导产业需求和拓展为导向,重点支持和发展新材料、新型建材,调整产业结构;努力促进从能源资源消耗型向低碳节约型转变,从单一材料制造向完善产业链转变,建设资源节约型、环境友好型、质量效益型产业。2013年重庆市建材工业预计完成目标:规模以上企业实现工业总产值900亿元,同比增长16%;完成工业增加值350亿元,同比增长10%。

天然气工业

重庆市经济和信息化委员会 苏波

一、2012年发展回顾

2012年全市天然气供应总量71.16亿立方米,同比增长12.95%,其中:工业用气43.58亿立方米,同比增长15.8%,民用气20.55亿立方米,同比增长14.5%,CNG用气7.03亿立方米,同比增长2.03%。

2012年,天然气设施建设完成投资9.6亿元,新建供气管道3088公里。全市天然气用户数达到471万户,其中居民用户451万户。

(一)加快编制"十二五"城镇燃气发展规划

《重庆市"十二五"天然气发展规划》已通过

行业专家评审，征求了市级有关部门和重点燃气经营企业的意见，近期待进一步修改完善后，即将印发全市。重庆市“十二五”城镇天然气发展目标是：到 2015 年，重庆市天然气供应量将达到 150 亿立方米，是2010 年的 2.6 倍，占全市能源消费比重从 2010 年的 10.5%，提高到 14%；城镇天然气家庭用户达到550 万户，城镇天然气气化率从 70%提高到 87%。

（二）认真开展燃气经营许可证核发工作

市经信委印发了《重庆市城镇天然气经营企业〈燃气经营许可证〉审批条件和申办程序暂行规定》，明确燃气经营许可证的审批条件、申办程序、办理期限及资料要求等。2012 年，重庆市共核发四批 84 家企业燃气经营许可证（含 48 家分公司）。通过许可证核发，进一步规范企业在制度建设、安全管理、抢险抢修、项目实施、人员培训等方面的生产经营行为，为下一步重庆市城镇天然气加快发展奠定了良好基础。

（三）开展天然气从业人员资格培训

按照《城镇燃气管理条例》规定，天然气经营企业主要负责人、安全生产管理人员以及运行、维护和抢修人员需经专业培训并考核合格。为此，针对三个不同层次培训人员，组织专家编制重点不同的三种培训教材，开展三类人员的专业培训，开办培训班 17 期，共培训各类人员近 2000 余人，经考核合格，均取得《重庆市城镇天然气从业资格证》。

（四）规范天然气设施建设项目管理

强化项目审批和验收工作。一是明确责任。市经信委负责审批重庆燃气集团等 4 家重点企业的工程项目，以及其他公司跨区县经营的工程项目，区县天然气主管部门负责审批其他的天然气工程项目。二是明确程序。在天然气项目实施前，要求企业必须到天然气主管部门办理立项、初设审批手续，并持立项审批手续到规划、国土、环保、消防、建设等有关单位办理其他相关审批手续。三是严格竣工验收。项目完工后，企业要及时组织竣工验收，自验收竣工合格之日起 15 日内将验收情况报送项目审批部门备案，并将工程档案移交规划、建设等有关档案机构。

（五）加快推进重点项目建设

重庆燃气集团旱土城市天然气配气站是 2012 年两江新区重大基础设施“百日会战”项目。项目总投资 1.42 亿元，主要建设内容包含：旱土城市天然气配气站，占地约 10 亩，地点位于渝北区玉峰山镇双溪村，主要用于接收中石油西南油气田公司旱土门站来气；黑石子调压站，占地 4 亩，地点位于黑石子立交东北侧地块，主要作用是汇集中石油、中石化气源后调压输往主城中环管网；旱土城市天然气配气站至黑石子调压站至主城中环输气管道工程，全长 18 公里，设计压力 4.0MPa，管径为 D711×11.9，沿途经过北部新区、渝北区及江北区等区域；江北桂花湾至黑石子调压站输气管道工程，全长 5.5 公里，设计压力 1.6MPa，管径为 D426×8，将中石化气源经黑石子调压站输往主城中环管网。

项目于 2012 年 7 月 6 日正式打火开焊。在市政府、区政府有关部门、有关单位的大力支持和各级领导的高度重视下，截至到 2012 年底，管线安装工程已经基本完工，两个站场的施工正在加紧进行中。

（六）加强安全生产监督检查

按照市政府《关于全市安全生产基层基础巩固年工作的实施意见》（渝府发 [2012]1 号）要求，市经信委开展重庆市城镇天然气行业安全隐患排查治理和检查督促工作。重点检查天然气储气站、配气站、运行 15 年以上的天然气管道、居民户内天然气管道及用气器具、地下室及半地下室等特殊用气场所、临街商户用气设施等。通过检查，及时对安全隐患进行整改，确保重庆市安全用气的良好局面。

依据《城镇燃气设施运行、维护和抢修安全技术规程》（CJJ51-2006），市经信委还下发《关于进一步加强城镇天然气入户安检工作的通知》，进一步强调了入户安检的重要性，明确了检查内容，提出了工作要求。入户安检查工作情况将纳入各天然气经营企业年度评估考核内容。

(七)强化天然气燃烧器具安装维修资质管理

为进一步消除燃气燃烧器具安装维修不规范带来安全隐患,加强天然气燃烧器具安装维修企业和人员的资质管理。开展燃烧器具安装维修单位资质到期换证工作,对19家企业换发《建筑业企业资质证书》,同时对23家企业的180名从业人员进行了专业培训。各天然气企业也进一步落实完善了燃烧器具通气查验制度,对安装不符合要求的或无单位资质和岗位证书人员安装的,不予开通天然气。通过这些措施,切实把好源头关,力争将安全隐患消灭在萌芽状态。

(八)积极开展天然气安全宣传活动

市经信委在重庆市组织开展“关注燃气安全,关爱生命财产”城镇天然气安全大型宣传活动,在全市38个区县统一开展,印制4万册宣传资料,制作安全用气电视片,以及大量展板。此次活动是重庆市直辖以来规模最大、范围最广的城镇天然气安全宣传活动,各城镇天然气经营企业均参与了活动。通过本次活动,引导全市居民依法用气、科学用气、安全用气,进一步提高市民安全用气意识和隐患处置能力,实现全民安全用气、社会安全稳定的目标。

(九)批准设立重庆开县燃气有限责任公司巫溪分公司

市经信委批复巫溪县经信委同意设立重庆开县燃气有限责任公司巫溪分公司。巫溪天然气供应工程(一期)由重庆燃气集团负责建设,项目总投资2813万元,该工程在巫溪县城安装供气管线10公里,并建设了储量为5万立方米的供气站场。这个项目建成投入运行后,标志着重庆市38个行政区县全部实现管道天然气供气。

二、发展中存在的问题

重庆市天然气设施建设尚存在项目不报批,竣工不验收,验收不备案等问题,极易造成燃气安全隐患。

三、2013年发展思路

一是加强制度建设。研究出台《重庆市城镇天然气安全生产和经营服务年度评估制度》、《重庆市城镇天然气入户安检技术规程》、《重庆市城镇天然气验收通气技术规程》等。

二是加强资质管理。加强对各区县新建乡镇天然气经营企业燃气经营许可证核发工作的监督检查;做好《天然气燃烧器具安装维修资质》到期复查和核发工作;加强天然气从业人员的专业技术培训。

三是加强项目管理。加强对新建天然气工程项目管理,规范天然气项目申报审批和竣工验收。推动重燃集团旱土调压计量站等重点天然气设施建设项目实施进度。

四是加强安全督查。推进老旧管网改造,排查设施安全隐患,确保天然气设施运行稳定、安全。加强安全知识宣传。

循环经济

重庆市经济和信息化委员会 苏波

一、2012年发展回顾

(一)推进循环经济立法进程和规划编制

一是积极推进循环经济立法工作,编制完成了《重庆市循环经济条例》(征求意见稿初稿),召开市级相关部门、工业企业、循环经济专家及立法专家三个层面的立法论证会,对征求意见稿作了进一步的修改。二是组织编制了《重庆市“十二五”循环经济发展规划》(初稿),初步确定了“十二五”期间重庆市循环经济发展目标、主要任务、重点项目、保障措施等内容。《规划》已通过了专家评审,待进一步修改完善后印发。

(二)组织开展循环经济试点工作总结

近几年来,重庆市在环境污染治理、产业结构调整、资源综合利用、企业环保搬迁、淘汰落后产能、促进清洁生产、推进企业节水等方面取得了一定成绩,形成一批循环经济发展的典型模式,全市循环经济发展迈上了新的台阶。为总结和推广重庆市循环经济工作经验,组织编制《重庆市循环经济案例汇编》,对2个园区和13个企业开展循环经济工作情况进行了案例剖析和专家点评。同时,还开展第一批循环经济试点总结工作,为扩大试点范围,开展重庆市循环经济第二批试点奠定良好基础。

(三)成功组团参加第二届中国国际循环经济博览会

2012年6月,国家发展改革委、工信部等十部委与山东省政府、青岛市政府在青岛共同主办了“第二届中国国际循环经济成果交易博览会”。按照市政府有关领导的指示,重庆市组织了近30家循环经济发展成绩突出的园区和企业,组团参加了此次博览会。博览会上,重庆市充分展示“十一五”期间全市循环经济发展成果。重庆市循环经济发展取得的成果,得到了国家发改委等有关领导和参观人员肯定。重庆市出色的组展工作,也获得了本届博览会组委会的高度评价,获得了组委会颁发的《优秀展示组织奖》。

(四)积极争取国家财政专项资金支持

按照工信部、财政部《关于申报2012年工业清洁生产示范项目的通知》有关要求,市经信委会同市财政局开展了2012年工业清洁生产示范项目申报工作。经过努力争取,重庆市西南合成医药集团有限公司医药出口基地建设清洁生产示范项目和重庆华浩冶炼有限公司铜及铜基粉末生产示范项目分别获得补助(奖励)资金750万元和500万元,有力推动了重庆市工业清洁生产工作的顺利推进。

(五)加快推进永川城市矿产基地建设

重庆永川港桥工业园是国家发展改革委、财政部确定的国家第二批“城市矿产”示范基地。为加快基地建设,市经信委会同是财政局强化了项目监督管理,配合完成了财政部经建司对项目的核查工作,确保示范基地严格按照批准的实施方案进行建设。目前基地已累计完成投资5.2亿元,占计划总投资的35.7%。10万吨再生铝生产线建成投产,竣工厂房面积2.7万平方米,初步建成固定回收网点15个、流动回收网点18个,完成园区2980米雨污水主管网建设。

(六)进一步加强资源综合利用工作

认真开展资源综合利用认证工作,积极落实资源综合利用税收优惠政策,全市认定资源综合利用增值税减免企业共计240户,其中:资源综合利用电厂9户,水泥企业24户,墙体材料企业133户,新型墙体材料企业22户,木竹纤维板、翻新轮胎等综合类企业23户。认定了资源综合利用所得税减免企业29户。

二、2013年发展思路

一是加快《重庆市循环经济条例》立法进程。

二是启动开展市级第二批循环经济试点工作。

三是加快国家城市矿产基地等重点循环经济项目建设。

四是争取2013年中央清洁生产专项资金支持。

第三产业

道路运输

重庆市道路运输管理局 胡天勇

一、2012 年发展回顾

2012 年,重庆市道路运输行业有客货运输业户 102029 户,其中班线客运业户 458 户,货运业户 90,690 户,汽车维修业户 9,794 户,出租车业户 1078 户,城市公交 8 户,轨道运输业户 1 户。

全市有营业性客货运输车辆 29 万辆,其中班线客运车辆 22,638 辆,货运车辆 234,844 辆,出租车辆 19120 辆(主城:11934 辆,远郊:7186 辆),城市公交车辆 7975 辆。

全市三级以上客运站 102 个(一级站 20 个,二级站 40 个,三级站 42 个),新建农村客运站 35 个,农村招呼站 1046 个。

2012 年完成道路客运量 15.2 亿人次,客运周转量 470.6 亿人公里,同比增长 12%和 15%,占综合运输客运总量的 97%和 65%。

2012 年完成货运量 9.5 亿吨,货物周转量 914.8 亿吨公里,同比增长 15%和 17%,占综合运输货运总量的 86%和 33%。

2012 年重庆轨道交通运营总里程达 131 公里,有轨道车 115 列共有 648 辆。全年轨道交通完成载客量 2.4 亿人次,同比增长 288%,日均载客量突破 100 万人,形成衔接主城重要商贸和社会活动中心、交通枢纽、居住出行的运营网络。开通里程数和客运量位居中西部第一,全国第五。

全行业现有持有道路旅客运输从业资格证人员 233009 人(2012 年新增 10363 人),持有货运从业资格证人员 459370 人(2012 年新增 40454 人),持有出租汽车从业资格证人员 154272 人(2012 年新增 83365 人),持有公交从业资格证驾驶员 25359 人(2012 年新增 3877 人),持有危险货物运输从业资格证人员 10697 人(2012 年新增 1265 人),持有维修从业资格证人员 11490 人(2012 年新增 4310 人),持有驾驶员培训资格证教练员 16576 人(2012 年新增 4947 人)。2012 年合计新增持有各类道路运输从业资格证人员 148581 人。

(一)坚持公交优先发展战略积极推进公交线网优化

2012 年,有 83 辆二环以内客运班车退出,平稳实现公交线路及时接替运行。全年主城新投放公交运力 660 辆,调整公交线路 39 条,新增公交线路 26 条,积极推进公交线网优化。2012 年远郊区县公交快速发展,现有 402 条线路,公交车辆 2619 辆,全市公交覆盖面成倍增长。

(二)以轨道交通为骨架的交通服务能力显著增强

2012 年新开通轨道 6 号营运线,全线开通 1 号、3 号运营线,在建有 91 个停靠站中有 82 个站参加运营。重庆轨道交通高效连接主城 9 区和机场、码头、火车站等重点交通枢纽,基本形成以轨道交通为骨架,公交站点 100 米内换乘,公共汽车为主体的城市立体交通格局。

(三)出租汽车行业保持健康稳定发展

2012 年强力推进经营管理机制改革,主城区出租汽车公司化自营率 100%,个体组织化程度达到 60%。2012 年出租汽车行业不断优化运营环境,规范出租汽车市场秩序,开展创建和谐劳动关系活动,主城区出租车驾驶员参保比例达到 92%。2012 年远郊区县出租汽车权属关系逐步理顺,经营者安全服务质量全面实施,服务水平持续提升,根据民意调查统计,群众对驾驶员规范、计价器使用、合理线路行驶等项目满意率评分均在 90 分以上。

(四)坚持城乡客运统筹发展

坚持城乡区域客运统筹发展,加快推进城

乡客运一体化试点区县由4个扩大至10个，2012年新增农村客运站35个,农村招呼站1046个。2012年农村客运线875条,客运车3378辆。乡镇客车通达率、行政村通达率分别达100%、85%,全市实现乡镇客车通达全覆盖。

(五)班线客运稳步规范发展

2012年新增开行客运班线160条，新增客车345辆,投放包车客运运力160台,省际线路通达全国27个省市。2012年公路客运联网售票系统建成投入使用,全市60个汽车客运站实行联网售票,群众出行更加便捷。客运站场加强源头监管，全市102个三级以上汽车客运站全部实行驻站制管理。

(六)加快货运转型升级

积极引导货运企业转型升级，培育优势物流企业成长壮大,2012年重庆有19家企业年产值突破亿元,上10亿元的企业达5家,重庆交运集团物流经营业务快速增长，重庆公运集团作为“渝新欧”铁路联运全程经营人成功运送“重庆造”笔记本电脑产品西进欧洲。有5万户货运物流企业,15万车辆积极参与“一江两翼连三洋”和“三基地四港区”重点项目建设。

(七)快速推进信息化建设

实施科技兴运战略，建设重庆道路运政指挥中心,建设运营车辆GPS安全管理系统、汽车客运站视频监控系统和IC卡道路运输电子证件系统。1.3万余辆“三客一危”营运车辆全部安装GPS终端监控设备，396辆卧铺车全部安装视频监控装置,60个二级以上汽车客运站接入应急视频监控系统。IC卡道路运输证和主城区出租汽车驾驶员IC卡从业资格证开始应用，提升行业信息化水平,强化科技监管手段,增强行业管理能力。

(八)行业保持安全稳定

始终将行业安全稳定工作放在首位，加强基层基础建设,严格落实部门“一岗双责”和企业安全主体责任制，实行企业负责人诫勉谈话、安全“一票否决”和三级以上客运站驻站制度。注重事前预警,隐患排查整改和安全形式研判,有效防控重大事故发生。开展“四大行动”和“专项整治”活动,保持行业安全平稳态势,保障行业整体安全。截至2012年底重庆道路运输行业已连续68个月未发生10人以上重特大事故。

(九)不断加强行业精神文明建设

积极开展营运驾驶员文明交通行动、“学雷锋、树新风”、“惩违规、除陋习、树文明”、“五个一驾校”、“安全优质服务竞赛”、“十佳乘务员”等主题活动。行业涌现出公交“青年文明号”、出租汽车“雷锋的士班”等服务品牌,文明运输企业等先进集体,全国劳动模范杨文胜、全国见义勇为英雄好司机王世红、重庆市“五一”劳动奖章获得者张东、重庆市劳动模范林莉、重庆市道德模范唐明强、殷杰、江章华等一大批广为人知晓的先进典型。

二、2013年发展目标

2013年是全面深入贯彻落实党的十八大精神的开局之年,是实施“十二五”规划承前启后的关键一年。要紧紧围绕“科学发展、富民兴渝”的总任务,按照“深化改革、加快调整、科技强运、关注民生、和谐发展”的总体思路,力争在重点领域和关键环节取得新突破,不断提升“三个服务”能力。一是扎实开展“公交都市”创建。强化创新驱动,进一步细化创建目标举措,出台公交都市创建实质性政策。针对轨道线路开通后的客流及乘客出行方式变化，结合公交票制改革和“1小时免费·优惠换乘”政策,按照线路优化与运力调整相结合的原则，着重优化主城核心区公交线网。完成1134辆面的车和134辆主城班线客运到期退市和公交接替工作，着力解决市民最后“一公里”出行问题,增强公共交通对城市次支干道的服务保障能力。加快远郊区县公交发展,积极推进政府购买服务,强化公租房、新增产业园区的公共交通保障,在有条件的乡镇试点开行农村公交,不断扩大公交覆盖面。二是深化出租汽车行业改革。科学投放出租汽车运力,进一步缓解市民“打的难”。完成1.2万辆出租汽车车载智能终端安装。做好出租汽车驾驶员统一服装工作，确保主城区驾驶员服装统一率达到100%。继续推进出租汽车PVC座套试点。加大远郊区县行业发展指导力度，制定科学合理的改革和投放方案，保持行业稳定健康发展。三是稳步推进班线客运发展。加强与铁路、航空、水运等运输方式的对接，发挥道路客运比较优势，构筑现代综合旅客运输体系。积极开展全国长途客运接驳运输试点工作，提升安全运输保障能力。加快客运运力结构调整，改善车辆装备水平，促进行业科学发展。完善扩大公路客运联网售票系统，增强售票服务功能，方便群众出行。加快农村客运站点建设，建成村级招呼站1000个，继续做好政府集中购买保险，全面推开农村客运营运补贴工作，不断扩大农村客运通达深度和广度。四是提速传统货运转型升级。以甩挂运输试点为契机，积极培育和扶持网络辐射广、企业实力强、质量信誉优、组织化和集约化水平高的运输主体，形成以点带面的发展格局。落实川、渝、鄂合作框架协议，全力推进三省市长江甩挂运输和“渝新欧”公铁联运甩挂运输项目，为更多的运输企业提供发展机遇。五是全面规范培训维修市场。加强宏观调控，提高门槛，合理确定发展规模，做好驾驶培训机构安全服务质量信誉考核，规范驾校行为。进一步净化维修市场环境，扶持直营模式的连锁企业，支持特约维修模式，鼓励企业发展连锁经营，打造服务品牌。六是继续加快科技强运进程。深化道路运输综合管理与服务系统建设，搭建综合办公管理与社会公共服务平台，整合各种信息资源，提高科学决策能力和公共服务水平，全面支撑道路运输管理科学发展。完成旅游客运综合管理信息系统开发，实现对旅游客运经营生产的网上监管。推动IC卡道路运输电子证件在危险品货物运输全程管理中的广泛应用，实现与安监局危货运输全程监控系统对接。七是不断强化运管法制建设。打造“法治运管”，加快立法进程，进一步加大对全系统执法工作的监督指导，推进重庆市《汽车租赁管理办法》立法进程，开展重庆市《道路运输管理条例》、《出租汽车客运管理暂行办法》和《公共汽车客运管理办法》的立法修订工作。八是全力确保行业安全稳定。加强基层基础建设，有效落实“一岗双责”和企业主体责任，注重科技手段应用，严格“三停三销”，力争在企业标准化、县属客运企业安全生产绩效、普通货运企业安全管理、货运源头治超、科技兴安支撑体系建设等五个重点难点上取得根本性突破。

航空运输

民航重庆监管局 盛李欣

一、2012年发展回顾

（一）运输生产持续快速增长

2012年，民航重庆地区共保障安全起降198963架次，同比增长17.64%；重庆江北国际机场完成旅客吞吐量22056703人次、货邮吞吐量268431.4吨，同比分别增长15.77%和13.07%；重庆万州五桥机场完成旅客吞吐量278409人次、货邮吞吐量1741.15吨，同比分别增长10.85%和下降12.92%；重庆黔江武陵山机场完成旅客吞吐量83832人次，同比增长286.57%，货邮吞吐量51.3吨。江北机场继续保持快速增长态势，年旅客吞吐量突破2000万人次，成为2012年全国唯一晋级2000万的机场，但客、货增速较2011年明显回落。

（二）生产规模不断扩大

2012年，国航股份重庆分公司新增3架B737-800，机队规模31架；重庆航空公司新增加1架A320、1架A319，机队规模9架；华夏航空重庆基地新增加1架CRJ-200、2架CRJ-

900,机队规模7架;川航股份重庆分公司机队规模保持12架，西部航空公司机队规模保持9架;加上其他航空公司过夜飞机,江北机场驻场机队规模从2011年底的67架左右增加到77架左右。

2012年1月17日,重庆市人民政府与厦门航空公司签订了战略合作协议，厦门航空成为继南方航空、海南航空之后第三家与重庆市人民政府开展深度合作的航空公司。2012年,重庆航空公司、西部航空公司双双迎来开航五周年庆典;11月27日,江北机场举行了“年旅客吞吐量突破两千万人次庆典仪式”。12月7日,中国航油重庆分公司年加油量突破50万吨,成为中国航油集团唯一年加油量突破50万吨的分公司。

(三)安全态势总体平稳

2012年，民航重庆地区共收到不安全事件报告信息328条;按事件性质划分:事故征候12起(鸟击超标意外原因9起,机组原因2起,地面保障原因1起),其他不安全事件316起;按原因进行分类:机组原因20起、机械原因34起、地面保障原因7起、天气及意外原因162起(鸟击99起、雷击15起、复飞36起、外来物击伤1起、中断起飞1起、备降3起、空中颠簸4起、紧急医疗3起)、其他原因104起(其中爆胎/轮胎脱层/扎破70起)、待定1起(仍在调查)。安全运行态势总体平稳。

(四)软硬件环境显著改善

2012年4月，江北机场第三跑道及东航站区扩建工程正式获得国家发改委预可研批复，项目总投资约290亿元。截至年底,项目稳步推进,完成了一批评估、一批设计、一批招标、一批优惠政策制定、7000亩土地征地、20亿元工程投资。

2009年,国务院正式颁布了《民用机场管理条例》(国务院令第553号)。为了贯彻落实《民用机场管理条例》，加强民用机场管理工作,进一步改善民用机场运行环境，结合重庆民航实际情况，经重庆市人民政府第131次常务会议审议通过,以第266号市长令颁布出台了《重庆市民用机场管理办法》，于2012年11月1日正式实施。

2012年1月1日起，重庆正式实施保税航油政策，凡由重庆出境航班可节约燃油成本约20%。作为内陆首家获批城市,保税航油对江北机场进一步吸引国内外航空公司开通境外航线具有积极推动作用，对重庆市打造内陆开放高地具有重大意义。

2012年,保税港区重庆机场国际货站(货站及专用货机坪)如期建成投用,开创了国内空港保税港区与机场无缝衔接的先河，进一步满足了重庆IT产业的航空运输需求，同时也是江北机场建设航空物流园区的重要基础设施。

2012年，江北机场高峰小时容量调整至38架次,双跑道运行效能进一步释放;年底正式启动高峰小时容量提升至42架次相关工作,目前正在评估。经民航重庆监管局协调,江北机场货机运行时刻限制从4月起放宽至晚21点至早9点,有效缓解了货机运行时刻紧张的矛盾;同时对意外延误的货运航班采取特殊放行政策,为航空公司运行提供便利。

2012年，民航重庆监管局本着实事求是的原则，推动江北机场净空保护区障碍物限制图优化调整,既确保了机场净空环境,又给地方建设发展留下空间，对多跑道之间存在明显高差的类似机场具有借鉴意义。民航重庆监管局还与重庆市规划局协商制定了《民航重庆地区超高障碍物审批协办细则(试行)》,对机场净空管理要求和审批协办程序进行了修改完善，加强了净空环境控制,不仅有利于民航安全,也积极服务于地方城市建设。

(五)航线网络日益完善

2012年,江北机场新开至林芝、临沂、长治等5个国内通航点,新开芬兰赫尔辛基、泰国曼谷、韩国济州岛等3个国际通航点,国内通航点达到83个,国际(地区)通航点达到37个。特别是新开的重庆至赫尔辛基航线，成为中西部地区前往欧洲新的空中通道。2012年,江北机场继续巩固中西部地区领先的国际货运航线网络，新开通重庆至卢森堡、悉尼、芝加哥、吉隆坡等国际货运航线，国际货运航线达到18条，通航城市22个。全年，江北机场实现国际(地区)旅客吞吐量87万人次，货邮吞吐量8.5万吨，同比分别增长98%和85%。2012年，江北机场继续巩固高原中转市场，高原航班同比增长25%，高原通航点达到13个，全年中转旅客160万人次，成为新的市场增长点。2012年，万州机场运行航线达到7条并进一步巩固优化，黔江机场增开北京航线。

(六)服务质量不断提升

2012年，重庆机场集团联手长江三峡游轮公司，打造"空水联运"，江北机场"空路"、"空铁"、"空轨"、"空水"四位一体的综合交通体系基本建成，极大方便了广大旅客。江北机场ACI(国际机场协会）旅客满意度测评继续保持同层级机场领先水平。

重庆民航继续重点抓好航班正常和大面积航班延误专项处置工作。民航重庆监管局严格实施航班正常率监控整改制度，每月对江北机场正常率低于50%且排名后10位的航班下发通报，督促进行整改；针对航班长时间延误进行专题研讨，提高深度航班延误应急处置能力。民航重庆空管分局启动流量预测系统，积极提高航班正常率。

(七)通用航空快速兴起

近年来，重庆市人民政府高度重视通用航空产业，专门制定了《关于"十二五"发展通用航空的意见》，计划在"十二五"期间将通用航空制造业打造为工业经济新亮点。重庆通用航空产业已定位为打造全产业链，基础设施（机场、导航、专用设备)、制造业(机身制造、发动机)、培训机构(飞行员、个人)、运营服务(运输、空管、保险租赁)、维护(飞机维修、保养)等多方面立体推进。目前，两江新区龙兴片区已经规划了10平方公里航空产业园。2012年2月22日，由重庆两江新区管理委员会出资成立重庆两江航空产业投资集团，注册资本金人民币15亿元，作为两江新区及重庆航空产业及低空经济发展的承载平台。加上2011年成立的重庆直升机产业投资有限公司，重庆通用航空产业发展的平台已经具备。2012年9月22日，国际知名的霍尼韦尔与重庆两江新区签署战略合作备忘录，将在两江新区建设航空产业技术研发中心。12月18日，世界著名飞机制造商瑞士皮拉图斯中国总部暨生产基地、维修基地在两江新区航空产业城奠基、揭牌。为了确保通用航空产业健康发展，民航重庆监管局专门协调民航管理干部学院在重庆为通用航空从业人员举行"通用航空法规标准培训班"。

(八)安全基础进一步夯实

2012年，民航重庆监管局重点针对航班延误引发的群体性事件、万州机场11号跑道进近容易触发地形警告、空管分局铁岗咀雷达站电磁环境、机场外来物专项治理、航班低油量处置保障、防止飞机与配餐车刮碰等问题进行了专题调研，解决了一批影响安全的突出问题。继续开展飞行员专项技术检查，完成了重庆地区所有维修单位的安全管理体系审定工作，批准西部航空公司在西南地区首先采取飞机过站无故障取消例行维护的模式，为进一步降低运行成本，将更多的优质维修资源投入到飞机的航前、航后检查，探寻新的维修模式做出有益探索。督促航空公司开展运行控制系统(AOC)评审，加强运行控制系统建设，提高运行的决策水平和风险管控能力。积极推动机场、航空公司使用航行新技术，提升安全裕度。针对IT产业兴起和国际货运快速增长的实际情况，开展了锂电池航空运输专项治理，确保相关工作规范有序，在全国具有一定示范意义。

二、发展中存在的问题

2012年，虽然江北机场基地航空公司均实现盈利，但经营形势不容乐观，发展质量出现下降：全年，江北机场航班量增幅高于旅客吞吐量增幅，进出港航班平均客座率76.2%，较2011年的78.5%下降2.3个百分点，江北机场一定程度上存在运力过剩的情况,经营收益出现下滑。

一是基础设施建设领先于市场需求。江北机场时刻资源存在富余，运力大规模增长后导致航空公司都吃不饱。2012 年,江北机场航班时刻容量标准从每小时 35 架次调整为 38 架次,目前正在评估是否调整为 42 架次。同时随着第三跑道及东航站区建设、白市驿机场整体搬迁后的空域改善，江北机场时刻容量在很长时间内将继续保持富余状态。

二是江北机场目前仍然缺少一家具有较高市场份额的基地航空公司，基地航空公司之间实力、份额相对平均,市场竞争十分激烈,价格战时有发生,对经营造成巨大压力。

三是重庆机场集团 2012 年经营出现亏损,下一步面临第三跑道及东航站区扩建，资金压力巨大。

三、2013 年发展目标

(一)运输生产保持较快增长

江北机场旅客吞吐量达到 2420 万人次,货邮吞吐量 30 万吨，同比分别增长 10%和 12%;万州机场旅客吞吐量突破 30 万人次,货邮吞吐量 3100 吨,同比分别增长 8%和 20%;黔江机场旅客吞吐量 12 万人次,货邮吞吐量 80 吨。

(二)确保持续安全运行

杜绝运输航空事故;防止劫机、毁机事件,杜绝空防事故；防止重大航空地面事故和特大航空维修事故；人为责任原因严重事故征候万时率同比下降。

(三)扎实推进基础建设

2013 年是江北机场 T3 航站楼主体结构形成、封顶断水施工年。要加快推进江北机场扩建工程,力争完成投资 80 亿元;实施机场空管工程一体化建设。

(四)加快推进枢纽建设

重点开发江北机场国际业务,力争国际(地区)旅客吞吐量突破 100 万人次,货运吞吐量突破 10 万吨,力争开通 1—2 条新的洲际航线;加快江北机场国际航空快件中心、国际航空冷链物流集散中心、航空物流区域转运中心建设。

(五)不断提升服务质量

结合重庆民航的运行特点,制定《重庆江北国际机场大面积航班延误处置方案》,进一步做好保障航班正常和大面积航班延误专项治理工作。

重庆水运

重庆市港航管理局 黄昌顿

一、2012 年发展回顾

2012 年,重庆市紧紧围绕"科学发展、富民兴渝"总任务,统筹推进新型工业化、城镇化和农业现代化,在密集出台的一系列"稳增长"措施保障下,全市经济呈现平稳快速增长态势。全市实现地区生产总值 11459.00 亿元，同比增长 13.6%,GDP 总量进入"万亿俱乐部",增幅为全国第二,西部第一。重庆经济在国内外市场需求减弱、国内经济周期性下行调整压力加大的背景下保持了平稳快速增长，为水运发展提供坚实的经济支撑。

2012 年，中央、重庆地方出台了一系列政策,支持水运发展,加快重庆长江上游航运中心建设。国务院正式印发《“十二五”综合交通运输体系规划》,规划在“十二五”末将重庆打造为全国性综合交通枢纽，基本建成重庆长江上游航运中心。重庆市政府高度重视水运发展,市领导多次召开会议,研究出台支持政策。一是出台了对水运营业税免征政策，对通过重庆航运交易所交易平台完成的航运业务收入免征营业税。二是发布《重庆市人民政府关于加快发展长江邮轮旅游的意见》,加大长江三峡旅游基础设施建设投入、提升长江邮轮品质,计划在 2015 年底形成长江三峡游轮母港构架。三是出台对集装箱码头作业费继续执行财政补贴政策，补贴范围由寸滩港扩大到全市公共集装箱码头，四是市领导主持召开全市船舶制造企业座谈会，出台相关扶持政策，提振船舶工业发展，为水运发展提供政策支持。

重庆水运紧紧围绕“发展、安全、服务”三大主题，港航基础设施、水上安全保障、航运服务能力得到进一步提升。2012年，全市水路货运量、港口吞吐量双双继续突破亿吨大关，巩固了亿吨大港地位。港口货物吞吐能力达到1.5亿吨，集装箱吞吐能力达到300万标箱。货运周转量占全国内河的25%、船舶运能标准化率达65%、货运船舶平均吨位2000吨、货运船舶平均单位能耗2.6千克/千吨·千米、水运平均运距约1300公里、水路运输方式齐全度、船舶研发自主创新能力、豪华邮轮发展等指标全国内河领先，长江上游航运中心建设得到全面加快。

(一)水路生产

2012年，完成货运量1.28亿吨，同比增长9.5%；货运周转量1740亿吨公里，同比增长11.7%；完成集装箱货运量66.1万TEU，同比增长6%；完成商品汽车货运量26.3万辆，同比下降2.6%；完成重载汽车货运量13.6万辆，同比下降3.5%。完成客运量1255.6万人，同比下降5%，客运周转量11.3亿人公里，同比增长2.3%。2012年，全市完成港口吞吐量1.25亿吨，同比增长7.7%；外贸吞吐量409万吨，同比增长16.9%。完成集装箱吞吐量79.55万TEU，同比增长16.3%。完成商品汽车吞吐量35.6万辆，同比增长3.6%；完成重载汽车吞吐量24.92万辆，同比下降6.8%。

总体看，受世界经济复苏缓慢和国内宏观经济增速下行影响，水运运输需求整体减少，同时，2012年的三峡船闸和葛洲坝船闸检修，洪水期船闸停航、碍航等影响了正常水运生产。水运主要经济指标增速由往年的连续20%以上高速增长回调到10%以下，水运生产增速步伐放缓。

(二)水运建设投资

2012年，重庆市水运基础设施建设完成投资30.7亿元，为年计划的102%。

航道建设。2012年，航道及航电枢纽建设完成投资11.1亿元。嘉陵江草街航电枢纽主体工程建成投产发电，渠化航道180公里，其中：嘉陵江70公里，涪江20公里，渠江88公里。乌江银盘枢纽完成主体工程建设投产发电，初期蓄水至209米，渠化航道48公里。嘉陵江草街至河口68公里航道整治三期工程(井口至河口25公里航道治理)、乌江河口至白马段45公里航道建设工程等项目顺利推进。全市航道总里程达到4451公里，其中四级及以上航道里程实际达到1400公里四级及以上航道里程实际达到1400公里。

港口建设。2012年，新开工长寿长航钢城等港口工程，主城果园港二期前沿主体工程基本完成，港口建设完成投资19.1亿元。全年新增港口货物吞吐能力500万吨，集装箱吞吐能力60万标箱，到2012年底，全市港口货物通过能力达到1.5亿吨，集装箱实际通过能力达到300万标箱。大型化、专业化、机械化港口群初步形成，成为带动临港工业、促进区域经济发展的重要引擎；航道通过能力显著提高，5000吨级船舶可常年抵达主城港区，库区10余条主要支流1000吨级船舶常年通达，支流对干流的货运贡献率达到20%；重庆已成为长江上游唯一拥有水运一类口岸和全国内陆首个保税港区的地区。

支持保障系统。完成了嘉陵江河口至草街沿江石门信号台、黄花园大桥、渝澳大桥、磁器口、草街沱信号台、北碚庙嘴、草街小龙门等7处视频监控点建设，并接入地方海事视频监控平台。完成了曾家岩水上应急基地VHF机房建设，黑石盘、施家梁VHF基站的建设，进一步完善了VHF通信系统及视频监控系统。

(三)水运安全

2012年，重庆水上安全形势继续保持稳定。全市长江干线及支流共发生一般及以上等级事故5.5起，死亡失踪6人，沉船4艘。全市地方水域发生一般等级以上水上交通事故1起（10月2日“友发号”砂船事故），沉船1艘，与去年同期相比，事故件数下降80%，沉船艘数下降75%，地方水域继续保持“零死亡”。全市水上交通已连续114个月未发生一次性死亡失踪10人以上的重特大事故，连续119个月未发生重大船舶污染事故，地方水域连续两年保持“零死亡”，确保了水上安全形势总体平稳。

（四）水运市场

截至2012年底，全市航运企业332家。其中，专业化的集装箱运输企业25家，液货危险品运输企业15家，载货汽车滚装运输企业10家，豪华游轮运输企业6家。目前，重庆上市水运企业已达3家，10万吨以上运力的企业发展到12家，20万吨以上运力的企业发展到3家全市运输船舶4011艘、581万载重吨。其中，货运船舶2560艘，567万载重吨。

2012年，全市水路货物运输市场运行总体平稳，但水运市场细分明显，不同运输方式的效益差别较大。总体看，由于整体运输需求的下降，干散货船运力过剩严重，导致运价持续低位运行，如重庆—江苏各及上海的干散货运价在30元/吨左右，上水上海、江苏各港—重庆的运价在60–70元/吨之间，干散货运价处于历史低位。干散货航运企业效益下滑，处境艰难。而集装箱、化学品、成品油、重载滚装等专业化运输方式运价总体稳定，企业效益相对稳定。

（五）公共服务与管理

2012年，着力优化航运服务。一是积极推行便民措施，精简了审批项目21项，办理各类港航业务18000余件次，办结率100%，满意度98%。二是投入约5亿元实施渡口、客渡船、短途客船更新改造，让老百姓乘上了放心船、过上了平安渡。三是争取市政府出台了《关于进一步加快重庆水运发展的意见》，明确了加快水运发展的一系列政策措施。四是累计协调集装箱快班轮优先过闸3500余班次，保障了重点物资运输。五是为16家水运企业推荐标准化船舶建造贷款5.5亿元。六是全国内河首家航运交易所挂牌运行。各类信息平台建成投用，年度交易额突破40亿元。七是水运地方法规体系基本建成，为依法行政，引导行业健康发展提供了有力保障。

二、2013年发展目标

目前，长江上游地区工业化正进入中期或向中期过渡阶段，城镇化率仅为41.37%，低于全国平均水平10个百分点。随着国家加快产业结构调整，并把推进城镇化作为扩大内需的最大潜力所在。2013年，预计长江上游地区工业化及城市化进程将快速推进，长江航运市场将保持总体上升趋势。2013年，重庆将继续统筹推进新型工业化、信息化、城镇化和农业现代化，全市生产总值预计将增长12%左右，达到12800亿元左右，带动水运持续发展。

2013年全市水运工作坚持以科学发展观和十八大精神为指导，坚持以转方式、调结构为主线，坚持以“强安全、促发展、优服务”为总基调，坚持标本兼治，着力推进水运安全形势持续向好；坚持又好又快着力推进重大基础设施建设；坚持结构调整，着力推进水运转型发展；坚持务实高效，着力加强行业管理；坚持创新驱动，着力推进信息化建设；坚持服务为先，着力帮助企业脱困发展；坚持依法行政，着力推进水运法制建设；坚持低碳水运，着力推进绿色发展；坚持以人为本，着力推进人才强航战略。预计全市水运建设计划投资将完成32亿，新增港口通过能力600万吨，集装箱吞吐能力50万标箱。将完成水路货运量1.4亿吨左右，港口吞吐量1.35亿吨左右，集装箱港口吞吐量100万标箱。

通信业

重庆市通信管理局 乐琴

一、2012年发展回顾

2012年重庆市通信行业保持了良好的增长态势。固定资产投资累计完成68.5亿元,同比增长12.1%;电信业务总量246亿元,同比增长13.3%;电信收入200.7亿元,同比增长12.9%。固定电话机容量1075万门,移动电话交换机容量3572万户,短消息中心容量达到9864万条;光缆线路长度36.8万公里,移动基站46145个,其中3G基站19286个(TD基站6926个)。宽带接入端口565.4万个,光纤到户覆盖家庭已达到164万户。行政村互联网宽带覆盖率达到100%。全市电话用户数达到2645.4万户,固定宽带接入用户达到413.8万户。按照全市常住人口2919万人计算,电话普及率达90.6户/百人。

(一)发挥行业战略性支撑作用,服务地方经济发展大局

通信行业充分发挥自主创新能力,培育新兴产业,推动"云计算"、物联网和三网融合发展。市通信管理局紧紧抓住重庆市建设云端智能城市的有利契机,引导重庆电信、重庆联通、重庆移动同相关部门和各级政府密切合作,共同推动软件及服务外包产业发展。充分发挥行业的网络、技术、新业务的优势,服务地方经济发展。指导重庆电信启动"点亮村小"、"点亮医院"、"点亮光小区"等工程,为100所偏远农村小学接入光纤打造"信息化学校",为县乡医院提供光纤接入实现远程诊疗,为小区住房带来了廉价宽带。指导重庆移动创新物联网应用,发展TD-SCDMA产业链,并推动车联网、宜居通等物联网应用的规模化发展,试点WLAN网络政府补贴模式,在璧山、潼南、合川等地建设示范样板,提供免费的WLAN无线上网服务。在推动云计算发展中,引导三家运营企业积极参与重庆云计算产业园通信基础设施的建设,全面推动云计算产业园的通信管道规划。重庆联通投资40亿元、建设18万台服务器的中国联通西部数据中心将在2013年投入使用,进一步完善重庆的信息产业链,大幅提升整体数据处理及交互能力。目前全市有增值电信业务企业1115家(市内268家,跨省847家),开展互联网接入、网络托管、呼叫中心、多方通信等业务,为重庆社会经济发展提供全方位的信息通信服务,通信行业向信息服务业转型的步伐加快。

重庆列入三网融合第二批试点城市后,市通信管理局同相关部门密切合作,稳步推进同步双向业务进入。积极研究三网融合的网络信息安全及手段建设,从网络、业务、技术、安全、管理等方面进行全面评估,为指导下一步的市场准入、网络统筹规划和共建共享奠定基础。

(二)全力推进宽带普及提速工程,实施"光网·无线宽带重庆"建设

1.两大政策突破,引领重庆宽带建设。"宽带普及提速工程"启动后,市政府颁布了《关于推进全市宽带普及提速工程的实施意见》,取得了两项重点突破:一是免费开放政府机关、事业单位、高校、车站、展馆、旅游景点等所属建筑物以及路灯、道路指示牌等公共设施,支持通信基站、通信管道以及室内分布系统建设;二是市规划局、城乡建委等部门在住宅建筑群规划、设计审查和验收等环节将驻地网建设列为公共配套设施重要内容进行审验。

作为贯彻落实宽带普及提速工程的具体措施,市通信管理局编制了"光网·无线宽带重庆"方案,对重庆未来四年的宽带网络建设进行了规划。目前,各企业扩容互联网出口带宽180G,

全市互联网出口总带宽增至1.14T,宽带化进程超前于全国平均水平，宽带接入速率已有很大程度的改善，全市4M及以上用户占比从2012年年初的12%上升到57.4%。

2.降资费,惠民生,让全市人民有更多机会共享同步信息文明。全市电信资费综合价格水平不断下降,2010年下降9%,2011年下降6.4%,2012年上半年移动业务平均单价同期下降2%，固定互联网宽带接入使用费下降3%,手机上网业务平均资费下降29%。市通信管理局组织电信企业制定优惠方案,联合市物价局、市民政局出台了对重庆低保户、五保户及福利院等弱势群体和公益机构电信资费实施优惠的政策,对安装宽带的新开户工料费等一次性费用全部免收,在宽带价格降低的基础上,又在移动电话、固定电话购机等方面给予补贴,基本实现在售最低价格的5至7折优惠,使特殊人群能够更好地共享信息通信发展带来的机会与福祉。

3.实施“民心工程”,提前完成行政村通宽带任务。2009年至2012年,在全市自然村通电话工程的基础上，市通信管理局组织三家基础运营企业实施行政村通宽带工程。四年来，按照“分片包干”的原则,重庆电信、重庆移动和重庆联通分别在各自包干区域按照未通宽带行政村总数的“25%、35%、30%、10%”进度比例分步实施。历经四年的攻坚克难,投入资金3.5亿元,终于完成了4405个行政村的通宽带任务，全市8655个行政村全面实现通互联网宽带。行政村通宽带率由工程启动时的49.1%上升到100%,使我市农村通信基础设施建设和信息化水平跨上了新台阶，圆满完成了通信行业的“民心工程”,提前三年完成了工信部“十二五”规划的行政村通宽带任务。

(三)加强规范,着力引导,营造行业可持续发展的良好环境

市通信管理局始终注重把法律、行政和经济手段结合起来,依法监管,为行业创造良好的政策发展环境,引导企业加强自律,提升行业价值,实现可持续发展。

1.优化建设环境,为通信建设保驾护航。加强与市规划部门的衔接将通信建设规划纳入重庆市总体规划，组织编写重庆市通信基础设施专项规划,为基站、机房、传输线路等基础设施建设提供支撑。针对移动通信基站等设施屡遭强拆的问题,提高危机公关应对能力,三管齐下加强电信基础设施保护：一是积极争取市委宣传部门、市政府环保部门的大力支持,集中全行业的力量实施整体宣传;二是推动政府规章《重庆市电信基础设施建设与保护管理办法》的立法进程,召开专家论证会,广泛征求电信企业、行业及法律专家以及16家市级部门意见,积极申请转入2013年政府规章立法审议项目;三是加强新建基站的环保测评和人群聚居区基站环保监测的管理,基站依法建设、安全运行,全年配合市环保局对26个违规基站作出了限期环评处理。

2.凝聚行业共识,促进可持续发展。在驻地网建设中，全面推行驻地网建设重庆模式和FTTH新标准向区县延伸,开展评选“先进驻地网联合工作组”活动,推动“光纤入户”建设。共计受理建设项目525个,45万户用户的自由选择权益得到有效保障，为企业直接节省投资约6.8亿元。重庆驻地网建设模式得到工信部的充分肯定,成为全国驻地网建设的独有亮点。电信基础设施共建共享方面,2012年对铁路、轨道交通、大型场馆、多业主共同使用商住楼等重点领域的共建共享进行有效管理，成功解决渝中区国际大厦多业主商务楼的通信基础设施建设问题,实现轨道交通六号线的通信网络信号覆盖,指导各企业对悦来国际会展中心的室内分布系统和无线局域网进行共建，推进两江新区通信管网建设,出台了《共建共享电信基础设施运行维护管理的规范》及《实施方案》,依托共建共享信息平台加强了对共建共享的考核管理。共建共享实现了范围上有拓展,深度上有加强。

3.治理建设领域突出问题,加强建设市场监督。认真贯彻工信部对通信建设领域专项行动的部署,开展招投标、挂靠借用资质违规出借资

质问题专项清理以及安全生产“打非治违”专项行动。在通信工程质量方面，每季度定期开展通信工程质量监督执法检查，对违规项目进行情况通报。受理运营企业的质量申报3974项，备案1943项，对建设市场的监管提供了有力支撑。招投标方面，进一步明确通信建设项目邀请招标的认定方式，建立招投标专家库，完善评标专家抽取程序，大力推行公开招标，加强招投标的全过程监管。“打非治违”专项行动中，三家基础运营企业清理了2011年以来开工的239项投资额在500万元以上的通信建设项目，排查了125个参建的勘察、设计、施工、监理企业。针对企业的自查情况，抽取专家组成联合检查组对借用资质投标、违规出借资质问题进行专项检查，未发现有挂靠、违规出借资质的情况，我市通信建设领域招投标正日益规范。此外，还在通信建设和网络运行安全两个领域开展专项检查，排查事故隐患并督促整改，调查处理违规问题，行业安全生产意识和能力都得到同步提高。

4.加强通信日常监管，培养行业人才。电信网络的互联互通是行业公平竞争的基础，通过网络结构优化调整、开展应急预案演练，全市传统语音和互联网互联互通整体情况良好，全年无重大、恶性互联互通事件发生。为保障高效、稳定的互联互通质量，增强畅通的国际通信能力，积极争取在重庆增加互联网骨干直联点。码号资源行政审批从严管理，截至2012年11月底共批准使用局号1901个、96短号码79个、短消息代码255个，为地方政府、企事业单位和增值业务单位提供支撑服务。

为适应行业发展对人才的需求，成立了通信工程专业高级职称评审委员会，为行业专业技术人才成长搭建良好平台。组织各类培训3152人次，为企业定向培养在校学生的工作稳步推进，形成了校企互动的人才培养机制，为重庆通信行业持续发展储备了人力资源。

（四）完善监管手段，增强市场监管效能，实现行业和谐发展

着力加强政府、企业、用户之间的协调，有效维护多方利益，规范市场竞争秩序，实现行业健康发展、企业效益增长与社会进步、用户满意的和谐共生。

1.创新思路，推动电信市场良性发展。不断在创新工作机制和监管手段上下工夫。一是针对突出问题加强市场管理。规范全市V网业务，规范虚拟移动专用网业务资费行为；规范校园电信市场，建立了“片区—分公司—市级公司—管局”的四级联系机制，保障三家基础电信运营企业平等进入；规范公租房电信市场经营行为，保障公租房电信用户的自由选择权和知情权。二是探索宽带网络测速，加强宽带服务质量监督。在没有国家标准的情况下，研究制定《重庆市数据网宽带网络服务质量测试规范》（试行），组织对全市宽带网络进行测试，累计采集样本量144.9万件，为掌握宽带网络质量奠定了基础，为监管宽带业务增添了手段。三是按分类管理原则，促进增值电信市场发展。根据网络托管业务、因特网接入服务、用户驻地网等增值业务的特点，通过培训会、座谈会、走访调研，协调解决增值电信企业发展中的困难，增强企业依法经营意识，推动增值电信业务市场的繁荣。

2.以纠风专项行动为契机，树立行业良好形象。贯彻六部委关于纠正电信领域侵害消费者权益问题专项行动的部署，会同市物价局等部门，以“自查自纠与明查暗访相结合、专项行动与日常监管相结合、行业承诺与社会监督相结合”的三结合思路，稳步推进专项行动。加强对基础电信市场和增值电信业务经营管理，依法严厉查处未经备案擅自推出的“随意打”、“放心聊”等违法违规行为，发出责令改正通知书16份，立案31件，行政罚没12万元。加强资费监管，电信资费文件全部上网公示，定期组织电信资费价格测算和检查，实现全市6000多个营业厅的主体资费上墙公示，加强资费透明度。纠正多收费、乱收费行为，对企业计费系统涉及资费套餐种类、部分业务收入等情况进行核查，查出夸大宣传、擅自变更资费标准、自立收费项目等方面共32个问题，依法进行调查处理。开展端

口类短信群发业务清理整顿专项行动，受理投诉举报4000余起，过滤2798万条垃圾短信，暂停或屏蔽44.4万个号码的短信功能，拉网式清查1700多个端口，关闭84个端口，整顿暂停53个端口。

3.加强服务质量监管，实现用户满意消费。认真贯彻工信部《关于进一步加强电信服务用户消费提醒工作的通知》，督促企业在规定时限内全面落实相关要求，保障电信用户知情权。组织开展"树道德典范，倡文明新风"为主题的通信行业道德领域突出问题专项教育活动，努力营造规范、健康、用户放心的电信服务消费环境。完成2011年度电信服务质量用户满意度测评，通信质量和服务质量均达到满意水平。召开点评会，帮助企业查找服务短板。在全市范围内开展代理商经营行为检查，督促企业加强代理商日常管理。加强社会监督，完成重庆市电信服务质量用户监督委员会改选，产生了第五届委员会；召开新闻发布会，要求基础电信运营企业向公众作出服务承诺，借助媒体、用户等社会力量共同监督服务质量。利用第三方力量暗访营业厅、拨打服务热线，纠正业务推广过程中的不规范行为。拓宽12300工作职能，建立电信用户重大、疑难申诉事件的会商机制，建设"12300申诉受理中心信息管理平台"，受理用户申诉2127人次，为用户挽回直接经济损失16万余元。积极树立我市电信行业明星形象，评选出2012年度的2个明星企业、6个明星班组和15名明星个人，激发通信业员工工作热情，推动我市通信行业整体服务水平的提高。

（五）提高网络信息安全，强化应急通信保障，提升公共服务水平

1.着力改善互联网管理，创建健康文明、和谐规范的互联网络秩序。一是以提升网站备案率和备案网站主体信息准确率为目标推动网站域名实名制管理。创新性地开展了非经营性网站年度审核，清理空壳网站及空壳主体信息9454个，重庆市已备案网站主体信息52325条，网站总数58787个。网站备案率超过了99%，接入服务商备案网站主体信息准确率达到83.8%，位居全国前列。二是加强网络信息安全保障，全力以赴做好"十八大"等重要活动网络信息安全保障和突发事件应对，确保了网络信息安全。三是联合有关部门开展各类打击互联网违法犯罪专项行动共11个，配合地方互联网管理部门处理各类违法违规网站61个，有效净化了我市互联网环境。四是确保我市公共互联网的安全运行，制定《重庆市移动互联网恶意程序监测与处置机制》，加强对移动互联网用户网络安全的保护。重点对基础电信企业进行通信网络安全防护实地检查，并探索性的对互联网接入服务商和域名注册机构开展检查，有效提升全市通信网络的安全防护能力。组织基础运营企业、联合市委宣传部、市网信办开展打击木马和僵尸网络专项行动，处置感染病毒的671个专线用户和1037个虚拨用户。开展金融业信息安全应急演练，为金融业处置网络通信和网络攻击事件提供指导。通报各类安全事件835起，处置19起IHS事件，做到了全年无重大网络安全事件发生。五是丰富技术手段。建成互联网站综合管理系统，实现了对本地备案域名以及重点关注域名的有害信息主动发现、域名内容分析和违规网站检测功能，为市局主动发现、主动处置互联网违法行为提供了重要技术支撑。

2.着力提升应急通信保障能力，切实发挥政府应急管理支撑作用。一是加强制度建设。先后出台了《关于重庆市通信行业进一步加强应急通信工作的指导意见》和《重庆市应急通信指挥调度管理暂行规定》，修订了《重庆市通信保障应急预案》，制定《重庆市突发事件预警短信息发送实施细则》，应急通信保障的长效机制不断完善。二是加强应急通信指挥平台建设。在全国率先完成了国家通信网应急指挥调度系统工程建设并实现上线试运行。利用这一平台与市国防动员军地联合指挥信息系统进行了军地联合演练，使国家通信网应急指挥系统的功能和组网得到有效的延伸，这在全国的应急通信指挥平台尚属首次。三是加强演练提高战斗力。组织

通信保障队参加了市政府2012年事故灾难综合应急演练和重庆市应急救援总队成立两周年汇报演练，检验了通信保障队的指挥调度机制流程，提高了应急通信保障队伍的执行力和战斗力。四是圆满完成各项重大活动通信保障。2012年组织通信保障力量全面完成了党的“十八大”应急通信保障以及重庆市第四次党代会、园博会、云博会等重大活动的通信保障任务。

二、2013年发展展望

2013年是全面贯彻党的十八大和市第四次党代会精神的关键之年，是实施“十二五”规划承前启后的重要一年。党的“十八”大报告作出了“四化同步发展，全面建成小康社会”的新部署，重庆市委也提出“科学发展、富民兴渝”的发展目标。这赋予通信业重大的历史使命，也对通信行业提出了新的挑战和更高要求。在当前技术和业务创新的强力带动下，信息通信业纵向整合、横向渗透的态势进一步加剧，大发展、大融合、大变革成为行业主旋律。市通信管理局将准确把握云计算、宽带化、物联网和大数据等新技术浪潮触发的生产生活方式变革的新契机，持续推进行业自身的转型与创新，发挥信息化在工业化、城镇化和农业现代化中的渗透融合作用，为全面建成小康社会提供便捷高效的信息通信服务。

预计2013年，全市电信业务总量达到270亿元，同比增长10%；业务收入达到216亿元，增长8%；电话用户总数达到2780万户，固定宽带接入用户突破500万户；电话普及率达到95.2户/百人(按常住人口计算)。到2013年底，实现光纤覆盖家庭250万户，互联网出口带宽2800G,3G及4G基站数达22000个，无线局域网AP达到12万个，光缆总长度达到37万公里，推进宽带业务发展，4M以上宽带用户数达到75%。

商贸流通业

重庆市商委　李巡府　蒲新

2012年，在国际经济复苏乏力和国内宏观经济下行压力下，全市商贸流通业紧紧围绕市委市政府“科学发展、富民兴渝”总任务，统筹城乡商贸发展，扎实调结构、努力转方式、确保稳增长，着力推进“一保二建三打造”，城乡居民消费继续保持平稳较快增长，实现稳中有进。全市社会消费品零售总额达到3961.2亿元，增长16%，增速比全国快1.7个百分点，仅次于西藏列全国第二位；商品销售总额达到12148.3亿元，增长21.5%；商业增加值增长11%，历史性突破千亿，达到1038亿元，对经济增长的贡献率达到7.7%，拉动GDP增长1个百分点；商贸行业实现税收入库额256.6亿元，占总入库额比重达到15.3%；商贸流通业从业人员达到370万人，继续稳居非农行业首位，对保障就业贡献突出。

一、2012年运行态势

2012年，我市消费品市场总体保持14%以上的增长率，整体呈现出较为明显的V型走势。从各月社零总额增速看，上半年在需求萎缩和物价回落双重影响下，我市与全国及各省区市走势一致，消费增速逐月回落。6月消费增速虽短暂回升，但基础尚不牢固。在国家稳增长措施和我市促消费政策叠加作用下，从7月开始我市消费品市场触底回升，从9月起增速稳定保持在16%以上，12月增速达到16.6%，基本恢复到年初的增长水平。

二、主要运行特点

(一)加快转变增长方式，现代流通发展迅速

连锁化和产业化加速发力。2012年，全市连

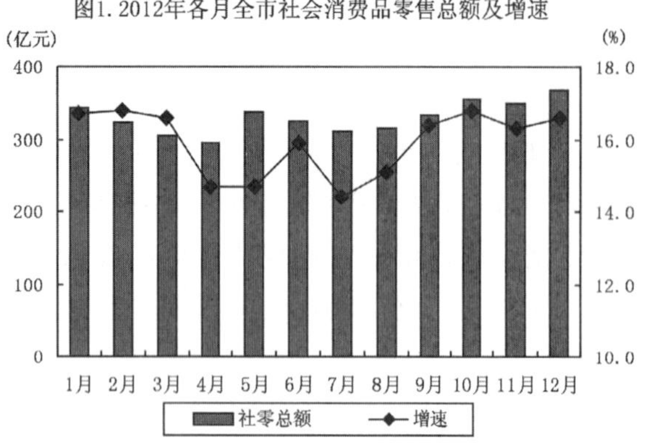

图1.2012年各月全市社会消费品零售总额及增速

锁经营零售额达到1664亿元，增长22%，占社零总额的比重达到42%，同比提高2.1个百分点。重点监测的10大连锁企业实现零售额673.2亿元，增长24.2%，大型连锁企业门店遍及各区县。餐饮连锁企业位居西部第一，网点遍布全国各省市甚至境外。不少餐饮企业建立了原辅材料生产基地和加工厂，走上产业化和连锁化发展道路。大力发展电子商务。评选电子商务示范企业10个，打造智慧商圈1个，打造国家电子商务示范基地1个，重庆江北区网商产业园初步建成，全市电子商务交易额达到1500亿元，增长40%以上。万村千乡市场工程信息化加快推进。全年安装万村千乡市场工程农商通信息机5671台，累计达到12029台，覆盖98%以上行政村，为方便农村居民电话购物、移动充值、小额取现提供了极大方便，为扩大农村消费奠定了基础。农超对接有声有色。推开大规模的农超对接活动，启动农超、农餐、农校、农厂对接和集团采购、社区直销等多元化的对接模式，减少流通环节，降低流通成本，农产品“卖难”问题得到有效缓解，基本实现鲜活农产品无积压。

(二)实体经济支撑有力，民营经济贡献显著

尽管面临消费领域多元化和新兴零售业态特别是网上购物发展迅速对传统商业带来的冲击和挑战，实体商业发展仍可圈可点。骨干企业培育取得实效。限额以上贸易业实现零售额3396.1亿元，增长25.4%，占社零总额比重达到85.7%，同比提高6.9个百分点，比全国高36.9个百分点。全市已有百亿企业8家，50亿企业8家，其中商社集团销售额突破500亿元，进入全国商业零售企业10强，排名西部第一。全国餐饮百强企业我市占11家，前10强占3家。实体经济运行质量提升。商社集团等10家重点监测大型商贸流通企业销售额943.3亿元，增长10.5%。商社集团、永辉超市、重庆医药、新世纪百货等增长达到两位数。10大百货单体店零售额121.2亿元，增长11.5%，茂业百货、新世纪百货涪陵商都增长超过两成。民营商贸经济发展迅速。在市委市政府大力发展民营经济的东风下，批发零售业、餐饮住宿业分别实现零售额3360.9亿元、600.3亿元，分别增长16.1%、15.1%，非公经济占比超过九成。特别是在市政府召开餐饮住宿业工作会，出台加快住宿业发展和进一步加快餐饮业发展推进美食之都建设的意见背景下，民营经济集中的餐饮住宿业增势喜人，营业额增长超过两成，达到21.9%。

(三)刺激消费政策发力，民心工程建设提速

在金融危机爆发以来国家密集推出的补贴消费系列政策陆续到期之际，我市适时出台了汽车惠农和家电惠民政策，延续刺激效应，防止消费断崖式跌落。汽车消费仍是重要支撑。汽车作为我市消费的第一大单品，对消费影响举足轻重。汽车类实现零售额658.6亿元，同比增长20.5%，比全国高13.2个百分点，占社零总额的比重达到16.6%。在汽车消费带动下，全年销售成品油602万吨，液化石油气13.2万吨，石油及制品实现零售额302.6亿元，增长26.6%。家电补贴产品消费火热。家用电器和音像器材类实现零售额224.5亿元，增长9.5%，比上年有所回落。但在国家家电下乡、节能产品补贴政策和我市家电惠民政策的叠加作用下，财政补贴的家电产品消费仍快速增长。全市已录入系统的家电下乡产品实现销售额69.5亿元，兑付补贴额8.3亿元，同比分别增长25.1%、35.9%。消费领域民心工程建设提速。新建社区便民商圈50个，餐饮、沐浴、洗染、家电维修、美容美发、婚庆等

社区居民服务网点应有尽有。实施早餐示范工程,发展早餐示范工程试点企业5家,建成主食加工配送中心5个、早餐经营网点557个。大力发展社区直销菜店,建成社区直销菜店(点)251个。农民新村和公租房小区商业网点配套工程稳步推进。全年新增微型商贸企业1.3万户,商贸中小企业新增贷款100亿元以上。

(四)消费环境营造有力,消费结构持续升级

消费环境改善助推民生消费。12312商务举报投诉平台投诉处理率达100%。开展"做诚信经营模范、当优质服务标兵"、"餐桌文明大行动"和"百万食客"文明交通活动,营造公平、有序、规范的消费环境。全年销售粮食570万吨、植物油124.3万吨,消费酒类125亿元,"吃"、"穿"、"用"消费分别增长26.7%、17.3%和25.4%,民生消费保持较快增长。高端消费持续升温。金鹰财富中心、英利IFC、协信星光天地等高端商业盛装开启,GUCCI西部旗舰店、欧米茄全球直营店等高端品牌精彩亮相,以"名品、名表、名车"为代表的奢侈品消费进一步强化了重庆作为西部高端奢侈消费高地的聚集力和影响力。奢侈品消费增长超过30%,金银珠宝、化妆品、通讯数码增幅分别达到19.5%、17%和45.7%。文化娱乐消费增长强劲。文化办公用品类零售额增长38.8%,同比提高0.6个百分点。随着人们生活水平的提高和商圈娱乐休闲功能的完善,娱乐休闲消费正成为消费新宠,商圈主要电影院票房增幅均超过两成。

(五)载体建设加快推进,商圈建设掀起高潮

市场发展态势良好。全市已有亿元商品交易市场208个,百亿市场16个,其中两百亿市场4个。双福国际农贸城、大川建材市场等一大批专业市场建设进度较快,合川、荣昌、秀山、潼南等区县市场建设力度较大。十大商品交易市场实现成交额1885.9亿元。商圈建设掀起新一轮高潮。主城五大成熟商圈品质不断提升,解放碑业态调整成功实现蝶变,江北嘴建设提速,观音桥扩容大力推进。九宫庙商圈、北碚嘉陵风情步行街、两路空港商圈功能日益完善,礼嘉、茶园、西永等新兴商圈启动建设,区县核心商圈规划建设步伐加快。全市百亿商圈达7个,其中观音桥商圈突破300亿元,南坪和杨家坪商圈突破200亿元,涪陵南门山商圈突破100亿元。纳入统计的17个商圈实现零售额2040.2亿元,增长20.5%。商圈占社零比重达到51.5%,比上年提高0.2个百分点,全市过半的消费在商圈实现,商圈的消费聚集和影响力不断增强。

(六)城乡统筹水平提高,区域商贸发展加快

城乡消费增速差距缩小。近年来,我市加大对农村商业实施建设的投入力度,万村千乡市场工程在全国率先实现了县、乡、村网点全覆盖和"农商通"信息机村级全覆盖。乡镇农贸市场在全国率先实现了全覆盖,彻底改变了乡镇农产品交易以路为市、以街为市的状况,改善了农村消费环境、扩大了农村消费。全年实现城镇零售额3765.5亿元,增长16%,比全国高1.7个百分点;乡村零售额195.7亿元,增长14.7%,比全国高0.2个百分点。城乡零售额增速差距从上年的1.9个百分点缩小到1.3个百分点。渝东北翼商贸发展提速。一小时经济圈、渝东北翼、渝东南翼分别实现社零总额3201.6亿元、559.1亿元、200.5亿元,分别增长16%、16.2%、15.4%;商品销售总额10732.2亿元、1093.2亿元、322.9亿元,增长21.4%、22.4%、20.4%;住宿和餐饮业营业额609.5亿元、133.6亿元、48.6亿元,增长21.3%、23.8%、23.4%。渝东北翼三大商贸经济指标增速均排名首位,反映在三峡工程后扶和万州建设第二大城市带动下,渝东北商贸聚集辐射能力逐渐增强。

(七)会展经济发展迅速,会展之都加快形成

会展品牌培育方兴未艾。培育了"重庆投资贸易洽谈会"等一批具有较大影响力的品牌展会,由国家部委参与主办的达15个,由全国行业协会参与主办达12个。全市主营业务收入千万元以上的会展企业近10家。会展策划、设计、搭建、广告、物流、旅游、印务等会展产业链不断完善。我市被多个权威机构授予"中国节庆名城"、"中国十大影响力会展城市"、"中国最佳会

展目的地城市"等称号。会展场馆建设取得突破。悦来会展城基本竣工，全市会展场馆面积累计达50万平方米以上。会展经济指标居西部前茅。举办各类展会521个，增长9.7%，展出总面积441.4万平方米，增长15.2%，举办各种会议活动4818个，增长6.3%，举办节庆活动429个，增长21.4%，举办各种赛事活动181个，增长18.3%，创造直接收入53.1亿元，增长24.5%，拉动消费426亿元，增长20.8%，长江上游地区会展之都框架初步形成。

三、当前商贸形势分析

当前，全市商贸经济运行面临六个方面有利形势：

一是国家继续坚持稳中求进的经济工作总基调。中央经济工作会指出要继续实施积极的财政政策，结合税制改革完善结构性减税；稳健的货币政策，充分发挥逆周期调节和推动结构调整的作用。1月制造业PMI创五个月新高，达到51%，非制造业PMI连续四个月回升，达到56.2%，PPI同比下降1.6%，降幅连续四个月收窄；1月出口同比增长25%，创2011年4月以来新高，进口同比增长28.8%，比2012年12月高出四倍，显示宏观经济复苏和需求扩张趋势明显。

二是国家更加重视内需特别是消费需求。“十八大”报告明确提出要“要牢牢把握扩大内需这一战略基点，加快建立扩大消费需求长效机制”。国务院常务会议两次专题研究流通问题，出台了《关于深化流通体制改革加快流通产业发展的意见》，必将带来流通业改革发展的新一轮高潮。

三是活流通扩消费政策陆续出台。国家将出台农产品生产流通用水用电价格、开展农产品增值税进项税额核定扣除试点、推进收费公路专项清理、优化和调整银行卡刷卡手续费标准等降低流通费用的10项政策措施，还启动了总额363亿元的节能产品惠民工程。

四是深化收入分配制度改革提振消费信心。国务院2月5日出台了深化收入分配制度改革的意见，要求完善初次分配机制、健全再分配调节机制，提出到2020年，城乡居民收入较2010年翻一番，对消费刺激带来重大利好。此外，2012年我市城乡居民收入分别增长13.4%和13.9%，实现与经济发展同步，人均GDP达到6191美元，赶上全国水平，有望进一步释放消费潜力。

五是房地产市场现企稳回暖势头。2012年下半年以来房地产政策环境逐步企稳，房地产市场现企稳回暖态势。加之新型城镇化思路的提出及保障房建设继续加码等因素，房地产业有望保持企稳回暖势头。

六是我市商贸服务业发展面临新机遇。市第四次党代会明确提出要建成长江上游地区商贸物流中心，市政府先后出台商圈建设、餐饮住宿业发展等指导性文件，成为商贸业发展的强大推力。两江新区现代服务业综合试点获批，我委也成立了商圈办和服务业试点办加快推进。

同时也面临六个方面不利因素：

一是宏观经济形势依然错综复杂。从国际来看，美国财政悬崖避免了短期风险，但只是人为延后，减赤问题尚未解决，隐忧犹存；日元加速贬值可能引发新兴市场国家货币竞相贬值的风险；欧洲内需停滞，经济复苏疲弱，经济前景依旧低迷。国内来看，经济持续向好基础并不牢固，外部需求仍具有较大不确定性。

二是消费多元化趋势不可逆转。信息技术和物流的发展带来消费渠道的变革已是不可逆转的潮流，对实体商业的冲击将长期化，特别是网上购物“全天候无休”和“送货到家”的便利性使居民消费习惯逐渐改变。网络商城迅猛发展，仅淘宝天猫商城“双11”一天的零售额就达到191亿元。相较之下，我市电子商务发展严重滞后，本地消费购买力通过线上直接分流到沿海等电子商务发达地区，对传统零售业影响显著。全市坪效较高的主力百货增速均同比有所回落，服装类占限上零售额的比重同比下降0.9个百分点，单一商品消费排名从2011年的第三位下滑至2012年的第四位。此外，收入的增加和生活质量的提高,带来消费领域的不断拓宽,教育、医疗、文化娱乐等服务性消费异军突起,传统商品性消费比重持续下降。

三是财政补贴刺激消费政策相继到期。国家金融危机以来出台的财政补贴式刺激消费政策相继到期。包括已经先期到期的家电以旧换新、汽车以旧换新和汽车下乡,以及2012年底到期的家电下乡政策。我市出台的汽车惠农和家电惠民政策也即将到期。家电和汽车消费与前两年爆发性增长相比均有不同程度回落,分别同比回落20.5个、9.9个百分点。目前,国家财政补贴消费领域的政策仍有节能产品惠民工程,后期政策出台仍有待观察。

四是通胀压力仍不容忽视。2012年底,美联储推出QE4,进一步释放流动性,欧洲、日本继续放宽货币政策,国际流动性相对充裕,全球通胀压力依然较大。四季度以来,在国内稳增长压力、房地产回暖和食品价格上涨带动下,CPI涨幅连续三个月回升,年底达到2.5%,在当前国际流动性充裕、国内保增长压力前提下,国内通胀压力仍将长期存在,对消费抑制作用不容忽视。

五是区域城乡消费差距较大。2012年乡村零售额占社零总额的比重仅为4.9%，比全国平均水平低8.5个百分点。区域、城乡消费差距一方面源于居民收入水平差距，另一方面是由于消费的聚集辐射效应。依托交通条件的改善,我市乡村消费向城镇流动,消费总体呈现“乡镇—县城—主城”梯级转移。在我市城镇化不断提速的进程中,大量农民转户进城,农村消费增长更加困难。

六是餐饮消费将有望降温。2012年底,中央出台关于改进工作作风、密切联系群众的八项规定。党政机关和企事业单位积极贯彻中央精神,出台措施、强化责任,严格控制三公经费,社会各界也广泛开展“光盘行动、拒绝剩宴”等反浪费活动。在此影响下,可以预料政府消费、集团消费将有所萎缩。

四、2013年展望

2013年全市商贸流通发展的年度目标是：社会消费品零售总额增长15%，其中限额以上增长20%;商品销售总额增长18%,其中限额以上增长20%;餐饮住宿业营业额增长16%;会展业直接收入增长15%；商贸就业人数达380万人以上。

新闻出版业

重庆市新闻出版局 李为祎

2012年,全市有日报、出版、新华三大国有集团;图书出版社3家(重庆、西师、重大)、音像电子出版社6家、互联网出版单位12家(新增重庆中电电子音像出版社网);报纸45种(含高校校报19种)、期刊135种、连续性内部资料550种;出版物批发企业180家,零售个体2400家;印刷企业1670家,复打印个体2200家;从业人员近7万人。初步统计,2012年全行业实现增加值82亿元、资产288亿元、收入252亿元、利润15亿元,分别同比增长17%、14%、17%、15%。

一、出版精品力作、

2012年,修订出台《重庆市出版专项资金资助项目管理暂行办法》,进一步健全了出版引导扶持机制。继续落实市财政500万元公益出版专项资助,经评审拟资助《珊瑚岛礁淡水透镜体的开发利用》等14个新项目。同时,对2009年以来31个资助项目进展进行了检查。经验收,已结项出版17个。剩余14个也在顺利进行。继续组织申报国家出版基金项目,重庆《大足石刻全集》、《中国战时首都档案文献》、《红岩风骨》、《历史的轨迹--中国共产主义青年团 90 年》4 个项目新获国家出版基金 600 万元资助。

重大出版工程取得进展。重庆承担的《中华大典·法律典》已出版《刑法分典》、《法律理论分典》,正在编纂《民法分典》、《行政法分典》、《经济法分典》;《中华大典·天文典》已出版《历法分典》,正在编纂《天文分典》、《仪器仪表分典》;《中华大典·地学典》正在编纂《气象分典》、《海洋分典》、《地质分典》、《自然地理分典》。《中国抗战大后方历史文化丛书》已结集出版 15 卷,即将再出版 5 卷。《巴渝文库》已成立项目组并完成总体策划,正在编纂《巴渝文库编辑出版纲要》、《巴渝古代文献集成》。《惠民小书屋丛书》面向重庆社区读者策划了思想启蒙、文学艺术、修身励志、绿色生活、老年读物等系列 200 个选题,2012 年已成书出版 82 种。

一批文化传承、本土原创、时政、惠民、畅销出版物如期推出。《忠诚与背叛--告诉你一个真实的红岩》新获中宣部"五个一工程"奖(全国文化最高奖),广受欢迎,一年重印 17 次;《马克思恩格斯列宁画传》出版被誉为马克思主义建设工程新的里程碑著作,刘云山同志致信祝贺;《红岩风骨》、《历史的轨迹--中国共产主义青年团 90 年》入选党的十八大重点图书;《中国共产党重庆历史》填补重庆地方党史空白;《欠发达阶段欠发达地区》由时任市委书记的张德江同志主持策划;《域外汉籍珍本文库》第 3 辑 103 册一次全部出版;《巴渝非物质文化遗产》、《鸟瞰新重庆》、《巴渝童谣》等弘扬本土文化;《三十年世界政治变迁》、《向雷锋同志学习读本》、《中国特色社会主义理论与实践研究》等重点图书社会效益凸显;《万卷方法丛书》出版在国内学术界大热;《冰与火之歌》、《城市的精神》、《吃的真相》等畅销书持续热销。

为打造品牌媒体及重点学术期刊,开创性地设立了报刊扶持专项资金。2012 年首期筹措 200 万元,按"全国知名、市内前茅、行业领先"的标准,遴选打造十大品牌报刊,即《重庆日报》、《重庆晨报》、《电脑报》、《少年先锋报》、《党员文摘》、《商界》、《课堂内外》、《微型计算机》、《中国眼镜科技杂志》、《红岩》;打造 20 家重点学术期刊,即《改革》、《现代法学》、《重庆大学学报(社科版)》、《西南大学学报(社科版)》、《探索》、《西部论坛》、《外国语文》、《重庆社会科学》、《红岩春秋》、《功能材料》、《第三军医大学学报》、《重庆大学学报(自科版)》、《西南大学学报(自科版)》、《中国药房》、《应用数学和力学》、《计算机科学》、《表面技术》、《重庆师范大学学报(自科版)》、《重庆医学》、《南方农业》。

二、出版产业项目

2012 年重庆新闻出版重大产业项目立项数量、级别、受财政资助额均创历年之最。

10 大产业项目新入选国家新闻出版改革发展项目库。分别是:重庆报业移动数字出版示范(重庆晨报)、《大足石刻全集》(重庆出版集团)、《小书大传承-中国非物质文化遗产口袋书系列》(重庆出版集团)、元大?创意重庆(重庆出版集团)、出版物云终端 RFID(重庆出版社公司)、进程务工实用知识与技能培训网(重庆大学出版社公司)、鼎盛绿色环保食品药品包装(重庆鼎盛印务公司)、重庆新闻传媒中心(重庆日报报业集团产业公司)、彩色环保印刷技术开发与产业化(重庆瑞丰包装公司)、金雅迪绿色印刷与数字印刷技术开发与产业应用(重庆金雅迪彩印公司)。

7 大产业项目新入选市发改委重点目录。分别是:重庆新闻传媒产业中心(重庆报业集团)、重庆出版传媒创意中心(重庆出版集团)、重庆现代印刷包装基地(重庆出版集团)、元大?创意重庆(重庆出版集团)、解放碑时尚文化城(重庆新华集团)、十大书城(重庆新华集团)、中国出版发行交易云平台(市文资公司、云汉公司)。

2012 年,为各大产业项目直接落实中央及市文化产业专项资金配套 1670 万元。多数产业项目为业内外、市内外企业合资合作打造。在重大项目带动下,全年全行业增加值突破 80 亿元,同比增长约16%。

4个龙头项目(总部基地)建设均取得重大进展。新闻传媒产业中心正式签约立项,主体工程开始施工,地下车库已完成三层;出版传媒创意中心主体工程完工,开始安装外立面幕墙,预计2013年6月全面完工投入使用;现代印刷包装基地成功引进了台湾正隆纸业携手打造,现已建厂区120亩,并规划配套建设纸博园,相关方案正在审批;天健动漫产业基地准备调整部分用地为文化消费综合体商业用地现已进入调规公示阶段,即将进行平场建设。

三、全民阅读活动

2012年,第5届重庆读书月系列活动蓬勃开展。据统计,全市38个区县、56个市级单位共开展群众性读书活动463项,吸引市民700万人次参加。全民阅读氛围进一步高涨。

在2012年12月首届重庆文化产业博览会期间,举办了第5届重庆读书月书市,具体组织展出精品图书5000余种,吸引市民到场参观并购买图书60余万元。

组建了贴近干部群众阅读需求的读书报告人队伍。市新闻出版局领导到区县、市级单位作读书报告会25场。各区县、市级单位组织巡回读书报告会近300场。

2012年将传统"四评两命名"活动有针对性地调整为"十佳读书人、十佳书香家庭、百佳农家书屋"评选活动。吸引全市38个区县、23个市级部门、30种社会角色市民参评读书人和书香家庭,收到社会投票2607206张,社会反响热烈。并在全市37个区县(不含渝中)万个农家书屋中评选出百佳农家书屋,发挥了典型示范作用。

全面完成书香重庆网改版,将书香重庆网确定为重庆读书月活动官方网站。网站以推介本土原创文化为立足点,开展各种在线读书活动,目前日均点击量升至2000人次。书香重庆网手机版启动试运行,逐渐成为网站手机互动的全民数字阅读平台。

四、书城书屋建设

重庆农家书屋建管用长效机制进一步健全。协商确定今后每年由中央及市财政分别投入,为每个已建的农家书屋拨款2000元,其中1400元用于续配出版物,600元用于书屋日常运行。

2012年,中央和市财政投入1540万元,完成对全市8575个农家书屋首次续配出版物,每个书屋续配图书130余册、音像制品20余张。顺利通过总署对重庆农家书屋工程的检查验收,并推选出15个全国示范农家书屋。召开农家书屋建设现场交流会,对相关人员进行了再培训,规定全市农家书屋完善配套设备,确保每周免费开放时长不少于40小时。

数字农家书屋启动试点。目前已完成10万余种书屋图书特别是"三农"图书的数字转换,并开设农家实用书、致富宝典、致富专家、农家百事通等栏目,农家书屋手机版也即将开发完成。

以多种手段鼓励引导社区、学校、机关、军营、企业等基层单位自建书屋。至2012年底,摸底统计全市已建成各类基层书屋12100个。目前正联合市文明办协商将基层书屋建设纳入文明单位创建工作,从制度上形成基层书屋建设推进机制。

书城网点建设取得实质性突破。十大书城和28个区县书城完成立项,总规划投资达80亿元。至2012年底,备受瞩目、耗资达11亿元的解放碑时尚文化城、江北书城拆迁工作基本完成,即将交付土地;渝中、涪陵、江津、开县书城新建成投入使用;黔江、合川、永川、北碚、长寿、荣昌、璧山、梁平、城口、忠县、丰都、巫山、巫溪书城正在加速建设;万州、渝北书城也在全力拆迁;其他书城相继落实用地。

与市政规划对接的书报刊亭建设正在推进。三峡报刊亭进一步规范设点、配置和经营。重庆日报报刊亭在渝中、江北等地试点,目前已建成并投入运营20余个。

五、数字出版产业

2012年5月，重庆北部新区国家数字出版基地被中央五部委联合授予首批“国家级文化和科技融合示范基地”，标志着行业转型升级取得突破。基地管理办与11家入驻基地的骨干企业签约共建公共服务平台“云梯网”；中国出版发行交易云平台、移动数字报业(魔扣)等一大批以云计算为支撑的数字化项目实施，电子书包、手机乐乐熊、文化科技化服务等三大项目新入选国家文化科技创新工程，获国拨资金资助2000万元；天健网、华龙网、维普资讯网进入全国新闻出版业网站百强。重庆数字出版基地现已入驻80多家相关企业，具备20亿元以上规模产值。《中国新闻出版报》刊登《数字出版东南西北四大格局》之《格局西--重庆“云端”下的数字出版基地》专题报道，品评重庆基地引领西部，初步形成了“云端结合”的数字出版发展特色。

重庆数字出版监管平台已于2012年4月通过验收，正式投入使用，首期对全市129家数字出版网站实时监管。至年底，功能运行达到预期，监管面不断扩大。

为推广绿色和数字化印刷，2012年在全国率先设立印刷资助专项资金，专用于补贴本地印企申报国家绿色环保认证。至年底，已实质性推动重庆华林天美印务、出版集团印务、涪陵区夏氏印务、新华印刷厂、旭阳印务等5家龙头印企“转绿”成功。在此带动下，重庆在今秋中小学教材印制中首次实施了绿色工程，覆盖30%的品种，总计印刷绿色教科书468万册。以金雅迪数字印刷项目新获市文化产业专项资金100万元资助为契机，数字印刷连锁经营模式开始形成并重庆推广。

六、出版体制改革

以非时政类报刊转企改制为突破口，重庆新闻出版体制改革进一步深化。制定重庆报刊改革总体实施方案并报中宣部批准实施。至2012年底，全市首批9种、第二批18种非时政类报刊全面完成转企改制。分别是：首批《新女报》、《健康人报》、《21世纪人才报》、《课堂内外(初中版)》、《课堂内外(高中版)》、《大学》、《全视界》、《传奇天下》、《世界儿童》；第二批《旅游新报》、《微型计算机》、《新潮电子》、《计算机应用文摘》、《自动化应用》、《移动信息》、《电工技术》、《计算机科学》、《进展》、《中国厨卫》、《材料导报》、《农家科技》、《今日教育》、《功能材料》、《表面技术》、《包装工程》、《装备环境工程》、《精密成型工程》。重庆报刊改革的阶段性任务完成。

探索性地开展报刊综合质量等级评估工作。经评估，确定退出7种不合格报刊。分别是：停办《新闻图片报》、《半导体光子学与技术(英文版)》；划转《中外交流》、《影视艺苑》、《现代医药卫生》；变更《时代信报》、《重庆人居》。报刊退出机制建立，报刊结构进一步优化。

以推进国有出版企业股份制改造和筹备上市为重点，导已转制的出版企业进一步深化改革。特别是。2012年，重庆日报报业集团完成重报传媒股份制公司组建，并将改制的新女报、健康人报整体并入，启动上市进程，走在全国前列。重庆五洲文化传媒、新华传媒上市筹备也在推进。

七、版权管理服务

版权宣传力度加大。以市政府名义两次召开新闻发布会宣传版权保护政策。开展“世界知识产权宣传周”进社区活动，组织大规模媒体采访。走进重庆邮电大学、四川美术学院、重庆软件协会、重庆勘察设计协会等版权单位集中培训3000多人。

软件正版化工作取得突破。万州、黔江、渝中、九龙坡、北碚、綦江、梁平、璧山、彭水、奉节等10个区县率先实现了本级政府机关软件正版化，其余区县正在整改。全市大中型企业软件正版化工作已推进至第五批，计66家。报业、广电、出版、新华四大文化集团在本批次企业中率先通过验收。

2012 年 8 月，市版权局在全市范围启动版权免费登记，是全国较早的由省级财政出资补贴成本，面向行政区内所有单位及个人提供的版权公益服务。重庆版权云端服务平台同步运行。由于推行免费在线登记、简化审查流程、缩短办证周期，广大市民踊跃登记自有版权。至年底，全市版权登记数达 15000 余件，超过去 10 年总和，进入全国第一方阵(2011 年版权登记数超万件的省市区不到 5 个)。重庆还成立了全国首个地方性版权司法鉴定中心。版权兴业环境全国领先。

新建黄桷坪艺术园区版权兴业基地、重庆创意产业园区版权服务工作站。全年走访大中型企业 388 家，开展现场服务 272 次。

2012 年，全市引进图书版权 119 项，输出图书版权 64 项。重庆出版集团一次性与越南出版协会达成 64 种渝版图书版权转让意向，并建立了《旅游新报》、《农家科技》合作办刊、双语出版机制。重庆日报开辟美、澳、法、印尼 4 个海外版，每期读者约 40 万人。重大出版社与英国塞琦公司达成教育出版战略合作协议。中国眼镜杂志社在海外设立了 40 多个发行点。猪八戒网全年交易 110 万件，金额超 14 亿元，成为全国最大威客(创意作品在线交易)平台。版权产业正蓬勃兴起。

八、出版行业监管

出版选题审核力度加大，2012 年审批图书选题 3474 个，电子音像选题 217 个，其中撤销选题 210 个、备案重大选题 41 个、更名选题 354 个。出版物鉴定工作进一步加强，2012 年鉴定出版物 24 批次。年检、质检工作进一步加强，2012 年年检通过 3 家图书、6 家音像电子和 11 家互联网出版单位，176 种报刊、2505 家发行企业及个体和 3769 家印刷企业及个体，中小学教材印刷质检合格率 100%。出台区县报管理意见，审读报刊增至 42 种，报刊审读编发 125 期。关闭非法出版网站 1 个，查处非法网络出版物 622 种。

新闻出版人才库继续夯实，2012 年向中宣部及总署推出行业领军人才 11 人、先进人物 4 人。新闻出版从业培训力度加大，2012 年依托局属信息中心直接培训记者 1000 人、编辑 280 人、发行员 150 人、印包技师 180 人。

知识产权

重庆市知识产权局 孙健

一、2012 年发展回顾

2012 年，在市委、市政府的正确领导下，市知识产权局认真贯彻落实党的十八大精神、全国知识产权局长会议精神和市第四次党代会精神，紧扣科学发展主题、加快经济发展方式转变主线和“稳中求进”主基调，大力实施知识产权战略，着力提升知识产权创造、运用、保护和管理能力，知识产权促进发展方式转变的作用日益凸显。

——主要指标呈现三个持续增长。一是每万人口发明专利拥有量由 2011 年的 1.65 件增至 2.34 件，保持在全国第 9 位。二是全市专利申请 38924 件，同比增长 21.5%，其中发明专利申请 11402 件，增长 29%；专利授权 20364 件，增长 31.2%，其中发明专利授权 2426 件，增长 30.1%。全市专利电子申请率达到 86%以上，提高 15 个百分点。三是全市规模以上工业企业专利产品类别数量达到 12107 个，产值超过 1400 亿元、占工业总产值比重达到 10.9%。

——重点工作取得四大显著成效。一是支撑“云端计划”开创新模式。国家云计算知识产权试验区揭牌运行，完成全国首个云计算全产业链专利布局分析，为 5 个园区产业发展和 22

家企业产品研发提供支撑。建成电子证据保全中心和司法鉴定中心，实现知识产权侵权证据在线提取与保全,建立信息数据安全防护体系。二是服务融资体系搭建新平台。成立两江知识产权投融资服务平台，全市知识产权投融资规模超过10亿元。三是增强企业实力建立新机制。探索建立国家、市级、区县、企业四方合作知识产权工作长效机制，指导企业制定和实施知识产权战略，帮助企业解决关键技术专利难题132个、节约研发经费5.35亿元。四是推动外贸出口打开新通道。组建外贸企业知识产权联盟，建立在渝涉欧企业与商务部、海关总署等中央部门沟通联系机制，推动出口专利产品从传统产业领域拓展到战略性新兴产业领域，国外专利申请150件，专利产品出口交货值50.5亿美元。

——争取资源获得五块国家牌子。一是我市成为全国知识产权质押融资、专利保险、专利价值分析试点城市，为深化知识产权市场化改革营造有利环境。二是西部唯一专利审查员实践基地落户北部新区，为我市战略性新兴产业专利快速获权开辟便捷通道。三是重庆直升机引进知识产权评议项目被国家知识产权局评为全国唯一优秀项目，为我市重大项目知识产权谈判积累有益经验。四是重庆润泽医药公司荣获全国唯一专利导航产业发展试点企业称号，为企业运用知识产权提升市场竞争力树立成功典范。五是22家国家级知识产权试点企业全部通过验收，为我市实现知识产权兴市奠定坚实基础。

(一)坚持以改革开放为动力,着力凝聚知识产权发展合力

一是加强顶层设计,增强统筹协调能力。围绕推进知识产权“十二五”发展规划,研究制定《知识产权“十二五”发展规划2012年推进计划》,明确启动实施专利质量提升等重点任务11项。立足加快实施知识产权战略,制定知识产权平台建设方案,明确建设知识产权交流、整合、共享、支撑、交易、奖励、宣传等七大平台具体内容。牵头与市发展改革委、市经济信息委、市科委等九部门共同起草《关于加强重庆市战略性新兴产业知识产权工作的实施意见》,推出提升我市战略性新兴产业知识产权创造、运用、保护和管理能力的4项重点任务和9项工作举措。

二是创新联动机制,整合部门行业资源。会同市统计局、市经济信息委修订规模以上工业企业专利统计指标,联合开展统计调查。建立主要行业专利监测联合评价机制，定期公布检测数据,提供行业专利预警。与市司法局联合出台《关于进一步推进律师服务知识产权工作的意见》,充分发挥律师行业在服务知识产权工作中的积极作用。指导区县建立健全知识产权管理机构，全市31个区县设立知识产权局,28个区县实现知识产权管理机构、编制、人员、经费“四落实”。建立市与区县知识产权工作会商制度，先后与江津等9个区县签订《知识产权战略合作协议》。建立专利特派员制度,组织中介服务机构与企业、园区深度对接,新增专利申请企业532家。

三是深化内外开放,扩大交流合作领域。深化“重庆制造”走向海外知识产权护航行动和招商引资知识产权服务两大行动。举办中美软件企业知识产权圆桌会议和2012年发展中国家知识产权培训班。成功举办第六届中国专利周重庆专利展示交易会，意向签约金额2200万元。举办第五次直辖市知识产权联席会议,签署合作备忘录。组团参加第三次渝粤专利行政执法协作会议。全年开展各种知识产权合作与交流活动31次,组织我市87名企业、区县知识产权管理人员赴市外考察,吸引境内外53名知识产权官员、专利审查员、法律专家来渝访问。

(二)坚持以经济发展为核心,着力依靠知识产权培育产业

一是强化产业知识产权布局分析，助推产业结构调整。启动区域专利信息服务中心(专利云)建设,开展包括国内外云计算专利技术现状和趋势、重点技术专利权人分布、重点专利详解及壁垒分析、数据中心制冷节能专利分析及方

案等内容的云计算产业专利分析成果推广，与76家单位建立成果运用联系机制、20家单位达成合作意向。围绕助推战略性新兴产业，重点开展授权专利和有效专利分析，形成《LED产业专利战略分析报告》，建立LED产业专利专题数据库。

一是加强知识产权示范区和园区建设，放大产业集群效应。联合市科委、市工商局、市版权局制定出台《知识产权试点示范园区工作指南(试行)》，指导园区知识产权工作融入招商引资和产业转型升级。指导两江新区编制创建国家知识产权示范区工作方案，制定出台知识产权资助奖励政策，开展国家知识产权质押融资试点。组织4家专利代理机构为4个中小企业知识产权集聚区开展托管服务。支持五里店工业设计园培育孵化工业设计和创意设计知识产权优势企业107家。完成首批8家市级知识产权试点园区验收工作，新认定市级知识产权示范园区3家、市级知识产权试点园区8家。

三是实施企业知识产权战略，增强企业核心竞争力。开展企业知识产权试点工作，将企业知识产权管理标准化试点项目纳入全市标准化重点试点示范项目行列。强化企业知识产权服务，全年登记、发布专利项目893件，为企业遴选推介专利357件，组织26名国家专利审查员为13家企业解决专利难题78项。开展上市企业知识产权风险规避强化辅导，服务上市企业37家、拟上市企业145家，为企业提供国内外专利信息3万余条。创新"需求结合、嵌入开发"专利信息服务模式，为我市汽车产业关键零部件技术抢占全球行业制高点奠定坚实基础。全年新培育市级知识产权试点企业82家，试点企业实现区县全覆盖，新认定首批工业企业知识产权创造运用能力培育工程试点企业30家，支持企业参与制定专利标准50项，43项纳入行业标准和国家标准。4家企事业单位荣获中国专利优秀奖，获奖项目新增销售收入46.9亿元。

(三)坚持以能力建设为根本，着力夯实知识产权工作基础

一是强化人才培养，增强知识产权发展后劲。大力实施知识产权人才培训计划，首次将知识产权专业人才培训工作纳入全市专业技术人才知识更新工程。举办"重庆市知识产权战略企业董事长(总经理)高级研修班"等各类培训班43次、"企业发展与知识产权策略"等专题讲座52次，培训各类知识产权管理人才、专业人才5000余名。新培养全国知识产权领军人才3名、"百千万知识产权人才工程"百名高层次人才13名、全国专利信息领军人才1名、首批国家知识产权专家库人才9名、全国专利信息师资人才4名、专利工程师110名。建成知识产权代理服务专家库、培训师资库、高层次人才库等市级知识产权人才库3个，收录专家信息158条。我市1名知识产权专家跻身2011年度全国知识产权保护十大最具影响力人物行列。全市各类知识产权人才超过3000人。

二是拓宽投融资渠道，提高知识产权投资实效。与重庆三峡银行、招商银行重庆分行签订知识产权投融资战略合作协议，建成两江知识产权投融资服务平台，组建市知识产权质押融资数据库，收录380家企业的1200件实用新型和120件发明专利信息，发布知识产权投融资需求信息385条，促成80家企业与银行签订知识产权融资协议、30家企业获得银行贷款3亿元。积极开展专利保险试点工作，遴选20家高新技术企业和知识产权优势企业开展试点，完成专利保险产品险种设计评估，建立专利保险工作服务体系。

三是加强宣传教育，强化全社会知识产权意识。成功举办以"大力实施知识产权战略，加快经济发展方式转变"为主题的2012年知识产权宣传周。召开新闻发布会发布2011年重庆市知识产权保护状况。全年开展知识产权宣讲活动5次、编辑出版《重庆知识产权》期刊6期、报送政务信息75条、策划专题新闻报道63次、发布新闻591篇，发放《知识产权小知识》等各类宣传刊物16000余册。《重庆知识产权质押融资取得明显成效》被新华社内参刊载，受到国家知识产权局领导高度关注。全社会知识产权意识显著增

强,91.2%的市民对知识产权有一定认识。

（四）坚持以优化环境为重点,着力加大知识产权保护力度

一是加强执法维权体系建设，提升专利行政执法能力。知识产权保护能力提升工程顺利推进，研究出台《重庆市专利行政执法工作指引》,推行区县专利执法工作激励政策,专利执法委托实现区县全覆盖,市区(县)两级专利执法体系进一步完善。建立区域联合执法机制,与四川、广东等九省市签订专利执法合作协议,实现信息共享、案件转移和共同执法,有效提高执法工作效率，我市进入全国专利行政执法考核前10名。

二是开展重大经济活动知识产权评议,降低知识产权侵权风险。成立重大经济科技活动知识产权评议工作顶层设计研究小组，成功申报钽的多孔材料开发与医学应用、LDCS-P系列离心式制冷机、M型高性能大型工艺压缩机产业化、制齿机床智能化关键技术及智能滚齿机等2012年国家重大经济科技活动知识产权评议试点项目4个,获得国拨经费30万元。

三是继续深化"双打"工作,营造公平竞争市场环境。认真履行打击侵犯知识产权和制售假冒伪劣商品工作领导小组办公室职能，会同相关市级部门出台《重庆市人民政府办公厅贯彻落实国务院关于进一步做好打击侵犯知识产权和制售假冒伪劣商品工作意见任务分工的通知》,提出并推进8项重点工作任务。根据市领导有关探索和建立我市行政执法与刑事司法衔接工作机制的要求,完成《重庆市关于做好打击侵犯知识产权和制售假冒伪劣商品工作中加强行政执法与刑事司法衔接工作的实施意见》起草工作。深入开展"破案会战"、"剑网"等专项整治行动19次,立案查处违法案件6160件,移送司法机关案件39件,捣毁窝点112个,涉案金额4.1亿元,有效维护了知识产权所有人权益。

二、发展中存在的问题

一是知识产权管理、服务能力不足以满足全市"一统三化两转变"战略的新要求,知识产权保护与服务内陆开放高地建设有一定差距;二是大多数的企业尚未建立专利制度，企业知识产权运用能力不足以支撑创新驱动发展;三是知识产权人才较为缺乏，影响知识产权战略实施等问题。

三、2013年发展目标

坚持创造与运用统筹、保护与管理同步、宣传与服务并重,深入实施知识产权战略,着力健全企业专利制度、着力推动重点企业实施专利战略、着力建设知识产权平台,掌握一批关系产业发展的核心技术专利、提高核心零部件自给率,不断提高优势产业产值专利密度,切实发挥知识产权推动发展方式转变的重要作用，促进全市经济平稳较快发展。力争全市专利申请45000件以上，其中发明专利申请突破12000件;专利授权20000件以上,其中发明专利授权达到3000件。规模以上工业企业专利产品数量达到15000类,实现专利产品产值2500亿元,占全市工业总产值的比重达到14%。每万人口发明专利拥有量达到3.0件，继续保持在全国前10位。

金融业

中国人民银行重庆营业管理部 杜婕

一、2012年发展回顾

2012年,面对投资、工业增长放缓的经济下行压力,重庆市积极转方式、调结构、惠民生,经济运行缓中企稳、稳中求进,消费和出口对经济增长的贡献提高，以服务业为主体的第三产业

占比提升，电子信息产业的崛起促使工业升级步伐不断加快,财政收入和企业利润增幅回升,城乡居民收入增速持续高于全国水平。金融业积极服务实体经济发展,融资总量扩大、直接融资占比提升,贷款投放向产业和民生领域倾斜,期限、行业、企业规模结构继续优化。证券、保险业在创新服务实体经济的同时稳健发展。金融改革加快推进,金融风险有效防范,金融生态环境进一步改善。

(一)银行业稳健运行,信贷投向契合实体经济需求

2012年，重庆银行业认真落实稳健的货币政策,存贷款增速随经济走势先降后升,信贷投向持续优化，对实体经济和薄弱环节支持力度加大。

1. 银行业资产规模扩大，经营保持稳健。2012年,重庆市银行业资产总额同比增长21%,金融脱媒环境下债券投资、买入返售等非信贷资产占比上升。资产质量持续改善,不良贷款率降至0.47%。风险覆盖能力持续提升,拨备覆盖率大幅提高。受存贷款利差收窄、规范收费等因素影响,利润增速同比下降23个百分点。新增2家外资银行和5家村镇银行，西部首家汽车金融公司在渝开业,市级机构总数达到79家。

2.存款增速回升,结构变化明显。2012年末,重庆本外币存款增长20.4%,同比上升2个百分点。本、外币存款走势分化。外币存款增速上半年创出历史新高后逐月回落，主要受贬值预期减弱导致持汇意愿下降和外币存款利率走低等影响。企业存款增长变化是导致人民币存款增速先缓后升的主要原因。随着下半年企业贷款需求回升带动派生存款增加，以及货款回笼和盈利水平好转,企业存款大幅增加。个人存款增长平稳,全年保持21%左右的增速。企业和居民投资意愿下降使定期存款同比增长31%。随着存款竞争策略及利率上浮幅度的差异化，存款行间转移迹象明显，中小银行与大型银行的存款增量之比由上年的0.8:1调整为1.7:1。

3.贷款结构优化,契合实体经济需求。2012年,重庆市人民币贷款增量与上年持平,增速回落3个百分点，主要受到制造业固定资产投资需求减弱、房地产等行业调控、直接融资分流等影响。企业流动资金需求增加和银行主动调整期限结构规避风险共同推动短期贷款快速增长,短期与中长期贷款的增量之比由2011年的0.7:1改善为1.4:1。信贷节奏趋于均衡,新增贷款季度占比为30%、25%、29%和16%。差别准备金动态调控效果显著，地方法人贷款进度适当微调,支持全市贷款平稳增长。受笔记本电脑企业贸易融资快速发展、同业代付转表内以及境内外币利率下降等带动,外币贷款大幅增长1.4倍。

4.信贷投向稳增长、惠民生领域。银团贷款稳步增长,保障了重点在建项目资金需求。制造业、建筑业和批发零售业新增贷款占对公贷款的七成。民营经济贷款快速增长,贸易融资余额翻番,个人经营性贷款增长53%,中小微企业贷款增量为大企业的2.4倍。民生金融加快发展,小额担保贷款发放额和支持人数居全国创业型城市之首，秦巴山和武陵山扶贫开发片区贷款增速分别高于全市15.6和2.8个百分点。人民银行重庆营业管理部联合市扶贫办出台《关于做好金融支持扶贫开发工作的指导意见》,系统提升金融扶贫水平。

5.多层次农村金融体系逐步完善,金融服务水平进一步提升。国家开发银行深化开发性金融合作,创新城镇化融资模式。农行三农金融事业部改革成效显著,“惠农通” 工程全面完成3年布防1万台的目标，汽车移动金融服务正式启动,农商行积极推广手机银行,偏远地区金融渠道薄弱问题得到改善。邮储银行逐步理顺与邮政集团的关系，村镇银行在乡镇设立支行12家,银行营业网点乡镇覆盖率提高到99.4%。成为县域金融服务的重要补充力量。农村农房、林权、土地经营权等“三权”抵押贷款发放额翻倍,农家乐、冻库收储贷款等产品创新增多。村镇银行贷款增长83.8%,因吸收存款主要用于当地而获人民银行支农再贷款奖励的家数同比增长

150%。

6. 跨境人民币结算业务迈上新台阶。2012年重庆市跨境人民币结算额625.3亿元,同比增长3.4倍。在笔记本电脑出口人民币结算快速增长的带动下,货物贸易结算量增长近2倍,占同期外贸进出口总额的8.1%,同比提高4.1个百分点;资本交易结算额增长6倍,对外直接投资人民币结算实现零的突破。开展人民币结算的银行和企业数量增长33%和87%,便利了对外经贸往来。

(二)证券业发展平稳,创新服务实体经济见成效

1.市场交易活跃度下降,证券期货机构发展稳健。全年股票和期货交易额均同比下降一成。法人机构运营平稳,西南证券自营业务收入和利润大幅增长,终止对国都证券的吸收合并,控股重庆股权转让中心。期货公司盈利状况有所改善,2家公司的监管评级上调。新华基金创新采用发起式设立债券基金,管理基金数量和规模较快增长。

2.证券业积极服务实体经济。2012年,受市场不景气影响,重庆企业股票融资额同比下降81%。但证券期货机构创新意识增强、举措增多。公司债发行稳步推进,中小企业私募债首批试点发行。部分券商向综合服务平台和财富管理中心转型,资产管理业务快速发展。西南证券完成市场上首例资产重组及配套融资项目。*ST朝华重大资产重组获批,初步化解公司退市风险。首批通过清理整顿交易场所验收,区域性OTC市场规范发展,累计帮助挂牌企业融资79亿元。

(三)保险业发展总体向好,服务民生力度加大

1.市场主体继续增加,业务结构变化。新增3家省级保险分公司,行业总资产规模较年初增长17%,从业人员8.5万人,与上年保持稳定。经营效益持续改善,产险公司承保利润率高于全国平均水平,寿险公司短期承保利润保持平稳。全市保费收入增长6.2%,同比下降3.7个百分点,主要由于分红险保费收入增速和占比同比下降,产险收入增幅高于全国。

2.服务民生作用增强。全年保险赔付额增长24.1%,风险保障额和保障人数分别增长24.3%和27.4%,覆盖养老、医疗、农业、社会管理等领域。小额贷款保证保险启动,支持小微企业贷款1.1亿元。秀山土鸡养殖、黔江自然灾害公众责任保险等地方特色险种稳步推进,农业保险总规模达到39亿元,生猪、奶牛、柑橘保险实现全覆盖。

(四)融资结构多元发展,金融市场交易活跃

2012年,重庆市直接融资比重进一步提升,金融市场交易量大幅增长,长江上游区域性金融中心建设稳步推进。

1.债券融资大幅增长,融资结构多元发展。2012年,受债券融资大幅增长带动,重庆市非金融企业融资总量和直接融资额均创历史新高,直接融资占比同比提升3.5个百分点,创直辖以来新高。企业通过银行间债券市场融资取得新突破,银行承兑汇票等其他融资方式发展加快。

2.票据市场交易大幅增长,贴现利率全面走低。2012年,银行承兑汇票承兑和贴现发生额同比增长37%和22.6%。4季度的银行承兑汇票直贴和买断式转贴加权利率分别比1季度下降31%和32%,企业票据融资成本降低。

3.货币市场成交额创历史新高,市场利率下行趋稳。2012年,流动性整体宽松以及债券品种增多推动银行间债券回购交易额同比增长105.9%。由于地方法人存款增长良好,资金趋于宽松,参与货币市场交易净融入额同比下降3%。同业拆借成交额受债券结算代理业务收缩影响小幅下降。货币市场利率在经历年初以来近5个月波动下行后趋于稳定,12月的同业拆借和债券回购加权平均利率同比分别下降9和105个基点。

4. 银行结售汇稳步增长,黄金交易增长放缓。2012年,伴随进出口贸易持续快速增长,银行结售汇同比增长39.4%。由于人民币贬值预期持续较长时间,市场主体持汇意愿增强,全年结

售汇额首次出现逆差。外汇交易日趋活跃,参与银行间外汇市场交易额和交易币种类型分别增长85%和40%。1家民营企业直接进入银行间市场买卖外汇,有效降低了汇兑成本。由于国际金价波动加大、投资者趋于谨慎,黄金市场成交量增速大幅放缓。黄金交易进一步清理规范后,代理上海黄金交易所交易额占比提升、主渠道作用发挥,黄金租赁、远期等新业务保持较快增长。

5.民间融资规模和利率整体回落。人民银行重庆营管部的监测数据显示,2012年监测样本的民间融资规模和利率保持平稳回落态势,四季度因贷款投放放缓、资金季节性需求增加导致民间借贷"量价"小幅齐升。借贷期限以短期为主,主要用于解决企业的流动资金不足,涉及行业集中在制造业、建筑业、商贸流通和房地产业。

6.区域性金融中心建设深入推进,金融创新步伐加快。2012年全市金融业增加值增长20.8%,占GDP的比重达8%,同比提高1个百分点。金融后援服务中心项目奠基形成新的金融聚集区,金融城功能不断完善。交通银行太平洋信用卡重庆分中心获批筹建,银行区域性运营中心达到14家。惠普离岸结算量增长1.1倍,占惠普全球结算量的1/6。新台币现钞双向兑换试点和电子商务跨境外汇收支试点有序推进,新增第三方支付牌照数位居中西部并列第一,结算型中心建设加快。金融IC卡发行量居全国首位,跨行业应用试点取得突破。外资PE试点引进数量稳步增长。金融机构开展网点延时服务、发行小额快速支付卡等,推动辖区金融服务创新快速发展。

(五)以防范区域性金融风险和服务民生为重点推进金融生态环境建设

2012年,重庆市建立全市金融工作协调联席会制度,完善金融监管部门协同监管机制;建立市、区县两级联动的创新型机构监管制度;强化担保、小贷、私募股权投资基金等行业协会自律监管。人民银行重庆营业管理部建立与金融机构共同防范区域金融风险工作机制,督促加强融资平台、房地产和产能过剩行业贷款风险防范;开展交叉性金融业务制度性调查和金融机构稳健性评估;探索开展金融机构利率市场化承受力评估,扩大区县金融生态环境评估影响力。通过征信服务、权益保护、金融教育等改善民生金融生态环境。首创互联网平台架构、商誉积累和多功能信用培育模式,开发建设了重庆市企业信用培育系统,填补现有企业征信系统的空白。建立西南首个、全国第五个农村征信系统,开拓信用村镇建设新途径,通过财政贴息、利率优惠等政策,提升农村信用环境。金融消费者权益保护工作试点扩大到库区等7区县。开展"金融消费者权益保护宣传周"、"防范非法黄金交易风险及投资者教育宣传月"等活动,提升居民金融意识。

二、2013年发展目标

2013年,重庆处于工业化、城镇化的快速推进期,民营经济和农业现代化加快发展,内陆大开放的综合环境向好,将持续激发经济发展潜力,经济增长好于2012年的概率较大。重庆金融业将继续认真贯彻稳健的货币政策,处理好稳增长、调结构、控通胀、防风险的关系,保持贷款总量合理平稳增长,加强信贷政策与产业政策的协调配合,加大对小微企业、三农和民生的信贷支持。进一步改善融资结构,提升直接融资占比,适度扩大社会融资规模。积极发挥银行、保险、证券、担保、小贷、基金等各类型金融机构和创新型融资组织的优势,多渠道满足实体经济多样化的融资需求。强化宏观审慎管理、新资本管理规定等导向,加强房地产、融资平台贷款、跨机构合作、银行体系外融资等重点领域的风险防范,及时化解潜在风险,维护金融稳定运行。

保险业

中国保险监督管理委员会重庆监管局 廖仁治

一、2012年发展回顾

2012年，在市委市政府和中国保监会的坚强领导下，重庆保险业紧紧围绕市委市政府和保监会的中心工作，抓服务、严监管、防风险、促发展，保持了稳中求进的良好态势，为服务和保障重庆经济社会发展做出了积极贡献。

(一)行业发展态势总体向好

一是市场运行总体平稳。2012年，全市实现保费收入331.03亿元，同比增长6.16%。保费规模位居全国第18位，西部第3位。其中，财产险公司保费收入101.8亿元，同比增长16.42%，增速较全国水平高出0.71个百分点；人身险公司保费收入229.23亿元，同比增长2.16%。全行业未发生集中性退保等系统性区域性风险，维护了全市金融生态环境的安全稳定。

二是经营效益持续改善。产险公司实现承保利润6亿元，承保利润率7%，高出全国平均水平4.2个百分点。寿险公司短期险承保利润9892万元。全行业累计缴纳各种税收9.29亿元，同比增长12.7%。

三是市场主体不断增加。2012年新增富邦财险重庆分公司、泰康养老重庆分公司、民安财险重庆分公司3家省级分公司。目前共有保险法人机构3家，省级保险分公司41家，其中财产险分公司22家，人身险分公司19家，专业保险中介法人机构24家，保险兼业代理机构5461家。保险从业人员8.5万人。

(二)服务经济社会能力不断提升

一是保障经济社会稳定运行。全年发生保险赔付91.78亿元，同比增长24.1%。累计为全市经济社会发展提供6.47万亿元风险保障，同比增长24.3%。为4363万人次提供各类人身保险保障，同比增长27.4%。累计为全市社会养老、健康及财产风险积累准备金954亿元，较2011年末增长18.1%。保险深度2.89%。保险密度达1124元，同比增长3.1%。

二是大力参与农业保障体系建设。农业保险共实现保费收入1.9亿元，同比增长23.32%，为49.5万户次提供了150亿元风险保障。农村小额人身保险为120万人次提供风险保障312亿元，外出农民工意外保险为53.36万农民工提供保险保障。

三是积极参与社会保障体系建设。城镇职工大额补充医疗保险累计为179万人提供医疗风险保障707亿元。城乡居民合作医疗补充保险为744万人提供保险保障3906亿元。城乡孕产妇和新生儿保险为130万人提供85亿元保险保障。

四是探索参与社会管理体系构建。责任保险实现保费收入4.15亿元，同比增长17.58%，承担保险责任4181亿元，同比增长37.5 %。小额贷款保证保险覆盖10多个区县，为全市6000余户小微企业融资提供保险保障。

五是积极支持内陆开放高地建设。出口信用保险共为349家在渝企业提供24.9亿美元出口货物收汇保障，同比增长17.1%。

(三)探索建立消费者权益保护长效机制

一是率先开展车险积压赔案清理。全市2011年末积压的19.52万件车险赔案处置率达91.88%，2012年新增车险赔案结案率89.15%，同比提高2.15个百分点。

二是率先出台承保理赔服务新规。推出万元以下车险“零单证”索赔制度，推行车险理赔行业服务标准，并组织开展专项测评。重庆车险万元以下赔案理赔周期由2011年的平均22天缩短为目前的14天。车主普遍反映索赔更加方便快捷。制定人身保险需求分析和风险承受能力测评暂行办法并试点实施，着力从源头治理寿险销售误导。

三是大力加强信访投诉工作。实行信访投诉“一把手”工程,重大和复杂投诉由局领导督查办理。与市高院建立保险纠纷多元化解机制,积极推动保险纠纷诉调对接。共受理寿险销售误导投诉302件、产险理赔难投诉118件,分别同比增长529%、594%，为消费者挽回经济损失989万元。

四是从重处罚损害消费者利益行为。对损害消费者权益行为实行“零容忍”政策,共处罚此类案件23件，占全年处罚案件的44.2%。其中,率先将车险理赔难问题纳入行政处罚范围,对6件车险理赔难案件罚款65万元,涵盖各类理赔违法行为，是全国仅有的车险理赔违法行为处罚案例。严肃处罚寿险销售误导案件13件,罚款达116.4万元。

重庆保监局的消费者权益保护工作得到保监会领导和相关部门的充分肯定。同时,消费者对保险服务的满意度明显提升，市统计局社情民意调查中心公布的保险消费者满意度超过95%。

(四)强力规范保险市场秩序

一是大幅提升现场检查强度。针对市场突出问题、重点公司和关键业务开展检查。全年共派出198个检查组,同比增长130%,投入检查力量3797人天。其中,检查产险机构95家次、寿险机构70家次,分别同比增长265%和367%。

二是加大违法案件处罚力度。全年完成行政处罚案件52件,对53家次机构、67名责任人实施223项行政处罚,案均追究责任人1.29人,撤销1名高管人员任职资格，吊销1名营销员的保险代理资格证书。

三是加强行政执法与刑事执法协作。与市公安局建立了打击保险领域违法犯罪联系会议及案件线索移送、联合执法和信息通报机制。推动“破案会战”,保险业共向公安机关移送涉及保险诈骗案件线索179件,涉案金额2310万元。与市检察院就线索移送、保险信息查询等方面开展合作达成意向，向检察机关移送1起保险领域涉嫌重大违法案件。

(五)大力开展法治保监局建设

一是严格实施审监分离、查处分离、处罚裁量标准。出台《行政许可审监分离程序规定》,将行政许可职能归口法制处，严格分离行政审批权和监督检查权。出台《行政处罚程序规定》,从程序上严格分离案件调查权、处理建议权、处罚决定权和监督权。出台《行政处罚裁量标准》,最大限度压缩行政处罚的自由裁量空间，从实体层面严格规范和约束行政处罚行为。

二是规范检查对象的选择确定权。制定《现场检查对象确定办法》,建立较为完善的量化指标,实现检查对象的全面覆盖与重点治理,从源头上解决极易出现的选择性执法等执法不公问题。

三是统一重点领域违法行为认定规则。出台《车险理赔违法行为处罚认定办法》和《人身保险销售误导行为认定规则》，分别列举22种车险无理拒赔、拖赔、惜赔行为和26种人身险销售中的违法行为，明确法律适用情形和处罚标准,有效避免重点监管领域法规运用的不当、随意和偏颇。

四是规范案件移送审理工作标准。率先制定《行政处罚案件移送审理标准》,明确行政处罚案件移送审理应符合的6项违法事实内容、3项证据资料要求,确保行政处罚案件办理质量。

二、2013年发展目标

重庆保险业将以科学发展观为指导，坚持“抓服务、严监管、防风险、促发展”,促进重庆保险业平稳持续健康发展,力争在2013年乃至今后一个时期,实现以下三个目标：

一是服务经济社会发展和保障民生能力显著提升。保险的经济补偿、资金融通和社会管理功能进一步发挥，保险业在重庆地区生产总值中的贡献度明显提高。保险产品种类和服务形式更加丰富,保险覆盖领域更加广泛,切实担负起保障经济发展、服务民生改善、促进社会和谐的行业责任。

二是保险消费者利益得到切实维护。行业服务评价标准更加完善，保险服务质量和服务水平大幅提升。诚信、文明服务成为保险业的自觉行为，和谐友好的保险消费环境初步形成。

三是保险市场竞争更加公平有序。依法、公正、透明的监管工作制度进一步完善，行政处罚的威慑力进一步增强。依法经营和注重效益成为行业准则。经营规范化、运行透明化、竞争差异化的市场竞争格局基本形成。

文化产业

重庆市文化广播电视局　史绍平 陶宏宽

一、2012 年发展回顾

截至 2012 年 11 月底，全市共有公有制及公有制控股文化企业 3569 户，注册资本金 429.19 亿元；民营文化企业 48883 户，注册资本金 460.27 亿元，其中微型文化企业 8757 家。截至 2012 年，全市累计创建国家级示范基地 7 个，市级园区示范园区 5 个、市级示范基地 41 个。重庆出版集团、重庆演艺集团等 5 家企业评为“2011-2012 年度国家文化出口重点企业”，8 个产品评为国家重点出口产品。2011 年，重庆文化产业实现增加值 309.5 亿元，同比增速 29.63%，占全市 GDP 经济总量的 3.09%。预计 2012 年全市文化产业增加值达到 400 亿元。

表 1　2006-2012 年文化产业增加值

指　标	2006 年	2007 年	2008 年	2009 年	2010 年	2011 年
文化产业增加值（亿元）	88.57	114.19	146.46	188.06	238.75	309.48
文化产业增加值占 GDP 比重（%）	2.27	2.44	2.53	2.88	3.01	3.09
文化产业增加值同比增长（%）	32.87	28.93	28.26	28.40	26.95	29.63

表 2　2006-2011 年文化产业分行业增加值数据

指　标	2006 年	2007 年	2008 年	2009 年	2010 年	2011 年
一、新闻服务	0.14	0.15	0.21	0.24	0.32	0.43
二、出版发行和版权服务	20.58	26.38	30.94	39.94	51.33	64.86
三、广播电影电视服务	10.39	16.46	21.85	31.43	35.02	45.29
四、文化艺术服务	7.21	6.44	7.84	9.94	13.7	18.25
五、网络文化服务	1.45	2.42	3.40	4.68	6.74	9.71
六、文化休闲娱乐服务	19.11	25.77	30.92	36.82	44.32	53.10
七、其他文化服务	10.88	11.52	18.68	24.11	33.79	48.59
八、文化用品、设备及相关产品的生产	7.62	10.92	13.67	16.44	23.35	30.36
九、文化用品、设备及相关产品的销售	11.19	14.13	18.95	24.47	30.18	38.89
合计	88.57	114.19	146.46	188.06	238.75	309.48

一是重点项目建设快速推进。《印象·武隆》成功开演，累计演出 200 余场，收入 4800 余万元，成为我市文化与旅游融合发展的典范。国泰剧院、涪陵大剧院完成基础设施建设，并投入使用；国际马戏城重点项目顺利推进。长寿菩提山顺利开街，万盛引进华莱集团投资 39 亿元倾力打造动漫产业园，永川、合川正在积极争创市级文化产业示范园区。

二是园区基地建设成效显著。2012年，全市新增市级文化产业示范园区2个、市级文化产业示范基地21个，重庆演艺集团、猪八戒网2家企业创建为国家级文化产业示范基地。全市累计创建国家级文化产业示范基地7个，市级文化产业示范园区5个，市级文化产业示范基地41个。重庆出版集团、重庆维普资讯、重庆新华传媒、重庆享弘、重庆演艺集团5家公司评为“2011-2012年度国家文化出口重点企业”。重庆帝华广告传媒、重庆享弘分别被文化部、财政部、税务总局认定为2012年动漫企业和重点动漫企业。渝中区九鼎画廊、九龙坡区501艺术空间分别被评为全国第五批“诚信画廊”。

三是微型企业快速发展。按照全市总体部署，切实从政策引导、降低门槛、现场指导等举措，狠抓微型文化企业发展。2012年全市新增微型文化企业3488家，全市微型文化企业累计达8785家。网络文化、文化创意、民间手工艺、旅游服务、文教用品等门类微型文化企业得到快速发展。仅围绕巴渝特色文化创办的微型企业达2700余家。

四是文化会展实现大突破。组团参加第八届深圳文博会、第六届西部文博会，成功主办了第四届西部动漫节、第五届中国(重庆)万石博览会。利用深圳文博会、西博会，西部动漫节、万石博览会、黄桷坪新年艺术节、海峡两岸文博会等会展平台，积极组织享弘动漫、城口漆器、荣昌夏布、堰兴剪纸、叶脉花等文化产品展销，改变过去“只展不卖”为“既展又卖”，全年成功签约项目8个，签约资金达13亿元，现场销售近1亿元。

五是电影产业再创新高。2012年，全市新建影院16家，新增银幕数107张。截至12月31日，全市共有经常性营业影院85家，银幕504块，64348个座位，503个数字厅。全市36个区县已经建成数字电影院，其余2个区县数字电影院都在装修建设中。新建电影院都按三星级以上标准建设，万众英利、UME时代天街店等放映厅都在10个以上，金逸协信电影院、万达大渡口电影城还投入上千万元建设了IMAX厅，全市IMAX厅数达到5个，居西部第一。全年备案电影28部，拍成10部。《走过雪山草地》被中宣部、国家广电总局推荐为十八大献礼重点影片、《指尖太阳》入选十八大献礼重点影片目录。重庆电影集团也组建挂牌，为重庆电影生产打造龙头企业迈出坚实的一步。两江国际电影城项目正式启动，是电影《1942》重要取景地。全年发行电影411部其中国产片283部、进口片128部。本地电影院线——重庆保利万和电影院线，现在全国有电影院共52家，重庆36家，主城区12家，年度电影票房收入3.31亿元，列全国院线第15位。

全年城市电影院共放映770521场，观众16756242人次，电影票房收入5.47亿，比去年同期分别增长57%、34%、36%。电影票房收入在全国城市排名第七，西部排名第二。全市1000万元以上票房的影院18家，比去年增加5家。

六是产业资金支持力度加大。全年共组织18个项目申报国家文化产业专项资金，有5个项目获得3127万元支持，89个项目申报市级文化产业专项资金，22个项目获得2260万元支持。与市科委、旅游、教委联合组建了重庆文化旅游技术创新战略联盟，市美术公司等7家文化企业加入联盟，完成红色文化再现、文化旅游产品开发等项目建设。组织12个项目申报2013文化与科技结合项目，有5个项目获科技部科技支撑计划资金2400万元。2012年，文化企业获得各种资金支持比去年同期增加280%。成立重庆文化产权交易中心有限责任公司，为全市文化产权交易和企业融资搭建了新的共享平台，一定程度化解企业“融资难”问题。

七是文化市场规范有序。启动演艺企业诚信体系建设。率先在全国启动演艺企业诚信建设，会同市公安局、文化执法总队出台了《关于加强演出行业诚信制度建设和管理工作的通知》，要求区县相关部门切实加强演出企业诚信教育。在大渡口区组织召开了全市网吧连锁经营现场推进会议，网吧连锁工作顺利开展，网络文化产业得到持续、健康发展。2012年,全市有艺术机构282个,艺术表演场所46个,从业人员3901人,演出场次13.73万场次,演出收入2.2亿元;文化娱乐单位6489家,从业人员33174人,营业收入227752.4万元。全年实现无行政审批投诉、无行政复议和无行政诉讼案件。

二、发展中存在的问题

一是缺乏考核驱动力。目前,由于未将文化产业发展纳入区县政府考核,不少区县(自治县)对文化产业发展还停留在提目标和喊口号上,"雷声大,雨点小",竞争意识不强,缺乏具体措施和办法,推动乏力,社会力量投资文化产业发展的积极性不高。

二是缺乏政策引导力。市场经济最主要的特点是实现资源的优化配置,产业政策就是引导市场经济的"风向标"。到目前为止,全市还没有出台一个支持文化产业发展较全面的政策文件。政策导向是影响文化产业快速发展的重要因素。

三是缺乏扶持推动力。据全统计,全国有一半以上的省市文化产业专项扶持资金额度均超过1亿元以上。而重庆市2011年以前,每年只有1000万元专项扶持资金,且多数用在扶持四大国有集团企业扶持上。2012年全市2500余万元文化产业专项扶持资金中1800余万元用于扶持国有企业,只有700余万元扶持社会民营企业。总体来讲,专项资金有限,扶持力度也非常乏力。

四是缺乏消费内动力。目前,全市的文化市场和文化消费总量较低,与消费总支出占比较小。2011年全市人均GDP已超过5000美元,城镇居民人均文化娱乐用品及服务支出达1014.79元,仅占城镇居民家庭人均消费支出14974.49元的6.8%。尽管在西部11个省市中,重庆城镇居民人均文化娱乐用品及服务支出居第二位,农村居民人均文教娱乐用品及服务消费支出居第四位,但仍远远低于国际普遍水平,与经济发展水平也不相适应,有待加强文化消费培育,增强文化消费活力。

三、2013年发展思路

一是出台扶持政策。争取尽快推动市政府出台《关于支持文化产业加快发展若干政策的意见》,逐步建立完善文化产业发展的政策体系。

二是强化两大保障。制定出台具体考核办法和指标体系,争取将文化产业纳入对区县(自治县)工作考核。启动《重庆市促进文化产业发展办法》编撰工作。

三是开展四大活动,推动文化产业发展。推进重庆"特色文化产品"等评选,切实加强特色文化品牌建设;启动第三批文化产业示范园区和示范基地评选,充分发挥园区、基地聚集、辐射、带动作用;开展"文化企业50强"评选,积极发挥其示范效应;继续举办好西部动漫节、万石博览会等展会,引导企业积极参加深圳国际文化产业博览会、北京文化创意产业博览会等会展活动,为企业搭建发展平台。

旅游业

重庆市旅游局　韩小刚　许战奇

一、2012年发展回顾

2012年,全市旅游坚持实施"大项目、大投入、大营销"三大战略,不断打造精品旅游景区,完善景区配套设施、加大宣传营销力度,成功创建"世界温泉之都",极大地提升了"重庆非去不可"旅游品牌整体形象,全市旅游经济持续快速健康发展,成效显著。2012年年底,美国《福布斯》中文版公布了2012中国大陆旅游业最发达城市榜单,我市因国内旅游人数全国排名第三、星级饭店数量排名第三、4A级以上景区数量排名第二,最终名列榜单第四位。

(一)主要经济指标快速增长

2012年,全市共接待过夜游客6411.79万人次,同比增长20.86%;入境旅游者224.28万人次,旅游外汇收入11.68亿美元,分别比上年增长20.32%和20.69%。通过出境旅行社组织的出境旅游者68.44万人次,比上年增长69.58%。

1.国内旅游快速增长,假日旅游继续成为国内旅游最主要增长点。"春节"、"中秋和十一"两个黄金周和"元旦"、"清明"、"五一"、"端午"四个"小长假"全市共接待旅游者7022.67万人次,占全年全市国内旅游总接待人数的26.55%。

2.入境旅游高位增长。2012年,在全国入境游增幅普遍下滑的形势下,我市旅游入境游逆势而上。全年以东南亚市场为主导,欧美市场为境外营销重点,其他新兴市场为补充,制定促进入境旅游的4个奖励办法,实施境外营销计划21项,与16个国家和地区的43家境外旅行社签订入境旅游营销协议,强势营销长江三峡。全年共接待入境游客224.28万人次,比上年增长20.32%。其中:港澳台游客71.65万人次,比上年增长33.2%,占入境旅游者的31.95%(香港游客44.43万人次,比上年增长56.58%;澳门游客1.1万人次,比上年增长27.96%;台湾游客26.12万人次,比上年增长6.38%);亚洲52.11万人次,比上年增长17.31%,占入境旅游者的23.23%;欧洲40.9万人次,比上年下降8.83%,占入境旅游者的18.24%;美洲35.81万人次,比上年增长26.39%,占入境旅游者的15.97%;大洋洲7.81万人次,比上年增长8.64%,占入境旅游者的3.48%;非洲2.74万人次,比上年增长115%,占入境旅游者的1.22%;其他13.26万人次,比上年增长104.44%,占入境旅游者的5.91%。入境旅游人数位居前三位的地区为:亚洲、欧洲、美洲;入境旅游人数位居前五位的国家为:美国、日本、德国、新加坡、马来西亚。

3.出境旅游大幅增长。随着全市经济社会快速发展,城乡居民收入水平明显提高,增强了出境旅游需求,全市出境旅游大幅增长,全年新增出境旅行社6家,其中新增赴台出境社2家。通过33家出境旅行社组织的出境旅游者68.44万人次,比上年增长69.58%,其中通过7家赴台出境社组织的赴台旅游者6.63万人次,比上年增长47.71%。在33家出境旅行社组织的出境旅游者中,港澳游21.87万人次,比上年增长30.57%;出国游39.94万人次,比上年增长108.88%。出境游目的地国家前五位为:泰国、新加坡、马来西亚、日本、韩国。

(二)成功创建世界温泉之都

10月26日,经过世界温泉及气候养生联合会严格验收审核,重庆获得全球首个"世界温泉之都"桂冠,它标志着重庆温泉旅游已进入世界领先水平。全市温泉旅游重点项目投入达764.2亿元,建成营运温泉景区40个,温泉日接待能力达到3.5万人;2012年温泉旅游接待人次达1500万人次,同比增长30.4%。

(三)精品景区建设显现成效

全市旅游重点项目建设投入达240亿元,同比增长15%。其中长江三峡、大足石刻、武隆天生三硚、奉节天坑地缝、合川钓鱼城、涪陵白鹤梁等精品景区项目累计完成投资155.77亿元,同比增长78.57%,共接待646.72万人次,同比增长27%,收入36.99亿元,同比增长25%,景区品质和品位整体提升,实现了核心区主体工程全面提档升级阶段性目标。

(四)重庆旅游知名度快速提升

2012年围绕"重庆非去不可"这一主题形象品牌,策划推出了"百万市民游乡村暨重庆非去不可十大旅游创新奖评选"活动,成功举办了"2012中国旅游日"重庆宣传周活动等一系列有影响力的活动。据统计,2012年上半年,全国累计有超过20.3亿人次收看了"重庆非去不可"旅游品牌形象广告,全国约三分之一的人看过一次以上重庆旅游广告,"非去不可"荣获了"2012城市旅游品牌推广最佳创意大奖"。

(五)长江三峡进入良性发展轨道

近年来,通过打造六大精品景区,长江三峡

旅游带建设全面提速，同时加大三峡旅游宣传营销力度和市场秩序整顿，开展“新三峡·新邮轮·新体验”主题营销活动，集生态人文景区、旅行社、游轮三位一体国际黄金旅游带渐具规模，长江三峡旅游进入良性发展轨道。2012年，签约游船共接待三峡游客33.5万人次，同比增长29.5%，其中境外游客12.53万次，同比增长8%。

(六)品牌创建成果丰硕

2012年全市新增5A级景区2个(目前全市共5个)，推荐评定4家五星级酒店，推荐评定4艘五星级标准豪华游轮。新增赴台游旅行社2家，有3家旅行社获得“全国百强旅行社”称号，重庆海外旅业集团旗下的“旅游百事通”图标，被认定为重庆市著名商标。

(七)产业融合深入推进

围绕市委市政府关于“一统三化两转变”的总体战略，实施旅游扶贫攻坚计划，推动万盛经济技术开发区资源枯竭型城市旅游转型发展，万盛经济技术开发区为全国首个“国家资源枯竭型城市旅游转型试点单位”，将《重庆市万盛经济技术开发区资源枯竭型城市转型试点区旅游发展规划》列为国家旅游局重点支持的规划项目。大力发展乡村旅游，积极推进工农业旅游示范点建设，争取创办国家旅游扶贫特区，旅游产业富民兴渝作用逐步显现。

(八)节庆活动精彩纷呈

成功举办了中国重庆国际都市旅游节，巫山红叶节、大足石刻文化旅游节、武隆国际山地户外运动公开赛、长江三峡国际旅游节等300余次节庆活动。第十六届都市旅游节暨第四届城际旅游交易会，不但实现了接待人数历届最多、参会规模再创新高，节会重头戏“世界大河船歌会”受到来自全国各地嘉宾的高度称赞；第三届中国长江三峡国际旅游节吸引了来自市内、国内、海外知名媒体50多家、旅游社团300余个。

(九)要素服务平台建设稳步推进

通过整合资源，进一步做大做强旅游教育培训、宣传营销、规划策划、咨询服务、投融资等五大经营服务平台，推动旅游工作方式由“事业管理型”向“经营服务型”转变。

(十)旅游服务质量全面提升

全年以“前移旅游咨询服务中心、整合旅游12301热线功能、组建旅游服务监督员队伍、整治旅行社低价揽客、加强星级游船服务质量管理、加大旅游服务综合满意度考核力度”为工作重点，进一步加强旅游行业管理，规范旅游市场秩序，提升旅游服务质量，全市游客综合服务满意度由2011年全国50个重点旅游城市排位第16位，上升到目前全国60个重点旅游城市排位第10位。

(十一)人才建设实现突破

为加快推进重庆市旅游人才队伍培养建设工作，我们依托市内各级旅游行政管理部门的统筹优势，整合重庆大学旅游管理博士点的教育资源，与重庆大学共同签订“推进‘科教兴旅、人才强旅’战略合作协议”，组建了重庆旅游人才发展研究院，启动了旅游管理博士培养EMBA、EDP项目，设立“重庆旅游紧缺人才发展资助资金”，为缓解重庆旅游高端及领军人才缺失，找到了一条有效途径。

二、发展中存在的问题

一是重庆旅游发展起步晚，总体实力与旅游先进省市还存在一定差距，全市旅游整体形象宣传有待进一步加强。二是旅游产业发展政策支撑不够。旅游公共服务及基础设施建设滞后，财政性投入不足，旅游重点项目建设用地指标紧张。三是随着我市旅游的持续快速发展，旅游业人才支撑乏力，有效供给不足，专业化程度不高，队伍稳定性差，市场配置资源能力较弱。四是随着旅游业态的不断丰富，产业规模的不断扩大，市区(县)两级现有旅游管理部门的职能与人员编制已不能适应旅游产业的发展需要。

三、2013年发展目标

2013年，全市旅游行业将坚持以邓小平理论和“三个代表”重要思想为指导，按照“314”总体部署，认真贯彻落实党的十八大和市委第四次党代会精神，深入贯彻落实科学发展观，紧紧围绕“科学发展、富民兴渝”总目标，坚持实施“三大战略”，强化精品景区带动，重点突出产业特色，积极推动旅游业与相关产业融合发展，实现旅游业转型升级，把重庆建设成为国内外知名旅游目的地和西部地区旅游高地。2013年，全市过夜游客、入境旅游接待人次及旅游外汇收入力争均保持增长态势。

(一)持续提升旅游业核心竞争力

一是按照市委市政府发展重大战略，服务全市经济社会发展，加快旅游与农业、工业、文化、体育等产业融合发展，不断丰富旅游产业形态。二是打好旅游扶贫攻坚战，重点做好武陵山、秦巴山旅游扶贫规划编制，加快推进生态旅游扶贫。三是着力打造乡村旅游精品，充分发挥旅游在促进相关产业转型升级、优化产业结构、促进农民增收致富中的积极作用。四是全力打造“都市大景区”，优化现代都市旅游及巴渝文化元素，策划推出系列都市旅游精品线路。五是抓好红色旅游，按照“一地”(红色旅游目的地)、“六区”(六个红色旅游经典景区)、“十线”(十条红色旅游精品线路)总体布局，进一步加强红色旅游景区基础设施建设，完善红色旅游精品线路。六是完成六大精品景区提档升级显现以大小三峡、天坑地缝、大足石刻、钓鱼城、天生三硚、白鹤梁景区为鲜明特色的重庆旅游新形象。

(二)进一步提升重庆旅游知名度和影响力

加大新媒体宣传力度，加强重庆市旅游政务网、重庆非去不可网站建设，加强微博、手机宣传，开展微电影营销。举办好第三届中国西部旅游产业博览会、都市旅游节以及2013年“中国旅游日”等系列节会活动，力争办出特色、办出影响。

(三)积极拓展国内旅游市场

突出长三角、珠三角、环渤海地区的旅游市场营销，以成都、贵阳为重点的省际周边市场，以陕西西安为重点的西北市场，以沈阳、大连为重点的东北市场，以河南郑州、山西太原为重点的华北市场，以广西为重点的华南市场的旅游市场营销。积极参加广州国际旅游展销会、北京国际旅游博览会、上海旅游节、广西东盟博览会旅游展等重点客源城市举办的区域性展会。利用成渝城际铁路、渝黔高速公路的开通及长江黄金水道的优势，开展“川渝一家亲，周末大串门”、“渝黔毗邻情，来往自由行”、“渝川黔红色旅游精品线路”联动等活动，加快与广安、宜宾、遵义等二级客源城市的互动合作，快速推动自助旅游、自驾车旅游市场的拓展。

(四)大力发展入境旅游

以东南亚市场为重点，大力抓好入境游市场。坚持改革创新，推行新型营销方式；坚持精品战略，专业包装，锁定市场，叠加营销，提高旅游精品市场占有率；坚持定量比较，定性分析，建立适应市场需求的产品体系。加大营销资金投入，特别要加大对旅行社组客的奖励力度。深化旅游市场合作，联合国内外品牌旅游产品，有效配置旅游资源，提高重庆旅游的品牌影响力。创新旅游市场产品，不断优化，不断创新旅游产品，满足境外游客多样化的需求。

(五)强化旅游市场监管

一是继续推进“增星添A”工程，促进A级景区、豪华游轮、星级酒店等加快发展。拟推荐评定4A级景区8个、五星级豪华游轮4艘、五星级饭店5家。二是以游客满意为基准，以规范化管理为抓手，加强对旅游市场秩序的检查和对违规行为的查处，规范市场秩序，切实维护广大游客和旅游企业的正当权益。三是加强旅游标准化建设，用标准保障品质、提升质量。四是充分发挥旅游协会作用，增强旅游企业行业自律。五是进一步细化落实安全生产责任制，建立覆盖全行业并与相关部门、行业联动的旅游安全预警、应急救援、工作保障机制，完善旅游安全管理服务体系。六是以标准化旅游信息数据为基础，运用整合信息化科技手段，开展旅游网络营销推广和信息服务。

(六)加快旅游要素平台建设

进一步做大做强旅游龙头企业，加快推进

重庆旅游投资集团、重庆旅游产业发展公司等龙头企业发展。按照市场经济规律，充分发挥市场在资源配置中的基础性作用，发展一批具有市场活力的旅游中小企业，壮大旅游经营主体。

(七)加强旅游人才队伍建设

根据重庆市旅游人才队伍建设规划(2010-2020年)，全面实施科教兴旅、人才强旅战略，以体制机制改革和政策创新为动力，以激发创造活力、具有国际竞争力的旅游人才制度为优势，以产业发展和市场需求为导向，以培养高层次人才和紧缺人才为重点，以学历教育为基础，以职业技能培训为中心，统筹推进六支人才队伍建设，切实加强七大旅游基地建设，积极实施十大旅游人才工程，充分开发利用国内国际人才资源，积极引进和用好海外人才，努力提升旅游人才队伍整体能力素质，着力造就一支结构优化、布局合理、素质优良的旅游人才队伍，全力打造西部旅游人才高地，开创人人皆可成才、人人尽展其才的生动局面。开展“送教上门”活动，评选十大名导，建立旅游人才专家库。

(八)强化旅游行业自身建设

加强旅游行风建设，落实行风建设工作责任制；规范行政行为，创新管理方式，努力提高依法行政能力、科学发展能力和应对突发事件的能力；加强服务型机关建设，增强服务意识，提高服务效率。

房地产业

重庆市统计局 屈磊旻

2012年，房地产市场调控政策环境仍保持较为严厉态势，上半年重庆市房地产开发市场建设投资有所放缓，销售市场仍呈疲软态势，企业资金状况显现出优化预期。而6、7月份央行的两次降息以及首套房贷款优惠政策的重启，为全市房地产开发市场稳中有进注入了强劲动力，下半年重庆房地产开发市场呈现出建设投资缓步加速，销售市场节节开花，资金状况全面好转的发展势头。

一、房地产开发投资增速触底回升

(一)房地产开发投资回落后反弹、反弹后趋稳

自2011年初调控政策环境逐渐严厉以来，重庆房地产开发投资增速逐步回落，自2011年2月的高点52.8%一路回落至2012年6月的低点19.7%，之后于2012年9月回升至26.8%后渐趋平稳，2012年房地产开发投资完成2508.35亿元，增长24.5%，与五年的平均增长速度24.2%相比，高0.3个百分点。从全市房地产开发投资增速波动中既能看出宏观政策调控的清晰痕迹，又是全市房地产开发市场稳中有进平稳健康发展趋势的显现。

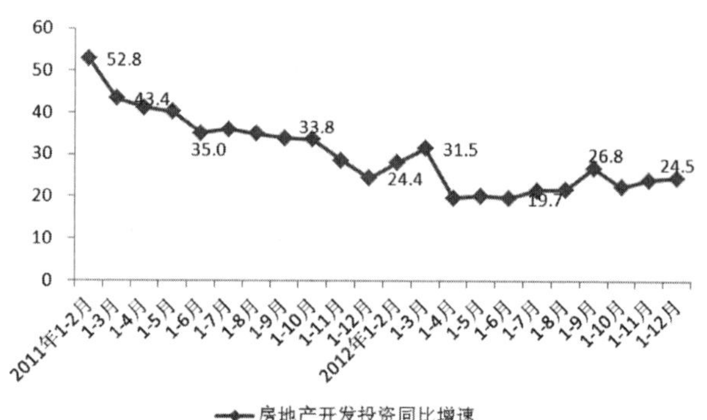

图一 2011年以来各月重庆市房地产开发投资累计增速 单位:%

(二)建安投资发力成为投资增速反弹的主动力

从开发投资构成来看，2012年上半年，全市房地产开发企业建安投资707.53亿元，同比增长18.1%，较同期开发投资增速低1.6个百分点；下半年房地产企业建安投资加速，2012年全年全市房地产开发企业建安投资1789.14亿元，增长27.0%，较同期开发投资增速高2.5个百分

点,较上半年加快8.9个百分点,占全市房地产开发投资比重为71.3%。建安投资权重较高、增速加快,成为促进房地产开发投资触底反弹的主要动力。

(三)商品住宅投资占比回落,商业类房屋投资持续高涨

从开发投资房屋类型来看,2012年房地产开发企业完成商品住宅投资1706.77亿元,同比增长18.7%,占全市房地产投资比重为68.0%,较2011年回落3.4个百分点,是直辖以来仅有的三次回落中幅度最大的一次,前两次分别为2002年较2001年回落3.1个百分点和2004年较2003年回落0.5个百分点。

近两年来,商业类房屋开发投资增长较快,其中2011年办公楼开发投资增长67.0%,商业营业用房开发投资增长62.2%,分别较同期房地产开发投资增速高42.6和37.8个百分点。2012年该类房屋开发投资持续增长,其中办公楼开发投资101.61亿元,增长92.9%,首次突破百亿元大关;商业营业用房开发投资307.50亿元,增长41.0%,首次突破三百亿元。

二、商品房销售市场总体平稳,区域转化规律显现

(一)商品房销售市场总体平稳

重庆市商品房销售市场经过十多年来的快速发展,当前显现出逐渐成熟的标志,在宏观调控政策依然严厉的环境中,市场消费行为理性回归,需求增长速度有所放缓。2012年,全市商品房销售面积4522.40万平方米,同比下降0.2%,继续保持"零增长"附近波动的态势,全年最低增速为-4.0%,最高增速为3.5%。

(二)主城区引领全市商品房市场年末各月节节高

从单月销售面积的成绩来看,在2012年宏观政策总体保持调控基调,小幅预调微调的背景中,年末各月重庆房地产销售市场在主城区销售放量的引领下表现不俗。

首先是"金九"旺季行情名不虚传。主城区2012年9月商品房销售面积204.20万平方米,同比增长2.7%,环比增长65.0%,全市同期商品房销售面积430.11万平方米,环比增长19.7%,较去年同期增长3.0%。

其次是11月份的秋季房交会为刚性需求的再次释放创造契机,当月主城九区商品房销售面积达223.07万平方米,在此带动下,全市同期商品房销售面积达519.18万平方米。

最后是年末"翘尾"及年度销售目标完成在即的双因素影响,12月主城九区商品房销售面积377.81万平方米,全市销售面积706.50万平方米。

(三)区域热点轮换规律较为显著

近年来,全市商品房销售区域性差异比较明显,区域热点轮换规律较为显著,自2007年到2011年,随着全市"二环八射"交通枢纽的建设完工,"一小时经济圈"中除主城九区以外的其他区县和"两翼"地区均迎来了区位优势提升的机遇,商品房销售市场迎来可喜的发展,商品房销售市场得以高速发展,但市场的扩容也导致房价有所上涨,而主城九区则在持续的宏观调控中价格有所回落,一涨一落之间,上述区域的相对价格优势被消除,导致拥有全市经济、政治、文化核心区位优势的主城九区成为2012年市场销售热点。

自2007年以来主城九区商品房销售面积所占比重持续下降,于2011年上半年宏观调控最为严厉的同时达到历史低点仅为41.8%,之后到2012年上半年持续回升一年的时间后市场份额重回一半以上达50.6%。而到2012年年末,

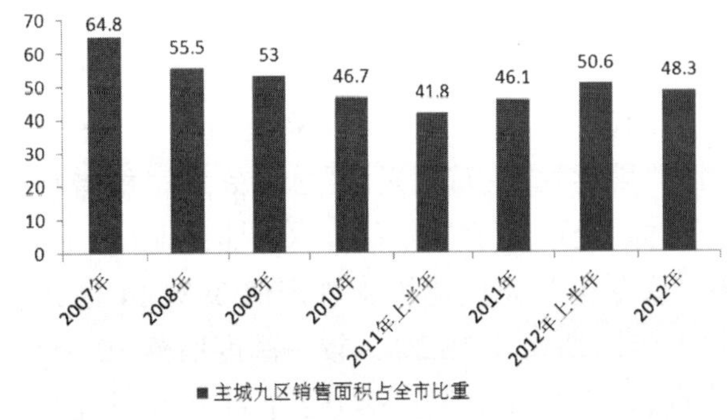

图二 2007~2012年主城九区商品房销售面积占全市比重　　单位:%

主城九区商品房销售市场份额再次回落至48.3%,极有可能是本轮主城九区“井喷”行情之后房价有所回升，其他区县价格优势再次显现的原因。因此,在宏观政策环境相对稳定的背景下，主城九区的区位优势和其他区县的价格优势轮流显著，将成为决定全市商品房销售市场区域热点轮换规律的主要因素。

三、资金到位情况全面缓解,主力资金不断优化

2012年，全市房地产开发企业资金来源合计5108.30亿元,同比增长15.2%,其中,本年到位资金3872.65亿元,增长17.5%,较上半年提高8.1个百分点。

(一)国内贷款全面好转

上半年，全市房地产开发企业国内贷款同比下降6.3%，其中银行贷款下降3.2%。但到2012年末，国内贷款达720.90亿元，同比增长3.7%,其中银行贷款637.01亿元,增长18.6%;银行贷款带动国内贷款由负转正，是金融机构对行业前景看好的重要标志。

(二)自筹资金与回笼资金加速增长

2012年，全市房地产开发企业自筹资金1182.70亿元，同比增长38.5%，较上半年加快6.5个百分点;以定金、预售款和个人按揭贷款等回笼资金为主的其他资金全年共计到位1948.92亿元,增长15.5%,较上半年加快9.7个百分点。

国内贷款、自筹资金和其他资金三项资金来源合计占本年到位资金比重达99.5%,意味着当前房地产开发企业主力资金来源渠道的畅通，为全市房地产开发投资建设的平稳增长打下坚实基础。

四、新开工面积降幅持续减小,施工、竣工面积平稳增长

新开工面积减少是上半年全市房地产开发投资增速放缓的主要原因之一，近期新开工面积降幅的不断收窄则成为开发投资增速稳中有进的重要支撑,2012年全市商品房新开工面积5813.48万平方米,同比下降14.8%,下降幅度较上半年减小8.2个百分点,较一季度减小18.4个百分点。其中商品住宅新开工面积4345.14万平方米，下降16.7%，下降幅度较上半年减小7.0个百分点,较一季度减小19.9个百分点。

同期，全市商品房施工面积22009.03万平方米，同比增长7.9%，其中商品住宅施工面积16997.85万平方米,增长6.7%。商品房竣工面积3990.63万平方米,增长16.5%,其中商品住宅竣工面积3386.35万平方米,增长19.8%。

建筑业

重庆市统计局 吕磊

2012年,全市上下积极学习“十八大”精神,围绕"科学发展、富民兴渝"总任务,以“稳增长”为目标,全市总承包和专业承包建筑业(以下简称“总专包”)完成建筑业总产值3934.14亿元,比上年同期增长18.2%，较一季度回落10个百分点,较上半年略微回落0.2个百分点,与前三季度增速持平,产值增速波幅收窄,呈现平稳发展态势。

一、建筑业生产发展形势

(一)建筑业总产值增长18.2%

2012年,我市积极采取措施,促进建筑企业生产，全市总专包建筑企业完成建筑业总产值3934.14亿元，增长18.2%，增速较一季度回落10个百分点，较上半年略微回落0.2个百分点，与前三季度增速持平，主要生产指标同比增速

波幅逐季收窄，呈现平稳发展态势。从全国分地区看，我市产值总量位居西部第二，全国排第十五位；增速排西部第八，全国排第十五位。从产值构成看：建筑工程产值3585.67亿元，增长19.0%；安装工程产值221.40亿元，增长4.9%；其他产值127.07亿元，增长21.8%。

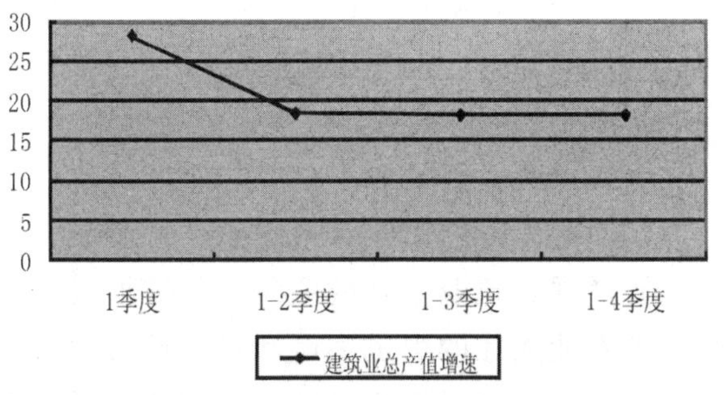

图一 2012年重庆建筑业总产值走势图 单位:%

（二）行业发展提升社会贡献

随着我市建筑业的稳定发展，对全市经济建设的贡献越来越大，在国民经济中的支撑作用也日益增强。2012年，全市实现建筑业增加值991.32亿元，同比增长13.9%，高于GDP增速0.3个百分点，对经济增长的贡献率8.8%，拉动GDP增长1.2个百分点，占全市GDP比重达到8.7%，同比提高0.2个百分点。建筑行业的稳定发展对社会贡献进一步显现。

（三）施工合同额稳中有升，企业发展后劲增强

2012年，全市总专包建筑业签订的合同总额为7464.73亿元，比上年同期增长8.0%，其中，上年结转合同额3032.65亿元，同比增长26.8%；新签合同额4432.08亿元，同比下降1.9%；企业签定合同总额稳中有升，企业发展后劲增强，为全市建筑业生产平稳增长奠定基础。

（四）民营企业规模不断壮大

为适应市场变化，建筑企业加快转换经营机制，有限责任公司、股份有限公司、私营企业等民营经济不断成长壮大，已成为建筑业中不可或缺的重要力量。2012年，全市总专包建筑业企业中，国有及国有控股企业177家，占比为7.0%；民营企业2336家，比重达到92.7%。民营总专包建筑业完成总产值2774.70亿元，同比增长20.5%，占建筑业总产值的比重达到70.5%，较前三季度提高0.5个百分点。

（五）一级资质及以上建筑企业是行业发展主力军

2012年，全市总承包一级资质及以上企业158家，占总专包企业比重6.3%，完成建筑业总产值1947.77亿元，增长18.6%，占全市产值比重49.5%，同比提高0.1个百分点；签订合同额4643.49亿元，增长44.9%，占全市签订合同额的62.2%，提高5.4个百分点；竣工产值889.59亿元，增长41.7%，占全市竣工产值的43.2%，提高6.2个百分点。我市一级资质及以上建筑企业虽然数量少，但市场份额占有度较高，发挥了优化资源配置的作用。

二、发展中面临的问题

当前，受汇率战风险、美国财政预算僵局、欧元区债务危机等因素影响，世界银行下调2012年全球经济增长预期，我国经济也受此影响，下行压力较大。国务院加大清理地方政府性投融资平台，投资项目资金捉襟见肘。建筑行业作为投资项目建设主体，发展情况势必受到一定的影响。2012年全市投资增速、建安投资增速双双回落，分别回落了7.1个百分点和19.3个百分点，虽然建筑业总产值增速比建安投资增速低2个百分点，保持了协调发展，但产值增速同比回落12.8个百分点，建筑业产值增速明显放缓。

（一）企业竞争力亟待提高

2012年，全市在建项目完成建筑安装工程投资6650.51亿元，总专包建筑企业总产值（剔除在外省完成产值）占建筑安装工程投资的47.2%，占比不足一半。我市总专包建筑企业除一级资质以外的中小企业占比为89.8%，完成产值仅占建筑业总产值的47.0%，反映出我市企业资质普遍较低，规模较小，面对具有较强融资能力、较高技术装备水平、规范化现代企业管理制度的外省企业时，缺乏市场竞争力，这无疑制约了我市建筑业发展。

(二)从业人员少,技术力量弱

2012年,总专包企业工程技术人员总计17.72万人,工程技术人员仅占期末从业人员的13.1%。一级建造师0.98万人,仅占期末从业人员的0.7%。与建筑大省相比,我市计算建筑业劳动生产率的平均人数虽有206.51万人,但江苏、浙江、辽宁与四川计算建筑业劳动生产率的平均人数分别是我市的3.4倍、3倍、1.4倍和1.2倍,同期,江苏、浙江、辽宁与四川的建筑业总产值分别是我市的4.6倍、4.4倍、1.9倍和1.6倍。与发达地区比,差距较大。

三、建筑业发展思路与对策

(一)着力提高建筑业企业的综合实力

要打破目前本地建筑业企业规模小、资质低、利润低、竞争力差的困局,制定相应的政策,重点扶持中小建筑业企业做大做强,做精做专,以提高全市建筑业企业的整体实力,还要充分引导已具备一定竞争力的企业走出去,争取抢占更多的外省、乃至国外建筑市场。

(二)巩固本市企业在本地市场中的占有率

在开放的市场环境下,面对外省建筑企业的强力竞争,本地企业要优化配置,集中优势资源,最大限度的巩固在本地市场的占有率。只有在此基础上,再引导企业向外省市场进军,才能够在真正意义上拓展企业生存空间。

(三)重视技术人才,提高技术水平,降低成本

要增强建筑业企业的竞争力,需加大对建筑相关专业人才的引进力度和对本地人才的培养力度,要争取尽快将最新的生产技术运用到实际生产中,以降低生产成本,使企业获取更大的利润空间,从而使企业能够得到更好的发展。

证券业

中国证券监督管理委员会重庆监管局 陈晓洁

一、2012年发展回顾

市场规模稳步发展。截至年末,辖区上市公司总市值2185.45亿元,辖区证券投资者开户数198万户,客户资产1364.75亿元,累计代理证券交易额9874.32亿元;期货投资者开户数5.89万户,期货交易保证金余额26.83亿元,累计代理期货交易额62621.92亿元。基金公司产品进一步丰富,新华基金旗下共管理9只基金,管理资产总规模116.8亿元。市场功能日益增强。市场融资渠道进一步丰富,辖区市场主体充分运用IPO、增发、公司债、中小企业私募债等融资手段。2012年全年直接融资总额83.6亿元,其中IPO公司2家,融资21亿元;定向增发1家,融资9亿元;发行公司债3家,融资48.8亿元;发行中小企业私募债4家,融资4.8亿元。市场秩序更加规范。重庆成为首批通过清理整顿交易场所验收的省市,区域性交易场所得到规范发展。辖区上市公司治理结构进一步完善,内部控制更加有效。市场诚信观念逐步树立,市场公平竞争局面逐步形成。内幕交易防控体系进一步完善,执法威慑力增强,非法证券活动得到有效遏制,辖区市场环境得到净化。市场创新初见成效。市场主体创新意识增强,创新举措不断推出,辖区证券公司先后获批中小企业私募债、债券质押式报价回购、股票约定购回等创新业务资格,以控股方式参与区域性股权交易市场。新华基金创新基金设立模式,采用发起式设立债券基金,积极探索建立公司高管、基金经理与投资者利益一致的约束机制,筹备设立基金子公司。期货公司尝试开展投资咨询业务,积极探索资产管理业务,创新发展效果正逐步显现。区域风险有效防范。稳妥处置个别上市公司股价大幅波动、毒胶囊事件等突发风险。上市公司退市风险化解工作有序推进。辖区未出现系统性、区域性风险,资本市场保持安全稳定局面。

（一）发挥市场功能，大力服务实体经济

进一步加大拟上市公司培育，充分发挥拟上市企业动态筛选培育机制作用，发挥专业优势，加大对拟上市公司改制辅导工作的指导和帮扶。大力推动实质性并购重组，优先支持符合产业政策、有利于行业整合与产业结构优化的并购重组，支持公司通过实质性重组化解风险。完善现场检查规程，强化注入资产、收购方等关键节点的现场检查，督促独立财务顾问及中介机构开展专项核查，加强后续督导，督促公司及时履行信息披露义务，提高并购重组实效。对已完成重组的公司进行现场检查，关注重组的实施情况、注入资产的规范运作情况、重组时各相关主体承诺的履行情况等。大力发展债券市场，促成重庆进入首批中小企业私募债试点城市，支持具备条件的中小企业与优质证券公司对接，积极支持上市公司发行公司债。引导辖区期货公司积极探索服务实体经济的有效方式，针对产业客户的需求特点，依托西南地区的现货企业，加强产业链研究，协助企业利用期货市场做好风险管理。

（二）深入推进清理整顿各类交易场所工作，有序推进辖区场外市场建设

积极沟通协调，支持配合清理整顿交易场所工作，协助检查验收，摸清底数，掌握情况，对问题突出的交易场所进行重点摸排，通过现场走访、座谈、发放调查问卷等方式，听取有关各方对区域性场外市场建设的意见建议，并将有关情况及时报告证监会。开展历史遗留股东超过200人股份有限公司摸底调查。配合全国场外市场建设和非上市公众公司相关配套政策调研与制定。积极向地方建言献策，推动区域性市场合规发展。结合资本市场最新发展态势，向地方政府提出政策建议，开展重庆参与"新三板"发展专题研究，提出长江上游金融中心建设方案，配合制定重庆金融与科技结合试点方案，参与金融服务三峡库区调研。

（三）强化公司监管，提高上市公司质量

坚持市场化监管导向，不断提高上市公司信息披露透明度，全面落实信息披露与股价异动联动监管，提高上市公司信息披露有效性。进一步完善公司治理，督促股东归位尽责，发挥独立董事、监事会的作用，促进上市公司规范运作。落实现金分红政策，完善回报投资者的长效机制。辖区公司分红情况明显好转，2011年报披露的分红预案总额达40.88亿元，创历史新高，同比增长67.54%，分红公司家数占辖区上市公司总数的61%，同比增长22.22%。

（四）强化风控与合规管理，推动证券、基金业创新发展

积极落实证监会创新发展的工作部署，在制度设计、资源分配上向创新倾斜，鼓励和引导市场主体把创新活动作为打造核心竞争力的动力源泉。强化证券公司、基金公司风控与合规管理，提高抗风险能力。督促辖区证券公司、基金公司树立合规、诚信、责任3种意识；完善公司治理、内控、激励、约束4项机制；设定虚假披露信息、内幕交易、"老鼠仓"行为、损害公司利益、操纵公司股价等5条监管红线。强化对证券、基金经营机构的现场检查，通过监管月报实现对证券经营机构的风险评估和预警。

（五）推动期货公司壮大实力，提升服务实体经济能力

推动期货公司做优做强。支持资本实力强、风险管理水平高、经营管理规范的期货公司通过并购重组，增强公司实力、竞争力和抗风险能力。强化净资本和保证金监管，防范控制风险。把净资本和保证金监管作为期货公司风险控制的两个核心，加大监管力度，督促辖区期货公司认真落实期货保证金安全存管的各项规定要求，确保制度完善、机制有效。强化期货公司分类监管，促进期货公司提升分类评级，提升合规水平。

（六）充分发挥市场主体作用，加大投资者保护力度

举办辖区投资者见面会、开展投资者保护专题培训、开辟投资者保护宣传专栏、印发宣传资料、编辑出版投资者保护专刊。充分发挥市场

主体作用，指导证券期货经营机构积极保护投资者。辖区138个营业部网点成为投资者保护宣传点，印发宣传资料逾10万份，面向投资者开办讲座近500场。持续开展投资者网上集体接待日活动。辖区上市公司相关负责人及主要新闻媒体单位共100余人出席活动，累计提问3428个、现场获答复2199个，涉及上市公司现金分红政策、公司治理、经营管理等方面，活动效果良好。

(七)防范重点风险，确保辖区市场安全稳定运行

多管齐下，化解辖区上市公司重大风险。及时启动应急处置机制，排查上市公司信息披露疑点，督促公司正面回应投资者诉求，消除公众疑虑；在股价出现炒作苗头时，督促公司及时发布风险提示性公告，避免股价泡沫堆积。扎实推进退市风险化解工作。紧密依靠当地政府，积极协调证监会退市办、上市部、交易所等，争取政策支持，推动辖区2家公司初步化解退市风险。强化维稳应急处置，妥善处理缠访、闹访事件，妥善处理咨询公司投诉事项。

(八)防范内幕交易，严厉打击违法违规行为

组织内幕交易警示教育展、召开辖区防控内幕交易专题培训会，宣传内幕交易的危害和内幕交易防控工作的重要性，在上海证券报、中国证券报等主流媒体和20多家网站进行专题宣传，扩大宣传教育范围。持续推进内幕交易防控体系建设，切实防范内幕交易，高效办案，打击违法违规行为，查办各类违规案件近10起。加强案例宣传，警示教育市场，重点通过重庆广播电台、重庆新财经频道等媒体，广泛宣传重点案例，以案说法，强化"整非"宣传效果。

二、2013年发展思路和目标

2013年总体监管和发展思路是：紧跟全国资本市场改革发展总体步伐，依托重庆市经济快速发展的良好基础，把握当前的有利时机，采取有力措施，以进一步扩大市场规模，丰富融资渠道为重点，加快发展；以进一步加强诚信建设，切实保护投资者合法权益为中心，加强监管。一是提升辖区资本市场金融服务水平，支持实体经济发展；二是加强上市公司监管，不断促进上市公司质量提升；三是支持创新与防范风险并举，壮大证券期货经营机构实力；四是切实改进市场监管，推动监管工作的公开化和透明化；五是加强市场诚信建设，从严从快查处违法违规行为；六是持之以恒做好投资者保护工作，切实保护投资者权益；七是做好风险监测防范，确保辖区市场安全平稳运行。

船舶工业

重庆市经济和信息化委员会 苏波

一、2012年发展回顾

2012年，受金融危机及欧债危机滞后的影响，全球航运市场持续低位运行，造船市场整体低迷，以内河船舶制造为主的重庆船舶修造业也未能独善其身，大量整船制造企业处于停产和半停产状态。针对船舶行业存在的问题，黄奇帆市长亲自召开专题会议研究对策，市经信委提前预警、统筹协调，市级相关部门鼎力支持，区县经信委靠前指挥，共同采取了系列应对措施，合力推进全市船舶工业脱困发展。

(一)发展概况

2012年，重庆市船舶工业企业完成工业总产值186.24亿元，同比下降16.07%；主营业务收入158.71亿元，同比下降14.8%；实现利润4.2亿元，同比下降5.41%。从行业看：船舶修造企业完成工业总产值58.04亿元，同比下降27.77%；实现主营业务收入44.38亿元，同比下

降27.41%；实现利润4448万元，同比下降60.48%。船舶配套业完成工业总产值128.2亿元，同比下降9.42%；实现主营业务收入114.33亿元，同比下降8.64%；实现利润3.75亿元，同比增长13.29%。

2012年，重庆市船舶修造企业完工100载重吨以上钢质机动船舶78.99万载重吨，同比下降21.33%，完工船舶合同金额41.81亿元，同比下降18.16%；新承接船舶订单48.42万载重吨，同比下降58.59%，新承接船舶订单合同金额27.97亿元，同比下降35.79%；手持船舶订单38.4万载重吨，同比下降51.1%，手持船舶订单合同金额24.75亿元，同比下降32.96%。

（二）运行特点

1.一批船舶修造项目向优势区域集聚。2012年，涪陵中江船业改扩建项目完成船台硬化3万平米，新建120吨龙门吊；涪陵强源船厂投资3000万元建成举力3000吨级造修两用船坞，并投入运营；丰都航道处船舶公司完成船台硬化改造，80吨龙门吊已建成投运；万州黄金水岸游艇建造基地项目顺利推进，这些项目的建设和投运进一步增强了船舶建造核心区的带动作用。

2.船舶制造产业集中度进一步提高。从2012年重庆市的运行数据看，船舶工业的区域集中度和企业集中度双双大幅提高。涪陵区新承接船舶合同订单金额和手持船舶合同订单金额分别占到全市的62.35%、70.25%。手持订单金额排名前五的川东船舶重工公司、东风船舶公司、泽胜船厂、中江船业、祥利船厂，其中四户在涪陵。这五户企业造船完工量、新承接订单量、手持订单量均超过全市的50%，其中手持船舶合同金额更是超过全市的90%，反应了全市船舶工业的区域集中度和企业集中度都得到进一步提高。

3.船舶产品市场开拓取得重大突破。川东船舶重工公司充分发挥自身在特种船舶制造方面的技术优势，加大对海监船、渔政执法船的市场开拓，2012年承接了三艘渔政执法船和二艘海监船，这也是该企业又一次华丽转身，成功进入高端公务船生产领域。东风船舶公司、东港船舶产业公司实现对电推豪华旅游船的批量承接和建造。重庆帝力游艇公司承接了一艘58英尺豪华游艇，合同金额过千万元，这也是重庆市游艇企业承建的体量最大、价值量最大、设计施工难度最大、最豪华的玻璃钢游艇。该项目的成功实施将有助于推动全市高端游艇设计、制造以及消费全产业链的打造。民生轮船公司向市内造船企业一次性抛出8艘总价1.6亿元的商品车滚装船订单，“渝轮渝造”工作开始得到落实。

4.重庆市内海船生产企业全面达到PSPC标准要求。国际海事组织（IMO）的海上安全委员会于2006年12月8日通过PSPC文件，成为国际公约框架内的强制性标准，并于2012年7月1日开始强制执行。川船重工公司、东风船舶公司都从练内功入手，制定了详细的应对方案，一是注重签订船东、油漆供应商及船厂三方关于PSPC的检查协议，制定相关的检查标准，避免在施工过程中出现失误；二是优化工艺，加大分段的总组量，减少由于分段合拢引起的涂层破损；三是优化设计，完善生产设计，提高分段的完整性。四是精度控制，针对PSPC实施重点、难点制定相应的工艺措施，保证分段建造精度和预栖装精度。在PSPC正式实施的节点前，两企业将手持的应交船舶全部成功交付。在建海洋船舶全面满足PSPC标准要求。

5.游艇制造业发展逐步向好。2012年，金穗游艇公司已成功开发具有自主知识产权，可广泛应用于国防军事、抗洪救灾、水上运动、娱乐休闲等领域的580X捆绑式卧机喷泵橡皮艇。帝力游艇公司完成了搬迁技改扩能，达到年产30艘大中型游艇的能力。远舟游艇公司成功开发了30英尺全铝质豪华公务艇，并全部采用国产材料，主要的铝材和发动机还是由市内企业提供，也进一步完善了全市船舶产品门类。随着三峡库区水位的相对稳定，长江水域的进一步开放，市内及周边大中型水库旅游市场的进一步开发，游艇的市场需求得到进一步提高。2012

年，重庆市完工游艇合同金额9253万元，增速超过45%。

二、发展中存在的问题

2012年，整船建造企业完成工业总产值58亿元，同比下降28%；实现利税3亿元，同比下降60%；造船完工量79万载重吨，同比下降21%；手持船舶订单38万载重吨，同比下降51%，主要指标的下降幅度都大于全国平均水平，重庆市船舶工业生存和发展面临严峻挑战。

主要突出的问题为：市场订单少，大部分船舶制造企业都处于停产或半停产状态；产品附加值低，每载重吨价格为7250元，比全国平均价格低近2000元；本地配套率低，市内配套率不到20%，比造船发达地区低40个百分点；缺少龙头骨干企业，重庆市产值过10亿元的企业只有两户。

三、2013年发展目标

船舶工业完成销售产值260亿元，其中船舶制造产值60亿元，完工船舶60万载重吨。完成重庆市船舶生产企业生产能力评价工作，启动百亿级龙头企业培育工程和国家级企业技术中心培育工程。

生产服务业

重庆市经济和信息化委员会 苏波

一、2012年发展回顾

2012年，重庆市生产性服务业实现增加值1850亿元，同比增长19.4%，GDP占比达20%。创意产业实现增加值500亿元，同比增长19%。推动全市新型工业化快速发展，促进传统产业转型升级。

（一）工业商务和营销初见成效

一是搭建的各类展会平台已形成品牌效应。牵头举办2012中国(重庆)国际云计算博览会。展示面积15000平方米，惠普、思科等200余家国内外知名行业企业参展。同期举办了云计算高层互动峰会和8个分论坛，全面提升重庆云计算产业在全球的知名度，推进重庆市云计算行业发展。成功举办第十二届中环金属冶金展、十三届立嘉国际机械展，展会面积、参会企业、签约金额为全市之最，成为全市产业专业化和市场化运作的展会典范。

二是组织企业拓展国内外市场。组团参加工信部主办的2012中国新材料产业博览会，被授予优秀组织奖，并得到部领导的高度肯定。加强地区经济交流合作，支持江苏产品重庆展销会、伊春市重庆推介会。规范工业类展会管理，起草完善补充规定。

三是加强工业品市场营销。推进本地产品进入家电下乡目录，帮助重庆相关企业获商务部增补家电下乡标识卡。将重庆造电脑、打印机、空调及汽车等产品纳入重庆家电惠民政策产品类别。加大力度协调重大采购订单，支持惠普、宏碁开展“跨越数字鸿沟”系列活动。

四是印发《重庆市重点鼓励采购产品指导目录》。共收录重庆市装备制造、电子信息、汽车、冶金、建材、消费品、化工医药等重点行业680户企业的主要产品，提供各界全面了解重庆工业品信息、采购重庆制造产品。要求政府采购、大型企业集团、商贸流通、文教卫生、重点项目等各方落实同等优先采购原则。

（二）工业设计加快发展布局

重庆国际设计周取得圆满成功并得到市领导一致好评，中欧设计论坛、设计博览会、公开答辩、颁奖典礼等6大板块系列活动，抢占了交流平台，促进重庆与欧洲、东亚和港台的专业化交流与合作。中国重庆“长江杯”工业设计大奖赛参赛作品3721件，创意类、创造类金奖得到业界的充分肯定，全市工业设计的氛围和环境进一步优化。

工业设计水平提升,成果显著。传统制造企业对工业设计的重视程度提高，支持开发长安逸动、力帆600摩托车、隆鑫CR9摩托、惠普Elitebook 8470p、宏碁Liquid AT390 3G智能手机、海扶JC200型聚焦超声肿瘤治疗系统等一批秀设计成果，先后入围工信部代表国家评定的2012中国优秀工业设计奖前20强,和“长江杯”设计大赛金奖。

推进和扶持重点项目建设。重点支持长安、力帆、鑫源摩托等制造企业设计中心,迪科、蓝海时代等专业设计公司，争创首批国家级工业设计中心。洛可可、嘉兰图、日本GK及海尔等知名设计研发企业正在加快落地谈判，西部设计之都、重庆工业博物馆等重点项目全力推进，“工业设计走廊”的规划布局初见雏形。

体验中心建设率先试点。引导工业企业发展体验经济,打造设计产业链,目前,已初步确定首批30个体验中心试点建设项目,长安已建成2000平米汽车设计体验中心,HP、华硕、宏基等重点企业正在筹建。探索电子商务等现代营销模式与产品研发、展示相结合，拓展产品市场。

搭建服务平台。成立重庆工业设计促进中心，开展工业设计公共服务平台建设、统计调查、信息收集、咨询服务、人才培训。先后推进重庆工业设计研究所、重庆工业设计CAD云服务平台、国家级汽车产品设计创新平台、中国消费者行为研究中心(CCI)、两岸创意设计产业联盟等服务平台建设。

(三)创意产业加快发展

全市从事创意产业实体已达2.8万多家,同比增长20%，从业人员达36万人，同比增长10%。文化传媒、建筑设计、软件设计(含动漫设计)、研发设计等重庆市创意产业重点领域的支撑优势进一步壮大。

一是完善政策发展环境。积极落实市级创意产业基地产业扶持政策。积极与市、区两级财政、国税、地税、工商等主管部门进行沟通和协调,为政策落实提供支持。2012年,共有12家创意产业基地完成基地税收超基数返还政策申报,涉及税收返还补助金额2925.5万元。积极支持成长型中小创意产业企业项目争取市民营经济发展专项资金扶持,全年共有5个项目获260万扶持资金。

二是推动集聚发展。开展2012年市级创意产业基地创建工作，重点支持大渡口天安数码城、南坪N18 LOFT小院等9家创意产业基地建设。全市创意产业基地达到49家,已形成了以五里店工业设计中心、北碚国际创意设计城为代表的研发设计产业集群，以大溪沟创意产业园区为代表的建筑设计产业集群，以重庆高科创意产业基地、西永软件外包基地为代表的软件设计产业集群等。

三是活动平台营造发展氛围。重庆时尚嘉年华活动已连续举办7届,“鑫源杯” 摩托车越野大奖赛、“诗仙太白”重庆小姐竞选活动、国际服装节、西部动漫文化节、西部鞋都创意设计节等系列活动,在支持“重庆造”产品开拓市场的同时,促进消费、繁荣市场,还进一步营造创新、创意产业的发展氛围,推动产业发展。

(四)工业金融创新成果凸显

推动重点结算项目落地。积极协调落实合作协议税收、贷款贴息、办公补贴等财政扶持政策。佳杰科技重庆结算中心已于2012年4月正式投入运营,到位FDI3000万美元,全年结算额已超50亿。伟仕公司重庆营销结算中心已完成注册登记手续,即将开业。

打造公共服务平台。与工商银行重庆分行合作筹建工业金融服务中心正在推进。与重庆市三峡担保集团有限公司合作，开展微型企业融资担保扶持工作。重庆工业服务港企业融资超市已有100余家核心合作会员，帮助1800户企业与金融机构成功对接融资超过28.8亿元。

二、发展中存在的问题

目前，重庆市生产性服务业整体服务水平

不高、规模偏小、高端服务不足、配套层次较低、产业竞争力不强，缺乏领头企业，品牌建设乏力，对工业的吸引和支撑力度不够。全市生产性服务业企业资产规模在100万以下的企业数量占79.5%，资产规模在1000万以上的仅占2.8%，全年营业收入上亿的企业不足1%；传统服务约占主营业务的60%-70%，缺乏高新技术手段的辅佐；80%以上的企业外包服务费用不到总服务费用的20%。目前重庆市生产性服务业的发展水平，距重庆作为服务西部的国家级中心城市功能定位尚有较大差距。

三、2013年发展目标

按照新型工业化大会的相关要求，2013年，要坚持把促进现代服务业和先进制造业互动发展作为增强工业活力的重要途径，围绕六大工作业务，抓好落实，努力实现全市生产性服务业增加值2200亿元，同比增长18.9%。计划到2015年，生产性服务业增加值占全市GDP的比重达到23.3%；2020年，占全市GDP的比重超过30%，发展总水平接近东部平均水平。

第六编
开发区与园区建设

重庆市特色工业园区综述

重庆市经济和信息化委员会 苏波

一、2012 年发展回顾

(一)园区工业快速增长

2012 年,重庆市园区(含开发区工业园,下同)工业总产值同比增长约 20%(为 1.21 万亿元,其中市级园区 8020 亿元,同比增长 20.7%),高于工业平均增幅 2 个百分点,对工业经济增长的贡献率超过 60%;工业增加值同比增长 19.5%(达 3600 亿元),高于全市工业平均增幅 3.5 个百分点;实现利税 839 亿元,同比增长 21.1%;出口交货值突破 200 亿美元,同比增长 30%以上。

(二)提档升级卓有成效

重庆市园区体系从 2007 年的“1+43”即北部新区(含经开区、高新区)和 43 个市级开发区,调整为“1+2+7+36”,形成了以两江新区为龙头,2 个保税区为开放引领,7 个市管开发区(4 个国家级开发区和 3 个市管市级开发区)为中坚,36 个市级特色工业园区为支撑的宝塔形体系架构,覆盖了除渝中区外的 37 个区县。北部新区是全市首个千亿级园区,工业总产值在 500 亿元以上的园区从无到有达到了 9 个,较 2011 年增加了 4 个,百亿以上的园区由 2007 年的 5 个增加为 26 个。2012 年,全市新增国家新型工业化示范基地 2 个(北部新区、璧山园区),累计达 7 个,并首批认定了 11 个市级新型工业化产业示范基地。

(三)集聚集群进步明显

园区工业总产值占全市的比重达到 72%,同比提高 4 个百分点,较 2007 年提高 40 个百分点,园区工业集中度大幅提高。园区集聚集群发展步伐加快,已培育形成了以 2 个保税区为核心,渝西园区为主要配套的笔电优势产业集群;以两江新区为核心,巴南、江津、合川、万州、大足等园区为骨干,其它园区为配套的汽车产业是全国百强优势产业集群;以长寿、涪陵、万州园区为龙头的化工产业,以西彭、长寿园区为核心南川、涪陵、綦江等园区为重点的冶金产业,长江沿线园区以水泥及制品为重点的建材产业,均实现了集聚集群发展,并形成了较大的产业规模。同时,按照市第四次党代会确立的产业集群发展战略,各园区加大了产业集群的培育力度,两江的重型装备、万州为核心的库区汽车及纺织产业、彭水为龙头的氟化工产业、垫江和巫山为重点的钟表产业、垫江为重点的眼镜产业、綦江的食品产业、巴南麻柳的服装产业等一大批特色产业集群培育全面启动。

(四)投入产出水平显著提高

园区投产企业每平方公里的投资强度达到 49.5 亿元,同比提高 7.5 亿元,较 2007 年提高了 23.1 亿元;产出强度达到 69.1 亿元,同比提高 5.6 亿元,较 2007 年提高了 30.8 亿元。目前,主城园区投产企业每平方公里的产出强度已达 92 亿元,全市园区的集约用地水平显著提升。

(五)基础设施进一步完善

园区固定资产投入达到了 2550 亿元,同比增长 31%,为 2007 年的 5 倍,年均增长 38%,其中基础设施投入约 300 亿元,同比增长 20%。截至 2012 年,全市园区已累计竣工道路 1460 公里,建成变电站 107 座、配气站 35 座、自来水厂 42 座、工业污水处理厂 35 座,竣工标准厂房 1439 万平方米。其中:2012 年竣工道路 133 公里,新建成变电站 5 座、工业污水处理厂 3 座,竣工标准厂房 306 万平方米、农民工公寓 15 万平方米。

(六)园区面积显著增加

市级园区面积在 2007 年基础上翻了一番多,建成面积由 2007 年的 179.8 平方公里增加为466平方公里,其中工业用地由122.9平方公里增加为301.2平方公里,投产企业用地由54.5平方公里增加为126.3平方公里。特别值得一提的是,按国家要求,市国土房管局牵头对全市园区的规划范围进行了清理核定,市级园区经市政府认可的规划建设面积由原国家公告核准的103.5平方公里增加为419.1平方公里(含彭水新扩区的氟化工产业园2.6平方公里),增加了315.6平方公里,为各园区的规范扩区奠定了基础。

(七)安全督查工作进一步加强

2012年,成立园区安全生产督查办公室,进一步完善制度规章,建立园区安全工作定期通报机制和防控机制,加强对园区安全生产的现场督查,强化对园区安全隐患的排查与整改,实现对园区安全隐患常态化监管和动态整治,较好提高了园区和入驻企业的安全意识。

二、发展中存在的问题

一是经济增长压力仍然较大。世界金融危机和欧债危机的影响至今仍未消除,全球经济依旧脆弱,通货膨胀风险仍有上升趋势,发达国家去杠杆化所引发的财政紧缩、消费紧缩对全球经济可持续复苏产生压制,在这样大的经济环境下,重庆市工业"稳增长"之路依然艰辛,园区经济的增长压力较大。二是基础设施还不够完善。不少园区的环保治理公共设施、生活配套设施等不够健全,不仅直接影响项目的落地和实施,还影响助推城镇化的发展效果,尤其是多数园区产业发展公共支撑平台十分薄弱,产业集聚吸引力和支撑力不够强。三是多数园区产业特色不突出。全市在国内外有一定影响的特色产业集群太少,园区的产业集约发展水平普遍较低,产业发展转型升级的压力较大。

三、2013年发展目标

2013年,力争全市千亿级园区达到2~3个,500亿以上园区达到12个,百亿级园区达到27个,园区工业总产值及增加值的增幅超过15%,工业产值超过1.4万亿元,实现工业增加值4200亿元;力争新竣工标准厂房200万平方米,新增园区用地30平方公里以上,新启动10个以上特色产业基地的培育工作,新认定5个市级新型工业化产业示范基地。

两江新区

重庆两江新区管理委员会 吴涛

一、2012年发展回顾

2012年,面对国内外错综复杂的形势,在市委市政府坚强领导下,两江新区党工委管委会与江北、北碚、渝北等行政区,北部新区、两路寸滩保税港区等功能区紧密协作、共同努力,围绕贯彻党的十八大、市第四次党代会以及新型工业化、新型城镇化等会议精神,全面落实中央宏观调控政策和全市"稳增长"重要举措,扎实做好各项工作,新区开发开放快速推进,基本实现了市委市政府确定的"两年初见成效"发展目标。

(一)经济实现快速增长

2012年,两江新区实现地区生产总值1476.22亿元,同比增长20.4%,高于全国和全市平均水平12.6和6.8个百分点。与其他新区相比,两江GDP增速分别超浦东、滨海、舟山10.3、0.3和10.2个百分点,凸显领跑态势。总体而言,新区经济运行趋势呈现三大特征。一是经济发展向新阶段转换。2012年,新区经济总量、工业总产值、固定资产投资、社零总额和实际利用外资分别是2009年的1.8、1.8、2.3、1.9和2.5倍,在当前资本积累、人力资源和产业结构条件下,新区经济即将进入新增长阶段,今后一段时期潜在增长率会保持在一个较高水平。二是产业结构向新格局演变。与成立之初汽车制造一业独大(占规上工业比重近6成)、支柱产业集群欠缺、增长点不宽泛等相比,2012年新区智能终端、轨道交通、通用航空、能源装备、LED等产业链渐成气候,智能装备、新型显示、云计算和会展业蓄势待发。同时,金融、商贸物流等产业发展壮大、体系更优化,增加值合计占GDP比重较成立之初提升了近6个百分点。随着经济增长支撑点多元化,抗外部风险能力明显提高。三是增长重心向新区域转移。2012年,两江工业开发区固定资产投资、实际利用外资、实际利用内资占整个新区的比重分别提升至31%、18.2%和23%,贡献的净增量更为突出。工业开发区已有88个项目竣工投产,另有49个项目落实开建,成为两江开发开放的主战场。

(二)基础建设全面提速

2012年是新区"基建年"。围绕征地拆迁,新区争取到位"低丘缓坡"土地综合利用试点政策,五年内将获得8万亩国家单列用地计划,占全市试点规模的80%。坚持"和谐拆迁、依法拆迁、阳光拆迁",年度完成征地4.87万亩,充分保障开发用地,实现社会和谐稳定。围绕城市骨架搭建,以"百日会战"为牵引,新区基础设施全面快速推进,开工建设总投资超过1600亿元的107个重点项目,两江工业开发区完成投资569亿元,开建道路286公里,开挖隧道8个,架设桥梁43座,立交21座,具有动脉作用的横贯两江的一横线等主干道路全面开工,骨架路网基本形成,区域性功能交通枢纽、能源保障、供排水设施以及重大节点和城市功能项目快速推进。2012年新区累计完成固定资产投资1237.57亿元,增长30.3%。

(三)产业集群雏形初现

按照"基地化布局、集群化招商、垂直化整合、同步化推进"的工作思路,围绕汽车、电子信息、高端装备等支柱产业集群构建,组建了扁平化专业招商团队,严格按照"三率一力"(投入率、产出率、容积率和影响力)标准,大力引进优质项目。2012年制造业签约项目37个,合同投资额691亿元,实际利用外资13.43亿美元。总投资328亿元京东方第8.5代新型半导体显示器件及系统项目、投资66亿元的上汽通用五菱项目、投资4亿美元的皮拉图斯固定翼飞机制适及运营项目、投资1.7亿美元的香港金润源柔性线路板项目、投资1.2亿美元的墨西哥尼玛克汽车零部件项目以及华能燃机、福特三工厂、国投高科、SK、卡斯马、考泰斯、莱宝高科等一大批项目签约落地,国内重要汽车生产基地、亚洲最大笔电基地、西部最大轨道交通装备基地等核心产业基地雏形初具。2012年新区规模以上工业总产值达2649.13亿元,占全市两成,同比增长27.2%。

(四)开放功能逐步完善

围绕打造内陆开放门户和全市对外开放龙头,坚持功能性开发先行,积极推动工业园区、金融、会展和保税物流平台建设。按照研发园、制造园、家园、物流园、生态园"5园合一"方式,建设龙兴、鱼复、水土3大开发园区,为承接产业搭建载体;加快江北嘴CBD金融功能平台建设,在建金融楼宇500多万平方米,竣工、封顶200多万平方米,金融核心区初具规模;会展平台业已成型,国际博览中心主体工程完成并交付使用,已落实7个展览项目和6个大型会议;保税加工、保税物流等封关运行,累计入驻笔电加工、物流、贸易等企业和项目304个。意大利最大物流企业维龙集团、澳大利亚最大物流企业嘉民集团等一批国际著名物流企业入驻新区。2012年港口集装箱吞吐量54.54万标箱,江北国际机场货物吞吐量26.86万吨,连续4年实现跨越式增长,口岸辐射功能逐步显现。同时,截至2012年入驻新区的世界500强企业已达113家,比成立之初翻一番,全年实际利用外资31.8亿美元,呈强劲反弹态势;进出口额全年突破210亿美元,超过2010与2011两年之和,占全市四成,增长近2倍。

(五)体制机制不断创新

2012年,新区加大体制机制改革力度,推动管委会机构改革、成立两江政务中心、设立财政金库，市级主要经济职能部门向新区派驻了分支机构，新区实行公开透明、高效便捷的“一站式”行政审批和个性化服务，探索互不为前置条件的并联式审批模式，行政审批实际办理时间比法定时限整体平均提速70%以上，实现“两江事情两江办，两江审批不过江”。同时，加大政策争取及创新力度。成功争取国土资源部低丘缓坡试点和我市2.5产业用地政策，继续实施征转分离政策，取得8万亩用地计划指标；成功获批全国现代生产性服务业综合试点；争取航空产业扶持政策，国家低空空域管理改革试点区成功获批。

（六）统筹城乡协调发展

2012年新区全力推进重要城市节点和重点功能区建设，加快打造两江总部基地、国际品牌港、中欧商贸城、创新创业城、民国影视城、国际教育城、两江艺术中心等重点项目，西部生命科学园、联东U谷项目签约落地，引进重庆青年商会等投资建设总部基地项目。继续同步推动安置房、公租房高标准建设，按照“一改六好”划拨地改为出让地，地段好、户型好、质量好、配套好、环境好、物业好标准，开工建设新型安置房项目12个，总建筑面积367万平方米；公租房项目12个，总建筑面积678万平方米；平稳分房90.3万平方米，安置1.02万户2.06万人，优化布局产业集聚区与转户居民聚集区。着力保障民生，按照全市最高标准补偿征地农民，切实让利于民；结合招商引资的企业用工需求，为18—55岁的农转城人员提供免费技能培训、订单式就业培训、新市民日常培训，鼓励入园企业拿出15%以上的岗位给征地农民，多渠道消除“零就业家庭”。

二、2013年发展思路和目标

两江新区将按照政才书记提出的“在更大范围、更广领域、更高层次建立完善内陆开放型经济体系”要求，2013年两江新区将进一步解放思想，改革创新，大力实施五大战略。一是实施功能驱动战略。着力塑造和完善支撑新区发展的口岸、金融、创新、信息等重要功能。二是实施产业带动战略。重点打造“汽车、电子、云计算”三大在国际有影响的产业，“机器人、航空、生物医药”三大在国内有影响的产业，“现代金融、物流会展、商贸流通”三大在区域内有影响性的产业。三是实施开放引领战略。立足内陆开放型经济体系建设，完善顶层设计，构建配套政策，争取国家在综合管理、财税政策、保税物流、金融、创新等多领域多层次的政策突破和先行先试。四是实施民生保障战略。加快建立健全城乡统一的公共服务、社会管理和户籍管理等制度，促进城乡一体化发展。五是实施生态环保战略，积极探索发展循环经济、低碳经济、绿色经济，加强生态环境保护，避免走开发区“先污染、后治理”的老路，建设鲜明特色的现代都市核心区。

2013年，新区将以“百项工程”为重要抓手，全力推进城市基础设施建设骨架成型，重要节点初具雏形；力争汽车、电子两大板块初步形成在国际国内有一定知名度和影响力的产业集群，机器人、重型装备、生物医药三大板块有重大龙头项目落户，从而实现城市形态建设和产业集群构建的“两个突破”。同时，还将围绕四方面加快新区建设和功能完善，一是加快城市新中心建设。重点加快打造江北嘴、悦来、礼嘉、龙盛四个城市中心区；加快打造两江总部基地、国际品牌港、中欧商贸城、国际医疗健康城、创新创业城、国际影视城等功能性项目。二是加快开放平台体系建设。探索在保税港围网区内发展服务贸易等功能，适时争取自由贸易园区创建，依托江北嘴金融商务区引进国际国内大型金融机构，推进“渝新欧联运通道”建设，打造对欧贸易桥头堡。三是加快科技创新系统建设。加快推进中科院重庆绿色智能研究院建设，积极推进跨国公司设立西部研发中心，与美国、俄罗斯、德国联合打造西雅图—重庆、中俄、中欧3大国际创新中心，促进一批重大科研成果转化。四是加快重大功能性工程建设。加快江北国际机场扩建，加快果园港、寸滩港建设，加速复盛综合枢纽等节点工程进度，继续加快城市路网、桥梁、污水处理设施等建设。

预计2013年，新区GDP将达1800亿元左右，增长18%，工业总产值近3300亿元，增长25%；完成固定资产投资1600亿元左右，增长25%；实现社零总额790亿元左右，增长18%；实现地方财政收入220亿元左右，增长15%；利用外资40亿美元左右，增长25%；利用内资1000亿元左右，增长20%；进出口总额270亿美元左右，增长25%。

北部新区

北部新区管委会 邓爽

一、2012年发展回顾

2012年，北部新区会以科学发展观为指导，认真贯彻落实市第四次党代会精神，紧紧围绕市委、市政府对北部新区"宜居城市示范区、现代都市风貌展示区和现代产业集聚区"的三大定位，以"城市建设推进年"为主题，按照"提速度、出精品、创一流、彰形象"的总体要求和"全面铺开、加快进度、完善功能、提升档次"的工作主线，努力克服宏观经济的不利影响，坚定不移建设"汽车产业的基地、现代服务业的高地、总部经济的洼地、民生和谐的福地、改革创新的阵地"，加强党的建设、干部队伍建设和廉政建设，上下一心，共谋发展，各项工作亮 点纷呈，保持了经济社会的平稳较快发展，综合实力迈上了新台阶，在全市经济社会发展大局中的影响力、推动力、示范力持续提升。

(一)区域发展

全年地区生产总值实现423亿元，比上年增长15.8%，工业总产值实现1103亿元，增长10%，社零总额实现146亿元，增长25.1%，全社会固定资产投资实现342亿元，增长26.7%，地方财政收入实现60.7亿元，增长34.7%，进出口总额实现24.8亿美元，增长15.7%，实现合同外资13.2亿美元、实际利用外资13.9亿美元，名列全市前茅。

(二)国有资产

北部新区所属5户国资公司资产总额424亿元，比上年增长87.4%；净资产348亿元，增长101.9%；负债总额76亿元，增长40.9%；实现营业收入18亿元，利润总额4.7亿元。2012年，国资公司储备土地54宗9056亩，其中，划拨地3宗393亩，出让地92宗12899亩。全年完成产业楼宇及标准厂房建设55万平方米。

(三)招商引资

2012年，受外部环境的不利影响，全年完成招商引资投资总额322.46亿元，同比下降5.1%；实际利用资金268.82亿元，同比增长2.1%。其中，新批外商投资项目14个；合同外资13.17亿美元，下降30.9%；实际利用外资13.93亿美元,下降15.1%，但仍位列全市第一。长安福特重庆三工厂、力帆乘用车二期工程、格力电器重庆制冷产业园、汽研院总部搬迁、宜家家居卖场等一批重点招商项目进展顺利。

(四)产业结构

2012年，北部新区根据功能定位和发展要求，继续着力优化产业结构和转变发展方式。第三产业比重比上年提高2.3个百分点，第二产业和第三产业增加值比重为67:33，工业对全区经济增长的贡献率为39.9%，拉动经济增长6.3个百分点。全区产业结构调整步伐不断加快。一是工业多元发展。在突出汽车产业的同时，推动医药器械、电气机械制造、电子制造等现代制造业提档升级，产值占全区工业产值比重19%。其中，电气机械制造、电子制造、生物医药及器械分别同比增长62.7%、39.5%、22.6%，对工业经济形成多点推动。2012年北部新区获评"重庆市新型工业化产业示范基地"。二是商贸服务业高速增长。瑞典宜家、麦德龙开工,龙湖200万方城市综合体落户礼嘉,商社集团80万方汽车文化购物中心入驻大竹林,中冶北麓原特色商业街、协信星光天地高品质社区生活中心、香江财富大型湖滨生态购物中心陆续投运,商贸服务业种类与业态逐渐丰富,体量不断壮大,辐射力不断增强,保持了20%以上的高增长。三是生产性服务业势头强劲。引进了东软集团等22个软件及信息服务外包项目,成为重庆唯一的"国家级文化和科技融合示范基地"。软件与服务外包全年总收入452亿元,列全市第一位。金融服务业新引进15个项目,全区209家金融机构数量列全市第三,93家新型金融机构数量列全市第一;存贷款余额增长40%以上,新型金融服务业中心初步形成,全年税收翻一番超10亿元。四是总部经济集聚度大幅提高。新引进3个集团总部。全区已集聚的20个集团总部的注册规模达100亿元。

(五)汽车产业

2012年,北部新区完成了汽车产业基地整体布局,汽车产业支撑强化趋势明显。全年汽车产量实现66.7万辆,同比增长21.9%,占全市整车产量的三分之一;轿车65.2万辆,占全市轿车产量的63.2%;汽车产业形成的产值和税收,分别达894.6亿元和58.6亿元,分别占全区工业比重的81.1%和80.7%。三家汽车整车企业实现产值627.0亿元,占全区工业总产值的56.9%。新引进长安福特三工厂、伟巴斯特天窗等14个汽车工业项目,合同投资总额约70亿元,新增产能约392亿元,超额完成全年新引进产能100亿元的工作目标。随着长安福特二工厂投产、三工厂开建、长安福特研发中心落户,北部新区已是福特在美国本土底特律外全球最大、最盈利的生产基地,完成了5家整车厂、3个发动机厂、1个变速箱厂、2个研发中心、1个销售中心、5个国家实验平台、80多家配套企业,130万辆整车、100万台变速箱、145万台发动机、1700亿产能的汽车及零部件产业布局,形成了集汽车研发、生产、物流、销售、博览于一体的完整产业链。2012年北部新区汽车产业园获评"重庆市工业园区建设十周年先进集体"。

(六)发展环境

深入开展"优化产业发展环境"工作,继续推行委领导联系重点企业、重点项目制度,2012年委领导调研走访51个重点企业,妥善解决了企业反映的涉及政策、能源、交通、住宿、人才、社保、用地等方面的127个问题,企业满意率100%。全年解决了企业反映的各类问题420余件,提供咨询服务2000余次。建立了企业来文专项督办制度,企业来文平均办结时间8天,与去年相比效率提高近1倍,企业满意率99%。办结人大代表政协委员建议(提案)55件,限时办结率、满意率均达100%。兑现219个项目的扶持资金8.66亿元。同时,积极帮助企业争取市级以上资金支持,共组织企业申报各类市级以上项目资金支持131项,争取资金1.24亿元,其中58个项目获得民营经济发展专项资金支持3990万元。推动企业改制上市,1家企业成功上市,2家企业已向证监会申请上市,3家企业完成股改。对制造业20强、服务业20强企业,获得驰名、著名、知名商标的企业、实施质量标准化战略的企业等进行了表彰奖励,鼓励企业做大做强、提高核心竞争力。把"引得进、留得住、能发展"作为服务企业的指导思想,着力建设"小政府、大社会、小机构、大服务"的体制机制和"低成本、高效率、零障碍、优政策"的服务模式,打造了"亲商、安商、富商"的一流软环境。成立北部新区企业家协会,搭建了企业、企业家、政府之间沟通交流的平台;围绕实施"质量强区"战略,指导辖区企业采用先进质量管理方法和开展标准示范工作,有3家企业获评"重庆市市长质量管理奖",制定国际、国家、行业、地方标准26项,均居全市各区县之首。

(七)城市建设与管理

全年以"城市建设推进年"为核心,加强城市建设与管理,积极探索以人为本的新型城市化道路,努力把北部新区建成富有时代特色、彰显开放文化、功能更为完善、生态更具魅力、民生更为幸福、社会更加和谐的宜居城市示范区和都市风貌展示区。全年全社会固定资产投资341.82亿元,比上年增长26.7%,其中基础设施项目投资63.34亿元,增长27.4%。新建成4个公交场站、1个公交港湾,开建4个公交港湾接驳站。新增、调整11条公交(客运)线路,主干道公交覆盖率100%。"金系列"道路建设继续推进,打通5条断头路,完工古木峰、重光等2座立交桥,礼嘉商务区骨干道路5条开工建设。新建压缩式垃圾收运中转站2座,停车位9500个。架空线下地改造工程全面完成,完成道路改造21万平方米、排水管网建设改造26公里、路灯改造725盏等。在3处交通要道试点安装了路灯智能控制系统。数字城管顺利通过市政委验收。建成22万平方米的白马三期安置房,基本完成了北部新区13万转非群众安置的历史任务。投入2.7亿元改造提升15个转非小区为"花园小区",北部新区转非安置房改造提升已成为全市的样板,在历次市级相关部门的考核检查中获得高度肯定。北部新区第一人民医院住院大楼、人和小学综合楼、北城之窗广场、11个社区服务站、两个街道卫生服务中心等一批民生项目投入使用,金山医院二期工程、儿童医院项目等进展顺利。全年完成生态绿地建设477公顷,完成投资5.3亿元;建成公园绿地项目14个,面积490.2公顷。至2012年底,全区累计建设生态绿地2627公顷,建成区森林覆盖率35.9%,绿地率39.8%;绿化覆盖率43.1%,人均公园绿地24.6m2。政府投资森林工程项目完成面积293.3公顷,完成投资4630万元;完成了九曲河湿地公园、丰收公园、中咀河樟园、红崖寨、渝宜高速生态林、龙井湖生态园、跳墩河生态绿地、肖家河生态绿地8个项目;社会投资森林工程项目完成面积125.6公顷,完成投资2.01亿元,完成了天湖公园、棕榈泉生态公园、锦绣山生态园、华宇苗木生态园、翠云公园、联发体育公园等6个项目。2012年北部新区荣获"园林绿化工作优秀区"称号,辖区先后有24家单位、小区、市街成功创建了市级园林式单位、小区、市街。

努力建立长效化市政管理机制,改革调整了市政管理模式,建立"二层三级"的网格化管理模式,打造了区级市容环卫精细化管理示范道路10条,通过了市政府"市容三创"及"市容整治街道验收",1个街道创建市容整洁街道、3个社区被命名为"重庆市市容整洁小区"。强力开展了渣车专项整治,查处违章运渣车辆960台次,使违法运输、倾倒行为得到有效遏制,市市政委专门在新区召开全市"渣车整治现场推广会",在全市推广渣车整治经验。

(八)创模工程

大力开展"创模"建设,26项创模指标全面达标,其中单位工业增加值能耗、建成区绿化覆盖率等6项指标高于国模考核要求且居全市领先水平,196项创模目标任务全部完成。全年实现优良天数343天,比去年增加19天,超市政府目标27天;空气中主要污染物PM10浓度、SO2浓度为0.028mg/m3、NO2浓度均达到国家二级标准;全年完成化学需氧量减排27吨,氨氮减排15吨;积极推进九曲河污水处理厂及配套三级管网建设,配套A、B管线6.3公里已经建好并完成了与市政管网的对接,C干管已建成1km;主要次级河流水质达到Ⅲ类标准,基本实现持续稳定达标;监测噪声下降明显,区域环境质量显著提升。公众参与环保创模积极性进一步提高,新区创模知晓率、"十进"宣传覆盖率在全市靠前,环保市民满意率达到80%以上,公众现场调查创模满意度达到95%以上。

(九)社会事业

把加快社会事业全面发展作为落实以人为本执政理念的大事来抓,取得实效。

社会保障。全区城镇新增就业13186人,城镇登记失业人员就业3976人,就业困难人员就业897人,城镇登记失业率为1.23%,比市级控制目标任务2.8%降低了1.57个百分点。五大基本保险合计参保达1.38万户次、91.4万人次,共征收社保基金21.6亿元。受理劳动保障监察举报投诉案件702件,受理劳动争议仲裁案件678

件,受理工伤认定1612件;为5532名农民工追讨工资4965.3余万元。发放低保金427.6万元;实施各类救助10240人次、797.2万元。节日期间慰问各类对象16884人次、419.2万元。新创国家级充分就业社区1个,全区"充分就业街道"创建率达50%。辖区已有4个街道按全市统一规范和要求,标准化打造街道劳动就业社会保障服务中心,中心建设受到国家人力社保部、市人社局的充分肯定和认可,人和街道劳动就业社会保障服务中心成功创建"市级优质服务窗口"。劳动保障监察"两网化"建设有序推进,率先在街道全面建立劳动争议调解委员会,大力推进大中型企业调解组织建设,已建企业调解委员会45家。新创建国家级减灾示范社区1个和市级减灾示范社区6个,累计创建市级以上减灾示范社区14个,创建率达84%。

基础教育。2012年秋季全区小学招生3209人,初中招生2105人,普高招生1161人,中职招生1302人,全面实现了"双高普九"、"普十二"教育目标。资助中职学生8000人余次、600万余元。资助普通高中学生900余人、90万余元。发放大学生生源地贷款132人、79万余元。教育投入4.09亿元;建成人和中心小学综合楼,金溪初中、民安小学项目建设按计划推进;投入3006万元推进教育信息和标准化建设,资助贫困学生600余万元。全区中小学科技教育特色成效显著,参加第27届重庆市青少年科技创新大赛获得奖项位居全市前列,创建全市科技教育特色学校1个,获得全市首个"中国少年科学院校科普教育示范基地"称号。

医疗卫生。投入2715万元,打造"三级服务网络"。北部新区第一人民医院住院大楼、翠云、礼嘉街道社区卫生服务中心正式投入运行。区属四所公立医疗机构人员扩编400余名,多渠道引进医疗卫生专业技术人才,面向全国公开招聘北部新区第一人民医院、第二人民医院院长,通过公开选聘方式,为四所公立医疗机构招录专业人才8名。成立北部新区基本药物采购会员联合体,确定了10家基本药物配送企业、30种品规可使用的非基本药物,全面实现各联合体成员单位在全市基本药物采购平台采购药物。出台《2012年区属公立医疗卫生单位工作绩效考核办法》,对公共卫生服务项目具体内容及各项服务指标进行细化,进一步加强对全区公共卫生服务质量的监督、考核。截止目前,各公立医疗机构共完成妇女儿童保健、慢病管理、重精管理等各项公共卫生服务3万余人次,完成全区企业职工健康状况调查,免费提供艾滋病筛查、两癌检查7000余人次、二档参合居民体检3000余人次,完成健康档案累计建档10万余份,开展健康宣讲及义诊活动80余次。依法维护辖区医疗卫生秩序,对门诊部及民营医院进行专项检查,检查覆盖率达100%。2012年,全区符合政策生育率95%,人口自然增长率3.68‰,出生人口性别比为92:100。

文化体育。占地43亩、总建筑面积4.5万平方米的北城之窗广场建成开放;大力开展"文化惠民"工程,积极开展全民健身活动,全力推进街道文化中心评估定级,3个街道通过了重庆市乡镇(街道)综合文化站评估检查,辖区市级文化产业示范基地已达9家。

二、2013年发展目标

工业总产值1070亿元,增长19%;社会消费品零售总额153亿元,增长18%;全社会固定资产投资310亿元,增长20%;地方财政收入68亿元,增长12%;力争实现实际利用内资70亿元、实际利用外资6亿美元、进出口总额22亿美元。

重庆经开区

重庆经开区管委会 文宛

一、2012年发展回顾

2012年是经开区实施“十二五”规划承上启下的关键之年，也是完成“三年上台阶”目标任务的攻坚之年，一年来，经开区认真贯彻落实党的十八大及市第四次党代会精神，按照“12345”的发展思路，以科学发展为主题，以“建设主题年”为统揽，以加快转变经济发展方式为主线，坚持稳中求进，着力破解制约因素，全力推进项目建设，2012年经济保持了平稳较快发展。

(一)经济保持平稳增长

全年实现地区生产总值272亿元，同比增长18.3%；固定资产投资218亿元，同比增长36.3%；工业总产值704亿元，同比增长21.4%；财政收入26.5亿元，同比增长32.5%；税收收入43亿元，同比增长11%；实际利用内资80.9亿元，同比增长31.5%；实际利用外资2亿美元，同比增长31.6%；外贸进出口总额5.3亿美元，同比增长33.5%。

(二)“建设主题年”建设全力推进

实施重点建设项目40个，新开工项目16个，竣工项目8个，完成年度投资72.2亿元。一是骨干道路等重要基础设施加速建设，产业场平工程大规模启动，管网迁改同步推进。疏港大道、东西干道、南北干道实现竣工验收，东港片区的路网建设取得重大进展；开迎路、开成路两条续建骨干道路加快建设；武警舰艇支队配套道路、纵七路等道路实现开工；电机电子产业基地、首钢、永翔等三个片区总面积1800亩的场平工程全面启动；电力、燃气、通讯、给排水等管网配套工程实现同步建设。二是产业发展类项目有序推进。北大方正移动物联网产业基地过渡性生产线建成投产，昊晟、天海星等标准厂房项目、丰海化学制品生产基地、乡村基深加工、安得西物流园等8个项目实现竣工；同景国际城部分组团竣工交房；朝天门国际商贸城项目一期实现全面交地，正进行土石方工程施工；长江孵化楼项目确定最终设计方案并完成土地摘牌，实现动工建设。

(三)土地和资金瓶颈取得较大突破

一是完成土地利用总体规划及新增控规的编制、审批、固化工作。二是加大工作协调力度，创新工作模式，科学统筹用地指标申请，全年共取得各类用地指标6516亩、征地批文6553亩。三是全面启动了全域范围内45个项目12000余亩的征地拆迁工作，实现交地5000余亩。四是创新融资方式，开拓融资渠道，努力破解资金瓶颈，全年实现银行贷款融资到账16.5亿元、BT融资约6.5亿元，基本满足了全年开发建设的资金需求。

(四)主导产业支撑作用日益凸显

一是高端装备制造业装备制造业迈上300亿元新台阶，实现产值330亿元，占工业总产值的46.9%，形成了以汽摩、船舶为主的交通装备，以通用机械、电气设备为主的机电装备，以智能家电为主的家电装备等特色产业链。二是电子信息产业实力持续增强，国虹科技、国信通、宝捷讯等企业稳定发展，实现产值201亿元，占工业总产值的28.5%。移动物联网基地、讯美电子全国营运总部等项目进一步向经开区集聚，逐步形成以手机、物联网、数据中心、“云产业”为主的核心产业链。三是培育发展现代服务业，加快朝天门国际商贸城、迎龙医药城、佛罗伦萨—奥特莱斯小镇等专业市场集群以及普洛斯等物流项目建设。

(五)招商引资继续强势推进

全年正式签约项目35个，合同金额达到102.03亿元。成功引进北京讯美、台湾智捷等知名物联网企业以及国信通、宝捷讯、赛丰基业等手机生产研发企业，物联网及手机产业集群日趋壮大。

（六）外经外贸工作取得新进展

一是全力做好外资项目的土地供应、注册登记、资金到位等相关工作，努力把合约、协议和意向转化为合同外资和实到外资，全年实际利用外资2亿美元。二是通过政策争取、资金引导、奖励扶持、对上协调等方式，积极拓展外贸进出口业务，大力培育出口经营主体，提升企业外贸操作技能，鼓励区内企业进行技改研发，帮助企业提高自主创新力和对外竞争力，全年实现外贸进出口总额5.3亿美元，同比增长33.5%。三是在市委、市政府及重庆海关的大力支持下，经过近一年时间的共同努力，经开区海关于9月13日正式揭牌入驻，对发展外向型经济、改善投资环境将发挥积极作用，经开区对外开放水平进一步提高。

二、发展中存在的问题

一是土地指标趋紧，资金筹措艰难，对开发建设工作造成很大制约。二是产业基础相对薄弱，暂时还没有形成相对完整和具有核心竞争力的产业集群。三是在招大项目、招龙头项目方面，工作成效还不够显著。四是国家级开发区政策效应和体制优势发挥得不很充分。

三、2013年发展目标

2013年是经开区“三年上台阶”的攻坚之年，经开区将全面贯彻落实党的十八大及市第四次党代会精神，以科学发展观为指导，围绕中心工作，继续发扬垦荒者、开拓者、创业者的精神，全力打好项目建设攻坚战，促进主导产业集群发展。

2013年经济发展目标为：地区生产总值增长13%，达到307亿元；固定资产投资增长13%，达到246亿元；工业总产值增长16%，达到817亿元；本级预算内财政收入增长16%，达到6.5亿元；拓展区税收收入增长13%，达到16.2亿元；实际利用内资达到100亿元；实际利用外资达到2亿美元；外贸进出口总额3.7亿美元。

万盛经开区

万盛经开区发展改革局 唐煜斌 蒋 欣

一、2012年发展回顾

2012年是万盛非常特殊、十分困难、极不平凡的一年。面对外部趋紧的宏观形势和复杂的内部环境，在市委、市政府关心支持下，万盛经开区党工委、管委会团结带领广大干部群众，沉着应对、克难奋进，稳定发展两手抓，经济社会发展全面步入正轨。

（一）经济运行渐入佳境

上半年，受多重因素影响，煤电产能开工不足，煤炭、水泥、钢管等主要产品价格下滑，城市建设、地产开发、商贸流通等多个行业发展呈现疲态，主要经济指标下滑明显，经济下行压力巨大。经开区党工委、管委会审时度势，提出全年“保5争10”的工作目标，有力有效推进各项工作，经济运行从三季度开始呈现触底反弹、逐月回升的良好态势，全年所有经济指标均达预期。其中，GDP完成69亿元，增长8%；工业总产值达到83亿元，同比增长16.2%；投资实现48.1亿元，同比增长14.3%；社会消费品零售总额实现24.8亿元，同比增长9.3%；财政一般预算收入达到9亿元，同比增长17.4%；城乡居民收入分别达16196元、8220元，同比增长12.5%、13.3%。在宏观环境持续趋紧、内部经济尚在复苏的背景下，万盛经济呈现蓄势渐发的全新局面。

(二)发展基础不断夯实

产业发展取得重大突破。工业支撑明显增强,浮法玻璃二期、盛镁镁合金、10万吨二甲醚、兴隆煤矿等一批项目建成投产,南天门风电、爱优工业、高性能永磁新材料、多普泰技改等一批项目顺利开工,2×30万千瓦低热值煤发电项目获国家能源局核准。旅游发展成绩喜人,黑山谷成功创建国家AAAAA级景区,万盛被确定为全国唯一国家资源型城市旅游转型发展试点区。商贸发展开辟新路,完成服务外包示范区资料申报,初定中国(万盛)物联智谷的服务外包定位。农业开发树立品牌,茶叶、猕猴桃被列入全市核心产区之一,“滴翠剑名”、“翠屏”等被认定为重庆市著名商标,黑山谷猕猴桃、方竹笋通过国家地理标志商标认定。

城市建设掀起新的热潮。城市骨架加快构建,万盛大道南延线、绕城公路一期等项目启动建设,东城大道南延线顺利竣工。城区拓展全面铺开,动漫主题产业园项目正式开建,西区商务中心建设加快实施。城市地产逐步回暖,永利豪庭、润州江山城、万盛花园等地产项目加快推进,渝南明珠、广进骊都等项目全面交付。市政设施不断完善,完成滨江路道路“白改黑”1975米,实现城区油化道路全覆盖;安装路灯370余盏,基本消除背街小巷“无灯区”。城市环境明显改善,基本实现城区路面无扬尘,主城区空气环境质量满足Ⅱ级标准320天。城市项目加快策划,两河四岸综合整治、城市核心商圈、西区物流中心等一大批城市建设项目即将上马。

基础设施建设全面提速。交通建设有新进展,三万南铁路进入实质性施工阶段,南万高速路基基本成型,万梨路万盛段完成改造全线通车,村通畅率达到98.2%,城区公交实现全覆盖。水利发展有新亮点,青山湖水库二期工程开工建设,鲤鱼河引水工程通过长江委复核。能源保障有新支撑,全力推进110KV中松线境内段、110KV南天门风电场上网线路、黑山谷景区35KV输变电工程等项目建设,新争取用气指标4273万立方米,启动平山园区、黑山谷景区供气工程建设,保障产业发展电气需求。园区建设有新动作,工业园区规划面积拓展至10平方公里,享受“两翼”地区特色工业园区融资支持,推进平山园区2173亩征地及基础设施建设工作,建成煤电化园区南北主干道2.8公里和平山园区标准厂房5万平方米。

社会民生得以显著改善。民生投入加大,全年投入民生资金12.64亿元,占一般预算支出的57.7%。社会保障健全,全年新增就业6867人,养老、医疗参保率分别达85%、95%,工伤、失业、生育及低保实现应保尽保。教育发展加快,49中学提档升级正式启动,学前教育、义务教育统筹发展,城乡教育均衡化发展树立全市典型并广泛推广。卫生事业破题,三甲医院创建工作有序推进,市级卫生城区通过复核验收。文体工作出新,文图两馆、8镇综合文化站、57村农家书屋全部免费开放,文化信息资源共享实现镇村全覆盖。成功举办2012年世界定向排位赛、全国中老年羽毛球邀请赛、“金桥吹打”传承比赛、第14届苗族踩山会等一系列重大活动。住房保障给力,70万平方米工矿棚户区安置房交付使用,4268套廉租房基本建成,45万平方米采煤沉陷区受损农房治理工程正式启动,基本实现低端住房有保障。

(三)发展环境逐步优化统筹全局谋发展,明晰战略思路

提出“315”发展战略(即:建设国家资源型城市转型示范区、打造西部地区特色经开区、构筑渝南黔北地区的重要增长极3大战略定位,建成全国知名旅游城市1大总体目标和振兴工业、繁荣城市、做强旅游、提升农业、改善民生5大任务),制定“两年打基础、三年上平台、五年求突破、十年大发展”的阶段性目标。全面启动规划修编工作,建立完善“4+X”规划体系。

抢抓机遇争支持,叠加政策效应。全力开展政策、项目、资金争取工作,相继获得市委、市政府一系列扶持政策,与15个市级部门单位签订战略合作协议,与北部新区、高新区、经开区等主城开发区建立合作关系。获得新增建设用地

指标3768亩,煤电化产业、玻璃新材料产业分别纳入《重庆市化工产业三年振兴规划》、《重庆市材料工业三年振兴规划》予以布局,"镁合金产业化基地"被纳入全市121科技支撑示范工程。

精心谋划筑平台,构建开放格局。组建"1+5"专业招商团队,成功举办"万盛招商推介会"、"重庆企业万盛行"等招商活动,相继引进宏腾煤焦、耀皮玻璃、佳劲机车、消防产业园等28个重大项目。融资能力大幅提升,成功组建开发投资集团公司,企业债券发行在望。与5家金融机构签订合作协议,新增3家金融机构入驻。成功引进民生村镇银行,中国银行在万盛设立支行。金融机构年末存贷比达83.9%,各项金融指标位列巴南人行片区第一。

二、发展中存在的问题

一是经济社会发展的许多关键领域仍未破题:如何化解高城镇化率和低收入水平的矛盾,如何兼顾工业发展和旅游开发的需求平衡,如何协调高速发展和环境承载力的关系,如何在做大增量的同时提高质量和效益等,都在待进一步探索。二是万盛自身发展还存在许多困难:开发开放的格局还未形成,被边缘化的危险还未解除,土地、煤炭、供水、天然气等发展要素的保障还不充分,社会民生的欠账还不少,生态环境倒逼的压力越来越大。

三、2013年发展目标

2013年是全面深入贯彻落实党的十八大精神的开局之年,是为全面建成小康社会奠定坚实基础的重要一年,也是万盛经开区转型发展的关键之年。按照"315"发展战略和《万盛经开区经济社会发展规划》的发展要求,2013年万盛经开区主要经济指标预期为:GDP增长18%;工业总产值突破百亿大关,增长32.5%;社会消费品零售总额增长23%;固定资产投资增长46%;地方财政收入增长20%;城乡居民收入分别增长14%、15%;城镇登记失业率控制在3.5%以内。

双桥经开区

双桥经济技术开发区管委会 肖放

重庆市双桥经开区于2011年12月25日挂牌成立,位于拥有世界文化遗产"大足石刻"的重庆市大足区,开发范围为龙滩子街道、邮亭镇、双路镇、通桥镇,面积133平方公里,是重庆市"1+2+7"开发格局的重要组成部分,享有与重庆经开区等开发区同等的优惠政策和发展环境,具有产业基础好、交通区位好、用地条件好、要素保障好、政策叠加好、目标定位高的"五好一高"突出优势。

一、2012年发展回顾

(一)经济发展 2012年,双桥经开区实现地区生产总值80.4亿元、增长15.3%,固定资产投入71.9亿元、增长75.8%,地方财政收入14.5亿元、增长20%(其中税收3亿元、增长35.7%),工业总产值241.1亿元、增长18.1%(其中规上工业总产值201.1亿元、增长20.3%),工业增加值65.7亿元、增长17.9%,完成工业投资51.1亿元、增长190%,工业对GDP的贡献率达到93.5%。

(二)产业培育出台了《双桥经开区推进新型工业化的实施意见》,确立了汽车及零部件制造、现代装备制造、循环经济、电子信息、新能源新材料及其他传统优势产业的"5+1"工业产业体系。先后参加了"渝洽会"、"五金博览会"等节会,有效地提高了经开区的知名度、促进了招商阵地对外拓展。全年协议金额152亿元,实际到位91亿元,共引进了重庆机电装备产业园、循环经济产业园、上依红30万根车桥、重庆电信职业学院等40个项目。建立完善重大项目联络制度,通过向各大中型企业发出公开信、举办企业家座谈会、开展“服务企业周”活动等形式,帮助企业解决实际困难208个。加快推进重点项目建设,双钱集团(重庆)轮胎公司形成200万套年生产能力,实现产值20.3亿元;30万吨铸造中心一期10万吨项目缸盖生产线运行;循环经济产业园被列为市级循环经济试点园区。

(三)城市建设编制了经开区发展战略规划及邮亭片区A区控制性规划。中央绿地公园建成投用,企业服务中心、市民文化中心主体工程完工,千叶·中央广场开工建设。天星大桥建成通车,东环大道、城市核心区市政道路、邮亭工业大道建设稳步推进,城市污水处理一二级管网工程完工。全年新建商品房24.3万平方米、竣工14万平方米,巴月庄万商会馆、和鸿观岳山等项目稳步推进。切实加强环境监察,稳步推进节能减排,环境质量明显改善,全年空气质量优良天数达到347天、优良率为94.8%。

(四)商贸旅游全年实现社会消费品零售总额8.64亿元,限额以上批发和零售业商品销售额7.35亿元。新发展个体工商户537户、微型企业70户。对花样龙水湖实行托管经营,成功举办了“中国约会之都——首届国际郁金香节”等活动,接待游客达20余万人次。

(五)要素保障优化重组开投集团,新成立车投集团,与重庆银行、农行重庆分行、工行重庆分行等金融机构签订战略合作协议,共获授信210亿元、获批资金24.8亿元、到位资金17.4亿元。争取各类用地指标7350亩,完成征地拆迁8000余亩,安置群众2720户、8160人。完成土地整治1240亩、土地储备5020亩,清理闲置低效用地24宗。启动了30万平方米安置还房建设。先后与市燃气集团、永川供电局签订战略合作协议,启动了220KV、110KV变电站、开闭所规划,新架110kv高压线5.8公里。完成10万吨供水中心一期5万吨水厂建设前期工作。

(六)安全稳定建立完善了10项安全信访工作机制及经开区管委会领导公开接待群众等制度。梳理解决了“原双桥区征地拆迁”、“餐饮住宿等行业经营效益下滑”、“工程欠款”、“群众办事不便”等15类70项影响稳定的突出问题。扎实开展“打非治违”、专项整治、安全隐患排查等行动,共排查非法违法行为2208起,排查安全隐患2421条,整改2398条,安全生产形势持续稳定。

(七)社会事业配合行政区全力抓好教育、文体、卫生等工作。协调解决邮亭中学迁建问题。开展春节、元宵、五一、七一、国庆演出及羽毛球、篮球、登山比赛等各类文体活动20余场,完成经开区体育馆、公共自行车管理接收等相关工作。促成市急救中心(市四院)与经开区人民医院开展战略合作。

(八)党的建设深入学习贯彻党的十八大精神,扎实开展“创先争优”、“解放思想、提升能力、转变作风”等主题教育活动。举办经开区大讲堂5期,组织干部到市内外发达经开区考察学习,选派10名正科级以上领导干部上派外挂锻炼,着力锻造一支具备“工业精神”的干部队伍。深入落实党风廉政责任制,扎实开展机关廉政文化建设。开展企业评部门、评科长活动,促进了干部作风的改进和行政效能的提升。

二、2013年发展目标

2013年,双桥经开区将全面贯彻落实党的十八大精神,大力实施“1235”工作思路(即:围绕加快建设“西部一流的国家级千亿经开区”的目标,大力实施“工业立区、产城互融”两大战略,扎实推进“大项目带动、大产业培育、大环境营造”三大工程,着力打好“招商引资、城市建设、商旅开发、要素保障、民生改善”五大战役),一手抓项目招商促发展,一手抓基础设施出形象,努力实现跨越发展、科学发展。全年经济主要指标预期目标为:地区生产总值增长15%、完成90亿元,力争完成100亿元;工业总产值增长20%、完成260亿元,力争完成300亿元,其中:规上工业总产值增长20%、完成240亿元,力争完成260亿元；工业增加值增长20%、完成80亿元，力争完成100亿元；固定资产投资增长20%、完成85亿元，力争完成100亿元；社零总额增长15%、完成9.5亿元，力争完成10亿元；财政收入增长20%、完成17亿元，力争突破20亿元。

高新技术产业开发区

重庆高新区管委会 张巍

2012年，是重庆高新区“三次创业”的第二年，也是强基础、促提升、上水平，全面拉开大开发、大建设格局的关键之年。在市委、市政府的坚强领导下，在九龙坡区委、区政府的统筹协调下，高新区以科学发展观为统领，紧紧围绕“五年西部领先，十年全国一流”和“五年再造一个九龙坡经济”的发展目标，紧扣加快转变经济发展方式主线，以基础设施建设为重点，以城市开发提升和产业重构发展为双核引擎，全面推进东区改造提升和西区开发建设，较好的促成了控制规划落地、基础投入加速、创新能力增强、发展环境优化、综合效益提升，经济发展和开发建设继续呈现出持续、健康、较快发展的良好态势。

2012年，高新区核心区完成地区生产总值262亿元，同比增长20.6%；规模以上工业总产值330亿元，同比增长16.3%；社会消费品零售总额166亿元，同比增长20%；固定资产投资160亿元，同比增长45%，其中工业固定资产投资54亿元，同比增长1.1倍；区域税收收入突破50亿元，其中区级税收收入16亿元，同比增长21.1%；完成筹融资突破60亿元。

一、规划编制

2012年，高新区进一步深化完善“十二五”规划和产业发展规划，完成国家生物产业基地核心区建设规划、生物医药产业三年振兴规划、电子信息产业三年振兴规划、创新体系建设规划等专项规划。为保障基础设施建设和产业发展需要，高新区会同市规划局深化完善西区总体规划成果，科学编制完成金凤、含谷、白市驿片区控规并经市政府批准，实现西区控规全覆盖。按照“一区多园”产业布局，规划建设电子信息、高端装备制造、生物医药、现代物流、总部研发等五大专业园区，形成同步推进、梯次开发新格局。

二、产业发展

2012年，高新区坚持以电子信息产业为龙头，加快打造千亿级电子信息创新型产业集群，同步推动高端装备制造、生物医药及高技术服务等其他百亿级新兴产业集群加快发展。电子信息产业支柱明显，实现产值193.53亿元，增长15.0%，占规模以上工业总产值的58.6%，其中梅安森、鸿雁通信等公司更是保持了30%以上的强劲增长势头。商贸流通服务业发展迅速，特色专业市场不断壮大，“核心商圈+专业卖场”模式为主导的多层次、多业态商贸体系逐渐完善，实现批发零售总额384.43亿元，同比增长26.9%；软件企业108家，登记软件产品500余件，软件企业、软件产品数量均占全市总数的30%。高端装备制造产业逐渐回暖，实现产值107.6亿元，增长18.7%，其中，东方鑫源年产值达37.8亿元，秦安机电年产值7.5亿元。生物医药产业稳健起步，完成产值2.33亿元，同比增长5.9%，完成国家生物产业基地核心区建设规划，中英生命科技园项目正式签署合作备忘录。小微企业培育有力，结合主导产业发展方向，推行政府统筹、政策扶持、部门帮助等举措，与建设银行重庆市分行合作推出帮助小微企业融资的“助保贷”业务，为小微企业实现融资5300万元。

三、城市开发建设

2012年，高新区按照“高起点规划、高标准建设、高品质发展”的要求，以项目投资作为拉动经济发展的第一动力，稳步实施、有效推进，全面拉开大开发、大建设格局。

东区 全面启动石桥铺片区城市路网综合改造，科技路、邵新路一期B标段先后完工，加快推进长大路一期、长新路二期、五四大道北段等断头路建设。深入推进城中村危旧改项目，石桥铺老街一期、二标厂家属区、歇台子(原国光农贸市场)片区等危旧改项目推进顺利，张坪、小沟等4个城中村改造项目加快实施，累计完成拆迁整治50余万平方米。加快实施产业重构，完成钢球厂、宗申厂等工业用地收储整治1850余亩，完成工业用地规划调整1500亩；建成全国首家IT产业微型企业孵化园一期工程，成功引进世界500强欧尚国际商贸集团入驻，红星美凯龙博览家居生活广场、兴茂盛世国际等大型商业综合体建设进展顺利，华硕中国第二营运总部即将开建，重庆市健康云计算服务中心建成投入使用。高标准推进房地产开发建设，春风与湖、恒基·雍翠名门等21个房地产项目加快建设，中新城上城E4地块等2个项目顺利完工，协信彩云湖1号项目荣获重庆2012土木工程詹天佑奖·优秀住宅小区金奖和优秀规划设计奖。持续打造公园绿化，完成渝高公园改造升级工程的立项和规划选址，五台山绿化广场、烟灯山公园及刘伯承六店旧居等相继建成开放，美茵运动公园、奥体中心附属体育公园、烟灯山公园二期及附属设施工程全面启动建设。

西区 着力强化用地保障，实施征地拆迁1.1万余亩，拆除违法建筑18.8万平方米，供应土地4334亩。着力构建畅通路网，相继建成高新大道、新州大道、新凤大道等主干道路，加快建设快速路一纵线、横二路等骨干道路，白彭公路高新区段改造进展顺利，初步形成互联互通、方便快捷的区域性骨干路网体系。着力完善基础设施，金凤电子信息产业园服务中心投入使用，45万平方米标准厂房、100万平方米公租房、36万平方米安置房加快建设；金凤110千伏变电站建成投入使用，一批输变电、供排水、天然气工程取得积极进展。着力优化生态环境，完成西城公园规划设计，积极支持含谷镇、金凤镇实施风貌镇改造。着力推进各专业园区开发建设，金凤电子信息产业园完成固定资产投资23亿元，新引进笔电配套企业25家，累计入驻企业达69家、投产33家，实现工业总产值15.12亿元，同比增长7.2倍，初步形成全市最大笔电散热模组和石英晶体振荡器生产基地；西部涉农物流加工区完成固定资产投资20亿元，市级搬迁项目入驻签约取得突破性进展，九州国际汽摩城、中国西部农产品冷链物流中心等重点项目相继开工建设；生物医药产业园、高端装备制造园开发建设全面有序推进，一批签约储备项目即将动工。

四、科技创新体系

2012年，高新区以建立完善科技创新体系为重点，推动科技管理服务工作进一步加强，区域的创新创业活力进一步提升，以创新驱动转型发展的能力进一步增强。科技政策逐步完善，先后制定出台了《重庆高新区促进科技创新鼓励办法》、《高层次人才引进和激励办法》等相关政策文件，并兑现企业科技创新扶持资金600余万元。申报中国创新驿站重庆区域站点获得通过，成为试点单位里唯一设在高新区的站点。创新主体加速培育，新培育认定秦安机电等17家高新技术企业，累计认定总数达到64家；金美通信等4家企业成为全市首批创新型企业，汇贤优策等6家企业被认定为市创新型试点企业。科技成果不断涌现，新获认定国家级重点新产品2项，市级重点新产品77项、高新技术产品101项，数量全市领先；协助企业争取各类科技经费4000余万元，其中科技部创新基金立项21项，获得国拨资金1240万元；13个项目获得重庆市科学技术奖励。知识产权工作稳步推进，创建“国家知识产权试点园区”通过市级评审，全年申请专利1237件，授权专利909件，较2010年分别同比增长

45.7%和82.2%,其中发明专利同比增长39.9%和97.7%。质量品牌战略深入实施,新世纪电气公司、荣冠科技公司参与制定国家标准,和航科技公司牵头制订重庆市地方标准,成功培育中国石化润滑油公司重庆分公司荣获市长质量管理奖,新增名牌13个、新认定商标932个。人才工作深入推进,确立打造"一特区、两基地、三平台"发展方向,探索实施专家公寓建设,制定出台《人才服务指南》,被授予全市首批"人才特区"殊荣;"千人计划"增至3人,重庆市农科院等3家单位成为"两江学者"设岗单位。

五、招商引资和对外开放

2012年,高新区坚持以招商引资为重点,着力招大引强,产业发展后劲不断增强。通过修订完善招商引资激励考核办法和产业扶持等政策,积极组织参加"渝洽会"、"云博会"、"厦洽会"等大型对外招商活动,成功引进重庆医科大学生物科技产业园、市食品药品检验检测中心基地等一批重点项目。全年新引进项目60个,合同引资155亿元,实际到位资金128亿元,同比增长62%,其中:实际到位外资2.2亿美元,投资1亿元以上的项目17个。强化招商引资跟踪协调,建立项目落地快速通道,全面落实"四个一"服务机制,全年累计开工招商引资项目40个,建成或投产32个。不断加强对企业的外经贸服务,充分挖掘外资企业的发展潜力,促进增资扩能,不断提高对外开放水平,全年完成服务外包合同额5284万美元、执行额4180万美元;外贸进出口总额16.4亿美元,同比增长2.3倍,其中:出口15.7亿美元,同比增长2.5倍,位居全市国家级开发区首位。

六、财政和金融

2012年,高新区完成各项税收收入50.41亿元(含拓展区),比2011年增加9.51亿元,同比增长23%;区域金融机构存款余额352.88亿元,贷款余额327.67亿元,存贷比92.86%;完成金融企业招商引资5.2亿元。大力完善金融体系,积极推动辖区符合条件的企业进入多层次资本市场融资发展,通过完善政策体系、建立联动机制、搭建服务平台和深入企业走访,切实发挥了"政府、企业、中介"三个主体的积极性。与深交所签订《企业改制上市战略合作备忘录》,发展或引进安运科技、杰信模具等OTC挂牌企业3家,另有5家企业已完成股改或与券商签订合同拟进入新三板市场,其中2家企业已做好准备,有望首批申请入板。

西永微电子产业园区

西永园区管委会 肖莎

2012年,重庆西永微电子产业园区在市委、市政府的高度重视和坚强领导下,在市级各部门的大力支持下,深入贯彻落实党的十八大和市第四次党代会精神,按照推进新型工业化的要求,牢牢把握主题主线,坚持产业规划,求真务实、开拓创新、攻坚克难,顺利完成了年初预定的发展目标。

一、2012年发展回顾

(一)加快和深化笔电基地建设

2012年,西永园区继续推进笔电基地重点项目建设,圆满完成了各项工程建设任务。

1.厂房代建工作扎实推进。惠普全球打印和成像设备项目新建21万平米厂房基本完成,已移交7万余平方米,其余逐步移交。广达二期37.8万平米厂房和专用仓库陆续建成并部分交付使用。

2.配套设施建设同步开展。一是全年共建成22.3万平米标准厂房,12.8万平米保税和非保税仓库;二是新建公租房23.53万平米,其中广达生活区一期二阶段项目 18 万平米,英业达生活区一期 5.53 万平米;三是建成园区道路、桥梁共计约 12 公里,完成莲花滩河道整治约 1.6 公里。

3.房屋产权办理工作取得新突破。创新开展了房屋产权办理工作。截至目前,已办结房屋产权证54 个项目,面积 324.47 万平方米。

(二)西永商务中心区开发建设扬帆起航

为尽快完善西永园区的城市配套功能,更好地服务产业发展,园区全力推动西永商务中心区开发建设。一是建成 12 公里的三纵三横主干道及 1350 亩核心区平场工程;二是完成了《西永组团 L 标准分区控制性详细规划》并通过市政府批准;三是组织开展了西永商务中心区广场设计工作。四是成立了土地出让办公室,土地经营性出让工作全面启动。

(三)征地拆迁扫尾攻坚与土地出让工作进展顺利

2012 年,共完成征地报件 13207 余亩,并全部取得征地批文;分配拆迁安置房 4650 余套;全面开展了征地拆迁收尾工作,拆除旧房 1030 余栋。至此,西永园区基本完成征地拆迁扫尾工作。另外,2012 年全年西永园区共出让土地 1981 亩,转让土地 110 亩,办理划拨土地 441 亩,圆满完成目标任务。

(四)产业发展高歌猛进,工业经济增长极作用凸显

2012 年,西永园区共生产 IT 终端 5500 万台件,其中:笔电 3194 万台,打印机 892 万台,显示器 624 万台,交换机 69 万台,无线路由器 659 万台。全年销售收入突破 1000 亿元,进出口额 177.3 亿美元,推动 IT 产业成为我市工业经济第一支柱产业,实现了全球 1/5 笔电“重庆造”,并带动周边区县工业经济发展。

1.笔电产量不断冲高。2012 年,园区共生产智能终端 5500 万台件,其中笔电整机 3194 万台,较上年增长 39.8%,打印机 892 万台,显示器 624 万台,交换机 69 万台,无线路由器 659 万台,产值约 866.7 亿元,加上其他电子产品全年销售收入突破 1000 亿元,较上年增长 86.2%,进出口额 177.3 亿美元,较上年增长 70.4%。

2.芯片产业实现历史性突破。2012 年,中航微电子公司从德国 L-foundry 整体收购的生产线设备共计 504 台已全部运抵重庆,并安装投入使用,形成每月 3 万片的产能。其中 2012 年 12 月单月生产了 3.4 万片芯片,比过去老渝德时期增长了 278%。同时,中航微电子公司自有产品(功率组件 MOSFET)所占比重有所突破,占到总销售额的 30%以上,逐步改变了中航微电子全代工的发展格局,并成功以 500 万美元获得 IBM 公司 0.18 微米 BCD(CMOS7HV)先进技术 20 年使用授权。2012 年,中航微电子公司共生产了 18.3 万片 8 英寸芯片,累计完成营业收入 3.07 亿元,盈利 87.3 万元,实现了历史性突破。

3.软件和服务外包产业稳步发展。西永园区共有 24 家软件和服务外包企业,2012 年共实现营业收入近 15 亿元,就业人数近 2000 人。

4.招商引资稳中有进。2012 年,惠普全球打印与成像设备项目、富士康高新智能电视模组与整机一体化研发和制造项目先后落户西永园区,进一步壮大了园区信息产业发展的基础和力量。全年共签约项目 26 个,其中制造类 11 个、物流类 12 个、其他类 3 个,合同投资额 2.28 亿元,注册资本金 2.13 亿元,其中外资 2050 万美元,利用外资 11.15 亿美元。

(五)多策并举,筹融资保障有力

为保证发展需求,西永公司在努力争取银行贷款的同时,还通过融资租赁、发债等各种渠道筹集资金,全年共融资 110 亿元,成功发行企业债 16 亿元,中票发行进入最后冲刺阶段。

(六)园区管理进一步规范,西永综保区运行良好

1.园区管理进一步规范。园区政府机构服务增强。西永园区国税、地税分局成立运行,西永海关、西永商检批准成立,微电园治安派出所保障得力。

2.西永综保区运行良好。通过合理设置人员配备、建立科学的工作机制、制定高效的管理办

法,综保区管理工作得到了国家海关、入区企业的高度肯定,名列全国综保区前茅。一是大力推进综保区信息化系统优化工作,建立系统故障处理的快速工作机制,全天24小时提供保障,确保了企业生产运营快速通关的需要;二是创建了综保区信息服务平台业务碰头周会制度,搭建了多方交流平台;三是实行入区车辆通行证管理,规范了卡口非物流车辆的盘查;四是建立了与职能部门、区内企业之间的工作联动机制,协调派出所、交巡警等部门,加强了与区内企业就安全宣传、行政执法、应急处理等方面的工作协作配合。

二、2013年发展目标

将继续围绕西永园区"十二五"规划的发展目标,以西永综保区为平台,以壮大信息支柱产业为方向,加大产业集群招商力度,加快商务中心区开发建设,全面加强综合管理服务,以提升经济发展能力为着力点,继续乘势推进西永园区快速发展。

(一)再接再厉做大做强笔电基地

全力配合入园企业的发展需要,不断推进和完善笔电基地厂房、仓库、公租房等建设,共同做大做强笔电基地。预计2013年产出笔记本电脑3700万台,较去年增长16%;打印机1800万台,较去年增长100%;显示器1500万台,较去年增长140%;实现销售收入1600亿元,较去年增长60%,进出口总额250亿美元,较去年增长41%。

(二)以SK·海力士项目为突破口巩固产业优势

全力做好SK·海力士项目落户园区对接服务工作,确保实现与SK·海力士项目2013年上半年完成协议谈判签约和开工建设,2014年上半年建成投产。同时,还要促进300万台高新智能电视模组与整机一体化研发和制造项目建设加快实施;推动沙特基础材料公司10万吨工程塑料项目建成投产;深化与中航工业集团的芯片产业合作,延长芯片产业上下游产业链;继续提供入园笔电企业扩大生产需要的基础设施,支持鼓励在西永园区生产多元化电子终端产品。

(三)坚持以笔电为主导,优化产品结构

在保持笔电产量不断释放的同时,鼓励支持笔电企业在西永园区生产打印机、电视模组、平板电脑等多元化电子信息产品,变一枝独秀为多业并举,致力打造电子终端、集成电路和信息服务业、机电产业。

(四)加强配套设施建设,强化社会管理与服务

随着信息产业的快速发展,产业工人将逐步增多。为留住数量庞大的产业工人,吸引更多的高端人才,园区将不断完善各种商业配套设施,积极推进适合蓝领工人的消费市场,主动开拓高端商务领域,加快建设西永商务中心区,形成西部片区的商贸中心,满足园区从业人员的各种商务需求和生活需要。

(五)加快推进西永商务中心区的开发建设

加大经营性土地出让工作力度,并作为首要任务来抓。争取2013年上半年开工建设中央广场,提升土地出让价值和带动开发商建设;配合土地出让和开发建设,适时启动10公里西永商务中心区支干道路,启动水电气讯等基础设施建设;建设6万平米的高端商务区,改善商务环境;加大经营性土地出让工作力度,吸引社会资本参与新城区建设。

(六)加快土地出让和完成征地拆迁

采取多种措施确保完成市国资委下达的全年35亿土地出让综合价金收入的目标。加大经营性土地出让工作力度,举办土地推介会,动员社会资本参与新城区建设。同时,还要全面完成西永园区征地拆迁工作。

(七)突破筹融资政策瓶颈,保障资金供应

一方面继续开辟融资租赁、发债、银行贷款等融资渠道,另一方面,通过盘活存量资产、加快土地出让、广辟税源和推进公司上市等工作,千方百计筹措资金,全力保障西永园区建设发展的资金需求。

(八)推进西永综保区转型升级

将园区工作重心从建设向经营管理转移，抓好综保区转型升级，推进保税物流、加工贸易、离岸贸易、保税贸易一体化发展，拓展保税区功能效应。

重庆港城工业园区

重庆港城工业园区管委会 乐娜

一、2012年发展回顾

2012年，港城工业园区在区委、区政府的正确领导下，认真贯彻区委“1595”总体发展思路，以“产业升级、功能配套、形象提升、管理服务、新区开发”五大工程为抓手，全年实现园区统计范畴规模以上工业总产值254亿元。实现商品销售额5.8亿元。园区统计口径税收20.85亿元，较上年增长15.8%。完成固定资产投资26.2亿元。实际利用内资22.4亿元。新增城镇劳动力就业人员4000人。获得“重庆市工业园区建设十周年先进集体”、“重庆‘十强’工业园区”等荣誉。被评为“全国扶持中小企业示范园区”。

（一）产业结构加速优化

港城园区坚持走新型工业化道路，加快转变经济发展方式，促进产业结构优化升级。一是支柱产业持续发力。海尔滚筒洗衣机、海尔空调二期、重庆平伟科技涂装生产线扩建项目等建成投产，电子电器、交通运输设备制造业产能进一步扩大。2012年两大产业分别实现产值165亿元和45亿元，占园区工业总产值82.7%。海尔物流二期、英达柏树湾油库一期、永利东方国际物流二期建成投用。二是楼宇经济优势凸显。2012年，14个楼宇工业项目开工建设，新建成楼宇工业厂房30万平方米，引进中小企业100余户。重庆金大人实业有限公司摄影宫殿、中铁21局集团第五公司、中交科技集团等创意、设计、工程咨询服务类企业纷纷入驻，楼宇工业招商质量明显提高，有效促进了园区楼宇工业升级发展。三是科技创新能力进一步提升。全年园区企业获批认定市级高新技术产品20个、重点新产品10个。

（二）配套设施持续完善

2012年，园区加快推进配套项目建设，不断完善园区城市功能。一是安置房建设目标如期完成。月光丽苑576套安置房全面建成并实现住房安置；星辰丽苑9.5万平方米安置房建设顺利推进；五里坪二期安置房3—5号高层开工。二是交通能源项目加快实施。全年完成6项，并启动4项道路工程建设，完成220KV海尔开发地块鸡界东西线等5项电力迁改工程。三是综合配套建设相继完善。园区污水处理厂及环保监测综合楼、五里坪公交站场、安全生产培训中心建成。

（三）城市形象逐步提升

按“生产、生态、人文”港城的建设理念，园区城市环境有效改善。一是深入开展违法建筑拆除工作。全年共计拆除违法建筑面积4万平方米。有效遏制了非法侵占土地的违法建设行为。二是加快实施园区靓化工程。完成园区标识标牌设计，建成工业污水处理厂及环保监测综合楼，完成栋梁河生态工程等8项创模工程并通过验收。三是建立了环境卫生巡查制度，圆满完成全年“蓝天行动”目标任务。

（四）管理服务不断优化

随着园区从“建设型”向“管理型”转变，不断强化服务意识、提高服务质量、注重服务效果。一是协调解决企业用工短缺。通过动态掌握企业用工需求，面向社会及时发布企业招工信息、开展校企合作、落实用工政策等方式，全年新增城镇就业人口4000余人。二是推动科技创新。成立了科学技术协会，并依托博士后工作站、企业技术中心等平台，鼓励入园企业进行产品创新、技术革新和争创名牌，指导企业做好科技项目申报和科技认证工作，用好用活科技扶持奖励政策。三是搭建融资平台，做好资金扶持。会同金融机构开展了面向中小企业的融资服务。全年为园区企业争取各类政策扶持奖励资金3000余万元。

（五）新区开发稳步推进

一是B区城市设计全面完成，片区规划编制及电力迁改、市政道路、安置房项目的前期工作有序推进。二是C区物流总部项目等2个自主开发项目前期工作加快进行。

二、2013年工作思路与目标

工作思路：深入贯彻落实党的十八大精神，以邓小平理论、"三个代表"重要思想、科学发展观为指导，紧紧围绕"1595"总体发展思路，转变发展方式，优化产业结构，培育壮大优势产业，着力引进工业总部和生产性服务企业，加快推进新型工业化，实现"产城"融合发展，加快推进园区从建设型向管理型转变、从土地开发型向综合服务型转变，实现园区转型升级。

发展目标：力争全年实现规模以上工业总产值304亿元，同比增长19.6%。实现商品销售总额10亿元，同比增长72%。园区统计口径税收预计将达23.98亿元，较上年增长15%。实现固定资产投资20亿元，其中政府主导类项目投资5亿元，社会主导类项目投资15亿元。实际利用内资5亿元。

（一）加快改旧扩新　推动转型升级

一是淘汰落后产能。针对"三高"企业，加强转型升级引导，稳步推进鲁家山片区"腾笼换鸟"。加快扩能技改步伐，引导投产企业改造老旧低效生产线、提升原有生产线产能。二是推动项目建设。预计建成智飞流脑疫苗产业化等10个项目、实现聚峰国际二期标准厂房等8个项目开建，推进华雄·两江时代等30万平方米楼宇工业标准厂房建设。三是培育新兴产业。以楼宇产业园为载体，大力引进创意、工业设计等各类服务机构，加快生产性服务业聚集，有效推动生产要素合理流动。四是加快产能释放。促进海尔滚筒洗衣机和空调二期全面投产，加快推进海尔东区厂房项目建设、中钢报废汽车拆卸及废钢加工基地厂房改造和设备调试。通过抓龙头企业投产增效，实现新增产能40亿元。

（二）强化综合配套　完善城市功能

一是继续完善基础设施建设。加快推进园区12条市政道路及11条电力线路迁改工程。二是加快农转非安置房建设。完成9.5万平方米的星辰丽苑安置房建设，迅速推进二期安置房3—6号高层、B区安置房等民生项目。三是加快生活配套项目建设。加快佳音·两江医院、港城印象、两江国际酒店等项目建设进度，实现加油站项目建成投运。

（三）优化管理模式　提升区域环境

一是加大园区范围内违法建筑拆除力度，力争拆除违法建筑5万平方米。二是抓好园区环境升级改造。在完善A、D片区道路景观提升工程及园区标识系统建设的基础上，继续推进海尔路园区段、高速路沿线绿化。三是创新城市综合管理。整合资源，开展园区数字化城管平台建设，再造城市管理流程，实现精确、高效、全时段、全方位覆盖的城市管理模式。

（四）强化服务意识　助推企业发展

一是夯实服务载体。通过打造"一网一线一厅"的立体服务网络，初步构建形成"市级工业服务平台+区级（港城）综合服务平台+楼宇工业园专业服务平台"的三级服务平台体系。二是延伸服务内容。依托服务平台，重点开展经济监测、政务协调、增值服务、要素保障四大服务功能，及时解决企业建设发展中的难题。三是强化安全监管。进一步建立健全园区安全生产监管体系，全面落实企业安全生产主体责任，加强重点行业事故防范能力，提高园区安全生产应急救援能力，抓好园区安全文化建设，健全安全生产投诉举报机制，切实提升园区安全监管综合能力和水平。

（五）推进新区开发　扩大承载空间

一是加快完善港城园区B区、黑石子片区以及寸滩实验学校等地块的规划调整工作。二是在全面完成现有A、C、D区存量土地开发建设的同时，全面启动B片区一期项目前期设计及土地整治工作。三是合理规划B区用地，启动B片区开发策略、计划，并选择好的开发项目，提升土地价值。

万州经开区

万州经开区管委会 刘城

万州经济技术开发区（以下简称“万州经开区”）前身为万州工业园区，于2010年经国务院批准升格为国家级开发区，总体规划面积58.56平方公里，按照高峰园、天子园、五桥园、盐化园、新田园“一区五园”的格局开发建设，目前，开发拓展面积25平方公里，入驻企业154个，初步形成具有较强配套能力和竞争优势的能源建材、特色化工、机械电子、纺织服装、食品药品五大特色产业集群。

一、经济发展

2012年，万州经开区完成规模以上工业总产值345亿元，同比增长20.1%；完成工业企业利润10亿元；完成固定资产投资65.6亿元，同比增长8.8%；实际利用外资1亿元；实现进出口总额2亿美元，同比增长35%；完成全口径财政收入13.8亿元，同比增长12.5%，其中地方财政收入10.4亿元，同比增长45.8%。

二、信贷融资

2012年，万州经开区落实银行贷款授信规模30.4亿元，实际上账贷款23.3亿元；直属公司（重庆三峡产业投资有限公司）10亿元企业债券获得国家发改委核准批复，直接融资取得重大进展；积极争取各类政策性资金，到位6.55亿元；建立了经开区偿债基金，债务风险防控能力进一步加强。

三、招商引资

2012年，万州经开区新签约神华神东电力万州港电、法国施耐德电气西部智能终端生产基地、泰国正大36万吨饲料、上海电器等53个项目，协议总投资约400亿元；开工建设神华神东电力万州港电一期200万千瓦煤电、施耐德西部智能终端生产基地一期、希姆斯年产5000台电梯等10个项目；竣工投产长安跨越15万辆商用车整车及零部件制造中心、三雄一期年产2500万只T5节能支架、三峡库区机械物流园一期等14个项目；西部纺织城、华歌生物吡啶系列三药中间体、中船重工船舶工业园一期等9个在建项目加快推进。

四、征地拆迁

2012年，万州经开区新启动拆迁安置6.67平方公里，累计启动拆迁面积达到22平方公里，已完成拆迁16平方公里。顺利通过国土资源部土地例行督察和卫片执法检查，进一步完善了土地管理机制，土地管理水平进一步提高。取得了“低丘缓坡”土地综合开发先行先试政策，其总规模达到12平方公里，其中新增建设用地6.67平方公里。

五、规划建设

2012年，万州经开区累计启动建设项目61个，完成投资约10亿元。编制完成了高峰园、盐化园、五桥园、天子园控规，启动新田园控规编制，基本实现控规全覆盖；组织开展了正大饲料、明邦建材、康师傅矿物质水等20余个项目的选址论证及规划设计技术审查工作，建立了招商引资项目建设服务制度；顺利推进28万平方米廉租房、25万平方米公租房、7.4万平方米标准厂房建设，竣工两江新区援建标准厂房、

2010年龙都、长石板廉租房工程;启动征地还房建设160万平方米;完成场平整治4平方公里;经开大道、玉城大道、上海大道延伸段等一批道路桥梁工程有序推进,经开大道控制性工程灵凤山隧洞左洞已贯通;高峰水厂、高峰标准厂房、高峰园道路管网等工程前期工作推进顺利;长安跨越办公楼、沿江路、化工园消防特勤中队、污水调配工程、供热中心一期、盐化园和光电园绿化、亮化等一批配套设施顺利竣工,投资环境得到进一步优化。

六、安全生产

2012年,万州经开区着力营造安全、稳定的发展环境,促进工业经济稳步发展,编制完成了《万州经开区"十二五"安全生产工作规划》,建立健全了经开区管委会、主管部门、成员单位、入园企业四级安全稳定责任监管体系,全年没有发生较大及以上安全生产事故,无到区重访和到市进京非访。加大安全隐患排查治理和矛盾纠纷化解处置力度,深入开展"四大行动"、"打非治违"专项行动,严肃查处安全生产违法行为;及时妥善处理了相关信访问题和不稳定因素,保持了经开区开发建设的安全稳定。

七、环境保护

2012年,万州经开区大力推进各片区规划环评工作,目前已基本实现规划环评全覆盖;完成环保基础设施论证;适时开展辖区环保宣传教育和环保演练,提高了辖区群众和企业的环保意识和应急能力;大力推进神华神东200万千瓦火电、重庆如意年产5000万米如意纺高档面料、电镀园等项目环评及选址工作;切实加强辖区环境监管,及时整改环境安全隐患,全年没有发生一起较大及其以上的环保事故。

八、直属公司

2012年,重庆三峡产业投资有限公司(以下简称"三投公司")、重庆万林投资发展有限公司(以下简称"万林公司")和重庆市玉罗实业有限公司(以下简称"玉罗公司")三家直属公司注册资本金超过11亿元,净资产大幅度增加。三投公司全年落实融资规模27.57亿元,实际到位各类资金14.43亿元,全年支出16.29亿元,新建和续建工程项目16个(重点工程项目4个),长安跨越三期标准厂房等4个项目竣工;万林公司全年落实融资规模29亿元,实际到位各类资金24.2亿元,全年支出21.3亿元,新建和续建工程项目27个(重点工程项目10个),龙都二期还房等14个项目竣工;玉罗公司实现工业、建筑业产值1.1亿元,完成各项业务收入8200万元,实现利税1300万元。

九、管理服务

2012年,万州经开区通过与区级建设、安监、信访、环保、国土等职能部门领导干部互任职、派驻工作人员等方式,初步建立了行政审批、行政执法联动机制,服务企业的效率得到提升;建立了重点项目领导牵头、部门负责、公司执行、联络员跟踪的四级服务责任体系,有力地保障了重点项目推进;积极争取三峡后续、工业新型化、民营经济发展、节能补助、物流产业发展等专项资金1.95亿元,有力促进了企业生产;加强工商职能服务,累计办理企业设立、变更登记等咨询服务220余次,新设立企业32户,注册资本3亿余元(不含内资转外资9000万元),其中企业法人29户,分支机构2户,变更登记(内资企业转外资企业)1户;主动介入,协调办理了"重庆施耐德电工有限公司"、"重庆三峡渝东燃气有限公司"、"重庆如意西部纺织城有限公司"等企业名称预先核准事宜,努力实现招一家、稳一家、发展一家;积极开展入驻企业和征地区域治安研判工作,对46家规模以上企业设置了治安保卫机构或配备专职保安人员,建立完善流动人口登记制度,切实保障企业外来务工人员利益,较好地保障了入驻企业的经济发展。

建桥工业园区

建桥工业园区管委会 吕俊

一、2012年发展回顾

2012年,建桥园区紧紧围绕"转型发展突破年"主题,以"深化城市经营体制改革,推动园区转型升级"为指导思想,有力推动园区经济快速发展。先后获得"国家级工业园区服务业标准化示范园区"、"中国最具竞争力品牌园区100强"、"中国最具政府服务竞争力品牌园区"、"市级知识产权示范园区"、"市级新型工业化产业示范基地"等殊荣。

(一)融资工作强力推进

园区采取银行直接贷款、企业间接贷款、发行信托产品、发行基金计划等多种方式,成功实现融资8.5亿元,通过企业借款2.33亿元,有力维护园区资金链平衡。

(二)招商引资工作加速推进

先后与艾普网络重庆总部项目、鑫鹏物流2.5产业园项目、赛玛特总部项目、载君舟整体搬迁项目、博萨尔汽车配件项目、万家燕现代医药基地项目、晋愉集团房地产项目等7家企业签订了项目合作合同和协议,协议引资58.73亿元。

(三)企业服务方式实现二次创新

建立园区领导、部门负责人"一对一"联系企业制度,形成"区级领导+园区办领导+园区部门负责人""三级"企业服务体系。编制"一企一策"帮扶方案,加强对企业的帮扶力度,2012年园区已成功培育规上企业6家。与中国国际金融公司、市股权交易中心签订战略合作协议,推动企业上市经营,2012年成功实现重庆强镔实业公司在重庆OTC板块挂牌。完成园区知识产权战略发展规划,助推企业提升自主创新能力。

(四)园区对外知名度进一步扩大

《建桥动态》共出刊40期,采用稿件300余篇;园区网站访问量达50.37万,累计访问量达621万,其中有来自国外30个国家的网民访问了园区网站。与此同时,园区进一步加强外宣工作,先后有重庆电视台、新华社、人民网、华龙网、重庆日报、重庆商报等媒体到园区采访报道,采发、转发各类稿件40余篇。其中,媒体对园区"2012年八大项目集体开工仪式"、"重庆直辖15周年聚焦建桥生态、低碳"和"低碳园区建设与新型工业化之路"研讨会等工作进行的专题报道起到很好宣传效果,引起强烈社会反响。同时,园区共接待考察团、投资团75余批800人次,让国内外投资者实地感受到园区的独特魅力,进一步吸引了更多投资者来园区发展。

(五)经营管理体制改革先试先行

走出平台公司运行模式第一步,筹备成立地产开发公司、创业投资公司、物业管理公司、担保公司等四大建桥分公司,实现建桥公司经营模式多元化;整合园区内设部门职能,将原有12个部门压缩为9个部门,使内设部门职能更加清晰合理;开展部门负责人竞争上岗,部门与部门工作人员"双向选岗选员"工作,形成良性的内部竞争机制,调动人员的工作主动性和积极性;推行目标责任书制度,结合园区各部门工作职责,对园区年度目标任务逐一进行细化分解并签订目标责任书,明确目标、落实责任,保障各项目标任务全面完成;完善内部管理制度,对财务管理制度、绩效考核制度、员工招聘(辞职)管理制度等12项重点制度进行深入的研究修改和充实完善,使园区运行更加规范化、制度化。

二、发展中存在的问题

一是资金供应难以跟上园区发展需要。受

国家宏观金融环境影响，园区融资工作推进困难。在一定程度上影响了土地征地拆迁、土地供应、重点项目建设等工作，制约了园区快速发展。

二是招商引资难。目前，园区与两江新区、西永微电子园、保税港区等特色园区相比，缺乏明显的政策比较优势。同时，随着两江新区的建设和二环时代的到来，主城各区竞争发展更趋白热化，导致园区招大引资难度加大，项目引进困难。

三、2013 年发展目标

2013 年，园区的总体工作目标是：园区经济总量占全区 GDP 比重 40%以上，实现公司收入 16.1 亿元。

九龙园区

九龙园区管委会 邓朝军

2012 年是九龙园区不平凡的一年。在区委、区政府的正确领导下，九龙园区积极响应“再战九龙西城”号令，着力抓资金、推建设、招项目、促增长，在严峻经济形势下，努力促进项目建设和经济发展，较好地完成了全年工作任务。被重庆市政府评为“工业园区建设十周年先进集体”和“2012 年度市级十强园区”。

一、2012 年经济运行态势

(一)经济指标稳步增长

园区完成工业总产值 539.1 亿元，同比增长 7.6%，完成规模以上工业总产值 221 亿元，完成技工贸收入 854.5 亿元，同比持平，完成全社会固投 64.6 亿元，完成融资 17.48 亿元，全年出让土地 1066 亩。

(二)招商引资成效显著

加大招商引资力度，引进中梁山煤电气总部大楼、万科等 15 个项目，签约资金 129.35 亿元，实际利用外资 6377 万美元。A 区布局珠宝城、城市综合体等高端商贸业，B3 区调整产业规划建设产业新城。

(三)重点项目快速推进

建成陶家生态公园一期、C 区污水处理厂、西城新苑三期等 3 个项目，盘龙城中村安置房完成主体工程，C 区标准厂房完成平基，中央商务区骨干路网启动施工；新启动柳工、悦康等项目。

二、2013 年发展目标

进一步落实“东兴都市、西强工业”战略，深化产城一体思路，强化经营园区理念，推进园区东西“两大片区”布局；紧紧围绕投融资、用地、招商引资、项目建设、做大公司“五大任务”，促进园区经济持续、快速发展。推进举措：一是抓土地利用，支撑园区发展。二是抓招商引资，推进产业转型。三是抓项目建设，促进经济增长。2013 年预计完成工业总产值 580 亿元；规模以上工业总产值预计完成 228 亿元；技工贸收入计划完成 1000 亿元。

重庆西部国际涉农物流加工区

九龙坡重庆现代都市农业科技园区管委会 王康颖

重庆西部国际涉农物流加工区（以下简称园区）于2012年1月被市发改委批准设立；同月，市政府认定园区为“国家级物流枢纽”、“重庆市重点物流园区”。2012年3月，根据九龙坡区委、区政府关于完善九龙西城开发建设管理体制机制的精神，九龙坡重庆现代都市农业科技示范园区管委会（以下简称农业科技园区管委会）和都市农业公司划归高新区管理，高新区管委会于2012年5月组建重庆西部国际涉农物流加工区建设发展有限公司（以下简称西部物流建设公司），承担原农业科技园区管委会、都市农业公司后续工作及园区开发建设任务，实行公司化运作。2012年，西部物流建设公司有序推进了重庆西部国际涉农物流加工区建设，并取得一定成效。

一、2012年发展回顾

园区全年工业产值12.6亿元，销售额12.4亿元；规模以上企业13家，产值8.6亿元；固定资产投资完成20.2亿元。

（一）规划取得新进展

2012年1月，市政府批准重庆市西永组团Aa标准分区（白市驿）控制性详细规划（5.19平方公里部分），园区规划实现“两规合一”。高新区53平方公里拓展区中白市驿片区控规修编工作全面完成并获市政府批准，其中包括高新区交由西部物流建设公司开发的12.68平方公里范围。

（二）征（供）地工作顺利开展

一是完成明品福物流公司生产基地一期、农科院三四五期、五金机电采购中心一期、沁园总部基地等项目2599亩征地工作和明品福物流公司生产基地二期、高峰12社、五金机电采购中心二期等项目729亩预征地工作。二是出让九州国际汽摩城项目BCD区212.6亩（2宗土地）、B-015-72号地块47.85亩、明品福物流公司生产基地一期282.36亩、高新区西永组团Aa分区45-1/01号宗地92.985亩、高新区西永组团Z分区55-3/02号宗地92.118亩共计6宗土地，出让总面积728.303亩，成交总金额7.8亿元。三是通过购买地票和明品福物流公司生产基地二期、110变电站、城投集团等项目共计获得2624.54亩项目用地指标，正在开展城投集团、粮专等项目13宗地共4000余亩用地指标和征地批文申报工作。

（三）项目建设加快进行

一是政府基础设施项目：完工项目3个，累计完成投资0.6亿元；在建项目6个，累计完成投资1.2亿元。正在办理前期手续项目20个，概算投资13.85亿元。二是社会招商（物流）项目：

全年招商引资实际到位资金12.37亿元，五金机电采购中心等12个项目正在开展前期工作，完成投资15.28亿元；在建项目3个，总投资46.20亿元，完成投资12.84亿元；积极协调粮专、油专、商专、农投、公运等5个国有搬迁项目的用地和渝黔铁路的征地拆迁事宜，并签订白市驿保时来物流枢纽项目正式协议。

（四）引资、融资富有成效

招商引资项目共25个，协议引资221.19亿元。千方百计通过多种融资渠道，全年筹融资完成5.9亿元，全力争取上级支持，获得市级政策性资金补助1325万元，确保了各项工作有序运转。

（五）内部管理不断加强

一是完成了西部物流建设公司董事会、经营管理机构和部门设置工作，并制定完善了领导机构决策相关规定和各部门职能及工作人员职责。二是基本建立健全了公司日常工作及各项管理规章制度。三是基本完成了公司人员聘用工作。四是高度重视安全稳定工作,全年未发生重大责任事故。

二、发展中存在的问题

一是基础设施薄弱。作为重庆“三基地四港区”的重要功能板块,园区将着力打造现代商贸物流市场集群,随着园区战略思路的调整,由此对区域基础设施要求更高,但园区现有基础设施条件薄弱,成为制约园区产业发展的瓶颈。

二是资金紧缺。一方面园区发展肩负的区域大型基础设施建设任务十分繁重,资金缺口巨大;另一方面园区开发平台公司尚未纳入市级土地储备平台,且刚成立不久,短期内融资困难。

三是用地指标有待落实。一方面园区二期4.68平方公里范围“两规”尚未覆盖;另一方面粮食集团粮食铁路专用线整体迁建、农投集团冷链物流等项目用地计划指标有待专项落实。

三、2013年发展目标

2013年,重庆西部物流建设公司将加快31个政府类基础设施项目和22个社会投资类项目有序推进,其中市级重点搬迁项目5个,纳入区级重点项目6个,高新区重点项目7个,着力出成绩、出形象,确保固定资产投资24亿元(其中工业固投11亿元),融资额10亿元,招商引资到位资金13.4亿元等目标任务的完成。力争全年实现新增用地计划指标1874亩,新增用地批文3765亩,实施征地拆迁6878亩;新供应出让土地2052亩,为项目的实施提供充足的土地保障。努力推进物流园区西侧4.68平方公里规划指标落实工作,为建成汇集汽摩、农机、机电、建材、粮油、农产品冷链及大宗农副产品交易为一体的“千亿级”现代商贸物流市场集群目标而不懈奋斗。

巴南经济园区

巴南经济园区管委会 王子依

一、2012年发展回顾

重庆巴南经济园区(原重庆花溪工业园区)成立于2002年12月,是重庆市政府批准的省级新型特色工业园区。园区总体规划面积46.36平方公里,由花溪工业园区、金竹工业园区和界石、天明、鹿角拓展区组成。园区坚持以科学发展观为指导,以产城融合为方向,以新兴产业为重点,在传统园区建设的基础上积极向3.0、4.0版园区迈进,实现园区的可持续发展,真正成为地区经济发展的孵化器与助推器。

2012年,园区实现工业总产值462.41亿元,工业增加值135.75亿元,完成固定资产投资51.84亿元,日立化成、上海宝钢、长安铃木、宗申集团、惠科电子、台湾圣美等一大批国内外知名企业向园区聚集,为园区发展注入强劲动力。截止目前,园区已连续9年被评为全市十强工业园区。

(一)市级重点项目强力推进

在区委、区政府的高度重视和坚强带领下,作为市级重点项目的重庆长安铃木二工厂项目实现了跨越式发展。一是完成该项目土地平场约1000亩,如期交地600亩确保该项目厂房、变电站、配套用房建设需要;二是完成鱼珞路改道工程约1250米,实施水、电、气等综合管网搬迁各约1000米,新建管网约1500米,修建25亩的樱花山公园景观绿化工程等相关配套工程;三是建成冲压、焊接联合厂房,涂装、总装厂房已完成基础建设。

(二)招商引资成效显著

一是明确产业定位。结合实际进一步明确了以汽车整车及零部件、车载电子、数码电子等为发展重点的产业定位，理清招商引资工作思路。二是优化招商环境。针对不同类型企业,“量身订制”入驻政策;积极打造配套服务软环境，营造良好宽松投资环境。三是采用“以商招商”、“产业链招商”、“商会招商”等多种方式,先后引进江南.曙光新型都市工业园、宝钢国际、日立化成、北京梣之科、新加坡富裕等一大批国内外知名企业入驻,引资金额达到42.7亿元。

(三)规划工作进展良好

一是积极争取1200亩工业用地指标,确保园区工业项目用地需要;二是整合园区资源,完成约1200亩用地调规工作,为园区下一步发展奠定基础;三是完成金竹组团1.7平方公里控规审批和界石组团9.55平方公里范围的控规审查及报批工作；四是完成天明组团长安铃木扩能项目规划修编工作。

(四)财务融资保障有力

在国家宏观政策收紧、BT项目更加严格、政府融资平台公司贷款十分困难的大环境下,巴南经济园区采取多渠道、多层次并创新融资方式,积极开展融资工作,确保园区“血液”充足。一是通过金融机构等各种渠道筹集园区建设资金13.6亿元，偿还银行贷款本息及中间业务费7.77亿元,还款率达100%;二是积极争取园区土地储备资质；三是正式启动园区企业债券发行工作。

(五)基础设施建设快速推进

一是完成日处理污水2万吨的界石污水处理厂一期工程,消除了界石段花溪河的污染源;二是完成东城大道界石段约4公里建设；三是完成了界石组团海棠110千伏变电站三条输出线路的建设,解决了界石、鹿角、南彭区域长期缺电问题;四是建成总长23公里、投资6000万的走马羊至界石的天然气管道，解决了园区入驻企业用气难问题;五是投资9000万元的鹿角立交已进入最后收尾阶段；六是完成了界石组团电缆沟及开闭所、恒安等企业配电室的建设,有力保障了入驻企业的施工、生产、生活用电;七是启动建设界石组团一期标准厂房2万平方米入驻企业职工宿舍的改建工程。

(六)征地拆迁工作扎实开展

实施有序征地约4000亩,其中天明组团长安铃木二工厂项目正在实施征地2837亩,完成征用天明村1、2、5、6、12、13社约1035亩土地，正在进行天明村14、15、16、17社约1802亩征地工作;取得项目用地1591亩征地批文,并上报市国土局489亩征地报件,等待审批;取得2012年中心城区建设用地指标1004亩,已组件上报市国土局；正在进行项目用地范围内已取得征地批文的A地块的招拍挂工作；启动了四方混凝土公司739亩征地拆迁工作。

二、发展中存在的问题

一是强调工业项目引进同时对生活配套设施建设有所忽略,不注重“产城融合”发展,影响园区可持续发展;二是土地利用率不高,集约节约程度不够,致使单位产出强度不高;融资范围和渠道狭窄,三是融资困难,发展步伐缓慢等。

三、2013年发展目标

2013年是深入贯彻落实党的十八大、市第四次党代会精神的开局之年,是实现“十二五”规划承上启下的关键之年，是为全面建成小康社会奠定坚实基础的重要一年。巴南经济园区将认真贯彻全市工业化大会和市委经济工作会精神,把握“稳中求进”的工作总基调,以提高工业经济增长质量和效益为中心，构建新型工业园区，力争实现工业总产值480亿元，增长10%,完成征地拆迁土地3000亩,引进工业项目20个,新增融资20亿元,促进巴南经济园区的持续健康发展。

西彭铝产业区

西彭铝工业园区管委会 彭川宁

一、2012年发展回顾

2012年，是九龙坡区“再战九龙西城”的重要一年，也是西彭铝产业区全力推进项目建设的一年。在区委、区政府的正确领导下，在区人大、区政协的大力支持和监督下，西彭铝产业区紧紧围绕“再战九龙西城”这一主题，全力打造中国铝加工之都，推进九龙西城建设。

2012年，在国际国内经济形势低迷的情况下，铝产业区各项经济指标平稳上升。从目前发展情况预测，1-12月，完成工业总产值410亿元，同比增长17%；其中不含市级及以上企业完成规上工业产值158亿元；完成工业增加值85亿元，同比增长16%。全社会固定资产投资完成约43亿元，同比增长38%；其中工业固定资产投资完成约22亿元，同比增长22%。

（一）筹措资金有力，为“西城建设”提供资金保障

在国家继续实行稳健的货币政策的大环境下，融资形势异常严峻。为保障资金的投入，西彭铝产业区积极拓宽渠道，采取多种有效措施筹措资金，千方百计筹措资金共计18亿元，偿还银行等到期债务及利息约8亿元，支付征地报件、补偿安置、工程建设等约10亿元。此外，通过多方努力，2012年10月，园区公司注册资本金由2亿元增加到5亿元，并办理国有土地储备证1778亩，进一步提高了融资能力，确保了铝产业区建设发展资金不断链。

（二）项目推进有力，为“西城建设”注入新的活力

2012年，中信戴卡年产1000万件铝合金汽车轮毂、日处理5000吨污水的西彭污水处理厂、天泰铝业二期年产10万吨铝液热直供大板锭等一批重点项目先后建成并投入使用，上海通用汽车西南地区PDC、D81地块5.7万平方米标准厂房、电力实训基地、志成机械摩托车发动机缸头、中铝萨帕5万吨铝合金交通用铝特种型材等一批基础设施和产业项目相继开工建设，森迪安防生态产业园、铝王铝业年产10万吨铝型材及合金制品等一批重点项目有序推进。

（三）招商引资有力，为“西城建设”提供项目支撑

2012年，通过组织参加“渝洽会”、“夏洽会”、中国铝业论坛以及小分队招商等有效途径，新引进了上海通用汽车西南地区PDC、志成机械摩托车发动机缸头、公安驾考中心、纲谐西部国际金属材料物流商城等5个项目，协议引资27.58亿元，其中，上海通用汽车西南地区PDC项目是上海通用在我国西南布局的唯一零部件配送中心，对提升西彭地区的对外影响力具有突出效果。

（四）和谐动迁有力，为“西城建设”提供必要空间

2012年，完成上海通用汽车西南地区PDC、志成机械摩托车发动机杠头等10余个项目的和谐动迁，涉及9个村35个合作社，动迁面积3374亩，拆迁农房822户，安置农转非人员2200余人，为项目建设提供了必要的发展空间。同时，2012年成为铝产业区历年动迁面积最大的一年，并确保了没有出现一例影响地区稳定发展的事件发生。

（五）服务发展有力，为“西城建设”提供优良环境

5月，按照区委、区政府的统一部署，完成市政绿化工作移交区市政园林局统一管理，使市

政园林管理更加专业化，有利于更好地维护整洁美好的园林环境。4月，邀请北京方圆标志认证集团帮助园区建立质量管理体系，并顺利通过ISO9001国际质量管理体系认证，成为全市率先通过该项认证的工业园区。此外，铝产业区还实施了对企业的精细化服务。2月，利用农民工春节返乡的机会，帮助戴卡捷力轮毂公司等企业组织春季招聘会，达成用工意向1500余人，缓解了"用工荒"。此外，还协调西城水务公司、江津供电局、伟盛燃气公司保障企业生产经营的供水、供电、供气需求，保障了企业正常生产需要。

二、2013年发展目标

2013年，发展目标是：投产工业企业实现工业总产值450亿元，同比增长10%；其中规上工业产值完成170亿元，同比增长17%；完成工业增加值95亿元，同比增长12%；完成全社会固投35亿元。

一是把握政策抓机遇。把握银行降息的机遇，引导企业从金融政策中找到资金平衡点。深入贯彻党的十八大精神，有针对性地加大外资引进力度，建设开放型园区。

二是用好平台筹资金。提升园区公司"造血、生血"功能，争取金融、财政等部门大力支持，力争通过银行、债券等多种方式、多渠道筹融资，全年计划融资10亿元以上，确保资金不断链。

三是灵活方式招客商。采取展会招商、以商招商、点对点招商等多种方式，努力引进一批"三高一低"的优质项目，全年计划引资20亿元以上，做大做强产业链。

四是精细服务推项目。对园区每一个项目实行一对一精细化服务，切实保障森迪安防等一批项目加快推进，力争上海通用PDC、铝王铝业、中铝萨帕等3个以上项目基本建成。

白涛化工园区

重庆白涛化工业园区管委会 徐勇

一、2012年发展回顾

2012年，为全面落实市委、市政府《关于加快涪陵区经济社会发展的决定》，白涛园区紧紧围绕区委、区政府实施"城市突破年"的总体部署，认真落实提振实体经济促进经济平稳较快发展的各项政策措施，全力推进项目建设、大力实施招商引资、有力促进了园区建设和发展。

（一）经济运行态势良好

主要指标增长较快。2012年园区规模以上工业企业实现产值55.6亿元，同比增长27.1%；完成固定资产投资40亿元，同比增长12.4%，其中工业投资35亿元，同比增长14.1%；招商引资到位资金26亿元，同比增长19.1%。

新增长点不断涌现。2012年，华峰化工16万吨己二酸、天原化工10万吨氯碱填平补齐项目和4万吨/年甲烷氯化物项目、建峰浩康5000吨醚化蜜胺树脂等相继竣工投产，预计将新增产能25亿元。

招商引资成效显著。2012年新签项目5个，一是重庆嘉惠环保科技公司电子化学品及资源化回收循环利用项目，总投资2亿元，建成后预计产值5亿元。二是重庆华峰化工己二酸二期项目，总投资60亿元，建成后预计产值70亿元。三是建峰浩康5000吨醚化蜜胺树脂项目，总投资4700万元，建成后预计产值6500万元。四是建峰浩康5000吨丙烯酸酯特种橡胶项目，总投资10000万元，该项目是填补国内空白的高科技项目，正在制定国家行业标准，建成后预计产值2.3亿元。五是紫光天原2万吨偶氮二异丁腈项目，总投资1.5亿元，建设后预计产值4亿元。

(二)项目建设进展顺利

2012年是园区项目建设推进年，共有各类建设项目26个，总投资近200亿元。其中：竣工10个，华峰16万吨己二酸项目、天原10万吨氯碱填平补齐项目和4万吨/年甲烷氯化物项目、化危品储罐、园区消防特勤站、潘家坝污水处理厂、横向干道、安置房(一期)、热岛场平工程、江西湾综合市政工程。开工11个，华峰化工己二酸二期、天原化工1.5万吨/年四氯乙烯及其配套锅炉项目、紫光天原年产2万吨偶氮二异丁腈项目、重庆嘉惠环保科技公司电子化学品及资源化回收循环利用项目、建峰浩康5000吨醚化蜜胺树脂项目、天然气配气站、园区公共服务中心、化中大道一期、麻溪河重点河段综合治理工程、一般工业固废处置场、园区主干道绿化工程等。续建项目共4个，热电联产项目，总投资20.5亿元，其中一期投资8亿元，累计完成投资9.3亿元，预计于2013年6月建成投产；聚四氢呋喃项目，总投资28亿元，累计完成投资21.3亿元，预计于2013年6月建成投产；园区保障房一期，总投资3.6亿元，建筑面积12万平方米；园区污水管网工程，总投资3850万元，总长8161米。

(三)规划体系逐步完善

2012年，白涛园区加强了规划修编工作。一是已经完成园区场平竖向规划、道路规划及给排水管网规划；二是基本完成园区总规、白涛集镇规划修编工作，待区政府审批；三是启动了园区产业环评规划和物流规划的编制工作。这些规划为园区土地审批和项目建设提供了依据。

二、发展中存在的问题

(一)要素资源严重制约园区发展

园区化工项目年需天然气10.2亿m3，其中建峰化工需天然气9.5亿m3，华峰化工需天然气0.7亿m3。现已落实9.7亿m3，缺口0.5亿m3(建峰二化)，而实际供应量少于9.7亿m3，造成企业不能满负荷生产。新建成的聚四氢呋喃项目年需天然气2.1亿m3，从6月份起，日需天然气50万m^3。

(二)市场因素直接影响企业生产

一是产品价格大幅下降。天原甲烷氯化物2011年最高价格为7000~8000元/吨，2012年价格为2000元/吨，建峰三聚氰胺2011年最高价格为10200元/吨，2012年价格为8200元/吨，造成建峰三聚氰胺一期停产、三聚氰胺二期也只有45%负荷运行；形成企业产值大幅下降；二是产品滞销，装置停产。由于受宏观经济影响，紫光天原化工硫酸滞销，2011年11月成品库存量8000吨，从2011年12月停产至今。天原氯乙酸、三氯氢硅等装置由于市场原因，从2012年初以来一直停机待产，恢复时间无法确定；三是化医大塚化学由于大塚撤资，双方进行谈判，从2012年3开始停产，2013年1月才恢复生产。

(三)无土地储备影响园区招商

因为白涛园区规划没有法定化，所以一直没有土地储备。项目落户后，在有关部门的支持下，才上报用地计划，企业迟迟办不了土地证，导致无法融资，影响项目建设进度。同时对招商引资工作也造成很大影响。

三、2013年经济发展目标

工作思路：以科学发展观为指导，认真贯彻党的十八大、市第四次党代会精神，紧紧围绕“城市拓展年”工作主题，提振精气神，转作风提效率，强服务促增长，抓项目增后劲，攻招商添力量，重安全保稳定，全面提升园区形象。

发展目标：完成工业产值80亿元；完成固定资产投资30亿元；完成招商引资到位资金20亿元。

按照“竣工一批、开工一批、储备一批”的思路，始终扭住项目不放松。一是竣工收尾弛源化工聚四氢呋喃、园区热电联产、嘉惠环保科技公司电子化学品及资源化回收循环利用、保障房一期、麻溪河治理等5个项目。二是加快建设华峰化工己二酸二期第一套装置、化中大道、园区公共服务中心等3个项目。三是开工建设建峰浩康3000吨/年丙烯酸酯橡胶、白涛江东河段防洪护岸综合整治工程、主干道绿化二期工程、大石溪化危品码头、沿江路改造升级等5个项目；四是抓紧做好20万吨己内酰胺、6万吨聚对苯二甲酸丁二醇酯、环氧氯丙烷、氟化工、聚酰氨系列产品等项目的储备工作。

永川工业园区

永川区经济和信息化委员会 何泽雄

一、2012年发展回顾

2012年，在市特色工业园区建设管理领导小组的关心支持下，在区委、区政府的领导下，重庆永川工业园区以科学发展观为指导，按照稳中求进的总体要求，狠抓基础设施投入，切实保障要素需求，全力加快项目建设，各项工作推进顺利，千亿级特色工业园区成效明显。

（一）园区产业不断壮大

永川工业园区围绕"3+3+1"产业区域布局，着力引进配套项目、拉长产业链，不断壮大产业集群。2012年，园区新引进项目42户，入驻企业累计达到272户，招商引资实际到位资金193亿元；全年完成工业固定资产投资128.8亿元，同比增长12.4%；实现工业总产值421亿元，同比增长27.6%，实现工业增加值135.36亿元，园区工业集中度达到73.76%；实现本级财政收入16.3亿元，被评为十强工业园区，认定为首批重庆市新型工业化产业示范基地（机械制造示范基地）。

（二）基础设施更加完善

凤凰湖工业园兴龙大道跨成渝铁路桥建成通车，永津路C段道路改扩建工程初步竣工，凤龙大道西道路工程、兴龙大道B段道路正加紧建设。完成了港桥园区展览馆、起步区B线道路、新格连接道路及绿化工程，港桥自来水厂和重庆港永川港区朱沱作业区建设进度加快，港桥大道A段、B段（立交）和港桥新城城区道路建设推进有序。"一纵一横"的三教园区1、2号线主干道全线贯通，2号线拓展段及3号线已完成立项工作。全年园区投入基础设施建设资金达39.6亿元。

（三）要素配套满足需求

凤凰湖6.8万平方米电子标准厂房五小区建设基本完成。完成了凤凰湖二号开闭所设计和南部拓展区1区高压线路搬迁工作，凤龙大道西段末端民用变压器及高压线施工进场；启动了港桥起步区110千伏变电站建设，新建开闭所3个、变压器12个、架设输电线2万米；三教110KV变电站建设有序推进。新建港桥天然气专线5000米，新争取用气指标3万立方米/天；三教天然气配气站管网及输管线正加紧建设。全年新征建设用地5788亩，保障了入园企业依法依规用地。

（四）项目建设成效较好

港桥国家"圈区管理"园区已报国家环保部，港桥工业园列入国家循环经济"十二五"规划"十百千"示范工程。全年新开工罗宾斯工程设备、汇东生物（技改）、宗伦机械、汽车曲轴生产等项目26个；新增华科事业群川亿公司、涪龙电子、西胜电子、中建钢构、新格再生铝、特川建材等投产项目18个；航丰汽摩配件、顶赫工具模具钢等6个项目正在进行设备最终调试，即将投入生产；渝西钢铁、攀博金属等6个重点转型升级项目已基本完成，工业园区经济增长亮点纷呈。

（五）园区发展后劲十足

充分发挥三大工业园承接产业转移的主阵地作用，重点围绕"3+3+1"主导产业进行招商，以大公司、大财团、大客商和世界500强为目标，重点招引技术含量高、产业关联度强、财政贡献率大的项目，引进上下游关联产业，打造产业集群。2012年,共引进精通力阳摩托车、中捷数控机床、巨凯机械、标新机械、宇浩静电科技、凌云电子等项目42个,协议引资56亿元,实际到位资金193亿元,有效增添了园区发展后劲。

(六)民生工程促进和谐

加快推进廉租房等到保障性住房建设,凤凰湖廉租房二期、三教廉租房一期工程基本完成,三教廉租房二期工程已完成工程量的60%,港桥限价安置房、公租房、廉租房三期建设有序推进。全年安置拆迁农户638户,安置群众3678人,办理征地农转非6768人,办理城镇职工养老保险5800人。协调解决了2009年以来征地拆迁遗留问题,实现用地手续、补偿、安置和社保"四个基本不欠帐"。同时,组织失地农民开展就业培训,引导进入园区企业务工,增加农民收入,为园区建设发展营造安定和谐的环境。

二、发展中存在的问题

(一)受城市规划制约,工业园区发展空间严重不足

目前,永川工业用地规划区域基本建完,因城市建设规划、土地利用规划影响。预计到2016年,永川工业园区工业用地缺口将达10平方公里左右。

(二)要素配套严重滞后,影响园区承载能力

由于工业园区发展速度快,项目建设进度快,而供电供气等要素配套设施是在达到一定负荷需求时才开始建设,建设进度相对滞后,不能适应发展的需求,严重阻碍项目投产达产。

(三)交通等重要基础设施建设落后,造成物流成本居高不下

由于西三环高速尚未建成,永川与周边区县在产业上配套互动受到制约。成渝高速承载能力有限,中梁山隧道常态化堵车,加之成渝高速公路收费偏高,严重影响了企业物流运载能力,增大了物流运输成本,加长了物流运输周期。

(四)龙头企业带动能力弱,支撑性产业集群尚未形成

入驻园区企业中属行业一流及世界500强的大企业、大项目少,整机装配能力较弱,主导产业缺乏龙头支撑。2012年,工业园区产值上20亿元的大企业仅有1户,产值上10亿元的有10户,产值5亿元至10亿元的企业有13户,规划发展的四大主导产业分别在规上工业中的占比仍不高。

三、2013年发展目标

2013年,永川工业园区建设发展目标任务初步确定为:工业总产值达到500亿元,工业增加值155亿元,实现税收15亿元,完成固定资产投资140亿元。重点抓好以下几方面工作。

一是走园区集聚发展路子。按照都市型工业园区建设模式,加大标准厂房建设投入力度,探索民营资本为主体的工业房地产开发新路子,加快推进公路交通基础设施建设、保障性住房工程建设。以产业集群高度集中,配套能力显著增强,建设用地高度集约为目标,对主导产业的配套小企业,采取"园中园"的模式,按照"打捆入园、统一规划、统一建设、相互配套、拉长链条、形成集群"的原则集中修建,在提高集约用地程度的同时,切实改变我区产业配套能力不足的局面。

二是全方位完善承载平台。按照"骨干路网先行、区域功能配套、逐步拓展建设"的原则,以"七通一平"为基本要求,全面完成兴龙大道、昌东大道、港桥大道、北鼎大道等主干道建设,加快完善塘湾路、特川支线、永铜路等区间道路及支线建设,在园区内形成循环互通的道路交通网络体系。进一步加快重庆港永川港区朱沱作业区建设进度,力争启动成渝铁路改线工程,打造园区立体交通网络。加快推进凤凰湖电镀产业园及配套污水处理设施建设,建成三教工业园污水处理厂,进一步提升园区承载能力。

三是高质量提供要素保障。突出土地征收、电气配套三大重点,以项目征地为主要手段,争取市园区办、配套办和国土部门大力支持,力争新增用地指标6000亩,满足入驻项目用地需求。进一步加大供电供气部门协调配合力度,加

快推进华科、莲花、三教和港桥起步区4座110千伏变电站建设,有序推进输电路线、开闭所等配套设施建设。完成港桥配气站二期和三教配气站及输气管网建设,新建港桥加油站1座。同时,积极协调用电负荷和用气指标,全力保障工业园区企业用电用气需求。

四是多举措促进转型升级。着力实施重点龙头企业培育工程,每个主导产业确定10户龙头企业,围绕龙头企业合理布局相关上下游产业,提高企业集聚度和关联度,培育壮大产业集群。充分发挥"重庆市新型工业化产业示范基地"——机械制造示范基地示范带动作用,进一步加快产业培育力度,促进永川机械制造业加快发展。同时,着力推进现有企业扩能技改工作,促进永川工业经济转型升级。

五是大产业助推园区发展。围绕园区"3+3+1"主导产业布局,开展产业链招商,做大产业集群,做强产业支撑。按照一个项目一套班子原则,全方位抓好项目洽谈、签约、落地建设等各项工作,不断优化服务环境,实现"引得来、留得住,强服务、促发展"的目标,确保招商实效。同时,突出重点项目的招商洽谈工作,注重引进整机装配等总装项目,调优园区产业结构,打响"永川制造"品牌,增强发展后劲。全年力争协议引资100亿元,实际到位资金200亿元。

六是尽全力培育产业支撑。着力开展"工业项目建设推进年"活动,继续推行项目秘书和"保姆式"服务,加快推进华科事业群、西源凸轮轴二期、理文造纸二期、紫光化工环保搬迁一期项目、再生资源"圈区管理"交易市场、创精温锻、汽车飞轮生产基地等续建工程。同时,进一步清理已签约项目,加快推进工商登记和建设手续办理,确保升科、特军等30家企业开工建设。全年力争新增投产企业30户,新增产值50亿元。进一步加大电子信息产业、机械装备制造产业、有色金属回收及压延加工产业和特色轻工产业培育力度,打造百亿级产业集群,为永川工业园区加快发展提供强力支撑。

南川工业园区

南川工业园区管委会 赵萍

一、2012年发展回顾

2012年,南川工业园区按照上级的统一部署,在市级相关部门的指导下,在南川区委、区政府的正确领导下,以加快转型发展、推进新型工业化为动力,在宏观环境出现重大变化,发展和稳定面临双重压力的情况下,不等不靠、迎难而上,着力夯实园区发展载体,为全力打造南川千亿级工业集群打下了坚实基础。

2012年,南川工业园区完成固定资产投资26.5亿元,同比增长42.5%;实现税收1.97亿元,同比增长24.5%;实现工业销售产值52.9亿元,同比增长39.4%;新增衡商电子等10家企业投产;新签约引进入园项目22个,到位资金14.1亿元,同比增长73%。新竣工标准厂房18万平米,累计达到30万平米。

(一)发展质量明显提升

工业固定资产投资同比增长42.5%。工业用地产出强度达到59.3亿元。工业集中度提高到21.8%。投资67亿元的中铝80万吨氧化铝项目全面达标达产,投资50亿元的铝镁合金项目快速推进。20家规上企业纷纷开展节能降耗和技改扩能,促进了现实生产力的提高。

(二)招商引资力度加大

2012年新签约22个工业项目,包括西铝庆丰15万吨镁合金循环经济项目等一批市级重点项目入驻园区。标准厂房出租近6万平方米,17家企业入驻生产。目前,园区正以电子信息、生物医学、仪器仪表、新型材料等为重点,全力跟踪对接物化天宝、中标集团、华硕电脑、中钢集团、化医控股、深圳LED协会等项目。

(三)项目落地实现突破

园区把引进项目落地作为重中之重,千方百计提升各组团的现实生产力,克服不利的经济形势影响,积极争取相关部门和金融机构的支持配合,力促入园企业落地。2012年落地企业完成投资18.52亿元,同比增长27%,威德尔制药、南邦铝业、邦莱赤泥等32个项目陆续落地开工;衡商电子、大忠电子等10家企业相继投产。

(四)投产企业运行平稳

截止目前,三个组团投产企业共68家,大多数企业运行良好,部分入园企业在2012年国际国内经济形势都十分严峻的情况下,积极开展技改扩能,充分开展内部挖潜。中铝投入3.7亿元用于技改,金鑫纸业新上彩印生产线和瓦楞原纸生产线,大忠电子、衡商电子也分别新增了生产线。

(五)基础配套加速推进

三个组团在资金异常困难的情况下,基础建设累计完成投资7.98亿元,同比增长27%。龙岩组团18万平方米的标准厂房按时完工,天燃气管道、供电开闭所正在抓紧施工。水江组团水江大桥全面竣工,安置还房、天燃气管网建设全面推进。南平组团110kv输变电站和天然气配气站建设正抓紧进行。产业规划和环评工作进展良好,以BOT方式建设污水处理厂相关工作取得明显进展。

二、发展中存在的问题

一是资金缺口大。2013年,资金需求将高达20亿元,由于缺乏融资抵押担保,融资额度受限,还款压力十分巨大。二是土地储备少。由于受本区两规调整限制,园区未来发展的空间受限,影响企业引进。三是基础配套弱。三个组团的供水、供气正式管网正在建设,尚不完备,这在一定程度上制约了园区的发展。四是龙头企业少。园区除水江组团有投资67亿元的中铝和投资50亿元的西铝庆丰外,其他两个组团都缺乏龙头企业。

三、2013年发展目标

2013年,南川工业园区将深入贯彻党的十八大精神,全面落实“124”战略部署,以新型工业化为主线,大胆创新、超常开拓,积极对接落实市政府〔2012〕121号文件,加大融资信贷力度,完善配套基础设施,狠抓招商引资和项目落地,着力打造铝镁、电子信息、机械制造加工、医药化工、能源等产业集群,全面加快南川新型工业化发展步伐。三个组团力争完成工业总投资20亿元,力争实现工业产值80亿元;新增投产企业15家,新发展规模企业10户,新增就业2000人以上。

潼南工业园区

潼南工业园区管委会 樊卫平

一、2012年发展回顾

2012年以来,在县委、县政府的领导和各级各部门的支持、配合下,园区始终坚持“新型工业基地发展定位”,以“4+1”产业集群为主攻方向,紧盯600亿工业发展目标不动摇,执行“一园三区”规划,创新模式开展招商引资、千方百计推动征地拆迁安置工作、有序推进园区“七通一平”和基础设施建设,主动帮助企业解决实际困难,通过全体干部职工的共同努力,较好的完成了各项工作任务。

全年完成工业总产值58.9528亿元,完成固定资产投入35.89亿元,实现销售产值51.5159亿元,实现工业增加值18.0742亿元,税收1.4091亿元,利润1.6835亿元;解决就业近6800人;自主招商18.4亿元;新增入园企业15家,开工企业21家，投产企业15家；完成土地征转4280亩；融资到位资金1.88亿元。

（一）产业规划更加科学

2012年，园区充分利用县内资源优势，依托交通干线，经多方论证，在原“一园三区”的基础上对园区规划进行了多次修改完善，完成了南区维尔美小片区、205线以东规划调整，北区及东区整体规划调整；重新修订园区“4+1”主导产业，形成以机械制造、电子信息、精细化工、清洁能源四大产业和以轻纺造纸、现代灯饰、农副产品加工为主的消费品工业产业集群。

（二）基础设施更加完善

认真按照县委、县政府《工业园区2012年项目建设工作任务分解表》要求，以“突出重点、适度超前”的原则。实现南区“一纵五横”、“七纵二横”道路基本贯通；完善了金潼大道及B、C支线绿化、靓化等配套工程；完成江苏华夏集团一期、维尔美二期、电子产业园（一、二、三、四标段）、廉租房及变电站等项目场平工程；建成南区二期标准厂房、园区服务中心；完成了微企园改造、六期安置房十个标段及自来水建设加压站房主体工程；完成三、四期安置房产权办理、三期标准厂房招商及风潼东、西线搬迁、截留干管A、D段、六期安置房附属工程的前期工作，启动205线排水、205线片区综合整治、洗菜溪区及小片区箱涵工程；完成北区H5、Z4等道路路基，X3、H1道路的施工图设计、安置房设计招标及仁豪物流、新远宏制衣地块四标段45万方土石方。完成东区金属表面集中处理污水处理厂及电镀车间标准厂房的初步选址工作，T2道路的路基施工等。

（三）征地拆迁稳妥推进

认真落实县府〔2012〕11号文件精神，按照“依法、依规、灵活处置”的原则和安置公开、公平、公正原则，积极维护和保障拆迁群众利益。南区开展电子产业园、廉租房、翠柏路、绕城路、小片区等项目用地的拆迁安置工作，共拆迁了农户343户942人，其中：拆除困难户31户97人；迁出坟墓100棺；清除地面附着物500余亩。北区统征了铁钉村二、三社，高河村五社及雷伍村五社共4个社，涉及452户1220人；开展了仁豪物流，Z4道路项目1383亩地的用地拆迁，1870亩地的扩征土地的的实物调查与人口摸底；迁出坟墓265棺，清除地面附着物500亩，货币安置140户490人，安置房安置56户163人。东区完成了包括T2道路、金属表面集中加工区、污水处理厂等3个项目约420亩地的用地拆迁，涉及小桥村和垭口村2个村2个社21户57人；迁出坟墓7棺，清除地面附着物36亩，完成了约360亩地的扩征土地的的实物调查与人口摸底。三区共拆迁了560户1652人，支付拆迁资金（含社保）1739.54万元。

（四）招商引资富有成效

紧紧围绕“4+1”主导产业，在“引大、引强、引新、引实”上下功夫，自主引进项目11个，协议投资18.6亿元；与秋虎机械、耀勇减震器等10余家企业达成了意向性投资协议。到广东、成都、重庆等地进行招商，共接洽县内外投资客商500余人次，洽谈项目近80个。积极督促企业建设力度，严格执行工期倒排计划表，促成温氏畜牧、辰宇汽车、捷凯科技等21个项目开工建设，锐升电线电缆、大佛机车部件等15个项目建成投产。

（五）狠抓融资增强活力

2012年，园区完成了金潼公司结构治理和现代农业开发有限公司接手管理，并实施了由维持类向支持类调整。金潼公司实收资本由2.9亿元做实做大到了3.15亿元，资产达到18.6亿元；现代农业公司实收资本由1亿元做实做大到了近4.85亿元，资产达到了34.12亿元，为融资经营创造了条件。累计包装申报了八个贷款融资项目，计划总投资20.89亿元，拟融资15.93亿元，已有七个项目通过贷审会，合计融资12.43亿元，已到位1.88亿元（其中土地复垦1.4亿元，污水处理厂征地拆迁0.38亿元，委托贷款0.1亿元）。

为了保证贷款资金有足额的抵押物，已完成了4280亩土地勘界、可研、评估等手续，并取得了市政府用地批复；办理了房屋产权储备证727.73亩并已在市国土局备案。

(六)四清"工作顺利开展

园区对闲置用地企业进行两次清理，共清理出"占地不用"企业22家，总用地2731.526亩(其中挂牌取得用地1548.526亩，协议用地1183亩)，现已建用地863.3亩，占用地面积的31.6%，在建用地1138.226亩，占41.7%，闲置土地730亩（非法定意义闲置），占用地面积的26.7%。

(七)提高服务强化安商

一是完成了园区工业经济指标的统计报送工作。成功审报并通过规上企业6家。二是建立企业服务台账，通过来人来函、电话、网络、传真、邮件等多种方式提供全方位、立体服务。三是协调解决企业生产、经营过程中遇到的困难：协助中航实业、潼古酒业等5家企业办理土地证件及相关手续；协调解决温氏集团、辰宇、农光等6家企业建设用电用水问题；为双喆玩具、愚吉机械、众联灯巢、凌峰橡塑、利国电气、华轩铝业等12家企业解决在生产经营过程中的问题58起；为双喆玩具的120名工人组织免费的健康体检；协调规划、建设等建管部门为民丰K3、华祥等7家企业的建设报件办证工作。

(八)抓好信访确保安全稳定

切实完善安全稳定工作的制度和措施。不断加强安全生产管理，认真搞好信访工作，全年信访积案化解率100%，处理率100%，累计受理来信来访41件500余人次，其中接访25次，信访案件16件、网络信访信件3件、市级批转信访件4件。开展了矛盾大排查14次，开展了拉网式的"园区开发社会稳定风险评估"，确保了"十八大"期间园区的和谐稳定。深入开展干部大走访活动，全年共公开接访、约访、下访25次，整理报送"企业补偿协议落实慢"、"拆迁等补偿费用支付不及时"等信访建议2件。

二、发展中存在的问题

一是资金严重短缺 工业园区从成立以来一直负债发展，截至目前累计负债15.38亿元，其中银行贷款负债2.58亿元，征地拆迁补偿负债7.16亿元(签订用地协议所有区域范围)，工程及项目前期负债5.64亿元，严重影响征地拆迁、基础设施建设进度和社会稳定。

二是土地指标受限 在国家严格土地管理政策的背景下，土地供给和企业用地需求呈现紧张状态。2012年园区用地指标仅1787亩，整个园区几乎没有储备用地。一些土地虽然在规划区范围(县内批准，不符合两规)，但没有从耕地调整为工业用地，只能看不能用，影响了新进项目的落地。

三是融资渠道受阻 园区用于平衡的综合用地极少，工业用地出让严重倒挂，又没有得到银监认可的平台类公司，从而导致资金瓶颈，一些早已立项的工程不得不暂停。同时，部分企业受贷款条件的限制，流动资金断档，企业迟迟不能全线开工运行；有的企业由于流动资金不足，不得不半开工半停产。

三、2013年发展目标

认真贯彻落实市、县新型工业化会议精神，围绕"新型工业基地"发展定位，按照"引进大企业，建设大项目，实施大配套，构建大平台，实现大发展"的总体工作思路，完善规划，引进项目，搭建平台，促进聚集，优化环境，提高服务，推动园区又好又快发展。

着力培育支柱产业，启动热电联产项目前期工作，集中力量抓好LNG加工厂等落户企业开工建设，重点推进以民丰K3项目为代表的精细化工产业链条延伸，督促龙光、扬明、梅杰等一批电子企业建设进度，力促早建设、早投产、早见效。加快完善园区"七通一平"，尽快启动南区截流干管、北区安置房，建成三期标准厂房和南区污水处理厂、110千伏哨楼变电站及东区金属表面污水处理厂。全年力争引进企业30家，到位资金18亿元，开工企业25家以上，工业固定资产投入25亿元；新投产项目15家，实现工业总产值50亿；全年新增规模企业10家。

铜梁工业园区

铜梁工业园区管委会 叶强

一、2012 年发展回顾

2012 年，铜梁工业园区在铜梁县委、县政府坚强领导下，圆满完成了园区二次创业"一年起好步"的战略目标，为下一步园区提速跨越发展奠定了良好基础。

(一)基本情况

2012 年，新签约项目 69 个，协议引资 160 亿元，完成固定资产投资 100 亿元，工业销售产值 285 亿元，工业增加值 88 亿元，税收 2.2 亿元。

(二)工作成绩

1. 招商引资工作取得新突破。2012 年新签约项目 69 个，协议引资 160 亿元。其中，10 亿元以上的项目有神驰机电、吉力芸峰 2 个，投资 5~10 亿元的项目有渝江压铸、秋田齿轮、胜利工业、川渝精工等 10 个，投资 1~5 亿元的项目有 42 个。

2. 征地拆迁强力推进。2012 年取得用地批文 4406 亩；到位征地拆迁资金 4.24 亿元；完成征地面积 7010 亩，搬迁企业 6 家，拆迁 1008 户；县法院司法强拆 1 户，进入司法程序后自动拆除钉子户 8 户。

3. 基础设施不断完善。2012 年开工建设产业大道、金川大道、龙安路 13.2 公里，实施集中平场土地 4000 亩，开工建设了蒲吕云雾山 110KV 变电站，新建供电线路 25 公里、供水管网 10 公里、供气管网 6 公里、通讯线路 5 公里，启动实施了景观绿化提升工程。

4. 项目建设齐力推进。2012 年开工建设金阿建材、精亿电脑等 59 个工业项目，其中利用闲置土地建设项目有新美鱼博洋等 18 个；新竣工投产项目有重变电器、侨龙机械等 43 个。

(三)主要特点

1.转变招商引资模式，实施大招商。通过整合县投促办和园区招商人员，选派干部到市级部门、国有控股集团挂职，组建以县级主要经济部门牵头的专业招商团，以非经济部门、镇街为主的综合招商团，实行专业招商和集团综合招商相结合，建立了招商引资新体制。通过召开招商恳谈会，县主要领导提前介入、高位对接等新举措，形成了招商引资新态势。

2.转变征地拆迁模式，实施大拆迁。一是建立完善了园区牵头、国土把关、镇街实施、村社参与的园区征地拆迁新机制。二是明确任务，落实责任，将征地拆迁工作纳入相关镇街年度综合目标考核，将拆迁干部和村社干部的工作业绩与拆迁工作经费挂钩。三是国土部门加大土地报批力度，保障了园区建设用地指标；财政、城投加大融资力度，保障了拆迁资金及时到位。四是加大司法强拆力度，对个别蛮不讲理、漫天要价的钉子户，法院等司法部门提前介入司法程序。

3.转变园区开发模式，实施大建设。一是按照新型工业化的要求和生态园区建设标准，高起点、高标准的完成了园区 30 平方公里总体规划修编和 15 平方公里拓展区控制性详规。二是按照基础设施建设先行的要求，完成了园区骨干道路及水电气管网的规划设计工作，开工建设园区骨干道路，拉开了未来五年园区建设的框架。三是变过去因单个企业自行平场土石方平衡难、平场进度缓慢为园区统一规划平场、统一土石方调运，实施了龙兴路南侧、铜合路南侧等六个片区 4000 亩土地平场工程。四是启动了姜家岩、淮远河、拦河堰、蒲吕生活配套区的规划工作，实行园区企业生产生活功能分区、厂住分离。五是完成了县城片区、蒲吕片区24.7万平方米的拆迁安置限价商品房规划设计工作。

4.转变项目供地模式,实行项目集中落地建设。一是按照“先建先供地,后建后供地,不建不供地,供地一次建完”和“先大项目,后一般项目,先电子项目,后其他项目”的供地时序供地;在项目布局上,实行大道布局大项目,同类型项目相对集中布局;在项目供地时,在原项目协议基础上签订项目建设进度协议,确保供地的项目在规定时间内开工建设。二是落实项目建设推进责任制,通过建立项目推进领导小组和项目推进服务工作组,将全部建设项目的开工、竣工时间明确到相关责任领导和责任人。三是以开展“发展环境提升年”活动为契机,各部门下放了8项审批事项给园区,审批要件由135个精简为65个,办件时间由原来的123个工作日精简为22个工作日,使园区项目办证办件程序更优、时间更短、效率更高。四是加大对原已供地项目和企业闲置土地建设力度,督促企业建设和技改扩规。

5.转变园区管理模式,强化队伍建设。一是明确了园区管委会内设机构和职能职责,新增设了规划管理办公室和征地农民服务处;建立健全了工程建设管理等20余项制度和处室综合目标等考核办法;通过召开党政联席会,项目推进等各项专题会,做到了民主决策、办事公开、程序规范。二是加强园区党组织建设,新组建企业党支部15个,为每个支部配备了党建指导员,联系帮扶指导企业开展党建工作。三是创先争优活动取得新成效,园区党委、中联水泥党支部、红蜻蜓鞋业党支部获得县“七一”优秀单位表彰,3人获得县“先进个人”表彰,1人获得市“先进个人”表彰。

二、发展中存在的问题

一是园区生活配套区规划建设滞后,配套服务功能不完善,不能适应企业建设发展需要;二是钉子户等拆迁遗留问题影响了部分项目落地和工程建设进度;三是园区20亿、50亿重特大项目的引进尚未实现突破。

三、2013年发展目标

以科学发展观为指导,深入贯彻落实党的十八大和市第四次党代会精神,坚持承接主城、配套主城、服务主城、融入主城的发展路径,按照“一年起好步、两年打基础、三年大见效、五年大建成”的总体要求,以推进项目建设为主线,以征地拆迁、基础设施建设、环境提升为重点,强化规划管理,着力“招大引强”,实现园区提速上档,为建设千亿级工业园区打下坚实基础。

2013年,计划工业产值350亿元,同比增长43%,工业增加值115亿元,同比增长57%;合同引资200亿元,全年实际到位资金120亿元以上;确保固定资产投资完成130亿元,力争150亿元;实现税收3亿元,同比增长35%。新增规模以上企业20家。

(一)努力实现招商引资新突破

继续坚持和完善专业招商、集团招商、挂职招商、以商招商相结合的招商模式。紧紧围绕装备制造、电子信息、新型材料三大主导产业,组建招商引资攻坚团队,瞄准20亿级、50亿级重大骨干项目、龙头企业,实现重特大项目引进的新突破。

(二)全力抓好征地拆迁

进一步完善园区牵头、国土把关、镇街实施、村社参与的征地拆迁机制,继续推行大规模成片整社征地拆迁。进一步落实征地拆迁责任制,健全完善考核奖惩机制,对大面积征地拆迁和“拔钉”工作分别实行奖惩;通过司法强拆、违章建筑拆除、两河环境治理、加大职能部门执法等多种措施,促进“拔钉”工作,以确保一批重大项目和重大工程的按时顺利进场建设。

(三)全面实施基础设施建设

完成金川大道、龙安路、产业大道全长13.2公里的三条大道的主体工程建设;建成110KV变电站;新建供电线路供水管网、天然气管道各15.2公里;完成园区绿化景观提升工程;完成土地集中统一平场4000亩以上;开工建设限价商品房24.7万平方米;完成姜家岩、淮远河、拦河堰、蒲吕生活配套区的规划,启动生活配套区的建设,提高生活配套区建设品质,实施职工住宅、商业公共设施建设与工业用地分离,保障生活配套区建设用地,开工建设职工生活配套用房及公共设施10万平方米以上。

(四)强力推进项目落地建设

推进项目落地建设是园区2013年的中心工作。继续成立项目推进领导小组和项目推进工作服务组,明确项目责任人,落实项目责任制,实行项目推进"倒计时"工作机制,制定"项目推进责任时间表",对项目拆迁、平场、规划方案及审核、建设手续办理、主体工程开工、竣工投产等各个环节明确完成时间和责任人,确保项目按计划顺利建设。继续推进存量土地清理工作,加强闲置土地利用。

大足工业园区

大足工业园区管委会 张传友

2012年,工业园区在区委、区政府的正确领导下,以邓小平理论、"三个代表"重要思想、科学发展为指导,深入学习贯彻落实党的"十八大"、市第四次党代会、区第一次党代会精神,紧紧围绕区委、区政府提出的"156"发展战略,全面推进园区各项建设,顺利完成了各项目标任务,取得了较好成绩。被市政府办公厅评为全市标准厂房建设优秀园区,被市知识产权局评为全市首批市级知识产权示范园区和知识产权工作先进集体。全年引进29户企业入驻园区,30个重点项目建成投产,完成10余公里道路建设和7.8万平方米标准厂房建设,实现工业总产值280亿元。

一、基础设施建设完善

近几年,园区建设规模不断发展壮大,龙水园区建成面积达6平方公里,在建1平方公里,完成场平整治9000余亩,投入基础设施建设资金30余亿元。2012年,园区多方筹集建设资金完成10公里道路路面、人行道及绿化等,铺设沥青砼58500平方米、安砌青石人行道板69300平方米、安装各种管网20余公里、栽植各种米径树木4721株、完成三期标准化厂房2.35万平方米、完成模具城项目一期工程5.5万平方米。目前,园区已建成区基础设施基本完善,承载力显著增强。

产值规模不断发展壮大。全年入驻园区企业实现工业总产值280.1亿元,同比增长41%;实现工业增加值70.8亿元,同比增长32%;主营业务收入274.5亿元,同比增长41%;利润17亿元,同比增长25%;出口交货值3.9亿元,同比增长26%;税金5亿元,同比增长25%,增幅较明显。在已投产的180户企业中,规模以上企业达136户。

二、产业集聚效应凸显

通过园区不断的发展,2012年,园区产业集聚效应已明显凸显:

五金制品及汽摩配件产业不断壮大。以刀具集团、翔锋工具、利锋五金、杰利来、国恩工贸、凯罗尔、平顺机械等项目的投产,形成了集日用五金、建筑五金、工具五金、模具、汽摩配件等门类较为齐全的五金及汽摩配件产业。

五金材料及再生资源循环利用产业集聚度不断提高。以鑫业船锚、通达铁路技改项目、红蝶锶盐和联航金属、正大金属等一批新项目的建设,培育以废旧金属回收、复合冶炼、锶矿焙烧和精深加工的稀有金属和再生金属产业群,形成集回收、冶炼、压延加工、精密加工等较为完整的产业链,进而成为重庆市重要的再生金属制品和稀有金属材料生产基地。

农用机械产业初具雏形。以奇骏50万台微

耕机、田坡机械制造有限公司为龙头的百亿级农用机械产业初具雏形。

百亿级家居产业快速推进。已成功签约重庆木门协会企业17户，此外，对重庆厨柜协会、重庆家具协会下属的38户企业已完成逐一考察，正式合同待签订，占地1800余亩，合同投资额66亿元，设计年产值150亿元，目前，正在开展征地拆迁工作，正快速推进百亿级家居产业园的建设。

2012年，共引进项目29户，占地1000余亩，合同投资额32.6亿元，设计年产值80亿元。其中投资2亿元以上、产值5亿元以上项目5个，投资5000万元以上项目22个。全年，在建项目51个，已有重庆独龙五金制造股份有限公司、大足富通特殊钢有限公司、大足杰鑫五金科技有限公司、重庆星曜贸易有限公司等30个建设项目相继投产，可实现年产值20亿元。

三、园区建设良性发展

2012年是园区建设发展稳定的一年，园区建设进入良性发展阶段。

加强对征地拆迁工作的领导和力度，确保社会稳定。一是积极支持配合龙水镇开展征地拆迁工作，园区专门成立了征地拆迁工作领导小组，主要领导亲自挂帅，抽调专人负责协调处理园区征地拆迁工作；二是加大征地拆迁力度，多方筹措资金及时支付安置补偿及社保等资金，全年共征用土地2100余亩，涉及400余户，已拆迁216户。三是加快安置房建设，确保社会稳定。目前，已开工建设农民安置还房41.65万平方米，已累计建成约33万平方米，已安置953户。通过以上几个措施，园区范围内未发生上市进京上访事件发生，保证了鑫业船舶、电镀酸洗园、通达铁路等一批园区重大新建项目的顺利建设，在促进园区地方安全稳定，保障园区经济快速发展等方面具有重要意义。

园区资产步入良性循环发展阶段。园区公司注册资本金2亿元，公司总资产达24亿(是园区成立时的22倍)，总负债7.5亿元，净资产16.5亿元，资产负债率31%，资产负债率较低，全年融资2亿元，使园区资产步入良性循环发展阶段。

璧山工业园区

璧山县政府办公室　陈荣花

一、2012年发展回顾

2012年，这一年，璧山工业总产值超过千亿元大关，成为全市第五个跨入"千亿工业俱乐部"的区县。璧山工业园区作为推动全县经济转型升级的"主战场"，狠抓环境建设、投产见效和"深度服务"，发挥"强力引擎"作用，形成了电子信息、装备制造、医药食品三大产业集群，充分激活了产业自我集聚、链式发展的内生动力，工业园区完成工业产值703亿元，全年完成工业产值703亿元，同比增长65.38%，约占全县工业经济的70%，其中规上企业工业产值完成446亿元，同比增长51.3%；工业投资完成120.7亿元，同比增长69.17%。园区被国家工信部命名为"国家新型工业化产业示范基地"，被重庆市人民政府授予"重庆市十强工业园区"，"重庆市十佳特色工业园区"、"重庆新型工业化产业示范基地"、"重庆市园林式工业园区"等荣誉称号。

(一)融资工作跃上新台阶

两山公司总资产达160亿元，同比增加25亿元，落实建行微电园拓展区展运一期贷款3.95亿、农发行璧山县新胜片区基础设施建设(一期)项目建设4.7亿、进出口银行重庆台商工业园一期基础设施建设3.9亿，出让土地718.36亩，土地出让金为21.2亿元。

(二)基础配套设施强力推进

按照“深绿城市”定位,坚持“环境就是资源,就是资本,就是生产力”的理念,坚持“高调的森林,低调的建筑”,走“产城融合”之路,不遗余力打造园区环境。2012年,完成银山路、东林大道、工业大道东段等绿化工程30万平方米,工业大道、铜山路等12.3公里道路建设,工业大桥和两叉河大桥2座桥梁,污水处理厂一期主体工程,铺设各类管线20公里以上。为120家企业导入“CI”、“3R”,建成75万平方米标准厂房。

(三)招商引资成效显著

共引进项目94个,招商引资工作步入良性轨道。成功签约笔电配套企业79家,累计达180家,超过全市的1/4,其中有35家行业排名全球前三;180家笔电配套企业总投资230亿元,全部投产后可实现产值706亿元。新引进世界500强企业大茂伟世通等非笔电配套企业15家,总投资24.3亿元,建成投产后可实现产值46.6亿元。

(四)项目落地建设“全面开花”

笔电配套企业新开工12家,已有展运公司、精元公司等累计93家实现投产。新开工建设包括大茂伟世通等54家非IT配套企业,其中已实现中国嘉陵集团等30家非IT项目投产。

(五)保障性住房建设顺利推进。一是30万平方米公租房及配建廉租房建设情况。目前,观音塘公租房(6.9万平方米)、塘坊公租房(16.5万平方米)均已完成主体工程,清明公租房(7.8万平方米)完成主体工程的80%,虎峰公租房(3.8万平方米)已建成。二是定向经济适用房建设。两山秀苑经适房(10.6万平方米)已完成主体工程。

(六)投资环境进一步优化

一是对园区基础设施建设手续办理开辟“绿色通道”,每周三下午对工业园区内企业建设手续实行并联审批。二是实行全程代办制,工业园区内企业建设等手续由工业园区管委会落实专人代办。三是建立重点企业、重点项目专人联系制,落实领导和专门工作人员,采取定点联系方式,为企业做好全方位、全过程的跟踪服务。四是实行发展环境投诉制,凡涉及企业和工业园区建设发展工作,县各单位都必须全力支持和配合,迅速办理落实。

二、发展中存在的问题

一是随着大量工业企业快速入驻璧山,能源保障缺口大;二是工业经济骨干项目支撑不足;三是土地利用规划不能满足发展需要,导致目前引进来的企业没有土地空间落地布局。

三、2013年发展目标

(一)力争完成工业产值1000亿元

完善基础设施建设,完成15公里道路,污水处理厂一期工程建成投用,快速推进主次干道和企业绿化,新增绿地面积30万平方米,统一规范入园企业标识标牌和厂房外观。

(二)做好要素保障,实现产业集群发展

完成征地拆迁3000亩,建成区面积超过12平方公里。累计建成投用标准厂房105万平方米。全面完成31.2万平方米观音塘、塘坊、清明公租房及配建廉租房和10.6万平方米两山秀苑定向经济适用房,改善园区拆迁群众居住环境。两山建设公司、两山开发公司总资产规模达到200亿元,完成融资10亿元。

(三)做强做大微电园拓展区和台商工业园

加大招商引资力度,促进产业上档升级,新引进50亿级企业1家,20亿级企业3家,10亿级企业10家,台资企业19家,重庆台商工业园入驻总量达到70家;引进笔电配套企业数量占全市1/4。新开工30家笔电配套企业,笔电配套企业累计实现投产110家;实现30个非笔电配套企业投产见效。形成“投产见效一批、开工建设一批、谋划储备一批”的良性发展机制。

丰都工业园区

丰都工业园区管委会 范明贵

一、2012 年发展回顾

2012 年，在县委、县政府的领导下，丰都工业园区全面贯彻党的十八大、市第四次党代会、市推进新型工业化大会、县第十三次党代会精神，以构筑三峡库区工业重镇为目标，以整体规划、基础设施建设、资金筹措、征地拆迁、招商引资、产业发展、环境优化、安全稳定、队伍建设等九大重点工作为抓手，强力推进园区建设，取得了较好成效。

(一)整体规划全面完成

编制完成了高(家镇)兴(义镇)工业核心区、红岩工业集聚区、社坛工业集聚区、江池工业集聚区和轻纺产业园共 5 个规划，“一区五园”规划控制良好，园区规划面积达到 40 平方公里，为园区科学发展奠定了坚实基础。

(二)基础设施建设加快

消防站、建材码头、化工码头、科技孵化楼主体、污水处理厂、曹溪隧洞、B09 地块平场、候车亭、10KV 丰天线、安置房小区道路等基础设施项目竣工，科技孵化楼装修、拓展区主干道、曹溪回填、中小企业园隧洞工程等项目快速推进，园区发展平台日臻完善。

(三)资金筹措成效显著

筹措资金 8.4 亿元用于还债和园区建设。成功向重庆银行融资 7000 万元、三峡银行贴现贷款 1 亿元、重庆智玺稳股权投资中心联合发行基金 1 亿元，全面完成恒丰银行 1 亿元、二期承接地 5 亿元融资资料，东拓展区主干道项目、梨子坪水库项目农商行已同意融资 1.23 亿元、1.8 亿元，出让 2 宗综合用地。金穗公司更名为丰敦公司并组建团队正常运行，被市国土房管局确定为土地储备机构。

(四)征地拆迁正常推进

完成差别化纤维项目新征土地 3600 亩，水天坪东拓展区征地调查 414 户，争取市国土房管局下达用地指标 2028 亩，化工园一期安置房、建材园一期安置房分配入住，水天坪二期安置房即将分房，创业园安置房建成 1 万平方米，3 万平方米三期安置房全面启动，有效处理各种征地历史问题。

(五)园区招商成果丰硕

全年共接待客商考察 90 多次，引进投资 30.1 亿元的光电产业项目、投资 10 亿元的创意产业和房地产项目，以及食品包装项目、烽峦科技项目、利牌服装项目、涪丰石高速服务扩展中心项目等 10 个，合同投资 77.89 亿元，另投资 12 亿元的 20 万吨油库项目、投资 25 亿元的 MMA 和 PMMA 项目已确定落户园区，标准厂房招商进一步推进。

(六)产业发展情况较好

全年竣工投产金籁电子等 8 个项目，新开工建设携港楼宇工业园等 9 个项目。东方希望水泥建成 CDE 线并增加 CD 线生产，紫光化工 5 万吨蛋氨酸项目全面建成，恒都肉牛精深加工项目基本建成，携港楼宇工业园年内可完成 10 万平方米标准厂房，华美轻工产业园启动建设，落实差别化纤维原料基地 70 万亩，园区产业初具雏形。2012 年实现工业总产值 67 亿元，上缴税收 11500 万元，完成固定资产投资 20 亿元，分别增长 51%、145%、25%。

(七)服务企业高效快捷

召开 3 次入园企业专场招聘会，共招工 1000 余人；召开现场办公会 10 余次，园企恳谈会 8 次，解决企业用水、用电、交通、手续办理等实际问题 120 余个；投资近 300 万元接管廉租房解决企业职工住房180套；协调县纪委开展“企业评部门、部门评企业”活动；添置市政设备，园区市政服务水平进一步得到提高。

（八）安全稳定常抓不懈

配备完善独立安监机构，落实专职人员4名，建立安全生产日巡查、月检查和安全工作例会制，层层签订目标责任书，实行风险抵押，开展安全专题宣传12次，全年安全生产“零”事故；召开信访稳定现场协调会23次，多次有效化解堵工、堵路、堵厂等群体事件，定时开展与群众对话活动，未出现进京到市上访，及时开展制止园区规划区违法建设，园区安全稳定形势可控。

二、发展中存在的问题

（一）园区建设资金短缺

由于县级财力紧张，园区可供建设资金不足，园区建设主要靠银行贷款，现在已逐渐进入债务偿还高峰期，目前园区正处于加速发展阶段，建设资金需求相当大，资金缺口明显。

（二）信访稳定不容乐观

农民对征地补偿期望值高，三峡移民问题波及园区，加之全国征地新政策即将出台，尤其新增人口、工程建设资金等问题极易引起信访群体事件，园区信访稳定不容松懈。

（三）科学发展压力巨大

按照十八大的新要求和上级考核新体系，在集群发展、生态环保、质量效益三个方面都存在差距，园区科学发展任重道远。

三、2013年发展目标

2013年是全面建成小康社会的开局之年，是丰都一高一快贯通之年，是丰都工业园区建设和发展全面发力的一年。丰都工业园区将以党的十八大精神为指导，按照县委、县政府“发展为要、民生为重、稳定为基”的工作思路，定位为“项目建设和企业服务年”，以推动“观念更新、资金筹措、项目建设、新区开发、征地拆迁、基础设施建设、企业服务、招商引资、安全稳定、队伍建设”十个方面迈上新台阶为载体，全面部署47个重点项目，大力推进园区建设，加快建设三峡库区千亿工业重镇，有效推进丰都工业新型化。主要目标是：筹资10亿元，快速推进园区30个项目建设，新征土地2000亩，新修园区路网20公里，完成固定资产投资35亿元，推动水天坪园区向东拓展2平方公里。招商引资力争实现合同引资30亿元，实际到位10亿元，新开工工业项目8个、竣工8个，实现工业总产值80亿元。

垫江工业园区

垫江工业园区管委会 李萍

一、2012年发展回顾

2012年，园区预计实现工业总产值90亿元，其中县城组团达到75亿元，同比增长77%；实现工业增加值27.9亿元，同比增长77%，实现利税总额6亿元；固定资产投资34.5亿元，全年累计签约项目26个，协议金额50.6亿元，其中已开工建设项目13个，累计入园企业达74户，投产32户。

（一）规划环评工作取得较大进展

一是园区砚台组团4平方公里控制性详规、园区城北组团2.3平方公里控制性详规通过县政府审批；二是按照市园区办、市国土局要求，完成了园区拓展区审核上报的相关资料、图件，园区拓展区范围内符合土地利用规划的8.3平方公里拓展区域已上报国土资源部、国家发改委；三是编制完成了园区循环化改造工作方案，相关资料已上报市发改委，为园区下一步循环化改造、节能减排明确了工作思路；四是园区加工贸易梯度转移承接地二期1943亩建设范围通过市园区领导小组批准，编制完成承接地二期建设项目可研报告，完成了承接地二期地质灾害危险性评估、压覆矿产资源调查、环境影响评价等相关工作，承接地二期建设工作有序推进；五是编制完成园区砚台组团、县城组团二期、高安组团、城北组团环境影响评价报告，并通过市环保局审批；六是按照市特色园区规划建设领导小组批准的园区规划控制范围，配合县国土局、有关乡镇，及时收集整理园区土地利用规划、加工贸易梯度转移承接地用地规划、入园企业项目用地情况等相关资料，确保工业园区23.8平方公里土地利用规划修编工作的顺利进行。

（二）基础设施建设快速推进

一是道路建设方面。完成了澄溪组团220亩范围内支干道路建设350米。二是场地平整方面。完成了园区354亩场地平整土石方50万立方米以及园区县城组团354亩、砚台组团100亩、高安组团50亩范围内339户农户搬迁补偿及附属物、构筑物的清场。三是管网建设，完成了园区县城组团B2线道路电缆沟、电力线路等配电设施规划设计；澄溪组团220亩范围内实现了排水管网铺设500米、供水主管道2500米、电力主干线1500米的建设。四是园区水、电、气建设，完善了标准厂房配电、供水等附属设施配套；文毕安置点、园区工业污水处理厂规划设计、施工图审查等前期相关工作，已进入公开招投标程序，有望12月底开工。五是园区绿化美化，大力组织实施绿化美化工程（沿AA3线和标准化厂房片区2000平方米），铺装C1、C4线道路人行地砖6600平方米。

（三）全力牵头做好园区融资工作

园区按照市上的统一部署，全力推进园区加工贸易梯度转移承接地二期融资工作，组织渝垫公司及县级相关部门完成了承接地贷款的可研报告、承接地四至范围审批等相关的申报资料，园区二期项目基础设施建设与重庆建工集团已达成初步的框架协议。

（四）企业服务工作取得较好效果

为了快速推进入园企业建设，园区针对企业的需要，不定时牵头召开县级相关部门协调会，及时解决企业建设、生产中的相关问题。园区全程代理入园企业的土地招拍挂、规划建设、水电气、财税、金融等方面的手续，全方位服务。同时，建立项目建设管理制度，规范服务流程，做到项目服务工作精细化管理。企业反映较满意，取得明显效果。

（五）园区企业安全监管落实到位

园区管委会按照市县要求，在人手少、任务重的情况下，已完成园区安全监管和环境保护工作目标任务，进一步完善了工作制度，强化了安全生产基础工作，建立了园区企业监管基础台帐，落实了企业安全生产主体责任，规范了园区安全生产监管工作。“一园四区”环保应急预案已通过评审备案，启动了园区环境风险防范体系规划编制工作。认真开展安全生产监管，定时不定时到企业检查督促安全生产，并先后牵头组织安监局、质监局和建委等部门，对园区企业施工建设、生产经营、特种器材等方面进行了检查，指出了存在的问题和隐患，提出了整改意见，督促落实。全年未发生一起安全责任事故。

二、发展中存在的问题

用地指标紧缺，土地储备不足，园区道路、管网等基础设施建设滞后，园区已签约的项目迟迟不能落地；园区依然存在融资难，融资渠道少，加工贸易梯度转移承接地二期融资面临诸多方面的问题；园区安置房建设严重滞后，拆迁工作阻力较大影响园区建设进程；受多方面条件的制约，园区招商引资工作引进大企业、大集团较困难。

三、2013年发展目标

2013年，园区工业总产值达到120亿元，同比增长33.3%，固定资产投资40亿元，利税8亿元；力争招商引资签约项目30个，协议金额70亿元。

一是继续夯实园区大平台建设。园区开发面积扩大1平方公里，加快与重庆建工集团的合作步伐，推进园区加工贸易梯度转移承接地二期项目建设，力争标准化厂房建成50000平方米，加快实施园区“一园四区”发展规划。

二是着力发展重点产业。做大做强汽车零部件及总成为主的机械加工产业集群，形成100亿级以上产能；稳步发展天然气化工产业，形成30亿级产能；进一步壮大生物医药产业，形成50亿级产能；电子信息产业发展取得新的突破。

三是积极扶持重点企业。进一步壮大捷力轮毂、汉华机械零部件等机械加工类企业规模，吸引相应汽车零部件配套企业的入驻；培育天圣药业、富源化工等为代表的医药化工类企业继续发展壮大，发挥龙头企业带动效应。

四是强力推进招商引资。继续实施“跟随战略”和“配套策略”，围绕优势产业和战略性新兴产业，以延长产业链、发展壮大主导产业为目标，全方位、宽领域、多渠道招商引资。

五是进一步协调相关部门加快园区安置房建设，确保园区建设的顺利进行，维护园区稳定。

六是狠抓园区安全生产监管。认真开展大宣教、大执法、大排查、大整治活动，落实监管责任，进一步夯实园区安全生产基础工作，明确企业安全生产的责任主体，督促企业增强安全意识，完善安全措施，继续保持园区安全生产良好态势。

忠县工业园区

忠县工业园区管委会 邹 勇

一、2012年发展回顾

2012年忠县工业园区大力实施“工业强县、民营富县”战略，以加快基础设施建设、有效服务项目落地、促进产业加速集聚转型、创新管理举措等工作为抓手，强力推进县域工业发展大平台建设，工业园区面貌发生了显著变化，园区经济保持了平稳较快的发展态势。预计全年工业园区将完成固定资产投资15亿元，实现园区工业产值84亿元，利税5亿元，工业增加值25亿元，新增劳动力用工3000人，同比分别增长80%、65%、67%、67%、30%。

（一）规划编制扎实推进

一是编制完成了《重庆沿江万亿工业走廊忠县段规划研究》送审稿，总体规划面积65平方公里，园区工业净用地30平方公里、商住用地近期规划1.5平方公里，按照“产城融合、园城互动”发展理念，并着手商住用地的详细规划，以实现园区良性发展。二是正着手编制《园区产业发规划》，重点发展新型建材、装备制造、农副产品加工、能源化医四个百亿集群产业及轻纺服装、电子信息等特色产业集群。三是全面完成了忠县工业园区各组团区块面积确认和拐点坐标系核查工作。四是编制完成了《忠县移民生态工业园总体规划》，并报经市经信委、市移民局批准同意。

（二）基础建设全面提速

1.水、电、气、道路及管网等配套项目整体推进

供水方面。日供水500吨临时水厂于9月底建成供水，已能满足入驻企业和移民生态工业园基础设施项目建设用水。日产4.5万吨永久性供水一期工程（日供水4500吨），已申报纳入三峡后续项目，并与重庆水投集团达成投资共识，拟于年底前开工，计划2013年10底以前竣工投入使用。

供电方面。园区临时供电工程已经完工，一期10千伏双回专线即将开工建设，力争2013年4月底投入营运。同时，为确保园区长远发展用电需求，已将乌杨35KV变电站改扩建工程（升级为110KV变电站）纳入市电力公司2013年投资计划。

天然气供应方面。年供气能力达2亿立方米的新乌(新生镇至四方碑至乌杨将军村)天然气管线已完成投资300万元。陆上部分新生段7.5公里的管线施工放线及青苗补偿工作已完成,9月下旬已开始沟槽开挖，即将开始管线焊接施工；过江管道水下地形测量全面完成并正式进入水下地质钻探勘察,预计2013年6底前可实现工业园区全面供气。

道路及管网方面。全面完成移民生态园已经平场的690亩征地红线范围内的雨污管道铺设工作,预计12月底前全面完成支N1、支N2、主三路硬化,以满足入园企业正常建设通行。移民生态园至船舶码头连接道路已开工建设,预计年底完成路基工程。园区30米宽2.94公里骨干道路(主一路)近期将开工建设,力争春节前完成主干道路土石方工程。

2.安置房、公租房、标准厂房建设全面开工

为尽快解决拆迁居民入住新居，结合园区“商住配套服务”，强力推进拆迁安置房、公租房、标准厂房建设。15万平方米安置房(其中船舶园安置房1.7万平方米、移民生态园安置房13.4万平方米）及3万平方米公租房将于近期陆续开工建设,5.5万平方米标准厂房已开工建设,力争春节前完成主体工程,2013年6月底前招商企业入驻。

(三)土地征收取得实效

1.土地指标及报件。一是已获取移民生态园一期用地批文1378.18亩用地批文。二是获取用地指标1500亩(含314亩移民用地指标),其中：星博化工搬迁项目拟选址314亩、海螺二期3、4线92亩,中海油项目225亩、骨干道路294亩、园区商住用地575亩。

2.土地征收与出让。累计投资1.8亿元,完成土地征收2108.8亩,拆迁房屋19076平方米,安置586人。并积极配合国土部门及时启动了部分招商引资项目所用地块的土地“招、拍、挂”工作,较好地解决了3万吨改性沥青、30万吨沥青搅拌站、重庆好康运动健身器材、年产30万吨碳酸钙复合纸、佳鼎洗煤、LNG液化气等一批重大工业项目的用地难题。同时,为满足中海油10万吨成品油库、海螺二期三线、天然气配气站、移民生态园污水处理厂等项目建设用地需求,正着手相关用地(387亩)土地征收工作。

(四)重点项目建设推进有序

1.重庆海螺二期3、4线项目。一是9月初已获取市环保局关于海螺二期城市生活垃圾处置环保一体化项目的行政批文，目前正按照市发改委项目核准要求完善相关资料,力争11月底获取海螺公司综合处理三峡库区生活垃圾环保一体化项目核准批复。二是已完成92亩土地报件相关资料并获取市国土局土地指标，正着手土地征收工作。三是所需后备矿源2亿吨所涉及的矿山安全及卫生防护间距内的房屋拆迁已全部实施完毕。四是配合二期3线场平所需的便道工程已于8月中旬实施完毕，能满足重庆海螺公司三线场平断道施工需要。五是永久性复建路(星博化工环保技改扩能搬迁项目)已完成方案评审、地质勘查、施工图设计等前期工作,正着手开工前的准备工作。

2.重庆五明科技年产30万吨碳酸钙复合纸项目。该项目已完成项目注册登记工作,业主单位已组建班子进驻忠县，目前正全力以赴开展项目开工建设的前期工作。

3.恒达3万吨改性沥青储运项目。已完成场平、围墙、道路、消防池、灌体焊接、办公楼等基础工程,并同期完成盛水试压测试,目前正着手投产前的准备工作。

4.佳鼎120万吨洗选煤项目。项目选址和土地调规工作基本完成。该项目于7月29日进场开工,目前已全面完成场平工程,即将进行厂房及配套设施施工建设，预计工期10个月,2013年4月可试产。

(五)招商引资劲头强势

全年正式签约项目2个,新入园企业2个,签约引资13亿,实际到位资金4.8亿元,其中重庆好康运动健身器材、年产30万吨碳酸钙复合纸项目相继开工建设。在谈项目28个,协议引资40亿。意向项目32个,意向引资35亿元。

(六)安稳工作扎实开展

抓好矛盾纠纷排查化解，加强政策宣传和舆论引导，建立健全了园区信访、突发事件的处置等相关制度，及时解决各种遗留问题和群众合理诉求，尤其是对“康明珍老人意外死亡事件”、“沙浪嘎诈骗事件”、“海螺讨薪阻工事件”等问题进行了及时妥善处理，全力维护了园区所涉乡镇一方的稳定大局。同时，加强在建项目安全监管，凡是园区建设项目安全生产均实行业主方、监理方、施工方、县建设安全管理单位(安管站)四方共商共管工作机制，确保园区安全生产万无一失。

(七)自身建设不断加强

我办始终以“创新、创优”思想为导向，以项目建设“提质、提速”为目的，务实推进园区各项工作。2012 年 7 月办主要领导被市委评为“创先争优优秀共产党员”，2012 年 8 月园区被重庆市人民政府评为“工业园区建设十周年先进集体”

二、发展中存在的问题

一是园区规划水平相对滞后。土地利用规划、城市发展规划、产业发展规划没有真正做到“三规合一”，影响了园区持续发展的后劲。二是资金缺口巨大。既影响了园区建设的进度，同时制约了签约项目的顺利入园。三是征地工作推进困难。由于受房屋价格、周边区县征地拆迁政策等诸多因素影响，加之土地指标紧缺且部分土地不符合土地利用总体规划，征地拆迁难度极大。四是体制机制有待完善，园区管理职权受到多方制约，影响管理的积极性和服务效率。五是信访维稳压力大。被拆迁居民以土地补偿费标准太低等诸多无理诉求为由，多次阻工并上访，加之个别入园企业因拖欠民工工资、非法融资等事宜引发多次群体集访事件，我办耗费较多的人财力处理信访事宜，严重阻碍园区建设正常推进。

三、2013 年发展目标

(一)抓规划设计，科学指导园区发展

坚持以规划为龙头，进一步优化园区规划，尽快完成相关园区控规，科学指导园区发展。以土地利用规划、城市发展规划、产业发展规划“三规合一”为引领，园区统一规划、统一建设、统一管理，在同一区域内力求做到规划永恒、建设永恒，实现区域经济集约、高效、协调发展。一是积极配合县国土、县规划等相关职能部门及中介机构，全面完成《重庆沿江万亿工业走廊忠县段规划研究》编制工作，完成忠县工业园区工业净用地 30 平方公里、商住服务详细规划并报县政府审批通过；二是完成以新型建材、装备制造、农副产品加工、能源化医四个百亿集群产业及轻纺服装、电子信息等特色产业集群为重点的园区产业发展规划。三是根据园区发展需要，适时修编我县园区土地利用规划，实现工业项目有地可供、有地可批目的。

(二)抓招商服务，夯实产业基础

一是强力招商。充分利用资源禀赋，立足园区产业定位，进一步加强园区招商工作。坚持以商招商、专业招商、以情招商等多种方式，主动牵头，全力配合，力争实现园区招商有重大突破。重点跟踪北京铭峰 200 万立方米 LNG 液化气、香港皇廷船舶建(改)造、康师傅 20 亿桶方便面、台湾佳美果疏、台湾 IT 电子城、100 万吨碳酸钙等重大项目的对接工作。力争 2013 年新引入园企业 4 个，到位资金 10 亿元。

二是倾情服务。牢固树立“人人都是投资环境，事事关乎园区发展”服务宗旨，秉承“兑现比承诺更重要”、“没有不能办、只有怎么办”的服务理念。按照“签约项目抓到位、在建项目抓投产、投产项目抓效益、关联项目抓配套”思路，突出做好重庆海螺二期、30 万吨造纸钙、重庆好康运动器材、3 万吨改件沥青、120 万吨洗洗煤、中海油 20 万吨成品油等投资数额较大、科技含量高项目的后续跟踪服务工作，确保入园企业早日建成投产达效。

(三)抓土地征收及储备，确保项目建设用地

一是利用三峡后续项目建设用地的契机，全年力争征收园区土地 2500 亩，基本实现移民

生态园一期2.58平方公里土地征收全面结束，同时，海螺建材化工园征地1000亩。二是抓在建项目及入园企业的土地批文。务求获取中海油、海螺、骨干路、星博化工等项目1500亩用地批文，确保企业及项目建设用地的合法性。

（四）抓融资管理，提供资金保障

一是优化整合通瑞农业发展有限公司，力争实现政府平台公司向一般经营公司的转变。竭力做好通瑞公司经营性平台转变，更广泛地与各大商业银行对接，争取更多的金融支持用于工业园区基础设施建设。

二是积极向上争取建设资金，充分享受各类政策性资金支持。利用市农发行良好的政策融资平台，继续深入做好对接工作，重点以拆迁居民集中居住房为载体的融资3亿元工作；；进一步加强与长江委规划院沟通衔接工作，力争全年获取后续资金1亿元以上；打捆包装园区相关基础设施建设项目，采取信用支持、贷款借资、BOT或BT等多种方式，与重庆建工集团和交建集团深度合作，实现园区早出形象、快出效益目的，构筑坚强的千亿工业园区平台。

（五）抓配套设施，完善平台基础

一是水、电、气配套完成。启动移民生态工业园水厂建设任务，全力协助重庆忠县润忠供水有限责任公司完成自来水厂一期（4500吨/日）建设任务；完成移民生态工业园10千伏同塔双回电力线路建设任务；完成乌杨配气站和园区供气管道建设任务；新建供电线路和安装变电设施设备。

二是场平道路管网加速推进。完成移民生态工业园一期长2.5公里、宽30米的主一路路基、路面、人行道、雨污管网建设任务；完成移民生态工业园至船舶园码头连接道路（其中新修段长1.2公里、宽18米，延伸段长1.3公里、宽10米）建设任务；开工建设长2公里、宽10米的海螺至星博永久复建道路建设任务。

三是房建工程基本完成。在确保安全、质量的前提下，快速推进船舶园安置房、移民生态工业园安置房、海螺三线拆迁安置房的建设工作。全面完成在船舶园1.7万平方米、移民生态园6万平米、3万平米公租房和5.5万平方米标准厂房等房建任务。

四是环保设施基本配套。开工建设移民生态园污水处理厂一期(5000吨/日)工程。完成年处理8万吨的工业固体废物处置中心项目建设的前期工作。

开县工业园区

开县工业园区管委会 黄琴

一、2012年发展回顾

2012年，开县工业园区管委会在县委、县政府的坚强领导下，在县级相关部门和属地党委、政府的大力支持下，紧紧围绕推进全县工业化进程目标，以“聚产业、扩规模、促增长”为主线，以“强项目、强配套、强服务”为抓手，全力推进园区开发建设，圆满地完成了年初既定的目标任务。

（一）安置为先，征地拆迁获突破

2012年，园区征地拆迁工作围绕“突报批、破拆迁、快安置、保稳定”目标，在困难重重中取得了突破，为园区平台建设提供了用地保障。一是征地报批全面完成。县城西部新区共报地1011亩并取得用地批文，目前园区用地已全部取得征地批文。二是新区拓展进入拆迁扫尾。赵家长安村、清桥村新销号拆房490余户，拆房面积8万余平方米，完成2000余亩线上、线下土地交地工作，各场平施工标段顺利入场施工。三是安置、结算工作及时到位。完成长安片征地安置642人；西部新区650亩征地、白鹤园欧华陶瓷征地、清桥村征地范围内2280人安置补助费结算和征地农转非人员养老保险工作全部完成；住房安置快速推进，全年兑付各类安置补偿款2.5亿元。

(二)规划先行，平台建设稳推进

园区始终坚持规划先行的原则，突出规划的超前性、科学性和集约性。2012年完成平桥兴合安置小区、平桥891亩安置小区、赵家清桥长安安置小区3个安置点的控制性详细规划，完成建设项目地勘报告14项，施工图设计24项，公开招投标工程11项，零星测量(放线)工程72个。

2012年，园区基础配套设施建设共完成投资近11亿元，各项基础建设推进有序，城市功能日趋完善，形象大幅提升，为招商引资企业入驻、城市开发建设、学校、医院等公共建设提供了强有力的用地保障。一是统筹安排，“园城融合”初见成效。按照“赵家绿化、亮化、道路管网、市政管理等不低于县城的标准，园城协调互动发展”的“园城融合”思路，坚持“统一规划，分步实施”的原则，全力启动相关工程建设。目前，赵家街道三条主干道路、高速路出口道路升级改造工程及景观工程已全面完成；公交站台已建成，公交车已通车运营；配套公寓楼已正式入住；赵家幼儿园、赵家二小已开工建设；临时车站已建成投运，帅乡广场等配套设施正在抓紧建设。二是完善功能，配套项目加快建设。目前，赵家园40万平方米标准厂房、8万平方米企业员工宿舍和高管公寓等项目建设全面建成并投入使用；10万余平方米廉租房已完成主体框架，进入装修阶段；赵家污水处理厂、110千伏变电站基本建成投运；1万千伏安箱变工程已投入使用；集培训、活动、服务为一体的综合性、开放性党群活动服务中心已建成投入使用；超市、影院等正在规划和筹建。三是科学组织，新区拓展快速推进。赵家清桥、长安片场平工程推进有序，目前已基本完成。西部新区道路、管网、绿化、路灯、河道整治等均已建设完成，正在进行全面完善。几个点的安置小区基础设施正在抢抓推进。

(三)服务为要，工业产值突百亿

园区坚持“白天为企业当保姆，晚上为企业当保安”的工作理念，为入园企业提供全方位的保障服务，促进企业健康快速发展。全年为园区续建、新建项目代办各类审批事项290余件次，协调解决完成重大难审批事项20余件次，实现贷款融资近3亿元，协调处理劳资纠纷事件10余件，会同派出所查处办理治安案件8件次，实现新招工4500余人，切实保障了企业的发展需要。截至2012年，园区共有入园企业72家，投产企业50家。入园企业经济运行良好，新建、续建项目快速推进，全年实现工业总产值127亿元，实现工业增加值37.1亿元，解决就业2.1万人，跻身全市工业园区“百亿俱乐部”之列。

(四)广辟渠道，招商引资结硕果

园区依托资源、乡情两大优势，大力实施招商引资，招商引资开始转向选商引资。全年共接待各地来开考察客商300余人次，深入40余个意向性企业进行考察对接，新引进项目24个，合同金额37.14亿元。其中购地自建项目11个，用地963亩，合同金额32.43亿元；租赁标准厂房项目13个，租赁厂房面积6.6万平方米，合同金额4.72亿元。全年到位资金25.8亿元，完成目标任务25.36亿元的102%。

(五)多管齐下，财务融资显成效

园区根据建设和还本付息的资金需求，首先做好长短期资金平衡计划，创新工作思路，积极主动出击，多方对接金融机构，多渠道采取措施筹融资金，全年共筹集资金8.7亿元，有效保障了园区征地拆迁、基础设施建设、还本付息等资金需求。

(六)群策群力，安全生产有保障

2012年，园区安全生产工作扎实有序开展，全年共排查企业289家(次)，排查各类安全隐患206处，整改205处，安全隐患整改率达99%以上，近三年来无一般及以上安全事故发生。接待来访企业职工和群众36批次291人次，排查突出信访问题和不稳定因素38件，没有出现到市进京上访事件，实现了信访稳定“三无”创建目标。

(七)创先争优,党建工作上台阶

一是以在创先争优活动中深入开展基层组织建设年活动为契机，着力推进非公企业党建工作，对入园投产企业进行了全方位的调查摸底,努力扩大两个覆盖,不断提升党建科学化水平。目前,园区共有非公企业党组织21个,党员341名。二是扎实开展“三服务”作风整顿年活动，组织机关干部职工经常深入企业、深入基层,不断提高服务水平,切实转变工作作风,树立了良好的园区形象。三是深入开展“三品”“两德”教育活动,推进党务、政务公开工作,加大党风廉政建设,树立廉洁服务意识。

二、发展中存在的问题

一是征地拆迁推进难度较大；二是国家金融政策调整,筹融资难度较大。

三、2013年发展目标

2013年,工业园区将按照县委、县政府的工作部署,以十八大精神为引领,坚持“以招商引资为抓手,以企业发展为核心、以平台建设为支撑、以廉政建设为保证”的工作思路,加快空间拓展,强推项目建设,全力招商引资,力促企业投产,努力开创园区发展的新局面。

2013年目标任务:完成固定资产投资30亿元(其中,园区自身固定资产投资10亿元,工业项目投资20亿元)；招商引资实际到位资金25亿元;力争实现新入驻企业18家,新投产企业15家;实现工业总产值150亿元,解决就业2.3万人。

巫溪工业园区

巫溪工业园区管委会 钟霜玲

一、2012年经济发展回顾

2012年，巫溪县工业园区紧紧围绕县委政府关于园区产业发展思路和2012既定的工作目标,以“工业提质”为主体,以完善园区规划,加快基础设施建设、有效服务项目落地、促进产业加速集聚转型、创新管理措施、深化平安和谐建设等工作为抓手，全力推进园区经济快速发展。

全年完成固定资产投资5.04亿元。实现工业总产值7.06亿元,比去年同期增长35%;实现工业增加值1.7亿元，较去年同期增长32%,规模以上工业企业产值3.5亿元,比去年同期增长25%;实现利税1500万元,外贸出口4200万元,新增入园企业4家,就业人数2200人,新建标准厂房6万平方米,争取土地指标376亩。

(一）规划逐步完善完成园区总体规划、控制性详细规划总面积13.53平方公里(待上规委会及上报市园区办批准),土地性质调规170亩,规划项目方案设计7个。

(二）征地进展顺利成功争取土地批文148亩，申报项目用地计划228亩；土地征收46.8亩,房屋拆迁8户,启动土地征收175亩。

(三）基建强力推进完成道路管网铺设3.5公里,标准厂房修建4万平方米,临时食堂修建1500平方米,安置小区沟渠修复100米;启动桥梁建设3座、场平建设400亩。

(四)招商有成效2012年新签订入园引进企业4家(渝溪产业集团、创冠集团、后溪河水电开发、联嘉商贸有限公司)。招商引资总协议资金42600万元。

(五）融资有成效一是完成市农发行1.7亿融资所有资料报送,并通过总行备案评审,有望在2013年4月底签订贷款协议并首次放贷;二是完成进出口银行二期3亿元融资前期可研编制工作；三是完成向重庆进出口担保公司4000

万元的短期借款审批工作。

二、发展中存在的问题

一是资金缺乏。2013年园区需征地建设资金、偿还银行贷款本金、利息、担保费等4.2亿元;二是规划滞后。园区总体规划、控制性规划、产业规划需进一步完善;三是征地困难。受当前土地调控政策未落影响,目前用地征迁难度较大;四是招商困难。受地域及交通条件制约,造成企业生产运营成本高,不少实力强的意向企业不愿来园投资。

三、2013年发展目标

(一)工作目标

2013年力争融资5亿元,完成园区固定资产投资5.5亿元,新增入园企业5~8家,完成工业总产值7.5亿元,实现工业增加值2亿元,到位资金1亿元,新征地500亩,新争取用地指标500亩,完成场平400亩。

(二)工作措施

1.拓宽融资渠道,破解资金瓶颈。一是争取农发行项目1.7亿贷款资金尽快到位,力争4月底完成贷款协议签订,并开始放贷;二是全年计划出让土地350亩,争取出让土地收入2.5亿元,;三是积极衔接,争取启动进出口银行二期贷款3亿元项目策划;四是加快已竣工工程固定资产转固工作;五是加强与国资委衔接,争取项目政策支持,策划一批带动性强、有真正实力的大项目,为园区下一步融资提供有效途径。

2.科学编制规划,优化产业布局。按照"规划科学、定位准确、布局合理、功能健全"的要求,继续推行"一园三组团"的发展模式。一是做好规划调整及园区拓展审批工作,积极做好现有控制区的规划调整工作。二是按照凤凰、尖山、花台组团的产业分块和功能定位,切实把能源矿产、环保建材、生物医药、食品轻纺四大产业作为园区发展的重点。实现区域特色明显、布局科学合理、配套能力增强、优势互补、协调发展的园区工业发展格局。

3.加大土地征收力度,努力拓展园区发展空间。扎实推进,积极拓展,促进园区扩容提能。一是加快推进凤凰组团和花台组团500亩土地征收工作,尽快完成征地公告及制定安置补偿方案;二是加快凤凰组团辰龙、一期标准厂房228亩土地报件工作,争取8月底取得征地批文;三是加快花台孝子溪码头46亩被征地人员农转非和养老保险办理工作;四是积极向上争取车管中心项目124亩用地计划。

4.加快基础设施建设,提升园区对外形象。一是完成30000平方米安置小区安置房、安置小区综合办公楼地勘、施工图设计、预算、财政评审、招投标程序;二是加快北岸场平工程建设,尽快启动招投标程序;三是加快柏杨河一号桥、东西一支路等在建工程建设力度,保证工程按时、保质完成。四是对拟建的柏杨河二号桥、小溪河桥、安置房、综合办公楼、2万平方米标准厂房等重点项目全力组织攻坚,通过以点带面,努力改变园区工程建设现状,不断提升园区对外形象。落实职工企业联系制度和主要主要领导包重大工业项目制度,明确责任,搞好协调,强化服务,切实帮助企业分析、并解决建设过程中出现的问题与难题,督促项目建设、尽快投产,力争早日投产达效。

5.坚持实力招商,优化企业结构。2013年力争完成8户企业入驻园区,新增规模以上工业企业2家。一是打造招商软硬环境,不断提升招商质量。2013年力争促使腾翔毛衫建成毛衫自动生产项目,迪纳木业建成年产10000吨木塑项目生产线一条、辰龙制药技改搬迁项目开工建设,渝溪仓储物流项目竣工投产;二是加强与花台配煤场项目、红池药业、聚良石材等意向企业联系,尽早完成入园协议签订,早日开工建设;三是指导金闽渝服装、逸恒木业等入园企业技改升级,早日完成升规;四是招大引强,积极加快已建成空置标准厂房企业引进工作。

第七编
区县经济

万州区

万州区政府办公室 罗艺

一、2012 年发展回顾

2012 年,万州区坚持以科学发展观为指导,认真贯彻落实市委、市政府的各项部署,认真贯彻落实党的十八大精神,围绕"科学发展、富民兴渝"总任务和万州发展"331"目标,着力抓发展、惠民生、保稳定,重庆第二大城市建设取得了新的进展。全年完成地区生产总值 662.86 亿元,列全市第四位;比上年增长 14.1%,分别比全国、全市平均增速快 6.3 和 0.5 个百分点。地方财政收入 79.13 亿元,增长 25.6%,其中一般预算收入 41.71 亿元,增长 20.6%。固定资产投资 410.42 亿元,增长 20.4%。社会消费品零售总额 189.18 亿元,增长 18%。招商引资外方到位资金 191 亿元,增长 20.4%,其中对口支援无偿援助资金 1.3 亿元。实际利用内资 232.88 亿元,增长 44.1%。实际利用外资 1.68 亿美元,增长 15.3%。城镇居民人均可支配收入 21823 元,增长 12.9%;农村居民人均纯收入 7573 元,增长 14.9%。

(一)工业经济较快增长

完成工业增加值 292.58 亿元,增长 16.5%。规模以上工业企业 169 户,总产值 504.77 亿元,增长 19.2%;主营业务收入 492.09 亿元,增长 18.3%;利润总额 21.53 亿元,增长 8.1%。长安跨越 15 万辆商用车整车及零部件制造中心、三雄节能支架一期、江东机械玻璃钢快速数控液压机技改等 20 个项目竣工投产。新增市级创新型试点企业 3 户、知识产权试点企业 6 户,新培育市级企业技术中心 2 户。万州经开区完成征地拆迁 2.4 万亩、场平整治 6000 亩,建成标准厂房 5.8 万平方米,经开大道控制性工程灵凤山隧道贯通。万州经开区成为重庆市知识产权试点园区,工业总产值占全区规模以上工业总产值的 68.5%。

(二)现代服务业水平提升

实现批发和零售业销售额 501.26 亿元,增长 25.1%。住宿和餐饮业营业收入 41.43 亿元,增长 22.7%。双河口果蔬批发市场一期、三峡现代医药物流交易配送中心竣工,万达商业广场及五星级酒店主体工程完工。重庆三峡银行万州分行、万州建信村镇银行、哈尔滨银行万州支行、光大银行万州支行等 4 家银行挂牌营业,新成立中国人寿财产保险万州支公司、华创期货万州营业部、重庆明壹私募股权投资基金等 7 家金融机构。金融机构人民币存款余额 622.47 亿元、贷款余额 303.43 亿元,分别比年初增长 13%和 12.8%。经开区获批并发行企业债券 10 亿元。商品房销售面积 199 万平方米,增长 3.1%;销售额 89.9 亿元,增长 25.2%。旅游业接待游客 1126.32 万人次、旅游收入 41.76 亿元,分别增长 30%和 33.3%。潭獐峡获批国家级风景名胜区,万州大瀑布群成为国家 4A 级景区。成功承办第三届中国长江三峡国际旅游节,其中游艇现场销售和订购合同金额 7900 万元。交通运输货运量 5557 万吨,增长 12.7%;客运量 1.66 亿人次,增长 7.8%。年末移动电话用户 112.96 万户,增长 9.3%。固定互联网用户 21.98 万户,增长 19.8%。

(三)农村面貌进一步改善

完成一产业增加值 47.48 亿元,增长 5.9%。新流转土地 6 万亩,其中集中规模经营 4 万亩。9 个部级优质粮油万亩高产创建示范片全面建成,新建蔬菜、柑橘、名优水果基地 7.8 万亩。新培育农业企业 110 户、农民专业合作社 55 个、专业大户 5100 户。建成农民田间学校 6 所。"万县红桔"被评为百强中国农产品区域公用品牌。全区新植树造林23.9万亩，其中长江绿化9.8万亩，按新口径全区森林覆盖率达47%。三角凼水库通过下闸蓄水验收，大滩口水库枢纽工程基本完工。新建成农村饮水安全工程98处，新解决11.4万人饮水安全问题。完成农村水电站改造36座。行政村公路通畅率80%。新建户用沼气池1.07万口。5个市级中心镇风貌改造一期工程完工。李河、高梁、高升等3个小城镇污水处理厂投入试运行，新配置7个镇乡的垃圾收运设备。新增小城镇建成区面积1.5平方公里，新增人口1.8万人。

(四)城市建设加快推进

城市建成区面积56.5平方公里，城区人口83.1万，城镇化率58.5%。万(州)云(阳)高速公路天城入城大道全线通车，江南新区上部路和联合坝立交、中部路立交建成通车。完成万全路、永佳路等8条道路综合改造。桐子园货运作业区建成投入使用。万州长江大桥防撞工程开工。万州体育场、游泳馆、体育综合训练楼建成投入使用。建成南滨大道上段景观工程、太白岩山顶公园、翠屏山公园、天仙湖广场。新增城市绿地86万平方米，城区人均绿地面积达到24.5平方米。新建、改建公厕和垃圾站16座。城区生活垃圾无害化处理率100%，污水集中处理率90.1%。长江万州段水质总体保持Ⅱ类。开通滨江环湖公交线路。数字化城管实现建成区全覆盖，保洁引入市场机制。

(五)社会事业持续发展

政府性科技投入2.1亿元，社会性科技投入8.3亿元。实施重点科技项目410项，其中国家和市级科技项目163项。获得授权专利307件。被评为全市技术创新示范区。新增一二级幼儿园27所，竣工校安工程90个。高中阶段入学率保持在95%以上。普通高考录取人数突破1.4万人。成功创建重庆幼儿师范高等专科学校。首次免费提供初中"一教一辅"和义务教育学生作业本。三峡中心医院通过国家三甲医院复评，区中西医结合医院通过国家二甲中西医结合医院复评。三峡中心医院江南分院、区人民医院住院楼主体竣工。居民健康档案建档率89.6%。成功创建国家级卫生应急综合示范区。建成镇乡街道人口文化阵地21个。人口自然增长率2.23‰，符合政策生育率87.87%。话剧《三峡人家》入选国家舞台艺术精品工程重点资助剧目，纪录片《那山那老人》荣获第26届中国电视金鹰奖优秀纪录片奖，微型广播剧《鸿雁》荣获首届中国微型广播剧大赛金奖。人均体育场地面积达到1.2平方米。经常参加体育锻炼人口比例44%。成功承办重庆市第四届运动会，万州代表团创历史最好成绩。

(六)民生保障有力有效

三峡后续工作首期实施规划（2011年~2014年）获市政府批准，下达2011年和2012年项目126个。太龙食用菌、瀼渡葡萄园等移民发展扶持项目投产。发放农村移民后期扶持资金625万元、城镇移民困难扶助资金6228.6万元。新增城镇就业岗位5.2万个，新增城镇就业人员4.8万人，城镇登记失业率2.62%。新发展微型企业2119户，累计达到8008户。移民生态微型企业孵化园被评为市级重点微型企业孵化园。新转移农村劳动力8696人，累计达到47万人。五大社会保险累计参保273.8万人次，发放各类保险待遇253.4万人次、28.3亿元。城乡居民养老保险、合作医疗保险参保率分别为92%和96%。发放低保金2.65亿元。发放重点优抚对象抚恤金、五保供养金、孤儿基本生活费、长寿补贴、临时救助金1.2亿元，减免困难群众殡葬服务费287.7万元。完成法律援助1080件。成功创建国家一级救助管理机构。改造敬老院10个、社区养老服务站7个。建成留守儿童关爱中心50个。建成保障性住房13.8万平方米，改造农村危旧房5168户。完成29个村整村推进建设任务，高山生态扶贫搬迁7500人，减少贫困人口2.3万人。全年无重特大安全生产事故发生。群众工作信息管理系统、突发事件预警信息平台建成运行，社会总体保持和谐稳定。

二、发展中存在的问题

万州仍处于欠发达阶段，仍属于欠发达地区，调整经济结构、转变发展方式、做大经济总量任重道远；城乡二元结构矛盾突出，农村基础设施建设比较滞后，公共服务还不完善，城乡居民收入差距较大；低保群众多，困难救助、扶贫开发任务重；社会管理面临一些新情况、新问题，维护稳定压力大。

三、2013年发展目标

2013年经济社会发展的预期目标是：地区生产总值增长12%，固定资产投资增长16%，社会消费品零售总额增长16%，公共财政预算收入增长13.5%，实际利用外资增长15%，城镇居民人均可支配收入增长12%，农村居民人均纯收入增长14%，城镇登记失业率控制在3.5%以内，人口自然增长率控制在4‰以内。

黔江区

黔江区政府办公室　杨方顺

一、2012年发展回顾

2012年，全区各族人民在区委、区政府的坚强领导下，全面贯彻落实党的十八大精神，紧紧围绕“两个核心目标”，强力实施“三大战略”，着力稳增长、强基础、惠民生、促和谐，经济社会发展呈现出增长较快、趋势向好、民生改善、后劲增强的良好态势。全市实现地方生产总值148亿元，比上年增长13.9%；工业增加值71.3亿元，增长15.3%；全社会固定资产投资175.8亿元，比上年增长36.2%；社会消费品零售总额51.8亿元，比上年增长17.5%；地方财政总收入54.5亿元，增长22.4%；城镇居民人均可支配收入18254元，比上年增加2247元，增长14.0%；农村居民人均纯收入6215元，比上年增加763元，增长14%。主要经济指标增速在全市同组考核10区排位稳中有升。

(一)工业经济能量加速积蓄

着力培育骨干企业，规模以上工业企业发展到54户、总产值达到144亿元，正阳工业园区累计入驻企业83户、投产64户。全力加快项目建设，完成工业投资62亿元，物流园区主干道、PVC一体化电石和水泥、黔龙集团迁建工程卷烟材料等项目基本建成，朵朵润尔、黔正纸业等项目进入扫尾阶段，桐乡丝绸工业园、铝加工一体化、冷链物流中心等项目场平工程基本完成。大力推进项目引进，成功签约汽车蓄电池、药用胶囊等一批重大项目。努力推动工业品牌建设，新培育重庆著名商标和市级名牌产品15个，科瑞南海制药进入国家“火炬计划”。

(二)城市东进步伐明显加快

完成城市建设投资71.2亿元，新增城市建成区面积3.3平方公里，城镇化率提高2.8个百分点。完成新一轮城乡总体规划编制并报市政府审批，聘请德国戴水道、奥地利国家设计研究院开展城市景观设计和低碳城市规划研究，数字黔江空间框架平台基本建成，获评“全国数字城市建设示范区”。新城建设速度加快，城市组团快速通道网络进一步完善，正阳大道全线贯通，管网和景观工程同步推进，正青隧道复线开工建设，舟白隧道复线完成施工设计。新城污水处理厂、正阳中学、桐坪小学等一批功能性项目开工建设，公共服务中心场平基本完成，规划展览馆主体完工。老城改造有序推进，三岔河片区环境综合整治工程开工建设，C组团改造投资协议正式签署。商品房开工84万平方米、完工55万平方米，山台山、碧桂园等一批高品质住宅小区开盘销售。“两违”整治依法拆除违法建筑5.1万平方米。

(三)内外交通建设齐头并进

实施大通道项目15个，完成交通投资14.1亿元。武陵山机场新开通黔江至北京航线，加密黔江至昆明航线，旅客吞吐量达到8.4万人次。黔恩高速公路全线开建，黔石高速公路完成设计修改方案，城市东外环高速公路纳入全市中心城市绕城高速公路规划。渝怀铁路二线黔江段列入铁道部2013年开工计划，黔张常高速铁路完成可研报告修编报审，重庆至黔江高速铁路纳入国家"十二五"规划。西客站迁建工程主体完工。金石片区干线公路升级改造基本完成。建成村通畅工程300公里，新增70个村实现通畅，行政村通畅率达到94%。

(四)农业农村发展加快转型

生猪、烤烟、蚕桑三大骨干产业巩固发展，雨润黎水10万头猪场主体完工，69原种猪场成为国家生猪核心育种场，全年出栏生猪100万头；收购烤烟18.3万担、蚕茧7.1万担，蚕茧产量保持全市首位。武陵仙山万亩山地特色农业园、仰头山万亩现代农业示范园成为市级现代农业综合示范工程。特色效益产业初具规模，发展高品质红心猕猴桃基地4万亩、无公害蔬菜基地18万亩。新培育农村新型股份合作社48个，8个农产品获绿色认证。完成水利投资11.5亿元，太极水库、小南海补水等骨干水利工程加快建设，综合治理水土流失面积38.6平方公里，新解决7.2万人饮水安全问题，荣获"全国饮水安全示范县"称号。全区森林覆盖率提高到53.4%。扶贫攻坚工作取得新成效，国家开发银行定点帮扶黔江，55个贫困村整村脱贫全面推进，贫困人口减少9072人。开展"4个1"相对集中居住体系建设，启动24个集镇、67个农民新村、306个特色院落建设，有序推进农民相对集中居住1.2万人。

(五)第三产业发展蓄势发力

新培育限额以上商贸企业66家，新建商业设施10万平方米，全区实现商品销售额76亿元，增长20%。新城汽摩交易市场开业运营，完工投用22个镇乡农贸市场。迎宾大道美食街获评"市级特色美食街"，丰润牧业进入中央储备肉活畜储备体系，黔江军粮供应站成为全国20强示范站。蒲花暗河景区建成开放，隆鑫玫瑰酒店被评定为五星级旅游饭店，成功举办首届黔江国际旅游节，吸引26个国家和地区外宾以及100余家旅行社、媒体到黔江观光游览和采访，"峡谷峡江清凉之旅"获"重庆非去不可"十大旅游创新案例大奖，全年接待游客314万人次，实现旅游综合收入10.7亿元，分别增长23.5%、32.3%。村镇银行等金融机构业务不断拓展，重庆大洋小额贷款公司开业运营。贷款增量居渝东南首位，辖区金融机构新增贷款23亿元，同比增长2.4倍，区外银行向本区企业发放贷款28亿元。首次成功发行企业债券和中期票据，实现直接融资15.4亿元。

(六)改革开放成效继续扩大

濯水镇列入全国统筹城乡发展改革试点镇，濯水—冯家统筹城乡集中示范区公共服务标准化建设成为全市先进。农村资源要素改革常态化推进，实施农村集体建设用地复垦1.2万亩，实现地票交易6650亩，成交总金额11亿元；新增农村"三权"抵押融资6.5亿元。争取到位各类专项资金13亿元，同口径增长20.9%。民营经济稳步发展，非公经济GDP占比提高到56%。招商引资取得新成效，新签约项目56个，到位资金突破100亿元。外经贸工作实现新突破，新增外贸企业12家，实现外贸进出口总额1.4亿美元，实际利用外资3000万美元。对外交流合作持续拓展，与广东番禺区、浙江桐乡市、重庆两江新区建立了友好合作关系。

(七)社会民生保障更加有力

全区公共财政民生支出21亿元，占比达到56%。劳动年龄人口人均受教育年限提高到9.62年，义务教育阶段学校标准化率达到80%，高考重本上线率继续保持渝东南首位。中小学生营养改善计划惠及7.4万人，资助各级各类学生8.7万人。新型农村合作医疗获评全国先进奖，基本药物制度覆盖到所有村镇和社区，基层医疗卫生机构标准化率达到100%。创建全国计划生育优质服务先进区工作通过国家验收。

城镇新增就业1.5万人,登记失业率为2.9%,农民工返乡就业创业9600人。城乡医疗保险实现市级统筹,基本养老和基本医疗参保率分别达到75%和92%。累计建成保障性住房9048套,完成配租3300套。社会救助和福利体系不断健全,全面实施农村自然灾害公众责任保险。文化建设取得新成效,黔江区被表彰为“全国文化体制改革工作先进地区”,成功举办第四届中国武陵山民族文化节,一批文艺作品获国市大奖。全民健身活动蓬勃开展,成功举办全区第三届运动会、中泰国际搏击争霸赛等各类大型体育赛事36次。安全防控体系更加健全,安全生产事故起数和死亡人数分别比上年下降26.9%和29.6%。全国综治“长安杯”创建工作扎实推进,全区治安秩序良好,社会大局稳定。

二、发展中存在的问题

一是资金压力大。新增财源培植乏力,刚性增支因素多,财政收支平衡矛盾突出。二是土地利用集约化程度差,用地成本高,土地投入产出倒挂;征地拆迁面临问题多,推进进度滞后于建设需求。三是新产业培育缓慢。部分重大产业项目建设进度不够理想,投产达产未能实现预期目标,新的工业企业还未形成产能。四是基础设施不完善。物流成本偏高,部分地区电网不稳定。

三、2013年发展目标

2013年,经济社会发展主要预期目标是:地区生产总值增长14%以上;规模以上工业增加值增长17%;固定资产投资增长20%;社会消费品零售总额增长17%;公共财政收入增长15%;城镇居民人均可支配收入增长13.5%;农民人均纯收入增长16%;居民消费价格指数控制在103.5%以内。

涪陵区

涪陵区政府办公室 冉瑞

一、2012年发展回顾

2012年,全区实现地区生产总值630.53亿元,比上年增长15.5%,增幅分别比全国和全市高7.7个百分点和1.9个百分点。人均生产总值达9155美元,增长11.3%。三次产业结构由上年的6.7:62.1:31.2调整为6.7:61.3:32,第三产业在国民经济中的占比提高。地方财政收入78.36亿元,增长11.1%,其中公共财政预算收入37.81亿元,增长20.4%;财政支出118.05亿元,增长14%,其中公共财政预算支出76.65亿元,增长19.6%。年末,金融机构人民币存款余额455.89亿元,比年初增长17.3%,其中城乡居民储蓄存款余额260.95亿元,增长20.5%。贷款余额336.46亿元,增长6.9%。金融机构全年利润收入10.74亿元,增长28.1%。金融机构存贷比由上年的85.2%下降为76.3%,银行不良贷款率下降至1.76%。

农业总产值62.23亿元,增加值42.03亿元,分别增长5.8%和6%。粮食播种面积9.71万公顷,减少0.8%;蔬菜种植面积6.97万公顷,增长6.2%,其中青菜头种植面积4.68万公顷,增长5.7%。主要农产品产量:粮食43.83万吨,增长1.6%;蔬菜177.25万吨,增长8.1%,其中青菜头134.33万吨,增长5.6%;蚕茧2900吨,增长1.8%;生猪出栏79.02万头,增长2.1%;家禽出栏681.56万只,增长9.8%;水产品2.01万吨,增长4.4%;果品11.23万吨,增长9.0%。改建、硬化村道300公里。龙潭水利枢纽及输水工程全面完工,高标准整治山坪塘1400口。完成农村沼气池建设8036户，新建农村沼气后续服务网点27个，大中型沼气工程1处，推广沼液、沼渣利用1071.5公顷。实施科技兴农。推广农机具1.16万台，完成机耕、机插、机收17.04万公顷，综合机械化率达38.7%，居全市前列；建立农业科技试验示范基地24个，推广优质稻2.4万公顷，全区两杂良种普及率达到99%。完成水稻、玉米高产创建示范片4个、3020公顷，建立测土配方施肥示范片105个、9.67万公顷。实施各类科技项目25个，"南方芥菜产业技术研究与示范"项目通过农业部审核，新育成抗稻瘟病杂交水稻品种"陵优2060"、"陵优5240"。建成农民田间学校6所、农业科技示范基地24个。"涪陵农业农村信息网"进一步规范。全年发布农业信息652条，培训农村信息员300名；乡村三级示范网站已建成8个，网页40个，发展"农信通"用户17.8万户。全区农业信息进村入户率73.2%、服务覆盖面95%以上，居全市第一。重点农业龙头企业国家级2户，市级7户，居全市前列。其中榨菜集团、桂楼集团、洪丽公司跻身全市2012年农业产业化龙头企业30强。农户万元增收工程深入推进，新发展农民专业合作组织82个，总数585个，有2个合作社、4个合作社分别被评为全国示范合作社和市级示范社。发展农业微企1368户，增长1倍，总数达2720户。培育各类农村专业大户520户，总数近2.8万户。

工业总产值1013.60亿元，增长17.6%。其中，规模以上工业企业实现总产值868.57亿元，增长18.7%；工业增加值343.46亿元，增长17%。经济效益综合指数达357.2%，提高3.8个百分点。全年万元GDP能耗下降3.5%。重点企业发展尤为突出。全区30户重点工业企业实现工业产值694.59亿元，增长18.6%，占全区规模以上工业产值的80%，提高0.3个百分点。万达薄板产值达到131亿元，继蓬威石化后成为全区第二家百亿元级工业企业。涪陵工业园区首次跻身全市"十强工业园区"行列。非公有制经济实现增加值409.84亿元，增长18%，占全区GDP比重上升至65%。全年新办非公企业3586户，增长17.6%，累计达10695户。非公经济从业人员达36万人。南沱小创业基地被认定为市级小企业创业基地，全区市级小企业创业基地增加到9个。

全区有资质以上建筑企业131户，实现总产值266.94亿元，增长20.4%。区内增加值43.37亿元，增长20.1%。全年商品房施工面积595.89万平方米，增长12.9%；竣工面积138.38万平方米，增长38.0%。销售面积116.29万平方米，增长12.6%；销售金额56.76亿元，增长22.1%，其中住宅销售额44.93亿元，增长17.7%，占商品房销售额的79.2%。

交通运输仓储和邮政业实现增加值46.92亿元，增长14.5%。公路和水上运输货运量5406万吨，增长22.1%；货运周转量417.14亿吨公里，增长21.9%；客运9622万人次，增长8%；客运周转量14.43亿人公里，增长16.3%。港口货物吞吐量2016万吨，增长25%。境内公路里程4552公里，增加163公里。全区行政村公路通达率100%；通畅率74%，增长3.2个百分点。邮电业务收入6.14亿元，增长13.3%。年末固定电话普及率为每百户45部，每百户减少1部；移动电话普及率为每百人77部，每百人增加17部。互联网用户14.41万户，增长33.8%。

全社会固定资产投资439.36亿元，增长38.7%，增速连续六年超过30%。其中，"三大工业园区(即涪陵工业园区、白涛工业园区、清溪再生有色金属特色产业园区）完成投资206.32亿元，增长27%，占全社会固定资产投资的47%。百项重点工程投资231.9亿元，占全社会固定总产投资的52.78%。工业投资161.72亿元，增长18%，占全社会固定资产投资36.8%。连续6年获全市"工业投资10强区县"，投资总量跃居全市第4位。华峰化工己二酸一期、道道全食用油一期、东发碳素二期、博鼎合金铝等项目建成投产，攀华万达汽车薄板、弛源化工聚四氢呋喃、龙海石化重油深加工、江森自控蓄电池、龙桥热电联产改扩建和白涛热电联产等项目快速推进,涪陵卷烟厂、葵花药业“退城进园”项目稳步实施,大朗铝业20万吨大板锭、30万吨尿素项目和华峰化工己二酸二期顺利开工。

社会消费品零售总额153.88亿元，增长18.1%。其中城镇146.57亿元，增长18.1%;乡村7.31亿元,增长17.4%。新发展限额以上商贸企业73家,泽胜中央广场、金科世界走廊基本成型,中山路小商品市场和跳蚤市场开街,社区便民商圈和便民超市建设有序推进，乡镇规范化农贸市场改造建设任务全面完成。年末限额以上批发零售、住宿餐饮单位245户,亿元商品交易市场5个，销售额1亿元以上的流通企业44户,其中5亿元以上企业13户,10亿元以上企业6户。

外贸进出口总额12.97亿美元,下降8.6%。其中,进口5.87亿美元,下降31.9%;出口7.09亿美元,增长27.5%。全年外派劳务196人,获得外贸出口经营权企业160个。新签招商引资项目206个,实际利用外商直接投资1.35亿美元,增长1.17倍;实际利用内资(市外境内)资金195.33亿元,增长13.4%。引进华通电脑印刷电路板、博雅干细胞、渝东钢材商贸城、重报集团文化创意产业园、中泰旅游经济园等项目,填补了笔电配套、生物制药、工业物流、文化、旅游等产业“短板”。

全年接待国内外游客541.97万人，增长35.4%。其中入境游客1588人次,增长26.6%。实现旅游总收入17.02亿元,增长60.4%。拥有三星级以上饭店6家。星级农家乐18家。重点旅游项目加快建设。白鹤梁水下博物馆成功创建4A级景区、再次列入国家申遗预备名单,武陵山森林公园纳入重庆大仙女山旅游发展战略规划。

二、发展中存在的问题

由于2012年宏观经济形势持续恶化,全国、全市经济增长均呈放缓趋势,受此影响,涪陵区有地区生产总值、规模以上工业企业产值、社会消费品零售总额、公共财政预算收入、农民人均纯收入5项主要指标未达到年初预期,部分建设项目和改革事项也因资金平衡和维稳要求不得不调整或推迟,对2013年工作任务的完成带来压力。同时,2012年涪陵经济社会发展中还存在一些困难和问题:一是传统产业占比过大,企业核心竞争力和抗市场风险能力较弱,产业转型升级任重道远;二是涪陵新城区配套功能尚不完善，城市扩张有待提速，江南城区“减载提质”压力较大,城市综合管理还需加强;三是招商引资项目落地率不高，与主导产业融合度有待提升;四是财政增收形势依然严峻,保发展、保民生、保运转等刚性支出不断增大,资金综合平衡较为困难。

三、2013年发展目标

涪陵区2013年发展的主要预期性目标是:地区生产总值增长14%，规模以上工业企业产值增长18%,公共财政预算收入增长15%,社会消费品零售总额增长16%，固定资产投资增长25%;城乡居民收入分别增长13%、15%,城镇登记失业率控制在3.5%以内，单位地区生产总值能耗下降3.4%，全面小康社会实现程度达到91%。

渝中区

渝中区政府办公室 周子栋

一、2012年发展回顾

——经济社会平稳发展。地区生产总值766亿元，增长13.7%；区域税收164亿元，增长13.9%,区级财政收入61.5亿元,增长20.2%,其中税收占比65.2%。全社会固定资产投资302.6

亿元,增长21%;社会消费品零售总额485.1亿元,增长17.1%;实际利用内资187.5亿元,增长20%;实际利用外资9.28亿美元。现代服务业增加值占第三产业比重达63%,较2011年提高3个百分点;非公有制经济占比超过50%。城市居民人均可支配收入25413元,增长11.5%,其中,低收入家庭人均可支配收入14621元,增长17.6%。

——**改革试点取得突破**。主动争取,改革试点上升为市级战略。市政府专门出台《关于加快推进国家服务业综合改革试点工作的意见》,给予渝中"三大目标、六大功能"定位,纳入市级重要发展战略布局。先行先试,基本形成配套政策体系。国家发改委确认《渝中区国家服务业综合改革试点鼓励类指导目录》;市政府给予资金、财税、项目等核心政策支持;配套出台《渝中区促进服务业发展政策》。同步对接争取24个市级部门与渝中区签订了战略合作协议,争取资金支持3.3亿元、重大项目支持34个。上下联动,初步建立统筹推进机制。主动争取国家发改委指导,成功承办全国服务业综合改革试点工作交流会;市政府分管领导牵头推进,市发改委具体协调,市级有关部门参与支持;相应出台全区加快产业转型升级实施意见,成立区服务业发展领导小组,制定"九大工程"实施方案,初步建立工作推进"六大机制"。

——**产业调整更趋优化**。金融业强势支撑。增加值占比31%,区级税收占比26.3%,星展银行等13家市级以上金融机构成功入驻,总数达152家,连续四年荣膺"最具影响力金融生态区"。商贸商务高端集聚。古驰西部旗舰店开业,新引进国际知名品牌30个、总数达到190个;新引进知名商务服务机构8家、总数达到58家;新认定驰名商标1件、著名商标19件,总数分别达到5件和76件。文化旅游融合发展。新增1个国家级、4个市级文化产业基地,中国民主党派历史陈列馆成功创建国家4A级旅游景区,接待海内外游客3065.5万人次,旅游总收入168.6亿元,分别增长30.1%和33.5%。新兴产业拓展空间。吸引入驻104家创意产业企业、19家互联网企业,成功获批国家电子商务示范基地和国家级科技企业孵化器。总部经济不断壮大。世界500强企业新增5家、累计达到112家,总部及重点企业新增8家、累计达到171家,完成重点商务楼宇调查,税收"亿元楼"达到20栋。提档升级步伐加快。实施"热水瓶换胆"计划,金鹰财富中心全新亮相,大都会西楼金鹰女人街顺利搬迁,升级改造都市广场等9栋老旧商务楼宇;推进朝天门、菜园坝市场调整转型;味苑地块、国际大厦等"四久工程"处置成效显著。

——**全域渝中建设加速**。解放碑中央商务区加速发展。重庆金融街建设有序实施,八一宾馆地块、原检法两院地块启动建设,威斯汀酒店A栋、保利重宾、国泰广场等项目主体完工,新华国际大厦、英利国际金融中心等项目投入运营,步行街二期扩容1.2万平方米,30°特色街吧环境建设与业态调整初步完成,解放碑地下停车场及连接通道项目进展顺利,6栋楼宇灯饰建设完成。东部更新加快。朝天门地块内两幢高层建筑成功爆破拆除,重庆来福士项目顺利奠基;湖广会馆街区、凯旋路片区加速拆迁扫尾,南宋衙署遗址保护利用规划通过市政府常务会审议,十八梯地块完成设计公开招标,归元寺地块成功出让。中部继续发力。重庆中心项目启动建设,黄花园地块成功出让,上清寺重庆互联网产业园、大溪沟设计创意产业园配套设施不断完善。西部提速推进。龙湖时代天街17万平方米商业载体投入运营,单巷子、七牌坊项目顺利招商,高九路重庆总部城3万平方米甲级写字楼封顶,化龙桥嘉陵帆影一期建成,企业天地开始运营。基础设施更加完备。千厮门、东水门大桥主塔主体完工,与轨道6号线连接段工程同步推进,红岩村大桥、渝澳大桥至两路口分流道、雷家坡立交工程启动,打铜街道路改造和单巷子道路拓宽工程开工,虎支路、大溪沟水厂接嘉滨路等道路建成通车;优化调整成渝客运专线渝中段线路,朝天门汽车站顺利搬迁,奎星楼停车库一期建成投入使用,全区新增室内外停车位6807个;石板坡、红岩村变电站主体完工,大坪变电站项目顺利实施。

——城市管理迈上台阶。固化细化机制。深入落实“四化”要求、“五大机制”,总结形成环境卫生精扫细保程序、“先治后管、治管结合、先疏后堵、疏堵得当”整治占道经营思路、“守点、巡路、控面”到岗履职模式等行之有效的特色机制,全市多次在我区召开现场推广会。制定明晰标准。相继出台数字城管、环境卫生、市政设施、市容秩序、园林绿化、老旧小区整治、执法队伍等“上台阶”具体标准,数字城管案件按时核查率、区管主次干道黑化率等八项重点指标达到100%。“十大战役”纵深推进。拆除违法建筑15.3万平方米,取缔占道经营摊点8700个,规范设置便民商摊1070个;升级改造车行道5.9万平方米、人行道3.1万平方米,新建公厕3座、改建30座,清掏整治化粪池300处,维护改造排水管网5.7公里,完成火药局街等支次干道管网下地;空气环境质量满足二级以上天数334天,比上年增加16天;新增绿地面积36.7万平方米,绿化覆盖率39.4%;实施水表“一户一表”改造30587户,完成住宅老旧电梯更新改造173台,近1.5万户居民受益。

——民生民利持续改善。民生保障扩面提标。在全市率先实现免学费高中教育,惠及7200余名学生;投入1.3亿元实施“人生关怀”,惠及50.4万人次;完善医疗救助政策,基本公共卫生服务补助标准从人均31元增至36元;出台社会养老机构扶持政策,建成罗汉寺等10个社区养老服务站,新增机构养老床位330张;职工医保和居民医保住院政策内报销比例分别达到82%、50%;城镇企业退休人员养老金增长14.8%;发放低保金6736万元;确保廉租房保障应保尽保;完成35个社区环境综合整治,实现区域全覆盖;完成26.3万平方米危旧房拆迁以及兰家巷、九坑子等5个片区扫尾。就业创业成效明显。新增就业人员近4.4万人,帮助4608名就业困难对象实现就业,调查失业率4.6%;鼓励全民创业,成功创建全市唯一的国家级创业孵化基地,推出创业项目299个,新增微型企业683户,带动就业4765人。公共服务更加优质。教育经费投入达到11.8亿元,义务教育均衡发展合格区评估位列全市第一,素质教育取得新进步,出台大力发展职业技术教育实施意见,人民公园小学主体工程、四十二中学生宿舍新建项目基本完工,解放小学综合改造工程开工;编制智能渝中规划,解放碑公共区域基本实现免费无线上网,城区智能化程度不断提高;创建国家首批公共文化服务体系示范区成效显著,创建指标完成率达到90%,七星岗、菜园坝、化龙桥地区文化中心建设进展顺利,全市重点寺观罗汉寺项目前期工作推进顺利;创建国家卫生区十项必备条件基本达标,获评国家级慢性病综合防控示范区,完成区妇幼保健院迁建,改造临江门等3个社区卫生服务站,基本建成全区药品电子监控系统,未发生重大疫情和重大食品安全事故;建成常年免费开放的国民体质监测中心、浮图关健身步道,参加市四运会金牌总数位居全市第三;完成曾家岩等3个社区便民商圈建设,总数达24个;青春健康教育项目获得国务院妇儿工委高度肯定,被确定为实施中国妇女儿童发展纲要国家级示范区;重点青少年群体帮扶、分类引导青少年工作经验在全国宣传推广;支持工会发挥作用,职工帮扶和法律援助工作获得全国先进。社会管理不断优化。在全市率先出台加强物业管理工作意见,完成老旧住宅区物业管理164.5万平方米、惠及2.4万户,全区物业管理覆盖率达90%;深化“社区工作日”活动,成为全市唯一的全国社会管理创新最佳实践案例;创造性开展“幸福社区、邻里如亲”活动,荣获“全国爱心城市”称号;深入开展警民恳谈活动,受到市民普遍好评;投入6115万元,完成15个社区组织工作用房建设。社会保持安全稳定。化解中央和市级交办信访积案32件,办结率100%,信访总量持续下降;调解群众矛盾纠纷4100余件,处理消费纠纷1647件,在全市率先建成一站式医患纠纷调处中心;为困难群众提供法律援助594件;构建一体化大综治格局,加强社会治安“六张防控网”建设,刑事案件发案量下降12.9%;推进区属老国有集体企业改革攻坚,完成改制37户;深入开展“打非治违”,投入4000万元整治328栋高层建筑火灾隐患,投入近1亿元完成12处地质灾害隐患点整治,完成10栋D级危房排危抢险,未发生较大及以上安全事故,解放碑街道成功创建为全国安全社区,12个街道全部创建为市级安全社区;有序推进突发事件预警信息发布、应急应战指挥“两个平台”建设,民防081工程竣工并通过市级验收。

二、发展中存在的问题

一是“4+3”产业提升能级、优化结构、融合发展的任务还很艰巨;二是交通、环境等“瓶颈”制约依然突出,老、旧城区品质提升压力较大;三是中心城区社会管理面临新情况、新问题。

三、2013年发展目标

2013年,渝中区经济社会发展主要预期目标是:地区生产总值增长12%,公共财政预算收入增长11%,固定资产投资增长10%,社会消费品零售总额增长16%,实际利用内资200亿元、外资8.5亿美元,城市居民人均可支配收入增长12%、低收入家庭人均可支配收入增长15%,城镇调查失业率控制在4.6%以内,单位地区生产总值能耗下降2%,人口自然增长率控制在1.5‰以内。

大渡口区

大渡口区统计局 高孝娥

一、2012年发展回顾

区委区政府严格执行中央“稳增长调结构”的经济工作总方针,带领全区上下积极应对工业生产经营困难、投资规模萎缩等矛盾和问题,迎难而上、积极谋划、真抓实干,切实推进各项工作,全区城市建设进度加快,金融、消费市场健康平稳运行,节能降耗工作成效明显,社会民生保障扎实推进,全区经济发展基本实现“稳中求进”目标。全区实现地区生产总值127.1亿元,同比增长6.5%;规模以上工业企业实现工业总产值157.1亿元,增长3.0%;完成全社会固定资产投资总额122.3亿元,下降11.6%;实现社会消费品零售总额36.1亿元,增长13.6%;完成区级一般预算收入13.1亿元,增长15.3%。从全年经济运行态势看,主要呈现六大特征:

(一)经济增长高位回落,全年低位趋稳

一季度,受工业经济严重低迷影响和房地产高速增长支撑,在2011年一季度增长17.6%和全年增长16.7%的高位基础上,2012年全区GDP以11.1%的增速开局,同比和环比分别回落6.5和5.6个百分点,增速明显放缓;上半年,工业经济持续低迷、房地产拉动减弱,全区GDP增速再度回落3.8个百分点,仅实现7.3%的增长;前三季度,在工业经济依然低迷的情况下,受保障房建设进度加快、房地产投资和商品房销量增速大幅提高支撑,全区GDP增速出现0.3个百分点的小幅回升,同比增长7.6%,开始出现企稳势头;进入四季度,工业经济增速低位稳定,建筑业发展形势好转,金融业、盈利性服务业、商贸业等行业增长稳定,但受上年同期高基数影响,房地产支撑力度再度减弱,全年GDP增长再度回落1.1个百分点,以6.5%的速度收官,总体保住低位趋稳势头。

(二)工业企业经营困难,全年形势低迷

一季度,全区规上工业企业总产值以6.4%的低速增长开局,比2011年一季度和全年增速分别大幅回落35.5和26.9个百分点,之后各季度环比分别再度回落1.8、1.1和0.5个百分点,全年运行在3.0%~6.4%之间;与此同时,规模工业增加值增速全年总体运行在3.0%~5.8%之间。

66家规模工业企业中，有六成企业产值出现下降，三成企业利润出现亏损，全年实现利润6.1亿元，同比下降19.3%，企业经效指数199.2%，同比下降1.3个百分点。工业经济严重低迷，对全区经济的拉动作用大幅降低，2012年全区工业经济占GDP比重由上年47.6%下降到33.1%，下降14.5个百分点，对全区经济增长的贡献率由上年的51.8%下降至14.1%，降低37.7个百分点，拉动2012年全区GDP增长仅0.9个百分点，比2011年少拉动7.8个百分点。

(三)固定资产投资总量下降，地产表现良好

2012年，全区完成全社会固定资产投资总额122.3亿元，同比下降11.6%，比上年增速低37.1个百分点，比全市增速低34.5个百分点，投资规模为直辖15年来连续扩大后首次缩量。从投资三大板块分析：一是地产投资先抑后扬再回落，全年总体低速增长。2012年，全区完成房地产开发投资62.8亿元，增长9.2%，占全区投资总额的51.3%，为全区投资主要支撑。前4个月，全区房地产开发投资因宏观调控趋紧、市场预期不足而表现不佳，出现负增长；5月以后，房地产开发投资形势逐步好转，总体增速持续高于全区投资增速，弥补了工业投资下滑和基础设施投资疲软影响，全区投资实现正增长；8月份后，受上年投资高基数和当期投资项目不多、规模不大影响，房地产开发投资增速再度回落，全区总投资随之再度持续步入负增长区间。二是受宏观经济形势不佳、市场预期不高制约，工业投资高位持续回落最终负增长。年初，在上年低基数影响下，全区工业投资以257.0%的高速开局，随着基数增大和宏观调控趋紧以及投资者对市场前景信心不足，投资增速逐月下滑，到年底呈现负增长。2012年，全区完成工业投资19.0亿元，下降37.9%。三是受土地、资金制约，基础设施投资全年负增长。2012年，政府投资项目资金调度难度日益增大，全年完成基础设施投资35.4亿元，下降11.2%，自3月份起持续负增长，最终无法转正，对全区投资增长形成负拉动。

虽然投资总量下降，但由于房地产开发投资和商品房建设特别是保障房建设的良好表现，房地产业和建筑业对全区GDP增长贡献增强。2012年，全区房地产业和建筑业占GDP的比重分别为9.1%和10.8%，对全区GDP增长的贡献率分别由上年的15.7%和10.2%提高到24.1%和15.4%，分别上升8.4和5.2个百分点，拉动GDP增长1.6和1.0个百分点，成为继金融业之后全区经济增长“稳中求进”的两大支撑行业。

(四)居民就业收入提高，消费市场稳定

前期物价调控政策效果持续显现，居民就业收入水平稳定提高，为消费市场的稳步发展奠定了重要基础。2012年，全区新增就业岗位数16485个，增长42.1%，城镇登记失业率1.87%，下降0.03个百分点；城镇居民人均可支配收入24348元，增长11.2%，农村居民纯收入11804元，增长11.4%，扣除价格因素实际增长分别达到8.4%、8.6%，明显快于全区GDP增速。在扩内需调结构的政策基调下，九宫庙商圈通过举办各种购物节、“疯狂夜购”及赛事等营销活动，加大宣传力度，商圈人气逐步提升，商圈实现限上零售额13.7亿元，占全区社零总额的比重达到38.0%，有力促进了全区商贸业稳定发展和消费市场平稳运行。2012年，全区实现社会消费品零售总额36.1亿元，同比增长13.6%，全年保持13.5%左右的平稳增速；全区批发和零售业实现销售额131.0亿元，增长17.6%，全年保持18%左右增速；住宿和餐饮业实现营业额6.4亿元，增长17.5%，全年保持17%左右增速。全区商贸业占全区GDP的比重达到13.7%，对全区经济增长贡献17.2%，拉动经济增长1.1个百分点。

(五)金融市场运行良好，稳增长贡献大

2012年末，全区金融机构人民币存款和贷款余额分别达到315.6亿元、366.3亿元，比上年增长20.0%、20.7%，在信贷市场调控趋紧的形势下，传统金融业最终实现平稳较快发展；2011年培育起来的新型金融业继续保持了高速增长势头，经济效益良好，全年增加值增速高达3.2倍。传统金融业平稳较快发展与新型金融业高速增长，共同

带动全区金融业增长26.2%,拉动全区GDP增长1.8个百分点,虽然因翘尾因素制约新型金融业增速高位回落，但金融业仍成为2012年全区经济稳增长第一支撑力量,贡献十分突出。

(六)节能降耗成效显著,提速小康进程

重钢环保搬迁启动以来，全区能耗水平不断下降，单位GDP能耗水平由2007年的3.75吨标准煤/万元下降到2011年的1.53吨标准煤/万元，拉动2011年全区小康进程加快1.1个百分点,成为全区小康进程提速(1.4个百分点)的主要支撑。2011年9月重钢钢铁主业环保搬迁完成,2012年全区能耗水平继续大幅下降,全面小康建设进程进一步提速。2012年,全区规模以上工业企业能源消费总量为57.0万吨标准煤,比上年地区消费总量下降67.3%;万元工业产值能耗为0.41吨标准煤/万元,比上年地区消费单耗水平下降42.3%。

二、发展中存在的问题

一是国际经济环境依然复杂多变，全球经济仍将处于深度结构调整中，经济增长复苏缓慢,难以依赖外部市场提速全区经济发展;二是国内市场投资信心与能力还有待恢复,企业“去库存化”、“去产能化”任务仍然艰巨,稳增长宏观基础仍然不牢固；三是房地产政策调控难以明显放松,保障房建设面临较大资金压力,全区房地产开发投资和销售市场回升幅度有限;四是全区面临的土地、资金等要素制约依然存在。

三、2013年发展目标

2013年，大渡口区政府将深入贯彻党的十八大、市第四次党代会和区第十一次党代会精神,坚持科学发展观,把握好中求快的工作基调,以加快建设“生活品质之城、新兴产业之区”为目标,深化改革,真抓实干,致力破解体制、交通、要素等各方面发展瓶颈,培育新兴产业支柱,提速重点片区开发,持续改善社会民生,促进“五位一体”协调发展,全方位、高水平推进小康社会建设。2013年全区经济社会发展主要预期目标为:地区生产总值增长10%;规模以上工业总产值增长16%,全社会固定资产投资增长7%;社会消费品零售总额增长10%；公共财政预算收入增长10%;城乡居民人均可支配收入分别增长11%和13%;万元地区生产总值能耗下降3%。

江北区

江北区政府办公室　瞿灿萍

一、2012年发展回顾

2012年,江北区紧紧围绕“稳中求进”的总基调和全区改革发展稳定大局,深入落实“1595”总体发展思路,积极应对和驾驭复杂局面,妥善处理投资、消费、出口关系,加强经济运行调节,着力转变发展方式、推进结构调整、深化改革开放、促进城乡统筹,多项工作迈上新台阶,科学发展取得新成效，实现了本届政府工作的良好开局。

一是综合实力在应对挑战中稳步提升。地区生产总值达527.8亿元,同比增长13.7%。地方财政收入完成80.5亿元,增长15%,总量连续五年位居主城第一;其中区级税收达55.1亿元、连续两年位居全市第一。规模以上工业总产值达602.5亿元,增长16.3%。社会消费品零售总额达340.7亿元，增长17%；商品销售总额达2670.9亿元,增长29%,总量及增速连续三年保持全市第一。全社会固定资产投资完成443.6亿元,增长20.1%。实际利用外资和内资分别达6.5亿美元、420.6亿元。进出口总额达125.4亿美元,增长413.8%,增速位居全市第一。城乡居民收入分别达24847元和11864元,增长12.5%和12.4%。全社会R&D经费占GDP比重达2.05%,

科技活动产出、科技促进经济社会协调发展两大指标位居全市第一。

二是产业结构在加快调整中不断优化。三次产业结构优化为0.3:34.8:64.9。鱼复工业园完成征地2500余亩,建成两江大道等5条道路,引进尼玛克、延锋江森等13个知名企业,两江国际汽车城33个汽车及零配件项目实现开工,韩泰轮胎、霍尼韦尔等13个项目建成投产;港城工业园建成中集环道等3条道路,中钢报废汽车绿色回收示范项目落地,海尔滚筒洗衣机等15个项目建成投用,新建成工业楼宇30万平方米、引进中小企业60余户。制定全区"夜经济"规划,观音桥商圈产业发展总体规划编制完成,"太阳谷"融恒时代广场封顶,引进全球规模最大的苹果旗舰店,观农贸市场成交额达217亿元。国金中心、金融城等重点项目建设达到形象进度,新引进金融和总部企业37家,辖区总部企业达126家、金融机构达170余家,金融资产规模突破8500亿元,金融和总部税收达86.2亿元,长江上游金融中心核心区地位更加巩固。保税港水港功能区全面投用,果园港二期、寸滩港三期加快建设,海尔物流二期、中钢物流一期基本建成。建成5000亩寿竹基地,启动五宝篁园、生态示范农庄、移民后扶产业园建设。

三是城市建设在精心谋划中有序推进。完成农村和城市房屋拆迁65万平方米,"城中村"累计拆迁260万平方米,启动55万平方米城市房屋征收,拆除违法建筑31万平方米。完成江北总体规划编制、五宝镇10平方公里规划研究和唐桂片区、玉带山片区、港城B区城市设计;唐凤二级公路复五及五宝沿江段、中钢立交、新溉东路等26个项目建成投用;农村通客公路"生命工程"实现全覆盖。创"国模"通过验收,建成主城首家集中式工业污水处理厂;全面启动现代城市先进管理体系建设,完成一批老旧小区重点整治;茶文化公园一期、盘溪河公园、石子山体育公园建成开园,全区新增绿化面积45万平方米,人均公园绿地面积达23.2平方米,园林绿化主要指标全市领先;铁山坪生态区基础设施、"铁山十景"及云岭天泉养生组团一期示范区基本建成,成功创建市级创意产业基地。

四是社会事业在统筹兼顾中协调发展。投入20余亿元,大力发展各项社会事业。五里店工业设计科技园二期建成投用,重庆科技金融中心启动建设,全区专利申请量达3400余件、位居全市前列;义务教育均衡发展合格区评估全市领先,普惠幼儿园比例全市最高,特色学校数量全市第一,除市直属校外清华北大上线人数和重本上线比例保持区县第一。在全市率先启动破除"以药养医"机制,公立医院全部药品"零差率"销售,门诊人次上升59%、次均费用下降21%,率先开展基本公共卫生中医药服务试点工作。区文化艺术中心全面开放,8个街镇文化中心建成投用,4个市文化产业示范基地成功创建;全民健身活动蓬勃开展,竞技体育水平不断提升。

五是民计民生在共建共享中持续改善。城镇新增就业年度任务超额完成,城镇登记失业率降至1.62%,新增微型企业519户。城镇职工社会保险覆盖率达89.6%;开展城乡低保核查,实现了"应保尽保";投入1.32亿元保障"老弱病残"等群体基本生活,各类救助水平继续保持全市前列;新建、改扩建社区服务站26个,成功创建全国养老服务示范区。投入20余亿元,新建、续建安置房458万平方米,竣工85.4万平方米,投入使用1.4万套,为投资强度最大、安置群众最多的一年。群众安全感指数保持主城前列,社会管理综合治理考核连续三年位居主城第一,党政信访稳定目标考核位居全市第一。

六是自身建设在职能转变中切实加强。依法行政不断深化,自觉接受区人大及其常委会的法律和工作监督、区政协的民主监督和社会各界监督,办理人大代表建议、政协提案549件,办结率达100%、满意率达99%。行政效能不断提升,企业登记并联审批范围扩大,率先在全市建立服务评价综合分析平台;坚持执行政府投资预算评审和结算审计制度;加强应急救援和防灾减灾工作;创先争优活动深入开展。廉政建设不断强化，推进惩治和预防腐败体系建设，在全市率先建成综合电子监察系统，不断完善“五位一体”行政监察工作格局；深入治理商业贿赂，严肃查处各类违法违纪行为。

二、发展中存在的问题

一是经济发展质量和效益还需进一步提高；二是征地拆迁、企业改制等方面社会矛盾依然较多，物业管理纠纷、非法集资等一些新情况、新问题不断出现，加强和创新社会管理任务繁重；三是教育、医疗、社保等民生领域还存在一些薄弱环节；四是政府自身建设仍需加强、职能转变还需加快。

三、2013 年发展目标

2013 年，江北区国民经济和社会发展的主要预期目标为：地区生产总值增长 12%；规模以上工业总产值增长 15%；全社会固定资产投资增长 15%；社会消费品零售总额增长 12%；地方财政收入增长 8%；城乡居民收入分别增长 12%、14%；单位生产总值能耗下降 3.3%；城镇新增就业 3 万人。

沙坪坝区

沙坪坝区政府办公室　向宇华

一、2012 年发展回顾

（一）坚持稳中求进，综合经济实力不断增强

实现地区生产总值 658.1 亿元，增长 17.3%；财政一般预算收入 48.1 亿元，增长 18.7%；固定资产投资 398.6 亿元，增长 3.3%；社会消费品零售总额 280.9 亿元，增长 13.8%；规模以上工业总产值 1319.1 亿元，增长 45.9%；城市居民人均可支配收入 24958 元，增长 12.5%；农村居民人均纯收入 11718 元，增长 12.2%；城镇登记失业率 2.2%，人口自然增长率 1.48‰，单位 GDP 能耗降低 3.1%。

（二）坚持转型发展，工业经济不断壮大

1. 以笔记本电脑及其关联产品为主的电子信息业快速增长。笔记本电脑年产量达 3126 万台；打印机年产量达 900 万台；芯片月产能达 3 万片。电子信息类终端产品实现产值 956.1 亿元，增长 89.4%。

2. 以汽车摩托车及其配件为主的制造业提档升级。电动微车实现量产；高端泵产业化扩能深入推进；实施技术创新 42 项、新产品研发 23 项、技术改造 48 项；完成公交智能调度等 4 个工业化和信息化融合项目。

3.以智能化为目标的工业信息化步伐加快。推进电器信息化集成示范应用工程等 6 个智能信息化项目；搭建新型工业化信息服务平台和技术资源集成服务平台；引入产品数据管理等智能化技术解决方案，提升管理、设计和制造效率。

4. 以民营经济为主体的非公工业实体不断增加。新增民营工业企业 511 家，总数达 3000 家，实现增加值 141.6 亿元，占工业增加值的 40%、GDP 的 21.5%。

（三）坚持结构调整，现代服务业不断发展

1.生产性服务业加快发展。物流园中心站集装箱到发量达到 24.6 万标箱；永辉物流一期建成投用；中外运等 4 个物流中心开工建设；中国西部工业设计研究院、西部钢铁服务业基地、成都银行、民生物流中心等完成签约。

2.生活性服务业加快发展。以火车站综合交通枢纽建设为契机，商圈扩容升级全面启动；旭阳·台北城商业综合体、上新片区等城市综合体项目有序推进；路虎 4S 店、美丽信五星级酒店、德安百货等高端品牌签约入驻；融汇丽笙酒店正式营业，龙湖 U 城天街一期开街；新增商贸综合服务中心、社区便民商圈各 2 个，规范化农贸

市场4个。

3.特色服务业加快发展。歌乐山森林公园完成索道技术改造，磁器口游客中心建成投用，天池桂花基地新建文化墙3公里；“虎溪公社”、重庆大学出版社分别成为市级文化产业示范园区、基地，大学城文化创意产业园完成科研项目196项；“中国西部健康城”完成规划编制。检测、咨询、评估、广告服务等各类特色服务业不断发展。

（四）坚持统筹协调，城市与新农村建设不断完善

1.区域功能布局得到优化。乡镇土地利用总体规划获得批准，分区规划及7大片区控制性规划完成编制，“两带两中心五片区”发展格局进一步明确。

2.城市转型取得进展。轨道一号线沙大段等9条道路、西永换乘枢纽建成投用，“两双”工程等13条道路按时推进，凤中西路等9条道路启动建设。新增人行天桥2座、公交站点18个、路灯657盏，优化交巡警流动平台16个、公交线路13条、交通信号灯20处，整治违法行为33万件。建成广场1个、公园4个、压缩式垃圾站3个、公厕7座，改造旱厕162座，改造“一户一表”1.1万户，建成供水管网15公里、燃气管道93.5公里。打造环境综合整治示范社区8个、“市容三创”项目2个，完成主干道综合整治4.4公里，拆除违法建筑35万平方米，整治违规经营2.7万次，“数字城管”系统覆盖75.7平方公里。

3.新农村建设收到实效。建成“村通畅工程”128公里、农村客运招呼站20个，梨新路实现通车，行政村公交覆盖率达86%。歌乐山—中梁供水工程设计获得批准，冷水沟等3座水库除险加固完工，凤凰和回龙坝饮用水接入大学城供水管网，7万人饮水安全得到保障；建成巴渝新居100户，完成危旧改412户。培育新型合作社6个，完成村集体经济组织产权制度改革2个，新流转土地3600亩，规模化经营率达38%，农转城5305人，城市化率达84.1%。新增特色产业基地4928亩，建成食用菌生产基地1个。

（五）坚持民生为重，各项社会事业不断进步

1.社会保障水平有新提高。城镇新增就业6.3万人，就业困难人员就业再就业7205人，就业技能培训5655人，打造市级创业就业孵化平台4个，带动就业2.2万人，保持“零就业”家庭动态消除。完成“五险”扩面征收，劳动合同签订率达96%，劳动者争议仲裁结案率96.5%。发放低保金4437万元、救济慰问金2423万元，流浪乞讨救助4604人，送返未成年人97人。新扩建社区托老中心9个、民办养老机构6个，新增养老床位725张。“惠残2012工程”惠及1.4万人，完成妇女儿童十年发展规划编制。

2.教育文化事业有新发展。建成标准化学校5所、公办幼儿园3所，学前教育三年入园率达93.5%；通过国家义务教育发展基本均衡区市级评估；职业教育获全国职业技能大赛奖项全市第一；投入5158万元实施减免困难学生学费、“学生营养工程”等项目，惠及8.5万人次，解决驻区学校实际困难60余个。完成20个街镇文化中心、80个社区文化室、86个农家书屋标准化建设和冯玉祥旧居下院维修工程，送电影、故事、展览等1084场、图书4.2万册。

3.卫生体育事业有新成效。建成社区卫生服务中心5个、一体化村卫生室30个，青木关等3家医院迁扩建工程有序推进；投入3000余万元实施免费体检、生育全程关怀，公共卫生服务惠及52万人次。开展食药品安全专项整治16次，实现“零事故”。建成街镇健身中心2个，市四运会获青少年组金牌、奖牌和总分三个第一。

4.居民居住条件有新改善。完成危旧房、城中村拆迁7.9万平方米。安置房竣工58万平方米，安置拆迁居民11843户，康居西城等公租房配租10760户，廉租住房保障新增478户，消除房屋安全隐患124处，改造老旧电梯54部。

（六）坚持扩大开放，园区发展不断加快

1.基础设施建设进一步加强。“一城三园”建成道路19.4公里、厂房81万平方米、安置房32万平方米，口岸联检大楼、大学城固废转运中心、西永综保区运动场、大学城和虎溪公交站

场。安装重师路等6路段照明设施,新增邮政、银行、社区文化室等60余个。

2.体制机制建设进一步加强。建立外资企业审批“绿色通道”,全程代办审批手续,协调解决各类问题18个。建立企业用工储备制度,输送员工10280人,储备5000人。理顺管委会、街镇社会事务管理体制,组建西部综合服务大厅,集中办理行政审批事项。实施“一企一策”扶持政策,简化政策兑现程序。

3.招商引资工作进一步加强。参加渝洽会等招商活动12次,引进电子信息、商贸物流等企业191家,到位内资269.3亿元、外资13.7亿美元,进出口总额189.8亿美元,与12家企业签订入驻意向。组建4个重点项目专业招商团队,14个重点外资项目实行区领导负责制。

(七)坚持安全可持续,生态环保与安全不断稳固

1.生态环保取得实效。完成地灾防治规划修编,整治地灾2处,处置地灾险情36起。植树造林0.9万亩,建成生物隔离带20公里、森林防火通道33公里,林木绿化率达38.4%。关停、搬迁污染企业112家,建成污水处理站、生态湿地各1个、排污管网10.8公里,主要污染物减排总量控制超额完成,空气质量优良天数334天,梁滩河出境断面水质达Ⅴ类,清水溪跳蹬河消除黑臭,通过环保创“国模”考核验收。

2.安全稳定得到加强。启动公安应急指挥中心建设,完成“三所一队”新址征地拆迁,开展16个重点地区专项整治,查处治安案件987件、破获各类刑事案件58件。村(社区)安监协管站实现全覆盖,重点行业(领域)A、B级企业达标率93.5%,整治隐患87299件,创建国家级安全社区2个、市级平安校园63所。推行重大事项社会稳定风险评估,建立信访周研判、月调度制度,82件市交办积案全部化解销号。

(八)坚持创新驱动,创新型城区试点不断深入

1.创新平台建设取得新进展。启动区域科技公共资源共享平台及重庆产学研合作创新创业基地建设,打造科技创新服务平台9家、科技中介机构5个。投入300万元支持26家企业开展创新实践,新增国家高新技术企业8家、知识产权试点企业1家、市级知识产权试点园区1个,孵化企业30家。

2.产学研合作取得新进展。与高校、科研院所、企业等17家单位签订合作协议,开展国家、市级科技项目合作140项,建成大学生创业基地并引入企业12家,校地企合作机制初步建立。

3.创新成果转化取得新进展。新增国家高新技术产品57个,高新技术产业增加值增长30%,科技成果转化率达51%。推进国家知识产权试点建设,万人发明专利拥有量达18件,专利技术合同交易增长30.4%。

二、发展中存在的问题

一是发展速度与效益不同步,经济结构亟待优化,财政增收困难。GDP的高速增长主要依靠电子工业拉动,税收在一般预算收入中的占比下降。二是城乡区域发展不同步,基础设施、生活环境、收入水平等多方面存在城乡差距、区域差距。三是经济增长与社会福祉提升不同步,经济总量快速增大,部分群众生活依然困难,生活质量亟待改善。四是资源优势与转化不同步,科教文卫资源向特色产业和现代服务业深度转化不够,创新潜力亟待发挥。

三、2013年发展目标

2013年经济社会发展预期目标是:GDP增长13%,公共财政预算收入增长10%,固定资产投资增长10%,社会消费品零售总额增长12%,规模以上工业总产值增长23%,城市居民人均可支配收入增长11%,农村居民人均纯收入增长13%,城镇登记失业率控制在3%以内,人口自然增长率控制在2.5‰以内,单位GDP能耗降低3.3%。

九龙坡区

九龙坡区政府办公室 吕晋

一、2012 年发展回顾

2012 年,全区生产总值 776.3 亿元,按可比价格计算,比上年增长 6.6%。分产业看,第一产业增加值 9.28 亿元,增长 2.1%;第二产业增加值 386.88 亿元,增长 5.9%;第三产业增加值 380.14 亿元,增长 7.3%。三次产业结构的比重为 1.2:49.8:49。地方财政收入 62.73 亿元,比上年增长 4.2%;地方财政支出 106.38 亿元,增长 27%。年末,金融机构各项存款余额 1260.47 亿元,增长 20.3%,其中城乡居民储蓄余额 594.06 亿元,增长 20.6%;贷款余额 1052.92 亿元,增长 14.3%。

农作物播种面积 13718 公顷,减少 0.1%。其中,粮食作物面积 6596 公顷,增长 4.2%;经济作物面积 512 公顷,下降 0.5%;蔬菜瓜果类面积 6124 公顷,下降 3.9%。花卉种植面积 848 公顷,下降 1.1%。农用化肥施用折纯量 2736 吨,下降 1.5%。

工业总产值实现 1371 亿元,工业增加值 350.49 亿元,工业增加值占全区比重达 45.1%。年末规模以上工业企业达到 325 个,其中,大中型工业企业 83 个。规模以上工业企业工业总产值 1003.55 亿元,增长 6.2%。汽车制造业、摩托车制造业、有色金属冶炼及压延加工业、电气机械及器材制造业四大主要行业工业总产值 737.19 亿元,占规模以上工业企业比重为 73.5%。工业销售产值 949.41 亿元,增长 3.5%;工业产品销售率为 94.6%,下降 2.5 个百分点。规模以上工业企业主营业务收入 937.38 亿元,下降 2.8%;利润总额 26.38 亿元,下降 21.1%。亏损企业个数 60 个,亏损额 2.91 亿元,增长 55.4%。主营业务收入上亿元的工业企业 129 个,主营业务收入 849.61 亿元,占规模以上工业企业比重为 90.6%,下降 2.3 个百分点。工业经济效益综合指数 223.7%,增加 8.3 个百分点;总资产贡献率为 6.5%,下降 1.0 个百分点。

具有资质等级建筑企业总产值 305.26 亿元,增长 2.7%,其中国有及国有控股企业完成建筑业总产值 202.26 亿元,增长 4.2%。建筑施工面积 3020.03 万平方米,增长 16.5%;建筑竣工面积 988.82 万平方米,增长 46.6%。商品房施工房屋面积 1677.84 万平方米,增长 6.2%,本年新开工面积 328.76 万平方米,下降 29.7%;商品房竣工房屋面积 309.12 万平方米,增长 8.2%;商品房销售面积 340.01 万平方米,增长 10.0%。销售额 173.70 亿元,增长 9.7%。商品房待售面积 83.48 万平方米,增长 55.7%。

交通公路通车里程 869.933 公里,区级城市主、次、支干道 303.82 公里。公路旅客运输量 4806 万人,增长 13.5%;公路货物运输量 7574 万吨,增加 21.4%。邮政业务总量 7386 万元。

全社会固定资产投资 401.82 亿元,增长 20.5%。按产业划分,第一产业投资 0.92 亿元,增长 120%;第二产业投资 101.21 亿元,增长 27.7%;第三产业投资 299.17 亿元,增长 45.9%。

社会消费品零售总额 372.15 亿元,增长 17.0%。其中批发和零售业 334.57 亿元,增长 17.6%;住宿和餐饮业 37.58 亿元,增长 11.4%。年成交额上亿元的商品交易市场 20 个,成交额 632.16 亿元,下降 1.0%。

外贸进出口总额 32.17 亿美元,增长 79.7%。其中,进口总额 2.94 亿美元,增长 34.0%;出口总额29.23 亿美元,增长 86.1%。新签约项目 78 个,投资总额 1053 亿元,增长 30.0%。其中,正式协议 38 个、意向协议 40 个。实际利用外资5.68亿美元，增长43.7%；实际利用内资351.49亿元，增长46.1%。

接待国内游客2022万人次，增长31.2%；旅游总收入50.32亿元，增长31.2%。有三星及以上宾馆（饭店）数16个，星级饭店客房数达2987间。保险业支公司10家，保费总收入6.95亿元，下降16.6%。其中，财产险保费收入2.96亿元，增长17.3%；人身险保费收入3.99亿元，下降32.3%。保险赔款支出2.71亿元，增长47.3%。

二、发展中存在的问题

一是综合实力大而不强，经济社会发展不够协调；二是产业结构亟待优化，传统产业仍占主导地位，高新技术产业亟待提升，现代服务业和战略性新兴产业发展不足；三是城市功能不够完善，城市管理有待加强；四是资源环境约束趋紧，土地、资金、能源等制约因素仍将长期存在，生态环境保护和节能减排压力较大；五是安全稳定工作压力较大，社会管理水平有待提升，基本公共服务均等化任务艰巨，就业和安全生产压力加大，贫困群众生活亟需改善，企业改制、征地拆迁等遗留问题和社会矛盾依然突出，不稳定因素在一定范围内仍然存在；六是干部干事创业能力还需提高，政府自身建设仍需加强。

三、2013年发展目标

综合各种因素，2013年国民经济和社会发展主要预期目标为"八增长、两确保、一控制、一下降"：力争地区生产总值增长13%、达到870亿元，工业总产值增长10%、达到1510亿元，固定资产投资增长15%、达到460亿元，社会消费品零售总额增长13%、达到410亿元，公共财政预算收入同口径增长10%、达到51亿元，工商企业户数增长12%、达到4.2万户，城市居民人均可支配收入增长12%、达到28000元，农民人均纯收入增长13%、达到13730元；确保完成外贸进出口总额16亿美元，确保实际利用内资260亿元、实际利用外资4亿美元；城镇登记失业率控制在2.1%以内；单位生产总值能耗下降3%。

南岸区

南岸区发展改革委 李少龙

一、2012年发展回顾

2012年，南岸区着力"打基础、增后劲，稳增长、惠民生，促改革、扩开放"，努力完成各项目标任务，迈出"科学发展、富民兴区"新步伐。

（一）综合经济实力稳中有进

全区生产总值达到465.6亿元、增长12.2%，人均地区生产总值达到58390元。区级财政收入达到61.2亿元、增长10.8%，税收占比达60.5%，财政收支平衡。固定资产投资完成403.4亿元，增长18%。商品销售总额和社会消费品零售总额分别达到872.9亿元、308.8亿元，分别增长21.1%和18%。工业总产值达到805.2亿元、增长15.1%，工业效益指数达到326.2%。城乡居民收入分别达到24545元、12500元，分别增长12%和13%，收入比缩小到1.96:1。实际利用内外资分别达到250.7亿元和4亿美元，进出口总额达到9亿美元。人民币存贷款余额分别达到807亿元和653亿元。节能减排、人口自然增长等约束性指标任务全面完成。重庆经济技术开发区生产总值增长18.3%，工业总产值增长21.3%。

（二）产业结构调整取得新进展

三次产业结构调整为1:62.3:36.7，第三产业占比提高1.1个百分点。产业集群初具规模。构建起电子信息产业"三基地一分院一平台"，

“三大集群”产值占工业总产值比重提高到53.7%。国信通等6家移动通讯终端企业落户，手机产量突破1000万台。中移物联网公司挂牌，引进方正移动传媒等25家物联网企业，智能家居、税控机等项目投产，车联网、二维码、电梯卫士等示范应用工程全面启动。重庆机床集团搬迁顺利推进，机电企业达到89家。新增高新技术企业8家、高新技术产品45个，专利数量增长20%。商贸流通加快发展。南坪商圈社会消费品零售总额达到247.1亿元，增长19.5%。协信星光时代广场、盛汇广场、西部美博城开业，商业总面积增加到211.3万平方米。以朝天门国际商贸城、西部医药城为代表的迎龙专业市场集群加快推进，与市药品交易所共建医药流通全程电子商务示范区。总部经济不断壮大。弹子石-南滨路被市政府定位为全市金融核心区，恒丰银行、崇信小额贷款公司等6家金融企业落户，金融机构资产超过1000亿元。南滨路盘活可用招商资源近40万平方米。税收过亿元楼宇达到6栋，商务楼宇面积达到144万平方米。会展交易收入达到47.1亿元，增长23%。旅游产业持续升温。丽笙世嘉、凯宾斯基等五星级酒店竣工投用。米市老街等项目积极推进，长江汇当代艺术中心成为南滨路新亮点。迎龙摘香季、江南枇杷节等节会发挥品牌效应。过境、过夜游客总量分别达到2806万和271万人次，分别增长25%和10%。

(三)城市发展健康有序

三大区域建设统筹推进。茶园新区基础建设不断夯实。弹子石-南滨路总部经济区初具规模。南坪城市副中心活力不断增强，南坪西区初步完成控规编制。基础设施加快建设。渝南分流道二期、向黄路竣工投用，黄桷湾立交基本建成，寸滩大桥开工。建筑业总产值达到158.6亿元、增长17.4%，房地产市场健康发展。土地征收工作进展顺利，完成农村征地拆迁1.5万亩，城市拆迁征收房屋52.3万平方米，南坪西区等片区共储备土地6632亩。城市管理不断规范。完成全国环保模范城市创建任务和国家卫生城区创建申报。新建污水管网20公里，污水纳管率达到95%。生活垃圾清扫率达到98%，城镇生活垃圾无害化处理率达到98%。整治拆除违法建筑35万平方米。森林覆盖率达到40%，空气质量优良天数达到337天。

(四)民生改善持续推进

社会就业更加充分。新增城镇就业3.6万人。96.6%的村居完成充分就业的创建任务。城镇登记失业率1.3%、低于全市2个百分点。覆盖城乡的社会保障体系基本形成。社会保险扩面和养老待遇调整等工作扎实推进。城乡最低生活保障和医疗救助投入资金7609万元、惠及群众5.4万人。住房保障水平不断提高。投入30亿元建设保障性住房，提供住房1.7万套，实现低保困难家庭廉租房全覆盖。城乡教育发展逐步均衡。“教育十大项目”有序推进，城南家园小学等学校建成投用，中小学标准化率达到86%，启动建设职业技术教育园区。医疗卫生服务体系日益完善。区妇幼保健院成功创建二甲，西郊医院一期主体工程完工。城乡公共文化服务体系实现全覆盖。免费开放103个公共文化服务单位，开展文化惠民活动168场次。重庆抗战遗址博物馆修缮一期工程完工。群众体育活动蓬勃开展。成功举办2012重庆国际马拉松赛、世界步行日万人健步走等活动。国民体质监测抽样合格率达到92.6%；人均体育场地面积达到2.1平方米，居全市前列。

(五)社会局面保持稳定

社会管理体制机制逐步健全。创新“1+10”工作体系，深化“两委一室三平台”网格化服务，开展社会管理综合信息管理系统试点。严格落实“三访”制度，解决群众实际困难2822件。人民调解组织增至186个。巩固老旧住宅区物业自治管理成果，覆盖率达到85%。社区用房全面达标，建设面积全市领先。安全稳定局面得到巩固。安全生产目标考核连续6年荣获全市一等奖。应急管理“两个平台”建设稳步推进，成功应对30年来长江干流最大洪峰过境险情。食品药品安全监管得到加强。一体化大综治格局不断强化，全区刑事案件下降3.5%，“八类”案件、侵财案件破案率均提高11个百分点。全区无一起涉枪涉爆重大案件、重特大交通事故、群死群伤火灾事故发生。

（六）“双十”工程务实推进

十大经济工程进展顺利：电子信息产业占工业总产值比重提高到17.8%；美的西部制冷家电园一期具备投产条件；朝天门国际商贸城一期项目开工，西部医药城完成征地拆迁；弹子石总部经济区开工建设；环迎龙湖现代农业示范园区旅游发展策划规划完成；南坪西区“退二进三”项目有序推进；杨家山项目加快建设；廖家山片区启动征地拆迁工作；南山隧道完成总体进度的74%；六纵线项目启动前期工作。十大社会工程稳步推进：城南家园公租房一期按期交房；改造城乡D级危旧房1866户；建成保障性住房71.6万平方米；建成街镇普惠性幼儿园12所；茶园商圈金隅大成时代都汇项目加快建设；茶园新区建成投用中小学3所、医院1所；广阳岛征地拆迁工作全面完成；施光南大剧院主体完工；两江四岸风貌整治南岸段完工；大禹广场建设方案进一步优化。

二、发展中存在的问题

一是经济增速放缓与高速增长预期的反差较大，突出表现在去年部分经济指标低于年初确定的目标，转方式、调结构已刻不容缓。二是经济结构调整尚未取得实质性突破，服务业比重低，产业集群效应不强，创新驱动乏力，土地、能源等要素供需矛盾愈加凸显。三是发展环境有待优化，城市功能配套不够完善；一些单位行政效率不高，部分干部服务群众和服务基层意识不强，存在慵懒散奢、推诿扯皮、吃拿卡要等现象。四是改革有待进一步深化，经济发展、民生改善、社会管理等工作的体制机制还不够完善。五是开放型经济基础比较薄弱，开放力度不大，外资结构不优，尚未充分融入全市内陆开放大局。

三、2013年工作发展目标

2013年预期目标：地区生产总值增长12%左右。区级财政收入增长12%左右，税收占比达到60%以上。社会消费品零售总额增长17%，固定资产投资增长13%。工业总产值增长16%。实际利用内资200亿元、外资3.5亿美元，进出口总额达到5亿美元。城乡居民收入分别增长12%和13%。完成市政府下达的节能减排目标任务。经开区生产总值增长13%，固定资产投资增长13%以上，工业总产值增长16%。全面完成市政府下达的节能减排目标任务。重点做好四个方面工作：以提升质量和效益为中心，深化经济结构调整；以新型城市化为导向，提升城市发展品质；以服务群众为宗旨，切实保障和改善民生；以改革创新和扩大开放为动力，增强发展与创造活力。

北碚区

北碚区政府办公室 唐富强

一、2012年发展回顾

2012年，北碚区坚持科学发展、稳中求进，沉着应对各种挑战，奋力推动经济社会发展。完成地区生产总值334.76亿元，增长14.2%、居主城第三位；规模以上工业总产值569.93亿元，增长19.1%、居主城第二位；规模以上工业增加值169.46亿元，增长18.1%、居主城第三位；地方财政收入36.92亿元，增长22.6%、居主城第一位；全社会固定资产投资395.81亿元，增长27.5%、居主城第一位；社会消费品零售总额121.48亿元，增长17.6%、居主城第四位；城乡居民人均收入分别达到24728元和10018元，增长12.6%和13.5%，增幅均居主城第二位。

(一)"两高一特"产业加快发展

高新技术产业支撑作用更加明显。卡斯马一期等13个重点项目投产,新兴丰能二期等15个重点项目主体完工,精进能源等16个重点项目加快推进,川仪仪器仪表基地等11个重点项目开工。新增高新技术企业18家、高新技术产品和重点新产品75个、中国驰名商标3件。高新技术产品产值达312亿元,增长30.5%,占规模以上工业总产值的54.7%,比上年提高6.5个百分点。

高品质生态商住品牌效应开始显现。龙湖·紫云台等11个重点项目开盘销售,中铁建·山语城等15个重点项目加快建设,旭辉·朗悦郡等12个重点项目开工。完成房地产投资129.37亿元,增长69%、居主城第一位。开工商品房250.18万平方米,销售商品房148.77万平方米,销售额81.96亿元、增长19.8%。商品房区外销售率45%,高品质生态居住品牌渐入人心。

特色旅游产业基础不断夯实。悦榕庄度假酒店即将开业,两江风帆和心景·汤天下温泉酒店主体竣工。卢作孚纪念馆等历史文化景点完成改造并免费开放。静观花木生态旅游区成功创建为国家3A级景区。"北碚一日游"纳入台湾旅游组团产品。成功举办第十届"腊梅文化旅游节"和首届"宜居北碚节"。全年接待游客1848万人次,实现旅游综合收入55亿元,分别增长30%和33%。

(二)两江新区北碚片区开发建设持续发力

两江新区北碚片区完成生产总值95.76亿元,增长25.1%;工业总产值257.5亿元,增长31.3%;全社会固定资产投资200亿元,增长56.3%。

蔡家组团城市开发步伐加快。新编17平方公里控规通过专家评审,31平方公里控规修编通过专家论证。取得征地批复10700亩,实施征地1万亩,供地3770亩。开工横二路G区段等道路9.5公里,建成纵三路南段等道路9公里。蔡家城市广场对外开放。蔡家污水处理厂主体完工。110千伏蔡家二号变电站建成投用,110千伏蔡家三号变电站、220千伏水井湾变电站前期工作顺利推进。雷科电器总部、安桥汽车配件等8个工业项目开工,德尔福、海斯坦普等6个工业项目投产。世界500强企业中铁大桥局、富士电机成功入驻。全年到位招商引资资金120亿元。新开工商品房80万平方米,销售40万平方米,城市综合开发逐渐掀起高潮。

水土组团开发建设全面提速。完成征地6432亩,供地2741亩。完成管线迁改12公里。建成悦复大道北碚段等道路27公里,开工丰和路等道路50公里。龙门大桥、清溪河大桥加快建设,水土嘉陵江大桥完成前期工作并即将开工。220千伏新农变电站和110千伏书院变电站建成投用。水土污水处理厂、110千伏电缆隧道如期开工。水土二号等5座变电站前期工作扎实推进。北大方正等4家企业投产,中科院重庆分院等5个项目主体封顶,中国联通项目主体完成60%,华能燃机电厂正进行基础施工。云计算30万台服务器项目基本形成营运规模。全年协议引资676亿元。投资328亿元的京东方液晶面板8.5代生产线、投资50亿元的联东U谷、投资15亿元具有产业引领性的上海超硅IC级硅片等项目成功入园。投资178亿元的中国电信、中国移动顺利入驻,实现了三大通讯营运商齐聚水土。中建集团、中关村集团和两江集团投资100亿元的西部生命科学园正式签约。

(三)城市品质逐步提升

基础设施不断完善。轨道交通6号线北碚段土建完工。绕城高速公路渝武立交改建工程、渝广高速公路北碚段开工建设。北碚纳入主城区公共交通1小时免费·优惠换乘,同兴公交换乘枢纽建成投用。建成滨江步道4公里。外环天然气管网北碚段基本建成。温泉城核心区水气干管和红工水厂扩建工程主体完工。改造LED路灯5000盏。新(改)建垃圾站13座、公厕14座。整治背街小巷16.2万平方米、居住区15万平方米。

生态质量持续改善。顺利完成环保创模任务,26项指标全面达标。空气质量优良天数达

347天，再创历史新高，保持主城第一位。新(改)建城市公园5个。森林覆盖率达48.68%，人均公园绿地达26.16平方米，均保持主城第一位。单位生产总值能耗和主要污染物排放总量持续下降。

商贸功能逐步增强。初步完成蔡家组团、水土组团商贸规划。以嘉陵风情步行街为核心的缙云商圈累计入驻商家350余户，商业业态日趋完善。建立城区菜市场管理新机制，建成农副产品自产自销摊区。天府等9个镇农贸市场完成整治。

城市管理水平提升。新增停车位2432个。作孚广场和嘉陵风情步行街综合整治全面完成。数字化城市管理平台功能不断拓展，城市管理投诉结案率达85%。违法建筑整治力度不断加大。国家土地例行督察和卫片执法检查顺利通过。

(四)城乡统筹扎实推进

农业产业结构进一步优化。蔬菜、花木产业实现产值11.72亿元，占农业总产值的62.4%。农产品优质率达66%、商品化率达68.3%。新增无公害水果基地1个、无公害农产品3个、重庆市名牌农产品8个。“北碚红豆杉”成为全区第二个中国地理标志。

农业发展平台进一步夯实。生态农业园区开发建设逐渐加快，重庆温泉谷项目控规获批。台农园核心区1平方公里控规获批，取得用地指标1040亩，完成土地整治2000亩。高端水果出口生产示范基地、台湾嘉宝果苗木基地等项目加快推进。

农村基础设施进一步完善。龙凤石曹上、天府采煤沉陷区供水工程主体完工。新(改)建小型水源工程139处，7座小(二)型病险水库整治完工。新解决2.9万群众饮水安全问题。代干路、北金路改造完工。建成农村联网公路60公里。新增农村客运线路6条，行政村客车通达率达82%。建成农民新村2个，100户巴渝新居和531户农村危旧房改造完工。7座镇级污水处理厂建成投用，新建镇级污水管网9.1公里。在全市率先建成农村垃圾收运系统。56个村完成村庄环境连片综合整治。静观镇基本建成全市统筹城乡集中示范点。

(五)改革开放力度加大

深化改革取得较好成效。进一步深化银政企合作，金融生态环境不断优化。银行存款和贷款余额分别突破400亿元和300亿元。新引进浦发银行等金融机构7家。15家企业纳入上市储备库，5家企业启动上市工作，2家企业在重庆股份转让中心挂牌。完成政府性融资153亿元，首次成功发行10亿元企业债券。流转农村土地3000亩，完成农村“三权”抵押及农户小额信用贷款4.33亿元，兴农公司担保金额达2.14亿元。

开放水平不断提高。强力实施招商引资，引进重大项目34个，其中世界500强企业7家、中国500强企业3家。实际利用内资326.54亿元、外资4.47亿美元。新增出口企业10家，实现外贸进出口总额4.57亿美元。对口支援巫山项目10个，资金1835.5万元。大力支持民营企业发展，认真贯彻“新36条”，为企业减税让利近10亿元，投入扶持资金7亿元。全区民营企业达到6907户，实现增加值225亿元，占地区生产总值的67.2%。

(六)社会民生不断改善

坚持财政支出以民生为先，财政投向民生28.71亿元，占一般预算支出的56.8%，总额净增6.11亿元。

就业和社会保障力度加大。以征地农转非人员、农村富余劳动力为重点，开展各类职业技能培训2.1万人次。新发展微型企业602户。城镇新增就业2.2万人，城镇登记失业率控制在2%以内。全面提高城乡低保等社会保障标准，2.02万名困难群众的基本生活得到保障和改善。发放社保金18.37亿元、低保金3658万元，惠及群众49.3万人次。

社会事业快速发展。获得专利授权1522件，增长115.6%、居主城第一位。公办普惠性幼儿园实现镇街全覆盖。两江名居小学建成投用，兼善中学蔡家分校等10所学校加快建设。高考重本上线人数保持1000人以上,中职在校学生保持1.2万人左右。图书馆改造完工并免费开放。重庆自然博物馆新馆开始布展。17个镇街文化站通过市一级文化站评估。成功举办海峡两岸电视艺术节。完成广播电视数字化转换1万户。顺利通过国家卫生区复审,区中医院创建为三甲中医院。免费开展孕前优生健康检查4936人次。缙云文化体育公园体育场建成投用、体育馆主体完工。获得市四运会区县成人组团体总分第一、奖牌数第一。

住房保障能力不断增强。两江名居公租房配租11511户、入住7384户。歇马、蔡家南、水土三汇350万平方米公租房开工,水土思源、万寿147万平方米公租房主体完工。累计建成廉租住房1629套。新开工农转非安置房46万平方米,建成危旧改安置房15万平方米,62万平方米棚户区安置小区基本建成。

社会管理水平逐步提高。恢复6个派出所,建成110个警务室,组建4个责任区刑警队,警务实现全覆盖,公安基层基础不断夯实。刑事案件发案量、治安案件受理量持续下降。信访总量和人次分别下降9.4%和19.3%。建成应急应战平台和应急预警平台。安全生产责任全面落实,食品安全监管机制不断创新,全年未发生较大以上事故,社会保持和谐稳定。

二、发展中存在的问题

虽然北碚经济社会保持了平稳较快发展势头,但依然存在一些不容忽视的问题。一是经济总量偏小,结构不够合理,质量效益还需提高。二是基础设施、城市功能不够完善,特别是交通和部分农村地区生产生活用水设施建设还需加强。三是积极应对宏观经济形势的措施有限。受全球经济增长乏力和全国、全市经济整体下行影响,全年有6项主要指标增幅未实现预期目标。四是政府工作作风还需改进,一些工作人员责任意识不强、工作创新不够。对这些问题,我们将采取有力措施加以解决。

三、2013年发展目标

2013年,北碚区经济社会发展主要预期目标是:全区生产总值增长12.5%,规模以上工业总产值增长18%,全社会固定资产投资增长15%,社会消费品零售总额增长17%,公共财政预算收入增长13%,城乡居民人均收入分别增长12%和14%。

渝北区

渝北区发展改革委 蒲晓霞

一、2012年发展回顾

2012年,面临严峻复杂的国内外形势,在全市经济发展下行压力增大以及往年基数不断增大的双重考验下,渝北千方百计保持了经济平稳运行,主要经济指标稳中有升,全年实现地区生产总值879.32亿元、增长14.3%,其中第二产业实现增加值552.47亿元、增长17.3%,拉动GDP增长10.7个百分点,第三产业实现增加值303.67亿元、增长10.7%,拉动GDP增长3.5个百分点。完成固定资产投资610亿元、增长16.4%,地方财政收入(不含北部新区)完成52亿元、增长3.4%,城乡居民收入分别达到24733元、9375元,均增长12.7%。

(一)开放高地全面显效

全力参与两江新区开发,全年实施征地3.6万亩,龙兴工业园、保税港区空港功能区、悦来会展城等平台载体加快建设,两江国际影视城民国街建成开街,重庆直升机产业投资有限公司通用航空基地建成投产,皮拉图斯通用飞机项目落户,江北机场年旅客吞吐量达到2200万人次、货邮吞吐量达26.8万吨,开放高地建设全面显效。全区全年到位内资444亿元、实际利用外资18亿美元，完成外贸进出口总额80亿美元，4家企业进入重庆出口企业30强。

(二)工业经济逆势增长

在全国工业经济增长放缓的宏观环境下，全区工业经济实现逆势增长。汽摩、装备制造、特色轻工等产业加快发展，电子信息及战略新兴产业培育壮大，重点技术改造项目初见成效，全年完成规模以上工业总产值1807.2亿元、增长18.7%。其中，生产汽车90.4万辆，实现总产值1063.5亿元、增长11.1%，生产笔记本电脑904.6万台，实现总产值237.82亿元。全年新增亿元级企业11家、"两化"融合试点企业30家、"重庆工业50强企业"4家、国家高新技术企业38家、市级创新型企业5家，高新技术产业产值占规模以上工业总产值比重达55%以上。

(三)服务经济持续提质

按照"一线两圈六片"发展布局，两路、龙溪商圈快速发展，各类专业市场经营良好，澳维五星级酒店、SM重庆广场、中百仓储等项目建成开业，中央公园、统景国际温泉城等项目进度加快。全年社会消费品零售总额实现340.3亿元、增长18.5%，商品销售总额实现727.3亿元、增长25.6%，住宿餐饮营业额达51.1亿元、增长22.9%。总部经济发展提速，全年新建总部楼宇60万平方米，新入驻总部企业30家、新增注册资本71亿元。金融、会展、物流、旅游、文化等现代服务业发展进一步提速提质。

(四)民营经济健康发展

出台了扶持民营经济39条政策措施，进一步扩大金融服务、教育文化、能源水利等8大行业领域准入以及金融扶持实体经济范围，全年民营经济增加值完成340亿元、增长14.5%。全区新增规模和限额以上民营企业89家，新发展微型企业810户、个体工商户7927户，成功创建"微企示范村"1个，民营企业从业人数约35万人、增长25%左右。实施"抓大育小"战略，加强品牌培育和技术创新，新创中国驰名商标5个，金山科技手术机器人项目纳入"国家863计划"。

(五)城镇建设快速推进

城市核心区引领作用进一步凸显，十大城市节点、十大基础设施建设取得实质进展，椿萱大道、秋成大道等项目的前期工作推进顺利，轨道交通6号线渝北段、机场立交F匝道、空港公交站场等项目竣工投用，新拓展城区面积约15平方公里。建成桃源公园和10个社区公园，中央公园北区、中区建成开放，新增城市绿地面积285万平方米。实施主干道环境综合改造42万平方米，成功创建市级次干道严控管理示范街、清洁示范街道等8条。参与国家环保模范城市创建活动，城区空气质量优良以上天数达340天。

(六)投资保持强势增长

全力推进重点项目建设，积极参与两江新区"百日会战"，12个事关两江新区全局发展的重大基础类项目快速推进，60个市级重点项目进展良好，120个自主实施区级重点项目有序推进，80个产业项目全面展开，重点项目全年投资完成400亿元，带动全区固定资产投资额达到610.3亿元、增长16.4%，其中建设与改造投资达314亿元、增长5.6%，工业性投资完成141.7亿元、增长2.7%，占全社会固定资产投资总额的23.2%，有力拉动经济稳定增长。

(七)统筹城乡稳步推进

深化农村改革，新增"三权"抵押贷款1亿元，新流转土地1.02万亩，新培育龙头企业5家，新建、改造和提升合作社30个。全面推动"一区三带十基地"布局发展，新增标准化蔬菜基地8000亩、果园7000亩，实现农业总产值34.5亿元、增长4.7%。加强农业品牌培育，新创名牌农产品5个，新认证无公害、绿色和有机食品11个，"渝北梨橙"通过国家地理标志认证。新农村建设推进有序，建成供水工程12处、农村微型水利设施861个，新、改建农村公路150公里，实施了6个镇27个村环境连片整治，新建农民新村2个、巴渝新居110户，改造农村危旧房216户。

（八）社会民生不断改善

建成安置房73万平方米、安置农转城人员3万人。建成城区小学5所、标准化学校3所，市八中、巴蜀小学建设前期工作加快。新增国家重点实验室1个、院士专家工作站3个、国家高新技术企业38家。中华职教社社史陈列馆建成开馆，建成街道文化中心6个。区医院"三甲"项目加快推进，新增市级卫生镇街、村居及单位10个。建成茨竹、古路健身广场，新增健身路径150件。"职工五险"扩面14.2万人次，完成职业培训2.4万人次，新增城乡就业5.2万人，城镇登记失业率为1.4%。

二、发展中存在的问题

（一）生产要素制约仍然严重

由于空港工业园区、台商工业园区、现代农业园区建设用地仍然不足，不但无法解决招商引资项目落地入驻，也制约了现有企业的扩产扩能，甚至导致部分企业被迫外迁发展。同时，随着企业用工出现短缺，特别是专业型、技术型人才缺口逐渐加大，因劳动力供应不足影响企业经营发展的矛盾也进一步加剧。在建设用地不足、用工缺口加大等为主生产要素制约下，我区产业集聚做大做强的难度不断加大。

（二）楼市持续增长明显乏力

国家连续两年实行严厉的房地产调控政策，重庆集中建设大体量公租房并投放市场，市场观望心理有增无减。同时，由于商业银行对房贷业务进一步收缩，房地产企业进入密集还贷期，房地产开发商购地热情大幅降低。全区（不含北部新区）年内销售的近300万平方米商品房，基本上为存量商住用地开发形成，新增商品房不足，楼市持续增长难度较大。

（三）统筹城乡发展任务艰巨

由于渝北区农村地区面积较大，农村发展基础薄弱，虽然经过长期努力，城乡发展不协调的状况有所改观，但制约城乡经济社会发展的问题仍旧存在，依然面临着城乡公共基础设施建设差距较大，农村基础设施供给明显不足，城乡教育、卫生等社会事业发展的协调性还有待进一步提高，部分群众生活还面临就业、住房等困难。同时，两江新区外围6镇城镇由于建设用地较少，城镇化进程较为缓慢，对全区而言破除二元结构存在困难，统筹城乡发展任务仍然艰巨。

三、2013年发展目标

2013年，全区将认真贯彻落实党的十八大和市第四次党代会精神，以邓小平理论、"三个代表"重要思想和科学发展观为指导，围绕建设重庆对外开放第一门户目标和"科学发展、富民强区"总任务，以推进开放高地建设为重点，以促进产业转型发展为抓手，以保障和改善民生为取向，全面加快新型工业化、新型城镇化和农业现代化进程，协调推进经济建设、政治建设、文化建设、社会建设和生态文明建设，努力实现经济社会平稳较快发展，为率先实现全面小康奠定坚实基础。力争实现地区生产总值增长12%，规模以上工业总产值增长16%，社会消费品零售总额增长16%，全社会固定资产投资增长5%，地方财政收入（不含北部新区）实现52亿元，城乡居民收入分别增长12%、15%，单位生产总值能耗下降3%，全社会化学需氧量及二氧化硫、氨氮、氮氧化物排放量分别削减2.5%、2.0%、2.8%和0.5%，城区空气质量优良以上天数达323天。

巴南区

巴南区政府办公室　章兵

一、2012 年发展回顾

2012 年，巴南区深入贯彻党的十八大和市第四次党代会精神，认真落实市委、市政府一系列决策部署，全面抓好新型城市化、信息化、新型工业化、农业现代化、国际化和城乡一体发展等重大工作，扎实推进社会建设和民生改善，有力推动了全区经济社会平稳持续发展。实现地区生产总值 420.8 亿元，同比增长 10.6%；人均 GDP 达到 40000 元左右，全区全面建成小康社会进程迈出重要一步。

（一）全区经济保持平稳较快和可持续发展

一是投资力度加大。全社会固定资产投资 429.2 亿元，增长 25.8%。重点项目和民生工程完成投资 166 亿元，占全区固投 39%。二是消费拉动明显。社会消费品零售总额 163.8 亿元，增长 18.6%；社会消费品零售总额指数 118.6。第三产业对 GDP 的贡献率达到 55.6%，提高 12.6 个百分点。商品销售总额实现 436.9 亿元，增长 28.8%。商品房实际销售 157.4 万平方米，成交金额 81.3 亿元。接待游客 1193 万人次，实现旅游综合收入 37.8 亿元，分别增长 42.3%、42.1%。三是金融发展良好。金融机构存款余额 421 亿元，比年初增长 20.8%；贷款余额 363 亿元，增长 23.4%。新增浙江商业银行等金融机构 18 家，第一家外资银行渣打银行入驻，引进全市唯一特批的小额贷款融资中心。成功发行企业债券 12 亿元。四是市场主体活跃。市场主体总量突破 4 万户，增长 20%。共发展微企 2372 户。民营企业工业产值超过 450 亿元，占全区工业总产值 70%以上。五是收入同步增长。地方预算内财政收入 34 亿元，增长 13.4%；其中税收收入 17.7 亿元，增长 10.8%。城镇居民人均可支配收入 24627 元，增长 13%；农民人均纯收入 9421 元，增长 16.2%。六是对内对外开放力度加大。实际利用内资 308.4 亿元，增长 34.6%。实际利用外资 3.97 亿美元。进出口总值 13.5 亿美元。培育航天巴山等 5 家全市出口畅销品牌企业。

（二）经济结构调整提档加速

完成全域性空间布局和产业定位，新的产业发展方向和战略格局更加清晰，结构调整和发展转型迈出关键一步，产业发展和经济建设步伐明显加快。一是规划审批和土地供应为历年最多。编制了《城乡发展战略规划》，重庆公路物流基地、麻柳沿江开发区、高职城等重要片区 6 个控规获市审批，丰盛等 7 个镇推进控规修编或报批，为产业布局、项目落地创造了条件。共实施征地 4 万余亩，交地 1 万余亩，保障了重点项目和民生工程的需要。二是招商引资力度为历年最大。以战略性新兴产业、现代服务业、都市型效益农业为重点，实现向大商优资的根本性转变。正式签约 45 个，金额 381 亿元，签约项目落地率达 75%。三是开发建设进度为历年最快。各类在建项目达 1200 余万平方米，其中房地产 550 万平方米，市政、公租房、幸福农庄等项目 590 万平方米，工业项目 60 万平方米。龙洲湾滨江片区累计完成投资 144.1 亿元，新开工建设 284 万平方米，完工 261.9 万平方米，领跑主城十大城市片区。

（三）发展方式转变深入推进

一是夯实工业基础。工业供地用地为历年之最，各园区实施工业征地 5537 亩，是前五年总量的 3 倍；建成标准厂房 50 万平方米，是前十年总量的 10 倍。工业投资强度为历年之最，完成工业投资 124 亿元，占全区固投 27%以上，增长 15%。要素保障力度为历年之最，全年未出现拉闸限电,推进了一批电力工程建设,新建天然气管道41公里,改造城区老旧水网近10公里。狠抓工业经济止滑回升，实现工业总产值增长2.5%,经济园区连续第九年跻身全市“十强工业园区”。二是规范土地利用。狠抓土地例行督察,全力以赴落实整改，违法占用耕地比例下降为10.5 %。在规范政府行为的同时,最大限度地保护了土地,为可持续发展留足空间。三是完成创模任务。除完成规定的351个工程外,还自加任务287项,全面通过国家级检查验收。关闭搬迁各类企业400多家、畜禽养殖场500多家,直接减少产值50亿元以上。在付出代价的同时,进一步促进了生态文明建设和可持续发展。

（四）城乡基础设施持续改善

制定实施加快新型城镇化的意见，以基础设施建设为重点快速推进城乡建设。一是交通建设实现新突破。巴滨路二期正式通车,龙洲大道全线通车;轨道3号线通车运行,比原规划提前五年。新建、改建农村公路200公里。二是城市建设打开新局面。城镇建成区面积达到78.78平方公里,增加2.64平方公里。房地产开发投资完成172.8亿元,增长47.5%。商品房竣工162.8万平方米，销售额81.3亿元。龙洲湾滨江片区10余个商住、总部大楼及五星级酒店、休闲娱乐项目签约入驻,部分项目开工建设。沿巴滨路、龙洲大道、渝南大道推进鱼洞—李家沱组团融合,城市聚集区已连绵成片。三是农村建设呈现新面貌。丰岩水库二期、龙岗水库建设顺利推进，被确定为全国第四批小型农田水利高效节水灌溉试点重点县。推进幸福农庄建设项目10个,共计2800余户、近30万平方米。实施农村危旧房改造3215户,竣工2733户。农村环境连片整治累计投入7600余万元，完成10个镇街30个村的示范项目。

（五）第三产业快速增长

一是商贸快速发展。商品销售总额实现436.9亿元,增长28.8%。商品交易市场综合发展指数居全市第五位。铠恩家居、西部汽车城、渝南汽车市场、花木世界跻身全市专业市场20强,全年交易额达到376亿元。家博会现场销售18.1亿元，增长32.6%。进出口总额达13亿美元。二是重庆公路物流基地加快建设。建成27万平方米标准厂房,完成“一桥两路”基础设施,普洛斯等5个项目动工建设。三是旅游快速增长。全区接待游客1193万人次,实现旅游综合收入37.8亿元,分别增长42.3%、42.1%。四是房地产市场健康发展。房屋交易167.3万平方米,成交金额82.7亿元。

（六）民生保障得到加强

财政对民生的投入达到36亿元,占财政支出58.9%。城镇新增就业、下岗失业人员就业再就业分别为2.6万人、9700余人,创历年新高。城镇登记失业率控制在1.84%。五大保险参保达到69万多人次,比上一年增加7.8万人次。城乡居民养老保险、合作医疗保险参保分别达31.4万人和66.7万人,基本实现全覆盖。救助重特大疾病和慢性疾病4万余人次，支出救助金1650余万元，被列为全国重特大疾病医疗救助试点单位。实现81个社区居家养老工作站全覆盖。累计建成廉租住房3061套,为1779户困难家庭提供住房保障。在全市率先建立微企融资服务中心,发放贷款1亿元。解决农村5.5万人饮水安全问题,22个镇街全部建成标准自来水厂。

二、发展中存在的问题

一是建成区较小。截至2012年，巴南区建成区面积78.78平方公里，仅占幅员面积1825平方公里的4.32%。二是经济总量较低。2012年我区地区生产总值420.8亿元，同比增长10.5%,在主城9区中排位靠后。三是综合财力较弱。2012年地方预算内财政收入34.1亿元,人均财力12万，在主城9区靠后。四是产业结构特别是工业结构不尽合理,镇域发展不平衡,农业现代化水平不高。五是基础设施还不能完全适应发展需要。

三、2013年发展目标

主要预期目标为：地区生产总值同比增长

11%以上，工业总产值增长8.5%，公共财政预算收入增长12%，全社会固定资产投资增长20%，社会消费品零售总额增长20%，城镇居民人均可支配收入增长13%，农村居民人均纯收入增长15%，万元地区生产总值能耗降低3.2%，城区空气质量优良天数达到318天，城镇登记失业率控制在3%以内。

长寿区

长寿区政府办公室 陶中荣

一、2012年发展回顾

2012年，全区认真贯彻落实党的十八大、市第四次党代会和市委四届二次全会精神，按照区第十二次党代会的总体部署，围绕"科学发展、富民兴区"，建成"三地一中心"，建设"三大愿景"，统筹推进新型工业化、信息化、城镇化和农业现代化，实现了经济社会较好发展。全年实现地区生产总值336.4亿元，增长10.1%；限上固定资产投资299.4亿元；社会消费品零售总额79亿元，增长15.4%；地方财政收入57.9亿元，增长5%；城镇居民人均可支配收入、农民人均纯收入分别为22004元、8971元，分别增长13.1%、13.6%。

（一）工业发展支撑作用增强

实现工业总产值750.6亿元，其中规上工业总产值546.5亿元。产业集聚发展进一步加强，"5+1"产业集群加快形成。工业投资保持高位增长，全年实施工业重大项目43个，完成投资175.2亿元。工业研发水平提升，建成研发中心、博士后工作站等科技支撑平台25个，认定高新技术企业14家。坚持产业链集群发展，炼化一体化和BDO—醋酸一体化等产业链关键项目招商取得重大突破，工业大发展后劲增强。经开区对全区工业的支撑作用进一步加强，实现工业总产值600亿元，工业投资170.2亿元，实际利用外资4亿美元，继续领跑全市四个国家级开发区。MDI一体化项目、重钢长材组团等特大工业项目顺利推进，新投产企业15家，新签约项目18个，合同投资352亿元。长寿经开区影响力进一步增强，在全国131个国家级开发区中综合排名第74位，在西部27个国家级开发区中排名第6位，其中，经济发展、科技创新和生态环境三大类指标均排名西部第3位。街镇工业走廊发展进一步优化，产能进一步释放，实现工业总产值22亿元，实现利润1.5亿元，在建企业26家，新增投产企业12家，新增用工2000人。

（二）特色效益农业发展态势良好

实现农业产值45.3亿元，增长11.1%；农业增加值30.9亿元，增长5.7%。新增市级龙头企业4家，新发展农村专业合作社45个。禽蛋、水产品产量居全市第1位，水果产量居全市第6位。"农业三园"建设成效逐步显现，新增产值7.2亿元，新增增加值3.6亿元，新增就业4970人，分别增长27.9%、31.7%、46.4%。现代农业种植园区、沙田柚种植园区特色效益农业初具规模，晚熟柑橘基地和沙田柚标准化果园基地基本建成。现代畜牧园区3500头奶牛生态养殖园项目基本建成，40万头生猪产业链项目快速推进。"农业三园"覆盖区域实现劳动力充分就业，农民人均纯收入达19000元。农村金融服务不断拓展，农村"三权"抵押融资7500万元。新农村试点建设全面推进，基本建成左家湾新农村社区。完成邻封魏家河坎农村集中居民点改造。全区新建农民新村10个、巴渝新居1009户。

（三）第三产业繁荣活跃

第三产业实现增加值105.5亿元，增长17.7%，增速全市第二。旅游开发取得骄人成绩。长寿湖景区成为国家4A级旅游区、长寿古镇被评为"重庆十大最美古镇"，全区接待游客、旅游收入分别增长94.2%、669.2%。商贸繁荣活跃。批零、住宿餐饮增幅均超过20%，新增商业设施面积30万平方米,世纪广场商圈促进了消费环境和水平全面提升。物流产业发展势头强劲,引进物流企业23家,实现物流贸易额132亿元,增长25.7%。

(四)城镇化水平稳步提升

“1+4+9”城镇体系初步成型，城镇化率达56.96%,增速居远郊十区第1位,中心城区建成区面积拓展至48.47平方公里。中心城区开发集约推进,铁南新区基础设施、功能配套和市场类项目加快建设；铁北新区北城大道主体工程贯通,奠定了渝利铁路以北片区开发基础;黄桷湾片区经开区安置房等项目全面开建，功能进一步提升;晏家片区、江南片区基础设施和功能进一步完善。4个重点镇和9个一般镇按小城市标准加快建设,“561”工程建成率达80%以上。查处“两违”案件5552件。

(五)民营经济持续发展

认真贯彻落实全市发展民营经济大会精神,千方百计促进民营经济发展。加大民营经济扶持力度，出台促进民营经济发展意见，设立3000万元专项扶持资金。民营经济实现增加值185亿元,增长7.4%;市场主体增加8499个,增长26%;从业人员达到24万人,增长28.6%。新建市级农民工返乡创业园、微企特色孵化园、区级创业基地各1个。博腾科技成为我区继福安药业后培育的第二家本土上市企业。

(六)经济运行保障能力增强

在宏观经济形势十分严峻的情况下，全区上下群策群力,千方百计促增长,增强了经济运行保障能力。抓好资金调度,协调区内外各银行新投放贷款109亿元。增强开放活力,实际利用内资172.9亿元,实际利用外资4.8亿美元,实现外贸进出口总额8.1亿美元。加大对实体经济的扶持力度,兑现各类财税扶持资金7.1亿元。强化用地保障,获批土地10170亩。科学规划布局,城市总体规划局部修改方案通过市政府审批,土地规划纳入全市土地利用总体规划实施评估试点区县。加强能源供应,协调电、气、煤分别达68.3亿度、18.5亿立方米、605万吨,满足了企业用能需要。

(七)保障民生和维护稳定成效明显

财政投入民生资金32亿元,占一般预算支出的66%。全区教育、医疗卫生、社会保障支出分别增长53.9%、16.6%、23%。出生缺陷率下降到6.03‰;基本普及高中阶段教育;区医院接受三甲医院专家组评审,区中医院建成投用;成功申报市级及以上科技项目15个;公共文化服务体系全面提升,文化产业增加值实现12.9亿元;成功创建国家二级档案馆；人均体育面积达到1.2平方米，获全国群众体育先进集体称号,被国家体育总局命名为全国全民健身基地；城镇登记失业率2.18%；住房保障水平持续提升;居民消费价格总水平涨幅控制在3%以内;启动实施三峡后续一期项目;全面完成整村脱贫任务;建成54处集中供水工程，解决4.6万人饮水安全问题;城乡低保进一步规范;“五险一金”保障能力增强。社会管理创新取得新突破,村务公开民主管理工作获全国示范单位。安全生产形势持续稳定好转，死亡事故起数和人数同比分别下降16.3%和19.6%。稳定工作成效明显,全面完成定销房清理,彻底解决了11大类2万余人共性问题和200多个个案问题；化解市交办积案及疑难信访案件12件,全年没有发生一起群体性事件;社会治安发案稳中有降,打击破案全面提升,群众安全感指数继续保持在90%以上。生态环境质量改善,全区森林覆盖率达42%,全区农村垃圾和污水集中处置率提高9%和11%,城区环境空气质量优良天数达320天。新创建市级文明镇2个,市级文明单位5个。

(八)民主法制建设加强

效能建设成效明显，政府投资项目实现简易审批,清理行政审批、备案、服务项目617项,承诺事项办结率100%。区行政服务中心建设启动前期工作，街镇行政服务中心完成改扩建12个。“六五”普法深入开展。自觉接受人大、政协监督，人大代表建议和政协提案办结率达100%。与各民主党派、人民团体、工商联、党外人士和人民群众的联系进一步加强。廉政建设、行政监察、政务督查和审计监督得到强化,政务管理规范有序。

二、发展中存在的问题

一是经济总量偏低，产业结构尚需深度优化。全区产业优势主要集中在重化工产业，单一的经济结构致使经济抗风险能力较弱。二是长远发展和短期利益存在一定矛盾。由于发展环境的改善，众多企业扩大再生产进一步增加投资，从长远看，将极大增强我区经济发展后劲；从短期看，由于国家增值税转型政策的实施，企业原本的税收贡献无法在当前成为财政收入，从而加剧了财政收支平衡压力。三是民营经济发展活力不足。尽管我区民营经济在地区生产总值中占比已达55%，但整体和个体的发展规模较小、质量较低、动力不足。四是要素保障压力大。金融信贷形势持续趋紧，土地供应日趋紧张，能源制约依然存在，劳动力结构性紧缺状况突出。五是节能减排压力大。目前，存量减排项目已基本完成，再减排空间已经很小，同时大发展所带来的新增排放量使减排压力较大，另外天然气作为原料能源的统计方式也给节能指标完成带来困扰。对此，我们必须要有清醒认识，采取措施切实加以解决。

三、2013年发展目标

2013年政府工作的总体要求是：全面贯彻党的十八大、市第四次党代会、市委四届二次全会暨全市经济工作会议精神，以邓小平理论、“三个代表”重要思想和科学发展观为指导，认真落实区第十二次党代会总体部署，围绕“科学发展、富民兴区”，统筹推进新型工业化、信息化、城镇化和农业现代化，切实提高经济增长的质量和效益，更加突出生态文明建设，为建成“三地一中心”，建设“三大愿景”，实现经济持续健康发展和社会和谐稳定，全面建成小康社会，建设美丽长寿打下坚实基础。

江津区

江津区统计局　赖元利

一、2012年发展回顾

2012年，江津区实现地区生产总值426亿元，同比增长14%；规模以上工业产值721.6亿元，增长24.6%；固定资产投资350.8亿元，增长16.8%；地方财政收入86.7亿元，增长22.6%；社会消费品零售总额150.7亿元，增长15.6%；城镇居民人均可支配收入和农民人均纯收入达21936元、9946元，分别增长13.5%、14.4%。

（一）产业发展迈上新台阶

工业经济较快增长。连续十年被评为十强工业区县。完成全社会工业总产值906.6亿元，增长24.3%。装备制造、汽摩及零部件、新型材料等产业集群产值均超百亿元。全区规模以上工业企业达245家，产值超亿元企业增至135家。连续十年跻身“重庆市十强工业园区”，被科技部评为“国家绿色装备制造高新技术产业化基地”。农业发展取得实效。现代农业园区成功挂牌市级现代农业综合示范工程区，新增规模流转土地7300余亩，新增设施农用地1000亩，新引进农业企业5家，园区完成投资8亿元。发展富硒农业产业基地7万亩，培育富硒大米、金银花、茶叶、猕猴桃等农产品13个。新增市级农业龙头企业7家、农民专业合作社71家。新建规模化畜禽养殖场115个。推广水稻机插秧暨超高产栽培18万亩，农业耕种收综合机械化率达38%，粮食总产量达65.8万吨，被评为“全国粮食生产先进区县”、“全国农村集体资产管理示范县”。城乡商贸稳步推进。加快建设专业市场和城市商圈，攀宝钢材交易市场建成试运营，和润国际汽摩城一期全面建成，双福国际农贸城加快建设，鼎山商贸城招商顺利，遗爱池商圈一期全面开建，标志性建筑“盛世莲花台”主体完工。香港奥特莱斯、永辉超市签约入驻，滨江美食夜市建成开业，家电下乡销售居全市第一。限上商贸单位增至477家，全区商品销售总额287亿元，增长18.2%；住宿餐饮业营业额36.2亿元，增长21.6%。金融服务业发展迅速。重庆金融后援服务中心开工建设。三峡银行、安诚保险等4家金融机构开业运营，浦发银行签约入驻，片区性金融机构增至10家。存、贷款余额分别达418亿元、222亿元。金融机构累计政府贷款授信超300亿元，向中小微企业贷款超40亿元。旅游经济持续升温。累计接待游客671万人次，增长31.6%，旅游综合收入19亿元，增长33%。四面山创国家5A级旅游景区工作取得成效，游客中心、旅游从业人员培训中心等一批基础设施建成投用，君华五星级酒店签约入驻。“追爱品情四面山”获“重庆非去不可十大创新案例”奖，“爱情天梯”成为重庆新地标之一。石门生态农业观光园确定为全国休闲农业与乡村旅游示范点。

（二）“双百”城市展现新面貌

积极推进以滨江新城为重点的中心城区建设，加快打通内接外联的城市交通要道，促进城镇建设提档升级。“双百”大城市建设全面拉开。中心城区按照"一核两副、组团发展"推进，面积扩大到52.5平方公里，城区人口达48万人。迎宾长江大桥完成合龙，几江大桥主塔基础动工，艾坪山隧道及津马大道“四改八”建成通车，“五馆三中心”加快建设，重庆金科、北京智元新天等地产项目签约入驻，云南城投项目顺利开工。渝泸高速江津段二期建成通车，三环高速江綦段、江永段开工建设，都市快轨前期工作推进有序，连通周边的快速通道日趋成型。艾坪山公园开工建设，几江、鼎山城区及滨江路景观优化升级工程完工，元帅广场音乐喷泉、鼎山景观广场及黄桷故道建成投用。创模工作顺利通过市验收，中心城区品质进一步提升。城镇建设管理提档升级。城镇化率达59.1%，连续9年被评为"城镇化工作先进单位"。白沙、珞璜、李市、油溪、石蟆等市级中心镇积极实施"561工程"。城镇清洁工程经验全市推广，新建垃圾中转站12座、垃圾处理场2座，续建污水管网250公里。白沙等13个小城镇污水处理厂建成投用。造林绿化7万亩，建成生态镇2个、绿色村45个，全区森林覆盖率达41.5%，中心城区空气质量优良天数达330天。

（三）发展活力得到新提升

城乡统筹有序推进。成功争取国土资源部“低丘缓坡”土地综合开发利用试点。城镇工矿用地规划空间由26.5平方公里扩大到80平方公里，新增79.7平方公里有条件建设区。复垦农村宅基地4800亩。农村新型股份合作社累计达35家。建成农村公路800公里，新硬化农村人行便道600公里。实施15万人饮水安全工程，整治36座小型病险水库，全面完成第一轮农网改造。建成农民新村30个、巴渝新居3100余户，改造农村危旧房2700余户。开放发展成效显现。获评“全市十佳服务外包示范区”。新增外贸企业12家，外贸进出口总额达6.9亿美元，润通动力成为知名出口品牌。加大“整机+配套”产业链企业招商力度，重庆机电控股集团等150余个项目签约入驻，其中亿元以上项目65个，全年合同引资超1000亿元，实际到位资金270亿元。全区实际利用外资2.7亿美元，增长20.8%。

（四）社会事业取得新进步

实现义务教育全免费，创建普惠性幼儿园168所。几江中学成功创建市级重点，全区普高优质教育覆盖率达80%。高考重本上线突破1000人，高考组考工作连续十年获全市先进。成功引进第三军医大学，在津高校达9所。新增市企业工程技术研发中心1个、高新技术企业4家、重点新产品12个。新增重庆名牌产品11个。专利申请量和授权量同比均大幅增加。广播电视村村通、新闻出版等被评为全国先进。28个镇街综合文化站全面建成，陈独秀旧居修缮完成并开放。“农民体育健身工程”推进顺利，在市第四届运动会上获得64金的历史最好成绩。区中心医院和区中医院迁建工程建成投用，镇街卫生院和社区卫生服务中心标准化覆盖率达100%。药品“零差率”销售让利群众5000万元。“几江社区卫生中心荣获全国示范中心。区妇幼保健院综合指标排名全国各区县100强。

（五）民生保障达到新水平

把保障和改善民生作为构建和谐社会的重要任务，全年财政民生投入超过一般预算支出的60%。城乡居民养老保险和医疗保险参保人数分别达59.6万人、134万人。全年累计发放救助金3.6亿元，救助城乡困难群众25.8万人次，支出医疗救助金2318万元。兑现计生奖扶5730万元。成功创建“中国长寿之乡”，建立85岁以上高龄老人营养补贴制度，惠及全区1.5万老年人。新建敬老院3所，新增床位400张。残疾人康复医院投入使用。累计建成廉租房38万平方米、公租房36万平方米。建成9个镇街新型劳动就业社会保障服务所。支出就业专项资金4280万元，发放小额担保贷款2.3亿元，新发展微企1076户，帮扶就业困难对象就业4000人，新增城镇就业1.8万人，城镇登记失业率控制在2.2%以内。移民就业培训基地被市政府定位为"江津特色"在全市推广。荣获"重庆市安全生产优秀单位"。建成突发事件预警信息发布平台。圆满完成市交办的积案化解任务，社会治安大局持续稳定，重大节点重要活动期间实现“四个零”目标，群众安全感和满意度得到提升。建成8个镇街社区服务中心（站）。社区矫正“中途之家”经验在全市推广。国防动员教育训练中心开工建设，"三所一队"主体完成，国防后备力量和政法基础设施得到加强。第五次荣获全国双拥模范城称号。

（六）政府建设呈现新气象

建立重点项目行政审批“绿色通道”，不断提高执行力。建设领域行政审批项目减少15%，行政审批要件减少44%，行政审批时限缩短61%。自觉接受人大法律监测、工作监督和政协的民主监督，全年人大代表建议意见办理满意率达97.3%，政协委员提案办理满意率达96.8%。修订完善《区政府决策重大问题议事规则》，使政府行政更加科学、规范。深入开展"五心"教育活动，群众对机关干部及窗口单位的服务满意度均大幅提升。完成公共交易项目500余宗，成交总金额超65亿元，节约资金8800万元，溢价1亿元。开通“阳光江津”网络问政分平台，诉求解决率和群众满意率均在97%以上。

二、发展中存在的问题

一是综合经济实力不够强，经济发展的质量和效益不高，经济结构较差，创新驱动能力不足；二是区域发展差距较大，南部山区发展相对滞后，统筹城乡发展能力有待加强；三是社会矛盾依然较多，社会事业、安全稳定等领域还有很多工作要做；四是一些领域存在道德失范、诚信缺失现象；五是服务型政府建设任重道远，部分机关干部服务水平不高，执行力较差，不适应新形势新要求。

三、2013年发展目标

2013年，全区经济社会发展主要目标是：地区生产总值增长12.5%以上；规模以上工业总产值增长22%；社会消费品零售总额增长15%；全社会固定资产投资总额增长13%以上；公共财政预算收入增长13.5%；城乡居民人均可支配收入分别增长13%、15%；城镇登记失业率控制在3%以内。

合川区

合川区政府研究室 邓文

一、2012年发展回顾

2012年，面对外部复杂经济环境的不利影响和自身发展中出现的各种困难，在市委、市政府的坚强领导下，全区深入实施“3421”工作思路，坚持科学发展、实事求是，攻坚克难、稳中求进，全力打好“产业升级、城市提质、德润突破、旅游升档、民生改善”五大战役，经济社会保持平稳较快发展。全年实现地区生产总值347.54亿元，同比增长13.1%；全社会固定资产投资281.73亿元，增长12%；地方财政收入83.96亿元，增长10.2%；社会消费品零售总额144.59亿元，增长15.6%；城镇居民人均可支配收入21577元，增长12%；农民人均纯收入9801元，增长15%。

（一）产业培育提质增效

工业量质齐升。工业总产值达603亿元，增长35%。工业投资达119.3亿元，增长35.1%，跻身全市前十。工业企业总数突破1500户，从业人员突破10万人。川洲桃片、钓鱼城食盐荣获中国驰名商标，合川肉片、峡砚获得中国地理标志商标。工业集聚成效明显。装备制造业实现产值133亿元，跃居全区第一大产业，北汽银翔一期、五洲龙新能源汽车建成投产。建材产业实现产值118亿元，水泥及其制品等建材产业链条不断完善。电子信息业加快发力，获评重庆市笔电配套产业招商先进区县、服务外包示范区。平台建设全面推进。“一园六区”工业总产值突破450亿元，中机西南一期等56个项目建成投产。农业稳步发展。农业总产值实现75.3亿元，增长5.3%。生猪、粮食、水产品产量稳居全市第一，成功创建全国农业（生猪）标准化示范县。石丫鸡蛋荣获中国驰名商标。服务业快速成长。商贸业繁荣活跃，文峰街建成开业，宝龙城市广场等7个大型商业设施加快推进，新增城市商业面积20余万平方米。金融业较快发展，金融机构达36家，存款余额387亿元，贷款余额244.5亿元。物流业加速起步。房地产业在调控中平稳发展。招商成效明显。全民招商与专业招商并举，着力招大引强，全年签约项目281个，其中，投资10亿元以上项目16个，注册资金过亿元项目5个。

（二）城市品质明显提升

规划水平进一步提高。完成“62.68平方公里”城市总规修改和“双百”大城市总规编制。加强重要地区控规维护和规划设计控制，强化规划实施管理及监督检查，查处一批违法建筑。新区开发有序推进。“美丽合川”标志区建设加快，建成城市道路12公里、管网20公里，拓展城市面积1.2平方公里。白鹿山片区尚信国际加快推进，新加坡风情酒店开工建设；花滩片区滨江路B段竣工通车；小安溪片区建成小安溪大桥；东津沱片区上山道路完成主体工程；高职教城路网一期全面建成。旧城改造稳步实施。白鹤林、合化路口等片区改造全面启动，拆除危旧房8万平方米。文峰塔片区改造基本完成，凉亭片区累计开工100万平方米、竣工39万平方米。城市管理切实加强。扎实开展城区脏车清洗、扬尘治理、货车停放等专项整治，切实加强建筑工地、入城道路等重点区域和景观照明等设施管理，着力规范城市道路开挖，有序推进餐饮船舶搬迁，城市管理更加精细，城市面貌焕然一新。

（三）文化发展步伐加快

“三种文化”建设深入推进。开展清新服务品牌创建，评选清新机关、干部之星，清新从政文化氛围浓厚。开设德润大讲堂，建立慈善爱心超市，打造一批德润示范点，平实为民文化浸润三江。评选爱心企业,募集近2000万元"德润合川·爱心基金",救助困难群众3.5万余人次,健康经商文化渐成风气。文化事业蓬勃发展。图书馆、文化馆、文化服务中心免费开放,建成镇街文化中心广场10个。思居农家书屋获评全国示范农家书屋,歌剧《钓鱼城》获全国精神文明建设"五个一工程"奖,"中华魂"读书活动获全国先进集体奖,音乐《赛龙舟》获重庆市乡村文艺会演一等奖。文化产业稳健起步。编制文化产业园区发展规划,创办微型文化企业152户。

(四)精品旅游初显成效

全年接待游客376万人次,实现旅游收入5.7亿元。精品景区建设快速推进。钓鱼城景区完成标识系统更新、飞来寺展示工程及游客接待中心等项目,遗址基本陈列展示项目即将完工;宋街开街营业;钓鱼城遗址列入中国世界文化遗产预备名单,4A景区创建通过市级初评。涞滩景区建成西城景区入口广场,完成旅游干线民居改造;二佛寺落架维修和火场扩建加快推进,上下殿实行一票整合。宣传营销全面加强。出台旅行社组团来合旅游奖励办法,与258家旅行社签订合作协议,举办旅游大型推介会5次,成功举办第三届钓鱼城旅游文化节。乡村旅游加快发展。新增乡村旅游景点35个,培育天生寨等星级农家乐4家,举办古楼枇杷节等一批乡村旅游节会活动。

(五)民计民生持续改善

教育事业协调发展。改扩建幼儿园、中小学校51所。大石中学创建市级重点通过验收。高中阶段入学率达99.6%,高考上线率达91.4%。完成职教中心实训楼主体工程。育才学院改设综合性本科独立学院通过验收,在合高校学生突破7万人。就业创业稳步增长。新增城镇就业2.9万人,促进就业再就业9000余人。累计转移农村劳动力48.4万人,新增农民工返乡创业1290户。发展微型企业1014户。社会保障扩面提档。"五大保险"新增参保11.7万人次。城镇职工医疗保险、城乡居民合作医疗保险纳入市级统筹。城乡低保、农村五保、城镇"三无"人员应保尽保,救助标准提高,增发救助金2844万元。公租房、廉租房实物配租2329套,完成棚户区改造4.2万平方米。健康服务水平不断提升。"三甲"人民医院主体完工。基层医疗机构基本药物统一网上集中采购。启动国家卫生区创建,通过全国农村中医药工作先进单位复核评审,成功创建市级残疾人社区康复示范区。安全稳定持续巩固。政治安全保障有力,社会安全持续提升,信访安全稳定向好,生产生活安全不断巩固,应急管理能力切实增强。

(六)城乡统筹深入推进

小城镇协调发展。完成华蓥山经济走廊规划编制和三汇、龙市、涞滩等3个镇总规修改,支持场镇主街道综合整治,完善市政广场、车站等公共服务配套设施建设。农村改革不断深化。户籍制度改革稳步推进。"三权"抵押贷款余额5.8亿元。农村土地流转率达45.7%。统筹城乡信息化建设步伐加快,无线上网终端实现镇村全覆盖。农业生产基础不断夯实。推进土地开发整理,新增耕地7854亩。建设高标准农田1.5万亩,建成杨家沟水库等水利项目56个,完成20座病险水库整治。农民生活条件稳步改善。13个市级贫困村整村脱贫。解决农村17.2万人饮水安全问题。新建农村沼气8000户。建成农民新村16个,完成新农村建设及巴渝新居1762户,改造农村危旧房2352户。

(七)交通条件日趋改善

交通项目建设加快推进。遂渝二线通车运行,兰渝铁路合川段完成单线铺轨。重庆三环合川至铜梁段、渝广高速合川段加快建设。入城隧道全面完工,沙溪立交一期全线贯通。建成农村公路329.5公里。道路管护切实加强。完成省道207上什字至铜梁段、小正路、川东路等干线公路环境综合整治,强化治超治限。交通服务水平不断提升。新增城市公交36辆,开通无人售票车127辆,"五类人群"免费乘坐公交车;出租车增至453辆;新增农村客运线路12条,行政村通车率达88%。

(八)生态质量有效提升

环保创模有序推进。市级环保模范区创建工作基本完成,全国生态区创建工作全面启动。环保设施加快完善。改造城区三级管网7.5公里,城区污水集中处理率达85%;建成12个场镇污水处理厂;取缔小安溪流域网箱养殖。节能减排任务全面完成。完成水泥旋窑脱硝等总量减排项目42个,淘汰立窑水泥生产线10条,主要污染物排放全面达标。环境治理力度加大。深入开展噪声、扬尘和煤油烟污染整治,实施农村面源污染防治,完成17个村庄环境连片整治,113家规模以上畜禽养殖场排放实现综合利用。生态建设巩固提升。有效治理水土流失40平方公里,扎实推进退耕还林、三江流域绿化、通道绿化,新增造林8.2万余亩。

二、发展中存在的问题

一是经济总量不大、质效不高,产业结构不优,实体经济内生动力活力不足。二是统筹城乡发展任重道远。三是财政压力大,资金、土地等发展瓶颈还未得到很好解决。

三、2013年发展目标

2013年是全面深入贯彻落实党的十八大精神的开局之年,是实施“十二五”规划承前启后的关键一年,是为全面建成小康社会奠定坚实基础的重要一年。合川将高举中国特色社会主义伟大旗帜,以邓小平理论、“三个代表”重要思想、科学发展观为指导,贯彻落实党的十八大、市委四届二次全委会和区委十三届三次全委会精神,深入实施“3421”工作思路,统筹协调、求真务实,稳中求进、开拓创新,以“双十工程”为抓手,重点突破,实现“富强合川”增实力、“美丽合川”出形象、“平安合川”构和谐、“德润合川”再深化,提速建设中国知名旅游城市、重庆区域性中心大城市、重庆最美丽城市。主要预期目标是:地区生产总值增长13%以上;全社会固定资产投资增长15%以上;公共财政预算收入增长12.6%以上;社会消费品零售总额增长16%以上;城镇居民人均可支配收入增长13%;农民人均纯收入增长15%。

永川区

永川区政府办公室 李鸿飞

一、2012年发展回顾

地区生产总值实现402.6亿元,增长12.1%;全社会固定资产投资完成382.5亿元,增长15.5%;社会消费品零售总额实现162.3亿元,增长17.1%;地方财政收入实现76亿元,增长1.1%,其中一般预算收入达到30.6亿元,增长5%;城镇居民人均可支配收入22447元,增长14%;农民人均纯收入10002元,增长14.7%。

(一)强化经济运行调度,促进经济平稳健康发展

全面贯彻落实国家西部大开发、结构性减税优惠政策和重庆调控政策,统筹抓好新型工业化、城镇化、农业现代化、民营经济发展和改善民生等全局性工作,努力化解经济下行压力。落实财税扶持政策,加快城乡基础设施建设,推进城市拓展和产业集聚。实施“双百”大城市九大片区建设,强力推进“二十大建设”项目和101个区级重点项目。扶持民营经济和中小企业发展,出台了15条提振实体经济举措和27条鼓励支持民营经济发展政策,民营经济增加值突破200亿元,增长11.2%。兑现汽车、家电惠农等政策补贴,激活了城乡消费。千方百计保障生产要素供给。采取银行贷款、债券、信托等多种融资方式,努力破解发展资金瓶颈。顺利通过了土地例行督察国家验收,努力解决建设发展用地

问题;启动3个110KV变电站建设,免收煤炭价调基金,努力解决了能源保障问题。

(二)加快推进产业结构调整,工业经济迈上新台阶

狠抓工业项目建设,国家“城市矿产”示范基地等45个项目开工建设,新格再生铝等21个项目建成投产。全年工业投资完成183.2亿元,居全市第一。大力发展电子信息等新兴产业,笔电配套企业累计达114个、产能突破600亿元,华科事业群等48个投产企业实现产值75亿元。机械装备制造业实现新突破,新引进整车整机项目6个。实施技改项目50个,有序推进落后产能淘汰。规模以上工业企业实现产值543亿元,增长23.8%;工业对经济增长的贡献率达到52.3%。工业集中度进一步提高,工业园区规上工业产值突破360亿元,首次迈入全市“十强工业园区”行列。增强自主创新能力,成功创建重庆市创新工业示范区。

坚持以开放促发展,成功举办第二届“永洽会”,获批设立重庆市台商工业园。新引进项目255个,协议投资总额达555亿元。全年实际到位资金230亿元,其中,实际利用内资205.5亿元,利用外资1.7亿美元。自营进出口总额达1.99亿美元。

(三)强力推进“九大片区”建设,精美城市建设步伐加快

完成《永川区城乡总体规划(2012-2030年)》编制成果和中心城区控规编制。新(改)建市政道路17.4公里,新拓展城区面积4.8平方公里。建成观音山公园、文曲广场、城区三水厂主体工程,成渝铁路客运专线、重庆三环高速永川段、长江大桥等战略性工程进展顺利,兴龙大道南段竣工通车,松溉长江提水工程全线贯通。城市品质进一步提升,全面开展城区背街小巷和“五乱”治理,完成老旧居住区改造3.8万平方米,城区河道综合治理基本完成,城区空气质量优良天数达到336天。人民大道被评为全市市容整洁一条街,兴龙大道入选重庆“新地标”,成功创建国家森林城市。小城镇建设全面推进,“十项公共服务设施”加快完善,水厂、农贸市场、垃圾收运系统实现全覆盖。全区城镇化率达到60.3%。

(四)着力发展特色效益农业,农业农村经济稳步发展

加快推进现代农业园区建设,圣水湖园区建成核心区10000亩,黄瓜山园区成为全市现代农业综合示范工程。“永川水花”、“永川秀芽”、“永川莲藕”、“黄瓜山梨”、“松溉盐白菜”、“松溉健康醋”通过国家地理标识认证。农村经营主体加快发展,新建农村新型股份合作社25个,全区农民入合率达到39.6%。农村基础设施不断完善。农村公路加快建设,完成永津路、板龙路等干线公路改造,硬(油)化农村公路155公里,新(改)建泥结石公路214公里。水利建设力度加大。金鼎寺水库开工建设,除险加固49座小(二)型水库,新(改)建青峰、松溉等22处集镇供水工程,解决了11.4万人饮水安全问题。大力建设美丽乡村,建成农民新村23个、巴渝新居2021户。新发放农村“三权”抵押贷款6.2亿元,累计突破16亿元,保持渝西第一。

(五)着力打造区域商贸物流中心,现代服务业加快发展

坚持“扩内需、促消费”,社会消费品零售总额、商品销售总额继续保持渝西第一。渝西广场、人民广场两大商圈零售额达95亿元,11个亿元级市场交易总额实现138亿元。城乡商贸服务网络进一步完善,新增城区大型商业设施24.5万平方米,社区商业设施10万平方米,新(改)建镇级农贸市场16个。区域性金融中心加快形成,新增金融机构7家,年末银行存贷款余额分别达到337.1亿元、230.7亿元,增长6.2%和25%。旅游产业稳步发展。成功举办第五届国际茶文化旅游节,茶山竹海成功创建国家AAAA级景区,松溉古镇入选全市十大最美古镇,永川区被评为重庆最美休闲旅游区县。

服务外包产业加快发展。新引进电讯盈科等6个项目,坐席规模累计达到2.8万个,营运坐席达到6000个,从业人员近2万人;服务外包执行

额达5370万美元；“中国西部声谷”初具规模。

(六)着力保障和改善民生，社会事业全面进步

大办民生实事，财政民生支出达30.6亿元，占一般预算支出的53.8%。坚持以创业促就业，新发展微型企业1049户，为2435名自主创业人员提供创业贷款2.86亿元，带动3万人就业，成为重庆首个“全国创业先进城市”。社会保障体系不断健全，城乡养老保险、医疗保险实现全覆盖。城乡低保、困难群众医疗救助、农村五保供养、城市“三无”人员、重点优抚对象抚恤等补助全面提标，惠及群众20万人次。建成儿童福利院、社会福利中心和流浪未成年人保护中心，镇街敬老院和城市社区爱心超市实现全覆盖。保障性住房加快建设。建成公租房、廉租房33万平方米。改造农村D级危房819户，在全市率先启动城镇困难群众D级危房改造。推动教育均衡发展。新改(扩)建幼儿园44所，实现镇街中心幼儿园全覆盖，提前三年普及学前教育。改(扩)建农村寄宿制学校10所。初中毕业生升入高中阶段学校比例达到95.5%，高等教育毛入学率达到35.7%。深入推进“园校互动”职教模式改革，成功举办中国教师发展论坛。渝西医疗卫生高地加快建设。在全市率先实施大学生村医制度，基本药物制度实现全覆盖。在全市远郊区县率先全面完成标准化镇卫生院、村卫生室建设，成功创建全国慢性非传染性疾病综合防控示范区。文化事业蓬勃发展。现代川剧《风雨女人路》荣获重庆市精神文明建设“五个一”工程奖，永川区被文化部评为国有文艺院团体制改革突出贡献地区，永川首部动画片《小猪班纳》在中央电视台播放，成功创建重庆市民间文化艺术之乡。积极探索和创新社会管理。成功创建全国村务公开和民主管理示范区。下大力气化解了一大批信访积案和社会矛盾，信访工作被评为全国先进。完善社会治安防控体系，全区刑事案件下降16.2%，社会治安状况进一步好转。扎实开展安全生产“基层基础巩固年”活动，被评为重庆安全生产先进区。全面建设小康社会实现程度达到89.2%，高出全市6.7个百分点，永川区被评为“中国最具幸福感城市”。

(七)加强政府自身建设，行政效能不断提高

认真办理了人大代表建议和政协委员提案。深化行政审批制度改革，实现镇街便民服务、村居代办服务全覆盖。政务公开进一步加强。高度重视惩治和预防腐败体系建设，探索建立小型公共资源交易平台，强化领导干部经济责任审计，树立了勤政、廉洁、务实、高效的政府形象。

二、发展中存在的问题

一是经济体量还不大，支柱产业不强，产业结构调整力度还不够。二是农村基础设施建设滞后，城乡一体化发展任务艰巨。三是环境承载力制约加剧，水、电、气、土地、资金等要素瓶颈日益突出。四是民生投入与群众的需求和期望差距较大，改善民生还任重道远。

三、2013年发展目标

2013年，永川区的基本思路是：以科学发展观为指导，按照“稳中求进、进而求质”的总基调，以提高经济增长质量和效益为中心，以改革创新为动力，统筹推进新型工业化、信息化、城镇化、农业现代化，稳增长、调结构、促改革、惠民生，努力实现经济持续健康发展、社会和谐稳定。主要预期目标为：地区生产总值增长12%；全社会固定资产投资增长18%；规模以上工业总产值增长20%；社会消费品零售总额增长16%；公共财政预算收入增长12%；城镇居民人均可支配收入增长12%，农民人均纯收入增长14%；单位生产总值能耗下降3.3%；主要污染物减排完成重庆下达任务。

南川区

南川区发展改革委 邓盛勇

一、2012 年发展回顾

2012 年，全区上下深入贯彻落实党的十八大、市第四次党代会和区第十三次党代会精神，沉着应对复杂多变的宏观形势，迎难而上、克难攻坚推进各项工作，实现 GDP176.2 亿元、增长 12%，完成地方财政收入 40.12 亿元、增长 17.3%，完成固定资产投资 164 亿元、增长 10.6%，实现规上工业总产值 115.1 亿元、增长 27.3%，实现社会消费品零售总额 69.55 亿元、增长 16.7%，较好完成了年度国民经济和社会发展计划，实现了稳中有进的发展目标。

(一)抓转型试点助推产业升级

转型试点取得突破。争取市政府出台了《关于促进南川区资源型城市转型发展的意见》，南川转型发展上升为全市战略。协同财政部财科所编制完成《南川区资源型城市转型发展总体规划》及“1+18”研究报告并上报国家发改委备案。设立区转型发展办公室，统筹推进全区转型发展工作。积极策划包装项目向上争资 23 亿元，其中到位资源枯竭城市中央转移支付 2.29 亿元，增长 38.8%。深入开展“解放思想 转型强区”大讨论活动，邀请财政部、市发改委等单位 9 名专家、领导举办专题讲座，营造谋转型、促发展的浓厚氛围。市领导及市级相关部门密集赴南川视察、调研，100 余项具体事项获得上级肯定支持。

工业经济稳中有升。工业园区管理体制进一步理顺，“一园三组团”实现统筹发展，全年完成投资 19.89 亿元，衡商电子等 6 家企业投产，实现工业产值 46.21 亿元、税收 1.47 亿元。中铝“80”项目全面达产，博赛先锋氧化铝“60 改 80”技改扩能竣工，氧化铝产能达到 160 万吨，占全市产能的 91%。15 万吨镁合金循环经济项目加快推进，完成投资 2 亿元。煤电铝一体化项目获得市政府支持。页岩气二期物探工作有序展开。机械加工、化工、建材等传统产业发展稳定。全区实现工业总产值 385 亿元、增长 35%，其中规上工业总产值 115.1 亿元、增长 27.3%，规上工业经济效益综合指数提高 5.8 个百分点达到 201.4%。

农业农村发展稳定。全年粮食总产量 33.85 万吨，实现“六连增”。新增市级农业产业化龙头企业 5 家，农村土地规模经营率达到 37.6%，农业综合机械化率达到 49.82%，农综开发连续 12 年获全市一等奖。新改建农村公路 210 公里，行政村通畅率达 100%，实施农村饮水安全工程 222 处，解决 6.13 万人饮水安全，完成农村户用沼气 10000 户。荣获“国家现代农业示范区”、“全国农业标准化示范县”、“中国名茶之乡” 等称号。

旅游经济持续升温。全面启动金佛山“申世遗”和“创 5A”工作，金佛山列入“中国南方喀斯特”第二期申遗提名地，牵牛坪酒店、金佛寺、金佛山博物馆等旅游大项目有序推进。金佛山单日购票游客突破万人。大观园、黎香湖、山王坪、神龙峡等景点加快建设，创建 A 级景区 8 个。全市乡村旅游现场会在南川召开，成为全国休闲农业与乡村旅游示范区。举办第三届金佛山国际旅游文化节、第十四届金佛山冰雪节，接待游客 860 万人次、增长 70%，实现旅游综合收入 30.1 亿元、增长 76%。

现代商贸蓬勃发展。浙商国际商贸城等 250 万平方米五大专业市场开工建设。名润广场主体封顶，人人乐超市开业，崇尚百货签约入驻，盛丰源获批市级特色商业街。31 个乡镇规范化农贸市场在全市率先实现全覆盖，水江商圈获评全市乡镇示范商圈。举办美源春季汽车博览会、家居建材文化节等19个会展活动，直接收入达3.3亿元，拉动消费5.5亿元。全区实现社会消费品零售总额69.55亿元，增长16.7%。

(二)抓项目建设促进投资增长

全力推进重点项目建设。建立完善10大工作机制，实施重点项目分类管理，深入开展重点项目效能监察，有效推动项目建设。推进实施重点项目154个，完成投资137亿元，拉动全社会固定资产投资164亿元，增长10.6%。鸿都泰富塑钢铝型材加工、精细医药化工产品研发基地、正凌制动器、斯瑞传动机械、赛纳汽车零部件等83个项目开工建设，工业园区10KV专线、里隐风情小镇、黎香湖农民新村二期项目、水江香樟南苑、乡村休闲旅游开发、金佛山旅业现代农业展示、博赛集团先锋氧化铝环保节能技改等16个项目竣工投用。

全面提升保障能力。全辖区金融机构贷款余额达到126.7亿元、增长10.6%，发行产业债券10亿元，实现信托融资1.85亿元，争取上级资金23亿元，资金制约得以缓解。全年获批用地6698亩，征收土地7641亩，有效保障重点项目用地需求。调运电煤27.5万吨，供电13.3亿度，增长7.1%。供气11282万方，增长61.76%，基本保障了中铝、博赛等主要涉气企业用气需求。供水1991万方，供油6.68万吨，铁路、公路运力充足。

(三)抓建设管理改善城乡面貌

完成34个乡镇(街道)土地利用总体规划修编，启动城市总体规划修编前期工作，中心城区规划面积扩展3.8平方公里，建成区面积拓展1.85平方公里。新城区路网骨架进一步完善，商务中心等“五中心一广场”有序推进。拆迁改造危旧房200余万平方米，实施21条街道和一批城中村、老旧社区综合整治。永隆山生态新城初具规模，一期地产项目即将竣工。中央花园、滨江一号等楼盘实现开盘，商品房竣工105万平方米，销售65万平方米。新增4个市级中心镇，命名5个最美乡镇、6个旅游名镇，新建巴渝新居2188户、农民新村20个，改造农村危旧房3537户，14个村整村脱贫通过市级验收。全面启动“四城联创”，花山公园命名重庆市健康主题公园，古花乡创建为重庆市首个国家级卫生乡镇，庆元等4个乡镇成为全市卫生乡镇。全区森林覆盖率达到48.5%，建成区绿化覆盖率达到49%，城区空气质量优良天数稳定在312天，获评联合国环境规划基金会“杰出绿色生态城市”。

(四)抓改革开放增强发展活力

综合改革稳步推进。常态化推进户籍制度改革，累计5.6万人转户进城，800余户转户家庭退出宅基地。全力推进统筹城乡集中示范点建设，获批市级现代农业综合示范工程，现代农业产业化改革取得突破。深化农村“三权”抵押制度改革，贷款规模不断扩大。实行财政国库集中支付，增强政府宏观调控能力。健全财政财务管理，完善乡镇(街道)、园区财税体制，全面激发乡镇发展活力。高度重视南部山区和鸣玉片区发展，制定《加快南部山区和鸣玉片区发展特色农业的意见》。建成全市首个林权交易服务大厅，公益林、商品林全部纳入林业保险。

开放水平不断提升。更加突出主导产业招商和项目落地，签订投资协议49个，协议引资122亿元，到位资金27亿元。实际利用内资117.8亿元、外资1.5亿美元。实行渝湘高速公路一类年票小车单向收费，全年新增车流量24%。出台支持总部经济发展政策，大力培育民营经济，开展“5311”领头雁培训工程，民营企业新增274户。建成全市首个多功能“微企创业中心”，新增微型企业1013户，全区市场主体超过2.7万户。新备案5家外贸出口企业，批准1家港资企业和1家境外投资企业，完成外贸进出口额1.7亿美元。

(五)抓民生保障促进社会和谐

加大教育投入，新建、改造、维修校舍4.5万平方米，启动13所学校教师周转房建设，实施中小学标准化建设工程，北京林业大学重庆继续教育分院落户南川，隆化职中申报为国家示范中职学校。建成川渝重点实验室,科技成果转化率达到90%。建成标准文化中心户660户,公共文化服务体系建设成为全国典范。区人民医院创"三甲"工作有序推进,6个乡镇卫生院改扩建工程和36个村级标准化卫生室建设全面完成,创成国家级慢病综合防控示范区。建成保障性住房59万平方米,符合条件的城镇最低收入住房困难群众100%入住廉租房。城镇新增就业12604人,失业率控制在3.06%,城乡居民社会养老保险、居民医疗保险实现全覆盖,职工、居民医保纳入市级统筹,临时救助困难群众5792人次,4548名残疾人享受城乡低保。强力推进"打非治违",安全事故发生数量同比减少25.6%、死亡人数下降6.5%,社会大局和谐稳定。

二、发展中存在的问题

一是南川属于欠发达地区,仍处于欠发达阶段,总量不大、结构不优、速度不快仍然是最主要、最突出的问题。二是经济发展对资源依存度较高,增长方式粗放,转变发展方式和经济结构调整压力较大,转型发展任重道远。三是产业基础薄弱,主导产业优势不明显,特别是工业对国民经济的支撑能力不足,现实生产力有待进一步提升,接续替代产业短期难以形成。四是资金、土地、能源、环境、拆迁等制约加剧,要素保障能力较弱,可持续发展能力不强。五是结构性、深层次的矛盾和问题日益显现,影响和谐稳定的社会矛盾仍较突出。

三、2013年经济发展目标

按照区委、区政府总体要求,贯彻"124"战略部署,提出2013年度经济社会发展预期目标:GDP增长11%、力争13%,全社会固定资产投资增长17%,公共财政收入增长10%,规上工业总产值增长25%,工业增加值增长19%,社会消费品零售总额增长15.5%,城乡居民收入分别增长13%、15%。

围绕"转型发展基础年"主题,全力推进项目建设,安排固定资产投资项目140个、前期工作项目21个,年度投资计划153.4亿元,由分管区领导牵头、主管部门负责,按开工一批、推进一批、竣工一批、前期工作一批"四个一批"要求分头推进。按照基础条件好、行业带动强、投资占比高原则,安排农业、工业、商贸旅游业、地产、基础设施、城市建设6大领域60个重点转型项目及10个转型发展重大前期项目,年度计划投资108.18亿元,其中十大农业项目年度投资6亿元、占5%,十大工业项目年度投资12.13亿元、占12%,十大商贸旅游项目投资21.73亿元、占21%,十大地产项目年度投资20.12亿元、占18%,十大基础设施项目年度投资21.2亿元、占19%,十大城市建设项目年度投资27亿元,占25%。区重点办集中力量推进60个重点转型项目,逐一落实牵头领导、责任部门、全过程责任人,深入开展重点项目效能监察,全力调处问题困难,确保年内新开工项目24个、竣工13个。

綦江区

綦江区政府办公室 陈宇

一、2012年发展回顾

2012年,区委、区政府紧紧围绕建设繁荣富强"渝南门户"目标,抓住设立新区重大机遇,积极应对国际国内复杂多变的经济形势,充分发挥新区效应,妥善解决体制转换过程中出现的矛盾和问题,趋利避害,顺势而为,精心运作,着力打基础、添后劲,调结构、促转型,惠民生、促和谐,实现了新区发展的平稳开局。

(一)经济保持平稳增长

牢牢把握稳中求进的总基调，积极应对宏观经济下行的压力，促进全区经济健康发展。地区生产总值实现220.3亿元，增长13.7%；地方财政收入45.1亿元，增长14.7%。着力增加城乡居民收入，城镇居民人均可支配收入达到20966元，增长12.5%；农民人均纯收入达到8569元，增长13.3%。兑现家电、汽摩下乡和家电以旧换新、节能产品补贴等政策，激活城乡消费，社会消费品零售总额实现75.3亿元，增长15.6%。全力稳定投资，切实解决各种制约要素，加快项目建设进度，固定资产投资完成213.3亿元，增长11%。积极拓宽融资渠道，政府性融资到位27.8亿元，银行存贷款余额分别增加到223.8亿元和142.8亿元，存贷比提高到63.8%。

(二)产业水平稳步提升

坚持一手抓总量壮大、一手抓结构调整，产业发展能力进一步提升。积极推进现代农业发展。山地现代农业示范园区建设取得新进展，建成万亩产业示范园5个、万头(只)生态畜牧养殖场(小区)8个、农业科技示范园10个、年产20万条眼镜蛇养殖基地1个。农业产业化水平有新提高，新发展龙头企业15家、农民专业合作社53个，新增农村土地流转面积5万亩，耕地适度规模经营集中度达36.2%。全区粮食总产量稳定在38万吨。大力推动工业调整升级。加大工业投入，狠抓旗能电铝、重钢钢构等工业项目建设，全年实现工业投资81.3亿元，千亿工业基础不断夯实。加快产业提升，启动科技支撑示范工程，綦齿传动、康田齿轮等55个项目进行技术改造，9家IT、高新企业开工建设，完成减排项目31个，万元地区生产总值能耗同比下降3.6%。促进企业壮大，新发展规模以上工业企业8家，规模以上工业企业实现产值244.9亿元，同比增长19.4%。加快发展商贸旅游业。商贸物流体系不断完善，南州商圈新拓展6万平方米，重百、肯德基等名店入驻。东溪古镇成功创建市级特色商业街。全面完成乡镇商贸“五个一”工程建设，继续推进“万村千乡市场工程”，完成50个乡村连锁店信息化改造。支持服务外包产业发展，荣获“重庆市服务外包十佳示范区”称号。新增金融机构3家，实现老乡场金融全覆盖。加强旅游宣传营销，荣获“最美重庆最受欢迎旅游区县”，建成农民版画院、博物馆、饭遭殃食品工业园、永新梨花山等4个3A级景区，古剑山成功创建4A级景区，全年接待游客358万人次，旅游总收入突破10亿元。

(三)发展载体不断夯实

稳步推进园城开发，东部新城基本完成通惠组团一级开发，完成体育中心土建工程，启动通惠河亲水休闲带状公园、南方翻译学院建设。桥河工业园区拓展到6.5平方公里，完善道路、管网、市政设施建设。食品工业园区拓展到1.5平方公里，上升为市政府主抓的专业性园区，按楼宇工业、都市型食品工业的新定位启动了规划修编。北渡铝产业园加快推进，中小微创业园不断发展。古剑山景区基本形成“两环多射”道路交通构架，建成原生态艺术(版画)村15个专业场馆。着力提升旧城形象，市政设施不断完善，完成九龙大道改造，建成3.7万平方米营盘山广场和交委地下人行通道，城区占道经营、扬尘污染、车辆乱停乱放整治行动深入推进，城区环境空气质量优良以上天数达到338天，成功创建市级卫生城区。加快基础设施建设。积极推动渝黔铁路新线、三南铁路征地拆迁等工作，万梨公路除桥梁等控制性工程外全线基本通车，三环高速公路綦江段开工建设，升级改造国省道89公里、通镇通畅工程58公里，新修农村公路328公里。启动水利大会战，开工水源工程2个，完成小农水项目3个，整治病险水库34座，新增蓄水能力175万立方米。

(四)改革开放深入推进

成立区国资委，强化国有资产监督管理，理顺国有资产管理体制。开展投融资体制改革，重组渝南资产公司、南州水务集团，新成立城投公司、兴农担保公司。与遵义市、桐梓县、习水县签订友好合作协议，全方位的合作机制逐步形成。有序推进户籍制度改革，转户1450户。招商引资到位资金144亿元，与金冠集团、盼盼食品等知名企业达成投资意向，成功引进中国摩托工业集团公司。设立民营经济发展专项资金，鼓励和促进民营经济发展，地区发展活力进一步增强。

(五)社会民生持续改善

千方百计促进创业就业，新发展微型企业805户，新增城镇就业9136人，失业率控制在2.29%。着力提高住房保障能力，建设廉租房、公租房5861套，完成棚户区改造5226户、农村危房改造3028户，高品质建设17个农民新村。提高低保标准，扩大各类社会保险覆盖面，支付各类保险待遇15.1亿元。大力促进教育公平，深入推进教育改革，3所城区小学建成投用，从起始年级消除了“大班额”现象，81所中小学完成标准化建设，全面完成学校D级危房改造工程任务。健全卫生服务体系，人民医院“三甲”创建工作稳步推进，街镇卫生院标准化率达80%，建成82所标准化村卫生室。人口计生目标全面完成，人口自然增长率为1.45‰。加快发展文化事业和文化产业，被评为全市“村村通先进区”，区文化馆升级为一级馆，词曲《灌雀楼》、版画《五彩坡》获全国赛金奖。成功举办中国·重庆綦江国际恐龙足迹学术研讨会。群众体育、竞技体育协调发展，荣获“国家级全民健身中心”称号。改善生态环境，造林5.6万亩，全年未发生一起森林火灾。扎实抓好社会治安综合治理，严控八类主要刑事案件，认真做好信访工作，不断加强应急管理，社会保持和谐稳定。高度重视安全工作，未发生食品安全事故，安全生产事故起数和死亡人数实现双下降，获市安全生产目标考核优秀奖。

二、发展中存在的问题

一是综合经济实力不够强，产业结构需进一步优化；二是资源环境约束趋紧，发展平台承载能力有待加强；三是科技创新能力不足，市场主体需大力培育；四是社会矛盾较多，社会建设任务艰巨；五是服务意识不够强、办事效率需提高。

三、2013年发展目标

全区经济社会发展主要预期目标是：地区生产总值增长12.5%，公共财政预算收入增长13%，规模以上工业企业产值增长19%，社会消费品零售总额增长15%，全社会固定资产投资增长18%，城乡居民收入分别增长12.5%和14.5%。万元地区生产总值能耗下降3.3%，主要污染物减排完成市下达任务。

大足区

大足区政府办公室　黎耿

一、2012年发展回顾

2012年，全区地区生产总值246.7亿元。三次产业结构比12.8:57.7:29.5。固定资产投资224.8亿元。地方财政收入55.4亿元。社会消费品零售总额69.1亿元。农民人均纯收入和城镇居民可支配收入分别为9272元、21742元。

(一)工业

全区工业总产值550亿元，规模工业总产值310.8亿元，规模工业企业287户。工业园区化水平为94.5%。产值过亿企业56户，产值超10亿元的镇（街)7个。工业投资92亿元，增长45.5%。汽车及零部件、装备制造、现代五金、循环经济等支柱产业加快集聚，“上依红”车桥、百亿机电装备工业园、再生资源产业园等落户。(配中国西部百亿机电装备工业园签约仪式图一张)

(二)农业

农业总产值46.7亿元。已有优质粮油基地30万亩、蔬菜基地11万亩、枇杷基地10万亩、葡萄基地2.3万亩、荷莲基地5万亩。出栏生猪66万头,黑山羊种羊6.1万只。农业龙头企业达123家,其中国家级1家、市级20家。

(三)旅游

全年接待游客800万人次,旅游总收入26.1亿元,分别增长33.8%、30.0%。宝顶山景区提档升级、龙水湖国际旅游度假区、海棠香国历史文化风情城等重点项目稳步推进。国际旅游文化节、荷花节、枇杷节、葡萄节等顺利举办。

(四)商贸流通

市场主体达到3.8万个,微型企业2136户。注册商标1482件,重庆市著名商标27件。普洛斯物流港、重庆商投市场,渝西汽博中心、汽配市场等项目签约。西南城、惠尔顿商贸中心开工,启帆五金市场、钢材模具市场和长三角钢材市场建成。第六届国际五金博览会成功举办,五金市场群成交额达163亿元。

(五)对外开放

引进投资额5000万元以上项目88个,到位资金143亿元。新增自营进出口企业15家,实现自营出口1.1亿美元。利用外资3433万美元。与市经济信息委、市教委、市城乡建委、市交委、市商委、市国土房管局、市机电集团等签订战略合作协议。各类银行授信470亿元。

(六)城市建设

城镇建成区增加1.82平方公里,达到45.42平方公里,常住人口城镇化率达到47.3%。建筑业总产值60.0亿元。新开工房地产面积141.7万平方米,房地产开发完成投资27.6亿元。城区绿地率达44.3%,城市生活垃圾无害化处理率、生活污水集中处理率分别达98%、97.4%。

(七)社会事业和人民生活

初升高比例93.5%,高考上线率达88%。引进重庆电信职业学院,职教中心成功创建国家示范中等职业学校。经开区人民医院综合大楼建成,“三甲”医院主体完工。规范实施基本药物制度,门诊、住院次均药品费用下降20%以上。城镇新增就业15332人,再就业4237人。社保医保实现市级统筹,城乡医保参保率98%以上。集中开工保障性住房60万平方米,改造农村危旧房3901户,倒房重建449户。

二、发展中存在的问题

成绩属于过去,我们必须清醒地认识到,新大足的发展还面临较多困难和问题:一是综合实力仍然不够强,与先进地区相比差距明显。二是产业基础仍然薄弱,主导产业、重点企业、重点行业带动效应不明显。三是要素制约仍然较多,土地、资金、能源等尚不能满足发展需求。四是政府工作与建设服务型政府的要求还有较大差距,社会管理、公共服务的水平还不高。对这些困难和问题,我们将高度重视并努力加以克服和解决。

三、2013年发展目标

地区生产总值增长12.5%以上;地方财政一般预算收入增长12%以上;全社会固定资产投资增长20%;社会消费品零售总额增长15%;城镇居民人均可支配收入、农村居民人均纯收入分别增长12%、16%以上。

潼南县

潼南县政府办公室 黄立华

一、2012年发展回顾

2012年,在国内外经济增长持续放缓的宏观背景下,潼南坚持抓项目、保增长、惠民生,主要经济指标呈两位数增长,经济发展呈现出“缓中趋稳,整体稳健”的运行态势。地区生产总值162.75亿元,增长12.5%,人均地区生产总值25301元,三次产业结构为23.2:41.6:35.2;地方财政收入24.64亿元，增长21.4%；全社会固定资产投资125.2亿元，增长29.2%；社会消费品零售总额54.54亿元，增长16.9%；城乡居民收入分别达到20288元、8422元，增长13.3%和15.6%。

（一）工业发展有所突破

明确“4+1”产业发展定位，不断壮大工业经济体量。针对没有大型骨干企业支撑的现状，积极引进大唐国际电力集团，正在开展前期工作。成功争取到国家级电子信息产品零副件和机械加工模具进出口基地两块牌子，引进笔电配套企业31家，被评为全市笔电配套产业先进县。加快推进园区基础设施建设，南区“一纵五横”骨干道路、“七纵二横”区间道路基本贯通，北区核心区场平完成350亩，东区启动建设。大力推动重点工业项目建设，民丰化工K3等11个项目开工建设，华祥特钢等10个项目竣工投产。加强企业生产要素保障，中贵天然气管线、渝遂铁路二线全线贯通，配套设施不断完善，为企业顺利落户创造了必要条件。注重发展民营经济，新增民营企业205家。全年新增规模以上工业企业25家、达到72家，规模以上工业总产值58.5亿元、增长13.2%；工业固定资产投资46.2亿元、增长123.9%，增幅列全市第一。

（二）生态文化名城建设加快

突出功能配套，提升城市品位。全年开工商品房84万平方米、竣工30万平方米，城镇建成区面积40.5平方公里，城镇化率42%。规划“一坝三堤”滨江水体，启动新绕城路、滨江路二期建设，完成规划展览馆主体工程。扎实推进“五城同创”，顺利通过市级文明县城验收。查处城乡违法建设752户、12.7万平方米，为下一步城乡违法建设集中整治打下了基础。启动滨江湿地公园和开善寺公园建设，完成滨江带状公园建设；城区绿化覆盖率30.9%，人均公园绿地面积8.2平方米；植树造林4.34万亩，森林覆盖率40%。加大环境保护力度，县城区饮用水源水质主要指标达标率100%，县城空气质量优良天数达到328天。同时，加快小城镇建设，双江镇被评为全市最佳绿化城镇，古溪镇休闲广场被评为全市十佳市民广场，崇龛镇葫芦坝被评为全市十佳农民新村。

（三）西部菜都提质增效

充分发挥重庆首批国家现代农业示范区的优势，推动西部绿色菜都上档升级。成功承办重庆市政府主办的首届蔬菜博览会，这是重庆直辖以来潼南承办的第一个大型市级节会，全国11个省市区的150余家农业企业参展，成功签约项目27个、协议投资近100亿元，大大提升了潼南的知名度。打通涪琼两江沿岸蔬菜基地20公里大通道，构建起50平方公里现代农业示范区核心区框架。西部最大的蔬菜批发市场初步投入运营，建成市级出口食品农产品质量安全示范区，潼南蔬菜开始闯入国际市场。全年蔬菜复种面积85万亩，产量170万吨。完成耕地和基本农田保护任务，实施农村土地整治5万亩、高标准基本农田建设10万亩。保持粮食生产传统优势，年产量37.3万吨，被评为全国粮食生产先进县。

（四）商贸旅游日益繁荣

引进隆鑫集团投资60亿元，正在打造新城中央商务区；新引进新世纪、信合摩尔2家亿元级商贸流通企业，新增限额以上商贸流通企业24家；建成西南国际灯具城商铺12万平方米，实现年交易额5亿元；注重品牌培育，新增注册商标183件、著名商标5件；潼南被列为省际区域性边贸中心城市。实施“农超对接”，在重庆58家超市建立“潼南绿”蔬菜专销区，建成社区直销店105个，为农民增收、保供主城、平抑菜价作出了积极贡献。成功举办第五届菜花节，潼南被评为中国最美花海和重庆旅游赏花胜地。千年金大佛完成第五次“穿金”，经相关专家权威论证为世界第一室内金佛，大佛寺景区成为重庆“新地标”。完成杨闇公旧居维修布展，杨闇公旧居、陵园被评为全国国防教育示范基地，杨闇公、杨尚昆旧居被评为全市最美故居。全年接待游客373万人次，实现旅游综合收入11.6亿元。

（五）社会事业全面进步

坚持以人为本，让老百姓在发展中得到更多实惠。科技创新能力不断提升，设立潼南县青少年科技创新县长奖，组建科技企业“孵化器”，潼南被评为国家科技富民强县奖励县。教育事业不断进步，新改建校舍8.7万平方米，全面消除学校D级危房；学生营养计划工程实现义务教育全覆盖，中职学生实现免学费教育；高考上线4678人，重点本科上线590人，刷新历史纪录；教育投入达到8.4亿元，占全县地区生产总值的5.2%。文体工作有所突破，加快推进江北体育场建设，县体育公园被确定为国家级户外活动基地；免费开放图书馆、农家书屋等文化场所300余处；成功举办县第三届运动会，掀起了新一轮全民健身热潮；组团参加市第四届运动会，创下4金6银13铜的历史最好成绩；潼南被国家体育总局评为全民健身优秀组织奖。医疗卫生扎实推进，县残疾人康复托养中心主体工程完工，妇幼保健院成功创建“二甲”医院；特别是解决了搁置10年之久的县疾控中心整体搬迁问题，并获得实验室质量技术资质认证；深入实施基本药物制度，药品价格平均降幅达到25.3%，缓解了老百姓看病难、看病贵问题。新闻工作广泛深入，全县有线电视用户达到10万户，开通潼南网，《潼南报》被评为全市优秀区县报。

（六）人民生活持续改善

从老百姓的衣食住行入手，全力解决大家最关心、最直接、最现实的民生问题，全县各项民生支出24.9亿元，占一般预算支出的72.3%。积极拓宽就业渠道，城镇新增就业1万余人，回引劳动力1.6万人；建成工业园区微企创业园，新发展微型企业801户；城镇登记失业率控制在3.27%，被列为西部地区农民创业促进工程试点县。不断提高社会保障水平，社会保险参保达到141.6万人次，养老金人均每月调高162.2元，城乡低保标准分别提高到每月330元和185元，千方百计解决了历年拖欠干部职工津补贴等一些遗留问题。着力实施计生惠民工程，新增奖扶、特扶对象1341人，发放奖扶、特扶金852万元。扎实推进民生项目建设，县福利中心一期工程竣工，县流浪未成年人救助保护中心建成并投入使用；太柏路、崇龛大桥建成通车，完成“村通畅”工程181公里，行政村通畅率达到90%；治理水土流失面积12.5平方公里，整治山坪塘256口，解决了6.5万人饮水安全问题；启动建设农民新村22个，建设巴渝新居1240户，改造农村危旧房2400户，太安镇成为全市10个新农村建设示范片之一；61个贫困村实现整村脱贫，花岩镇产业扶贫模式得到国家扶贫办认可。深入开展“打非治违”专项行动，连续22个月无较大及以上安全生产事故发生，被市政府评为安全生产优秀单位。实行县领导包案制度，市级信访积案化解率100%，历时数年之久的欧怡项目住宅小区交付使用，最大限度保护了购房户合法利益。强化社会综合治理，现行命案破案率连续45个月100%。健全防灾减灾体系及事故灾害应急机制，在“7·4”、“7·7”抗洪救灾中，反应迅速，措施得力，确保了无人员伤亡，得到市委、市政府充分肯定。

二、发展中存在的问题

一是工业经济基础薄弱，经济总量小，规模以上企业少，经济社会发展的支撑力不强；二是缺乏重大大项目带动，重点项目推进慢，固定资产投资对经济增长的拉动作用较弱；三是政府性债务沉重，企业改制、征地拆迁等不少历史遗留问题亟待解决，改善民生、维护社会稳定的担子很重。

三、2013年发展目标

2013年经济社会发展的主要奋斗目标是：地区生产总值增长13%左右，工业增加值增长20%左右，地方财政收入增长12.5%，全社会固定资产投资增长20%，社会消费品零售总额增长16%，城乡居民收入分别增长12%和15%，单位地区生产总值能耗下降3%，人口自然增长率控制在5.5‰以内，城镇登记失业率控制在3.6%以内。

铜梁县

铜梁县政府办公室 王 刚

一、2012 年发展回顾

坚持以科学发展观为指导，紧紧围绕“521”奋斗目标，牢牢把握“12345”发展思路，扎实开展“发展环境提升年”主题活动，大力实施“开放带动、产业推动、项目拉动”发展战略，迈出了“融入主城区、建设卫星城”的坚实步伐。

（一）兴产业提质量，综合经济实力实现新提升

地区生产总值实现 226.2 亿元，增长 15.3%；社会消费品零售总额 66.5 亿元，增长 17.4%；三次产业结构调整为 13.0:58.2:28.8；地方财政一般预算收入 17.6 亿元，增长 20.4%，基金收入 22.2 亿元，与上年持平；固定资产投资 268.2 亿元，增长 32.9%；城乡居民存款余额达 170.4 亿元，增长 21.7%；城镇居民人均可支配收入达 22856 元，增长 14.3%；农村居民人均纯收入达 10010 元，增长 15.1%；城镇化率提高 1.8 个百分点，达到 44.9%。

打造千亿级工业。发展壮大机械制造、电子信息、新型材料三大主导产业，全县工业总产值实现 371 亿元，增长 25.2%；工业增加值 114.7 亿元，增长 20.8%；其中，规模以上工业企业达 236 家，实现产值 246.6 亿元，占整个工业总产值的 66.5%。

打造规模效益农业。加快发展蔬菜、竹木、水产、生猪四大主导产业，新建蔬菜基地 3 万亩、累计建成 15.3 万亩，产值 10.2 亿元；植树造林 3.6 万亩，竹木年产量达 24.3 万吨，收入 1.6 亿元；水产品总产量 2 万吨，产值 2.1 亿元；年出栏生猪 64.8 万头，建成万头生猪养殖小区 7 个。全县土地流转面积达 46.9 万亩，规模经营面积达 38.1 万亩、集中度达 39.6%。全年粮食总产量达 34.7 万吨。

打造渝西区域性物流中心和“休闲之都”。着力提升商贸业态，新增商业设施面积 12 万平方米，国美电器、商社汽贸等知名商贸企业入驻；淮远古韵步行街二期工程加快推进，一期累计入驻商家 42 户；物流园区平场土地 1000 亩，签约入驻企业 7 家、协议引资 16 亿元，铜梁长途汽车客运中心、展仑小商品批发市场等 2 家企业动工建设；全县限额以上商贸单位达 271 家。每年安排 7000 万元，大力发展乡村旅游业，“一城三区五朵花”精品旅游景区建设全面启动，全年接待游客 220 万人次，实现旅游收入 8 亿元。

（二）强统筹打基础，城乡建设开创新局面

高起点推进城市建设。全面启动县城总规修编，精心编制新城核心区总体城市设计；高效率推进新城核心区建设，统一平场土地 1100 亩，集中开工行政中心、行政服务中心、景观大道延伸段等 10 大重点项目，迅速拉开 3.8 平方公里中央商务区建设序幕；扎实推进龙腾大道等城市骨干道路建设，着力构建 35 平方公里中等城市框架；基本建成人民公园二期、全民健身中心二期和人力社保中心，建成青少年活动中心、恒温游泳馆，城市功能更加完善，全民健身中心获评全市新地标。

大规模推进镇村建设。投入上亿元支持 25 个镇实施场镇提质扩容工程，对场镇管网、绿化、道路、路灯等进行全面整治，场镇面貌逐步改善；建成安居、少云等垃圾压缩中转站 6 个；完成小北海水库征地拆迁，整治病险水库 16 座，新扩建山坪塘 52 处，解决 8.9 万人饮水安全问题；完成村规划编制 15 个；建成农民新村 30 个、巴渝新居 1560 户，改造农村 C 级危房 2671 户，重建 D 级危房 558 户。

高效率推进交通建设。强力推进成渝复线、三环高速公路铜梁段建设；改造国省道35.7公里；建成农村联网公路99公里；新开通农村客运线路47公里。

(三)优环境强招商,对外开放取得新成效

整合铜梁、蒲吕工业园区,组建铜梁工业园区管委会，为打造千亿级工业提供强有力的组织保障。实施大拆迁,完成征地7010亩,拆迁房屋1006户,依法强拆2户。实施大建设,开工金川大道、龙安路、产业大道等骨干道路13.2公里,集中平场土地7000亩;新供地神驰机电等项目42个,新开工金阿建材等项目59个,新竣工重变电器等项目43个。实施大扶持，设立5000万元民营经济发展专项资金,扶持90户企业做大做强;扎实开展“发展环境提升年”主题活动,精简行政审批项目116项,取消行政收费项目14项,审批效率整体提高50%。实施大招商,完善招商引资方式,着力招大商、招优商,新引进神驰机电、吉力芸峰等投资10亿元以上的项目2个,5至10亿元的项目11个，正式签约入驻项目135个,协议引资226亿元,工业园区呈现企业抱团引进、集群发展态势。实施大开放，全年实际利用外资2795万美元，增长83.6%;全县外贸出口企业增加到62家,外贸进出口额达4293万美元，增长53.5%；外派劳务810人次，实现劳务收入1.1亿元。新发展微型企业809户、解决就业8000人；新增市场主体7018个,累计达2.7万个。

(四)强要素抓保障,经济增长动力实现新跨越

着眼增强铜梁长远发展的持续后劲，积极应对融资紧缩、土地紧张、能源紧缺的不利因素,采取有力措施强化要素保障。

资金保障有力。全年政府性筹资32.8亿元,有力促进了工业园区、重点工程和民生项目建设;成立县金融办,改扩建金融服务网点8个,新增便民服务网点40个，三峡银行正式落户；全县金融机构存款余额达208.2亿元,贷款余额达127亿元、增速达39%,存贷比提高13.1个百分点,达到61%。

用地保障创历史新高。实施市级土地整理项目6个,新增耕地3200亩;完成宅基地和废弃工矿用地复垦3100亩;争取用地指标14789亩,是前5年的总和;征地16038亩,是前4年的总和,平均每天43.9亩,为未来几年工业园区、城市建设的跨越发展搭建了坚实平台。

能源保障突破瓶颈制约。完成电力股权改革,启动云雾山变电站建设,建成小北海、旧县变电站;启动遂宁至铜梁天然气长输管线建设,中卫至贵阳天然气长输管线铜梁段进展顺利;液化天然气综合利用和天然气发电项目落户铜梁。

生态保障有力有效。扎实推进市级环境保护模范县创建工作，全县森林覆盖率提高到42%,城区绿化覆盖率达47.8%;关闭铜兴水泥等高耗能企业7家，全县规模以上工业企业万元产值能耗下降30%;实施小安溪、琼江流域及巴川河、淮远河畜禽污染治理,建成华兴等污水处理厂15个,完成龙都纸业关停、中联水泥脱硝、福源纸业治理、双福养殖场污染治理等减排项目36个;全社会化学需氧量、二氧化硫排放量分别削减2.2%和1.2%。

(五)重协调促和谐,各项社会事业迈上新台阶

社会事业协调发展。深化教育教学改革,“减负提质”工作取得明显成效;成立润文商贸公司,学校后勤服务水平不断提高;高考上线率达96.6%、超市平11.3个百分点,中考上线率达57.8%、超市平8个百分点;教育科技园区入驻中高职院校8所、在校学生达1.8万人,职业教育提质上档。建成市级科普教育基地2个,申请专利451件；新培育重庆重点新产品和高新技术产品23个，国家高新技术企业达到8家;新获重庆著名商标8件、重庆名牌5个。行政村农家书屋实现全覆盖;举行“渝州大舞台”等城乡文化互动演出；成功举办第二届中国铜梁龙灯文化旅游节、全国技巧冠军赛等文体活动。深化基本药物制度改革，基层医疗卫生机构次均住

院费用下降10.4%；开展县人民医院、中医院三级甲等医院创建工作，顺利通过“全国农村中医工作先进单位”复评；启动县妇幼保健院迁建工程，建设中医骨科医院、东城街道社区卫生服务中心；“七苗”免费接种率达97%以上，无孕产妇死亡，婴儿死亡率控制在4.2‰以内；开展食品药品专项整治行动，全年无重大食品药品安全事故发生。

社会保障水平提升。新增城镇就业人口1.4万人，城镇登记失业率控制在4%以内；新转移农村劳动力1.2万人，实现劳务收入23.3亿元；发放再就业小额贷款6300万元，帮助1800余人实现创业；开展移民后扶工作，促进移民就业3000人。企业退休人员月均基本养老金达1600元；社会保险参保人数达140万人次；城乡医疗保险实现全市统筹，城镇职工大额医保上限提高到50万元；城乡低保年人均增加300元；医疗救助实现全覆盖；开工建设限价商品房30万平方米，6.8万平方米廉(公)租房群众开始入住；推进户籍制度改革，新转户17284人，累计转户49732人。社会管理综合治理工作有力推进，加快安全生产标准化建设，纵深推进“打非治违”专项行动，事故起数和死亡人数双下降；开展干部下访群众工作，一批信访积案和疑难信访问题得到有效解决；开展国家级“法治区县”创建工作，实施法律援助1167件；加强社会治安巡逻防控体系建设，优化交巡警和刑侦勤务机制，在未设派出所的14个镇和城区设立警务室30个，群众安全感满意度位居渝西片区第一。

(六)惠民生求实效，民生工程建设实现新突破

“十大民生工程”全面推进，县人民医院迁建工程进展顺利，南城街道社区卫生服务中心建成投用，创建市级卫生镇2个、规范化卫生院2个、村卫生室20个，新增农村改厕7000户；发展新型农村股份合作社27个，新增农村“三权”抵押贷款7.6亿元，累计达10.8亿元；启动蒲吕小学等5所学校迁扩建工程，改建农村寄宿制学校4所，消除学校C级危房1.7万平方米；改造镇级农贸市场18个，建成“农家店”651个。下大力气切实解决群众期盼多年的三大民生工程。一是10万吨安居提水工程，一期日供水5万吨2013年底建成投用，将彻底解决城区供水问题。二是巴川河综合整治工程，全面启动河道治理10余公里，改造升级沿岸景观，着力打造滨河休闲健身长廊，使巴川河嬗变成“河道通畅、河水清澈、河岸景美”的风景线。三是城区管网改造及城市综合整治工程，全面推进67条道路、80余公里供排水管网改造，同步改造人行道、路灯、绿化、店招店牌；开展城市管理“三整治一改革”、拆除违法建筑等专项行动，拆除违法建筑21万平方米，取缔非法营运三轮车上千辆，关闭、整顿洗车场62家。

二、发展中存在的问题

县域经济总量还不大，工业核心竞争力不强，缺乏大企业、大项目支撑；财政结构不优，工商税收占比较低，资金、土地等要素制约问题还比较突出。

三、2013年发展目标

2013年，铜梁县深入贯彻党的十八大和市第四次党代会精神，认真落实市委四届二次全委会战略部署，以开展“重点项目推进年”活动为主题，以转变经济发展方式为主线，主攻投入上项目，聚焦实体兴产业，“三化”同步促统筹，扩容提质抓城建，办好实事惠民生，统筹推进经济建设、政治建设、文化建设、社会建设和生态文明建设，为加快“融入主城区、建设卫星城”迈出坚实步伐。全县经济社会发展主要预期目标是：地区生产总值增长14%，社会消费品零售总额增长18%，固定资产投资增长25%，财政公共预算收入增长14%，工业总产值增长30%，实际利用内资增长30%，城镇居民人均可支配收入增长13.5%，农民人均纯收入增长18%。城镇登记失业率控制在3%以内，人口自然增长率控制在4.5‰以内，万元GDP能耗同比下降2.5%。

荣昌县

荣昌县地方志办公室 杨品明 刘百书

一、2012年发展回顾

2012年,荣昌县生产总值229.81亿元,比上年增长12.5%。其中,第一产业增加值35.71亿元,增长5.3%;第二产业增加值137.79亿元,增长15.5%;第三产业增加值56.3亿元,增长9.9%。第一产业增加值占地区生产总值的比重为15.5%,与上年持平;第二产业增加值比重为60.0%,比上年提高0.4个百分点;第三产业增加值比重为24.5%,比上年下降0.4个百分点。按常住人口计算,2012年全县人均生产总值达到3.44万元,比上年增长11.8 %。全年县域财政总收入达到44.65亿元,增长3.0%。其中县级财政收入37.22亿元,增长2.7%。县级财政收入中一般预算收入15.36亿元,下降22.7%;政府性基金收入21.86亿元,增长33.5%。全年共完成县级税收收入7.98亿元,下降6.3%,其中:工商税收6.67亿元,下降0.1%。全县公共财政支出37.53亿元,增长7.8%;政府性基金支出20.76亿元,增长26.9%;地方政府债券还本支出2400万元。全年金融业增加值4.53亿元,比上年增长17.5%。其中新型金融业实现增加值2953万元,同比增长51.5%。年末全县金融机构各项存款余额170.31亿元,比年初增长9.5%。个人储蓄存款余额126.78亿元,比年初增长15.9%。年末金融机构贷款余额达到109.64亿元,比年初增长17%。不良贷款率为0.14%,比年初下降0.19个百分点。

(一)农村经济再上台阶

全年完成农林牧渔业总产值51.32亿元,比上年增长5.1%。全年粮食种植面积4.85万公顷,比上年增加55公顷,增长0.1%;油料种植面积9759公顷,比上年增加718公顷,增长7.9%;蔬菜种植面积1.56万公顷,增加612公顷。主要农产品产量:粮食产量30.01万吨,增长2.5%;油料产量2.23万吨,增长6.8%;蔬菜产量40.04万吨,增长5.9 %;肉类产量7.03万吨,增长2.6 %;水产品产量6750吨,增长0.5%;生猪出栏72.51万头,增长2.0%;羊出栏1.05万头,增长3.6%;家禽出栏905.45万只,增长8.6%;禽蛋产量9311吨,增长6.3%;牛奶产量2189吨,增长3.8%。

荣昌成功创建国家现代农业示范区2012年1月,国家农业部批准荣昌成为第二批国家现代农业示范区。荣昌农业农村经济发展总体战略定位为:大力发展都市型(现代)生态农业,以建设经济繁荣、生活富裕、生态宜居农民家园为目标,努力建成渝西川东统筹城乡示范先行新农村。其主要功能定位为:建设城乡统筹农业发展新机制、探索创新“试验田”、中国现代畜牧业生产科研重地、渝西川东都市生态农业展示基地、重庆特色农副产品生产加工创汇基地。其特色定位为:建设“中国现代畜牧业示范核心区”、“世界荣昌猪之乡”、“中国麻竹笋之乡”、“红高粱文化城”、“中国夏布之乡”。

荣昌整合涉农项目资金近亿元,集中打捆投向重点产业、重要园区。建成市县级农业示范园区17个。猪、竹、生姜、黑花生等特色效益农业已成为农民持续增收的主要来源。荣获“中国特色竹乡”称号,《麻竹栽培技术规程》被国家审定为行业标准。科学编制国家现代畜牧科技产业示范园建设规划。国家级重庆(荣昌)生猪交易市场落户荣昌。成功引进广东天农公司投资6亿元30万头生态荣昌猪产业一体化项目,10万头核心猪场已开工建设。生态荣昌猪产品首次投放市场并广受好评。率先在全国实现仔猪网上集中竞拍,全年交易仔猪近100万头,交易额近4亿元。成功与国开行市分行签署农业项目战略性融资合作协议。重庆市畜牧业标准化技术委员会在荣成立。荣昌猪吉祥物设计获全国乡村旅游休闲农业产品大赛金奖。

(二)工业经济稳步发展

全年实现工业增加值117.09亿元，比上年增长16.3%；规模以上工业增加值增长16.4%；模以上工业企业实现总产值365.02亿元，同比增长14.8 %。规模以上工业经济效益综合指数304.3%,比上年提高10.6个百分点。其中:总资产贡献率30.4%，比上年提高1.0个百分点;成本费用利润率10.9%，比上年提高1.7个百分点;全员劳动生产率达到15.43万元/人,比上年下降0.3%。模以上工业企业主要产品产量:原煤425.65万吨,增长11.3%;洗煤252.95万吨,增长1.9%;饲料66.63万吨,增长18.4%;鲜、冷藏肉3.42万吨,减少17.4%;精制茶5.2万吨,增加20.6%；苎麻布502.1万米，减少70.9%；焦炭13.27万吨,减少23.9%;玻璃包装容器2.47万吨,增加27.6%;不锈钢日用制品3.95万吨,增加38.9%;阀门17.47万吨,增加25.3%;摩托车整车1.84万辆，减少80.1%；灯具及照明装置122.92万套(台、个),增加271.1%;发电量6.15亿千瓦小时,减少4.7%。

坚持强兴工业战略,制定出台了一批扶持、奖励政策,鼓励和引导现有企业加快转型,促进新建企业投产达能。主导产业支撑作用增强。五大主导产业初具规模,聚集效应逐步显现。生物科技产业总产值33.4亿元，机电制造产业总产值90.1亿元，农副产品深加工产业总产值93.7亿元,轻工建材产业总产值110.8亿元,电子信息产业总产值2.7亿元,五大主导产业占全县工业总产值的近80%。园区建设提档升级。新建成标准厂房36万平方米，完成场地平整1500亩，新建道路6公里，开工建设了工业园区污水处理厂。入驻园区企业290户,其中规上企业202户。园区实现工业总产值320亿元,工业增加值91亿元,固定资产投资85亿元,新投产项目13个,在建项目29个,园区形象得到明显改观。招商引资富有成效。调整优化招商模式,实现了从招商向选商、从注重数量向注重质量转变。全年共引进项目177个,引进上亿元项目22个,实际到位资金76亿元。新进项目平均投资强度达每亩300万元,年均税收每亩18万元,入驻项目质量不断提升。要素制约逐步缓解。五大要素保障小组工作有力。成功争取中石油投资中贵线延伸至荣昌天然气管网项目，启动了武城110千伏变电站项目和黄金坡水厂一期工程建设。工业园区成功纳入全市医药产业总体规划。搭建银企对接平台,帮助企业融资6.5亿元。品牌培育成效显著。成功实现中国驰名商标零的突破,认定中国驰名商标3件。新增市级出口知名品牌3个。

建筑业实现增加值20.7亿元，比上年增长11.2%。年末在荣昌注册具有资质等级的总承包和专业承包的独立核算建筑业法人企业37家,从业人员1.53万人。全年建筑企业房屋施工面积291.07万平方米,比上年下降4.9%;房屋建筑竣工面积170.34万平方米，比上年增长70.0%。

(三)交通通讯发展提速

实现交通运输、仓储和邮政业增加值8.32亿元,比上年增长12.7%,占全县生产总值的比重为3.6%。全年公路客运量完成5019万人次,比上年增长18.7%;公路旅客周转量14.79亿人公里,增长22.2%;公路货运量完成740万吨,增长18.2%;公路货物周转量6.58亿吨公里,增长23%。水路客运量12.38万人,下降9.6%;客运周转量88.79万人公里，下降7.4%。水路货运量9.31万吨,下降9.6%;货运周转量65.14万吨公里,下降9.5%。全县拥有营运汽车4975辆,其中货车4411辆（货车中私人汽车2486辆)、客车564辆(客车中城市公共汽车79辆)。全县出租汽车220辆。年底全县公路总里程2266.48公里。按行政等级划分:国道(高速公路)29.8公里,省道134.86公里,县道238.49公里,乡道327.16公里,专用公路11.59公里,村道1524.58公里。

按技术等级分：高速公路29.8公里、一级公路24.93公里、二级公路167.59公里、三级公路75.71公里、四级公路1663.43公里，等外公路305.02公里。全年完成邮电业务总量3.28亿元，比上年增长17.7%。其中，邮政业务总量4512万元，增长34.0%；电信业务总量2.83亿元，增长15.5%。年末固定电话用户数9.84万户，移动电话用户47.42万户，互联网用户4.68万户。

(四)固定资产投资持续增长

全社会固定资产投资完成247.16亿元，比上年增长38.7%。城镇投资210.76亿元，增长35.1%；农村投资36.4亿元，增长63.9%。第一产业投资9.31亿元，增长80.2%；第二产业投资108.2亿元，增长35.8%；第三产业投资129.65亿元，增长38.9%。全年房地产开发投资37.67亿元，比上年增长37.4%，其中商品住宅投资19.51亿元，增长14.8%。完成开发土地面积18.5万平方米，下降39.9%。

(五)商业贸易不断进步

全年批发和零售业实现增加值14.04亿元，比上年增长10.5%，占全县生产总值的6.1%；住宿和餐饮业实现增加值5.2亿元，比上年增长7.9%，占全县生产总值的2.3%。批发和零售业实现销售收入92.64亿元，增长19.4%。住宿和餐饮业实现营业收入19.27亿元，增长21.1%。全年社会消费品零售总额60.96亿元，比上年增长16.9%。按消费形态分，商品零售额49.16亿元，同比增长17.0%；餐饮收入11.81亿元，增长16.4%。

三大市场初具规模。中国(荣昌)畜牧产品交易市场、汇宇建材家居市场、五洲国际商贸城三大市场建成总面积达到64万平方米，实现交易额32亿元，辐射渝西川东的效应逐步显现。渝西川东区域性边贸中心建设框架基本形成。城市商圈逐步提档。老城区商圈管理进一步规范，交易额突破15亿元。北部新城商圈建设步伐加快，商业基础设施基本完工。流通体系更加健全。新建成农商通信息机20台，新建农村商贸综合服务中心2个、社区便民商圈1个，改造2个镇街农贸市场。家电(汽摩)下乡产品销售7.4万台，销售额2.3亿元，财政补贴2500万元。滨河商业街完成营业额6亿元。农户科学储粮专项工程顺利推广，发放农户科学储粮彩钢仓5000套。

外贸进出口总值完成2.67亿美元，下降5.9%。其中：出口总值达2.6亿美元，下降6.3%。茶叶类出口411万美元，下降15.7%；夏布类出口2175万美元，下降60.2%；金属制品类出口2917万美元，下降22%；化工类出口3470万美元，增长7.8%；其他类出口1.75亿美元，增长10.4%。全年招商引资新签约项目177个，到位资金达到76.05亿元，增长4.6%。全年实际利用内资69.57亿元，比上年下降19%，其中1000万元以上项目实际利用内资62.6亿元，比上年下降15.6%。

(六)旅游事业加快发展

年末拥有按五星级标准建设的酒店1家，按四星级标准建设的酒店1家，实有四星级酒店1家、三星级5家、二星级1家。路孔古镇综合旅游开发项目顺利签约。“填四川”影视基地主场景全面竣工。香霏楼顺利落成并正式开放，昌州故里特色旅游商业街逐步成形。“诗意路孔，梦里水乡”形象宣传片制作完成，旅游专题片亮相重庆电视台。夏布、折扇、陶器等旅游商品提档升级，旅游产品不断丰富。成功开通“魅力荣昌一日游”。接待游客157万人次，增长30%；旅游经济总收入2.6亿元，增长31.2%。

二、2013年发展目标

2013年，经济社会发展的目标是：地区生产总值增长12.5%以上，工业增加值增长16.5%以上，县级公共财政预算收入增长10%，全社会固定资产投资总额增长15%以上，社会消费品零售总额增长16%以上，进出口总额增长5%以上，城镇居民人均可支配收入增长13%以上，农民人均纯收入增长15%以上，城镇化率提高1.7个百分点，城镇登记失业率控制在3.3%以内，人口自然增长率控制在5‰以内，万元GDP能耗下降4%。

璧山县

璧山县政府办公室 陈荣花

一、2012 年发展回顾

2012 年，是璧山"激扬主调、变现蓝图、绿色发展、高位赶超"的一年，取得了全市瞩目的新成绩。

（一）综合实力显著提升

地区生产总值 253 亿元，增长 18%，增速全市第一；人均 GDP 达到 6622 美元，超过全国和全市平均水平。完成固定资产投资 342 亿元，增长 54.5%，增速全市第二。实现地方财政收入 80.3 亿元，增长 30.5%，总量跃居全市第四。工业总产值迈过"千亿"门槛，达到 1010 亿元，首次入围全市"第一方阵"。电子信息、装备制造、医药食品"三大优势产业"快速崛起，支柱作用进一步凸显。规模以上工业企业增加到 240 家，工业集中度提高到 80%，进入全市先进行列。社会消费品零售总额达到 71.1 亿元，增长 18.5%，增速全市第三。国有资产体量达到 522 亿元，一年增加了 109 亿元。非公经济占 GDP 的比重提高到 73%，占比全市最高。辖区银行机构增加到 11 家，存款余额达到 232 亿元，存贷比提高到 75%。三次产业占比演进为 6.5:68.5:25，结构调整取得新变化。

（二）六件大事显现"乘数效应"

县城建成区面积扩大到 40 平方公里，户籍城镇化率提高到 43.4%，县城人口达到 37.6 万人，跨入中等城市行列。绿岛新区基本实现"三年成型"。新区累计投入 67 亿元，建设 43 个重点项目，建成 34 公里城市道路"骨架"，铺设各类管网 40 公里，规划展览馆、人民广场、妇幼保健院正式投用，公共服务中心、文化艺术中心、人民医院、璧山中学等标志性项目快速推进。成功引进香港天安集团，打造巨型"城市综合体"。工业园区快速"增量扩容"。建成区面积扩大到 10 平方公里，入驻企业 785 家。新引进笔电配套企业 79 家，总量达到 180 家，其中行业排名前三的 35 家，展运、精元等 93 家实现投产。累计签约非 IT 企业 100 家，开工建设 81 家，中国嘉陵等 30 个项目建成投产。"重庆台商工业园"揭牌运行，已吸引包括统一食品在内的 51 家台资企业入驻。建成园区道路 12.4 公里、桥梁 2 座，园区污水处理厂一期主体工程完工。开工建设 105 万平方米标准厂房，54.7 万平方米投入使用。全面导入"CI"、"3R"，工业园区荣膺市级"园林式工业园区"，成为全市最漂亮生态园区。金剑山旅游休闲区"开篇破题"。完成城规、土规局部修编，实施征地拆迁和连接道路建设。"树阵酒店"成功引进，入围重庆创建"世界温泉之都"重点项目。民生国际会议中心投入试运行，全国首家大型公立医院主办的养老机构——重医一院青杠老年护养中心正式营业，砂之船·奥特莱斯、湖上酒店扩建项目加快建设。黛山大道展现"璧山速度"。15 个月建成福里树至新区段 18 公里，刷新全市高等级公路建设速度记录；延伸至青杠段建设克服诸多困难，实现破土动工。成渝高速复线璧山段路基工程基本完工，成渝城际客运专线璧山段加速实施桥梁和隧道工程。生态公园敞开"城市客厅"。占地 1500 亩的秀湖公园，7 个月实现试开园，创造了全国大型公园建设新速度，可望成为全市"第一城市公园"。金剑山登山公园完成 40 公里步道路基建设，观音塘湿地公园设施进一步完善，7 座星级公厕、25 个市民休闲亭、9 个社区公园和休闲广场投入使用。城市园林绿化面积累计达到 941 万平方米，建成区绿化覆盖率提高到 45%、绿地率提升到 41.8%、人均公园绿地面积达到 21.2 平方米，成为"国家园林城市”、“杰出绿色生态城市”。蔬菜基地打造“产业亮点”。完成渝遂高速大路下道口至基地核心区道路及沿线景观改造，形成38公里循环路网。建成5000亩核心示范区、3000亩农业部蔬菜标准园、6个蔬菜产后商品化处理场，完善了钢架大棚、喷灌滴灌、智能温室育苗、蔬菜展示中心等现代农业设施，蔬菜播种面积扩大到9.3万亩，成为全市“现代农业示范工程”。

(三)城乡统筹向纵深推进

汇聚大量资源向农村倾斜，财政投入“三农”资金26.3亿元。植树造林6万亩，森林覆盖率达到43.4%。新修农村公路150公里、村社便道207公里，改造危桥8座。推进城乡道路客运一体化，开通县城至丁家公交线路，农村客运覆盖到88%的行政村。建设各类水利工程2480处，新增蓄水能力1896万立方米；整治病险水库23座，新修改造渠道230公里，改善灌溉面积4.2万亩；三江水库实现下闸蓄水，柯家桥水库扩建完工，盐井河水库扩建主体竣工。改扩建镇级水厂5个，实施农村饮水安全工程39个，红层找水打井1600口，解决5.7万农村群众饮水安全问题。新建农民新村32个、“巴渝新居”3724户，完成农村危旧房改造2820户，实施农村改水改厕7610户，新建沼气池1876口。建成14个镇街污水处理厂站，场镇污水集中处理率达到85%。垃圾填埋场投入使用，建立城乡生活垃圾收运体系，垃圾无害化处理率达到93%。农业龙头企业和农民专业合作社增加到346家，累计流转土地25.8万亩，规模经营集中度提高到33%。引进推广优良品种205个、新技术36项，扶持创建无公害农产品基地40个，注册农产品商标190件。建立质量安全责任追溯制度，实施农产品生产全过程抽测监管。建成鲜活农产品中转站，“农超对接”、“农校对接”等经营模式广泛应用。认真落实“五权下放”，对镇街转移支付2.6亿元。不断创新农村金融产品，“三权”抵押贷款3.1亿元。农村居民人均纯收入首次突破“万元”，达到10458元，有望连续15年位居全市各县第一位。城乡居民收入差距缩小到2.25:1。

(四)社会事业全面进步

全年民生投入高达58亿元，占财政支出的63.7%。建成17.4万平方米定向经济适用房；在建公租房、廉租房77.5万平方米，可解决3.6万人住房需求。全面建成县镇村三级就业服务体系，新增城镇就业人员1.7万人，4500名城镇登记失业人员实现再就业；新转移农村富余劳动力4433人，帮助5461名返乡农民工创业就业；发展微型企业1552户；引进54家人力资源服务机构，为IT配套企业输送员工2.8万人；发放再就业小额担保贷款1.2亿元，带动就业2691人；动态消除城镇零就业家庭和农村零转移家庭，年末城镇登记失业率降低到2.2%，低于全市3%的控制指标。提高2.9万名企业退休人员、城镇超龄人员和失地农转非人员养老金待遇，累计发放养老金5亿元。实现养老、医疗、失业、工伤、生育“五险”统征，支付各类基金8.8亿元。城乡居民养老保险、医疗保险参保率分别达到91%和96%，城镇职工基本医疗保险、城乡居民合作医疗保险纳入市级统筹。在全市率先为常住人口免费开办自然灾害公众责任保险，个人赔偿限额达到10万元。切实维护劳动者合法权益，受理各类劳动争议案件932起，结案率96%，为劳动者挽回经济损失5320万元。城乡低保标准再次提高，2.3万名低保对象领取低保金4965万元；困难群众医疗救助标准、临时救助标准分别提高到6000元和7000元，累计救助7.5万人次。新建敬老院1所，改扩建2所。完成公墓前期工作，启动排污工程建设。为1.5万名80岁以上老人发放高龄营养补贴1014万元，为485名“失独”父母每月发放1000元特别关爱金。璧中新校区完成工程量的60%，实验小学B区主体完工，实施4所镇街小学、幼儿园规范化改造，新增10所民办幼儿园。教育资助体系惠及7万学生，为589名璧山籍大学生发放生源地信用助学贷款354万元，继续实施学生饮用奶计划，提高贫困学生“爱心午餐”标准，5200名留守儿童得到“1+1”亲情关怀。加快卫生服务体系建设，建成4个标准化卫生服务中心和镇卫生院,新建30个村卫生室。全面实施基本药物制度,群众门诊和住院次均费用分别下降9.5%和8%。免费公共卫生服务增加到41项,建立51.8万份居民电子健康档案。成功创建"全国农村中医药工作先进县"。新建3个街道文化活动中心、200个文化中心户,社区文化活动室实现全覆盖。新建体育健身广场3个、农体工程27个、健身路径15条。成功承办市第二届老年人运动会健身秧歌比赛,参加第四届"市运会"获得团体总分和奖牌总数居全市各县第一。筹集资金1700万元,实施露德堂、文庙启圣祠修缮工程。新增数字电视用户2万户,放映惠民电影3512场,恢复璧山人民广播电台。"无线城市"建设基本实现县城重点公共区域网络覆盖。布建社区警务室39个,组建覆盖全县186个村、社区的群防群治队伍。整治社会治安重点地区12个,全部刑事案件、侵财案件、暴力犯罪案件分别下降11%、18%和48%,命案侦破率100%。继续执行县领导公开接访和包案制度,疑难信访案件化解率达到93.3%。关闭和挂牌整治113家安全隐患突出单位,连续89个月未发生较大及重特大安全生产事故。

二、发展中存在的问题

一是经济总量同主城区相比还有很大差距,经济结构性、素质性矛盾仍然比较突出,引领经济发展的内生动力尚未形成;二是空间限制、土地约束、能源供给、环境保护和资金调度压力不断加大,实现可持续发展面临严峻挑战;三是城乡之间发展不平衡,农村基础设施较为薄弱,小城镇建设发育不足,农业效益普遍偏低,统筹城乡之路仍需负重致远;四是社会管理缺乏创新手段,公共服务水平总体较低,影响社会和谐的深层次问题还未彻底解决;五是发展环境还有不少"磕磕绊绊",部分公职人员思维方式、个人素质、工作状态、廉洁操守与璧山发展的"时代坐标"还不相适应。

三、2013年发展目标

2013年,璧山将深入贯彻党的十八大和市第四次党代会精神,坚持科学发展、稳健前行、从容迈进,扎实推进新型工业化、城镇化和农业现代化,倾力抓好工业园区、绿岛新区、璧北十万亩蔬菜基地、金剑山旅游休闲区、黛山大道、生态公园建设"六件大事",在冲刺"全面建成小康社会"进程中迈出坚实一步。主要措施是:一是增强"持续跨越"功能,在提升发展质量上走在全市前列;二是增强"生态宜居"功能,在建设深绿城市上走在全市前列;三是增强"产业支撑"功能,在推进工业园区上走在全市前列;四是增强"区域中心"功能,在扩张第三产业上走在全市前列;五是增强"统筹协调"功能,在发展效益农业上走在全市前列;六是增强"公共服务"功能,在促进社会和谐上走在全市前列;七是增强"阳光政府"功能,在提高行政效能上走在全市前列。主要预期目标是:地区生产总值增长16%,地方财政收入增长25%,全社会固定资产投资增长30%,工业总产值增长35%,社会消费品零售总额增长18%,城镇居民人均可支配收入增长14%,农村居民人均纯收入增长16%,实际利用内资增长30%、外资增长40%,进出口总额增长20%,单位GDP能耗下降2.5%。

梁平县

梁平县政府办公室　李军奇

一、2012年发展回顾

2012年,在市委、市政府的坚强领导下,梁平县以邓小平理论、"三个代表"重要思想、科学发展观为指导,坚持"137"发展重点不动摇,大力推进"五个主题年"建设,紧紧围绕"全面建成小康社会”总体目标，始终紧扣建成全市“现代农业示范区、产城融合先行区、统筹城乡示范县”三大发展定位，聚力推进“城市建新区、工业拓园区、旅游造景区、统筹城乡建示范区、效益农业抓龙头企业、商贸流通建专业市场、对外开放抓招商引资”等七项重点工作，全县经济社会发展呈现出“稳中有进、快中见好”的良好态势。

(一)经济实力显著增强

实现GDP156.7亿元，同比增长（下同）15.4%。地方财政收入达到20.13亿元，增长23.03%。全社会固定资产投资139.2亿元，增长32.2%。社会消费品零售总额52.2亿元，增长17.1%。进出口总额3153万美元，增长72.7%。金融机构各项存贷款余额分别达到197亿元、46亿元，分别增长17.4%、31%。三次产业比重由上年的17.1∶46.5∶36.4调整为17.0∶47.8∶35.2。

(二)城乡面貌持续改观

完成行政综合大楼、行政办公区“四中心两馆”主体工程。建成正龙寺公园，市民中心土建工程完成80%。开工建设“三甲”医院、体育场、河道综合治理工程和跨河桥梁工程。完成26条道路路基工程，建成5条标美路及7条施工道路硬化工程，打通新城大动脉。开发商品房85万平方米。县城建成区面积扩大近2平方公里，达到13.4平方公里，城镇化率提高2.8个百分点，达到42.5%。全面启动乡镇总体规划修编，建成农民新村15个、巴渝新居1500户。

(三)工业经济逐步发力

工业园区集中度达到40%以上，实现工业总产值72亿元，增加值24亿元，工业园区增幅位居全市前列。招商引资成效明显，成功引进摩配产业园、金漫电子等项目30个，合同引资70.72亿元。全国首个页岩油气勘探开发及产能建设示范区项目8个平台全面开钻，一期投资14.8亿元。总投资18亿元的海螺新型干法水泥项目已完成投资5亿元。中石化CNG(压缩天然气)项目已建成投入运行，中石化梁平LNG(液化天然气)项目纳入市能源工业三年振兴规划，顺利完成前期工作。完成《重庆光电科技产业园产业发展规划》，开工建设平伟电子、东创机械等项目，建成重庆光电工程技术研究中心。被市科委授予“重庆市半导体照明示范县”，首次承担国家“863”项目。全年实现工业总产值181亿元，增长21%。

(四)现代农业发展提速

全面打造“万亩名柚园”、“万亩现代渔业示范园”、“万亩高产粮油示范区”、“1000万只生态鸭种鸭场”等示范园区。新发展龙头企业17家，农村专业合作社51家。农业耕种收综合机械化率达51%，被农业部确立为“全国农机化示范区”。全年实现农业总产值42.1亿元，增加值28.3亿元，同比分别增长15.6%、5.6%。

(五)商贸旅游日趋繁荣

浙江亿联建材家居五金城一期主体工程完工，海韵·重百竣工开业，戴斯国际酒店、兴茂·时代广场、渝惠农产品批发市场等项目有序推进。与市旅投集团签订开发协议，启动双桂湖片区城市旅游综合体开发前期工作。新发展星级农家乐15家。成功举办“佛光双桂·魅力梁平”旅游文化节、采柚节等各类特色节庆活动，全年接待游客150万人次，旅游总收入突破4亿元。

(六)统筹城乡稳步推进

农民工户籍制度改革、农村建设用地指标置换试点、农村产权制度改革、医药卫生体制改革等综合配套改革稳妥推进，共办理转户8193人，兑付宅基地退出补偿款1.3亿元。开发整理新增耕地1万余亩，复垦宅基地5058亩，交易地票1205亩。基本药物全部通过市药品交易所平台采购，临床路径及单病种付费试点工作经验在全国推广。

(七)社会事业协调发展

完成11个整村脱贫，新建公租房4.7万平方米，改造农村D级危房3983户，新建标准化乡镇卫生院7所，标准化村卫生室15个，解决4.7万人的饮水不安全问题，标准化改造10个乡镇敬老院，实施城乡医疗救助7万人次。各类社会保险扩面提标，城乡低保“应保尽保”。城镇居民人均可支配收入达到20492元，增长13.4%；

农民人均纯收入7921元,同比增加15.1%。

二、发展中存在的问题

全县经济总量仍然较小，市场主体仍是量小质弱,产业结构不尽合理,城镇化水平较低,财政保障改善突出民生问题、撬动经济发展的压力增大等发展问题将在一定时期内仍然存在。同时,教育、就业、社保、医疗等条件还不能完全满足人民需求,政府自身建设任重道远。

三、2013年发展目标

2013年，梁平将深入贯彻落实党的十八大精神,按照“一统三化两转变”战略,始终坚持“137”发展重点不动摇,解放思想,用好“改革”、“开放”、“创新”三把金钥匙,扎实推进“城市建设推进年、重大项目建设年、效益农业促进年、旅游发展突破年、招商引资攻坚年”等“五个主题年”建设,做活商贸市场,全面发展各项民生事业,切实推进新型工业化、城镇化、农业现代化、统筹城乡一体化进程。

2013年，全县国民经济和社会发展的预期目标是:努力实现地区生产总值增长15%,公共财政收入增长15%，全社会固定资产投资增长30%,工业总产值增长26%,规模以上工业总产值增长28%，社会消费品零售总额增长17.5%，城乡居民收入分别增长15%、20%，城镇化率提高2.8个百分点。

城口县

城口县政府办公室　高超

一、2012年发展回顾

2012年,全县人民在市委、市政府和县委、县政府的坚强领导下，牢牢把握科学发展主题和转变经济发展方式主线，按照稳中求进的工作总基调,统筹推进新型工业化、信息化、城镇化和农业现代化，加快发展实体经济和民营经济,深入推进“五城联创”,扎实开展“五个主题年”活动,持续加强“三基地一节点”建设,加快建设全市向北重要门户，县域经济社会发展呈现稳中有进的良好态势。

(一)综合经济实力持续提升

全年实现地区生产总值40.75亿元，增长11.7%；完成固定资产投资58.27亿元，增长34%;地方预算内财政收入达到3.56亿元,增长18.5%；社会消费品零售总额达到8.81亿元,增长13.4%；城乡居民收入达到16078元和5166元,分别增长13.2%和12.9%。

(二)跨越发展基础不断夯实

完成了城口至镇坪县际公路主体工程,城口至平利县际公路完成勘查设计。完成村通畅工程。太和场二级中心客运站启动建设。建成6个中心客运站、17个乡镇简易客运站、49个村级招呼站。积极推进城乡公交一体化试点工作,新开通农村公交线路3条,新增农村公交车18辆,新开通农村客运班线7条,新增农村客车11辆。骨干水源等六大水利工程加快推进，建成县城防洪堤一期工程、启动二期工程,8个乡镇场镇防洪堤工程竣工验收,10个乡镇场镇实现集中供水。中坝子水库电站蓄水发电,三合水库启动建设,龙峡水库完成前期工作,完成农村水电站增效扩容主体工程，新增装机容量2.5万千瓦。东安、庙坝变电站和高观110千伏等输变电工程建成投用。推进城(口)巫(溪)220千伏聚城线建设。启动国网公司新农村电气化县、科技进步县建设。有序推进合同能源管理项目、余热发电试点工作。县城管道燃气用户突破3000户,普及率达35%。推广安装太阳能热水器3210台,推广使用高效低排放生物质炉具5397台,建成农村户用沼气池2800口，清洁能源使用率达

85%。3G网络乡镇覆盖率达75%,村村通宽带率达70%。

(三)特色效益农业加快发展

粮食播种面积50万亩,总产量9.7万吨,农业总产值9.1亿元。新修渠道13公里,新建蓄水池43口,新增有效灌溉面积4000亩。实施农业综合开发土地治理11000亩,土地流转面积13000亩。城口山地鸡饲养量1000万只,生猪饲养量43万头,中蜂10万箱,城口老腊肉加工销售2500吨,中药材在地面积30万亩,干果产量5000吨。通过无公害农产品产地认定10个,产品认证5个,绿色食品认证3个,有机产品认证38个,重庆市名牌产品2个,农产品地理标志登记产品3个,地理标志证明商标2个,集体商标1个。培育农业产业化市级龙头企业8个,市级农业综合开发重点龙头企业11个,县级农业龙头企业18个,农业龙头企业产值超过3.5亿元,同比增长20%。发展农民专业合作社275个,建设科技专家大院3个,培育农村专业技术协会38个。

(四)新型工业不断转型

打造西部重要的锰钡新材料产业基地上升为市级发展战略,中国西部锰钡新材料产业基地科技示范工程启动建设。出台新型工业化"1+3+2"政策体系,用好1500万元民营经济发展专项资金,重点扶持民营工业企业发展。工业园区一期项目建设基本完成,启动工业园区巴山组团征地拆迁及项目建设前期工作,二期3亿元融资贷款完成前期工作。高燕组团、庙坝组团、巴山组团产城融合项目建设有序推进,工业园区"一区三组团两拓展区"发展格局正在形成。来凤铁合金、同英锰业和泰正矿产资源开发公司等企业完成自动进料系统、机械上料系统改造。富宇矿业1万吨电解金属锰生产线基本建成,宏润矿业10万吨选矿项目、泰正公司2×12500千伏安矿热炉即将建成投产。中瑞锰业5万吨中低碳锰铁项目持续推进,重庆银鹰电矿联产、鲁渝矿业5万吨氯化钡、鑫城水泥有限公司10万吨水泥生产线技改项目启动前期工作。鹏城源食品开发有限公司、赵孝春野生食品开发公司成功开发城口老腊肉熟食系列产品。城口山地鸡深加工项目完成主体工程和设备安装。越熙猕猴桃深加工、森辉制衣、以珍食品等6个项目实现投产达效,家旺门业首条板材生产线即将建成投产。成功举办城口县首届工艺设计大赛。

(五)商贸旅游业持续活跃

秦巴山货交易市场、货运物流市场、百事达4S店等项目启动建设。县城商贸"十个一"和乡镇商贸"五个一"工程持续推进,新建乡镇商贸综合服务中心1个,乡镇农贸市场11个。完成万村千乡市场工程信息化建设,安装农商通和邮务通220台。家电惠民、汽车惠农政策继续实施,兑现政策补助资金698万元。启动《城口县旅游发展规划(2012—2020)》修编,完成《城口县红色旅游发展规划(2011-2020)》、《亢谷景区概念性总体规划及重点区域修建性详细规划(2012-2020)》等旅游规划编制工作。四星级城口大酒店即将投用,培育大巴山森林人家248家。成立黄安坝、亢谷景区管委会,组建重庆大巴山旅游投资开发有限公司,推进"一城一谷一坝"旅游开发建设。成功举办第一届中国大巴山(重庆·城口)消夏节和第三届中国大巴山(重庆·城口)彩叶文化旅游节,接待游客62万人次,旅游收入突破7000万元。

(六)县城建设全力推进

城乡总体规划修编基本完成。县城五大片区新区开发和五大片区旧城改造加快推进。全年新增建设用地指标1205亩。加快推进腾宇中央新城一期、天田·阳光水岸等片区房地产开发,新开工商品房21万平方米,竣工8万平方米。实施南大街片区综合改造,诸葛寨植物公园被命名为重庆市规范化管理二级达标公园。建成大东门隧道。升级改造滨河公园。完成恒信小区旧居住区环境综合整治。改造城区二三级雨污管网35公里。实施城区道路白改黑51400平方米,城区人均拥有道路9.2平方米。"两所一队"迁建工程即将建成投用。推进县城市容环境

"十乱"整治百日行动，严格落实门前"六包"责任制，规范占道经营4300处，拆除沿街棚伞266顶，整治店招店牌4502平方米。

(七)统筹城乡区域协调发展

组织编制城万快速公路通道经济走廊、东部片区、南部片区、西北片区区域发展规划。完成3751户15000人的高山生态扶贫搬迁，旅游扶贫开发工作得到市政府肯定。明通、岚天、咸宜、周溪4个乡镇政府综合楼建成投用，高观镇政府综合楼完成主体工程，启动建设左岚乡政府综合楼。建成巴渝新居1500户，改造农村危房4600户，建成农民新村10个。积极推进秦巴山片区区域发展与扶贫攻坚，持续深化科技部和铁道部片区扶贫、水利部定点扶贫、山东省临沂市东西扶贫协作、市发展改革委扶贫集团扶贫、巴南区对口帮扶工作。启动25个贫困村整村推进和2个连片扶贫开发小片区建设，15个贫困村实现整村脱贫，农村贫困人口减少7529人。

(八)生态建设不断加强

大巴山国家级自然保护区范围及功能区划调整工作通过环保部初评。自然保护区一期基础设施建设项目竣工验收，二期项目启动规划设计。城周森林屏障一期工程全面完成。开工建设红军纪念公园，巴山湖成功申报为国家湿地公园。天然林资源保护二期工程全面启动，完成森林工程8.3万亩，总体森林覆盖率达到62.8%，继续位居全市第一。持续推进蓝天、碧水、绿地、宁静行动，县城空气环境质量优良率达99.5%。县城和乡镇集中式饮用水源水质达标率继续保持100%，县城绿化覆盖率达到46%，县城噪声达标区覆盖率达到85%，县城生活污水集中处理率达到88%。县城污水处理厂二期工程完成前期工作，11个乡镇生活污水处理项目加快推进。落实差别电价、排污费征收等政策，严格建设项目环境管理，环保"三同时"执行率达100%，全面完成主要污染物总量减排任务。"六改三建一美化"农村环境综合整治工程深入实施。

(九)民计民生持续改善

出台保障和改善民生"1+4"政策体系，争取国家和市级民生专项资金12.9亿元。城口初级中学、特殊教育学校、农村初级中学改造工程有序推进，启动6所学校教师周转宿舍建设。投入1700万元实现义务教育阶段学生营养改善计划全覆盖。基本药物制度进一步深化，基本药物"零差率"销售全面推进，药品价格下降17.2%。成功争取县人民医院创二甲世行贷款项目落地。龙田、东安、厚坪等乡镇卫生院标准化建设基本完成。食品药品安全监管不断加强。城口县被命名为中国钱棍舞之乡。乡镇综合文化站通过达标验收。中央广播电视无线发射台竣工投用。配送电视直播卫星设备10483套、电视机956台。建成农民体育健身工程30个、农民体育健身广场2个。实施农村电影放映惠民工程2570场次。积极推进城区数字电视整体平移。人口自然增长率控制在6.5‰以内。新增就业2155人，城镇登记失业率控制在3%以内，小额担保贷款突破1亿元。"五大保险"累计参保人数达38.25万人次，发放社会保险待遇1.57亿元。城乡居民合作医疗保险参保率达95.6%，职工医保纳入市级统筹。城口县大巴山森林人家微型企业创业孵化基地被市政府命名为市级微型企业孵化园，新增微型企业204户，发放财政补助资金530万元。"四大公益性关爱"行动覆盖2万特殊群体。老年大学、社会福利中心等项目加快建设，城乡低保等社会救助对象保障标准全面提高，发放城乡低保资金1865万元，农村五保供养和城市"三无"人员生活补助资金1203万元。新开工廉租房1500套，竣工754套。实施地质灾害工程治理21处，完成搬迁避让194户801人。

(十)改革开放不断深化

常态化推进农民工户籍制度改革，累计完成农转城3.86万人。国有企业改革稳步实施，组织实施国营城口县茶场和国营城口县航空茶场解散工作。加强政府投资管理，深化公共资源交易改革，综合运用投资概算审查、财政预算评审和竣工决算审计，累计节约政府投资1.27亿元。深化金融服务实体经济，全年社会融资增量8.5亿元，金融机构存贷款余额分别为53.79亿元和23.93亿元，贷存比为44.5%。组建县兴农融资担保公司，深入推进农村“三权”抵押融资，贷款余额达3.25亿元。76个农村资金互助社互助资金总额达到2112万元。健全完善财税体制机制，全面推行县级预算单位国库集中支付改革，有序推进公务卡制度改革。高燕乡完成撤乡设镇区划调整。积极稳妥推进事业单位分类改革。医药卫生体制改革深入有序推进。成功举办重庆主城、山东临沂专场招商引资推介会，与重庆粮食集团、重庆银鹰矿业能源投资公司、重庆名豪集团、温州商会等签订项目投资合作协议，协议引资109.3亿元，实际到位资金13.5亿元，同比增长28.6%，实现外贸出口352万美元。认真落实民营经济“1+7”政策体系，引导各类市场主体和社会力量发展实体经济，市场主体达到8141户，同比增长12.7%。

二、发展中存在的问题

一是面对世界经济复苏明显放缓和国内经济下行压力加大的严峻形势，发展中不平衡、不协调、不可持续的问题依然存在。二是县域经济发展的结构性矛盾突出，资源环境制约日益凸显，调整经济结构和转变发展方式的任务十分繁重。三是市场体制机制不够健全完善，影响经济社会平稳较快发展的不确定、不稳定因素增多。四是社会矛盾依然较多，教育、就业、社保、医疗、安全生产、食品药品安全等领域还有很多工作需要进一步加强。五是政府职能转变和发展环境需要进一步优化，公务人员队伍整体素质和能力需要进一步提高。

三、2013年发展目标

综合考虑各方面因素，2013年经济社会发展的主要预期目标是：地区生产总值增长14%左右；公共财政预算收入增长12%左右；社会消费品零售总额增长15%左右；固定资产投资增长18%左右；城乡居民收入分别增长14%和15%左右；新增市场主体1000户以上；城镇登记失业率控制在3.2%以内。人口自然增长率、单位地区生产总值能耗、主要污染物减排等指标控制在市里下达的目标之内。

丰都县

丰都县政府办公室 陈祥文

一、2012年发展回顾

2012年，面对宏观经济下行的巨大压力和国内外复杂形势的影响，丰都县深入贯彻党的十八大和市第四次党代会精神，坚持“稳中求进”总基调，落实“科学发展、富民兴渝”总任务，推动全县经济社会平稳较快发展，实现了新一届政府良好开局。全县生产总值、固定资产投资、社会消费品零售总额、地方财政收入分别实现111.1亿元、224.2亿元、44亿元、16.8亿元，同比增长14.3%、37.4%、17.4%、36.6%；城镇居民可支配收入和农民人均纯收入分别实现18132元、6932元，同比增长15%、15.7%。

一是工业经济持续增长。工业园区新建标准厂房10万平方米，镇江化工园码头和消防站全面竣工，园区平台日益坚实。积极破解市场、环境等制约瓶颈，东方希望干法水泥5条生产线建成投产，恒都肉牛屠宰及牛肉精深加工、凯迪生物质能发电项目基本建成，金籁电子、天海薯类精深加工、创美艺术石材等重点工业项目竣工投产。加大节能减排力度，关闭淘汰落后产能企业3家，歌德陶瓷窑炉黑体反射等一批节能技术投入使用。全年完成工业投资71.9亿元，同比增长119.3%，增幅全市第二；工业总产值、增加值分别实现135亿元、28.7亿元，同比增长31%、20.3%。

二是特色农业亮点纷呈。大力实施肉牛“三百工程”，全年新增肉牛饲养量10.72万头，存出栏总量及增量均居全市第一，成功创建国家级出口牛肉质量安全示范区，高水平承办“中国产业扶贫·肉牛发展峰会”。烟草惠民工程全面启动，全年种植烤烟4.4万亩、收购烟叶12.86万担，同比分别增长19.5%、20.5%，烟叶单产和户均收入均居全市第一。新发展优质红心柚3.2万亩，成功举办“重庆·丰都第三届红心柚文化节”。全县新造林11万亩，高水平承办全市长江生态屏障区建设现场会。全年新培育市级龙头企业3家、县级龙头企业5家，发展农民专业合作社67个，中国地理标志证明商标达到7件，农产品商品化率提高5个百分点达到60%。全县农业总产值、增加值分别实现33.3亿元、22.7亿元，同比增长5.6%、5.8%；农民人均纯收入增幅居全市第二、“两翼”13县第一。

三是商贸旅游日趋活跃。提速打造国际知名旅游胜地，“一山一湖一洞”精品景区格局基本形成。名山景区古建筑升级改造基本完成，五鱼山玉皇圣地对外试营业，游客接待中心建成投用。澜天湖景区开发大规模推进，完成扩湖整治并实现蓄水，达沃斯酒店群和五星级酒店加快建设。太平坝、横梁等乡村旅游快速发展。全年接待海内外游客605万人次。加快推进商贸基础设施建设，滨江市级美食街成功通过验收，建成乡镇标准化农贸市场20个，肉牛综合交易市场、肉牛电子交易中心成功开市。加强生活品及重要物资保障供应，活体肉牛和生猪冻肉成功纳入中央储备，市场物价保持稳定。

四是城乡建设扎实推进。加快新型城镇化进程，大力推进城市东进西扩、提档升级。龙河新城开发全线推进，市政干道、高速路互通、居民安置房、公租房等工程加快建设。斜南溪沟谷回填造地完成铁路桥改隧明洞工程，泄水洞完成工程总量的80%，丁庄物流园、火车站站前广场至迎宾大道连接线基本完成前期工作。稳步推进全县城镇扩容、风貌改造和市容整治，建成乡镇垃圾处理设施22个、污水处理厂10个，3个市级中心镇“561”工程加快实施，高品质打造农民新村12个，实施农村危旧房改造5101户。全面开展“五城同创”，成功创建市级文明县城工作先进县。全县新增城镇建成区面积2平方公里，城镇化率提高1.77个百分点达到37.91%。

五是基础设施加快改善。按照“当期可承受、长远可持续”的基本要求，着力推进一批重大基础设施建设项目。涪丰石高速公路路基、桥梁工程全面完成，丰忠高速公路控制性工程全面开工，渝利铁路全线铺轨，长江二桥完成148米高层平台浇筑，全年完成通村通畅公路150公里。蒋家沟水库建成蓄水，梨子坪水库、太平坝水库完成前期工作，全县新建各类供水工程91处，解决3.34万人饮水安全问题，除险加固病险水库18座，新增、恢复和改善灌溉面积2.4万亩，治理水土流失面积12.55平方公里。C类电气化县建设任务全面完成，建成1个110千伏和3个35千伏输变电工程，丁庄至长江大桥天然气管线完成升级改造，能源保障能力明显增强。

六是重点改革稳步实施。整合重组四家重点国有企业，加大民营经济扶持发展力度，新增各类市场主体5695户、微型企业816户，新增重庆市著名商标6件。以农民工为重点的户籍制度改革深入推进，累计转户7.8万人，三元镇成功获批全国第三批发展改革试点城镇。医疗卫生体制改革、行政审批制度改革、事业单位分类改革取得新进展，所有基层医疗机构实现基本药物“零差率”销售，机关事业单位运行更加规范。调整优化招商工作机制，在长三角、珠三角、西南地区派驻3个招商分局，加大招商引资工作力度，全年新引进项目84个，合同引资403亿元、实际利用内资158.6亿元，同比分别增长26.4%、59.3%。大力发展外向型经济，实际引进外资350万美元，完成进出口总额2973万美元。

七是财税金融支撑有力。强化财税征收管理，一般预算内财政收入、基金收入实现8.5亿元、8.3 亿元，同比增长 31.9%、41.8%，地方财政收入增速全市第一。积极争取上级财政支持，上级转移支付净增 9.4 亿元达到 31.8 亿元。优化财政支出结构，完成地方财政支出 45.7 亿元，同比增长 37.1%，其中民生支出达到一般预算支出的 68%，有力保障了重点项目建设、重点产业培育和民生事业发展。着力拓宽融资渠道、破解资金瓶颈，金融机构存贷款余额分别达到 173.7 亿元、71.9 亿元，其中新增贷款 15.8 亿元，同比增长 28.1%。

八是民生事业明显进步。统筹推进教育、卫生、文体等社会事业均衡发展。新建(维修)校舍 2.17 万平方米，丰二中二期教学楼开工建设，高考上线率达到 87%，职业教育毕业生就业率达到 97%。三甲医院平场工程基本结束，县中医院业务综合楼完成主体工程，县精神病医院建成投用，开工建设标准化卫生院 5 个，建成标准化村卫生室 50 个。县体育馆建成投用，30 个乡镇综合文化站升级改造通过市级验收，农家书屋、“广播村村响”等文化设施行政村覆盖率达 98%，开展文化下乡活动 400 余场次。覆盖城乡的社会保障体系基本形成，“五大保险”参保 15.5 万人次，城镇职工医疗保险、城乡居民医疗保险纳入市级统筹。城镇新增就业 7505 人，城镇登记失业率控制在 3.7%以内。发放民政救助资金 2.2 亿元，城乡低保人均补差水平同比分别增长 20.2%、22.1%，建成县养老服务中心和民福老年公寓一期主体工程。大力推进扶贫攻坚，减少贫困人口 20847 人，成为重庆市产业扶贫示范县。完成三峡后续项目首期实施规划编制，启动实施三峡后续项目 26 个，争取到位三峡后续工作专项补助资金 5.8 亿元。全面落实安全生产责任制，深入开展“打非治违”专项行动，群众安全感指数达 95.7%，位居全市第二。

二、发展中存在的问题

一是县域经济总量偏小，产业支撑能力不强，规模以上工业企业数量偏少，农业组织化程度不高、比较效益偏低，现代服务业发展滞后，城镇化发展水平与全市平均水平差距较大，加快发展的任务仍十分艰巨。二是自然禀赋差，建设成本高，基础瓶颈尚未完全打破，广大农村地区基础设施建设仍然滞后，土地、资金、人才等制约发展的因素较多。三是公共服务尚不能完全满足需求，安全生产压力仍然较大，影响社会稳定的因素仍然较多。

三、2013 年经济发展目标

预计地区生产总值增长 13.5%，达到 126.1 亿元；固定资产投资增长 15%，达到 257.8 亿元；社会消费品零售总额增长 17%，达到 51.5 亿元；地方财政收入增长 20%，突破 20 亿元；工业增加值增长 20%，达到 34.5 亿元；接待游客增加 100 万人次，突破 700 万人次；城镇化率力争提高 2 个百分点，达到 39.9%；城乡居民收入分别增长 13%、15%，达到 20489 元和 7972 元。

垫江县

垫江县政府办公室 陈红庆

一、2012 年发展回顾

2012 年，全县实现地区生产总值 168.8 亿元，增长 13.6%；地方财政收入 23 亿元，增长 23.1%；全社会固定资产投资 144 亿元，增长 53.2%；社会消费品零售总额 54.2 亿元，增长 17%；城镇居民人均可支配收入 20530 元，增长 13.3%；农民人均纯收入 8100 元，增长 15%；城镇化率达到 37.4%。全县经济社会发展各项工作全面推进，“科学发展、富民兴垫”迈出了坚实步伐。

(一)坚持工业强县，工业实力不断增强

2012 年是垫江工业投入最大、发展最快的一年。全年实现工业总产值283亿元，增长29.3%；工业增加值78.6亿元，增长19.2%。规上工业发展取得重大突破，实现产值101.9亿元，增长25.4%；新增翔东鞋机、镜辰美科技等规上工业企业24户，累计达到70户，亿元级企业达到15户。"一园四集聚区"建设明显加快，被评为全市提速发展先进园区，全年投入建设资金3.5亿元，新建道路3.5公里，征地1500亩，园区建成面积4.5平方公里；入园企业74户，投产企业35户；工业总产值90.1亿元，增长59.5%；工业增加值27.9亿元，增长58.8%。项目建设势头强劲，全年新建项目115个，续建项目62个，松德铜材、登盛不锈钢管等25个项目竣工投产，完成投资41.8亿元，增长19.3%，投资规模创历年新高。支柱产业逐步形成，机械制造、生物医药、精细化工、新型建材、电子电器、食品加工等六大产业实现产值占规上工业的88.1%。乡镇工业蓬勃发展，杠家、鹤游、长龙、高峰等乡镇发展规上工业取得明显成效。

(二)坚持城建靓县，城乡面貌不断改善

启动"一心二环五片区"、城际列车站前广场、重庆汽车综合试验场周边等城市重要片区规划和城市设计。在主城举办城市建设推介会，引进碧桂园入驻垫江，牡丹城、中央华府等18个精品楼盘开发项目提速推进，商品房施工面积162.4万平方米，在地建筑业总产值65.4亿元、增长60.5%。长安大道、牡丹湖湿地公园开工建设，重庆汽车综合试验场、文化体育中心、桂溪河综合整治二期工程加快推进，县体育馆、市民活动中心、桂西综合农贸市场、南阳桥、月河桥竣工投用，县医院周边环境整治取得明显成效，凤山东路建成通车。升级改造县城人行道地砖10万平方米，县城主次干道机械清扫率达到74%，城市污水集中处理率达到73.7%，生活垃圾无害化处置率达到100%。依法实施征地3500亩，拆迁房屋17.5万平方米，拆除违法建筑13万平方米。乡镇场镇建设管理进一步加强，考核机制进一步完善，投入6000余万元进行人行道改造、行道树栽植和休闲小广场、污水管网等基础设施建设，场镇面貌焕然一新。建设农民新村15个，竣工巴渝新居1400户，改造农村危旧房2500户，乡镇集镇民用天然气全面开通。

(三)坚持农业稳县，农村经济不断发展

全年实现农业生产总值42.4亿元，增长5.4%；农业增加值28.2亿元，增长5.6%。突出"五点三区"建设，现代农业示范园区获得市上批准，打造西班牙智能温室大棚1.6万平方米，创建部、市级粮油高产示范片5万亩，发展设施农业5300亩，累计完成农业综合开发、高标准农田建设10万亩；引进重粮集团、商投集团、涪陵榨菜集团等产业化龙头企业13户，新增农民专业合作社53个；推广农机具5400台(套)，农机综合机械化率达38%；垫江牡丹、垫江丹皮、垫江咂酒获国家地理标志认证。全年粮食产量38.6万吨，出栏生猪97万头，种植蜜本南瓜10万亩、榨菜10万亩，嫁接白柚10万株，引进种植油用牡丹5万株，扩种牡丹200万株，基本形成了优质粮油、主城菜园、垫江白柚和山水牡丹"3+1"特色产业体系。全面落实强农惠农政策，发放种粮(油)直补8620万元；实现10个贫困村整村脱贫，减少贫困人口4696人。植树造林9.36万亩，森林覆盖率达到41%，新建森林防火隔离带87公里。搬迁龙溪河流域生猪养殖场18户，取缔水库污染源29处。盐井溪水库开工建设，龙滩水库可研设计通过国家评审，全国小农水重点县建设项目顺利推进，整治河堤6.5公里，除险加固病险水库30座，玉河水厂新增日处理3万吨自来水工程建成投用，解决4.4万城乡居民饮水安全问题，完成水利投资6.83亿元，创历史新高。交通工作创新开展，升级改造垫道路、垫普路，硬化农村公路290公里、生产便道273公里，启动村级公路建设项目101个，在渝东北地区率先实现乡镇通畅率、行政村通达率和通畅率三个100%。

(四)坚持三产活县，消费市场不断繁荣

县城中心商圈和现代商贸物流园项目启动规划设计；渝东粮食仓储物流园暨农产品批发市场建设扎实推进；温州商贸城入驻商家500

多户，引进四川佳艺美庭建设3万平方米家居广场；五星级标准国能国际酒店开工建设，四星级标准垫江大酒店建成开业，石磨豆花特色店建成营业；新增限额以上商贸企业7户；新增汽车销售网点6个，轿车销售增长30%；重百、永辉、新世纪等五大商场实现销售4.2亿元；新建乡镇规范化农贸市场12个；摩托车下乡销售7504台，拉动消费3743.6万元。第十三届牡丹文化节成功举办；景区建设力度加大，景区道路提档升级，配套设施不断完善，太平牡丹园获得重庆“百万市民游乡村十大赏花胜地”和“重庆新地标”称号；全年接待游客111.7万人次，旅游综合收入1.7亿元，分别增长33%、34%。外经外贸持续发展，新增外贸经营主体6户，累计达到30户，进出口总额8100万美元、增长21.2%。金融信贷平稳运行，各项存款余额180.4亿元、增长15.8%，各项贷款余额73.1亿元、增长26.7 %，存贷比提高3个百分点。

(五)坚持开放兴县，对外合作不断深化

统筹城乡综合配套改革持续推进，平稳有序转户10188人；新增流转土地3.8万亩；实施土地整理11.7万亩，新增耕地4325亩，实施农村建设用地复垦5619亩，“地票” 交易1800亩；实现政府性融资14.4亿元、农村“三权”抵押贷款4.6亿元；成立全市区县第一家实质运作的兴农担保公司，整合重组县交通开发公司；全面落实民营经济和微型企业发展政策，安排专项资金1500万元支持民营经济发展，新增民营经济市场主体3726个，新发展微型企业727户。招商引资成效明显，全年签约项目209个，协议引资201亿元，到位资金103亿元、增长36.8 %；引进外商独资企业2家，实际利用外资314万美元。对外合作进一步加强，与市国资委、市经信委、重庆建工集团、中国钟表协会、香港表厂商会、台湾新竹县等建立战略合作关系，长垫帮扶到位实物量2226万元。

(六)坚持民生安县，社会事业不断进步

全年民生支出17.8亿元，占财政一般预算支出的55.9%。社会保障取得新成效，新增城镇就业人员8986人，登记失业人员就业3624人，登记失业率控制在3%以内；城乡居民养老、医疗保险参保率分别达到92%、95%，城乡低保、医疗救助、临时救助资金分别发放4865万元、1474.7万元、178万元；新增城市双困家庭实物配租956套；残疾人康复、教育、就业、救助受益面不断扩大；老年休闲中心及儿童公寓主体建成，新民镇敬老院被民政部命名为“全国民政系统行风建设示范单位”。教育事业取得新发展，编制完成职业技术教育发展规划，投入735万元完善实训实作基地建设，发放中职学生补助1182万元，县职教中心被确定为全国首批信息化试点单位；化解农村义务教育其他债务3100万元，完善中心镇寄宿制学校10所；高考重本上线率提高到11.8%。卫生事业取得新突破，县中医院顺利通过国家三级甲等中医院复评，县医院成功创建三级甲等综合医院；乡镇卫生院标准化建设完成投资3925万元，行政村30分钟就医环境基本实现；基本公共卫生服务均等化水平明显提高，孕产妇死亡率连续三年为零；公立医院综合改革试点工作顺利开展，基本药物网上采购制度顺利实施，基层医疗机构全面实现药品零利润销售，累计让利群众1080万元；成功实施我县首例造血干细胞捐献工作；人口计生工作成功挤进全市出色完成目标区县行列。文化事业取得新进步，完成25个乡镇综合文化站评估定级，免费开放“两馆一站”，县乡村三级公共文化服务体系建设不断完善；天宝寨登山步道建设有序推进，图书馆开工建设；群众性文化体育活动蓬勃开展，举办演出活动60余场，参加市第四届运动会和市第二届老年人运动会获得较好成绩。社会管理取得新进展，社区“网格化”管理全面推进，居民实行按实际居住地登记入户；社会治安防控体系进一步完善，始终保持严打高压态势，刑事案件发案率同比下降20.4%；“六五”普法稳步推进，干部“大下访、大接访”活动深入开展，人民调解组织网络实现全覆盖；全国平安畅通区县创建通过部级评审，全国药品安全示范县创建通过市级评审，民防应急应战指挥平台、气象预警信息发布平台建设稳步推进,国防动员工作有效开展;安全生产基层基础工作不断加强,“打非治违”专项行动成效明显,事故起数和死亡人数实现双下降,全年没有发生较大以上安全生产事故。

二、发展中存在的问题

一是综合经济实力不强,产业结构不尽合理,财政收支矛盾突出;二是城乡统筹发展难度较大,重大项目建设推进不理想;三是城乡规划建设管理水平不高,推进新型城镇化任务艰巨;四是资源环境压力较大,土地、资金、人才等瓶颈制约明显;五是征地拆迁、就业保障和社会稳定压力较大;六是少数部门和机关干部执行力不强,办事效率不高,工作作风不实等等。

三、2013 年发展目标

2013 年,全县经济社会发展的总体思路是:高举中国特色社会主义伟大旗帜,坚持以邓小平理论、“三个代表”重要思想、科学发展观为指导,认真贯彻落实党的十八大、中央经济工作会议、市第四次党代会、市四届人大一次会议和县第十三次党代会精神,以“科学发展、富民兴垫”为总任务,紧紧围绕统筹城乡综合配套改革示范县和渝川东部开放型经济高地建设,深入实施“一统三化两转变”战略,努力实现经济持续健康发展和社会和谐稳定,为在渝东北地区率先全面建成小康社会打下坚实基础。

2013 年,全县经济社会发展的主要预期目标是:地区生产总值增长 13%,公共财政预算收入增长 12.5%,全社会固定资产投资增长 30%,社会消费品零售总额增长 18%,城乡居民收入分别增长 14%和 16%,城镇化率提高 2.5 个百分点,人口自然增长率控制在 4‰以内,单位生产总值能耗下降 3.5%,完成市上下达的主要污染物减排任务。

武隆县

武隆县政府研究室 冉洪

一、2012 年发展回顾

全年实现 GDP98.4 亿元,增长 14.1%。其中第一产业增加值 15.06 亿元,增长 5.8%;第二产业增加值 37.56 亿元,增长 21.5%;第三产业增加值 45.78 亿元,增长 11.3%;地方财政收入 15.01 亿元,增长 31.5%;固定资产投资 125.91 亿元,增长 18.9%;城乡居民收入 20614 元、6696 元,分别增长 14.3%、15.6%;县内金融机构年末存款余额 99.56 亿元,年度净增 17.6 亿元;贷款余额 103.4 亿元,年度净增 13.4 亿元。

(一)旅游商贸蓬勃发展

武隆县被国家旅游局推荐为“向十八大献礼”的科学发展典型案例县。接待游客再创新高,全年接待游客 1610 万人次,增长 21.2%。“印象武隆”成为全市文旅融合的一张名片,接待游客 50 万人次,实现收入 5000 万元,被授予“重庆市最具观赏价值的旅游文化重点项目”、“重庆市‘十二五’规划重点文化产业项目”和“重庆市非物质文化遗产传承基地”。景区打造亮点纷呈。天生三硚精品景区观光电梯、悬空观光眺台完成设计,谷底人行步道完成改造;仙女山国家级旅游度假区创建工作扎实推进,18 洞高山高尔夫球场投入使用;芙蓉洞与法国克拉姆斯洞、美国猛犸洞缔结姊妹公园,并称“世界三大岩溶洞”;成功举办第十届国际山地户外运动公开赛,荣获“2012 年中国十大体育营销城市”称号;仙女山国家森林公园荣获“中国最具影响力森林公园”称号;武隆喀斯特世界自然遗产保护顺利通过联合国教科文组织评估审查;芙蓉江风景名胜区荣获“国家级风景名胜区抽查优秀单位”。乡村旅游蓬勃发展,新增农家乐、家庭公寓

457家，累计达到1257家；新增避暑休闲农家501家，累计达到1001家；涉旅农户达到1.5万户。在旅游业强势带动下，全年实现社会消费品零售总额31.09亿元，增长17%，增速居13个考核县第4位；其中住宿餐饮业收入14.81亿元，增长24.5%，增速居全市第3位；陶然居、联合一百等知名品牌成功落户；新增各类市场主体2968户，总量达到15727户；全年实际利用外资310万美元，增长106.7%；实际利用内资45.99亿元，增长10.5%。

(二)工业发展势头强劲

工业发展速度首次位居全市前列，荣获"2012年全市工业经济稳增长工作先进集体"。全年完成工业总产值68.12亿元、增长40.4%，其中规模以上工业产值35.15亿元、增长44%；工业增加值19.04亿元、增长23.6%，增速居全市第3位、13个考核县第1位；规模以上工业增加值增长26%，增速居全市第3位；完成工业总投资45亿元，增长12.8%。工业园区集聚作用更加明显，荣获"全市安全生产先进园区"称号；全年完成固定资产投资29.7亿元，工业园区投产企业累计达到23家；钢奥机械、清创机械、鸿运旅游商品、远见智能防盗门等10个项目建成投产，四联集团LED蓝宝石基片、穗通车业、隆泰新材二期等13个项目开工建设；白马组团基础设施基本完善；长坝组团场平工作正式启动，园区大道骨架形成；平桥组团通耀铸锻项目加快建设。银盘电站4台机组全部并网发电，全县电力装机容量达到123.6万千瓦。白马电航枢纽前期工作稳步推进。浩口电站获得渝黔两省市发改委联合核准批复。招商引资再创佳绩。全年正式签约项目31个、计划投资83.8亿元，其中投资1亿元以上的工业项目12个；新动工项目37个(含2011年签约未动工项目8个)、到位投资65.9亿元，其中工业新动工项目17个、到位投资18.4亿元；成功引进永航钢铁、穗通车业等一批大项目、大企业。民营经济加快发展，新培育规模以上工业企业3家，新发展规模以下工业企业20家、微型企业754户。

(三)农业发展效益明显

品牌提升快。武隆成为国家级出口食品农产品质量安全示范区，核心蔬菜基地被列为市级现代农业综合示范工程区；蔬菜播种面积33.5万亩，产量42.2万吨，实现出口创汇180万美元；烤烟实现产值2.1亿元，税收4693万元，创历史新高；全年出栏生猪45.9万头，成为全市无公害猪肉基地示范县和全国生猪调出大县；建成市级三峡库区生态渔场，大鲵养殖获得全市首家经营许可；羊角猪腰枣荣获"2012年中国枣产业展销会金奖"；"三品一标"认证总量达到68个。市场主体多。新培育农业龙头企业14家，专业合作社56个，农村经纪人500人，种养殖大户544户；全国最大的饲料生产企业新希望集团成功落户我县；新成立农业产业行业协会4个，培育新型职业农民600人，成为全国100个新型职业农民培育试点县。发展基础牢。投资8.06亿元，完成各类农田水利工程1672处，整治病险水库9座，新增农村人饮安全人口3.18万人；实施331公里农村公路及烟区道路建设；整治土地3000亩，建设高标准农田2万亩，改造中低产田土1.08万亩。扶贫效果好。新启动10个旅游扶贫示范村建设，成为"全市乡村旅游扶贫示范区"；推进贫困片区综合开发，18个贫困村实现"七有四通三解决"目标，顺利通过市级验收；减少农村贫困人口1.2万人，贫困群众人均增收610元；实施高山移民和生态移民566户。

(四)城乡面貌焕然一新

全年城乡建设完成投资45.3亿元；新增建成区面积2平方公里，达到21.96平方公里；新增城镇人口6100人；城镇化率提高到36.17%。城乡规划有序推进。完成了中堆坝片区等10个地块的控制性详细规划，土坎、赵家等7个乡镇的总体规划，35个村、15个农民新村的规划编制。城乡建设卓有成效。县城中心城区"一江两岸"整体改造全面完成；中堆坝片区开发稳步推进；完成房地产开发投资21.91亿元；新开工面积59.6万平方米，竣工面积22.3万平方米，销售商品房37.16万平方米。仙女山旅游度假区完成固定资产投资18亿元，新开工旅游房产32.7万平方米，竣工23.7万平方米；成功引进中体集团、锦鸿集团、景域集团、重庆报业集团、重庆餐饮文化产业集团等实力强劲的企业。白马工业新城生活污水处理厂、园区大道绿化、路灯安装和人行道建设全面完工。江口、平桥两个市级中心镇完成场镇基础建设投资1.9亿元，平桥镇“561”工程全面完工、荣获“全市十佳特色风貌街区”称号；其他乡镇路灯、污水处理、公共基础设施逐步完善；建设农民新村15个、巴渝新居1000户，改造农村危旧房4350户。扎实开展“五城联创”，城乡管理得到加强。

(五)交通建设快速推进

投入13亿元，实施“四个1小时”交通工程建设，村通畅率达到88%，比全市平均水平高13个百分点。南涪铁路建成通车。涪南高速公路加快推进。垫道路武隆至道真段路面大修、国道319线地质灾害治理、白云至长坝公路改造、杨叉岭至白果路面大修、乌江航道整治五项工程全面完工。仙女山旅游支线机场项目实质性推进。新增农村客运线路14条、农村客运车辆40辆，建成农村客运招呼站(点)112个，新开通2条公交线路，新投入中型以上公交车28辆。

(六)生态环境持续改善

启动国家级生态县创建工作，扎实开展全国生态文明示范工程试点县建设工作。投资4.4亿元实施城乡绿化工程，造林18.59万亩，森林覆盖率提高到59.2%，成为全国森林旅游示范区。实施“一池三改”工程，新建沼气池和“三改”配套1.5万户。实施环境综合治理工程，县城集中式饮用水源地水质达标率100%，乡镇饮用水源达标率93%；城区生活污水集中处理率、垃圾收集无害化处理率分别为93.3%、96%；地表水达到国家水域功能标准；万元GDP综合能耗累计下降3.24%；二氧化硫、氮氧化物、COD、氨氮分别下降1%、0.3%、1.2%、1.2%，空气质量优良天数达到361天，旅游景区空气质量保持一级标准。

(七)人民生活稳步提升

城乡居民收入大幅增长，农民人均纯收入增速居全市第3位、13个考核县第2位。新增城镇就业5263人，登记失业人员就业2537人，困难人员就业1197人，城镇登记失业率下降到2.4%，比全市平均水平低0.9个百分点。市外农民工返乡创业就业4787人，农村劳动力累计转移就业11.7万人，劳务总收入达到8.7亿元。三峡后续工作稳步推进，库区移民收入持续增长。

(八)公共服务日趋完善

社会保障能力增强。“五大保险”全部纳入市级统筹，社会保险参保规模达到62.5万人次，全年发放各类养老保险3.5亿元；发放低保金3730万元；巷口廉租房开工建设，白马、平桥、土坎、桐梓、火炉、江口廉租房全面完工，将有效解决1140户、3000名困难群众的“住房难”问题；新建成城市社区服务站5个，新发展农村社区建设试点村5个，村级公共服务中心实现全覆盖。文体事业繁荣发展。图书馆、数字电影院建成并投入使用；新建成25个农民体育健身工程和3条全民健身步道，农民体育健身工程达到115个；文艺作品首次获得全国第十六届“群星奖”。教育质量不断提高。累计建成寄宿制学校36所，塑胶运动场32个；学生资助体系和留守儿童管理体系更加完善；职业教育持续发展；教育工作被国务院评为全国“两基”工作先进；高考上重点本科203人，升学率91.7%，创历史新高。科学技术深入普及。科普宣传更加广泛，县、乡、村三级科技特派员制度更加健全，科技指导更加有效。卫生事业再上台阶。全面启动卫生应急示范县创建工作；县人民医院创“二甲”工作顺利推进，门诊急救综合楼投入使用；21个村卫生室全面建成；在全市率先实施校县合作，破解卫生人才瓶颈；食品药品安全实现“零事故”目标。十件为民实事全面落实。老干部活动中心、青少年活动中心主体工程全面完工；26个乡镇实现农贸市场全覆盖；廉租住房、供水厂、农村D级危房改造、“一池三改”、农村公路“村通畅”建设、木林岩危岩治理等任务全面完成；中小学生营养改善、农村电网改造等工作深入推进。

(九)安全维稳全面加强

开展安全生产“基层基础巩固年”活动,深入“打非治违”,安全监管监察、企业安全管理、安全隐患整治、科技兴安支撑、群众安全防范能力稳步提升,荣获“2012年全市安全生产目标考核优秀单位”。国防动员及应急体系建设加强,安全生产态势稳定,信访稳定形势好转,社会管理体系完善,社会治安总体满意度居全市第1位,公众安全感指数居全市第3位。

二、发展中存在的问题

经济总量小、发展基础差、内生动力不足;旅游国际化、新型工业化、农业现代化、新型城镇化水平低;改善民生和统筹城乡发展任重道远;一些体制机制性障碍尚未完全消除,政府自身建设需要进一步加强,部分干部执行力有待进一步提高。

三、2013年经济发展目标

实现地区生产总值113亿元,增长14.8%;地方财政收入18亿元,增长20%;固定资产投资139亿元,增长10.4%;社会消费品零售总额36.4亿元,增长17.2%;城乡居民收入23294元、7834元,分别增长13%、17%;城镇化率提高3个百分点;城镇登记失业率控制在3%以内;接待游客1850万人次,增长15%。

忠 县

忠县政府办公室 邓元军

一、2012年发展回顾

2012年,忠县实现地区生产总值156.80亿元,增长14.1 %.三次产业结构由2011的18.6:43.3:38.1调整为17.9:45.3:36.8。实现社会消费品零售总额48.43亿元,增长17.4%。实现工业总产值185.98亿元、增长25.3%,增加值54.51亿元、增长22.4%,拉动经济增长7.5个百分点。固定资产投资完成150.18亿元,增长33.2%;其中第二产业投资35.71亿元,增长36.6%。全县地方财政收入完成17.52亿元,增长9.3%,其中地方财政一般预算收入完成9.56亿元,增长12.4%。年末各项金融存款余额236.25亿元,比年初增长19.8%。贷款余额65.29亿元,比年初增长28.9%。个人存款余额173.91亿元,增长20.7%。城镇居民人均可支配收入20697元,农村居民人均纯收入7789元。

(一)大力培育支柱产业,特色产业集群逐步形成

深入实施“工业强县、民营富县”战略,工业引领三次产业扩张升级。装备制造、新型建材、农副产品加工、能源化医和轻纺服装、电子信息等集群产业实现总产值171亿元,产业集中度达95%。建成6平方公里园区框架,道路、管网等基础设施进一步完善。规模以上工业企业45家,其中产值上亿元企业10家。整合工业、民营经济发展资金4500万元,打造中小型创业基地3个,新发展非公企业1424家、个体工商户7230户。以工业的理念推进农业产业化,大力发展特色效益农业。落实发展资金5000万元,加快推进现代农业发展。柑橘产量达到20万吨,实现综合产值13.6亿元。出栏生猪68万头、肉兔500万只、肉禽390万只,水产品产量达到6000吨。粮油生产持续稳定,粮食总产量41万吨,油料2.3万吨。加快培育农产品品牌,注册农产品商标46件,认定重庆市著名商标2件,获无公害农产品认证20个、产地认定企业7家。成功创建水稻、油菜、食用菌3个国家级产业体系建设示范县。以促进工业提档升级为动力,加快发展第三产业。海螺水泥专用码头建成投运,周家溪滚装码头主体工程完工。中博、北山等商圈不断扩大,柑橘交易市场建设全面推进,28个乡镇农贸

市场改造基本完成。忠州腐乳、海新大美游轮获得“重庆非去不可十大旅游创新企业优秀奖”。华夏神女1号游轮下水营运，忠县成为全市首个拥有豪华游轮的县。在贵州、宜昌组建忠县旅游宣传营销分中心。提档升级石宝寨、三峡橘海、金色杨柳等景区，接待游客162万人次，实现旅游综合收入3亿元。

(二)加强城镇规划建设管理，城市品位明显提升

突出抓好“洁净忠州、品位小城”建设，城市形象大幅提升。完成忠州都市圈发展战略总体规划和州屏旧城、水坪新区等重点区域详细城市设计编制，城区夜景照明等专项规划全面完成。实施县城沿江综合整治西山段等城市建设重点项目23个，完成投资13.1亿元。提档升级县城果园路、巴王支路等6条主次干道。开工建设忠丰高速，推进甘石旅游公路改造，完成新生至天池旅游公路“白改黑”。新增城市公园绿地23.78万平方米，县城建成区绿化覆盖率达38.5%。城区空气质量优良天数达到344天。县城白公路市级园林街道、石宝市级园林小城镇创建成功。新建污水处理厂7个，新铺城镇污水管网47.2公里，城市生活垃圾处理率达97%以上。着力解决城区停车难问题，整改社会停车场15个，增设临时停车点34处，新增停车位775个。大力开展“一违两非”专项治理，拆除违法建筑1.29万平方米，查扣非法营运车辆100台，处理非法转包行为3起。

(三)扎实推进新农村建设，城乡统筹发展步伐加快

以改善农村基础设施、深化农村改革为重点，加快推进城乡统筹发展。新建农村公路350公里。建成农村居民点15个、巴渝新居1853户，改造农村危旧房5723户。完成13个村的环境综合整治，“一池三改”5700户，创建8个县级生态村。白石水库建成供水。整治小Ⅱ型水库27座，新建抽水站、小型集雨工程37处，被列为全国小农水建设重点县和全市高效节水灌排重点县。解决9.63万农村人口饮水安全问题。农机化综合水平达40%。新发展农业龙头企业25家，新组建农民专业合作社137家。稳妥推进户籍制度改革，累计转户6.71万人，兑现补偿资金7.18亿元。实现“三权”抵押融资5.7亿元。流转农村土地63万亩，实施土地整治1.72万亩，补充耕地6200亩。宅基地复垦入库备案5700亩，完成地票交易1500亩。加快集体林权制度改革，流转林地7949亩。兑现种粮、农机等补贴1.2亿元。劳务收入达到38亿元。农村小额人身意外保险工作全面启动。

(四)狠抓项目建设，发展后劲进一步增强

健全重要项目决策、推进、督查、考核体制机制，实施“重要项目半年攻坚行动”，推动县域经济快速发展。围绕重庆“6+1”支柱产业和全县“4+2”集群产业，策划项目384个，计划投资近1200亿元。抢抓西部大开发、三峡后续工作规划、沿江万亿工业走廊和武陵山、秦巴山区扶贫攻坚等机遇，纳入中央、市级规划项目330个，预计总投资263亿元。开工建设千万元以上项目113个，完成投资62.99亿元。川江渝州车业、旺亘科技等5个项目建成投产，移民新城大道、恒达改性沥青、海螺产业园等62个项目有序推进，页岩气勘探开发、天然气冷热电联产、500千伏忠县输变电工程、海顺石化成品油库等25个项目前期工作进展顺利。

(五)加大招商引资力度，对外开放取得实质性进展

坚持“兑现比承诺更重要”和“没有不能办、只有怎么办”理念，实施以商招商、组团招商，深化交流合作，开放水平有效提升。与市国资委、市经信委签订战略合作协议，在产业布局、项目引进、金融贷款等方面获得支持。开展招商活动10余场次，积极参加渝洽会、西洽会等节会，华中铭峰能源、广州康尔祥运动健身器材、京投中央商谷等25个上亿元项目落户忠县。实际利用外资760万美元，增长68.9%。具有自营出口权企业31家，进出口总额达到5500万美元。全县金融机构存贷款余额达到236.25亿元、65.29亿元，分别增长19.8%、28.9%。大美游轮在OTC中

心成功上市，忠县成为在重庆股份转让中心挂牌最多的县。

(六)切实保障和改善民生，群众幸福感不断增强

大力改善民生民利，促进社会事业全面发展。实施县级科技项目35项，新建独立科研机构7个，科技成果转化率达100%。统筹发展各类教育，高考上线率达95%。大渡口教育广场、实验小学中博分校建成投入使用，城区学校“大班额”问题有所缓解。倾情关爱留守儿童，改扩建寄宿制学校10所。解决3500名农民工子女入学问题，发放困难学生补助4570万元，“蛋奶工程”实现义务教育学生全覆盖。着力丰富群众文体活动，建成天子山健身步道，举办大型体育赛事20场次、文化活动80场次。建成农家书屋337个，拔山镇五星村农家书屋被表彰为全国示范农家书屋。县人民医院迁扩建项目有序推进，28个乡镇卫生院标准化建设基本完成。开展免费优生健康体检，人口自然增长率下降至3.39‰。发展微型企业801户，新增就业8009人，城镇登记失业率控制在3.4%以内。发放养老金6.2亿元，惠及18万余人。城乡居民养老保险覆盖率达90.1%，城乡居民合作医疗参合率达96%。发放城乡低保、医疗救助、救灾资金等1.5亿元，困难群众基本生活得到保障。有序推进贫困村整村脱贫40个，减少贫困人口2.26万人。开工建设廉租房12万平方米、公租房3万平方米。完成三峡后续工作规划一期编制和移民资金审计整改。完成三峡移民项目40个，实现投资3.15亿元。推进三峡水库库区基金项目25个，兑现移民直补资金2165万元。争取对口支援资金2370万元。“十项民生实事”基本完成，群众生产生活水平进一步提高。

二、发展中存在的问题

经济增长质量不高，产业结构有待继续调优；工业项目推进较慢，整体竞争力有待提升；农民持续增收难度较大，城乡居民收入差距较为明显；县级财政较为困难，财政支出压力增大；个别单位、干部工作作风、工作效能较差，政府自身建设仍需加强。

三、2013年发展目标

2013年，忠县将按照中央“稳中求进”的总要求，把握“稳健前行、阔步迈进”的基调，尊重发展规律，延续既定思路，既保持较快发展速度、形成量的积累，又转变发展方式、促进质的提升，谋求发展速度、质量、体量的有机统一。

2013年，经济社会发展主要预期目标是：地区生产总值增长13.5%以上；工业增加值增长20.5%以上；固定资产投资增长19.5%以上；社会消费品零售总额增长16%以上；地方财政收入增长9%以上；实际利用内资增长20%以上；城乡居民收入分别增长13%、15%以上；城镇化率、森林覆盖率分别达37.77%、47.5%；全面小康社会实现度达83.3%。主要约束性目标是：居民消费价格涨幅控制在4%以内，城镇登记失业率控制在3.4%以内，人口自然增长率控制在5.5‰以内，单位生产总值能耗下降3.5%，化学需氧量、二氧化硫排放量分别削减1.5%、3%。

开 县

开县政府办公室 邓辉

一、2012年发展回顾

2012年，是开县巩固转型成果、推进提速发展的关键一年，也是开县在逆境中化危为机、在挑战中奋发有为的一年。面对复杂多变的宏观环境，全县人民在县委的坚强领导下，深入贯彻党的十八大、市第四次党代会精神，认真落实“147”战略部署，迎难而上，奋勇争先，较好地完

成了县十六届人大一次会议确定的目标任务，实现了新一届政府工作良好开局。

经济发展逆势而进。全县生产总值达到229.6亿元，比上年增长15.1%，增幅跃居全市第六。地方财政收入达到25亿元，增长25%。固定资产投资完成203.5亿元，增长40.1%。社会消费品零售总额达到95.2亿元，增长16.8%。工业总产值达到243.8亿元，增长26.3%。各类市场主体发展到3.9万户，增长19.6%。开县的经济发展迈上了新台阶，进入了新阶段。

城乡建设提质提速。开发建设格局进一步拉开，重大基础设施建设全面提速。城镇建成区面积达到72.4平方公里，常住人口城镇化率由37.5%提高到39.6%。县城东西扩容加速推进，北部新区启动建设，环湖开发提档升级，建成区面积拓展到30平方公里，常住人口超过30万。城市绿化覆盖率达到45%，人均公园绿地达到14平方米。荣获联合国环境署"中国区环境规划示范城市优秀案例"称号，市级文明县城创建通过验收。新增公路总里程300公里、硬(油)化公路480公里。兴建各类水利工程5873处，解决14.1万人饮水安全问题。新增电力装机3.6万千瓦，农网改造步伐加快。大规模、高水平的开发建设，支撑了当前和未来的发展，增强了干部和群众的信心。

改革开放逐步深化。统筹城乡综合改革系统推进，行政、经济、社会、文化四大重点领域改革实现新突破。内陆开放的广度和深度不断拓展，开放型经济水平明显提升。招商引资取得显著成效，天伦凯达新能源、千一电器等24个投资超亿元的项目相继落户。实际利用内资145.9亿元，增长68.1%。实际利用外资8648万美元。新增返乡创业8031户，新增投资61.8亿元。对外贸易迈出重大步伐，海关、出入境检验检疫办事机构获批设立，进出口总额达到1.57亿美元，增长4倍多。开明开放的开县，正以更大的气魄和力度广聚八方资源。

社会事业加快发展。全民创新行动成效明显，获国家专利127项，新增市级科技成果14项。全民教育行动深入开展。丰乐中学实现整体搬迁，建成云枫幼儿园、云枫初中，新改建幼儿园12所，启动建设中小学校4所。初中毕业生升入高中阶段学校的比例达到94%，高考重本上线人数增长74%。职业教育体系加快完善。引进各类人才2023名。"四苗"全程接种率达到98.3%，各类传染病得到有效防控，群众健康水平不断提升。新增了一批文化服务设施，城乡公共文化服务体系加快建设。成功举办刘帅诞辰120周年纪念活动、首届传统工艺技能大赛。国民体质抽样合格率提高到90%。人口自然增长率控制在5.1‰。社会事业的发展，让全县人民看到了变化，得到了实惠。

人民生活持续改善。城镇居民人均可支配收入达到18236元，增长14.6%。农民人均纯收入达到7271元，增长15%。城镇新增就业10213人，城镇登记失业率下降为3.06%。城乡居民养老、医疗保险参保率分别达到88.6%、95.2%，失业、工伤、生育保险覆盖面继续扩大，五大保险全部纳入市级统筹。城乡低保应保尽保，节日送温暖活动惠及24.2万困难群众。主要污染物减排任务全面完成，生态环境质量不断改善。县城空气质量优良天数达到327天，比上年增加35天。今天的开县，正在成为全县人民共建共享的和谐家园。

(一)千方百计扩需求、稳增长

坚持把稳增长作为政府工作的重中之重，多措并举拓展需求空间。实施重点项目189个，建设一批重大基础设施和产业、民生、生态项目，既增加了当期需求，又为长远发展奠定了重要基础。加快建设"百亿商圈"，华润万家等知名连锁企业入驻开县，滨湖美食街被评为市级特色美食街，商圈业态水平明显提升。成功举办滨湖美食节、渝川陕鄂名特产品购物节等节庆活动，深化农村商贸流通网络建设，兑现汽车惠农、家电惠民补贴7300万元，强化产品质量和食品药品安全监管，城乡消费持续增长。切实加强经济运行调度，努力突破要素瓶颈。争取中央补助资金24亿元、市级财政资金28.3亿元，新增金融机构融资50亿元，获批建设用地指标9119亩，加大劳务人才储备力度，强化煤电油气运保障，县域经济在要素供应趋紧的情况下实现了快速发展。

(二)抢抓机遇调结构、转方式

以产业聚集和人口聚集为主攻方向，着力扩大总量、优化结构，加快转变经济发展方式，努力促进集约发展、转型升级，提升发展质量和效益。

产业结构加快优化升级。着眼长远调整工业布局，形成"一区三园"发展格局。按照"园城融合"的思路，大力推进园区建设，引导工业向园区聚集。赵家园新区拓展成效明显，"园城融合"初具形象。临江园、临港园加快建设，开启了开县工业新的创业征程。建成标准厂房40万平方米、配套公寓和保障房18万平方米。园区入驻企业72家，跨入全市百亿级园区行列。大力培育能源、建材、食品、轻纺电子、天然气综合利用五个百亿级产业集群，一批重大项目投产放量，工业持续增长的多点支撑格局基本形成。完成工业投资83.3亿元，工业增加值增长23.5%。规模以上工业企业达到71户，其中产值超亿元的企业30户，新产品产值达到36.1亿元。中国银行入驻开县，各类金融机构达到35家，金融服务功能更加完善。银行存贷款余额分别达到303亿元、106亿元，存贷比提高到35%。担保、小额贷款等新型金融业态加快发展，创新型金融机构资本金达到9.3亿元，绿盾小额贷款公司在重庆股份转让中心挂牌。旅游开发取得新进展，刘帅纪念馆成功创建国家4A级景区，汉丰湖景区被评为国家级水利风景区，"目的地游"开始起步，"过境游"、乡村游持续升温，全年接待游客超过100万人次。三次产业结构由18.8:45.1:36.1调整为18.3:46.2:35.5。

开发建设取得显著成效。强力推进城镇拓展和功能开发，人口和产业聚集度不断提高，城镇化进程加快。西部水城形象初显，功能更加完善，品质明显提升。建成博物馆、规划馆、恒温游泳馆等功能场馆，基本完成城区一、二级地下管网和主干道路面改造，开工建设五星级酒店。汉丰湖下闸蓄水，"风雨廊桥"基本建成。滨湖景观工程加速推进，累计改造建筑风貌20万平方米，建成滨湖公园150万平方米、湿地公园13平方公里。实施环湖高效绿化1200亩，开工建设明镜石公园，启动文峰岛、乌杨岛等文化修复项目。环湖道路建设进展顺利，开达高速公路、北环路升级改造一期、开州港综合项目加快建设，县城至临江、赵家至长沙快速通道和凤凰梁大桥前期工作有序推进。郭家、临江、温泉等风情名镇建设取得突破，郭家"东里明珠"、临江"常青商业街"等一批精品项目加速建设。扎实开展国家卫生县城、市级环境保护模范县创建，综合整治城乡环境、违法建设和交通秩序，城镇管理水平不断提高。

现代农业迈出坚实步伐。完善强农惠农富农政策，推动农业资源向优势产业聚集，加快推进农业现代化。粮食产量达到59.1万吨。生猪、肉兔、山羊、生态鱼、柑橘、蔬菜、中药材等特色产业增量提质，农业组织化、标准化、规模化、集约化水平不断提升，被列入全市山羊产业发展重点县，南门现代农业园区成功申报"市级现代农业综合示范工程"。县级以上龙头企业发展到60家，专业合作社达到1317个。完成城乡农贸市场标准化建设，建立农产品销售市场132个、县外农产品直销点30个，注册农产品物流企业5家，培育农村经纪人255名。发展订单农业基地8万亩。成功创建"出口肉兔质量安全示范区"。着力培育农产品知名品牌，"开县春橙"成为重庆市著名商标，新增无公害农产品、绿色食品、有机食品和地理标志农产品20个。建立农业产业首席专家制度，新品种、新技术、新装备加快推广普及。

(三)坚持不懈强基础、促统筹

以农村山区和库区为重点，大力推动公共资源均衡化，促进城乡区域统筹协调发展，不断提升全县整体发展水平。

农村基础条件逐步改善。美丽乡村建设全面展开，121个美丽乡村点基本建成，"幸福满月"、"水韵厚坝"、"十里竹溪"等成为市民休闲养生的好去处。依托雪宝山、铁峰山、大南山脉规划建设避暑养生庄园，取得初步成效，雪宝山区已建成3200户。乡镇卫生院、村卫生室实现标准化建设全覆盖。促进城乡教育资源均衡配置,新改扩建农村寄宿制学校33所。开展"农村基础设施管理年"活动,基本形成责任明晰、运转有序的管理机制。改造干线公路100公里,建设农村公路380公里,通村通畅率提高到60%。除险加固病险水库52座,新增改善灌面8.9万亩,治理水土流失20.5平方公里,建设高标准基本农田4万亩,整治城镇堤防13.3公里,新建农村沼气池2000口。农业综合机械化水平达到27%。推进52个贫困村整村扶贫,减少贫困人口2.2万人。建设巴渝新居11688户,改造农村危旧房7533户。70%的行政村建立了信息化平台。

三峡后续工作有效推进。精心编制三峡后续工作一期实施规划,首批规划项目落地实施。完成后续扶持项目99个,受益移民1.7万人次。大力加强移民职业教育和就业培训,扶持一批移民成功创业就业。竹溪现代设施农业试点项目进展顺利。扎实开展城镇移民困难救助、农村移民后期扶持和最低生活保障、子女入学、就医资助等工作,移民生活水平不断提高。加快实施库区生态环保项目,强化175米试验性蓄水安全监测与防范,"沧海桑田"等科研项目取得阶段性成果,地质灾害得到有效防治,库区水质稳定在Ⅲ类。

(四)坚定不移抓改革、增活力

国库集中收付改革顺利推进。推动民营经济大发展,民营经济占比由58.8%提高到61.4%。加快人口梯度转移,农转城2万人、农迁农2.1万人。引导城市资源下乡,创办经济实体1196个,带动2.8万农户增收。发展新型土地股份合作社183个,农业规模经营面积达到52万亩。实施万亩地票储备,生产地票24123亩,验收地票5700亩。推动农村金融创新,"三权"抵押融资达到21.8亿元。做实盘强开乾投资公司,获批金融机构信贷资金额度26亿元。群众自治改革深入推进,村(居)务公开实现规范化。文化服务大众改革成效明显,文化事业、文化产业加快发展,"三品""两德"教育和群众性文化活动蓬勃开展,"开州大舞台"成为深受欢迎的群众文化活动。对口帮扶、委托管理、机构融合、合作共建、村校分类办学模式及新课程改革有力推进,为贫困山区发展优质教育、提升素质教育作出了有益探索。

(五)全力以赴办实事、惠民生

突出民生优先,加快改善"六项基本民生",促进社会公平正义。实施全民创业行动,新增创业2.4万户,发展微型企业1068户,带动就业7.3万人;发放创业就业小额贴息贷款4.61亿元,指导帮助6819名就业困难和下岗失业人员再就业。发放民政惠民资金3.9亿元,惠及群众28.9万人次。着力解决困难群众、教师、医生住房问题,建成保障性住房35万平方米,在建38万平方米。改造乡镇敬老院13所。大力发展社会养老事业,一批民营养老服务机构启动建设。扶贫移民、生态移民1.45万人。新增造林23.3万亩,森林覆盖率达到44%。农村义务教育阶段学生营养改善计划惠及14.2万人,留守儿童得到妥善照顾。教育慈善惠及15万人次,大学新生助学贷款工作得到教育部高度肯定。人民医院通过"三级"医院评审验收。基本药物制度有效实施,群众用药负担明显减轻。通过全国农村中医药工作先进县复评验收,成功创建国家级慢性病综合防控示范县、市级卫生应急示范县、市级残疾人社区康复示范县,为100万居民建立健康档案,为1.1万人实施免费孕前优生检查。完成体育场馆建设,新建了一批城区健身园、农民体育健身工程,全民健身活动蓬勃开展。推进城乡公交一体化和农村客运发展,新增运力5000座。安全生产基层基础进一步加强,事故总量持续下降,获全市安全生产工作一等奖。深化信访稳定"三无"创建活动,实现干部下访群众常态化,各类社会矛盾得到较好化解。一体化大综治格局基本形成,社会治安防控体系不断完善,群众安全感增强。

二、发展中存在的问题

经济总量不大,质量效益有待提升;经济结

构不优,工业化、城镇化、农业现代化水平不高;生态脆弱,环境制约矛盾突出;民生改善任务繁重;服务型政府建设还任重道远。

三、2013 年发展目标

2013 年预期目标:全县生产总值增长 13%,地方财政收入增长 13%,社会消费品零售总额增长 15%,固定资产投资增长 20%。实际利用内资增长 25%,出口总额 1 亿美元。城、乡居民收入分别增长 13%和 15%,城镇登记失业率控制在 4%以下。完成市上下达的单位生产总值能耗下降和主要污染物减排任务,森林覆盖率达到 45%,县城空气质量优良天数达到 311 天以上。

云阳县

云阳县政府办公室 王刚

一、2012 年发展回顾

2012 年,全地区实现生产总值 126.6 亿元,增长 12.3%;地方财政收入 13.5 亿元,增长 30.1%;全社会固定资产投资 145.4 亿元,增长 21.5%;社会消费品零售总额 56.5 亿元,增长 16.9%;三次产业结构由 26.4:34.0:39.6 调整为 25.3:36.9:37.8;城乡居民收入分别为 16453 元、6392 元。

(一)把科学发展作为第一要务,加速推进产业发展

工业发展势头强劲。完成工业投资 46.8 亿元,增长 14.2%;实现工业总产值 95 亿元,增长 35.6%;工业增加值 34.2 亿元,增长 20.2%;亿元企业达到 13 家,其中产值突破 10 亿元企业 1 家,新增规模企业 7 家,荣获全市“保增长”先进集体。工业结构发生深刻变化,精细化工(氯碱-硅化工)、新材料和轻纺、节能电子和能源 3 个百亿产业集群初步形成,传统优势产业改造提升步伐加快;竣工投产重点项目 10 个,开工建设重点项目 10 个。园区平台快速发展,工业园区完成基础设施投资 13.6 亿元,征地拆迁 6894 亩,建成场坪 3200 亩,入园企业达到 64 家;6 个乡镇返乡创业园入园企业 79 家,投产 55 家;凤鸣镇和高阳镇成功创建市级中小企业基地,多点支撑格局正在形成。

农村经济稳定增长。惠农补贴和农业项目投入 8.9 亿元,实现农业增加值 32 亿元,增长 5.3%。全年出栏肉牛 9.65 万头、存栏 14.8 万头,出栏山羊 65.8 万只、存栏 43.9 万只,出栏生猪 99.6 万头、存栏 86.3 万头,肉牛、山羊饲养量继续名列全市前茅。新建晚熟柑橘果园 7 万亩,总面积达 30 万亩,其中优质晚熟柑橘 20 万亩,全市晚熟柑橘大县地位更加巩固。产粮 42.1 万吨。

第三产业日趋繁荣。实现三产增加值 47.9 亿元。旅游开发纵深推进,龙缸景区开园并成功创建为国家 4A 级旅游景区,张飞庙景区提档升级加快推进,全年接待游客 123 万人次,旅游收入 6.1 亿元。消费市场持续活跃,家电、摩托车下乡销售 3.1 亿元,增长 10.5%;限额以上商贸单位增加 49 家,总数达到 175 家。房地产开发完成投资 18.5 亿元,新开工商品房 92.1 万平方米、竣工 81.1 万平方米、销售 130.1 万平方米,分别增长 124.1%、422.6%和 65.4%。金融业贡献日益增大,存款余额 224.1 亿元,贷款余额 73.2 亿元,实现金融业增加值 3.5 亿元。

开放经济快速发展。引进 10 个重大项目,协议引资 319 亿元,到位资金 81 亿元。实际利用外资 1058 万美元,连续两年保持“两翼”地区内外资综合考核第一名。外贸进出口总额 1236 万美元。新增民营企业 1331 户,个体工商户达到 4111 户,民营经济占 GDP 的比重达到 55.2%。获得了国家三建委“对口支援三峡库区移民工作先进集体”。连续两年获得全市“一圈两翼”对口支援工作先进集体。

(二)把城乡统筹作为第一方略,不断完善基础设施

城镇建设迅猛推进。优化并实施城乡总体规划,新增城镇人口1.5万人,建成区扩大1.5平方公里,城镇化率提高1.75个百分点,达35.53%。获得市政府规划实绩考核一等奖。农村建设用地复垦5695亩,实现地票交易8.5亿元,居全市第二。县城绿地率、绿化覆盖率继续保持全市前列。获得市政府城市管理先进集体。市民文化活动中心获得中国建设领域最高荣誉——鲁班奖。渠马镇荣获“重庆市最佳绿化城镇”。

交通水利不断完善。完成交通固定资产投资13亿元,改造省县道88.4公里,完工安保工程69.5公里。完成水利投资10.6亿元,建设水利工程4200余处。农业开发生态治理1.66万亩,建设基本农田1.63万亩,完成土地开发整理3794公顷,新增耕地568公顷。治理水土流失10平方公里。荣获全国农田水利建设先进县,连续两年获得全市“禹王杯”综合目标考核一等奖。

生态环境持续优化。启动国家生态县创建,推进城市环境“五化十减”,超额完成主要污染物总量控制指标,县城空气质量优良天数达355天,创监测以来最好水平。绿化造林33.83万亩,长江两岸森林覆盖率达到65%,居长江沿岸区县首位。成功召开全国生态屏障建设现场会,绿化经验在库区推广。乡镇集中式饮用水源水质达标率90.3%。加强三峡水库管理,“一江四河”水清岸洁,长江云阳段水质保持Ⅱ类水平。连续11年获得全市党政一把手环保实绩考核一等奖。

(三)把富民强县作为第一目标,切实保障和改善民生

社会保障更加有力。城镇新增就业1.12万人,城镇登记失业率控制在2.76%以内。城镇职工医保、城乡居民合作医疗保险实现市级统筹,参保人数分别达4.47万人、126.2万人。参加城乡居民养老保险53.65万人,失业保险2.69万人。发放各类保险待遇10.3亿元。荣获全市人力社保综合评价先进集体。享受低保26万人次,医疗救助15.17万人次。争取社会扶贫资金2.4亿元,建成10个扶贫新村,贫困人口减少2.7万人,全县贫困村人均纯收入增加850元。

社会事业协调发展。高考上线率89.1%,居库区前列。资助困难学生17.5万人次1.14亿元。“两基”工作获国务院表彰,被评为全国先进。授权专利78件,企业创建市级技术中心5家,居同类区县第一。在全国率先启动“礼仪之乡”建设,县乡村三级公共文化服务体系全面建成,文化馆、图书馆、博物馆、农家书屋建成并免费开放,各文艺协会推出有影响力的作品2000余件。县医院、中医院迁扩建顺利推进,15个乡镇卫生院标准化建设完成阶段性任务,210个村卫生室标准化建设全面启动。全面落实计生奖扶政策,人口自然增长率3.91‰,政策性生育率80.03%,计生委获得全国阳光计生示范单位。

三峡后续工作顺利起步。完成首期三峡后续实施规划,纳入项目343个,补助资金42.5亿元,约占全市10%,居库区前列。2011年度后续项目完工7个,在建7个,完成投资1.71亿元。完成后扶项目171个,农村移民基础项目133个,实施小区帮扶和环境整治项目20个。移民安稳致富步伐加快,移民工作全面转入三峡后续新阶段。

社会保持和谐稳定。综治平安建设考核全市第一,获得全国创新社会管理示范基地称号。扎实开展重点行业领域安全生产“打非治违”专项行动,死亡人数同比下降6.7%,全年没有较大及重特大事故发生。获得市政府2012年度安全生产目标考核“优秀单位”。

二、发展中存在的问题

一是经济总量不大,人均占比偏低,经济发展主要靠投资拉动的局面没得到根本改变;二是产业结构不十分合理,一产占比大,二产占比偏低,特别是工业底子较薄,集聚效应和支撑作用不十分明显;三是缺少大项目、大产业、大品

牌支撑,造血功能不足;四是农民增收途径和手段不多,改善民生的任务依然繁重。

二、2013 年发展目标

2013 年县域经济社会发展的主要预期目标是:全年地区生产总值增长 13%,全社会固定资产投资增长 17%,工业增加值增长 24%,社会消费品零售总额增长 17%,地方财政收入增长 15%,城乡居民收入分别增长 14%、15%,城镇化率提高 2 个百分点,单位地区生产总值能耗下降 4%,城镇登记失业率控制在 3.5%以内,人口自然增长率控制在 4.5‰以内。

奉节县

奉节县政府办公室 李常泰

一、2012 年发展回顾

2012 年,全县实现地区生产总值 1445675 万元,比上年增长 11.5%,其中:第一产业实现增加值 292180 万元,比上年增长 5.3%;第二产业实现增加值 509702 万元,比上年增长 12.1%;第三产业实现增加值 643793 万元,比上年增长 14.3%。按常住人口计算,实现人均地区生产总值 17853 元,比上年增长 13.8%。地区生产总值中三次产业结构比例为 20.2:35.3:44.5,三次产业对经济增长的贡献率分别为 8.9%、37.0%、54.1%。

(一)农业农村经济健康发展

全年完成农、林、牧、渔业增加值 292180 万元,比上年增长 5.3%。其中,农业增加值 209724 万元;林业增加值 4286 万元;牧业增加值 69086 万元;渔业增加值 5382 万元;农林牧渔服务增加值 3701 元。第一产业对经济增长的贡献率为 8.9%,拉动 GDP 增长 1.0 个百分点。全年粮食播种面积 137.6 万亩,产量 43.1 万吨,比上年减产 3.3%;出栏生猪 72.38 万头、牛 1.97 万头、羊 12.19 万只、家禽 232.62 万只,同比分别增长 2.17%、4.6%、3.65%、10.8%;蔬菜种植面积 21.92 万亩,增长 4.5%。

(二)工业和建筑业带动作用明显

全年实现工业增加值 254781 万元,比上年增长 5.1%。其中:规模以上工业企业 40 个,实现经济效益综合指数 182.4%,比上年下降 21 个百分点。工业对经济增长的贡献率为 8.1%;拉动 GDP 增长 0.8 个百分点。全年完成工业主要产品产量:水泥 97.53 万吨,比上年增长 62.85%;电力 10182 万千瓦时,比上年下降 26.33%;煤炭 305 万吨,比上年下降 28%。全年实现建筑业增加值 254921 万元,比上年增长 19.7%;建筑业对经济增长的贡献率为 28.9%,拉动经济增长 3.4 个百分点。

(三)固定资产投资和房地产增长较快

全年完成全社会固定资产投资总额 1676958 万元,比上年增长 30.5%。其中:房地产投资 305109 万元,比上年增长 101.5%;工业投资 339825 万元,比上年增长 62.0%。按产业投资分组,第一产业投资 117629 万元;第二产业投资 339825 万元;第三产业投资 1219504 万元。全年房地产开发投资 305109 万元,比上年增长 101.5%;其中住宅投资 246149 万元,比上年增长 85.5%。商品房销售面积 171.62 万平方米,比上年增长 25.3%。

(四)国内贸易和利用外资保持增长

全年实现社会消费品零售总额 409900 万元,比上年增长 14.5%。批发和零售业销售总额 1080878.2 万元,比上年增长 18.0%。住宿和餐饮业营业额 97410.7 万元,比上年增长 20.3%。实现批发和零售业增加值 142629 万元,比上年增长 9.7%,占全县 GDP 总量的 9.9%,对经济增长贡献率达 8.6%;住宿和餐饮业增加值 41632 万元,比上年增长 7.4%,对经济增长贡献率达 1.4%。全年实际利用内资 582503 万元,比上年增长10.7%。当年实际外商直接投资金额431万美元,比上年增长128%。全年进出口总额515万美元,比上年增长343%。

(五)交通、邮电和旅游稳步发展

全年实现交通运输、仓储和邮政业增加值135688万元,比上年增长15.3%。完成全社会货运量1926万吨,比上年增长13.4%;全社会客运量1966万人次,比上年增长1.3%。年末全县公路里程9217.24公里,其中:等级公路里程4043.79公里,比上年增长0.3%,二级公路里程508.997公里。

全年实现邮政电信收入33601.4万元,比上年增长12.3%;年末拥有电话用户59.07万户,其中:固定电话8.74万户;移动电话用户50.33万户,比上年增长10.4%。移动电话普及率达63部/百人(按常住人口计算);互联网用户数5.4万户,比上年增长23.9%。全年共接待游客600.1万人次,比上年增长31.6%,实现旅游综合收入185476万元,比上年增长33.9%。年末实有星级饭店3家。

(六)财政、金融和保险平稳运行

全年实现地方财政收入171238万元,比上年增长35.4%,其中:一般预算收入111590万元,比上年增长17.0%。全年地方财政支出543773万元,比上年增长30.6%,其中:教育事业费支出111105万元,比上年增长36.5%;医疗卫生支出40481万元,比上年增长22.4%。

全年实现金融业增加值31162万元,比上年增长47%。年末全县9家营利性银行机构人民币存款余额1425770万元,比年初增长9.25%,其中个人储蓄存款986051万元;金融机构人民币贷款余额604929万元,比年初增长40.49%。全年保险公司保险费收入14810万元,比上年增长1.1%;其中:人寿保险业务保险费收入9667万元,比上年下降1.1%;财险业务保险费收入5143万元,比上年增长5.5%;支付各类赔款及给付3310万元,比上年增长30.6%。

(七)社会事业全面进步

全县现有各类学校348所(含民办),在校学生163020人;其中:高中阶段学校10所,在校学生24453人;义务教育学校300所,在校学生114785人;特殊教育学校1所,在校学生295人,幼儿园37所,在校学生23487人。专任教师7507人,比上年减少0.88%,其中:中学教师3186人,小学教师3822人。小学学龄儿童入学率为99.85%;高考上线率为92.1%,重点本科上线836人;一般本科上线2167人;专科上线3009人。年末全县校舍建筑面积133.21万平方米。现有图书馆1个,公共图书馆藏书5.95万册;青少年宫1个;博物馆3个;文化馆1个;电影院1个;文工团1个。已建成31个乡镇文化站。广播电视综合覆盖率达92%。广播电视通乡镇率达100%,有线电视通村率达60%。广播电视发射台1个。全县有线电视用户7.55万户,有线电视入户率达30%,数字电视转换率城区达80%。现有各类体育协会22个,全年组织各类运动赛36次。现有运动场601个,体育场地面积94.55万平方米,人均体育场地0.892平方米;级别运动员89人,其中:健将级3名,一级运动员8个,二级运动员24个,三级运动员24个。

全县安排科技经费2074万元,比上年增长38.2%,其中科技应用研发资金1785万元,比上年增长64.7%。承担实施各级科技计划项目45个,其中科技部科技计划项目2个,市级科技计划项目14个,县级科技计划项目29个。全县专利申请量154件,授权量71件,其中授权发明专利3件,落实专利资助13.5万元。派驻县级科技特派员25名。全县著名商标7件,县级知名商标10件。

全县卫生系统共有医疗卫生保健机构340个(不含私人诊所、医务室、村卫生室),其中:县属机构7个,乡镇卫生院56个。卫生机构人员数2434人,卫生专业技术人员2269人。全县现有执业(助理)医师1453人,注册护(师)士816人。年末卫生机构实有床位2769张。年末全县城乡居民合作医疗保险参合13.49万人,参合率99.3%。

(八)人民生活水平不断提高

年末全县户籍人口总数为106.74万人,比上年增加0.48万人,比上年增长0.5%,其中非农业人口22.06万人,比上年增长5.3%;农业人口84.68人,比上年下降0.75%。人口自然增长率5.12‰,比上年上升1.09个千分点;常住人口80.02万人,城镇化率为36.65%。

全县城镇居民可支配收入16434元,比上年增长13.7%;城镇居民人均生活消费支出12789.4元,比上年增长10.8%。农村居民人均纯收入5970元,比上年增长14.8%,农村居民人均生活消费性支出4430元,比上年增长8.9%。城乡居民收入比从上年的2.78:1变为2.75:1。

全县拥有污水处理厂6座,垃圾处理厂2座。森林覆盖率47.1%,比上年提高2.0个百分点。园林绿地面积540公顷,其中:公共绿地面积472公顷;建成区绿化覆盖率达46.1%;人均公园绿地面积16.79平方米;城镇人均公园绿地面积15.4平方米。

(九)移民和扶贫扎实开展

全县移民投资803237.36万元,累计移民搬迁人口129091人,其中:农村62586人(县内安置26441人,政府组织县外安置23507人,其他县外安置11336人)、县城61410人、集镇5095人;房屋复建面积451.85万平方米,其中农村199.27万平方米、县城187.07万平方米、集镇15.94万平方米。

全年累计争取各类财政扶贫资金6066万元,对口帮扶资金和物资3583.1万元。完成23个贫困村整村脱贫,新启动28个整村脱贫村,实施扶贫移民2359人,新增互助协会15个,完成各类培训6547人次,减少贫困人口20282人。年末贫困对象39825户,142182人。

二、发展中存在的问题

一是实体经济、支柱产业培育还很欠缺;二是移民安稳、安全生产、征地拆迁等社会矛盾还很突出;三是少数干部在精神、作风和执行上与人民群众的要求还有很大差距。

三、2013年发展目标

2013年全县经济社会发展的总体要求是:深入贯彻落实党的十八大精神,按照市委"一统三化两转变"的要求,紧紧围绕全县"1133"发展战略,坚持发展思路不动摇、坚持改革创新不动摇、坚持转变作风不动摇,突出抓好"城镇建设、产业培育、民生保障、开放合作、社会管理"五大工作,推动全县经济社会持续健康快速发展。

2013年全县经济社会发展的主要预期目标是:全县生产总值增长15%,财政预算收入增长15%,固定资产投资总额增长18%,社会消费品零售总额增长15%,城乡居民收入分别增长14%和17%。

巫山县

巫山县政府办公室 黎远培

一、2012年发展回顾

2012年实现地区生产总值72亿元,增长12%;公共财政预算收入6.1亿元,增长20.7%;全社会固定资产投资67.6亿元,增长23.5%;社会消费品零售总额25.8亿元,增长17%;城乡居民人均收入分别达17899元、5750元,增长13.5%、18%。较好完成县十六届人大一次会议确定的目标任务,实现了本届政府良好开局。

(一)深化产业结构调整,县域经济不断繁荣

特色效益农业稳步增长。投入1.3亿元助推农民增收。生产粮食24.3万吨、油料1.9万吨。种植烤烟7.2万亩,产烟22.3万担,高水平承办全市现代烟草农业现场会。建设蔬菜和魔芋种源基地9000亩,发展高淀粉红薯2万亩、食用菌1100万袋。培育柑橘、核桃等优质果品7.7万亩。

庙党等中药材达7万亩。产茧1.2万担。增殖放流鱼苗60万尾。新建种羊纯繁场20个、标准化养殖场230个,出栏生猪62万头、山羊35万只、兔60万只、家禽410万只。实现农业总产值25亿元,增长5%。

生态工业经济全面提速。启动煤矿企业兼并重组,完成技改投资3.8亿元,建成年生产能力9万吨以上骨干矿井15个,实现原煤"一票制"销售360万吨、税费2.3亿元。桃花铁矿和邓家消失模铸造项目有序推进。职教工业园区实现产值6.5亿元。扩容水电站19座,110千伏抱龙输变电工程全面建成,千丈岩、后溪河水电站和35千伏邓家输变电工程快速推进。引进中广核、中国海装投资90亿元开发风电。全年发电1.5亿度、供电3.5亿度。万吨粉丝项目一期投产,神女药业庙党加工厂启动建设。生产水泥23万吨。供应天然气765万立方米。实现工业总产值33.5亿元,增长39.6%。

国际知名旅游景区加快建设。隆鑫三峡国际度假区完成一期征地拆迁,接待中心、五星级公寓酒店开工建设。神女景区、梨子坪森林公园改造升级稳步推进。建成乡村旅游点5个、星级农家乐2家。两江假日巫山大酒店基本建成,新增商务宾馆75家、床位2100张。创新举办第六届红叶节,成功打造全国知名节庆品牌。出版《大美巫山》画册,推出《唱响巫山》专辑,"三峡之美在巫山"宣传片在中央电视台播出。全年接待游客501万人次,实现旅游综合收入18.4亿元,分别增长27.5%、22.7%。商贸流通更加活跃,平湖市场改扩建主体工程竣工,新增乡镇标准化农贸市场和交易市场20个、连锁超市和村社便民店681个。销售家电汽摩下乡产品4.6万台(辆),发放补贴1588万元。

(二)统筹城乡协调发展,人居环境不断改观

山水港湾旅游新城展现新面貌。建成区面积扩大0.9平方公里。编制完成江东新城控规,争取中央预备费支持,启动江东库岸综合整治。完成早阳服务区征地拆迁。高水平打造高速公路迎宾大道,环湖路三期加快建设。朝云、暮雨公园正式开放,集仙、秀峰、祥云、飞凤广场改造升级。建成商品房29.7万平方米,违法建设打击力度不断加强。开展文明交通劝导行动,交通秩序更加规范。巩固国家卫生县城通过复验,创建市级市容整洁单位、镇街和小区各1个,平湖西路和环湖路成功创建市级园林市街。

巴渝魅力美丽乡村充满新气象。编制乡镇集镇及特色风貌规划32个、村级规划22个。加快推进现代化小城镇"十个一"工程,建成农民新村22个、文明院落200个、巴渝新居1050户。新建生态家园富民工程沼气池3000口。建立乡镇清扫保洁和市政执法队伍,"门前五包"责任制全面落实,创建市级卫生镇3个。投资1亿元实施扶贫项目300个。推进21个、启动23个整村扶贫,望天坪片区扶贫试点项目和仙桥、福平集中安置点基本完成。异地搬迁1.6万人。减少农村贫困人口1.4万人。

城乡基础设施建设取得新成效。渝宜高速巫奉二期和出境省道七槐路建成通车。郑渝铁路过境巫山争取工作取得重大突破,神女峰机场前期工作努力推进。高速路楚阳连接道和平河至当阳、当阳至九湖等道路加快建设。新修农村公路250公里。开通庙宇、官渡、骡坪区域农村客运专线25条。整治航道9公里,建成鳊鱼溪、抱龙河、沈家湾码头。改造农村短途客船28艘。中硐桥水库、烟草惠民工程启动建设。整修渠堰30公里,新修蓄水池100口。建成圣泉加油站,完成平湖加油站升级改造。新建通信基站85个,村村通宽带工程实现全覆盖。

(三)扎实推进库区发展,移民生活不断安稳

"前三峡"圆满收官。完成移民资金总决算总审计及整改工作。移民安置扫尾工作、圣泉小区环境综合整治全面完成。水口、关门岩大桥竣工,溪沟、错开峡大桥加快推进。建成梨桂、权柑公路15.5公里。

"后三峡"全面启动。编制完成三峡后续一期实施规划,市级审批项目238个、补助投资29.6亿元。完成小三峡景区功能完善等2011年度项目8个,实施2012年度项目17个,申报

2013年度项目174个。桂花现代设施农业、大昌镇特殊困难移民小区帮扶、移民技能培训三大试点成效初显。

水库管理切实加强。实施“金土工程”项目34个,完成塔坪滑坡、龚家方危岩、望霞危岩一期治理,抱龙镇青石村、两坪乡同心村地灾生态搬迁安置小区加快建设,高规格承办全市大型地质灾害应急演练,实现175米试验性蓄水“零伤亡”目标。

(四)强化资源环境保护,生态文明不断提高

生态建设成绩斐然。全国生态文明示范工程试点县建设深入开展。实施森林工程23.4万亩、库区生态屏障区植被恢复8.3万亩、石漠化综合治理15平方公里。新增城市绿地32万平方米,人均公园绿地面积12.7平方米。启动天然林保护二期工程,发放森林生态效益补偿资金3506万元。绿化长江获全市考核第一名。

环境保护卓有成效。改建城区管网17公里,新建公厕3座、垃圾收集房28个,城市污水集中处理率88%,生活垃圾收集率和无害化处理率均达100%。官渡污水处理厂和垃圾压缩中转站投入运行。长江干支流水质保持Ⅱ类。单位GDP能耗降至0.867吨标准煤,化学需氧量、二氧化硫排放量分别减排83吨、312吨。空气质量优良天数323天。治理水土流失面积15平方公里。

(五)着力深化重点改革,开放水平不断增强

农村改革纵深推进。完成宅基地及房屋确权6.8万宗,林地、土地流转16万亩。土地开发整理新增耕地9000亩,建设用地复垦2100亩,“地票”交易820亩,增加农民财产性收入2.5亿元。“三权”抵押贷款1.6亿元。发展新型股份制合作社22个、专业合作社83个,农民入合率55%。新增贫困村互助资金社15个。推广新型农业机械2500台,机械化水平达29.2%。

开放经济逆势而上。全年招商项目25个,签约资金170亿元,到位26.8亿元。与广东、烟台、北碚、三峡集团、重庆宣传扶贫集团加大对接力度,争取到位资金6560万元。荣获全国对口支援先进集体。培育外贸企业5家,外贸出口150万美元。

民营经济蓬勃发展。落实民营经济发展补助资金1950万元,发放小额贷款2.2亿元,新增民营企业190户、个体工商户3310户。打造大昌微企示范一条街和红椿微企村,创办微企571户。输出劳动力17万人,实现劳务收入16.6亿元。

(六)更加注重民生改善,社会事业不断进步

强化社会保障。新增城镇就业2763人。发放养老等保险待遇4.9亿元,城乡居民合作医疗保险纳入市级统筹。实施城乡低保动态管理。在全市率先建立领导干部帮扶孤儿学生、失依儿童生活救助机制。为1872名大学新生办理生源地助学贷款。救助残疾儿童179名。建成乡镇敬老院4个,农村五保老人集中供养率达43%。发放各类救助资金1.6亿元。

优先发展教育、科技。巫山中学龙门校区二期、官渡中学新校区一期、大昌中学兴隆校区和21所中小学改扩建工程如期推进。启动7所幼儿园建设。高考上线率94.9%,超出全市平均水平15个百分点。职教中心创建“国家中职教育改革发展示范校”通过中期评估,职业技能培训3万人次,培训农民技术能手1090名,开展职业技能鉴定4638人次。教育信息技术与创新大赛获全国金奖,深化“县校合作”,完成国家、市、县重点科技项目19个。申请专利760件、授权51件。注册商标310件,认证著名商标2件。。

完善医疗服务。卫生监督检测实验楼、水上120急救服务站启动建设。建成标准化卫生院6所、合格村卫生室60个。实现基本药物“零差率”销售、基本公共卫生服务和重大公共卫生免费服务项目全覆盖。免费为2万名妇女筛查宫颈癌、3万名60岁以上老人健康体检,免费实施贫困白内障复明手术500例。儿童“四苗”接种率99.2%。成功创建市级卫生应急综合示范县,卫生信息化试点获全国优秀。

繁荣文化事业。博物馆、影剧院、文化雕塑一条街对外开放,体育馆基本建成。成功举办首届“神女杯”艺术电影周,歌舞剧《巫山神女》正

式公演。文化体育"五个一"工程深入推进,培育乡土文化艺术骨干100名。在市级以上运动会中荣获金牌50枚。龙骨坡文化遗址第四阶段发掘深入推进,龙溪古镇保护规划通过市级评审,神女庙地面文物复建通过市级验收。

创新社会管理。社会治安防控体系不断完善,群众安全感不断增强。建成突发事件预警信息发布平台。社区矫正对象监管率100%,法律援助574件。重点行业安全生产"打非治违"专项行动深入开展。村级道路安全检查劝导站、防护栏安装投融资模式经验在全市推广。连续11年实现水上和食品安全事故"零目标"。深化干部大下访和领导日接访制度,化解信访案件185件。实现党的十八大、市第四次党代会等重大时期到市进京集访、非访和群体性事件、重大安全事故"零目标","计生民生新十条"全面落实,符合政策生育率85.6%,连续5年获全市先进。

(七)财税金融健康运行,支撑能力不断提升

财政实力稳步增强。实现地方财政收入10.2亿元,增长17.8%。稳步推进部门预算、国库集中支付和公务卡制度改革,支出结构进一步优化,全年财政支出36.4亿元,增长22.3%。公共财政预算支出70%用于民生改善。实现了保基本运转、保民生投入、保重点项目、保社会稳定目标。

金融产业较快发展。成立新山资产经营公司,资产总额达16.5亿元。完善担保管理办法,办理担保业务2810万元。"银政银企"合作不断深入,金融机构存贷款余额分别达98.6亿元、39.8亿元。实现保险业保费收入1.4亿元。

二、发展中存在的问题

一是基础设施落后,投入严重不足。群众出行、饮水、用电、上学、就医等"五难"问题仍然突出,农业抵御自然灾害能力弱,产业化程度不高,农民持续增收难度大。二是经济基础薄弱,自然环境恶劣。经济总量小,增长点缺乏,结构不优,地质条件差,发展资源相对短缺。三是产业空虚突出,安稳致富难度大。受生态区位的制约,引进企业入驻难,缺乏工业支柱,产业空虚,就业岗位不足。四是建设瓶颈较多,项目推进困难。国家用地政策收紧,宏观政策出现投资收紧趋势,银根紧缩,中小企业贷款难,项目发展受到制约。五是移民信访问题突出,维稳难度大。

三、2013年发展目标

2013年经济发展预期目标是:实现地区生产总值83亿元,增长12.5%;全社会固定资产投资81亿元,增长20%;社会消费品零售总额29.9亿元,增长16%;公共财政预算收入7亿元,增长15%;城乡居民人均收入分别达20225元、6670元,增长13%、16%;城镇登记失业率、人口自然增长率分别控制在3.8%、5‰以内;城镇化率达34.58%。

巫溪县

巫溪县政府办公室

一、2012年发展回顾

2012年,在世界经济下滑和全国、全市经济增长放缓的背景下,巫溪坚持科学发展、稳中求进的总基调,积极应对改革发展中出现的各种问题和困难,较好地实现了稳增长、惠民生、保稳定目标。

全年实现GDP53.1亿元,比上年增长11.8%,比年初目标低4.2个百分点,比中期调整目标低1.2个百分点。GDP增速在全市列第29位,在"两翼"13县中列第8位,保持了奋力缩小区域差距的良好态势。一、二、三产业分别实现增加值12.1亿元、19.6亿元、21.4亿元,分别增长5.2%、17.1%、10.8%,三次产业结构调整为

22.8∶36.9∶40.3。地方财政收入7.3亿元、增长20.3%，公共财政预算收入4.75亿元，增长18.2%，高于全市平均增速。

（一）投资、城镇化、商贸、旅游成为拉动经济增长的主力

投资拉动持续给力。完成固投103亿元，增长21.1%，与GDP增速比值接近2∶1，固投对经济增长的贡献率超过80%。加强项目统筹调度和跟踪服务，开展重点项目“百日攻坚”行动，全年续建项目71个，新开工项目90个，竣工项目76个，在建项目85个，完成500万元以上项目投资92亿元。实际利用内资27.9亿元。政府性担保融资余额9.7亿元，增长4亿元。金融机构存贷款余额分别达到83.5亿元、31.3亿元，分别增长20.2%、31.3%，存贷比提高近5个百分点，金融支撑作用增强。

城镇化提速提质。扩大城镇建成区1平方公里，新增城镇人口0.9万人，城镇化率28.6%，提高1.7个百分点。强化规划编制和执行管理，启动了建设领域“打非拆违”专项行动。统筹推进旧城改造和赵家坝、马镇坝、凤凰职教园区“三组团”开发建设，开工房屋102万平方米，竣工房屋53万平方米。完善市政设施，加强市政管理，新建、改建了一批停车位和公厕，赵家坝实施城市车辆单行道制度，推进小区专业化物管和自助式物管，治堵、治脏、治乱取得初步成效。积极推进“四城一奖”创建。中心镇、集镇开发建设稳步实施。在全市率先将农村移民集中居住点规划建设到场镇，启动20个、开工18个，竣工房屋25万平方米，接纳入住200户。

商贸流通活力增强。实现社零18.7亿元、住餐3.97亿元、批零34.6亿元，分别增长16.7%、24%、22.1%。荣获全市商贸服务业发展目标考核特等奖。我县被确定为全市6个省际区域性边贸中心之一，徐家镇、白鹿镇为省际重点边贸镇。启动物流园区规划设计。新增城市商业设施12.7万平方米，建成23个乡镇农贸市场。新增限额以上商贸流通企业63家，培育扶持商贸微型企业321家。

旅游发展蓄势向好。组织开展“万名大学生实践活动进巫溪”、“万名自驾游进巫溪”等活动，全年接待游客185万人次，实现旅游总收入8.2亿元，分别增长36.6%、30.2%。红池坝开发建设上升为市级战略，市政府召开专题会研究，市政府常务会进行专项部署，与渝富集团合作稳步推进，成功创建国家4A级景区。宁厂古镇开发完成规划设计、征地拆迁公告和建设招投标。发展乡村旅游扶贫示范户427户。

（二）特色农业、骨干工业培育初见成效

“1122”特色产业稳步发展。脱毒马铃薯种源基地规模进一步壮大，“巫溪洋芋”的品牌效应逐步显现，成功取得2013年中国马铃薯大会承办权。烟叶生产提质增效，创单产、质量、价格新高，种植烤烟4.4万亩，收购11.9万担，烟叶交售直接收入1.22亿元，实现税收2690万元，烟农户均收入超过5万元。草食牲畜稳定增量，出栏山羊70万只、肉牛3万头。在地中药材10.2万亩，成功注册“大宁党参”地理标志证明商标，引进天圣药业、中木实业投资药材基地、人药兽药加工和药材市场建设。红池坝有机食品基地、兰英乡瑞雪有机中药材基地、中岗乡茶园村龙鼎有机茶基地获批国家有机食品生产基地。

资源型工业格局初具雏形。规模以上工业企业新增4户、达到21户，实现总产值14.7亿元、增长15.6%。完成工业投资18.2亿元。全面推进煤矿“六大系统”建设，4个煤矿达到一级质量标准化矿井，14个煤矿达到二级质量标准化矿井，7家技改矿新增产能25万吨。中梁电站竣工投产，刘家沟等5座中型电站加快建设，建成8座农村水电站，完成35座小水电增效扩容改造，新增装机15万千瓦。务实推进了大理石开发和矿泉水勘探工作。

（三）保障和改善民生取得了新进展

民生支出占公共财政预算支出的65.5%。城乡居民收入增幅超过GDP增速，城镇居民可支配收入15023元、增长13.5%，农民人均纯收入5165元、增长14.1%。

基础条件逐步改善。奉巫高速巫溪段完成

预算投资82%，省县干道整治有序推进，完成村通畅100公里、烟路配套70公里，安装防撞护栏74公里，改造危桥9座，马镇坝长途客运站主体完工，建成4个农村客运站。解决3.6万人饮水安全，完成2座病险水库加固，新增有效灌面0.3万亩，县城三期堤防建设正式启动，文峰、凤凰、中岗、田坝等中小河流治理全面展开。结合集中居住点建设，建成巴渝新居2000户，实施农村危旧房改造4800户。完成土地整治1.2万亩，实施废弃宅基地复垦3300亩，户改退地项目通过测绘审查2300亩，改造中低产田1.2万亩。

社会事业协调发展。新建、改扩建公办幼儿园29所，颁证命名民办幼儿园24所，学前三年入园率达到76%。义务教育薄弱学校改造和功能室建设稳步推进。高考上线3085人。职高在校学生突破4000人。科技创新与应用取得新进展，专利申请量达到207件，获得授权93件，转化成果19项。完成县人民医院门(急)诊楼、一期住院楼和卫生综合楼主体工程，启动县中医院改扩建和“二甲”创建工作，建成5个标准化乡镇卫生院。基层医疗卫生机构运行机制逐步健全。严格执行基本药物制度，药品价格降幅达30%以上。全面落实公共卫生服务项目。人口计生工作不断加强，符合政策生育率85.6%，出生人口性别比下降为107。县图书馆主体工程完工。建成2个示范文化站、5个村文化室、30个文化中心户和一批乡村农民体育健身工程。完成15100户数字电视整体转换，安装直播卫星接收设备13200面，放映惠民电影5000余场次。群众性文体活动蓬勃开展。

社会保障力度加大。新增就业3068人，失业人员再就业1460人，城镇就业困难人员就业再就业920人，信息产业招工3500人，发放小额担保贷款6200万元。城镇登记失业率控制在3.9%以内。“五大保险”累计参保76.4万人次，征收社会保险费3.7亿元，发放社会保险待遇4.6亿元。投入各类民政资金1.1亿元，实施城乡低保、医疗救助、贫困人口慰问、灾民危房重建，保障了9.5万困难群众的基本生活。新建廉租房3.8万平方米，清退不符合廉租房保障政策对象119户，累计配租入住2800户。

扶贫开发纵深推进。配合完成国家《秦巴山片区区域发展与扶贫攻坚规划》。争取各类扶贫资金1.9亿元，落实高山生态扶贫搬迁8360人，实施60个贫困村整村扶贫项目建设，减少贫困人口1.2万人。

社会管理有序有力。“乐和家园”建设深入推进，网格化管理工作不断加强，“自治+共治+法治”的社会治理格局逐步完善。开展9次专项民意调查和两次群众满意度测评，完成4个项目的社会稳定风险评估。一体化大综治格局基本形成，社会治安防控体系不断完善，破获刑事案件1001起，重点地区整治成效明显，治安形势持续好转，人民群众安全感指数达95.9%，在全市排名第一。安全生产形势持续稳定好转，同比减少事故2起、死亡人数下降5人。建成突发事件预警信息发布平台，应急管理体系逐步完善。荣获成都军区国防动员工作先进单位表彰。受理群众信访1350件次、3380人次，信访积案化解率达98.8%。全县未发生影响较大的群体性事件，社会大局平安和谐。

(四)生态环境质量不断提高

加强天然林资源保护，巩固退耕还林成果，绿化造林12.6万亩，荣获“全国绿化模范先进县”。治理水土流失101平方公里。关停2家纸厂，单位生产总值能耗和主要污染物排放总量持续下降。完成8家畜禽养殖粪污综合治理工程。新建城市二级污水管网4100米，完成文峰镇污水和垃圾收运系统建设，开建6个乡镇污水处理厂，城市生活污水集中处理率83.7%，城镇生活垃圾无害化处理率达85%。开展村庄环境连片综合整治，完成“一池三改”8000户。空气质量优良天数达350天，大宁河水质保持在Ⅱ类以上。

二、发展中存在的问题

巫溪仍是全市贫困程度最深、发展最落后

的县，面临的挑战和问题十分严峻：限制开发区、水资源涵养区和人口减载区的主体功能定位给巫溪发展带来新挑战；区位劣势在短期内不能根本改变；县城辐射带动力不强，集镇发展不足，城镇化水平太低；产业基础弱、规模小、层次低、集中度不高；投资环境不佳，民营经济发展不快，内生活力不足；政府的公共服务能力较弱，安全隐患、社会矛盾依然较多；一些领域存在道德失范、诚信缺失现象；少数干部思想解放不够、服务意识不强、办事效率不高、工作作风不实，形式主义、脱离群众、贪污腐败等现象依然存在。同时，安居房、漫滩路三期等工程建设没能达到预期进度，部分民心实事没有全面完成。

三、2013 年发展目标

2013 年，是全面贯彻落实党的十八大精神的开局之年，是实施"十二五"规划承前启后的关键之年，是为全面建成小康社会奠定坚实基础的重要一年。全年经济社会发展主要预期目标是：地区生产总值增长 12%以上；全社会固定资产投资增长 20%；公共财政预算收入增长 12.5%；社会消费品零售总额增长 16%；城镇居民人均可支配收入增长 12%，农村居民人均纯收入增长 16%；城镇化率提高 1.5 个百分点；森林覆盖率提高 1 个百分点；人口自然增长率控制在 5‰以内。

石柱土家族自治县

石柱县政府办公室 陈森林

一、2012 年发展回顾

2012 年，石柱县以邓小平理论、"三个代表"重要思想、科学发展观为指导，在党的十八大、市第四次党代会及县第十三次党代会精神指引下，在市委、市政府的正确领导下，团结依靠全县各族人民，创新而干、务实而为、尽力而行，较好完成了全年目标任务。全县地区生产总值实现 90.3 亿元，增长 13%。固定资产投资 128.2 亿元，增长 18.4%。地方财政收入 14.1 亿元，增长 20%。城镇居民人均可支配收入 19055 元，增长 15.1%。农民人均纯收入 7058 元，增长 18%。全社会消费品零售总额 34.9 亿元，增长 16%。三产比重由 2011 年的 21.4:40.6:38 调整为 20.5:43.6:35.9。

(一)工业经济逆势攀升

围绕"工业强县"战略，打造"两园两区"发展平台。南宾工业园 A 区环保搬迁取得进展，B 区配套设施日趋完善，再次荣获"全市优秀工业园区"称号。优化移民生态工业园设计，加强施工监管，节约投资 9.8 亿元，4.6 平方公里场平基本完工。龙潭有色金属矿业集中区完成资产、资源评估，环保整治取得阶段性成果。万朝非金属矿业集中区完成技改扩能任务，煤炭产能达到 132 万吨。兴龙化肥、万力联兴、麦斯特机械陆续达产，石头纸、骏达木业建成投产，长捷二极管、东田药业新建技改开工建设。全县工业总产值实现 80 亿元，增长 25%，对县域经济增长贡献率达到 45.3%。"第一支撑"发挥了积极作用。

(二)特色农业效益明显

以扶贫攻坚统揽"三农"工作，扎实开展武陵山片区扶贫攻坚规划工作，推进 46 个整村脱贫项目，建立县级部门全覆盖联系贫困村制度，启动"大黄水"片区扶贫开发试点工作。探索"六位一体"现代农业发展模式，辣椒产业稳定发展，烤烟产业实现丰收，引进中国药、农康集团开发黄连、莼菜产业，引进法国伊高乐祖代肉用种兔。荣获"市级生猪调出大县"称号。成立重庆畜牧科学院武陵分院，动工建设西南大学黄水研究院。"五黄养阴颗粒"获得国家级新药证书。成功申报"大黄水"市级现代农业综合示范工程。加强森林资源保护，查处非法征占用林地行为,森林覆盖率达到52.8%。荣获无公害农产品产地认定4个、重庆名牌农产品2个,“石柱长毛兔”获得国家地理商标。农业产值达到28亿元,增长13%。现代农业发展的路子越走越宽广。

(三)旅游发展态势良好

围绕“商旅活县”战略,推动“大黄水”民俗生态旅游业发展。完成《石柱县旅游业发展规划》、《黄水旅游区总体策划及总体规划》。绿宫度假五星级酒店和旅游环道公路、黄水万吨自来水厂投入使用,黄水民族文化中心、游客接待中心主体完工。冷水温泉度假区、土家山寨项目有序推进。积极开展渝鄂两地旅游联销活动,成功举办“第三届黄水林海消夏旅游节”。出台旅行社组团旅游奖励办法,面向全国征集并确定“大黄水”旅游标识。旅游形象宣传片首次亮相中央电视台和全国主要高铁、城际动车,形成立体宣传“大黄水”旅游的强劲态势。大风堡景区成功创建国家4A级景区。黄水旅游区荣获“乡村旅游扶贫市级示范区”、“2012最美休闲旅游景区”称号。全年实现旅游接待400万人次,创综合收入20亿元,“大黄水”旅游的知名度显著提升。

(四)商贸物流持续活跃

科学制定“1+3+2”县城商贸发展规划。有序启动“玉带河核心商圈”和“新区滨河商圈”建设前期工作。黄水重客隆商贸中心建成投用。新建17个乡镇农贸市场,宜建乡镇农贸市场实现全覆盖。辣椒市场加快推进,完成火车站物流园、西沱临港物流园建设规划。成功引进“七十二行”、苏宁电器等品牌商企。外贸出口1300万美元。培育限额以上商贸企业22家,实现商品销售额52.4亿元,增长31%。商贸流通为经济发展注入了生机和活力。

(五)城镇面貌大为改观

围绕新型城镇化建设总体要求,启动新一轮县城总规修编并报市政府审定。完成4个重点乡镇、17个村规划编制。高质量完成县城主街道外立面和城周农房风貌改造。扎实推进火车站及站前广场、甑子坪互通、公交总站建设,全面建成站前大道、旗山大桥、关门岩大桥和公交站台,如期完成体育场主体工程。加快时代广场、滨河晓月等重点房产建设,引进康德集团实施棉花坝片区旧城改造。大力推进城乡环境“五乱”专项治理,首次安排1600万元专项资金,32个乡镇市容市貌得到改观。建成巴渝新居600户、农民新村8个,改造农村危旧房4314户。创建“市级文明县城”有望验收达标。打击违法建设取得重大成果,规范了城乡建设秩序。全年新增城镇人口7000人,城镇化率提高1.5个百分点,达到35.46%。城乡面貌发生了可喜变化。

(六)发展后劲明显增强

切实把重大项目建设作为加快发展的突破口。石丰高速、渝利铁路即将完工,沿江高速开工建设。甑子坪互通路基工程全面完成,黄水至鱼池、马武至万岩出口公路升级改造全面完工。大力推进农村村道路建设,硬化440公里,行政村通畅率从51%提高到64.5%。江家槽码头前期工作取得实质进展。东方红水库建设顺利启动,万胜坝水库一期配套工程有序推进。火电厂、风电场、扬东河电站、中益电站、毛滩河梯级电站和万胜坝水利工程梯级电站快速推进。金彰110千伏、银子洞35千伏输变电工程全面完工。深入推进“双百行动”,113个重点项目完成投资任务,投资突破100亿元,增长20%以上,发挥了投资拉动经济的关键作用。

(七)改革活力有效激发

围绕“调整、优化、提高”要求,积极推进思路创新和实践创新。户籍制度改革、文化体制改革试点、医药卫生体制改革、财税管理体制改革、事业单位分类改革试点有序推进。在编不在岗及“吃空饷”人员专项治理成效显著,后续管理切实跟进。全年新增贷款7.5亿元,存贷比提高5个百分点,达到41%。投融资平台整合步伐正在加快。成立新型股份制专业合作社28个,累计完成“三权抵押”贷款6.9亿元。招商引资签约项目15个,实际到位资金51.2亿元。引进重大工业项目4个,中建材、中国药等一批央企协议进入石柱。实际利用外资250万美元，实现“零的突破”。江津“圈翼”对口帮扶、山东淄博东西扶贫深入推进。精心储备一批重点项目，立项争资达到27.9亿元，提前两个月完成任务。改革开放成为加快发展的强劲动力。

(八)民生事业得到改善

牢固树立统筹城乡的民生观，着力构建“五个保证、五个覆盖”民生事业发展格局。学前教育规模不断扩大，义务教育质量稳步上升，职业教育内涵式发展逐步加强。城乡医疗卫生条件不断改善，基层医疗卫生机构运行机制初步建立，基本药物制度实现全覆盖。成功创建“全国农村中医先进县”。人口计生利益导向机制不断完善，育龄夫妇享受免费基本技术服务达到100%，全面启动孕前优生健康检查。科技创新能力不断增强，申请专利106项，授权专利103项。建成31个乡镇文化站和241个村文化室，举办首届群众文化活动展演，群众文体活动蓬勃开展。发展微型企业526户，扶持资金1827万元，城乡就业更加充分，失业登记率控制在2.9%以内。城乡居民基本养老保险、医疗保险参保率分别达到91%、95.3%。发放各类城乡低保、救灾救济、优扶安置、医疗救助资金1.1亿元，劳动关系更加和谐。三峡后扶工作有序推进，支持库区产业发展初见成效。有序启动“全国民族团结进步示范县”创建工作。全年民生领域投入18.7亿元，占财政一般预算支出的58.9%，顺利完成年初向老百姓承诺的民生“八件实事”。

(九)社会大局安全稳定

强化安全、稳定“一岗双责”，“月督查，季考核”形成常态机制，重点行业和关键领域的隐患排查治理进一步加强。扎实推进“打非治违”，事故起数、死亡人数实现“双下降”，未发生重特大安全事故。强化人民调解工作，深入开展干部下访活动，化解市级交办疑难信访案件22件、信访积案5件。加强社会治安综合治理，保持对违法犯罪的高压严打态势，发案总数下降15.9%，“八类”主要案件、可防性案件发案数分别下降27.2%、25.2%，群众安全感明显增强。

(十)自身建设不断加强

扎实推进法治政府、诚信政府、阳光政府、高效政府、廉洁政府建设。建立工业经济、旅游发展、城市建设每月例会制度，坚持每季度研究农业和扶贫工作，认真解决重点产业发展中的重大问题。规范财政“四个一支笔”审批制度，建立政府债务分类偿还机制。认真推行重要会议旁听制度、重大决策听证制度、重要事项公示制度、重点工程项目招投标制度，确保政府权力在阳光下运行。坚持每月召开县长务虚会，实现学习和工作并重、务虚与务实结合。主动向县人大报告工作，加强与县政协的协商，认真办理人大建议和政协提案。落实行政监察、审计监督和“一岗双责”廉政建设责任制，政府公信力不断增强。

二、发展中存在的问题

经济总量偏小、发展质量不高的状况仍然没有根本改变。社会矛盾仍然比较突出，涉及征地拆迁、就业社保方面的问题还比较多。服务型政府建设任重道远，一些部门和工作人员法制意识不强、行政效率不高、工作作风有待进一步改进。

三、2013年发展目标

全县地区生产总值105.1亿元，增长12.5%；工业总产值100亿元，增长25%；规模以上工业产值80.4亿元，增长28%；固定资产投资148.7亿元，增长16%；地方财政收入16亿元，增长13.5%；全社会消费品零售总额40.3亿元，增长15.5%；城镇居民人均可支配收入21326元，增长13%。农民人均纯收入8117元，增长15%。

秀山土家族苗族自治县

秀山县政府办公室 杨再均

一、2012年发展回顾

2012年,秀山县以邓小平理论、"三个代表"重要思想和科学发展观为指导,以"一城两园"建设和统筹城乡发展为抓手,深化改革开放,努力扩大经济总量和转变发展方式,着力保障和改善民生,经济社会发展取得较好成绩。地区生产总值完成106.1亿元,增长11.4%。社会消费品零售总额完成36.7亿元,增长14.5%。规模以上工业总产值完成49.8亿元,增长3.5%。固定资产投资完成94.7亿元,增长37.2%。地方财政收入完成16.1亿元,增长22.9%。城镇居民人均可支配收入、农民人均纯收入分别实现19177元、5861元,分别增长14%、14.7%。

(一)产业调整快速推进

锰行业环保整治和技术改造累计投入9.9亿元,各项环保指标全部达标。18家电解金属锰企业整合为7家,嘉源锰业节水、节电、废渣含水量、渣锰含量和节省劳动力等五项指标全国领先。出台电矿等材料产业,中药、农产品及消费品产业,电子及装备产业等三大产业三年振兴规划。工业园区新入驻企业20家,累计入驻96家。新开工项目11个,建成投产5个,累计投产企业68家。园区全年完成投资18.1亿元,增长63%;实现工业产值62.2亿元,增长24.5%。被表彰为"重庆市工业园区建设十周年先进集体"。秀山成功纳入全市6个省际区域性边贸中心建设。物流园区基本建成副食品等8个专业批发市场,签约入驻商户3189家。园区全年完成投资14.3亿元,实现货物周转量110万吨,市场交易额35.7亿元。全县新增限上商贸企业17家,累计达到213家,在两翼13个区县中排名第一。全县商业增加值实现11.1亿元,增长16.5%。洪安边城景区正式挂牌为国家AAA级旅游景区。培育乡村旅游接待户528户,乡村旅游共接待9.8万人次。全县接待游客110万人次,实现旅游综合收入4.38亿元,分别增长32.8%、45%。

(二)城乡建设步伐加快

城镇建设完成投资30.3亿元,县城建成区面积达16.3平方公里,城市人口超过16万人,城镇化率达33.41%。20平方公里城市总规修改通过市政府审批。清理"两违"行为1.86万起,拆除2.36万平方米,"两违"行为得到有效遏制。白沙大道南段、滨江路一期全面贯通,凤凰新城、阳光御园等项目推进顺利。新开工房地产项目72万平方米,销售35万平方米。"五城同创"全面推进,全国绿化模范县创建工作通过国家绿委办抽查验收。启动第三水厂建设。新建二三级污水管网19.5公里。完成县城人行道改造6.5万平方米。新(改)建公厕6座,新增红绿灯4组、路灯732盏。实施有偿停车服务。新增绿化面积40万平方米,建成区绿化覆盖率达40.2%,人均公园绿地达12.5平方米。乡镇"五个一"、"六个有"项目分别完成总任务的63%、87%。新建巴渝新居1606户、农民新村15个,改造农村危旧房4868户。

(三)三农工作卓有成效

粮食生产连续5年保持在30万吨以上。大力发展特色效益农业,成功承办全市特色经济发展工作会和全市油茶产业发展现场会。安排1000万元应对金银花价格走低,保障了花农利益,实现花农收入2亿元。建成首个国家基本药物中药原料资源动态监测与信息服务站。出栏土鸡1180万只,增长11.3%。"秀山土鸡"正式获得出口资格,已签订200万只供港协议。钟灵茶叶、秀山黄花、红心猕猴桃纳入全市农产品出口基地建设。新增农业龙头企业14家，累计达到71家，其中市级农业龙头企业11家。新发展农村专业合作社59个，累计达到306个。农业机械化水平达到40.1%。启动26个贫困村整村扶贫，实施易地扶贫和生态移民搬迁959户4006人，减少贫困人口1.6万人。实施农村通畅工程232.5公里，行政村通畅率达65.5%。建成农村饮水安全工程30处，新增解决4.24万人饮水安全问题。全县农业总产值实现25.4亿元，增长18.8%；农业增加值16.3亿元，增长18.7%。

（四）改革开放逐步深化

形成农村建设用地复垦项目218个1.94万亩，已经开工建设项目74个6448亩。完成土地开发整理4.12万亩，规划实施2.45万亩，新增耕地2.08万亩。农村土地规模经营面积达31.28万亩，规模经营集中度达32.8%。全面完成农村集体“三资”清理。完成农村“三权”抵押融资6.1亿元，同比增长112.2%。大力发展民营经济，新增个体工商户2510个，累计达12949户；新发展微型企业578家，累计达到1501家，新增就业1万人。新认定市级著名商标2件，申报地理标志3件，全县注册商标总数达到276件。成功争取“全国西部地区农民创业促进工程试点县”，独立工矿区改造项目争取工作进展顺利。新引进亿元级项目20个，落地11个，实际利用县外资金72.7亿元。利用外资309万美元，增长93.1%，拥有外贸自营出口权企业累计达到29家，实现进出口总额4130万美元，增长107.2%。

（五）财税金融有为有效

狠抓财税收支，严格税收监管。全口径财政收入实现18.7亿元，增长11.9%。一般预算实现10.1亿元。财政支出实现42.6亿元。优化支出结构，坚持民生为先，民生类支出29亿元，增长24.8%，占地方财政支出的68.2%，其中教育支出增长69.7%、交通运输支出增长48.5%、住房保障支出增长193.2%。1993年至2007年欠发在职职工的保留津贴及31元工资最后一批6731万元兑现到位，欠发职工待遇问题彻底解决。强化财政投资评审工作，完成项目评审391个，审减资金1.3亿元，综合审减率达7.76%。启动实施政府采购网络管理系统，资金节约率8.08%。公共资源综合交易中心成功交易各类招投标项目690宗，为政府增收节支1.3亿元。全县金融机构存款余额92.8亿元，比年初增长19.7%；贷款余额62.8亿元，比年初增长5.2%。积极拓宽融资渠道，新增其他社会融资总额18亿元，增长22.4%。

（六）民生工作扎实有力

认定首批普惠性幼儿园16所。改扩建中小学50所，义务教育学校标准化率达70%。秀山一中高中新区破土动工，凤凰中学投入使用。中考上市联招线1729人，增长75.5%；高考重点本科上线363人，考入北大、清华3人，高级中学上线率为渝东南第一名。县医院迁建工程即将投用，“三甲”创建工作走在全市同批次项目前列。新建标准化乡镇卫生院8所、村卫生室55个。基本药物实现零利润销售。文化“五馆”即将建成。24个乡镇文化站全面达标。完成有线数字电视整体转换1.6万户。“全国科普示范县”、“中国书法之乡”创建工作顺利推进。以我县留守儿童生活为题材拍摄的电影《指尖太阳》作为十八大献礼影片在人民大会堂首映。五类社会保险全面纳入市级统筹。残疾人综合服务中心投入使用。养老机构床位利用率达83%，五保老人集中供养率达56%。基本建成2000套廉租房。

（七）社会管理全面加强

切实抓好生态文明建设，实施石漠化综合治理工程，治理岩溶面积41.3平方公里，治理石漠化面积14.4平方公里；完成森林工程建设6.14万亩，森林覆盖率达到45.2%；开展环境综合整治，县域环境质量整体趋好。县境南部4000万吨锰矿整装勘查项目初步纳入第二批国家整装勘查项目，页岩气勘探年度任务全面完成。深入开展“打非治违”工作，排查安全隐患6135个，整改率为97.8%，安全事故起数、死亡人数、直接经济损失分别下降26.3%、17.6%、19.4%，安全生产连续五年获全市先进。完成塘坳隔蛇滑坡治理,实施地质灾害整体异地搬迁289户1215人;积极妥善应对“7·18”特大暴雨灾害。社会治安持续稳定,八类暴力性案件、侵财性案件分别下降50.7%、14.7%,破获刑事案件1404件,增长33.8%,现行命案破案率达100%,群众安全感指数保持在90%以上。基层民警廖昌进入选“全国最美警察”和“2012感动重庆十大人物”。加强矛盾纠纷查处和信访案件化解,群众到县来访批次、人次分别下降33.6%和55.3%,集访批次、人次分别下降49.7%和58.2%。

二、发展中存在的问题

工业经济结构单一,农产品深加工水平低,缺乏高新技术产业;基础设施仍较落后,适应不了经济社会发展的需要;社会保障、教育、医疗等关系群众切身利益的工作还需加强;安全稳定压力仍然较大,资源环境管理任务繁重;干部创新意识、责任意识和执行力有待进一步提高。我们将高度重视这些矛盾和问题,在今后的工作中认真加以解决。

三、2013年发展目标

2013年,秀山经济社会发展的主要目标为:GDP增长13.5%;规模以上工业总产值增长25%;农业总产值增长7%;固定资产投资增长25%;社会消费品零售总额增长20%;进出口总额增长20%;利用县外资金增长20%;地方财政收入增长16%,其中公共财政预算收入增长12.5%;城镇居民人均可支配收入和农民人均纯收入分别增长12%、15%;城镇登记失业率控制在4%以内;人口自然增长率控制在6.7‰以内;节能减排完成市上下达的任务。

酉阳土家族苗族自治县

酉阳县政府办公室 陈胜

一、2012年发展回顾

2012年,酉阳人民团结拼搏,务实奋斗,各项经济指标保持稳步增长。全县地区生产总值89.29亿元,增长11.9%;第一、二、三产业增加值分别为19.28亿元、40.24亿元、29.77亿元,三次产业分别占国民经济的比例为21.6%、45.1%、33.3%,对经济增长的贡献率真分别为9.3%、50.7%、40.0%,二产业比重不断提升。按常住人口计算,人均生产总值15626元,增加2272元,增长12.9%。全年组织财政收入20.29亿元,增长31.3%,创历史新高;地方预算内财政收入16.20亿元,增长32.3%;地方预算内财政支出50.40亿元,增长32.1%。

(一)旅游产业迅猛发展

“一主四辅”景区初步建成。桃花源国家5A级旅游景区伏羲洞全线开放,酉州古城开街迎客,“世界上有两个桃花源,一个在您心中,一个在重庆酉阳”旅游口号叫响全国,被评为“重庆市最佳赏花胜地”和“重庆非去不可十大名片”;龙潭古镇成功创建国家4A级旅游景区,龚滩古镇入选首批“中国最美小镇”,酉水河景区成功创建国家3A级景区。成功获批“酉阳国家地质公园”,获得“中国十佳城市慢游地”殊荣,酉阳桃花源国际休闲旅游文化节荣获2012中国节庆产业金手指奖。成立16个驻外营销集团分赴24个重点城市开展旅游营销。全年接待国内外游客465万人次,实现旅游总收入16.28亿元,同比分别增长78.6%和94.8%。其中,接待国际游客11.83万人次,增长48.52%;国内游客453.3万人次,增长78.11%;实现国内旅游收入11.16亿元,旅游外汇收入822万美元。

(二)工业产业提质增效

市经济信息委助推酉阳工业发展框架协议成功签订,小坝全民创业园荣膺“重庆市小企业创业基地”,规上企业达46个,“一区四园”发展基础不断夯实。全年实现工业总产值65.07亿元，增长25.9%。其中，规模以上工业总产值40.28亿元，增长34.3%；销售产值39.78亿元，增长36.2%。工业增加值26.18亿元，增长15.5%；工业产品产销率98.8%；工业经济效益综合指数为279.7%；利润总额2.85亿元，增长23.9%；全员劳动生产率276005元/人，增长58.5%；上缴税金3.07亿元，增长37.1%。完成工业投资39.6亿元，同比增长42.1%；以酉水河酒业、金沿海纺织、华方制药、国锦生物、九鑫水泥、武汉凯迪为龙头的“4+1”产业集群快速成长，工业发展活力明显增强。主要工业产品产量总体增长，全年发电量6.33亿千瓦时，增长39.9%；生产水泥83.03万吨，增长144.6%；服装964万件，增长21%。

（三）农业产业亮点纷呈

全年农林牧渔业总产值31.07亿元，增长10.4%。其中，农业产值15.75亿元，种植业产值11.02亿元，林业产值2.20亿元，牧业产值12.72亿元，渔业产值0.23亿元。农产品变商品工程初见成效，建成武陵山区面积最大、品种最全、规格最高的名特产品展销中心，农产品商品化率为68.3%。全县粮食产量36.71万吨，增长3.0%，荣获“全国粮食生产先进县”称号；油料2.49万吨，增长7.7%；蔬菜24.49万吨，增长11.6%；水果1.67万吨，增长5.7%；水产品0.13万吨，增长1.3%。建成苦荞基地8万亩、青花椒基地15万亩、在地中药材面积19万亩，实现青蒿产量1.2万吨；收购烟叶23.3万担，创造年单项产值历史新纪录，中上等烟叶比例、收购均价和烟农户均收入均列全市第一。全年生猪出栏64.32万头，增长1.2%，连续四年被评为“全国生猪调出大县”；山羊出栏28.29万只，增长4.1%；牛出栏5.27万头，增长4.5%；肉类总产量6.13万吨，增长2.4%；禽蛋产量3805万吨，增长7.1%。全县农业龙头企业达66家，专业合作社达415个，农产品加工率提高19个百分点；康友粮油公司成为全市唯一“全国油茶重点企业”，后坪苦荞种植专业合作社升级为国家级示范社；渝东南现代农业科技园升级为市级现代农业示范园区；荣获“全国粮食生产先进县”称号。

（四）城乡统筹步伐加快

全年完成固定资产投资实现104.64亿元，增长9.5%。其中，基本建设投资85.4亿元，增长11.9%；更新改造投资19.2亿元，增长2.6%；房地产开发投资9.51亿元。全年实现建筑业总产值45.0亿元，房屋建筑施工面积53.97万平方米，房屋建筑竣工面积13.08万平方米。重点项目建设加快推进，钟渤快速通道竣工通车，完工国道326线和省道304线升级改造，新建张家坝至秀山220千伏输变电工程和改扩建4座110千伏变电站，酉沿高速公路正式动工建设，发展环境明显改善。新增城市建成区面积0.57平方公里，成功打造龚滩、李溪、南腰界等7个特色集镇，酉水河镇河湾村等4个村落列入中国第一批传统村落名单。新建和改造农村公路1024公里，启动12座病险水库整治，新增解决城乡7.1万人饮水安全问题，基础设施不断完善。城乡居民生活水平不断提升，城市居民人均住宅建筑面积42.91平方米，农村居民人均住房面积42.26平方米；城镇居民人均可支配收入15195元，增长13.3%；农村居民人均纯收入5152元，增长13.5%。

（五）市场环境日益活跃

全年完成交通客运量1331.32万人次，货运量494万吨。其中公路通车里程2699公里，公路客运量1240万人次，公路货运量494万吨；铁路客运量91.32万人次，铁路货运量18.5万吨。完成邮电业务总量2.79亿元，增长39.8%。年末固定电话交换机总容量10万线；年末拥有固定电话用户4.50万户，移动电话用户31.42万户，宽带用户2.50万户。金融机构年末各项存款余额110.3亿元，增长17.1%；贷款余额51.7亿元，增长20.6%，农村金融服务实现全覆盖。全县市场主体达到1.96万个，同比增长23%，实现民营经济总产值180亿元，同比增长20%；乡镇企业蓬勃发展，全县乡镇企业1042个，从业人数33322人，实现乡镇企业总产值105.2亿元，增加值41亿元，总收入101.2亿元，利润总额11.6亿元，实缴税金4.5亿元。全年签约招商引资项目548个,到位资金68.53亿元;实际利用内资52.43亿元,增长45.3%;实际利用外资250万美元,增长38.9%;实现进出口贸易2.14亿美元。新增商业营业面积9万平方米,重百、苏宁等知名企业陆续入驻,渝东南农产品批发市场竣工投用,成功创建桃花源市级美食街和举办"第三届中国酉阳桃花源美食节"。全年实现社会消费品零售总额33.96亿元,增长14.3%。其中,城市15.64亿元,增长20.5%;农村18.32亿元,增长9.5%。

(六)社会事业协调发展

全县实施科技项目6个,项目投资253万元;科技活动经费支出4035万元;完成科研项目8个;推广运用科技成果6项;申请专利数152件,专利授权数32件;挂牌成立全市第一家区县药物种植研究所。全县普通中学40所,在校学生50824人;职业中学校2所,在校学生3562人;小学校179所,在校学生63996人;学龄儿童入学率98.0%,小学升初中率100%,初中升高率51.9%,高考录取率70.8%;高考重点本科硬上线569人,8人考取北大、清华,创历史最好成绩。全县文化站39个,广播电视站38个,体育场(馆)1个。有各类医疗机构46家,有床位数1870张,卫生技术人数1197人;县中医院针灸康复科成为国家级特色专科。年末居民储蓄存款余额74.98亿元。城乡居民参加医疗保险人数77.83万人,参加社会养老保险31.81万人,城乡居民社会养老保险和医疗保险基本实现全覆盖。城镇登记失业率2.91%;农村劳动力转移26.98万人。人口计生工作取得实效,人口出生率12.23‰,人口自然增长率7.28‰,符合政策生育率87.79%。加大民生投入力度,全年民生支出24.5亿元,增长26%;建成廉租房7.2万平方米,改造农村危旧房6243户,新启动35个贫困村整村脱贫,减少农村贫困人口2万人。

二、发展中存在的问题

一是经济总量仍然不大,产业结构不合理,主导产业培育处于起步阶段,支柱产业尚未形成。二是基础设施比较薄弱,建设成本高,综合交通、防洪灌溉、能源保障等急需改善。三是公共服务体系建设滞后,城乡教育卫生、文化体育等资源配置不均衡,农村金融服务、综合安全监管等有待加强。四是社会矛盾仍较突出,一些领域存在道德失范、诚信缺失现象,有的部门和工作人员服务发展意识不强、工作作风不实、办事效率低下。差距就是发展空间,不足就是工作重点,我们必须采取针对性措施,将发展差距、工作不足转化为后发优势和强大动力,为推动酉阳持续发展、健康发展、和谐发展而不懈努力!

三、2013年发展目标

2013年主要预期目标:实现地区生产总值113亿元,增长15%;完成全社会固定资产投资127亿元,增长25%;社会消费品零售总额达41.4亿元,增长18%;组织地方财政收入19.6亿元,其中组织公共预算收入10亿元,同口径分别增长20%;城镇居民人均可支配收入达17510元,增长14.5%;农村居民人均纯收入达6336元,增长18.5%;城镇化率提高到28.3%。人口自然增长率控制在7‰以内,万元GDP能耗下降4%,物价涨幅控制在4%以内。

彭水苗族土家族自治县

彭水县政府办公室 任勇

一、2012发展回顾

2012年,彭水自治县在市委、市政府的正确领导下,紧紧围绕"科学发展、富民兴彭"战略部署,以城乡统筹发展为统揽,以推进新型工业化、新型城镇化、农业现代化为主线,以保增长、保民生、保稳定为重点，全力推动经济社会持续快速健康发展。全年实现地区生产总值85.8亿元、增长11.4%，规上工业总产值39.1亿元、增长13.7%，固定资产投资97.7亿元、增长21.2%，地方财政收入14.25亿元、增长17.9%，社零总额38.3亿元、增长16.1%，城乡居民收入分别增长14.1%、14.3%。经济社会保持平稳较快发展。

（一）着力调结构，产业发展提速升级

三次产业比调整为20.7:41.1:38.2，非农产业比重达79.3%。大力发展特色效益农业，"五大"主导产业逐步壮大，预计实现农业增加值17.8亿元、增长5%。扶持壮大农业经营主体，引进9家农产品加工企业，发展农业龙头企业38家，组建农民专业合作社58个，农业产业化水平得到提升。推进新型工业化，园区配套功能不断完善，新入驻实体企业4家，标准化厂房利用率达75%；氟化工产业规划通过国家工信部组织的专家评审，重庆市氟化工产业园落户彭水；页岩气1号井日出气2.5万立方米，2、3、4号井开始压裂施工，加气母站启动建设；力促企业达产增效，水电、煤炭、建材等传统行业发展平稳，琴森木业、欧尔矿业等项目建成投产，新培育规上企业5家，完成工业增加值24.3亿元、增长14.5%。加速完善市场体系，全面完工38个乡镇农贸市场，建成物流配送中心2家、大型超市2家，新引进商贸企业6家，新增限额以上商贸企业27家。提速完善乌江画廊、阿依河、摩围山等景区配套设施，"一线三点"旅游发展格局基本形成，苗族民俗生态旅游获"重庆非去不可十大创新案例"前三甲；大力发展乡村旅游，继续打造鞍子苗寨、玉泉新村等景区景点，新建4个乡村旅游点，新增床位1800张；着力优化旅游服务，再次成功举办"一节一赛"，全年接待游客340万人次，实现旅游综合收入10亿元。

（二）着力建城镇，城乡面貌明显改观

新城开发稳步实施，累计征收土地8000亩，场坪整治完成65%，开工11条市政道路，实施防洪工程1200多米，完工3栋安置房主体工程。旧城改造提速推进，完成危旧房改造12万平方米，完成人行道铺装3.2万平方米、车行道油化9.2万平方米、城市绿化130万平方米，完工21处楼宇灯饰景观，建成污水管网11公里；迎宾大道、绍庆广场竣工投用，插旗山公园、山谷公园改造完成，摩围山隧道左洞贯通，乌江五桥主体合龙，万米河堤基本建成；强力推进"两违"整治，扎实开展"四城"同创，切实加快城区绿化美化，成功创建市级卫生县城、文明县城和山水园林城市。加快建设8个特色集镇、16个农民新村，建成巴渝新居4200户，完工5座乡镇污水处理厂、9个乡镇垃圾收运系统；实施"一库一塘"水源工程39处，开工场镇自来水厂6个，新增蓄水能力280万立方米，解决12.3万人饮水安全问题，被评为"全国农田水利基本建设先进单位"；实施烟路工程470公里、村通畅工程537公里，行政村通畅率达77%；改造中低产田土1.1万亩，治理水土流失面积14.4平方公里，新建农村沼气池4000口，城乡发展环境进一步优化。

（三）着力增活力，改革开放不断深化。加大农村建设用地复垦力度，实现地票交易6.2亿元。常态推进户籍制度改革，全年农转城3万人，城镇化率提高1.7个百分点。健全金融支农体系，新引进金融机构3家，发放农村"三权"抵押贷款4亿元，农业保险覆盖面逐步扩大。努力突破要素瓶颈制约，争取上级项目建设资金16亿元，获批建设用地计划3100亩；贷款余额净增18亿元，新增社会融资22亿元。着力激活城乡消费，兑现家电、汽摩下乡补贴1700万元，引进6家商贸企业入驻，新增限额以上商贸企业27家，社区标准化菜市场、乡镇规范化农贸市场实现全覆盖。不断加强区域合作，争取合川对口援助资金2251万元、山东聊城帮扶款物520万元。大力扶持发展实体、民营经济，落实专项资金3700万元，新增个体工商户2700户、微型企业600个。招商引资成效明显，签约项目105个，落地项目81个，实际利用县外资金46亿元。经济发展外向度提高，新增外贸企业5家，出口突破1000万美元。

(四)着力促和谐,社会事业长足进步

实施“校安工程” 13.5 万平方米，新建校舍6万平方米,全面免除高中学费,落实营养改善计划资金 5800 万元、各项资助资金 5400 万元;推动教育均衡优质发展,小学、初中入学率分别达 99.9%、98.8%。加快实施县医院整体迁建、基层医疗机构标准化建设，基本药物按要求实行网上采购,城乡医保实现市级统筹,群众”看病难”问题有效缓解。开展院县科技合作,建成渝东南石漠化研究所，打造 15 个科技示范基地,专利成果转化实现”零”突破。完成人口计生信息化建设,人口自然增长率为 5.06‰,出生政策符合率达 87.4%。建成 290 个农家书屋,全面开放乡镇文化站，发放广播电视直播星 1.1 万套,举办各类文体活动 250 场次,参加市运会喜获 4 金、4 银、4 铜,文化市场管理工作七年蝉联全市先进。点校出版珍稀地方志史料,成功创建国家二级档案馆,公民个人档案查阅实现免费。完成各类造林 20 万亩,森林覆盖率达 45.5%;空气质量优良天数达 332 天,乌、郁两江地表水符合Ⅲ类水质标准。

(五)着力惠民生,群众权益有效保障

引导 1.4 万名农民工返乡就业创业,新增城镇就业 6800 人,帮助 2860 名失业人员和 980 名就业困难人员稳定就业，城镇登记失业率为 3.3%。提高各类社会保障补助标准,累计发放社会保险待遇 4 亿元、城乡低保金 4760 万元、各类救助金 2490 万元,8.7 万名 60 周岁以上老人全部享受基础养老金,社会保障水平不断提升。建成保障性住房 2.8 万平方米,改造 100 户残疾人危房,完工 3 所乡镇敬老院。殡仪馆、天龙山陵园等设施逐步完善,殡葬改革稳步实施。完成乌江银盘水电站移民安置任务，竣工高谷集镇迁建工程，移民后期扶持有效推进。妥善处置”5?15”保家生基坪地灾、”5?21”暴雨洪涝灾害,抗灾救灾及时有力。扎实推进扶贫攻坚,积极探索旅游扶贫,新建 4 个乡村旅游点,完成 23 个贫困村整村开发,易地扶贫移民搬迁 1500 人,减少低收入人口 3.8 万人。落实”九个一”联系制度,深入基层下访群众,化解信访积案 82 件,调处矛盾纠纷 9000 余件;积极构建”大调解”格局,办理法律援助案件 438 件。

二、发展中存在的问题

一是经济总量太小,产业结构不优,重大项目不多,开放程度不高,发展动力不强;二是工业化、城镇化、农业现代化水平较低,统筹城乡发展任重道远;三是基础条件差,贫困程度深,自我保障能力弱,就业、社保、教育、医疗等领域还不能满足全县人民的需求。

三、2013 年发展目标

2013 年经济社会发展预期目标为：地区生产总值增长 12.5%、达到 97 亿元;规模以上工业总产值和增加值分别增长 15%、27.4%，达到 45 亿元、28 亿元；辖区财政收入增长 12%以上、达到 19 亿元,地方财政收入增长 16.5%、达到 16.6 亿元;固定资产投资增长 12.6%、达到 110 亿元;完成工业投资 20 亿元;社会消费品零售总额增长 17%、达到 44.8 亿元;农村居民人均纯收入增长 15%、达到 6854 元,城镇居民可支配收入增长 13%、达到 18917 元；万元 GDP 能耗下降 3.5%,城镇化率提高 1.5 个百分点以上,城镇登记失业率控制在 4%以内,人口自然增长率保持在 8‰以下。

第八编

附　录

2012年重庆市经济大事记

1月

4日 重庆市千万千瓦发电工程之一——国电重庆石柱风电项目正式开工。

5日 国家正式批准，从2012年1月1日起，重庆实施保税航油政策。在重庆实施保税航油政策，相当于在重庆设立了航油保税区。

6日 市政府第117次常务会议，审议通过《重庆市妇女发展规划 (2011—2020年)》、《重庆市儿童发展规划(2011—2020年)》。规划提出，要坚持男女平等基本国策和儿童优先原则，优化妇女儿童发展环境，推动妇女儿童事业与经济社会同步发展。

8日 北碚区通过国家林业局科技司组织的专家组验收，成为全国首个，也是目前全国唯一一个森林城市建设标准化示范区。

15日 2012重庆香港周在日月光中心广场开幕，与此同时，香港特别行政区政府驻重庆联络处也挂牌成立。

17日 重庆市政府和厦门航空公司签署战略合作协议，至此，厦门航空成为重庆基地航空公司的一员，除增加对重庆市场的运力投放、增开新航点外，还将完善重庆始发的国内国际航线。

29日 渝中区“重庆环球互联网产业孵化园”经科技部审批，被认定为国家级科技企业孵化器。至此，我市的国家级科技企业孵化器增至8家。

30日 国家知识产权局公布首批国家知识产权专家库人选专家名单，共203人，我市有7人人选。

2月

2日 重庆市首次发布全市科技企业孵化器TOP10排行榜，对市级以上科技企业孵化器进行排名考核。

6日 重钢集团与韩国浦项制铁集团公司合作的熔融还原炼铁项目已报国家发展改革委核准，该项目力争今年6月前开工。熔融还原炼铁工艺技术是目前世界上最先进的非高炉炼铁技术。

8日 重庆市引进的首家全球性私募股权基金，德太(TPG)人民币基金完成首期40亿元募资。

位于梁平的重庆农机产业园举行开工典礼。按照规划，“十二五”期间，该产业园将累计完成投资200亿元，实现产420亿元，税收15亿元，增加上万个就业岗位。

9日 作为重庆市打造“会展之都”的重要交通保障，轨道6号线悦来会展中心支线建设项目环评报告，顺利通过国家环保部审批。

13日 重庆市政府第119次常务会议，审议并原则通过《重庆市人民政府关于提振实体经济促进我市经济平稳较快发展的意见》。

14日 国家科学技术奖励大会在北京举行，我市13项科技成果受到嘉奖，分别荣获2011年度国家科技进步一、二等奖。

15日 位于沙坪坝区西永片区的康居西城公租房小区，正式开始签约人住。这是我市今年进入接房阶段的第2个公租房小区。

16日 水利部将重庆列为全国三个加快水利改革试点省市之一。

“重庆洛杉矶经贸合作恳谈会及签约仪式”在美国洛杉矶举行，双方签下双向投资项目总额13.9亿美元，涉及清洁能源、信息技术、服务外包等领域的合作。

20日 重庆市政府第120次常务会议，审议通过《中共重庆市委重庆市人民政府关于切实做好三峡后续工作的意见》、《重庆市三峡后续工作规划实施管理暂行办法》、《重庆市三峡后续工作专项资金使用管理暂行办法》。

22 日 中国石化集团四川维尼纶厂、韩国 sK 综合化学株式会社和英国 BP 化工投资有限公司在重庆举行了 BDO(1,4-丁二醇)和醋酸一体化项目谅解备忘录签字仪式。三方将联手在渝打造这一世界级天然气化工项目。

23 日 重庆市第十次环境保护大会举行。会议总结我市第九次环保大会以来环境保护工作，部署今年及今后一段时期环境保护工作任务。

24 日 重庆市政府与富士康集团在渝签署《合作意向备忘录》，双方将共同组建世界级光机电前沿技术研发中心。

27 日 由英国威尔士政府携手重庆市政府外侨办、新闻办联合主办的第六届“威尔士周”在南山植物园启动。

3 月

2 日 渝北区与重庆广电集团(总台)签署协议，广电集团旗下的重视传媒公司入驻渝北空港园区。正式入驻后,重视传媒公司将重点打造购物频道基地、文化商业市场和影视制作中心等文化产业基地。

12 日 南岸区、经开区与北大方正集团在京签订投资协议,共同打造集研发、制造、销售、应用为一体的物联网产业基地,签约投资金额 6.1 亿元。

15 日 重庆市 “专利云平台建设与应用”科技支撑示范工程正式启动，预计到 2014 年,将建成有国际影响力的“专利云”平台。

位于黔江的“黔页 1 井”页岩气井,进行了点火测试并获得成功。这意味着重庆市第一口页岩气井点火测试成功，勘查工作取得了重大进展。

16 日 市政府第 121 次常务会，审议通过《重庆市人民政府办公厅关于开展小额贷款保证保险试点工作的实施意见》、《重庆市小额贷款保证保险试点工作暂行办法》。

20 日 由重庆邮电大学与台湾达盛电子股份有限公司联合研发的全球第一款工业物联网专用芯片在重庆正式发布。这标志着我国在工业物联网技术领域达到世界领先水平。

22 日 由重庆市政府主办的 2012 中国 (重庆) 国际云计算博览会在重庆国际会展中心开幕。这是中国大陆举办的首届以云计算为主题的融展览展示与高峰论坛于一体的专业展会。

23 日 由重庆广播电视集团(总台)、市国有文化资产经营管理公司、重庆两江新区开发投资集团公司、重庆出版集团公司共同出资组建的重庆电影集团公司正式挂牌成立。这是我国自 1958 年以来新成立的唯一一家国有电影集团。

26 日 重庆“渝新欧”、“渝深”五定班列纳入铁道部“百千”快捷货运班列规划。

29 日“重庆国家粮食交易中心”授牌仪式在重庆市粮食批发市场交易大厅举行。该中心的成立，为国家在重庆地区的政策性粮食调控提供了交易平台，为市政府掌握本地区粮价信息提供了有效渠道。

重庆长江小南海水电站奠基暨“三通一平”工程在巴南区中坝岛开工。工程总投资约 320 亿元,总工期 7 年 6 个月,电站装机 200 万千瓦,是重庆投资最大、装机规模最大、发电量最大的水电项目。

西南最大钢材现货市场——重庆攀宝钢材交易中心,在江津双福新区正式投入运营。

31 日 渝湘高速公路湖南吉茶段 (吉首—茶洞)正式建成通车,标志着全长 800 多公里的渝湘高速公路全线贯通。

4 月

1 日 重庆被水利部列为全国 4 个加快水利改革试点的省市之一。

5 日 长安福特马自达与北部新区签署投资协议，长安福特马自达将在北部新区投资建设重庆乘用车扩建项目(第三工厂)。

集中履行市级行政审批职能的“一站式”窗

口——两江新区政务中心正式建成揭牌并向社会开放。

6日 重庆举行公租房第5次摇号配租仪式，这也是重庆今年进行的首次公租房摇号配租。31463户申请并通过审核者参加此次摇号，最后成功配租公租房21789套。

全球知名企业阿尔法集团旗下墨西哥尼玛克公司正式签约两江新区，将其在中国的第二工厂布局两江新区，主要生产汽车发动机缸体缸盖等汽车零部件，项目达产后将实现1乙元年产值。

8日 渝中区进入商务部首批35家“国家电子商务示范基地”公示名单，这是市内首个国家电子商务示范基地。

12日 第十届中国重庆高新技术交易会暨第六届中国国际军民两用技术博览会在重庆国际会议展览中心开幕。

渝新欧(重庆)物流有限公司挂牌成立。这是渝新欧国际铁路联运大通道建设新的里程碑，标志着重庆打造西部物流高地又迈出重要一步。

16日 重庆长安铃木汽车有限公司乘用车产能扩建项目(第二工厂)在巴南区奠基，建成投产后，长安铃木产能将达到50万辆/年。

17日 重庆、惠普、富士康三方举行“重庆全球打印与成像设备制造基地签约仪式”，按协议惠普将其全球打印与成像设备制造基地布局在重庆，并由富士康代工制造。

21日 重庆机场悉尼一重庆一上海浦东一芝加哥一纽约一悉尼的国际货运航线正式开通，标志着重庆机场拥有了首条连接美国和澳大利亚的国际货运航线，一个“立足重庆、覆盖全球”的航空货运网络在重庆初步构建。

由农业部、重庆市政府、中国农业科学院农业经济与政策顾问团主办的“2012中国农村经济论坛”在渝开幕。

23日 市政府第124次常务会议，审议通过了2012-2015年全市轨道交通建设计划。

5月

7日 重庆医科大学与高新区管委会签约，计划投资6亿元，在位于高新区西区的国家生物产业基地建设生物科技产业园，项目预计2至3年建成。

8日 国家开发银行与重庆市政府在渝签署《继续推进重庆市深化改革开放合作备忘录》，双方将进一步深化合作，加强社会建设，推进保障和改善民生，推动经济结构调整和发展方式转变。

9日 重庆市政府第125次常务会审议通过《重庆市建筑施工企业诚信综合评价暂行办法》，明确将建筑施工企业诚信综合评价纳入招投标评分，实现建筑市场和施工现场联动监管。

11日 由中国企业联合会、中国企业家协会与重庆市政府、市政协联合主办的2012年中国企业家年会暨两江论坛在渝开幕。

15日 世界500强——中国建材集团有限公司旗下重庆西南水泥有限公司在重庆两江新区挂牌成立。

重庆市职业技术教育工作会议隆重召开。

卢森堡一多哈一沙迦一重庆一新加坡一吉隆坡一巴库一卢森堡货运航线正式开通，这是重庆机场开通的第16条国际(地区)货运定期航线。

16日 重庆市与中央企业合作项目签约仪式在渝隆重举行，30余家央企与我市签署合作项目72项。

17日 第十五届中国(重庆)国际投资暨全球采购会在重庆国际会议展览中心开幕。

18日 莫斯科—重庆—郑州一莫斯科的国际货运航线正式开通。

20日 总投资22.74亿元的深圳莱宝高科技股份有限公司高科新型显示器件研发中心、新型电容式触摸屏生产基地，在两江新区水土园区奠基动工。

重庆两江新区与四川省达州市签署合作框架协议，共同推进经济发展，双方将重点在规划、产业、人力资源三个方面展开合作。

21 日 国家发改委正式批复江北国际机场东航站区及第三跑道建设工程项目建议书，标志着该项目前期工作取得突破性进展。

22 日 国家知识产权局重庆北部新区专利审查员实践基地挂牌，标志着西部首个专利审查员实践基地正式启动。

霍尼韦尔(重庆)摩擦材料有限公司制造基地在两江新区鱼复工业园开业投产，一期项目可年产刹车片 2100 万片，这标志着两江新区已成为世界 500 强企业霍尼韦尔的全球最大摩擦材料制造基地。

24 日 长安福特马自达汽车 C520 乘用车及冲压生产线建设项目，通过国家发改委备案。

25 日 国家能源局正式签发了万州发电项目、安稳电厂扩建和合川二期第二台机组等 3 个新建电源项目共 398 万千瓦的路条。

29 日 重庆市政府第 126 次常务会议，审议通过《重庆市人民政府关于大力发展民营经济的意见》及三个配套文件。

6 月

5 日 重庆市最大的立交工程—鱼嘴立交全面完工并正式通车，该立交是连接重庆主城核心区与两江新区龙盛片区的咽喉要道。

6 日 重庆市政府出台《关于实施万户中小企业成长工程的意见》，将在财政、金融、技术、市场、人才、用地等方面给予政策支持，助推 1 万户中小企业快速成长。

8 日 重庆市发展民营经济大会在渝召开。

12 日 重庆市政府与中国农业银行签署《共同推进重庆市三峡后续工作规划项目实施战略合作协议》，深入推进三峡库区后续项目建设。

15 日 由微软公司为经开区量身打造的微软·重庆经开区企业服务云正式上线启用。它是西南地区首个将云服务落地的政府云计算项目。

18 日 中国共产党重庆市第四次代表大会，在市人民大礼堂隆重开幕。

20 日 重庆市首期 31 亿元地方政府债券正式发行，该债券期限为 3 年，利率 2.76%。

25 日 重庆市政府第 127 次常务会议，审议通过《重庆市人民政府关于加快推进国家服务业综合改革试点工作的意见》，明确渝中区作为国家发展改革委批准的试点区，要加快建成全市服务业体制创新的先行区、西部高端服务业的集聚区和全国服务业创新发展的示范区。

26 日 重庆市政府与国家开发投资公司在渝举行战略合作框架协议签约暨国投重庆页岩气开发利用有限公司揭牌仪式。

28 日 重庆市中国石油 LNG(液化天然气)项目投运暨天然气“县县通”工程启动仪式在渝举行。

7 月

4 日 中国重庆市和南非豪登省经贸交流会在渝举行。

5 日 投资 33 亿元的达万高速公路开县段工程正式开工。

10 日 重庆市委、市政府隆重召开全市科学技术奖励大会，表彰 2011 年度为我市科技事业和现代化建设作出重要贡献的科技工作者。

16 日 重庆市政府第 128 次常务会议审议通过《重庆市贯彻(国家侨务工作发展纲要(2011-2015 年))实施意见》。

重庆市出台《城乡居民合作医疗保险市级统筹实施办法》。

全国首个环境司法研究中心在万州成立。

17 日 中贵线四川省南部分输站正式向外供气，标志着中亚天然气正式输到四川和重庆，随着供气量的逐步提高，长期困扰川 I 渝两地的天然气供应不足问题将得到彻底解决。

21 日 由第三军医大学与重庆市企业技术创新服务中心牵头组建的“生物医药(重庆)国际产学研联盟”挂牌成立。

26 日 全国首个肉牛电子交易中心在丰都县正式挂牌交易，实现了我国肉牛网络电子交易“零”的突破。

28 日 神华集团万州港电一体化项目开工

奠基仪式在万州区新田镇隆重举行。该项目是重庆“十二五”重要能源保障项目,是我国西南地区首个百万千瓦级火力发电工程。

8 月

1 日 由海关总署主办的“渝新欧”国际货运班列沿线国家海关便捷通关监管研讨会在渝举行。

2 日 重庆市政府第 129 次常务会议，审议通过《重庆市人民政府贯彻落实国务院关于加强进口促进对外贸易平衡发展指导意见的实施意见》,提出“456”促进进口工作体系,即培育四大领域需求、打造五大服务平台和强化六项支持政策。

9 日 重庆市申报的 6 项现代交通技术领域科技项目获得国家“863”计划支持,专项经费达 4463 万元。

13 日《环境保护部、重庆市人民政府共同推动重庆市统筹城乡环境保护战略合作协议》在渝签署，这是环保部与地方政府签署的第一个统筹城乡环境保护方面的战略合作协议。

14 日 重庆市政府召开全市页岩气发展专题工作会议,对重庆发展页岩气进行动员部署,提出要努力把重庆建成全国页岩气开发的主战场。

15 日 重庆市政府与中国银行在渝联合举办“中国银行服务重庆内陆开放论坛暨签约仪式”。

20 日 重庆市委市政府召开重庆市推进新型工业化大会,出台《中共重庆市委重庆市人民政府关于推进新型工业化的若干意见》。

重庆市政府正式印发《重庆市电子信息产业三年振兴规划》等 7 个专项规划,为我市“6+1”支柱产业未来 3 年的发展理清目标和思路。

21 日 重庆市政府第 131 次常务会议,审议了《中共重庆市委重庆市人民政府关于推进城镇化的若干意见(送审稿)》和《中共重庆市委重庆市人民政府关于推进农业现代化的若干意见(送审稿)》,提出要按照科学发展观的要求,全面贯彻落实市第四次党代会精神，着力推进城镇化和农业现代化。

24 日《重庆市两江新区现代服务业综合试点方案》,获财政部、商务部批复,中央首批 3 亿元补助资金已下拨重庆。

27 日 长安福特马自达重庆基地扩能 (三工厂)在重庆北部新区举行奠基仪式,项目投资近 6 亿美元,这使其重庆基地的乘用车年产能提升 35 万辆,总产能达到 100 万辆。

28 日 陈家桥学府悦园公租房开工。按计划，重庆市今年将再开建 1 320 万平方米公租房,全面完成三年开建 4000 万平方米公租房的目标。

全球最大家具用品零售商— —宜家家居正式在北部新区奠基,该项目总投资 1.44 亿美元,总建筑面积 10 万平方米，预计将于 2014 年开业，建成后，将成为西部乃至全国最大的标准店,接轨欧洲标准。

30 日 西部首家汽车金融公司——重庆汽车金融有限公司正式揭牌成立。

重庆两江新区与美国福布斯能源集团签署合作框架协议,双方拟在页岩气开发技术、关键装备制造、融资、市场开发等方面开展战略合作。

31 日 “黔电送渝”煤电一体化项目签约仪式在重庆举行。重庆能源投资集团公司将联合华润集团在贵州省毕节市投资约 1000 亿元,计划建设总规模 2000 万吨煤炭,年、10×660MW 发电机组的大型煤电一体化能源基地。

9 月

1 日 以“梦幻桃花源·魅力新酉阳”为主题的重庆酉阳桃花源第二届国际休闲旅游文化节开幕，酉阳钟渤快速通道及延伸段工程也于同日竣工通车。

7 日 第十六届中国重庆都市旅游节暨第四届城际旅游交易会开幕式在解放碑举行，意味着以“相约重庆牵手世界”为主题,为期一个月的“一会一节”活动正式启动。

14 日 重庆市召开推进新型城镇化大会，出台市委市政府《关于推进新型城镇化的若干意见》。

工业和信息化部在渝召开全国工业企业技术改造工作会议，贯彻落实《国务院关于促进企业技术改造的指导意见》，加快推进工业转型升级。

16 日 重庆市首个国家级公共实训基地落户巴南职教城。

17 日 重庆市政府第 133 次常务会议审议通过《中共重庆市委重庆市人民政府关于保障和改善民生的若干意见(送审稿)》。

由重庆市政府主办，香港瑞安集团和香港工业总会、香港中华厂商联合会、香港中华总商会、香港总商会协办的渝港经贸合作恳谈会在渝举行。

18 日 重庆市自主研发的车用工业乙醇汽油试验项目日前通过国家产业化技术验收，标志着我市已掌握先进的乙醇汽油生产技术。同时也意味着我市对再生能源产品开发利用迈出了重要一步。

22 日 世界 500 强美国霍尼韦尔与两江新区签署战略合作备忘录，将引进国际顶尖航空航天技术，在两江新区建西部最大研发中心，服务于我市通用航空产业。

23 日 重庆市市长国际经济顾问团会议第七届年会在重庆举行。

24 日 重庆市政府第 134 次常务会议审议通过《重庆市三峡库区后续工作实施规划(2011-2014 年)》。到 2014 年，我市三峡后续工作将首期实施 2666 个规划项目。

世界 500 强企业韩国 SK 集团投资 1 亿美元的锂电池新材料产业基地在重庆两江新区开工建设。

25 日 重庆市委市政府召开加快推进农业现代化大会，出台市委、市政府《关于加快推进农业现代化的若干意见》。

26 日 由中国当代世界研究中心、中国和平发展基金会与重庆市共同主办的 2012 年金砖国家智库论坛(重庆)在我市拉开帷幕。

28 日 新加坡在华最大投资项目—— 朝天门重庆来福士项目举行开工典礼。

29 日 重庆市政府与中国移动通信集团公司签订《物联网战略合作协议》，双方将共同打造物联网产业基地和联合推进物联网应用示范，力争到“十二五”末，发展物联网终端用户 1 亿户以上，拉动上下游产业产值 500 亿元以上。

10 月

11 日 重庆市政府召开全市保障和改善民生工作会议，全面落实市委、市政府关于保障和改善民生的若干意见，认真做好中央安排民生政策专项补助实施工作。

第 11 届中国国际摩托车博览会，在重庆国际会议展览中心开幕。

15 日 由重庆市规划局和重庆市发展改革委共同组织编制、市规划信息服务中心承担的《主城区部分铁路线路及站场用地控制规划》，通过市政府审批。

全球物流巨头意大利维龙投资公司与重庆两江新区签约，将投资 9000 万美元，在两江新区建设国际供应链物流运营基地。

16 日 私募股权投资基金美国福布斯页岩气开发基金落户两江新区。这意味着美国福布斯能源集团将引进全球页岩气产业发展先进技术，吸引全球更多具备相当实力的页岩气勘探、开发、设备生产、服务企业入驻两江新区，加入重庆页岩气产业链。

22 日 重庆市政府第 136 次常务会议，审议《重庆市人民政府关于促进企业兼并重组的意见》。

23 日 梁平县开建全国首个页岩气产能建设示范区，预计到 2015 年这里可年产页岩气 3 万—5 万立方米。

澳大利亚嘉民集团与两江新区签约，拟投资 7500 万美元在两江新区打造澳洲现代物流园。

24 日 主城区 2012 年第二批公租房项目集

中开工仪式在大渡口跳磴公租房项目现场举行。此次集中开工的有跳磴、经开南、钓鱼嘴西、龙兴北、御临南、南彭公路物流园和含谷等7个项目、约441万平方米。

25日 富士康科技集团与重庆市政府在渝签订高新智能电视模组与整机一体化项目投资意向书,项目年产300万台液晶模组与整机,年销售收入将超过120亿元。

29日 重庆市政府第137次常务会议,审议并原则通过《重庆市人民政府关于加快建设长江上游区域性综合型金融中心的意见》。

30日 中国西部非公有制经济研究中心在西南大学正式挂牌成立。

11月

2日 重庆雷本光电科技、四川长江利达、重庆申宇导航科技和重庆吉能电气等4家新型工业化企业,与渝北空港 业园区签订总计10亿元的投资协议,预计将带来40"l'L元年产值,提供近2500个就业岗位。

3日 "低碳园区建设与新型工业化之路"研讨会在渝召开。

8日 "利用世界银行贷款重庆市城乡统筹发展与改革二期项目"在渝启动。来自世界银行的1亿美元贷款,将用于我市8个区县基层医院标准化体系建设。

9日 国家"十二五"规划实施项目——郑万(河南郑州—重庆万州敞路启动前期丁作,力争"十二五"内开工。

13日 全市现代农业综合示范工程揭幕仪式举行,这标志着全市现代农业综合示范 程建设正式启动 。

21日 重庆市政府第138次常务会议,审议通过《重庆市三峡水库消落区管理暂行办法》。

22日 由商务部和市政府共同主办的第四届国际服务贸易(重庆)高峰会在南坪国际会展巾心隆重开幕。

23日 重庆经济协作区第十六次市长联席会在黔江区举行,来自云、贵、川、渝四省市18个市(区)的负责人聚一堂,共商区域经济发展大计。

26日 由国家旅游局、国务院i峡办、重庆市政府、湖北省政府共同主办的第三届中国长江二峡困际旅游节在万州拉开帷幕。

28日 两江新区与上汽通用五菱汽车股份有限公司达成战略合作,上汽通用五菱第三基地落户两汀新 同际汽车城。

30日 中国林科院在重庆成立三峡库区生态保护与恢复研究中心,将围绕 峡库区生态保护与恢复的关键技术开展研究,围绕重庆效益林业、长江上游生态屏障建设加强调查研究,从科技上助推我市林业的改革与发展。

12月

1日《重庆市非物质文化遗产条例》正式施行。

4日 重庆市政府与中国科协在渝签订关于促进重庆在西部率先全面建成小康社会的合作协议。

《川渝合作示范区(广安片区)建设总体方案》获国家发改委批准。

5日 重庆市政府第139次常务会议,审议通过《重庆市医药产业振兴发展规~(2012-2020年)》和《重庆市人民政府关于打造千亿级医药支柱产业的指导意见》,明确提出,~2017年,全市医药产业规上企业总产值达到1000亿元;2020年,规上企业总产值超过1500亿元,将医药产业打造成下亿级支柱产业。

14日 由同台办和重庆市政府共同举办的第四届"重庆·台湾周"在重庆国际会展中心开幕。

18日 全球飞机巨头瑞士皮拉图斯中国总部暨生产基地、维修基地在两江新区航空产业城奠基、揭牌。

19日 重庆市银行业小微金融服务信息发布平台正式上线运行。

20日 红岩村嘉陵江大桥、寸滩长江大桥等十项重大利民惠民工程集中开工。

以“时尚重庆、创意未来”为主题的第八届中国重庆国际服装节在重庆国际会展中心拉开序幕。

21 日 重庆金融后援服务中心在江津双福奠基，标志着江津继解放碑和江北嘴之后，将成为我市第 1 个金融聚集区。

民生轮船有限公司和两江新区签署协议，将依托果园港和两江新区的产业集群，建设一个 200 亩的现代化综合物流基地项目。

23 日 两江新区与世界 500 强企业中国建筑股份有限公司签约“西部生命科学同”项目。该项目投资 100 亿元，将借鉴“中关村生命科学同”模式，在两江新区水土高新园打造西部生物医药产业新城。

25 日 中共重庆市委四届二次全会召开。

27 日 全国首家以 IT 产业为主的专业性微型企业创业园—— 重庆高新区 IT 产业微企孵化园开园。

28 日 重庆市重大利民惠民系列丁程之一的沙坪坝铁路综合交通枢纽工程开工。

重庆西部物流园 2013 年的 15 个重点项目“打拥”开工。这些项目总投资达 85 亿元 全面建成后将文观年交易额和产值 1419 亿元，有助于进一步加快重庆对外开放步伐。

2012年重庆市国民经济和社会发展统计公报

重庆市统计局 国家统计局重庆调查总队

2012年,全市人民在市委、市政府的坚强领导下,坚决贯彻中央决策部署,坚持以科学发展为主题,以加快转变经济发展方式为主线,按照稳中求进的工作总基调,围绕“科学发展、富民兴渝”的总任务,深入实施“一统三化两转变”战略[1],着力深化改革开放,着力保障和改善民生,全市呈现经济稳中有进和社会协调发展的良好态势,为在西部率先全面建成小康社会奠定了良好基础。

一、综合

初步核算,全年地区生产总值11459.00亿元,比上年增长13.6%。其中,第一产业增加值940.01亿元,增长5.3%;第二产业增加值6172.33亿元,增长15.6%;第三产业增加值4346.66亿元,增长12.0%。三次产业结构比为8.2:53.9:37.9。按常住人口计算,全年人均地区生产总值达到39083元,比上年增长12.4%。

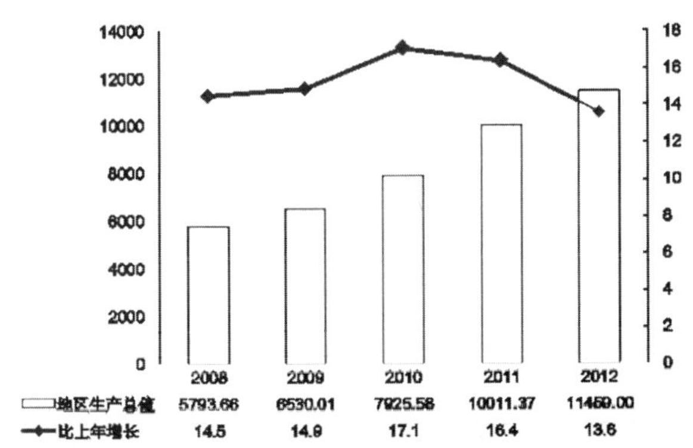

图1 2008-2012年地区生产总值及其增长速度 单位:亿元、%

“一小时经济圈”[2]完成地区生产总值8864.78亿元,比上年增长13.4%,占全市生产总值的77.4%;“渝东北翼”完成1960.96亿元,增长14.5%,占全市的17.1%;“渝东南翼”完成633.26亿元,增长13.2%,占全市的5.5%。

“圈翼”人均GDP之比由上年2.16:1缩小到2.09:1。城乡居民收入比由上年3.12:1缩小到3.11:1。

城市居民消费价格[3]比上年上涨2.6%,其中食品价格上涨4.7%。工业生产者出厂价格[4]比上年下降0.1%。工业生产者购进价格[5]比上年下降0.5%。固定资产投资价格[6]比上年上涨1.8%。农产品生产者价格[7]比上年上涨4.6%。

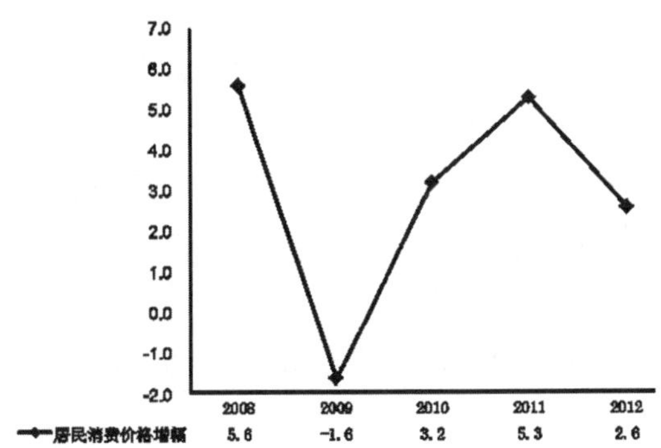

图2 2008-2012年居民消费价格涨跌幅度

单位:%

表1 2012年居民消费价格比上年涨跌幅度

指 标	比上年增长%
居民消费价格	2.6
食 品	4.7
烟 酒	7.1
衣 着	2.2
家庭设备用品及维修服务	0.9
医疗保健及个人用品	1.9
交通和通信	-1.7
娱乐教育文化用品及服务	0.9
居 住	2.5

城镇新增就业人员65.45万人,比上年增长19.0%。新增农业富余劳动力非农就业31.00万人,比上年下降16.2%。25.85万城镇登记失业人员实现就业,比上年增长43.6%。年末城镇登记

失业率3.3%,比上年下降0.2个百分点。

截止2012年,全市各类市场主体136.92万户(内资企业33.03万户,外资企业0.51万户,个体工商户101.75万户,农民专业合作1.63万户),比上年增长20.8%。其中,微型企业8.05万户。2012年新发展微型企业3.26万户,解决就业24.24万人。

全年地方财政一般预算收入1703.49亿元,比上年增长14.5%。其中,税收收入970.17亿元,增长10.1%。地方财政一般预算支出3055.17亿元,比上年增长19.9%。其中,民生财政支出1606亿元,占一般预算支出的52.6%。

二、农业

全年农林牧渔业增加值940.01亿元,比上年增长5.3%。其中,种植业628.39亿元,增长5.1%;畜牧业232.18亿元,增长3.4%;林业31.76亿元,增长9.9%;渔业35.09亿元,增长20.0%。

全年粮食播种面积3389.4万亩,与上年基本持平。粮食综合单产335.9公斤/亩,增长1.0%。油料播种面积406.5万亩,增长5.4%。蔬菜播种面积979.0万亩,增长5.5%。

全年粮食总产量1138.5万吨,比上年增长1.0%。其中,夏粮产量154.2万吨,减少1.3%;秋粮产量984.3万吨,增长1.4%。油料总产量50.1万吨,增长7.7%。蔬菜总产量1509.3万吨,增长7.2%。肉类总产量201.2万吨,增长2.5%。

表2 2012年主要农产品产量

产品名称	产 量	比上年增长%
粮食(万吨)	1138.54	1.0
油料(万吨)	50.11	7.7
蔬菜(万吨)	1509.34	7.2
禽蛋(万吨)	40.05	7.0
牛奶(万吨)	7.73	-3.4
出栏生猪(万头)	2050.76	1.5
出栏牛(万头)	54.93	5.9
出栏羊(万头)	212.37	4.8
肉类总产量(万吨)	201.20	2.5
#猪肉(万吨)	150.73	1.5

三、工业和建筑业

全年工业增加值5181.01亿元,比上年增长15.9%,占全市地区生产总值的45.2%。规模以上工业总产值13104.02亿元,比上年增长18.0%。其中,大中型企业9548.41亿元,增长18.1%;国有控股企业3874.89亿元,增长3.7%。

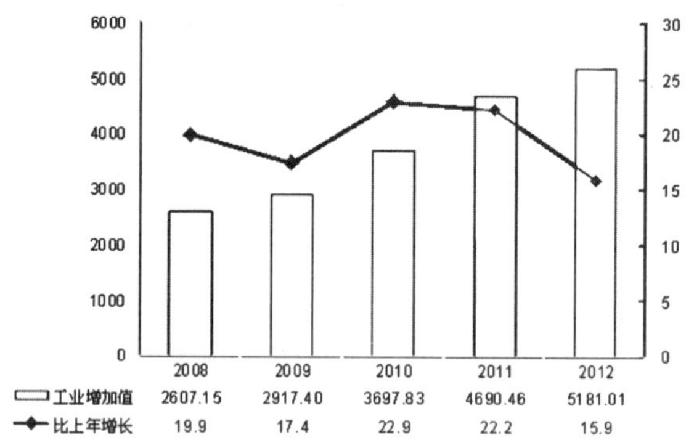

图3 2008-2012年工业增加值及其增长速度

单位:亿元、%

表3 2012年规模以上工业总产值

指 标	绝对额(亿元)	比上年增长%
工业总产值	13104.02	18.0
#大中型	9548.41	18.1
#国有控股	3874.89	3.7
按轻重工业分		
轻工业	3668.25	20.0
重工业	9435.77	17.1
按登记注册类型分		
国 有	733.02	9.6
集 体	40.03	5.4
股份合作制	12.29	-11.4
股份制	8295.77	16.7
外商及港澳台	3346.60	24.8
其 他	676.32	13.1

在规模以上工业中,多业支撑格局基本形成,汽车摩托车制造业总产值3540.28亿元,增长11.3%,占工业总产值的27.0%;电子信息产品制造业总产值2193.74亿元,增长60.4%,占工业总产值的16.7%;材料制造业总产值1966.69亿元,增长5.0%,占工业总产值的

表 4 2012 年规模以上工业主要产品产量

产品名称	产量	比上年增长%
原煤(万吨)	4419.67	1.4
钢材(万吨)	1150.22	0.5
铝材(万吨)	94.41	-6.3
微型计算机设备(万台)	4160.88	63.3
# 笔记本计算机	4030.57	67.4
水泥(万吨)	5499.59	15.6
农用化学肥料(万吨)	206.63	24.6
汽车(万辆)	196.33	11.5
# 轿车(万辆)	103.24	10.2
摩托车(万辆)	877.51	1.4
啤酒(万千升)	77.23	-0.1
卷烟(亿支)	551.00	6.8

15.0%；装备制造业总产值1248.43亿元，增长14.4%，占工业总产值的9.5%；化医产品制造业总产值1055.64亿元，增长12.2%。

全年规模以上工业经济效益综合指数达到262.0，比上年提高13.5个百分点；实现利税总额1187.77亿元，增长19.7%；实现利润608.29亿元，增长10.4%；总资产贡献率12.3%，提高0.4个百分点；产品销售率97.5%，下降0.2个百分点；全员劳动生产率255210元/人年，增长11.4%。

全年建筑业增加值991.32亿元，比上年增长13.9%。全市具有资质等级的总承包和专业承包建筑企业利润185.27亿元，增长18.8%；上缴税金140.65亿元，增长21.1%。

四、固定资产投资

全年固定资产投资总额9380.00亿元，比上年增长22.0%。其中，基础设施建设投资2404.16亿元，增长24.8%；城镇投资8462.03亿元，增长19.2%；农村投资917.97亿元，增长56.4%。

"一小时经济圈"投资6837.49亿元，比上年增长19.7%；"渝东北翼" 投资1807.87亿元，增长30.7%；"渝东南翼" 投资734.64亿元，增长24.5%。

工业投资3064.18亿元，增长21.1%，占全市固定资产投资总额的32.7%；房地产开发投资2508.35亿元，增长24.5%，占全市固定资产投资总额的26.7%。

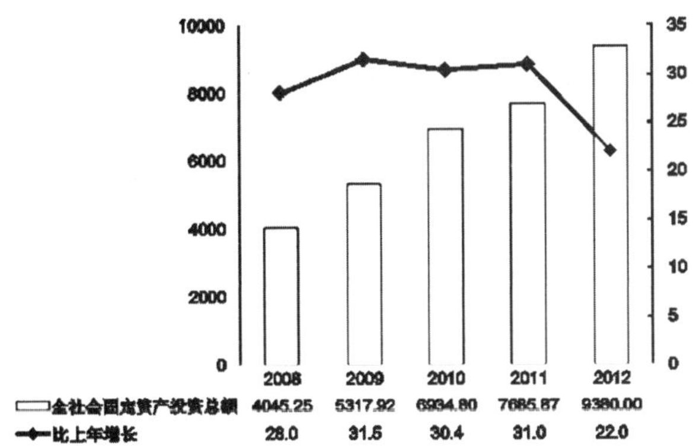

图 4 2008-2012 年固定资产投资总额及其增长速度 单位：亿元、%

表 5 2012 年重点项目投资情况

指 标	绝对额(亿元)	比重(%)
总 计	2620.00	100.0
政府主导类	1748.80	66.7
交通运输项目	412.70	15.8
能源项目	261.00	10.0
城市基础设施项目	348.00	13.3
园区基础设施	138.60	5.3
节能减排及生态建设项目	123.00	4.7
水利基础设施项目	80.50	3.1
社会民生项目	385.00	14.7
市场主导类	871.20	33.3
工业项目	574.00	21.9
旅游项目	96.00	3.7
农业产业化项目	32.30	1.2
商贸流通项目	44.70	1.7
房地产项目	124.20	4.7

全市重点项目完成投资2620.00亿元，占固定资产投资总额的27.9%。其中，政府主导类投资1748.80亿元，市场主导类投资871.20亿元，分别占重点项目投资的66.7%和33.3%。

五、国内贸易

全年批发和零售业增加值847.99亿元，比上年增长 11.7%,占全市地区生产总值的 7.4%;住宿和餐饮业增加值 189.98 亿元,增长 8.1%。

全年社会消费品零售总额 3961.19 亿元,比上年增长 16.0%,扣除价格因素,实际增长 14.2%。按经营地统计,城镇消费品零售额 3765.47 亿元,增长 16.0%;乡村消费品零售额 195.72 亿元,增长 14.7%;按行业统计,批发和零售业零售额 3360.93 亿元,增长 16.1%;住宿和餐饮业零售额 600.26 亿元,增长 15.1%。

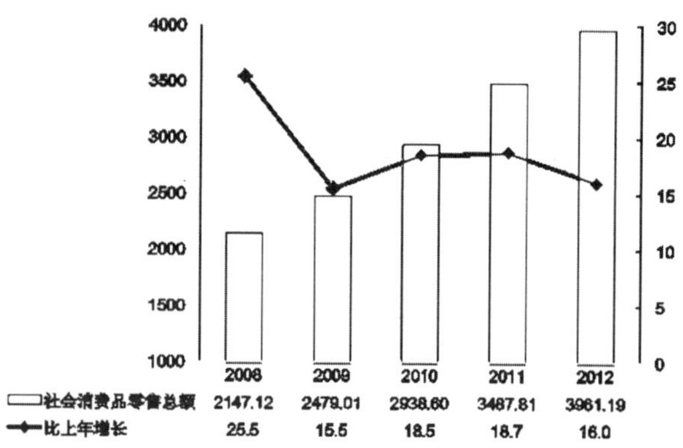

图 5　2008-2012 年社会消费品零售总额及其增长速度　单位:亿元、%

在限额以上企业中,汽车类增长 20.5%,粮油食品类增长 26.7%,石油及制品类增长 26.6%,通讯器材类增长 45.7%,服装鞋帽类增长 17.3%,家用电器和音像器材类增长 9.5%,家具类增长 45.2%,文化办公类增长 38.8%,建筑及装潢材料类增长 30.5%,中医药类增长 27.0%,金银珠宝类增长 19.5%。

六、对外开放

全年货物进出口总额 532.04 亿美元,比上年增长 82.2%。其中,出口 385.71 亿美元,增长 94.5%;进口 146.33 亿美元,增长 56.1%。实现贸易顺差 239.38 亿美元,比上年增加 134.80 亿美元。

加工贸易方式实现出口总值 153.64 亿美元,比上年增长 1.49 倍,占出口总额的 39.8%;机电产品出口 259.28 亿美元,增长 96.6%,占出口总额的 67.2%;高新技术产品出口 148.66 亿美元,增长 1.52 倍,占出口总额的 38.5%;笔记本电脑出口 3544 万台、价值 125.42 亿美元,占出口总额的 32.5%。

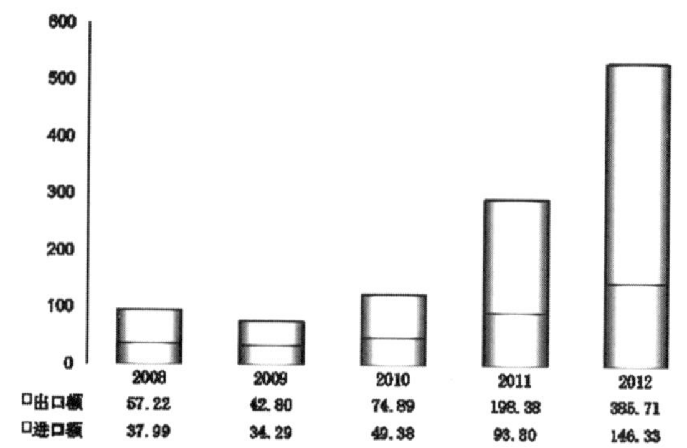

图 6　2008-2012 年货物进出口总额　单位:亿美元

表 6　2012 年货物进出口总额

指　　标	绝对额(亿美元)	比上年增长%
进出口总额	532.04	82.2
出口额	385.71	94.5
# 国有企业	10.93	-16.0
外资企业	161.66	135.8
私营企业	210.03	84.9
# 一般贸易	217.16	135.2
加工贸易	153.64	149.1
# 机电产品	259.28	96.6
# 高新技术产品	148.66	152.2
# 笔记本电脑	125.42	143.8
进口额	146.33	56.1
# 国有企业	21.62	78.9
外资企业	87.82	33.6
私营企业	36.85	131.5
# 一般贸易	62.30	12.3
# 机电产品	114.28	66.9
# 高新技术产品	83.66	112.3

全市出口前三位的国家是美国、德国和荷兰,分别出口 80.79 亿美元、25.61 亿美元和 23.62 亿美元,增长 1.47 倍、2.41 倍和 1.26 倍。进口前三位的国家是马来西亚、日本和美国,分别进口 30.15 亿美元、13.37 亿美元和 12.33 亿美元,增长 1.2 倍、-10.6%和 56.5%。

全年实际利用外资 105.77 亿美元,其中,外商投资105.33亿美元,增幅均与上年持平。从企业性质看，外商独资企业到位资金65.47亿美元,下降6.2%,占全市总量的62.2%;中外合资企业到位资金25.22亿美元,增长4.9%,占全市总量的23.9%。分行业看,制造业实际到位49.19亿美元,增长44.3%,占全市总量的46.7%。房地产业实际到位26.70亿美元,下降12.9%,占全市总量的25.3%。实际利用内资5914.64亿元,增长20.2%。截止2012年底,在渝世界500强企业达到225家。

重庆对外承包工程签订合同额10.76亿美元,增长61.0%;完成营业额5.84亿美元,增长33.5%;对外劳务人员实际收入5908万美元,增长6.6倍。

七、交通、邮电和旅游

全年交通运输、仓储和邮政业增加值515.15亿元,比上年增长9.1%,占全市地区生产总值的4.5%。公路通车里程累计达到12.07万公里,其中高速公路1909公里。轨道交通营运里程131公里。全市行政村公路通达率100%。全年主要运输方式完成货物运输110135.89万吨,比上年增长13.8%；完成旅客运输量157797.90万人,增长11.5%。

表7 2012年主要运输方式完成运输量

指 标	绝对量	比上年增长%
货物运输量(万吨)	110135.89	13.8
铁 路	2240.52	2.3
公 路	95009.00	14.7
水 运	12874.48	9.5
航 空	11.90	5.2
旅客运输量(万人)	157797.90	11.5
铁 路	3040.33	3.6
公 路	152249.00	11.8
水 运	1255.64	-5.0
航 空	1252.94	13.7

全年内河港口完成货物吞吐量12502.40万吨，比上年增长7.7%。空港完成旅客吞吐量2241.92万人,增长16.1%;空港完成货物吞吐量27.04万吨,增长12.9%。国际标准集装箱吞吐量87.10万标准箱,增长16.8%。

年末全市民用机动车保有量达到389.86万辆,比上年增长15.4%。其中,私人汽车保有量117.28万辆,增长30.2%。私人轿车保有量66.09万辆,增长27.7%;全年新注册汽车35.01万辆，增长14.7%，新注册轿车17.71万辆，增长13.2%。

全年完成邮电业务总量277.26亿元，比上年增长14.3%。其中,邮政业务总量31.28亿元，增长20.7%；电信业务总量245.98亿元，增长13.5%。年末固定电话用户575.7万户,比上年增长0.8%;年末移动电话用户2069.6万户,比上年增长14.9%。互联网用户2099.9万户，增长36.8%。

全年接待国际旅游人数224.28万人次,旅游外汇收入11.68亿美元，分别比上年增长20.3%和20.7%。

八、金融

全市金融业增加值915.65亿元，增长20.8%,占全市生产总值的8.0%。中资全国性大型银行7家,中小型银行19家;中资区域性中小型银行27家,其中村镇银行24家;外资银行分行13家;金融和融资租赁公司5家;担保公司153家;小额贷款公司157家。年末全市金融

表8 2012年末金融机构存贷款余额

指 标	年末数(亿元)	比上年末增长%
本外币存款余额	19423.90	20.4
人民币存款余额	18934.83	19.6
#单位存款	9851.06	19.3
个人存款	8472.51	20.3
#储蓄存款	8361.64	19.6
本外币贷款余额	15594.18	18.2
人民币贷款余额	15131.22	16.4
#短期贷款	3626.89	43.4
中长期贷款	10919.76	9.6
#个人消费贷款及透支	4025.00	22.0

机构本外币存款余额19423.90亿元，比上年末增长20.4%。其中，人民币个人储蓄存款余额8361.64亿元，增长19.6%。本外币贷款余额15594.18亿元，增长18.2%。其中，个人消费贷款及透支4025.00亿元，增长22.0%。

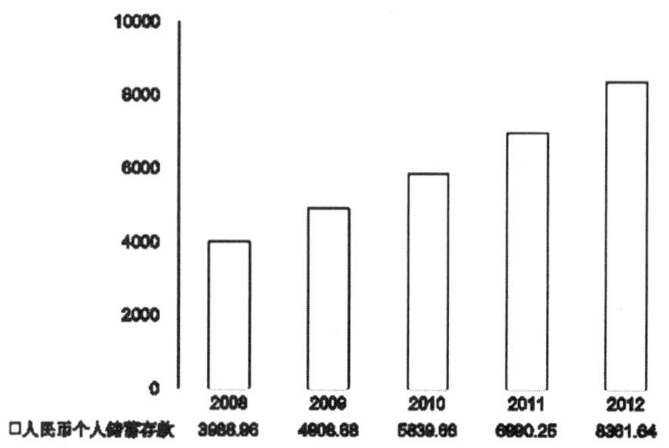

图7　2008-2012年人民币个人储蓄存款余额　　单位：亿元

全市证券法人机构1家，证券公司营业部112家。境内上市公司37家，总股本290.31亿股，股票总市值2185.45亿元。境内上市公司通过首次公开发行和再融资共筹集资金30.00亿元。

全市营业性保险分公司41家，保险法人机构3家，保险从业人员8.51万人，比上年下降1.2%。保费总收入331.03亿元。其中，寿险保费收入207.00亿元；财产险保费收入95.20亿元；健康险和意外伤害险保费收入28.83亿元。全年赔付各类保险金91.78亿元。其中，寿险赔付30.03亿元；财产险赔付52.23亿元；健康险和意外伤害险赔付9.52亿元。

九、城市建设

全年商品房施工面积22009.03万平方米，比上年增长7.9%；竣工面积3990.63万平方米，增长16.5%。商品房销售面积4522.40万平方米，下降0.2%。其中，住宅销售面积4105.11万平方米，增长1.0%。商品房销售额2297.35亿元，增长7.0%。

表9　2012年房地产开发和销售主要指标完成情况及其增长速度

指　标	绝对量	比上年增长%
商品房施工面积(万平方米)	22009.03	7.9
#住宅	16997.85	6.7
办公楼	499.85	29.2
商业营业用房	2028.90	3.7
商品房竣工面积(万平方米)	3990.63	16.5
#住宅	3386.35	19.8
办公楼	30.37	-32.2
商业营业用房	282.23	-5.5
商品房销售面积(万平方米)	4522.40	-0.2
#住宅	4105.11	1.0
办公楼	62.30	42.0
商业营业用房	221.89	-16.7
销售额(亿元)	2297.35	7.0
#住宅	1972.42	8.1
办公楼	71.61	39.7
商业营业用房	212.47	-1.9

全年完成主城区危旧房改造拆迁面积41.17万平方米，新建安置房面积66.49万平方米。新建煤矿棚区安置房面积39.57万平方米。主城区公租房[8]开工建设1551.88万平方米，竣工面积626.4万平方米。农村危旧房改造12.47万户，巴渝新居建设6.02万户。

全年完成主城区主干道环境综合改造189.9公里。新建城市道路长度1338.51公里。新建公园绿地面积540万平方米。新增污水处理厂处理能力8.15万立方米/日。

十、教育和科学技术

全市小学4810所，普通中学1231所，中等职业学校227所，高等教育学校67所。小学招生35.21万人，在校194.32万人，毕业33.61万人；普通初中招生34.03万人，在校108.73万人，毕业40.31万人；普通高中招生22.51万人，在校

65.97 万人，毕业 20.36 万人；中等职业学校招生 16.66 万人，在校 49.20 万人，毕业 14.34 万人；普通高校本专科招生 19.98 万人，在校 62.36 万人，毕业 13.76 万人；研究生招生 1.59 万人，在校 4.66 万人，毕业 1.38 万人；成人本专科招生 5.89 万人，在校 12.78 万人，毕业 4.39 万人；特殊教育招生 0.21 万人，在校 1.31 万人；职业技术培训[9]机构 4231 所，职业技术培训结业生 143.68 万人次。学龄儿童入学率达 99.98%，普通初中入学率 99.4%，大学毛入学率 34.0%。

全年研究与试验发展经费支出 162 亿元，比上年增长 26.0%，占全市地区生产总值的 1.4%。市级及以上重点实验室 73 个，其中国家重点实验室 8 个；工程技术研究中心 123 个，其中国家级中心 10 个。6 项科技成果获国家科技技术奖励。技术市场合同成交 3578 项，成交金额 223.5 亿元。全年受理专利申请 3.89 万件，增长 21.5%，获得专利授权 2.04 万件，增长 31.2%，其中发明专利授权 2426 件，增长 30.0%。有效发明专利 6833 件，增长 43.9%。认定高新技术企业 234 家，有效期内高新技术企业 551 家，高新技术产品 836 个；国家级创新企业 16 家，市级创新型企业 38 家。高技术制造业总产值 3495.56 亿元，软件业总产值 129.01 亿元。

全市中国驰名商标 69 件，增长 27.8%；著名商标 1196 件，增长 47.5%；地理标志量[10]129 件，增长 48.3%。

十一、文化、卫生和体育

全市博物馆 39 个，文化馆 41 个，公共图书馆 43 个。出版发行报纸 33544 万份、各类期刊 2643 万册、图书 12476 万册(张)。有线电视用户 509.27 万户，其中数字电视用户 297.10 万户，电视综合人口覆盖率达到 98.8%。乡镇综合文化站 994 个。

年末全市各级各类医疗卫生机构（含村卫生室)17958 个，其中，医院 463 个，妇幼保健院(所、站)42 个，专科疾病防治院(所、站)16 个，疾病预防控制中心 42 个，卫生监督机构 43 个，社区卫生服务中心 173 个，其他医疗卫生机构 16246 个。医院卫生机构床位数 13.59 万张，其中医院床位 8.57 万张，乡镇卫生院床位 4.01 万张。医疗卫生机构卫生技术人员(含村卫生室)13.17 万人，其中，乡镇卫生院卫生技术人员 2.58 万人。全市执业医师和执业助理医师 5.21 万人，注册护士 4.98 万人。

全年获体育国家级比赛金牌 3 枚，获世界级金牌 9 枚。农民体育健身工程 1000 个，全民健身路径工程 150 个。全市现有标准体育场 31 个、体育馆 35 个、游泳池(馆)28 个，人均体育场地面积 1.1 平方米。国民体质抽样合格率 92.6%。

十二、人口、人民生活和社会保障

年末全市常住人口[11]2945.00 万人，比上年增加 26 万人。其中，城镇人口 1678.11 万人，增加 72.15 万人。城镇化率 56.98%，比上年提高 1.98 个百分点。人口出生率为 10.86‰，死亡率为 6.86‰，人口自然增长率为 4.00‰。全市常住人口性别比(以女性为 100，男性对女性的比例)为 102.6，出生婴儿性别比为 111.0。

年末户籍总人口[12]3343.44 万人，比上年增加 13.63 万人。其中，农业人口 2026.19 万人，非农业人口 1317.25 万人。

城镇居民人均家庭总收入 24811 元，比上年增长 13.8%，其中人均可支配收入[13]22968 元，增长 13.4%。总收入中，人均工资性收入 15415 元，增长 11.5%；人均经营净收入 2184 元，增长

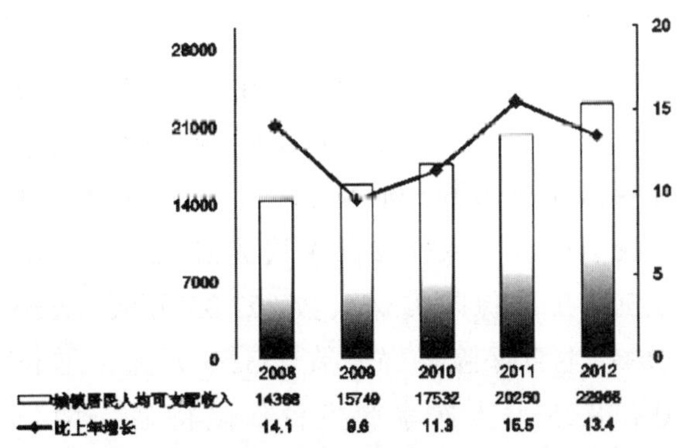

图 8　2008-2012 年城镇居民人均可支配收入及增长速度　　单位:元、%

22.7%；人均财产性收入538元，增长24.1%；人均转移性收入6674元，增长16.0%。城镇居民人均消费支出16573元，比上年增长10.7%。城镇居民恩格尔系数[14]41.5%，比上年上升2.4个百分点。城镇居民人均住房建筑面积32.17平方米，比上年增加0.40平方米。

全年农村居民人均纯收入[15]7383.27元，比上年增长13.9%。其中，人均工资性收入3400.77元，增长17.5%；人均家庭经营收入2975.31元，增长8.3%；人均财产性收入175.56元，增长25.7%；人均转移性收入831.63元，增长19.2%。人均生活消费支出5018.64元，比上年增长11.5%；其中，食品、衣着、居住、家庭设备用品及服务、交通和通讯、文化教育娱乐及服务、医疗保健等消费分别增长5.1%、23.0%、0.2%、18.7%、21.8%、17.7%和28.5%。农村居民恩格尔系数44.2%，比上年下降2.6个百分点。农村居民人均住房面积41.0平方米，比上年增加0.8平方米。

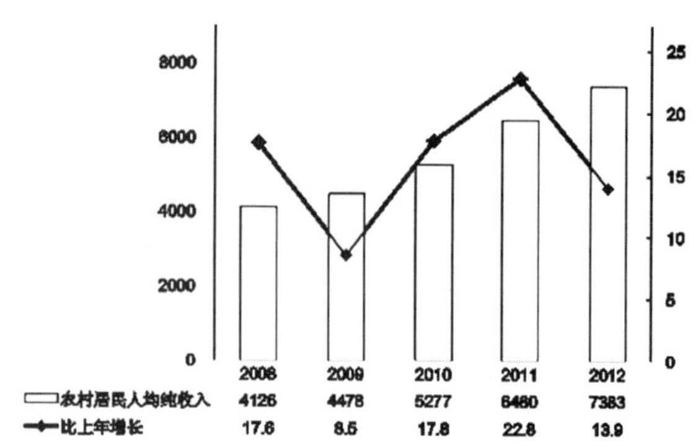

图9　2008-2012年农村居民人均纯收入及增长速度　　单位：元、%

全市城镇企业职工基本养老保险参保人数703.57万人，比上年增长11.1%；城镇职工基本医疗保险参保人数496.48万人，增长8.3%；城乡居民合作医疗保险参保人数2722.59万人，增长1.5%；工伤保险参保人数377.33万人，增长11.9%；生育保险参保人数253.53万人，增长17.0%，8.25万人次享受生育保险待遇，增长52.5%；失业保险参保人数323.53万人，增长20.5%。

全年51.53万城市居民得到政府最低生活保障；74.57万农村居民得到政府最低生活保障。城乡低保标准分别提高到329元/月和188元/月，分别比上年增长8.6%和21.3%。

十三、移民与扶贫

三峡库区[16]引进对口支援经济合作项目64个，项目资金112.26亿元。累计兑现农村移民后期扶持直补资金11亿元，发放城镇移民困难扶助资金10亿元。

全年安排财政性扶贫资金24.04亿元，比上年增长69.1%，其中，中央一次性增加6亿用于全市易地扶贫搬迁。新建和改造乡村道路5892公里，比上年增长15.5%。专项扶贫搬迁4.3万人，增长43.3%；易地扶贫搬迁12.15万人，增长5.3倍；生态移民搬迁5.6万人，增长16.7%。解决了31万人农村安全饮水，增长2.3%。创业就业及实用技术培训11.5万人。全年贫困人口脱贫34.9万人，年末扶贫对象202万人。

十四、环境和安全生产

全年新造绿化林地20.4万公顷，森林覆盖率42.1%。主城建成区绿化覆盖率达41.5%。

全年主城区环境空气质量满足优良天数340天，比上年增加16天，优良天数所占比例为92.9%。综合污染指数为1.96，与上年持平。

长江、嘉陵江、乌江重庆段24个断面水质（21项评价）满足Ⅲ类水质标准比例为79.2%。次级河流水质满足水域功能要求的断面比例为93.9%。全市城市饮用水源地水质满足水域功能要求的比例为100%。

全年生产安全事故死亡1539人，比上年下降7.1%。其中，较大安全生产事故死亡105人，下降29.5%。亿元地区生产总值生产安全事故死亡率0.134，下降19.3%。道路交通事故造成1052人死亡，下降4.2%。道路交通万车死亡率2.6，下降16.9%。煤矿百万吨死亡率2.73，下降9.0%。

全市发生地质灾害255起，直接经济损失13571万元。

注：

[1]“一统三化两转变” “一统”就是要统筹城乡区域协调发展。“三化”就是要加快推进工业化、城镇化、农业现代化。“两转变”就是要转变经济发展方式，提高发展质量和效益；转变政府职能，创新社会管理。

[2]“一小时经济圈” 是指渝中区、大渡口区、江北区、沙坪坝区、九龙坡区、南岸区、北碚区、渝北区、巴南区、涪陵区、长寿区、江津区、合川区、永川区、南川区、綦江区、大足区、潼南县、铜梁县、荣昌县和璧山县；渝东北翼是指万州区、梁平县、城口县、丰都县、垫江县、忠县、开县、云阳县、奉节县、巫山县和巫溪县；渝东南翼是指黔江区、武隆县、石柱县、秀山县、酉阳县和彭水县。

[3]居民消费价格指数 是度量一组代表性消费商品和服务项目价格水平随着时间而变动的相对数，反映居民家庭购买的消费品及服务价格水平的变动情况。它是宏观经济分析和决策、价格总水平监测和调控以及国民经济核算的重要指标。其按年度计算的变动率通常被用来作为反映通货膨胀(或紧缩)程度的指标。

[4]工业生产者出厂价格指数 是反映一定时期内全部工业产品出厂价格总水平的变动趋势和程度的相对数，包括工业企业售给本企业以外所有单位的各种产品和直接售给居民用于生活消费的产品。该指数可以观察出厂价格变动对工业总产值及增加值的影响。

[5]工业生产者购进价格指数 是反映工业企业作为生产投入，而从物资交易市场和能源、原材料生产企业购买原材料、燃料和动力产品时，所支付的价格水平变动趋势和程度的统计指标，是扣除工业企业物质消耗成本中的价格变动影响的重要依据。

[6]固定资产投资价格指数 是反映全社会及各类工程固定资产投资中涉及的各类投资品和取费项目价格的变动趋势和变动幅度的相对数。编制固定资产投资价格指数可以消除按现价计算的固定资产投资指标中的价格变动因素。

[7]农产品生产者价格指数 是反映一定时期内，农产品生产者出售农产品价格水平变动趋势及幅度的相对数。该指数可以客观反映全国农产品生产价格水平和结构变动情况，满足农业与国民经济核算需要。

[8]公租房 是公共租赁住房的简称。公共租赁住房是指政府投资并提供政策支持，限定套型面积和按优惠租金标准向符合条件的家庭供应的保障性住房。

[9]职业技术培训机构数及结业生数 仅指在教育部门备案的统计数。

[10] 地理标志量 是指表示某商品来源于某地区，该商品的特定质量、信誉或者其他特征，主要由地区的自然因素或者人文因素所决定的标志。

[11]常住人口 是指在本乡镇(街道)居住半年以上的人口，或虽居住不满半年但离开户口登记地半年以上人口以及户口待定人口。

[12]户籍人口 是指公民依照《中华人民共和国户口登记条例》，已在其经常居住地的公安户籍管理机关登记了常住户口的人。这类人口不管其是否外出，也不管外出时间长短，只要在某地注册有常住户口，则为该地区的户籍人口。户籍人口数一般是通过公安部门的经常性统计月报或年报取得的。

[13] 城镇居民人均可支配收入 可支配收入是指在一定时期内(一般为一年)城镇居民家庭成员得到的可用于最终消费支出和其它非义务性支出以及储蓄的总和，即城镇居民家庭或以用来自由支配的收入。它是全面反映城镇居民收入水平和结构变化的最主要指标。城镇居民人均可支配收入是指按住户常住人口人均当年的可支配收入。重庆市城镇居民人均可支配收入从 2007 年开始调查统计，覆盖全市城镇居民。

[14] 恩格尔系数 是指居民食品消费支出占全部消费支出的比重。

[15] 农村居民人均纯收入 纯收入指农村

住户当年从各个来源得到的总收入相应地扣除所发生的费用后的收入总和。农村居民人均纯收入是指按住户常住人口人均当年的纯收入。它反映一个地区农村居民的平均收入水平，是反映农村居民收入变化的一个重要指标。

[16]三峡库区　是指库区15区县，包括万州区、涪陵区、渝北区、巴南区、长寿区、江津区、丰都县、武隆县、忠县、开县、云阳县、奉节县、巫山县、巫溪县、石柱县。

本公报为初步统计数，最终数据以《重庆统计年鉴2013》为准。其中，增加值绝对数按现价计算，增长速度按可比价计算。

2012年长江沿线主要城市发展态势

上海市

一、过去5年发展回顾

市第十三届人民代表大会第一次会议以来的五年,全市人民在党中央、国务院和中共上海市委的坚强领导下,高举中国特色社会主义伟大旗帜,以邓小平理论、"三个代表"重要思想为指导,深入贯彻落实科学发展观,攻坚克难,砥砺奋进,加快推进"四个率先",加快建设"四个中心",开启了创新驱动、转型发展的新局面,完成了本届政府工作目标和任务。

五年来,上海在中央的直接领导和全国人民的大力支持下,坚持科学办博、勤俭办博、廉洁办博、安全办博,举全国之力、集世界智慧,举办了一届成功、精彩、难忘的世博会,城市国际影响力显著提升。八年艰辛筹备、184天精心举办,全市人民齐心协力,社会各界共襄盛举。高质量完成世博会场馆和城市基础设施配套建设,认真做好活动策划、招展布展、对外推介等筹办工作,全面开展迎世博600天行动计划。面对参观人流长时间高度聚集,坚持以人为本,不断改进园区服务和城市运行管理,周密细致做好安保、交通、外事、旅游、接待、宣传和志愿者服务等工作,经受住连续高温天气、单日103万超大客流等严峻考验,创下了246个参展国家和国际组织、7308万参观人次的历史之最,赢得了国内外宾客对上海世博会和上海这座城市的普遍赞誉,谱写了世界博览史的新篇章。精心谋划"世博后"这篇大文章,一批绿色、低碳、环保的科技成果得到应用,一批世博会期间行之有效的城市服务和管理措施制度化、常态化,中国馆等重要场馆改造成公共文化场馆并对外开放,"城市,让生活更美好"的理念深入人心,上海世博会精神成为推动转型发展的强大精神力量。

五年来,积极应对国际金融危机的严重冲击和自身发展转型的严峻考验,努力摆脱传统发展模式的束缚,经济保持持续平稳健康发展,经济发展方式转变迈出实质性步伐。经济增长的质量与效益明显提高,全市生产总值年均增长8.8%、2012年突破2万亿元,地方财政收入从2007年的2103亿元提高到2012年的3744亿元,单位生产总值能耗"十一五"期间下降20%、近两年再下降10.5%,主要污染物排放量超额完成削减目标。金融中心建设取得重大进展,股指期货等金融创新顺利推进,大型商业银行二总部、上海清算所等功能性机构加快集聚,各类金融机构累计1227家,金融市场交易额达到528万亿元,股票市场、期货市场规模跃居全球前列。航运中心建设取得新突破,启运港退税等一批先行先试政策启动实施,上海港集装箱吞吐量连续三年位居世界第一,浦东国际机场货邮吞吐量连续四年位居世界第三。贸易中心建设步伐加快,关区和本市进出口总额分别达到8013亿美元和4368亿美元,商品销售总额达到53795亿元,社会消费品零售总额年均增长13.8%。产业结构调整成效明显,第三产业增加值占全市生产总值的比重提高到60%,战略性新兴产业规模突破1万亿元,大型客机等一批国家重大项目落地。经济发展对投资拉动、房地产业、重化工业、加工型劳动密集型产业的依赖减弱,消费对经济增长的贡献率上升到70%以上,房地产业增加值占全市生产总值的比重从2007年的7.7%下降到2012年的5.4%,五年淘汰高污染、高能耗落后产能4760项。科技创新能力明显提高,张江国家自主创新示范区启动建设,上海光源、光刻机研制等取得重大突破,全社会研发经费支出相当于全市生产总值的比例达到3.16%。知识产权创造、运用、保护、管理全面加强，每万人口发明专利拥有量达到17.2件。人才发展环境进一步优化，高层次人才不断集聚。滚动实施环保三年行动计划，环保投入相当于全市生产总值的比例保持在3%左右，新增绿地5500公顷。

五年来，坚持民生优先导向，把转型发展与改善民生有机结合起来，不断加大民生投入，着力加强和创新社会管理，人民生活水平明显提高。城市和农村居民家庭人均可支配收入分别从2007年的23623元、10222元提高到2012年的40188元、17401元。实施积极的就业政策，每年新增就业岗位60万个左右，城镇登记失业率保持在4.5%以内。加强郊区“菜园子”、市区“菜市场”建设，增强粮食、蔬菜综合保障能力，物价总水平保持基本稳定。覆盖城乡的社会保障体系基本建立，“职保”、“镇保”和“新农保”人均养老金分别提高90%、89%和192%，最低工资标准、城镇和农村低保标准分别提高73%、63%和84%。养老服务体系不断完善，养老床位增加到10.6万张，社区居家养老服务覆盖27.2万人。住房保障体系基本形成，累计开工建设和筹措各类保障房83万套，竣工47万套，拆除中心城区二级旧里以下房屋332万平方米。贯彻国家房地产市场调控政策，房价过快上涨势头得到遏制。开展个人住房房产税改革试点。社会管理创新进一步加强，社区事务受理服务中心、卫生服务中心、文化活动中心实现街道乡镇全覆盖，实有人口、实有房屋全覆盖管理基本实现，重大事项社会稳定风险评估制度全面推行，分级分责化解社会矛盾、信访事项核查终结等制度建立实施，平安建设深入推进，社会保持和谐稳定。

五年来，顺应人民群众新期待，加快社会事业改革发展，全面推进国际文化大都市建设，城市软实力明显增强。国家教育综合改革试验区建设全面推进，财政性教育投入从2007年的290亿元增加到2012年的724亿元，新增343所幼儿园、75所中小学，城乡免费义务教育全面实现，上海纽约大学、上海科技大学建设顺利推进。深化医药卫生体制改革，在郊区新建4家三级医院，基本药物制度在公立基层医疗卫生机构全面实施，医疗保障水平稳步提升。出生人口素质继续提高，人均期望寿命达到82.4岁。成功创建全国残疾人工作示范城市。妇女儿童、国防动员、双拥和档案工作取得新进展，民族、宗教、外事、港澳、对台、侨务工作得到加强。建成东方体育中心和近5000处社区健身设施，成功举办第十四届国际泳联世界锦标赛和第一届市民运动会，上海体育健儿在奥运会等重大赛事上取得优异成绩。文化发展不断加快，中华艺术宫、当代艺术博物馆等一批重大文化场馆建成开放，公共图书馆、博物馆等一批公共文化场馆免费开放基础服务项目，国际艺术节等一批重大文化活动成功举办，经营性出版单位转企改制等改革全面完成，文化创意产业增加值占全市生产总值的比重超过10%。

五年来，始终把统筹城乡发展放在重要位置，推动建设重心向郊区转移，加快建设现代化基础设施体系，加强和改进城市管理，推进社会主义新农村建设，城乡一体化发展取得重大进展。枢纽型、功能性、网络化基础设施体系基本建成，洋山深水港区三期工程、浦东国际机场二期扩建工程、虹桥国际机场扩建工程建成运营，虹桥综合交通枢纽投入使用，京沪高速铁路上海段、沪宁城际铁路、沪杭客运专线、金山铁路建成通车，轨道交通运营线路从2007年的263公里增加到2012年的468公里。长江隧桥、外滩地区综合交通改造工程、崇启通道和一批黄浦江越江工程相继建成。青草沙水源地原水工程全面建成。智慧城市建设加快推进，光纤宽带使用家庭达到250万户，无线局域网覆盖300处主要公共场所。全面加强城市安全管理，建立健全城市长效管理机制，加大城市维护投入，城市面貌显著改善，交通运行平稳有序。黄浦江两岸、临港地区、虹桥商务区、国际旅游度假区等重点区域建设取得重大进展。郊区新城规划调整修编基本完成，重点新城建设加速，小城镇发展改革试点稳步推进。新建改建3300公里农村公路，完成527个村庄、20万户农村生活污水处理设施、8151户农村困难户危旧房改造。农业投入加大，累计建成设施粮田129.8万亩、设施菜田20.3万亩。稳定和完善农村土地承包关系，有序推进农村集体经济组织产权制度改革。生态补偿机制建立健全，对财力困难区县的财政转移支付力度进一步加大。崇明生态岛建设加快推进。

五年来，直面制约科学发展的老矛盾、新问题，奋力推动改革开放不动摇，重点领域和关键环节改革取得新突破，开放型经济水平不断提高。浦东综合配套改革试点深入推进，南汇并入浦东新区顺利实施，跨境贸易人民币结算、期货保税交割等创新在浦东率先推进。按照国家部署，在部分服务业先行开展营业税改征增值税试点，为全国扩大试点范围积累了经验。国资国企开放性、市场化重组有序推进，一批国有企业集团整体上市，全市经营性国资证券化率从2007年的17.6%提高到2012年的35.2%。实施财政专项资金支持等政策措施，缓解中小微企业"担保难、融资难"问题，非公有制经济增加值占全市生产总值的比重超过50%。社会信用体系建设继续推进，人民银行征信中心落户上海。开放型经济达到新水平，实际利用外资595亿美元，对外投资超过100亿美元，在沪跨国公司地区总部累计达到403家，服务贸易进出口总额占全国30%以上，对外承包工程新签合同额连续四年超过100亿美元。支援都江堰市灾后重建任务全面完成，对口支援力度继续加大，与长三角和其他地区的合作交流不断深化。

五年来，紧紧围绕服务政府、责任政府、法治政府、廉洁政府建设，着力创新政府管理，着力改进政府服务，"两高一少"行政区建设取得重大突破。推进行政审批制度改革，建立审批标准化管理制度，共取消调整审批事项1040项，产业项目平均审批期限缩短三分之一。电子政务网络实现全覆盖，网上政务大厅开通运行，网上办事事项达到1792项，"12345"市民服务热线建成运行，以"上海发布"为核心的政务微博群成功上线。全面深化政府信息公开，共依法公开73.2万条政府信息，信息公开工作走在全国前列。减少行政事业性收费，共取消和停征368项收费项目，成为行政事业性收费占地方财政收入比重最小的省市之一。市、区县两级政府机构改革和黄浦、卢湾"撤二建一"顺利完成，市级政府部门与所属企业全面脱钩。市与区县财税管理体制改革进一步深化，政府预算体系框架基本形成。建立健全公众参与等决策程序，完善行政执法人员管理等制度，依法行政水平进一步提高。强化对政府投资项目、重大政策执行等的审计监督，在财政资金、土地交易等领域实行"制度加科技"的预防腐败新机制，廉政建设进一步加强。

五年实践探索，体会主要是：始终把人民利益放在第一位，切实解决人民群众最关心、最直接、最现实的利益问题，使改革发展成果更多、更公平地惠及全市人民；始终围绕创新驱动、转型发展，加快经济结构战略性调整，努力实现经济持续健康发展；始终坚持社会主义市场经济的改革方向，坚定不移深化改革、扩大开放，不断为城市发展注入强大动力；始终处理好改革发展稳定的关系，加强和创新社会管理，确保社会和谐安定；始终把政府自身建设放在突出位置，加快建设服务政府、责任政府、法治政府、廉洁政府，为做好各项工作提供重要保障。

总结五年奋斗历程，最重要的就是要始终高举中国特色社会主义伟大旗帜，解放思想、实事求是、与时俱进、求真务实，坚持以人为本、执政为民，不断探索中国特色、时代特征、上海特点的科学发展之路。

二、发展中存在的问题

资源环境约束加剧，商务成本持续上升，新的经济增长点不多，不少产业能级不高，转方式、调结构的任务非常艰巨；创新创业活力不足，国有经济发展动力不够强，扩大出口的困难更多，"走出去"层次不高，深化改革开放更加紧迫；城乡区域发展差距仍然较大，农民增收基础依然薄弱，城乡区域协调发展的推进力度亟待加大;常住人口总量快速增长,人口老龄化程度加剧,基本公共服务和社会保障压力加大,收入分配差距依然较大,群体利益诉求日趋多样,改善民生和社会管理的任务繁重;城市运行安全和生产安全问题多发,薄弱环节还有不少,城市管理的科学化、精细化水平急需提高。有些政府部门职能转变相对滞后,推动转型发展、加强公共服务管理的能力和水平亟待提高;一些政府工作人员责任感不强、工作效率不高已经成为比较突出的问题,不主动作为和相互扯皮、相互推诿的情况时有发生,形式主义、做表面文章的现象仍然存在,直接导致一些政府工作落实不力、服务不到位;少数政府工作人员缺乏忧患意识、群众观点不强,脱离群众,铺张浪费,极少数人甚至以权谋私、贪污腐败。

三、今后发展目标

(一)聚焦重要产业、重大项目、重点区域,在加快调结构、转方式中实现经济增长

(二)优化发展环境,促进技术创新体系和人才队伍建设

(三)注重先行先试,深入推进经济体制改革

(四)着眼于提升集聚辐射功能,进一步扩大对内对外开放

(五)完善服务配套,切实保障和改善民生

(六)把握市民新需求,加快社会事业改革发展

(七)着力提高服务效能,发展文化事业和文化产业

(八)加强城市建设管理,推动智慧城市建设

(九)创新体制机制,切实加强社会管理

(十)加大城乡统筹力度,加快郊区新城和新农村建设

(《重庆经济年鉴》编辑部根据上海市有关资料整理)

南京市

一、过去5年工作回顾

2012年，面对宏观经济形势复杂多变、经济下行压力不断增大的困难挑战，全市人民在省委、省政府及市委的正确领导下，紧紧围绕率先基本实现现代化总目标，团结奋斗，攻坚克难，全力以赴稳增长、调结构、促转型、惠民生，使经济社会继续保持稳定健康发展。预计全年实现地区生产总值7200亿元，按可比价计算比上年增长12%左右；公共财政预算收入733亿元，增长15.4%；工业增加值2740亿元，增长11.3%；第三产业增加值3845亿元，增长12.1%；完成全社会固定资产投资4650亿元，增长16%；实现社会消费品零售总额3150亿元左右，增长17%；实际到账注册外资41亿美元以上，增长18%；万元地区生产总值能耗降低6.5%左右；城市居民人均可支配收入36700元，增长14%，农民人均纯收入15000元左右，增长14.4%；居民消费价格涨幅控制在3%以内。除因国际市场变化导致出口未能达到预定增幅目标外，基本完成十四届人大五次会议提出的各项目标

过去5年全市高举中国特色社会主义伟大旗帜，坚持以邓小平理论、“三个代表”重要思想和科学发展观为指导，开拓创新，务实奋进，率先建成了惠及全市人民的小康社会，开启了率先基本实现现代化的新征程。

(一)综合实力显著增强

地区生产总值从2007年的3340亿元跃上7000亿元台阶，近三年年均新增1000亿元以上，五年翻了一番。公共财政预算收入从2007年的330亿元跃上700亿元台阶，近三年每年新增近100亿元，五年翻了一番以上；全社会固定资产投资是2007年的2.5倍；规模以上工业总产值为11400亿元，五年翻了近一番；三次产业增加值比例由2007年的3.5:48.1:48.4，调整为2012年的2.6:44.0:53.4；社会消费品零售总额年均增长17.3%；进出口总额年均增长8.6%；五年累计实际到账注册外资达153亿美元，新增私营企业注册资本2203亿元，新增个体工商户注册资金219亿元。结构调整、产业转型成效显著，实施“千企升级”计划、科技创新创业计划、新兴产业发展计划、现代服务业发展计划等，提升电子信息等四大支柱产业发展水平，推进智能电网、新型显示、生物医药等八大新兴产业，以及软件和信息服务、金融保险等八大现代服务业发展。经过近三年的治理，目前燕子矶地区66家化工企业已全部停产，335家“三高两低”企业得到整治，南京主城突破了化工围城、异味扰民的“环境困局”。首家被国家工信部授予中国软件名城称号，软件业务收入超过2000亿元。出台鼓励科技创新创业20条、“1+8”系列政策、“科技九条”等，推进“紫金科技创业特别社区”、软件谷、麒麟生态科技园、模范马路创新街区等载体建设。实施“紫金人才”和“321人才”计划，入选国家“千人计划”人才116名。研发经费支出占地区生产总值比重较上年提高0.2个百分点，专利授权量达1.65万件，是2007年的4.36倍。研究出台鼓励扩大内需的政策措施。综合保税区获国务院批准设立，江宁开发区升格为国家级开发区，金陵海关获批挂牌。承办了第四届世界城市论坛、中欧领导人会晤和中欧工商峰会、海峡两岸紫金山峰会、台湾名品交易会等重大国际国内展会。

(二)民生保障得到显著改善

城乡公共服务支出占公共财政比例从2007年的61.4%提高到2012年的70%。制定实施城乡居民收入“双倍增计划”，城市居民人均可支配收入年均增长12.5%，农民人均纯收入年均增

长13.3%;连续三年出台关于改善民生的"一号文件",完善了10项民生政策,重点解决了10类特殊群体的困难;市区两级财政分期投入139亿元,解决了1983年以来近52万被征地人员进城保问题,为他们解除了后顾之忧,使他们成为真正的市民,生活得更有尊严;投入500多亿元,实施了南京历史上最大的安居工程,四大保障房组团1000多万平方米全面建设,首批住户顺利入住,改善了市民住房条件;2011年出台了全国最早的学前教育惠民举措,约有17万左右适龄儿童每人每年获得2000元助学券;医药卫生体制改革深入推进,基本医疗、公共卫生服务和医疗保障实现全覆盖,基本药物制度全面实施,减少了城乡居民医疗支出;千方百计扩大就业,五年新增城镇就业98万人;扩大社会保险覆盖面,五项险种累计参保人数达1296万人次;实施70岁以上老人和残疾人免费乘车、60至69岁老人半价乘车等惠民政策,开展了残疾人"助学、助听、助行、助业"等四助活动。

(三)公共服务水平不断提高

统筹历史文脉传承和文化事业、文化产业发展。孙权纪念馆、非物质文化遗产博物馆、金陵图书馆、妇女儿童活动中心建成使用,六朝博物馆、江宁织造府、大报恩寺遗址公园、南京直立猿人化石遗址公园等文化项目加速推进。公共文化服务体系不断完善,基层文化服务设施全面提档升级,文化产业增加值达330亿元,年均增长25%以上。鼓楼医院、妇幼保健院、儿童医院等一批医疗机构改扩建工程竣工,河西医疗中心等工程加快建设。平安南京建设不断推进,社会整体发展稳定有序,群众的安全感进一步增强。畅通人民信访渠道,社区建设和管理得到加强,和谐社会建设不断推进。玄武湖和中山陵陵寝两大核心景区免费对市民开放。对外交流、宁台合作、涉外侨务、民族宗教工作不断拓展,友好城市和友好合作城市达47个。佛顶骨舍利盛世重光。荣获全国双拥模范城市"七连冠"。成功申办2014年青年奥林匹克运动会和2013年亚洲青年运动会。顺利举办历史文化名城博览会和中国航海日活动。先后荣获联合国人居奖特别荣誉奖、全国民族进步模范集体、联合国国际花园城市金奖、全国文明城市等光荣称号。

(四)城市功能品质明显提升

围绕建设现代化国际性人文绿都目标和"一城三区"总体规划布局,修编了新一轮城市总体规划,实施了"三个提升"计划和河西新城等十大功能板块建设。南京长江隧道、长江四桥、绕越高速、玄武大道快速化改造等一批引导支撑城市发展的重大交通项目相继建成。纬一路和绕城公路改造加快推进,纬三路过江隧道建设、城西片区快速路网改造进展顺利。京沪高铁、沪宁城际铁路及南京南站建成运营,宁杭和宁安城际铁路、禄口机场二期工程、红花机场迁建等项目有序推进。地铁1号线南延和2号线竣工运营,开工建设地铁3号线、10号线一期、4号线一期、宁高一期等轨道交通线。河西新城青奥村和一批功能性大楼建设进展顺利。老城南文化街区保护、下关滨江旧区改造、燕子矶化工区整治、浦口新城和麒麟生态科技园开发等逐步推进。实施国家生态市、国家生态园林城市、国家森林城市"三城"同创,推进大气环境、水环境、垃圾分类处理、节能减排、"动迁拆违、治乱整破"等专项行动。基本完成玄武湖、金川河"一湖一河"区域雨污分流和城北护城河、外金川河环境综合整治任务。五年累计完成小区出新271个,整治街巷1509条。明外郭-秦淮新河百里风光带、滨江两岸百里风光带和紫金山-玄武湖中央公园及百个小游园等建设全面启动,人均公园绿地面积达14.2平方米。

(五)城乡统筹一体发展逐步加快

大力推进"区区县县通轻轨、干线公路连街镇、区域供水全覆盖、城乡公交一体化、水利能力大提升"和郊区县先进制造业基地建设,促进城乡规划、产业发展、要素配置、基础设施和公共服务一体化。深入推进跨江发展,江北地区发展明显加快。一批好的先进制造业和新兴产业项目落户郊区县,郊区县地区生产总值占全市的比重达54%。以农业“1115工程”为抓手，推动现代农业发展和国土资源保护，粮食生产连续九年获得丰收，发展乡村旅游、生态旅游。江北大道、122省道、宁高新通道三条城乡大动脉和340省道、247省道等干线公路建设全面实施。堤顶宽8米的长江干堤提升工程完成73公里，滁河和水阳江治理加速推进，大大提高了防洪能力和生态水平。基本完成4482个村庄环境整治任务。加大了城乡帮促力度，市区县为204个集体经济薄弱村建造100多万平方米标准厂房，基本消除了可支配收入低于50万元的行政村。

(六)服务型政府建设进一步加强

实行了“大部制”改革，推进了审批制度、简政强区县、国资管理、财政体制、土地利用、城市管理等综合改革，向区县和开发区下放了202项市级行政权力。健全了重大行政决策咨询、论证、听证等制度。建成市级行政服务中心，开通运行“12345”政府服务呼叫中心。制定并实施了全面推进依法行政五年规划，制定和修订政府规章24部，向市人大常委会提交立法议案29部。实施项目联审联评，推进部门公开办事程序、时限等服务承诺。开展“联系市民、服务百姓”、“改进服务、千企走访”和“向人民汇报”民主评议直播等活动，为人民群众生活和企业发展排忧解难。与此同时，人防、司法、工会、妇女儿童、慈善、档案、地方志、社会科学等各项工作取得新的进步。

二、发展中存在的问题

南京经济社会发展中还存在不少矛盾和困难：做大经济总量和产业结构调整转型升级、构建现代产业体系、转变发展方式的任务十分繁重；城乡居民收入、环境质量、郊县发展仍是我们需要主攻提升的“三大短板”；企业生产经营成本上升和创新能力不足的问题并存；公共服务水平滞后于经济发展，交通拥堵等压力亟需解决；各种体制机制显现出来的深层次矛盾有待化解。

三、2013年发展目标

2013年是全面贯彻落实十八大战略部署的开局之年，是率先基本实现现代化和实施“十二五”规划的关键之年，是“办亚青、迎青奥”的落实之年。全市工作的总体要求是：全面贯彻落实党的十八大精神，以科学发展为主题，以加快转变经济发展方式为主线，以提高经济增长质量和效益为中心，以“稳中求进、以进促稳”为主基调，突出经济平稳较快增长，突出创新驱动结构调整转型升级，突出民生改善管理创新，突出城市功能建设品质提升，突出城乡统筹区域协调，突出环境保护生态建设，突出关键领域改革突破，集中力量主攻薄弱指标提升、城市面貌整体提升和办好亚青会，夺取率先基本实现现代化的阶段性胜利。

2013年经济社会发展主要指标是：地区生产总值增长11%；公共财政预算收入增长13%；服务业增加值占地区生产总值比重提高1个百分点；全社会固定资产投资增长15%；社会消费品零售总额增长16%；实际利用外资增长14%；外贸出口增长5%；全社会研发经费支出占地区生产总值比重提高0.3个百分点；万元地区生产总值能耗降低7%以上、化学需氧量排放强度控制在1.55千克以内、二氧化硫排放强度控制在1.8千克以内；城镇居民人均可支配收入增长13%，农民人均可支配收入增长14%；居民消费价格指数控制在省定标准。

(《重庆经济年鉴》编辑部根据南京市有关资料整理)

武汉市

一、2012年工作回顾

2012年，是武汉市全面推进国家中心城市和国际化大都市建设的第一年。在省委、省政府和市委的坚强领导下，全市认真贯彻党的十八大和省第十次党代会、市第十二次党代会精神，抢抓机遇、奋力拼搏，敢为人先、追求卓越，完成了市十三届人大一次会议确定的年度目标任务，武汉在新的历史起点上取得了新的成就。

——经济规模跃上新台阶。预计经济总量跨越7000亿元、8000亿元两个台阶。全口径财政收入突破2000亿元。固定资产投资突破5000亿元。主要经济指标在15个副省级城市中排名稳中有进。

——工业倍增势头强劲。预计工业总产值突破1万亿元。工业投资1700亿元，增长41.7%。能源环保、食品烟草成为新的千亿产业，千亿产业达到5个。

——国际化迈出新步伐。积极构建水陆空国际大通道。新辟武汉至巴黎等9条国际及地区航线，累计20条，成为中部地区拥有国际航线最多的城市；"汉新欧"铁路国际货运专列开通，江海直达班轮稳定运行，阳逻港成为全国唯一试行内河启运港退税政策港口。"双谷双城"合作全面推进。新引进世界500强企业17家，累计101家。

——武汉迈入"地铁时代"。轨道交通2号线一期建成试运营，全国首条穿越长江地铁在汉诞生，市民出行更便捷、更舒适。

——"城管革命"成效明显。推进管理理念、思路、体制、机制、方法、环境创新。环境卫生、绿化水平、城市立面形象明显提升，交通秩序、经营秩序明显改善，渣土污染、违法建筑得到有效治理，城市面貌发生深刻变化。

——居民收入快速增长。预计城市居民人均可支配收入27000元，增长14%；农民人均纯收入超过11000元，增长15%以上。

一年来，武汉市立足当前、着眼长远，内增实力、外树形象，重点抓了六个方面的工作：

(一)全力以赴稳增长，经济保持平稳较快发展

制定实施稳增长政策措施。面对偏紧的宏观经济环境，及时出台促进工业发展"13条"、民营经济发展"新56条"、金融支持实体经济"30条"等系列政策措施，抓投资、扩内需，保企业、兴产业。

提速工业倍增计划。工业发展平台建设实现重大突破。6个新城区工业倍增示范园区各实现10平方公里"七通一平"，汉阳区、青山区、洪山区各实现5平方公里"七通一平"。强力推进重大项目建设。80万吨乙烯建成中交，东风本田二厂、武钢一硅钢技术改造、100万吨煤焦油、武石化炼油改造二期、格力电器武汉产业园等项目建成投产。上海通用武汉生产基地、联想武汉生产基地、周大福珠宝文化产业园、武钢镀锡板、北车轨道交通装备修造基地、力诺武汉产业基地、湖北广电传媒基地等项目开工建设。签约引进10亿元以上工业项目22个，其中50亿元以上10个。重点区域支撑作用增强，武汉经济技术开发区、东湖新技术开发区实现规模以上工业总产值占全市的36%，新城区规模以上工业总产值增长35%以上。新增规模以上工业企业255家。

启动服务业升级计划。加快建设区域性金融中心和全国重要的现代物流中心、会展中心、工程设计中心。新引进7家金融机构，新增上市企业11家，其中"新三板"挂牌企业10家，27家金融机构在汉设立后台服务中心，金融业增加

值增长18%。制订实施物流业空间发展规划。成功举办第九届中国国际物流节，发起成立中国物流城市联盟。精心组织光博会、汉交会、武汉国际汽车展、首届武汉国际时装周等各类展会521场，交易额增长24.2%。加快发展文化创意产业。出台《武汉文化产业振兴计划》，组建武汉工程设计产业投资公司，东湖设计城、武汉设计产业园建设进展顺利，"汉阳造"广告创意产业园获批"中央财政支持广告业发展试点园区"。大力发展商业新业态，电子商务交易额突破1200亿元，新增连锁经营网点123家。实现社会消费品零售总额3427亿元，增长15.8%，"小进限"商贸流通企业新增1518家。武汉欢乐谷建成开业。全市旅游总收入增长31.9%。获批国家级文化和科技融合示范基地、全国旅游标准化试点城市。

加大服务企业力度。开展"企业大走访"活动，协调解决企业生产经营中的突出困难和问题。帮助企业开拓市场，组织重点产业上下游企业供需对接，对企业参加国内外产品展销会提供财政补贴。继续落实取消、减免、降低行政事业性收费政策，切实减轻企业负担。

(二)深入实施两大国家战略，改革创新取得新进展

加快建设国家创新中心。大力推进东湖国家自主创新示范区建设。示范区发展规划纲要获国务院批复。出台促进示范区科技成果转化的"黄金十条"政策。加快光谷"资本特区"建设，获批开展"新三板"试点，设立股权投资机构60余家，11家金融机构在光谷设立科技支行。加快光谷"人才特区"建设，新引进高层次创新人才157名。加快特色园区建设，光谷生物城集聚企业424家，63家企业和科技研发机构签约入驻武汉未来科技城。全面提升城市自主创新能力。组建武汉光电工业研究院、武汉智能装备工业研究院、武汉新港发展研究院、中国光谷研究院、武汉导航与位置服务工业技术研究院；新建23个国家级技术创新平台、4家院士工作站。新增科技企业孵化器面积310万平方米，累计536万平方米。制定实施高新技术产业发展五年行动计划，新增高新技术企业200家，高新技术产业产值4483亿元，增长30%。获得国家级科技奖励43项，获批国家知识产权示范城市、全国首批促进科技和金融结合试点城市，国家知识产权局专利局审查协作中心落户武汉。

推进"两型社会"改革试验。颁布实施《武汉市基本生态控制线管理规定》、《武汉市节能监察办法》、《武汉市中心城区湖泊"三线一路"保护规划》。加强水、空气污染防治。实施主城区污水全收集全处理五年行动计划，启动龙王嘴污水处理厂改造工程，新建污水管网100公里。启动PM2.5监测。淘汰"黄标"公交车740辆。环境空气质量优良天数达到321天，比上年增加15天。深入实施"两型"示范工程，新增公共节能灯具5万余盏、绿色建筑180万平方米、电动公交车200台、公共自行车2万辆，16个循环经济示范项目建成投产，生态水网工程取得新进展。

深化经济体制改革。推进国有企业改革，长动集团、武重集团、中联制药与央企实现战略重组，24家国有出资企业资产总额、利润总额分别增长15%、15.3%。完成54家集体企业改制。促进民间投资，加快民营经济发展，新增个体、私营企业11万户。启动营业税改征增值税试点。

加强服务型政府建设。推进行政审批制度创新。完善工业、建筑业、服务业审批新流程，启动优化公共服务领域办事流程。市直部门承担审批职能的内设机构和二级事业单位由138个调整归并为53个。"武汉市民之家"投入运行，66个部门和单位的服务、审批事项入驻。建立全市统一的网上行政审批系统。深化"治庸问责"，开展电视问政、网络问政等群众监督活动，公开承诺的"十大突出问题"整改成效明显。坚持依法行政，自觉接受市人大及其常委会的法律监督、工作监督和市政协的民主监督，提请市人大常委会审议通过地方性法规草案5件，制定政府规章12件，人大议案、代表建议和政协建议案、提案1315件全部办结。在市民中公开选聘政府参事。

（三）拓展开放广度和深度，城市国际化进程明显加快

突破性推进招商引资。加大“走出去”招商力度，主动承接海内外产业转移。在美国、日本、韩国、香港等发达国家和地区及长三角、珠三角、环渤海等沿海发达地区设立常驻招商机构。举办境内外大型招商活动80余场。实施央企对接战略，签约合作项目35个，总投资863亿元。新引进投资10亿元以上项目56个。实际引进内外资总额1705亿元，增长78%。

扩大对外交流合作。拓展航空、铁路、水运国际大通道。航空口岸出入境68万人次，增长57.6%。“汉新欧”铁路国际货运专列17天内穿越亚欧6国，直达捷克。江海直达班轮每周开行8班，72小时内从阳逻港直达上海洋山港。成功争取美国驻汉总领事馆2014年开办签证业务。推进“双谷双城”交流合作，武汉与芝加哥市签署合作备忘录，武汉·中国光谷与美国硅谷签订战略合作协议，签约项目总投资82亿美元。国际友好城市增加到18个。新批对外直接投资项目40个，完成对外承包工程和劳务合作营业额增长25%。

积极参与“两圈一带”和长江中游城市群建设。出台参与推动长江中游城市群建设的指导意见，在经贸、交通、旅游、口岸等方面的合作有序展开。对口帮扶郧西、来凤、五峰工作扎实开展。援藏、援疆工作取得新成效。

着力改善外籍人士在汉工作生活环境。启动实施“家在武汉”工程。规范公共场所和主干道英文标识，出版中英文对照武汉地图，在公共服务窗口推广双语服务，编印《外国人在汉指南》，创办《长江日报》英文周刊。完成领事馆区规划工作。

（四）强化城市规划建设管理，城市功能环境显著提升

发挥规划引领作用。制订出台《武汉市建设国家中心城市行动规划纲要》。中心城区实现法定规划全覆盖。编制完成《都市发展区“1+6”空间发展战略实施规划》、《新城区轨道交通线网规划和“十二五”建设规划》等重大专项规划。提升规划水平，重大规划编制面向国内外知名设计机构招标。武汉城市规划展示馆建成开放。

制定实施城建攻坚计划。基础设施建设投资1150亿元，城建重大项目竣工15个、开工25个、续建16个。

交通枢纽建设取得新突破。汉宜高铁、京武高铁开通运行，武汉成为全国第一个东南西北都通高铁或高速客运专线的城市。天河机场三期、机场交通中心、阳逻集装箱三期开工建设。

城市路网建设加快。二环线水东段、八一路延长线、欢乐大道、珞狮南路、汉西一路、塔子湖东路、梨园地下通道、107国道洪山段改造等重大工程竣工通车。轨道交通3号线一期、长江大道、解放大道下延线、雄楚大街、龙阳大道、东湖通道、八一路地下通道、通顺大道、汉江三官公路大桥等新建改建工程开工建设。轨道交通4号线一期二期、四环线、二环线汉阳段、鹦鹉洲长江大桥、机场第二通道、姑嫂树路快速通道等重大项目加快建设。轨道交通6号线一期建设获国家正式批复。建成慢行交通系统50公里，改造社区道路1281条。

市政设施不断完善。建成地下排水管网80公里，常青泵站二期、杨泗港泵站等一批大型排水设施投入运行，黄孝河、罗家港等7条大型明渠箱涵清淤疏浚全面完成，城市排渍能力有效提升。天然气外环高压管道成功穿越长江。中心城区和新城区建制镇实现3G网络全覆盖。

城市更新改造力度加大。汉正街、黄浦大街、精武路、尤李村等重点片区改造提速。二环线内56个“城中村”改造目标任务全面完成。历史文化风貌街区保护工程启动实施。

纵深推进“城管革命”。坚持以人为本，广泛发动市民，开展“城管革命”战线行、社区行、校园行。无证小餐饮、暴露垃圾、车窗抛物、行车“加塞”、广告招牌、占道经营等专项治理取得新成效。修复老旧破损人行道33万平方米。加快“绿色江城”建设。东沙城市绿道、后官湖郊野绿道、巡司河风情公园一期建成开放。张公堤城市

森林公园示范段和三环线、文化大道、新天大道、川龙大道绿化带基本建成。完成116条城市道路和绕城高速绿化改造。新建环湖路30公里。建成“三小”绿地和园林小景62个、景观花街11条。汉江江滩二期、58座山体景观公园启动建设。新增绿地面积750万平方米。成功申办第十届中国国际园林博览会。推进城市管理法制化、规范化。《武汉市城市综合管理条例》获市人大常委会审议通过。编制实施“汉版城管手册”。制定出台《武汉市城市容貌规定》。数字化城市管理系统开通运行。

(五)加大“三农”工作力度,城乡统筹发展迈出新步伐

积极稳妥推进新型城镇化。按照“独立成市”理念,推动6个新城区各规划建设一座中等城市规模的现代化新城。投入43亿元,建设城镇项目270个。开展“扩权强镇”试点。奓山街纳入全国小城镇综合配套改革试点,11个街镇获批省级重点中心镇、特色镇。

大力发展现代都市农业。编制《武汉市现代都市农业发展空间布局规划》。加强“菜篮子”工程建设,新增标准化蔬菜和水产基地8.5万亩。加快发展农产品加工业,6个新城区基本形成“一区一园”格局,农产品加工业产值达到1500亿元,增长22%。制订实施赏花经济规划,乡村休闲旅游突破1500万人次。

加快转变农业发展方式。推进农业科技创新,推广农业新模式、新品种、新技术105项,转化农业自主知识产权科技成果18项。推进农业资源资本化,全面开展农村资产资源确权登记,农村产权交易所实现交易额20亿元,农村产权抵押贷款金额4.6亿元,农村土地流转面积达到150万亩。武汉成为全国省会城市唯一的国家农村综合改革试验区。

持续改善农村生产生活条件。以开展“万名干部进万村挖万塘”活动为契机,加强农田水利建设。整治塘堰1.47万口、灌排港渠570公里。完成27座小型病险水库除险加固工作。农业旱涝保收面积扩大到223万亩。对7个乡镇、126个村湾实施环境综合整治,建成24座农村垃圾转运站。制定实施农村饮用水管理办法,农村饮用水管理长效机制初步形成。建成500个“村邮站”。发放惠农补贴4.1亿元。

(六)加大民生工作力度,人民生活水平稳步提高

全市公共财政用于教育、医疗卫生、就业社保、保障性住房和文化体育的支出达348.6亿元,增长22.1%。

突出抓好就业和社会保障工作。城镇新增就业15.9万人;扶持自主创业1.9万人,直接带动就业8.1万人,武汉被评为“全国创业先进城市”。推进社会保险提标扩面。社会保险净增参保73万人次,综合覆盖率95%。29.9万名被征地农民纳入社会养老保险。城乡居民社会养老保险实现全覆盖。城镇医保门诊治疗的重症、慢性疾病,由10种增加到26种。企业退休人员基本养老金增长16%。城镇“三无”、农村“五保”对象供养标准平均提高30%以上。为2.1万名少数民族群众发放清真肉食补贴。物价涨幅控制在全国平均水平以下。建设筹措保障性住房10.81万套,竣工(含基本建成)5.86万套。加强社会化养老服务体系建设,新建城镇居家养老服务中心(站)79家、农村老年人互助照料中心10家,为40万名65周岁以上老人实行免费体检。

着力增强公共服务能力。优先发展教育事业。50所公办幼儿园新改扩建工程、76所小学标准化建设、184所校园基础设施改造全面完成。创建30所市级特色小学和16所特色初中。出台《推进职业教育改革与发展的意见》。制订实施《武汉国家医疗卫生服务中心建设规划》。基本药物制度向非政府办基层医疗卫生机构拓展。54个社区卫生服务中心和乡镇卫生院实现提档升级。大医院直管社区卫生服务中心模式初见成效。全面推进“文化五城”建设。25个24小时自助图书馆建成投入使用。完成55个中心城区街道文化站提档升级、31个乡镇综合文化站改扩建。启动建设武汉科技馆新馆、江汉关博物馆,新增体育场地面积50万平方米。整合新

城区广播电视有线网络，实现“全市一网”，高清电视频道顺利开播。首批30家非时政类报刊出版单位完成转企改制。“书香江城——全民阅读”、“武汉之夏”、首届人口文化节等群众性文化活动蓬勃开展。成功举办汤姆斯杯和尤伯杯世界羽毛球锦标赛、第十届武汉国际杂技艺术节、第十届武汉国际赛马节、首届琴台音乐节、“同城双星”龙舟赛等大型文体活动。成功申办2015年世界中学生田径锦标赛。

创新社会管理体制机制。全面推进社会管理服务网格化。1470个社区启动“幸福社区”创建工作。完成10个街道社区服务中心和750个社区服务站提档升级。“平安武汉”建设不断深化。警务机制改革深入推进，4679名市级警力充实到基层。社会治安立体防控成效明显。食品药品安全监管、信访、安全生产工作进一步加强。

全面发展各项社会事业。人口计生公共服务体系不断完善，“幸福家庭” 创建活动深入推进。“六五”普法工作深入开展。国防教育和国防动员取得新进步，连续五次荣获“全国双拥模范城”。市政府承诺的十件实事全面完成。

二、发展中存在的问题

从宏观环境看，国际经济形势依然错综复杂、充满变数，国内经济增长下行压力仍然较大，城市间竞争日趋激烈。从武汉实际看，在促进工业化、信息化、城镇化和农业现代化同步发展中，还存在许多亟需解决的矛盾和问题：经济规模还不够大、产业层次还不够高，一些企业生产经营困难、部分产业增长放缓，资源环境约束趋紧，转变发展方式、促进经济持续健康较快发展任务艰巨；城乡基础设施承载力还不适应快速发展需要，城市建设任务十分繁重；伴随城市规模扩张，交通拥堵、生产安全风险等“城市病”亟待有效治理；社会结构深刻变化，平衡协调各方面利益、及时有效解决各种社会矛盾的难度越来越大；城乡二元结构矛盾依然突出，农村生产生活条件有待进一步改善，新型城镇化发展的制度障碍亟待破除。新形势对政府工作提出了更高要求，一些政府工作人员的履职能力、勤政廉政意识和依法行政水平有待进一步提升。

三、2013年发展目标

2013年，是全面贯彻落实党的十八大精神的开局之年、实施“十二五”规划承上启下的关键之年，也是武汉推进国家中心城市和国际化大都市建设可以大有作为的一年。

要全面贯彻党的十八大精神，以科学发展观为指导，推进工业化、信息化、城镇化和农业现代化同步发展，以提高经济增长质量和效益为中心，坚持扩大内需，促进投资消费；坚持两业并举，壮大实体经济；坚持创新驱动，推进转型跨越；坚持建管并重，提升功能环境；坚持民生优先，增进人民福祉；坚持生态建设，构建“两型社会”；坚持改革开放，增强发展活力，好中求快，竞进提质，建设“美丽江城”、“幸福武汉”，开创武汉经济社会发展新局面。

2013年全市经济社会发展主要预期目标是：地区生产总值增长12%，地方公共财政预算收入增长13%，全社会固定资产投资增长18%，社会消费品零售总额增长15%，完成省下达的节能降耗、碳减排和主要污染物减排任务，居民消费价格涨幅控制在全国、全省平均水平，城乡居民收入增速高于经济增长速度。

（《重庆经济年鉴》编辑部根据武汉市有关资料整理）

2012年部分环渝区域市县经济发展状况

四川省成都市

成都是四川省省会，国务院确定的西南地区科技、商贸、金融中心和交通、通信枢纽，是中国历史文化名城、全国统筹城乡综合配套改革试验区、全国文明城市、国家环境保护模范城市、中国最佳旅游城市、国家园林城市、中国最具经济活力城市、中国内陆投资环境标杆城市、中国大陆最具软实力城市。辖9区4市6县，面积1.21万平方公里，总人口1417.8万，其中户籍人口1173.3万。2012年，实现地区生产总值8138.9亿元，地方公共财政收入781亿元，固定资产投资5890.1亿元，社会消费品零售总额3317.7亿元，城镇居民人均可支配收入27194元，农村居民人均纯收入11301元。

一、2012年发展回顾

(一)经济增长

工业快速增长。实现规模以上工业增加值2589亿元，总量是2007年的2.6倍。建成全球重要的电子信息产业基地，成为国家电子信息、汽车新型工业化产业示范基地和国家新能源、新材料、民用航空、信息、高技术服务产业基地，电子信息及新一代信息技术产业突破3000亿元，汽车和食品产业分别突破1000亿元。完成重大工业项目投资3137亿元，一汽大众、汉能光伏等642个重大项目竣工量产，四川石化炼化一体等重大项目加快建设。成飞集团、科伦集团等本土骨干企业加快成长，新培育百亿工业企业11户，新增亿元以上工业企业700户。新增500亿元园区4个，国家级成都高新区、经开区建成千亿园区，高新区成为全国首批创建世界一流园区试点单位，综合排名列全国高新区第4位，经开区初步形成汽车制造产业集群和汽车贸易产业群。新增中国驰名商标50件，成为国家商标战略实施优秀示范城市。彻底关闭小煤矿，退出烟花爆竹生产，淘汰落后产能企业459户，2012年单位工业增加值能耗较2007年下降39.9%。

服务业加快提升。实现服务业增加值4000.3亿元，增长11.5%。西部金融中心建设取得重大进展，成为中西部金融机构种类最全、数量最多、市场规模最大城市，全市金融机构存贷款余额分别达20354亿元和15630亿元。商贸物流实现较快发展，万象城、仁恒置地等重大商贸项目全面建成，电子大通关信息系统、中西部规模最大铁路集装箱中心站建成投用，国际客货直飞航线增至27条，成都至欧洲国际铁路货运直达班列测试运行，成都中药材价格指数成为中西部第一个全国大宗商品交易价格指数，成功创建国家电子商务示范城市。旅游综合实力显著增强，成功获批全国首批旅游综合改革试点城市，实现旅游总收入1050.8亿元，增长30.2%。会展经济蓬勃发展，获"中国会展名城"称号，会展业直接收入50.2亿元。获批国家服务业综合改革试点城市。

农业稳步发展。农业基础条件不断改善，东风水库扩建、"百湖工程"等重大水利项目加快建设，大中型灌区续建配套与灌区加快改造，建成高标准农田330万亩，城乡居民“米袋子”“菜篮子”得到有效保障。农业产业结构不断优化，生态有机高效农业加快发展，建成有机农产品生产基地、设施农业基地和粮经高端种业基地共80万亩，国家级农产品品牌增至95个。农业社会化服务体系不断完善，全面完成标准化基层农业综合服务站建设，农业社会化服务机构、市级以上重点产业化龙头企业、农民专业合作社分别达3640家、478家、2958家。获批全国首批国家现代农业示范区。实现农业增加值 348.1 亿元。

(二)对外开放

外商投资实际到位 85.9 亿美元、实际到位内资 3198 亿元、进出口总额 475.4 亿美元,分别增长 31.1%、24.7%、25.5%。投资促进成效显著,成功引进德州仪器、戴尔、联想、大众、沃尔沃、马士基等一批国际知名品牌企业,落户世界 500 强企业累计达 233 家。外经外事成绩突出,成都高新综合保税区"一区两园"获批成立并封关运行,建立"大外事"工作协调机制,驻蓉领事馆增至 10 家列全国第 3 位,国际友好城市增至 18 个。区域合作全面提升,成都、资阳和眉山实现区域通信并网,成阿、成资、成眉等合作共建工业园区累计完成投资 162.9 亿元、引进项目 130 个,成都和广州实现异地就医结算,荣获落实 CEPA 示范城市称号。

(三)城乡综合配套改革

深化农村产权制度改革。规范开展"转征与实施"分离改革试点,鼓励农民集体通过自主开发、公开转让、参股合作等方式开发利用集体建设用地,积极支持农民通过股份合作社自主实施土地综合整治,农村产权登记和保护进入常态化管理,全市新增耕地 2.4 万亩,发放耕保基金约 20 亿元。

深入推进投融资体制改革。完善农业农村投融资机制,健全"三农"投资服务体系,大力发展村镇银行、小额贷款公司等新型金融机构,农村产权直接抵押贷款余额 17.4 亿元。健全政府投资项目决策机制,完善政府重大投资项目评审联席会议制度,强化政府投资项目管理,政府引导投资基础设施项目 430 余个。

深入推进社会管理创新。全面推进"全域成都"户籍管理改革,创新流动人口服务管理,积极解决进城务工人员医疗、住房、子女教育、社保等问题,在全国率先建立城市社区公共财政制度和院落自治体系,深化社会组织登记制度改革,建立社会组织发展基金会和孵化园,村级公共服务和社会管理专项资金最低标准由 25 万元调增至 30 万元。

(四)城乡建设与生态环境建设

交通通信枢纽建设再上新台阶。航空枢纽建设取得新突破,成都新机场前期工作进展顺利,双流国际机场二跑道和新航站楼建成投用,双流机场年旅客吞吐量突破 3150 万人次,成为中国航空第四城。铁路枢纽建设取得重大进展,成灌快铁、成昆铁路货运外绕线和东客站等重大项目建成投运,成绵乐城际铁路全线铺轨,成渝客专、火车北站扩能改造等重大项目加快推进。公路枢纽建设取得重大进步,成安渝成都段、第二绕城高速等项目加快建设,成德绵、成德南、成自泸等高速公路建成通车。市域快速通道建设取得新成绩,二环路高架系统工程等缓堵保畅重大项目顺利实施,2.5 环全线贯通,新建互通式立交桥 9 座,新改建农村断头路和乡镇外联主通道 3320 公里。公共交通优先发展,第一批地铁规划项目全部获批,地铁 2 号线一期建成试运营,1 号线南延线、2 号线东西延线、3 号线和 4 号线加快建设,公交出行分担率达 26.1%,成都公交荣获"中国用户满意鼎"称号。西部通信枢纽建设取得新进展,建成西部信息中心、云计算中心、无线成都综合应用平台和万国数据存储灾备中心等项目,开通成都国际直达数据专用通道,实现互联网同城直联运行,320 万户家庭具备光纤接入能力,率先在中西部跨进第四代移动通讯时代。

城市更新改造展现新风采。"北改"工程初见成效,编制完成北改片区总体规划和产业发展、遗产保护利用等专项规划,6 条骨干道路提前通车,昭觉寺南片区、曹家巷等 23 个棚户区改造全面启动,海宁皮革城、金牛万达等重大服务业项目竣工投用,荷花池、五块石、金府等传统市场加速调迁。中心城区"两轴四片"项目顺利推进,簇桥、金花、机投等"城中村"和涉铁片区改造加快实施,完成三环路、人民南路、滨江路、蜀都大道、机场路等重要干道综合改造提升工程,全面完成东郊企业生活区危旧房改造,成功打造金沙遗址、文殊坊等历史文化片区和兰桂坊、东郊记忆等 11 条特色街区,西部国际医学城和东部文化创意城建设取得重大进展。卫星城建设加快推进，重点镇建设和一般场镇改造工程全面提速，完成58个一般场镇改造任务，黄龙溪、平乐、街子、洛带等一批天府古镇显现新貌，建成一批产业承载力较强、人口聚集度较高、综合服务功能较完备的现代化中等城市、小城市和小城镇。

天府新区建设取得新进展。新区规划体系初步形成，编制完成《天府新区成都部分分区规划》、重要区域和重要地段城市设计，基本完成新区产业发展、综合交通等14个专项规划。重大产业化项目加快建设，仁宝、纬创笔记本电脑等重大产业化项目竣工投产，109个重大先进制造业项目和35个现代服务业重大项目加快建设，总投资超千亿元的新川创新科技园开工建设。重大基础设施加快建设，"三纵一横"等交通骨干项目进展顺利，水电气、通信等市政配套和学校、医院等公共服务配套加快完善，兴隆湖生态绿地工程等重大生态项目扎实推进。天府新区成都部分重大项目完成投资1151亿元，2012年引进重大项目94个。

城乡生态环境呈现新景象。强化城乡环境综合治理，全面治理背街小巷、车站周边、城郊结合部等重点区域"七乱"现象，重要街区和场镇整体环境风貌明显改善。强化水环境综合治理，先后实施雨污分流、中小流域治理、下河排污口治理和黑臭水体整治，中心城区、郊区(市)县城和乡镇污水处理率分别达95%、82%和67%。强化大气环境综合治理，持续开展机动车尾气、扬尘、餐饮油烟和加油站油气回收等综合整治，开展秸秆禁烧专项行动，全面实施三环路内禁煤和清洁能源改造，彻底关闭嘉陵电厂等超标排污企业，二氧化硫年均浓度较2007年下降46.8%。强化城乡生态建设，全面完成龙门山脉灾后生态修复任务和龙泉山脉生态植被恢复工程，积极推进城区"三绿"工程和公园景观改造，启动环城生态区建设，新建1623公里健康绿道，森林覆盖率提高到37.6%。双流、温江成为中西部首批国家生态县(区)。

(五)城乡社会事业

教育事业加快发展。深入推进统筹城乡教育综合改革试验区建设，加快提升全域成都教育均衡化、现代化和国际化水平，实施城乡中小学标准化建设提升工程和优质教育资源满覆盖工程，严格实行义务教育阶段学生按户籍所在地就近入学，大力发展公益性幼儿园，职业教育、社区教育、终身教育和高等教育健康发展，积极开展"鸡蛋工程"、"阳光圆梦"等帮困助学活动，确保没有一个学生因贫失学，建成"1+10"集团式技师学院，每个区(市)县至少有一所高水平技工学校和职业高中，获全国第三届地方教育制度创新奖。

大力发展医疗卫生事业。大力实施卫生"五大能力提升工程"，完善基层公益性医疗卫生服务体系和基本药物制度，深入开展公立医院改革，率先在全国实行医疗救助社区首诊制度，累计开展全民健康体检1843.2万人次，完成市妇女儿童医学中心新建、市中西医结合医院迁建等项目，每个区(市)县至少有一所二级甲等以上医院，获得全国基层中医工作先进单位称号。深入实施优生促进工程，全面开展免费孕前优生健康检查，在全国率先实施单方农业人口计生家庭奖励扶助政策，累计兑现计生家庭奖励与扶助金9.4亿元。建成市妇女儿童中心、儿童福利院综合楼、未成年人救助保护中心、青少年宫新宫和市工商联大厦，荣获中国民生成就典范城市最高荣誉奖和中国爱心城市称号。

科技文化不断进步。深入推进国家创新型城市建设，健全科技投融资服务体系，加强重大技术研发和重大科技成果转化应用，组建成都技术转移集团，西南首个国家科技成果转化服务示范基地落户，建成成都低碳与能效评估中心等公共技术平台，新增创新型企业150家，备案创投企业26家，专利申请和授权量居中西部城市首位，成功承办第九次世界生物材料大会。深化文化强市建设，大力创建国家公共文化服务体系示范区，深化乡镇综合文化站、广播影视设施建设、农家书屋、全民阅读等文化惠民工程建设,成都市规划馆建成免费开放,成都博物馆新馆主体竣工,成都档案馆新馆开工建设,成功举办第21届国际木偶联会大会暨国际木偶节,动漫游戏基地等重大文化产业项目加快推进,获批国家音乐产业基地,荣获最中国创意名城称号。积极开展群众性太极等体育健身活动,成功举办现代五项世界杯等赛事,成都籍运动员获伦敦奥运金牌2枚,获得2015国际市民奥林匹克大会主办权。荣获中国最具幸福感城市最高荣誉大奖–中国最美幸福城市大奖。

(六)城市就业及社会保障

就业社保显著提高。投入财政资金365亿元,紧贴市民需求实施民生项目153个。开展十一项培训就业项目推进计划和五大创业工程,扎实做好高校毕业生、农村富余劳动力、城乡困难人员等重点人群就业工作,建立城乡一体的就业援助和就业失业登记制度,统一失业保险待遇标准,城镇登记失业率2.89%,基本实现充分就业,成功创建国家级创业型城市。积极推进医疗保险关系无障碍转移接续,完善"全民医保"和基本医保"可选择"门诊统筹制度,率先在全国实现城乡居民基本医疗保险制度一体化,基本实现人人享有医疗保险。大力发展养老服务事业,多次上调城镇企业退休人员、城乡居民养老金和城乡低保、"三无""五保"人员供养标准,实现城乡居民养老保险制度有机统一和参保人群全覆盖,面向低收入群体累计发放价格联动补贴6.7亿元。

完善城乡住房保障体系。在全国创新建立覆盖城乡、无缝衔接住房保障体系,各类保障性住房累计开工建设15.2万套、竣工6.8万套,实现保障性住房按需建设、应保尽保,完成11762户农村D级危房改造,7800户农村低保户和3954户农村低保边缘户告别土坯房搬入新居。荣获新中国成立60周年最具幸福感城市称号。

二、发展中存在的问题

发展不足仍然是成都最大的实际,转变经济发展方式还要付出艰苦努力。招大引强需要进一步强化,城市国际化水平还需要加快提升。重点领域和关键环节改革亟待深化,城乡发展活力有待进一步激发。公共服务水平与沿海先进城市相比仍有一定差距,城市交通缓堵、空气质量改善等还需加大工作力度。

三、2013年发展指标

全市经济社会发展主要目标是:地区生产总值增长12%,地方公共财政收入增长12%,固定资产投资6500亿元,城镇居民人均可支配收入增长13.5%,农村居民人均纯收入增长14.5%,万元地区生产总值能耗进一步降低,主要污染物排放量进一步减少。

四川省德阳市

德阳1983年建市,辖6个县(市、区),幅员面积5911平方公里,人口391.5万。德阳地处成都平原腹地,南临成都,北接绵阳,是成渝经济区重要组成部分、成德绵高新技术产业带核心区,综合实力较强,地区生产总值、工业增加值、财政总收入、城乡居民收入等主要指标居四川省前列。

德阳是古蜀文化发祥地,三星堆遗址以“沉睡数千年,一醒惊天下”闻名于世,被誉为“世界第八大奇迹”;白马关、落凤坡、庞统祠、诸葛双忠祠等三国遗踪遍布境内;中国四大年画之一的绵竹年画名扬海内外;全国四大孔庙之一的德阳文庙璀璨古今。德阳自然条件优越,生态环境良好,是全国优秀旅游城市,四川省环境优美示范城市。

德阳是中国重大技术装备制造业基地、国

家新材料产业化基地、国家新型工业化产业示范基地、清洁技术与新能源装备制造业国际示范城市,形成了装备制造、化工、食品、新材料等支柱产业,工业经济总量居全省第二。拥有中国二重、东方电机、东方汽轮机、四川宏华等一批国内一流、世界知名的企业，全国60%核电产品、40%水电机组、30%以上火电机组、16%风电产品、50%大型轧钢设备、20%大型船用铸锻件由德阳制造,发电设备产量世界第一,石油钻机出口全国第一。

德阳是中国农村改革发祥地，广汉向阳镇率先在全国摘下人民公社牌子。德阳致力对外开放,与美国、德国、日本、俄罗斯等国家的6个城市和国内23个城市结为友好城市。产品遍布世界129个国家和地区。德阳有8个工业园区，其中国家级开发区1个，省级开发区5个,省级高新区1个。科教实力雄厚,是中国西部职业教育基地,拥有高职学院7所、中职学校30所，在校生超过10万人。拥有国家级工程试验中心和企业技术中心8个,省级企业技术中心31个,博士后工作站8个,院士专家工作站18个。

一、2012年发展回顾

2012年,德阳市牢牢把握“稳定增势、高位求进、加快发展”的工作基调,大力实施“一三五八”发展战略,扎实开展“四个年”活动,开拓进取、奋力跨越,实现了全市经济社会平稳较快发展。全市全年实现地区生产总值(GDP)1280.2亿元，同比增长13%；完成全社会固定资产投资730.9亿元,同比增长12.4%;实现地方公共财政预算收入75.5亿元,同口径增长12.6%。(见表1)

(一)新型工业化加快推进

产业结构调整初见成效，重大装备制造业

表1德阳市2012年经济社会发展主要指标

指标名称	单位	2012年			
		计划数	增长%	实际完成	增长%
一、经济发展指标					
(一)地区生产总值	亿元		13	1280.2	13
第一产业	亿元				
第二产业	亿元				
其中:工业增加值	亿元		20	653.5	16.8
第三产业	亿元				
(二)全社会固定资产投资	亿元	700	7.7	730.9	12.4
(三)社会消费品零售总额	亿元	420	17	408	16.1
二、质量效益指标					
公共财政预算收入	亿元	72	16	75.5	12.6
三、民生民本指标					
(一)城镇居民人均可支配收入	元	21800	13	22374	15.5
农民人均纯收入	元	8800	13	8953	14.3
(二)城镇登记失业率	%	4.5		3.7	
(三)居民消费价格指数(上年=100)	%	3		2.1	
(四)年末总人口	万人	392.8	1.8‰以内	391.5	1.8‰以内
四、节能减排指标					
(一)单位地区生产总值能耗	吨标煤	下降3.7%		下降3.7%	
(二)单位工业增加值能耗	吨标煤	下降7%		下降7%	

基地、战略性新兴产业示范基地、西部新型化工基地加快建设。2012 年实现规模以上工业增加值 653.5 亿元，增长 16.8%；新增规模以上企业 116 户，总数达 1077 户；完成工业投资 327.8 亿元，增长 27.5%。园区承载力进一步提升，新增两个省级开发区，园区建成区面积 135 平方公里，入园规模以上企业 616 户。质量兴市和品牌战略取得新成效，新增中国驰名商标 3 件、四川省著名商标 8 件、四川省名牌产品 23 个。创新能力建设不断增强，新增 1 户国家级企业技术中心、4 户省级企业技术中心、9 户国家高新技术企业。企业自主创新能力稳步提升，二重 8 万吨模锻压机建成投产，石墨烯、大功率铝空金属燃料电池等一批新能源、新材料项目研制成功并加快产业化。政产学研合作不断加强，建成两个省级产业技术创新联盟，与四川大学合作共建德阳产业技术研究院，与中科院金属所合作共建新材料工程技术研究中心。

（二）新型城镇化步伐加快

德阳坚持以新型城镇化为引领，深入实施全域城镇化战略。大力推进“1+5+X”城镇体系建设，以德阳市区为核心，以广汉、什邡、绵竹、罗江、中江县城为五个节点，以各重点镇、中心镇为支撑，构建全市域城镇体系。德阳市区重点打造亭江、旌东两个新区，做强做大区域中心城市；五个县市突出特色、错位发展，提升县域中心城市功能；重点镇中心镇加快产业集聚，引导人口集中，促进城乡一体化。着力构建“三环五廊”市域空间结构，以德阳中心城区为内环，以田园风光圈层为中环，以五县市区为节点的大德阳城镇圈为外环；并形成德广、德什、德绵、德罗、德中五个发展廊道。2012 年全市城镇化率达 44.8%，中心城区人口 60 万，建成区面积 64.3 平方公里，五个县市区建成区面积均超过 20 平方公里，罗江县达到 7.5 平方公里。

（三）对外开放进一步扩大

主动适应世界经济一体化、区域经济合作步伐加快的新形势，抢抓新一轮战略机遇，深入开展“开放突破年”活动，开放高地建设扎实推进。2012 年完成进出口总额 30.8 亿美元，其中出口 18.2 亿美元，增长 30.9%，连续六年保持全省第二。“走出去”步伐加快，支持企业开拓国际市场，抢抓贸易订单，完成对外工程承包劳务合作 326.4 万美元。德阳海关和出入境检验检疫局已获批准设立。招商引资取得新成效，承接产业转移规模与质量明显提升。第十三届西博会招商引资创新高，签约项目 130 个，协议投资 733.3 亿元。

（四）区域合作不断深化

大力推进“一体两翼，成德同城”发展战略，即以成都为中心，天府新区为南翼，德阳为北翼，推动成都德阳一体化发展，进而带动成都城市群的发展腾飞。交通基础设施加快对接，成绵高速公路复线、成德南高速公路中江段、国道 108 线广汉至青白江段改造工程完工通车，旌江快速干线加快建设，开工天星快速干线，配合做好成绵乐城际铁路、成兰铁路、成都二绕等工程建设，成德同城化交通更加便捷。成功举办首届汉旺论坛。全面开展对口支援若尔盖县、阿坝县工作，科学编制完成“1+7”对口支援规划，启动实施首批 24 个项目。

（五）生态环境持续改善

加强工业、建筑、交通运输、公共机构的节能，依法关停和淘汰落后产能企业 26 户。狠抓污染减排，完成 14 户污染企业和 12 家畜禽养殖场挂牌治理，主要污染物总量削减完成省下达目标。城市环境空气质量达标率为 94.8%，地表水出境断面水质不断好转。全力修复生态环境，旌阳、绵竹、广汉生态县创建工作强力推进，新增森林面积 1700 公顷，完成营造林 6.6 万亩。全面启动“五城联创”，美化市容环境，省级卫生城市、园林城市复核通过验收。德阳市被授予全国节水型社会建设示范市。

（六）民生和社会建设显著提升

切实解决群众最关心最直接最现实的利益问题，千方百计保障和改善民生。“十大民生工程”114 个子项目全部完成。城乡居民社会保险制度实现全覆盖，新农保参保人数达131.2万人，城镇基本医疗保险参保人数达112.8万人，建立重大疾病保障机制，12种疾病纳入保障范围。县级公立医院综合改革试点顺利实施，公共卫生服务均等化扎实推进。社会救助体系不断完善。“两基”成果不断巩固，义务教育均衡发展工作全面启动，全国高职综合改革实验区和四川省职教改革示范区建设稳步推进。举办了德阳灯会、端午龙舟文化周等一系列特色文化活动，群众文化生活更加丰富。

二、发展中存在的问题

一是发展速度不够快，服务业和战略性新兴产业发展不足，产业结构调整任务较重。二是城镇化滞后于工业化，中心城市带动力不强，新型城镇体系建设还需加快。三是开放水平不高，招商引资力度还需加大，投资持续快速增长面临挑战，项目资金普遍偏紧，民间投资尚未有效激活；建设用地紧张，土地节约集约利用总体水平不高。四是制约科学发展的体制机制障碍较多，影响社会稳定的因素较多，社会管理等领域的改革还需加强，群众在就业、就医、教育等方面还面临一些困难。五是节能减排的任务艰巨，能源消耗总量大，单位能耗持续下降的难度大。

三、2013年经济发展目标

德阳市2013年经济社会发展主要预期目标：地区生产总值增长12%；规模以上工业增加值增长16%；全社会固定资产投资770亿元；地方公共财政预算收入同口径增长12%；社会消费品零售总额增长14%；城镇居民人均可支配收入增长14%；农民人均纯收入增长15%；城镇登记失业率控制在4%以内；人口自然增长率控制在1.8‰以内；全面完成省下达的节能减排任务。

四川省广元市

一、2012年发展回顾

2012年，面对复杂的宏观经济形势，市委市政府牢牢把握“稳定增势、加快发展”主基调，切实抓好项目投资、产业发展、“两化”互动、城乡统筹、民生改善等工作，经济社会持续快速发展。全市生产总值实现468.66亿元，增长13.8%；地方公共财政收入26.84亿元，增长17.9%；城镇居民人均可支配收入和农民人均纯收入分别达17012元、5649元，增长16.2%、15.4%。

（一）项目投资快速增长

在灾后重建全面结束、投资基数较高的情况下，广元市扎实开展“项目促进年”活动，切实抓好资金、土地等要素保障，投资总量再创历史新高，完成投资515.3亿元，增长3.4%。省列5个重点项目超额完成任务，市列150个重点项目完成投资281亿元。广南高速、广甘高速、澳源体育中心、大通焊割气体一期一号线、苍溪航电等32个项目顺利竣工；亭子口水利枢纽、兰渝铁路、广陕广巴高速公路连接线、广元港、广元火车站广场等31个项目加快推进；长虹200万台电视机整机及配套、兴能锂电池正负极材料、苍溪乐园水库等57个项目开工建设；821电解铝异地新建、上石盘电航综合枢纽、川马牌客车整车制造等30个项目前期工作实现重大突破。

（二）产业发展持续加快

工业经济增势强劲。实现全部工业增加值189.9亿元、增长22.1%，其中规模以上工业增加值实现171.5亿元、增长18%。能源化工、食品饮料、电子机械、建材和金属五大板块工业增加值123.3亿元，占规模以上工业增加值的74.8%。全市规模以上工业企业达347户、净增46户，其中亿元产值企业141户、增加33户。广元经济开发区升级为国家级经济技术开发区，旺苍工业集中发展区创建成省级经济开发区，市天然气工业园区初具规模，全市新增工业园区面积12.2平方公里，工业集中度达61.5%。现代农业稳步发展。粮食产量148.8万吨，增长1.6%，连续六年实现增长，农村居民收入连续九年快速增长。农业基础设施建设得到加强，新增高标准农田13.5万亩，完成病险水库整治16座，渠系配套300公里，新增和恢复改善有效灌面29.7万亩。新建现代农业示范园区10个、总数达51个，核心区面积52万亩。规范发展农民专合组织261个，培育省级重点龙头企业2家。"广元七绝"、"剑门关土鸡"等品牌影响力和市场占有率不断扩大，红心猕猴桃、黑木耳、核桃、茶叶、烟叶、油橄榄六大产业实现产值45亿元。旅游"双创"工作有序推进，全年接待游客1918.5万人次、旅游产业总收入82.9亿元，分别增长34.4%、54.7%。商贸物流业发展加快。广元国际商贸城建成投入使用，美福地钢材物流园区、广运客货运物流中心开工建设。广元国际女儿节、秦巴山区年货节、"广元造" 品牌商品展览会、"广元七绝"北京展销周成功举办，广元国际女儿节被人民网评为全国十大最受关注节会。全市社会消费品零售总额达193亿元，增长15.8%。三次产业结构不断优化，由2011年的20.8：44.6：34.6调整为19.6：47.0：33.4。

(三)城乡统筹深入推进

城镇化步伐不断加快，城镇化率达36.4%，提高1.8个百分点。新增建成区面积8.2平方公里，其中市中心城区新增建成区面积2平方公里。市中心城区控制性详细规划实现全覆盖，城市核心综合体、中心城区滨水区规划全面完成，红泰路、西滨道和皇泽大桥改造等项目顺利竣工，北二环、瓷莲路等110余个市政项目建设进展顺利。房地产市场健康发展。三江新区6个控制性详规和23个专项规划及专题研究全面完成，陵(江)宝(轮)二线等项目加快推进。中小集镇快速发展，一批特色鲜明的工业、旅游、商贸集镇加快形成。新村建设成效明显。完成农村危房改造12886户，新改建农村通乡通村公路1627公里，新建农村沼气池2.2万口，修建各类供水工程1585处，解决了23.4万人的饮水安全问题。县域新村建设总体规划基本完成，新启动建设生态小康新村221个、小康户44600户。

(四)改革开放不断深化

进一步深化行政管理体制改革，市、县(区)、乡镇(街道)、村(社区)四级政务服务体系不断完善，事业单位清理规范工作基本完成。统筹城乡劳动保障制度改革试点在全省率先开展。农村土地流转步伐加快，流转面积114.5万亩，集体林权制度改革进一步深化。资源性价格改革、医药卫生体制改革稳步推进，基层医疗卫生机构综合改革全面完成，文化院团体制改革获得全国突出贡献奖。金融服务不断创新，新增县域银行业金融机构14家，新设立小额贷款公司3家。全市银行业金融机构年末存贷款余额分别为833.8亿元、334.3亿元，增长11.0%、18.1%。对外开放全面深化，浙广、九广、厅市、市校以及与对口支援省市的合作取得新突破。招商引资成效显著，全年引进到位市外资金327.3亿元，增长14.9%。非公有制经济发展加快，完成增加值258.2亿元。外贸进出口总额3.4亿美元，增长14%。

(五)生态建设进一步加强

国家森林城市建设通过验收，省级园林城市建设通过复查。天然林保护二期工程和退耕还林后续产业发展扎实推进，完成营造林51.1万亩，森林覆盖率达54%。切实加强城乡环境综合治理和"四联创"工作，成功创建为省环境优美示范城市。低碳发展深入推进，广元被确定为全省首个国家低碳城市试点市。大力推广清洁能源，新发展民用天然气3.8万户、增长45%。节能减排成效明显，关停高能耗、高污染企业5家，单位GDP和工业增加值能耗分别下降5.1和6.1个百分点。在全省率先实施城市生活垃圾分类处理，市医疗废物处理中心建成投运，城镇污水和生活垃圾无害化处理率分别达80%、90%。全市饮用水源地水质全部达标，环境空气质量优良天数达365天。

(六)民生持续有效改善

民生支出不断壮大，十大民生工程全面完成,全市用于民生方面的财政性资金101亿元，占公共财政支出的比重达64%。就业工作不断加强,新增城镇就业3.6万人,城镇登记失业率控制在3.9%,转移农村劳动力就业93万人。社会保障体系日益完善,养老、医疗、失业、工伤和生育五项保险参保人数达256万人，新农合参合人数达228.9万人，新农保制度实现全覆盖。城乡低保实现应保尽保，累计发放城乡低保金和医疗救助金35万人、5.85亿元。大力实施保障性安居工程，开工建设保障性住房和棚户区改造15414套、竣工13546套。扶贫移民工作扎实推进，国务院秦巴山片区区域发展与扶贫攻坚启动会在我市召开，全年引进以工代赈等帮扶项目460个，减少农村贫困人口7.4万人,完成库区移民搬迁安置9403人、易地扶贫搬迁4787人。市城区居民消费价格上涨2.0%,物价总体保持稳定。

(七)社会事业全面发展

公共文化设施不断完善,市(县)文化馆、图书馆等35个文化项目全面建成,乡镇综合文化站、村文化活动室覆盖率均达100%。累计完成数字电视转换27.6万户,农村广播“村村通”覆盖率达84%。教育事业发展成效显著,学前教育三年行动计划顺利实施,新建、改扩建幼儿园67所;义务教育均衡发展迈出新步伐,农村义务教育学生营养改善计划惠及学生21.5万人；市城区普通高中学校布局调整全面完成，高考本科上线突破万人大关；职业教育加快发展，“集团办学”模式加速形成,成功创建四川核工业技师学院;高等教育发展实现突破,广元师范学校成功创建为川北幼儿师范高等专科学校。卫生事业加快发展，国家基本药物制度实现全覆盖，县、乡、村三级卫生服务网络进一步健全,基层医疗卫生机构标准化建设“百千工程”全面完成。人口计生工作成效显著,人口自然增长率为2.53‰。食品药品监管工作不断加强,食品药品安全形势持续好转。(八)社会管理不断创新

以村(社区)为单位的“网格化”管理、流动人口轨迹化管理和特殊人群规范化管理得到加强。群众工作深入推进,“三通四联两倒查”群众工作机制和“大调解”工作机制不断完善,全市各类矛盾纠纷调处成功率达93.2%,连续四年保持非访"零进京"和集访“零到省”记录。安全生产监管不断强化,安全事故总量下降29%。应急机制不断健全,成功扑灭“4·2森林火灾”和“5·16”温州商城火灾。“六五”普法深入推进,“法治城市”创建全面启动。社会治安防控体系建设不断深化,群众对治安环境的满意率列全省第一。国防动员、“双拥”和人民防空工作扎实推进,连续四届荣获全国双拥模范城称号。

二、发展中存在的问题

一是经济总量还较小、质量不高,发展基础需进一步夯实,加快发展、追赶跨越的任务还很艰巨。二是城乡居民收入水平不高,关系群众切身利益的一些问题还有待解决，保障和改善民生同广大群众的强烈期盼还有一定差距。三是不稳定、不和谐的因素在一些地方客观存在,创新社会管理还需进一步加强。

三、2013年发展目标

2013年，全市经济社会发展的主要预期目标是:地区生产总值535亿元,增长12%;地方公共财政收入30亿元,增长12%;全社会固定资产投资530亿元,增长2.9%;社会消费品零售总额220亿元,增长14%;城镇居民人均可支配收入19393元、增长14%,农民人均纯收入6496元、增长15%;全面完成省下达的节能减排任务。

四川省南充市

一、2012年发展回顾

2012年南充市紧紧围绕建设川东北区域中心城市和成渝经济区北部中心城市的奋斗目标，牢牢把握“稳定增势、高位求进、加快发展”的工作基调，迎难而上，化危为机，真抓实干，全市经济社会实现又好又快发展，区域中心城市建设取得新的重大进展。

——经济实力继续保持区域领先。预计全年实现地区生产总值1200亿元，增长14%以上；公共财政预算收入52.9亿元，增长22.1%。税收总量、存贷款余额、全社会固定资产投资总额和社会消费品零售总额等主要经济指标总量也都保持川东北首位，增速高于全国、好于全省。

——中心城区迈入特大城市行列。中心城区常住人口突破100万，建成区面积超过100平方公里，在四川地级城市中率先跨进特大城市门槛。这是南充建城史上新的里程碑，对于加快建设区域中心城市具有重要意义。

——重大项目建设取得突破性进展。建国以来南充投资最大的工业项目——晟达新材料产业园系列项目、建市以来投资最大的水利项目——升钟水库灌区二期工程均获得国家批准并正式开工建设。32个省重点项目完成投资185.8亿元，120个市重点项目完成投资556.6亿元，为南充发展注入强劲动能，提供了有力支撑。

——城市文化影响力实现大幅提升。成功举办国际木偶艺术节、中国(南充)嘉陵江合唱艺术节、中国升钟湖钓鱼节等国际性、全国性的文化体育活动。南充文化打响了品牌，迈开走向全国、走向世界的新步伐。

(一)突出项目攻坚，着力拉动增长、夯实基础

坚持大抓项目、抓大项目，积极争取国、省支持，着力破解土地、资金等要素制约，预计完成全社会固定资产投资860亿元、增长20.4%，投资对经济增长的贡献率达到57.5%。交通枢纽建设加快推进。巴南高速公路南充段建成通车，成德南高速公路具备通车条件，南大梁、巴南广、遂西高速公路建设扎实推进，南绵、营达、南泸高速公路前期工作进展顺利。兰渝铁路南充段控制性工程基本完工，汉巴南铁路和南绵城际铁路前期工作顺利推进。高坪机场改扩建工程新跑道完成校飞试飞。南充旅游客运码头主体工程完工，嘉陵江航运配套工程前期工作有序开展，南充港都京作业区多用途码头建设扎实推进。一批重大产业项目加快实施。东风南充公司燃气发动机生产线、富安娜床上用品生产线和康美药业等项目加快推进，燕京啤酒、日上金属、金泰纺织等102个扩能项目竣工投产。化学工业园“两桥一路”、临时大件码头全面竣工，铁路专用线、专用码头、污水处理厂建设快速推进。南充现代物流园骨干道路等基础设施建设取得重大进展。水利、电力基础设施加快建设。解元水库、九龙潭水库建设进展顺利。新建嘉陵江南充段防洪堤13公里。8个县(市、区)列为中央财政小型农田水利重点县。整治病险水库66座。治理水土流失158平方公里。新建农村集中供水站145个，解决38万农村人口饮水安全问题。南门坝变电站等12座35千伏及以上变电站建成投入使用。

(二)强化产业培育，着力扶优扶强、集群发展

加强政策引导扶持，不断壮大优势产业，做强骨干企业，促进产业集聚集群集约发展。工业经济快速增长。制定产业园区发展规划，加强对企业融资、生产要素调度供给等方面服务，支持企业加大技术改造力度，有效促进工业经济止滑回升。全市规模以上工业企业达到494户、新

增39户，预计完成销售收入1500亿元、增长18%,工业增加值增长17.5%。油气化工、汽车汽配、丝纺服装、轻工食品四大优势产业完成销售收入1400亿元、增长18%,占全市工业经济总量的93.3%。全市工业园区面积拓展到77平方公里,新入园企业82户,累计达到780户,总产值突破千亿元,园区工业集中度达到63%。农村经济稳步发展。预计实现农林牧渔业总产值480亿元、增长5.2%,畜牧业总产值241亿元、增长5.6%。新建高标准农田17.5万亩,新增灌溉面积24.6万亩,粮食总产量337万吨、连续十年稳居全省首位。新村建设取得突破性进展,仪陇、营山、蓬安完成渠江流域灾后重建,9个农业农村综合示范区和500个新村聚居点建设扎实推进。大力推进"5+3"特色优势产业发展,新增产业基地18.5万亩和规模化畜禽养殖场5387家。4个百里循环农业示范带基本建成,国家现代农业示范区初具规模。新增规模以上农产品加工龙头企业28户、农民专合组织600个、业主大户6000户。第三产业繁荣活跃。完成社会消费品零售总额455亿元、增长16%,实现服务业增加值305亿元、增长11.5%。大力发展生产性服务业,川北农产品批发市场、川东北粮食物流中心、南部亿联商贸城等项目加快实施;交通银行、富登担保公司在我市设立分支机构，新增小额贷款公司7家、融资性担保公司2家,地方准金融机构实现县域全覆盖。着力提升生活性服务业,五星花园商圈改造加快推进，成功引进一批知名企业在城市新组团建设城市商业综合体，万村千乡市场工程深入实施，农产品现代流通试点积极推进,为农服务"三大体系"进一步健全。旅游标准化建设全面推进，阆中古城、南部升钟湖、高坪凌云山等景区功能得到提升,全市实现旅游总收入155.4亿元、增长27.1%。

(三)加快城镇建设,着力完善功能、提升品质

大力推进新型城镇化进程，完成城镇建设投资45亿元，全市城镇新增建成区面积23平方公里,城镇化率达到39.2%、提高1.6个百分点。城镇规划水平不断提升。修订完善《南充市城市规划管理技术规定》,完成南充现代物流园控制性详规编制和化学工业园河西片区、火车北站站前片区等重点区域控制性详规修编,中心城区控制性详规覆盖率达到100%。南部县新一轮城市总体规划已获省政府批准。45个小城镇完成镇域总体规划编制。城镇功能不断完善。中心城区市政新区振兴规划加快实施，下中坝片区、望天坝片区、江东新区、凤棲新城片区建设有序推进；嘉陵江四桥建成通车，北湖路改造、常青路建设全面完成,人民南北中路下穿隧道、金融大道等城市干道建设和五个高速公路出入口景观提升工程进展顺利；改造维修城市道路60万平方米,打通断头路12条。各县(市)新区建设取得明显进展，一批小城镇基础设施进一步完善。城市管理不断加强。坚持重心下移,进一步理顺市区城市管理体制,构建起以三区政府为主体、街道办事处为基础、市民城管协会为补充的城市管理新格局。"数字城管"建设启动实施。积极开展"多创联动",扎实推进中心城区扬尘污染、交通秩序、户外广告等专项治理,城市秩序进一步规范、形象进一步提升。

(四)深化改革开放,着力增强动力、激发活力

重点领域和关键环节改革实现新突破。事业单位分类改革顺利推进。市级部门会计集中核算向国库集中支付转轨工作全面完成。国资监管体制不断健全。农村信用社改革试点、农村小额人身保险试点和政策性农业保险试点有序推进。全面落实促进民营经济健康发展的政策措施，民营经济增加值占地区生产总值的比重达到60%。化学工业园成功发行8亿元企业债券,广南高速公路项目获得保险直接投资25亿元,全年实现直接融资109亿元。公立医院改革试点加快推进,全民医保制度基本建立,基本药物制度在基层全面推行。"一区八镇九村"统筹城乡改革发展试点启动实施,"三项核心制度"改革开始破题,10个新农村综合体示范点初步建成。对外开放合作呈现新局面。着力招大引强,成功引进万科集团、上海绿地、江苏通光、加加食品、广州香雪、华润万家等一批知名企业。

全年签约项目193个,到位资金335亿元、增长22%,新增投资亿元以上项目121个。利用外资总额4亿美元、增长17%,实现外贸进出口10.5亿美元、增长22.1%。科技创新取得新进展。争取国、省科技成果转化及战略性新兴产品、创新基金等重点科技项目113项。申请国家专利1060件、增长32%,获得专利授权488件、增长79%。实施工业企业技改项目162个,完成技改投资120亿元、增长20%。新认定5户省级企业技术中心,新组建2个行业工程技术中心。

(五)加强社会建设,着力共建共享、促进和谐

民生工程深入实施。坚持公共财政的民生投向,加大投入力度,民生支出占财政支出的65.7%。“十大民生工程”投入资金87.6亿元,各项任务全面完成。努力提高居民收入水平,预计城镇居民人均可支配收入16722元、增长13%以上,农民人均纯收入6771元、增长16%以上。大力发展小微企业,切实加强就业培训,积极开发公益性岗位,全市新增城镇就业6.4万人,城镇登记失业率为4.3%。整村推进秦巴山区连片扶贫开发,扶持农村贫困人口13.7万人。覆盖城乡居民的社会保障体系基本形成,城镇职工“五大保险”覆盖518.4万人次,新型农村和城镇居民社会养老保险覆盖249.1万人,城镇居民基本医疗保险覆盖109.8万人,新型农村合作医疗参合率98.3%,农村“五保”集中供养率41%,城乡低保实现动态管理下的“应保尽保”。开工建设保障性住房9471套、拆迁还房247万平方米,实施棚户区改造6423户,改造农村D级危房20372户。建成通乡通村公路2396公里。社会事业全面发展。新建和改扩建城乡学校390所,“入园难”、“大班额”问题得到一定程度缓解。川北医学院附院新院区门诊综合楼、市中心医院门诊医技楼等5个市级重点医疗项目主体工程完工,5家县级医院、16所乡镇卫生院和156个村卫生室建成投入使用。中医药工作取得新进展,公共医疗服务能力进一步增强。稳定保持低生育水平,人口自然增长率为2.93‰。市体育中心改造和博物馆、西华体育公园等文化体育基础设施建设加速推进。全市文化馆、图书馆、纪念馆和405个乡镇综合文化站、5458个农家书屋免费开放。成功举办南充市第四届运动会。社会管理逐步完善。深入开展“平安南充”创建活动,依法严厉打击违法犯罪行为,刑事、治安案件发案率大幅下降。及时理顺管理体制,切实加大监管力度,食品药品安全形势持续好转,全年无药品安全事件和重大食品安全事故发生。深入开展“安全生产年”活动,各类安全生产事故指标均控制在省政府下达指标之内。加强信访维稳工作,健全完善“大调解”体系和运行机制,矛盾纠纷调解成功率达91.4%,一批积案老案有效化解。

(六)强化生态建设,着力节约资源、保护环境

全面推进节能降耗。17户工业企业完成淘汰落后产能任务,新型墙体材料使用率66%,预计单位生产总值能耗下降3.5%。扎实治理环境污染。完成减排项目123个,7户工业企业和9户规模化畜禽养殖企业完成污染限期治理。西充河等溪河流域污染治理加快推进。市医疗废物处置中心建成投入运行,新建和扩建污水处理厂3个,新建垃圾处理场1个,城市污水处理率和生活垃圾无害化处理率分别达到77.5%、81%。39个乡镇生活污水处理设施和10个乡镇生活垃圾压缩中转站建成投入使用。切实抓好生态屏障建设。启动实施天然林保护工程二期,有效管护天然林614.6万亩,完成营造林65.7万亩,巩固退耕还林成果83.9万亩,全市森林资源面积730万亩,森林覆盖率达到39%。

二、发展中存在的问题

经济基础薄弱、实力不强的现状仍未根本改变,产业结构性矛盾依然突出;社会保障水平不高,居民增收渠道不多,低收入群体比重偏高,部分群众生产生活还比较困难;城乡二元结构矛盾突出,工业化城镇化进程滞后,追赶跨越的任务十分艰巨;制约发展的体制性障碍尚未彻底破解,开放水平需要进一步提高,科技创新和成果转化能力不强,资源环境约束压力增大,

转变经济发展方式任重道远。

三、2013 年发展目标

全市地区生产总值增长 13%以上，全社会固定资产投资增长 16%以上，公共财政预算收入增长 18%以上，规模以上工业增加值增长 16%以上，社会消费品零售总额增长 15%以上，城乡居民人均收入增长 13%以上，城镇化率提高 1.8 个百分点。

四川省广安市

2012 年，全市幅员面积6341 平方公里，其中耕地 17.34 万公顷，森林覆盖率 37.3%。辖 6 个县(市、区)，年末总人口 468.5 万人，人口出生率 12.4‰，比 2011 年增加 2.6 个千分点；人口自然增长率 3.6‰，比 2011 年减少 0.2 个千分点。

一、2012 年广安市经济社会发展主要指标

表 1 2012 年广安市经济社会发展主要指标

项目	单位	实绩	同比增减(+%)
地区生产总值	亿元	752.2	14
第一产业增加值	亿元	140	4.7
第二产业增加值	亿元	392.7	18.9
规模以上工业增加值	亿元	290.9	17.3
第三产业增加值	亿元	219.5	11.3
民营经济增加值	亿元	423.1	16.3
粮食总产量	万吨	182.0	0.9
肉类总产量	万吨	33.7	2.8
社会消费品零售总额	亿元	254.8	16.2
全社会固定资产完成投资	亿元	524.1	23.3
公共财政收入	亿元	32.8	18.1
公共财政支出	亿元	148.7	18.2
年末金融机构存款余额	亿元	937.3	21.9
年末金融机构贷款余额	亿元	341.4	18.7
保费收入	亿元	23.7	-0.8
城镇居民人均可支配收入	元	19973	16.1
农民人均纯收入	元	7474	14.8
普通高校在校生数	万人	0.67	19.36
中职学校在校生数	万人	7.09	6.05
中学在校生数	万人	26.78	-6.28
小学在校生数	万人	28.64	-5.06
广播综合覆盖率	%	95.56	0.21
电视综合覆盖率	%	95.23	0.17
新型农村合作医疗制度参合率	%	97.3	

二、川渝合作示范区(广安片区)建设总体方案》获批

11月14日,《川渝合作示范区（广安片区）建设总体方案》正式获得国家发改委批复。方案拟定了城市综合服务功能区、产业合作功能区等5个功能布局,方案提出,到2015年,广安川渝合作示范区建设初见成效，川渝合作水平显著提高。这是广安市第一个进入国家层面的战略规划,对于推动广安加快发展、科学发展具有十分重要的意义。全市上下将进一步提高认识,强化机遇意识、使命意识、全局意识和效率意识,站在成渝经济区的高度谋划示范区建设,着力创新机制体制，把示范区建成川渝合作发展的先导区、成渝经济区乃至全国区域合作的典范。

三、第十五届"渝洽会"圆满成功

本届“渝洽会”广安成功签下38个投资项目,签约金额达到88.4亿元。签约项目涉及装备制造、医药化工、建筑建材、基础设施、现代农业、电子信息以及现代服务业等7大产业,大都是投资额在5000万元以上的大项目,其中装备制造业签约项目最多,达20个,合同资金52.15亿元,占总额的59%。一批汽车、摩托车核心部件制造企业入驻广安，将进一步巩固广安重庆机电产业配套基地地位。其中投资额最大的项目为分别投资6.5亿元的汽车发动机飞轮总成、驱动盘等生产项目及汽车后桥总成、方向盘、压铸件生产项目。这批项目的成功引进，将对广安优化产业结构,壮大优势产业集群,进一步加强与重庆的经济技术合作，促进广安经济社会又好又快发展起到积极作用。

四、渝广科技交流合作深入开展

广安市政府与重庆市科委签订《科技合作协议》,就建立联席会议制度、举办科技合作论坛、实现科技资源开放与共享、科技项目合作、推动产学研联合、加强科技人才交流等六个方面的内容达成合作。重庆市科委共立项支持广安市8个科技项目,资金260万元。与重庆交通大学、重庆理工大学、重庆西南大学签订了科技合作协议,与琛兰机械、广安科塔金属、金土地等企业进行了科技项目研发对接。在西南农大、重庆市发展经济研究院等院校，聘请了数名技术专家，作为市重大决策专家咨询委员会专家顾问。

五、经开区被列为2012年国家循环化改造示范试点园区

8月13日，广安经济技术开发区成功跻身2012年全国22个循环化改造示范试点园区之列。广安经开区循环化改造重点在新桥园区实施,从企业、产业、园区三个层面推进,到2015年,将园区建设成为循环产业链条完整、发展特色突出、资源产出率高、污染物排放量低、创新服务体系完善、企业和产业布局合理的循环化改造示范园区。本次园区循环化改造重点实施18个项目，总投资39.8亿元。完成循环化改造后,广安经开区将获得“国家循环化改造示范园区”称号,为小平故里增添新的“金字招牌”,为打造“千亿园区”带来巨大机遇,助推广安科学发展和可持续发展。

六、广安港开港试运行

12月，渠江广安港一期工程5、6号泊位开港试运行。广安港开港后可通航最大1000吨级别货轮,将成为川东北地区通过渠江、嘉陵江进出长江便捷的水运口岸，成为通江达海的航运枢纽，同时有利于加快广安融入重庆城市群的进程,广安港将成为川东北的“朝天门”。

七、渝广巴和遂广高速公路广安段开工建设

巴广渝高速公路是重庆、广安、南充、巴中北上陕西、直通关中天水经济区,南下重庆、联系成渝经济区的黄金大通道；遂广高速公路是加强川东经济区的遂宁、广安,与重庆、武汉为代表的沿长江流域地区联系的重要纽带。两条

黄金大通道的建成，将密切遂宁、广安、巴中、南充4市与重庆、成都的经贸联系，造福川东北地区2000多万老百姓和后世子孙。

八、争创全国文明城市建设取得优异成绩

广安市以“创建文明城市、构建和谐广安”为主题，坚持“以创促建、注重长效、惠及百姓、造福社会”的原则，树立“以人为本、全面发展”的创建理念，全国文明城市创建工作取得优异成绩。坚持在长效机制上下工夫，在群众参与上做文章，在实效惠民上出成果，使全市人际关系更和谐、文明风气更浓厚、人居环境更优美、竞争实力更强大，为深化三次创业、推进富民强市提供强大精神动力和思想保证。

四川省岳池县

一、2012年发展回顾

2012年，是岳池经济社会快速发展的一年，是各项事业全面进步的一年，是人民生活更加幸福的一年。一年来，岳池县围绕“加快发展、争先升位”总体取向，按照“工业主导、三化联动、弘文兴教、富民强县”发展思路，努力拼搏，开拓奋进，圆满完成各项目标任务，开创了经济快速发展、人民安居乐业、社会和谐稳定的大好局面。全县实现地区生产总值142.3亿元，同比增长13.7%；完成地方公共财政收入5.2亿元、公共财政支出28.9亿元，同比分别增长18%、15.7%，公共财政收入三年实现翻番；完成全社会固定资产投资82亿元，同比增长23.3%；实现社会消费品零售总额58.2亿元，同比增长16%；农民人均纯收入达7601元，同比增长16%；城镇居民人均可支配收入达19013元，同比增长16.2%。

（一）工业发展势头强劲

加快建设工业新城，大力推进园区道路、管网等基础设施建设，完成场平1600亩，新建标准化厂房30万平方米，园区新增建成区面积3.2平方公里、达到11.6平方公里，比两年前拓展近5平方公里，“园区即城区”的产城一体格局初步形成。加快发展医药化工、机械制造、食品酒类三大主导产业，突出发展医药产业，出台医药产业发展重大政策，新引进禾邦药业、方向药业等知名医药企业落户岳池，全县医药企业达13户，其中科伦药业入库税金1.14亿元。岳池医药产业园纳入国家发改委批复的川渝合作示范区总体规划。大力抓好项目建设，新开工科伦六期、鹏扬食品包材、中药颗粒制剂等重大项目8个，加快推进科创产业园、超强机械、宙龙三期等续建项目9个，建成投产贝德罗家具、两江纺织、升科纺织等项目15个，成功培育金桂建材、京辉食品、锴环建材、勤琴纺织等规模以上工业企业11户，培育民川机械、永玖木业、浪琪制衣等亿元产值企业7户；规模以上工业实现总产值135亿元，同比增长18.9%，岳池工业园区成为全省新型工业化医药食品产业重点培育基地、全省药用辅料药用包装材料标准化规范化生产示范基地、全省农产品加工示范基地、全省小企业创业示范基地、省级开发区重点培育园区。

（二）现代农业生机勃发

大力拓展示范基地，实施“千斤粮万元钱”工程，建成九龙、朝阳、乔家、石垭粮经产业基地5.6万亩，提升现代农业核心示范区蔬菜基地5万亩，形成了10万亩现代农业产业基地，基本实现产业连片发展、无缝衔接；新建标准化养殖场（小区）74个。加速发展增收产业，粮油、果蔬、畜禽等产业提档升级，连续六年实现粮食增产，荣获省政府粮食“丰收杯”奖；粽粑和秦溪花椒、黄龙和兴隆核桃、普安肉牛、石垭珍稀林木等特色产业竞相发展,得到省市领导充分肯定;岳池成为全省现代农业和现代畜牧业建设重点县、全省"千斤粮万元钱"粮经复合型产业基地示范县。不断提升产业化水平,新培育龙头企业3个,新发展农民专合组织30个,成功组建岳池三安农业专业合作社联合社;建成产业基地270个、118万亩,新增无公害农产品、畜产品生产基地5个,完成绿色食品认证5个。

(三)第三产业繁荣兴旺

大力改善消费基础条件,投资8亿元的亿联建材家居五金专业市场、投资4.5亿元的输变电技能培训中心项目即将开工,投资20亿元的东湖城市综合体建设顺利推进,新(改)建农贸市场5个,升级改造农家店35个。壮大传统商贸服务业,积极发展新型服务业态,新发展个体工商户3320户、私营企业158户,限额以上商务企业(个体户)新增9户、达到139户。全年转移农村剩余劳动力39.3万人次,实现劳务收入33.75亿元;实现第三方物流营业额2.45亿元,同比增长16.5%;实现外贸出口1.04亿美元,同比增长158.6%;实现旅游收入9.38亿元,同比增长18.9%,中富农庄荣获全市"我最喜爱的农家乐"第一名。新申请注册商标539件,"岳池米粉"成为国家地理标志证明商标。

(四)城乡面貌明显改善

城镇规划进一步完善,县城建设进一步加快,打造形成麻柳河两岸10公里景观带,建成8条、5.77公里城区道路,雨污管网等市政配套设施逐步完善;新开工房地产面积47.5万平方米,1795套保障性住房和3312套安置房建设加快推进,县法院审判庭、东城首座高档住宅小区等重点项目启动建设,乡镇场镇加快发展,全年新拓展城镇面积4.5平方公里,全县城镇化率达到31.4%。岳池县城规划建设水平全市领先,得到市委、市政府充分肯定。加快推进新村建设,基本完成朝阳乔家、普安及渠江流域三大片区73个新村、2167户新居建设,新村建设规模位居全市前列。加强城镇管理,深入开展城乡环境综合治理,城镇环境秩序明显好转,南宋文化街入选全省十大最美大道,西溪镇、顾县镇通过全省环境优美示范城镇验收。大力改善交通条件,投资3亿元,整治烂路100公里,改造县乡道100公里,建成通村水泥路275公里、断头公路72.4公里,完成岳武路改造、银城大道黑化。坚持山水田林路综合治理,大力开展农田水利基本建设,农业综合生产能力进一步提高,农建综合管理、林业、国土等项目获全市农建工作一等奖,被评为全国水稻机插秧示范县、全省农机化示范县。加强生态文明建设,全面落实环保政策,完成渠江出川断面14个点源以及赛龙镇面源污染治理,省级环境保护模范县创建成果更加巩固。

(五)改革开放取得突破

事业单位分类改革不断深化,组建县文化广播影视新闻出版局、县公共资源交易中心,县电视台实现独立运转;财税体制改革稳步推进,恢复设立乡镇财政所44个,县级部门公务卡改革全面推行;农村综合配套改革深入实施,医药卫生体制改革扎实有效,文化、体育、教育等重点领域改革纵深推进,体制机制阻碍逐步破除。项目工作成效显著,成功争取项目249个,争取中省资金10.2亿元,同比增长39.15%,是2010年的2.6倍;新包装储备项目152个,机械化养护中心、全民健身活动中心等103个项目进入中省支持计划。开放合作深入推进,与重庆、深圳的区域合作及与省市食品药品监管局、省工商联的战略合作进一步深化;大力实施招商引资,全年新引进招商引资项目113个、到位资金63.7亿元,同比分别增长4.63%、18.95%,其中引进5000万元以上项目102个。

(六)社会事业协调发展

精神文明建设不断加强,文明创建活动深入推进。加强科技成果推广应用,申请专利45件,成功承办全省"科技之春"科普活动月启动仪式。坚持教育优先发展,教师进修校及白庙职中迁建工作顺利启动,东湖学校主体工程完工,改造中小学校舍3.2万平方米,新(改)建公办幼儿园6所,建成标准化考场281个,配备教育教学设备5.8万套(件),办学条件明显改善;

农村义务教育学生营养改善计划全面实施，惠及学生近9万名。卫生事业取得进步，县人民医院住院综合楼主体工程完工，引进民营医疗机构3家，新建村卫生室30个，医疗卫生服务能力逐步提高。文体事业蓬勃发展，少儿曲艺节目《学堂来了北大生》获全国少儿曲艺大赛二等奖、全省一等奖，成功承办中国男子篮球职业联赛西部行（岳池站）活动等大型赛事，县城区有线数字电视整体转换顺利进行，群众文化体育生活更加丰富。加强国防教育，圆满完成征兵工作任务，国防后备力量建设取得优异成绩。国土资源管理和耕地保护工作扎实有效，第六次全国人口普查和第一次全国水利普查全面完成，统计、审计、粮食、供销、档案、保密、物价、民族、宗教、外侨港澳台、气象、地方志、残疾人等工作都取得了新成绩。成功创建为全国人口计生阳光统计示范县和全省计划生育优质服务先进县、全省敬老模范县，妇女工作荣获全国妇联表彰。

（七）人民生活持续改善

直接投入民生资金11.9亿元，实施民生工程104项，改造农村危房1356户，建成农家书屋827个，放映公益电影9960场次，资助学生28922人，发放住院救助1433万元，解决近20万县城人口和3.6万农村人口饮用水安全问题；同时，学生课桌工程、困难群众救助等一大批群众最关心、社会最关注的热点民生问题得到有效解决。深入开展“三联五帮”和“挂、包、帮”活动，大力实施整村扶贫，有序推进秦巴山区连片扶贫开发和移民后扶，实施扶贫开发项目131个，减少农村贫困人口20145人。切实加强社会保险工作，养老、医疗等5项社会保险覆盖人数达33.5万人。加大就业促进力度，发放小额创业贷款8110万元，新增城镇就业8496人。全面落实社会救助政策，发放各类救助资金1.2亿元，救助困难群众7万余人次；五保集中供养率达48%，城乡低保实现应保尽保。

（八）社会大局和谐稳定

加强社会治安防控网络建设，推进流动人口“一证通”轨迹化管理，推行特殊行业“三级”管理和黑名单制度，建成县城区治安交管警务平台3个。扎实开展“社会治安百日整治”、“破案会战”等专项行动，全县刑事案件、可防性案件同比大幅下降。严格落实信访维稳“一岗双责”和属地管理责任制，大力开展县级领导“大接访”、机关干部“大下访”活动，创新推动派出所司法所联动协作机制建设，省市挂牌督办信访积案化解率、市县挂牌疑难矛盾纠纷调处率均达100%，实现省第十次党代会、党的十八大期间“两零五无”目标，受到省委省政府表彰。加强安全生产基层基础建设，全面落实安全生产责任，开展重点领域专项治理，安全生产形势持续稳定好转。加强应急队伍建设，开展防灾减灾大演练，应急处突能力全面提升。

（九）自身建设不断加强

县政府领导班子力量进一步充实，整体凝聚力、战斗力不断增强。着力健全政府运行制度，坚持集体决策重大事项，积极开展政府绩效评估，行政行为更加规范。认真落实县人大及其常委会的决议决定，自觉接受县人大法律监督、工作监督和县政协民主监督，代表建议和委员提案办复率均达100%。加强行政效能建设，调整精简行政审批项目70个，行政审批和公共服务事项现场办结率、按时办结率均达100%。推行政府权力公开透明运行，加大政府信息公开，完成政府职权清理，实现权力运行流程优化。全面落实党风廉政建设责任制，强化审计监督和行政监察，营造了风清气正的政务环境。

二、2013年发展目标

2013年，岳池县将高举中国特色社会主义伟大旗帜，以邓小平理论、“三个代表”重要思想和科学发展观为指导，全面贯彻落实党的十八大精神，把握“科学发展、加快发展、克难攻坚、追赶跨越”的工作基调，坚持“加快发展、争先升位”总体取向，按照“工业主导、三化联动、弘文兴教、富民强县”的发展思路，深入实施产业强县、文化立县、开放兴县、民生和县战略，推动富裕文明活力幸福新岳池建设取得新突破，为全面建成小康社会而不懈努力。主要预期目标是：地区生产总值增长14%，力争达到15%；地方公共财政收入增长14%，力争达到15%；固定资产投资增长18%，力争达到21%；社会消费品零售总额增长15%，力争达到17%；城镇居民人均可支配收入增长14%，力争达到15%；农民人均纯收入增长15%，力争达到16%；城镇登记失业率控制在4%以内，人口自然增长率控制在5‰以内，全面完成节能减排目标任务。

四川省武胜县

一、2012年发展回顾

2012年，新一届县政府团结带领全县人民，坚持以邓小平理论、"三个代表"重要思想为指导，深入贯彻落实科学发展观，牢牢把握"高位求进、加快发展、富民强县"工作基调，始终突出投资拉动、两化互动、统筹城乡、改善民生、激活要素五大重点，积极应对重大挑战，着力解决突出问题，统筹推进各项工作，经济持续健康发展，社会保持和谐稳定。实现地区生产总值141.9亿元，同比增长14.1%；地方公共财政预算收入5.06亿元，增长18%；城镇居民人均可支配收入19546元，增长16.5%；农民人均纯收入7791元，增长14.6%。

（一）经济实力继续提升

工业经济提速增效。实现规模以上工业总产值202.6亿元，增长18.5%；规模以上工业增加值增长16.7%；实现利税9.5亿元，增长18.9%。全域规划产业园区，加快建设一区三园，新拓展园区面积2平方公里，新建标准厂房21万平方米。企业培育成效明显，安泰集团扩能搬迁、金易管业二期建设顺利完成，银钢凸轮上市全面启动，新培育规上工业企业12户。主导产业加速集聚，新入园企业28户，以银钢为代表的汽摩装备制造、以华润啤酒为代表的农副产品加工、以金易管业为代表的新材料三大产业集群初步形成。

农业经济提质增量。实现农业增加值31.4亿元，增长4.5%。主导产业持续壮大，实现粮食总产37.8万吨、生猪出栏129.8万头、产茧125.9万公斤、水产品总量3.3万吨。基地建设有序推进，建成"千斤粮万元钱"粮经复合基地3.9万亩、粮油高产示范片10万亩、优质果蔬基地4.1万亩、现代林业产业基地2.2万亩、畜禽标准化规模养殖场36个。产业化水平逐步提高，新培育农业龙头企业3户，新发展农民专合组织60个，新注册农产品商标38个。

第三产业提档升级。实现服务业增加值38.3亿元，增长11.1%。旅游业加快发展，龙女湖旅游区建设快速启动，宝箴塞创4A级景区有序推进，"白坪-飞龙"休闲农业、乡村旅游实现破题，接待游客201.2万人，实现旅游收入12亿元，增长22.2%。商贸流通日益繁荣，城东商贸新区、万善物流新城建设有序推进，核心商业圈完成升级，雪花啤酒风情街被评为四川十条最宜商街巷，新改扩建农贸市场4个，新培育限额以上商贸企业10户，新注册商标509件，实现社会消费品零售总额43.8亿元，增长16.1%。金融业运行良好，首家小贷公司投入运行，金融机构存款余额156亿元、增长22.3%，贷款余额49.1亿元、增长19.8%。

（二）城乡统筹步伐加快

城市品质提升。加快县城总规修编，评估报告已经省住建厅批准，总规编制基本完成，初步通过专家委员会评审，"一心四片"空间布局更趋合理。完善城市功能，实施"美丽家园"工程，建成迎宾大道B段，升级建设南路、人民南北路等主要街道，整治石桥南路、光明大道等断头路

9条，整治截污干管1000米，改建便民公厕9座，铺装健康游步道6000余米，新增绿地160亩，城市承载能力不断增强。拓展城市规模，商品房开工55万平方米，竣工27.5万平方米，城区新增面积2平方公里，新增人口2万人，城镇化率提高3.3个百分点。城市管理不断加强，实施“五大行动”，治理“五乱”行为，城市形象有效提升。

乡镇竞相发展。突出规划引领，编制乡镇总规12个。完善城镇设施，新建中心、真静等生活污水处理厂4个，完成宝箴塞、白坪、烈面场镇品质提升，街子被评为省级环境优美示范镇。打造特色乡镇，清平、礼安乡村旅游开始起步，金光、赛马特色农业初具规模，万善、烈面商贸物流更趋活跃，其它乡镇各展所长、协调发展。

新村独具特色。坚持整体规划，连片推进，新建农民新村5个、新农村综合体1个、“1+6”村级公共服务中心1个。坚持产村相融，以村促旅，配套建成的乡村酒店、星级农家乐、开心农场、柑桔品比博览园、甜橙文化广场等旅游设施投入运行，乡村旅游接待能力初步形成。

(三)发展后劲不断增强

项目建设成效明显。开展“项目年”活动，完成全社会固定资产投资77.0亿元，增长23.2%。加强项目储备，加大项目争取，编制项目314个，争取到位项目235个，到位资金8.06亿元。加快项目建设，先后三次集中开工38个重点项目、总投资37.2亿元；八大重点区域39个重大项目完成投资22亿元，中滩食品工业园、街子汽摩产业园等16个重大项目加快建设，纺织工业园等3个重大项日竣工投产。

基础设施不断完善。交通网络逐步健全，遂广高速武胜段启动建设，兰渝铁路武胜段全面复工，省道304线县城过境段加快推进，嘉陵江二桥主桥胜利合龙，建成通乡公路56公里、通村公路179公里，完成渡改桥7座。农田水利建设进展顺利，升钟二期武胜灌区可研报告获国家发改委批复，河西供水工程即将投入运行，中心供水工程加快建设，完成农建示范现场4.7万亩，整治病险水库21座，农机总动力23万千瓦。能源基础建设有序推进，合川天然气处理厂一期工程、中贵天然气联络线武胜站顺利建成。信息基础加快完善，“村村通”电话实现全覆盖，有线数字电视整体转换稳妥推进。

可持续发展能力增强。突出重点领域节能减排，单位生产总值能耗下降3.5个百分点，主要污染物总量减排完成省市目标，武胜被列为全省循环经济示范县。加强饮用水源保护，治理农村面源污染，城市污水处理率85.6%，生活垃圾无害化处理率99%，城市集中饮用水源水质达标率100%，嘉陵江出境断面水质达到Ⅱ类标准。坚守耕地保护红线，整理土地4.83万亩，新增耕地4675亩，耕地保有量稳定在5.78万公顷以上。巩固退耕还林成果8.7万亩，实施天然林保护13.3万亩，森林覆盖率为36.1%。深化城乡环境综合治理，全省环境优美示范县创建工作有序推进。

(四)改革开放纵深推进

各项改革不断深化。调整取消行政审批项目35项，县本级行政审批项目100项。启动事业单位分类改革，组建公共资源交易中心、食品安全监管机构，整合文化、广播影视、新闻出版机构，完成邮政监管体制改革。财政支出绩效评价、国库集中支付等改革不断深入；县级公立医院改革、水电气等重要资源型产品价格改革稳步推进。农村集体土地“三权”确权登记发证工作全面完成。

开放合作取得突破。修订工业招商引资优惠政策，出台总部经济管理办法，突出重点区域，围绕重点产业，紧盯重点企业，借力“西博会”、“渝洽会”等平台，积极承接产业转移，引进歇马机械制造组团、美华光电等项目127个，到位资金103亿元。大力发展外向型经济，利用外资171.6万美元，外贸出口4592万美元，外派劳务收入780万美元。促进非公有制经济健康发展，新发展非公有制企业184户、个体工商户3615户。

要素瓶颈有效破解。强化用地保障，新增建

设用地指标2353亩，2个城乡建设用地增减挂钩项目批准立项，成功争取全国工矿废弃地复垦试点县，成功创建全省国土资源节约集约达标县。强化资金保障，与工行广安市分行签订《政银战略合作协议》，新增信贷8.1亿元，实现平台融资5000万元，争取债券7200万元，引进社会合法资金到位5.8亿元。强化人才保障，新引进高层次人才12名，新考聘专业技术人才275名，评选名师100名、名医13名。

（五）群众生活有效改善

民生工程深入实施。民生支出18.7亿元，占公共财政预算支出的76.1%。投入资金8.7亿元，省市94项民生工程全面完成，县“十大民生工程”五年计划如期推进。实施居民收入倍增计划，城乡居民收入增幅高于GDP增长；实施保障性安居工程，新建保障性住房630套，改造农村危房1050户；推进全民创业，新增就业再就业9100人，城镇登记失业率3.86%；实施安全饮水工程，解决7.2万人饮水困难。推进养老、医保、低保制度全覆盖，全县养老、医疗、失业、工伤、生育保险覆盖人数累计40.8万人；新农合参合率95.02%；提高城乡低保标准，受益群众5.2万人。

社会事业全面发展。优先发展教育，武胜外国语实验学校等六个教育项目开工建设，城区义务教育学校起始年级大班额问题有效解决；农村义务教育学生营养改善计划全面实施，受益学生6.5万人；推进课程改革，举办全国课改联盟武胜“四课同创”研讨会。加快发展卫生事业，中医院综合住院大楼投入使用，县医院医技楼加快建设，新建村卫生室30个，医疗卫生服务体系逐步健全。强化食品药品监管，群众食品药品安全有效保障。落实人口和计划生育政策，规范社会抚养费征管，人口自然增长率控制在3.5‰以内。繁荣文体事业和文化产业，档案馆主体工程基本完成，建成乡镇文体广场4个、乡镇综合文化站4个；高水平承办市第14届中学生田径运动会，成功举办嘉陵江龙舟旅游文化节；开展网吧专项整治，文化环境逐步净化。

二、发展中存在的问题

发展不足、发展不充分、发展水平不高仍然是武胜最大的县情；城乡“二元”结构突出、初级阶段特征凸显、基本公共服务欠缺仍然是武胜最大的实际；经济总量偏小、产业支撑不强、产业结构不优仍然是武胜最大的问题。

三、2013年发展目标

2013年全县将坚持以邓小平理论、“三个代表”重要思想、科学发展观为指导，以党的十八大精神为指引，认真贯彻落实县十一届二次党代会精神，紧扣主题主线，把握“科学发展、加快发展、克难攻坚、跨越追赶”工作基调，实施产业兴县和生态优先战略，强化内需拉动，推进城乡统筹，扩大改革开放，加快文化建设，致力改善民生，努力在全省“夯实底部基础”中实现县域经济提质升位，为广安“次级突破”贡献力量。力争全县生产总值增长14%，地方公共财政预算收入增长14%，全社会固定资产投资增长18%，社会消费品零售总额增长15%，城镇居民人均可支配收入增长14%，农民人均纯收入增长15%，人口自然增长率控制在3‰以内，万元生产总值能耗完成市定目标。

四川省达州市

达州市幅员面积16580平方公里，其中耕地30.45万公顷，森林覆盖率40.7%。辖7个县（市、区）。2012末总人口688.20万人，人口出生率9.96‰，比2011年减少0.03个千分点；人口自然增长率4.09‰，增加0.18个千分点。

一、2012年达州市经济社会发展概况

表1 2012年达州市经济社会发展主要指标

项目	单位	实绩	同比增减(+%)
地区生产总值	亿元	1135.46	13.6
第一产业增加值	亿元	248.95	4.6
第二产业增加值	亿元	605.23	18.6
规模以上工业增加值	亿元	345.30	17.3
第三产业增加值	亿元	281.28	10.6
民营经济增加值	亿元	658.26	15.9
粮食总产量	万吨	307.60	0.8
肉类总产量	万吨	77.20	3.7
社会消费品零售总额	亿元	429.60	16.5
全社会固定资产完成投资	亿元	826.30	22.1
公共财政收入	亿元	52.04	26.4
公共财政支出	亿元	240.35	20.1
年末金融机构存款余额	亿元	1317.20	19.9
年末金融机构贷款余额	亿元	531.90	20.9
保费收入	亿元	37.48	–2.1
城镇居民人均可支配收入	元	16949	15.6
农民人均纯收入	元	7047	14.6
普通高校在校生数	万人	1.98	4.8
中职学校在校生数	万人	9.72	0.8
中学在校生数	万人	35.57	–7.4
小学在校生数	万人	49.84	–6.7
广播综合覆盖率	%	95.41	0.23个百分点
电视综合覆盖率	%	95.27	0.14个百分点
新型农村合作医疗制度参合率	%	99.49	0.79个百分点

二、2012年达州市经济社会发展亮点

(一)《达州市城市总体规划(2011—2030)》通过省政府审议 10月11日，省政府审议通过《达州市城市总体规划(2011—2030)》。确定达州市的城市性质：中国西部天然气能源化工基地，川渝鄂陕结合部交通枢纽、文化商贸中心和生态宜居区域中心城市。市中心城区发展方向采取“南延西扩东跨，适度向北发展”的城市空间发展模式，达州城市规划区面积约1189平方公里。城市用地范围和人口规模规划指标为:2015年100平方公里和100万人,2020年130平方公里和130万人,2030年160平方公里和160万人。

(二)四川省渠江流域灾后新村建设工作推进会召开 3月1日，四川省渠江流域灾后新村建设工作推进会在渠县召开，会议要求努力把渠江流域建设成为全省非地震灾区灾后重建示范片区。2011年渠江流域发生“9.18”特大暴雨洪灾后,流域范围的广安、达州、南充、巴中、广元5市19县,按照省委、省政府关于推进渠江流域综合治理的决策部署，科学编制灾后重建规划编制,全力推进农房重建,连片发展现代农业,

新村聚居点和新农村综合体基本完成建成任务,重灾户全部搬进新居,重建工作取得阶段性成效。

(三)达陕高速公路四川段通车 4月12日,川东北重要的出川通道达陕高速公路四川段通车。该路是国家高速公路网包茂高速公路(G65)的一段,北接陕西安康至四川界高速公路,南接达州至重庆高速公路,全长143公里,途经通川区、宣汉县和万源市,设魏兴、宣汉、普光、黄金、新华、铁矿、石塘、白沙、万源、官渡10个互通。其中魏兴是达渝、达(州)万(州)高速公路和正在建设中的巴(中)达(州)高速公路的枢纽互通。该路对于完善四川省高速公路网络、改善川东北地区交通条件,提高四川省与重庆、陕西及其周边地区的综合运输能力,促进秦巴地区经济社会发展具有重要的意义。

(四)达万高速公路四川段通车 12月17日,达州至重庆市万州区高速公路四川段通车。四川段起于达陕高速公路魏兴枢纽,止于开江县与重庆市开县界,全长63.78公里,途经通川区、宣汉县和开江县,设磐石、七里、长田、开江、讲治5个互通。重庆段于2012年7月动工,预计2015年建成通车。达万高速公路西接达渝、达陕和巴(中)达(州)高速公路,东连渝万(州)、宜(昌)万(州)高速公路,是四川省东向出川的重要通道。

(五)中石化普光气田成为中国最大硫磺生产基地 7月1日,普光气田大湾405集气站两口井顺利投产,大湾区块全面投产,普光气田混合天然气日产水平由2600万立方米提升到2900万立方米,普光气田天然气净化厂硫磺产量再度攀升,日产量提升到6000多吨,年产量由2011年156万吨提升到2012年200万吨以上,从而成为我国最大的硫磺生产基地。普光气田作为我国目前发现开发的首个高酸气田,天然气藏硫化氢含量高达15%。硫磺是化肥等工业重要的原料之一,普光气田硫磺主要销售到四川、重庆、贵州和湖北地区,有力的促进了中西部化肥工业的平稳发展,为稳定国内化肥等农产品价格做出了贡献。

(六)全国新农村文化艺术演展基地奠基 10月30日,达州市文化标志性工程,全国新农村文化艺术演展基地奠基仪式在风景秀美的莲花湖畔举行。规划面积4.5平方公里,概算总投资30亿元,以“两核、一心、六大片区”实施规划布局,重点规划建设达州市文化馆、巴山大剧院、群众文化广场、田园大舞台、民俗博览街、美食文化街等10多个项目,力争3至5年时间,建设成为融“演、展、博、销、游”为一体的全国新农村文化创意产业观光园。达州市文化馆和巴山大剧院规划建筑总面积约2.48万平方米,是一座以演艺为主、集演展、专业辅导、艺术创作、业务培训、理论研究等为一体的建筑群。群众文化广场规划建筑面积约1.66万平方米,由田园大舞台、莲湖歌坊等构成。

(七)达州天然气国家检验中心开工建设 3月2日,经国家质量技术监督总局批准,国家级质量检验、科研机构:达州天然气国家检验中心在达州市开建。建成后承担国家对天然气化工产品的质量监督检验任务,开展天然气化工产品开发标准、质量检测方法研究以及产品开发科研,有利于加快我国酸性天然气和非常规天然气的开发与利用。

(八)达州燃气电站开工建设 12月14日,四川省投资集团和四川省能源投资集团共同投资的达州燃气电站在中国西部(达州)天然气能源化工基地开工,规划装机容量4×350MW等级燃气—蒸汽联合循环机组,总投资约50亿元。该项目分两期建设,一期2×350MW等级燃气—蒸汽联合循环机组,总投资约25.6亿元。该项目整体建成后,不仅能充分利用达州丰富的天然气资源、满足节能减排的相关要求,而且对调整四川电源结构、促进达州经济发展具有重要作用。

(九)达钢集团荣登中国企业500强 9月1日,中国企业联合会和中国企业家协会在长春发布2012年中国企业500强榜单,达钢集团以2011年销售收入204亿元进入中国企业500强,位列443位。

(十)第三届秦巴地区(四川·达州)商品交易会举办 12月13日,第三届秦巴地区(四川·达州)商品交易会开幕,商品交易会为期5天。本届交易会以“开放合作、共谋发展”为主题,设立7大展销会场,展场总面积达20多万平方米,涉及化工、机械电子、新材料、现代服务业、基础设施建设、农副产品深加工等众多行业领域。还同步举办“跨国公司达州行”投资促进会和长江流域商务协作会第十届年会等重要经贸活动。两年一届的秦巴地区(四川·达州)商品交易会,已经成为促进秦巴地区商贸交易和加强区域交流合作的重要平台。

(十一)电影《雨中的树》在达州开机和上映 4月10日,以全国优秀组织工作干部李林森为原型的电影《雨中的树》式在万源市开机拍摄。该片由中国电影集团负责,达州市成立了专门机构予以配合。编剧刘恒、导演尹力、摄影指导谢平、美术指导芦月林、主演王志飞、丁柳元和王成阳。该片9月19日在北京人民大会堂三层小礼堂举行首映式,9月21日在达州市红旗影院公开上映。影片真实再现了李林森平凡而卓越的人生故事,在全国广大党员干部和群众中产生了强烈反响,达到了感动人、震撼人、激励人的预期效果。

(十二)第二届全国新农村文化艺术展演举办 9月20日,第二届全国新农村文化艺术展演在大竹县庙坝镇长乐新村开幕,来自全国31个省(自治区、直辖市)和达州本土的1950多名文艺工作者同台献艺,共同唱响“和谐大舞台、幸福新农村”的美好乐章。展演活动由8个板块精心构成,包括开幕式暨首场文艺演出、红色文化专场文艺演出、第三场文艺演出、闭幕式暨颁奖晚会、欢乐乡村行——县(市、区)广场群众文艺演出、全国新农村文化建设座谈会、新农村印象·全国版画作品邀请展、达州市特色农产品展。与2011年首届相比,本届展演活动更加突出特色,乡村文化、巴人文化、红色文化和天然气产业文化交相辉映、互动交融;更加注重提升,无论是活动档次、展演规模、内容设计,还是在内涵深化、文化挖掘、机制创新等方面都实现了大幅提升和大量创新,让人们充分体验了自然美和人性美的纯朴性、民族和民间交流的流畅性、区域文化的传承性和社会主义大家庭的融合性。

(十三)达州市新增14处省级文物保护单位 8月10日,达州市新增通川区红八十八师政治部旧址,达县大风高拱桥,万源市玉带余王氏节孝坊,宣汉县向家嘴李邓氏墓、插旗山曾氏家族墓、浪洋寺摩崖造像,大竹县神合张胡氏节孝坊、平滩河牌坊、乌桥千佛岩摩崖造像、孟氏公馆,渠县云峰塔、梭罗扁摩崖造像,开江县仁德桥、普安姜吴氏节孝坊14处省级文物保护单位。达州市省级文物保护单位累计达到46处,国家级文物保护单位4处10个点。

四川省大竹县

素有“中国苎麻之乡”、“川东绿竹之乡”美誉的大竹县位于四川省东部,唐武则天久视元年(公元700年)置县,因“竹多竹大”而得名。辖50个乡镇、382个村、60个社区,总人口112万,幅员面积2076平方公里,是四川省首批27个“扩权强县”试点县之一。近年来,大竹县以科学发展观统领经济社会发展全局,以加快转变经济发展方式为主线,牢牢把握“科学发展、加快发展、追赶跨越”主基调,解放思想,锐意进取,真抓实干,创造性开展工作,促进了全县经济社会又好又快发展,先后荣获中国苎麻之乡、中国香椿第一县、中国醪糟之都、中国糯米之乡、全国粮食生产先进单位、中国全国村民自治模范县、全国“双拥”模范县、全国科普示范县、全国文化先进县、全国基础教育先进县、全国计划生育优质服务先进县、全国中医工作先进县等荣誉称号。

大竹县风光秀丽怡人，物产资源富饶，境内有五峰山国家 AAA 级旅游景区，有启于先秦、兴于三国的古官驿道，有四川历史文化名镇——清河古镇，有川东小峨眉美誉的云雾山；大竹系全国 100 个重点产煤大县之一，拥有亚洲第二大天然气集输站，年输转天然气 27 亿立方米。大竹县连续 11 年入选“中国西部百强县”。先后被表彰为“全国粮食生产先进县”、“全国科技进步先进县”，被命名为“四川省文明城市”、“四川省环境优美示范城市”等称号。

一、2012 年发展回顾

2012 年，全县实现地区生产总值 213.25 亿元、规模以上工业增加值 48.57 亿元、全社会固定资产投资 148.62 亿元、民营经济增加值 128.88 亿元、社会消费品零售总额 64.34 亿元、地方公共财政收入 7.89 亿元、城镇居民人均可支配收入 17448 元、农民人均纯收入 8291 元，七项主要经济指标增速位居全市第一。2013 年 1 至 6 月，全县实现 GDP107.24 亿元，同比(下同)增长 10.9%，居全市第一名；社会消费品零售总额 35.15 亿元，增长 14.8%，居全市第一名；规模以上工业增加值 36.98 亿元，增长 13.3%；全社会固定资产投资 94.22 亿元，增长 26.6%；农民人均现金收入 4540 元，增长 12.4%；城镇居民可支配收入 9771 元，增长 10.5%；服务业增加值 26.49 亿元，增长 9.6%；地方公共财政收入 5.89 亿元，增长 17.1%。

(一)坚持科学发展，综合实力稳步提升

以“项目突破年”活动为抓手，统筹推进基础设施、产业和民生等领域重点项目建设。地区生产总值在全市率先突破 200 亿大关，主要经济指标增速快于全国、全省、全市。“千亿工业总产值”跨越 300 亿节点，达到 360 亿元；“千家企业”工程培育 236 户。大竹经开区建成“百亿级产业园区”，全县工业集中度达 30.7%。机电、建材、能源、农产品加工四大传统产业量质同升，鞋服、苎麻饰材等产业加速推进，川环科技新材料、川东电缆新技术、鹏翔电子物联网项目通过全省战略性新兴产业认证，川东电缆“黑象及图”商标荣获中国驰名商标。以苎麻、香椿、糯稻为主体的特色产业体系基本形成，农业产业化经营水平显著提高。竹黄省级新农村示范片三年任务全面完成，庙坝国家级现代农业示范区创建顺利启动。粮食产量实现“六连增”，再获“全国粮食生产先进单位”称号。投资 82 亿元的大竹国际物流园区项目开工建设，煌歌城市商圈初具规模，财税、金融和保险业健康发展。

(二)加强城乡建设，城乡面貌焕然一新

县城 89 平方公里 50 万人总规通过省政府批准。乡镇总规全面完成。城市“一环、两轴、两中心、三区、一组团”布局正在形成。城市功能不断完善，“三大中心”、“三园五馆”有序推进。城乡基础建设提速推进，国道外迁开工建设，土地滩水库启动建设，环湖路健身大道、护城河治理一二期基本完成，193 个行政撤并村村道硬化“三年计划”实现一年完成，全县通组道路硬化率达 82%。城乡环境综合治理纵深推进，“生态竹走廊”全面建成，城乡风貌个性彰显。打好“创非”牌，“千个新村聚居点”建设 200 个，建成庙坝长乐、石河新华、人和天宝寨、姚市楼房、杨家狮潭等一批充满文化底蕴、极富乡土气息的现代特色新村。旅游发展提档升级，投资 30 亿元的川东民俗文化旅游综合体项目落户大竹，百岛湖温泉即将投入试运行。“全省旅游标准化示范县”成功创建，成功挤入“成渝城市群城际轨道”规划。

(三)深化改革开放，发展活力不断增强

行政体制改革扎实推进，“庙坝试点”获中央编办肯定。公立医院改革试点顺利启动，文体广新体制改革取得阶段性成果。“工业 30 条”、“服务业 10 条”、“教育 20 条”等创新发展举措全面落实。创新破解土地、资金等要素瓶颈，新增建设用地 4000 亩，政府性融资 5.6 亿元，重大项目发展得到有效保障。“千亿投资”工程今年完成

149亿元。深化区域合作,扩大对外开放,产业承接再结硕果,全年招商引资履约项目73个,到位资金80.5亿元,投资超亿元项目达39个。

(四)坚持以人为本,群众幸福指数持续攀升

全县民生工程投入资金达12.88亿元。城乡一体的社会保障体系、教育培训体系、医疗卫生体系不断完善。城镇居民充分就业,城乡居民医疗保险、基本养老保险全面覆盖。保障性住房建设1790套,农村危旧房改造3145户。铜锣山连片扶贫开发试点项目圆满完成。“全国科技进步先进县”效应凸显,科技对经济的贡献率达49.5%。教育“五个亿计划”扎实推进,被评为“全省两基工作先进县”、“全省教育工作先进县”。文化事业蓬勃发展,“第二届全国新农村文艺展演”成功承办。卫生事业长足发展,公共服务水平不断提升。人口计生工作规范有序,被命名为“全省首批人口计生依法行政示范县”。双拥、老龄、残疾人等各项事业全面进步。社会管理不断创新,应急处突有序有效,社会大局和谐稳定。安全生产切实加强,全县未发生一起较大以上安全事故。

二、2013年发展目标

2013年,是全面贯彻落实党的十八大精神的开局之年,是实施“十二五”规划承前启后的关键之年,是建设繁荣时尚美丽和谐大竹的提速跨越之年。

2013年全县工作的总体要求是:认真贯彻落实县十二次党代会和县委十二届十三次全体会议精神,高举中国特色社会主义伟大旗帜,以邓小平理论、"三个代表"重要思想、科学发展观为指导,围绕建成川东渝北区域次级中心城市的发展定位,坚持科学发展、加快发展、追赶跨越的工作基调,按照夯实县域基础、率先全域发展的总体要求,大力实施"453"、四化同步、两个统筹"三大战略",奋力推进从农业大县向工业强县、经济大县向经济强县、总体小康向全面小康"三个跨越"。

经济社会预期发展目标是:地区生产总值增长13.5%,力争15%;规模以上工业增加值增长19%,力争20%;地方公共财政预算收入增长15%,力争20%;全社会固定资产投资增长18%,力争20%;社会消费品零售总额增长16.5%,力争18%;农民人均纯收入增长16.4%,力争17%;城镇居民人均可支配收入增长15.6%,力争16%;城镇居民登记失业率控制在4.1%以内,人口自然增长率控制在5‰以内。

四川省南江县

一、2012年发展回顾

2012年完成地区生产总值82.77亿元,同比增长13.9%;全社会固定资产投资118.2亿元,同比增长39.1%;社会消费品零售总额28.24亿元,同比增长16.5%;地方公共财政收入4亿元,同比增长51.9%;城镇居民人均可支配收入16808元,农民人均纯收入5430元,分别同比增长16.3%、15.5%;金融机构年末贷款余额达到35.61亿元,同比增长22.6%。

(一)农村经济

全年粮食作物播种面积7.3万公顷,总产39.95万吨,比上年增长1.1%;新植茶叶2万亩、金银花3.1万亩、核桃4.1万亩,建成七彩林业珍稀苗木基地7000亩,新增特色水产养殖1.2万亩;建成蔬菜基地5万亩,新增蔬菜超市16家;全县生猪出栏106万头,同比增长2.6%,新建适度规模标准化养殖场5个、标准化养殖小区24个,发展养殖大户486户;新发展农产品加工龙头企业8家,新增省级龙头企业1家;获准国家

地理标志保护产品3个，认定无公害农产品生产基地41.9万亩；有序转移输出劳动力21.2万人次，劳务收入突破40亿元。

（二）新型工业

全年工业增加值28.14亿元，同比增长16.8%。东榆工业园、坪河新材料和乐坝小微企业集中发展区建设加快推进，引进9家企业落户园区。巴中海螺水泥、百草药业二期、130万吨冶金辅料等重点项目开工建设。完成工业技改投资12亿元，南矿集团年产15万吨铁精矿等技改扩能项目全面完成。设立工业发展扶持资金，支持中小微企业发展，乐坝制氧厂等13家工业企业建成投产。新培育规模以上工业企业8家，规模以上工业增加值实现24.03亿元、同比增长20%。

（三）现代服务业

启动光雾山国家AAAAA级旅游景区创建，米仓山国家AAAA级旅游景区顺利通过国家验收，光雾山国家地质公园通过国土资源部终验，十八月潭景区对外开放；新增宾馆、乡村酒店、农家乐53家，新增床位1700个，日接待能力突破5000人；年接待游客209.5万人次，实现旅游综合收入14.5亿元，分别同比增长22%、25.9%。商贸服务业加快发展，县城红叶广场商业综合体、汽修汽配城启动建设，新建农贸市场6个，改造“万村千乡”市场工程93个，新增限上商贸企业16家，服务业增加值同比增长12.4%。

（四）基础设施

巴(中)陕(西)高速公路纵贯南江，桥亭至元潭段完成工程量80%，陈家山隧道开工建设；完成亚行贷款改建农村公路建设271公里，县城S101线绕城公路建成通车，新建乡道联网公路60公里，建成景区和乡村客运招呼站17个，硬化省、县道接口道路45公里；新建通村通畅公路752公里，全县257个村通水泥路，5个乡镇实现村村通水泥路，60%的乡镇形成小环线。新建各类水利工程1609处，整治病险水库19座，新增、恢复和改善灌面4.7万亩；完成“新增千亿斤粮食生产能力建设”、“小农水”、农村安全饮水等项目投资2.1亿元，新增高标准农田2万亩，整理恢复灾毁耕地5.5万亩，建成川东北最大的农村集中供水工程——长赤熊包梁供水站，年内新解决6.2万人安全饮水问题。全年完成21个村农网改造127.86公里，基本建成流坝220KV、寨坡110KV输变电工程和大坝等3个35KV变电站工程。完成天然气管网改造84公里，城镇建成区燃气化率达85%。新建农村沼气3964口。新增通讯基站25个，光纤入户达3.85万户。完成3.2万户数字电视转换和89个村通广播。

（五）招商引资

坚持把招商引资作为“第一要事”和“一把手”工程，围绕资源精深加工和产业发展，精心包装储备项目100个，其中20个项目被列为全市重点推介项目。大力开展节会招商、小分队招商、以商招商等活动，全年签约引进项目49个，签约资金175亿元，到位资金44.3亿元。引进投资1亿元以上的项目40个，世界500强企业安徽海螺集团成功落户南江。

（六）城乡建设

榆槐现代产业城建设整体加快，槐树休闲度假区全面建成，新增城区面积6.7平方公里；“六桥一堤”、红塔大道、黄金大道全面建成，新建景观休闲滨河路8公里；影剧院、体育馆、城乡规划展览馆建成投入使用；完成朝阳片区建筑立面风貌塑造12万平方米，新增亮化景观15万平方米；新建城市节点景观4处，新增绿化5万多平方米。正直统筹城乡综合性示范镇和长赤、沙河重点镇建设加快推进。改造干线公路过境集镇17个，安装路灯1200余盏，新植绿化树8万余株。大力实施巴山新居工程，建成中心村(综合体)8个、居民聚居点430个，建成巴山新居2.2万户、聚居人口4.8万人。全县城镇化率提高4.5个百分点。

（七）民生保障

新建经济适用房、廉租房等保障性住房693套，改造干线公路危旧房953户、农村土坯房8785户，塑造农房风貌5485户。治理水土流失

28.2平方公里,完成重大地质灾害治理21处、应急排危除险60处，实施地质避让搬迁980户。实施“四大森林”工程,建成森林长廊2308公里。硬化集镇街道30公里，改造人行道10余万平方米。新建、恢复乡镇污水处理站4个,成功创建省级生态乡镇17个、生态村64个。全年养老保险人数39576人，城镇基本医疗保险人数81110人,全县机关事业单位职工生育保险全覆盖；参加农村新型社会养老保险人数23.21万人。实施大病医疗救助3626人次，救助贫困学生、残疾人、孤寡老人等困难群众7.3万人次;城乡低保实现应保尽保。发放妇女小额担保贷款1.4亿元,城镇新增就业5969人,城镇登记失业率控制在4.5%以内。

(八)社会事业

争取教育项目资金1.5亿元,新建校舍5万平方米,改扩建幼儿园43所,新设立县实验中学、南江镇第六小学等6所学校(园),新建学生食堂3万平方米;高考本科上线1359人,3名学生被清华大学录取。县医院门诊楼、妇幼保健院、残疾人康复中心全面建成,完成117个标准化村卫生室建设,522个村卫生室空调、电脑、医疗等设备配置到位。县城“四馆”和48个乡镇文化站全部实现免费开放，建成3个省级示范乡镇综合文化站、20个农村文化大院、10个文化示范村(社区)、126个农家书屋。中央电视台《远方的家》、《乡约》等栏目走进南江,电影《巴山女红军》在南江顺利完成外景拍摄。

二、2013发展目标

实现地区生产总值94亿元，增长15%;全社会固定资产投资160亿元,增长36%;规模以上工业增加值28.8亿元,增长21%;社会消费品零售总额34亿元,增长20%;地方公共财政收入5.4亿元,增长35%;城镇居民可支配收入和农民人均纯收入分别增长18%、18.5%；城镇化率提高3个百分点；城镇登记失业率控制在4.3%以内;居民消费价格增幅控制在4%左右。

贵州省六盘水市

一、2012年发展回顾

2012年,在省委、省政府和市委的坚强领导下,在市人大、市政协的监督、支持和帮助下,坚持以科学发展观为统领，以贯彻落实国发2号文件为总抓手，认真贯彻落实省第十一次党代会、市第六次党代会精神,坚持“两加一推”主基调,大力实施“三化同步”主战略,着力保增长、调结构、增活力、惠民生、促和谐,努力克服经济下行压力加大等不利因素的影响，全市呈现出“发展提速、投资增加、民生改善、后劲增强、社会和谐、人心思进”的良好局面,较好地完成了年初确定的目标任务。

全市生产总值完成738.65亿元,增长16%,增速高于全国、高于西部、高于全省。财政总收入完成156.35亿元,增长21.71%;公共财政预算收入完成103.49亿元,增长46.11%。社会消费品零售总额完成182.82亿元,增长16%。城镇居民人均可支配收入达到18764元，增长14.6%；农民人均纯收入达到5182元，增长16.8%。金融机构人民币存、贷款余额分别为676.21亿元、508.38亿元，分别增长17.19%、21.92%。全市综合排位实现前移进位，从2011年末的全省第6名上升至第4名。

(一)强力推进项目建设,固定资产投资大幅增加

着力抓好国发2号文件的项目化、实物化落实,积极“上争”,全年争取中央预算内资金15.54亿元,是近年来争取中央资金最多的一年。通过建立“三化”现场观摩会、项目集中开工和

固定资产投资“旬调度、月督查、季考核”等项目推进机制,项目建设掀起新高潮。全社会固定资产投资突破千亿元大关,达到1088.9亿元,增长97.8%,其中50万元以上固定资产投资完成766.39亿元,增长74.2%。81个省级重点项目完成投资147.7亿元,329个市级重点项目完成投资428亿元。分季度集中新开工项目累计940个、总投资1193.3亿元,完成投资334亿元。加大项目前期工作力度,市级投入项目前期工作经费8400万元,增长320%,项目库储备项目达3518个。多渠道筹集项目建设资金,大力推行企业债券、信托融资、中期票据、融资租赁等融资方式,实现直接融资49.24亿元。尽力保障项目建设用地,全年供应土地4346.77公顷,增长375.9%。

(二)努力克服经济下行影响,工业经济溯逆而进

通过采取调整产品结构、价跌量补、高载能行业配套电价补贴等应对措施,下大力抓扶持、促生产、拓市场,工业经济实现平稳较快发展。全市规模以上工业增加值364.42亿元,增长21.6%。传统支柱产业进一步做大做强,主要工业产品产量实现稳步提升,原煤产量7156万吨、钢产量501.48万吨、发电量375.49亿千瓦时、水泥产量523.24万吨。着力打造煤电钢、煤电铝、煤电化、煤电材“四个一体化”品牌,六枝路喜、黔桂天能等一批重点循环经济项目加快推进。西南天地煤炭装备制造等一批新兴产业不断壮大。产业园区建设取得新进展,增加值占工业增加值的42.5%,基础设施建设投入完成60.8亿元,建成标准厂房120.4万平方米,在建企业165家,投产企业149家。更加注重节能减排,万元GDP能耗降低3.43%,完成了主要污染物总量减排目标任务。

(三)加大城镇规划建设力度,城镇化进程不断加快

紧紧围绕打造现代特色都市目标,以承办第八届全省旅游产业发展大会为契机,加快城镇建设步伐,城乡面貌改观较大,城镇化率提高到41%。启动第四轮城市总体规划修编,完成30个乡镇、505个村的村庄整治规划编制工作。市中心城区基础设施和公共服务设施建设力度进一步加大,以城市综合体引领城市发展,启动了凤凰山、六盘水体育中心、明湖等一批各具特色的城市综合体项目,市中心城区“6个城市广场”、“6个城市湿地公园”建设步伐加快,市中心城区集中供热工程启动实施。红桥新区、双水城区、六枝城区、盘县城区的城市建设取得较大进展。以郎岱、柏果、玉舍等10个省级、市级特色示范小城镇建设为重点,小城镇建设步伐加快。深入开展“整脏治乱”、“五城联创”活动和“五项城市管理工程”,城市管理水平进一步提升。

(四)坚持以农民增收为核心,农业农村经济加快发展

认真落实强农惠农政策,争取省级以上农业资金16.04亿元,市、县财政共投入农业专项资金3.23亿元,农业农村投资大幅增加。全年粮食获得丰收,总产量达75.29万吨,增长33.4%。特色产业发展加快,“九大产业”均按计划或超额完成,结构调整取得实质性进展,粮经比达到63:37。六枝郎岱、盘县滑石、水城米箩、钟山大河等一批农业产业园区加快建设。农业产业化经营步伐加快,新增省级龙头企业14家、市级龙头企业19家,农民专业合作经济组织402个,4家中药制药企业通过国家GMP认证。首次举办农业产业重点项目推介暨投资洽谈会,签约资金44.9亿元,22个签约项目开工建设。全年完成土地流转10.45万亩。深入推进“四在农家”创建工作,完成6万户新民居建设改造任务,农村面貌发生显著变化。

(五)加强基础设施建设,发展条件进一步改善

六盘水月照机场飞行区土石方主体工程基本完成;长昆铁路客运专线建设进展顺利,六沾铁路复线建成通车,六盘水火车站站房改造主体工程基本建成;水盘高速公路进入收尾阶段,六镇高速、六六高速、杭瑞高速境内段建设有序推进,机场高速、市中心城区内环快线开工

建设,启动了盘兴高速、六威高速、毕兴高速前期工作;建成乡村公路756.7公里。鱼洞坝、白河沟水库基本建成,双桥、旧院、卡河、观音岩、懒龙河等中型水库建设顺利;市中心城区应急水源花鱼洞供水工程开工建设;实施病险水库除险加固5座,完成烟水配套工程1.5万亩,新增有效灌溉面积4.86万亩,解决了22.79万农村人口饮水安全问题。完成信息基础设施和电网建设投资12.75亿元。深入实施天然林保护、石漠化治理等重点生态工程,完成营造林36.33万亩。

(六)继续深化改革开放,发展动力活力明显增强

国有企业改革改制工作有序、规范推进。投融资体制改革取得新突破,成立了市政府金融办,新组建的8家市级融资平台公司、3家村镇银行运行良好,全市首支16亿元企业债券发行成功。改革试点示范工作取得新进展,钟山区和水城县滥坝镇被列入全国第三批改革发展试点县、试点城镇,水城县被确定为全省统筹城乡和新型工业化试点县。市、县两级政府政务服务大厅建成投运,减少126项行政许可事项、106项非行政许可事项、184项行政服务事项,行政效能进一步提高。公共财政体系初步建立。文化、卫生、教育事业单位实现全员聘用制。民营经济不断壮大,完成增加值338.93亿元,占全市生产总值的比重达45.89%。深化区域经济交流与合作,成功举办"第三届川滇黔十市州合作与发展峰会"暨"第九届中国凉都·六盘水消夏文化节"。招商引资力度加大,成功引进了中建四局、川威集团、富力集团、葛洲坝集团等一批战略合作者,全年招商引资实际到位资金650.07亿元,增长174.3%。

(七)加快发展社会事业,公共服务水平不断提高

教育"四项突破工程"全面实施,新建、改扩建乡镇幼儿园25所,启动建设县区中学5所、小学6所,建成农村寄宿制学校3万平方米、教师周转房3598套,实施农村中小学学生营养餐工程、惠及21.3万名学生。贵州科学院六盘水分院正式授牌,国家煤炭清洁转化产品质量监督检验中心基本建成。市人民医院成功创建三级甲等医院,水矿医院等3家创建三级甲等医院通过省级评审;乡镇卫生院和村卫生室规范化建设稳步推进;各类传染病得到有效控制。人口计生工作实现"三降一升",摆脱了全省挂末位次。大力实施文化、体育、广电惠民工程,六盘水大剧院、市博物馆、市图书馆、六盘水美术馆等项目开工建设;建成全民健身路径25条、村级农民体育健身工程35个、农家书屋125个、农村数字书屋20个;完成24789套农村广播电视设备安装,新增58个行政村有线电视联网延伸覆盖。双拥工作成效显著。

(八)高度重视民生问题,发展成果更多惠及人民群众

扎实办好"十二件民生实事",完成投资41.9亿元。全面实施积极的就业政策,省级创业型城市创建工作通过评审;认真落实"3个15万元"政策,新增微型企业1600户,带动就业10751人;新增城镇就业86374人,城镇登记失业率为4.14%。基本医疗、基本养老、失业、工伤、生育等保险制度体系进一步完善;城镇低保月人均保障标准提高40元,农村低保年平均保障标准提高157元,保障水平位居全省前列。新建48个居家养老服务站(点)和9个农村养老服务中心,市老年公寓投入使用。加强保障性住房建设,完成14284套保障性安居工程和33090户农村危房改造任务;启动实施150万平方米城市棚户区改造;利用公积金贷款支持保障性住房7.93亿元,被国家列为公积金支持保障性住房建设试点城市。全力打造"扶贫攻坚示范区",12个乡镇实现"减贫摘帽",减少贫困人口14.08万人。坚持用群众工作统揽信访工作,实行市、县、乡各级领导包案督访消化制度,疑难信访问题总量从2011年的14200件降至400多件。大力开展"三反"和"打黑除恶"专项行动,"平安凉都"创建活动深入推进。安全生产形势总体平稳,事故起数和死亡人数实现"双降"。

二、发展中存在的问题

高速公路建设滞后，乡村道路建设管理差距大，工程性缺水问题突出，生态环境脆弱，制约发展的瓶颈问题没有得到根本解决；产业结构单一，传统产业不强，新兴产业发展缓慢；城镇化率较低，农村公共基础设施落后，城乡居民收入差距大，全面建成小康和扶贫攻坚任务繁重；加强和创新社会管理的任务十分艰巨，人民群众对社会治安状况不够满意，生产安全事故尚未得到有效遏制；政府的履职能力与发展需要和人民要求还有差距，创造力和执行力不够。对于这些问题，我们将采取切实有效措施，下大力认真解决。

三、2013年发展目标

2013年经济社会发展的总体要求是：以邓小平理论、“三个代表”重要思想、科学发展观为指导，全面贯彻落实党的十八大、省委十一届二次全会和市委六届二次全会精神，坚持“稳中求快”总基调，围绕“突出特色、做大总量、提速转型、增比进位”总目标，落实“好中求快、快中保好、又快又好、更快更好”总要求，坚定不移地贯彻主基调、实施主战略，坚持走追赶型、调整型、跨越式、可持续发展路子，推进工业化、信息化、城镇化、农业现代化同步发展，以更加开阔的思路、更加解放的思想、更加进取的精神、更加扎实的作风，促进全市经济社会又好又快、更好更快发展，为同步全面建成小康社会奠定坚实基础。

全市经济社会发展的主要预期目标是：生产总值增长18%以上；全社会固定资产投资增长50%以上；财政总收入和公共财政预算收入分别增长20%以上；招商引资到位资金增长53%以上；社会消费品零售总额增长20%以上；城镇居民人均可支配收入增长15%以上，农民人均纯收入增长17 %以上；人口出生率控制在12.3‰以内；城镇登记失业率控制在4.2%以内；完成省下达的节能减排指标任务。

贵州省安顺市

安顺市位于贵州省中西部，毗邻贵州省省会贵阳，素有“黔之腹、滇之喉、粤蜀之唇齿”之称。全市总面积9267平方公里，总人口282.26万人，其中少数民族人口占39%。

安顺历史悠久、文化底蕴深厚，是贵州省历史文化名城，拥有穿洞文化、夜郎文化、牂牁文化、屯堡文化等独特的历史文化遗存。有国家级重点文物保护单位5处，省级文物保护单位27处。普定穿洞古人类文化遗址被誉为“亚洲文明之灯”；关岭“红崖天书”世称“千古之谜”；明代军事遗存屯堡村落和关岭古生物化石群堪称“世界唯一”；安顺蜡染被誉为“东方第一染”；安顺地戏被称为“中国戏剧活化石”。安顺是中国共产党老一辈无产阶级革命家、王若飞烈士的故乡，王若飞故居是全国爱国主义教育基地、全国首批百个红色旅游经典景点之一。安顺是国家最早确定的甲类旅游开放城市之一，是“中国优秀旅游城市”和贵州省优先发展重点旅游区及西线旅游中心，又被评为“中国十大特色休闲城市”，入选“亚热带地区八大最美热区生态城市”素有“中国瀑乡”、“屯堡文化之乡”、“蜡染之乡”、“西部之秀”的美誉。全市风景区面积占幅员面积的12%以上，远高于全国1%和贵州省4.2%的比例。境内有黄果树、龙宫、格凸河3个国家级风景名胜区，；有关岭古生物化石群国家地质公园、九龙山国家森林公园、国家4A级旅游区夜郎洞；有花江大峡谷、夜郎湖、斯拉河等省级风景名胜区；还有亚洲跨度第一、世界第六的坝陵河大桥。

2012年5月，贵州省委、省政府在对安顺作出新的城市定位："黔中经济区重要增长极"、"黔中城市群重要中心城市"、"生态文化旅游融合发展示范区"、"开放型经济试验区"。

一、2012 年发展回顾

全年实现生产总值 352.62 亿元，增长 15.4%；全社会固定资产投资 400.06 亿元，增长 64.4%；公共财政预算收入 37.50 亿元，增长 41.5%；社会消费品零售总额 97.53 亿元，增长 16.2%；金融机构各项存款余额 483.14 亿元，贷款余额 350.23 亿元，分别比年初增长 12.9%和 30.4%。在全省经济发展增比进位综合测评排位中，安顺市从去年全省挂末上升到第七位，所有县区都进入前 50 名。

（一）抢抓机遇，支持政策进一步落实

表 1 2012 年安顺市经济社会发展主要指标

指标名称	单位	2012 年指标	增速（%）
1、生产总值	万元	3526171	15.4
第一产业	万元	531900	9.0
第二产业	万元	1370222	16.6
第三产业	万元	1624049	16.5
2、农林牧渔业总产值	万元	819659	12.6
粮食总产量	吨	651500	22.3
肉类总产量	吨	138340	6.0
3、500 万元及以上工业增加值	万元	951525	21.6
4、全社会固定资产投资	万元	4000612	64.4
5、社会消费品零售总额	万元	975255	16.2
6、财政总收入	万元	591680	33.33
公共财政预算收入	万元	375039	41.5
财政支出	万元	1630267	31.0
7、金融机构各项存款余额	万元	4831429	12.9
金融机构各项存款余额	万元	3502319	30.4
8、居民消费品价格指数（以上年为 100）	%	102.5	-2.5
9、城镇居民人均可支配收入	元	18617	14.2
农民人均纯收入	元	5088	16.5
10、常住人口	万人	228.34	-0.15

抢抓国发〔2012〕2 号和黔党发〔2012〕15 号文件出台的重大机遇，加大工作力度，73 个省直部门先后出台支持安顺加快发展的具体政策措施。一批重点项目建设加快推进，安电三期获得国家批准"路条"，马马崖水电站通过国家核准截流验收，许多多年来想办但一直没有办成的大事取得重大进展。

（二）加大固定资产投资，发展基础进一步夯实

全市 50 万元以上固定资产投资完成 298 亿元，增长 80.1%，增速排名全省第一。完成交通建设投资 68.6 亿元，长昆快速铁路安顺段建设稳步推进，安普高速公路、惠兴高速公路惠水至镇宁段建成通车，新增高速公路通车里程 106.9 公里，建成通村油路（水泥路）600 公里。完成水利建设投资 11.3 亿元，黔中水利枢纽、"引千入虹"等重点水利工程建设进展顺利，一批骨干水源工程前期工作扎实开展，治理病险水库 29 座，新增解决 15.67 万农村人口饮水安全问题。完成电网建设投资 4.09 亿元，中缅油气管道建设工程顺利推进，村村通宽带工程稳步实施，3G 网络覆盖面进一步扩大。

（三）加强产业园区建设，工业发展进一步加快

全年实现全部工业增加值 114.5 亿元，增长 15.7%；500 万元及以上工业增加值 95.15 亿元，增长 21.6%。园区管理体制逐步理顺，完成基础设施建设投资 35 亿元，建成标准化厂房 50 万平方米，新增入园企业 63 家，园区实现工业总产值 171.6 亿元，占全市工业总产值 44.3%。工业项目建设进度加快，完成工业投资 121.1 亿元，增长 43.3%。

（四）加快中心城区建设，城乡面貌进一步改变

中心城区详规覆盖率 90%以上，县城详规覆盖率 60%以上，编制完成乡镇规划 22 个，村庄规划 400 个。打击违法建设力度不断加大，"两违"蔓延势头得到有效遏制。中心城区路网等基础设施建设进一步完善，北部新区和新火

车站片区基础设施建设全面启动,二环路、市便民服务暨会展中心开工建设。实施城市"净化、绿化、亮化"工程,中心城区主干道"白改黑"和路灯改造全部完成,若飞公园建成开放,虹山湖景观整治一期工程顺利完成,汪家山"城中村"改造启动实施,中华西路建成通车。各县城基础设施建设步伐进一步加快,安普城市快速干道、关岭灞陵大道、紫云新城东西大道等项目顺利推进。小城镇建设"六个一"工程稳步实施,13个示范小城镇启动建设。积极配合做好贵安新区的规划建设,新区"三横两纵"路网规划建设扎实推进。城市管理不断加强,国家园林城市创建工作全面启动,"三创"工作成效明显,在"整脏治乱"和"满意在贵州"考核中,安顺市名列全省第一。

(五)加快调整农业产业结构,农民收入进一步增加

全市农林牧渔业总产值实现81.97亿元,同比增长11.2%。粮食生产实现恢复性增长,总产量达65.15万吨。种植业结构不断优化,蔬菜、茶叶、中药材、精品水果等特色优势农产品种植规模不断扩大,粮经作物种植比例由2011年的51:49调整为44:56。生态畜牧业加快发展,畜牧业产值占农林牧渔业总产值比重达到47.3%,提高了1.2个百分点。深化全国丘陵山地农业机械化示范区建设,全市农机总动力达到145万千瓦,同比增长8.1%。农业产业化水平进一步提高,龙头企业加快发展,农民专业合作社达到513家。"整乡推进"、"四在农家" 创建等新农村建设稳步推进,完成村庄整治45个1721户。多渠道促进农民增收,农民人均纯收入5088元,同比增长16.5%。

(六)全力推动旅游产业转型,第三产业加快发展

整合旅游文化资源,全面完成黄果树旅游集团股权划转,重点打造以黄果树瀑布为主的旅游品牌,引入市场主体,加快龙宫、格凸河等景区深度开发。旅游配套设施不断完善,百灵·希尔顿、国际佳缘等高星级酒店建设加快,一批商务酒店、连锁酒店和富有地方民族特色的农家乐蓬勃发展。安顺直飞北京、重庆等地航线开通运营,黄果树瀑布节、龙宫油菜花旅游节等大型节庆活动成功举办。全年接待游客2720万人次,增长46%,实现旅游收入236亿元,增长57%。金融保险、交通物流、邮电通信、商业零售、信息服务等现代服务业快速发展,第三产业实现增加值162.4亿元,增长16.5%。

(七)加强生态建设保护,生态环境进一步改善

水利建设生态建设石漠化治理"三位一体"规划深入实施。完成营造林54.5万亩,森林覆盖率提高到40.5%。完成小流域治理项目6个,治理水土流失面积207平方公里,综合治理石漠化面积100平方公里。强力推进节能减排,淘汰一批落后产能,万元生产总值能耗降低3.2%。全市生活垃圾无害化处理率提高16.4个百分点,日处理生活污水能力达8.3万吨,集中式饮用水源全面达标,城市环境空气质量优良率保持100%。

(八)深化改革扩大开放,发展活力进一步增强

深化安顺多种经济成分共生繁荣试验区改革,大力发展民营经济,全市民营经济增加值占生产总值的比重达53%。成立了市国资委,强化国有资产监督管理。农村商业银行组建工作顺利推进,村镇银行、小额贷款公司、融资性担保机构稳步发展。农村综合配套改革和财政管理体制、医药卫生体制、事业单位等改革稳步推进。开放水平明显提高,新增外商投资企业8家,与青岛等对口帮扶城市和友好城市的联系合作进一步加深,组织参加赴港招商、第二届中国(贵州)国际酒类博览会等重大招商引资活动。全年招商引资实际到位资金465.83亿元,其中引进省外境内资金289.97亿元,分别是2011年的2.3倍和2.2倍。

(九)全力保障改善民生,人民生活水平进一步提高

城镇居民人均可支配收入18617元,增长

14.2%。新增城镇就业3.17万人,其中登记设立微型企业2889户,带动就业1.8万人,城镇登记失业率3.15%。城乡基本养老保险、全民医保实现全覆盖,参保人数持续增加。城乡低保保障标准提高10%,认真实施农村低保季节性缺粮户粮食救助制度,对城乡低保家庭发放粮油实物补助,成立流浪妇女儿童救助中心,社会救助工作进一步加强。新开工城镇保障性安居工程2743套,竣工7774套,完成农村危房改造2.5万户。全年减少农村贫困人口15.37万人,6个贫困乡镇实现减贫"摘帽"。启动扶贫生态移民工程,12个安置点房屋主体工程基本完成。全力开展"保供稳价"工作,居民消费价格总指数全年涨幅控制在3.0%以内。各级各类教育加快发展,学前教育、高中阶段教育毛入学率分别比上年提高8.15和11.77个百分点。科技事业取得新进展,顺利通过国家知识产权试点城市验收。文化事业和文化产业发展势头良好,苗族英雄史诗《亚鲁王》整理出版,一批文艺作品在全国全省大型赛事中取得优异成绩,广播电视村村通工程在全省率先完成。全民健身运动广泛开展,竞技体育水平不断提高。基层医疗服务能力明显提升,新型农村合作医疗参合率达到98.06%,市人民医院异地新建工程加快推进。全市人口出生率12.39‰,自然增长率5.79‰,实现"双降"目标。加强和创新社会管理,成立了群众工作部,强化社会矛盾纠纷排查疏导,畅通信访渠道,及时化解不稳定因素。安全生产监管体系不断完善,安全生产形势总体稳定。扎实推进"平安安顺"创建工作,群众安全感指数达到89.35%,提高9.43个百分点。

二、发展中存在的问题

安顺市经济社会发展中存在的主要问题是:经济总量小、人均水平低,贫困人口多,全面小康建设任务十分艰巨;工业经济短板,产业结构单一;城镇建设滞后,辐射带动能力不强;体制机制活力有待提高;公共服务能力不足。

三、2013年发展目标

2013年安顺市经济社会发展的主要目标是:地区生产总值增长18%;全社会固定资产投资增长65%;招商引资实际到位资金增长65%;公共财政预算收入增长25%;社会消费品零售总额增长16%;城镇居民人均可支配收入增长18%;农民人均纯收入增长20%;城镇登记失业率控制在4.2%以内;人口出生率和自然增长率分别控制在12.4‰和5.8‰以内;居民消费价格指数控制在省调控范围内;完成省下达的节能减排任务。

贵州省仁怀市

贵州仁怀,在中国的白酒界坐拥资源,自成一家,独步天下。在全国白酒供求进入调整期、缓冲期的时刻,仁怀酒业的整体推进、转型升级让外界格外瞩目。2012年,受国家宏观调控政策影响,高端白酒应声下挫。然而中国白酒市场低迷时,酒都仁怀却亮点频闪。

一、科学发展,开启酱香新时代

近年来,仁怀始终坚持扩大总量与优化增量、做精存量相结合。以做大总量和提高集约化水平为目标,处理好总量和增量的关系,优化酱香型白酒生产布局,在规范发展区鼓励企业做大规模;在限制发展区注重环境容量承载能力,严格执行控制新增总量的原则;在禁止发展区逐步迁出现有企业,杜绝新上白酒生产项目;进一步深化改革,扩大开放,以资本运营为手段,创造条件,促进资源要素的整合,鼓励跨越所有制、跨行业、跨区域优化重组资源,扩大对外宣传和招商引资力度，做大总量，着力提高增长质量和效益。充分发挥存量优势，精深策划，提高产品附加值和竞争力。

品牌带动与重点培育、兼顾其他相结合。在巩固和提升国酒茅台龙头品牌、做大做强现有名优品牌的过程中，实施品牌带动战略。坚持以国酒茅台为龙头，引领和带动地方“100强企业”名优酒品牌发展；提升仁怀名优酒品牌在全省、全国乃至国际上的地位和影响力。

在经济效益与生态效益、发展速度相结合方面。仁怀坚持经济增长速度与质量、效益、环境的统一性，在发展中保护环境，在保护环境中发展，提高资源的综合利用率，按照“减量化、再利用、资源化”的循环经济发展理念，鼓励企业推行清洁生产模式，降低原料消耗，提高出酒率，减少废弃物排放量，积极推进酒糟、曲草、酿酒废水等综合利用，利用酒糟生产饲料和生产有机复合肥，畜粪和有机肥再施用到原料种植基地，走可持续发展的循环经济道路。

仁怀市委、市政府按照“解放思想、创新模式，高端引领、中低并举，以质取胜、打造品牌”总体思路，坚持质量优先、以质取胜，高端引领、中低并举，酱浓并举、兼有其他，盘活存量、扩大总量，优化环境、扩大开放，正朝着生产百万千升白酒，打造千亿元级产业目标努力奋进，推动白酒产业跨越式发展，加快把茅台酒打造成“世界蒸馏酒第一品牌”、把茅台镇打造成“中国国酒之心”、把仁怀市打造成“中国国酒文化之都”，实现“未来十年中国白酒看贵州，贵州白酒看仁怀”的战略目标，打造中国酱香型白酒航母，让仁怀领航中国白酒逐梦世界。

二、优化本局，大山深处叠起工业梯田

仁怀酱香型白酒产业迅猛发展，全市地方酒业正加速向仁怀经济开发区聚集。2012年，仁怀市实现生产总值330亿元，财政总收入114亿元，完成全社会固定资产投资124.9亿元，城镇居民人均可支配收入20656元，农民人均纯收入6752元，社会消费品零售总额达46.5亿元。市域经济综合实力名列贵州省经济强县（市)前列，中国西部百强县市前30位。近三年地区生产总值、财政总收入、地方财政收入平均增速分别达28%、67%、51%。总体呈现出“发展提速、转型加快、效益提升、民生改善、后劲增强”的良好态势。

几千年历史穿越，上千年造酒业的发展，茅台镇出好酒已是不争的事实。但是，茅台镇的土地资源寸土寸金。为此茅台镇推行“节地型”发展，推进“集约式”利用已被贵州省提到了重要议事日程。

茅台镇环境整治及城镇规划建设工程2009年3月启动实施，计划通过5至10年时间，逐步搬迁茅台酒厂厂区范围及周边部分居民，安置在新建的国酒新城，工程概算总投资约52亿元。茅台镇搬迁涉及镇区共12个地块，搬迁居民3800余户16000多人，拆迁面积近75.4万平方米，拆迁之后根据茅台酒厂远期发展需要，逐步搬迁太平村、中华村居民。

“仁怀白酒”的核心优势就在于“酱香白酒”的地理效应和文化效应。“国酒茅台”品牌价值释放的最大化效应在于，仁怀把“茅台镇”独特的地理环境和文化传统，与“贵州茅台酒”的依赖性，提到了不可复制的“稀缺价值”上。茅台集团成为强力推动仁怀经济社会又好又快、更好更快发展的“大心脏”、“发动机”。地方酒业规模、产值、税收和酒业全面增长，成为仁怀加速发展的生力军。未来十年“中国白酒看贵州，贵州白酒看仁怀”“酱香白酒产地效应”凸显。

目前正在茅台镇马鞍山建设的60万平方米酒库，荒山面积比例就达86%。虽然荒山、谷滩、冲沟等地质较差的用地建设成本比较高，但是，茅台最好的资源得到了充分利用，也能一劳永逸的保证茅台酒卓越的品质。集团公司还将以16.5亿元实施茅台环山酒库区工程项目，以新增约9万吨茅台酒贮存能力。确保到“十二五”末，茅台酒产量达到4.5万千升，茅台集团白酒产量达到10万千升，力争达到12万千升；销售收入达到800亿元，力争达到1000亿元。

在破解民生与发展的难题中，仁怀因地制宜实施了开山填壑、项目上山、移民进城等系列工程，把向山要地发展为规模效益，如今“工业梯田”渐入佳境，昔日的贫瘠乡村变为了聚宝盆。在节约集约土地的同时，农民与企业实现了和谐双赢，被誉为云贵高原上节约集约用地的成功典范。

仁怀经济开发区于2011年8月经贵州省政府批准设立。根据仁怀产业结构和发展需要，开发区在原有的国酒工业园、仁怀名酒工业园、仁怀市酱香白酒聚集区的基础上进行调整、整合，按“一区三园、一园多点”的形式布局，拟规划面积43.76平方公里，以酱香型白酒生产和白酒配套为主导产业，并带动旅游等相关产业发展。仁怀经济开发区属国家新型工业化产业示范基地，是省级一类产业园区和“千亿级示范培育园区”，同时还是遵义市商标品牌示范基地，并成功申报贵州省综合型生产性服务业集聚区试点。至“十二五”末，开发区预计实现总投资500亿元以上，新增酱香型白酒总产能35万千升，能为全市80%以上白酒提供配套服务，同时带动相关产业同步发展，并严格按国家新型工业化产业示范基地要求，打造成全国最大的酱香型白酒生产基地和白酒特色工业旅游区。

仁怀经济开发区按功能划分为酱香型白酒生产区和酒类配套产业区。生产区地处赤水河支流五岔河河谷地带，涉及该市的三合、大坝、火石岗、二合、合马等乡镇，区域测绘面积28平方公里，工业建设用地面积13200亩左右，产业定位为酱香型白酒生产。针对仁怀市特殊的河谷地形地貌，耕地后备资源严重匮乏，土地开发利用难度大、成本高的实际，为实现保护耕地与保障发展的双赢效应，在省市国土资源部门的帮助下，仁怀开始了“向山要地”的系列工程，以此破解发展的资源制约。仁怀名酒工业园区已测绘28平方公里，其中山坡地占近90%。目前，已有52家企业入驻园区。

在推进工业化进程中，仁怀结合山多坡陡的地形特点，积极探索节约集约用地的新路子，按照“布局集中、项目集聚、用地集约、产业集群”的思路，引导和鼓励企业向山要地，梯级开发，充分利用其它农用地和未利用地，做到少占或不占耕地。将土地质量差、未利用地较多的合马镇罗村村、三合镇卢荣坝村等山坡地规划布局为名酒工业园生产区。同时，入园企业采取多层建设制酒、制曲、包装、酒库车间等措施，提高土地综合利用率，走出了一条向山要地、建设“工业梯田”的发展新路子。

茅台集团、国台酒业、酱园春酒业等就是典型代表。国台酒业通过改变传统生产车间建设模式，节约用地50%，建设投资强度达14000万元/公顷。园区内企业建设投资强度均在4500万元/公顷以上。经过土地平整和梯度式开发，园区目前已按项目报批建设用地7000多亩，其中坡地5000多亩。

由于赤水河畔酿造酱香型白酒对环境的特殊要求，园区规划用地大多为25°以上的劣质坡地和未利用地。坚持向山要地原则和集约、节约用地要求，使园区落户的企业至少节约用地50%以上。

“国酒新城”是仁怀土地资源最佳利用的一个范例。国酒新城规划面积为3.18平方公里，需拆迁794户3328人，拆迁量15.7万平方米。通过实施“项目上山、移民进城”，将最宝贵的土地资源留给茅台集团作建设和环境用地，支持茅台集团的可持续发展。

三、立足长远，多种举措持之以恒保护“美酒河”

赤水河仁怀段沿河分布着贵州茅台等国内知名白酒企业，茅台酒的生产离不开这条“美酒河”。仁怀环保部门常年监测结果显示：赤水河仁怀段黄歧坳入境处断面达到地表水环境质量标准Ⅱ类，茅台镇断面常规达到Ⅲ类，小河口入城处断面达到Ⅱ类，3个断面水质状况始终符合国家规定标准。

“十一五”以来，仁怀累计投资6000多万元建成名酒工业园区天然气储配站点，园区所有企业及部分园外企业已全面使用清洁能源；对赤水河流域生态环境恢复建设工程，仁怀市近年来累计治理水土流失面积100余平方千米，完成赤水河流域退耕还林、还竹20余万亩，赤水河流域森林覆盖率已提高到46%。

仁怀累计投资8000万元取缔赤水河沿岸小造纸作坊及小造纸厂，开展赤水河及其次级支流河道、溪沟垃圾清理整治，修建垃圾临时收集池200多座，并对赤水河沿线乱倾倒渣土现象进行集中整治。在赤水河沿岸建设的三个环境空气自动监测站，配合贵州省环保厅完成了赤水河茅台取水口上游水质在线自动监测站建设前期工作。

目前，仁怀市正根据白酒行业跨越发展的实际，采取集中连片治理模式，努力实现对白酒废水污染的统一监管，达标排放；采取梯次推进办法，对废弃矿井生态环境进行恢复治理工作；通过生态补偿、推进重点流域保护河长制等措施，抓好重点流域、溪沟的环境治理；同时严格督促医疗、危险化学药品、畜禽养殖污染等重点行业做好环境治理。

2012年以来，仁怀深入贯彻落实《贵州省赤水河流域保护条例》，加大环境监察执法力度，严惩环境违法行为，有效防止环境污染。一是对国控、省控、市控重点污染源实行动态监察，同时，加强对辖区内的所有污染的排查力度，有效防止污染事故和污染事件的发生。二是加强对城区噪声整治力度，查处噪声投诉，有效遏制噪声扰民问题。三是加大环境违法案件查处力度，四是协调农牧、水利、林业、国土、住建、酒发等部门开展好赤水河流域环境综合整治攻坚行动工作。全面落实赤水河流域“河长制”。立标牌，定制度，强措施，明责任，完成辖区内49条支流(溪沟)的界限划分，对辖区内支流(溪沟)的现状进行锁定，全面完成了支流(溪沟)的水质监测。同时，环境综合整治工作重心由监管企业到服务企业转变，从查处污染行为到解决污染问题转变，标本兼治，严控污染源。目前，已经建设名酒工业园区两座废水集中处理设施，日处理工业废水2700吨，解决工业园区13家大中型白酒企业的生产酿造废水处理问题；在建的苍龙白酒企业连片治理项目进展顺利，全部建设完工后，能解决全市90%以上白酒企业生产酿造废水处理问题，确保污水达标排放。

贵州省赤水市

一、2012年发展回顾

2012年，赤水市深入贯彻落实科学发展观，按照“全党抓经济、重点抓‘四化’、关键抓项目、突破抓招商”要求，着力稳增长、惠民生、促和谐，国民经济持续较快发展。全市地区生产总值实现49.45亿元，比2011年(下同)增长16.9%；财政总收入实现6.05亿元，增长32.7%；公共财政预算收入实现3.60亿元，增长32.4%；城镇居民人均可支配收入14464元，增长14.9%；农民人均纯收入6537元，增长16.8%。

(一)科学规划引领发展

聘请深圳大学等国内知名团队，高标准编制城市和产业发展规划。城市总体规划修编已进入报批程序，经济开发区总体规划和控制性详细规划已进入后期评估，工业产业发展规划通过省级评审，旅游产业发展总体策划已完成初稿评审，启动城乡商业网点规划编制工作。完成长期、宝源等4个乡镇总体规划，启动元厚、旺隆等4个镇控制性详细规划编制工作。围绕国发2号文件、乌蒙山片区区域发展与扶贫攻坚规划、贵州省生态文化旅游发展规划，共编制项目894个、概算投资3300亿元。严格规划管理，严肃查处违反规划的建设行为。

(二)项目带动促进发展

出台了推进新型工业化、支持白酒产业发展、促进文化旅游产业发展等系列政策,强力推进招商引资,实现到位资金73.18亿元,增长72.4%。加强政银合作,与国家开发银行贵州分行、工商银行遵义支行签订了融资50亿元的战略合作协议,向农业发展银行贵州分行、遵义商业银行等4家银行融资11.5亿元、到位7.7亿元。加大信贷支持地方经济发展的考核奖惩力度,市内金融机构贷款余额实现48.64亿元。财政安排资金1000万元开展项目可行性研究等前期工作,争取上级财政项目投资11.58亿元。抢抓遵义"4.12"项目现场观摩会、首届遵义旅游发展大会等机遇,扎实推进项目建设。仁赤高速公路(赤水段)、复兴大桥、风溪大桥等工程顺利推进,基本完成152公里竹产业公路和61公里通村油路建设。赤水220KV和官渡110KV输变电站二期、旺隆110KV输变电站工程全面启动。完成大闪坪、山羊溪等3座病险水库治理工程。完成河滨西路段、官渡集镇段防洪堤建设。解决了农村2.1万人安全饮水问题。治理水土流失3.1平方公里。完成大同镇大同村、石堡乡红星村等8个土地整治项目,新增耕地1200亩。元厚集镇后山、葫市小学等8个地灾治理项目扎实推进。实现全社会固定资产投资73.08亿元,增长67.8%。

(三)加快新型工业化进程

贵州赤水经济开发区获省政府批准成立。加快推进经济开发区基础设施建设,工业大道一期3.3公里路基工程已完工,二期1.5公里路基工程全面启动。酒业大道完成1.7公里泥石路面工程。启动经济开发区供水工程和双回路电网工程建设。赤天化纸业与恒天集团合作取得阶段性进展。新引进以巴蜀液酒业为代表的10家规模企业落户经济开发区,建成厂房3.3万平方米。新生竹纤维板、发生墙体材料、天亿混凝土等项目建成投产。经济开发区已落户规模企业31家,建成投产21家。全年规模工业增加值实现15.81亿元,增长17.6%。加强节能减排监管,地区生产总值单位能耗同比下降3.4%,规模工业增加值单位能耗同比下降5.6%,节能减排完成遵义下达目标。

(四)加大城镇扩容步伐

完成河滨东路、河滨南路、赤金大道一期、南桥路等5.2公里城市道路建设,完成文华大道一期、河滨东路3号连接线等4.1公里城市道路路基工程,完成严家河大桥主体工程。赤水大道片区、红军大道片区整体开发和五洲国际商贸城、山水丽城等重点项目快速推进。官渡、旺隆、长沙等重点集镇新区拓展取得阶段性进展。完成城区绿化面积5.5公顷,完成河滨西路观光休闲带和特色街区打造。新建飞龙广场等市民休闲广场近3万平方米。全年城市扩容2.2平方公里,新增商品住宅建筑面积43万平方米。

(五)加快文化旅游产业发展

开展全国旅游标准化示范城市创建并通过中期评估。贵州赤水丹霞国家地质公园申报成功并揭碑开园。成功承办首届遵义旅发大会及系列活动。着力打造佛光岩、竹海和桫椤保护区等景区景点,全长23公里的旅游环线公路路基已基本建成,丹霞石刻艺术博物馆建成开放,游客接待中心、丹霞遗产展示中心、古城垣修缮、两河口乡大坝山乡村旅游等工程快速推进,旅游景区景点的品位和形象得到进一步提升。10家高星级酒店全面开工建设,桂源、同盛等2家酒店基本完成主体工程。旅游带动服务业快速发展,全市宾馆酒店增至146家,文化娱乐服务业增至125家,餐饮业增至1886家,批发零售业增至6378家,社会消费品零售总额实现15.31亿元,增长16.6%。

(六)加强农业产业基地建设

大力实施"十百千工程",全年新培育商品竹基地9万亩、金钗石斛1.25万亩,出栏乌骨鸡为主的家禽500多万羽。红赤水乌骨鸡加工生产线、中竹新宇竹集成材续建、华龙纸业二期等技改扩建项目顺利推进。初步达成竹木、石斛、乌骨鸡等特色农产品深加工合作意向。扎实推进产业化扶贫工作,白云乡成功实现"减贫摘帽”。

(七)进一步提升公共服务水平

创业带就业工作扎实推进，扶持发展妇女创业243户、微型企业210家;支持赤轮司等改制企业重组再生产,新增再就业岗位510个;转移农村劳动力7152人，新增城镇就业人口1.14万人,城镇登记失业率为3.04%。元厚小学、石堡乡红岩小学等5所农村中小学校舍维修改造工程进展顺利,宝源幼儿园、官渡幼儿园改(扩)建工程建成投入使用,赤水一中、赤水三中改(扩)建项目全面启动。中小学教育教学水平稳步提升,赤水一中荣获遵义市高考教学质量奖。广电大楼和13个乡镇综合文化站建成投入使用,完成农民体育健身工程25个,实现“农家书屋”行政村全覆盖,新增广播电视“村村通”750户。《赤水市志》出版发行。市人民医院成功创建为二级甲等医院,医药卫生体制改革稳步推进,公共卫生服务及医疗卫生服务水平进一步提高。人口和计划生育工作全面加强，低生育水平得到巩固,流动人口服务和管理水平进一步提升,常住人口符合政策生育率达98.26%、自然增长率为3.90‰。

(八)不断完善社会保障体系

养老、医疗、失业、工伤、生育等社会保险在制度上实现了城乡全面覆盖，城乡居民社会养老保险、城镇居民基本医疗保险、新型农村合作医疗保险参保(合)率均在95%以上,征收社会保险基金1.79亿元,发放社会保险金2.44亿元。城乡低保实现应保尽保，全年发放城乡低保金和优抚事业费5699万元。农村五保供养等社会保障制度进一步完善,长期镇、两河口乡等6个农村敬老院建成投入使用,城市社区居家养老服务实现全覆盖。“三关工程”深入开展,精神病人、流浪乞讨等特殊人员属地监管救助责任进一步落实，大病医疗救助等社会救助体系进一步健全。住房保障工作扎实推进,新建安置房898套、廉租房770套、公租房161套,完成农村危房改造5218户,全面完成农村一级危房改造。

(九)社会管理工作进一步加强

生态文明建设取得明显成效,生态市、文明城市创建获得省级命名。强化政府安全监管主体责任,全面开展隐患排查治理,成功处置官渡镇仙鹤村、宝源乡玉丰村等10个地质灾害险情,无较大以上事故发生。深入推进“六五”普法教育。坚持开展领导干部接访、约访、下访活动,畅通群众诉求表达渠道,及时化解社会矛盾。重大决策社会稳定风险评估机制进一步完善。应急联动、“打防控”机制进一步健全,“两抢一盗”等违法犯罪活动得到有效遏制。“平安景区”、“平安园区”、“平安边界” 等平安创建工作整体推进,群众满意度达94.92%。政府决策机制进一步完善，民主法制建设和反腐倡廉建设进一步加强,行政效率进一步提高。全年共办结人大代表建议171件、政协委员提案144件,满意率分别为98.74%、96.53%。

二、2013年发展目标

2013年工作的总体要求是：坚持以科学发展观为指导，认真学习贯彻落实党的十八大精神,大力实施“北联南靠”发展战略,围绕“两个率先”奋斗目标,突出发展重点,强化投资拉动,坚持产城互动，统筹城乡联动，坚定不移推进“四化一强”进程促进经济快速增长,坚定信心推进各项改革促进开放开发，坚持不懈抓好民生工程促进社会和谐,奋力保持经济社会同步、快速、健康发展。

主要预期目标是：全市地区生产总值比2012年(下同)增长19%以上;规模工业增加值增长25%以上；全社会固定资产投资增长43%以上；招商引资到位资金增长37%以上；财政总收入、公共财政预算收入分别增长25%以上；社会消费品零售总额增长22%以上;城镇居民人均可支配收入增长22%以上;农民人均纯收入增长20%以上;城镇登记失业率控制在4%以内；常住人口符合政策生育率97.5%以上,人口自然增长率控制在5‰以内;无较大以上安全事故发生;节能减排完成遵义下达目标。

贵州省铜仁市

铜仁位于贵州东部，地处湘渝黔三省市结合部，武陵山区腹地，东邻湘楚，北接重庆，是西南地区连接中部和东部的纽带，素有“黔东门户”之称。2011年10月撤地设市，现辖2区、8县、1省级经济开发区、1省级高新区，169个乡（镇、办事处）；总面积1.8万平方公里，总人口430万，有29个民族，少数民族占总人口的70.45%。目前，铜仁“水陆空”立体交通网络已基本形成，东能融入长三角经济圈、西能融入成渝经济圈、北接包茂高速融入长株潭城市经济圈、南连厦蓉高速融入珠三角经济圈，区位优势和交通枢纽地位逐步显现。

一、2012年发展回顾

2012年是铜仁撤地设市后的第一年，全市经济社会发展取得了显著成效。在省委、省政府的坚强领导下，全市上下紧扣主基调、主战略，抢抓国发2号文件和武陵山片区扶贫攻坚规划的历史性机遇，努力克服国内经济下行等不利因素影响，加快“三化”同步，推进“一业”振兴，开创了发展提速、转型加快、结构向优、活力增强、民生改善的新局面。

（一）发展速度明显加快、经济保持高位运行

全年地方生产总值443.91亿元，增长15.3%，实现了人均GDP破万元。全社会固定资产投资702.81亿元，增长65.8%；财政总收入63.73亿元，增长25.89%；公共财政收入36.57亿元，增长28.73%；社会消费品零售总额103.9亿元，增长15.6%；城镇居民人均可支配收入15911元，增长14.9%；农民人均纯收入4674元，增长16.8%。固定资产投资增速全省第二，城镇居民人均可支配收入增速全省第一，旅游总收入增速全省第三，税收收入增速全省第四，农民人均纯收入增速全省第六。

（二）基础设施大为改善、发展条件不断夯实

交通运输建设突飞猛进。长昆铁路加快建设，铜玉城际铁路实质性开工前期准备有序推进；铜大高速建成通车，新增高速公路56公里，结束了铜仁中心城区与外界无高速公路连接的历史；杭瑞高速铜仁段、思剑高速加快建设，铜仁至松桃、沿河至德江、江口至石阡高速实质性开工，铜仁至怀化、铜仁环城高速前期工作基本完成，在建高速公路里程513.1公里；实施国省干道改造60公里，完成通村油路建设1426公里，通村油路率从上年的22.5%提高到31%；铜仁凤凰机场改扩建工程实质性开工，铜仁至贵阳航班加密至每天往返8个班次，至广州航线复航实现周往返4个班次；乌江航道整治工程和通航设施建设加快推进。水利建设“三位一体”规划深入实施。松桃道塘、石阡花山水库已下闸蓄水，德江长丰水库建设加快，江口鱼粮、玉屏白岩河、印江栗子园、松桃盐井、思南过水湾5座中型水库开工建设，实施71座水库除险加固工程，万山小云南、大兴水利枢纽工程等8座中型水库和松桃陆家坝、玉屏青山冲等5座小(1)型水库项目前期工作有序开展。全年新增解决农村饮水安全34万人，新增、改善、恢复灌溉面积14万亩，增加烟水配套灌溉面积5.45万亩，农村人均有效灌溉面积达到0.62亩；完成石漠化治理面积138.96平方公里，森林覆盖率达到52.98%，提高1.51个百分点。电力、通信等基础设施建设加快推进。沙沱电站准备下闸蓄水，铜松500千伏输电线路工程等6个项目开工建设，电力保障能力进一步加强；全市移动电话拥有率达42%，移动通信基站达3900个，互联网用户达14万户。

（三）发展质量不断提升、经济结构更加优化

三次产业结构由上年的28.93:27.93:43.14调整为26.80:29.50:43.70，实现由农业经济向工业经济实质性转型，经济增长的协调性不断增

强,质量进一步提高。工业经济平稳较快增长。启动建设黔东工业聚集区,推动工业经济集群发展。全市12个工业园区开工建设基础设施项目119个,完成投资83.9亿元,基本实现"五通一平",建成标准厂房120万平方米,园区基础设施建设取得阶段性突破;大兴工业园区被认定为省级高新技术产业园区,大龙开发区被省确定为"511"产业示范园区,碧江区、印江县、沿河县工业园区被认定为省级经济开发区。开工、续建工业项目507个,建成投产204个,创年度投产工业项目历史最好水平,全市规模工业企业从上年的236家增加到368家,完成规模以上工业增加值70亿元,增长21%。在工业经济总量快速扩张的同时,轻重工业比例从上年的19.8:80.2调整为28.2:71.8,工业结构持续调优、效益继续向好;民营经济所占比重由上年的45%提高到48%,县域经济比重由上年的70%提高到75%,经济活力更加增强。现代农业稳步推进。以实施"三个万元"工程为抓手,以现代农业产业园区建设为载体,加快发展茶叶、蔬果、核桃、中药材、油茶五大主导产业,全市粮经比从上年的47:53调整为43:57,茶园面积达103.5万亩,居全省第二。规划建设畜牧产业示范区8个、生态环保型网箱养殖示范园区3个、特种野猪养殖场176个、竹鼠养殖场233个、大鲵人工养殖场31个,肉类总产量25.4万吨,增长12.79%。规划建设农业产业园区28个,松桃县、江口县扶贫产业示范园区被列为省级试点;新增县级以上龙头企业134家、农民专业合作社535家,农产品加工转化率提高到34.3%;组建茶叶行业协会,启动茶叶品牌整合工作。完成烟叶收购70.49万担。预计农林牧渔业总产值197亿元,增长9.8%。以文化旅游产业为核心的服务业快速增长。启动环梵净山"金三角"文化旅游创新区建设,成功举办市第一届旅发大会、贵州梵净山文化旅游节、中华龙舟大赛等节会赛事,在央视、凤凰卫视等高端媒体开展了铜仁形象宣传,梵净山、大明边城、石阡温泉群创建为国家4A级景区,万山汞矿遗址列入中国申报世界文化遗产预备名录,预计全年旅游收入158.8亿元,增长75.5%。现代物流、会展、商贸等服务业加快发展,公路旅客周转量和货物周转量分别增长67.9%和52.8%,服务业增加值195亿元,增长20%。

(四)推进城乡统筹发展、城镇化建设明显加快

城镇规划体系不断完善。加快《铜仁市市域城镇体系规划(2012-2030)》和铜仁城区、各县城综合交通体系规划及控制性规划编制工作,科学编制各片区建设规划和完善城市功能专项规划;启动52个乡镇总规和700个村庄规划编制工作,全市城市控制性规划覆盖率达45%。城镇发展空间大幅拓展。按照"规划先行、拉开路网,建设新区、提升老区,产业支撑、产城一体"的原则和"建新城、疏老城"的要求,加快推进城镇化进程,开工建设城市道路40条,新建和改造城市主次干道155.65公里,川硐教育园区、碧江新区、谢桥承接区建设加快,铜仁主城区"一城两区"的城市构架基本形成,各县城区建设进一步加快。启动3个省级、13个市级示范小城镇建设。城镇供水、供电、污水和垃圾处理、绿化等基础设施建设加快,城镇综合承载能力得到提升。组建市城市管理局,明确市区两级城市管理职责,城市管理体制进一步理顺。全市新增建成区面积31平方公里;城镇化率达到35%,比上年提高2.9个百分点。

(五)深化改革开放、发展活力显著提升

坚持把招商引资、扩大开放作为加快发展的第一推动力,着力构建全方位、宽领域、多层次的开放格局,组建了广州、重庆、杭州、青岛四个驻外招商分局,实现聚力发展、借"梯"发展。全市招商引资签约项目760个,签约资金608.14亿元;到位资金450亿元,增长77.83%。个体工商户和民营企业户数分别增长17.72%、38.51%,注册资本金分别增长40.86%、52.30%。"三权"抵押贷款试点、农民资金互助合作社试点、农村集体建设用地使用权流转试点、低丘缓坡荒滩等未利用土地和劣质农用地开发利用试点工作有

序开展。率先与国开行签订开发性金融支持扶贫产业合作项目协议，率先实施新农合大病医疗市级统筹，乡镇计生站管理机制进一步优化，实现职业教育集团化办学。小额贷款公司、担保公司组建和农村信用社改制工作进展顺利，全市金融机构存贷款余额分别达532.14亿元、381.38亿元，增长18.55%、26.91%。融资规模达到127.21亿元，创历史最好水平。

(六)民生不断改善、社会更加和谐

扶贫攻坚力度进一步加大，启动实施2万人的扶贫生态移民搬迁工程，松桃、江口2个重点县和45个贫困乡的“减贫摘帽”工作稳步推进，全年减少贫困人口35.11万人，贫困发生率从上年的38.75%下降到30.24%。创业就业工作进一步加强，新增“妇惠家合”妇女小额担保贷款2.2亿元，城镇新增就业4.5万人，同比增长80.32%，城镇登记失业率控制在3.6%以内；农村劳动力转移就业7.1万人。社会保障体系更加健全，五项社会保险参保87.9万人次，基金征缴8.63亿元；新农合参合率98.17%；城镇居民养老保险和新型农村社会养老保险参保人数分别达4.5万人、142.5万人，增长89.9%、40.3%；开工建设保障性住房16246套，超计划946套；完成农村危房改造43263户；城市低保月保障标准从255元提高到284元，增幅11.5%；农村低保年保障标准从1338元提高到1497元，年人均综合补助从720.56元提高到874.3元，增幅11.4%。教育事业长足发展，川硐教育园区建设加快推进，思南师范完成整体搬迁，并升格为铜仁幼儿师范高等专科学校；全市中小学校推行“4+2”特色教育工程,开展“梵净山名师”和“乌江园丁”评选表彰工作；铜仁中心城区新增小学班级44个、初中班级15个，“大班额”得到一定程度化解，启动实施教育“三项突破工程”55个，实施2245所农村义务教育学校学生营养改善计划，惠及学生50.38万人。思南、德江特教学校建成使用。卫生事业稳步发展，市一医创建“三甲”，市二医和江口县、玉屏县人民医院创建“二甲”，全市“二甲”医院达到9家；铜仁医院、10个区县卫生监督机构业务用房等基础设施项目建设进展顺利，公办乡镇卫生院(社区卫生服务中心)、村卫生室全面实施国家基本药物制度。文化、体育、广电事业加快发展，市文化馆、图书馆、博物馆前期工作基本完成，文化惠民工程、市场管理、创作和遗产保护不断加强；建成市级体育馆、游泳馆，成功举办市第一届体育运动会。深入推进计划生育全程管理服务，人口出生率和自然增长率实现“双降”。“平安铜仁”建设扎实推进，食品安全工作卓有成效，安全生产保持“双降”，群众安全感普遍提高，满意率达到92.7%,安全感达到93.85%，创历史新高，再次被评为全省平安市。

二、发展中存在的问题

经济总量不大，产业结构不优，转型速度不快，重大项目不多；财力弱小还需进一步提升，发展基础还需进一步夯实，民生保障还需进一步加强，先行先试还需进一步加快。

三、2013年发展目标

2013年，是全面贯彻落实党的十八大精神的开局之年，是向全面建成小康社会目标奋勇前进的重要一年。全市经济社会发展的总体要求是：以邓小平理论、“三个代表”重要思想、科学发展观为指导，全面深入贯彻党的十八大和中央、全省、全市经济工作会议精神，把“拼抢争快、提速增效、更好更快”作为全市经济工作的总基调，加快推进“三化同步、一业振兴”，着力深化改革、扩大开放，着力突破基础设施瓶颈制约，着力壮大工业经济规模，着力保障改善民生，着力推进社会管理创新，确保实现增比进位，为同步全面建成小康社会奠定坚实基础。经济社会发展的主要预期目标是：生产总值增长17%，其中一、二、三产增加值分别增长7%、26%、17%；粮食生产稳定在高产水平；规模以上工业增加值增长28%；全社会固定资产投资增长43%以上；财政总收入增长20%以上，一般预算收入增长20%以上；社会消费品零售总额增长20%；旅游总收入增长40%；城镇居民人均可支配收入增长18%，农民人均纯收入增长20%；城镇化率提高3个百分点；城镇登记失业率控制在4.2%以内；完成省下达的年度节能减排目标任务。

贵州省德江县

一、2012年发展回顾

2012年，德江紧紧围绕“稳中求快、快中保好、能快则快”的总基调，紧紧抓住国发〔2012〕2号和武陵山片区区域发展与扶贫攻坚规划机遇，大力推进黔东北铁路交通枢纽和区域性中心城市建设，努力实现工业化、城镇化和农业现代化同步发展。全县实现地方生产总值49.43亿元，增长16.8%；完成财政总收入4.57亿元、增长40.4%，地方财政收入3.27亿元、增长44.8%，公共财政预算支出20.6亿元、增长27.6%；全社会固定资产投资完成51.92亿元、增长81.4%；金融机构存贷款余额分别达38.3亿元、25.7亿元，分别增长20.7%、33.87%；社会消费品零售总额9.8亿元、增长15.5%；城镇居民人均可支配收入14500元、增长20%，农民人均纯收入4137元、增长18.1%。

（一）基础设施建设取得突破性进展

在交通基础建设上投资17.24亿元，大力推进“四高五铁一港口一机场”规划建设，基本贯通杭瑞高速公路德江段，实质性动工德沿高速公路，启动德务高速公路前期工作，完成乌江航运德江港一期工程，昭通至黔江铁路进入预可研阶段（过境省、市、县主要领导将在德召开昭黔协调会），都匀至黔江、黔江至河口、重庆至广州、遵义至吉首等5条铁路启动前期工作，成功对接中国民航机场西南分公司，即将启动德江机场规划选址工作。在贵州省国省干道规划调整中，将303省道调整为国道，将沿河夹石经桶井、稳坪、龙泉至务川，青龙经堰塘至思南，煎茶经平原至务川等县道调整为省道，全县将有18个乡镇通国省道，综合交通体系逐步形成。到2012年底，全县管养农村公路2394公里，其中县道127公里，乡道257公里，村组道2010公里，成为全县新农村建设的最大亮点，成功创建了全省农村公路管理养护文明示范县。完成农村饮水安全工程46处，新增解决5.06万人饮水安全，全国高标准农田示范县项目建设顺利通过省验收。开工建设220千伏龙泉变电站和35千伏桶井、合兴变电站，开工建设城南新区电缆入地建设，完成电力投资3529万元。

（二）城市规划建设实现历史性突破

在高起点规划上，省政府在《贵州省城镇体系规划》中，将德江列入全省9个区域中心城市的规划定位，德江县城市发展定位上升到省级战略层面，德江在省级区域战略地位被提到一个空前的高度。城北新区、城南新区、老城控制性规划顺利通过市专家评审，“一城六组团”城市构架体系基本形成。以城南新区、城北新区为标志的城市建设快速推进，拉开了“一城三区”增容外扩的大幕，城南、城北新区路网主骨架拉通，快速推进城北70米大道、新农村建设点一号四号大道、共富路、滨水路等路网工程。加快建设世纪明珠、玉龙湖、多维国际、惠田、世纪文化城、综合商贸城、大学城等重点工程。全面实施肖家河、桐子坡、城南安置点等民生工程。高标准实施了人民公园、玉溪河立面改造工程、城区绿化美化工程，完成了大犀山山体公园规划。全面启动煎茶、合兴等小城镇规划建设，高山、泉口、长堡已撤乡设镇。

（三）工业经济呈现快速增长态势

工业园区成功列入省级经济开发区，实现

了城北工业核心园区“八通一平”，建成区面积3.5平方公里，建成标准厂房10万平米。园区累计入驻企业45家，建成投产28家。认真落实“3个15万元”扶持政策，新登记注册微型企业230家，实现工业总产值22.3亿元，增长45.9%，其中规模工业实现产值16.55亿元，增长49.6%。投资15亿元、占地70公顷的黔东北机电产城一体化园正在加快建设，投资6亿元的煎茶生物质能发电项目正在加快建设。

(四)农业结构调整步伐加快

围绕“五个产业带”规划要求，以“三个万元”工程为抓手，大力引导发展农村合作经济组织，巩固和发展了烤烟、茶叶、核桃、天麻、蔬果、生态畜牧、竹子产业，全年实现农业总产值27.1亿元、增长8.9%，先后在北京、上海、重庆等国际和西部茶叶茶艺博览会上获5金6银，茶叶获省无公害农产品产地认定，完成煎茶烟叶基地单元建设，启动高山烟草基地单元建设，发展农民专业合作社176个，全面推进乌江翠竹长廊基地和核桃产业基地建设，完成人工造林1780公顷，森林覆盖率达41.3%，完成新农村土家民居建设1468户。大力实施岩溶地区草地治理试点和产业扶贫种草养羊项目，开展人工种草840公顷，新建羊舍2.48万平米，投放基础母羊、种公羊9212只。

(五)投资拉动经济快速增长

始终把重点项目建设作为拉动经济发展的重要抓手，认真贯彻落实国发〔2012〕2号文件和武陵山片区区域发展与扶贫攻坚规划，把握国家产业政策和投资导向、投资重点，认真谋划、编制、实施一批重点项目，县财政解决4000万元用于项目编制前期工作经费，向上申报国家投资项目181个，总投资19.73亿元。社会引资、国家投资、招商引资等重点项目快速推进，黔东北机电产业园已初具规模，投资8000万元的德江九通医药已运行投产，县一中整体搬迁主体工程全面完成，县职校、高山烟草基地单元等正在加快推进，启动了县公安局整体搬迁、城北70米大道、体育馆等重点项目建设。加大招商引资工作力度，成立北京、重庆、广州、宁波招商引资办事处，实行驻点招商、县级领导联系重点招商制度，招商引资工作取得重大突破。全年签约招商引资项目78个，签约资金52.81亿元，已开工建设67个，累计到位资金47.9亿元。

(六)金融工作迈出实质性步伐

以农村“三权”为载体，启动农村“三权”抵押贷款试点工作，配套出台了林权、农村土地承包经营权、农村宅基地及农村居民房屋等抵押贷款管理办法(试行)，省信联社与德江县成功签订60亿元的意向性贷款合作协议。成功与省国开行签订了《开发性金融支持德江县开发扶贫合作备忘录协议》，授信资金达2.5亿元。出台企业“三品三表”信用考核办法，完善企业经营管理、财务制度，保障微型企业健康发展，县财政匹配190万元作为微型企业发展资金，积极争取申报国家农村金融改革试验区。

(七)保障和改善民生逐步加强

投入民生和社会事业经费达14.5亿元。实现了一中整体搬迁和成功申创省级二类示范性高中的目标，开工建设中等职业学校整体搬迁工程，启动实施59个教良项目工程。完成县人民医院“二甲”复评验收和综合大楼建设，启动县中医院“二甲”创建和整体搬迁工作，开工建设12个卫生项目工程，成功举办德江首届综合体育运动会，实施城区数字电视双向网改造。完成农村广播电视“村村通”工程10320套、农家书屋建设146个。完善计划生育全程管理服务工作，全面实现“双降”增比进位目标。全面落实就业再就业各项政策，城镇新增就业2985人，城镇登记失业率控制在4.16%，农业劳动力转移就业8475人。五项社会保险参保10.8万人，新农合参合率98.32%，补偿资金1.2亿元，受益群众32.8万人；城乡居民养老保险参保分别达7127人、12.7万人。提高城乡低保标准，两次调整干部职工增量补贴。开工建设廉租住房、经济实用房等保障性住房1998套，完成农村危房改造3936户；进一步完善计划生育全程管理服务工作，全县符合政策计划生育率达96.69%，同比上升 11.34 个百分点，参合率达 98.32%。启动乌江沙沱水电站德江库区移民搬迁安置工作，潮砥、长堡、望牌、新滩集镇（市）建设正在快速推进。认真抓好就业工作，新增就业 6480 人，城镇登记失业率控制在 4.16%。进一步提高城乡低保标准，将城市低保标准从每人每月 230 元提高到 290 元，农村低保标准从每人每年 1320 元提高到了 1500 元；两次提高干部职工的增量补贴，开工建设保障性住房 1998 套。

尽管德江经济社会发展取得了长足进展，但仍存在经济总量小、基础设施滞后、经济结构不合理等问题。随着改革不断深入，德江具备加快发展的优势和条件。特别是随着“四高五铁一港口一机场”规划建设，德江至遵义 1 小时，德江至铜仁 1.5 小时，德江至重庆 2.5 小时即将变成现实。德江城区地势开阔，通过努力可以发展成为“区域性中心城市”。

二、2013 年发展目标

2013 年全县经济社会发展总体要求是：深入贯彻落实党的十八大精神，坚持以邓小平理论、“三个代表”重要思想和科学发展观为指导，坚持“加速发展，加快调整，推动跨越”主基调，紧紧围绕加快建设黔东北铁路交通枢纽和区域性中心城市，全面建成小康社会的主线，紧紧围绕全面建设实业德江活力德江满意德江目标，紧紧围绕“强基础、兴产业、抓增长、促稳定、保民生”思路，进一步深化改革开放，进一步强化统筹发展，更加注重扩大投资规模，更加注重加快推进“四化同步，一业振兴”，更加注重加强基础设施建设，更加注重保障和改善民生，更加注重社会和谐稳定，更加注重加强自身建设，确保全县经济社会又好又快、更好更快发展。

2013 年全县经济社会发展主要预期目标是：实现地方生产总值增长 20%以上。其中一、二、三产分别增长 9%、35%、22%；工业总产值增长 30%以上；全社会固定资产投资增长 45%以上；财政总收入增长 25%以上，其中公共财政收入增长 26%以上；社会消费品零售总额增长 22%以上；金融机构存贷款余额分别增长 25%、45%以上；招商引资到位资金增长 27%以上；城镇居民人均可支配收入增长 15%以上，农民人均纯收入增长 20%以上；城镇登记失业率控制在 4.2%以内；人口自然增长率控制在 5.5‰以内。

2012 年直辖市及西部省(区)经济发展统计比较表

表 1 国民生产总值

省市自治区		国民生产总值（亿元）	比上年增长%	第一产业		第二产业		第三产业		人均生产总值	
				增加值（亿元）	± %	增加值（亿元）	± %	增加值（亿元）	± %	金额（元）	± %
直辖市	北京	17801	7.7	150.3	3.2	4058.3	7.5	13592.4	7.9	87091	
	上海	20101.33	7.5	127.8	0.5	7912.77	3.1	12060.76	10.6	85000	
	天津	12885.18	13.8	171.54	3	6663.68	15.2	6449.96	12.4		
	重庆	11459	13.6	940.01	5.3	6172.33	15.6	4346.66	12	39083	12.4
西部省区	内蒙古	15988.34	11.7	1447.43	5.8	9032.47	14	5508.44	9.4	64319	11.3
	广西	13031.04	11.3	2172.37	5.6	6333.09	14.4	4525.58	9.5	27943	
	四川	23849.8	12.6	3297.2	4.5	12587.8	15.4	7964.8	11.2	29579	12.3
	贵州	6802.2	13.6	890.02	8.5	2655.39	16.8	3256.79	12.1	36166	10.3
	云南	10309.8	13	1654.6	6.7	4419.1	16.2	4236.14	11.4	22195	12.3
	西藏	701.03	11.8	80.41	3.4	241.65	14.4	378.98	12	22936	10.4
	陕西	14451.18	12.9	1370.16	6	8075.42	14.9	5005.6	11.5	38557	12.6
	甘肃	5650.2	12.6	780.4	6.8	2600.6	14.2	2269.2	12.5		
	青海	1884.54	12.3	176.81	5.2	1091.98	14.1	615.75	11.1		
	宁夏	2326.64	11.5	200.16	5.6	1158.58	13.8	967.9	9.7		
	新疆	7530.32	12	1320.57	7	3560.75	13.7	2649	12.3	33909	10.8

表 2 农业

省市自治区		粮食		油料		肉类		蔬菜		水产	
		总产（万吨）	比上年± %	总值（万吨）	比上年± %	总产（万吨）	比上年± %	总产（万吨）	比上年± %	总产（万吨）	比上年± %
直辖市	北京市	113.8	-6.6			43.2	-2.8	279.9	-5.7	6.4	4.3
	上海	122.39	0.4			241.64	—	406.93	-0.3	27.21	-4.1
	天津	161.76	—			45.8	6.7	445.41	3.3	35.94	2.1
	重庆	1138.54	1	50.11	7.7	201.2	2.5	1509.34	7.2		
西部省区	内蒙古	2228.5	5.9	145.08	8.4	245.74	3.5	1476.29	2.5	13.16	7.1
	广西	1484.9	3.8	54.49	8.7	405.6	5.1	2356.72	4.9	303.47	5.1
	四川		0.7	286.6	2.9			3764.7	5.3	118.9	6
	贵州	1079.5	23.1	87.53	11	191.1	6.2	1461.39	16.9	13.47	23.8
	云南	1749.1	4.5	62.84	3.4	345.86	7.6	1472.66	9.9	68.01	23.9
	西藏	94.89	1.2	6.3	-0.5	28.95	4.6	65.59	9.1		
	陕西	1245.1	4.2	60.33	2.3	109.61	10.1	1525.62	6.5		
	甘肃	1109.7	9.4	67	5.5	92.28	4.3	1460.42	10.6	1.33	1.5
	青海	101.5	-1.8					158.75	10.5		
	宁夏	375.03	4.5	18.03	-2.1	26.12	5.6	471.11	7.4	12.35	17.2
	新疆	173	3.9	59.04	-11.6	133.83	6			12.53	7.2

表3 工业、建筑业、固定资产投资

省市自治区		工业						建筑业		固定资产投资	
		增加值（亿元）	比上年±%	其中规模企业				增加值（亿元）	±%	总额（亿元）	±%
				增加值（亿元）	±%	经济效益综合指数	增减百分点				
直辖市	北京	3294.3	7		7	253.2	4.7	6564.8	8.6	6462.8	9.3
	上海	7159.36	2.8	6446.14	2.9			4564.13	6.4	5254.38	3.7
	天津	6122.92	15.8		16.1			540.76	8.6	8871.31	
	重庆	5181.01	15.9			262	13.5	991.32	13.9	9380	22
西部省区	内蒙古	7966.61	14.2		14.8			1065.86	12.7	13112.01	20.3
	广西	5364.92	14		15.9	307.5	2.6	968.17	16.6	12635.18	24.4
	四川	10800.5	15.6		16.1	269.4		1787.3	14	18038.9	19.3
	贵州			2055.46	16.2			897.39	11.8	7809.05	53.1
	云南	3450.72	15.1	3084.96	15.6			968.38	21	7553.51	27.3
	西藏	55.11	14.7	42.83	15.1			186.54	14.3	709.98	29.3
	陕西	6847.41	15.7	6641.54	16.6			1228.01	10.2	12840.13	28.1
	甘肃	2074.24	14.5	1931.37	14.6					6013.42	43.9
	青海			897.16	15					1920.03	33.9
	宁夏	878.64	13.5	818.24	14	255.74	8.46			2109.52	27.5
	新疆	2929.9	12.7	2804	12.7			630.85	18.2	6258.38	35.1

表4 交通、邮电、旅游

省市自治区		交通				邮电				旅游	
		货运		客运		业务总量（亿元）	比上年±%	业务总量（亿元）	比上年±%	总收入	±%
		货物周转量	比上年±%	旅客周转量	±%						比上年±%
直辖市	北京市	638.3	3.5	1595.2	4.4	58.14	13.3	488.9	12.1	3626.6	12.8
	上海					52.61	3.2	447.4	9.2	3573.2	
	天津	7634.94		432.49	12.6	26.87	21	159.87	4.5		
	重庆	914.8	17	470.6	15	31.28	20.7	245.98	13.5		
西部省区	内蒙古	5582	9.5	435	6.3	11.2	12.4	259.08	6	1128.51	26.9
	广西	4110.64	18.2	1047.98	7.7	24.1	10.4	342.3	12.4	1659.72	29.9
	四川	2130.3	11.6	1697.5	9.1	73.2	28	620.2	13.3	3280.3	33.9
	贵州	1041.5	10.6	687.27	19.8	17.93	19.7	244.11	19.5	1860.16	30.1
	云南	1164.8	8.9	669.96	9.7	18.25	11.8	344.34	14.8	1702.54	31.2
	西藏					1.43	4.4	32.98	28.5	126.48	30.3
	陕西	3209	13.6	1005	3.5	31.34	8.5	355.11	11.3	1713.32	29.3
	甘肃	2401.15	34.05	666.41	12.08	8.24	10.46	179.97	11.96	583.7	
	青海	527.7	8.5	130.25	8	2.53	13.8	54.4	19	123.75	34.1
	宁夏	1101.99	14.6	144.1	7.6	4.55	55	60.98	14.2	103.39	22.8
	新疆					18.17	30.3	246.7	16	576.7	

表 5 贸易

省市自治区		国内贸易		国外贸易							
		社会消费品零售总额（亿元）	比上年±%	进出口总额±%	比上年±%	其中					
						出口总额（亿美元）	±%	进口总额（亿美元）	±%	外商直接投资（亿美元）	±%
直辖市	北京市	7702.8	11.6	4079.2	4.7	596.5	1.1	3482.7	5.3	11.9	59.2
	上海	7387.32	9	4367.58	–0.2	2068.07	–1.4	2299.51	1	151.85	20.5
	天津	3921.43	15.5	1156.23	11.8	483.14	8.6	673.09	14.3	20.76	13
	重庆	3961.19	16	532.04	82.2	385.71	94.5	146.33	56.1	105.33	
西部省区	内蒙古	4534.55	14.9	112.57	–4.9	39.7	–15.3	72.86	1.9	39.43	2.7
	广西	4474.59	15.9	294.74	26.2	154.68	24.2	140.05	28.5	7.49	14.8
	四川	9087.9	16	591.3	23.9	384.6	32.5	206.7	10.5	98.7	3.6
	贵州	2005.25	16	66.32	35.7	49.52	65.9	16.8	–11.7	10.46	65.4
	云南	3541.6	18	210.05	31	100.18	5.8	109.87	67.6	21.89	26
	西藏	254.64	16.3	34.2397	150	33.5501	180	0.6896	–60.7	1.74	
	陕西	4330.75	16	147.99	1	86.52	23	61.47	–19.3	29.36	24.7
	甘肃	1877.04	16	89.05	1.99	35.74	65.53	53.31	–18.9	0.61	–13.01
	青海	469.9	16.1	11.6016	25.6	7.2984	10.3	4.3032	64.2	2.06	21.8
	宁夏	548.83	14.9	22.17	–3	16.41	2.6	5.76	–16.2	2.18	8
	新疆	1798.99	15.5	251.71	10.3	193.47	15	58.24	–2.8	4.08	21.8

表 6 财政

省市自治区		地方财政总收入（亿元）	比上年±%	一般预算收入		一般财政支出	
				金额（亿元）	比上年±%	金额(亿元）	比上年±%
直辖市	北京市	9220.3	15.2	3314.9	10.3	3685.3	13.6
	上海			3743.71	9.2	4184.02	6.9
	天津			1760.02	21	2112.21	19.2
	重庆			1703.49	14.5	3055.17	19.9
西部省区	内蒙古	2497.28	10.4	1552.75	14.5	3425.99	14.6
	广西	1810.07	17.4	1165.98	23	2965.2	16.5
	四川			2421.3	18.4	5431.1	16.2
	贵州	1644.48	23.6	1014.05	31.2	2752.9	22.4
	云南	2624.21	16.2	1337.98	20.4	3573.41	22
	西藏	95.71	48.3	86.58	58.1	905.34	19.4
	陕西						
	甘肃	1080.38	17.34	520.88	19.65	2063.44	15.2
	青海	319.69	18.2	186.4	22.8	1188	22.8
	宁夏	460.14	23.9	264.04	20	872.19	22.7
	新疆	1251.8	20.3	909.1	26.2	2719.7	19.1

表 7 金融、证券、保险

省市自治区		金融						证券		保险	
		年末存款				年末贷款					
		金额（亿元）	比上年±%	其中居民存款 金额（亿元）	其中居民存款 比上年±%	金额（亿元）	比上年±%	交易额（亿元）	比上年±%	保险费收入（亿元）	比上年±%
直辖市	北京市	84837.3		21644.9		43189.5		85412.9	8	923.1	12.5
	上海	63555.25		21512.01		40982.48		547500	20.4	820.64	9
	天津	20293.79	15.4			18396.81	15.5	10743.11	-15.7	238.16	12.5
	重庆	19423.9	20.4	8472.51	20.3	15594.18	18.2	9874.32		331.03	
西部省区	内蒙古	13612.72	12.8	6656.64	22.6	11284.2	16			247.74	7.8
	广西	15966.65	18	8042.23	19.9	12355.52	16.1			238.26	12
	四川	41130.8	18.4	19438.3	20.4	25560.4	16	25000		819.5	5.2
	贵州	10540.06		4847.79		8274.78		5991	20	150.22	14
	云南	17966.38	17	7741.59	16.3	13848.1	14.3			271.13	12.5
	西藏	2054.25	23.7	403.96	25.7	664.05	62.3			9.54	25.5
	陕西	22843.39	18.1			14138.2	16.9	10458.98	-13.2	365.33	6.3
	甘肃	10129.69	19.7	5050.08	19.35	7196.6	25.46			158.77	12.7
	青海	3528.41	24.9	1279.44	22.6	2791.68	25.1			82.4	16.2
	宁夏	3507.16	17.8	1688.05	24.6	3372.12	16	101.69	113.1	62.69	13.3
	新疆	12330.89	18.7	5305.81	19.7	7914	26.2			235.56	15.7

表 8 科学技术、高等教育

省市自治区		科学技术							高等教育				
		专利申请		专利授权		专利合同成交额		研究试验发展经费支出（亿元）	高校总数	在校大学生		在校研究生	
		数量（件）	比上年±%	数量（件）	比上年±%	金额（亿元）	比上年±%			数量（万人）	比上年±%	数量（万人）	比上年±%
直辖市	北京市	92305	18.4	50511	23.5	2458.5	30.1	1031.1	91	58.2		25.2	
	上海	82682	3.1	51508	7.4	588.52	6.9	635	67			12.7	
	天津	41500	14.5	20003	43.1	251.22	46		55	47.31		4.85	
	重庆	38900	21.5	20400	31.2	223.5		162	67	62.36		4.66	
西部省区	内蒙古	4732	23.2	3090	36.6	218.44			48	39.14	1.8	1.6227	5.9
	广西	13605	67.8	5902		2.5238		3.1		62.92		2.35	
	四川	66312		42220		119			99	122.4	7.4	8.5626	
	贵州	10720	42.7	6016	77.7	7.28				38.38	11.5		
	云南	9260		5853		45.78	290	64		51.22	5		
	西藏								6	3.3452		0.1079	
	陕西	43608		14908		334.82			97	102.63		9.43	
	甘肃	8261	56.3	3664	53.8	73.06	38.8			43.11	6.36	2.83	4.94
	青海	844		101		21.1	24.9			6.19		0.2821	
	宁夏	1985		842	37.4				16	10.0188		0.3356	
	新疆	7044		3440		5.49			34	26.87	3.9	1.5456	9.6

表9 人口、人民生活

省市自治区		人口			人均可支配收入				人均消费支出				消费价格上涨%	恩格尔系数	
					城镇		农村		城镇		农村			城镇	农村
		年末常住人口（万人）	人口出生率‰	人口自然增长率‰	金额（元）	±%	金额（元）	±%	金额（元）	±%	金额（元）	±%			
直辖市	北京市	2069.3	9.05	4.74	36496	10.8	16476	11.8					3.3	31	33
	上海	2380.43	9.56	4.2	40188	10.9	17401	11.2	26253	4.6	12096	7	3		
	天津	1413.15	8.75	2.63	29626	10.1	13571	14.1	20024	8.7			2.7	37	
	重庆	2945	10.9	4	22968	13.4	7383	13.9	16573	10.7	5018.6	12	2.6	42	44
西部省区	内蒙古	2489.85	9.2	3.7	23150	13.4	7611	14.6	17717	11.6	6382	16	3.1	31	37
	广西	4682	14.2	7.89	21243	12.7	5514	16	14244	10.9	4878	16	3.2	39	43
	四川	8076.2	9.89	2.97	20307	13.5	7001.4	14.2	15015	9.9	5366.7	15	2.5	40	47
	贵州	3484	13.3	6.31	18701	13.4	4753	14.7	12586	10.9	3901.7	13	2.7		
	云南	4659	12.6	6.22	21075	10.2	5417	12.1	13884	13.4	4561	14	2.7	39	46
	西藏	308	15.5	10.27	18028	11.3	5719	16.6					3.5		
	陕西	3753.09	10.1	3.88	20734	13.6	5763	14.6	15333	11.2	5155	14	2.8		
	甘肃	2577.55	12.1	6.06	17157	14.5	4506.7	15.3	12847	14.8	4146.2	13		36	40
	青海	573.17	14.3	8.24	17566	12.6	5364.4	16.4	2E+05	15.1	5338.9	18	3.1	38	35
	宁夏	647.19	13.3	8.93	19831	12.8	6180	14.2					2	34	35
	新疆	2232.7	15.3	10.84	17921	15.5	6394	17.5	13892	17.3	5245	19	3.8		

注：以上数据均来自各省、市、区2012年统计公报。

编纂说明

由重庆市人民政府办公厅主管，重庆社会科学院、重庆市人民政府发展研究中心主办的《重庆经济年鉴》，是一部全面介绍重庆经济发展状况的大型工具书，极具史存性、实用性和工具性。2013年卷为《重庆经济年鉴》的第十三卷。

一、本卷《重庆经济年鉴》的特点

本卷年鉴总体结构上由“重要经济文献、专题研究、经济与社会发展综述、部门经济运行与管理、产业状况、开发区与园区建设、区县经济、附录”共八编组成。

二、本卷《重庆经济年鉴》的稿件来源

本卷年鉴主要收录了市第四届人民代表大会第一次会议上的部分文献，其他文稿、数据、图表等主要来自市级有关部门、各区县政府，部分开发区与工业园区，围绕重庆经济社会热点难点开展的专题研究成果，以及编辑部收集整理的西部省区、长江沿线主要城市、部分环渝区域市县的经济社会发展情况。

三、本卷《重庆经济年鉴》编纂的有关技术性说明

(一)本《年鉴》以编为单位进行编纂。每编大体反映一项相对独立的经济内容；编以下不设章、节；本卷共八编。

(二)本《年鉴》侧重对重庆市2012年度经济运行状况的反映，这与其他类型的年鉴有明显的区别。为了突出经济内容，本书对文化、教育、体育、卫生等社会发展方面的内容未专设编目。文中涉及社会事业发展方面内容的，根据具体情况，作了适当保留。

(三)本《年鉴》表现形式大体采用专题文章。文章体例大致是：年度主要状况及分析、存在的问题、发展展望。“重要经济文献”、专题研究、“附录”等编目，则未作统一的体例要求。

(四)本《年鉴》中的统计数据，截止到2012年底，个别内容则稍作延伸。统计资料来源于重庆市统计公报和市统计局。另外，有必要指出的是，因统计口径的不同，有关部门和各区县(自治县)所用数据与“统计公报”中的数据不尽一致，采用时请予注意。

(五)本《年鉴》有关材料，系相关单位、部门所撰写，所用技术术语、专业名词、名称以稿件提供单位为准。不属于专业用语的，从习惯。

(六)根据年鉴因承相袭的惯例，本年度反映上年度的内容。2013年卷《重庆经济年鉴》也从这一惯例。

2013年卷《重庆经济年鉴》的编辑工作，得到了重庆市各部门、各单位、各级领导和长江沿线的上海、南京、武汉等主要城市、西部省区及广大读者的热情支持，在此深表谢意。另外，尽管编辑部的同志在编纂过程中尽了最大努力，但因时间紧、内容多、来稿渠道广，加之编辑部水平能力有限，本卷《重庆经济年鉴》存在疏漏，热忱希望得到读者的指正。

《重庆经济年鉴》编辑部

2013年12月

坚持国企市场化改革方向 不断增强国有经济活力、控制力和影响力

重庆市国资委党委副书记、国资委主任 廖庆轩

改革开放30多年来，我国国有企业经历了波澜壮阔的改革历程，书写了举世瞩目的经济奇迹。2003年以来的10年，以国资管理体制建立为标志，我国国有企业改革发展取得了显著成效。在此过程中，重庆国企大力推动了符合西部特点和自身市情的改革探索，也取得了较好的工作成效。新阶段，国企市场化改革将不断深入推进。

一、国企改革的基本历程

自2003年新的国资监管体制确立、成立国资委以来，重庆国有企业的改革历程大致可分为3个阶段：

第一，搭建平台和大规模改革重组阶段。这一阶段从2003年至2007年，刚刚实现扭亏为盈的重庆国企，像一个大病初愈的人，步履蹒跚、非常脆弱，稍有不慎，极可能又陷入危机，"三年脱困"成果也随时有功亏于溃的危险。重庆国企步入改革新征程。

一是构筑功能性运作平台。其一，成立渝富公司。以"债务重组"起步，之后又进一步丰富了"资金周转"、"发展投资"等功能，成为国资委推动国企改革发展的重要杠杆。其二，成立重庆联交所。推动国有产权交易在阳光下进行，为推动国有产权交易建立了体制性保障平台。

二是大力实施债务重组。通过渝富公司，以20多亿成本整体打包处置工商银行157亿不良债务，以此模式，化解企业不良债务近400亿。此外，开展了工业划拨地转出让地，先后近100亿出让金转增资本金；开始处置国企历史积案，先后处置共8000多件；这三大举措，推动了工商企业负债率大幅下降。

三是大力推动企业重组。实施了10多次集团层面、上百次集团下属企业间的重组整合，解决了过去资产布局散、集团组织链条长、主业不突出、出血点多等重大问题。

四是推动国资新的战略布局。陆续组建和发展"八大投"，改造五户地方金融企业，并开始新建一批非银行金融机构。

第二，推进上市和扩大开放阶段。这一阶段从2007年至2009年。经过之前的大规模改革重组，为国企进一步发展奠定了基础，重庆国企开始在体制和发展方式上寻求新的突破和创新。

一是实施"整体上市"战略，将推动国企整体上市作为国企改革的基本路径并正式启动。

二是引进来、走出去。推动与央企合作，2008-2011年，先后组织了四轮央企入渝活动；抓住国家外汇储备过剩、人民币升值、全球金融危机、资本资产缩水等战略机遇，积极"走出去"。

第三，应对危机和谋划新变革阶段。这一阶段从2009年至今。应对金融危机，推动稳健发展，谋求新的变革。提出了"做强做优、效益第一"的新目标。

一是从资本、产业、组织、运营模式和管理体制等五个方面实施结构调整，应对国际金融危机冲击。

二是推进国有企业市场化改革，不断推进股权多元化，积极发展混合所有制，吸引民资、外资等多种所有制资本共同参与发展，建立国有资本的进退机制，不断提升国有企业的市场化水平。

三是实施创新驱动战略。积极推动工业企业开展技术创新，商贸企业探索商业模式创新，金融企业加强金融产品创新，投融资企业强化发展模式创新。同时，大力开展管理提升行动。

四是不断提升国资监管水平。进一步转变职能，提升效率，着力实现"科学监管、依法监管"。

市属国有重点企业布局结构不断优化，发展活力不断增强，改革发展取得显著成效。其净资产、经营利润与2003年相比，分别增长8倍、12倍，工商企业资产负债率从高达90%以上下降到60%左右，投融资企业资产负债率稳控在60%左右。

二、国企改革的主要做法

2003年以来，重庆国有企业重点采取了9项改革举措：

第一，抓住机遇实施债务重组。市国资委成立时，工商企业平均负债率90%以上，亏损面70%，多数濒临破产。通过渝富公司整体打包处置工行等机构不良资产、公司重组上市、工业划拨地转出让地等方式，使工商企业负债率下降到合理水平。

第二，全面推动企业改革整合。针对企业"小、散、弱"等状况，按照资本向优势行业，资源向优秀企业，政策、资金等向优秀产品"三集中"原则，推动集团重组，大力"缩幅减链"，消灭空壳公司，初步解决了集团资产布局散、组织链条长、主业不突出、出血点多等问题，有序退出水泥、日化、食品、纺织、塑料、印染、家电、造纸、制药等行业，进入天然气化工、蓝宝石及LED、商用车、精密铸造、垃圾焚烧发电、通用航空/直升机等新兴产业，促进了资源的优化配置。

第三，创新基础设施投融资模式。重庆是一个典型的吃饭财政，没有富余财力对基础设施进行大规模投入。重庆的基础设施因地理条件投入成本高，回报低而且回报周期长。如每公里高速公路平均投资在8000万元以上，相当于东部省市的2倍，运行初期的车流量仅相当于东部省市的1/2。这种状况，使重庆基础设施建设长期陷入了政府投入不足、社会资本不愿进入的局面，使重庆经济社会发展陷入了因基础设施条件不好而制约发展，发展不好又影响条件改善的恶性循环。我们抓住国家融资政策调整的战略机遇，重组和新组建了一批基础设施投融资集团，推动重庆基础设施、公益设施取得重大发展。采取政府用储备土地等资产注入，企业用土地收益来筹集项目建设资金，按照独立承担民事主体责任，"公共目标、市场运作"的方式管理。遵守"五三三"原则：一是政府注入土地、国债、存量资产、税收、规费等五方面资源，与下达的公共性任务相匹配。二是将资产负债、投入产出、现金流"三平衡"作为对企业经营业绩考核的基本指标，确保企业健康运行。三是原则上执行财政不为企业担保、企业相互不担保、专项资金不相互挪用的"三不"原则，严格控制经营风险。目前，建投、高投集团转型为工业、旅游集团，水投集团与水务股份已经实现整合。现高速集团、地产集团、城投集团、水务资产、交通开投集团等5户企业拥有储备土地29万亩，股权投资266亿元，去年经营性收费171亿元，银行信用全部为2A以上。

第四，重组和新建地方金融机构。2003年市国资委成立时，5户地方金融企业不良率达50%，重庆地区被银监机构定为金融高风险区，国务院要求地方政府必须承担起风险处理责任。实施了"债务重组"，运用市场化手段剥离债务，降低不良资产率；"资本重组"，通过国企入股带动民间资本进入，优化股东结构，增强资本实力。目前，农商行、西南证券、重庆银行已成功上市，农商行规模位居国内同类银行第一，西南证券、重庆银行、重庆信托位列西部同行第一，三峡银行成为扎根和服务库区的重要金融机构。此外，我们还引进一批中央企业、外资企业和民营企业，组建了一批新型金融机构，形成了有银行、证券、保险、担保、租赁、交易所、小贷、汽车金融、金融后援、财务公司，国资、外资、民资多元股东参与，具有重庆特色的地方金融体系。

第五，坚定推动国企整体上市。2007年，我们意识到，以整体上市为重点的国有资产"证券化"改革，极有可能成为我国经济改革中下一个最具效率、最具推动力的改革领域；抓住整体上市这个纲，国企深度的机制转换、企业发展、市场监管等问题都会迎刃而解。当年，我们便在全国率先将整体上市确立为深化国有企业改革的基本路径。启动以来，共推动了8户集团整体上市。最近，重庆银行H股上市。燃气股份、川仪股份、建工股份、医药股份也正加紧推进上市进程。上市收到了三个效果：通过多元股东的推动和上市公司的监管要求，使国有企业真正实现转机建制，建立现代企业制度；通过引入证监会、交易所、事务所、投资者等多个监管方，将目前国资委从保值增值角度对企业的单一监管，转变为多位一体的市场化监管，实现监管创新；通过上市前的改造和上市中的各种准备，引入资金、管理、技术等，推动企业规范企业管理，合规经营，实现市场化配置资源。

第六，加快国企对外开放步伐。先后组织了4轮央企入渝活动。市属国企与30多家世界500强企业、40多家国内知名企业进行了战略合作。成功实施了发展境外优质粮油基地，收购了澳大利亚磁铁矿、英国精密机床技术、加拿大蓝宝石工厂、法国汤姆逊半导体研发团队、德国萨固密集团、美国直升机项目等重大项目，有的已回投重庆。"走出去"的过程中，坚持"五必须"防范风险，即，必须立足重庆产业短板和企业短板，重点围绕战略性资源和高端技术并购开展；必须坚持"走出去"与"引回来"相结合，通过"引回来"，弥补产业缺陷、提升产业级次、带动多种经济发展；重点项目，必须由市国资委主导，统筹调度和配置各种资源，协调解决重大问题，形成"抱团"态势；项目论证，必须有全面客观的政治、文化和经济风险评估报告；推进项目，必须有一组国际知名的中介机构参与，包括熟悉当地情况的国际投行、会计事务所、律师事务所和管理团队等。

第七，构建鼓励创新的体制机制。市国资委明确规定，企业研发费投入占销售收入比重超过2%的部分，视同利润考核；企业用于获取全球领先技术的财务成本，视同利润考核；对引进全球领先技术并成功实现产业化、商业化的企业领导班子予以特别奖励。

第八，探索推进多种所有制合作。渝富集团、地产集团、城投集团分别与中

石油、中石化、中交集团等央企开展合作；交开投集团、商投集团、安诚保险、民生公司等与新加坡、韩国、香港等公司开展股权合作；三峡银行、对外经贸集团、能源集团、交运集团、粮食集团、盐业公司等与外企、民企开展战略合作。

第九，健全体制机制提高监管水平。健全完善了国有产权阳光交易制度，在全国率先实现司法诉讼资产进场交易，受到中纪委和中央有关领导的充分肯定。对出资企业建立了产权管理、财务管理的信息化系统，实行风险预警提示制度，较好地控制了风险。对产权转让、企业改制、公司设立、土地资产合作、大额捐助等管理审批逐步规范。在对出资企业开展资产评估，经济责任审计，财务决算审计，改制、工程等专项审计中，实行由国资委委托中介机构，由国资委支付费用，解决了提升中介服务的公允性及中介机构对国资委负责的问题。建立了覆盖全市的国有资产统计工作体系，连续多年被国务院国资委评为先进单位。在出资企业全面推行财务预算核准制，建立起了财务预算核准指标与企业负责人业绩挂钩的联动机制。加强对企业工资总额的调控和领导人员薪酬管理。强化绩效评价，加强对领导人员的年度和任期考核。建立了"外派内设"监事会制度，加强董事会建设，不断完善企业法人治理结构。

国有企业在增强自身活力基础上，紧紧围绕重庆市经济社会发展大局发挥功能作用。

一是推动基础设施建设取得重大进展。2003年以来，国有投融资企业累计投资近6000亿元，建成2000公里高速公路，4000多公里高等级公路，10余座跨江大桥，143公里轨道交通，1010万平米公租房，承担了国际会展中心、城市规划展览馆、大学城、科技馆等34个文教、医疗、卫生及军警公益项目，承担了西永综合保税区、两路寸滩保税港区、江北嘴中央商务区等区域开发区建设。

二是促进地方金融稳健发展。形成了多层次金融机构：一是重庆银行、重庆农商行、三峡银行、西南证券、重庆信托等5户地方金融机构；二是担保公司、租赁公司、小贷公司、汽车金融、保险公司等13家总部在重庆的非银行金融机构；三是重交所、药交所、畜牧交易所等一批要素市场。国资主导的地方银行和非银行金融机构，成为服务重庆"三农"和中小企业的主力军。

三是服务区域经济发展。通过国有集团担保融资50亿元，帮助"两翼"18个贫困区县建设特色工业园区，杠杆效应超过15倍。通过新组建的兴农担保公司，专门服务农村"三权"抵押融资，激活农村金融要素，加快城乡统筹发展进程。通过农投集团、粮食集团、商社集团、商业集团，推进农民土地作价入股组建农业企业、"集团+农户+农业合作社"、整村连片开发、"农商对接"、"农超对接"，成为发展现代农业的重要示范和支撑，提高了农副产品的附加值。

四是带动了非公经济发展。通过股权合作，国企资产中的非公比重已达46%；通过产业带动，目前，有13.2万户非公企业与国企形成了产业链合作。

五是保供稳价维护稳定。商社集团、粮食集团、商投集团、农投集团等企业积极保供稳价。国有企业牺牲上100亿利润，兜底解决了改制破产企业职工安置费用缺口、涉军等特殊群体"待遇差"等本不应由企业承担的成本。国企托盘，市场化运作，解决了我市"烂尾楼"、"三金三乱"等一大批关系民生且严重影响稳定的社会性历史遗留问题。

六是发展战略产业。渝富集团支持100亿元以上，推动MDI一体化项目、重钢集团环保搬迁项目建设。保税港公司、西永微电园公司、江北嘴公司等，充当了重庆重大区域开放、发展平台的建设主体。

重庆国资工作得到国务院国资委的充分肯定。2010年，国务院国资委提出"发展学重庆"。2011年，中宣部、国务院国资委组织中央媒体赴渝集中采访报道，国务院国资委评价为："重庆的做法很好，很全面，有力回答了当前社会上的不实评论。值得系统推广。"今年"两会"期间，时任国资委主任王勇同志在听取重庆工作汇报后，再次充分肯定重庆国企："重庆国企在探索中发展，有理论有实践，为全国地方国企改革树立了旗帜、样板。"

三、国企改革的几点启示

在推动国有企业改革发展的过程中，使我们进一步加深了对社会主义市场经济的认识，增强了搞好国有企业、发展壮大国有经济的信心，坚定了走中国特色社会主义道路的决心。

一是坚持基本经济制度，坚定不移地发展壮大国有经济。公有制为主体、多种所有制经济共同发展的基本经济制度，是中国特色社会主义制度的重要支柱，也是社会主义市场经济体制的根基。公有制经济和非公有制经济都是社会主义市场经济的重要组成部分，都是我国经济社会发展的重要基础。必须毫不动摇巩固和发展公有制经济，坚持公有制主体地位，发挥国有经济主导作用，不断增强国有经济活力、控制力、影响力。必须毫不动摇鼓励、支持、引导非公有制经济发展，激发非公有制经济活力和创造力。

二是坚持国资管理体制改革的正确方向，牢牢把握出资人职责定位。实践证明，党的十六大作出的国有资产管理体制改革重大决策和确立的重大原则是完全正确的，必须始终坚持。我们既要依法履行好出资人职责，强化监管，维护好所有者权益；又要充分尊重企业的经营自主权和法人财产权，维护好企业作为市场主体和法人实体依法享有的各项权利，做到不缺位、不越位、不错位。

三是坚持市场经济的改革方向，深入推进国有企业改革。建立现代企业制度是深化国有企业改革的方向。必须加快推进国有企业公司制股份制改革，转换经营机制。推进规范的董事会建设，积极探索中国特色国有企业公司治理结构。进一步深化企业内部改革，使企业机制与职工观念符合中国特色社会主义市场经济的要求。

四是坚持遵循市场规律和企业发展规律，推动企业科学发展。必须按照市场化原则合理配置资源，充分调动和发挥企业的积极性和能动性。层层落实责任，建立有效的激励和约束机制。坚持主业发展方向，提高集团管控能力，有效防范经营风险。推进体制创新、技术创新和管理创新，形成适应市场经济要求的管理体制和经营机制。

五是坚持党对国有企业的领导，加强和改进企业党建工作。党对国有企业的领导、党组织发挥政治核心作用、职工民主管理，是国有企业的独特政治优势。要深入探索现代企业制度条件下发挥企业党组织政治核心作用的有效方法与途径，努力把企业党组织政治优势转化为核心竞争力。要营造优秀人才脱颖而出的良好环境，增强领导干部能力，提高职工队伍素质。要把反腐倡廉建设贯穿于国资监管和企业改革发展的全过程，为国有企业持续健康发展提供有力保障。

四、深化国企改革发展的思路

下一步，国企改革发展的主要任务是：认真贯彻党的十八大和十八届三中全会精神，坚持两个"毫不动摇"，大力推动国企市场化，不断增强国有经济的活力、控制力、影响力。

第一，深化国有企业市场化改革。大力发展混合所有制经济，鼓励战略投资者参与国有企业改制，鼓励各类投资者以增量方式合资合作，鼓励具有技术优势、管理优势或资金实力强、信誉良好的各类投资者持有部分国有企业股权。积极引入民间资本参与国有企业改制重组，开展项目合资合作，积极引入股权投资基金参与国有企业改制重组、战略投资和创新发展，鼓励国有资本与各类资本共同组建股权投资基金，探索混合所有制企业员工持股的有效方式。继续坚定不移推进国有企业整体上市，使上市公司成为国有企业的重要组织形态。优化国有企业股权结构，在确保国有资本控制力的基础上，逐步降低国有股权比例，放大国有资本功能；根据不同国有企业功能，确定合适的国有股权比例。对不属于重要行业、关键领域，不具备竞争优势或不需保留的企业实施有序退出。全面启动解决厂办大集体、社会职能移交、离退休人员社会化管理等综合改革试点工作，为国有企业平等参与市场竞争创造条件。

第二，推进国有资本战略性结构调整。按照"有进有退、有所为有所不为"的原则，完善国有资本有进有退、合理流动机制，推动国有资本向重点行业和关键领域集中，向优势企业集中。大力推进国有企业重组和调整，引导企业突出主业，专注高端，加大淘汰落后产能力度，加快闲置、无用、低效、无效及不良资产处置步伐。支持战略性新兴产业发展。围绕战略性资源、高新技术，积极推进国企"走出去"。根据五大功能区定位，推进国有经济在区县布局优化。

第三，大力实施创新驱动战略。创新体制机制，建立支持企业自主创新的考核政策和中长期激励制度；加大国有资本预算对自主创新的支持；优化企业创新资源配置，推进创新型企业建设和产学研结合；加大研发投入，设置刚性增长指标；制定创新人才培养计划，营造鼓励创新、宽容失败的创新文化氛围。创新商业发展模式，坚持分类指导，积极引导，积极引导工业企业开展技术创新，商贸企业探索商业模式创新，金融企业加强金融产品创新，投融资企业强化发展模式创新。全面开展管理提升活动，深入推进集团管控能力建设和行业对标管理，推进企业管理方式由粗放型向集约化、精细化转变，深化内涵式发展。

第四，构建市场化运作保障机制。探索建立国有资本的补充机制，除通过股票上市募集资金外，还要通过吸引政府发展引导基金、社保基金、商业保险基金、私募股权基金、产业引导基金、风险投资基金、法人投资等资金进入，多渠道增加企业权益资本。改造一批产业投资公司，培育一批投资控股公司，组建一批股权投资公司，发挥杠杆作用，引导增量、盘活存量，促进产业结构调整和资本布局的优化。与此同时，要健全市场化风险防控机制，严格财务杠杆边界管理，加强对担保、BT和BOT等高风险业务的管理，坚决避免超过财务承受能力、过度依赖负债的项目上马，确保风险可控。

第五，积极推动现代企业制度建设。进一步健全完善强化企业法人治理结构，推进规范的董事会建设，增强经理层经营管理的灵活性和自主性，提高监事会监督的有效性，探索现代企业制度与党组织发挥政治核心作用、职工民主管理有效融合的途径。试行职业经理人制度。切实转变经营机制，深化企业内部管理人员能上能下、员工能进能出、收入能增能减的制度改革。完善责、权、利对等的运行机制，加大责任追究力度。健全更加透明的企业信息公开准则，规范企业披露行为。

第六，深化国资监管体制改革。进一步完善以资本为纽带的国有资产出资人监管体系，加快从资产监管到资本管理为主的转变，按照资本行权履责，强化企业市场主体地位。积极探索混合所有制资本管理的有效监管问题。全面清理、调整国资委审批事项，切实推动简政放权。优化国企薪酬考核机制，实行分类考核。进一步创新工作机制，提高管理制度化水平，提高职责配置科学化水平，提高工作规范化水平，提高机关信息化建设水平。

切实做好新形势下价格调控监管工作，为“科学发展 富民兴渝”营造良好价格环境

重庆市物价局

一、当前价格工作面临的形势及存在的问题

今年以来，世界经济复苏缓慢，国内经济运行总体平稳、结构调整稳中有进、转型升级稳中提质。但我国经济运行面临多年未有的错综复杂局面，市场需求不足、实体经济不振、经济下滑风险依然较大，经济发展中的“两难”问题增多，价格运行面临诸多不确定因素，保持价格总水平基本稳定压力仍然很大。

（一）影响价格变动的因素日益复杂，价格异常波动的可能性增加。随着改革开放的深入和市场经济体制的不断完善，我市95%以上的商品和服务价格已放开由市场调节形成，以市场调节为主的价格形成机制已经基本建立。但与此同时，影响价格形成和变化的因素不断增加，不仅有劳动力、土地、能源资源等要素价格上涨造成的生产成本上升的压力，还有国际经济、地缘政治、金融资本、自然灾害、心理预期、投机炒作以及舆论导向等不确定因素影响，价格异常波动的可能性增加。

（二）工业化、城镇化发展加速，物价总水平上涨的必然性增大。新兴工业化和以人为本的城镇化的加速推进和高度融合将在释放极大的投资和消费潜力的同时，增大土地、资源性产品、劳动力等生产要素以及农副产品等价格长期上行的压力。在当前及今后一段时期，防止出现明显通货膨胀，保持价格总水平基本稳定的调控任务更加艰巨。

（三）社会发展进入矛盾凸显期，价格问题易引发社会矛盾。当前，经济运行不平衡、不协调、不可持续的矛盾依然突出，社会矛盾集中凸显，迫切要求加快转变经济发展方式、调整经济结构，打造中国经济“升级版”，对石油、电力、天然气、供水等资源领域，教育、医疗、住房等公用事业和公益性服务领域以及电信、银行、殡葬等垄断行业体制改革、价格改革等形成了“倒逼机制”。由于价格改革涉及利益的重新分配和深度调整，社会关注度高、连锁反应大，始终处于社会矛盾的“风口浪尖”，成为难啃的“硬骨头”，极易引发社会矛盾。

（四）价格调控手段不足和监管力量薄弱，价格工作面临的压力增大。当前一些价格热点难点问题虽然表象为价格问题，但其深层次原因，有的是生产、流通等市场供应方面的问题，有的是体制机制不完善的问题，单靠价格管制难以解决，需要实施综合的价格调控。而目前价格调控手段不足、调控相对滞后的问题仍较突出。如，全市性的主副食品价格调节基金尚未建立，重要商品价格的应急调控预案和重要物资储备制度还不完善等。同时，机构改革后，价格监管工作力量特别是区县工作力量明显弱化，价格监管任务与工作力量之间的矛盾更加突出。

二、做好新形势下价格工作的基本思路

当前及今后一个时期，围绕“稳增长、调结构、促改革、惠民生”的宏观政策基调，价格宏观调控应立足当前、着眼长远，坚持“五个始终”，正确处理“四个关系”，确保物价涨幅不超过上限，为全面落实“科学发展、富民兴渝”战略任务创造有利的价格环境。

坚持“五个始终”。一是始终把保持价格总水平基本稳定作为价格工作的首要任务。积极探索政府价格调控的方式，科学研判宏观经济形势和市场价格走势，准确把握价格宏观调控的时机和力度，加强部门合作，综合施策，努力把市场价格总水平控制在合理区间。二是始终把利用价格杠杆优化资源配置作为价格工作的有力抓手。坚持市场化改革方向，大力深化资源性环境性价格改革，逐步实现资源最优配置，提高经济运行效益，促进生态文明建设。三是始终把保障和改善民生作为价格工作的出发点和落脚点。在制定价格政策、深化价格改革、强化市场监管中，都要切实维护好群众利益，促进和谐社会发展。四是始终把依法治价作为推进价格工作的关键环节。准确把握我市发展的阶段性特征，健全价格法律法规体系，善于运用法律手段和法制思维，创造性地解决价格调控改革和价格中面临的突出问题。进一步加强制度建设，完善决策机制，扩大政务公开，规范价格行政行为，不断提高科学决策、民主决策的水平。五是始终把加强重大价格问题研究作为物价工作的重要内容。注重对重大价格问题的调查研究，大胆探索，勇于创新，使价格工作更好地服务经济社会发展。

正确处理“四个关系”。一是正确处理好稳定物价与经济增长的关系。既要充分发挥价格杠杆在市场经济中的基础性调节作用，促进经济平稳较快发展，又要防止出现明显通货膨胀、保持价格总水平的基本稳定，为稳增长、调结构提供宽松的价格环境，为改革提供有利空间。二是正确处理好政府与市场关系。进一步厘清政府与市场的边界，充分尊重市场规律，坚持市场化改革方向，不断完善价格形成机制，发挥政府总体规划和宏观调控作用，规范市场价格行为，打破市场价格垄断，努力克服市场缺陷。三是处理好生产者与消费者的关系。我国正处于工业化、城市化加速发展阶段，农产品价格上涨呈必然趋势。农产品价格的上涨，一方面可回归农产品价值，提升农民收益，进一步缩小城乡收入差距，另一方面也会增加居民尤其是低收入群体生活负担。处理好农业生产者与消费者的关系是维护社会和谐稳定的头等大事。因此，在价格调控中，要坚持促生产、保供应、畅流通、安民生，既要保护好生产者的利益

特别是农民的利益，又要保护好城乡低收入困难群体的利益。四是正确处理好推进价格改革与稳定价格水平的关系。“十二五”期间推进资源环境价格改革是一项重要任务。短期内推进资源和环境价格改革会在一定程度上推升价格总水平，但理顺资源和环境价格有利于经济平稳健康发展和价格总水平的长期稳定。要考虑经济发展需求和社会承受能力，把握好价格改革的时机、节奏和力度；同时价格改革要与财政、收入分配、社会保障等其他方面的改革以及配套措施协调推进，将改革的负面影响减小到最低限度。

三、加强价格调控监管的对策措施

（一）提升价格调控能力，建立稳价安民长效机制。保持价格总水平的基本稳定是“稳增长、调结构、促改革、惠民生”的基本条件，必须注重价格调控理念和方式的转变，不断增强价格调控的手段和能力。

1. 提升价格调控的引导能力。一是履行好物价部门在通胀预期管理工作中的牵头、组织、协调职能，加强相关部门的整体协作，确保通胀预期管理各项措施落实到位。二是重点加大政府财政性补贴、政策性保险、税收减免、价格优惠等扶持力度，鼓励农业生产流通向科学化、组织化、规模化、集约化、产业化方向发展。三是在政策框架的制定过程中，既要关注和解决供给短缺的问题，也要重视和解决供给“过剩”的问题，并保持政策的科学性、稳定性、延续性，以稳定市场预期，促进社会总供给和总需求的基本平衡，防止和缓解农副产品价格随生产供应大起大落而大幅震荡。四是重点针对蔬菜价格波动大、变化快的特征，推进建立蔬菜市场零售价格及时发布制度，搭建价格信息共享平台，合理引导经营者、消费者理性价格行为。五是加强价格宣传和舆论引导，着力将价格宣传和舆论引导贯穿至价格政策研究、制定、出台、实施以及后评估的全过程，推进价格宣传和舆论引导在形式、内容和载体方面的创新，畅通社会各方面意见渠道，营造良好的价格调控舆论环境。

2、增强政府价格应急处置能力。一是着力抓好价格监测预警，深入研究近年来粮、油、肉、菜等与群众生活密切相关的重要商品市场供求与价格运行的规律性问题，建立健全反应灵敏、协调有序、运转高效的价格预警应急机制，增强价格调控的预见性和针对性，及时处置苗头性、倾向性问题，防范个别或局部商品的价格波动引发全面或区域性价格异常波动。二是注重经济手段在价格调控中的重要作用，完善生猪等重要商品价格调控预案，灵活采取社会储备与专业储备相结合、政府储备与商业储备相结合的方式，建立政府重要物资储备制度，探索利用财政性资金建立主副食品价格调节基金制度，充分发挥其“蓄水池”、“调节器”功能。

（二）积极稳妥推进资源环境产品价格改革，促进经济结构调整。坚持市场化改革方向，逐步建立反映市场供求关系、资源稀缺程度、环境损害成本的价格形成机制。推进资源性产品价格改革，进一步理顺煤、电、油、气、水等资源产品价格关系。充分考虑行业差异，积极实施支持、限制和禁止性的差别化价格政策，抑制资源浪费、促进节能减排、加快淘汰落后产能，推动产业结构向高端、高效、高附加值转变，促进经济升级发展和平稳运行。

（三）高度重视民生利益诉求，切实保障和改善民生。保障和改善民生，是确保改革发展红利惠及于民的重要举措和有效途径。民生价格管理要从解决人民群众最关心、最直接、最迫切的问题入手，始终坚持“宏观稳住、微观放活、民生托底”原则。一是加快推进水、电、气、银行、电信等垄断领域以及教育、医疗、住房、殡葬等民生领域价格改革。二是要针对民生利益诉求的多元化，满足社会多层次需求，建立合理区分“基本”与“非基本”需求的价格管理机制。对“基本”部分价格要实行较低价格，保持价格相对稳定，保障群众特别是低收入群体的基本生活需要；对“非基本”部分要充分发挥市场机制的作用，反映市场供求情况和资源稀缺程度，抑制不合理需求。三是积极推进阶梯价格改革工作。在分析总结居民生活用电试行阶梯电价改革经验的基础上，加快推进居民生活用气、用水阶梯价格改革进程。逐步扩大部分垄断领域和民生领域服务价格基本保障范围。

（四）切实转变价格管理职能，激发市场主体活力。切实转变价格管理职能，加快推进《重庆市定价目录的修订》，厘清政府与市场的边界，对市场竞争充分的商品和服务价格，坚决放开由市场调节；对垄断程度降低的行业适度放开价格管理，尽量减少政府价格干预，充分激活市场主体的活力和动力。同时，对与社会发展和人民群众关系密切的新兴行业、垄断程度加剧的行业以及稀有或不可再生的资源价格纳入政府价格管理，更好地保护人民群众的利益。加强行政事业性收费监管，加大清费减负力度，密切关注涉企收费动向，开展涉企收费专项检查和价格服务进企业活动。围绕扩就业、拉内需，配合产业、财政、税收等扶持政策，研究出台价费优惠措施，发挥政策组合效应，最大程度给企业良性发展创造适宜的外部环境，促进实体经济、民营经济、小微企业等健康发展，也为经济结构调整营造更大空间和条件。

（五）增强价格监管手段，提升价格监管效果。一是建立健全价格监督机制，坚持事前预防与事后查处、专项整治与日常监督、政府监管与诚信自律、制度建设与方式创新“四结合”原则，提高价格监管效能。二是要注重对已放开商品和服务价格的监管，从与群众生活密切相关的行业入手，探索制定行业价格行为规范，加强重大节假日、公共活动、突发事件期间价格政策法规宣传和价格行为的提醒、告诫和劝阻，强化价格诚信自律管理。三是强化价格举报投诉工作。以网络、功能、效率为重点，加大 12358 价格举报平台建设力度，进一步畅通群众价格诉求渠道，提升价格监管工作水平和应急处置能力。四是积极推进反价格垄断执法工作。以我市区域性反价格垄断机构的建立为契机，加强反价格垄断研究和执法实践，及时查处滥用市场支配地位垄断价格以及捏造散布涨价信息、串通涨价、哄抬物价、价格欺诈等违法行为。

坚持发展为先 生态保护并重 加快建成渝东南中心城市和率先在渝东南实现全面小康

中共黔江区委书记 杨宏伟

重庆市功能分区战略明确将黔江总体功能定位为渝东南生态保护发展区中的重点开发区，要求加快建成渝东南中心城市和武陵山区重要经济中心。这是市委、市政府对黔江既有定位的巩固和深化，进一步突出了黔江在全市区域发展格局中的战略地位，赋予了更加重要的历史使命。黔江区将紧紧抓住战略机遇，在加快发展中保护生态、在保护生态中加快发展，立足当前，着眼长远，重点突破，统筹推进。到2016年，特色产业集群成型，基本建成渝东南中心城市；全面完成高山生态扶贫搬迁攻坚任务，在渝东南率先实现全面小康。

一、以坚持特色发展为指导原则，做大做强主导产业。按照定位要求，立足黔江实际，发挥资源优势，发展壮大特色产业。一是大力发展新型特色工业。坚定不移地实施“工业强区”战略，优化工业空间布局，加快推进“一园三区一基地”建设；完善骨干产业架构，加速产业集聚，加快形成电矿联产材料产业、高效节能电机生产业、轻纺食品加工产业、生物医药产业、汽摩配套产业、页岩气产业转化基地，着力培育发展一批十亿级、百亿级企业集团；进一步提升保障能力，全力保障煤、电、油、运、气等生产要素，拓展多元化融资渠道；强化工业招商，围绕加快优势资源开发、延伸特色产业链条开展招商活动，注重引进上下游配套企业，推动形成完整的特色产业链条。力争到2016年正阳工业园区以500-600亿级跻身全市特色工业园区前15位，到2020年达到800—1000亿，升格为国家级经济技术开发区，把黔江打造成千亿级工业强区。二是大力发展生态特色效益农业。挖掘山地资源优势，大力发展生态特色效益农业，全力建成60万亩生态农业产业化基地。坚持规模化种植、标准化生产、产业化经营的理念，做大做强烤烟、蚕桑、生猪等支柱产业；因地制宜发展蔬菜、猕猴桃等山地生态特色效益农业。积极开发生态产品，打造绿色品牌，推进特色农产品深加工，促进农业增效、农民增收。三是大力发展商贸物流业。围绕2020年基本建成区域性商贸服务业中心的目标，着力打造老城核心商圈和新城现代商务中心，构建两个百亿级商圈。加快推进“六大市场”和冷链物流配送中心、二手车交易市场、成品油储备配送中心等项目建设，发展更多具有辐射作用的一级批发市场，形成大商圈、大物流。四是大力发展民俗文化生态旅游业。集中培育城市峡谷峡江、小南海——武陵仙山、阿蓬江——濯水三大精品景区，力争2年内将小南海升级为5A级景区，将濯水古镇、武陵仙山和城市峡谷打造为4A级景区。积极发展民俗文化生态旅游，加大旅游宣传营销力度，完善旅游配套服务，建成武陵山旅游集散中心和全国知名、西部一流的旅游目的地。

二、以完善功能配套为核心，加快建设中心城市。围绕建成渝东南地区中心城市的要求，积极做好城市规划，全力推动城市扩容，激励人口和产业向新城转移，完善城市功能配套，加强城市管理。一是实现各类城市规划全覆盖。认真按照市政府批复的新版城市总规，立足49.5平方公里、45万人口的城市总规，高标准、高起点搞好城市组团设计，优化完善城市交通路网等专项规划。发挥规划的调控引导作用，严格控制好城市的建筑形态、特色风貌，用2年时间实现规划全覆盖。二是全面推进扩容提质。深入推进“城市东进”战略，加大舟白、正阳、青杠、冯家等组团建设力度，推动中心城区东进南扩，千方百计做大城市体量，加快把黔江建成峡江共存、山水一体、生态宜居、民族文化底蕴深厚的中心城市。三是完善功能配套。进一步完善路、水、电、气、通讯等市政公共设施和科教文卫等公共服务设施，加强城市防灾减灾体系及应急服务设施建设，促进城市功能完善，增强承接转移人口的能力。四是加强城市管理。坚持“建管并重”，持续开展市容环境综合整治，加强市民文明素质教育，进一步探索政府、社会、市民互动的城市管理新模式。扎实推进城市管理精细化，不断提高城市管理科学化水平。

三、以协调互动为总要求，全面推进城乡统筹发展。牢固树立“全区一盘棋”思想，根据资源环境承载能力和发展基础，积极引导并优化形成城乡区域协调发展的合理格局。一是统筹推动区域发展。为利于区域联动， 协作发展，我区根据经济地理板块和各街道镇乡的资源、产业、人口情况，将全区划分为城市集聚发展区、生态旅游发展区、生态农业保护区，并针对每一区域的特色产业布局提出了指导性意见。二是统筹城乡基础设施建设。继续实施“大通道 ”战略，全面完善对外出口大通道、“半小时城镇群”联接通道和区内交通网络，构建武陵山区综合交通枢纽；大力推进能源建设，加快输配电网、天然气管道、水利设施建设，提高城乡电、气、水保障能力。三是统筹城乡综合配套改革。推进以统筹城乡综合配套改革为重点的各项改革。进一步抓好户籍改革、“地票交易”、“三权”抵押融资等统筹城乡综合配套改革工作，建立城乡互动帮扶机制，充分激发统筹发展的活力。

四、以建设重点开发区为契机，千方百计争取上级支持。功能分区战略将黔江纳人生态保护发展区中的重点开发区，是市委、市政府对黔江建设中心城市的最大支持，是难得的重大政策机遇，黔江必须千方百计把机遇转化为加快发展的助推器，切实做好“六个争取”。一是争取定位。吃透市委、市政府对黔江的定位，主动跟进，向市上争取从这些定位延伸出来的子定位、小定位、具体定位，使这些延伸出来的定位在市级有关部门出台的实施意见中予以明确。二是争取规划。市发改委正在编制五大功能区规划，相关市级部门正在编制配套规划。黔江要把已经有的定位、市上对黔江总体定位中延伸出来的定位、发展中需要解决的重大事项融合进各项专项规划，力争纳人市上规划盘子。三是争取项目。要围绕市上对我区的定位，提前研究、谋划一批重大基础性、功能性、枢纽性项目，并积极推动包括基础设施、产业发展、公共服务、民生改善等项目的落地与建设。四是争取政策。确保已经明确的政策尽快落地，努力在更宽领域和更大空间争取到更大力度的支持，使政策功效发挥到最大化、最优化。五是争取资金。打好渝东南中心城市和武陵山区重要经济中心的“两张牌”，逐块、逐项对照研究，围绕产业、项目做好对接落实，争取得到更多的资金支持。六是争取人口。抓住黔江作为人口转移承接地带来的难得机遇，在争取人才上下功夫，引进包括工业经济、物流产业、旅游发展、农技科研等各方面的人才，特别要做好高端人才、高素质人才的引进。

五、以改善民生为出发点，不断提高人民生活水平。坚持发展改革成果惠及民生，狠抓22条民生举措落实。一是强力实施生态扶贫工程。以“4个1”相对集中居住体系建设为载体，整合各类资源资金，全面推进高山生态扶贫搬迁进程。把移民搬迁与集镇建设、农民新村建设和产业发展结合起来，确保搬迁对象搬得出、稳得住、能致富。积极落实《武陵山片区区域发展与扶贫攻坚规划》，科学谋划、抱团争取，推进武陵山区连片扶贫攻坚步伐。二是稳定和扩大就业。推动“创业型城市”建设，以创业带动就业。有针对性的加强职业技术教育和劳动力技能培训，促进农村劳动力转移就业。完善就业援助机制，动态消除城镇“零就业家庭”。三是优先发展教育。围绕建设渝东南教育中心的目标，积极发展学前教育，均衡发展义务教育，优质发展高中教育，优化发展职业技术教育，稳步发展高等教育，加快城乡学校布局调整。着力改善教育民生，大力推进农村中小学寄宿制学校建设和实施营养改善工程，落实各项教育资助政策。四是健全社会保障体系。做好社会保险转移衔接工作。健全城乡居民最低生活保障制度和社会救助体系，保障困难群众基本生活。加强和改善社会救助工作，积极发展残疾人、老龄和慈善事业。加强保障性住房建设，扎实推进城乡危旧房改造。五是大力发展医疗卫生事业。围绕建设渝东南医疗服务中心目标，加快2所“三甲”、3所“二甲”医院建设，健全区、乡、村三级医疗卫生服务网络和城市社区卫生服务体系，形成农村40分钟、社区15分钟的医疗服务网络。深化医疗卫生机构综合改革，全面落实基本药物制度等改革措施，开展城乡医疗机构纵向合作，着力解决人民群众“看病难、看病贵”问题。六是推动文化繁荣发展。深入推进文化惠民工程，不断完善图书馆、文化馆、博物馆、影剧院等文化设施的服务功能，提高公共文化产品和服务供给能力。繁荣戏剧、文学、音乐、书画、杂技、曲艺等文艺创作，广泛开展群众文化体育活动。稳步推进文化体制改革，积极推动文化产业健康发展。七是大力推进科技进步。尽快启动建设渝东南科技孵化中心，并力争建成国家级科技孵化中心。实施科技创新战略，加大高新技术、产业培育，加大科技人员、科研机构培育，加大先进适用科学技术的推广应用。

六、以实现青山绿水为目标，加快生态文明建设。黔江要充分结合区情实际，加快生态建设，推进生态发展。一是加强城乡环境综合治理。加强城市污水治理，加快推进次级河流流域治理，加强饮用水源保护、水土流失治理和石漠化治理。加强固体废弃物污染控制、大气环境治理、噪音污染防治。全面推进农村环境连片整治，有效控制农村面源污染，积极推进美丽乡村建设。二是稳步提高森林覆盖率。全面推进绿化工程，认真实施天然林保护及荒山绿化工程，巩固退耕还林成果，稳步提高森林覆盖率。三是加强地质灾害防治。认真实施地灾防治规划，严格落实防灾避灾责任，健全地质灾害监测预警体系，建立地质灾害风险评估和管理体系。四是加强资源节约利用。加强土地资源有序合理开发、利用与保护，促进集约集中高效发展。实行严格的企业环境准入标准，大力发展循环、低碳产业，促进生产、流通、消费过程的减量化、再利用、资源化。

把握城市发展新区机遇 打造合川经济升级版

中共合川区委书记 王作安

市委四届三次全会通过的《中共重庆市委、重庆市人民政府关于科学划分功能区域、加快建设五大功能区的意见》，是市委深入贯彻党的十八大精神，在新的发展阶段作出的重大战略决策，是市委立足重庆实际，在“一圈两翼”区域发展战略基础上，对区域和城乡功能布局的进一步优化、对区县功能定位的进一步明确，事关我市改革发展的长远与全局，有着非常重要的现实意义。

功能区划分开启合川经济发展新机遇

科学划分全市五大功能区域部署，是指导合川工作的纲领和行动指南。五大功能区的划分出台后，合川立即召开专题会议、下发学习通知和学习工作方案，迅速掀起学习贯彻热潮，把思想统一到市委重大决策部署上来，在全区开展“新定位、新发展”大讨论，深入分析研究，找准定位，优化调整发展思路，抢抓机遇，加快发展步伐，累积发展新优势，抢占发展制高点。

按照新的功能定位，合川处于城市发展新区，属于重庆大都市区的重要组成部分，全市工业化、城镇化的主战场。近年来，通过蓄力发展，合川已经蓄积了较大发展优势，储备了新的发展动能。**一是工业承载能力增强**。已打造出重庆合川工业园、中国西部农民返乡创业园、小安溪生态产业园、IT 光电产业园等一批承载平台；已完成1500亿产业布局，工业“三大版块”、“九大产业”逐步壮大，合川特质的新型工业化体系已然成型。**二是城市集聚能力攀升**。“一心六片”组团式发展布局的主城区大城市、5 个市级中心镇、18 个各具特色的小城镇、78 个农民新村构成的区域城镇体系已经形成；以“五城联创”网格化管理为抓手，城市品质不断提升；重庆（合川）义乌小商品市场作为西南地区单体面积最大的小商品市场，商贸服务业辐射周边10多个区县。**三是交通区位优势明显**。铁路“三干线二专线”，每平方公里密度超日本、法国等西方发达国家；公路区内六纵六横，区外一环八射，是通往四川、陕西等地的战略腹地；嘉陵江已达三级航运标准，到江北机场仅需半小时车程。这为合川承接主城产业转移，打开人口集聚空间，加快新型城镇化建设带来新机遇。

把握新机遇再启合川经济发展引擎

紧紧围绕全市功能区定位带来的新机遇，合川将充分发挥产业、区位、交通等优势，因地制宜调整优化符合本地经济社会发展实际、适应形势变化的区域发展措施，坚持走绿色、低碳、循环发展的路子，稳中求进、低调务实、少说多干、敢于担当，努力在城市发展新区建设中争取更大作为。

全力打造重庆新兴工业化战略支点。把发展工业经济作为首要任务，大力发展规模效应明显、核心竞争力突出、支撑作用强大的特色产业集群，将合川打造成重庆工业经济的重要增长极。**一是加强园区建设**。大力打造“一园六区”，一园即合川工业园，包括工业园区核心区、大石装备产业集聚区、草街汽摩产业集聚区、渭沱医化产业集聚区、三汇建材产业集聚区、北汽银翔工业园区六区，夯实 1500 亿产业布局。大力发展华蓥山经济走廊，迅速启动下一个 1500 亿产业布局。大力打造镇域产业园，实现全区镇域产业园总面积达 8 平方公里，工业产值 100 亿元。**二是优化产业布局**。着力打造“三大版块”、“九大产业”，在已建成重庆能源基地、建材基地的基础上，着力打造装备制造、电子信息、纺织服装基地。到 2020 年，培育装备制造、能源、新型材料、轻工食品、电子信息、生物医药等 6 个百亿级产业集群，1 个百亿级、10 个 50 亿级、20 个 10 亿级旗舰企业。**三是大力招商引资**。紧扣“建设重要的制造业基地和全市主导产业的配套产业基地”，围绕“九大产业”，加强与世界 500 强龙头企业的对接，重点推进产业链招商，着力引进行业龙头企业和优质项目，推动招商引资向招商选资转变，积极承接沿海地区及重庆都市产业梯度转移。

全力打造区域合作先行区。充分发挥地处川渝腹地区位优势，建设承接成渝的新型战略投资洼地，打造成渝经济带的战略支点。**一是积极主动配套主城**。抓紧修编合阳—草街片区规划，优化提升毗邻主城的华蓥山经济走廊规划，加快华蓥山片区基础设施建设步伐，推进南向融入重庆主城，进一步对接主城产业转移，突出参与主城尤其是两江新区的产业配套，与主城形成功能互补、特色鲜明、分工合理的区域合作布局。**二是打造辐射川渝的重要物流基地**。发挥区位和渝新欧铁路进入重庆第一站优势，积极推进渝西商贸物流中心建设，加快物流园区和专业批发市场建设进度，重点扶持和引进一批有一定规模的物流商贸企业，重点打造成渝地区农产品集散中心、渝新欧铁路重要物流基地和一批专业市场，形成区域性商贸物流中心。**三是推进区域合作常态化**。探索建立成渝经济带区县党政领导定期互访、沟通机制，共同研究协商区域合作项目，在基础设施建设方面互促共荣，在产业发展方面避免同质化竞争，实现分工协作、有序竞争、携手共进，促进科学发展、特色发展、差异发展。

全力打造重庆重要卫星城。按照卫星城理念，有序拓展城市规模，完善城市功能，提升城市品质，打造吸纳和承载人口转移的理想之地。**一是优化生态环境**。严格实施“三江”水资源保护，加强城区噪音污染治理，营造宁静和谐生活环境。加强节能减排，严格防治工业污染。搞好城乡绿化，做好城乡污水、垃圾无害化处理，加强农村面源污染综合治理，努力实现绿色发展。大力加强生态文明宣传教育，引导全社会自觉节约资源、保护环境。**二是建美特色城镇**。围绕主城区“一心六片”空间布局，优化城市规划，突出山水特色，建设城市标志区，到2020年，城市规模拓展到80平方公里、人口达到80万。完善城市功能与配套设施，加快打造区域性教育、医疗、文化等公共服务中心，增强辐射渝西、川东地区的公共服务能力。以统筹城乡为抓手，以户籍改革为突破，有效提高城镇化率，到2020年城镇化率达到71.5%以上。**三是强化城市管理**。深入推进“五城联创”，在成功创建重庆市级森林城市等市级荣誉称号基础上，推进城市“网格化”管理，全面启动国家卫生区、全国文明城区、国家环保模范城市、全国生态示范区创建，持续改善城市环境和形象，将合川建设成重庆宜业宜居的重要卫星城。

大力发展现代农业。以保障农产品供给、增加农民收入为主要目标，大力发展特色效益农业，努力建设优质粮油基地和主城菜篮子基地。**一是壮大产业规模**。组建现代农业园区管委会，用抓工业园区的思路，推进农业产业化，打造“一轴双核三园五产业”的产业结构布局。继续大力推进土地流转，推进集约化经营，建设10万亩现代农业示范园区，在骨干道路和“三江”沿岸布局粮油、蔬菜、水产等基地，促进连片种养殖。**二是培育龙头载体**。加快建设“三级”农产品市场，推进农产品批发市场、农副产品交易中心等大型市场建设。大力推行“公司+基地+农户”、“龙头+合作经济组织+农户”等运作模式，不断发展市场牵龙头、龙头带基地、基地连农户、协会搞服务的农业产业化经营格局。大力扶持本土农业企业做大做强，着力引进大型农业企业落户合川。**三是瞄准特色效益**。加快优势特色农产品基地建设，围绕做大做强优质粮油、畜牧、水产、蔬菜、蚕桑、水果等特色产业，加快建设一批高标准农产品生产基地及标准化示范区。强化农业品牌培育，实施农产品品牌化战略，巩固壮大“合川PIC优质肉猪”、“合川桃片”、“合川肉片”、“三江鱼”等特色农产品品牌影响，提高“合字号”农产品的知名度和市场占有率。

大力建设中国知名旅游城市。打造好钓鱼城、涞滩古镇等国家乃至世界级的自然、文化遗产，做好山水文章，塑造滨水城市特色，打造全国著名的旅游目的地。**一是打造精品景点**。提速钓鱼城、涞滩古镇等精品景区建设，启动钓鱼城5A景区创建，深化涞滩古镇4A、文峰古街3A景区创建工作，加快打造特色鲜明、功能完善、独具魅力的旅游目的地。加大招商引资力度，整体联动开发钓鱼城景区、钓鱼城半岛和“三江”水上旅游，将钓鱼城景区打造成为世界级旅游精品。**二是提升配套能力**。围绕旅游“吃、住、行、游、购、娱”六大要素，按照“政府主导、市场运作”的模式，以游客满意为目标，建设一批旅游配套设施、推出一批旅游特色饭店和商店、开发一批特色旅游产品，不断完善旅游软硬件设施。同时，利用各种媒体宣传推介，通过挖掘、开发、提升，将一个国宝级的魅力合川展现给世人。**三是推动全域旅游产品化**。加快推进钓鱼城申遗工作。不断挖掘“三江”文化内涵，按空间和时间两个维度串联旅游产品，实现产业全域覆盖、景区全域联动、产品全域优化、线路全域统筹、品牌全域整合。主动融入长江三峡和川渝旅游精品线路，深度开发特色旅游商品，将合川打造成重庆的旅游名片。

九龙坡区民营经济发展现状及对策研究

九龙坡区委副书记、区政府区长 石继东

近年来，九龙坡区委、区政府高度重视发展民营经济，民营经济呈现总量不断扩张、结构不断优化、效益不断提高、整体实力不断增强、社会贡献不断增大的良好发展态势，有力推动了九龙坡经济社会转型发展、科学发展。如何在新形势、新起点上推动民营经济再迈新台阶，为全区转型发展、科学发展做出新贡献。最近，笔者结合贯彻落实全市发展民营经济大会精神，走访了部分民营企业，分析全区民营经济发展的主要特点及存在的制约因素，对下一步如何加快民营经济发展做了一些思考。

一、民营经济发展的主要特点

（一）经济支撑作用凸显。从经济总量看，民营经济增加值从2008年的224.8亿元增长至2012年的457.96亿元，实现5年翻番，总量位居全市第一。从经济支撑看，2012年民营经济增加值占GDP比重达59%，连续5年保持比重50%以上，民营经济对全区经济增长贡献率达71.9%。从财政收入看，2012年民营经济上缴税金65亿元，民营经济区级税收占全区区级税收比重达61.4%。

（二）转型升级步伐加快。从工业看，民营经济撑起了全区规上工业大半江山，2012年全区规上工业总产值中，民营经济占比达68%，全市25家工业民营企业50强中，我区有6家工业企业上榜。近年来，民营工业经济板块增速远高于全区平均增速，抵消了国有及外资企业总体下滑缺口，稳定了全区工业经济增长基础。从服务业看，全区服务业领域的民营企业户数与注册资本金分别占75%、74%以上，民营经济在全区服务业中的占比接近70%，率先迈出向现代服务业转型步伐。今年上半年，服务业户数占比上升1.81个百分点达到75.53%；服务业注册资本（金）上升1.62个百分点达到74.03%。

（三）质量效益明显提升。一是民营企业规模不断壮大。年营业收入超亿元的企业246家，年营业收入10亿元以上企业突破10家，上市企业2家。二是企业自主创新能力增强。2012年，全区新增国家高新技术民营企业13家，44个民营企业产品被认定为高新技术产品，25个民营企业产品被认定为市级重点新产品。三是品牌意识显著增强。我区设立3000万元品牌发展战略资金，鼓励民营企业加快品牌塑造，重点打造一批以隆鑫、鑫源、唯远、ABB为代表的知名品牌。截至目前，全区民营企业获评驰名商标4件，占全市总量的4.1%；获评著名商标45件，占全市总量的8.7%，数量均居全市前列。

（四）政策效应陆续释放。去年，我区召开民营经济发展大会，紧扣全市“1＋3”文件要求，相继出台了《关于进一步加快民营经济发展的意见》、《民营经济发展专项资金安排的意见》等系列文件助推民营经济发展。2012年，我区获得2820万元民营经济市级统筹资金、2400万元区县切块资金（含投资补助、贷款贴息）共支持138个项目，带动工业投资超过20亿元，90%以上的工业刺激政策资金由民营工业企业获得。通过资金撬动效应，极大激发了民营企业发展活力，推动民营经济加速发展。

二、四大障碍和四大约束交织制约民营经济发展

当前，我区民营经济发展既面临外部因素制约，同时自身也有诸多问题亟待解决。

（一）从外部分析面临四大障碍

政策障碍。尽管从国家到市里、区里，出台了系列加快民营经济发展的意见，相关部门也相继出台了配套政策措施，但“玻璃门”、“弹簧门”仍然存在。一方面，市场准入门槛依然很高。电力、交通、金融、卫生等产业领域对民营企业存在不同程度的“限进”情况，民营企业在投资、生产、经营等方面，仍面临较多苛刻条件。另一方面，企业税负较重。因缺乏完整的征收链条，增值税抵扣不彻底，甚至无法抵扣，出现简单以营业额的17%增税，企业普遍反映利润少，难以承受17%的增值税率。

环境障碍。企业集聚优质资源要素要以强有力的生产生活配套为基础，作为工业大区，我区工业中心向九龙西城转移的趋势明显，而目前九龙西城的配套设施还不够完善，企业生产物流成本也较高，不少企业为留住员工煞费苦心，建宿舍、建食堂、建文娱设施，企业利润空间进一步压缩。

观念障碍。虽然社会对民营经济发展持肯定和支持态度，但仍存在一些疑虑，如优秀人才较多流向政府机关、外资企业和国有企业，国有商业银行在确定信贷计划时，授信额度的绝大部分安排给国有企业，在其他公共资源分配方面民营企业仍然面临“次国民待遇”。同时，少数单位工作人员也对民营企业发展缺乏正确认识，在项目申报和审批过程中，还存在吃拿卡要等现象。

信息障碍。与政策脱节，通过走访多家民营企业和召开企业座谈会了解到，有近三分之二的民营企业对对口的国家和市级政策了解不深、不透甚至不了解，在申报项目和资金时未能充分享受政策优惠。与产学研脱节，科研院所、大专院校有技术、有人才、有产品，但是与市场脱节，处于理论化状态，未能充分转化为刺激民营经济发展的生产力。

（二）从内部分析面临四大约束

资金约束。资金不足已成为当前制约民营企业发展的最大“瓶颈”。一方面，民营企业大多是中小企业，自有资金少。今年上半年，民营

企业户数增幅为6%，注册资本金增幅为4.2%，户均注册资本（金）出现下滑，由2012年的309万元降为139万元。另一方面，融资难、融资贵普遍存在。2012年全区贷款额1052.9亿元，仅不足三分之一用于民营企业。加之民营企业信用度低，缺乏担保物，担保机构推高融资成本，民营企业反映融资成本普遍在15%以上，个别企业高达20%，融资成本居高不下挤压企业利润空间。

结构约束。民营企业多集中于劳动密集型、资本技术要求较低的低端制造业和传统服务业中，存在数量多、规模小、效益低等问题，缺乏竞争力。如我区民营医疗机构总量占全区80%，但门诊人次仅占33.7%，31家民营医院中无一家投资超过五千万，投资上千万的仅7家，平均床位仅45张。全区民营经济规上工业总产值占比达到68%，但增加值占比不足50%，多数民营企业充当配角，缺乏定价议价能力和行业影响力。

人才约束。一是管理人员匮乏，民营企业多采用家族式经营模式，缺乏现代管理知识，产权不清、责任不明、运转不畅等问题突出。二是科技人才匮乏，民营企业工作环境差、待遇低，难以吸引科技人才，尤其是1000万元以下的小企业人才流失严重，60-70%的人才在企业不满2年就跳槽。三是一线员工匮乏，当前大学生、农民工失业与企业用工难的结构性矛盾日益凸显，加之建筑业抢占制造业工人，用工难在制造业和餐饮业表现尤为强烈，用工成本高达销售收入的15%以上。

技术约束。多数民营企业集中在传统产业领域和价值链末端环节，吸引优质资源要素的能力不强，多数企业缺乏创新意识，认为只要销售好就行，特别是2000万元以下的企业，缺乏技术支撑，不愿出钱开发新产品和项目，导致企业创新跟不上企业发展。走老路、吃老本的现象较为突出，涉足新兴行业、高端环节的企业极少。

三、加快民营经济发展的对策建议

（一）拓宽民营经济发展领域。一是拓宽投资领域。明确规定法律法规未禁止的投资者、行业和项目，不拘形式、不限规模、支持兴办市场主体，鼓励民营资本进入交通运输、水利工程、市政设施、教育文化、医疗卫生、社会养老等领域。二是放宽经营条件。允许民营企业股东以实物、股权、商标权、专利权、著作权、土地使用权等可用货币估价并能依法转让的财产作价出资设立公司或增资，其比例最高可占注册资本的70%。试行注册资本货币“零首付”，允许民营企业股东以不需要办理权属登记的实物、非专利技术等非货币财产缴纳首期出资。三是引导投资方向。围绕全区重点发展的电子信息、生物制药、装备制造、新材料、商务商贸、文化创意、高技术服务等产业集群，每年实施一批社会投资类重大项目，逐步提高固定资产投资中社会投资比重。

（二）加强民营经济财税扶持。一是减轻税收负担。全面落实西部大开发鼓励类产业企业15%所得税率和高新技术企业税收优惠政策，不断扩大民营经济享受政策优惠覆盖面，适当减免小微企业税收，减免符合条件的建筑施工民营企业保障金，切实减轻民营企业税收负担。二是落实资金扶持。积极争取规上（限上）企业申报民营经济市级统筹资金和民营经济专项资金，加快制定出台民营经济专项资金管理办法，确保资金发挥应有作用。政府采购产品、服务和工程对各类所有制企业一视同仁，其中面向小微企业的采购项目不低于年度预算总额的18%。三是清理行政事业性收费。清理涉企收费项目，对收费标准有幅度的按低限收费，严厉查处乱收费、乱摊派、乱罚款、强迫捐赠等行为，全面落实小微企业管理类、登记类、证照类等行政事业性收费优惠政策。四是探索区级投融资平台投资民营企业。鼓励区级投融资平台参股创新能力强、竞争优势明、发展前景好的中小型民营企业，实现互利共赢。

（三）强化民营经济金融服务。一是加强金融服务体系建设。鼓励民营资本参股设立小额贷款公司、村镇银行、私募股权投资、创业风险投资、融资担保、融资租赁等金融机构。完善银企沟通对接平台，支持驻区金融机构向民营企业发放贷款，并纳入金融机构年度考核评价体系。二是支持民营企业多渠道融资。鼓励民营企业在境内外上市、到“新三板”和重庆股份转让中心挂牌，支持符合条件的民营企业通过发行债券、信托等进行融资，发展知识产权、仓单、商铺经营权、商业信用保险单等质押融资。三是完善企业信用担保体系。通过政府与金融机构的合作，积极开展为民营企业融资的“助保贷”、“银保贷”业务，鼓励区级融资担保机构对民营企业实行优惠担保费率，支持民营企业依法开展多种形式的互助性融资担保。

（四）培育民营经济市场主体。一是推动民营企业做大做强。积极培育大企业大集团，每年根据企业技术进步、经营资产、营业收入、利税和自主知识产权拥有量等指标，评选全区民营企业10强，按照“一企一策”、“一事一议”等方式享受优惠政策。鼓励规模企业进入园区与产业集聚区发展，大力发展块状经济。二是大力发展中小微企业。加快园区工业楼宇和城区商务楼宇建设，配套容纳中小微企业创业基地，支持鼓励类产业的个体工商户转为微型企业，实施微型企业资本金补助和小额担保贷款财政贴息政策，建立小微企业贷款风险补助机制，千方百计扶持中小微企业发展壮大。三是促进民营企业转型升级。支持民营企业通过技术创新、产品创新、组织创新和管理创新，实施技术改造和进入战略性新兴产业领域，引导民营企业加快升级步伐，促进低端产业向高端产业跃升，传统产业向新兴产业转化，提高产品附加值和核心竞争力。

（五）优化民营经济发展环境。一是强化生产要素保障。统筹考虑民营企业用地、用水、用电、用气、用工等需求，为企业生产经营创造良好的生产要素环境。二是健全服务机制。建立重大项目“绿色通道”，为符合条件的民营企业提供“一条龙”、“一站式”服务。健全区级领导、区级部门联系服务企业制度，协调解决民营经济发展中存在的困难和问题。按照中央和市委、市政府相关要求，进一步压缩审批权限，缩短审批时间，切实提高服务效率。三是强化考核监督。建立决策目标、执行责任和考核监督体系，严格落实民营企业各项扶持政策，完善民营经济统计指标体系，加强民营企业市场监测预测，引导民营企业加快发展。

重 庆 市 万 州

小区一隅

［经济社会长足发展］生产总值实现300928万元，同比增长15.9%；固定资产投资达到550738万元，同比增长10%；社会消费品零售额实现38397万元，同比增长84%；全口径财政收入完成159307万元。招商引资到位资金15.5亿元。争取到位各类资金5809万元。新入驻商贸及餐饮服务企业21家。江南中学成功“创重”。再就业工作稳步推进，安全工作不断加强，辖区社会安定和谐。

［开发建设如火如荼］1、城市规划富有成效。完成江南新区组团第Ⅰ管理单元（密溪沟片区）和第Ⅲ管理单元重点地段（沱口片区）控制性详细规划，完成会展中心、三峡文化创意产业园、三峡文化艺术中心等6个重点工程方案设计。2、征地拆迁实施扎实。完成新征土地1200亩，拆除房屋357栋。3、工程建

南滨立交

江南新区

设推进加快。（1）房屋建设提速提质。商品房、办公楼、学校医院、统建还房等项目加快推进。新开工房屋面积93万平方米。完工38.5万平方米，在建房146.5万平方米。三峡移民纪念馆、三峡中心医院江南分院等项目相继完工。（2）市政设施配套完善。完工道路工程7公里；同步铺设电力、自来水、天然气及电讯等管网16公里；建成翠屏山公园一期和联合坝社区综合广场并正式对外开放，基本建成南滨大道上段景观工程；配套建成公厕3座，安装垃圾桶30个，配置路灯522盏。新区市政配套进一步完善。（3）绿化工程实施扎实。完成南滨公园绿化景观提升22万平方米，种植各类树木6065株，新区绿化品质及环境得到进一步提升。

江边游园

三峡移民纪念馆

万州区水利局建管

万州区水利局作为区政府的职能部门之一，履行万州水利建设与行业管理职责。局机关设规划与基本建设科、政策法规与水资源管理科、农村水利科等 14 个科室，局机关在职人员 140 人。

2012 年，区水利局以开展“创先争优谱新章，献礼党的十八大”主题活动为契机，在“献身、负责、求实”行业精神的鼓舞和感召下，万州水利人立足区情、水情，深入践行科学发展观，积极推行“建管并重”，呈现出“主要指标完成较好、重点工程推进有力、防汛抗旱落到实处、行业管理更加规范、自身建设扎实开展”等特点，为“十二五”期间水利改革发展开好头起好步。

除险加固后的礼福水库

——主要指标完成较好

全区完成各类水利总投资 10 亿元，大滩口和三角凼两座中型水库主体工程完工，中小河流治理完成 2 处，农村饮水安全解决 11 万人，综合治理水土流失 38 平方公里。配合水利部、长江委和市水利局完成神华神东万州港电项目涉水审批。区政府印发《加快水利改革实施方案的通知》，拟建立适合我区水利发展的水利投入机制和水价形成机制。

——重点工程推进有力

骨干水源工程大滩口水库征地移民安置工作（万州境内）通过区级验收；三角凼水库通过下闸蓄水阶段验收。农村饮水安全工程建成 98 处，解决 11 万人饮水安全；多渠道筹资启动 20 个集镇供水工程提质技改。**农田灌溉工程**完成小农水重点县年度建设任务，为葡萄园、猕猴桃基地等提供水利配套。

除险加固后的彭家湾水库

并重推进各项工作

大滩口水库

防洪保安工程，实施35座小（2）型病险水库除险加固；实施中小河流治理普里河余家镇、弹子镇河段2处。**水能开发工程**对全区49座电站进行增效扩容试点，中国水利报12月7日对其增效进行专题报道；全年完成发电量4700万千瓦时。**水生态保护工程**综合治理水土流失面积38平方公里；《万州区集中式饮用水水源地保护工程可行性研究报告》通过审查，拟对12个重要饮用水水源保护区实施工程保护措施。

普里河弹子堤防治理

——防汛抗旱落到实处

领导重视，齐抓共管。区政府主要领导专题听取和研究防汛减灾有关工作，加大资金、物资和人员支持力度。3月底完成汛前安全大检查，督促隐患整改到位。4月举行山洪灾害防御警民联合演练，检验我区山洪灾害防御预案的可操作性和应急能力。**工程和非工程措施双管齐下**。山洪灾害防治县级非工程措施项目完成续建任务，建成区级山洪预警平台1个，完成43个项目镇乡街道368个项目村（居）群测群防体系建设。中小河流水文监测系统在全市率先完成主体工程建设。**加强应急值守，及时处置灾情**。汛期坚持24小时带班值班制，累计发布18期水雨情信息，启动Ⅱ级防汛应急响应1次，努力减少洪旱灾害损失。

蓄水前的三角凼水库全貌

万州区

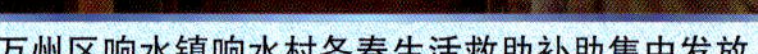
万州区响水镇响水村冬春生活救助补助集中发放

万州区周家坝街道流水社区召开低保听证会

2012年，万州区民政局紧紧围绕“强基础、创特色、争一流”的工作思路，着力抓好“641”工程，坚持重点突破与整体推进相结合，取得了较好成绩。万州区蝉联“全国双拥模范城”，区民政局荣获国家民政部表彰的“全国民政信访先进集体、全国地名公共服务示范区、全国救助管理机构等级评定工作贡献突出单位”；获重庆市政府表彰“民政工作先进集体”，市民政局表彰“福利企业管理工作先进单位”等多项荣誉。同时，万州区救助站被评为国家一级救助管理机构，万州革命烈士陵园获全国民政系统优质服务品牌、万州老年大学被评选为全国先进老年大学，万州区婚姻登记处荣获全市民政系统行风建设示范单位、万州区军休中心被评选为全市民政系统先进集体，全区民政系统荣获市级以上各项表彰30余项。

【社会救助管理规范】区民政局会同区人社局、车管所、房管局、工商局、税务局、公安局、住房公积金办公室等7部门建立了信息共享机制，及时掌握低保家庭基础信息，积极探索建立低保家庭财务收入授权有权机构核查机制。2012年，全区城市低保对象69912人，占非农业人口的9.07%；农村低保对象32739人，占农业人口的3.36%。累计发放城市低保资金20940.5万元（含节日慰问）、农村低保资金5127.5万元（含节日慰问）。全面推行“一站式”即时结算方式。2012年共实施医疗救助17.15万人次3549万元。临时医疗救助0.88万人次1451.8万元.

民政干部走访困难群众家庭

【救灾工作扎实有力】扎实开展“防灾减灾知识”进社区活动，发放各类宣传资料80000余份。积极参加5月12日“重庆市万州区防灾减灾日宣传活动”和应急疏散演练。重庆市救灾物资仓库万州分库已全面竣工并投入使用。圆满完成3个灾民集中安置点、1个国家级减灾示范社区、4个市级减灾示范社区创建工作。全年下拨救灾资金1794.75万，其中，本级财政配套拨付104.75万元。发放救灾棉被3000床，解决了863户受灾困难群众住房重建和10万人因灾造成的生活困难问题。

【流浪乞讨救助管理提档升级】在全市率先开展了预防儿童流浪镇乡行活动，与各镇乡街道签订了“预防儿童流浪共建协议”，对留守儿童开展心理评估，从源头上预防儿童流浪。2012年共接待求助人员4583人次，对符合救助条件的4580人次给予了救助，其中少年儿童363人次。成功创建“国家一级救助管理机构”。

【社会福利事业稳步推进】全区城镇社会福利机构22个，床位数4191张，入住休养人员2927人。新建万州区甘宁镇康乐老年公寓1个（新增床位150张）、扩建万州区沙河怡老院1个（新增床位50张）。建成市级示范养老服务站1个、区级社区养老服务站2个，资助社会办养老服务机构万州区爱心养老院1个。新建社区养老服务站7个（新增床位50张）。全区共有五保户8486人，其中转户五保对象6581人。全年发放五保供养金3785.9万元，节日慰问金287.4万元。农村五保集中供养能力达到45%。2012年为全区348名孤儿累计发放基本生活费291万元、为348名事实无人抚养困境儿童发放生活补贴41.48万元。集中供养孤残儿童的生活标准提高到700元/月，散居孤儿生活标准提高到600元/月。启动开展了困境儿童普查工作，建立了困境儿童生活补贴制度。

【社区建设日趋完善】2012年，以社区规范化建设作为深化社区建设的突破口，进一步完善社区管理制度，出台了《关于深入推进村（居）务公开工作的通知》。建成长岭镇板桥村等16个村（居）务公开区级示范村。社区服务站建设进一步加强。高笋塘街道办乌龙池社区等3个服务站已投入使用。打造了百安坝街道天台社区等9个区级示范社区，进一步落实了开发商无偿提供社区组织工作用房和居民公益性服务设施的督促力度，全年共有4个开发建设单位无偿提供社区2000多平方米的办公服务用房。

民 政 局

【双拥工作成绩斐然】2012年万州区蝉联“全国双拥模范城”称号。制发了《关于推动军地融合式发展的实施意见》（万州民发〔2012〕9号），建立了“议军联席会、半年沟通会、一对一帮扶”三项机制，驻万部队与5个社区、3个学校、2个民营单位签订了《军民共建协议书》，为部队官兵解决具体问题12件。共协调全区各双拥单位支持部队建设经费20余万元。成功举办了建军85周年庆祝及双拥表彰活动。

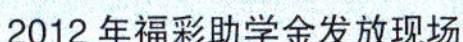

2012年福彩助学金发放现场

重庆祥盛生物制药有限公司帮扶李河镇敬老院开展送温暖活动

【优抚安置创新发展】2012年，为2.2万重点优抚对象发放资金7000余万元，解决优抚对象医疗补助资金1367万元，兑现义务兵家庭优待金956万元。率先在全市开展优抚医疗巡诊制度，全年为优抚对象送医送药153.5万元，上门安装助听器53个，假肢77套。培育猕猴桃特色农业示范园3个，帮助85名退役军人实现了创业增收。鼓励退役士兵自谋职业，专程邀请永川区战旗职业技术学校来万开展专场的职业技能宣传培训。积极协调企事业单位提供就业岗位26个，进行公开考录安置。2012年区政府出台《关于退役士兵安置改革工作的实施意见》（万州府发〔2012〕18号），对符合政策安置的“四类人员”放弃安排工作，区财政一次性奖励8万元自谋职业基本金，从服役第3年起，每超过1年再奖励4500元。

【民间组织管理科学规范】2012年，全区共有社会组织546个，其中，新登记社会组织136个。为389个社会组织开展集中年检上门服务，占2012年末全区登记的社会组织总数的80.04%。同时成立了行业协会纠风工作组，对部分行业协会进行了重点抽查，促进了行业协会的健康发展。区民政局被全国社会组织创先争优活动指导小组命名为“全国社会组织创先争优优秀指导单位”。

【婚姻收养登记规范有序】万州区婚姻登记处搬迁至太白岩107号。办公面积从200㎡扩大至510㎡，并按国家3A级婚姻登记机关标准，对新办公场地进行了整体装修。截止2012年12月，共办理结婚登记13255对，离婚4413对，补结（离）7715对，出具无婚姻登记记录9377份，收养登记18件，婚姻和收养登记合格率为100%。被重庆市民政局评为“全市民政系统行风建设示范单位”。

【殡葬惠民不断加强】2012年全区火化率巩固在65%以上，火化区36个街道镇乡火化率保持100%，火化遗体7170具。无以罚代化现象及违规强行起尸行为发生。率先在全市出台了《乡镇公益性公墓管理办法》，启动了6个镇乡公益性公墓建设，熊家镇天台山公益性公墓投入使用。减免“四类”城乡困难群众和边远山区困难群众基本殡葬服务费287.7万元，各经营性公墓共优惠减免100万元，获重庆市殡葬考核一等奖。

【福利彩票再创佳绩】2012年超额完成全年销售福利彩票任务。全年完成销售量10022万元，首次突破亿元大关，其中电脑彩票7816万元，同比增长31%；刮刮乐2206万元，同比增长14%。全区已有60个投注站完成了渝东北新标准化建设，站点形象得到很大提升。

【老龄工作稳步发展】全区老龄工作办事机构进一步健全，各镇乡、街道都建立了老龄办，落实了专（兼）职工作人员、工作职责及工作经费。农村基层老年人协会蓬勃发展，全区有老年人协会667个，会员13余万人。2012年，为全区3000多名90岁以上的老人发放慰问物资45万余元，免费办理敬老优待证6000多个，为2998名高龄老人发放长寿补贴金360万余元。老年人精神生活日益丰富，全区有基层老年学校363所，在校学员4.9万人次，老年教育入学率达到15.1%，提前5年完成市老年教育发展目标。万州老年大学被评为“全国先进老年大学”。

民政干部八一慰问驻万部队官兵

专业社工与医院志愿者一道看望军休人员

万州区国税局

局领导到地宝乡四季村看望慰问特困群众

[概况]2012年，万州区国家税务局共管理辖区内25775户纳税户，其中，企业纳税人户数5068户，个体纳税人户数20707户。全局共管辖1个直属机构：稽查局；16个基层单位，其中6个分局，9个税务所，1个办税服务厅；区局机关内设办公室、政策法规科、货物劳务科、所得税科、征收管理科、收入财务科、人事科、纳税服务科、监察室、教育科10个职能科室及信息中心、服务中心2个事业单位。共有干部职工571人，其中在职干部406人，离退休干部165人，研究生学历11人，大学本科学历248人，大学专科学历132人，中专学历11人，高中及以下学历4人。

[组织税收收入]按照坚持依法治税、应收尽收、坚决不收过头税、坚决防止和制止越权减免税、坚决落实各项税收优惠政策的组织收入原则，处理好税收与税源的关系，以重点行业、重点企业为突破口，深入扎实地开展好税源调查、预测、分析工作，落实各项税收控管措施，全力组织税收收入。2012年全局组织税收收入181588万元，全年无新增欠税。全市比较，税收收入总量排14位，在6个区域性中心城市中总量排第3位，在渝东北片区中占税收收入总量的37.87%，总量排第1位。区域经济税收发展优势明显。骨干税源不断发展壮大，年纳税上千万的企业24户，累计入库税收101666万元，占国税收入的63.7%，其中重庆三峡银行股份有限公司年纳税超过亿元。重点行业支撑作用明显，银行业、电气机械等重点行业增幅居行业税收前茅。

税企座谈

[服务经济社会发展]紧紧围绕“服务科学发展，共建和谐税收”的工作主题，牢固树立不落实税收优惠政策就是收过头税的观念，抓好西部大开发、资源综合利用、高新技术产业以及扶持小型微利企业、调整增值税起征点等税收优惠政策的落实，为服务地方经济社会加快发展、保障和改善民生做出积极贡献。2012年共减免税金1.387亿元，办理出口退（免）税3420万元。认真落实个体经济和微型企业税收优惠政策，惠及全区17800户个体工商户和微型企业，免征税款3300多万元，个体工商户和微型企业购买发票全部免收工本费。积极争取“科技扶贫”项目落户万州，捐资改善龙沙镇中心小学住宿条件和参与地宝乡四季村整村脱贫计划，支持地方建设。

21个税收宣传月启动仪式暨税收知识电视大赛

[规范税收执法]对内，狠抓税收执法责任制的落实，以税收执法管理信息系统和税收执法疑点信息数据库两大信息系统为依托，严格执法考核，有效防范税收执法风险，提高税收执法的正确率，执法正确率上升至99.99%；落实税收规范性文件清理机制，清理2006年以来的规范性文件203件，贯彻和落实重大税务案件审理和重大税务行政审核审批制度，全年共审理重大案件8件，处理重大税务行政审核审批108件；组织开展“依法行政，文明执法”主题活动，全面查找在执法理念、税收制度建设、税收执法、纳税服务、监督制约、内部行政管理等方面存在的问题，税收执法质量提升，纳税人满意度增加。对外，围绕“税收·发展·民生”主题，开展第21个全国税收宣传月活动，开展税收知识电视大赛、评选和表彰万州区纳税50强、税收助力创业就业、“依法行政 文明执法”税企座谈会等一系列税收宣传活动。被万州区政府评为“依法行政先进单位”和“万州区法制宣传教育先进集体”。坚持以整顿和规范税收秩序为目标，组织开展了对成品油、出口业及资本交易项目的专项检查，全年稽查共受理涉税举报案件44件，查补

区国、地税联合举办万州区A级纳税信用企业授牌仪式

2012 年新进人员座谈会

收入达 1100.89 万元。

[强化征管基础] 树立“税源有限、管理无限”的工作理念，以“深化六基”为重要抓手，强化“信息管税”，进一步提升税收征管质效。加强涉税信息交换，与工商、地税、技术监督局等多个部门实行信息共享，交换各类信息 6 万多条，核查差异信息 1100 多条，为强化税源管理起到了积极作用。加强税种管理，做好增值税、消费税税收政策调整，完成重庆市“营改增”试点的前期测算工作，加强企业所得税清缴汇算力度，积极贯彻落实车辆购置税征管办法。完善专业化管理，积极探索行业风险管理模型的建立，摸索以企业生产经营或行业特点为主，以职责事项及其岗位分工为辅的税源专业化管理模式，建立行业针对性强的日常征收管理机制，有效防范执法风险和遵从风险，行业管理成效明显。其中商品混凝土行业全年入库税款 3429 万元，同比增长 64.07%。进一步完善二级评估体系，纳税评估质量和效率得到很大提高。全年共评估 112 户次，累计评估入库 954 万元。

城乡支部手拉手，情系邵家暖童心

[推进纳税服务] 树立起以纳税人为中心、征纳双方法律地位平等的理念，按照“以法律法规为依据、以纳税人合理需求为导向、以信息化为依托、以提高税法遵从度为目的”的基本要求，不断丰富服务内容、创新服务手段、完善服务机制、提升服务水平，有力地促进了税收遵从度的提升。向全区 2 万 3 千多户纳税人开展意见征集活动，发放意见问卷 23318 份，各类宣传资料 12400 份。依托办税服务厅、税务网站等平台，为纳税人提供直接办税、网上办税、纳税人自助办税、委托银行扣税，POS 机划款缴税等多元办税方式，使纳税人享受到高效便捷舒心的服务，被市局评为“标准化办税服务厅”。通过对外网站和短信服务平台宣传相关税收政策、办税流程、纳税服务措施，公布热点问题。对全区纳税人进行按月抽查回访，调查纳税人对税收工作的满意度和需求建议，全年累计回访纳税人 135 户，纳税人满意度达 90% 以上。坚持和完善领导申报期带班制度，组织纳税服务志愿者分别到重庆市万州三峡创业孵化中心、三峡库区“情暖冬季”汽车消费展上送政策。与地税部门联合开展了 2012 年纳税信用等级评定工作，共评定出 A 级企业 82 户，B 级企业 3263 户，C 级企业 79 户，D 级企业 2 户，进一步提高了纳税人诚信纳税的意识。

离退休干部迎春棋艺比赛

[加强干部队伍建设] 加强领导班子建设，将以人为本执政为民理念、密切联系群众优良作风融入到工作谋划与决策、税收服务、税收管理与执法、干部管理、队伍建设之中。深入开展创建五星级学习型班子和先进领导班子活动，区局班子获得五星级学习型领导班子和重庆市国税系统先进区县局领导班子荣誉称号。积极推动全员培训，开展企业所得税清缴汇算、小企业会计准则、金税三期等专题性的政策培训以及为提高纳税服务水平质量的文明礼仪等技能培训共 26 期 2800 人次。完善绩效考核，整合各类考核办法，初步建立起以基层单位为责任主体的绩效考核体系，实现了主要工作、人员、岗位全覆盖，有力推动工作落实。广泛开展“创先争优谱新章，献礼党的十八大”能力比拼系列活动，区局机关党委被万州区委评为“创先争优先进基层党组织”，办税服务厅被万州区委评为“创先争优‘群众满意窗口’”。不断推进党风廉政建设，全局形成了党组全面负责、一把手负总责、分管领导各负其责，各单位负责人“一岗两责”，一级抓一级，层层抓落实的廉政建设工作全覆盖“责任链”，党风廉政建设成效显著，被重庆市国税局评为 2012 年度党风廉政建设先进单位。深化文明创建，开展“文明单位”、“青年文明号”、“窗口行业星级服务竞赛”等活动，创建为“全国精神文明建设工作先进单位”和“全国文明单位”，余家税务所被命名为“重庆市青年文明号”，全局共有 13 个星级服务窗口，其中 3 个五星级服务窗口。局女工委被区总工会表彰为“先进女职工组织”，局团委荣获万州区“五四红旗团组织”称号。办税服务厅获全市国税系统先进集体称号，6 人被评为重庆市国税系统先进个人。

纳税服务暨文明礼仪知识竞赛

万州区文化广电新闻出版局2012年工作

2012年，万州区文化广电新闻出版局深入贯彻落实党的十八大、十七届六中全会精神，围绕加快把万州建成重庆文化强区和渝东北地区文化中心目标，积极开展工作，文化、广播电视、新闻出版工作呈现蓬勃发展的喜人局面。

一、抓学习，提升队伍素质

组织干部职工、系统各单位深入学习贯彻党的十八大、市第四次党代会、区第四次党代会、区四届人大一次会议和区政协四届一次会议等会议精神。认真学习贯彻全区干部大会精神，学习传达全市“深入贯彻落实科学发展观”、“全面加强党的建设”专题党课精神。修改完善了党委会议、局长办公会议等6个方面的会议制度。制定了机关日常管理、职工考核等6个方面的管理制度。制发了局党委《关于加强和改进党委工作的实施意见》。开展中层干部竞争上岗，产生2名中层干部；调整充实基层班子成员2人。1名干部当选为市人大代表；1名干部推选为市政协委员；区博物馆2名同志荣获三峡文物保护、市第三次全国文物普查和馆藏文物数据库建设先进个人；三峡川剧团1名同志获“全国三八红旗手”和重庆市第二批宣传文化“五个一批”人才称号；区文化执法支队1名同志荣获全国“扫黄打非”先进个人。

二、抓思路，明确努力方向

围绕目标任务，提出“十个一”工作举措。即：绘制一张表格，局属各单位、机关各科室绘制一张全年工作任务进度表；完成一个规划，完成文化事业“十二五”规划纲要的编制；召开一次会议，认真开好全区文化系统工作会；实施一项启动，启动区图书馆、民俗博物馆、百安坝电影城等项目的论证和可研；推进一项展陈，加快做好三峡移民纪念馆的文本方案、展品征集和布展工作；完成一项改革，稳步推进文化体制改革工作；落实一次评估，做好镇乡文化站和村（居）文化室的建设标准化、管理规范化的验收工作；准备一个节会，高度重视第三届长江三峡国际旅游节的开闭幕式工作，高质量完成承担的工作任务；制定一套制度，完善局机关管理、激励、考核、培训等相关制度；建设一支队伍，打造一支凝聚力强、有为有位的干部队伍。通过干部职工的共同努力，“十个一”工作举措达到目标要求。

三、抓民生，提升服务能力

全年文化惠民投入7000余万元，区文化馆、博物馆、图书馆、各镇乡（街道）文化服务中心继续实施免费开放，新增区革命烈士陵园纳入对外免费开放。上海对口支援区文化馆资金60万元，对门厅及馆内免费开放区域进行了装修美化。区文化馆被评为全国文化体制改革工作先进单位（文化惠民工程）。区博物馆加强对馆内陈列免费开放的同时，还将市级文物保护单位西山碑纳入了免费开放，全年接待观众约30万人次。区图书馆接待读者50.8万多人次，借阅45.5万册次，举办各类读者活动13.6万人次。组织开展了农民工出版物展示展销活动，优惠售书5800册，免费送书（笔记本）1000余册（本），优惠金额3.8万元。四家电影公司和惠民电影放映队全年放映惠民电影8284场，观众199.2万余人，做到了100%全覆盖。组织实施三期直播卫星工程，向32个镇乡和1个国有林场发放共5964套直播卫星接收设备，发放、安装率达100%。各文艺剧团积极开展文化“三下乡”服务和“送戏下乡”活动，组织开展了“2012年万州区专业艺术团体送文化下乡演出”，深入其他区县和我区镇乡、街道，举行各类文艺演出285场。文化执法支队共出动执法人员2869人次，检查各类文化经营场所3458家次。立案调查166件，结案处理166件，共收缴非法音像制品和电子出版物2500张，非法书刊42593册（张），暂扣非法经营的电脑主机20台，收缴赌博游戏机8台。

四、抓“两化”，夯实基层基础

组织实施了镇乡文化站、村（居）文化室（农家书屋）建设标准化、管理规范化工作，争取区财政资金500万元。验收并确定出2011年“两化”建设达标的20个综合文化站（文化服务中心）和100个村（居）文化室。组织29个镇乡文化站负责人到发达地区学习公共文化服务建设的先进经验。苏相宜被评为“十佳读书人”，武陵镇八羊村农家书屋被国家新闻出版总署评为全国示范农家书屋；武陵镇八羊村、白土镇人头村、熊家镇庄子村、九池乡黄梅村等4个农家书屋被评为重庆市百佳农家书屋。

五、抓群文，丰富文化生活

组织、策划2012年迎春文艺汇演，春节文艺晚会、团拜演出；成功承办了《颂歌献给党》七一文艺演出和《人民军队忠于党》八一文艺演出。经过精心准备和认真承办第三届中国长江三峡国际旅游节开幕式“三峡风”大型文艺晚会。组织开展“龙腾虎跃闹元宵”民俗文化展演、“万达杯”民间民俗文化展演周活动。成功承办了万州区首届文明礼仪之星大赛，组织策划了2012年万州春季广场舞大赛。区演出公司承办的“移动之夜”新年民乐经典音乐会隆重上演。参与中央电视台音乐频道《歌声与微笑》现场录制获得最佳组织奖。三峡歌舞剧团小品《选女婿》、《如此孝心》，三峡川剧团小品《戏妻》获市第三届小品大赛一等奖。武陵镇和三峡曲艺团报送的竹琴表演唱《妹妹花轿几时来》获市第五届乡村文艺汇演曲艺类一等奖，太安镇和区文化馆报送的金钱板《何支书三劝管古板》、女生小合唱《鸣儿啦喂》分别获市第五届乡村文艺汇演曲艺类、音乐类二等奖。

六、抓精品，繁荣艺术创作

方言话剧《三峡人家》冲刺2010-2011年度国家舞台艺术精品工程重点资助剧目喜获成功。王世光作曲、谭德成填词的《百里三峡美如画》、三峡川剧团报送的戏剧《鸣凤》、区广播电视台报送的广播剧《黄葛树下》，分别荣获重庆市第十二届精神文明建设“五个一工程”奖。《鸣凤》赴京参加“2012年全国现代戏优秀剧目”展演，获得2012中国长江文化艺术节暨第五届长江流域戏剧艺术节优秀剧目展演奖。三峡歌舞剧团受文化部和市里派遣赴南美洲，在古巴等多国开展文化交流活动。三峡曲艺团选送的《月下盘貂》获全国曲艺类非物质文化遗产保护成果学术交流展演银奖。组织参加市第三届曲艺大赛，竹琴表演唱《三峡情韵》获一等奖。《纪录》栏目在第18届中国电视纪录片优秀栏目评选活动中获得“十佳栏目”称号。纪录片《那山那老人》荣获第26届中国电视金鹰奖优秀纪录片奖。微型广播剧《鸿雁》获得首届中国微型广播剧大赛金奖。

七、抓保护，推进后规落地

启动了国家爱国主义教育基地、文化生态保护区、万县老码头等项目可研的编制。将何其芳故居复建、太白石刻群保护等一批重要的历史文化遗存纳入三峡后扶规划进行申报，同时还申报了三峡文化艺术中心等一批公共文化服务设施项目，到位资金5552万元。公布了第四批区级文物保护单位。全年来，区财政安排80万元文物维修资金，完成了二黄坝楼子的维修，瀼渡电厂厂房等文物的防风化剥落保护；正在进行司南祠、谭家寨楼维修方案的编制。刘江捐赠作品、新近征集的部分民俗文物和前三峡部分出土文物得到了装裱和修复。2012年度共投入文物维修资金156.8万元。新发现的“飞虎队” B-25残骸、21块抗战官兵石质墓碑，进一步充实了万州抗战史料。区古籍保护中心已经完成古籍登记6626部，共44581册。新增国家级非物质文化遗产代表性传承人2名，重庆市级非物质文化遗产代表性传承人5名。完成《空竹》、《泥塑》等10多个项目的搜集整理工作，制定了《四川竹琴（重庆）》、《金钱板》阶段性保护计划书及实施措施，历时五年编撰，20多万字的《四川竹琴精选》一书终于出版。

八、抓改革，促进文艺繁荣

加快推进文化产业发展，全区文化经营单位已达874家，形成了门类较为齐全、布局较为合理的文化产业体系。积极稳妥推进文化体制改革工作。三峡杂技艺术团积极参与国际、国内演艺市场竞争，共完成商业演出196场，观众达83万人次，票房收入达72.6万元。区演出公司承办的2012诗仙太白杯青年歌手大奖赛，发现和储备了一批优秀年轻歌手。三峡文物商店全年销售收入58.5万元，收购支出金额17.7万元，收购和调剂文物144件。

九、抓稳定，确保安全播出

督促系统重点单位和人员密集场所切实做好安全保卫设施和保卫措施检查，全年排查出安全隐患32个，整改32个。持之以恒地开展“开门接访”，全年共接待群众来访76次，327人次，受理群众信访35件，做到件件有回复。扎实推进广电安播工作，先后出台了《重点领域网络与信息安全检查行动实施方案》等文件，加强人员培训和预案演练。投入区宣传文化资金60万元用于安全播出设施设备改造。局机关和区广播电视台荣获党的十八大期间全市广播电视安全播出先进集体。

重庆渝万律师事务所

2005 年 6 月，渝万律师事务所荣获“全国优秀律师事务所”光荣称号

2012 年 6 月，渝万所党支部被中共中央组织部表彰为“全国创先争优先进基层党组织”

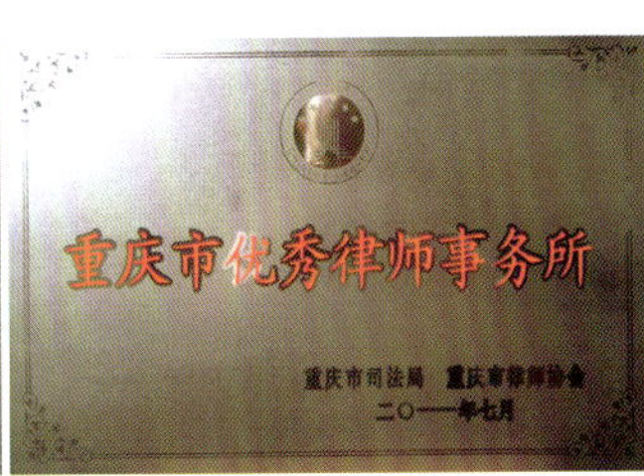

渝万所多次被评为“重庆市优秀律师事务所”

2009 年，渝万所党支部被市委表彰为庆祝新中国成立六十周年重庆市先进基层党组织

重庆渝万律师事务所位于重庆第二大城市万州高笋塘商贸圈内，是重庆东部、三峡库区的一家规模大、效益好、实力强的综合性律师事务所。从 1997 年创建以来，秉承“渝万律师，诚信永远”的理念，立足三峡，服务库区，励精图治，开拓创新，发展成在重庆市享有盛誉的“全国优秀律师事务所”。事务所自有办公楼 1000 平方米，拥有宽敞的执业场所，现代化的办公设施。全所现有执业律师 57 人，各类辅助人员 20 余人，规模在重庆市名列前茅。这是一支能打硬仗、讲求诚信的精英团队，其中孕育着全国优秀律师、重庆市十佳律师、十佳女律师、重庆市优秀律师、重庆市劳动模范、重庆市人大代表、万州区政协常委等精英人才。多年来，渝万所担任了万州区政府及各重要职能部门的法律顾问，为政府依法行政献言荐策，并多方化解社会矛盾，受到了包括中共中央组织部、司法部、重庆市委、市政府在内的各级党委、政府、新闻媒体和社会各界的一致好评。同时，渝万律师还担任了库区百余家大型企事业单位、重点项目工程的法律顾问，在投资、贸易、房地产、金融证券、期货交易、知识产权、资产并购与重组等非诉讼领域的业务卓有建树。目前全所已有多名律师专门从事涉外民商事领域以及知识产权等非诉讼领域的法律服务，为以后逐步向非诉讼领域和专业化方向发展创造了良好的条件。

建所十多年来，渝万所实现了从一个不知名的小所到全国优秀所的跨越，在重庆律师界赢得了广泛的声誉：1999 年，渝万所成为重庆市首批“市级文明律师事务所”，其后又多次被评为“重庆市优秀律师所”；2002 年至 2003 年，渝万所连续两届被评为“诚信纳税先进单位”；2005 年，渝万所被评为“全国优秀律师事务所”；2006 年和 2009 年，渝万所党支部两次被重庆市委表彰为“重庆市先进基层党组”，成为全市律师行业中唯一获此殊荣者；2011 年 12 月，又被司法部表彰为“全国律师行业创先争优活动示范点”；2012 年 7 月，被中共中央组织部表彰为“全国创先争优先进基层党组织”，这是目前党建工作的最高荣誉。渝万所因其卓有成效的党建工作蜚声于重庆以至全国律师界，《人民日报》、《中国律师》、《重庆日报》等媒体都曾对渝万所及其党建工作进行采访或报道。

“走进渝万所，春风扑面来”。沐浴科学发展的春风，渝万律师正以“做两新示范，建一流强所”为目标，以“为当事人排忧解难，共同构建和谐社会”为理念，为创建“百年渝万”而努力奋斗！

地址：重庆市万州区高笋塘白岩路 49 号星海大厦 11、12 楼　邮编：404100
电话：（023）58222583 58155630　传真：（023）58222583
http://www.lawyeryw.com　E-mail: cqywlawyer@126.com

重庆三峡

ChongQing Three Gorges Academy

领导班子共商发展大计

重庆三峡农业科学院是三峡库区规模最大、研究门类最齐、获得成果最多、辐射区域最广的公益性、综合性农业科研机构。1937年成立，随行政隶属关系的改变历经6次更名，于2008年5月更为现名；是重庆市文明单位、重庆市首批博士后科研工作站、国家现代农业产业技术体系水稻“三峡综合试验站”、油菜“三峡库区综合试验站”、甘薯“万州综合试验站”建设的技术依托单位。

自建院（所）以来，共承担并完成了300多个各级各类科研项目，选育出新品种174个，在川、渝、鄂、陕、湘等十多个省（市）累计推广面积5.9亿亩，创社会经济效益80亿元。获各级科技成果奖233项，发表和获奖学术论文900篇，著作18部。本院现有1个本部和3个基地，占地80公顷，拥有固定资产4045万元，图书资料8万余册。全院职工372人，其中研究员10名，高级农艺师45名，国家特殊津贴专家7人。常年承担国家、市、区各级部门下达的各类研究项目40余项。

重庆三峡农业科学院
重庆市（首批）博士后科研工作站
重庆市人力和社会保障局

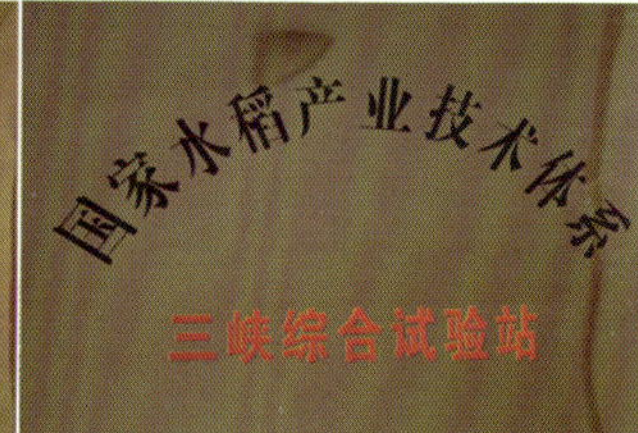

文明单位
重庆市精神文明建设委员会
2010年1月

科研项目

“十一五”以来，策划申报各级各类项目184个，139个项目获批准。主持或协作国家级项目12个，水稻、玉米全面参与重庆市重大攻关项目，油菜、小麦和甘薯参与重庆市育种攻关，主持区级项目30余项。常年承担小麦、大豆、马铃薯、油菜、花生等作物的全国区域试验和水稻、玉米、油菜、小麦等作物的重庆市区域试验工作。

农业科学院

Of Agricultural Sciences

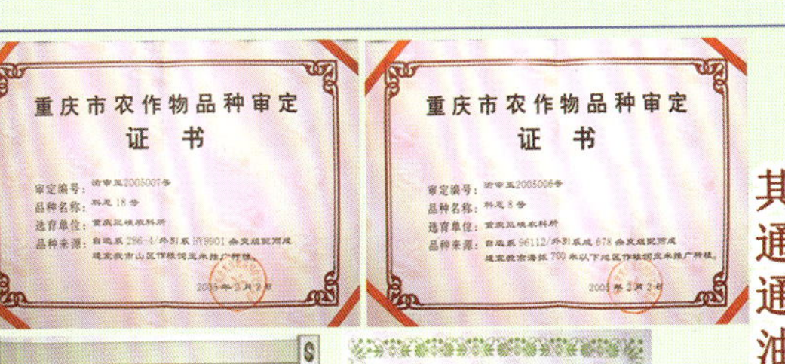

育成品种

“十一五”以来，育成通过省级以上审(鉴)定的新品种38个，其中水稻“宜香481”、玉米“三峡玉3号”、油菜“德新油59”通过国家审定，甘薯“万薯7号”、“万紫薯56”、“万薯5号”通过国家鉴定。成为继小麦“山农205”、玉米“南七单交”、油菜“万油17”等品种后西南地区乃至全国的主推品种。

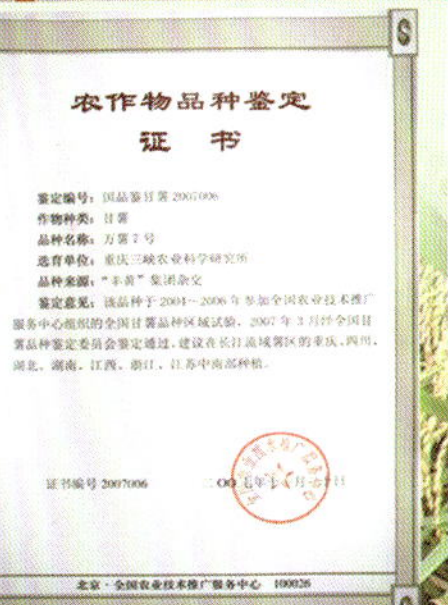

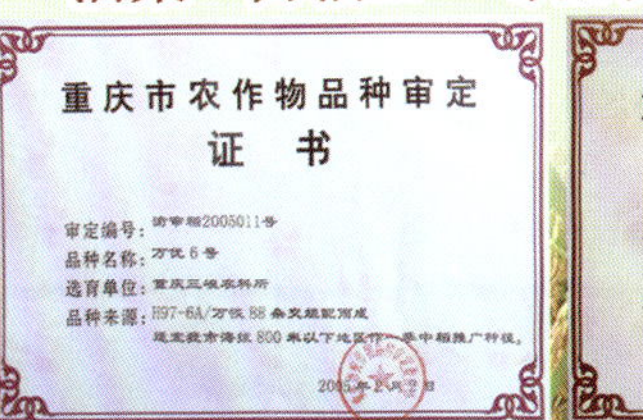

科技成果

1978年以来获得国家部、省(市)、地(区)各级科技成果奖103项次，其中省部级一等奖8项，二等奖9项。重庆直辖以来，获重庆市一等奖 1项、二等奖3项、三等奖8项，万州区一等奖8项、二等奖 3项、三等奖5项。

设施设备

经过几年的努力，已形成“一部三基地”格局。“一部”即院本部，位于万州双河办事处，新建办公用房 6000余平方米，其中实验室560平方米，拥有近红外谷物分析仪、液相色谱仪、气相色谱仪、PCR仪、高速冷冻离心机等仪器设备100余台件，温控大棚7000平方米，具有农作物品质分析、分子标记、生理生化、组织培养、种子与农药检测、科普教育与示范等功能。“三基地”即占地568亩的万州甘宁试验基地、占地256亩的梁平蟠龙基地、占地19亩的海南陵水基地，均完成了条田化改造，承担了重庆市农作物良种创新与配套技术研究的主要任务。

重庆市万州区规

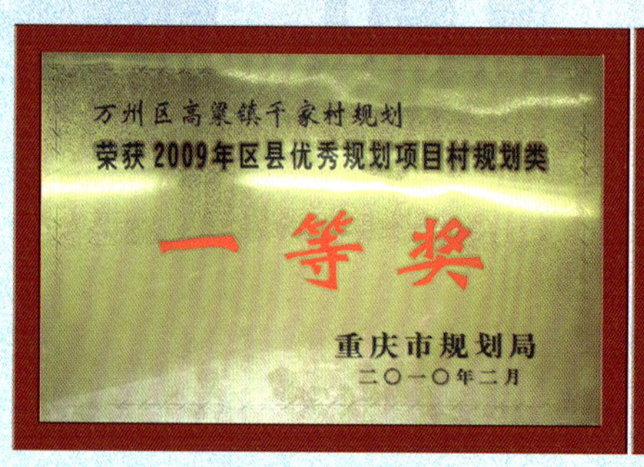

重庆市万州区规划设计研究院组建于1976年，直属万州区城乡建设委员会，具有城市规划乙级、建筑设计乙级、工程测量乙级、市政工程丙级等业务资质。2010年与区教育设计院联合成立了重庆弘创建筑设计公司。2011年，加挂重庆市万州区地理信息中心，负责全区地理信息系统及应急建设。

现有办公场地3000平方米，注册资金1000万元，现有职工100余人。下设规划一所、规划二所、规划研究室、交通市政所、测绘

划设计研究院

放线所、地理信息所、技术质量部、生产经营部、计划财务部和综合办公室等职能部门。主要从事**城乡规划设计及研究；测绘地理信息、规划信息服务；市政道路设计**等业务。

自成立以来，我院践行“诚信、求实、进取”的院风，以“务实创新，高效卓越”为理念，坚持走管理创新、质量兴业、科技强院之路，努力提高专业技术水平。近年来，多项成果先后获得国家级、市级奖项。

滨江环湖设计

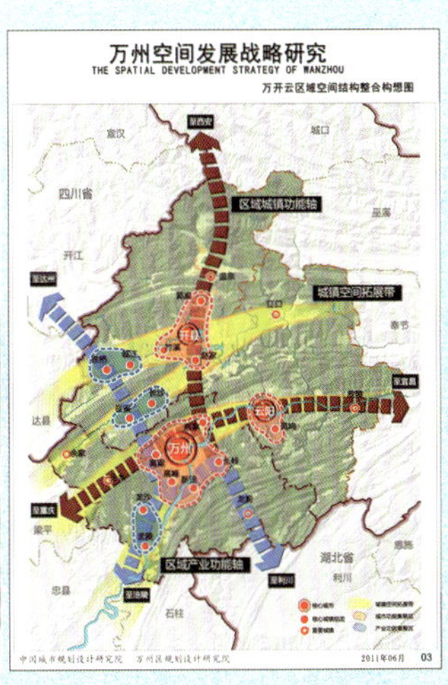

重庆市万州区城

重庆市万州区城建工程管理处肩负着万州区81平方公里规划区内道路、桥梁、人行道、人行天桥、广场、地下通道、巷道、路灯、排水沟、管网等市政设施的建设、维护和管理任务。所辖道路总长350.22公里，总面积589.814万平方米（其中沥青路面192.8公里，面积234.05万平方米，人行道面积219.51万平方米）；桥梁50座，其中大型桥梁18座，中型桥梁20座，小型桥梁12座；排水管沟568.74公里，其中雨水管道523公里，污水管道56.37公里，雨水井13000座；路灯28847盏，总功率3221.75KW，装饰景观灯共12122盏（桥梁、广场、道路、公共建筑等夜景灯饰），总功率1187KW；广场及公园17个，总面积55万平方米，其中绿化面积30.4万平方米。

白岩路

音乐广场

在区城乡建委的领导下，我处在2013年积极推进三峡后续项目。一是完成了松林包支路道路工程施工，完成了道路540m，4140m^{2}沥青路面，4862m^{2}人行道，D600排水管网600m，D500污水管网500m，路灯19盏，完成投资460万元；二是推进土堡支路、北山消防通道、长江二桥排洪沟等项目的前期设计；三是积极开展三条次级河流域污水管网建设的前期工作，目前已完成龙宝河污水管网工程施工。同时，加快推进都历片区污水管网建设，2013年上半年共完成污水管网建设4748m，目前已全面完工；加强污水长江直排口的巡查和整治，共完成直排口污水管网整治370m，并进行了地埋式泵站的试点，目前正在施工之中，待试点成功后再进行推广，促进我区环保事业。四是积极推进道路综合改造工程及双河口片区污水管网项目和上坪片区污水管网项目的前期准备工作；四是积极推进水库基金项目申明中路延伸段的前期工作，目前已进入招标程序。

按照今年民生工程的要求，积极推进民生工程建设，着力推进望江路自力巷、北山大道连接支路等共计15条背街巷道的整治。完成城维工程建设5项，完成城区道路填坑补凼工程7500余m^2，投资约80余万元；万达背街巷道整治完成透水砖铺装3200m^2，青石梯步510m，安装D500排水管涵330m，路灯6盏，草坪灯9盏，控制箱1套，砌筑条石挡墙51m^3，绿化1280m^2，花木221棵，总投资约86万元；附护路道路填坑补凼

建工程管理处

1500m²，安装排水管392.35m，完成投资45万元。

目前我处管辖的城区大小桥梁共50座，为切实开展好"监测评估五年计划"的实施，年初先后制定了《2013年桥梁检查维护工作计划》和《2013年桥梁监测项目计划》，逐项对照开展桥梁监测、维护工作，积极开展了桥梁安全评估、检测、桥梁变形监测工作。截至6月底，已实施桥梁安全评估、检查、监测25个。先后完成了对易家庄高架桥、万棉厂高架桥、磨刀梁高架桥、万元造纸厂高架桥、巨鱼沱1号高架桥、巨渔沱2号桥、巨渔沱3号桥、长滩河桥、宝石桥、五桥双河口桥、红星桥、五星桥、南池沟桥等13座桥梁的安全性评估。对万安大桥进行防雷装置安全检测、斜拉索索力检查；对万州大桥、万安大桥、石宝嘴大桥、和平广场高架桥等4座桥梁进行年度变形观测；对杨柳路1号桥、杨柳路2号桥、杨柳大桥三座桥进行桥面系、人行道及栏杆进行改造。今年4月份开始，重点整治万州大桥7#桥墩偏位病害。先后四次组织桥梁专家对万州大桥施工图设计、专项施工方案及相关技术问题进行专家评审，保证了万州大桥7#桥墩病害整治施工的技术正确性。在建委领导、处领导及桥梁专家、施工单位、监理单位各参建方共同努力下，万州大桥7#桥墩今年将完成新增十根桩基的施工工作，待明年三峡退水后进行新增承台的浇筑施工工作。

万安桥夜景

地址： 重庆市万州区王牌路422号

电话： 58114387

法人代表： 李鲁平

万安大桥，长度820m，跨度490m

石宝大桥，长306m，跨度45m

太白街道新建成的综合服务大厅

太白街道2012年经济社会情况概要

太白街道地处万州主城，幅员面积13.1平方公里，东与陈家坝街道、钟鼓楼街道一衣带水，南与高笋塘街道相邻，西与九池乡、高梁镇接壤，北与沙河街道、周家坝街道一桥相通，辖12个社区、4个村、105个村(居)民小组，总人口11.2万人。

2012年，在区委、区政府的坚强领导下，在上级部门的大力支持下，街道党工委、办事处紧紧围绕区"331"目标，众志成城，克难攻坚，开拓创新，扎实推进了五大建设，全面完成了年度目标任务。

一、经济建设量质双增

2012年，实现地区生产总值52.9亿元，同比增长6.8%；完成全口径财政收入9281.5万元，地方财政收入3689.5万元，同比分别增长11%、6%；完成固定资产投资21.5亿元；城市居民可支配收入23309元、增长12.3%，农民人均纯收入8851元、增长14.5%。

实现商贸销售收入90亿元，增长100.5%；实现非公企业产值175亿元、增长23%，完成规模以上企业产值3600万元、增长30%；完成招商引资1.5亿元；对口支援到位资金30万元；发展微型企业100家；新增注册商标105个。

新培育农业企业1个，投资300万元，流转土地270亩，解决当地农村劳动力就业20人；扶持农业企业2个，共争取资金55.8万元；

2012年工作总结表彰大会

新增流转土地33.7亩，引导29户农民自主创业；扶贫雨露计划共培训13名贫困人员并实现就业，组织34人参加养殖技术培训，土地复垦经市级验收合格34亩，459户农民全面实现万元增收目标。

二、社会建设得到加强

社会保障方面：就业再就业新增城镇3380人、农村移民15人、城镇移民802人、城镇就业困难人员350人；新增农村劳动力转移40人，农村劳务总收入2410万元；登记失业人员485人，回引农民工80人，当年回乡创业5户、带动就业21人；城乡居民养老保险新参保70人，城镇职工养老保险935人，为老年人生存验证1200人；办理超龄养老保险217人、困难职工单解社保补贴332名、退休单解人员医保73名、职工医疗保险1031人，1727名国企困难职工享受财政医疗补贴，城

街道党工委王焱雄书记慰问困难群众

乡合作医疗参保筹资2.5万余人；城市低保1462户、2914人，农村低保13户、22人，发放资金888.2万元；协助申报小额担保贷款373户、3677万元，申请延长补贴至退休人员90人，社保补贴返款1258人、补贴金额344万元；发放农民退耕还林、种粮、家电等直补资金143万余元；实施困难救济947人2.98万元，临时困难救助15人4.6万元，临时医疗救助70人16.9万元，大病医疗救助265人；慰问困难群众1134人41.5万元、消防官兵物资3万余元，发放冬令春荒款132户3万元、困难优抚22人19200元、重点优抚199人58.6万元，自然灾害补助41户2万元、参战退役人员2人600元、义务兵家属17人15920元、原襄渝铁路建设民兵民工5人4550元，对6名城市三无人员、6名孤儿、5名困境儿童发放生活补助，完成256名重点优抚对象和2130名民政救助人员的信息录入，审核96户新增和99户老户廉租房租赁补贴。

社会管理方面：重百早餐摊点、红光摩配市场经营规范，搬迁复兴路口花鸟市场，取缔三湾牌坊等占道经营，规范骑马摊4800处、游摊9200余个，收缴灯箱广告牌110余个，整治卫生死角13处、沼气池30口，清运社区固废物300余车，清除牛皮癣3.6万余条；建立完善属地管理、"七位一体"等制度，落实一岗双责、企业主体责任和村居群防群治措施，组建120人"红袖标"义务巡逻队，完善9个地灾点的预案，启动青羊宫、白岩路2个安全社区创建，开展安全检查200余次、检查单位1064个、发放限期整改通知书10份，开展应急演练1次，辖区无重大火灾事故发生，实现了安全死亡事故零目标；通过全面摸底、计量、盘点、核实、计价、登记，对4个村2872.9万元资产、1.3万亩资源和114份合同进行了清理核实。

社会服务方面：新建青羊宫计生文化长廊1个，打造流动人口服务管理点2个，新建社区计生文化院1个、留守儿童阅览室1个，查处违法生育2起，为1万余名育龄群众开展免费孕前检查、发放资料3万余份，符合政策生育率达98.98%，人口出生率5.89‰、自然增长率为2.73‰，全面完成计划生育各项任务；完成2012-2013年度城市移

民困难补助及特殊救济核增核减申报和3个移民后扶项目验收，兑付623名移民“两金”620.50万元，完善16户未销号移民方案，接待移民来信来访1000余人次，加快1992年后移民改扩建面积等30余起焦点问题的处理。

三、文化建设突出特色

出台了《太白街道打造特色文化街道实施意见》，强化了组织领导，细化了工作措施，加大了资金投入，并于6月28日－7月2日，成功开展了首届“太白文化周”系列活动。

太白街道民俗特色展示

街道建成一级综合文化站，完成12个社区的健身器材安装和农家书屋、篮球场建设，村居文化室图书、音响、图书架、凳子、阅览桌等设施设备齐全，藏书1万余册。对烈士陵园、九・五惨案纪念馆等11处文物单位进行了调查登记。

组织200余名干部群众开展了春季登山运动，组织100多名干部群众开展了“三・八”健身秧歌比赛，举办了“七・一”、国庆和元旦等重大节日文艺汇演。

积极参与了市第四届运动会的组织、协调和服务工作，优化了软硬环境、喜迎参会嘉宾，组织200人的腰鼓队参加了市运会开幕式表演，组织100多名干部群众到现场观看了市运会和旅游节开幕式。

四、生态建设注重实效

巡查规模养殖场24次，检查生猪31520头次，严禁使用食品添加剂、瘦肉精、违禁饲料等饲养牲畜；实施奶牛两病监测13次，签订动物产品安全责任书28份，深入市场检查畜禽产品3980头、6950只次；实施春秋集中防疫和常月补免，免疫生猪7526头次，牛、羊370头次、家禽36990只次，消毒圈舍119040平方米，保障农业和农产品安全。

太白街道与台湾三林镇对接合作

总投资403万元、长9.88公里的永宁路顺利实施，具有巴渝风貌特色、配套功能齐全的185户农民新村——“永宁花苑”进展顺利；建成20口农村户用沼气池，并积极实施“三改”（改圈、改厕、改厨），推广“三沼”（沼气、沼液和沼渣）综合利用。

开展节能减排宣传活动，对机关照明、用电、供水等设备设施进行了节能改造，推广节能灯2000余套；实施苎溪河流域污染原治理项目1户，重点整治2户，督促规模养殖户自行整治7户。

实施城区绿化6500平方米，绿化闲置土地2亩；新建领导绿化示范点1个，全民义务植树基地1个，种植黄葛树2000棵，绿化荒山40亩；巡山护林常态化开展，全年无森林火灾火情发生。

强力拆除2宗违法建（构）筑物并复耕复绿35.5亩，“卫片执法”初验合格；对40户农民建房申请严格审查，及时叫停5例农村违法建设，复垦土地34亩，确保耕地安全。

五、党的建设极具特色

组织建设方面：新组建“两新”组织党支部2个，新发展党员18名，22名机关干部通过竞争上岗并认真履职，培养村居后备干部32名，新成立党员中心户32户、累计开展活动124次、做好事245件次、帮助困难群众2438人次；对辖区71个党支部进行了调查摸底和分类定级、再次定级，落实了街道党工委书记抓党建重点项目2个、村居书记抓党建重点项目36个，投入100余万元改造了红光社区“两委”活动阵地；申报45名40年以上党龄老党员生活补助，4个村党支部与4个城市支部签订了结对共建协议、开展活动6次、帮扶资金3万余元，募集、上交“党内温暖工程”资金45000元；争创远程教育先进管理员1人次，推荐表彰“两新”组织“五十佳”先进个人2名，基层党组织获市级表彰1个、区级表彰2个、街道表彰8个，党员获区级表彰5名、街道表彰59名，区级党建示范点新创2个、巩固1个。

宣传思想方面：开展党工委中心组学习14次，加强对社会主义核心价值观的学习，对党的十八大、市党代会、区“三会”精神以及科学发展观等进行了专题学习；组织35名机关、村居干部观看了电影《雨中的树》并撰写了心得体会，报送调研信息6篇，报送党政信息100余期、两办采用得分近100分，电视、报纸报道40多篇（次），全面完成了2013年度党报党刊征订任务；进一步推进精神文明单位创建工作，辖区24个单位、9个社区、1个村的文明单位创建活动有声有色，其中新创区级最佳文明单位2个。

太白街道基层组织建设年工作推进会

作风建设方面：建立了“创先争优谱新章，献礼党的十八大”主题活动领导小组，制定了活动方案，结合街道实际在七个方面实现创先争优，并落实了工作按月推进计划；聘请了10名党务公开监督员，明确了街道公开重点，村居1月、4月、7月和10月15日按时做好了“党务、居务、财务、服务”公开；选聘了40名行评代表，发放意见建议征求表90份，征求意见、建议8条，对社事科、社保所开展了行风评议，群众测评满意率达98%；进一步完善了机关制度，纪工委、监察室每月不定时抽查干部在岗履职情况2-3次，对1名违反工作纪律的同志进行了严肃处理。

反腐倡廉方面：按照“一岗双责”落实了党风廉政建设分工包项目标责任制并层层签订责任书，40名科级以上干部报告了个人有关情况，对22名中层干部进行了任前诫勉谈话；街道、村居举办专栏66期（块），开展专题培训410人次，开展了廉政宣传月活动，组织机关全体干部到区廉政教育中心参观、学习。

街道召开政风行风评议动员会议

奋 进 中 的 钟

区人民政府白文农区长到辖区检查指导工作

区人大谭登平主任到辖区调研城市管理工作

2012年是“十二五”实施的第二年，也是建设重庆第二大城市的推进之年。钟鼓楼街道在万州区委、区政府的正确领导下，以“夯基提升年”为抓手，解放思想，抢抓机遇，开拓创新，攻坚克难，较好的完成了全年各项工作目标任务，有力的促进了辖区经济社会健康快速发展。

各项经济指标超额完成。全年完成地区生产总值28.342亿元，同比增长15%；完成固定资产投资17.35亿元，同比增长32%；；完成规模以上工业总产值2.5亿元，同比增长25%；完成全口径工业增加值6.754亿元，增长率25%；完成批发和零售业商品销售总额21.98亿元，同比增长25%；完成城市居民人均可支配收入21315元，增长率14%；完成农民人均可支配收入7949元，增长率19%；完成非公经济增加值1.62亿元，增长18.6%；新增个体工商户550户，新增微型企业100户。今年共引进天源石油、通鼎投资等7家企业，实现招商引资1.506

街道党工委熊道君书记向区政府主要领导汇报城市管理工作情况

街道党工委书记熊道君同志到社区指导工作

鼓 楼 街 道

亿元，完成了全年目标任务的 102%。

三类经济发展迅猛。水果批发市场、中天家具、浪度家具城、三九大酒楼、永乐会所、九龙美食舟等已成为行业领军企业，特色街道经济正在兴起，枇杷坪美食一条街已经形成，北山大道商贸、餐饮、娱乐一条街和北滨路北山段美食、休闲、亲水、娱乐一条街人气兴旺，正逐步实现大市场、大商场、大物流并存，互为依托的格局。

财政税收工作顺利完成。地方财政收入占了全区 52 个镇乡街道的近 13%，全口径财政收入占了全区 52 个镇乡街道的 14%，完成地方财政收入 4235.1 万元，同比增长 7.2%，居全区 52 个镇乡街道第一；其中税收完成 4001.9 万元，增长 2.1%，财政完成 233.1 万元，增长 777.2%。

钟鼓楼街道召开两委换届选举工作会

街道领导慰问困难群众

农业重点项目建设有力推进。结合现代农业产业化发展，流转土地 1035 亩复建 1000 亩小岩无公害蔬菜生产基地。申报基地公路硬化 11.5 公里、建成 1000 头以上的标准化生猪养殖场 1 个，建成 100 吨保鲜库 1 个，粗细加工分级包装线和产地批发市场 1 个，建成 1000 亩无花果基地。成功申报三峡后续项目《重庆市万州区钟鼓楼大团 2500 亩生态休闲观光农业园（万州区都历山休闲观光农业园）》1 个，申请三峡后续工作专项补助资金 2539.8 万元。

陈家坝街道

CHENJIABA JIEDAO

陈家坝街道1992年设立，辖区幅员面积34.75平方公里，拥有江岸线23.6公里，辖5个村7个社区，常住人口3.05万人，其中农业人口1.2万人，非农人口1.85万人。是万州区的行政中心，也是建设重庆第二大城市和渝东北生态涵养发展区建设的“主战场”之一。辖区自然条件优越，居住环境优美，有著名的文峰塔、洄澜塔、南滨公园、大河梨园、密溪沟风景区等多处自然景观，旅游资源丰富，水陆空交通便捷，其滨江环湖景观已成为万州新的看点、亮点。

今年以来，陈家坝街道在区委、区府和江南新区的正确领导下，坚持以“三个代表”重要思想、“十八大”精神为指导，以助推江南新区开发建设为己任，认真践行科学发展观，低调务实，少说多干，敢于担当，积极作为，较好地完成了安全稳定、征地拆迁、经济发展、民生保障、城市管理、党的建设等各项工作任务。2013年1-9月，全街道完成全口径财政收入673万元，招商引资1.62亿元，投入资金150余万元，修建人行便道2100米，村级公路2条3100米，维修渠堰5条4300米，整治山坪塘26口。

街道领导班子带领干部群众，坚持“五个到位”（即组织工作到位、宣传发动到位、承诺内容到位、督查点评到位、创新方式到位）统领党建工作，坚持“五民工作法”（即：便民信箱聚民意、为民联系卡便民事、居民代表连民心、民情日记知民生、民主评议顺民愿）强化作风建设，下基层、听民意、解难题、办实事，党群干群关系日益密切，经济社会协调发展，城市管理大幅提升、基础设施得到改善、居民幸福感不断增强。现在，辖区干部群众正以饱满的热情和昂扬的斗志，倾力打造美丽、幸福、宜居街道，为重庆第二大城市和渝东北生态涵养发展区建设作出更多、更积极的贡献！

团结务实的乡领导班子

全国创先争优先进基层党组织

万州区九池乡

第六届万州草莓旅游文化节市民采摘现场

和福建材机器人生产线

九池蔬菜无公害

九池乡离主城2公里，幅员面积31.44平方公里，其中，城市规划区10平方公里，辖8村2居，常住人口4万人。近年来，九池乡以“党建引领、统筹城乡”为总思路，以“一区三园”发展为总抓手，以建设“五个新九池”为总目标，全面推进经济社会协调可持续发展。一是建设党建示范乡，2012年6月被中组部评为全国创先争优先进基层党组织；二是建成部级蔬菜基地8000亩，花木基地2500亩，特色水果基地3000亩；三是大力发展市级“九池家俱特色基地”，建成规模家俱企业20家，创新技术建材企业13家，其中渝东北最先进的自保温墙体建筑材料厂、长安跨越最大的车架生产配套企业年产值均超3000万元；四是重点突出城郊特色乡村旅游，建成星级农家乐10家，同时，引进业主积极打造养老养生基地和陆空对接立体旅游产业，提升万州城郊旅游水平。

深具传统文化底蕴的杨佳匠明清仿古家具

森林氧吧泉活农家大院

馨葳机械公司长安跨越车架生产现场

如梦似幻的神龙观景园

特种养[illegible]马香猪

亭台楼榭的紫园一角

公司领导班子
刘建远董事长（右） 舒显林总经理（中） 何振强总经理助理（左）

重庆市万州区国有资产担保有限公司是重庆市万州区人民政府出资设立的国有独资融资担保机构。接受重庆市人民政府金融办公室监管。是重庆市融资担保

重庆长安跨越卓远公司生产线（担保公司服务对象）

与重庆农发行万州支行签订银担合作协议

业协会副会长单位。注册资本金3亿元人民币，资产总额为4.5亿元。

公司秉承“政策性资本、法人化治理、市场化经营”的理念，在党的“十八”大精神指引下，奋力托展融资担保业务。截止2012年底，累计融资担保额达到45亿元，有力地支持了重庆市渝东北地区中小企业的发展，实现了社会效益和经济效益的同步增长。

公司将在科学发展观的指导下，努力构建重庆市渝东北地区区域性融资担保公司，为渝东北生态涵养区的经济和社会发展做出更大的贡献。

常柴万州柴油机公司生产线（担保公司服务对象）

重庆友友玻璃厂生产线（担保公司服务对象）

中国电信股份有限公司万州分公司

一、概况

中国电信股份有限公司万州分公司（以下简称“万州电信”）是万州区主导信息通信服务提供商，承担着万州区普遍通信义务，保密通信、应急通信等重要信息通信任务。多年来，在上级的正确领导和社会各界的大力支持下，万州电信肩负“让客户尽情享受信息新生活”的企业使命，坚持“全面创新、求真务实、以人为本、共创价值”的企业核心价值观，秉承“用户至上、用心服务”的服务理念，努力追求企业价值与客户价值共享，实现了一个又一个的跨越。目前已建成集全覆盖、程控化的交换网，大容量、数字化的传输网，高性能、光纤化的接入网为一体的立体化现代通信网络，网络质量和技术达到国际、国内先进水平，并正逐步向数字化、智能化、综合化、宽带化，尤其是向差异化、个人化方向迅速发展，为广大客户提供更加先进、更加全面的信息通信服务。

市公司总经理赵强慰问龙驹支局

在不断满足用户日益差异化、个性化信息需求的基础上，万州电信积极投身万州“数字城市”建设，参与建设的“数字城管”系统，使万州的城市管理更加科学，把万州城市管理得更加亮丽；“医保网络”使万州175万人民享受到更加快捷便利的医保服务；“平安万州”使万州城市治安日益良好，社会更加和谐稳定；党员远程教育系统使万州农村信息化建设有了新的应用；积极推进农村地区宽带网络建设工程，为农村通信的发展做出了重大贡献，也为开展创先争优活动提供了学习、交流的平台；“114阳光政务热线”实现了城乡政务信息一体化服务的新格局，搭建了政府部门与老百姓沟通信息的桥梁。还在深化电子政务应用，加强信息技术在社会主义新农村建设、教育等领域的推广应用等等，为万州“数字城市”赋予了新的内涵，有力地推动了万州信息化进程。

面对新时代时期，万州电信依托雄厚的网络资源优势，相继推出了“商务领航”“号码百事通”“我的e家”“全球眼”“天翼互联网”等全新业务。2012年，在分公司领导班子的正确领导和全体员工的共同努力下，紧紧围绕“一个核心、两项工作”，深化营维体系建设，持续推进观念转变、强化基础管理，扎实开展创先争优

中国电信万州分公司2013年工作暨第五届职代会

白羊镇电信管线下地及智慧乡镇建设工程启动会

活动和“家文化”建设，员工精气神大幅提升，各项工作取得全面进步，铸造了辉煌的业绩。

二、网络服务能力

近年来，我们积极推进“光进铜退”工程，大力开展无线基站和传输网络建设，以及城区室内分布系统优化工作，使C网覆盖和宽带质量得到了较大提升，通过开展“万元寻盲点”活动，大大提升了用户对天翼C网业务的感知度；大力投入建设光网城市、数字万州工程，通过开展FTTH光纤到户业务及“点亮光小区”活动，让更多的万州人民共享高品质、极速的宽带信息化服务。

三、精神文明建设

万州电信在努力发展业务的同时，大力开展企业文化建设，内抓管理，外塑形象，精神文明建设也取得了显著的成绩，先后被评为“全国用户满意电信服务明星企业”、“重庆市用户满意电信服务明星企业”、“火炬传递先进单位”、重庆市最佳文明单位、重庆市级卫生单位；企业行风评议连年被评为优良、连年被评为社会治安综合治理先进单位、消费者满意单位、万州区守合同、重信誉企业、万州区纳税信用A级企业等；分公司新城路中心营业厅被共青团中央、信息产业部授予“全国青年文明号”。

2013 万州分公司迎春联欢会

四、企业文化建设

万州电信大力开展企业文化知识宣贯，全力打造以榜样文化、制度文化、精神文化和沟通文化为内涵的企业文化，从制度和观念上禁止拉帮结派，倡导简单、纯洁的人际关系；要求各级负责人做到守土有责，同时严于律己、勇于担责；提倡纵横向沟通和无边界合作，减少内耗。通过创先争优活动的深入开展，党员干部精神面貌明显变化，思想作风明显好转，经营发展取得新进展，党组织建设得到进一步健全不断。坚持开展丰富多彩的活动，分公司内部连年举办运动会、迎春联欢会、演讲比赛、文化艺术节、篮球运动会等联谊活动，打造和谐外部环境，大力提升企业知名度和品牌形象。2009年，万州电信被评为“全国通信体育先进单位”。2010年，万州电信对通信机房进行节能改造，年节电38万度，节约电费30余万元，被区总工会评为“万州区十佳创新成果”奖；2010年被区纪委、区总工会评为廉洁文化进企业示范单位。2011年企业先后获得市公司和授予的先进基层党组织、电信IT应用先进集体、接入网技能竞赛三等奖、五四红旗团委和区级先进基层党组织等荣誉称号，2013年荣获重庆市总工会“重庆五一巾帼奖状”和“工人先锋号。

作为城市建设的助推器，在建设重庆第二大城市的热潮中，万州电信将继续发挥发挥信息通信在促进经济、政治、文化、社会等领域发展排头兵作用，不断提高万州信息化水平，为促进万州又好又快发展，注入更优质、更充足的动力，使万州的城市生活更加美好！

中国移动通信集团重庆有限公司万州分公司

在万州区委、区府及上级公司的领导下，万州移动以科学发展观统揽全局，在企业核心价值观的推动下，从企业规模、品牌效益、内部管理创新等方面全力打造企业核心竞争力，努力承担起“创无限通信世界，做信息社会栋梁”的企业使命。

精心织网：着眼全业务和流量经营，实现网络质量不断改进，用户对网络的满意度不断提升。进一步推进2G、TD、WLAN三网协同建设发展，启动TD-LTE基站建设选址工程，保证了2G承载话音业务、TD承载流动数据、WLAN拉动流量经营、逐步向LTE演进的全业务发展格局的形成。并按照国家宽带提速的政策方阵，加大了宽带建设力度，全面提升覆盖率和宽带速率。仅2013年上半年，万州移动就投入达9000万元以上用于新建基站、传输光缆等基础建设。

网络线路维护人员正在工作

万州移动参加3.15国际消费者权益日宣传活动

提升服务：积极响应中央“为民服务，创先争优”活动号召，针对客户最关心的问题，先后推出了涉及网络服务、资费服务、透明消费、窗口服务及信息安全等五个方面内容的21项为民服务举措。定期开展总经理接待日活动，举办新业务客户访谈会，认真听取客户建议。并深入开展营业厅环境的整治工作，加快第三代营业厅的建设进度，倾力打造五大手机卖场，致力于为客户提供更加舒心的服务环境。

稳拓市场：持续开展神州行渝州大舞台、动感地带篮球赛、全球通乒乓球俱乐部活动等三大品牌主题活动，进一步提升品牌影响力；积极拓展信息化项目，完成了党政办公网光纤租用服务项目、幼教校车信息化、驾校视频监控等旗帜性行业应用，全力支撑地方经济发展。

万州移动联合万州区文广新局开展“渝州大舞台”送文化下乡活动

万州移动联合消防支队开展消防应急演练

精细管理：分公司将2013年定位成管理提升年，从规划管理、维护管理、风险管理、精细管理、作风建设、员工满意度提升六个维度开展了卓有成效的工作，举办了丰富多彩的党工团活动，打造了更加完善的分公司内部流程体系，凝炼了新时期下的企业文化核心价值观，加强了员工和企业的生产、信息安全管理，营造了风清气正的廉洁企业氛围，分公司得到持续、健康、稳定的发展。

通过全体员工的努力，万州移动的网络能力进一步提高，服务进一步优化，市场进一步开拓，各项管理明显增强。

重庆飞亚实业有限公司

FEIYA GROUP

重庆飞亚实业有限公司是一家集研发、生产、经营于一体的，具有近 60 年历史的大型国有调味品生产服务型企业，系重庆市盐业（集团）有限公司全资子公司，以生产味精、鸡精及高级复合调味品为主业，是农业产业化国家重点龙头企业、国家统计局评定的中国食品行业 100 强企业、国家工信部品牌培育试点企业、中国西南地区最大的调味品生产基地，属重庆市 100 户成长之星工业企业和万州区重点企业，重庆市农业产业化龙头企业，重庆市高新技术企业，重庆市质量效益型先进企业，重庆市文明单位，重庆市诚信纳税先进企业，全国信息化建设先进单位。企业已通过 ISO9001:2000 国际质量保证体系认证；2007 年 4 月，通过 QFE（质量、环境、HACCP 食品安全）管理体系认证。公司现有资产 5 亿元，年销售收入 7 亿元。

味精事业部整洁一新的板框设备

1961 年 1 月 12 日老同兴酱园厂产品展出

热电事业部利用 DCS 系统控制的先进的 35 吨循环流化床锅炉汽机一角

小包装成品库立体仓库

公司生产的“飞马”系列味精、“养士多三峡土鸡精”多次荣获国际国内质量评比金奖，是全国用户满意产品、中国食品行业诚信企业放心食品、中国产品质量协会重点保护产品、重庆市高新技术产品、重庆名牌产品、重庆市用户满意产品，销往全国 31 个省、自治区、直辖市及港、澳地区和部分东南亚国家。“飞马”商标是中国驰名商标、重庆市著名商标，全国五大味精品牌之一。“养士多”和“三峡”商标是重庆市著名商标。同时，公司还经营自创“好汉帮”品牌白酒，代理“金浩茶油”系列产品。

公司传承近 60 年积淀的丰厚企业文化底蕴，坚持“感恩奉献、诚信尽责、创新进取”的核心价值观，以“做具有行业品牌价值与技术价值的食品配料服务商”为公司愿景，将“致力于不断改善提高人们的生活品味，致力于企业与内、外部利益相关者的协调发展”作为公司使命。

近年来，根据调味品行业及市场的发展趋势，结合企业战略转型发展规划，公司正积极调整优化产品结构，力争到 2015 年的 2-3 年内，规模突破 10 亿元，效益实现 5000 万。

党建领航祥瑞 促进企业发展

重庆市祥瑞实业（集团）有限公司于2007年4月建立党支部，2010年11月改建为党总支，2011年12月成立党委，下设集团机关、物业销售、建筑商贸三个党支部，现有党员53名。集团现有员工300名，劳务用工1000余人。集团党委围绕企业生产经营目标，充分发挥党组织政治核心作用和党员先锋模范作用，为“打造百年祥瑞”凝心聚力，保驾护航，促进企业持续健康发展。祥瑞集团先后被评为“重庆市优秀民营企业”、“重庆市民营企业50强”、“重庆市房地产开发企业50强”、“万州区中小企业20强”；重庆市“两新”示范党组织、万州区“先进基层党组织”等荣誉称号。

一、创新党建工作机制。祥瑞集团为实现党建与企业发展双赢的局面，创新党建工作机制。在组织设置上，建立了党委、党支部、党小组的三级管理体系，实行党委班子与行政层“双向进入、交叉任职”的模式。在工作机制上，创新“工作上分，思想上合；任务上分，目标上合；制度上分，行动上合”的“三分三合”工作机制，使党委工作与行政工作有机结合。对于党员的教育管理，坚持实行“党员四公开”，即公开党员身份、公开工作岗位、公开党的活动和公开政治生日，使党员亮明身份，接受群众监督。

集团党组织紧扣企业生产经营，把三级管理体系的党建工作思路融入生产经营管理大体系之中，拉近了党组织及其活动与生产经营之间的距离。着力增强党组织建设，党总支及时升格成立为党委，实现集团党组织的不断壮大。在集团内1/3以上班子成员进入集团行政管理层任职，配备专职副书记处理党委日常工作。专门设立“党员示范岗”和巾帼标兵岗，对工作业绩突出的优秀员工和班组上报授予“工人先锋号”、“优秀团干部”、“五四红旗手”等荣誉称号，在集团的各条战线上，充分发挥了共产党员的先锋模范作用。

二、引领企业健康发展。一是加强政治思想工作。集团党委严格执行“新三会一课”制度和员工周六学习会制度，每月组织党员进行一次政治理论学习，开展“一帮一”互帮互学活动，引导员工正确认识理解党的方针、政策和祥瑞的经营理念；通过举办企业管理讲座、企业文化讲座和开展党员先进性教育、科学发展观教育、基层组织建设年党组织党员创先争优活动等，对员工进行爱岗敬业教育；党委及各支部结合公司大会、班组会、业务培训会等，加强员工的思想政治教育工作，开展“中国梦”、“万商梦”、“企业梦”大讨论活动，凝聚发展共识。二是畅通建言献策的渠道。公司建立党组织负责人出席管理层会议制度、业主列席党组织会议制度、党组织与管理层定期沟通工作制度等，为企业理清发

副董事长潘中萍与狮子村群众交谈

房交会

展思路。三是发挥党员先锋作用。党支部在党员中积极开展“做遵纪守法的楷模、做爱岗敬业的典范、做诚实守信的榜样、做争创一流的标兵、做倡导企业文化的先锋”等承诺亮诺践诺活动，以实际行动证明党员在企业加快发展中的战斗力，展示党员的先进性，让广大职工向党员看齐、向党组织靠拢。四是保障员工合法权益。公司党委加强对工会、共青团、妇联等群团组织的领导，依法参加社会保险，切实维护企业员工的合法权益。

三、铸造和谐企业文化。一是培育核心企业文化。祥瑞集团始终秉承“以正确的舆论引导人，以改革的理念熏陶人，以发展的目标凝聚人”的理念，把党的工作渗透到集团经营发展中。二是打造红色文化。庆祝建党 90 周年，精心选拔 80 名优秀员工组成合唱团参与活动演出 5 场；多次组织党员、职工赴邓小平、刘伯承故居等革命教育基地重温红色之旅。三是创造优美工作环境。建立职工活动中心，着力打造企业文化专栏，营造良好的党建氛围，增强党对干部职工的影响力和吸引力。

四、彰显企业社会责任。一是开展扶贫济困活动。集团向万州区特教中心捐赠 4 亩价值 800 万元的土地修建校舍；出资 50 多万元对映水坪、双堰塘等周边社区的生活困难群众进行定期救助；资助 30 多名贫困大学生完成学业，捐款 26 万元。二是坚持为民办实事。筹措资金 120 多万元对天生城上山梯道进行全面整修；出资 50 余万元为人大职工宿舍、罐头厂宿舍和周边社区无偿修建花园、院坝、阅报栏；解决了 200 多位移民、下岗工人和失业人员的就业及再就业问题。三是开展城乡支部手拉手结对共建和“党内温暖”工程。帮助狮子村 10 多户贫困村民解决就业问题；慰问贫困党员和村民 100 余人次，发放慰问金和生活日用品共计 4 万元；向“党内温暖”工程累计捐款 7.2 万元。四是倾情拥军，支援国防建设。每年春节和“八·一”期间组织党员干部慰问辖区官兵，出资 60 余万元整修部队营房和打靶场。祥瑞集团在不断发展的同时也不忘投身公益事业，努力回报社会，累计捐款捐物折合人民币达 2000 多万元。

办公大楼

重庆银河集团是一家集房地产开发、建筑施工、物业管理、商业贸易为一体的大型民营企业集团，现有员工 500 余人，资产 6 亿元。公司始建于 1985 年，1996 年在原万县地区率先实施企业改制，经过近 30 年的发展，已成为一家实力雄厚的知名企业。公司坚持“诚信 尽责 创新 共赢”的企业文化精神，实施相关多元化产业链发展战略，步入高速发展轨道。集团公司房地产年开发面积 30 万平方米，建筑年施工能力 10 亿元，建筑钢材年销售 30 万吨，物业经营面积 50 万平方米。

根据发展需要，公司制定并落实三年发展规划，坚持“商贸做业绩、地产做效益、建筑为补充的相关多元化”发展战略，以市场为导向，合法经营。集团所属银河地产、新华商实业公司被重庆市工商局评为“重合同、守信用”企业，建筑公司被重庆市建委评为“优秀建筑企业”，银河商贸被万州区评为“重点批发市场”。银河集团始终坚持与时俱进，促进发展，秉承“让更多的人拥有辛福的家”的开发理念和企业使命，科学规划、规范运作，诚信经营，成效显著。以优质的产品、卓越的品质和一流的服务，铸就了“银河”品牌的诞生。公司现正高起点、大手笔运作开发实施银河·学林上城、银河·碧水蓝天地产项目，竭力为业主奉献优雅、人文、舒适的理想居家之所。2013 年集团公司在作好现有项目的同时，积极向外实施业务拓展，今年先后在湖北宜昌、四川内江取得了新的建设用地使用权。鸿鸥实业公司在建筑施工行业已积累了近 30 年的丰富成功经验，并形成了先

公司投资修建

积极参与社会活动

建筑施工现场

进完善的管理体系，自始至终坚持深化管理、规范施工、安全生产，使公司在激烈的市场竞争中脱颖而出，产值成倍增长，公司成功完成数十项重点、形象工程的项目建设，赢得市场和业主的肯定，扩大了知名度。新华商实业公司凭借科学的营销管理模式，以银河集团公司作坚强的后盾，公司在重庆主城、成都、西安、万州均设立分（子）公司，战略格局及销售网络基本建立，并以良好的信誉、稳定的客户资源，取得了众多国内知名钢材生产厂家的区域代理权，销售业绩和市场占有份额逐年稳步提升，使公司逐步成为川渝及西安地区“服务一流”的专业化建筑钢材销售商。同时，公司极力拓展其他业务，实施多元化战略，使新华商实业成为一个多元化、具有核心竞争力的商贸流通企业。

员工培训

银河集团作为一家负责任的企业，深深扎根于培育的社会土壤，发展不忘回报社会，感恩百姓。集团公司董事长兼总经理幸杰仁同志，在企业发展中带头履行“企业公民”的义务，用自己的实际行动践行着作为一名万州人大代表的光荣责任，把对普通市民群众、对乡村学生的爱升华成对国家、对社会、对人民负责的大爱！在重庆市人大开展的“人大代表在行动”主题活动中，他共实施民生工程项目及捐资总额达1310.5万元，为老百姓办了一件又一件的好事。如：2006年向万州区新田镇捐赠10万元，解决了因干旱造成的农民生活用水困难；2008年汶川地震捐助10万元；2010年赞助30万元支持万州城区学校塑胶操场的改造；2010年投资200万元修建完善万州万九支路；2011年投资78万元捐建万州区罗田小学学生住宿楼；2012年投资1000万元修建万州金龙山公园。几年来为公司困难员工、员工子女升学等共捐助50余万元，对社区贫困户发放春节慰问物品及慰问金累计达30万余元……这一桩桩义举，无不折射出责任银河的感恩情怀！

罗田小学学生宿舍捐赠仪式

业主为物管部赠送锦旗

银河集团将在公司董事会的带领下，秉承“让更多的人拥有幸福的家”的企业使命，踏实工作、开拓奋进，正在为实现“树百年银河 创中华名企”美好愿景而努力奋斗！

集团地址：重庆市万州区万川大道300号银河大厦
电话：（023）58530333　传真：（023）58531969　网址：www.cqyhjt.com

动获奖员工

开发楼盘

新华商钢贸货场

重庆市博云建筑

董事长 高传云

2011年元旦，重庆市委常委、万州区委书记吴政隆视察金陵路立交施工现场

重庆市博云建筑工程有限公司创建于2007年1月，公司注册资金5000万元。现有职工500余名，高级工程师30余名，各类职称的工程技术人员300余名。公司贯彻“安全生产，质量为重，诚信经营，锐意进取”的企业精神，坚持“以房屋建筑为基础，多元产业、多元发展”的经营理念，立足重庆，辐射周边。主要从事建筑业和销售建筑材料、苗木、花卉等业务。公司同时具有房屋建筑工程施工总承包贰级；市政公用工程施工总承包贰级；水利水电总承包叁级；矿山工程施工总承包叁级；体育场地设施工程专业承包贰级；土石方工程施工专业承包贰级；园林古建筑工程施工专业承包叁级；建筑装修装饰工程施工专业承包叁级；钢结构工程施工专业承包叁级；环保工程施工专业承包叁级；城市及道路照明工程施工专业承包叁级；防腐保温工程施工专业承包叁级；机电设备安装工程施工专业承包叁级；建筑防水工程专业承包叁级；并于2009年通过了WSC世标环境、质量、安全体系认证。

经过近几年的发展，在经营管理上，公司已建立了严密的质量保证体系和安全、材料、设备、财务等一整套系统完善的科学管理制度。公司在抓好工程质量、进度的同时，认真贯彻《安全生产法》和执行国务院《建设工程质量管理条例》，不断加强安全生产、文明施工监督检查，确保工程质量、保证生产安全。

欧鹏·天境山地公园项目

金陵立交桥，昔日堵点变通途

工业园区B5地块场平工程

工程有限公司

公司坚持多元产业、多元发展的经营理念，先后注册成立了重交博云沥青道路养护有限公司、重庆市博鸿典当有限公司，重庆市博雁建筑劳务有限公司、重庆市万州区博云森林酒店有限公司，重庆市博荣园林绿化有限公司，博荣园林已建成超过300亩的珍稀植物种植、培育基地。公司成立了市政工程应急抢险施工队，是万州近年来自然灾害中抗灾救灾的中坚力量；公司积极解决失业人员就业问题；公司关注弱势群体，多次为公益事业捐资，为维护社会稳定，构建和谐社会作出了应有的贡献。

目前，公司正在组建集团公司，全体员工在董事长的带领下，向着更高的目标努力，为加快重庆第二大城市的经济建设而奋斗。未来时日里，博云建司将与时俱进、继往开来，引领着博云人同心共筑博云梦！

公司地址：重庆市万州区王牌路1290号
公司电话：023-58982567　公司传真：023-58982567
公司网址：www.cqboyun.com　公司邮箱：717360159@qq.com

多功能森林度假酒店

银装素裹的老岩新村

重庆宗申动力机械股份有限公司

CHONGQING ZONGSHEN POWER MACHINERY CO.,LTD

重庆宗申动力机械股份有限公司是宗申产业集团的核心子公司，2003年在深圳证券交易所上市，证券代码：001696（简称"宗申动力"）。公司专业研发、生产和销售摩托车发动机、通用汽油机、柴油机及各类农林机械等。具备年产摩托车发动机400万台，通用汽油机200万台，柴油机和农林机械150万台的生产能力，是国内规模最大品种最齐全的专业化热动力机械产品制造基地之一，产品销售覆盖全国各地，并出口欧美、中东、东南亚和非洲100多个国家和地区。

世界级精良制造基地

"宗申"商标被国家工商总局认定为"中国驰名商标"。公司已连续多年被评为"中国机械500强"、"中国上市公司价值百强企业"。2010年，公司正式全面导入、推行卓越绩效管理模式，以战略思维和视角，不断追求卓越过程，创造卓越绩效，并获得了"重庆市市长质量管理奖"。

宗申动力是欧洲最大的摩托车制造商——意大利PIAGGIO公司高档踏板车发动机的生产制造基地，公司同时还是全球最大通机产品制造商MTD公司的战略合作伙伴。

"做紧凑型集成动力系统服务供应商的先行者"——公司已逐渐发展成为国内一流、具备国际竞争力的研发型、前瞻性和专业化的热动力集成系统服务供应商。

国家级检测实验中心

实力雄厚的产品研发中心

地址/ADDRESS：中国重庆巴南区宗申工业园/ZONGSHEN INDUSTRAL PARK，BANAN DISTRICT，CHONGQING，CHINA 邮编/P.C. 400054 传真/FAX:023-66372807
免费服务电话/FREE SERVICE PHONE:4007003089 电话/TEL:023-66372611 66372609 E-Mail:ZSFDJ@VIP.163.COM HTTP://WWW.ZSENGINT.COM

重庆中汽西南汽车有限公司

重庆中汽西南汽车有限公司（简称“中汽西南”），是一家专注于乘用车行业的大型商贸集团。目前拥有22个品牌授权的24家4S销售服务店，并在重庆区县拥有七个综合汽车销售展厅，是重庆市规模最大的汽车销售服务商。

中汽西南注册资金21450万元人民币，员工人数达2914人，成立20年来发展迅猛。到2011年，中汽西南的乘用车年销售达46391台，营业收入达到78个亿，这一年中汽西南的乘用车累计销售量突破25万台。

多年来，中汽西南连续被评为全国十佳汽车营销集团、全国十佳乘用车经销商，2004年——2011年连续8年跻身“重庆企业100强”，并荣获“中国商业信用企业”称号、中国服务企业500强、全国“诚信维权单位”、消费者信得过企业、重合同守信用企业、重庆首届知名品牌企业。并任重庆市汽车商业协会会长单位，中华全国工商联合会汽车经销商商会副会长单位。

中汽西南在重庆主城区拥有2个大型的汽车卖场，一个是北部新区重庆汽博中心，一个是二郎汽车汽车综合展厅，一南一北遥相呼应。

中汽西南在经营汽车销售服务的基础上，不断深挖汽车后市场提高其自身服务水平。相继成立了汽车贷款、汽车保险、汽车装饰用品等分公司，内部成立了客户中心、呼叫中心、救援中心。在重庆率先推出统一的汽车咨询救援于一体的“95067”短号码，24小时为重庆广大车主服务。

“做汽车领域的卓越者”是中汽西南的企业愿景。“卓越”就是突出的优秀，中汽西南在践行“卓越”理念的过程中，将一直在不断的探索和创新中前进。

中汽西南·汽博大门

汽博大厦

涪陵区发展和

区发改委主任蒋兆华实地调研联系项目

2012年，在区委区府正确领导下，发改委秉承“思全局、谋大事、抓改革、促发展”的工作理念，创新创造推动发展改革工作，只争朝夕加快涪陵经济社会发展，充分发挥规划引导、投资调控、统筹改革、综合协调等职能作用，为经济社会持续健康发展作出了应有贡献。

运筹帷幄，力保经济平稳运行

面对复杂严峻的宏观环境，全委审时度势、出谋划策、献计出力，为党委政府当好参谋助手。参与区四次党代会报告起草工作，同时参与党代会报告贯彻实施意见撰写；针对全市提振实体经济“13条意见”和民营经济发展意见，出台切合全区实际的“23条”意见和民营经济“1+2”政策体系，累计减轻企业负担超过5亿元。全年GDP增长15.5%，增速居全市第三位，总额达630.5亿元，居全市第六位。固定资产投资等经济指标逆势而上，在全市排名上升，实现“弯道超车”。

开拓创新，强化规范项目管理

全委积极转变职能，自我加压，创新项目管理办法和机制，提高审批效率，项目管理迈上新台阶。全年完成政府投资项目立项审批86项，核准或备案企业投资项目128项，所有项目均实现了按时办结，其中项目备案全部在两天内办结、90%以上当场办结。牵头拟定《融资管理办法》、《三峡后续工作项目管理办法》，统筹全区政府性投资项目建设，完成41个项目概算评审，审减金额3.15亿元。

真抓实干，强力推进项目建设

全年争取各类上级资金7亿余元，确定亚行二期项目贷款2300万美元。牵头策划和建立了三峡后续工作经济社会发展项目库。53

第三季度城市突破年推进会召开

加快建设渝利铁路韩家沱长江双线特大桥

改革委员会

黄旗集装箱码头远眺

个项目列入2012年市级重点项目计划，为全市各区县第一。入围全市三大低碳示范园区规划。完成蓬威石化PTA扩能和聚酯、华峰己二酸二期、龙海石化重油码头、龙桥热电联产等项目前期工作并开工建设，完成渝湘高铁过境涪陵坪上新城线路走向及初步设计方案，牵头完成了涪陵检验检疫技术中心、城区生活垃圾焚烧发电等13个重大项目的前期论证。

正在进行风脱水的榨菜

建玛特入驻的泽胜家居建材专业市场

锐意进取，统筹城乡发展改革

编制完善《涪陵区统筹城乡发展实施方案》，编制完成《现代农业综合示范工程2012-2015年规划》及《岩溶地区石漠化综合治理工程实施方案（2012～2014年）》，完成重大课题《涪陵区统筹城乡发展的进一步思考》。全年完成转户3765户，共计7326人，为企业引进各类人才166人，其中硕士10人，博士7人。累计转户3.05万户、13.2万人。全委殚精竭虑，开拓奋进，为区域经济社会的繁荣发展做出了积极的贡献。

东方希望集团蓬威石化年产90万吨PTA项目

长江与乌江交汇处的涪陵城

重庆市涪陵区

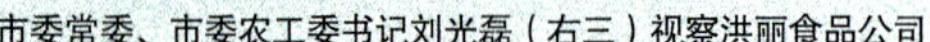
市委常委、市委农工委书记刘光磊（右三）视察洪丽食品公司

区政府副区长黄华检查农超对接

2012年，重庆市涪陵区农业委员会在涪陵区委、区政府的坚强领导下，紧紧围绕“326”工作思路，以大力发展特色效益农业和加快推进农业现代化为抓手，开拓进取，真抓实干，有力地推动了全区农业农村经济持续快速发展。

涪陵榨菜嘉年华乡村旅游体验行启动仪式

一是农业农村经济实现稳定增长。全年实现农业总产值62.23亿元、可比增幅5.8%，增加值42.03亿元、可比增幅6%，总产值及增加值绝对值居考核十区第四位、可比增幅居第二位。农民人均纯收入7942元、增长15.8%，绝对额首次达到全国平均水平、增速居全市第一位。

二是特色效益农业稳步推进。全区粮食产量43.83万吨；蔬菜播种面积104.5万亩、产量177.25万吨，其中青菜头播种面积70.13万亩、产量134.33万吨；出栏生猪79.02万头、肉牛1.27万头、羊2.1万头、家禽681.65万只；蚕茧、果品、水产品、中药材、烤烟产量分别达2900吨、11.23万吨、2万吨、2.4万吨、4.1万担。

2012年7月13日，重庆首届乡村旅游扶贫避暑休闲在大木乡正式开村

农业委员会 FuLing NongWei

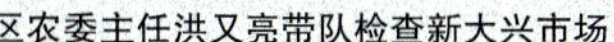

区农委主任洪又亮带队检查新大兴市场

2012年12月16日召开“涪陵青菜头推介会暨中国榨菜产业发展论坛”

三是农业产业化经营水平有力提升。全区区级以上重点龙头企业总数达53户，位居全市前列。发展农民专业合作组织585个，有4个合作社被评为市级示范社、2个合作社获得全国示范合作社称号，全区农民参合率达38.1%。实施合作社带动、产业基地培育的微型农业企业发展模式，农业微企总数达2720户。培育各类农村专业大户总数近2.8万户。

蔬菜创业培训现场

四是现代农业园区加快发展。全区有集中连片、规划在建的现代农业园区24个，其中规模达到3000亩以上的有12个，市级园区拥有量4个、居全市首位。南沱园区成功申报为全市20个现代农业综合示范工程之一。

五是农村改革工作深入推进。创新土地流转方式，全区累计流转土地53.15万亩，土地规模经营集中度34%。放活土地经营权，农村新型股份合作社总数达到59个，入股承包地面积2.4万亩。我区被国家农业部授予全国150个、全市3个之一的“农村集体‘三资’管理示范县”称号，农村集体“三资”管理模式全市领先。

五百行动启动仪式在珍溪举行

重庆市商委主任周克勤到涪调研商贸工作

区委书记秦敏调研重点商贸企业

高笋塘泽胜中央广场举行开街仪式

塑造商贸形象

涪陵区商务局位于涪陵城兴华西路25号，现有干部职工64名，机关内设15个科室，直辖1个副处级和2个正科级事业单位。

涪陵区商务局自2009年成立以来，按照区委、区政府“平稳过渡、确保稳定、力求发展”的思路，真抓实干、克难攻坚、开拓奋进，胜利实现了“大商务”工作的有机衔接，确保了承上启下，继往开来，全区商务经济保持了良性健康的发展势头。

2012年，全区实现社会零售总额153.88亿

滨江路市级美食街

区长李洪义检查市场保供情况

区委常委、副区长刘康中现场办公商圈建设

追求商务卓越
——涪陵区商务局

元、同比增长18.1%，增速居10个考核区第1位，总额居10个考核区第3位；实现外贸进出口总额12.97亿美元，总额居10个考核区第1位；实际利用外资1.35亿美元，同比增长117.2%；服务外包继2011年实现零的突破后，2012年完成服务外包293万美元，完成市政府年度目标任务的586%。

2012年，获市商委年度目标考核特等奖以及会展工作、农户科学储粮工作、乡镇农贸市场规范化建设改造工作3个单项奖。

局长、党委书记 刘景源

全区商务工作大会

食品安全宣传

涪陵科技

朝气蓬勃的干部队伍

党组书记、主任 陈斌

涪陵区科委按照区委、区府部署，践行科学发展观，求真务实，开拓创新，拼搏奋进，夯基础、**搭平台、建体系**、硬手段、强服务、促实绩，科技进步对经济增长的贡献率达到50%。涪陵成为全市首个同时拥有国家级科技企业孵化器和国家级生产力促进中心的区县，连续五届荣获全国科技进步考核先进区，连续六届全国技术市场协会金桥奖先进集体、连续九年全市区县科技工作目标考核先进区县，获得重庆市知识产权工作、科技活动周组织工作和科普活动、高新技术企业认定管理工作、科技宣传工作先进集体等众多奖励和荣誉。

构筑平台，夯实科技创新基础

——**构建科技创新创业服务平台**。先后成功创建国家级科技企业孵化器、国家级生产力促进中心，金渠国家级科技企业孵化器在孵企业93家，在孵投产企业实现年销售收入4.2亿元。组建全市区县唯一中科院分支机构“中科院成都技术转移中心涪陵分中心”，打造全市区县首个科技创新创业服务中心。

——**建设企业技术创新平台**。创建国家创新型试点企业1家、高新技术企业16家、重庆市创新型（试点）企业13家，培育区级科技创新型企业35家，高新技术产品达到95个、重点新产品32个，高新技术产品产值实现160亿元。

——**推进现代农业科技发展平台**。成功创建市级可持续发展实验区、科技特派员示范区、中药

召开乡镇街道科技工作会

创新开展科技活动周

举办防震减灾宣传日活动

铸 辉 煌
——重庆市涪陵区科学技术委员会

现代化科技产业示范区，建设农业科技示范基地 14 个、科技专家大院 6 个，认定科技示范标兵户 74 户，选派科技特派员 360 人次下乡入园进企。

健全体系，提高科技创新能力

——**深化产学研体系**。与 51 家高校院所建立长期战略合作关系，开展工业设计、榨菜、富硒稻米、白茶、冬闲田食用菌等技术研发应用。

——**完善科普工作体系**。完善科普发展格局，成为全市唯一将科技管理职能延伸到基层的区县，成功创建全国科普示范区、全国科普教育基地。

——**拓展科技投融资体系**。引进科技风险投资机制，设立 5000 万元科技融资担保资金，累计为 34 家企业争取科技融资担保贷款 13520 万元，为 47 家企业争取重庆市科技融资补贴 379 万元，兑现 8 家科技孵化器企业税收等额扶持资金 31.6 万元。

科技孵化器与中国网库签约

浙江农科院指导对口支援项目

——**健全科技成果评价体系**。2013 年，组织实施区级科技计划项目 128 项，争取国市科技计划项目 36 项，资金额创历年新高。历年获国家科技进步二等奖 1 项、技术发明二等奖 1 项、重庆市科技进步一等奖 2 项，科技成果累计新增产值超百亿元。

推进专项工作，扩大科技创新效应

——**推进防震减灾工作**。建立地震群测群防工作体系，组织 295 所学校开展地震应急疏散演练，组织全区中小学 2530 个班约 16 万名学生开展防震减灾主题班会，涪陵地震指挥中心纳入了全市“十二五”防震减灾重点项目规划。

——**加强知识产权工作**。建立网络，推进知识产权工作进乡镇、企业、园区，2012 年专利申请量达到 1039 件、授权量 716 件、授权发明专利 37 项，分别同比增长 46.34%、76.35%、117.65%；获国家专利金奖 3 项，是全国获专利金奖最多的区县。

开展知识产权进园区讲座

保护知识产权宣传周现场

CPIC 长寿生产基地

重庆国际复合材料有限公司

大渡……公司指导工作

巴林工商部部长 Hassan Fakhro 先生访问考察 CPIC

重庆国际复合材料有限公司（简称CPIC）是中国一家集玻纤产品研发、生产、销售为一体的大型中外合资企业。公司成立于1991年，1999年云天化进入，现是由云南云天化股份有限公司主要控股，主要生产优质无碱玻璃纤维系列产品。

CPIC现在重庆大渡口区和长寿区共有三个玻纤生产基地，在巴西拥有一家全资子公司（CPIC巴西玻璃纤维有限公司），员工4900余人（含巴西）。到2013年5月，公司共建有12条玻纤生产线，年生产能力54万吨。是我国三大玻纤生产基地之一，生产规模居全国第二、全球第四。

公司致力于生产品质稳定并持续改进的玻璃纤维产品，主要产品有：粗纱、细纱、短切纱、短切毡、膨体纱、多轴向织物、方格布、复合毡、表面毡、针刺毡等。公司始终把质量视为企业的生命，产品质量一直居国内领先水平，达到国际通用标准。公司现已通过了ISO9001质量管理体系，无捻粗纱产品获"中国名牌"称号，部分产品通过德国GL认证、英国劳氏认证、美国FDA认证等。凭借世界一流的工艺水平和严格的质量管理，公司产品畅销亚、欧、美洲等多个国家、地区，与三十多家外国公司建立了稳定的需求关系，其中包括GE、杜邦等多家世界500强企业，被广泛应用于城市建筑、室内装饰、汽车工业、机械电子等领域，并已逐渐进军航空航天、风力发电等高端市场。

为适应世界和中国玻纤行业发展的形势，CPIC不断适时调整自身的发展战略：一方面加大力度延伸产业链，大力开发市场需求大、技术含量高、环境友好的风能产品，无硼无氟玻纤，无硼、无氟、无硫玻纤和热塑增强材料玻纤产品，大力促使细纱类产品向电子和工业类织物方向发展，全面提升企业核心竞争力，同时公司"全球一体化"的战略布局已全面铺开，通过积极探索对外投资，公司不仅在海外进行了生产基地的布点，更形成了CPIC北美公司、CPIC欧洲公司、CPIC俄罗斯公司、印度公司、东南亚公司等的全球销售网络布局。与此同时，CPIC还将不断优化运营体系，提升管理水平，强化竞争力，以市场和客户服务为落脚点，向全球玻纤行业国际化的优秀供应商的目标努力迈进。

CPIC 巴西玻璃纤维有限公司窑炉点火

CPIC 巴西玻璃纤维有限公司

电话：023-68157868
传真：023-68157883
网址：http://www.cpicfiber.com

CPIC 大渡口生产基地

开创科协工作新局面

——涪陵区科学技术协会

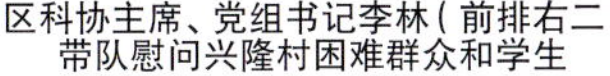
区科协主席、党组书记李林（前排右二）带队慰问兴隆村困难群众和学生

涪陵区科协 2012 年工作会

2012 年，区科协团结动员全区科技工作者，以科学发展观为指导，凝心聚力，攻坚克难，先后荣获全市科协系统先进集体、全区首届科普工作先进集体称号等荣誉，取得丰硕成果。

突出一条主线，提升公民科学素质见实绩。

——精心编制全区 2011-2015 年全民科学素质工作实施方案，确保未来五年工作的有序开展。

——在成功创建全国科普示范区的基础上，探索和建立科普宣传栏 416 个、画廊 26 个，积极推进涪陵科技馆前期工作。

——举办 90 余场次系列大型科普宣传活动，科技咨询 1.4 万人次，义诊病人 4000 余人次，实用技术培训 59 场次，受训农民 7886 人次，10 万余人接受科普教育。

——举办年度青少年科技创新大赛、航模比赛，44 所中小学、870 名选手参赛，获奖 50 项；培训科技辅导教师 306 名。

狠抓三个重点，服务全区经济社会发展和科技工作者见实效。

——大力开展“科普惠农兴涪行动”和实施“社区科普益民计划”。龙潭水稻专业技术协会、崇义街道天子殿社区、罗云乡黑山羊专业技术协会王正余被中国科协、财政部表彰为全国科普惠农兴村先进集体和先进个人，分获奖补金 20 万无、20 万元、5 万元。白涛黑山羊和马武枳余果品两个专业技术协会获市科协、财政局全市科普惠农先进集体，分获奖补金 8 万元、5 万元。年底评选，区政府表彰科普惠农 10 个先进集体和 10 名先进个人，颁奖 7 万元。全年新命名农村科普示范基地 25 个，培育睦和果品、南沱生猪等一批示范农技协。集中攻克青菜头保鲜技术难题。

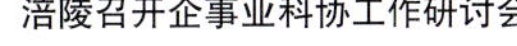
涪陵召开企事业科协工作研讨会

区科协在涪陵广场开展科普宣传和咨询活动

——积极开展学术交流活动。开展“建家”创建活动，命名区医学会等 4 个学会为首批“科技工作者之家”。18 个区级学会全年学术交流 67 次，2300 人参加，交流论文 493 篇。选拔 274 人进入科协系统专家库。

——狠抓以技术创新为中心的“讲理想、比贡献、搭金桥”工作。新建李渡工业园区、辣妹子集团、重庆润丰塑料公司科协。全年申报“金桥工程”项目 49 项，审核通过 22 项。

强化两项措施，确保科协工作良性运转。

——以实施两个“书记工程”为重点，不断提升科协干部素质。即由党组书记实施“科协系统干部素质工程”，由党支部书记实施“党员队伍素质工程”，为科协事业发展奠定坚实基础。

——以探索建立“123456”良性循环工作机制为重点，确保科协工作有序开展。

前进中的涪陵教育

领导重视 LINGDAOZHONGSHI

时任国务院副总理、重庆市委书记张德江视察

重庆市政府副市长吴刚在涪陵一职中调研

时任涪陵区委书记张鸣在区职教中心调研

2012年，全区有各级各类学校329所，其中高校3所、普高10所、中职7所、初中45所、小学105所、特教1所、幼儿园158所；有在校学生（幼儿）21万人，其中高校3.2万人、中职2.2万人、普高2.8万人、初中3.3万人、小学6万人、幼儿3.5万人。有民办教育机构182个，在校学生（幼儿）3.1万人。区教委管理公办学校有教职工12880人，其中在职9086人、离退休3794人。全区学前三年毛入园率达80%，九年义务教育巩固率达94%，高中阶段教育入学率达98%。创建市级重点中学4所，国家级、市级重点中职学校各3所。在涪就读区外学生达到4.8万人，占在校学生的23%，区域性教育中心的吸引辐射功能日益明显。

教育改革 JIAOYUGAIGE

涪陵十四中教育集团成功组建

涪陵九中与罗云中学启动合作办学

实验小学与卷洞小学合作办学挂牌仪式

城乡合作学校联合教研

素质教育 SUZIJIAOYU

幼儿快乐舞蹈

小学生篮球比赛

涪陵区第五届中等职业学校学生职业

涪陵教育十件大事

一、张德江、黄奇帆、吴刚、张鸣、周旭、赵为粮、秦敏、沈晓钟等领导调研和视察教育工作，为全区教育改革发展导航定向。

二、区委、区政府高规格、大规模召开全区教育工作会和全区职业技术教育大会，对全区教育工作作出安排部署。

三、区委、区政府出台《关于进一步加快教育改革与发展的意见》等“1+5”政策体系，确定了今后一个时期全区教育改革发展的目标任务、政策措施。

四、偿清历年为教育事业发展向全区教职工的借款 5775 万元，切实减轻学校发展压力。

五、积极探索合并、集团、合作三种办学模式，基础教育优质均衡发展改革迈出坚实步伐。

六、设立 30—50 万元的边远贫困地区学校校长特别工作基金，助推 21 所农村学校发展。

七、首次考核招聘“985 工程”“211 工程”师范类应届大学毕业生和硕士研究生到我区任教，开通优秀人才引进绿色通道。

八、成功举办重庆市中职学生田径运动会和三峡工程重庆库区第二届职业技能大赛，展示了全区教育改革发展的最新成果。

九、涪陵五中李智同学摘得重庆市高考理科状元，是恢复高考以来首次获此殊荣。

十、涪陵十七中成功创建重庆市重点中学，全区普通高中优质教育资源进一步扩大。

教育民生 JIAOYUMINSHENG

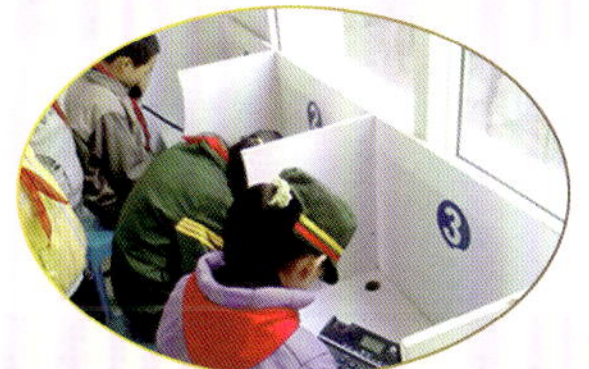

留守儿童给远方工作的父母打亲情电话

贫困学生“爱心午餐”

贫困大学生办理生源地助学贷款

留守儿童与外出打工父母视频交流

学生现场书画展示

学生大课堂操活动展示

学生心理辅导中心

重庆市涪陵区

2012年，涪陵区残联内设办公室、康复科、宣教科3个职能科室，机关编制5人，在职人员12人；下设残疾人就业服务所，事业编制8名，在职人员8名。是年，区残联坚持以科学发展观为统领，以全区中心工作为大局，以切实改善残疾人民生、促进残疾人全面发展为目标，统筹规划，狠抓落实。全年共向中、市残联争取资金343万元，向浙江省嘉兴市争取资金70万元，促进了全区残疾人事业的持续发展。

浙江省嘉兴市委常委、市政府常务副市长梁群等一行冒雨实地查看规划建设中的残疾人康复中心

残疾人C5驾照培训班结业典礼

康复服务 全年完成白内障复明手术659例，低视力配发助视器60人，盲人定向行走训练50人；免费训练聋儿9名，智残儿5名，聋儿家长21名；肢体儿童矫治手术15名。对1140名贫困精神病患者实施了免费药物救助，对20名贫困重度精神病患者实施了住院治疗；免费配发辅助器具180件。全年142.17万元，对47名2—17岁肢残青少年儿童实施了矫治手术。

扶贫解困 对全区120户农村贫困残疾人危房进行了改造，对220户残疾人家庭进行了居家无障碍改造，改善了他们的居住环境和出行条件；举办农村残疾人实用技术培训三期，对292名残疾人进行了“种、养、加”培训；对14个残疾人扶贫基地进行了扶持；落实完善针对残疾人特殊困难和需求的专项社会保障措施，建立残疾人日间照料站5个，对50名重度残疾人进行了照料服务，对300名残疾人居家托养服务进行了补贴。

劳动就业 全年收取残疾人就业保障金1250万元。开展残疾人就业援助服务活动，举办残疾人用工现场招聘会2场，帮助196名残疾人走上了就业岗位。举办盲人保健按摩以及残疾人职业技能培训班8期，对556人（次）残疾人开展了各种技能培训；帮助和引导46名残疾人成功创办微型企业，获财政资本金补助150.3万元。

组织建设 12月4日，区残联第四次代表大会召开，293名代表参加了本次大会。与会代表听取了区残联第三届主席团的工作报告，选举产生了新一届残联主席、副主席、并推选了执行理事会理事长、提名并通过执行理事会理事，选举产生了区残联第四届主席团委员和主席团主席以及出席市残联第四次代表大会的代表。此前，按照区委、区政府

扶残助学资助仪式

助听器验配

轮椅捐赠仪式

残疾人联合会

的统一安排，全区乡镇街道残联换届工作也于11月16日前全部完成。

文化体育 全区27个乡、镇街道开展了残疾人文化进社区活动点建设，每个乡镇（街道）由区残联补助经费5000元，为残疾人提供了均等的文化服务、满足了残疾人精神文化需求。投资5万元在涪陵区图书馆建成100多平米的视障阅览室，方便了视力残疾人的文化需求。

扶残助学 全年发放“扶残助学”助学金18.8万元，为67名涉残贫困残疾大学生提供了2000—5000元不等的入学救助；3名残疾女生获“涪陵区夏仕莲山区教育基金”资助1800元。

区残联第四届主席团主席、副主席名单

主　席：刘康中

副主席：余恩来 左清华 莫世民 章和平 项显文 陈 东 王 勇 杨平源 蒋丰陵 杨再刚 马 义（肢残） 胡吉胜（肢残）

区残联第四届主席团名誉主席名单

张世俊　徐志红　李景耀　刘小强

区残联第四届执行理事会理事长、副理事长名单

理 事 长：余恩来

副理事长：胡文川　李润平　马 义

维权信访 全年对71名残疾人代步车发放燃油补贴（每车260元）；对首批获得C5驾照的43名残疾人每人给予了1000元的补助。约访我区在主城区从事盲人按摩的30余名盲人，通过召开座谈会形式，向他们赠送盲杖，庆祝“国际残疾人日”。对残疾人“有访必结，有访必处，有访必复”，激励协调相关方面解决残疾人的合理诉求，维护残疾人的合法权益。全年接待来访26人，政策咨询1500人（次），做到了“件件有回音，事事有着落”。

区残联第四次代表大会现场

区残联理事长余恩来在第四次代表大会上做工作报告

农村残疾人实用技术培训

盲人定向行走训练

长江师范学院

庆祝第 28 个教师节暨师德师风建设动员大会

西南片区高师院校学生工作研究会第 20 次年会在长江师范学院召开

首届武陵山片区发展高峰论坛在长江师范学院召开

长江师范学院是重庆市属普通本科院校，地处长江与乌江交汇处的涪陵。学校现有李渡、江东和建涪三个校区，校园占地约 2000 亩，校舍掩映在茂林修竹中，鸟语花香，环境清幽，惠风习习，学子熙熙，馆藏各类图书 190 万册，是学习深造的理想境地。

学校设有文学与新闻学院、音乐学院等 15 个二级教学学院；有 48 个本科专业，涵盖文学、理学、教育学、法学、管理学、历史学、经济学、工学、农学和艺术学等十大学科门类；学校师范类专业和非师范类专业结构合理、各具特色、优势互补、协调发展。

学校有科研机构 15 个，其中，有国家部委联合共建研究基地 2 个，重庆市人文社会科学重点研究基地 2 个，重庆市工程研究中心 1 个，重庆市高校重点实验室和工程研究中心 2 个。有重庆市高校科技创新团队 3 个。主办有《长江师范学院学报》、《长江师范学院报》两种全国公开发行报刊和《三峡教育论坛》、《乌江论丛》、《巴渝教育探索》等重庆市内部连续出版刊物。近年来，学校共承担国家社科基金、国家自科基金等国家级科研课题、教育部等国家部委科研项目和重庆市级科研课题等 400 多项，获得教育部高校哲学社会科学成果、重庆市教学成果奖、国家民委优秀成果奖、国家教育科学优秀成果奖、重庆市哲学社会科学奖等各类学术荣誉 40 余项。

学校有专任教师 854 人，其中具有高级职称 316 人，具有博士、硕士学位的教师 557 人，有 32 人在外校兼职博士、硕士研究生导师。有全国优秀教师、重庆市教学名师、市教育系统职业道德标兵和市中青年

骨干资助计划等近100人。享受国务院政府特殊津贴专家2人，获曾宪梓教育基金教师奖9人。还聘有校外兼职教授30人。

学校面向全国28个省（市、自治区）招生，现有全日制在校学生19000人。20多年来，学校已为国家培养各层次合格人才数万人。毕业生以“下得去、用得上、留得住、干得好、水平高”的良好形象著称，他们因基础扎实、知识面广、适应性强而受到社会好评。近三年来，学生在“挑战杯”全国大学生课外学术科技作品竞赛等赛事中获得国家级奖100多项、重庆市级奖300多项；先后获得国家级、重庆市级学生先进集体奖40多项，国家级、重庆市级学生先进个人300多人次。

多年来，学校大力推进对外交流与合作。常年聘请多名外籍专家到校任教，定期邀请国内外专家、学者到校学术交流，现有来自美、英、澳大利亚、日本等外籍教师9人，并与美国、波兰等国高校建立了互派留学生长效合作机制。

长江师范学院“两站一社”百名老记者回访母校暨记者站广播站成立二十周年庆典

第一届“感动长师”校园人物颁奖典礼暨庆祝建团90周年表彰大会

庆祝第28个教师节暨师德师风建设动员大会获奖代表与校领导合影存念

当前，学校进入了昂扬向上、开拓发展的新阶段，正全力以赴推进教学应用型大学建设，力争到2015年建成硕士授权单位，到2020年建成渝东南地区高层次人才培养基地、高水平科研基地和科技成果应用转化基地。

重庆市涪陵区职业教育中心

原国务院副总理、重庆市委书记，现中共中央政治局常委、全国人大常委会委员长张德江，重庆市市长黄奇帆一行与涪陵职教中心学生亲切交谈

涪陵职教中心被教育部命名为国家级重点中等职业学校

重庆市涪陵区职业教育中心创建于1978年，前身是涪陵区技工学校和涪陵区第二职业中学校，2000年7月两校联合组建后改为现名。2009年1月被教育部确定为“国家级重点中等职业学校”。2010年10月整体搬迁至涪陵新区。2012年6月，被教育部等三部委确定为“国家中等职业教育改革发展示范学校”建设学校。

学校位于涪陵新区太白大道21号，占地面积167亩，建有各类用房7.2万平方米。现有教师238人，其中高级职称65人，“双师型”教师50人；有涪陵区资深专家1人，涪陵区科技拔尖人才2人，涪陵区名教师2人，市、区级骨干教师38人。现有学历教育班104个，在校学生5000余人。开设有数控技术应用、机电技术应用等15个专业，其中数控技术应用、机电技术应用、酒店服务与管理为市级示范专业，学前教育、建筑工程施工为特色专业。有总值达2300余万元的先进实作实训设备。

国务院三建委副主任、三峡办党组书记、主任聂卫国在区委书记秦敏等领导陪同下参观涪陵职教中心的产教结合产品演示

重庆市教委主任周旭在涪陵区区长沈晓钟等陪同下视察我校办学情况

2012年，学校秉承“自强博习，厚德精艺”的教育理念，以提升教育教学质量为中心，以促进区域经济社会发展为动力，以深入建设“国家中职教育改革发展示范学校”为抓手，着力砥砺“以德养技，协同育人”的办学特色，取得了显著的办学业绩：师生技能大赛成绩创新高，参加重庆市第五届中职学生职业技能大赛，获二等奖8个、三等奖13个；参加全国职业院校技能作品展洽会，获一等奖1个、二等奖2个、三等奖1个，校办企业高峡实业公司获“优秀合作企业奖”；参加三峡工程重庆库区第二届职业技能大赛，获一等奖5个、二等奖8个，指导库区移民参赛获一等奖6个，大赛成绩排名库区第一；参加第九届全国中等职业学校“文明风采”大赛，总成绩名列重庆第四，获“优秀组织奖”；教师参加全国说课大赛，获一等奖1个、三等奖2个。成功承办重庆市中等职业学校“保税港杯”第三届学生田径运动会和三峡工程重庆库区第二届职业技能大赛，获“特别贡献奖”、“团体优胜奖”和“优秀组织奖”。成功挤进全国1000所中职示范校建设行列，成功创建“区级绿色学校”。先后迎接了张德江、聂卫国、黄奇帆等各级领导到校视察，接待了永川区教委、绍兴中专等10余个单位到校访问交流。引进资金3000余万元用于12000m2实训大楼建设，争取区政府投资130万元添置实作实训设备。学前教育专业参加市教委组织的春期统考，幼儿教育学、幼儿心理学平均成绩排名全市第七；英语平均成绩排名全市第四。校党委被市委教育工委评为“重庆市教育系统创先争优先进基层党组织”。校企合作、工学结合成效显著，被区政府表彰为“城乡就业工作先进集体”。

浙江省委常委、杭州市委书记、杭州市人大常委会主任黄坤明，杭州市委副书记、市长邵占维等在重庆市副市长张鸣陪同下到涪陵职教中心参观考察

学校参加2012年全国职业院校学生技能作品展洽会喜获丰收

校长：殷安全　联系电话：72222281
电子邮箱：bgs5000@163.com
地址：重庆市涪陵新区太白大道21号
邮编：408100

涪陵职教中心学生在格力集团顶岗实习

学生文娱汇演留影

重庆水利电力职业技术学院

重庆水利电力职业技术学院隶属于重庆市水利局，是经重庆市人民政府批准、教育部备案的公办全日制普通高等学校。国家教育部、建设部联合批准的“全国建设行业技能型紧缺人才培养工程”实施院校，是“全国水利高等职业教育示范院校建设单位”、“全国水利行业特有工种职业技能鉴定站”、“重庆市级骨干高职院校建设单位”、“重庆市水土保持与生态建设培训中心”、“重庆市水电行业国家职业技能鉴定所”。是重庆市委、市政府命名的“文明单位”；全国水利系统文明单位；是新中国成立60周年重庆教育功勋特色高职院校。

学院大门

学校新老校区占地总面积936亩，建筑总面积23万平方米。新校区一期工程投入3.5亿元，建筑面积11.4万平方米；现设有水利工程系、电气工程系、建筑工程系、市政工程系、机电与电子信息工程系、管理工程系、基础教学部和继续教育学院共六系一部一院，开设专业34个；现有在校学生7248人，教职工348名，其中：教授4名，副教授44名，博士17名，研究生92名，“双师素质”教师108名。馆藏纸质图书30万余册，电子图书8万余册，专业期刊6600种，中文纸质专业期刊300种。

以水文化为特色的校园文化特色和优势。紧紧围绕“水文化”建设校园文化，形式上校园建筑、景观建设充分展现以“水”为载体的校园文化；内涵上强化水文化研究，着手建设重庆市水利数字科技馆、水文化研究推广中心，积极打造以“水文化”为特色的校园文化。

以水利为依托的行业背景特色和优势。紧紧依托水利行业，开设6大类，40余种继续教育培训项目，具有职业技能鉴定工种65个，服务对象遍及全市38个区县，年开展技能培训与鉴定6000余人次。

以“水利水电”为支撑的专业特色和优势。全国21所水利类高职院校，西南地区仅2所；全市37所高职院校，水利类高职院校仅我院1所；全市593个高职专业中，我院13个专业属于唯一设置。

以能力培养为本位的就业特色和优势。突出学生技能培养，促进综合素质提升，建成150家紧密型校外实习实训基地，8个校内实训中心、57个校内实训室。开设实训课193门，实验项目925个，实验实训设备3113台（套）。毕业生就业呈现“卖方”市场，学生就业率年均保持在98%以上，对口率81%以上，用人单位满意率90%以上。

主教楼

多年来，学院紧跟高职教育形势，遵循高职教育发展规律，秉承“上善若水，学竞江河”的校训，坚持“以特兴校、以用立教、以德树人”的办学理念，突出职业技能培养，重视技能训练，全面履行高职院校培养人才、发展应用技术与服务社会的三大职能，为社会培养职业道德高尚、专业基础扎实、岗位技能过硬，能满足生产、建设、管理和服务需要的高技能人才。

重庆长江电工工业集团有限公司

公司办公大楼

重庆长江电工工业集团有限公司是隶属于中国兵器装备集团公司的大型国有企业，创建于1905年，经历了清朝、民国、新中国三个不同的历史时期，迄今已有108年的悠久历史，是重庆最早创建的工业企业。重庆的第一盏电灯从这里亮起，重庆的第一条从德国、英国引进的生产线也在这里建起。公司曾生产掌控国家经济命脉的钱币：铜元、银元和铝币，上世纪三十年代成为国防企业，公司在八年抗战中，为反侵略、抗倭寇、御外敌作出了卓越贡献。

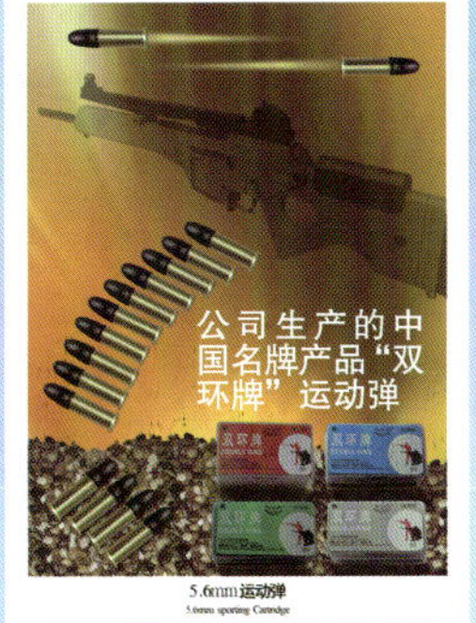

公司生产的中国名牌产品“双环牌”运动弹

新中国成立后的半个多世纪里，公司为祖国的经济建设和国防工业现代化建设作出了不可磨灭的贡献，公司不辱“保军报国，强企富民”的历史使命，始终保持军品科研、生产处于国内同行业的领先地位。民品发展已形成汽车部品、民用枪弹和紧固器材三大系列产品。中国名牌产品“双环牌”运动弹先后进入北京奥运会和伦敦奥运会，并助中国运动员获得奥运铜牌；今年喜获“中国驰名商标”的射钉枪弹是行业标准制定者；覆铜钢板带材是全国规模最大、技术最先进的厂家；汽车部品为国内知名品牌配套服务深受好评。

为不断提升企业发展质量和效益，实现转型升级，近年来，公司始终把科学发展放在首位，以中长期发展战略为引领，大力推进结构调整和管理提升，力争到2015年，企业利润总额、职工年人均收入、营业收入分别在2009年基础上实现一个两番和两个一番。经过一系列改革和调整，公司整体实力显著增强，经济发展方式得到转变，具备了较强的核心竞争力和可持续发展能力，企业拥有三个大型生产基地，下辖6个合资及控股子公司，年营业收入近16亿元，百年长江呈现出新活力，企业连续多年保持重庆文明单位称号，是重庆市工业企业100强企业之一，目前正朝着建设世界知名的同行业企业集团的方向迈进。

双环运动弹助中国射击运动员王智伟获得伦敦奥运会铜牌

重庆工贸职业技术学院

党委书记 马传松

重庆工贸职业技术学院是重庆市人民政府举办的全日制普通高等职业学校，自1936年建校以来，为国家培养了6万多名技术人才和管理人才。

学院占地33万平方米，校舍面积21.8万平方米，固定资产4.62亿元，馆藏图书52.1万册，教学用计算机1550台，教学实验仪器设备总值3594万元，有9个校内生产性实训基地、86个校内实训室。

学院有教职工341人，专任教师248人，教师中博士1人、硕士54人、教授5人、副教授113人，双师素质教师137人，重庆市高校中青年骨干教师2人，涪陵区科技拔尖人才8人，还聘请了一批实践经验丰富的兼职教师。

学院设有机电工程系、财经贸易系、生物化学工程系、建筑工程系、信息工程系、轻工系等6个教学系；开办建筑工程技术、生物制药技术、应用化工技术、机电一体化技术、会计电算化、应用电子技术、园林技术、鞋类设计与工艺等36个专业；有中央财政支持的实训基地3个、中央财政支持的专业2个、重庆市教改试点专业1个、示范建设专业4个、中澳合作推广项目1个、重庆市高等职业院校应用技术推广中心1个、市级精品课程3门、市级教学团队1个。学院面向17个省（市、区）招生，在校生7000余人，毕业生就业

举办秋季技能型人才招聘大会

召开第2次教学工作会

承办秦巴地区高职教育论坛学术报告会

运动场

率 95% 以上。

院长 宋正富

学院以就业为导向，以职业能力为本位，探索和实践“校校、校企合作”的开放式办学模式，建立校外顶岗实习基地 105 个，举办了“嘉陵－本田班”、“涪陵榨菜班”、“华峰班”、“观澜湖班”、“望江班”等订单班。学院是重庆市高技能人才培养基地，重庆市“企业科技特派员——百人计划行动”首批派出单位，涪陵区农村劳动力转移培训基地、移民培训基地、再就业培训机构、职业技能培训鉴定基地，开展 41 个工种的职业技能鉴定。

学院高职教育服务通过 ISO9001 质量管理体系认证，是高职高专人才培养工作水平评估“良好”学校、重庆市示范性高职院校立项建设单位、全国平安和谐校园、全国德育管理先进学校、档案管理国家二级单位、重庆市文明单位、重庆市依法治校示范校、重庆市平安校园、新中国成立 60 年重庆教育功勋特色高职院校。

地 址：重庆市涪陵区涪南路 108 号　　邮 编：408099
电 话：023-72806399（传真）　　招生热线：023-72806301
网 址：http://www.cqgmy.cn

新生军训汇报表演

通过重庆市园林式单位检查验收

市级示范院校建设方案及任务书通过评审验收

国家级双重学校

重庆铁路运输技师学院
重庆铁路运输高级技工学校
重庆铁路运输中等职业学校

学校党委书记、校长 郑建杭

重庆铁路运输技师学院是以培养各类中高级技术人才为主的一所国家级双重学校。校内设有国家职业技能鉴定所。

学校办学历史悠久，办学成果显著，专业特色突出，以优良的校风，上乘的教学质量，独特的校园文明礼仪教育，以及半军事化的管理而享誉大西南。学校多次被评为重庆市“文明单位”、铁道部“职业技术教育先进单位”、重庆市经信委“先进党组织”、“社会治安综合治理优胜单位”、重庆市社会与劳动保障局“技工教育先进学校”、市教委“招生工作先进学校”、重庆市“园林式单位”、市总工会“工人先锋号”。学校师资雄厚，在校生达5000余人。

学校主要开设“城市轨道交通运营管理”、“城市轨道交通信号”、“城市轨道交通供电”、“城市轨道交通车辆运用与检修”、“电力机车运用与检修”、“铁道施工与养护”、“机电设备安装与维修”等轨道交通相关专业，还与兰州、重庆交通大学合作，开办大专层次的函授教育。学校坚持“发展内涵、提升品质、突出特色、育人铸魂”思路，强化轨道专业技能，实施校企合作“按需培训”、“半工半读、工学结合”、“订单培养”集团化办学等多种人才培养模式，为轻轨、地铁、铁路等轨道运输行业输送了大批人才，深受用工单位好评。学校教学设施完善，新建的图书馆藏书逾10万余册。实习场所设备一流，建有电工技术实训室、电子装配生产实训室、车钳工实训室、电力拖动实训室、电气化供电综合实训室、轨道车辆技术实训室、PLC实训室、行车综合实训室、行车调度实训室、车站微机联锁实训室、供电装配实训室、供电3D模拟实训室、供电10kv配电所实训室、铁道信号装配实训室、供电信号车辆室外综合实训场、车辆制动实训场、地铁模拟驾驶实训室、地铁车辆仿真实训室、运输分散自律调度集中系统（CTC）实训室、供电远动系统实训室等实习实训场所及6个大型计算机房等先进教学设备。

军事化管理

铁路乘务员

学校倡导“刻苦攻读、立志成才”的校风，注重培养学生高尚的道德品质、良好的行为规范。学生以规范的行为、良好的气质、娴熟的技能，受到用人单位、社会各界好评。学校坚持走校企合作、产教结合之路，先后与成都铁路局，重庆轨道交通总公司（轻轨），成都、宁波、无锡、青岛地铁公司，重庆长客车辆公司，中国中铁集团等企业签订了校企合作战略协议，并为以上企业“订单”培养学生5000余名。历届毕业学生安置的单位有：重庆、成都、贵阳、昆明、广铁、达成等铁路单位，中铁电化局，中铁八局，中铁二局，重庆轨道交通总公司（轻轨），成都地铁，重庆长客车辆公司，重庆机电集团、中国电信，中国联通，中国移动，电力公司等。、

校企合作 互利共赢

重庆轻轨 值班员

学校地址：重庆市沙坪坝区上桥张家湾50号 邮编：400037
联系电话：023-61655131 023-65209944
网 址：www.ctjx.net e-mail:ctjxzsb@tom.com
微 博：http://weibo.com/ctjxgw

办学理念：校企融合，实施“全面客户满意”的技能教育
学校使命：为顺畅的轨道交通提供优秀的劳动者
学校愿景：让我们的身影活跃在世界的每一条轨道干线上
办学方针：发展内涵、提升品质、突出特色、育人铸魂

电气化铁道供电实验室

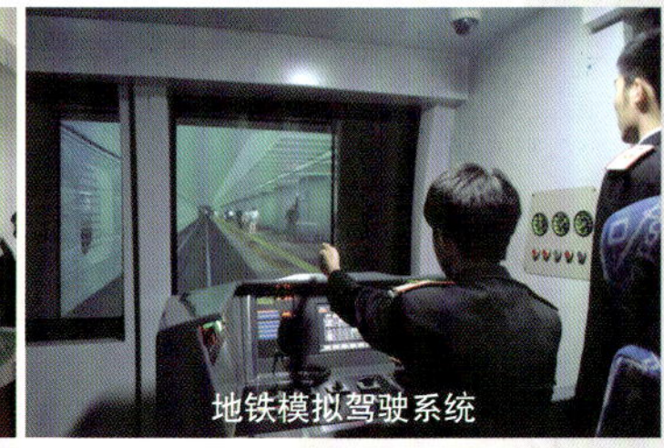
地铁模拟驾驶系统

建设一流生态经济强街，助推经济社会和谐发展
——北温泉街道

团结和谐的领导班子

街道办公大楼

北温泉街道位于缙云山麓，嘉陵江畔，有国家级风景名胜区缙云山、北温泉，依山傍水，生态环境优美。辖区幅员面积24.8平方公里，辖3个行政村，8个社区居委会，常住人口9.6万人，其中户籍人口5.4万人，流动人口4.2万人，农业人口3100人。辖区有机关企事业等单位359个，是我区行政中心所在地，是重庆市"建设和谐社区工作示范街道"。

近年来，在区委、区政府的正确领导下，北温泉街道紧紧围绕建设"重庆市一流生态经济强街"的发展目标，振奋精神，与时俱进，齐心协力，奋力拼搏，不断加强党建、民主法制建设和民生事业，推进经济社会又好又快发展。

（一）调结构促发展，经济繁荣强实力。作为北碚组团核心区，街道既集约发展工业，提升工业发展质量，又大力发展第三产业，特别是商贸服务业，壮大经济发展总量。一是工业发展稳中有升。坚持把培育城市工业作为转型发展的强力引擎，积极探索发展城市工业和总部经济，深化经济发展内涵，推进经济发展方式转变，着力提高经济发展质量，2012年实现总产值105.98亿元、同比增长31.58%；总收入111.78亿元、同比增长32.67%；利润15.67亿元、同比增长31.01%；实交税金8.57亿元、同比增长28.64%；完成预算内财政收入2690万元；二是第三产业发展不断加快。坚持把招商引资作为结构调整、转型升级的驱动器，建立商业设施开发建设数据库，制定街道领导联系重点商贸企业和重点商贸企业联系会议制度，实行重点商贸项目领导负责制，加大商贸招商服务工作力度，义乌商贸城、印龙春天百货等350余家商贸企业落户发展，助推了街道商贸流通产业快速发展，2012年实现社零总额36.08亿元、同比增长32.4%。在缙云山沿线发展农家乐72家、度假村5家，年接待游客36万余人次，年实现营业收入6500万元左右。

街道领导看望留守儿童

北温泉街道开展植树节活动

（二）优服务惠民生，社会管理树品牌。坚持民生发展导向，加大财政投入，着力改善城乡居民生产生活条件，让人民群众切实享受到改革发展成果。一是基础设施建设进一步加强。积极争取区交通、水利部门的支持，升级改造沿山公路11公里，修建饮水工程7处，既改善了村民的生产生活条件，又保障了森林消防通道的通畅快捷。先后对云清路社区等村居阵地进行了改扩建，完善各项服务功能。二是城乡环境进一步改善。以创建国家环境模范城区为契机，加大人财物投入，注重点面结合，突出重点和长效，加强对温泉大道、渝武高速缙云山出口、居民集中居住点和城乡结合部风貌整治，美化环境，提升形象，为我区成功创建国家环境模范城区做出了积极的贡献。三是城乡文化繁荣活跃。在嘉陵风情步行街建起了全区第一个街道文化活动中心，开展各类文化活动100余场次，丰富群众文化生活。四是人口计生工作走在全区前列。投资20余万元在华光社区打造人口文化一条街，成为全区典范，街道也多次代表区接受市计生委的检查，人口计生工作连续多年保持A级镇街和优质服务先进街道的称号。五是社会保障体系进一步健全。对低保户、"三无"人员、五保对象做到应保尽全覆盖，加大对突发性、临时性困难家庭临时救济力度。六是探索创新社区网格化管理。在华光、云清路和新天花园社区先行试点，通过划分网格单元，设立网格员，将辖区居民信息采集、社情民意调查、民生事项代办、信访诉求代理、群防群治巡逻、安全隐患排查等涉及群众利益事项作为网格管理员的主要职责，网格员通过每月逐户走访巡查责任区域，采集居民信息，反映社情民意，做好代理代办事项，将服务触角延伸到居民楼幢、群众家庭当中去，实行社区管理精细化，先后在《当代党员》、《重庆日报》登载报道。

街道深入社区开展院坝招聘会

街道党工委书记刘宇国到社区宣讲十八大精神

（三）强作风夯基础，基层党建显活力。一是着力推进干部队伍建设。班子成员精诚团结，大事讲原则，小事讲风格，自觉做到思想上合心，步调上合拍，工作上合力。二是切实加强基层组织建设。按照打造"全市一流、全国有影响"的基层党建品牌标准，在城南新区成立"嘉陵风情步行街 -- 云清路社区联合党委"，探索"五大联合机制"，开展"七个一工程"建设，建设"五彩"家园，着力破解区域党建难题，先后多次接待中科院、人保部以及市区领导观摩检查，去年六月还接待了市委常委、组织部长徐松南一行。新兴公司党委创新实施的"平台管理"党建模式，成为全区两新党建工作品牌，受到中组部领导的充分肯定，并在全区两新党组织中推广。三是突出抓好党风廉政建设。认真落实党风廉政建设责任制，在党务、政务、财务、评先和干部使用方面进行全面公开，在大宗设备采购、工程建设招投标一律通过街道交易分中心运行，接受群众监督，有效防止杜绝了违法违纪事件发生。

对农家乐业主开展服务礼仪培训

街道打造的白云农家乐一条街

重庆市中小企业发展指导局

重庆市中小企业局党组、局领导班子成员参加全市中小企业半年工作会

重庆市中小企业局走过了38年的光辉历程。1975年市委决定在市农机局成立社队企业处，1976年成立重庆市社队企业局，1984年更名为重庆市乡镇企业管理局；2002年，市委决定在市乡镇企业管理局的基础上，组建“重庆市中小企业发展指导局”，保留“重庆市乡镇企业局”的牌子，2003年正式挂牌运行，同时，市委还决定将重庆市民营经济发展领导小组办公室（2005年更名为重庆市非公有制经济领导小组办公室）设在市中小企业局。至此形成了一个机构、三块牌子（中小企业局、乡镇企业局、非公有制经济领导小组办公室）的新体制，成为负责对全市非公有制经济、中小企业和乡镇企业发展进行指导和服务的正局级（2008年机构改革为副厅局级）行政政机构。市中小企业局内设办公室、经济运行处、产业发展处（三峡库区淹没工矿企业结构调整办公室）、对外经济合作处、政策法规处（重庆市人民政府民营企业维权投诉中心）、融资服务处（发展基金管理办公室）、科技处、人事教育处（引进智力工作办公室）对全市非公有制经济、中小企业、乡镇企业发展给予指导和服务。

重庆市中小企业局党组书记、局长马发骧出席重庆市非公有制企业服务中心授牌仪式

2012年，市中小企业局在市委、市政府的正确领导下，认真学习实践科学发展观，不断优化发展环境，提高指导服务水平，以全国统筹城乡综合配套改革试验为动力，着眼构建“一圈两翼”区域发展新格局，因地制宜，分类指导；着眼扩大内陆改革开放高地建设，大力开展招商引资活动；扎实推进工业化进程，做大做强成长型企业，推动公众创业；强化载体建设，积极发展都市工业，扎实培育特色产业，努力构建产业集群；加快技术创新步伐，有力促进城乡统筹，使全市非公有制经济、中小企业、乡镇企业继续保持了健康快速发展势头。

2012年重庆市非公有制经济总量突破7000亿元大关，达到7136.5亿元，同比增长16.9%，高于全市平均水平3.3个百分点；占全市GDP的比重达到62.3%，对全市经济增长的贡献率达到78%，拉动全市经济增长10.6个百分点。中小微企业增加值突破4000亿元大关，达到4090.9亿元，同比增长15.6%，占全市GDP的比重达到35.7%，对全市经济增长的贡献率达到42.6%，拉动全市经济增长5.8个百分点。全市乡镇企业实现增加值1980.3亿元，同比增长13.1%。

重庆市中小企业局及市级有关部门在江北区观音桥广场举办2012首届重庆中小企业服务博览会

2013年，重庆市中小企业局将全面贯彻落实党的十八大精神，紧紧围绕“科学发展、富民兴渝”的总任务，引领全市非有公有制经济、中小企业、乡镇企业坚持走循环经济和可持续发展道路。进一步扩大开放，转变经济发展方式，加大产业结构调整；努力扶持公众创业，壮大非公经济，做强中小企业，发展都市工业，培育特色产业，构建产业集群；突出抓好中小工业发展，助推为全市“三类经济”“十二五”规划的顺利实施。

重庆市企业联合会 重庆市企业家协会 重庆市工业经济联合会

陈和平、童小平、余远牧、吴家农、金烈、陈之惠、陈万志等领导同志与重庆市杰出、优秀企业家合影留念

重庆企联换届大会会场

1982年2月1日，重庆市企业联合会的前身重庆市企业管理协会成立。2005年4月进行直辖后换届改选。重庆市企业联合会、重庆市企业家协会、重庆市工业经济联合会（以下简称“重庆企联”）是经市民政局注册登记、非营利的社会组织。2006年9月以来，重庆企联实行三会一体的管理和服务模式。业务主管部门为重庆市经济和信息化委员会，同时接受中国企业联合会、中国企业家协会、中国工业经济联合会和重庆市国资委的指导。

2013年7月6日，在市委、市政府的支持下，重庆企联举办了换届大会暨会员代表大会，选举产生新一届理事会领导班子。重庆直辖市第一届市经委主任、第二届市政府副市长、第三届市人大常委会党组副书记、副主任余远牧同志当选为我会新任会长，吴冰、张祥明同志为执行副会长兼秘书长，郭庆华为副会长（驻会）兼秘书长。

31年来，重庆企联在历届市委、市政府领导的关怀下，在中国企业联合会的指导下，在市经信委、市国资委、市民政局等市级部门的支持下，在历届名誉会长、历届会长和秘书长的领导下，在广大企业和企业家会员、社会各界的参与下，高举中国特色社会主义伟大旗帜，坚持以邓小平理论、“三个代表”重要思想和科学发展观为指导，秉承“面向企业，为企业和企业家服务”宗旨，与时俱进，开拓创新，开展了企业政策调研，履行企业（雇主）组织代表职能，实施了十二大品牌服务项目。一是评选重庆市优秀企业家和杰出企业家，并向中企联推荐全国优秀企业家；二是进行重庆市企业百强排序，包括制造业百强、服务业百强、经济效益50佳，并向中企联推荐全国企业500强；三是评选重庆市并推荐全国企业管理现代化创新成果；四是开展企业文化建设，评选市企业文化建设先进企业、示范基地；五是开展企业诚信建设和履行社会责任活动，推荐企业参加全国企业信用评价；六是助推企业品牌建设，推选市知名品牌企业；七是管理咨询师考试、注册、培训；八是职业经理人的认证与培训；九是企业法律顾问的考试、注册、培训；十是“中国工业大奖”的培育、推荐；十一是协助区县和企业招商引资；十二是组织企业家赴外省市、出境、出国考察。十二大品牌服务项目的实施，为推动企业改革、创新和发展，促进企业家成长和企业家队伍建设等方面作出了积极的贡献，充分发挥了在政府、企业和企业家之间的桥梁和纽带作用。31年来，重庆企联不断拓展服务职能，不断完善组织体系和创新工作方式，发展成了代表重庆企业和企业家合法权益的企业联合组织。

国际劳工组织SCORE提升企业管理创新水平培训项目总结大会

2013重庆市企业家活动日会场

地址：江北区五简路2号重庆咨询大厦14楼1403-1406 邮编：400023

联系电话：023-67733162，67722922，67733082，67733520

传真：023-67733505 E-MAIL：cqqiyejia@vip.163.com 网址：www.cqqyj.org.cn

2013百强发布会暨綦江招商推介会

2013重庆企业家年会会场

表彰2012重庆市优秀诚信企业

长安建设：以军工品质铸就行业标杆

重庆长安建设工程有限公司成立于1996年，是中国兵器装备集团公司旗下长安工业（集团）公司的全资子公司，注册资本金15000万元。具有建筑施工总承包壹级资质，主要经营：房屋建筑工程总承包（壹级）、机电设备安装工程专业承包（壹级）、建筑机械设备租赁以及为国内企业提供劳务派遣服务等。

多年来，公司始终恪守"百年长安，报国中坚"的光荣使命，以"诚信创造未来"的经营理念和"工作抓落实、上下讲实干"的执行文化，认真对待每一项工程，精心施工、科学管理、质量第一，将军工的品质贯穿到企业生产经营的每一个环节，成功铸就一个又一个行业标杆。

●国内最先进的汽车整车厂房建设项目：长安福特马自达重庆、南京整车厂房建设，建筑面积合计30万平方米；

●国内最大的联合厂房项目：长安福特发动机建设项目，建筑面积22万平方米；

●国内投资最大的整车厂房建设项目：中国长安深圳标致雪铁龙合资项目整车厂，建筑面积30万平方米；

●安徽合肥规模最大的商用车生产线技术改造项目：中国长安合肥昌河项目，建筑面积23万平方米；

●河北定州规模最大的生产线新建项目：河北长安汽车生产线扩能技术改造项目，建筑面积11万平方米；

●山西太原规模最大的厂区新建项目：太原南方重型汽车厂区搬迁项目，建筑面积8万平方米。

此外，公司承建了中国南方工业研究院、长安福特杭州、长安铃木、长安汽车整车及发动机厂房等众多技术复杂、施工难度高的大型工业厂房项目和重庆长安华都、长安丽都、长安锦绣城等众多高档住宅小区和大型城市综合体，以及长都假日酒店和锦绣城智选假日酒店两家国际品牌酒店项目，业务市场遍布华北、华东、华南和西南地区。

公司坚持走质量兴企之路，屡创佳绩，信誉卓越。自1998年起，连续多年被评为重庆市建筑业"先进企业"、重庆市"守合同重信用"企业、重庆市"诚信纳税"企业、重庆市"建筑安全生产先进单位"、"十佳城市建筑先进单位"等。已创"巴渝杯"、"三峡杯"、"江北杯"优质工程奖40余个。2012年，更一举获得业内最具实力和影响力的"中国建筑最具综合实力100强"、"中国建筑优秀施工企业"等荣誉，充分彰显"长安建设"的品牌实力。

经过多年积累和发展，公司已成长为一家集工业厂房、住宅和商业地产建设为一体的大型专业建筑企业。展望未来，公司将倍加珍惜每一份荣誉，继续坚持以"军工品质"为用户创造最优秀的建筑产品，以长安150年的历史沉淀为社会创造更大的价值，并愿与社会各界朋友共同合作，共创辉煌。

重庆电影集团 ChongQing DianYingJiTuan

重庆电影集团从2012年3月23日正式挂牌成立运行近2年时间。在市委宣传部的领导下，在市文广局和各股东单位的大力支持下，在班子成员和全体员工的共同努力下，集团各项工作已步入正轨。

一、主营业务迅速推进

2012–2013年重庆电影集团影视项目

影视项目	2012年投拍项目	2013年投拍项目
电影项目	历史灾难电影《一九四二》 主旋律电影《永远的雪山草地》	贺岁电影《私人定制》； 惊悚电影《朝内81号》 军旅电影《男兵女连长》 亲情电影《爸爸的晚餐》 本土电影《黄莲有点甜》 青春爱情电影《闺蜜》 悬疑电影《闯入者》
电视剧项目	电视连续剧《小鬼子走着瞧》 电视连续剧《猎杀》 电视连续剧《好家伙》 电视连续剧《利箭行动》	革命历史题材电视剧《毛泽东》 电视连续剧《十月围城》 电视连续剧《刺刀英雄》 电视连续剧《大茶商》

重庆电影集团抓住主营核心业务，在电影和电视剧投拍上狠下功夫。一是投拍电影在数量和质量上全面突破。目前相继投拍并拟于明年公映的惊悚大片《朝内81号》、青春爱情片《闺蜜》、悬疑剧情片《闯入者》。电影集团还联合本土民营影视机构乃至区县政府、部队，力推本土题材和中小成本电影，本土电影《黄莲有点甜》、亲情电影《爸爸的晚餐》、军旅电影《男兵女连长》等，拟于明年对外公映。二是电视剧投拍在品牌宣传和经济效益上实现双丰收。2013年投拍4部，其中电视剧《毛泽东》已在央视一套排播，其它商业剧也将在全国各大卫视强势播出。在电视剧项目上，集团与主要股东单位重庆广电集团签订战略合作协议，充分依靠重庆电视台购剧优势和人才资源优势。另外，集团与本土民营电视剧制作公司笛女阿瑞斯签订战略合作协议，共同在北京创建重庆电影集团笛女阿瑞斯工作室。三是项目策划、管控和储备能力大幅提升。重庆电影集团和广电集团共同建立影视联席会议机制，共同策划影视项目。

二、衍生业务全面展开

电影集团围绕电影和电视剧，广泛开展衍生业务拓展，在多媒体多平台互动营销宣发上取得大的突破。一是电影营销宣发工作获得市场高度认可。电影集团承揽了电影《被偷走的那五年》重庆地区的宣发工作，助力该片在重庆同档期影片中排片率高居第一，并以近2亿元的票房成绩成为今年暑期档的大赢家。二是建立了集团官方网站和微博。完成了企业logo和企业CI设计，建立了官方网站重影网http://www.ccqfilm.com，开通了新浪微博和腾讯微博。三是探索媒体互动营销宣发模式。电影集团的营销工作在依托广电集团媒体资源的基础上，2013年上半年成功参与了郭德纲全国巡演（重庆站）项目和电影《富春山居图》重庆首映礼的营销策划工作。四是试水教育培育与演艺经纪产业。从2013年开始，电影集团开始策划与重庆大学美视电影学院、重庆广播教育学校合作，积极探索影视教育培训项目和演艺经纪项目。

三、影视产业链逐步完善

为获取稳定现金流，重庆电影集团在打通影视产业链上做文章。一是大力拓展影院投资。一方面，与上海华昕影院投资公司达成合作协议，其所属重庆华大龙湖影院将使用电影集团LOGO，并由电影集团直接参与影院管理。另一方面，电影集团成功争取到綦江区荣润凯旋天街影院项目。目前该项目已进入设计施工一体化公开招标阶段，预计2014年年初可投入运营。二是积极规划影视基地。根据自身实力和发展需要，电影集团目前正与荣昌县路孔古镇等旅游景区联系，希望以影视拍摄基地项目合作为基础，寻找合作商机。

重庆市崇发房地产开发有限公司
重庆市远举建筑工程有限公司

重庆市崇发房地产开发有限公司是垫江县房地市场中近年来的一颗新兴发展中的房地产开发企业。通过几年的发展，具有三级房地产开发资质，注册本金 2068 万元，员工百余人，其中具有大学本科 10 人，大专 14 人，拥有各类管理人员、专业技术骨干 23 人，其中：高级工程师 2 人，中级职称 12 人，以及经济类专业技术人员数名。公司机构建全、制度完善、管理科学、人员配备合理，能胜任与资质等级相符合的房地产开发事务。

几年来，严格执行项目手册制度，按要求如实填报相关内容，建立项目档案，严格执行审核制度，按照行业主管部门的要求建立了信用档案和网上填报各种资料，严格执行国家用工规定和劳动合同制度，按时足额支付工程款和农民工工资。几年来，未出现拖欠施工方工程款和农民工工资的现象。在工程质量安全方面严格执行国家关于建设工程质量、安全的规定，并创办了农民工业余学校，对农民工进行就业培训，对公司的开发建设项目、注重对施工队伍的管理，建立健全各项相关管理制度，做到职责明确，制度完善，措施到位，处罚分明，执行有力，公司开发建设的项目在建设中从未发生过任何大小质量及安全事故，工程合格率达 100%。

公司在各级部门的指导，帮助和大力支持下，始终坚持“诚信、守信”的原则，严格奉行“信守合同标准管理、改进、顾客满意”的发展方针、恪守技术领先质量合格，服务上乘，信誉良好。的经营宗旨，以“科技为指导，以质量安全为生命，以用户满意为最终目标”作为企业发展的观念，赢得社会各界的好评。获得的主要有：2009 年被垫江县人民政府授予“建筑质量安全先进集体”2009 年被垫江县工商局授予“守合同，重信用”企业。2010-2011 年被垫江县人民政府授予“纳税大户”。2011-2012 年被重庆市工商行政管理局授予“守合同重信用”企业。

公司先后开发了矿办宿舍楼、西城雅豪商住。小区、和正在开发的坪山瑞海新城等累计开发面积达 16 万平方米之多。现开发瑞海新城是垫江乡集镇的又一大亮点。形成便捷通畅的环境交通体系，项目集购物、休闲、美食、观光、娱乐于一体，将成为垫江乡集镇的一个集商贸与居住于一体的高品质性地域标志性项目。

公司将继续以科学发展观为指导，解放思想，坚定信心，抢抓机遇，坚持又好又快的发展方式，为建设好美丽的城市以优秀的业绩回报社会，为构建和谐社会做出新的贡献。

重庆红岩土石方

施工中的北滨国际中心土石方工程

施工中的回龙坝公租房二期土石方工程

重庆红岩土石方工程有限公司成立于二ＯＯ七年十一月，是一家以建筑工程施工为主的民营企业，公司拥有市政公用工程总承包二级资质，土石方工程专业承包二级资质、道路工程专业承包三级资质、爆破与拆除工程专业承包三级资质、地基与基础工程专业承包三级资质、爆破四级资质等多项资质，现注册资金为 2000 万元。

公司建立了完善的管理体系，现有在职员工 350 余人，其中高级职称人员有 6 名，中级职称的人员有 52 人，具有初级职称的人员有 49 人，其他技术人员 180 余人，总经理 1 人，副总经理 2 人，总工有 2 人。公司按照现代企业管理模式严格管理，下设财务部、行政部、合同预算部、工程部、材设部五大部门。公司拥有齐全的土石方和房建工程施工设备，有各种压路机、推土机、挖机、沥青摊铺机及各类施工设备多套，能满足各种建筑工程施工之需要。

在董事长马祖美女士的英明引导下，整个团队经过四年多的努力，持续年年盈利，现资产规模逾 1 亿元人民币，年施工能力达 10 亿元，目前有在建工程多个。截止 2009 年 3 月，公司旗下又成立了重庆亿桥建筑工程有限责任公司；2012 年 12 月公司成立了重庆怡神轩餐饮管理有限公司；2013 年 6 月，公司成立了重庆海美怡农业发展有限责任公司；另外，公司自有汽车美容装饰店一个和碎石加工厂一个。

施工中的江北嘴土石方及道路工程

由我司承建的天盈．海峡路土石方一期工程

红岩人秉承“以诚信赢市场，以管理赢效益，以合作赢发展，以机制赢机会”的经营方针，适应市场发展需要，主动进取、突破主业、多元发展、立足自身，充分贯彻以市场为导向，人才为核心，效率效益为目标的管理原则。在短短的几年时间，公司先后完成了中海·北滨一号土石方工程、管网工程、道路与桥梁工程的施工，大学城·电子工程职业学院土石方工程、道路和桥梁工程，中国地产·曼哈顿一期、二期土石方工程，重庆市江北嘴中央商务区 B、C 地块土石方工程，西部物流园公租房项目土石方工程，鸥鹏集团五里店 Q 城土石方工程，中海国际社区 3# 地块土石方工程及别墅示范区房建工程，中海国际社区 2# 地块一期、二期房建工程，南岸区海峡路一期土石方工程，“北滨国际”土石方及边坡治理工程，董家溪土石方工程等施工项目。为重庆的建设工作做出了应有的贡献。

红岩人将一如既往的坚持以人为本，突出个性化管理，强化制度建设，坚持以“诚实守信、信誉第一”的原则赢得客户的满意，坚持以多种经营方式提高经济效益，向客户提供满意的服务和优质的产品。为美丽的城市和和谐的社会做出贡献而努力！为祖国的大好河山增彩加色！我们愿与社会各界合作，优势互补、资源共享，携手并进，走得更远、更高！

重庆明珠环保

董事长：段绍蓉

重庆明珠环保工程有限公司成立于1998年4月，公司前身为明珠保洁有限公司，于2011年8月由原有的劳动密集型保洁行业转型为以清洗工程、水处理技术、环境综合治理等服务为主体，集工业整体服务外包，科研工程设计，工业清洗剂，水处理药剂研发、生产、销售和售后服务一体化的创新科技环保型企业。公司办公地址位于重庆市渝中区北区路73号创意大厦21层，注册资金800万元，经营场所2000㎡，职工人数180多名，公司经营管理团队由一批年轻化知识化的优秀技术人才组成，其中研究生5名，本科毕业生20名，同时与院校、科研单位形成战略合作关系，并由行业专家组成公司技术顾问团，为公司技术支持提供坚实后盾。回顾公司十四年来的发展历程，均受到各级政府、智能部门的关心和帮助，使"明珠"得以快速成长。十多年来，公司秉承以科学化、流程化、标准化为服务宗旨，服务于各企事业单位，连续七年被重庆市政府评为"优质安全，客户满意"的优秀企业；连续十年公司被渝中区消费者权益保护委员会授予"消费者信得过企业"；连续十年被市工商局、共青团重庆市委员会、市私协授予公司驻珞璜电厂1号机组全体员工"青年文明号"称号；连续八年被市工商局渝中区分局授予"守合同重信用企业"光荣称号；被渝中区政府授予"2003年—2009年诚信企业"；2006年被市工商局渝中区分局授予"2005年—2009AA级年检免审企业"；2004年国务院发展研究中心授予公司"中国保洁模范单位"；2008年被市工商局渝中区分局、市私协授予"2003年—2009年先进私营企业"称号；公司是重庆市清洗行业首家取得高空作业资质许可证的单位；2012年公司管理顺利通过GB/T28001-2001职业健康安全管理体系认证；ISO14001:2004环境管理体系认证；ISO9001:2008质量管理体系的认证，2009年被重庆市人民政府发展研究中心年鉴组委会评为"名优企业优质产品上榜单位"；2009年被重庆市渝中区消费者权益保护委员会评为"售后服务先进单位"；2010年被全国清洗行业信息中心授予"2001年—2010年度中国清洗行业（工程服务）金牌企业"；2011年度荣获中国行业领先品牌企业推荐组委会、中国中小商业企业协会、中国管理科学研究院颁发的"中国清洁服务行业客户信赖十大质量品牌""全国质量、服务、信誉AAA级企业（品牌）""中国诚信经营十佳示范单位"；被重庆市工商行政管理局评为"2011年守合同重信用单位"；2012年公司荣获慧聪网全国评选"2012年中国清洁行业最具影响力十大评选"中入围"十大保洁服务公司"系列30强；被中国国情调查委员会、中国保护消费者基金会授予"行业最具影响力诚信品牌"、"全国质量服务信誉信得过单位"；被中国国际经济技术合作促进会、北京《企业改革与管理杂志社》授予"最具特色品牌企业"等荣誉；并取得了中国锅炉水处理协会颁发的《锅炉化学清洗A级证书》《工业设备清洗B级证书》《工业设备高压水射流清洗B级证书》等行业相关资质和质量认证。"明珠"公司"创一流质量，树明珠形象"的相关事迹被重庆报刊、杂志等新闻媒体多次宣传、报道。未来公司也将不断加强内部管理、提升员工整体素质，创新技术服务来适应未来发展需要，为推动中国工业文明、环保节能事业贡献自己微薄的力量。

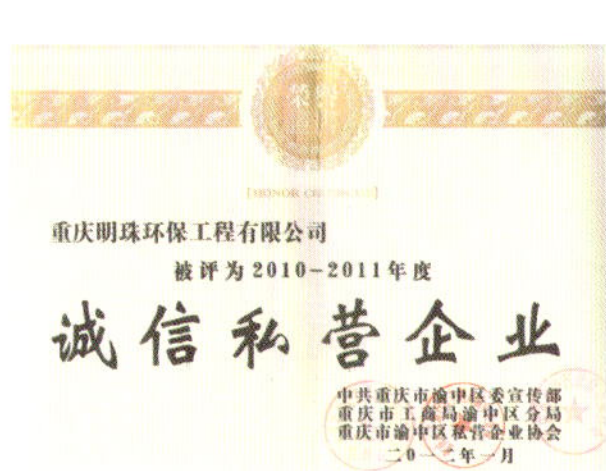

重庆明珠环保工程有限公司
被评为2010-2011年度
诚信私营企业

荣誉证书
授予：重庆明珠环保工程有限公司
行业最具影响力诚信品牌

荣誉证书
授予：重庆明珠环保工程有限公司
全国质量服务信誉信得过单位

荣誉证书
重庆明珠环保工程有限公司
荣获2011-2012年度
优秀会员单位

荣誉证书
重庆明珠环保工程有限公司：
2012和谐中国年度企业

荣誉证书
授予：重庆明珠环保工程有限公司
最具特色品牌企业

工程有限公司

公司宗旨：敬业守信、开拓创新

段绍蓉个人介绍

段绍蓉，女，汉族，大学学历，会计师，中共党员。现任重庆明珠环保工程有限公司和格瑞众鑫科技发展有限公司董事长。

1965年毕业于乐山商业会计学校。

1965年—1971年任乐山峨眉人行会计，峨眉县城关镇团委书记兼妇联主任。

1971年—1998年任重庆第三机床厂总会计师、副厂长等职务。

1998年—至今任重庆明珠环保工程有限公司董事长。

2001年任渝中区私营协会副会长。

2002年任《重庆市环境科学》理事会副会长。

2002年任重庆市非公有制经济促进会副会长。

2002年被渝中区人民政府授予"先进工作者"光荣称号。中国文化促进委员会授予"优秀企业家" 光荣称号。

2002年被邀请参加"入世与中国企业家、政府官员论坛"并评为本届大会优秀代表。

2003年被选为中国人民政治协商会议重庆市渝中区第十一、十二届委员会委员，2006年获得渝中区政协"特殊贡献的优秀政协委员"。重庆市人民代表大会法制委员会立法调研员。

2003年任重庆市家政服务行业协会副会长。

2003年、2004年连续代表中国出席第十届、第十一届全球女企业家会议，被评为"优秀女企业家"。

2004年被确定为中国国情研究会行业研究员。中国国际组织研究会高级研究员。

2004年获得中国百名行业创新杰出人物"金像奖"。

2005年任重庆市民营企业家联合会常务理事。重庆市维护企业权益协会常务理事，《企业权益》杂志编委。

2005年任重庆市商业联合会常务理事。

2006年荣获渝中区政协"特殊贡献的优秀政协委员"。

2006年12月被中共重庆市渝中区委员会、重庆市渝中区人民政府评为"优秀中国特色社会主义事业建设者"。

2002年—2007年被重庆工业职业高等技术学院连续评为"优秀共产党员"及"先进共产党员"。

2008年12月被中国市场经济研究会邀请出席"第五届中国民营经济高峰会"并被评为优秀与会代表。

2008年12月被中国工业合作协会中国市场经济研究会评为中国和谐社会杰出企业家

2009年1月被中国国际经济发展研究中心评为中国改革创新风云人物荣誉称号

2009年3月5日被重庆市妇女联合会重庆市女企业家协会评为重庆市第七届优秀女企业家

2009年3月被选为中国职业健康协会高空服务业分会副会长

2009年7月15日被重庆市维护企业权益协会选举为协会理事会副会长

2009年9月15日被重庆女企业家协会选举为第二届理事会常务理事.

2009年9月被重庆市环卫协会任命为理事会副理事长。

2009年11月被评为国际科学研究院终身"客座教授"。

2009年12月被选为重庆市海外交流协会第二届理事会常务理事。

2010年3月被中国女企业家协会评为"杰出创业女性"光荣称号。

2010年12月当选《环境工程》杂志第一届理事会理事。

2011年2月被环境卫生协会评为"突出贡献十佳人物"称号。

2011年3月入选重庆市市委宣传部、重庆市文明办共同举办的《和你在一起—重庆市3.5学雷锋日特别晚会》"身边好人"人物榜。

2011年6月被中国管理科学研究眼、中国社会经济文化交流协会、中国中小商业企业协会、中国行业领先品牌企业推介活动组委会共同评为"中国清洁服务领域十大杰出魅力领军人物"。

2011年7月被中国民族企业家协会任命为中国民族企业家协会理事。

2012年6月被中华全国妇女联合会评为"巾帼标兵"称号。

2012年7月被国际科学研究院评为"中国当代杰出人才"称号。

。。。。。。

工业清洗专家来我公司对员工进行培训

珞璜电厂门口中央空调清洗合影

网址：http://www.cqmingzhu.com
邮箱：postmaster@cqmingzhu.com
电话：023-63725212 传真：023-63852354
邮编：400015
地址：重庆市渝中区北区路73号（创意大厦）21层

重庆银利土石方工程有限公司

CHONGQINGSHI YIN LI TU SHI FANG GONG CHENG YOU XIAN GONG SI

重庆银利土石方工程有限公司于1998年12月成立，现有注册资金人民币500万元整。在重庆发展的大好形势下，公司不断发展，规模逐步壮大，技术力量雄厚，现企业自有挖掘机、装卸机、液压钻机、空压机、自卸汽车等机械设备46台（件）。公司主要经营土石方、地下爆破为主，拥有重庆市城乡建设委员会颁发的土石方工程专业承包叁级资质、地基与基础工程专业承包叁级资质、建筑装修装饰工程专业承包叁级资质及重庆市公安局颁发的地下爆破与露天爆破资质。

公司现有工程技术人员50人，高级职称5人，中级职称18人. 以“诚信为本吸纳精英创造精品优质服务”为经营理念，奉行“团结认真实干创新”的企业精神。我们承诺将以最新的技术，最优质的服务，最合理的价格与您合作，用简洁、方便、低. 耗、环保的操作方式为您带去一流的工程质量和经济效益。

重庆通绮商贸有限公司
重庆市大渡口区百威陶瓷经营部

公司成立于2002年，主要经营白塔瓷砖，广东新明珠陶瓷集团"惠万家"陶瓷。经营方式批发兼零售。

公司本着质量第一、信誉至上的服务宗旨，在广大客户心目中树立了良好的信誉，我们将一如既往的坚持谦虚谨慎、不骄不躁的工作作风。全心全意地位广大客户服务，用优异的成绩回报社会。

MEILININ 美力宁 重庆美力宁保温材料有限公司

·公司简介·

重庆美力宁保温材料有限公司座落于：西部直辖市—重庆九龙坡区白市驿镇（成渝高速白市驿出口500米），地理位置优越，交通十分便利。

重庆美力宁保温材料有限公司，是专业生产绝热用挤塑聚苯乙烯泡沫塑料(XPS)保温板的厂家，产品(已在市建委登记备案)广泛应用于屋顶，墙体、楼地面隔热、保温及冷库中央空调风管、机场跑道、地铁。公司生产设备先进、技术人才专业、管理经验丰富是生产一流美力宁板的基础，美力宁公司始终以"产品至优、信誉至上、价格至廉、服务至善"为企业宗旨。

八年来美力宁公司始终以产品、质量为纽带，以信誉、服务为桥梁，热忱欢迎新老顾客朋友前来洽谈、指导。让我们携手同行、携手同进，共创新的辉煌！

工厂照片

产品照片

厂址:重庆九龙坡区白市驿镇(成渝高速白市驿出口500米)
电话:023-65708566 传真:023-65788858
网址:http://www.cqmln.

企业宗旨　质量求生存、信誉作保障、技术为后盾、服务为核心
企业理念　以人为本、健康环保、品质至上
营销理念　先做人、后做事，先助人、后助己
公司广告　彩绘温馨浪漫生活，营造绿色健康环境

重庆壁虎节能建材有限公司

重庆壁虎节能建材有限公司始建于2005年（原日森公司为基础），是一家专业致力于涂料系列产品的研究、开发、销售及服务为一体的综合性企业。公司拥有现代化的生产、检测及实验设备，并已建立起完善的涂料系列产品结构，产品品种齐全，性能质量稳定。公司生产的日森内外墙防水乳胶漆、保温材料、日森超强防水涂料、日森有机硅防水剂、日森液体壁纸漆等系列产品，通过国家权威检测中心检测，符合GB/T9756-2009/GB18582-2001/JC-T864-2000等标准，并获得《国家质量管理体系ISO9001-2000认证》、《中国绿色环保、节能建材产品认证》和《国家建材AAA级质量服务信誉企业认证》。

公司坚持走专业化、品牌化、规模化道路，秉承"重量求生存、信誉作保障、技术为后盾、服务为核心"的原则，全力打造"日森"国际品牌，公司崇尚"以人为本、健康环保、品质至上"的经营理念，愿与国内外各界人士精诚合作，携手共创美好未来。

重庆市新星彩玻璃有限公司

公司简介

重庆市新星彩玻璃有限公司，成立于2004年，通过公司员工的不断努力、和合作伙伴的不断支持。现主要经营两大类：

1. 工程部：大型酒店玻璃和大型门窗及工程安装

2. 家装部：各类皮革软包、高档皮革滑门、吸塑软包滑门、阳台吊滑门、卫浴隔断及普通玻璃滑门。

我们的经营理念是以诚信为本，根据市场需求及时开发一系列新潮实用、安全可靠、让消费者信得过的新产品。我们所拥有的辉煌不足为傲、通过未来之路，我们只走了一小步......

我们不断创新，引导玻璃门业潮流，为达业界高新标，打造知名品牌而努力！

工程展示：

联系人：肖勇军　　手机：13883390192
电话：023-61712866　023--61713102　　传真：023-61712988
QQ:877200808　　网址：WWW.xxcglass.cn
地址：重庆市沙坪坝区饮水村216号

重庆展业防水工程有限公司
CHONGQING ZHANYE FANGSHUI GONGCHENG CO.,LTD

重庆展业防水材料有限公司
CHONGQING ZHANYE FANGSHUI CAILIAO CO.,LTD

重庆展业防水工程有限公司；重庆展业防水材料有限公司是集科研、生产、销售、及工程施工技术、服务于一体的规范化企业。公司已通 ISO9001：2000 国际质量体系认证。

公司拥有完善的质量检测设备，专业的检测人员。公司坚持以“环保、健康、诚信、团结、务买、创新。为企业的经营理念。

公司生产全系列防水材料。有经验丰富的专业化施工工队伍，拥有三级防水施工资质证书。从标书设计、材料选用、施工及指导，到费用测算，及后序服务的跟进。为客户提供一体化完整的服务。

公司视同行为朋友，用户为上帝。在商场中搏击在竞争发展。我们认真的听取用户的意见，坚持以高品质的产品为宗旨，不断开拓创新，真正做到“同样的质量价格最低，同样的价格质量最好。

二十一世纪，本公司坚持材料质量第一、施工质量第一、服务质量第一的宗旨，继续以科学的管理，热情周到的服务，灵活多样的营销方式，服务于社会各界，在重庆飞速发展的今天，愿同社会各界朋友一道开创建筑防永的新纪元。

•工程业绩•

重庆小天鹅花园

重庆消防总队集训大楼

重庆西南医院

重庆公安局 110 指挥中心

枫丹书语城

重庆鸽牌线缆厂房

重庆宗颐房地产开发有限公司

宗颐地产，建筑为生活。

重庆宗颐房地产开发有限公司正式成立3年，立足重庆，多地域开发。

公司采取现代企业管理模式，以董事会为核心决策层，经理为直接经营层，构筑了一个精简高效的组织框架。拥有一支技术专业、团结合作、开拓上进的优秀员工队伍，充分保证公司的专业水准和创新能力，以科学的经营管理保障公司长期稳定发展。

公司现有各类中高层管理人员及普通员工40余人。公司下设办公室、财务部、审计部、工程部、材设部、策划部、渝南明珠项目部、贵州毕节香山郦居项目部、贵州铜仁万山国际项目部、宗颐·华庭项目部。

公司通过3年的努力，已开发完成和正在开发的项目有重庆万盛渝南明珠、贵州省毕节宗颐香山郦居、重庆宗颐·华庭，铜仁万山国际等多个项目，累计开发超过100万平米。

宗颐地产在努力为社会提供高品质产品的同时，尽可能的回报社会。宗颐将继续秉承"回报社会"的企业宗旨，积极关心需要帮助的人们，并坚定不移地为人类创造和谐、健康的宜居新生活。

宗颐地产开发、建设项目简介

渝南明珠组团

2008年，公司站在城市运营的战略角度，牵头打造万盛项目，成功筑建"渝南明珠"万盛核心项目组团。

项目总占地约120亩，总开发面积30万平方米，小区定位为万盛首席东南亚花园社区，目前项目已经成功打造为万盛商业新中心、核心高端居住中心。

宗颐·华庭住宅小区

宗颐·华庭住宅小区项目位于重庆市荣昌县工业园区，是一个拥有城市可变美宅的经典小户楼盘，项目于2013年初正式开工建设，计划于2014年底竣工，总建筑面积24097㎡，项目的建成将成为荣昌县工业园区配套完善、环境优美的居住小区之一，具有良好的社会和环境效益。

宗颐·香山郦居

宗颐·香山郦居位于毕节市环城北路，背靠毕节生态公园一纱帽山公园，占地53639平米，依托纱帽山公园打造毕节首席法式亲情社区。

项目总建筑面积33万平方米，62-108平米的户型设计打破了当地120平米户型的垄断地位，为毕节人民带去了先进的居住理念。背靠5000亩生态公园，与项目自身设计的三个核心内花园形成呼应，使得项目成为当地最具人气的生态宜居楼盘。

拟开发项目：铜仁 万山国际

地块位于谢桥新区，305省道旁边，紧临谢桥新区政府，昭示性和通达性良好。项目占地约180亩，建筑面积56万平米，规划5万平米商业，拟打造成为铜仁核心地段大型综合体。

项目开发理念：针对铜仁目前商业市场和消费者心理，以时尚化、顶级型、体验式、风情的综合性切入，打造铜仁市休闲、娱乐、购物、居住为一体综合性高端商住项目。

秀山（武陵）现代物流园区
XIUSHAN(WULING) MODERN LOGISTICS PARK

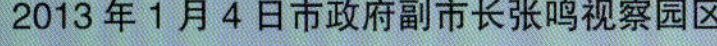
2013 年 1 月 4 日市政府副市长张鸣视察园区

2011 年 4 月 1 日县委书记代小红，县委副书记、县长王杰到园区现场办公

秀山（武陵）现代物流园区是重庆市政府率先挂牌的市级重点物流园区，是秀山县委、县政府加快经济结构调整转型，建设渝东南生态保护发展区的具体实践；被评为少数民族地区首个“中国物流实验基地”，全国首个“中国应急物流实践基地”、“中国西部物流基地”和“武陵山中药材信息、预警中心”，成为国家应急物流标准制定单位。成为少数民族地区、全国多省市交界地区提振物流产业、统筹城乡发展的先行区。

园区依托渝怀铁路线上唯一的 300 万吨战略装卸点和集装箱站，占地 6 平方公里（一期 3.5 平方公里，投资 98 亿元），建设集交易、配送、仓储、加工、会展等功能为一体的综合性物流园区。园区规划到 2020 年，年货运量达到 1500 万吨、市场交易额 500 亿元，建成武陵山区域性商贸物流中心、重庆辐射和带动武陵山区发展的窗口和平台。园区共引进企业 21 家、22 个项目，引资 73.2 亿元；完成投资 57 亿元。全面启动专业市场区、铁路物流区、化工品区和配套设施建设。初步建成建材、钢材、五金机电、型材板材、家居、电子、副食品、服装鞋帽等 8 个专业批发市场，入住商家 3789 家。竣工投用化工品区、化工品铁路专线，成都铁路局秀山 300 万吨战略装卸点（一期）、集装箱站等项目。园区现已实现货物周转量 262 万吨，市场交易额 87 亿元。

2013 武陵山地区网商发展交流会暨网购商品看样订货会

2011 第二届武陵山商品交易博览会

荣　誉 >>>

秀山（武陵）现代物流园区
中国西部物流基地

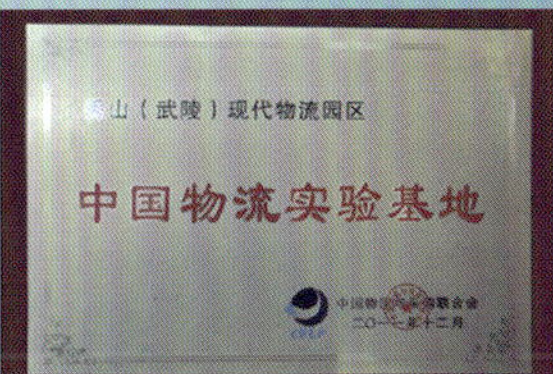

项目建设 >>>

武陵永康机电城

武陵副食品批发市场

武陵武陵国际家居建材市场

武陵中药材电子交易中心

武陵 3C 批发市场

武陵钢材市场

武陵型材板材批发市场

集装箱货场

高技术产业区 生态宜居新城

——两江新区北碚蔡家组团2012年开发建设概述

2012年，面对国际经济形势复杂多变、国内经济下行压力加大的不利形式，两江新区北碚蔡家组团（同兴工业园区）在区委、区政府的坚强领导下，坚持产业发展、基础设施建设和城市综合开发三个重点，全年各项重点工作顺利推进，各项任务圆满完成，继续保持"十强工业园区"称号。

一、2012年工作完成情况

一是工业经济平稳较快增长。全年完成工业总产值465.5亿元，同比增长25%；工业增加值139.2亿元，同比增长31%。**二是招商引资成效显著**。引进项目22个，其中世界500强企业2家，中国民营企业500强1家，协议引资额77.8亿元。全年招商引资实际到位资金120.6亿元，同比增长19.3%。**三是基础设施奋力推进**。全年在建市政道路约21.6公里，新开工道路约8.3公里，新建成约8.5公里。两江名居公租房小学、幼儿园交付使用，兼善中学蔡家校区一期工程竣工。井口水厂5万吨供水工程投入使用；建成110KVA变电站1座，开闭所3座。**四是产城融合步伐加快**。一方面工业项目加快建设。全年开工川仪仪器仪表基地等项目8个，世界500强德尔福重庆工厂、卡斯马重庆工厂等6个项目竣工投产。另一方面，城市综合开发加速推进，房地产业逆市发力。新开工旭辉朗悦郡、东原创博、隆鑫樱花小镇等3个项目80万平方米，新开盘中庚城、旭辉朗悦郡、保亿丽景紫园、隆鑫樱花小镇等5个项目约50万方，销售面积40万平方米，实现了产城良性互动发展。

二、主要工作举措

（一）坚定不移抓好产业发展。一是抓项目建设，促企业投产达效。重点加快四联集团、力帆集团、重庆材料研究院等项目后期建设，力争2015年实现千亿目标。二是抓产业集聚，促经济持续发展。坚持引进与培养并重、扶大与促小并举，对接我市"6＋1"支柱产业集群，大力培育半导体照明、仪器仪表、节能汽车及其关键零部件、功能材料等高新产业，形成相互配套、协作紧密、支撑有力的产业集群。三是抓项目升级，大力提升规模效益。积极鼓励中小企业应用高新技术和先进适用技术改造传统产业，培育高新技术企业和科技型中小企业，加快构建产学研相结合的区域技术创新合作体系。同时，利用已创建的院士专家工作站、重点实验室和市级企业工程技术研究中心的辐射带动作用，提高科技成果转化能力，提升企业市场核心竞争力。

轨道交通6号线二期蔡家段快速推进

世界五百强德尔福重庆工厂

首钢美利溪镇类独栋

（二）进一步完善基础配套设施。内部交通方面，积极打造南部H标准分区、中部G、L标准分区环线道路，提升土地价值，推动地块出让；对外通道方面，积极争取开工建设水土大桥、蔡北干道，加快启动嘉悦二桥、蔡家大桥等对外交通节点工程前期工作，为蔡家组团全面融入主城，与周边联动发展创造条件。

（三）以民生为导向推动和谐发展。一是加快安置房建设，确保群众失地不失家；二是积极完善城市功能，推动社区文化建设，丰富群众精神生活；三是积极开展劳动技能培训工作，组织用工招聘活动，力争群众失地不失业。

新建成的凤林小学

旭辉星级酒店效果图

重庆材料研究院

城市建设
如火如荼

夕阳下金光万缕的工业园区

璧山工业园区

ChongQing BiShan Industrial Park

璧山工业园区入口

微电园拓展区

2012年，对于璧山县而言，具有里程碑意义。这一年，璧山工业总产值超过千亿元大关，成为全市第五个跨入“千亿工业俱乐部”的区县。璧山工业园区作为推动全县经济转型升级的“主战场”，狠抓环境建设、投产见效和“深度服务”，发挥“强力引擎”作用，形成了电子信息、装备制造、医药食品三大产业集群，充分激活了产业自我集聚、链式发展的内生动力，经济总量跑出了足够的“加速度”。2012年，工业园区被国家工信部命名为“国家新型工业化产业示范基地”，被重庆市人民政府授予“重庆市十强工业园区”，“重庆市十佳特色工业园区”、“重庆新型工业化产业示范基地”、“ 重庆市园林式工业园区”等荣誉称号。

——经济总量增势强劲。全年完成工业产值703亿元，同比增长65.38%，约占全县工业经济的70%，其中规上企业工业产值完成446亿元，同比增长51.3%；工业投资完成120.7亿元，同比增长69.17%。

——基础配套设施强力推进。坚持“环境就是资源、就是生产力”的理念，不遗余力打造园区环境。坚持“高调的森林，低调的建筑”，走“产城融合”之路。2012年，完成银山路、东林大道、工业大道东段等绿化工程30万平方米，工业大道、铜山路等12.3公里道路建设，工业大桥和两叉河大桥2座桥梁，污水处理厂一期主体工程，铺设各类管线20公里以上。为120家企业导入“CI”、“3R”，建成75万平方米标准厂房。

——招商引资成效显著。共引进项目94个，招商引资工作步入良性轨道。成功签约笔电配套企业79家，累计达180家，超过全市的1/4，其中有35家行业排名全球前三；180家笔电配套企业总投资230亿元，全部投产后可实现产值706亿元。新引进世界500强企业大茂伟世通等非笔电配套企业15家，总投资24.3亿元，建成投产后可实现产值46.6亿元。

重庆台商工业园

中国嘉陵集团生产车间

——项目落地建设“全面开花”。笔电配套企业新开工12家，已有展运公司、精元公司等累计93家实现投产。新开工建设包括大茂伟世通等54家非IT配套企业，其中已实现中国嘉陵集团等30家非IT项目投产。

中建三局建设工程股份有限公司

一、中建三局简介

中建三局建设工程股份有限公司隶属于国务院国资委直管的世界500强企业上市公司——中国建筑股份有限公司，是具有多功能、集团化经营的国有大型建筑安装骨干企业。1965年7月经国务院批准成立；1993年经建设部批准为全国首批一级工程总承包和一级施工总承包资质；2002年核准为全国首批特级工程总承包资质。2004年4月，获准成为高新技术企业，2005年初，推行国有独资企业董事会制度；2007年12月，改制为中国建筑股份有限公司独家持股的一人有限责任公司；2012年3月，获住建部颁发的房屋建筑工程施工总承包新特级资质，率先成为全国唯一覆盖十大领域业务的房建企业。

1. 资质等级： 拥有两个工程施工总承包特级资质，具备30项施工总承包、专业承包、设计资质。

2. 业绩标志： 两个"深圳速度"创造者：深圳国际贸易中心、深圳地王商业中心；四大"顶尖工程"主承建商：央视新址CCTV大楼、上海环球金融中心、武汉绿地中心、香港环球贸易广场；荣膺全国先进基层党组织，两获全国文明单位，三获全国五一劳动奖状。

3. 精益品质： 113项工程荣获鲁班金像奖/国家优质工程奖，是全国获此殊荣最多的单位之一。49项工程获中国建筑钢结构金奖。28项工程获全国建筑工程装饰奖。9项工程获詹天佑奖。1007项工程创成省部级以上优质工程和样板工程。

4. 高精人才： 拥有博士后工作站和产业基地，具备国内外一体化经营的人才资源。

5. 领军科技： 9项国家科学技术进步奖、561项授权国家专利、28项国家级工法、265项省部级工法。611项科技成果获各级科学技术进步奖。9项工程获全国建筑业新技术推广应用示范工程"十一五"全国建筑业科技进步与技术创新先进企业、被誉为"用高新技术改造传统产业的典型"。

6. 经营规模： 经营业务涵盖全国31个省市、自治区，延伸到巴基斯坦、也门、印度尼西亚、马来西亚、佛得角、阿联酋、加拿大、刚果（布）等国家。以建筑安装为主业，基础设施、房地产开发、钢结构制作与安装、商品混凝土和新型建材生产、海外业务和高级装饰多业并举的产业板块。2012年，公司签约额突破2000亿元大关，营业收入突破900亿元。企业综合实力多年排名中国建筑第一名。

二、中建三局建设工程股份有限公司重庆分公司

作为中建三局直营区域公司，重庆分公司代表中建三局全面统筹、负责西南市场的开拓经营和项目运营管理。

1. 经典工程

重庆分公司立足局长期积累的庞大的科技、资源、人才、品牌优势，凭借分公司自身卓越的管理能力和领先的技术实力，承建了一批标志性高端工程：

在重庆，超64万平米的重庆国金中心，改写重庆市建市以来的建筑体量之最，低位少支点撑顶模体系开西南地区先河；重庆市主城区最大的公租房项目缙云新居工程，民心工程正如火如荼，寄托重庆市民万千期待。

在成都，来福士广场以独到的光影切割理念，迎来了新加坡总理的亲临；双流机场T2航站楼的建成，使成都一跃成为中国航空第四城；成都国金中心依靠76万平米的总建筑面积，刷新中心城区工程体量的国内记录。

2. 履约管理

中建三局重庆分公司视品牌、声誉如生命，对工期、质量、安全文明施工、合同内附加要求及服务等主要履约点高度重视，运用全方位过程节点控制，一步一个脚印的做好全面履约铺垫。

工期：公司采用最先进的总承包管理模式，做好自身施工的同时，统筹所有单位的施工进度管理，形成精准的进度控制体系；在重庆国金中心，采用西南地区先进的顶模体系，达到平均三天一个结构层的施工效率。

质量：公司建立劳务管理体系，建立劳务输出基地，开办工人夜校，加强对技术工种的培训，采用指纹识别和人脸识别系统，保障项目施工人员的数量和质量；公司在成熟的质量控制体系下，建立运用项目信息动态管理系统、bim系统，采用各类新工艺，推进质量提升，创建三峡杯，巴渝杯。

安全文明施工：实施中建总公司CI系统，落实公司工地形象控制体系。采用较为先进的附着式提升脚手架、西南地区首例低位撑顶模技术；重视工地绿化，以leed标准为导向，重庆瑞安项目勇夺leed绿色施工金奖，同时积极创建各级政府主管部门"标化工地"。

成都国金中心项目
建设单位： 香港九龙仓集团有限公司
工程概况： 本工程总占地面积54857.04㎡，总建筑面积763718㎡，合同额60亿元。

成都来福士广场项目
建设单位： 新加坡凯德置地集团
工程概况： 本工程造型新颖独特，建筑呈不规则倾斜状，并具有非常鲜明的特色——浅色清水混凝土，以独到的光影切割理念，迎来了新加坡总理的亲临。

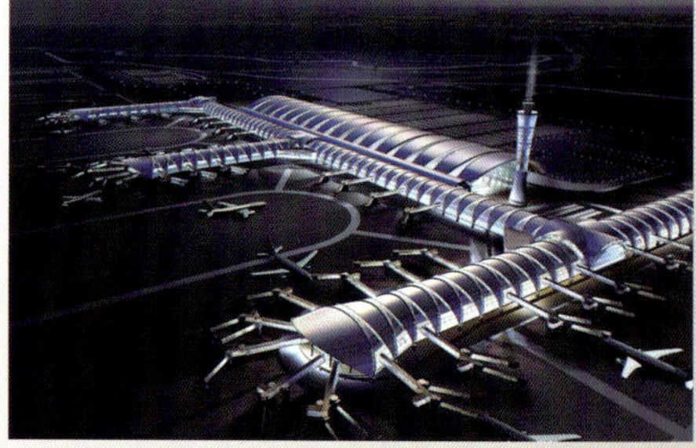

成都双流机场项目
建设单位： 四川省机场集团有限公司
工程概况： 成都双流国际机场位于成都市中心西南16.8km的双流县境内，是中国西南地区重要的航空枢纽港和客、货运集散基地，也是民航总局"十一五规划"的6大区域性枢纽机场之一。荣获鲁班奖。

重庆国金中心项目
建设单位： 香港九龙仓集团
工程概况： 项目建筑面积64万㎡，为重庆市工程体量之最，合同额45亿元，共5栋塔楼，最高建筑高度319米，采用西南地区首例低位少支点撑顶模体系，建成后将作为5A级写字楼及酒店。

缙云新居公租房项目
建设单位： 重庆市城投公租房建设有限公司
工程概况： 重庆市主城区最大的公租房项目，为市重点工程、民心工程。承建的为首批开工建设的7、8组团，总建筑面积达32.37万㎡，由12栋33层一类高层住宅及其商业裙房、配套幼儿园以及集中地下车库分别围合而成。

重庆瑞安B12-1地块工程项目
建设单位： 香港瑞安集团有限公司
工程概况： 项目占地面积9600平米，总建筑面积13.4万平米，合同额5.5851亿元。工程共3栋塔楼，建筑高度分别为135米、100米、100米，为重庆市重点项目并获美国leed金奖认证。

重庆望江工业有限公司

公司党委被中国兵器装备集团公司党组授予2009—2010年度“四强”党委称号

中国兵器装备集团公司党组书记总经理徐斌视察望江

重庆望江工业有限公司是中国兵器装备集团公司直属的国有独资大型一类企业，创建于1933年，是国家军品科研生产的重点保军企业。公司位于重庆主城区天然氧吧 -- 铁山坪森林公园脚下，濒临长江，素有“森林工厂”的美誉。公司占地面积11.3平方公里，拥有各类设备3000余台（套），总资产60亿余元，员工3500余人。在80年的发展历程中，积淀了深厚的文化底蕴，建立了完整的价值理念体系，形成了百折不挠、自强不息、诚信正直的企业文化特质。2012年，公司实现营业收入31亿元，同比增长13.8%；实现利润总额1.2亿元，同比增长29%，连续多年跻身“重庆工业企业50强”和“中国机械行业500强”。

公司以“保军报国，强企富民”为己任，以提高经济发展质量和效益，提升核心竞争力和自主创新能力为根本任务。公

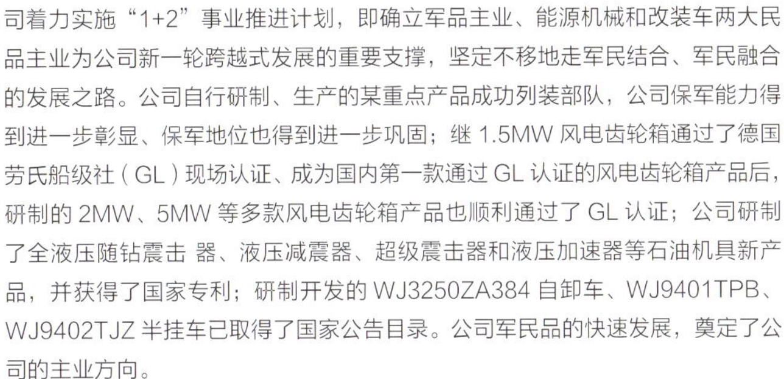

司着力实施“1+2”事业推进计划，即确立军品主业、能源机械和改装车两大民品主业为公司新一轮跨越式发展的重要支撑，坚定不移地走军民结合、军民融合的发展之路。公司自行研制、生产的某重点产品成功列装部队，公司保军能力得到进一步彰显、保军地位也得到进一步巩固；继1.5MW风电齿轮箱通过了德国劳氏船级社（GL）现场认证、成为国内第一款通过GL认证的风电齿轮箱产品后，研制的2MW、5MW等多款风电齿轮箱产品也顺利通过了GL认证；公司研制了全液压随钻震击器、液压减震器、超级震击器和液压加速器等石油机具新产品，并获得了国家专利；研制开发的WJ3250ZA384自卸车、WJ9401TPB、WJ9402TJZ半挂车已取得了国家公告目录。公司军民品的快速发展，奠定了公司的主业方向。

望江公司将在深入推进“1+2”事业计划中，以持续深化观念转变、持续深化结构调整、持续深化能力建设、持续深化管理变革为基本途径，推动公司经济持续稳定增长，努力提高经济发展质量和效益，提升公司的核心竞争力和自主创新能力。加快转变发展方式，不断推进转型升级，实现超越领先，为构建全面协调可持续发展的优质企业而努力奋斗。

职工住宅新区山涧水岸

数控化改造

望江行政及技术大楼

重庆市秀山县三润矿业有限公司

图为公司建设中

重庆市秀山县三润矿业有限公司是一家集锰矿开采，电解金属锰生产和锰锭加工为一体的综合性冶金企业，位于重庆市秀山县溶溪镇。区位优势明显，地处渝、湘、黔、鄂三省一市接壤的中国锰业“金三角”核心地带，毗邻国道319线、省到326线、渝怀铁路秀山二级站，交通便利，环境优美。

公司现有固定资产1.2亿元，员工600余人，其中获得中高级职称28人。公司旗下有碳酸锰矿山两座，矿区面积3.88平方公里，年开采能力可达12万吨。拥有自主设计建造的电解金属锰厂一座，电解金属锰产品年产量达1.5万吨，产品深受广大客户的好评。目前，公司致力于改扩建工程和规范化管理建设，新生产线建成投产后，年产量可达4.5万吨，年产值超过7亿元。届时，三润公司将跻身于全国电解金属锰生产企业排行榜前列。

公司是秀山县重点保护外资单位，在全国同行业中有较高的声誉，其资金充足，设备精良，技术力量雄厚，人才队伍稳定。公司自2001年成立以来，依托秀山富饶的锰资源优势和当地政府优惠政策支持，坚持走“规模扩张与效益优先、安全生产与环保同行”的发展道路。在发展中始终牢记，“规范行业经营，产品精益求精，做大做强中国锰业”的企业使命。加强组织建设，夯实企业管理，不断引进先进技术、先进工艺和优秀人才，并通过创新管理、改进工艺流程、规范管理制度等举措提高生产效益，努力实现增产增效，创造更大利润。

历年来，市、县各级部门多次授予公司“工业经济先进企业”、“纳税先进企业”、“环境保护先进企业”、“先进基层党组织”、“两新”组织“优秀党建之友”、“尊师重教先进集体”、“民爆物品管理先进单位”等荣誉称号。

鉴此，公司在董事长陈众淦、总经理陈众友的带领下，全体员工团结一心，抢抓机遇，怀着对三润公司美好未来的憧憬，抱着“三润与我共发展，我与三润共依存”的信念，外塑形象，内强素质，稳步拓展，积极进取，实现跨越式发展，为推动电解锰产业发展谱写新的乐章。

2011年度非煤矿山安全生产
先进单位
重庆市人民政府安全生产委员会办公室
二〇一二年二月

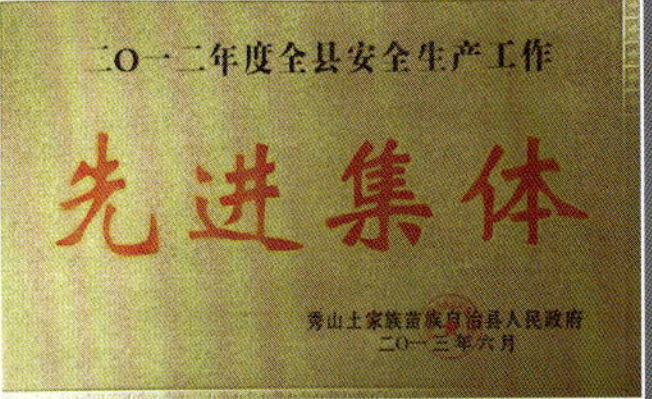

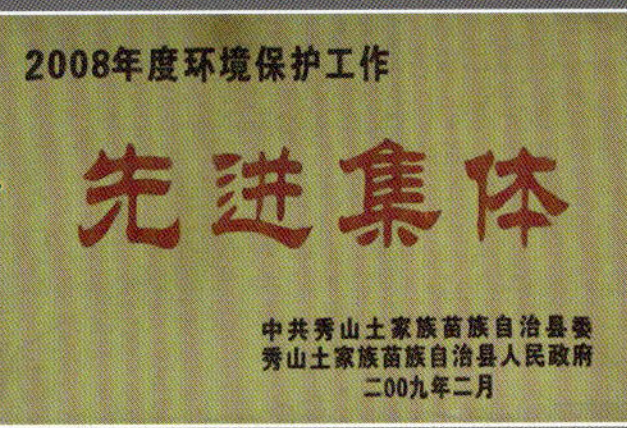

重庆松池科技有限公司

赵平总经理接受重庆电视台记者采访

鱼在水中生，人在气中存，水养鱼，气养人，水污致鱼疾，气浊致人病。生命是每个人的财富，世界因有了生命而绚丽多姿，人因有了生命而绽放光彩。生命至上，珍爱健康。重庆松池科技有限公司为此而诞生，主要致力于室内环境空气的治理与研究，专业研发、生产、销售、服务符合 Q/SCK2-2011 标准的健康、环保、节能的"**松池新一代生态型负离子空气净化器**"系列产品及**电器辐射清除器**系列产品等。

公司凭借雄厚的技术实力和坚持不懈的开拓创新精神，已先后获得十多项国家专利，拥有3个注册商标，通过了 ISO9001:2008 质量体系认证，重庆市中小企业发展指导局认定我公司为重庆市"中小企业技术研发中心"，国家级高新技术产业开发区认定我公司为"科技型企业"。课题《空气净化器在公共场所中降低可吸入颗粒的应用研究》由我公司与九龙坡疾控中心联合申报、获准九龙坡区科委立项。公司产品每年定期接受重庆市技术监督局的检测，负离子输出量大，且臭氧不超标。经疾控中心对比检测，清除装修污染甲醛、苯、TVOC 等，效果显著。

松池空气净化器在解放碑商社开业除装修污染

公司产品设计理念是**道法自然，人归自然**。让用户在家也能享受有松有池的大自然生活。愿每一片净洁的环境有"松池"的奉献，愿每一位健康长寿者与"松池"结缘。产品品种多样，效果显著，适用各种室内、车内等，也是送礼送健康的首选。

产品介绍

松池空气净化器能产生高浓度负离子，不仅能快速改善空气质量，还原清新自然，而且对人体具有全方位保健作用。其功效如下：

（一）改善空气质量

1、被誉为"环境警察"的空气负离子能有效杀菌、除臭、祛味、除尘（PM2.5 等）、消除"二手烟"污染、切断病毒空气传播，防止交叉感染。

2、产品中的高效过滤网和高分子生化剂，能快速彻底清除装修污染等有毒有害气体和各种可吸粒物，且无二次污染。

（二）调理保健养生

被誉为"空气维生素"和"长寿素"的空气负离子对人体各系统，近 30 多种疾病具有抑制、缓解和辅助治疗作用。

1、使体内自由基无毒化，使人体体液呈弱碱性，达到消除疲劳，降低血粘度，排除体内毒素，改善情绪等。

2、完善机体自然治愈能力，增强肌体免疫抗病能力。负离子能使细胞活性化；净化血液；稳定植物神经系统、改善睡眠；对肿瘤细胞有抑制作用；能镇痛、改善过敏体质。

3、高浓度负离子对呼吸系统效果特别明显。负离子是通过呼吸道进入人体的，能促进排痰，畅通呼吸道，改善肺的通气和换气功能，提高血氧饱和度。临床结果表明，吸入具有治疗浓度的负离子 30 分钟后，肺吸收氧气增加 20%，排出二氧化碳增加 14.5%，缓解支气管平滑肌痉挛，促使哮喘患者、肺病患者等的肺功能及肺泡分泌功能恢复正常。

4、高浓度负离子能形成负离子保护层，减少电视、电脑产生的静电对眼睛的伤害，有效预防近视。

电话：400-023-8799 023-68172198　传真：023-68172179　QQ:542645138
地址：重庆九龙坡区二郎创业大道 123 号二层　网址：www.sc018.com www.cqsongchi.com

重庆特曲
——喝出重庆耿直味！

感受巴渝山水，品味重庆特曲

重庆特曲源于重庆上千年的酿酒文明，是历代烤酒大师技术与经验的传承，是上乘的酒质和渊远流长的文化底蕴融合而成的美酒佳酿。

它地处西南重庆，具有山川俊秀，两江交融之气势，又有得天独厚，吸万物之灵气；更以特有的自然山水资源和千年烤酒技术酿造而成的“重庆优质本土酒”，既醇又香，既柔又爽，这种独特的口感造就了重庆千百年来酒文化的一朵奇葩。

重庆特曲，男人的性格！耿直、豪爽、有梦想、重情、重义。

朋友相聚，甩了！（干杯）。品地道本土特曲，每一盏都代表着一种浓浓的热情，深深的友谊。如此豪迈，如此爽快，更何须“借酒浇愁，愁更愁”般寂寞？这造就了重庆男人的性格物质！它代表的不仅是一种文化，一种性格的象征，更是一种精神的感悟。朋友相聚，品茶饮酒，对酒当歌，觥筹交错，谈古论今；在如痴如醉、如梦可幻的感觉中事业得以发展，感情得以升华。这就是重庆特曲的精髓所在！

重庆特曲为满足消费者的需求，推出高、中、低档系列酒及喜酒、寿酒、、原浆纯高粱白酒、各种专供酒。

重庆特曲是重庆高粱酒、曲酒的生产销售企业，旗下有——重庆特曲系列酒、礼盒酒、特供酒、喜酒、寿酒、纯高粱白酒等产品。曾荣获“重庆市食品安全示范品牌、示范企业”称号。2011年荣获四省一市（渝、闵、湘、鄂、赣）酒类质量检评金奖。2012年荣获五省一市（渝、闵、湘、鄂、桂、赣）酒类质量检评金奖。公司销售部设在重庆永川中国商贸城。欢迎各界朋友莅临公司参观、指导和洽谈合作业务。

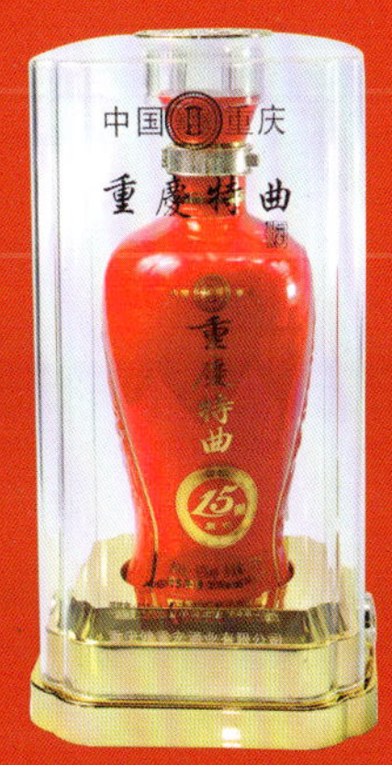

联系人：梁经理 电 话：023-49680166 13883490130

地 址：重庆市中国永川商贸城正大门左边 11-17

重庆奥克实业(集团)有限公司

重庆奥克实业（集团）有限公司办公大楼

我公司成立于1996年，是以生产预拌商品混凝土为主的民营企业。

我公司实力雄厚。总资产近6亿元。具有商品混凝土生产国家二级资质，能生产C70及以下的各类、各级别的混凝土。集团公司所属10多个企业，1000余名职工，分别在重庆市、云南省、贵州省等地投资建立了多家预拌商品混凝土、加气空心砖和矿石开采企业，配备有专业运送物流公司和中心实验室，拥有HZS-180型、120型等全自动搅拌系统20多台套、运输车辆300台、泵送设备180台套，年生产能力达500万立方米，在预拌商品混凝土行业名列前茅。

我公司技术过硬。从2001年开始，按年通过了IS09001-2000、IS09001-2008质量体系认证。公司拥有建材、土木、机械、管理等专业高级工程师、工程师、经济师、会计师共80余人。中心试验室拥有国内一流的水泥及水泥混凝土试验设备，实现了科学配方和技术监测，同时与解放军后勤工程学院、重庆市建筑科学研究院开展质量监控和技术合作，为产品质量稳定、技术领先提供了保障。

我公司管理有力，实行统分结合、统一协调的管理体制，为公司的发展壮大提供了保证。多年来，为各类工程提供了1000多万立方米的优质商品混凝土，受到了客户和业内的一致好评，获得了“全国建材行业质量可信产品”、“全国重合同、守信誉、信得过单位”“重庆市优秀混凝土企业”等荣誉，同时多次被区县工商部门评为“守合同、重信用单位”。

我公司将继续践行“用户至上、质量第一、优质服务、保证需要”的宗旨，与各界朋友携手共进，勇攀高峰。

重庆奥克混凝土有限公司

重庆奥克混凝土有限公司丰都分公司

重庆市万州区奥克水泥制品有限公司

重庆奥克混凝土有限公司彭水分公司

云南省西双版纳奥克力生混凝土有限公司

贵州省金沙县节能环保建材有限责任公司

正大集团农牧食品企业（中国）重庆区

正大集团农牧食品企业（中国）重庆区包括重庆正大有限公司、重庆正大农牧食品有限公司、重庆双桥正大有限公司、广安正大有限公司。四公司现有员工近1100人，总投资额3.9亿元，目前总资产4.2亿元。

饲料事业：共有现代化饲料生产厂5座，综合生产能力68万吨/年，是重庆及川东地区生产规模最大，设备、技术、工艺最先进，品种最齐全的大型现代化饲料企业集团。采用国际领先的配方技术专业生产猪、鸡、鸭、鱼系列饲料产品，畅销重庆及川东地区。重庆正大、重庆双桥正大均为重庆市市级农业产业化龙头企业、重庆市外商投资先进技术企业，饲料产品连续多年评为"重庆市名牌产品"、"重庆市名牌农产品"。2004年至今饲料产销量均稳定在40万吨以上，一直位列重庆市同行业首位。

肉鸡事业：在渝北、璧山建有2个良种肉鸡生产基地，年出栏肉鸡200万羽，白羽肉鸡饲养量和销量位列重庆市场第一。

蛋鸡事业：在大足、双桥、璧山、广安建有4个青年蛋鸡育成基地，年出栏青年蛋鸡180万只，正大青年鸡品质稳定、生产成绩优异，深受广大蛋鸡养殖户信赖；在北碚、广安建有2个蛋鸡生产基地，年生产正大绿色鸡蛋5,000吨，"正大富硒蛋"、"正大儿童蛋""正大五粱蛋"等品牌产品畅销重庆市场。

猪事业：在巴南建有600套祖代种猪生产基地，年出栏商品猪8,500头，销售种猪4,000头；在永川建有1,200套祖代种猪场种猪生产基地，年出栏商品猪头16,800头，销售种猪头7,200头。在邻水修建1200套祖代种猪场，预计2014年5月投产；计划在云阳建设1200套祖代种猪场，预计2014年10月投产。

按照市政府关于农业产业化发展的战略规划，我们将继续发挥重点龙头企业的带动作用，大力推动和发展畜禽养殖、深加工等业务，通过绿色饲料、绿色养殖、绿色加工，形成绿色食品产业链，向社会提供安全、健康、绿色的正大品牌食品，以满足广大消费者的需求。

重庆民福建设工程有限公司

全国人大常委副委员长陈竺、市人大主任张轩视察我司工地，公司董事长杨中富（右三）陪同

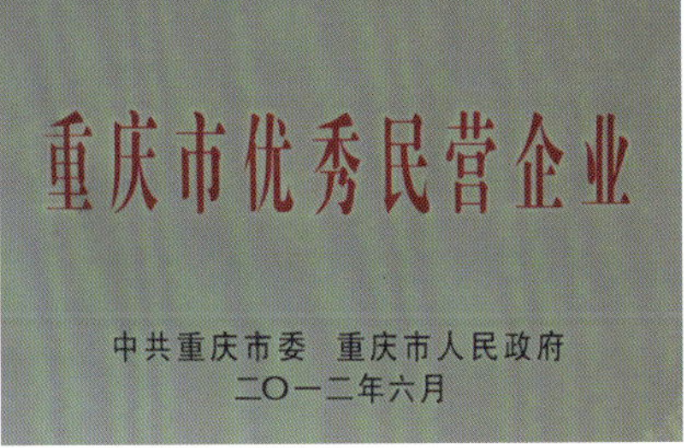

重庆民福建设工程有限公司（原为重庆潼南建设公司）成立于1997年，经过十多年的奋力拼搏，现已发展为具有房屋建筑工程施工总承包、房地产开发及销售、汽车站综合服务等资质的民营企业。公司现有注册资本金6699万元，2012年末资产总额达2亿元。

公司经营立足于潼南、重庆，还拓展至云南、贵州、四川、陕西、宁夏、新疆、西藏、青海数省区几十个县。2012年公司年产值8亿元，按章纳税、交费、无拖欠。

公司积极履行社会责任，尽其所能扶贫赈灾，共捐款捐物已达600多万元，受到了社会各界的赞誉和好评。

公司的发展成就和献出的爱心，连年被市、县评定为"重合同守信用单位"，多次受到上级表彰奖励，2012年6月，公司被中共重庆市委、市人民政府授予"重庆市优秀民营企业"称号。

江北汽车站外景

JIDD 冀东水泥

冀东水泥渝川大区

中共中央总书记、国家主席习近平见证冀东水泥南非曼巴水泥项目融资签约仪式

冀东发展集团有限责任公司始建于 1979 年，公司是中国水泥行业国家政策重点支持的 12 家全国性大型水泥集团之一，拥有 120 家企业、3 家上市公司，总资产 560 多亿元，横跨四大板块，纵横 12 省区并向国际化迈进的大型综合企业集团。公司年产水泥 1.18 亿吨，位居国内三甲、国际前十，集团公司为中国企业 500 强。

冀东水泥渝川大区是冀东发展集团有限责任公司控股子公司唐山冀东水泥股份有限公司（股票代码：000401）于 2008 年下半年在渝川地区成立的区域机构，负责该区域内所有公司的经营管理。大区现下辖 6 个全资子公司、1 个控股子公司。

水泥板块 目前公司在璧山、合川、江津建有三个水泥生产基地，四条熟料水泥生产线，年产能 700 万吨。

●冀东水泥璧山有限责任公司，位于重庆市璧山县河边镇浸口村，建设一条带纯低温余热发电的 4500t/d 熟料水泥生产线，年产水泥 200 万吨。联系电话：023—85297007

冀东水泥渝川大区中高级管理干部培训班

●冀东水泥重庆合川有限责任公司，位于重庆市合川区草街镇，建设一条 4600t/d 熟料带纯低温余热发电水泥生产线，年产水泥 200 万吨。联系电话：023—85180455

●冀东水泥重庆江津有限责任公司，位于重庆市江津区油溪镇丹凤社区，建设两条日产 3200 吨水泥熟料水泥生产线，配套建设余热发电项目，年产水泥 300 万吨。联系电话：023—85530993

商混板块 目前公司在璧山、沙坪坝、江北建有三个混凝土搅拌站，年产能 240 万方。

●重庆钜实新型建材有限公司，位于重庆市沙坪坝区井口镇，配备有韶关新宇 120H 全自动电脑控制生产线两条，年产能 60 万方。联系电话：023—65183580

冀东水泥渝川大区新员工入职培训班

●冀东水泥重庆混凝土有限公司，位于重庆市璧山县河边镇浸口村，配备有南方路基 180H 全自动电脑控制生产线两条，年产能 90 万方。联系电话：023—85297776

●新兴栈（重庆）建材有限公司，位于重庆市江北区港城工业园区 D 区，目前配备有 1 条 120H 和 1 条 180H 全自动生产线，年生产供应能力为 75 万方。联系电话：023—67091391

物流板块

●重庆冀东水泥物流有限公司，位于璧山县河边镇，该公司集物资采购、产品销售及道路货物运输为一体，将作为冀东水泥在渝川区域的经营中心，实现区域“产、供、销”一体化运营模式。现有水泥罐车 50 辆，年运量 100 万吨。联系电话：023—85283666

骨料、机制砂板块

十二五期间，公司计划在璧山、合川、江津、重庆市区等地打造年产能 800 万吨的骨料、机制砂基地。目前，璧山骨料项目正在建设中，计划于 2013 年下半年投入运行。

重庆视美动画艺术有限责任公司

中央政治局委员、市委书记孙政才，市委副书记、市长黄奇帆视察公司

重庆视美动画艺术有限责任公司成立于2005年11月，由重庆广播电视传媒集团股份有限公司控股，重庆市国有文化资产经营管理有限责任公司、重庆重视传媒有限责任公司入股，注册资本金1500万元，主要致力于动漫产业发展及青少年文化产业建设。

2006年至今，重庆视美动画公司生产制作了《麻辣小冤家》、《宝贝先锋》、《莫莫》、《缇可》系列、《月尘》、《夏桥街》、《弹珠传说》、《东方少年》、《梦月精灵》等20余部作品，共计20,000多分钟，累计实现产值约2亿元。公司动画作品多次获国家广电总局优秀动画片推荐及国内外专业大赛大展奖项（详见附件1、2）。2007年8月，视美动画公司正式获得国家广电总局授予"国家动画产业基地"称号。

2008年6月，正式取得重庆电视台少儿频道代理运营权。2010年7月，视美动画基地获重庆市人民政府授予的文化产业示范基地称号。刘云山、李长春、汪洋、孙政才、黄奇帆、赵实、金德龙、徐海荣、谭家玲等中央及地方各级领导先后莅临视美公司视察工作，给予评价，寄予希望。

截止目前，视美动画拥有近300人的专业人才队伍，85%的员工具有普通高等教育大学本科学历，95%以上人员年龄在35岁以下，能独立完成从剧本编辑、人物设定，到原画、分镜、动画、场景绘制，再到后期特效、配音、音乐音效制作的整链条、多环节的原创动画生产，迅速成长为西部地区最大的影视动漫产业基地。

近年来，通过销售发行原创动画片，重庆电视台少儿频道广告招商，开发衍生产品，建立产业链等营运策略和模式，视美动画公司的年均产值约5,000万元，并保持着每年匀速递增发展态势。而在经济效益取得突飞猛进的同时，视美动画并没有盲目的扩大生产，而是秉持可持续发展的"品牌运营"战略思想，坚持把提升原创动画质量、塑造品牌形象作为公司发展的重中之重。

频道建设方面，在央视少儿、卡酷动画、湖南金鹰强势抢占重庆市场的情况下，公司贯彻"以频道为依托、以品牌为中心"的运营理念，狠抓品牌打造，不断优化责任媒体形象，增强自身竞争力。四年来持续占据重庆地面少儿专业频道收视第一位。2010年，频道荣获了年度少儿精品发展专项资金及国产动画发展专项资金项目优秀少儿频道、动画频道二等奖。

产业开拓方面，依托视美动画国内顶尖、国际一流的动画生产实力，先后与日本、欧美等动漫产业发达地区的行业顶尖企业合作，与国内多家知名动漫企业深度开发、资源整合，走出了自身原创动画制作与商业产业相结合的发展之路。2010年，视美动画与常州天贝动漫玩具有限公司合作的52集产业动画片《弹珠传说》，成为当年央视少儿收视冠军，两年内实现玩具销售6个亿，开创视美动画第一部独立于市场化运作并实现单部盈利的原创动画作品。2012年，视美动画与广州梦龙联合推出商业合作动画片《梦月精灵》，该项目在生产环节即实现成本回收，并享有全球后续版权长期收益，标志着视美动画产业动画片合作逐步走向成熟。2012年7月开始投入生产的精品动画作品《神魄》，是与国内顶尖动漫衍生厂商广东奥飞合作制作的商业动画巨制，目前已成功获取日本富士电视台播出意向，并有望成为全国首部在日本、欧美主流媒体播出和推广的中国原创动画片。

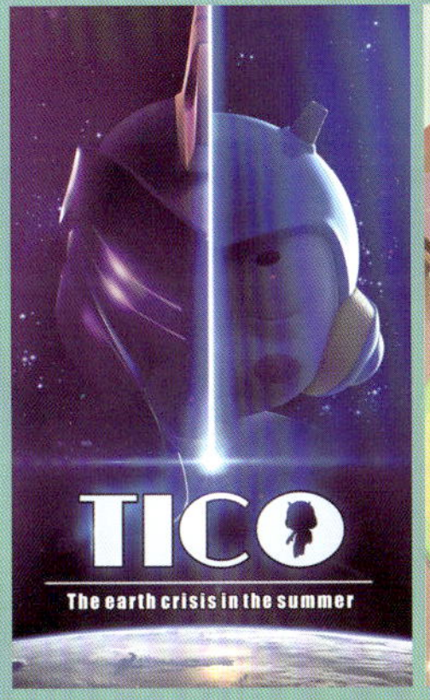

在品牌巨大影响力的号召下，公司围绕"TICO"品牌打造的TICO旗舰店、TICO少儿艺术团、TICO天之歌少儿交响乐团等不断发展，逐渐形成了少儿文化产业格局；自2009年以来，公司连续4年成功举办了四届"中国西部国际动漫文化节"，开展了动漫创意竞技、动漫高峰论坛、动漫产品推介等多项活动，着力打造了重庆文化品牌。该文化节已成为西部最大、重庆唯一的行业展会，与中国（杭州）国际动漫文化节、中国（东莞）国际影视动漫版权保护和贸易博览会齐名为全国三大动漫行业品牌盛会。

未来五年内，视美动画计划通过自筹、融资等多渠道多形式投资约30亿元，在铜梁建成集动漫乐园、主题娱乐购物、教育生产、休闲旅游及城市功能为一体的复合型文化产业园——视美动画产业园区。通过该项目实施，将进一步促进大量动漫设计、制作与经营精英人才的培育和集聚，吸附区域内相关企业和资金入驻园区。通过园区内的资源共享与优势互补，形成基于完善的动漫产业链的区域性行业内企业集群。

视美动画公司获奖情况

2007年8月，视美动画正式获批——"国家级动画产业基地"

2007年，视美动画正式获批——"重庆创意产业基地"

2007年视美动画公司被重庆市版权局授予——首批"版权保护工作先进单位"

2007年，视美动画公司被授予——九龙坡区"文化工作先进单位"

2007年，视美动画正式成为重庆市动漫协会理事单位

2008年，视美动画正式成为中国动画学会会员单位

2009年，视美动画正式获得中共重庆市委宣传部授予的宣传系统"文明单位"称号

2010年2月，视美动画获得重庆市人民政府授予的"产业振兴重点培育，成长型小巨人企业"称号

2010年初，视美动画团支部获得市级宣传系统青年文明号称号。

2010年7月，视美动画基地获重庆市人民政府授予的文化产业示范基地称号

2011年7月，视美动画获重庆市委宣传部颁发全市优秀文化企业称号

第三军医大学西南医院

西南医院坐落于两江环抱、山水相依的重庆市沙坪坝区高滩岩上，有着悠久的历史和光荣的传统。前身系国民政府中央医院，1929 年建于南京，1941 年迁至重庆，1950 年正式命名，现为第三军医大学第一附属医院、第一临床医学院。经过 80 多年的建设发展，业已成为一所大型综合性现代化医院。医院占地面积 300 余亩，建筑面积 36 万平方米，展开床位 2600 余张，拥有达芬奇手术机器人、PET/CT 、3. 0MR I 、双源螺旋 CT 、ECT 、脑磁图、大型高压氧舱群、神经导航系统等高精尖诊疗设备，年门急诊量 298 万人次、收治量 11 万人次、手术量 5.8 万台次，医教研护工作协调发展，办院综合实力国内一流。

学科优势明显　拥有国家级重点学科 10 个（烧伤科、肝胆科、感染病、泌尿外科、神经外科、骨科、胸心外科、整形外科、心血管内科、呼吸内科），国家重点培育学科 2 个（消化科、眼科），国家中医药管理局重点学科 1 个（中西医结合风湿病），全军医学研究所 7 个（烧伤科、肝胆科、感染科、泌尿科、消化科、神经外科、病理科），全军专科专病中心 7 个（骨科、眼科、普外科、检验科、妇产科、心内科、康复科），临床医学一级学科均为博士学位授权学科及重庆市重点学科。

人才实力雄厚　现有各类专业技术人员 4000 余名，其中高级职称 358 名，享受政府特殊津贴专家 44 名，现有重庆市医口惟一的中国科学院院士 1 名，“973 计划项目首席科学家 1 名，长江学者 1 名，国家杰出青年基金获得者 3 名，博士生导师 79 名，硕士生导师 166 名。

医疗特色突出　形成了创（烧）伤、消化系疾病（肝病）、心脑血管病、感染病、泌尿系疾病、眼病、肿瘤综合诊治、康复整形等八大临床优势领域；培育了乳腺、关节、风湿病、眼底病、前列腺疾病、疼痛治疗、心理治疗、优生优育等八大临床专病特色；锻造了大器官移植（心、肝、肾、多器官联合）、全系列微创外科（各系统腹腔镜、介入、内镜、射频）、危重症救治、组织工程修复、基因诊断治疗等五大临床核心技术。

科技创新活跃　先后获得国家科技进步一等奖 2 项、二等奖 16 项，军队（省部级）科技进步（医疗成果）一等奖 31 项、二等奖 146 项，承担省部级以上课题 1200 余项，其中“973”、“863”等国家重大、重点项目 62 余项，获科研经费 3.8 亿元，在国外 SCI 收录杂志发表论文 700 余篇。

医院始终坚持姓军为兵、姓军为战的办院方向，秉承“做行业典范、建一流名院”的建院理念，按照“适度规模、内涵建设、创新发展，以质量特色取胜”的发展思路，努力建设“跻身世界一流名院方阵的研究型医院”。2002 年，在国内较早通过英国皇家标准协会 (BSI) 的 IS09001 质量管理体系认证 ;2003 年，建成 9.7 万平方米的外科大楼 ;2006 年，建成设施完备、功能齐全的临床技能模拟培训中心 ;2007 年，建成 7.6 万平方米、能够同时容纳一万人就诊、集现代化智能化人性化生态化于一体的新门急诊大楼，获批全国首批数字化试点示范医院 ;2010 年，通过国际 SIDCER 伦理认证。先后获全国优质服务百佳医院、全国百姓放心示范医院、全国医院文化建设先进单位、全国百姓放心示范医院、全国精神文明建设先进单位、全军先进医院、全军为部队服务先进单位、总后先进师旅团级党委、重庆市民看病首选医院等殊荣。

中铁十一局集团第五工程有限公司

THE 5TH ENGINEERING LTD. OF THE 11TH ENGINEERING BUREAU OF CHINA RAILWAY.

重庆轻轨佛图关车站

中铁十一局集团第五工程有限公司是中国铁建股份有限公司下属中铁十一局集团有限公司的子公司，诞生于1944年的冀鲁豫五分区基干第十四团，1954年正式改编为中国人民解放军铁道兵第六师第二十九团，1986年入驻重庆市沙坪坝区新桥新村71号。

嘉陵江特大桥

合川渭沱水电站

公司现有员工3000余人，具有专业技术职称约1500人，其中，高、中级职称近600人、初级职称900人。公司注册资金5亿元，资产总额近40亿元。拥有世界上技术领先的TBM隧道掘进机、多功能地质超前预报钻机、隧道扒渣机、移动模架造桥机等大中型机械设备1000余台（套），形成了长大隧道专业施工、大方量平基土石方施工、高难度桩基施工、长大桥梁施工、铁路公路、机场水电、地铁轻轨、市政房建等一系列整体配套综合施工能力。

公司在重庆近40年发展历程中，为山城重庆建设做出了积极贡献。公司曾先后参建或承建了襄渝、万南、渝怀、襄渝复线、渝利、渝万、成渝等数十条铁路、公路的施工，还参建了江北国际机场、合川渭沱水电站、珞璜电厂、嘉陵江特大桥、长江滨江路、二郎高新区大件路、三峡广场、轻轨（1、2、3、6号线）、国际博览中心、水土安置房、跳磴公租房等施工任务。

其中，渝怀铁路歌乐山隧道荣获"国家质量银质奖"，江北国际机场场道工程、合川渭沱水电站工程荣获"建筑工程鲁班奖"，长江滨江路一期工程、轻轨较场口车站、大坪区间隧道等获"国家市政工程金杯奖"，嘉陵江特大桥荣获"重庆市科技进步三等奖"、石桥铺车站及区间隧道工程荣获"重庆市市政工程金杯奖"，武隆羊角乌江大桥荣获"重庆市巴渝杯优质工程奖"。公司连续十几年被重庆市建筑业协会评为"重庆市建筑业先进企业"，先后获重庆市总工会"五一劳动奖状"、"工人先锋号"等荣誉称号，连续两年荣获重庆市建设系统"优秀政研单位"称号，并于2011年荣获"全国文明单位"荣誉称号。

江北机场

重庆国际博览中心

在干好施工生产任务的同时，公司始终秉承"奉献社会、报效祖国"的宗旨，积极为"5·12"汶川地震、玉树地震及重庆抗旱救灾、绿化长江、捐助希望小学等多项公益事业，累计捐款、捐物达几百万元，充分展现了一个重责任、讲奉献、敢担当大型国企的良好社会形象。

现在，公司在建项目60余个，在手任务近120亿元，年施工能力60亿元以上。经营网络覆盖重庆、四川、云南、贵州、山西、湖北、江苏、浙江、河南、陕西、内蒙、安徽、江西等几十个省市区，同时成功开辟了马来西亚、新加坡等国际市场。公司发展势头良好，职工队伍和谐稳定、工程进度、安全质量、环境保护、文明施工、信誉业绩等均处于良好的可控状态。

"烟草惠民工程"福泽民生

2012年4月，为支持重庆市民生工程建设和社会经济发展，国家烟草专卖局(总公司)在重庆启动了"烟草惠民工程"，新增10亿元烟区基础设施建设资金，用于烟区道路建设、烤房建设、水源工程建设和土地整理，进一步改善三峡库区、民族地区、贫困地区和烟区老百姓生产生活条件。

自2012年5月以来，重庆市烟草专卖局（公司）在市委市政府和国家烟草专卖局（总公司）正确领导下，在烟区党政和市级相关部门的大力支持下，紧紧抓住历史机遇，以普惠广大烟农、服务地方发展为己任，建立工作班子，健全运行机制，完善项目规划，制定考核办法，有序推进各项工程建设工作，确保了工程项目顺利开展。

截至2013年10月，3528座烤房已全部完工；32500亩基本烟田土地整理全面完工；2000公里烟区道路项目已完成1940公里。武隆县接龙水源工程和丰都县太平水源工程已经通过国家烟草专卖局（总公司）评审，其中丰都县太平水库项目建设已经正式启动。

重庆烟草工业有限责任公司

重庆烟草工业有限责任公司是1998年11月在原重庆烟厂、涪陵烟厂联合，巫山烟厂破产试点的基础上建立的，2004年11月重组黔江烟厂，集中统一了全市的卷烟工业资源。公司现为川渝中烟工业有限责任公司全资子公司，内设重庆、涪陵、黔江三个分厂，在岗职工2760人。公司现有资产73.2亿元，所有者权益41.9亿元，主要生产娇子品牌的天子、龙凤呈祥系列卷烟产品。

2012年，重庆烟草工业有限责任公司紧紧围绕川渝中烟娇子品牌"126"发展目标以及重烟工业"十二五"效益倍增计划，积极整合要素资源，大力激发创新活力，切实强化组织保证，突出抓好队伍建设，全面完成了年度任务目标，实现了"十二五"发展的良好开局。全年生产卷烟110.2万箱，销售卷烟109.7万箱，完成工业总产值137亿元，工业增加值112亿元，实现销售收入134.6亿元，实现税利总额102.2亿元，其中利润18.4亿元，税金83.8亿元，入库税金85.8亿元。公司连续数年位居重庆市工业企业50强前茅，获得2012年重庆市工业企业集团纳税头名，曾获得全国五一劳动奖状、全国精神文明建设先进单位、全国模范职工之家、全国质量效益型特别奖企业等荣誉称号，为行业发展和地方建设作出了积极的贡献。

重庆进出口信用担保有限公司

——诚信立业 创新发展

公司领导带队考察重点项目

2009年，全球金融危机持续蔓延，中小企业遭遇空前的经营困难；此时亦正值重庆承接东部沿海产业战略转移之际，两翼地区融资能力面临严峻考验。为此，重庆市政府和中国进出口银行在签署《战略合作协议》的基础上，进一步深化合作，共同组建“重庆进出口信用担保有限公司”（简称进出口担保），旨在为加快建设区域性金融中心、发展内陆开放型经济、缓解中小企业融资困难注入新的强劲动力。目前，公司注册、实收资本20亿元（渝富公司持股60%、进出口银行持股40%），居全国同业前列水平；主体信用等级AA+，为目前全国同业最高评级。

成立以来，进出口担保牢固树立“促进对外开放、支持城乡统筹、推动科技创新、服务中小企业”的发展宗旨，秉持“诚信立业、创新发展”的企业价值观：

——构建了间接融资、直接融资和非融资担保协调发展的主营业务格局。截至2013年6月底，公司累计担保总额281亿元，在保余额166亿元。

——形成了以担保为主，委贷、投资、理财、咨询为辅的多元业务体系。净资产收益率从2009年的0.2%升至2012年的6.7%。

——建立了以平行作业、流程控制为特点的、涵盖授信业务全过程的风险管控体系。四年来损失率一直保持为0。

公司组织开展“扬五四精神”羽毛球活动

——彰显了国有企业的体制优势和社会责任，大力支持中小企业和实体经济的发展。公司承保项目中，中小企业占比86%、区县企业占比40%。

公司授信10亿元助推长寿打造“三地一中心”

公司融资担保8000万元助力西部航空全面发展

曾先后获得“全国万亿担保规模上榜机构30强”、“全国最具公信力担保机构”、“中国担保成长先锋”、“中国担保最佳风险控制奖”、“重庆市国企贡献奖先进集体”、“重庆市融资担保机构10强”、“支持中小企业发展贡献突出担保机构”等多项荣誉称号。

面向未来，我们将按照机构集团化、布局全国化、业务多元化的原则，努力打造“全国一流的新型金融服务集团”，为改善中小企业融资环境、推动经济社会发展提供优质的金融服务。

四年来，公司累计为渝东南、渝东北13个区县出口加工贸易梯度转移重点承接地建设项目提供近30亿元担保服务

星展银行（中国）有限公司重庆分行

星展银行（中国）有限公司（“星展中国”）是亚洲领先的金融机构星展银行的子公司。前身为新加坡发展银行的星展银行，总部位于新加坡，拥有超过 200 间分行，业务遍及 15 个市场。星展银行的资本充裕性，以及高达 AA- 和 Aa1 的信贷评级，引领亚太地区银行业前沿。星展银行 2012 年获英国《金融时报》下属的《银行家》杂志（The Banker）评选为“亚洲最佳银行”，2013 年获《亚洲银行家》（Asian Banker）杂志评选为“亚太区最佳管理银行”。此外，自 2009 年至今，星展银行连续五年在《全球金融》杂志（Global Finance）排名中位列“亚洲最安全银行”。

中国是星展银行的重点市场之一。星展银行于 1993 在北京设立驻华办事处，并于 2007 年 5 月成为在中国设立独资法人银行的首家新加坡银行，同时也是最早获得本地法人化的外资银行之一。自此，星展中国分支行网络和业务高速发展，目前共有 10 家分行和 19 家支行，客户数增长迅速，员工人数已达 2000 多人。星展中国的业务重点为企业银行、环球交易服务、财资市场、中小企业银行以及高端个人银行服务。

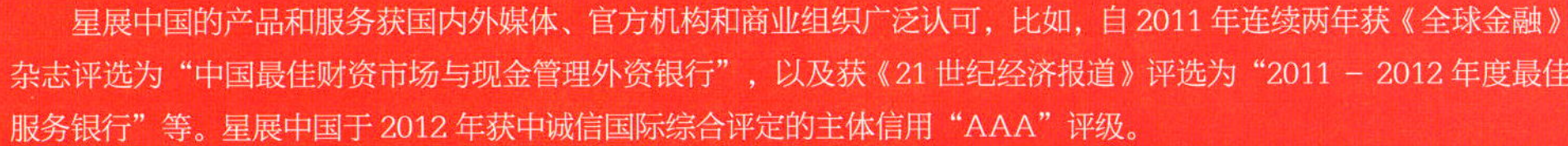

星展中国的产品和服务获国内外媒体、官方机构和商业组织广泛认可，比如，自 2011 年连续两年获《全球金融》杂志评选为“中国最佳财资市场与现金管理外资银行”，以及获《21 世纪经济报道》评选为“2011 - 2012 年度最佳服务银行”等。星展中国于 2012 年获中诚信国际综合评定的主体信用“AAA”评级。

2012 年 1 月，星展银行重庆分行开业。这是星展中国设在中国内陆西部的第一家分行，同时是星展中国的第 25 个网点。开业至今，重庆分行已经与许多国有企业、私营企业以及外资企业建立了良好的关系。个人银行客户也在稳健增长，且大部分的新客户为本地客户。星展银行重庆分行利用星展紧密的亚洲网络和联系，为企业和个人客户实现互利双赢。

“积极履行社会责任，回馈社会”是星展银行的基本理念和价值取向之一。作为一家植根中国市场近二十年的外资银行，星展中国一直在这个市场积极履行企业公民的社会责任和义务，坚定地把参与和促进中国经济与社会发展作为一项工作重点。

在重庆，星展银行重庆分行于 2013 年 6 月 8 日在重庆市渝北区金安完全小学校开办开办“星展银行音体美教室”，关注西南地区农村学生课余生活，发掘他们的艺术和体育潜力，愿与孩子们一起成长。星展和上海慈善基金会合作，在北京、上海、广州、深圳、苏州和重庆的 12 所农民工子弟学校开办“星展银行音体美教室”，帮助孩子们获得和城市儿童同等的才艺发展机会。

UnionPay 银联 中国银联 China UnionPay 重庆分公司

支付随心 我选银联

2006-2012 年，在市委、市政府领导下，在主管部门指导下，中国银联重庆分公司切实发挥基层银行卡组织职能，促进重庆银行卡产业跨越式发展，为地方经济社会发展作出应有贡献。

七年来，银行卡业务跨越式发展。2012 年，全市 POS 跨行交易达 3127 亿元，同比增长 61.9%，为 2006 年的 12 倍。ATM 交易 6670 万笔，同比增长 22.49%，为 2006 年的 3 倍；银行卡渗透率从 2006 年的 6%，增长至 2012 年的 55%，累计提升 49 个百分点，拉动全市 GDP 增加约 42 亿元。

七年来，自主品牌银行卡份额迅速提升。截止 2012 年末，重庆市累计发行银联标准信用卡、借记卡 495 万张、7733 万张，较上年末增长 33.42%、42.07%，分别为 2006 年的 62 倍、8 倍。银联标准信用卡交易占比由 2006 年的 1%，提升至 2012 年的 31.91%，其中金融 IC 卡全年实现交易 34.44 万笔、14.34 亿元。

七年来，便民创新领域不断拓宽。2012 年，随着“天翼银宝”手机支付、开县市民卡、长途汽车站网上及手机售票等项目成功落地。重庆市银行卡缴费、纳税、理财、水电气、通讯费、快餐、交通出行等便民支付体系逐渐形成。2012 年，重庆地区银联互联网支付 74 亿元，手机支付 7072 万元，其他渠道类创新业务 72 亿元。

七年来，受理市场建设高速有序推进。截止 2012 年末，全市联网商户、POS 终端、ATM 机具达 60627 户、89786 台、9614 台，较上年增长 89.01%、72.50%、26.55%，为 2006 年的 17 倍、13 倍、2.5 倍。受理市场规模扩大的同时，银行卡风险防控成效突出，协助公安机关查询案件年均超过 500 人次，查询交易数 10 余万笔，涉及金额 20 余亿元。2012 年，组织重庆地区选手参加第五届“银联杯”全国商业服务业收银员职业技能竞赛总决赛并获得历史最好成绩。

2012 年 12 月，分公司组织参加第五届“银联杯”全国商业服务业收银员职业技能竞赛总决赛。图为分公司领导与参赛收银员（银河大酒店谭小姣、太平洋百货蒙巧、永辉超市张蕾）在比赛现场合影

七年来，银行卡系统运营提升至全国前列。2012 年，全市银行卡发卡方交易承兑率、受理方成功率达 92.5%、99.54%，全市新增直联 POS 终端标准化率达 100%。重庆银行卡跨行交易质量由 2006 年的全国倒数第一提升至 2012 年的全国第一，持卡人优质体验不断提升。

七年来，企业文化建设成效突出。截止 2012 年，累计荣获国家级、省部级各类奖项及荣誉 20 余项。2012 年，分公司荣获公安部“最佳协作单位奖”、重庆市总工会“五一劳动奖状”、“工人先锋号”称号。分公司总经理荣获“全国金融系统创先争优优秀职工”、“全国金融系统五一劳动奖章”、“全国商业服务业巾帼建功标兵”称号，分公司社会影响力进一步增强。

地址：重庆市渝中区青年路重庆国贸中心 36 楼
网址：www.unionpay.com　服务热线：95516

CHONG QINGSHI HUO CHE ZHAN

重庆火车站

重庆车站目前管辖重庆站、重庆北站、沙坪坝站（封闭施工）、井口站、蔡家站5个车站，141和黄桷2个线路所。全站担负着成渝、川黔、襄渝、渝怀、遂渝五条铁路干线旅客列车的始发、终到和中转作业。车站内设8个科室，8个车间，41个生产班组，现有在岗人员868人，其中管理人员96人。2008年，重庆站被授予"全国文明单位"称号。

热情服务

重庆车站共计开行图定旅客列车67对，日均运能97000人；其中，重庆北站开行客车55对，其中动车16对；重庆站开行列车12对。重庆北站有固定售票窗口28个，重庆站有固定售票窗口24个，车站现有联网客票代售点137个，窗口143个。

重庆北站候车面积12404平方米，设计候车能力为10336人。重庆站候车面积为7854平方米，设计候车能力为6545人。

售票服务

多年来，重庆火车站在成都铁路局领导下，在重庆市委、市政府的关怀下，全站干部职工牢固树立"安全就是效益，安全就是责任，安全就是生命"的思想，认真落实"认真履职尽责，主动引领担当"的要求，紧密围绕构建和谐成铁，创建一流车站的目标努力工作。

自"服务旅客创先争优"活动开展以来，车站重新提炼了服务理念，积极带领全站干部职工开展服务创新：一是动车组专用候车室按照"有需求、有服务，无需求、无干扰"的要求，重新修订服务标准，细化服务措施，打造动车组服务精品；二是主动邀请重庆市服务质量监督员以普通旅客身份乘坐火车出行，接受服务质量的监督，并将此项措施作为一种工作常态长期执行；三是通过外聘教师、强化培训、实战演练等方式，对客运职工进行服务礼仪、应急处置等全方位培训，切实提高职工服务技能；四是坚持重点旅客重点服务，采取优先进站上车、专人负责等措施，确保了重点旅客服务一个不漏。通过以上举措，全站干部职工主动服务意识进一步增强，整体服务水平得到显著提高。

亲如一家

在今后的工作中，重庆火车站将以进一步转变干部作风为突破口，统一思想，坚定信心，认真贯彻"以服务为宗旨，待旅客如亲人"的服务理念，扎实苦干，始终把安全放在第一位，不断加强路风和服务质量管理，努力打造直辖市客运窗口新形象。

交通科技产业集团

招商局重庆交通科研设计院有限公司

参与建设的洪西高速公路杉木洞特大桥

招商局重庆交通科研设计院有限公司（以下简称"重庆交科院"），前身为交通部重庆公路科学研究所，成立于1965年，2000年企业化转制进入中央国有骨干企业——招商局集团。目前，重庆交科院已发展成为国家重要的科研开发、成果转化和产业化基地之一，被科技部等部门正式认定为首批国家级"创新型企业"。从2000年起，连续12年进入全国勘察设计单位100强。

重庆交科院作为依托单位，建有研究开发平台12个，包括"国家山区公路工程技术研究中心"、"桥梁工程结构动力学国家重点实验室"、"公路隧道建设技术国家工程实验室"等国家级研发平台5个，"桥梁结构抗震技术交通行业重点实验室"、"隧道建设与养护技术交通行业重点实验室"、"重庆市山区道路工程与防灾减灾工程实验室"等省部级研发平台6个，企业自建平台1个——"招商局集团环保节能技术研发中心"；还建有省部级资源共享平台和成果转化平台各1个；并设有博士后科研工作站，与高等院校联合共建博士点1个和硕士点5个，由此构成满足公路交通基础设施建设各主要专业技术创新需求的科技创新平台体系，是国家级交通科技创新基地之一。

参与建设的重庆朝天门长江大桥

重庆交科院拥有"公路行业甲级"、"市政行业(道、桥、隧)甲级"等九项甲级资质证书。长期在交通行业（公路交通、市政交通及关联领域），围绕道路与岩土工程、桥梁与结构工程、隧道与地下工程、环境与水保工程、交通工程与节能技术、景观与建筑工程、公路汽车及摩托车技术方面，开展科研开发、勘察设计、试验检测、咨询监理、工程施工、产品制作等专项业务，以及设计施工总承包、BT（建设－移交）等复合型业务，实力雄厚，同时，先后出资组建了7个院属公司，业已发展成为国家重要的科研开发、成果转化和产业化基地之一。

参与建设的重庆方斗山隧道

重庆交科院拥有一支技术优势突出、工作勤勉敬业的优秀科技人才队伍。目前全院从业人员超过2000人，形成了一支由国家级突出贡献专家、享受政府特殊津贴专家、交通部专家委员会委员、全国交通青年科技英才，以及博士生导师和硕士生导师构成的专家人才队伍。

重庆交科院承担包括了国家"973"计划、国家"863"计划、国家支撑计划、国际科技合作项目、国家自然科学基金等众多各级科研项目，获得包括国家科技进步一等奖等各类科技奖项。同时，承担了大量的重大工程项目，荣获了多项詹天佑大奖、鲁班奖、国家设计特奖等各级各类工程奖项。

面向未来，重庆交科院提出了新时期发展战略思路，着力培育和形成由咨询服务产业、特色工程产业、新特产品产业、信息服务产业等共同构成的业务新格局，打造"招商交科"企业品牌，致力将自身建设成为"国内领先、国际知名"的一流交通科技产业集团。

长江黄金3号邮轮在夔门

YANGTZE GOLD CRUISES

重庆长江黄金游轮有限公司

重庆长江黄金游轮有限公司是在重庆市委、市政府加快推动长江三峡旅游发展，全力提升重庆旅游国际影响力和竞争力的大背景下，按照市政府"把打造五星级游轮作为重庆旅游产业来发展，作为重庆特色旅游产品来打造，作为重庆旅游目的地来培育"的战略定位，由重庆旅游投资集团于2010年3月3日组建的国有独资企业，主要负责对长江豪华游轮进行投资建设和经营管理，并致力于长江三峡旅游品质的提升和高端客源市场的开发。

公司目前拥有世界内河最大最豪华的"长江黄金系列"邮轮7艘，该系列邮轮设计长度136~149.98米，型宽19.6~24米，总吨位1.2~1.7万吨，载客量350~570人，拟开辟重庆至宜昌、武汉、南京、上海等航线。

长江黄金6号邮轮

公司按照现代企业制度，建立了完善的法人治理结构，设有董事会、党委会、经理层、监事会、纪委、工会、团委等。本部设有10个职能管理部门，各邮轮有健全的运行管理机构，现有员工1200多人。

公司按照"高端定位、市场运作、分批建造、特色经营"的总体思路，始终坚持用心塑造、用心服务，彰显卓越、勇于超越的企业精神；坚持将邮轮作为旅游目的地来打造；坚持提升品质，把细节做到极致；坚持以市场为导向，打造一支高素质、高效率的人才队伍；坚持品牌营销、精细管理，树立长江游轮行业标杆。

长江黄金邮轮必将开启长江游轮新时代，掀开三峡旅游新篇章！重庆长江黄金游轮有限公司将在重庆旅游投资集团的领导下，在社会各界的关注支持下，负重前行，奋力拼搏，努力创造重庆旅游、中国旅游的新辉煌！

鸣　谢　单　位

重庆市万州区人民政府
重庆市涪陵区人民政府
重庆市合川区人民政府
重庆市黔江区人民政府
重庆商社化工有限公司
重庆乐至置业发展有限公司
重庆医药（集团）股份有限公司
四川省广安市人民政府
四川省广安市经济技术开发区管理委员会
四川省广安市岳池县人民政府
四川省达州市人民政府
四川省大竹县人民政府
四川省南江县人民政府
宜宾临港经济开发区管理委员会
安岳县龙台发展区管理委员会
西藏昌都地区行政公署
贵州省赤水市人民政府
贵州金中正房地产开发有限责任公司

（以上单位排名不分先后顺序）

《重庆经济年鉴》外联部

主　　任：李修华　陆　波

副 主 任：易代英　胡序明　张亚英　凌世华　黄天炳

外　　联：周　川　刘尧春　王　忠　王明清　杨政溶　李铁栅
钟　准　崔小凤　沈剑红　张秀娟　张福荣　张怀阳
谭晓红　谭植茂　汪树国　姜照祥

办 公 室：邓丹丹　张雪玲

装帧设计：陈　刚

印　　务：陈　刚

发　　行：陈运明　王云海　肖加全　何志强